SOLDADOS DA PÁTRIA

FRANK D. MCCANN

Soldados da pátria

História do Exército brasileiro (1889-1937)

Tradução
Laura Teixeira Motta

COMPANHIA DAS LETRAS

Título original
Soldiers of the Pátria: A history of the Brazilian army, 1889-1937 (Stanford: Stanford University Press, 2004)

Capa
João Baptista da Costa Aguiar

Imagem da capa
Fundação da revista *A Defesa Nacional*, 1913. Pintura original de Álvaro Alves Martins, 1994; cópia em óleo sobre tela de Fernando Gomes, 2000. Acervo Biblioteca do Exército, RJ. Reprodução fotográfica de Jaime Acioli.

Assistência editorial
Cristina Yamazaki

Pesquisa iconográfica
Companhia da Memória

Índice remissivo
Luciano Marchiori

Preparação
Cacilda Guerra

Revisão
Otacílio Nunes
Valquíria Della Pozza

Dados Internacionais de Catalogação na Publicação (CIP)
(Câmara Brasileira do Livro, SP, Brasil)

McCann, Frank D.
    Soldados da Pátria : história do exército brasileiro, 1889-1937 /
Frank D. McCann ; tradução Laura Teixeira Motta. — São Paulo :
Companhia das Letras, 2007.

    Título original: Soldiers of the Pátria: a history of the Brazilian
army, 1889-1937
    Bibliografia
    ISBN 978-85-359-1084-1

    1. Brasil. Exército - História - Século 19 2. Brasil. Exército -
História - Século 20 I. Título.

07-6578   CDD-355.00981

Índice para catálogo sistemático:
1. Exército brasileiro : 1889-1937 : História :
    Ciência militar   355.00981

[2007]
Todos os direitos desta edição reservados à
EDITORA SCHWARCZ LTDA.
Rua Bandeira Paulista 702 cj. 32
04532-002 — São Paulo — SP
Telefone (11) 3707-3500
Fax (11) 3707-3501
www.companhiadasletras.com.br

Este livro é dedicado à minha amada companheira e esposa
Diane Marie Sankis, com gratidão por seu coração clemente.
Também para minhas netinhas, Cassidy Clare e Samantha Katherine,
confiante em que realizarão seus sonhos e nunca perderão o amor pelos livros.
E em memória de meus amigos Newton Bonumá, Luiz Paulo Macedo Carvalho,
Carlo de Meira Mattos e John Wirth, que ajudaram a tornar este livro possível.

Sumário

Prefácio

Recife, outubro de 1930. O sargento enquadrou-se, bateu continência para o coronel no comando e lhe deu ordem de prisão. O coronel, desprendendo o coldre para entregar a arma ao sargento, falou: "O senhor fique com minha pistola, porque preso não deve ficar armado", mas o sargento respondeu: "Coronel, o senhor pode ficar com a pistola". Os oficiais presentes aplaudiram. O sargento pediu permissão ao coronel detido para ordenar a troca da guarda. O coronel replicou que não estava mais no comando, que não era ninguém. Ao ouvir isso, o sargento perfilou-se e retrucou: "Para mim, o senhor é um coronel do Exército. [...] Apenas momentaneamente estamos em campos opostos". O coronel então lhe disse para ordenar a troca da guarda.[1]

O fato de essa cena ter realmente acontecido durante a Revolução de 30 põe em xeque idéias comuns sobre rebeliões militares. A tradição militar no Brasil incluía normas tácitas que norteavam o comportamento em situações extralegais. Embora nas rebeliões brasileiras ocorresse a transgressão da disciplina como ela é convencionalmente entendida em outros exércitos, mantinham-se certas atitudes. A transgressão da disciplina era transitória, como disse o sargento a seu coronel: "Apenas momentaneamente estamos em campos opostos". A história do Exército brasileiro é mais bem compreendida como um reflexo da complexa, intricada e às vezes contraditória cultura nacional.

As Forças Armadas, especialmente o Exército, tiveram papel significativo na história social e política brasileira, inclusive supervisionando o governo do país de 1964 a 1985. Quando comecei minha jornada para compreender o como e o porquê do comportamento dos militares, meu caminho levou-me, continuamente, de volta ao período 1889-1937, que comecei a ver como a sementeira de acontecimentos posteriores. Afirmo isso com especial convicção porque meu estudo da história do Exército abrangeu até o começo da década de 1990. Além disso, meus trabalhos anteriores deram-me familiaridade com o Exército durante o Estado Novo, de 1937 a 1945. Em uma série de artigos e papers de conferências, alguns dos quais publicados no Brasil em um livro intitulado *A nação armada* (1982), os temas conduziram-me por todo o século XX, e estudei vários aspectos do papel do Exército na sociedade e na política do Brasil. Esse projeto convenceu-me da necessidade de escrever a história do próprio Exército. Meu objetivo, inicialmente, era levar a análise até a década de 1990, mas a República Velha e a década de 1930 revelaram-se muito ricas em documentação e literatura para serem estudadas apenas brevemente, de modo que decidi encerrar com o que considero o evento crucial na história do Exército brasileiro no século XX: o estabelecimento do Estado Novo, em novembro de 1937. Os acontecimentos na República Velha e na década de 1930 explicam a preocupação da oficialidade, nas décadas posteriores, com a unidade da instituição durante as crises políticas.

Muitos dos bons estudos sobre o Brasil pós-1930 não levam em consideração aspectos fundamentais do papel das Forças Armadas na sociedade. Mesmo quando parcelas do Exército se insurgiram, como nas rebeliões tenentistas da década de 1920 e na Revolução de 30, a tendência dos estudiosos tem sido explicar o comportamento com base na política e na sociedade civil, mostrando os rebeldes militares como instrumentos, porta-vozes ou símbolos dos desejos da classe média urbana. Assim procedendo, contudo, esses autores desconsideram poderosas influências no seio do próprio Exército que moldaram a conduta tanto dos indivíduos como das instituições às quais pertenciam. Em 1916, os novos critérios do Exército para o recrutamento de praças mudaram seu relacionamento com a sociedade, alteraram práticas penais civis e o injetaram, juntamente com a pátria que ele protegia e o Estado que ele defendia, na esfera privada da família e nos rincões mais remotos do Brasil.

No período analisado neste livro, o Exército era a única instituição nacional, o cerne do Estado brasileiro que se desenvolvia. Essa foi uma condição que ele assumiu espasmodicamente, quase a esmo, preenchendo o vácuo deixado pelo colapso da monarquia e pouco a pouco adquirindo a doutrina e a visão alicerçadoras do seu papel de fato. Embora o maior número de unidades estivesse no Rio de Janeiro e no Rio Grande do Sul, a presença do Exército era sentida por todo o país, e seu pessoal, interesses, ideologia, visão e compromissos eram nacionais. A pátria brasileira estava acima da Constituição, do gabinete, do imperador ou do presidente.

Os comportamentos excepcionais ou extralegais acabavam sendo justificados como atos de lealdade à pátria. Exceção entre as várias elites brasileiras, o corpo de oficiais das Forças Armadas era nacionalista por definição, inclusive por determinação constitucional. Os partidos políticos em 1889-1930 não eram nacionais, e sim regionais e/ou personalistas. A Igreja católica, embora presente em todo o país, era internacional na composição do clero e também na ideologia, liturgia e propósitos. Embora o catolicismo certamente fosse o cimento da cultura brasileira, como salientou Gilberto Freyre, nem a Igreja nem os partidos políticos mantinham a unidade do território brasileiro; quem fazia isso era o Exército.

Notavelmente, o Brasil é o único entre os países continentais da América Latina cujo território atual não só ainda abrange a área que no período colonial se reivindicava como brasileira, mas também se estende a oeste e ao norte para além daqueles limites. A única porção significativa de território colonial que o Brasil perdeu foi a Banda Oriental, atual Uruguai. Em contraste, todos os vice-reinados hispano-americanos foram desmembrados por forças regionais. O Exército brasileiro foi, e ainda é, um baluarte contra as forças centrífugas regionalistas.

Muitas interpretações do Brasil pós-1930 carecem da compreensão do que foi o Exército e do seu papel antes do crucial ano que introduziu a importante era Vargas (1930-54). Este livro é uma história da instituição nuclear do Estado brasileiro em expansão, e estuda como o Exército se desenvolveu, como foi cooptado pelas elites civis, como os processos de profissionalização e europeização romperam as amarras da cooptação e como as tensões da rebelião e da mudança social na década de 1920 o levaram a desenredar-se em 1930, a reinventar-se depois da década de 1930 e, por fim, a se transformar no sustentáculo da ditadura do Estado Novo após 1937. Ao mesmo tempo, o recrutamento militar, a expansão dos postos pelo país, a supressão de rebeliões internas, a construção de estradas, ferrovias e linhas telegráficas e o mapeamento do interior projetaram o Exército e a pátria que ele representava na vastidão do território que o Brasil considerava seu, porém controlava mal. Na década de 1930 a reconstrução do Estado aconteceu paralelamente à do

Exército, e em 1940 ambos eram diferentes do que haviam sido uma década antes. Os acontecimentos e as lutas dos turbulentos anos 30, bem como as tendências subseqüentes que culminaram, três décadas depois, no regime militar de 1964 a 1985, são compreendidos mais claramente contra o pano de fundo da experiência do Exército durante a República Velha. Essa experiência explica por que eclodiu a guerra civil em 1932 e por que o Exército se tornou o cerne do ditatorial Estado Novo — o primeiro governo racional e nacionalista que assentou os alicerces do Brasil pós-Segunda Guerra Mundial.

As atitudes dos oficiais que dirigiram os destinos do país de 1964 a 1985 foram moldadas, em grande medida, por suas experiências como oficiais subalternos ou filhos de personalidades influentes da República Velha. Os presidentes (generais) Humberto Castelo Branco, Arthur da Costa e Silva, Emílio Garrastazu Médici e Ernesto Geisel foram apenas os mais proeminentes; houve centenas de outros. João Batista Figueiredo, o último general presidente, foi fortemente influenciado por seu pai, Euclides, que o leitor encontrará nestas páginas.

É fácil esquecer que a missão de todo exército é estar preparado para a guerra, exercer violência controlada em nome do Estado. Sua estrutura, doutrina, equipamento e treinamento existem para o supremo teste do campo de batalha. Seria, no mínimo, parcial escrever a história de um exército sem abordar sua missão mais importante. Este livro leva o leitor aos combates porque, a meu ver, não devemos separar a vida de caserna, a política interna e as relações da instituição com a sociedade do exercício da violência, da sua atuação na guerra. Sem examinar o que ele fez em Canudos em 1897, no Contestado de 1912 a 1915, nas revoltas tenentistas da década de 1920, na Revolução de 30 e no levante paulista de 1932, ficaríamos com uma compreensão incompleta do Exército e dos homens que o constituíram.

Dou ênfase à oficialidade porque, especialmente depois de instituído o serviço militar obrigatório em 1916, os oficiais foram o único elemento permanente no Exército. No Brasil não se desenvolveu uma forte tradição de liderança por sargentos, como nos exércitos americano, britânico, alemão e francês; de alto a baixo, o Exército brasileiro foi uma organização controlada por oficiais.

Embora os oficiais sejam os atores principais nesta história, em vários pontos chamo a atenção do leitor para os praças que marcharam nas colunas do Exército. Durante toda a sua história o Exército sofreu com políticas de recrutamento moldadas pelos mecanismos protetores de uma sociedade de classes preocupada em manter a massa da população relativamente ignorante e subserviente. A ideologia modernizadora da oficialidade colidiu com a tenacidade das oligarquias agrárias regionais, empenhadas em conservar sua fonte de mão-de-obra barata. Essa determinação explica por que o recrutamento antes de 1916 freqüentemente foi forçado e por que, após essa data, seus resultados muitas vezes ficaram aquém das metas traçadas; explica, ainda, por que o Exército foi pequeno em relação à população brasileira, que cresceu rapidamente.

Embora não tenha sido possível fazer aqui mais do que uma breve referência à vida familiar dos militares, apresento resumos da carreira de alguns oficiais com o intuito de salientar suas amizades e laços de parentesco e de mostrar como as relações sociais afetavam o comportamento. Ressaltei laços de amizade, lealdade a colegas de turma e a certos comandantes, bem como a importância do que os brasileiros chamam de gente de confiança. Na esfera individual, essas lealdades pessoais, que são parte importantíssima da cultura brasileira, poderiam ser associadas à idealizada lealdade à pátria. Depois do fechamento da Escola Militar no Rio de Janeiro, em 1904, faltou ao corpo de oficiais uma tradição educacional comum e exclusiva. Isso levou os oficiais a sentir afinidade por quem tivesse a mesma formação e, em vários graus, distanciamento em relação aos de outras formações; à medida que as várias escolas foram sendo abertas e fechadas, os resultados dessa alienação tornaram-se explosivos. Em outras palavras, os homens que se formavam pela Escola Militar do Realengo tinham uma introdução à carreira diferente da vivenciada pelos que passavam pelas academias de Porto Alegre ou da Praia Vermelha. Os esforços para criar um programa de ensino padronizado na década de 1920 deram escolas permanentes ao Exército, mas no curto prazo intensificaram a alienação entre as unidades e entre as gerações. Só após 1944, com a criação da Academia Militar das Agulhas Negras, o Exército ganharia a homogeneidade de currículo e a experiência que dariam às gerações posteriores de oficiais uma tradição aglutinadora.

Por que a Marinha só aparece nas margens desta história? Porque esse foi seu papel e relevo nesse período. Sobretudo depois das rebeliões navais em 1893 e 1910, os generais e políticos não confiaram nos almirantes ou nos marinheiros e deliberadamente mantiveram a Marinha fraca e marginal. A Força Aérea passou a ser uma arma separada em 1941, mas faço menção às primeiras fases da aviação militar sob a égide do Exército.

Uma vez que as revoluções, as rebeliões populares e militares e as intervenções armadas do Estado têm um papel importantíssimo nesse período, pode ser útil ao leitor que eu exponha aqui o modo como vejo esses fenômenos. Concordo com a idéia de Alain Rouquié de que os regimes começados com um golpe de Estado são marcados por um "pecado original" que "afeta tudo o que fazem, pois a conspiração e a surpresa são o extremo oposto do progresso social. Os conspiradores, longe de mobilizar politicamente as forças sociais interessadas na mudança, excluem-nas ou as desconsideram. Desde o início, o pretorianismo radical afigura-se como despotismo esclarecido; tudo para o povo, nada pelo povo".[2]

A intervenção militar na política e na sociedade é sinal de fraqueza tanto do Estado como da sociedade. Mas aplicar essa afirmação ao Brasil é dizer o óbvio. Durante o século XIX a monarquia e o Exército foram as únicas instituições nacionais do Estado e da sociedade, ambos notavelmente fracos. O golpe de 1889 fez do Exército a instituição central da República, porém sem ideologia, estrutura, experiência, pessoal, mandato político e vontade para assumir plenamente esse papel. Durante a República Velha a principal missão da oficialidade evoluiu para a construção da infra-estrutura do Estado e da "fibra" humana da sociedade. No início da década de 1960, os estudos pioneiros de Edwin Lieuwen e John J. Johnson situaram a origem da intervenção militar em demandas de classe e grupos de interesse. Um dos resultados dessas obras foi a norma acadêmica, pelo menos nos Estados Unidos, que igualava o estudo das "Forças Armadas" à análise das relações entre civis e militares. Muitos intelectuais e autoridades do governo nos Estados Unidos julgavam que um aumento da "profissionalização" das Forças Armadas latino-americanas reduziria a intervenção. Entretanto, o fato de o regime militar de 1964 a 1985 ter sido apoiado pelas Forças Armadas mais profissionais da história brasileira pôs em xeque essa idéia.

Boa parte dos textos de ciências sociais sobre as Forças Armadas do Brasil e de outras partes da América Latina assenta-se sobre um alicerce precário, composto mais de conjecturas e suposições do que de pesquisas históricas. Em seu influente livro *The military in politics: Changing patterns in Brazil* [*Os militares na política: As mudanças de padrões na vida brasileira*], de 1971, Alfred Stepan supôs que o modelo moderador de comportamento político das Forças Armadas que ele observou na década de 1960 poderia ser extrapolado para o passado, para a época da República Velha. Stepan concluiu que, depois de derrubar o Império, os militares haviam assumido o poder moderador antes exercido pelo imperador. Posteriormente, o autor acrescentou que o regime militar nascido em 1964 mostrou um "novo profissionalismo" interno de enfoque nacional que contrastava com o enfoque externo, orientado para a defesa nacional, das décadas anteriores.[3] Mas minhas pesquisas não corroboram essas hipóteses.

O Exército não se tornou o moderador na década de 1890; seu poder era muito precário e muito cooptado. Antes da década de 1930, o Exército não possuía a vontade institucional, a doutrina ou a capacidade para tal papel. Isso não quer dizer que alguns oficiais, como os jacobinos da década de 1890, não queriam a função moderadora, e sim que a instituição não podia assumir esse papel. Tampouco o corpo de oficiais foi a força apolítica e orientada para o exterior que Stepan retratou; na verdade, os oficiais estavam politicamente empenhados em assegurar suas promoções, nomeações e benefícios. Alguns usaram seu status militar como trampolim para carreiras políticas. Durante todo o período 1889-1930, muitos oficiais ocuparam cargos no Congresso e nos governos estaduais e municipais. Na realidade, o tipo de participações que, de início, supus nascidas durante a ditadura do Estado Novo, de 1937 a 1945, fora a regra durante toda a República Velha.[4] Oficiais governavam as cidades de fronteira estratégicas, mapeavam o país, demarcavam as fronteiras, construíam estradas e linhas telegráficas e férreas, quartéis, comandavam as forças policiais e o corpo de bombeiros no Rio de Janeiro e em outras cidades, intervinham na política local por ordem federal e faziam cumprir ordens legais. Também dirigiam arsenais, uma usina siderúrgica, prisões e programas de aprendizado em orfanatos, além de supervisionar o Serviço de Proteção ao Índio e lecionar e administrar o sistema educacional do Exército. Em suma, os velhos profissionais foram muito parecidos com os novos profissionais de Stepan. Compreendendo que as perspectivas históricas moldam o pensamento sobre o presente, convenci-me de que os estudos sobre as relações entre civis e militares no Brasil continuariam a ser prejudicados por imprecisões até que a história institucional militar ficasse mais clara.

Felizmente, não fui o único a chegar a essa conclusão. José Murilo de Carvalho afirmou ser necessário entender a instituição do Exército para compreender suas relações com o Estado e a sociedade. O Exército, ele ressaltou, não foi meramente um instrumento de forças políticas e sociais; na verdade, sua estrutura interna, missão e ideologia moldaram suas relações com as esferas política e social. Para esse autor, o comportamento das instituições militares não pode ser reduzido a meras reações a influências externas. Mas isso não quer dizer que o Exército se recusava a zelar pelo cumprimento das normas políticas e sociais impostas pela elite política; afinal, era o braço armado do Estado. Murilo de Carvalho também salientou a importância interpretativa de algumas das características estruturais do Exército: recrutamento, tamanho, função e distribuição de pessoal, formação e composição da oficialidade, treinamento e educação militar e desenvolvimento de ideologias.

As políticas de recrutamento refletiram o grau em que a instituição foi relativamente aberta ou fechada, seus papéis sociais, missões, auto-imagem e a interação mais básica com a sociedade. O tamanho e a distribuição dizem muito sobre o verdadeiro poder e capacidade de agir da instituição, enquanto a análise do treinamento e educação esclarece sobre a coesão interna e o profissionalismo. A maior capacidade para intervenção política do Exército em âmbito nacional na década de 1930 baseou-se nas transformações sofridas pela instituição, e não em demandas de classes sociais ou grupos de interesse.[5]

Em linhas semelhantes, Edmundo Campos Coelho rejeitou as análises do papel do Exército na sociedade e na política baseadas na idéia de que a instituição foi instrumento da oligarquia, das classes "dominante" ou média, ou mesmo de que foi o moderador que arbitrou disputas entre classes e grupos, porque, se o Exército fosse meramente um instrumento, os pesquisadores poderiam concentrar-se no "jogo dos interesses antagônicos das classes sociais" e deixar de lado o estudo da organização militar em si. Esse autor defendeu a análise da organização, ressaltando que a evolução histórica do Exército marcou-se por três processos relacionados: as necessidades e interesses da instituição foram fatores de seu comportamento político, sua autonomia em relação ao sistema social foi crescente e sua impermeabilidade com relação às influências da sociedade civil aumentou progressivamente.[6] Contudo, mostraremos aqui que o Exército suprimiu movimentos sociais por ordem de um governo nacional controlado pelas "classes dominantes", o que constitui indício de que a sua evolução seguiu uma trajetória da instrumentalidade à autonomia. Espero que este livro aumente nossa compreensão sobre o papel do Exército e seu lugar na história brasileira.

Por sua própria natureza, um Exército é diferente de outras instituições sociais. Como principal agente da violência do Estado, destaca-se e possui características especiais como organização social. Um Exército é uma instituição total, no sentido do termo empregado por Erving Goffman; seus membros distinguem-se de outros que seguem estilos de vida diferentes. Uma "característica central das instituições totais" é a ruptura das barreiras que separam as três esferas da vida — sono, lazer e trabalho — por meio do controle de onde, quando e como elas ocorrem. As instituições totais tendem a separar seus membros da sociedade circundante e empurrá-los para uma rotina rigorosamente controlada segundo um "único plano racional pretensamente formulado para atender aos objetivos oficiais da instituição". Instituições desse tipo compõem-se de pessoas divididas em um numeroso grupo de indivíduos dirigidos e um pequeno grupo de supervisores, com pouca mobilidade social entre eles e modos específicos de lidar uns com os outros. As instituições totais socializam seus membros de maneiras específicas que moldam seu pensamento, auto-imagem e comportamento.[7] Obviamente, seria de esperar que uma instituição total no Brasil reflita aspectos da cultura brasileira que a distinguem de instituições semelhantes em outros países.

No que diz respeito a revolução, movimentos sociais e violência do Estado, encontrei sugestões úteis do etno-historiador Anthony F. C. Wallace para uma teoria da revolução aplicada à América Latina. Esse autor especificou dois tipos de revolução: as baseadas na "política dos apetites" e as relacionadas à "política da identidade". Embora ele não seja um especialista em América Latina e não lide especificamente com o Brasil, a meu ver aplicar seu modelo dos apetites/identidade facilita a análise de eventos com os quais aparentemente temos familiaridade. Quando o Império foi derrubado, em 1889, os oficiais e seus aliados civis republicanos quiseram tomar o poder em um sistema social e econômico essencialmente intacto para nele exercer influência; desejaram mudar a fachada política, mas não as estruturas básicas. Evitaram expandir e difundir os dois requisitos da participação política efetiva dos cidadãos: a educação pública e o direito de voto. Sua política foi a dos apetites. Muitos de seus sucessores enfrentaram conflitos entre o legado dessas políticas e o objetivo de um Exército profissionalmente eficiente.

A política da identidade aplica-se bem às rebeliões populares de Canudos (1897) e do Contestado (1912-15). Nesses lugares, buscando uma nova identidade, as pessoas foram arrebatadas por movimentos de revitalização. Wallace definiu esses movimentos como esforços deliberados e organizados "por alguns membros de uma sociedade para construir uma cultura mais satisfatória". Os participantes tendiam a ter passado por "uma experiência religiosa intensa, um momento de revelação após um período prolongado de insatisfação pessoal e desilusão, e a considerar-se incumbidos de uma dupla missão: salvar a própria alma e salvar o mundo à sua volta". Coletivamente, o povo de Canudos e do Contestado buscava a salvação tanto na terra como no céu. No processo, criaram o que Wallace chamou de "cultura de transferência", destinada a reformar a sociedade imperfeita e torná-la ideal. As reivindicações de mudança dos adeptos da "cultura de transferência" não eram "fundamentalmente hostis aos membros do *establishment*". Na verdade, queriam converter o resto do mundo com palavras, e não pela força. Mas, quando o *establishment* reagiu com a força, os participantes do movimento recorreram a ela para defender-se.[8]

No Brasil, historicamente, o *establishment* reagiu com violência às reivindicações de mudança porque reconhecer a validade das políticas de identidade ameaçaria os alicerces da política dos apetites. Quando aniquilou os movimentos de Canudos e do Contestado e a Revolta da Vacina em 1904 no Rio de Janeiro, o Exército foi instrumento da política dos apetites, e nas intervenções salvacionistas de 1911-13 vários oficiais de alto coturno foram praticantes ativos dessa política. O esquema dos apetites / identidade não se aplica tão perfeitamente aos tenentes dos anos 20 nem à Aliança Liberal de 1930; contudo, no desejo de reformular o Brasil os tenentes apresentaram alguns atributos da política de identidade. Mas seu objetivo, bem como o da Aliança Liberal, foi assumir o controle de um sistema político, social e econômico intacto. Os revolucionários de 30 foram — continuando a empregar os termos de Wallace — um misto das políticas dos apetites / identidade, sendo essa uma das razões por que a década de 1930 foi tão violenta em face das lutas por dominância entre as forças políticas e sociais concorrentes. Isso também ajuda a explicar as muitas contradições do ditatorial Estado Novo, que encerrou os conflitos dessa década.

A violência foi a resposta comum às reivindicações de mudança porque o Brasil, a nação-Estado, ainda estava em formação. O rompimento com Portugal em 1822 não fornecera um cadinho para fundir as muitas pátrias regionais em uma nação brasileira, muito menos em uma nação-Estado. Durante o Império, o governo servira-se de alianças políticas nas províncias (pátrias) para obter vitórias em eleições acentuadamente restritas. Esse sistema eleitoral comprometeu o partido no poder com interesses provinciais a tal ponto que restringiu fortemente, como escreveu Roderick Barman, "a capacidade do governo nacional para empreender ações ousadas e independentes nos assuntos internos" e impediu a formação de um sistema partidário nacional forte. As pátrias, dominadas pelas parentelas, resistiram a influências e controle externos, e durante todo o século XIX os monarcas tiveram dificuldade para impor-lhes sua autoridade.[9] A monarquia repetidamente usou o Exército para manter o país coeso, suprimindo revoltas regionais entre 1817 e 1848. A formação do Brasil como entidade política exigiu que o governo central enfraquecesse a independência das pátrias. O processo de formação do Estado, que não se completara durante o Império, prosseguiu durante a República. De fato, a República expandiu o poder das pátrias, as ex-províncias agora chamadas de estados, e ao mesmo tempo procurou uma fórmula que mantivesse o país coeso. As tendências freqüentemente contrárias de descentralização e centralização exerceram pressão física, psicológica e emocional sobre o Exército, cuja única razão de existir era servir à pátria nacional. A derrota da Revolta da Armada e a supressão da guerra civil no Sul na década de 1890, assim como as intervenções salvacionistas (1911-13), podem ser vistas como parte do processo de formação do Estado ou construção da nação.

Essas ações foram direcionadas para as elites políticas; entretanto, como já mencionado, o Exército também foi usado para manter na linha as massas, ou pessoas comuns. A história política do Brasil republicano é a história do crescimento da nação-Estado brasileira. O Exército, como a única instituição nacional, foi um ator central dessa história. Levando o poder do governo central às pátrias, o Exército contribuiu para a mudança política, para a formação da nação-Estado e para o engrandecimento da pátria nacional. Como braço forte do Estado, o papel do Exército foi, usando aqui a expressão de Alain Rouquié, "a intervenção do Estado em si mesmo".[10]

Um de meus objetivos ao escrever este livro foi contar a história do Exército com base na interação entre a instituição e os homens que a moldaram e foram moldados por ela. Apresento ao leitor um grande número de oficiais cujas crenças, emoções, forças e fraquezas plasmaram a instituição e, por intermédio dela, afetaram a história do Brasil. O tema da influência mútua da instituição, seus membros e a sociedade permeia todo o livro.

Nestas páginas o leitor acompanhará o Exército brasileiro por guerras civis, rebeliões e conspirações, inteirando-se do que se passou entre os gabinetes dos ministros e as linhas de fogo. Os exércitos são instrumentos da violência organizada, e suas histórias devem refletir esse fato. Esbocei as carreiras de oficiais importantes, procurei mostrar as pressões institucionais, nacionais e internacionais envolvidas nas tomadas de decisão e me empenhei para manter o leitor a par das relações do Exército com a sociedade e com a política. Também ressaltei as redes de amizade, turmas, famílias, parentelas e clientelas que entrelaçaram o Exército e o ligaram em vários pontos com a sociedade civil.

A narrativa começa na época da queda do Império, passa por toda a República Velha ou Primeira República até seu fim, em 1930, e vai até a instauração do ditatorial Estado Novo, em 1937. Esse foi o período no qual o Exército se estabeleceu como a única instituição nacional, o braço forte do Estado. De fato, durante essas décadas o Exército estendeu o alcance do Estado central a toda a vastidão do Brasil.

Existe uma alentada série de denominações para as várias mudanças de regime no Brasil. Revolução, em especial, é um termo usado profusamente e sem grande rigor na historiografia brasileira. Os acontecimentos que conduziram à derrubada do Império em 1889 ou da República Velha em 1930 foram revoluções ou golpes de Estado? Essa questão pode muito bem ter relevância apenas para os que consideram uma revolução algo positivo e um golpe de Estado algo negativo. Os historiadores têm a escolha de usar a terminologia empregada pelos atores da época ou uma definição estabelecida com raízes no uso aceito das ciências sociais. No período coberto por este livro ocorreram três mudanças de regime: em 1889, em 1930 e em 1937. A meu ver, o termo revolução só deve ser empregado para designar levantes populares que mudam a natureza do governo e da sociedade; não acho que um evento ou conjunto de eventos desse teor tenha ocorrido no Brasil até hoje. As mudanças resultantes de cada uma dessas trocas de regime foram importantes, e as que se seguiram às duas últimas tiveram amplas conseqüências, mas não foram revolucionárias no sentido de terem sido deliberadamente um objetivo das políticas do regime popular recém-imposto. Das três, a de 1930 foi a que mais se aproximou de uma revolução popular, mas o governo resultante perdeu essa qualidade; curiosamente, a ditadura estabelecida em 1937 gradualmente assumiu algumas qualidades de um regime populista, se não popular.

O que me interessou aqui não foi o rótulo descritivo, mas o processo por trás dos eventos. Por exemplo, não vejo 1930 como uma tomada de poder pelo Exército, e sim como uma crise prolongada durante a qual a cadeia de comando do Exército desintegrou-se. O comando central no Rio de Janeiro lutou para manter o controle sobre as unidades da capital. Na realidade, ainda que não na historiografia, o Exército fragmentou-se na rebelião, e os acontecimentos no Rio de Janeiro, como o ato de pôr sob custódia o presidente Washington Luís, foram uma tentativa cosmética realizada por um pequeno grupo de altos oficiais a fim de manter alguma influência na nova ordem que estava nascendo. Eles não tiveram escolha quanto a passar ou não a autoridade para Getúlio Vargas, porque haviam perdido o controle efetivo de tudo, menos do minúsculo Distrito Federal.

Os anos de 1889, 1930 e 1937 foram anos de "mudança de regime". Em cada um desses casos, a violência inicial foi limitada, porém seguida por longos períodos de ajustamento violento. A natureza relativamente pacífica dos golpes propriamente ditos deixou uma impressão de conciliação, porém, invariavelmente, depois eclodiram tumultos. Os períodos de ajustamento nos três casos foram prolongados e envolveram autoritarismo do governo. Este livro estuda o Exército durante os dois primeiros períodos de ajustamento à mudança de regime. O que se seguiu a 1889, a República Velha, acabou fracassando e resultando na "Revolução" de 1930 e no início do processo de ajustamento mais profundo da era Vargas.

Em minhas pesquisas, segui por uma trilha bem demarcada. O pioneiro estudo de Edwin Lieuwen, *Arms and politics in Latin America* [Armas e política na América Latina], de 1960, foi o primeiro livro que li sobre as Forças Armadas na América Latina, por isso foi uma honra ter contado com os comentários desse autor sobre versões preliminares de alguns destes capítulos antes de sua morte intempestiva. Outro historiador que me incentivou foi John J. Johnson, cujo livro *The military and society in Latin America* [As Forças Armadas e a sociedade na América Latina], de 1964, mostrou que as Forças Armadas brasileiras foram diferentes de suas congêneres latino-americanas, que o militarismo no Brasil derivou "das incertezas surgidas com a abolição da escravidão, em 1888, e a derrubada do Império, em 1889" (p. 244). Embora eu concorde com as duas afirmações, estas páginas contam uma história consideravelmente mais violenta do que a que esse autor tinha em mente no início da década de 1960. Beneficiei-me das obras de Robert A. Potash sobre a Argentina, de Frederick M. Nunn, Karen Remmer e Brian Loveman sobre o Chile e a América Latina em geral, de Roderic A. Camp sobre o México e de Ronald M. Schneider e Alfred Stepan sobre o Brasil. Escolhi um enfoque um tanto diferente dos desses autores. Eles estudam principalmente a interação entre as instituições militares e a política, enquanto eu me concentrei mais na instituição militar em si. Está claro que o Exército não é totalmente separado da sociedade, porém adquiriu um status especial que influenciou suas interações com a sociedade e a política. Concordo com esses autores em que a teoria das ciências sociais deve procurar explicar como os vários segmentos da sociedade contribuem para o funcionamento do todo. Contudo, na minha opinião a história é mais do que um campo de prova para teorias e modelos; ela é um processo de pesquisa e redação para dar aos povos as histórias que moldam sua auto-imagem e identidade. As histórias que as pessoas conhecem sobre o passado influenciam o modo como pensam e agem no presente e, assim, moldam o futuro.

Exércitos são instituições fechadas, que se preocupam com a segurança e desconfiam de forasteiros. Como estrangeiro estudando o Exército brasileiro, fui duplamente forasteiro, tanto para a sociedade como para a instituição; assim, para fazer este estudo, precisei integrar-me intelectualmente. Como oficial da reserva dos Estados Unidos durante a Guerra do Vietnã, fui mandado para o serviço ativo e lecionei na Academia Militar dos Estados Unidos. Durante aqueles anos, quando tentei explicar West Point e o Exército dos Estados Unidos a meus amigos e a colegas civis do mundo acadêmico, impressionei-me ao notar como a visão de quem estava no Exército era diferente da dos que estavam de fora. Essa percepção levou-me a refletir mais atentamente sobre os problemas relacionados ao estudo de instituições fechadas e a fazer uma análise mais crítica da literatura sobre as Forças Armadas latino-americanas, particularmente as brasileiras. As dificuldades enfrentadas pelos estudiosos nos Estados Unidos para interpretar outras sociedades e suas instituições aumentam quando as organizações militares são o tema. Ademais, de 1964 a 1985 os militares dominaram o governo brasileiro e por isso, nesse período, fazer pesquisa sobre o Exército atraía suspeitas de todos os lados. Muitos intelectuais brasileiros sentiam tal hostilidade que não conseguiam entender por que alguém iria querer estudar as Forças Armadas nem como conseguiria estudá-las.

Estabelecer a credibilidade foi um grande problema. Os principais locais de pesquisa do Exército são dirigidos diretamente por oficiais da ativa. Os arquivos históricos e bibliotecas do Exército situam-se nos quartéis-generais regionais no Rio de Janeiro, e seu centro de documentação fica em Brasília, no prédio do Estado-Maior do Exército, conhecido nos meios militares como "Forte Apache". Guardas armados por toda parte não deixam dúvida de que esses são lugares sérios. Obter acesso a acervos e oficiais é demorado e frustrante, especialmente na ausência de regras e procedimentos claros. Em várias ocasiões, oficiais fizeram verificações de segurança para certificar-se de que eu não estava trabalhando para agências de inteligência americanas. Minha paciência, disposição para ouvir e freqüentes retornos convenceram os oficiais de que eu era um acadêmico independente. Deixei claro que, embora eu não fosse favorável a regimes militares, meu objetivo era compreender a história que dera às Forças Armadas um papel tão significativo no Brasil contemporâneo.

Houve ocasiões em que minhas pesquisas foram dificultadas. Documentos que eu lera no dia anterior desapareceram misteriosamente no dia seguinte. Certa vez alguns oficiais tentaram fazer com que eu fosse expulso, e em um dia memorável um general ameaçou prender-me se eu usasse "levianamente" um relatório da inteligência da década de 1930. Analisando agora, porém, vejo que esses incidentes geraram um clima de tensão criativa que me ajudou a compreender as pressões sociais que moldaram o pensamento e o comportamento do corpo de oficiais do Exército. Eu diria que a tolerância acabou se transformando em aceitação, pois fui convidado a dar palestras sobre minhas pesquisas a grupos de oficiais, e meus textos foram usados em aulas na Escola de Comando e Estado-Maior do Exército e na academia militar.

O êxito que eu porventura tenha alcançado em captar o tom e a substância da história do Exército brasileiro é resultado, em grande medida, do interesse, das recomendações, da ajuda, hospitalidade e paciência de numerosos oficiais do Exército que me receberam em seus escritórios, quartéis, escolas e casas. Eles me levaram para dentro da instituição e mitigaram minha desvantagem de forasteiro. Não há espaço para citar todos eles, mas não posso, de modo algum, deixar de mencionar vários que me auxiliaram continuamente, inclusive lendo e comentando várias partes do texto. O coronel Newton C. de Andrade Mello foi o primeiro oficial brasileiro que conheci, quando ele era adido militar em Washington no início dos anos 60; anos depois ele patrocinou minha filiação ao Instituto de Geografia e História Militar do Brasil. O coronel Luiz Paulo Macedo Carvalho foi meu conselheiro, professor, crítico, comentador, tradutor, patrocinador, editor, anfitrião e amigo. O general Carlos de Meira Mattos abriu-me muitas portas, foi um anfitrião cordial, explicou-me coisas que não estão escritas em lugar nenhum e fez a leitura crítica de meu texto. O general-de-brigada Newton Bonumá dos Santos ajudou-me a compreender as nuances e o funcionamento do sistema educacional militar e intercedeu em meu favor. E o coronel Sérgio Paulo Muniz Costa mostrou-me como os jovens oficiais de hoje vêem a história de seu Exército. Esses homens foram meus mentores, patrocinadores e amigos. No entanto, embora algumas de suas idéias possam estar nestas páginas, sou o único responsável por erros de fatos e interpretações.

Ninguém produz um livro sozinho. Thomas Skidmore convenceu-me a deixar de lado as tarefas administrativas para completar este livro "devido". Michael Corniff fez comentários úteis e perspicazes sobre várias versões. John Dulles forneceu valiosas fontes britânicas. Sonny Davis debateu as interpretações enquanto eu as desenvolvia. Embora eu tenha investido meu tempo, energia e dinheiro, o projeto não teria se concretizado sem o incentivo e ajuda financeira da American Philosophical Society, Programa Fulbright, Social Sciences Research Council, American Council of Learned Societies, Heinz Endowment, Woodrow Wilson International Center for Scholars e das numerosas subvenções, bolsas e licenças da Universidade de New Hampshire. Sou grato a meus colegas do departamento de história por suas críticas e pela força que me deram, e a Provost David R. Hiley pelo apoio fundamental. Quero agradecer especialmente a meus assistentes de pesquisa Candace Kattar e Gus Lawlor por coletarem e analisarem os dados do projeto Oficiais do Exército Brasileiro.

Sou muito grato a Norris Pope, diretor de publicações acadêmicas da Stanford University Press, pelo incansável incentivo e extraordinária paciência. Kimberly L. Brown cuidou da preparação dos originais enquanto Mariana Raykov tratou da produção. A competente revisão ficou a cargo de Joe Abbott. Quero agradecer a Elio Gaspari pelo grande empenho em chamar a atenção dos leitores brasileiros para este livro; a equipe da Companhia das Letras pela competência e pela torcida; a Laura Teixeira Motta por fazer a tradução deste livro parecer mais uma aventura brasileira, e a meu editor, Thyago Nogueira, pela atenção aos detalhes e por ser tão bom condutor.

Lamento que meus amigos da pioneira turma brasileira John Wirth e Bob Levine não tenham vivido para saber quanto influenciaram esta obra. O apoio e a confiança inquebrantáveis de John ajudaram-me a atravessar alguns momentos difíceis. Gostaria de agradecer carinhosamente a meus velhos amigos George Fodor e Andre Gustavo Stumpf por tantas gentilezas, pela hospedagem e por anos de explicações sobre a vida brasileira.

Minhas filhas Teresa Bernadette e Katherine Diane e meu genro Eric Jensen foram torcedores fiéis. Diante de minhas queixas de que o projeto estava grande demais, eles sempre se mostraram convictos de que eu o concluiria.

Não há palavras suficientes para agradecer à minha amada companheira na longa jornada desde minha descoberta do Brasil na Indiana University, passando por várias residências no Rio e em Brasília e por tantas viagens de pesquisas. Foi uma contínua aventura brasileira que deu uma tessitura distinta à nossa vida. Diane Marie Sankis McCann manteve-me voltado para a conclusão do trabalho, impedindo que eu me levasse demasiadamente a sério e me convencendo de que tudo era muito divertido. Ela suportou muito mais do que seria razoável esperar. Levei-a comigo em travessias de precárias pontes de tábuas, por trilhas de gado e operações antiguerrilha, caímos juntos em atoleiros e, uma ocasião, tivemos de correr esbaforidos para atravessar um incêndio na mata. Ela foi amável anfitriã para acadêmicos, diplomatas, políticos, oficiais do Exército, jornalistas e muitos, muitos estudantes. Por isso, em um sentido muito especial, este livro é dela tanto quanto meu.

Minha imensa gratidão a todos.

Frank D. McCann
Durham, New Hampshire
Agosto de 2007

1. Tumulto republicano

Foram mexer com o Exército,
que no tempo do Império vivia quieto no seu canto.
Corremos agora o perigo duma ditadura militar.
E daqui por diante ninguém vai fazer mais nada,
Sem primeiro ouvir e cheirar os generais.

Erico Verissimo, *O tempo e o vento*

Procurei constituir uma ditadura de paz e harmonia.

Deodoro da Fonseca, *Deodoro: A espada contra o Império*

A história não iria até ali. [...] *Nada tinha que ver naquele*
matadouro.

Euclides da Cunha, *Os sertões*

A CHEGADA DA REPÚBLICA

Na Academia Militar das Agulhas Negras há um grande e dramático retrato do marechal-de-campo Manoel Deodoro da Fonseca montado num baio no pátio do quartel-general do Exército, braço direito erguido, acenando com o casquete em resposta aos vivas dos soldados que acabavam de aderir à rebelião contra o governo imperial na manhã de 15 de novembro de 1889. Esse quadro é reproduzido em muitos livros didáticos brasileiros, em geral com legendas que associam a cena à proclamação da República. A pintura exalta o papel e a posição do marechal em relação aos outros atores do evento, mostrados em segundo plano. No momento retratado no quadro, Deodoro estava afirmando seu controle pessoal sobre os únicos soldados ainda fiéis ao gabinete do visconde de Ouro Preto, que Deodoro, alto oficial do Exército, estava decidido a depor. No dia seguinte a essa cena nasceu uma polêmica acerca do beneficiário de seu primeiro "viva", que diziam ter sido dirigido a Sua Majestade d. Pedro II. Os republicanos ferrenhos garantiam que isso era impossível. Assim como o dúbio viva, outros aspectos da conspiração contra a monarquia permanecem vagos, obscuros. Deodoro estaria totalmente ciente de que o objetivo era derrubar a dinastia imperial e não apenas o gabinete de Sua Majestade Imperial? Quem teve o papel mais importante, Deodoro ou o tenente-coronel Benjamin Constant, propagandista republicano nas escolas do Exército? O comandante do Exército, ajudante-general marechal-de-campo Floriano Peixoto, estava sinceramente tentando defender o regime em seus últimos dias ou era um agente duplo? Essas incertezas geram um espaço histórico que os criadores de mitos tratam alegremente de preencher. A lacuna historiográfica em torno de 1889 é mais do que curiosa; é um dos aspectos bizarros da história brasileira moderna e, ela própria, digna de estudo. O objetivo aqui é a história mais abrangente do Exército na República, mas não se pode desconsiderar o ponto de partida, mesmo que ele suscite ainda mais questões. Não há dúvida, porém, de que o gabinete imperial reunira-se durante toda a noite de 14-15 de novembro no Ministério da Marinha, buscando modos de salvar-se, e ao amanhecer mudara-se para um refúgio supostamente mais seguro no quartel-general do Exército, sendo logo confrontado por unidades da guarnição do Rio de Janeiro.[1]

Na década de 1880, o governo imperial mostrara preocupação crescente com a lealdade do Exército. Nos campos filosófico, emocional e material, a distância entre ambos aumentara constantemente. Os oficiais da época eram, em geral, mais instruídos que os das gerações anteriores de militares, e haviam passado boa parte da carreira em áreas urbanas, ainda que algumas destas fossem cidades pequenas com guarnições do Exército. Os escalões superiores incluíam uma profusão de veteranos da Guerra do Paraguai que se sentiam depreciados pelo regime e pela sociedade — até os alunos das escolas militares e os oficiais subalternos ridicularizavam suas medalhas de guerra. A maioria dos oficiais vivia do soldo, e por isso seu bem-estar econômico e seu orgulho profissional ressentiam-se da morosidade do sistema de promoções. Não tinham nada em comum com os grandes proprietários de terras que produziam o açúcar e o café exibidos no brasão do Império. Idealmente, as promoções estavam associadas ao mérito, mas muitas vezes a influência política e o apadrinhamento de oficiais superiores determinavam quem era favorecido. Capitães podiam esperar de dez a quinze anos para chegar a major, o que incentivava a rotina burocrática em detrimento do empenho no treinamento e nos estudos. Os generais de 1895 tinham em média 39 anos de idade na época em que foram promovidos a major.

Quando os oficiais olhavam para o gabinete imperial e os vários ministros, viam cada vez menos altos oficiais em posições elevadas, ocupadas agora por bacharéis das faculdades de direito de São Paulo e do Recife que eles zombeteiramente chamavam de "casacas". A escassez de oficiais na cúpula política gerava o sentimento de distanciamento e desvinculação do governo. O abismo entre as elites civis e militares crescia. A missão do Exército não estava claramente definida, e por isso a educação militar tomava direções contrárias ao desenvolvimento de uma força profissional. Os formandos recentes das escolas militares haviam sido imersos em um currículo mais voltado para as humanidades e a ciência teórica do que para as artes e práticas militares. Quando recebiam o diploma de bacharel em matemática ou ciências naturais e físicas, intitulavam-se doutores e eram tratados por "doutor tenente". Nas fileiras subalternas a pretensão era muito menor; ex-escravos e a escória da sociedade compunham grande parte dos praças, recrutados por esquadrões de alistamento compulsório. Uma lei de 1874 proclamou o alistamento universal para um sorteio militar, mas nunca foi implementada, para grande frustração, veementemente expressa, do corpo de oficiais. Na verdade, o serviço militar era parte do sistema penitenciário do Império, e os oficiais ressentiam-se do impacto negativo que isso tinha sobre seu prestígio social e sobre a imagem de sua instituição.[2]

Jovens oficiais, particularmente, sentiram-se atraídos pelo Partido Republicano após sua formação, em 1870, e um deles, o capitão dr. Luís Vieira Ferreira, ajudara a redigir o célebre manifesto republicano daquele ano e participara da publicação do jornal *A República*. A escola militar tornou-se um fértil campo de debates e conversões para a causa republicana. Em 1880 muitos oficiais solidarizaram-se com os instigadores dos protestos e tumultos apelidados de Revolta do Vintém, ocasionados pela imposição de uma taxa sobre as tarifas de bonde. Essa foi uma ati-

tude interessante, uma vez que a taxa onerava principalmente as classes desfavo-
recidas. Vários oficiais de baixa patente deram aos republicanos informações
sobre um depósito de armas em uma fortificação no Rio de Janeiro e prometeram
retardar os reforços até que os conspiradores pudessem apoderar-se das armas.
Como não há referências ao resultado do plano, ele parece ter sido abortado ou
malogrado, mas também cabe notar que outros oficiais comandaram soldados
que ajudaram a polícia a conter os amotinados.[3] As atitudes dos oficiais, e sem
dúvida seu comportamento, não foram monolíticos.

Em outubro de 1883 um jornal do Rio, *O Corsário*, criticou o mau uso do
recrutamento para fins políticos e menosprezou os oficiais que exigiam liberdade
para questionar publicamente a política do governo. Em resposta, um grupo de
oficiais e soldados de cavalaria invadiu e destruiu a tipografia do jornal. A polícia
não interveio nem os perseguiu. Posteriormente, naquele mês, o editor, Apulcro
de Castro, temendo pela vida, foi ao quartel-general da polícia pedir proteção.
Enquanto isso, uma multidão de aparência suspeita reuniu-se do lado de fora do
prédio. O chefe de polícia reconheceu oficiais do 1º Regimento de Cavalaria e solicitou ajuda ao ajudante-general, que enviou seu auxiliar, um capitão. Esse oficial
falou com os homens na rua e em seguida convenceu Castro de que o escoltaria
em segurança. Mal a carruagem em que estavam começara a afastar-se quando
homens em trajes civis, usando barbas falsas, atacaram e mataram o pobre editor
a facadas e tiros. Ele morreu no vestíbulo do quartel-general da polícia. O capitão
tirou licença-saúde por várias semanas, e o chefe de polícia foi demitido. Um
inquérito formal nomeou onze oficiais, mas nenhum deles foi preso nem julgado.
Entre os atacantes estava o capitão Antônio Moreira César, que tempos depois
seria figura de grande relevo na guerra civil e na campanha de Canudos. Os debates sobre o caso no Parlamento levaram à queda do gabinete.[4]

Também em 1883 o major Frederico Sólon Sampaio Ribeiro e numerosos
oficiais reuniram-se com Quintino Bocaiúva, Saldanha Marinho, Aristides Lobo e
outros republicanos a fim de formular um plano para proclamar a República. À
medida que o movimento abolicionista ganhou fôlego, foi-se associando à insatisfação no Exército. Na Câmara dos Deputados, Joaquim Nabuco declarou: "O
governo está empregando o nosso Exército em um fim completamente estranho
a tudo o que há de mais nobre para o soldado. O governo está empregando os soldados brasileiros como capitães-do-mato na pega de negros fugidos!". A abolição
também acabou mesclada a um debate sobre a segurança nacional quando relató-

rios do Sul alertaram sobre a possibilidade de guerra com a Argentina em razão da disputa de fronteira entre as Missões e Santa Catarina. O gabinete do Partido Conservador então no poder queria aumentar os gastos militares, mas o Exército, apoiado por seus aliados parlamentares, disse que não podia ir à guerra com escravos em suas fileiras, como ocorrera em 1865.[5] Os oficiais almejavam um Exército de cidadãos-soldados defendendo sua pátria. A abolição, a seu ver, era uma medida de defesa nacional. Em 1884, o ajudante-general, marquês da Gávea, dono de grande escravaria em suas terras ao norte de Angra dos Reis, repreendeu o coronel Antônio de Sena Madureira, comandante da escola de artilharia, por receber a visita de um dos jangadeiros que militara na luta para abolir a escravidão no Ceará. O coronel Sena era o especialista brasileiro em assuntos militares europeus, um dos mais respeitados oficiais do Exército, amigo do imperador e de seu genro, o conde d'Eu. Sua recusa em aceitar a reprimenda do idoso Gávea argumentando ter de reportar-se apenas ao chefe da artilharia, conde d'Eu, aumentou consideravelmente as tensões. Gávea recusou os pedidos de oficiais para serem dispensados da tarefa de caçar escravos.[6]

Oficiais, e até mesmo unidades inteiras, durante todo o Império se haviam associado ao movimento abolicionista, em alguns casos negando-se a obedecer ordens para perseguir grupos de escravos fugidos. Já em 1881 o 15º Batalhão fora transferido de Fortaleza para Belém por declarar-se uma sociedade abolicionista. Identificar-se com um movimento reformista como esse e decidir obedecer ou não às ordens com base em padrões extramilitares contribuiu para distanciar os oficiais das normas sociais e políticas vigentes e acostumou-os a estabelecer seus próprios critérios de obediência.[7] Quando a princesa regente aboliu a escravidão, em maio de 1888, os oficiais haviam absorvido tanta propaganda republicana em seus estudos na escola militar e na Escola Superior de Guerra que estavam prontos para substituir os ideais abolicionistas pelos republicanos como o necessário para fazer do Brasil uma pátria livre.

Nas sombras, por trás disso tudo, grupos secretos de oficiais e estudantes militares conversavam, discutiam e tramavam. A idéia de um terceiro reinado veio à baila muitas vezes depois que a saúde de d. Pedro se deteriorou devido ao diabetes. Sua herdeira, Isabel, era casada com um nobre francês, o conde d'Eu, que, apesar de ter servido no Paraguai e empenhar-se pelos interesses do Exército, despertava desconfiança entre o corpo de oficiais. A idéia de Isabel renunciar em favor do filho também não agradava. As discussões públicas e privadas entre os oficiais quanto ao futuro finalmente solapariam suas lealdades cada vez menos firmes à dinastia de Bragança.

Os oficiais também acreditavam nos rumores de que o governo planejava desbaratar o Exército. Certamente o gabinete procurava enfraquecer a capacidade de pressão do Exército sobre a Corte Imperial afastando unidades do Rio e deliberando sobre o revigoramento da Guarda Nacional, que estava em declínio desde que uma lei de 1873 reduzira o número de seus oficiais e limitara sua convocação a crises nacionais causadas por guerra externa ou rebelião interna. Não demorou para que suas manobras anuais de treinamento consistissem em políticos trajando fardas vistosas e marchando empertigados sem nenhum soldado para comandar.

Sérgio Buarque de Holanda criticou a idéia da substituição como a ressurreição de um mito da década de 1830, afirmando que a memória histórica sobre a Guarda Nacional fora distorcida; explicou que naquela época a guarda não fora criada para substituir o Exército Imperial, como muitos asseveravam; seu propósito, na verdade, fora ajudar o Exército a manter a ordem. Para corroborar seu argumento, ele ressaltou que um dos principais organizadores da Guarda Nacional fora nada menos que Luís Alves de Lima e Silva, futuro duque de Caxias e "patrono" moderno do Exército.[8] Em meio à crise de 1889, o gabinete realmente cogitou em deslocar algumas unidades para longe da capital e possivelmente reestruturar a guarda, mas as conversas não se converteram em ação. De fato, em 1889, em vez de diminuir o tamanho do Exército, o governo aumentou o efetivo autorizado em mais de 3 mil homens.[9] A realidade não tinha o vulto imaginado pelos oficiais.

Ao analisar a crise militar da década de 1880, talvez os historiadores não tenham dado atenção suficiente aos quadros de organização e cadeias de comando. Sabe-se muito bem que após a Guerra do Paraguai (1865-70) o Exército sofreu uma série de ajustes, um dos quais para restaurar a cadeia de comando dos tempos de paz. O Exército foi dividido em guarnições provinciais, cada qual chefiada por um comandante das armas subordinado ao presidente da província, que supervisionava as tropas em sua província. Esses presidentes em geral eram civis com patentes militares honorárias, na tradição dos governadores-gerais portugueses no período colonial. As decisões dos comandantes estavam sujeitas à aprovação do presidente civil da província.[10] É verdade que às vezes um comandante podia ter ambas as atribuições, ou que o presidente podia ser um oficial, mas normalmente a estrutura de comando deixava o controle em mãos de civis. No topo da cadeia de comando estava o imperador, que era o "generalíssimo" das Forças Armadas; como monarca, ele era *ipso facto* um soldado, e um de seus títulos era o de "perpétuo defensor do Brasil". Durante a guerra a intromissão dos civis na estrutura militar dos tempos de paz foi removida, pois as forças em campanha organizaram-se em um exército combatente longe dos políticos civis de seus locais de origem. D. Pedro II manteve sua imagem usando o uniforme simples de um Voluntário da Pátria e obstinadamente exigindo a vitória total. Terminada a guerra, tornar a submeter-se ao velho sistema de guarnições provinciais foi oneroso para os veteranos combatentes. Na esfera nacional, o imperador generalíssimo estava cada vez mais enfermo e mais distante dos assuntos de Estado, o que significava que os altos oficiais não mais tratavam com seu líder "natural", um soldado como eles, e sim com políticos eleitos, maculados por alianças partidárias.[11]

A alienação entre o Exército e o sistema político vigente acirrou-se com a Questão Militar da década de 1880, quando oficiais foram punidos por fazer críticas ao governo em público. Em 1886 e 1887 oficiais de diferentes afiliações políticas haviam-se unido em defesa de interesses do Exército, os quais, a seu ver, estavam sendo ameaçados pelas penalidades impostas a seus colegas que haviam ousado manifestar-se. A união e a oposição pública desses oficiais forçaram o governo a cancelar as punições censuráveis. Em junho de 1887, no calor da vitória, eles fundaram o Clube Militar, uma organização para debates totalmente fora da estrutura do Exército, e em outubro daquele ano dissociaram-se das oligarquias agrárias, solicitando à princesa regente que, "em nome da humanidade e da honra da própria bandeira que defende", eximisse o Exército da abominável missão de caçar escravos fugidos. O corpo de oficiais, assim, mostrou uma opinião mais afim à dos setores médios urbanos, de onde provinham muitos de seus membros. Mas note-se que agora eles estavam saindo da cadeia normal de comando para expressar seu descontentamento diretamente ao trono. Nesse processo, o corpo de oficiais tornou-se um ator ainda mais poderoso no palco nacional. O Clube Militar patrocinou a infrutífera campanha de Deodoro para o senado imperial, e seus membros participaram das constantes discussões políticas nos restaurantes, alfaiatarias e bordéis, também situados na então badalada rua do Ouvidor, Rio de Janeiro.

De fato, mas não segundo um plano definido, gradualmente a oficialidade distanciou-se emocional e politicamente das instituições básicas do Império. A postura com respeito à escravidão separou os oficiais dos mais obstinados membros da oligarquia agrária e escravocrata. Houve também um afastamento em direção a uma postura mais secular. De 1881 até a formação do Clube Militar, o principal meio de reunião e organização dos oficiais fora a Irmandade de Santa Cruz dos Militares, que se congregava na igreja de mesmo nome, na rua Primeiro de Março. Mas o passo mais decisivo seria cortar os laços da lealdade do Exército ao imperador, o que, por requerer a violação de juramentos, era assunto grave para uma organização militar na qual vidas dependiam do cumprimento da palavra.

O estado de espírito de Deodoro, como o de muitos oficiais, parece ter sido afetado pelo fato de o ministério descumprir as determinações do imperador, em novembro de 1888, para que se implementasse a decisão do Conselho Superior de Justiça Militar de limpar a ficha dos oficiais que haviam sido punidos por manifestar com franqueza suas opiniões. Deodoro escreveu duas vezes ao imperador pedindo-lhe que forçasse o ministério a agir; caso contrário, disse ele, os oficiais veriam o contínuo descumprimento como aprovação aos "insultos" ao orgulho, honra e dignidade do Exército. "A obediência do soldado não vai até o próprio aviltamento", escreveu Deodoro; "o soldado é obediente, mas não servil; e àquele a quem não repugnaram atos de baixeza e servilismo não é digno da farda que veste, farda que é a mesma que V. M. Imperial honra trazendo-a." Em vez de receber uma resposta do imperador, Deodoro foi demitido do posto de quartel-mestre-general, o segundo na hierarquia do Exército. Tornou a escrever, agora em tom mais contundente, a Sua Majestade Imperial: "Atendei, senhor! O que os militares pedem é tão justo e é tão pouco [...] a coisa [é] [...] grave. [...] A coisa é muito séria, Senhor! [...] Vosso ministério vos atraiçoa — pelo menos nesta causa!". Ele ameaçou renunciar à farda caso sua petição fosse negada. O ministro da Guerra queria reformá-lo, mas o imperador recusou, e por isso quem renunciou foi o ministro, cujo substituto ordenou que as fichas fossem limpas, mediante petição dos oficiais envolvidos. Mas, em vez de a crise arrefecer, os oficiais recusaram-se a fazer a petição. Isso não seria admitir que haviam errado? Os ânimos tornaram a inflamar-se. O governo proibiu os oficiais de usar as linhas telegráficas, para impedir que os oficiais nas províncias expressassem solidariedade com seus colegas ultrajados no Rio. José Antônio Corrêa da Câmara, marechal honorário do Exército e visconde de Pelotas, escreveu a Deodoro: "não podemos mais parar sem que seja resolvida honrosamente a questão; porque isso importaria em recuar, trazendo como conseqüência o nosso aniquilamento moral".[12] Como essa atitude era generalizada no corpo de oficiais, evidencia-se que ali estava um grupo de homens que se sentiam perseguidos, ameaçados e acuados. Muitos oficiais queixavam-se de que os civis, especialmente os "casacas", nome pejorativo com que designavam os políticos, muitos dos quais eram bacharéis em direito, não entendiam de assuntos militares e eram dados a vender a pátria.

Essa ignorância dos civis deve ter sido frustrante, mas justificava derrubar o governo? Heitor Lyra, em seu magistral estudo da queda do Império, observou que os oficiais normalmente eram tão ignorantes dos assuntos civis quanto os civis dos assuntos militares, e que as disputas entre os dois grupos nunca giravam em torno de questões estritamente militares. "Esses desentendidos só apareciam quando era o contrário que se dava, isto é, quando o oficial saía dos limites de sua profissão e se introduzia na vida civil do País", afirmou Lyra. Era como se os oficiais acreditassem que a força lhes dava o direito, que sua vontade devia prevalecer sobre a autoridade civil, e não o inverso. Lyra ressaltou que, usando as armas que a nação lhes confiara, eles se justificavam alegando estar defendendo a honra de sua classe, a qual identificavam com a honra da pátria. Para Lyra, a definição de honra dos oficiais era vaga e demasiado elástica.[13]

Teoricamente, e pensando em bases internacionais, pode-se dizer que a identidade individual e os sentimentos de auto-estima e satisfação de um soldado estão vinculados a seu senso de participação e integração em uma identidade coletiva maior. Um senso de honra compartilhado serve de ligação entre o soldado individual e a identidade coletiva ou corporativa. A formação da identidade pessoal ocorre por meio da socialização, que envolve uma contínua revisão da auto-imagem do indivíduo. O treinamento do Exército visa a transformar um civil de mentalidade independente em um soldado disciplinado cuja auto-estima provém da fusão de sua individualidade com os objetivos coletivos e as exigências de sua unidade.[14]

Honra, dever, país e disciplina são lemas do vocabulário militar no mundo todo. O Exército czarista russo nas décadas de 1880 e 1890 mantinha tribunais de honra regimentares que determinavam como os oficiais ofendidos deveriam responder a insultos. Na Rússia "a defesa da honra era característica fundamental da identidade coletiva do corpo de oficiais. Um insulto à pessoa do oficial, a seu regimento, ao Exército como um todo ou ao czar requeria resposta instantânea".[15] Duelos de honra eram comuns em muitas sociedades do século XIX. Nos Estados Unidos o mais famoso desses duelos foi entre Aaron Burr e Alexander Hamilton, dois ex-oficiais. Os oficiais do Exército americano duelavam apesar de existir regulamento proibindo o ato desde o início daquele século; até mesmo o general Winfield Scott, que redigiu o regulamento, desafiava para duelos. No Exército americano, a honra estava ligada ao cumprimento adequado do dever, que consistia em executar ordens lícitas. Evidentemente, o Exército americano possuía seus problemas específicos de honra e obediência, como demonstrado pela divisão em forças opostas na Guerra de Secessão; mas, de modo geral, a obediência era considerada honrosa, e as transgressões eram punidas.

No Brasil, a obediência era complicada pela longa e disseminada existência da escravidão. Um homem não podia ser totalmente submisso a outro sem sofrer perda de status ou dano a seu ego, a menos que o outro inquestionavelmente gozasse de status superior. A obediência nessa sociedade e nas Forças Armadas era mais complexa do que a idéia de simplesmente cumprir a obrigação auto-assumida de executar ou acatar uma decisão consensual. No Brasil, obediência significava submeter-se à vontade de outro, aceitar um status inferior, o que era indesejável. É preciso compreender também as noções díspares de igualdade. Nas Forças Armadas norte-americanas, a igualdade só era possível entre oficiais de patente e tempo de serviço iguais; entre seus pares é que eles podiam ser comparados e diferir, não se parecer com ninguém mais dentre os de sua categoria. Evidentemente, os limites externos de diferença e conformidade eram sabidos de todos e estabelecidos pela experiência dos oficiais na academia. Na sociedade brasileira, a igualdade, segundo Roberto Kant de Lima, implicava uma "similaridade de status, [...] [e] uma assumida semelhança de perspectiva acerca da ordem estabelecida, estipulada não pela opinião individual, mas pela perspectiva obrigatória resultante da mesma posição social na hierarquia".[16] Essas definições divergentes afetaram o modo como o comando foi exercido nos dois exércitos; o consenso era mais importante no sistema brasileiro, onde um oficial não podia dar-se ao luxo de ser demasiado independente ou diferente da norma. A vida militar relativamente fechada e os efetivos pouco numerosos favoreciam a endogamia social da oficialidade e ajudavam a preservar e intensificar essas atitudes e comportamentos.[17]

A República nasceu de uma contradição. Como um ato ilegal, de traição, pôde criar uma ordem política legal e segura? O artigo 15 dos artigos de guerra do Exército determinava o enforcamento como punição por motim ou traição e inclusive por ter conhecimento de tais atos e não os impedir. Portanto, os oficiais e praças que participaram dos acontecimentos de 15 de novembro de 1889 haviam decidido transgredir a lei que governava suas vidas. Muitos testemunhos indicam que a intenção inicial, sem dúvida a de Deodoro da Fonseca, era substituir o gabinete imperial em exercício, mas, antes de encerrar-se o dia, Deodoro foi manipulado para que proclamasse a República. O relato usual afirma que ele vacilou até o último instante. E os historiadores gostam de citar declarações como a de uma carta de setembro de 1888 a um sobrinho que então cursava a escola militar no Rio Grande do Sul, advertindo-o de que devia manter-se longe das questões republicanas porque "República no Brasil é desgraça completa — é a mesma coisa": os brasileiros careciam da educação e do respeito para fazê-la funcionar.[18]

Essa interpretação retrata Deodoro derrubando uma monarquia à qual devotara sua vida, para dar ao Brasil uma forma de governo na qual ele não punha fé. Essa linha de raciocínio situa uma questão de importância fundamental na esfera de um capricho. Algo profundo deve ter motivado Deodoro e os oficiais conspiradores a pôr de lado seus juramentos solenes de defender o imperador e o Império. Todo oficial jurara, sobre o Novo Testamento: "Como bom e leal súdito a Sua Majestade Imperial, obedecerei, com a mais exata prontidão e respeito, aos Artigos de Guerra, Regulamento e Ordenanças Militares, e a todas as ordens dos meus superiores concernentes ao Imperial serviço [...] até derramar todo o meu sangue em sua defesa, [e em defesa] da Independência do Império, do sistema Constitucional nele adotado e da Dinastia Imperial". Obviamente, uma frase parecia fornecer uma ressalva conveniente: o juramento aplicava-se a "quanto me for possível".[19] Faltando com sua palavra de honra, os oficiais estavam pondo a si mesmos acima da lei, reivindicando um status especial que lhes conferia uma ligação supragovernamental com a pátria. Para estabelecer uma nova ordem, a ordem antiga teve de ser traída, mas nesse processo a nova nasceu com a mancha da traição.

Por outro lado, analisando a situação com mais sensibilidade para o aspecto cultural, talvez os oficiais houvessem adquirido uma nova perspectiva comum sobre o modo como a pátria devia ser ordenada. Segundo essa nova perspectiva, as velhas regras haviam deixado de funcionar. A lei e a necessidade de obediência não tinham mais validade; não obrigavam mais à obediência.

Naquela manhã de novembro, quando a tropa marchou pelo Rio de Janeiro até o quartel-general defronte ao Campo de Santana, Deodoro pode ter considerado intacto seu juramento, pois seu objetivo era substituir o gabinete, o que, embora constituísse violação dos artigos de guerra, era, de certa forma, um crime menos grave que transgredir as partes do juramento relacionadas ao imperador e à dinastia. Mas, independentemente de sua intenção envolver violações menores ou maiores, todas implicavam a pena de morte. Na prática, o Exército estava subordinado ao gabinete civil, e não ao imperador, que mantinha certo distanciamento da gestão cotidiana do governo. Confrontando o gabinete no quartel-general do Exército, Deodoro anunciara que seus membros estavam depostos e que os nomes para o novo gabinete seriam submetidos ao imperador. Naquele momento, suas intenções pareciam ser limitadas, mesmo que tecnicamente constituíssem insubordinação.

Embora grandes forças estruturais estivessem atuando nessa mudança de sistema, os participantes eram pessoas reais movidas por emoções e sentimentos que moldaram suas ações e, assim, os destinos do país. Nas primeiras horas de 15 de novembro, Deodoro recusara-se a ir ao palácio de verão em Petrópolis para falar com o imperador receando perder o autodomínio e a determinação. À tarde, no Rio, em meio a apressadas discussões entre, de um lado, os conspiradores, e, de outro, o imperador e os monarquistas, d. Pedro II deu a entender que convidaria o senador Gaspar da Silveira Martins, arquiinimigo de Deodoro, para formar um novo gabinete. Os republicanos, que vinham pressionando o enfermo, exausto e agora ofendido general durante horas, disseram a Deodoro que derrubar o Império era o único modo de impedir que seu inimigo assumisse o poder.[20] Assim, num assomo de irritação, Deodoro, um monarquista, destinou o Império ao esquecimento e fez do Brasil uma República.

Neste primeiro capítulo examino o Exército de 1889, a comoção da década de 1890 e o desastre de Canudos. Mostro que, em vez de passar por uma transição pacífica de monarquia a república, o Brasil atravessou uma década de sofrimento e carnificina que contribuiu para a formação da conservadora República Velha, restringiu as reformas políticas e sociais subseqüentes e manteve o papel repressivo do Exército.

O EXÉRCITO DE 1889

Um perfil do Exército no ocaso do Império servirá de base para o exame das mudanças e continuidades das décadas seguintes. Era uma força pouco numerosa, composta de aproximadamente 13,5 mil homens divididos pelo território brasileiro em cinqüenta regimentos e batalhões com menos de trezentos homens em média em cada um; essas unidades, juntamente com uma unidade de transporte e

TABELA I.I

DISTRIBUIÇÃO DO EXÉRCITO BRASILEIRO EM 1889

UNIDADES	RS	PR	RJ	MT	SC	SP	MG	PE	BA	NE[a]	GO	PA	AM[b]	TOTAIS[c]
Infantaria	8	1	6	3	1	—	—	2	2	4	1	1	3	32
Cavalaria	5	1	1	1	—	1	1	—	—	—	—	—	—	10
Transporte	1	—	—	—	—	—	—	—	—	—	—	—	—	1
Artilharia	3	1	2	1	—	—	—	—	—	—	—	1	—	8
Engenharia	1	—	1	—	—	—	—	—	—	—	—	—	—	2
Totais	18	3	10	5	1	1	1	2	2	4	1	2	3	53

FONTE: Ministério da Guerra, Almanak do Ministério da Guerra no anno de 1889 (Organizado na Repartição de Ajudante General sendo chefe interino desta repartição o Exmo. Sr. Marechal de Campo Floriano Peixoto), Rio de Janeiro, Imprensa Nacional, 1889), p. xii.

NOTA: As unidades de infantaria e engenharia eram chamadas de batalhões, as de cavalaria eram regimentos, e as de artilharia eram divididas em quatro regimentos de artilharia de campo e quatro batalhões com posição fixa em defesas portuárias.

[a] Nordeste do Brasil: 1 São Luís, 1 Fortaleza, 1 Maceió, 1 Paraíba.

[b] Amazônia: Tipos e tamanhos das unidades não especificados em guarnições dos fortes nos rios Branco, Negro e Madeira.

[c] Total de unidades = 50, mais a unidade de transporte e as guarnições dos fortes na Amazônia.

com as guarnições na fronteira e nos fortes na Amazônia, eram controladas por três quartéis-generais de brigada, dois no Rio de Janeiro e outro em Curitiba. O corpo de oficiais tinha um efetivo autorizado de 1595 homens. A Tabela 1.1 dá uma idéia da distribuição das unidades; as maiores concentrações estavam no Rio Grande do Sul e Rio de Janeiro, situação essa que permaneceria por mais um século. Havia mais unidades de infantaria (32) do que de cavalaria e artilharia (dezoito), que eram mais dispendiosas. Embora isso refletisse a distribuição de armas convencional no campo de batalha, também estava relacionado a verbas reduzidas para as Forças Armadas, a uma postura externa defensiva e a missões de controle internas.

O oficial que comandava o Exército era o ajudante-general. Esse posto, que fora criado em 1857, era duplamente poderoso, pois seu ocupante comandava diretamente a guarnição da Corte Imperial e da província do Rio de Janeiro, cujas tropas atuavam como esteio do governo em momentos de crise. Assim, o ajudante-general necessariamente tinha importância política. Suas tarefas compreendiam desde a administração do pessoal até o planejamento e execução de operações. Como em geral o ministro da Guerra durante o Império fora um civil, essa estrutura reconhecia simultaneamente a autoridade civil e a responsabilidade militar. Em 1889 três oficiais ocuparam o posto, sendo o último o marechal-de-campo Floriano Peixoto (a partir de 8 de junho de 1889). Depois que o Estado-Maior do Exército substituiu as funções do ajudante-general, em 1889, houve contínua luta entre os ministros da Guerra — que, com uma exceção, foram oficiais-generais — e os chefes do Estado-Maior, cada qual, talvez, tentando reaver o poder anterior do ajudante-general.

O Exército também administrava colônias militares no Rio Grande do Sul, Santa Catarina, São Paulo, Mato Grosso, Goiás, Pará e Amazonas, que envolviam os oficiais em numerosas atividades relacionadas ao desenvolvimento da infra-estrutura e davam ao Exército a percepção institucional das condições nas regiões de fronteira. Essas colônias, originadas na década de 1850, eram povoadas sobretudo por imigrantes estrangeiros, particularmente nas províncias meridionais. Existiam para fortalecer as reivindicações a territórios fronteiriços disputados e povoar as áreas internas na fronteira.[21]

Boa parte do corpo de oficiais provinha de áreas urbanas litorâneas, oriundos principalmente de famílias sem condições de dar outras opções de carreira a seus filhos. Muitas dessas famílias, talvez a maioria, pertenciam aos setores médios da sociedade. As oportunidades educacionais no Brasil em fins do século XIX eram extremamente limitadas devido à escassez de ensino público em geral e de universidades em particular. As famílias que não podiam arcar com os custos das faculdades de direito e medicina aconselhavam os filhos a tentar ingressar em uma das três escolas militares, situadas no Rio de Janeiro, Porto Alegre ou Fortaleza. Essas escolas, em especial a da Praia Vermelha, no Rio, prepararam muitos dos líderes e intelectuais que influenciaram o pensamento e as instituições brasileiras.

No início dos oitocentos, para tornar-se cadete o jovem tinha de provir de família de nobres ou militares, mas esses requisitos gradualmente desapareceram, e, em meados do século, as escolas do Exército atraíam homens ambiciosos em busca de educação não dispendiosa. Embora houvesse cursos de engenharia militar e arte da guerra, a filosofia e a literatura competiam com êxito pela atenção do cadete, ao lado do ensino de matemática, física e outras ciências. De fato, a separação entre ciência e humanidades era vaga, e o coronel Benjamin Constant Botelho de Magalhães, professor de matemática, era o principal expoente da filosofia positivista. A ênfase do positivismo na ciência e autoridade, na ordem e progresso, fornecia uma visão de ativismo do Estado dirigido por tecnocratas, o que agradava a homens que não escolhiam a carreira militar por amor à profissão das armas, mas como veículo de ascensão pessoal. O positivismo também proporcionou uma visão crítica da ordem existente que serviu para enfraquecer o comprometimento da oficialidade com o Império. De fato, alguns de seus expoentes julgavam que as Forças Armadas não tinham mais propósito, que logo o iluminismo se disseminaria por todas as nações civilizadas, as quais eliminariam seus exércitos e armadas e buscariam o progresso científico em um mundo ordeiro e pacífico. Essa atitude utópica não favorecia o preparo militar. Mesmo assim, vários homens educados em escolas militares desempenhariam papel fundamental no desenvolvimento da imagem que a elite tinha de si mesma e da nação brasileira. Em 1890, em uma população nacional estimada de aproximadamente 14 milhões de pessoas, das quais 85% eram analfabetas, as poucas centenas de oficiais formados nas escolas militares nos últimos anos do Império influenciaram a sociedade em um grau desproporcional à sua porcentagem na população. Diplomados como Alfredo d'Escragnolle Taunay e Euclides da Cunha escreveram livros que moldaram a identidade nacional brasileira.[22]

O problema era que o currículo escolar "visava mais à construção do Brasil do que a sua defesa".[23] Tinha mais características de um programa de estudo civil do que militar, o chamado fenômeno do bacharelismo. A educação militar era menosprezada. O próprio Exército não realizava manobras de campanha desde 1880, e os praças e oficiais raramente faziam treinamento de tiro ao alvo. Era um tipo de educação que produzia escritores, burocratas e políticos, mas não comandantes de campanha competentes. Ainda assim, oficiais dedicados à profissão militar escreveram artigos sobre uma ampla gama de temas na principal publicação militar da época, a *Revista do Exército Brasileiro* (1882-89).[24]

Os oficiais enviados para servir em unidades no interior encontravam condições e pessoas que poucos de seus colegas intelectuais civis nas cidades costeiras europeizadas tinham oportunidade de observar. Para a maioria destes últimos, o "interior" começava nos limites da cidade e era atemorizante, selvagem e habitado por gente não civilizada. Vários relatórios ministeriais do Exército referiram-se aos Estados Unidos e países europeus como "nações civilizadas", como se o Brasil não o fosse. Essas imagens do Brasil levariam, no período estudado neste livro, à adoção de políticas que fariam do Exército brasileiro um instrumento de controle social com uma suposta missão civilizadora. O Exército também ampliaria o alcance do Estado brasileiro em expansão até os rincões mais longínquos do território nacional.

A vida no Exército não era nada cômoda. Em 1889 os quartéis em todo o país estavam em más condições. Muitos ficavam em prédios alugados toscamente adaptados para uso militar. A comida servida à tropa dependia da duvidosa habilidade dos cozinheiros, do acesso do comandante às verbas e de sua disposição para alocá-las para a cozinha. Os praças eram em sua maioria "voluntários", homens que haviam sido fisicamente coagidos ao serviço militar, recrutados entre os menos instruídos e mais pobres. E, como a maioria das pessoas de pele escura era pobre, os praças eram predominantemente negros e mulatos. Soldados com bom comportamento podiam receber permissão do comandante para casar ou coabitar e, assim, escapar de viver no quartel, embora em alguns lugares o casal pudesse ganhar um cômodo no prédio ou um espaço para construir uma cabana no terreno do quartel. Em muitos lugares, famílias de soldados moravam em cabanas nas vizinhanças da caserna. A maioria dos oficiais era branca, embora o termo "branco" não fosse tão rigoroso quanto na América do Norte e na Europa. O coronel do batalhão ou regimento controlava todos os aspectos da vida de seus subordinados, inclusive a remuneração. Em geral, ele morava com outros oficiais em uma pensão ou pequeno hotel local que fornecia quarto e comida. Muitos oficiais desposavam mulheres do Rio Grande do Sul ou da região do Rio de Janeiro porque a maioria deles servia nesses lugares quando estava em idade de casar. As esposas em geral não os acompanhavam às áreas mais remotas onde não havia conforto, vida social, escola para as crianças e assistência médica. Por isso, não surpreende que os oficiais se empenhassem em ser designados para servir no Rio de Janeiro, sendo Porto Alegre a segunda opção. Acima da patente de capitão, os oficiais contavam com os serviços de onipresentes ordenanças. O treinamento era pouco, geralmente administrado por um sargento ou cabo, e consistia no manejo regulamentar de armas de fogo, exercícios de ordem unida e familiarização básica com armas em geral. Os praças guardavam prédios públicos, patrulhavam ruas e ocasionalmente perseguiam bandidos, deveres que em nada contribuíam para a prontidão operacional do Exército.

O Exército, como o Império, era oficialmente católico. Todo dia, na reunião das nove da noite, os soldados rezavam o terço e a litania de Nossa Senhora da Imaculada Conceição. As missas eram obrigatórias aos domingos e dias santos. As necessidades espirituais dos soldados ficavam aos cuidados de um corpo eclesiástico de aproximadamente cinqüenta padres. Com a chegada da República, a súbita extinção desse corpo e das várias práticas religiosas obrigatórias indicou que os oficiais influentes não aprovavam as relações do Exército com a Igreja.

Oficiais e praças usavam fardamento inspirado nos dos exércitos francês e prussiano. A cor predominante era o azul-escuro, às vezes com calças brancas, embora também houvesse uma farda branca. Como em outras partes, a idéia de um prático uniforme cáqui para uso em campanha estava ainda em um futuro distante. As divisas eram usadas na parte inferior da manga. Via de regra, em matéria de farda o Exército brasileiro mantinha-se em dia com a moda "das nações mais avançadas", como afirmavam relatórios ministeriais. Oficiais e praças usavam cabelos compridos, e eram comuns os bigodes de pontas viradas.

Os soldados de infantaria em 1889 eram armados com fuzis Comblain de retrocarga, mas algumas unidades ainda usavam fuzis de antecarga de meados do século conhecidos como Miniés. Os Comblains usavam pólvora negra para disparar balas de 12 mm a uma distância máxima de 1200 metros. A cavalaria usava carabinas de repetição Winchester (modelos 1872-76) adaptadas para atirar com cartuchos Comblain, além de revólveres Nagant. Os oficiais usavam pistolas Gerard de 8 mm. O armamento era uma questão delicada. Um dos rumores sobre o plano imperial de enfraquecer o Exército era o de que seriam dados à Guarda Nacional e à polícia os Comblains do Exército, substituindo-os pelos velhos Miniés. A infantaria usava baionetas, obviamente, enquanto a cavalaria portava sabres, e metade dos regimentos montados levava lanças. A artilharia de campanha compunha-se de uma mistura de peças La Hitte, Paixahans, Whitworth e Krupp de vários calibres, alguns de antecarga, e os destas últimas duas marcas eram peças pesadas de 130, 80 e 75 mm. Os fortes costeiros eram armados com canhões Parrot, Whitworth, Armstrong e Krupp, além de foguetes Congrève, nenhum dos quais com alcance superior a 4,8 quilômetros. Evidentemente, essa lista indica a acentuada dependência de armas estrangeiras importadas.

O uso tático dessas armas baseava-se na experiência da Guerra do Paraguai (1865-70), privilegiando fuzilaria e manobras em pequenas unidades. Em teoria, a ação ofensiva consistia em quatro etapas: bombardeio da artilharia, estabelecimento de contato com o inimigo, ataque e perseguição. A teoria defensiva ressaltava a manutenção de observadores avançados, linha de resistência segura, forte posição central, retaguarda e contra-ataques organizados. Toques de corneta, nada menos que 203 deles, especificados no regulamento, controlavam os vários movimentos.[25]

Os oficiais promovidos nos campos de batalha do Paraguai que não haviam depois freqüentado a escola militar eram conhecidos como tarimbeiros, uma alusão aos toscos estrados de madeira em que se dormia nos antigos fortes coloniais. Esses homens, com a experiência que tinham, eram práticos e sensatos na vida militar, mas ficavam deslocados no Exército dos bacharéis. Talvez tenham adquirido uma compreensão adequada da arte militar juntamente com os formados nas escolas militares lendo o manual do general francês Ildefonse Favé, publicado no Brasil em 1882.[26] O manual destinava-se aos tarimbeiros, especialmente altos oficiais, inclusive generais, que deviam suas patentes ao mérito pessoal e a serviços prestados, mas desconheciam as razões doutrinárias para as várias manobras e armas que empregavam em combate. Ambos os grupos contribuíam para a burocracia do Exército que aplicava a legislação vastíssima e complexa que hoje ocupa muitos volumes nas estantes dos arquivos do Exército.

A TURBULENTA DÉCADA DE 1890

A queda do Império veio com um golpe de Estado, e não com uma revolução popular; a República foi produto de um corpo de oficiais que defendeu seus interesses particulares e se aliou a uma minoria política. Na verdade, apenas uma parcela da oficialidade envolveu-se diretamente. A motivação, para alguns oficiais, foi o temor por sua instituição e por seu bem-estar pessoal, enquanto para outros foi a ideologia republicana ou o desejo de estar atualizado com as tendências internacionais; nenhum oficial, porém, mostrou-se disposto a morrer pelo Império. Contudo, pelo menos um marinheiro o fez. A bordo do navio de guerra *Parnaíba*, um oficial matou a tiros um marinheiro que se recusou a obedecer à ordem de arriar a bandeira imperial. Essa República brasileira não foi herdeira da revolução americana ou da francesa, apesar de o governo republicano tudo fazer para associar-se simbolicamente a ambas.[27] O regime republicano sobreviveu pela força e demorou a buscar o mandato popular por não ter legitimidade suficiente para arriscar-se em eleições. Sendo-lhe negado o voto, a vasta maioria dos brasileiros continuou a ser mera observadora dos eventos que moldaram sua vida e sua história. O governo imperial não a representara, tampouco a República nascida tão abruptamente o faria. No último quartel do século XIX, enquanto Estados Unidos, Argentina e boa parte da Europa ampliavam o direito de voto e a participação popular no governo, o Brasil seguia na direção oposta, restringindo o direito ao voto. Em 1874, em uma população aproximada de 10 milhões de pessoas, o Brasil possuía 1 114 066 eleitores e, para piorar, em 1881 uma lei de "reforma" eleitoral reduziu o eleitorado a 145 296 votantes! Essa restrição enfraqueceu a legitimidade do sistema imperial e permitiu que a voz política organizada dos militares tivesse uma importância desproporcional ao seu tamanho.[28] A República não alterou essa situação. O eleitorado expandiu-se devido ao crescimento econômico, que deu a mais homens a renda exigida para a obtenção do direito de voto. As mulheres só puderam votar a partir de 1934. O demorado aumento no número de eleitores até cerca de 627 mil em 1910 foi ínfimo em uma população de 22 milhões! A instabilidade política e militar e a violência da década de 1890 resultaram, em parte, da falta de consenso entre as elites civis quanto ao modo como o país devia ser governado; analogamente, os oficiais militares não conseguiram chegar a um consenso quanto a seu status, sua relação com o regime político ou seus objetivos institucionais. Além disso, estavam divididos por rivalidades pessoais e visões conflitantes do futuro do Exército e do país. Sua desunião e o desacordo entre as elites civis quanto ao papel das Forças Armadas na sociedade explicam, em parte, por que não se estabeleceu uma ditadura militar prolongada, como desejavam alguns oficiais positivistas.

A derrubada do Império levou a uma rápida remoção dos governadores provinciais por oficiais e aliados republicanos locais que indicaram os sucessores. A maioria dessas mudanças iniciais foi implementada pacificamente, mas depois passaram a ser comuns as lutas violentas pelo controle dos governos dos estados. Não havia acordo sobre o significado de republicanismo. Sem partidos ou ideologias para estruturar a nova ordem política, a velha ordem desintegrou-se em conflitos confusos nascidos de rixas e ciúmes locais. Oficiais criticaram o governo de Deodoro na imprensa, e a disciplina e o respeito pela cadeia de comando dissolveram-se sob uma torrente de ambição pessoal. O mesmo aconteceu com a liberdade de expressão. Agora no poder, em parte graças a uma luta para assegurar o direito dos oficiais a expressar sua opinião na imprensa, o regime tolheu a imprensa oposicionista com ameaças e detenções. Uma "lei dos suspeitos" foi decretada em 23 de dezembro para punir os que "promoverem por palavras, escritos ou atos a revolta civil ou a indisciplina militar".[29] A política dos apetites alastrou-se como uma febre; essa não seria a República sonhada por seus proponentes.

A indisciplina era encorajada pelo grande prestígio que o novo governo dava aos militares, estimulando a presunção e a ambição dos oficiais. O governo republicano aumentou os soldos menos de um mês depois do golpe, e, a partir de janeiro de 1890, graças a promoções em massa, alguns oficiais subiram dois ou três postos em semanas ou meses, enquanto outros, desprovidos de contatos tão propícios, foram reformados. Deodoro irritou-se com as promoções de muitos que não tiveram participação alguma nos acontecimentos de 15 de novembro, gente que ele chamou de "patriotas das ruas e botequins", mas nada pôde fazer. Na verdade, suas próprias promoções deram o tom do exagero. Antes do golpe ele estava prestes a ser promovido de marechal-de-campo a marechal-de-exército, e assim assumiu o novo posto na rodada de promoções de janeiro. Uma complicada "conspiração palaciana", orquestrada pelo major Inocêncio Serzedelo Correia, secretário do ministro da Guerra, cooptou Deodoro para que ele concordasse com mais promoções. Como a promoção do ministro da Guerra, Benjamin Constant Botelho de Magalhães, de tenente-coronel a general-de-brigada, não seguia as regras estabelecidas, seu secretário, que tinha inocência apenas no nome, propôs que ela fosse associada ao desejo de alguns oficiais navais de aumentar o prestígio da Marinha no novo regime promovendo o ministro da Marinha, Eduardo Wandenkolk, de contra-almirante a vice-almirante. E, se o major Inocêncio conseguisse persuadir Deodoro a aceitar outra honra, o marechal ficaria menos inclinado a resistir a estas e a outras promoções. Em 15 de janeiro de 1890, para marcar o segundo mês da República, a Marinha organizou uma parada com a tripulação de seus navios ancorados no porto pelas ruas do Rio de Janeiro, e unidades do Exército foram juntar-se ao desfile, numa demonstração de cordialidade entre as armas. Marinheiros e soldados terminaram o desfile defronte ao palácio do Itamaraty, então sede do governo, onde Deodoro homenageava o ministro da Marinha com um almoço formal. O major Inocêncio entrou quando os comensais começavam a espairecer após a refeição, para dizer a Deodoro que o Exército desejava proclamá-lo generalíssimo das Forças Armadas brasileiras. Com alguma relutância, ele concordou em aceitar o título que fora do imperador, talvez ignorando que os outros dois nomes seriam acrescidos à aclamação. O major saiu à rua e conclamou os desfilantes ali postados a que assentissem com os novos títulos, o que, segundo informado, eles fizeram com vivas entusiasmados. Os grupos reunidos cantaram a "Marselhesa" e em seguida, atendendo às verdadeiras demandas da multidão, o velho Hino Nacional, que não era executado desde novembro. Um momento assim nunca mais se repetiria na história militar brasileira — promoções pseudoproclamadas nas ruas. Os três aceitaram as novas dignidades e rapidamente se acostumaram com elas. Ainda naquele ano o major receberia sua própria recompensa: promoção a tenente-coronel e a governador do estado do Paraná.[30]

Em maio de 1890 o governo concedeu títulos militares honorários a membros civis do gabinete e a outras figuras eminentes, parecendo até que desejava substituir a nobreza imperial por uma outra, republicana. O primeiro ministro da Guerra de Deodoro, o recém-aclamado general-de-brigada Benjamin Constant, líder intelectual do positivismo, do republicanismo e do golpe para a oficialidade, revelou-se demasiado tolerante com o comportamento deletério dos oficiais, e por isso o presidente o substituiu pelo general Floriano Peixoto em março de 1890. Floriano foi o homem do momento, tomando providências resolutas para reafirmar a autoridade central sobre o Exército. Quando o civil Rui Barbosa renunciou à vice-presidência do regime, Deodoro nomeou Floriano também para esse posto, efetivamente fazendo dele seu herdeiro.[31]

Generais e coronéis assumiram e deixaram os governos estaduais, e a certa altura metade dos vinte estados estava sendo governada por oficiais. Usando as Forças Armadas com variados graus de controle, o governo central interveio nos estados para expurgá-los de monarquistas, mas com êxito apenas limitado. Em São Paulo, por exemplo, os republicanos históricos eram menos versados em manobras políticas do que os ex-monarquistas que em fins da década de 1890 estavam no controle. Em diversos estados, a proclamação da República fora uma surpresa total. Na Bahia, a reação inicial do presidente da província, dos membros da Câmara Municipal de Salvador e do comandante local do Exército, general Hermes da Fonseca, que era irmão de Deodoro, foi resistir. Mas, antes de encerrar-se o ano seguinte, o general Hermes era presidente do estado e estava nomeando oficiais (o almirante José Custódio de Mello, o general Dionísio de Castro Cerqueira e o coronel Francisco de Paula Argolo) para a convenção constitucional. No Rio Grande do Sul os ex-liberais do Império engalfinharam-se com os republicanos em uma competição pelo poder tão tumultuada que entre novembro de 1889 e novembro de 1890 dezoito homens ocuparam o cargo de governador. Ali a ascensão de Júlio de Castilhos, em vez de trazer a paz, acarretou a crescente radicalização que em 1894 acabou por explodir em uma guerra civil.

O descontentamento nos estados era acompanhado pela luta, no Rio de Janeiro, em torno da natureza do novo regime. Deodoro, Rui Barbosa, Benjamin Constant e outros no gabinete ameaçavam repetidamente renunciar quando discutiam sobre como governar o Brasil. Em uma dessas reuniões os ânimos ferveram, e Deodoro, zangado, desembainhou a espada. Irritado com as críticas na imprensa, ele ordenou, depois revogou, a prisão do diretor da *Tribuna Liberal* (Rio de Janeiro) e fechou os olhos a um ataque por oficiais e soldados à redação do jornal. Os militares, refletindo atitudes positivistas, apelaram para a Assembléia Constituinte, que começou a redigir uma nova Constituição em novembro de 1890 para concentrar o poder nas mãos de um só homem. O governo deveria ser ditatorial, e não parlamentarista. O jovem tenente Augusto Tasso Fragoso, que mais tarde desempenharia papéis importantes na história do Exército, clamou por um governo forte e responsável.[32]

A Assembléia Constituinte era um campo de batalha onde os que procuravam limitar o poder ditatorial do Executivo digladiavam-se com os chamados jacobinos (termo inspirado na Revolução Francesa), que queriam manter e aumentar esse poder. Oficiais da Marinha, talvez sentindo que seu status decaía sob o regime controlado pelo Exército, bem como políticos civis, particularmente os de São Paulo, julgando que só a soberania do Legislativo protegeria seus interesses, opunham-se à posição jacobina. A partir desse momento e até o fim da década os jacobinos teriam participação destacada no corpo de oficiais do Exército. Mas mesmo depois que o jacobinismo extremo declinou, a crença nos méritos de um governo central forte permearia o pensamento militar, vindo a reafirmar-se no Estado Novo (1937-45) e na República militar (1964-85).

Os delegados da Assembléia Constituinte foram escolhidos a dedo, e muitos deles eram desconhecidos nas próprias províncias que supostamente representavam; cerca de um quarto era oficial militar. Sua tarefa era redigir uma Constituição, eleger o Executivo e a seguir compor o Congresso Nacional. A maioria prometera eleger Deodoro presidente. Mas, antes que isso acontecesse, uma crise no gabinete no final de janeiro de 1891 levou à renúncia em massa e à formação de um gabinete com poucos republicanos históricos, impelindo para a oposição muitos políticos civis, como o futuro presidente Manuel Ferraz de Campos Sales. Enquanto isso, partidários dos militares faziam sua própria pressão; trataram, por exemplo, de pôr em circulação nas guarnições do Rio Grande do Sul uma petição em favor da imposição de Deodoro como presidente, já que ninguém mais merecia o cargo.

A maioria na guarnição do Rio de Janeiro parecia disposta a proclamá-lo ditador se a Assembléia elegesse outro. Mas oficiais da Marinha, como o almirante José Custódio de Mello, apoiaram o político paulista Prudente José de

Morais Barros e planejaram uma rebelião da armada para defendê-lo se ele fosse eleito. Até o general Floriano Peixoto flertou com os conspiradores anti-Deodoro, mas aparentemente não assumiu uma posição firme. Na eleição propriamente dita, em 25 de fevereiro de 1891, Deodoro saiu vencedor, com 129 votos contra 79 para Prudente, e Floriano foi eleito vice-presidente, com 153 votos contra 57 para o almirante Eduardo Wandenkolk. Por ter sido eleito com mais votos que Deodoro e ser entusiasticamente aclamado na cerimônia de posse enquanto o presidente foi acolhido quase em silêncio, a eleição indicou que a estrela de Floriano logo eclipsaria a de Deodoro.[33]

A nova Constituição foi redigida pelo gabinete e apresentada como um pacote para aprovação. A seção sobre as Forças Armadas era particularmente importante para o futuro. O artigo 14 declarava que o Exército e a Marinha eram instituições nacionais permanentes, responsáveis por manter a lei e a ordem e por garantir a continuidade dos três poderes constitucionais (Executivo, Legislativo e Judiciário). O artigo fez do corpo de oficiais o único grupo constitucionalmente determinado da elite brasileira. O artigo também ordenava que as Forças Armadas fossem obedientes ao presidente, mas "nos limites da lei". Como observou Alfred Stepan: "Isso efetivamente autorizava os militares a obedecer ao presidente somente quando lhes aprouvesse, pois a obediência dependia de sua decisão com respeito à legalidade da ordem presidencial".[34]

Embora a declaração de permanência institucional tenha abrandado o receio dos oficiais de que as elites civis pudessem um dia abolir as Forças Armadas, a obediência com ressalvas preocupou alguns oficiais, entre eles Deodoro, para quem isso era uma subversão da disciplina. Em uma sociedade na qual já não era fácil conseguir que os homens cumprissem ordens, ali estava um convite para o caos, como o início da década de 1890 demonstrou muito claramente. É interessante notar que as Constituições posteriores de 1934 e 1946 deixaram intacta a cláusula da obediência com ressalvas, mas a de 1937, do ditatorial Estado Novo, que na opinião de alguns foi um regime militar disfarçado de civil, atrelou os militares à obediência inquestionável ao presidente.

Quase de imediato, Deodoro, que governara como ditador durante boa parte dos quinze meses no cargo, encontrou dificuldade para adaptar-se a compartilhar o poder com o Congresso. Ações governamentais questionáveis, como emitir papel-moeda até dobrar a oferta do meio circulante em 1891, conceder empréstimos sem garantia a ferrovias deficientes, facilitar o acesso ao crédito e dissipar as reservas de ouro, acompanhadas por especulação vertiginosa, fraudes e inflação galopante, prejudicaram a popularidade do idoso generalíssimo e exacerbaram a crescente oposição. Em novembro de 1890, Deodoro adicionou outro elemento potencialmente perturbador à mistura de políticas decretando o fim do desterro de monarquistas. Frustrado com o Congresso, Deodoro dissolveu-o em novembro de 1891, ocasionando uma revolta que depôs seu aliado Júlio de Castilhos no Rio Grande do Sul e uma rebelião em protesto contra o fechamento do Congresso, encabeçada pelo almirante Custódio de Mello, que envolveu boa parte da frota na baía de Guanabara. Para não ter de enfrentar a derrota ou uma guerra civil, Deodoro renunciou, legando a Floriano Peixoto a tarefa de resolver a confusão. À primeira vista, essa sucessão foi constitucional, mas a Carta recém-promulgada requeria novas eleições se o presidente morresse ou deixasse o cargo nos dois primeiros anos do mandato.

O primeiro e principal problema de Floriano foi a legalidade de sua presidência. Para enfraquecer as exigências de convocação de nova eleição, ele conservou o título de vice-presidente (mas em suas correspondências referia-se à sua "presidência"). Em todos os estados brasileiros os governos que preconizaram novas eleições foram derrubados por golpes locais, o que gerou um caleidoscópio de rostos, partidos e facções em luta pelos cargos de governador e deputado. Se alguma coisa pode desmentir a ficção da transição pacífica do Império à República, é a situação quase caótica desse período. A historiografia, com seu enfoque sobre o Rio de Janeiro, fez a história parecer muito mais simples do que a realidade. Os eventos no Rio de Janeiro são mostrados como a ebulição final depois de os estados terem atingido a temperatura máxima. Vozes dentro e fora das Forças Armadas pediram novas eleições para legitimar o regime. Contudo, havia uma grande dose de auto-interesse na campanha pelas eleições; Edgard Carone concluiu, após investigação minuciosa, que ela foi empreendida por civis e oficiais que haviam perdido seus cargos quando Deodoro fora forçado a renunciar.

Um golpe de Estado planejado para 1º de abril não se concretizou, mas treze oficiais-generais do Exército e da armada apresentaram um manifesto pedindo a Floriano que as eleições restabelecessem "a tranqüilidade da família brasileira, e bem assim o conceito da República no exterior". Floriano acusou os signatários de descumprirem seu dever de "defender a honra da pátria", de incitar a desordem e desacreditar o país no estrangeiro. A polícia de Floriano prendeu generais, altos oficiais, congressistas, jornalistas e outros adversários e os mandou para um exílio "interno" em Tabatinga, "a ante-sala do inferno", e em outros lugares da remota Amazônia.[35] Obstinadamente, ele enfrentou uma das mais turbulentas situações na história brasileira e manteve à força o novo regime, ao custo de uma guerra civil que quase aniquilou a frota da armada e manchou de sangue os estados meridionais. As táticas inflexíveis de Floriano provocaram dissensão e rancor nas fileiras republicanas. Sua insistência em depor todos os presidentes dos estados, que haviam apoiado Deodoro na crise de novembro, desencadeou a violência regional em muitas partes do Brasil.

No Rio Grande do Sul, jogou os liberais ex-monarquistas, liderados por Gaspar da Silveira Martins e concentrados no novo Partido Federalista, contra os republicanos de Júlio de Castilhos. Quando eclodiu a luta, havia unidades do Exército de ambos os lados, embora a maioria, obedecendo ao vice-presidente Floriano, apoiasse Castilhos. O conflito gaúcho, que se alastrou para Santa Catarina e Paraná, dividiu famílias, cidades e unidades segundo inclinações monarquistas ou republicanas, rancores pessoais e ambições.

Em 1893-94 o Exército e parte da armada ancorada na baía do Rio de Janeiro engalfinharam-se em um frustrante conflito que acabou vinculado à guerra civil no Sul. Diferentemente da natureza inter-regional da Guerra de Secessão americana, que contribuiu para a profissionalização das forças opostas, a guerra civil brasileira de 1893-95, englobando a luta no Sul do país e na baía de Guanabara, mais pareceu uma rixa em grande escala do que uma guerra convencional. A intensidade dos sentimentos, particularmente no Rio Grande do Sul, levou os membros de cada lado a ver uns aos outros como traidores impatriotas que bem mereciam o fim destinado a todos os que caíssem prisioneiros: a degola.[36]

Nos dois últimos meses de 1891, os eventos que conduziram à Revolta da Armada e à luta no Sul — a dissolução do Congresso por Deodoro, sua renúncia e a ascensão de Floriano Peixoto ao cargo — criaram divisões no Exército. Alguns oficiais, como os coronéis Arthur Oscar de Andrade Guimarães, Thomaz Thompson Flores, Carlos Eugênio de Andrade Guimarães, João César Sampaio e Fernando Setembrino de Carvalho, não só haviam feito oposição ao ataque de Deodoro à Constituição, mas também tinham se mostrado dispostos a ir até o Rio de Janeiro para depô-lo. Haviam apoiado a tomada de posse de Floriano, enquanto outros, como os generais-de-divisão Antônio M. Coelho e Cândido José da Costa, os generais-de-brigada José Cerqueira de Aguiar Lima e João Nepomuceno de Medeiros Mallet, haviam apoiado Deodoro.[37]

Embora Floriano ordenasse a prisão destes últimos e sua expulsão do Exército, outros, como o coronel Antônio Carlos da Silva Piragibe, lutaram com os rebeldes federalistas.[38] A questão regional de qual grupo político governaria o Rio Grande do Sul tornou-se um problema nacional quando Floriano deu o apoio do governo nacional a Júlio de Castilhos. Os rebeldes gaúchos podem ter afirmado que estavam contra Castilhos e não contra Floriano, que aceitavam a República e não estavam tentando restaurar a monarquia, mas, fossem quais fossem suas razões pessoais, estavam pegando em armas contra unidades regulares do Exército.

A selvageria da luta não favoreceu uma transição tranqüila para a paz nem a formação subseqüente de um corpo de oficiais coeso. A dissensão interna daqueles anos flagelaria o Exército nas primeiras décadas do século entrante. Os cercos de Bagé, no Rio Grande do Sul, e da Lapa, no Paraná, pelos rebeldes federalistas não seriam rapidamente esquecidos nem perdoados. Em um panegírico aos resolutos mas derrotados defensores da Lapa, os federalistas foram chamados de infames inimigos da República que contratavam mercenários estrangeiros para invadir a pátria sob o pretexto da guerra civil.[39] Mas nessa que foi, segundo o historiador José Maria Bello, "a mais cruel guerra civil do Brasil", a infâmia imperou em ambos os lados, como bem comprovaram as mutilações dos corpos dos comandantes rebeldes Gumercindo Saraiva e Saldanha da Gama e as execuções sumárias de prisioneiros. Em novembro de 1893, próximo à sitiada Bagé, trezentos castilhistas e soldados federais capturados foram executados a faca. E em abril seguinte o adversário retribuiu a atrocidade com um número semelhante de degolas em Boi Preto. Tamanha ferocidade impeliu os defensores de Bagé a resistir aos trinta dias de cerco, durante os quais consumiram os cavalos, cães e gatos da cidade.[40]

Floriano não era nenhum Lincoln. Generosidade na vitória não foi sua marca, tampouco de seus comandantes. Seus seguidores, que o chamavam de Marechal de Ferro, estavam "inebriados com a vitória, [e por toda parte] enxergavam monarquistas conspiradores". E, como se julgavam "os monopolizadores do ideal republicano e do patriotismo", fustigaram a nação com "feroz intransigência".[41]

Floriano ganhou reputação de nacionalista decidido a lutar com unhas e dentes pela pátria; seu nome tornou-se sinônimo de nacionalismo brasileiro. Essa imagem inclui a defesa contra interesses estrangeiros. Na verdade, porém, Floriano deveu sua sobrevivência no posto em parte ao governo dos Estados Unidos e a cidadãos americanos que forneceram o crucial apoio naval contra a armada rebelde. O ministro brasileiro em Washington, Salvador de Mendonça, vivera nos

MAPA I.I
RIO DE JANEIRO (1897)

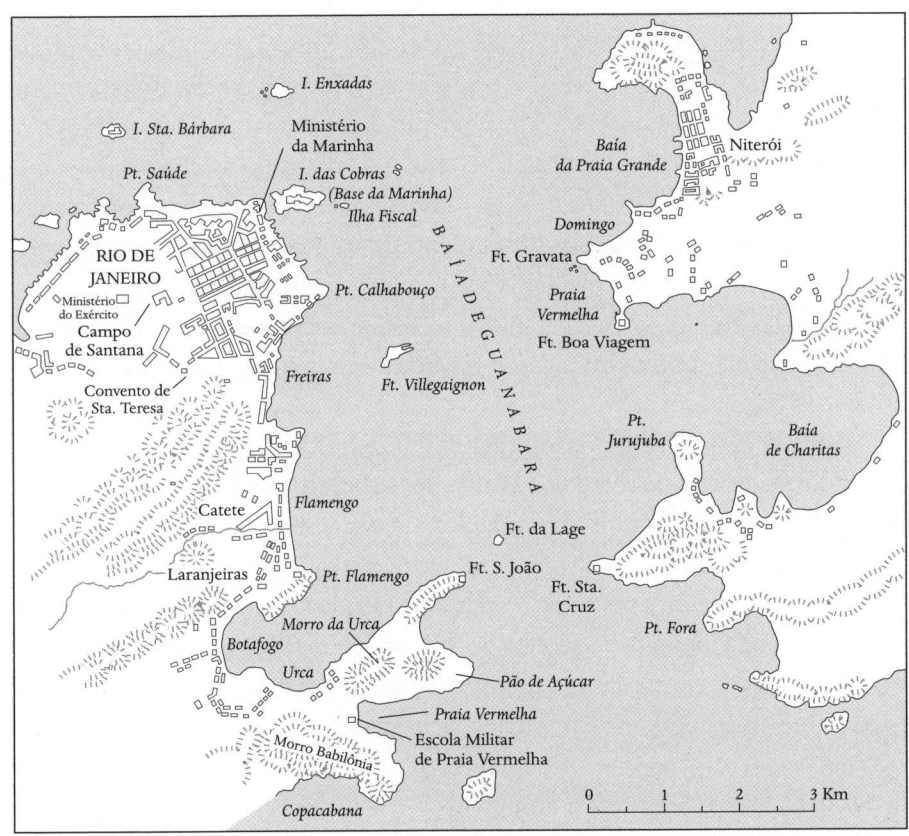

FONTE: *Century Atlas South America,* Eastern Part, Map 71. NY, Century Co., 1897.
Da coleção de mapas do autor. Redesenhado por Bill Nelson.

Estados Unidos durante quinze anos, casara-se com uma americana e era grande amigo do empresário Charles R. Flint e dos secretários de Estado James G. Blaine e Walter G. Gresham. Em influente análise da história dos aspectos navais e econômicos dessa crise, Steven C. Topik revelou a profundidade do envolvimento americano. Quando eclodiu a Revolta da Armada no Rio de Janeiro, a postura de Washington foi semelhante à dos europeus, determinando que os cidadãos, bens e comércio estrangeiros não deveriam ser postos em perigo e que os navios estrangeiros deveriam manter-se "neutros". No início os Estados Unidos não tinham navios de guerra no Rio e, por isso, não puderam influir. Os comandantes estrangeiros, em especial os britânicos, disseram ao comandante rebelde, almirante Custódio de Mello, que se oporiam a qualquer ataque à capital, e convenceram Floriano a remover as baterias instaladas no topo de vários morros, com canhões que poderiam ameaçar os navios rebeldes. Também recusaram a entrada na baía dos navios de suprimento de Floriano. Mas, diante da insinuação de que eles talvez precisassem desembarcar seus fuzileiros navais para proteger seus cidadãos em terra, Floriano foi firme na resposta: garantiu que, se tentassem, seriam recebidos a bala. Ele e seus partidários concluíram que os oficiais estrangeiros, particularmente os britânicos, favoreciam os rebeldes.

Com os Estados Unidos foi diferente. O presidente Benjamin Harrison, seguindo o conselho do secretário Blaine, reconhecera imediatamente o regime republicano, apesar da grande consideração que se tinha por d. Pedro II nos Estados Unidos, onde ainda era vívida a lembrança de sua longa viagem pelo país em 1876. Harrison criticara o fato de o salário de Deodoro ser mais alto que o seu e comentara que a inexistência de eleições e de uma convenção constitucional livre suscitava sérias dúvidas quanto à natureza democrática do regime. Contudo, inegavelmente, os republicanos, por mais superficiais que fossem suas raízes democráticas, eram mais favoráveis à República norte-americana e aos americanos em geral do que seus predecessores imperiais.

Além disso, Deodoro e Floriano concordaram com o Tratado de Reciprocidade de Blaine-Mendonça como parte de uma estratégia para estreitar mais os laços, e até mesmo firmar uma aliança, com os Estados Unidos. Dois terços do café e quatro quintos da borracha do Brasil iam para o mercado americano, mas a maior parte das importações brasileiras de manufaturados provinha da Europa. No início da década de 1890, os Estados Unidos eram a única potência que o Brasil não acusava de sabotar a República e frustrar seu desenvolvimento econômico.

Até os extremistas jacobinos viam os Estados Unidos como um país com afinidade de interesses. Também eram uma ex-colônia que desconfiava de monarquias. Eram a república mais antiga do mundo e, da perspectiva brasileira, um modelo mais seguro que o da república francesa, pois haviam conquistado a estabilidade sem a violência generalizada e a comoção social representadas pela guilhotina. Os brasileiros fizeram do pan-americanismo um elemento de seu nacionalismo. O cabeçalho do principal jornal jacobino do Rio, *O Jacobino*, proclamava: "O Brasil para os brasileiros e a América para os americanos". Entre os países das Américas, o Brasil era o único que via a Doutrina Monroe como um gesto positivo de boa vontade. Por mais que Washington proclamasse a necessidade de os mercados estrangeiros abrirem-se para acordos de comércio recíproco, a indústria americana exportava pouco para o Brasil porque não se dava ao trabalho de investigar as necessidades do mercado brasileiro e de desenvolver práticas creditícias que pudessem aumentar a competitividade de seus altos preços; além disso, na década de 1890 não havia agências de bancos americanos no Brasil, e o transporte marítimo direto consistia em uma linha com três navios que faziam o percurso de ida e volta a cada três semanas. Cartas e telegramas tinham de fazer escala na Europa; de fato, Londres funcionava como a câmara de compensação para as transações entre o Brasil e os Estados Unidos. O investimento americano também era diminuto. Assim, compreende-se a conclusão de Steven Topik: "Os florianistas viam seu vizinho do norte como uma ex-colônia congênere, e não como uma ameaça imperialista".[42]

A Marinha brasileira, que desfrutara de prestígio desde o início do Império, sentia-se negligenciada e se ressentia de sua posição inferior na República. As promoções, as remunerações e os cargos políticos iam para os oficiais do Exército em grau muito maior do que para os oficiais da Marinha. A eleição de Floriano, que concorrera à vice-presidência com o almirante Eduardo Wandenkolk, foi um sinal exterior das divisões entre as duas armas. A renúncia de Deodoro fora forçada, em grande medida, pela Revolta da Armada liderada pelo almirante Custódio de Mello, mas Floriano não o recompensara, não lhe dera nenhuma parcela do poder pelo qual ele ansiava. A década de 1880 vira os Estados Unidos inaugurarem sua nova frota de navios de aço, e a importância do poderio naval sobressaiu nos confrontos entre as grandes potências. O poder naval logo seria a nova medida do status de uma potência e a garantia de que o comércio e a propriedade do país no exterior não seriam perturbados. A expansão da indústria, o comércio e o poder naval haveriam de tornar-se elementos do imperialismo americano, previu Alfred

T. Mahan, cujo importante livro *The influence of sea power upon history* [A influência do poder marítimo na história] foi publicado em 1890. A percepção desses eventos e tendências frustrava os oficiais da Marinha brasileira, apesar de suas embarcações estarem entre as mais modernas existentes; a Marinha dos Estados Unidos possuía apenas quatro navios blindados com aço a mais que os nove da frota brasileira. O guia de navios de guerra *Jane's Fighting Ships* incluía o Brasil entre os países com armadas modernas.[43]

Em 6 de setembro de 1893, véspera do Dia da Independência, os conspiradores do almirante Mello tomaram quinze navios de guerra e nove embarcações comerciais e tentaram, sem êxito, cortar o acesso ao Rio pela Estrada de Ferro Central do Brasil. Os navios de guerra e os fortes da baía fizeram uma grande exibição pirotécnica de péssima pontaria, que a atriz Sarah Bernhardt, em visita ao país, achou "uma maravilha — uma cena inesquecível",[44] mas causaram poucos danos ao adversário. Floriano, que evitara derramamento de sangue em 1889 e quando assegurara o poder, em 1891, desta vez encheu-se de brios. Seus soldados controlavam os fortes da baía que, apesar de seus canhões obsoletos, ainda podiam causar estragos nos navios que tentassem entrar ou sair da baía de Guanabara. Ele perdera sua frota, um importante depósito de munição e a ilha do Governador, a maior da baía. Para piorar, á falta de estradas e ferrovias que ligassem os mais de 7 mil quilômetros de litoral brasileiro significava que com os navios do almirante Mello potencialmente no comando das rotas marítimas, as tropas fora do Rio que não estivessem guardando portos marítimos não poderiam ser transportadas para a capital. Os observadores estrangeiros julgavam que o almirante estava em vantagem e se divertiam fazendo apostas.

O almirante Mello justificou sua rebelião alegando estar defendendo a Constituição e o governo civil contra o militarismo. Afirmou ter agido em resposta ao veto de Floriano a um projeto de lei do Congresso que teria decretado o fim de seu mandato em novembro de 1894 sem possibilidade de reeleição. Para o almirante, o veto era prova de que Floriano pretendia impor uma ditadura. Floriano defendeu seu veto dizendo que a Constituição já proibia a reeleição, de modo que essa disposição do projeto de lei era redundante. Se o almirante realmente queria impedir uma ditadura e defender a Constituição com seus cruzadores, ele fracassou. Floriano decretou a lei marcial, e a polícia prendeu centenas de supostos inimigos, impôs rigorosa censura à imprensa e ao telégrafo, controlou os deslocamentos internos com passaportes especiais e suspendeu as eleições para o Congresso marcadas para outubro. O regime, se não fora uma ditadura quando eclodira a luta, logo se transformou em uma depois dessa emergência.[45]

Os vários clubes republicanos do Rio formaram batalhões patrióticos, treinados e liderados por oficiais regulares. Jacobinos ajudaram a atiçar os sentimentos patrióticos relacionando os imigrantes portugueses à revolta. Floriano aludiu a um vago "cosmopolitismo" (em geral associado aos portugueses) como ameaça à unidade nacional. Seus seguidores acusaram a conservadora colônia portuguesa de financiar a rebelião da armada. Quem realmente forneceu o dinheiro? Floriano enfurecera alguns financistas importantes com suas reformas no mercado acionário e nos bancos. Viu-se em dificuldades quando a alta estratosférica de preços substituiu a estabilidade da década de 1880; os preços aumentavam 20% ao ano, e o governo tentava acompanhar emitindo moeda, de modo que em 1894 havia três vezes mais moeda em circulação que em 1889. As taxas de câmbio se deterioraram, pois os emprestadores estrangeiros cansaram-se das especulações brasileiras. Importantes figuras do mundo das finanças, como Francisco de Paula Mayrink, o visconde de Figueiredo, e o conde de Leopoldina, forneceram dinheiro, munição e navios mercantes aos rebeldes.

Os almirantes Saldanha da Gama, Mello e Wandenkolk tinham laços de amizade e negócios com esses financistas, que não só emprestaram seu próprio dinheiro aos insurretos como também viajaram para a Europa em busca de fundos. Os laços entre os financistas brasileiros e portugueses e os mercados financeiros europeus vincularam a revolta naval aos capitalistas europeus. E a menção da ligação européia feita pelo governo no Rio foi um útil plano de propaganda para instigar a indignação popular e ganhar o apoio de Washington, que era sensível às maquinações européias nas Américas.[46]

Não está claro o grau em que o sentimento popular realmente foi manipulado, mas a rebelião da frota contribuiu para um rápido aumento dos preços de alimentos, e o governo, talvez para ajudar a financiar sua defesa, escolheu esse momento para decretar um imposto sobre as vendas que inflamou ainda mais os ânimos e estimulou protestos de rua. Em 11 de setembro, centenas de manifestantes que exigiam compensação defronte a prédios do governo foram dispersados por soldados montados. Os cidadãos reprimidos voltaram para casa, provavelmente mais contrariados por ter de pagar ao merceeiro português por suas mercadorias ou ao senhorio o aluguel, e talvez até mesmo inclinados a culpar os portugueses, em vez de Floriano, por seus problemas.[47] É impossível avaliar o nível de aprovação popular a Floriano. A falta de apoio aos rebeldes em terra pode ter sido resultado da eficiência policial ou da sabedoria popular que identificou os rebeldes com gente da elite e especuladores estrangeiros; ou talvez Floriano tenha granjeado simpatia com seus libelos contra os aproveitadores, sua expansão dos empregos públicos e seu estilo de vida simples. Ele usava trajes civis e com freqüência ia de bonde de seu escritório no palácio do Itamaraty até sua casa em Cosme Velho. Fugia exageradamente da notoriedade. Enquanto outros faziam discursos públicos bombásticos, ele agia na calada. Quando morreu, em 1895, o *Jornal do Brasil* (Rio de Janeiro) ressaltou que seus predecessores no governo do Brasil — d. João VI, d. Pedro I, d. Pedro II e Deodoro — haviam todos vergado sob a pressão da rebelião, mas Floriano rompera aquela tradição de fraqueza, resistira e vencera. As notícias do jornal foram unânimes no assombro diante dos milhares de pessoas que apinharam as ruas e se penduraram em árvores, postes e janelas no trajeto para o cemitério.[48]

Quando eclodiu a Revolta da Armada, os Estados Unidos não tinham navios no Rio e, por isso, não se macularam com as primeiras ações européias que restringiram os termos do confronto. Washington acautelou-se porque dois anos antes escolhera o lado perdedor em uma revolta no Chile apoiada pelos britânicos. Desta vez o presidente Grover Cleveland e o secretário de Estado Walter Gresham queriam estar com o vencedor. Rejeitaram o pedido do almirante Mello para que fosse reconhecido o estado de beligerância, apesar de os rebeldes controlarem uma grande área no Sul e terem estabelecido um governo provisório em Santa Catarina. Vagarosamente, os Estados Unidos deslocaram seus novos navios de guerra em direção ao Rio. Devido às tensões entre a Grã-Bretanha e os Estados Unidos nos anos 1890, o favoritismo britânico pelos rebeldes empurrou os americanos para o lado de Floriano. O investidor e importador americano Charles Flint e o ministro brasileiro Salvador de Mendonça orquestraram, nos Estados Unidos, uma campanha na imprensa em favor do regime do Rio. Flint equipou e armou uma flotilha de doze navios, com tripulação e oficiais americanos, alguns deles de alto coturno. Como Topik demonstrou, este aspecto do evento não emergiu no horizonte histórico por um século.

Flint é uma daquelas figuras que desaparecem facilmente quando os historiadores enfocam presidentes e ministros. Ele era poderoso e influente mas, como observou um jornal nova-iorquino, era "pouco conhecido fora de Washington e das capitais dos países situados em torno do equador".[49] Possuía vasta experiência em remessa e venda de armas, ajudara o Peru a obter navios para o conflito com o Chile, vendera munição ao Brasil na década de 1880, tinha parceria em empreendimentos de W. R. Grace, era proprietário de grande parcela das ações da U. S. and Brazil Mail Steamship Company e dirigia uma agência que comprou o *The New York Times* em 1893. Flint era tão hábil e tão bem relacionado que, com os Estados Unidos atolados em severa depressão, conseguiu obter crédito para sua frota brasileira junto aos Rothschild britânicos (que aparentemente também forneceram dinheiro aos rebeldes na baía da Guanabara).

Embora equipar e armar a frota de Flint constituísse violação das leis de neutralidade dos Estados Unidos, o governo Cleveland incentivou o esforço. Flint comprou doze canhões de tiro rápido Hotchkiss do mostruário da companhia na Columbian Exposition em Chicago. Também adquiriu um novo invento de Thomas Edison, o torpedo dirigível submarino Sims-Edison, movido a eletricidade, e alguns torpedos Howell. E a maior sensação foi sua compra da temível arma da época, o canhão pneumático ou a dinamite, que disparava projéteis de 980 libras à distância de 4,8 quilômetros. Essas eram armas experimentais que os governos relutavam em compartilhar, mas Flint teve carta branca. Como observou Topik, "ao converter rapidamente navios mercantes em canhoneiras e equipar os navios com as mais avançadas armas experimentais, Flint estava proporcionando ensaios de combate à Marinha dos Estados Unidos".[50]

Mas o governo Cleveland foi além de facilitar a formação da frota de Flint para demonstrar seu apoio a Floriano. Despachou para o Rio, nas palavras do secretário adjunto da Marinha, William McAdoo, "a mais poderosa frota que já representou nossa bandeira no exterior".[51] Os cinco grandes cruzadores tinham mais poder de fogo e de manobra que os navios rebeldes e estrangeiros na baía de Guanabara. O comandante americano, almirante Andrew Benham, atuou como mediador entre Floriano e os oficiais rebeldes, que prometeram desistir de lutar se Floriano deixasse o cargo e um civil fosse eleito presidente. De fato, Floriano marcou eleições para 1º de março, e o paulista Prudente J. de Morais foi eleito. A combinação das supostas superarmas da frota de Flint com as canhoneiras da Marinha americana arrefeceu o ímpeto dos rebeldes no Rio e expôs as autoridades provisórias em Santa Catarina ao risco de um ataque decisivo vindo do mar. Em comemoração, Floriano tornou o Quatro de Julho feriado nacional, o Congresso mandou cunhar uma moeda com as efígies de Cleveland e Floriano, e cidades de fronteira em Santa Catarina e na Amazônia (posteriormente Amapá) foram batizadas de

"Clevelândia".[52] Os alicerces da "aliança tácita" da década seguinte estavam firmemente assentados.

Embora Floriano, exausto, fosse sucedido pelo civil Prudente de Morais e morresse pouco depois, em junho de 1895, seu nome tornou-se divisa dos jacobinos fanáticos. Seu último conselho a um grupo de jovens republicanos deu o tom para os anos seguintes: "Dizem e repetem que a República está consolidada e não corre perigo. Não vos fieis nisto nem vos deixeis apanhar de surpresa. O fermento da restauração agita-se em uma ação lenta, mas contínua e surda. Alerta, pois [...]".[53]

Essa recomendação pôs lenha na fogueira emocional que instigou os alunos da escola militar no Rio de Janeiro a participar de arruaças, provocar brigas durante o Carnaval e insultar publicamente e zombar de seu comandante antiflorianista. Após a morte de Floriano, os alunos da escola militar intitularam-se guardiões do espírito político florianista.[54] Os estudantes militares — cadetes e oficiais que freqüentavam a escola para completar sua educação — viam-se como os mais puros entre os puros, os mais patriotas entre os patriotas, que tinham o duplo dever de salvar a pátria e preservar a integridade do Exército, o veículo da salvação nacional. Em fevereiro de 1891, quando o Congresso elegera o presidente e fanáticos oficiais fardados haviam apinhado as galerias para intimidar os representantes em favor de Deodoro, os estudantes militares haviam adotado uma abordagem diferente, afirmando que pegariam em armas para garantir a liberdade de escolha dos congressistas. Na opinião dos estudantes, proteger o Congresso era defender a República que sua escola ajudara a criar. Em novembro de 1891, com o colapso da ditadura de Deodoro após sua dissolução armada do Congresso e a ascensão de Floriano ao poder, os militares se redistribuíram em novos grupos que eram contra ou a favor do vice-presidente.[55]

Deodoro fora impulsivo e politicamente ingênuo, mas Floriano foi um cético calculista que manobrou cuidadosamente para impor sua vontade. Para Deodoro, a República era um desafio, uma forma de vingança por ultrajes à honra do Exército; para Floriano, era a incorporação de novas técnicas de governo a serem impostas energicamente ao Brasil. Ele preconizava uma presidência forte, se não ditatorial, e parecia favorável aos interesses da classe média.[56]

Para os estudantes militares, Floriano Peixoto personificava a causa republicana. Quando a armada se rebelou em 1893, a escola militar forneceu ao governo combatentes, mensageiros, escolta para prisioneiros políticos e oficiais para treinar os batalhões de cidadãos rapidamente organizados. Por terem defendido sem reservas o governo, os estudantes achavam que a vitória era particularmente deles. Levaram muito a sério a exortação de Floriano: "Temos de pôr o Brasil em condições de ser respeitado como deve e exige sua posição no continente americano".[57] O futuro do Brasil, a República e o Exército tornaram-se uma coisa só na mente daqueles estudantes.

Em novembro de 1894 a ascensão de Prudente J. de Morais Barros à presidência devolveu o poder à elite agrária, resultando daí a diminuição gradual da influência da classe média urbana. O republicanismo do novo presidente era suspeito aos olhos dos estudantes militares. Além disso, o retorno à velha rotina da escola militar era por demais maçante depois da agitação do ano anterior. De fato, como observou Jehovah Motta, analista de educação militar, durante anos a instituição da Praia Vermelha "vinha funcionando como um misto de escola e de centro de ativismo político. A rotina pura e simples — aulas, sabatinas, exercícios — teria para os alunos, necessariamente, o sabor da frustração, quando não da derrota".[58]

Assim, em janeiro de 1895, quando as aulas recomeçaram, o comandante, general Joaquim Mendes Ourique Jacques, de sessenta anos, veterano da Guerra do Paraguai com fama de antiflorianista, enfrentou a crescente onda de insubordinação e indisciplina expulsando oficiais alunos. Essa ação levou a um manifesto dos estudantes na imprensa criticando as autoridades e a uma manifestação na qual os alunos, nas janelas da escola, vaiaram o comandante e o governo e deram vivas a Floriano. Cerca de sessenta estudantes foram expulsos, o que provocou novas manifestações e a ocupação à força da escola por soldados leais ao governo. O comandante desligou do Exército os alunos praças e prendeu os alunos oficiais, que foram mandados para unidades por todo o país. Não houve aulas em 1894, e em fins de março de 1895 o corpo discente foi dispersado. Por seus serviços, o general Mendes Ourique Jacques foi promovido a marechal brevetado e reformou-se. Um novo comandante recebeu um grupo de oficiais e praças recém-matriculados, além de vários novos docentes. Mesmo com esse aparente expurgo, as revoltas subseqüentes de 1897 e 1904, se podem ser vistas como um aferidor, foram, aparentemente, um indício de que os estudantes conservaram a tradição republicana linha-dura dos florianistas. A multidão que afluiu aos elaborados ritos funerários ao morrer Floriano Peixoto em junho de 1895 também contribuiu para o emocionalismo republicano. A presença dos ex-estudantes nas comemorações não passou despercebida.[59]

O governo de Prudente de Morais procurou arrefecer os ânimos conduzindo a guerra no Sul a um fim negociado, com anistia para os rebeldes. Permitiu o retorno à ativa até dos oficiais-generais que Floriano expulsara. Além disso, Prudente enfraqueceu a facção arqui-republicana do Exército dando um empurrão nas carreiras de antiflorianistas.[60]

A intenção presidencial de diminuir o peso político do Exército encontrou aceitação entre oficiais que pensavam como o ministro da Guerra, general Bernardo Vasques: "O Exército constitui a grande corporação armada, que, representando a força coletiva da nação, tem por fim sustentar os grandes princípios que lhe servem de base". Para reduzir a participação política era preciso "manter a ordem e defender a soberania e os direitos nacionais". As instituições, leis e métodos nacionais estavam sujeitos à "lei do progresso" e tinham de ser alterados de vez em quando para harmonizar-se com as realidades sociais.[61] Os oficiais que tinham essa opinião julgavam-se no dever de construir uma força profissional que estivesse à disposição das autoridades nacionais, as quais determinariam quando e onde a ordem deveria ser mantida e os direitos e a soberania defendidos. Podiam ser chamados de profissionais apolíticos, mas é de supor que tendessem a ser politicamente conservadores, livres de cuidados com as realidades sociais do país e não muito preocupados com a questão de o Brasil ser uma monarquia constitucional ou uma República parlamentar ou presidencial. Os oficiais florianistas rejeitavam tamanha despreocupação. Para o florianista general Francisco de Paula Argollo, que fora ferido quando comandava as forças do governo em Niterói durante a Revolta da Armada, a missão do Exército era sustentar "as instituições conquistadas pelo movimento patriótico de 15 de novembro de 1889".[62] Embora essa atitude logo levasse Prudente de Morais a desencantar-se com Argollo como ministro da Guerra e demiti-lo, Argollo e Vasques eram de opinião que o Exército tinha de ser modernizado para ser eficaz.[63]

O fulcro dessa reorganização viria a ser um Estado-Maior do Exército inspirado no alemão. Em 1895 o general Vasques queixara-se da organização arcaica e do funcionamento desconexo dos vários setores da administração do Exército. E em outubro de 1895 ele nomeara uma comissão para propor regulamentações para um Estado-Maior do Exército e uma seção de quartel-mestre. A necessidade desta última logo se evidenciaria com desastrosa clareza em Canudos. E já era hora, afirmou Vasques, de tornar o Exército compatível com "o atual regime democrático" e de convencer a população de que todo cidadão tinha o dever de prestar serviço militar à sua pátria. Embora um exército pequeno fosse suficiente para as necessidades do Brasil em tempo de paz, ele tinha de ser bem organizado, treinado e equipado, e ser capaz de mobilização rápida quando expandisse sua atuação, sem os embaraços que comumente encontrara no passado, pois "a pátria exige o esforço e o sacrifício de todos os seus filhos". Isso significava que o serviço militar deveria tornar-se obrigatório, que deveriam ser organizadas forças reservistas e que a Guarda Nacional deveria ser reestruturada para atuar em paralelo como "o Exército permanente".[64]

A educação militar estava em decadência. Nenhuma das várias escolas produzia os resultados desejados porque, segundo Vasques, eram muito numerosas, reproduziam os programas umas das outras e ofereciam estudos que eram demasiado teóricos, especulativos e filosóficos, com pouca ou nenhuma relação com a instrução militar. A "superabundância de matérias em um curso de estudos militares" aumentava o tempo passado nas escolas em detrimento do tempo passado com as tropas. A reforma era uma necessidade aguda, e, para assegurar que as reformas projetadas seriam moldadas nas últimas inovações estrangeiras, o governo enviou o general-de-brigada João Vicente Leite de Castro à Europa para examinar os armamentos mais avançados, visitar instalações e observar manobras. As modificações resultantes incluiriam até um novo fardamento e a renovação do corpo de transporte.[65]

CANUDOS ASSOMA

Quando Canudos emergiu na consciência nacional, o Exército estava tentando reorganizar-se depois da desordem dos primeiros anos da República. A experiência de combate da época não produziu um Exército mais profissional; ao contrário, arruinou-o. O nervosismo que dominou o clima político na década de 1890 permitiu que uma inofensiva colônia religiosa nos confins da Bahia fosse retratada como uma horda monarquista pronta para atacar. Os gritos vindos das chamas de Canudos perturbariam o sono de muitos soldados nos anos vindouros e deixariam uma cicatriz na psique institucional. Não há monumentos em cidades brasileiras aos mortos e feridos do Exército em Canudos, embora 5 mil soldados tenham perecido ali em menos de um ano.

A história de Canudos, em suas linhas gerais, é bem conhecida. A comunidade religiosa no árido sertão do Centro-Norte baiano desentendeu-se com as autoridades de uma cidade próxima, as quais apelaram ao poder militar do Estado, daí resultando a inexplicável derrota de três expedições sucessivamente maiores. No Rio de Janeiro, republicanos preocupados atribuíram essas derrotas a uma grande conspiração monarquista da qual Canudos era o suposto centro. Dali, previam, as forças monarquistas haveriam de marchar para Salvador e depois para o Rio de Janeiro. Para salvar a República, uma quarta e poderosa expedição arrasou, pulverizou a "cidadela" do sertão. Foi um deplorável momento para o Exército brasileiro.[66] Justamente quando a instituição estava prestes a passar por uma grande reestruturação, a diminuir seu papel ativo na política e a curar as feridas da guerra civil, quase por acaso, e com certeza desnecessariamente, o mundo místico e o político travaram no Brasil uma luta mortal.

Em sua parte de combate, o tenente Manoel da Silva Pires Ferreira, do 9º Batalhão de Infantaria, relatou que ao amanhecer de 21 de novembro de 1896 no povoado de Uauá, sertão baiano, seus cem soldados haviam sido acordados por uma fuzilaria: a sentinela avançada tinha sido "atacada por uma multidão enorme de bandidos, fanáticos". Os soldados haviam chegado ao local dois dias antes a fim de interceptar moradores de Canudos que, segundo informes, estavam a caminho da cidade de Juazeiro, distante cerca de duzentos quilômetros às margens do rio São Francisco, para pegar à força materiais que haviam sido pagos, mas não entregues. Os cerca de quinhentos sertanejos aproximaram-se da povoação armados de velhos mosquetões, lanças, foices e paus, e, segundo o informe, carregando imagens de santos, rosários e uma grande cruz de madeira. Os soldados sonolentos pularam pelas portas e janelas para formar uma linha de defesa. Facas e foices contra fuzis Comblain e revólveres não pareciam indicar uma luta equilibrada, e no entanto a batalha supostamente durou quatro horas antes que os sertanejos a dessem por encerrada e voltassem para Canudos. Os soldados enterraram seus dez mortos, saquearam e queimaram Uauá e bateram em retirada para Juazeiro.

É possível que esse informe não seja totalmente honesto e que os soldados tenham provocado a luta ou atirado contra um grupo inocente. É estranho terem saqueado e incendiado o povoado, especialmente porque os moradores haviam fugido e pareciam ser apenas espectadores inofensivos. O governador da Bahia, Luiz Vianna, posteriormente mencionou o comportamento dos soldados quando argumentou que uma nova expedição era "inteiramente desne-

MAPA I.2

CANUDOS E OPERAÇÕES DO EXÉRCITO

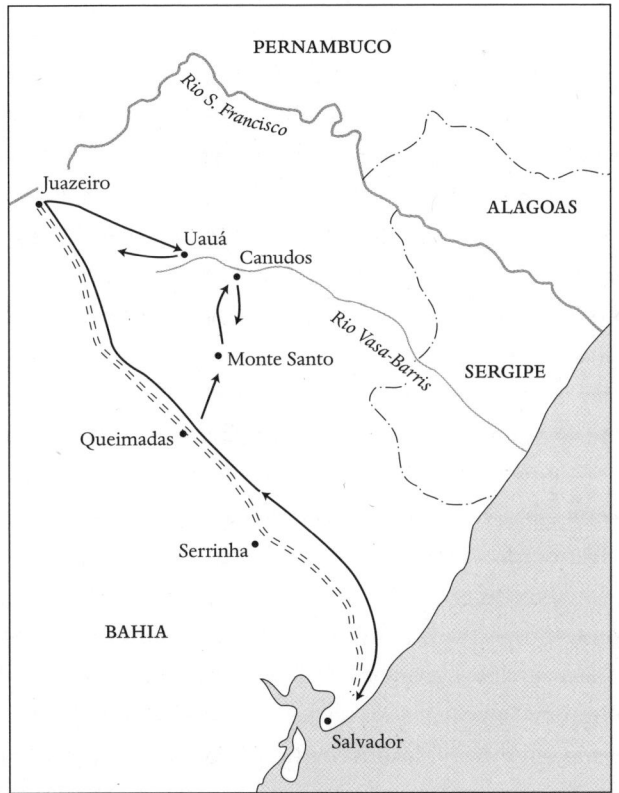

FONTE: Luiz Paulo Macedo Carvalho (ed.), *The army in Brazilian history,* Rio de janeiro e Salvador, Biblioteca do Exército e Odebrecht, 1998, 4 v. Redesenhado por Bill Nelson. Usado com permissão da Biblioteca do Exército, Rio de Janeiro.

cessária e talvez mais perigosa à ordem pública e ao bem-estar da zona que acudia do que ao próprio Antônio Conselheiro". Independentemente de como tenha começado, esse entrevero desencadeou uma série de campanhas que atrapalharam os planos do Exército, que teve de enfrentar provas para as quais não estava preparado.[67]

Canudos era um arraial de uma comunidade religiosa no sertão setentrional da Bahia. Sua população, que talvez tenha chegado a 30 mil pessoas, fixara-se ali atraída pela esperança de que Antônio Maciel, o Conselheiro, lhes daria uma vida melhor. A comunidade de Conselheiro vivia tão absorta em seu próprio mundo que é espantoso as autoridades brasileiras poderem tê-la considerado um perigo para a República. Viram Antônio Conselheiro como um fanático que ameaçava as instituições nacionais enfeitiçando, de algum modo, o povo atrasado e ignorante da região. Na imagem de Euclides da Cunha, todo o drama lançou o litoral civilizado contra o interior isolado e selvagem.[68] Esse é um recurso literário conveniente que talvez tenha aliviado a consciência culpada de sua geração, mas não é fiel à realidade.

Conselheiro era um "beato", um leigo devotado ao ascetismo pessoal e às boas obras. Desde 1871 percorrera o sertão, muitas vezes em companhia de missionários estrangeiros, organizando o povo na reconstrução de igrejas, capelas e cemitérios deteriorados. Os párocos locais, que na época, como vinha fazendo a Igreja em todo o Nordeste brasileiro desde a década de 1860, tentavam reviver a religiosidade do povo, viam com bons olhos os esforços de Conselheiro, e o mesmo se pode dizer dos "coronéis" locais, que, às voltas com escassez de mão-de-obra em suas terras, "gostavam das represas e estradas que o beato construía para eles e, sobretudo, do trabalho grátis dos homens que Conselheiro mantinha bem disciplinados".[69] Em vez de ser um homem santo recluso e inacessível, Conselheiro era um ativista engajado na vida religiosa, econômica e política do sertão. E, por meio dessa tríade, estava ligado às estruturas políticas e econômicas do estado, da região e do país.

Embora os párocos apoiassem de muito bom grado o trabalho de Conselheiro, e ainda que o status de beato dependesse do reconhecimento dos padres, o empenho daquele homem irritou o arcebispo da Bahia, que preferia ver a liderança religiosa concentrada em um clero disciplinado. Em 1887 o arcebispo conseguiu que as autoridades imperiais expulsassem Conselheiro da província, argumentando que seus ensinamentos eram subversivos para a Igreja e o Estado.[70] É provável que Conselheiro tenha sido vítima de um antigo preconceito episcopal contra pregadores leigos, especialmente os que atraíam grande número de seguidores, pois seus ensinamentos baseavam-se no catolicismo conservador tradicional e, embora vulgarizados, constituíam um reflexo preciso da teologia escolástica então em curso. Como observou Douglas Teixeira Monteiro, ele era um "místico, diretor espiritual, beato. Nada mais do que isto, entretanto. Nenhum sinal — nestes documentos [os textos encontrados e preservados de Conselheiro] — de messianismo ou de profetismo. Nenhuma forma nova, ou simplesmente renovada, de milenarismo: a História é um 'ínterim'. Nela se acumulam, 'particularmente pelo sofrimento, os méritos que nos decorrem da Paixão de Cristo'. Antônio Conselheiro foi o arauto 'de uma ordem já estabelecida e fundada' ".[71]

Embora ele possa não ter contrariado a doutrina da Igreja, há indícios de que contradizia as doutrinas sociais do Brasil oitocentista. Conselheiro conhecia a *Utopia* de Thomas Morus, e Belo Monte, nome que ele dava a Canudos, pode ser vista como uma comunidade utópica onde todos trabalhavam pelo bem comum e partilhavam igualmente os frutos de seu trabalho. Observadores contemporâneos salientaram que o comunismo daquela povoação atraiu os camponeses do sertão, que viviam presos às grandes propriedades pelas leis trabalhistas e pelos jagunços dos latifundiários. A República, baseada na aliança entre a classe média urbana e os grandes proprietários de terras, evitava revolucionar a estrutura socioeconômica do campo. Assim, para o sertanejo pobre, Antônio Conselheiro representava uma alternativa, enquanto para os grandes proprietários, como o barão de Jeremoabo, ele era uma potencial ameaça. Longe de ser um beato ermitão e demente, Antônio Conselheiro estava muito engajado nas principais questões da sociedade brasileira da década de 1890.[72]

De fato, ao que parece, foram suas ligações com o mundo político mais amplo, e não seu isolamento, a causa do desastre. A constante emigração de nordestinos, expulsos do Nordeste pelas secas e atraídos pelos êxitos da cafeicultura no Sul e da exploração da borracha na Amazônia, tornava a capacidade de "atrair" peregrinos "para as regiões da Bahia carentes de mão-de-obra [...] [onde eles permaneciam como trabalhadores] [...] sinônimo de poder político". Como trabalhadores representavam "riqueza potencial e votos", os coronéis-fazendeiros da região cortejavam Conselheiro.[73] Ele se tornou um peão na luta pelo controle da máquina política baiana que, no interior, mobilizava coronéis rivais.

Ironicamente, em 1893 Conselheiro era aliado de Luiz Vianna, que seria governador quatro ano depois, quando Canudos viria a ser atacado. De fato, o célebre episódio em que Conselheiro queimou os decretos sobre impostos em Bom Conselho em 1893 foi apenas um dos vários incidentes em que partidários de Vianna puseram fogo em editais do fisco. E uma escaramuça posterior com a polícia estadual, que resultou na fuga para Canudos, foi instigada pelo barão de Jeremoabo, o grande senhor de terras da região e adversário político de Vianna. Em maio de 1896, depois que Vianna se tornou governador, aumentaram as acusações de que ele estava explorando o crescente movimento de Canudos e que sua hesitação para dispersar o que seus oponentes viam como uma força capaz de ser usada para hostilizar os proprietários de terras locais devia-se à sua intenção de usar Conselheiro nas eleições próximas de dezembro de 1896. O ardente republicanismo da época possibilitou que se fizessem acusações de monarquismo, algo que Vianna não podia deixar passar, sob pena de ver fanáticos oficiais do Exército em Salvador aliarem-se a seus adversários.[74]

Os oponentes de Vianna espalharam boatos de que Conselheiro estava planejando atacar cidades vizinhas e exigiram que o governador tomasse providências. Em resposta, ele solicitou que cem soldados federais fossem postos sob seu comando para desbaratar a povoação de Conselheiro. O comandante do 3º Distrito Militar, general Frederico Sólon, não gostou dessa medida, pois em sua opinião tropas federais só podiam ser mobilizadas constitucionalmente se o presidente do Brasil ordenasse uma intervenção no estado. A seu ver, não havia na lei nenhuma cláusula determinando que forças federais fossem postas à disposição de autoridades estaduais. Mas fez o que lhe mandaram e enviou o tenente Manoel da Silva Pires Ferreira com três oficiais e 104 soldados de trem até Juazeiro e dali para o já mencionado embate em Uauá.[75]

Se os oficiais superiores se dessem ao trabalho de ler a parte de combate do tenente Pires Ferreira e houvessem tomado providências para estar preparados para os problemas ali citados, muito sofrimento poderia ter sido evitado. A poeira, os acidentes dos caminhos e o sol causticante dificultaram ao extremo controlar o avanço da tropa. Os homens marcharam e dormiram de farda, que logo se transformou em farrapos pela ação do calor, chuva, espinhos e combates. Os sapatos gastaram-se no terreno rude, deixando a maioria deles descalça. Não tinham tendas, ficando à mercê do que a noite lhes trouxesse. Seus fuzis Mannlicher haviam sido usados nos combates no Sul em 1894, e a maioria já sofrera reparos. Embora precisos e potentes nas condições em que haviam sido testados, não eram confiáveis nas condições de combate, pois esquentavam em excesso, seus ejetores de cartucho falhavam e bastava um mínimo de terra ou areia no tambor para que ficassem imprestáveis. Uma péssima arma para uma campanha no sertão![76]

O comandante do 3º Distrito Militar, general Sólon, continuou a objetar a que se pusessem soldados do Exército à disposição do governo estadual, mas, por ordem expressa do ministro da Guerra, incumbiu o major do Exército Febrônio de Brito, do 9º Batalhão de Infantaria, de comandar uma nova força de ataque. Ainda se supunha que algumas centenas de soldados dariam conta da missão. E, como todas as unidades do Exército estavam com efetivo reduzido, foram reunidos praças convocados de unidades de Salvador, Aracaju e Maceió; posteriormente, no caminho, chegaram-lhe cerca de 250 homens da polícia estadual baiana, perfazendo por volta de 560 comandados. O processo de arregimentar essa força gerou uma luta pelo controle entre o governador Vianna e o comandante do distrito militar, general Sólon, na qual este último acabou removido. Vianna queixou-se a seus conterrâneos baianos, o presidente interino Manuel Vitoriano e o ministro da Guerra Dionísio Cerqueira, de que a continuidade do general Sólon como chefe do 3º Distrito Militar seria "prejudicial à Bahia"; assim, substituíram-no pelo coronel Saturnino Ribeiro da Costa Jr. O general defendera o plano de enviar várias colunas de direções distintas e não atacar antes que as unidades estivessem adequadamente distribuídas e aprovisionadas. Infelizmente, essa cautela revelou-se necessária. Após considerável demora, levando dois canhões Krupp de 75 mm e metralhadoras Nordenfeldt, marcharam de seu acampamento-base na cidade de Queimadas em direção a Monte Santo (distante cerca de 75 quilômetros) atravessando terreno escabroso, incrustado de rochas e cactos. Os líderes civis locais estavam confiantes; um juiz e cerca de cinqüenta moradores de Monte Santo telegrafaram ao governador informando que a força do major poderia aproximar-se de Canudos "vantajosamente" pois os "bandidos encerrados em Canudos demonstram pânico e abatimento". Um policial afirmou que Conselheiro não tinha mais que mil combatentes mal armados. Todos pareciam supor que Canudos simplesmente desapareceria diante daquele avanço.[77]

Em meados de janeiro de 1897 a coluna enfrentaria oponentes bem diferentes. A tropa marchou para Monte Santo sem segurança alguma, seguida por olhos vigilantes por todo o caminho. O major Febrônio, não conseguindo encontrar mulas e condutores, foi deixando suprimentos preciosos para trás em cada vilarejo, e a poucos quilômetros de Canudos se viu sem comida. Até os dois bois restantes tiveram de ser abatidos; não deram um grande repasto, sendo tantos os homens. Para sobreviver, os soldados teriam de tomar Canudos. Estavam compreensivelmente nervosos.

Aquela terra estéril, ressequida, com suas formações rochosas acidentadas, montanhas desgastadas pontilhadas de quartzo e morros cortados por ravinas estreitas que em alguns pontos se abriam em desfiladeiros, era impressionante e intimidante, especialmente sob o implacável sol ardente. Um matagal denso ladeava a trilha eriçado de espinhos na galhada rija e irregular, lembrando árvores zangadas em um pesadelo. Juazeiros, umbuzeiros, mandacarus e xiquexiques traziam variedade à paisagem.[78] Mas aquele não era lugar para incautos ou citadinos; ali a sobrevivência dependia de saber onde estavam as cacimbas, que plantas guardavam umidade ou tinham raízes comestíveis. Em um cenário assim, "o nosso soldado, que é corajoso na frente do inimigo, acobarda-se, invadido de temores, todas as vezes que este, sem aparecer, se revela, impalpável, dentro das tocaias".[79] Um ataque súbito na dianteira da coluna podia pôr os de trás em debandada, desfazendo as fileiras. Mas a fome manteve coesa a tropa do major que se aproximava do objetivo.

Estavam na estrada do Cambaio, mesmo nome do monte rochoso a sudoeste de Canudos. Para chegar ao arraial, teriam de atravessar a montanha, pois "a estrada para Canudos não a torneja. Ajusta-se-lhe, retilínea, às ilhargas, subindo em declive, constrangida entre escarpas, mergulhando por fim, feito um túnel, na angústia de um desfiladeiro".[80] Foi ali que os sertanejos atacaram os soldados suarentos e dispersos. O major Febrônio conteve com firmeza seus praças atarantados e pôs os Krupps para trabalhar. Após intensa e desordenada luta, os sertanejos tentaram um heróico, desesperado ataque à artilharia atroadora. Seus gritos de "Viva Conselheiro!" e "Viva o Bom Jesus!" deram lugar a berros de dor quando um projétil disparado à queima-roupa explodiu em meio a seu grupo. Os sobreviventes bateram em retirada, perseguidos pelos praças. Uma batalha de cinco horas garantiu o controle da montanha, abriu o caminho para Canudos e exauriu os dois lados. Quatro mortos e 23 feridos foram as baixas dos militares, enquanto 115 corpos de sertanejos se espalhavam pelo campo de batalha.[81]

Os soldados, famintos e exaustos, na ilusão da vitória, não aproveitaram a vantagem. Vinha caindo a súbita noite do sertão. O major Febrônio ordenou que acampassem às margens da minúscula lagoa do Cipó; o golpe de misericórdia podia esperar o raiar do dia.

Canudos estava diante deles, a menos de dois quilômetros. Erguia-se em uma bacia atravessada pelo sinuoso rio Vaza-Barris, cuja curva rodeava como um fosso o arraial em seus flancos sul, leste e oeste. A povoação ocupava uma elevação que acompanhava o rio, cujas margens se alteavam em aclive acentuado até a orla do povoado. Morros sucediam-se cercando o arraial ao norte, e dos outros três lados quem olhasse de Canudos veria, para além do Vaza-Barris, um círculo elíptico de montes, como o Cambaio a sudoeste e o monte da Favela a sudeste. Todas as trilhas conducentes à espremida bacia cruzavam estreitas gargantas e brechas ou atravessavam terreno acidentado e sulcado. Até a terra mais plana do lado aberto do arraial era tão cortada por ravinas que a movimentação ordenada da tropa seria dificílima. Para Euclides da Cunha, parecia "uma praça de armas colossal. Não havia lobrigar-se um ponto francamente acessível".[82]

O arraial era labiríntico como o terreno que o escudava. Sem ruas, era atravessado em todas as direções por vielas de traçado aleatório. Do lado sudeste, a única visão que se salientava em meio à confusão de casebres era uma praça com uma grande cruz e duas igrejas, uma delas ainda em construção. Com exceção de algumas casas mais bem-feitas na praça, pertencentes à elite local, as 5 mil habitações próximas eram principalmente casebres de taipa típicos do Nordeste, divididas em um cômodo para cozinhar e outro para dormir, a maioria sem janelas e com um capacho de palha à entrada sem porta.[83]

Quando clareou o dia em 19 de janeiro, o arraial estava quieto, e não havia nenhum sertanejo à vista. Ao primeiro disparo do canhão, os sertanejos, que em silêncio durante a noite haviam cercado os soldados, pularam de seus esconderijos e arremeteram em direção às fileiras de praças, gritando e brandindo barras de ferro, foices, forcados e facões. Um cabo e um sertanejo tombaram juntos, trespassados um pelo ferrão de vaqueiro, o outro pela baioneta do oponente. Os soldados que manejavam o canhão recuaram espavoridos e a peça foi momentaneamente tomada pelos inimigos, que o giravam e empurravam, até que os soldados o retomaram após uma feroz luta corpo a corpo. Os sertanejos debandaram e continuaram a luta à distância, atirando seixos rolados, pontas de chifre e pregos com suas bestas, espingardas de pederneira e trabucos de cano largo contra o adversário armado de fuzis do Exército. Seu objetivo era prolongar a luta indefinidamente até exaurir os soldados, forçando-os a dissipar toda a munição. O arraial estava à vista, mas de repente os dois quilômetros que os separavam pareciam a distância de uma vida inteira. Os soldados estavam fracos, famélicos do jejum de dois dias, e aquele ataque de surpresa abatera-lhes o ímpeto. E se insistissem em avançar e acabassem sem munição? E se os cavalos, debilitados e esfomeados, morressem, obrigando-os a abandonar a artilharia? Febrônio e seu estado-maior decidiram pela retirada. Em sua parte de combate, afirmou ter sido atacado por quase 4 mil "bandidos", que morreram agarrados à artilharia. Nunca ele vira tamanha ferocidade, comentou.[84] Mais de setenta de seus homens ficaram feridos, e dez foram mortos. Mas ainda que cerca de trezentos corpos de sertanejos juncassem o local, havia centenas de reforços em Canudos.

Em constante ação de retaguarda, os soldados reentraram no desfiladeiro do Cambaio, desta vez bracejando na direção oposta. Os sertanejos, no alto, despejaram sobre os desafortunados soldados uma avalanche de pedras acompanhada de vaias, gargalhadas e insultos. Horas depois, tendo escapado do desfiladeiro e atingido um trecho plano do caminho, a tropa rechaçou com letais disparos de metralhadora um último ataque à artilharia. Os soldados chegaram cambaleantes a Monte Santo no dia seguinte. "Não havia um homem válido [...] a população recebeu-os em silêncio."[85] As mensagens que correram pelas linhas telegráficas estarreceram o governo no Rio de Janeiro.

A EXPEDIÇÃO MOREIRA CÉSAR

Aquela "rebelião" claramente requeria alguém com experiência em repressão. O ministro interino da Guerra, general Dionísio Cerqueira, ordenou ao coronel Antônio Moreira César, ferrenho florianista que desbaratara os federalistas em Santa Catarina e acabara de chegar ao Rio de Janeiro, que seguisse para Salvador. Ele assumiu o comando de uma brigada reforçada, acrescida de soldados da polícia estadual baiana, totalizando cerca de 1300 homens. O impaciente e excessivamente confiante coronel dispensou as informações do major Febrônio, preferindo basear-se na opinião dos figurões do estado, para os quais uma demonstração resoluta de força bastaria. Existe, ainda, a suspeita de que ele talvez estivesse conspirando com autoridades e políticos interessados em ver a licença por motivo de saúde tirada pelo presidente Prudente de Morais a partir de novembro de 1896 tornar-se permanente, para que o vice-presidente Manuel Vitoriano terminasse o mandato em seu lugar. O coronel poderia, talvez, recear que Prudente de Morais autorizasse um inquérito sobre suas questionáveis ações no Sul e, por isso, tinha fortes razões para desejar a remoção do presidente. Com uma vitória rápida, os florianistas seriam fortalecidos, e ele, Moreira César, retornaria ao Rio como o herói conquistador e o braço forte do regime.[86]

Moreira César beirava os 47 anos e estava no Exército desde 1869. Era especialista em táticas de infantaria; seu livro sobre o tema vinha sendo a base da doutrina do Exército desde 1894.[87] Tinha reputação de violento e era temido na Bahia, onde em 1891 ajudara a depor o governador José Gonçalves, que cometera o erro de apoiar a dissolução do Congresso por Deodoro, e onde, como chefe de polícia, ordenara que manifestantes fossem repelidos a bala. Os sertanejos chamavam-no "corta-cabeça". Naquela época Moreira César tivera desavenças com Luiz Vianna, agora governador, e este, aparentemente, se empenhou para que a nova expedição fosse chefiada por outro homem. Soldados na guarnição baiana estavam dizendo que Moreira César deporia Vianna, aparentemente a mando de Francisco Glicério, líder do governo no Congresso, contrariado porque os baianos Rui Barbosa e José Joaquim Seabra haviam sido eleitos congressistas.[88]

Três incidentes após sua chegada a Salvador indicaram que ele fazia jus à sua reputação de violento. No primeiro, quando seus soldados estavam desembarcando, obrigaram circunstantes a carregar sua bagagem até a estação de trem. No segundo, ao ver alguns de seus soldados descarregando uma lancha no porto, ele bruscamente ordenou à tripulação civil, composta de estrangeiros, que fizesse o trabalho. Quando eles se recusaram, dizendo que a tarefa não lhes competia, Moreira César fez com que mudassem de idéia ameaçando açoitá-los com as costas da espada. No terceiro incidente, alguns praças do 5º Batalhão de Polícia da Bahia disseram que não poderiam marchar por estarem doentes. Moreira César ordenou que a unidade entrasse em forma e que os enfermos dessem um passo à frente para ser examinados por oficiais médicos. Os que fossem considerados sadios seriam fuzilados ali mesmo. Ninguém se mexeu. Moreira César virou-se para o capitão: "Vê? Não há doentes. Siga". No Exército, ele era conhecido por recusar-se a aceitar obstáculos materiais. Suas ordens tinham de ser cumpridas de imediato, a qualquer custo.[89]

Vinte e sete dias depois de partirem do Rio de Janeiro, Moreira César e seus 1281 soldados estavam olhando Canudos do monte da Favela, porém não sem custo pessoal. Ele era epiléptico, desde que saíra de Santa Catarina estivera em incessante atividade e, ainda que se dissesse tranqüilo, a tensão era visível. No caminho, telegrafou ao ministro da Guerra comentando: "Só temo que o fanático

Antônio Conselheiro não nos espere". Mas os oficiais médicos receavam que os ataques que ele sofrera durante a viagem se agravassem; se ficasse incapacitado em combate, poderia ser fatal para a campanha. Moreira César tranqüilizou-os garantindo: "Não tenho medo de morrer e não hei de morrer sem ir a Canudos".[90] Para não serem emboscados como seus predecessores, ao aproximar-se de Canudos ele saiu da estrada do Cambaio e seguiu pelo sudeste, menos montanhoso. Mas isso significava abrir caminho morosamente através da cerrada e espinhenta caatinga sob o sol devastador.

Como precaução contra falta de água, a tropa de Moreira César havia trazido uma bomba de poço artesiano. Mas, quando chegaram exaustos a Serra Branca, exauridos por oito horas de soalheira, e tentaram preparar a bomba para uso, constataram, mortificados, que em vez de um bate-estaca para perfurar o solo haviam trazido um macaco de levantar carga! A necessidade de um bom serviço de quartel-mestre emergia do modo mais doloroso. Tiveram de avançar a duras penas noite adentro por mais 24 quilômetros até alcançarem a cacimba mais próxima. E assim, em vez de um difícil dia de marcha à frente, arrastaram-se por mais de vinte horas simplesmente para sobreviver. E, naquele sofrimento, esqueceram que estavam no coração do território inimigo. Sua marcha ruidosa foi facilmente seguida.[91]

Como seria de esperar, a fadiga e a tensão produziram vários alarmes falsos que em nada contribuíram para melhorar o ânimo. Enquanto isso, sertanejos vinham afluindo para Canudos desde a derrota de Febrônio, e ali, cuidadosamente, preparavam as defesas do arraial: cavavam trincheiras, fabricavam pólvora, afiavam facas e ferrões de vaqueiro, planejavam.

Em 2 de março, Moreira César anunciou que no dia seguinte avançariam dez quilômetros e depois descansariam por um dia antes de atacar. Mas, na manhã seguinte, mudou de idéia e propôs a seus oficiais avançarem de imediato. Talvez supusesse que, como o inimigo permitira-lhes chegar até ali resistindo apenas esparsamente, uma rápida demonstração de força faria os sertanejos debandarem. À distância aproximada de cinco quilômetros, o coronel anunciou a chegada de sua tropa com duas salvas da artilharia.[92]

Às dez da manhã avistaram o arraial. Depois de um ataque inicial dos defensores de Canudos, o coronel organizou meticulosamente suas unidades. Para aterrorizar os sertanejos, dispôs a artilharia a cerca de quatrocentos metros das casas mais próximas, e dali os canhões Krupp fizeram seis disparos iniciais. Toques de corneta dirigiram o avanço dos soldados fardados de azul, enquanto o sino da igreja soava o alarme e Moreira César, resplandecente em seu uniforme branco, observava a cena. Ordenou uma carga de baioneta supondo que a debandada era iminente, incapaz de imaginar que aquela gente conseguiria defender-se. Os praças investiram em direção ao arraial e logo batalhões inteiros desintegraram-se no labirinto de vielas estreitas em meio aos casebres. Imprecações e gritos misturaram-se à fuzilaria. A artilharia estava tão próxima de seus alvos que precisava conter os disparos de quando em quando para não ser atingida por estilhaços de suas próprias bombas e não ferir os soldados que avançavam. Também tinha de parar periodicamente e esperar que resfriassem os canhões, cada vez mais quentes com os cerca de trezentos disparos feitos entre o meio-dia e as cinco da tarde. O coronel mandou sua reserva de policiais baianos para a extrema direita, onde a estrada de Jeremoabo desembocava no arraial, depois ordenou que a cavalaria avançasse sobre a praça, defronte às igrejas. Os cavaleiros incendiaram cabanas e derrubaram sertanejos a golpes de sabre. Impetuosamente, no final da tarde, Moreira César aproximou-se a cavalo da artilharia para observar a ação. Derrubou o binóculo quando uma bala o atingiu no abdome. Um tenente segurou-o na sela, e seu estado-maior levou-o de volta a seu posto de observação, onde ele foi baleado pela segunda vez. Os oficiais do estado-maior fizeram o possível para que não corresse a notícia de que ele estava ferido.[93]

O coronel Pedro Nunes Batista Ferreira Tamarindo, segundo oficial mais graduado, assumiu o comando, mas nada pôde fazer para impedir o que caminhava para um desastre. Quando a noite começou a cair, os corneteiros tocaram a retirada. A arte militar da época prescrevia que o combate se travasse apenas à luz do dia; se até escurecer um ataque não fosse bem-sucedido, costumava-se recuar e tentar outra vez no dia seguinte. Isso, obviamente, permitiu ao inimigo recompor suas fileiras e, com a notícia de que Moreira César estava à morte espalhando-se gradualmente entre os soldados, estes perderam o ímpeto. Agruparam-se em um grande quadrado com a tenda do coronel moribundo no centro, sendo assim impossível impedir que a verdade passasse de homem para homem. E o que começara como um boato alastrando-se pela escuridão foi então confirmado pelos oficiais, que decidiram durante a noite retornar ao Rosário para reagrupar-se. Não sabiam quantos soldados haviam sido mortos e tinham cerca de duzentos feridos, que os médicos estavam atendendo noite adentro. Não tinham comida nem água e, tendo deixado o rio nas mãos do inimigo, haviam perdido o acesso àquela fonte. Mas ainda contavam com mil homens nas unidades de infantaria, a bateria da artilharia estava intacta, possuíam 50 mil balas e sessenta projéteis de artilharia. E estavam em posse do terreno elevado.

Certamente uma tropa disciplinada poderia ter resistido, mas aquele bando de homens recrutados à força e mal treinados, sofrendo de exaustão, choque e fome, não estava à altura do desafio, e sucumbiu ao pânico e ao terror. Muitos eram, também eles, sertanejos crédulos que cresceram ouvindo histórias reverentes sobre Antônio Conselheiro, e estavam prontos para acreditar que havia algo de sobrenatural no que tinham acabado de vivenciar. Como poderiam combater, e ainda por cima derrotar, um mensageiro de Deus? Moreira César morreu entre quatro e cinco da madrugada; às seis as unidades iniciaram uma retirada desordenada que logo se transformou numa fuga em massa.[94]

Arrasado, o coronel Tamarindo, segundo Euclides da Cunha, respondeu a um oficial que lhe pedia instruções com um dito popular nordestino: "É tempo de murici, cada um cuide de si".[95] Os oficiais, mesmo de revólver em punho, não lograram pôr ordem naquele caos, e os soldados jogaram longe o equipamento e fugiram às carreiras. Os que carregavam as macas abandonaram os feridos, depressa alcançados pelas facas dos inimigos, que também mutilaram e queimaram o corpo de Moreira César. O capitão Joaquim Quirino Villarim lutou sozinho até o fim. O capitão José Agostinho Salomão da Rocha, com meia dúzia de homens, tombou defendendo os quatro Krupps que davam a única cobertura aos soldados em fuga. O coronel Tamarindo foi derrubado do cavalo a bala. Alguns oficiais carregaram o coronel para uma casa próxima, mas pouco depois foram apanhados.

Corpos, carabinas Mannlicher e fuzis Comblain, mochilas, calças, dólmãs, bonés e caixas de munição juncaram a área num raio de vários quilômetros. Sobreviventes aterrorizados chegaram em frangalhos a Monte Santo, onde muitos haviam deixado seu equipamento adicional e objetos pessoais com um destacamento encarregado de guardar suprimentos, mas encontraram o local saqueado e vazio. Muitos morreram devido a ferimentos, fome ou sede antes de chegar ao próximo posto, em Queimadas. A falta de solidariedade entre os praças e entre oficiais e praças evidencia-se nas partes de combate e nas memórias. Foi realmente cada um por si, e os fortes abandonaram os fracos e feridos. Os sertanejos recolheram o armamento abandonado, o que centuplicou sua capacidade de defesa, e alinharam as cabeças decapitadas dos soldados mortos pelo caminho, para servir de alerta.[96]

No dia 4 de março, desconhecendo o que se passava no sertão baiano, Prudente de Morais retornou sem aviso para reassumir a presidência após quatro meses de ausência. Três dias depois a notícia do desastre chegou ao Rio de Janeiro, onde uma multidão, inflamada por discursos de republicanos como Nilo Peçanha, tomou as ruas e destruiu redações de jornais monarquistas aos gritos de "Viva a República" e "Viva Floriano". Gentil José de Castro, monarquista editor da *Gazeta da Tarde* (Rio de Janeiro), foi assassinado por oficiais radicais. Também em São Paulo, Minas Gerais e Rio Grande do Sul houve violência nas ruas e ataques a jornais e editores. O vice-presidente Manuel Vitoriano, que aprovara a expedição, escreveu ao Clube Militar eximindo-se da responsabilidade pela derrocada, deixando claro que oferecera ao herói morto todo o apoio que ele desejasse, mas Moreira César não quisera levar mais soldados para não enfraquecer as guarnições da capital e de outras cidades importantes, tendo em vista a suposta ameaça monarquista. Jornais republicanos, como *O Estado de S. Paulo*, afirmaram haver ligação entre Canudos e forças que supostamente se reuniam no Uruguai para invadir o Rio Grande do Sul. O jornal paulista declarou: "O movimento insurrecional do sertão da Bahia é monarquista. [...] Para monarquistas e republicanos, o movimento dos fanáticos de Antônio Conselheiro é hoje restaurador. [...] Fosse ou não monarquista em seu nascedouro, o certo é que hoje o é, e que, como tal [...] tem que ser combatido". Os editores do jornal informaram que contingentes monarquistas afluíam de todo o país para Canudos, e que haviam escolhido a Bahia para ser o centro do movimento restaurador.[97]

Os florianistas aproveitaram a agitação para ameaçar os republicanos liberais, como o senador Rui Barbosa e o deputado Arthur Rios, que se opunham a seu extremismo. É possível que os florianistas tenham usado a ameaça monarquista como pretexto para ações destinadas a desmoralizar o governo, em um prelúdio para imporem uma ditadura bonapartista. O presidente da Câmara dos Deputados, Arthur Rios, foi espancado na rua do Ouvidor, e na Bahia um plano para assassinar o governador Luiz Vianna por pouco não teve êxito. Talvez o acaso, e não a ideologia, tenha reunido os conspiradores, mas entre eles havia altos oficiais, o ajudante-general do Exército, general-de-divisão dr. Bibiano S. Macedo de Fontoura Costallat, e o barão de Jeremoabo. Talvez os laços com os proprietários de terras da região, como o barão, tenham sido o que levou os florianistas a envolver a honra do Exército nessa luta "entre os camponeses e os proprietários territoriais". Durante o Império, o Exército recusara-se a caçar escravos; por que iria agora subjugar as massas rurais para os ex-senhores?[98] Sem dúvida o tenente Henrique Macedo Soares tinha razão ao ver "ocultos e ignóbeis manejos" por baixo do pano. Mas acusar os florianistas de tentar "envolver o Exército numa luta inglória" com o explícito propósito de destruir a ordem "civil e constitucional" é imaginar muita organização no que era uma situação caótica. Edmundo Moniz esteve mais próximo da verdade quando observou que não eram as idéias que estavam atuando, e sim o oportunismo individual.[99] Poderíamos ir além e dizer que os líderes civis e militares estavam sendo arrebatados por uma onda de irracionalidade.

A situação acabou sendo vantajosa para o presidente Prudente de Morais, pois embora alguns começassem a culpar o governo pela derrota, ele podia garantir que não tivera papel algum naquela malsinada expedição, e podia abrandar seus críticos no Exército usando oficiais florianistas. Pouco depois de reassumir o governo, ele convidou o general Francisco de Paula Argollo para ser ministro da Guerra e concordou com a escolha de outro ferrenho florianista, o general Arthur Oscar de Andrade Guimarães, para comandar uma nova expedição que aniquilasse "os que ali estão envergonhando nossa civilização".[100]

Mas o relacionamento do presidente com o novo ministro revelou-se difícil. Em 17 de maio, em meio a uma reunião de gabinete, Prudente queixou-se de que a imprensa recebia os novos informes antes dele. Aceitou imediatamente a renúncia do general Argollo e mandou um assessor buscar o marechal Carlos Machado Bittencourt, seu conterrâneo paulista e velho adversário do florianismo, então atuando como juiz do Supremo Tribunal Militar. O marechal assumiu a pasta antes de a reunião terminar. Para assegurar o controle sobre a administração central do Exército, Bittencourt transferiu o general Costallat do importante posto de ajudante-general de volta a seu cargo anterior de professor da Escola Superior de Guerra, e convocou o general João Thomaz Cantuária do comando da 3ª Região Militar (Bahia), para onde fora mandado em março para substituir Sólon. Bittencourt também contava com o apoio do general J. N. de Medeiros Mallet, o quartel-mestre, que Floriano expulsara e Prudente anistiara em outubro de 1895. Prova da extrema turbulência de 1897 foi o fato de que, em onze meses, haveria quatro ministros da Guerra e três ajudantes-generais (ver Tabela 1.2).[101]

TABELA I.2

ALTO-COMANDO (1894-97)

POSTO	PERÍODO EM EXERCÍCIO DO CARGO
Ministro da Guerra	
Bernardo Vasques	15 nov. 1894 a 23 nov. 1896
Dionísio de Castro Cerqueira	23 nov. 1896 a 4 jan. 1897
Francisco de Paula Argollo	4 jan. 1897 a 17 maio 1897
Carlos Machado Bittencourt	17 maio 1897 a 5 nov. 1897
João Thomaz Cantuária	7 nov. 1897 a 15 nov. 1898
Ajudante-general	
Argollo	março 1896 a jan. 1897
Bibiano de Fontoura Constallat	jan. 1897 a maio 1897
Cantuária	maio 1897 a maio 1897
Conrad Jacob de Niemeyer	nov. 1897 —
J. N. de Medeiros Mallet	nov. 1897 —
Quartel-mestre-general	
Argollo	nov. 1895 a mar. 1896
Mallet	mar. 1896 a nov. 1897

Apreensivos, Bittencourt e Cantuária adotaram medidas preventivas, das quais a mais importante foi o desarmamento da escola militar. Com o pretexto de que uma revolta no Uruguai estava pondo em perigo a fronteira no Rio Grande do Sul e que os depósitos do Exército no Sul careciam de munição, ordenaram que a escola entregasse os mais de 50 mil cartuchos de Mauser em sua posse. Embora a maioria das unidades na nova expedição estivesse armada com carabinas Mannlicher e fuzis Comblain, o ministro da Guerra estava decidido a garantir que não faltasse munição às poucas unidades armadas com Mausers. Em 18 de março ele telegrafara à Alemanha pedindo quinze toneladas de pólvora sem fumo para uso nos cartuchos de Mauser. É possível que um atraso no recebimento da pólvora tenha influenciado a decisão de requisitar os estoques da escola militar. Mais provavelmente, porém, a situação na fronteira foi apenas uma desculpa.[102]

Em 27 de maio os estudantes recusaram-se a cumprir a ordem, aprisionaram seu comandante e se prepararam para resistir. Um tremor percorreu o governo, enquanto unidades militares e navais no Rio e arredores puseram-se de prontidão. O coronel Hermes da Fonseca, sobrinho de Deodoro, comandante do 2º Regimento de Artilharia e ex-chefe do estado-maior de Manuel Vitoriano, muito respeitado por suas atitudes profissionais, ajudou a convencer os estudantes de que era tolice resistir às forças superiores postadas contra eles. Catorze oficiais insubordinados e 321 praças de pré foram expulsos, e o mesmo se deu com 356 homens na escola militar do Ceará em Fortaleza que haviam declarado solidariedade com seus colegas do Rio.[103] Não há certeza de que a agitação ocorrida mais ou menos nessa mesma época na escola de sargentos tenha tido relação com a da escola militar, mas ali os "atos de indisciplina" resultaram na expulsão de 117 dos 245 matriculados. A escola foi fechada ainda naquele ano, supostamente porque não atendia às expectativas do governo e não conseguia justificar os "sacrifícios financeiros" que demandava.[104] Esses incidentes ajudaram a fortalecer o presidente, pois foram minando, no Congresso, o poder do deputado Francisco Glicério, que defendera os rebeldes da escola militar em 1895 e cujas ligações com florianistas tornavam-no suspeito aos olhos de Prudente.

Também forneceram "voluntários" para as unidades designadas para a força que Arthur Oscar estava preparando na Bahia. A *Folha da Tarde* (Rio de Janeiro) protestou contra punir daquele modo os estudantes rebeldes com um terceto dirigido ao general Bittencourt no qual se dizia: "Ou a infância aprende ou vai morrer em Canudos".[105] A Constituição de 1891 (artigo 87) proibia o recrutamento forçado, mas, como não estipulava outro modo de obter soldados, policiais ainda limpavam as ruas e praças dos vadios e desordeiros e os jogavam no Exército. Graças aos sabres da polícia, esses recrutas eram transformados em "voluntários". Segundo um bem informado oficial da época, todo soldado brasileiro, não importava o modo como houvesse ingressado no Exército, era sempre "considerado um voluntário".[106] Embora alguns civis que eram membros dos Batalhões Patrióticos formados durante a guerra civil novamente houvessem oferecido seus préstimos, chegando mesmo a ir morar nos quartéis, o presidente não confiava neles, e o Exército não queria parecer dependente, e por isso fizeram-nos dar baixa em fins de março.[107] O Exército preferia vingar Moreira César por conta própria e recorrer ao recrutamento compulsório para preencher os claros em suas fileiras.

A estrutura de pessoal do Exército na época era singular. Durante a guerra civil, quase 2 mil soldados haviam sido promovidos a alferes, o degrau inferior na escala de oficiais comissionados, e em conseqüência disso as unidades estavam com excesso de oficiais de baixa patente. O esquema de organização do Exército prescrevia 1959 oficiais em postos de estado-maior ou de unidades, mas na realidade havia 3082 oficiais no total em dezembro de 1897 e, embora o mesmo esquema prescrevesse 28160 soldados, havia apenas 20035. Isso significa que havia

TABELA 1.3

COMPOSIÇÃO DAS UNIDADES ENVIADAS A CANUDOS

UNIDADE	LOCALIZAÇÃO	AUTORIZADOS[a] Of.	HA	N° REAL[a] Of.	HA	EXCEDENTE[a] Of.	HA	DÉFICIT[a] Of.	HA
9 Cav	RJ	25	405	50	354	25			51
5 Art	RJ	25	402	24	287			I	115
4 Inf	RS	21	425	31	195	10			230
5 Inf	MA	21	425	30	221	9			204
7 Inf	RJ	21	425	31	488	10	63		
9 Inf	BA	21	425	52	335	31			90
12 Inf	RJ	21	425	33	270	12			155
14 Inf	PE	21	425	53	478	32	53		
15 Inf	PA	21	425	32	246	11			179
16 Inf	BA	21	425	47	260	26			165
22 Inf	RJ	21	425	43	358	22			167
25 Inf	RS	21	425	37	309	16			116
26 Inf	SE	21	425	38	412	17			13
27 Inf	PB	21	425	67	489	46	64		
28 Inf	MG	21	425	38	238	17			187
29 Inf	RS	21	425	43	325	22			100
30 Inf	RS	21	425	35	330	14			95
31 Inf	RS	21	425	22	309	I			116
32 Inf	RS	21	425	39	240	18			185
33 Inf	AL	21	425	30	501	9			76
34 Inf	RN	21	425	40	322	19			103
35 Inf	PI	21	425	48	353	27			72
37 Inf	SC	21	425	28	242	7			183
38 Inf	RJ	21	425	49	371	28			54
39 Inf	PR	21	425	43	311	22			114
40 Inf	PE	21	425	33	282	12	143		
TOTAIS	554	10200	1016	8526	463	256		I	2737
Todo o Exército	1.959	28160	3082	20035	1128				8125

[a] Of. = Oficiais; HA = Homens Alistados

um oficial para cada 6,5 homens alistados. Ademais, como as verbas não cobriam o excedente de oficiais, aparentemente o número de praças era mantido abaixo do nível autorizado, com 8125 homens a menos, para que os oficiais pudessem ser pagos. A Tabela 1.3 ilustra o excedente de oficiais e o déficit de praças nas unidades enviadas a Canudos, que refletiam a mesma situação em todo o Exército.[108]

A maioria das unidades tinha oficiais de mais e soldados de menos, e precisava recorrer à polícia, aos juízes e às cadeias locais para suprir suas necessidades. De fato, como mostrou Peter M. Beattie, essa era uma prática antiga que fornecia soldados ao Exército e poupava as autoridades estaduais e federais da necessidade de construir mais prisões civis. O Exército funcionava como um "sistema quase-penal".[109] A população ressentia-se desse recrutamento forçado, temia-o, e a imprensa o satirizava acerbamente, muitas vezes em verso. Estes quatro versos publicados na *Folha da Tarde* (Rio de Janeiro) expressam os sentimentos do povo:

Eu ando desconfiado,
Olhar baixo, lábios mudos,
Com medo de ser pegado
Para o açougue de Canudos![110]

O jornal *A Bahia* (Salvador) publicou um breve drama no qual um popular comete o erro de conversar com um marinheiro e acaba sendo recrutado à força, enquanto um coro de "voluntários" canta ao fundo:

Nós somos de pega-pega
Os rebotalhos, os miúdos:
Que aos grandes não se bodega
Para mandar pra Canudos!
Voltaremos da refrega
Tortos, zarolhos, ossudos,
Se não levarmos fubega
Inda outra vez em Canudos![111]

Uma nova gíria imediatamente se popularizou quando o jornal *O País*, do Rio, cunhou o termo maragunço, combinando os nomes dos dois inimigos da década: os maragatos, como eram chamados os rebeldes federalistas do Sul e nome de uma província espanhola, e os jagunços, como eram conhecidos os habitantes de Canudos. Com a disseminação do recrutamento forçado, um trocista juntou maragunço ao apelido de Prudente de Morais, biriba — termo aplicado aos naturais de São Paulo e também designativo de matuto e de alguém com quem é preciso ter muita cautela —, e criou maragabirigunço, para assim chamar qualquer representante do regime, na época empenhado em esmagar toda oposição. O maragabirigunço tornou-se "o bicho-papão que devorava indiferentemente os maragatos, biribas, jagunços e desprotegidos da sorte, através do recrutamento forçado".[112]

Unidades de todo o Brasil convergiram para os locais de reunião em abril e maio. O general Arthur Oscar, que instalou seu quartel-general em Queimadas, dividiu suas forças em colunas de três brigadas cada uma, a primeira sob o comando do general-de-brigada João da Silva Barbosa, que deveria avançar pelo caminho de Monte Santo, a segunda comandada pelo general-de-brigada Cláudio do Amaral Savaget, que se agruparia em Sergipe e seguiria do leste para Canudos via Jeremoabo. No jargão militar de então, as brigadas compunham-se de batalhões de infantaria apoiados por regimentos de artilharia e cavalaria. Para agilizar a narrativa, a maioria dos números referentes a esses batalhões encontra-se nas notas. Do Rio, o 5º Regimento de Artilharia de Campanha embarcou para a Bahia, e o mesmo fizeram os batalhões de infantaria vindos de Pernambuco, Maranhão, Paraíba e Rio Grande do Sul. Em Queimadas juntaram-se a dois batalhões da Bahia e ao 7º de Infantaria de Moreira César, que fora reorganizado e aumentado. Nesse meio-tempo, um batalhão de infantaria e uma bateria de artilharia do Rio de Janeiro, além de dois batalhões do Rio Grande do Sul, embarcaram para Sergipe e ali se reuniram ao batalhão local e a batalhões de Alagoas, Rio Grande do Norte e Piauí.[113] Como dez dos batalhões provinham do Nordeste, o episódio assumiu cores de uma guerra civil: nordestinos de farda militar azul contra nordestinos de traje de couro de vaqueiro.[114]

Os preparativos foram difíceis. O Exército não possuía sistemas centralizados de abastecimento de víveres e transporte, sendo preciso recorrer a fornecedores locais. Sem um corpo de quartel-mestre, a qualidade do apoio logístico dependia do talento e energia do comandante e do mercado local. A área ao redor de Queimadas, onde Arthur Oscar tinha seu quartel-general, já sofria escassez de suprimentos, mas pelo menos Arthur Oscar tinha ligação ferroviária com Salvador. Já o general Savaget, talvez por não dispor de uma linha de suprimentos durante sua marcha para o interior, deu mais atenção a provisões, forragem e transporte que os generais Arthur Oscar e Barbosa. Savaget afirmou enfrentar três graves dificuldades: as instalações modestas de Aracaju, a desconfiança dos sertanejos, que mantiveram distância do mercado da cidade para que o Exército não lhes requisitasse as mulas e os bois, e os negociantes locais, cujo principal interesse era retardar a força o mais possível.[115] Contratou com um coronel da guarda nacional local o fornecimento de todo o alimento e transporte. Sacos de arroz, feijão, farinha e sal, caixotes de cachaça e cabeças de gado compunham a lista.

Entre 22 de maio e 7 de junho as várias unidades da coluna Savaget marcharam escalonadas de Aracaju a Jeremoabo (185 quilômetros), onde os 2480 homens dos oito batalhões de infantaria, uma bateria de Krupps de 75 mm e um destacamento de engenharia puseram-se à espera da ordem de Arthur Oscar para avançar. Durante os acampamentos e a marcha o imenso número de "voluntários" novatos recebeu seu único treinamento antes de entrar em combate. Os soldados sofriam nas marchas diárias de vinte a 22 quilômetros, percorrendo descalços os caminhos escabrosos. Pelo menos desde a Guerra do Paraguai, e provavelmente antes, era costume os soldados de infantaria marcharem descalços. Para os rijos sertanejos, habituados a andar sem sapatos, aquilo não era novidade, mas para os citadinos era uma dolorosa introdução à campanha. Houve muitos casos de soldados temporariamente incapacitados.[116]

Embora os relatórios oficiais nada mencionem a respeito, os vários relatos biográficos deixam claro que trezentas mulheres e oitenta crianças acompanhavam a coluna. Francisco de Paula Cidade, um dos mais versados estudiosos da história do Exército, observou que essa prática sempre existira; quando os soldados marchavam para a guerra, a família ia junto. Fora assim durante a Guerra do Paraguai e na guerra civil de 1893 a 1895; assim seria durante a luta pelo Acre (1903), e mulheres estariam nas colunas dos tenentes na década de 1920.[117]

Savaget tinha ordem de Arthur Oscar para posicionar-se para um ataque convergente a Canudos em 27 de junho, aparentemente com a idéia de poder anunciar a vitória no dia seguinte, 28 de junho, aniversário da morte de Floriano. Savaget deslocou-se rapidamente para o ponto de reunião, ficando então com tempo de sobra. Embora fosse melhor usar essa pausa para treinar os homens, a malária derrubou "grande número" de seus soldados, e ele receou permanecer num mesmo lugar, decidindo, então, avançar em marchas breves. Conforme prosseguiram, depararam com regiões cada vez mais áridas, com longos trechos do Vaza-Barris, o rio que estavam acompanhando, totalmente secos, e as muito esparsas cacimbas lamacentas sem condições de matar a sede de tantas pessoas e animais.[118]

Em 25 de junho, a cerca de oito quilômetros de Canudos, na Fazenda Cocorobó, sertanejos postavam-se nas elevações rochosas que dominavam a estrada. Armou-se logo uma batalha. À esquerda estava o Vaza-Barris margeado pela cerrada caatinga, e dali a 5ª Brigada, composta inteiramente por unidades nordestinas, deu cobertura ao resto da coluna que ia chegando ao local. À direita, passando o terreno elevado, havia um trecho plano no qual as unidades que se aproximavam foram tomando posição a oitocentos metros dos bem colocados sertanejos, homens audaciosos e tenazes, segundo descrição do general Savaget.[119] Não tendo conseguido desalojá-los depois de duas horas de fogo de artilharia e fuzis, Savaget ordenou uma carga de baioneta. Ele assim descreveu o encontro em seu relatório: "Ao sinal de carga os nossos bravos soldados, como que eletrizados pelo clangor estridente das cornetas dos seus respectivos batalhões, arrojaram-se para a frente loucos de entusiasmo [...]. Uma verdadeira chuva de ferro caía sobre os nossos heróicos infantes, pela frente e pelos flancos".[120]

Algumas mulheres juntaram-se aos soldados no ataque. Uma testemunha ocular, Manuel Benício, que fez a cobertura da campanha para o *Jornal do Comércio*, do Rio de Janeiro, relatou que uma bela moça chamada Maria Rita, que acompanhara o avanço da tropa, ao ver um soldado cair atou-lhe o ferimento, pegou sua carabina e acompanhou correndo os atacantes.[121] Talvez essa atitude não tenha sido incomum, como sugere a conversa de outro jornalista com uma mulher na coluna de Barbosa; quando o repórter perguntou por que ela seguira seu companheiro até Canudos, ela respondeu: "Como não seguir? Fui companheira dele na paz, devo acompanhá-lo também na morte".[122] E foi exatamente o que fizeram muitas mulheres!

Embora a carga de baioneta servisse para desalojar os sertanejos e abrir caminho, ela teve seu custo. Um oficial e 26 soldados morreram, e ficaram feridos dez oficiais, incluindo o general Savaget, além de 141 praças.[123] Não havia nenhum esquema para despachar os feridos de volta a Sergipe, e assim a retaguarda transportou-os em redes para um destino incerto em Canudos. Sua remoção seria feita, finalmente, por uma rota que jazia do outro lado de Canudos, via Monte Santo e Queimadas.

Os sertanejos procuraram incapacitar os oficiais com o objetivo de desorientar a tropa. Os "voluntários" mal treinados e desmotivados provavelmente não lutariam com determinação sem seus oficiais. Evidencia-se que os sertanejos compreendiam a estrutura social e a falta de coesão do Exército no episódio em que alguns soldados encontraram um atirador de tocaia sozinho, disparando contra os oficiais que rodeavam o ferido general Savaget. Ao ver os soldados que se aproximavam, ele disse calmamente: "Não me matem, camaradas, que sou companheiro. Só atiro em oficiais".[124] Não ficou registrado se os soldados concordaram

MAPA 1.3

CANUDOS E ARREDORES

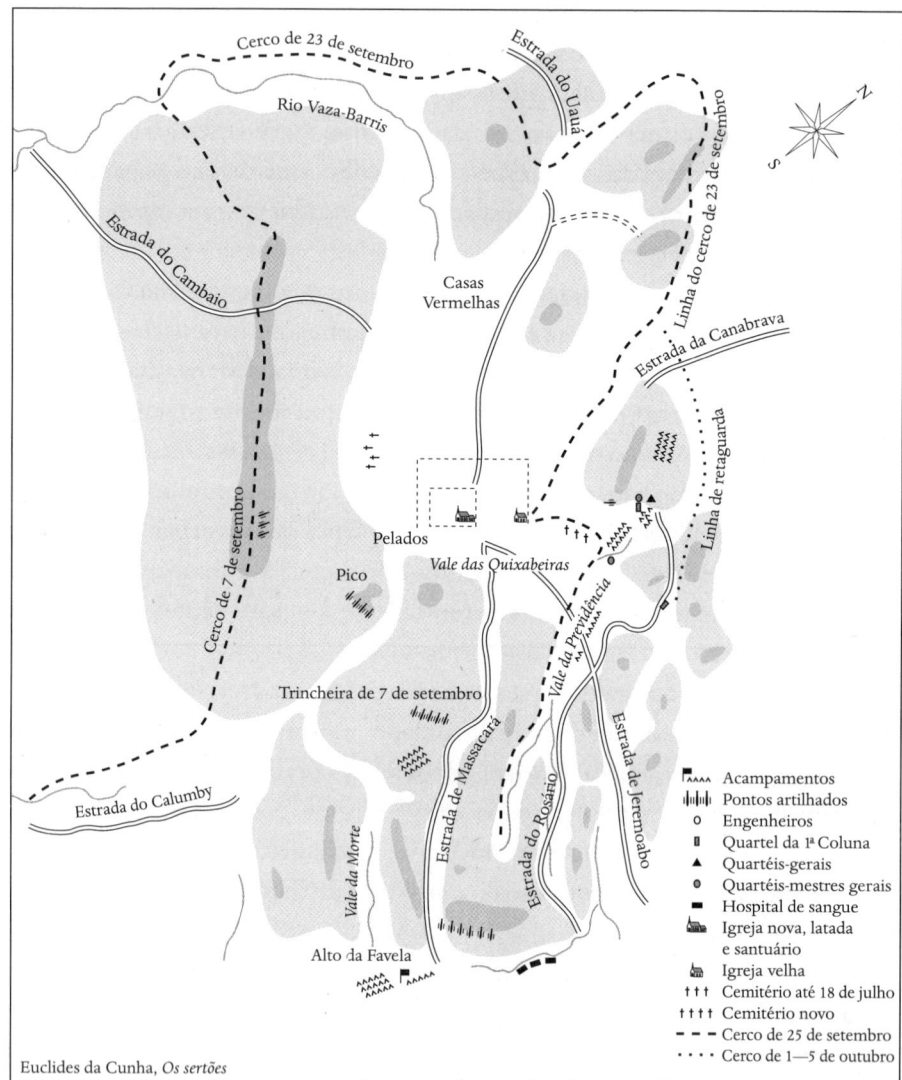

FONTE: Luiz Paulo Macedo Carvalho (ed.), *O Exército na história brasileira*, Rio de Janeiro e Salvador, Biblioteca do Exército e Odebrecht, 1998, 4 v. redesenhado por Bill Nelson. Usado com permissão da Biblioteca do Exército, Rio de Janeiro.

com essa lógica, mas as contínuas baixas de oficiais indicam que a idéia era generalizada entre os sertanejos. Desde o primeiro embate em 25 de junho até avistarem o arraial dois dias depois, os combates contínuos resultaram em seis oficiais e 34 soldados mortos, e oito oficiais e cem soldados feridos.[125]

Manuel Benício comentou sobre os três dias de luta: "A nossa posição foi desde o dia 25 a mais perigosa e terrível que já teve o Exército brasileiro em suas campanhas de guerra". Tão renhida era a luta que os soldados só podiam alimentar-se à noite, e muitos dos feridos eram deixados para morrer onde caíam porque seus companheiros não tinham como buscá-los. Foi uma experiência muito pior que a do bombardeio de Niterói durante a Revolta da Armada. As balas que chegavam de todos os lados zunindo através da vegetação, somadas aos ataques vindos de todas as direções que os soldados julgavam já ter limpado de inimigos, produziam um efeito aterrador. A resistência dos sertanejos era especialmente feroz porque Savaget, sem o saber, estava invadindo sua principal rota de suprimentos para Canudos. Por essa razão, sua coluna era mais temida que a comandada pelo general Barbosa.[126]

Quando a tarde do dia 27 ia avançada, já à vista de Canudos, Savaget ordenou que a artilharia iniciasse o bombardeio. E enquanto preparavam um ataque geral pela manhã, ele e seus homens ouviam o tiroteio do outro lado do arraial, onde a coluna de Barbosa travava furioso combate. O general-de-brigada João da Silva Barbosa, acompanhado pelo comandante da expedição, general-de-brigada Arthur Oscar, aproximara-se de Canudos vindo de Queimadas e passando por Monte Santo. Enquanto a coluna de Savaget vinha sofrendo com escaramuças e fuzilaria desde o dia 25, as tropas de Barbosa não haviam encontrado oposição antes do dia 27, quando avançaram para o monte da Favela, de onde se avistava o arraial. Ali foram recebidos com fogo cruzado tão violento e cerrado que o general, impressionado, comentou não ter visto nada igual nos cinco anos de Guerra do Paraguai. Suas tropas acabaram conseguindo ocupar o terreno elevado, mas só depois de uma espantosa perda de vidas e munição. Também ali os sertanejos concentraram-se em atingir os oficiais. O 7º Batalhão de Infantaria perdeu seu comandante, o coronel Thomaz Thompson Flores, derrubado do cavalo a tiros; o major que assumiu então o comando foi imediatamente ferido, e o mesmo aconteceu com outro major que brevemente o substituiu, passando o comando a seguir para um capitão. As baixas foram um duro golpe. Na primeira meia hora, o malsinado batalhão que fora antes comandado por Moreira César perdeu nove oficiais e 114 praças. Nas outras unidades a situação foi semelhante.[127]

Na manhã de 28 de junho os sertanejos viram-se em meio às duas colunas e, apesar das gravíssimas baixas que estavam infligindo, eles próprios sofriam perdas consideráveis que ficaram sem registro. Dada a superioridade de armamento do Exército, supunha-se que a vitória não tardaria. Mas os generais Arthur Oscar e Barbosa não haviam previsto que seus destreinados soldados dissipariam a munição com extrema rapidez; haviam deixado caixas de munição nos acampamentos de base e permitido que as unidades entrassem em combate sem antes mandar vir o comboio dos suprimentos. Os sertanejos conseguiram isolar e imobilizar o comboio enquanto toda a coluna de Barbosa lutava para sobreviver com munição cada vez mais escassa, e atacaram com terrível ferocidade a força principal. O combate começou às cinco da manhã, e às sete os 21 canhões alinhados no alto da elevação, fulminados os homens que os manejavam, estavam silenciados. Um dos canhões foi bravamente trazido de volta à luta por um sargento da artilharia, ferido, e uma equipe improvisada de artilheiros. O coronel Olímpio da Silveira, revólver Girard em punho, seguia pela linha exortando os homens a se manter firmes e ameaçando fuzilar qualquer um, inclusive ele próprio, que tentasse desertar.[128] Os destacamentos despachados em busca do comboio de suprimentos não conseguiram furar o cerco. Mais uma vez, desastre à vista. O único recurso era pedir ajuda a Savaget.

O relatório de Savaget não afirma que Arthur Oscar ordenou-lhe abandonar completamente sua posição duramente conquistada, mas diz que os mensageiros solicitaram ajuda porque as munições da coluna de Barbosa estavam esgotadas e sua posição era desesperadora. Aparentemente, Savaget decidiu que não poderia ao mesmo tempo manter sua posição e enviar ajuda, por isso, sob o fogo inimigo, ele contornou Canudos com toda a sua coluna para juntar-se a seus colegas assediados.[129] Quando suas unidades chegaram para completar as linhas de Barbosa e Oscar, encontraram-nas em grande desordem e confusão. Centenas de cavalos encilhados e mulas arreadas jaziam em pé ou deitados ao lado de homens de olhos vidrados, em choque ou arrasados, alguns colados ao chão enquanto outros pareciam alheios às balas que voavam ao redor. Por toda parte havia equipamento espalhado, mortos insepultos, feridos amontoados, cobertos de poeira fina e sedentos no calor causticante.[130] Embora a coluna de Savaget compartilhasse seus víveres e munições, agora toda a expedição estava presa naquela armadilha. As semanas seguintes foram medonhas.

O que começou como um elaborado ataque em pinça terminou com os atacantes cercados e sitiados. O general Arthur Oscar, desdenhosamente subestimando as capacidades do inimigo, mergulhara sua força em um duplo cerco: "cerco da fome, cerco de jagunços". Em 5 de julho Manuel Benício registrou em suas anotações: "Nossa posição é horrível. Não se ataca e quanto mais tempo esperamos pior se agrava".[131] Arthur Oscar avançara sem garantir o abastecimento de munição, víveres e água, e por doze cruciais horas obstinadamente aferrara-se à sua posição dissipando munição — mais de 1 milhão de balas — e sofrendo baixas colossais em vez de sensatamente recuar até onde estava o comboio de abastecimento. Por quê? Na opinião de Euclides da Cunha, o general "estadeou então sua única qualidade militar frisante: a tendência a enraizar-se nas posições conquistadas".[132] Ou teria ele avançado pressuroso para depois se aferrar ao território alcançado por receio de que o general Savaget tomasse Canudos sozinho e ficasse com toda a glória?[133]

Qualquer que tenha sido a razão, em vez de atacar quando a junção das tropas se fez, ele esperou. Embora o comboio de suprimentos finalmente conseguisse furar o cerco, metade da carga perdera-se, e cerca de 400 mil a 500 mil cartuchos estavam nas mãos dos sertanejos. Nos dias seguintes estes desferiram repetidos ataques, abatendo profundamente o moral dos soldados. Quase mil baixas haviam ocorrido desde as primeiras refregas, e os 5 mil soldados começaram a sentir-se mais como um amontoado de sobreviventes do que como membros de unidades militares organizadas. A disciplina deteriorou-se à medida que minguavam os víveres. Unidades de escolta partiam em busca de uma inexistente coluna de abastecimento que o quartel-mestre adjunto no acampamento base em Monte Santo prometera, mas nunca mandava. Uma dessas unidades de busca, comandada pelos coronéis Joaquim Manuel de Medeiros e Antônio Tupy Ferreira Caldas, nada encontrando em Monte Santo, tratou de reunir gado e víveres e mandá-los para a Favela a tempo de impedir a inanição em massa. O fato de dois coronéis comandarem essa operação revela muito sobre a fraqueza da estrutura de comando do Exército.

Mas, enquanto isso, as tropas sofriam. Lavar-se era impossível, pois o Vaza-Barris estava atrás das linhas de fogo. As fardas dos soldados, recebidas em março e abril, eram agora farrapos imundos. O que restava das rações trazidas pela coluna de Savaget acabou-se em 5 de julho. As mulheres dos soldados organizaram um próspero comércio de alimentos: uma espiga de milho seco era vendida por 5 mil-réis, uma xícara de farinha por 12 mil-réis, um punhado de tabaco por 8 mil-réis e o açúcar por qualquer preço pedido. Grupos saíam pelos campos em busca de bois e cabras desgarrados e assaltavam as roças dos sertanejos. Muitos, impelidos pela fome, eram atraídos para armadilhas e mortos. Os que tinham êxito empanturravam-se e voltavam para a linha de frente levando as sobras, para vender ou preservar. Mas vender também podia ser perigoso. Um casal preparou beijus de tapioca, mas, quando o marido saiu para vendê-los, foi morto por uma bala perdida. Curiosamente, nenhum dos relatos menciona o que acontecia com as mulheres que enviuvavam ou as crianças que ficavam órfãs. Passariam a viver com outros homens, como John Reed observou nas forças de Pancho Villa durante a Revolução Mexicana?[134] Continuariam a ter direito a rações?

Os oficiais sofriam junto com os praças. Comandantes de batalhão viam-se obrigados a pedir humildemente um punhado de farinha. Também eles pagavam aos vendedores e compartilhavam cigarros. Manuel Benício refletiu que "quando a fome entra pela barraca dos oficiais, está dormindo na dos soldados".[135] O general Arthur Oscar parecia não se dar conta de tudo isso. Quando alguns comandantes mencionavam a condição dos soldados, ele afirmava desconhecer que havia fome no acampamento. Com um superior assim, não admira que o general Savaget, tratando-se do ferimento que sofrera, entrasse em depressão e não saísse da barraca.[136]

À medida que as privações aumentavam, crescia também o número de desertores. Em 9 de julho, vinte praças do 33º de Alagoas abandonaram as fileiras. Outros, de várias unidades, seguiram o exemplo, mas não há registros do número exato. Para Euclides da Cunha, os desertores preferiam "o tiro de misericórdia do jagunço àquela agonia lenta".[137] No entanto, como a unidade mencionada era nordestina, é possível que vários dos desertores fossem sertanejos versados em sobreviver no sertão, contrariados com aquela campanha e por terem sido recrutados como "voluntários". Alguns talvez tenham-se juntado às forças de Conselheiro, como sugeriu o tenente Macedo Soares. Segundo ele, membros de unidades da Polícia Militar que se haviam rebelado em Sergipe e Alagoas, além de outros desertores de unidades militares de outros estados, haviam fugido para Canudos e treinado os sertanejos a manejar os fuzis capturados, "cujo uso demanda certa prática". Salientou que Pajeú, um líder destacado, era "antigo desertor, temerário e ardiloso".[138] Devia ser enervante para os soldados devotos ouvir todo dia o sino da igreja no arraial soar às seis da tarde seguido pelas vozes que rezavam a ave-maria e o terço.

A posição das tropas no alto da Favela era totalmente insalubre. Os piolhos não respeitavam patente nem sexo. Os animais eram abatidos no centro do acampamento e as partes não comestíveis ficavam jogadas por todo lado, empestando os ares e atraindo nuvens de moscas. Uma mulher foi baleada quando socava milho, outra ao atravessar o acampamento, e uma terceira quando estava deitada na tenda. Um alferes que dividia a tenda com o repórter Manuel Benício foi baleado na cabeça enquanto dormia. Diariamente morriam de seis a oito dos feridos, mesmo quando não havia combates. E às vezes passavam-se dias até que os corpos fossem enterrados.[139]

Em 13 de julho os coronéis Medeiros e Caldas finalmente voltaram com suprimentos. Foram recebidos com vivas no acampamento, e no dia seguinte, dia da Bastilha e feriado nacional no Brasil republicano, os oficiais reuniram-se para planejar o primeiro grande ataque visando ao rompimento do cerco, para sitiar ao invés de ser sitiados. No dia 15 os sertanejos tangeram uma grande boiada para dentro de Canudos, e no dia seguinte suas forças atacaram as posições do Exército. Estavam claramente decididos a continuar a luta. Os oficiais prepararam a investida para o dia 18.

Seria um ataque em massa de 3349 homens organizados em cinco brigadas, com uma unidade de cavalaria e um destacamento de artilharia levando dois Krupps de 75 mm. O general Barbosa calculava que enfrentariam quatrocentos sertanejos entrincheirados. Já era dia claro quando a artilharia começou o bombardeio preparatório enquanto os soldados marchavam para o sudeste e depois davam uma guinada para entrar em Canudos pelo nordeste, o lado aberto. Mas era impossível manter as formações naquele terreno ondulante e sulcado de valas. No esforço para vencer aquele terreno difícil e seus resolutos defensores, as unidades misturavam-se e modificavam o alinhamento. Em minutos, centenas de soldados viram-se isolados; jumentos que carregavam munições despencaram rolando pelas ravinas, caindo em cima da carga, e cavalos de oficiais tombaram baleados. As cornetas insistiam nos toques de carga e degola, e a artilharia finalmente conseguiu silenciar os mortíferos disparos vindos das torres da igreja nova. As baixas avultaram quando os soldados alcançaram e adentraram desordenadamente os primeiros casebres. A coragem que porventura lhes fora emprestada pela ração matinal de cachaça agora era suplantada pela ânsia de sobreviver. Não foram poucos os atacantes famintos que se distraíram perseguindo galinhas, comendo e bebendo o que encontravam nas casas vazias. Receando ver suas forças engolidas pelo labirinto, o general Barbosa ordenou uma parada depois de já estarem a quase cem metros da igreja velha. Ali as linhas fixaram-se. Semanas se passariam antes de ficar claro que aquele era o começo do fim da cidade santa de Antônio Conselheiro.[140]

Essa batalha, embora marcasse o rompimento do cerco ao exército e um momento decisivo da campanha, também mancharia permanentemente a reputação do general Arthur Oscar. Aquele avanço custara 1014 baixas, ou quase um a cada três homens nas forças atacantes. Os feridos permaneceram horas expostos ao sol causticante antes que os poucos homens incumbidos de recolhê-los começassem a trabalhar. Muitos morreram de sede ou de hemorragia das feridas cobertas de moscas. Os novecentos casebres conquistados e os pouco mais de cem cadáveres de sertanejos não foram suficientes para fazer daquele dia uma vitória. O exército seria incapaz de empreender outro esforço igual sem reforços. Só em 19 de julho o general Arthur Oscar enviou mensagem ao ministro da Guerra pedindo mais 5 mil homens e se preparou para esperar.

Agora eram os sertanejos os sitiados, mas os soldados não podiam deslocar-se em segurança à luz do dia porque suas linhas ficavam expostas aos tiros disparados tanto das trincheiras em frente como da torre da igreja. Nas posições mais avançadas não se podia preparar comida, por isso carne cozida horas antes era distribuída somente à noite. Também para buscar água e remover os feridos era preciso esperar a proteção da escuridão. Se houve alguma melhora na posição das tropas, foi mais no ânimo do que no físico. Após 18 de julho, a troca de tiros foi constante, interrompida por breves tréguas espontâneas à noite, durante as quais cada lado recolhia seus feridos e sepultava seus mortos. Ao amanhecer, o sino tocava seis vezes enquanto sentinelas do Exército atiravam contra a torre sem, aparentemente, enfraquecer a determinação do sacristão. À noite os soldados ouviam latidos, choro de criança e ralho de pais. Muitas vezes, entre nove e dez da noite, vozes emergiam da igreja na reza do terço. Além de tiros, os dois lados trocavam insultos, pragas e ameaças noite adentro, semana após semana.[141]

Em 24 de julho, os sertanejos fizeram duas frenéticas tentativas de abrir uma brecha no ponto mais fraco na linha do exército e ao mesmo tempo deslocar-se para a extrema direita. Foram rechaçados, deixando cerca de cinqüenta mortos, entre eles "o seu famigerado e ousado cabecilha, Pajeú". O tenente Macedo Soares registrou ter sido essa a última vez que os sertanejos desferiram um ataque sério. Dali por diante, "mantiveram-se na mais desesperada defensiva até o dia em que o último morreu combatendo".[142] Alguns deixaram sorrateiramente o acampamento durante a noite, e muitas mulheres renderam-se. Dizia-se que Antônio Conselheiro enviara emissários com a missão de mobilizar novos sertanejos para a defesa de Canudos, os quais atacariam a expedição pelos flancos e pela retaguarda. Mas não se teve notícia deles.[143] O exército aguardava, e a comida voltou a escassear.

O diário de um soldado desconhecido expressou o desespero, a frustração e a degeneração que atormentavam os soldados:

5 DE AGOSTO	"Tenho sentido muita fome."
6 DE AGOSTO	"Amanheci tão fraco que não tenho coragem para nada."
7 DE AGOSTO	"Seguiram mais doentes para Monte Santo. Barros e Armeiros já estão considerados como desertores. [...] Morreu o cabo-de-esquadra Antônio Francisco."
8 DE AGOSTO	"[...] Geraldo, Nicolau, Floriano e Bento, todos brejeiros, tiravam mais da etapa do que é de dever; roubavam. Geraldo me recusou uma colher de açúcar!"
9 DE AGOSTO	"Continua o bombardeio e também a fome. [...] Só se recebeu uma xícara de marmita, redonda de farinha e sal; nada mais. Espera-se o comboio."
11 DE AGOSTO	(Sonhei com comida.) "Acordei com saudade da família e delirando de fome. Que horror!"
12 DE AGOSTO	"A ração foi a mesma, ou pior. Retira-se o comboio com alguns doentes para Monte Santo."
13 DE AGOSTO	"Continua o bombardeio. Nicolau fica com a maior quantidade de farinha das rações, assim como a carne. Rouba. [...]"
15 DE AGOSTO	"É impossível dizer a impaciência com que estamos. [...]
17 DE AGOSTO	"Continua a fome de farinha, apesar das muitas cargas que chegaram. É uma lástima! É infâmia!"

Pouco tempo depois esse soldado foi mandado para Monte Santo em um comboio. O repórter Manuel Benício encontrou o caderno com os registros acima na enfermaria em Queimadas.[144]

Embora em meados de agosto os sertanejos ainda fossem capazes de desferir ataques noturnos, à luz do dia raramente eram vistos, e em muitos dias disparavam apenas de dez a doze tiros. Um jornalista observou que os soldados estavam tão fracos que "atualmente tememos mais a fome do que os próprios jagunços".[145] Por todo o mês de agosto e adentrando setembro, o tempo esteve seco, com dias claros e quentes e noites frescas e agradáveis. Como em um ritual, ao raiar o dia um dos canhões disparava um tiro de despertar contra as fortificações conselheiristas, respondido com balaços de rifles e espingardas. Ao escurecer o sino tocava seis vezes para as ave-marias enquanto um canhão fazia cuidadosa pontaria e lançava uma granada contra a torre quando a última vibração se dissipava.[146]

Os feridos estavam em situação medonha. Os médicos do Exército faziam o possível, mas as ambulâncias não eram equipadas nem abastecidas para tanta gente. Evacuado o primeiro grupo de seiscentos feridos,[147] mais de mil jaziam ainda no tosco hospital de sangue. Acabara-se o antisséptico, e os médicos precisavam recorrer à cachaça para limpar os ferimentos. Os instrumentos cirúrgicos trabalhavam sem descanso amputando membros para deter a gangrena, mas os médicos não tinham meios para combater as hemorragias internas, a febre e a fome. Alguns feridos enlouqueceram de sofrimento. Até setembro, a evacuação significava provável morte pelo caminho. Nada fora preparado em Monte Santo e, até a chegada do dr. Carlos Autran da Mata e Albuquerque, a pestilenta enfermaria em Queimadas era um foco de infecção. O fato é que o corpo médico do Exército estava tremendamente sobrecarregado, e outras centenas teriam morrido não fosse a ajuda de comitês de cidadãos e estudantes da faculdade de medicina de Salvador.[148] Se para o Exército a situação era assim pavorosa, são inimagináveis os horrores que os sertanejos feridos de Canudos devem ter sofrido antes que a morte os libertasse.

Os correspondentes de guerra tinham dificuldade para relatar a desorganização e o sofrimento, pois o general Arthur Oscar impusera a censura a seus comunicados a fim de barrar notícias "inconvenientes e alarmantes". Alguns contratavam seus próprios mensageiros depois de receberem o visto de despacho e mandavam telegrafar os informes, mas ainda assim as mensagens não chegavam a seu destino. Em 13 de julho, o general Arthur Oscar mandou chamar à sua barraca Manuel Benício, que era capitão honorário e fora elogiado em relatórios oficiais por bravura em ação com a coluna Savaget, para dizer-lhe que um de seus telegramas causara "mau efeito lá no Rio". Benício pediu tolerância ao general, argumentando: "Queira V. Exª desculpar, mas, se não foi para dar notícia do que vejo ao jornal que represento, que devo fazer aqui? Cumpro a minha missão, nada mais. Não invento, nem exagero". Pouco depois ele foi "convidado" a deixar a zona de combate.[149]

Arthur Oscar telegrafou ao ministro Bittencourt afirmando que não se devia dar crédito às reportagens de Benício no *Jornal do Comércio*, que o repórter era "indiscreto", "despeitado" e dado a "inventar fatos, adulterar outros". Curiosamente, baseava tais acusações em um telegrama que o escritório em Monte Santo enviara ao general perguntando se podia remetê-lo.[150] Arthur Oscar deve ter-se melindrado com comentários de Benício. Em um parágrafo, o repórter comparou a habilidade de Savaget, que, com uma verba de 500 mil-réis, viajara de Aracaju com mais de 2 mil homens bem alimentados e chegara em posse de rações de sobra, com o desempenho de Arthur Oscar. Este último, com distância consideravelmente menor a percorrer da ferrovia ao seu objetivo e com uma verba de 1,5 conto de réis, quase imediatamente se vira sem víveres e sem munições.[151]

Informes francos rapidamente revelariam o horror que era Canudos, desmentiriam o mito de que se tratava de uma conspiração monarquista, patenteariam as verdadeiras habilidades do general comandante e prejudicariam a utilidade política daquela guerra. A censura também visava a encobrir os lucros ilícitos auferidos pelo general Arthur Oscar e por outros oficiais. Enquanto os soldados passavam necessidade em Canudos, dizia-se que os depósitos em Monte Santo estavam abarrotados.[152] A julgar pela linguagem empregada em seus relatórios, os oficiais estavam tentando convencer uns aos outros de que aqueles sertanejos broncos eram realmente "inimigos da República", "partidários da monarquia de Bragança" defendendo uma "cidadela monarquista".[153]

A frustração, raiva, medo e sofrimento dos soldados eram extravasados sobre os indefesos prisioneiros. Para os homens, render-se significava a morte. Os jornalistas em geral silenciaram até a cidade ser aniquilada, mas o ministro da Guerra e o presidente sabiam sobre as estripações e degolas que eram o divertimento dos sanguinários enlouquecidos e nada fizeram para impedir. De fato, o marechal Bittencourt teria dito a Arthur Oscar que nas áreas da retaguarda não havia lugar para manter prisioneiros.[154] Mas a degola foi prática estabelecida muito antes de Bittencourt surgir em cena. O tenente Macedo Soares mencionou a "fera matança" de quase 2 mil cativos, incluindo os feridos.[155] Não se sabe se esse método de executar prisioneiros devia-se ao costume (a julgar pela prática nas guerras do Sul), à conveniência (não havia comida para eles) ou ao controle (proporcionava uma válvula de escape para os vingativos). Mas não há dúvida de que essa selvageria impiedosa manchou a honra do Exército com sangue e expôs ao escárnio a "santidade" da causa pela qual lutava.

Uma psicose coletiva deve ter acometido todos os envolvidos para que os oficiais se julgassem em uma cruzada pela "causa da civilização" contra "o monstro que se denomina Canudos" e imaginassem "nossa cara pátria" chorando "por seus filhos, mártires da civilização, que tombaram neste solo ingrato, onde à custa de muito sangue hoje impera hoje o nosso glorioso pendão de Ordem e Progresso".[156] Em suas memórias, o tenente Macedo Soares primeiro afirmou que não se podia demonstrar piedade porque a salvação de cada um dos contendores dependia do rápido e total "extermínio dos sitiados"; posteriormente, ele comentou que "se algum excesso, se alguma vindicta menos digna e justa foi praticada, não deve ser lançada na conta dos responsáveis pelas forças combatentes, senão a certos, bem poucos desvairados pelo ódio".[157] Talvez todos acabassem por acreditar, como sugeriu Euclides da Cunha, que Canudos era um hiato, um vácuo, e que "transposto aquele cordão de serras, ninguém mais pecava".[158] A consciência nacional por fim compreenderia a enormidade do mal, mas a contrição subseqüente veio tarde demais para o povo de Canudos.

Em julho, quando os coronéis Medeiros e Tupy Caldas estavam esquadrinhando as áreas na retaguarda em busca de suprimentos cruciais, devem ter percebido que o contrato de fornecimento que Arthur Oscar firmara com um negociante local chamado Aníbal Galvão era mais voltado ao lucro pessoal que a obter víveres e munição para os soldados. Saltando degraus na cadeia de comando, eles notificaram a situação ao ministro da Guerra. O ministro Bittencourt ordenou aos 22º, 24º e 30º Batalhões de Infantaria da guarnição do Distrito Federal que seguissem para a Bahia sob o comando do general Miguel Maria Girard, diretor da escola militar. Bittencourt pediu a Girard que o informasse sobre o que estava ocorrendo na Bahia, pois até então não recebera notícia que prestasse.[159]

Chegando a Salvador em 18-19 de julho, os soldados de Girard embarcaram para Queimadas. Ali constataram que seu predecessor aterrorizara de tal modo os habitantes que a cidade estava quase abandonada. E, mais grave, descobriram que as irregularidades no sistema de abastecimento eram tão escandalosas e a direção da campanha pelo general Arthur Oscar tão abominável que Girard e dois comandantes de batalhão pediram dispensa do comando, alegando doença. Um terceiro comandante de batalhão exonerou-se do Exército imediatamente. A folha de serviço desses homens não dá nenhum motivo para suspeita de terem sido motivados por medo. A brigada, composta em grande medida de novos "voluntários", sofreu com a marcha e com ataques dos sertanejos antes de finalmente chegar às linhas de Canudos em 15 de agosto sob o comando de um capitão.

Após a batalha de 18 de julho, Arthur Oscar solicitara reforços. De início, o ministro Bittencourt pode ter julgado que a brigada Girard era suficiente, ou, por motivos políticos, pode ter hesitado em pôr mais soldados sob o comando de Arthur Oscar, mas o telegrama deste em 26 de julho, citando baixas de 155 oficiais e 1583 praças, convenceu-o de que não havia exagero na descrição pavorosa da situação.[160] Ordenou então a mobilização de batalhões de infantaria, que deveriam deixar seus postos em Minas Gerais, Paraná, Santa Catarina, e de dois batalhões do Rio Grande do Sul, e também pediu a São Paulo, Pará e Amazonas que enviassem destacamentos da polícia e os pusessem sob o comando do general-de-brigada Carlos Eugênio de Andrade Guimarães, irmão de Arthur Oscar.[161] E, para garantir uma conclusão sem percalços da campanha, o ministro em pessoa seguiu para a zona de guerra.[162] Ali comprou numerosas mulas e, fixando-se em Monte Santo, providenciou para que diariamente dois ou três comboios de abastecimento chegassem às linhas nos arredores de Canudos. Sabendo que "mil burros mansos valiam na emergência por 10 mil heróis", Bittencourt "transmudou um conflito enorme em uma campanha regular".[163]

A Polícia Militar de São Paulo, Pará e Amazonas, bem armada, equipada e uniformizada, começou a chegar no final de agosto. Em 11 de setembro, as linhas do cerco fechavam quase todo o arraial, com exceção de oitocentos metros na entrada da estrada do Uauá, por onde se viu entrar em Canudos, em 21 de setembro, o último comboio de mulas com suprimentos. Não se sabe como funcionava, quem dirigia e de onde vinha o abastecimento dos sertanejos. No dia seguinte, sem os soldados saberem, morreu Antônio Conselheiro, de morte natural, diante do altar da igreja. No dia 24 os soldados fecharam a última brecha na linha do cerco, encerrando, segundo estimativa do tenente Macedo Soares, 8 mil pessoas nas ruínas da cidade.[164] As casas tomadas foram incendiadas, e o cheiro de corpos incinerados empestou o ar por vários dias. Mesmo com os quinze canhões das baterias da expedição disparando à queima-roupa, os sertanejos pareciam resolvidos a lutar até o fim.[165]

Sôfrega para juntar-se à matança, chegou em 27 de setembro a brigada comandada pelo general-de-brigada Carlos Eugênio. A fome de batalha dos recém-chegados parece ter contribuído para a decisão de desferir outro ataque geral. Os oficiais veteranos preferiam dar prosseguimento ao cerco até a rendição, que decerto não demoraria, mas o recém-chegado coronel João César Sampaio argumentou (equivocadamente) que não poderia haver ali dentro mais de cem homens armados, que a média estimada de vinte baixas diárias por mais trinta dias seria maior que a produzida por um último ataque, que as centenas de corpos insepultos poderiam provocar uma epidemia, a munição poderia outra vez escassear com os tiroteios constantes, a chegada das chuvas no fim de outubro e novembro enfraqueceria a linha ao longo do Vaza-Barris e, enlameando as estradas, prejudicaria o abastecimento, e que a tomada das últimas cacimbas dos sertanejos aumentaria a probabilidade de forçá-los a capitular. Por fim, disse, não era totalmente impossível que os sertanejos recebessem poderosos reforços do sertão se o Exército protelasse o ataque.[166]

Ao amanhecer de 1º de outubro, a artilharia, de uma distância aproximada de trinta metros, bombardeou a área ocupada pelos sertanejos com trezentos disparos em vinte minutos, uma média de quinze projéteis por minuto. Esse foi, provavelmente, o mais intenso bombardeio já desferido contra combatentes brasileiros! Em seguida, nove batalhões, incluindo os recém-chegados, arrojaram-se contra o reduto inimigo. Subitamente, uma "nuvem de jagunços" como que "surgiu do chão" e opôs uma "resistência invencível". Eram mais de mil, em vez da mera centena estimada.[167] À tarde, por insistência do general Barbosa, fizeram outra tentativa. O 34º, do Rio Grande do Norte, teve duas companhias dizimadas em minutos; o 5º, do Maranhão, perdeu quase todos os oficiais; montes de corpos começaram a bloquear as vielas. Em uma cena surrealista, dois sertanejos "dançavam e cantavam" enquanto fulminavam parte do 5º Batalhão, até serem mortos.[168] Os resultados estimados do ataque foram quatrocentos combatentes sertanejos mortos, provavelmente junto com um número maior de não-combatentes, além de uma centena de homens e um número incerto de mulheres e crianças, gravemente feridos, feitos prisioneiros. No Exército, entre oficiais e praças morreram 587 homens. Com vinte baixas diárias por trinta dias, a perda teria sido de seiscentos homens. Macedo Soares escreveu que havia ainda 2 mil homens, mulheres e crianças no arraial em ruínas.[169] Se for correta sua estimativa anterior de 8 mil por ocasião do fechamento do cerco no dia 24, significa que, excluindo as cerca de duas centenas de prisioneiros, pelo menos 5500 pessoas morreram ou escaparam do cerco.

Em 2 de outubro, uma negociação, estranhamente a primeira entre os combatentes, levou à rendição de várias centenas de sertanejos, a maioria mulheres e crianças. No dia seguinte entregaram-se mais de quinhentos, entre eles sessenta homens. Passados dois dias a resistência prosseguia, e o general Arthur Oscar ordenou o uso de bombas de dinamite e querosene. O repórter Favila Nunes comentou: "Não era possível protelar mais e os sentimentos de humanidade deviam ser banidos". Dinamite e bolas flamejantes de panos embebidos em querosene foram lançadas nas áreas ocupadas pelos sertanejos. O fogo nada poupou. "O fétido nauseabundo da carne humana em cremação era insuportável para quem estava, como nós, a vinte metros de distância." Finalmente um alferes correu ao local para verificar o resultado. "Está tudo acabado! Não há mais um jagunço!", ele gritou. O general Artur Oscar ordenou que as unidades entrassem em forma. Hasteou-se a bandeira brasileira, a banda tocou o Hino Nacional e os generais passaram em revista a tropa, "viva, entusiástica e delirantemente aclamados". "Canudos era uma vasta fogueira! As ruas estavam tapetadas por milhares de cadáveres!" O general Arthur Oscar, entre abraços e congratulações, ordenou uma busca pelo corpo do santo sertanejo.[170]

No dia seguinte, deixando soldados encarregados de queimar o que restara das casas e enterrar os mortos, as colunas dos conquistadores iniciaram a jornada para o litoral. As crianças sobreviventes eram valiosos suvenires de guerra, em especial, aparentemente, as meninas. O general Arthur Oscar levou uma, o general Barbosa, duas. Outros oficiais, jornalistas, fornecedores do Exército e indivíduos menos bem-intencionados bracejaram para levar uma ou mais das "pobrezinhas" para casa. Um oficial de artilharia, encontrando duas meninas negras de quatro anos abandonadas, doentes e esquálidas, ajeitou-as em sua sela, prometendo cuidar delas. Mas alguns chegaram ao ponto de arrancar crianças dos braços das mães, e muitas delas, como Maria Domingas de Jesus, de doze anos, foram estupradas. O comitê Patriótico da Bahia, formado para cuidar dos feridos durante a luta, empenhou-se em proteger as crianças órfãs, reunir mães e filhos e obter a guarda das que foram parar em tavernas e prostíbulos. Para algumas, o pesadelo a que haviam sobrevivido foi apenas um prelúdio para mais tragédia. Houve pelo menos um final feliz: uma moça de dezoito anos cujos pais haviam morrido na luta apaixonou-se por um capitão do 5º Batalhão de Polícia da Bahia e aceitou sua proposta de casamento.[171]

O Exército, vitorioso, estava em frangalhos. Dos 20 035 praças e 3082 oficiais, aproximadamente 8526 praças (42%) e 1016 oficiais (32%) haviam servido na campanha. Destes, 4193 foram feridos entre julho e outubro de 1897. O número exato de soldados mortos é desconhecido. Segundo o tenente Macedo Soares, morreram 5 mil, mas talvez estivesse citando, com licença poética, o número total de mortos e feridos. Independentemente da exatidão, as perdas dos dois lados nunca tiveram igual na história brasileira desde então.[172]

FIM DE UMA DÉCADA SANGRENTA

Em 5 de novembro o presidente Prudente de Morais, o vice-presidente Manuel Vitoriano, o ministro Bittencourt, vários generais e membros do Congresso reuniram-se no arsenal do Exército no Rio de Janeiro para dar as boas-vindas às unidades que retornavam comandadas pelo general Barbosa. Um soldado que havia sido ferido, Marcelino Bispo dos Santos, arremeteu contra o presidente de revólver em punho. Prudente empurrou-o com a cartola e o chefe da Casa Militar da Presidência, coronel Luís Mendes de Morais, derrubou o atacante com a espada. Na luta para desarmá-lo, o soldado sacou uma faca e feriu mortalmente o marechal Bittencourt, que estava gritando "não o matem!"; conseguiu também ferir gravemente o coronel Mendes. O assassino fora encorajado por um grupo de conspiradores que desejavam livrar-se de Prudente e instituir um regime jacobino, radical. O editor do jornal republicano O Jacobino foi o principal instigador, e no momento do ataque aguardava as notícias junto com oficiais conspiradores no quartel do 1º de Cavalaria no Rio.[173]

O prestígio do presidente foi às alturas quando ele compareceu sem escolta ao funeral do ministro da Guerra, sendo aclamado nas ruas por sua bravura. O Congresso votou pela decretação de estado de sítio no Distrito Federal e na área de Niterói. A tentativa de assassinato foi fruto de uma conspiração na cúpula. O vice-presidente estava envolvido, e o ex-líder do governo no Congresso, Francisco Glicério, fugiu para São Paulo. O assassino, aparentemente sob tortura, declarou à polícia ser "fanático pela memória do marechal Floriano Peixoto" e afirmou ter acreditado no editor Deocleciano Martyr, que fornecera as armas, quando este lhe dissera que "a questão de Canudos era feita pelo governo com o intuito de fazer voltar a monarquia". A raiva por ter sido ferido em Canudos também pode tê-lo motivado. Entre os conspiradores estava um grupo de oficiais que haviam participado da revolta na escola militar em maio de 1897, e dois que secretamente haviam conspirado no Clube Militar.[174]

Congressistas e oficiais foram presos, o Clube Militar foi fechado, e políticos cerraram fileiras em torno do presidente. O apoio e a coesão que faltavam em sua administração sobejaram de repente. O atentado contra sua vida não apenas fracassou: produziu efeito contrário ao desejado. Se ainda restava alguma possibilidade de os florianistas usarem a vitória sobre Canudos para tentar enfraquecer ou derrubar o presidente, a mácula trazida para a causa com o assassinato de Bittencourt e o atentado contra Prudente de Morais minaram o apoio civil e militar.

O atentado fortaleceu Prudente, possibilitou a realização de eleições em março de 1898 e a transferência regular da presidência a Campos Sales em novembro. No Alto-Comando do Exército, consolidou o domínio de generais antiflorianistas, como João Nepomuceno de Medeiros Mallet no cargo de ajudante-general, cargo equivalente, na época, ao do atual chefe do Estado-Maior. Esses altos oficiais aproveitaram a situação quase falimentar do país e alegaram razões financeiras para eliminar oficiais inconvenientes. O general-de-brigada Arthur Oscar esperou em vão em seu quartel-general da 2ª Região Militar no Recife que a República recompensasse seus esforços. Foi preterido, em 15 de novembro de 1897, na promoção a general-de-divisão, e a cobiçada terceira estrela foi para o antiflorianista Mallet. O gelo foi permanente.[175] No governo seguinte, Mallet seria ministro da Guerra e daria a partida na lenta reconstrução do Exército brasileiro.

O Império pode ter sido derrubado em um golpe sem sangue, mas a carnificina da década seguinte mais do compensou isso. Se alguns esperavam que Canudos ensejasse uma República dominada pelos militares, o resultado foi o oposto. O desastre reforçou o controle dos oficiais que almejavam reformar e profissionalizar o corpo de oficiais e dos políticos civis que desejavam reduzir a influência militar sobre o governo. O Exército encerrou a década quase em colapso. Os anos seguintes seriam devotados à sua reconstrução e ao estabelecimento do papel apropriado do Exército na sociedade e na política do Brasil.

2. Reforma e construção

Um exército sem mobilização torna-se inerte e nada se deve dele temer ou esperar.
João Nepomuceno de Medeiros Mallet, *Relatório*, 1902

Para ser oficial e cuidar do bem estar do soldado é preciso ter participado do seu modo de viver.
Hermes da Fonseca, *Relatório*, 1907

Depois de Canudos o Exército ficou em ruínas. Os relatórios queixosos de seus líderes mencionavam problemas e deploravam a falta de dinheiro até para reparos simples. A sociedade civil parecia desinteressada, pouco se importando se o Exército decaísse. Mas a crise do Acre, o medo da intervenção dos Estados Unidos, o incidente com o *Panther* e a sensação de fraqueza diante do militarismo no mundo geraram demandas por reforma.[1] O processo foi lento; de fato, alguns dos que propuseram mudanças envelheceram esperando que fossem implementadas. A falta de continuidade de um ministério ao outro marcou a história do Exército durante a República Velha.

Essa característica perigosa resultou de freqüentes trocas de liderança, das fracas tradições do Exército e de seus procedimentos administrativos inadequados. Mas a falta de continuidade também foi reflexo da economia política brasileira. Não existia uma economia nacional integrada; o que havia eram economias regionais, cada qual exportando seus principais produtos para mercados europeus e norte-americanos. A carência de sistemas de transportes inter-regionais tolhia a integração econômica interna, a coesão política e a eficiência militar. Cada região funcionava em ritmo próprio.

A influência política do Nordeste declinou com a perda de seus mercados açucareiros externos para os produtores do Caribe. A exploração da borracha na Amazônia estava no auge, mas entraria em colapso após 1912. O Sul do país era uma exceção. As economias dos estados meridionais, orientadas para os mercados nacionais, eram menos espetaculares, mas geravam crescimento constante, o que permitiria ao Rio Grande do Sul aumentar cada vez mais sua influência política. Boa parte das exportações de mate do Paraná e Santa Catarina seguia para o rio da Prata e para as repúblicas da costa oeste. Os estados cafeeiros do Centro-Sul produziam o grosso das exportações brasileiras. São Paulo, Minas Gerais, Rio de Janeiro (incluindo o Distrito Federal) e Rio Grande do Sul eram responsáveis por 60% das safras do país e 75% dos produtos industrializados e da carne, e possuíam 80% dos ativos bancários do Brasil. O período 1898-1910 assistiu ao auge do controle do governo nacional pela elite cafeicultora paulista e a mudança em direção à difusão do poder político entre os estados acima mencionados e a Bahia.

A guerra civil de 1893-95, e especialmente o desastre de Canudos, em 1897, extinguiram a capacidade das Forças Armadas para desempenhar um papel moderador que, segundo alguns, haviam herdado ao derrubar a monarquia. No final do mandato de Rodrigues Alves (1898), as oligarquias agrárias regionais haviam restabelecido seu domínio sobre o sistema político. Os grandes proprietários rurais eram poderosos a ponto de impedir que a lei do serviço militar obrigatório, de que trataremos neste capítulo, fosse aplicada a seus peões. Eles moldavam as políticas fiscais que corroboravam sua visão do Brasil como um país agrícola cujo principal papel era fornecer café, borracha e vários recursos naturais para Europa e América do Norte. Na virada do século, o Brasil respondia por mais de 75% da produção cafeeira mundial, mas lutava para manter sua fatia de mercado em face do crescimento da produção da América Central e da Colômbia. Para piorar, quando aumentou a oferta mundial em meados da década de 1890, sobreveio uma queda constante nos preços. Para manter seus preços competitivos, o governo brasileiro decretou freqüentes desvalorizações do mil-réis em relação à libra esterlina. Mas essas desvalorizações aumentaram o custo dos produtos manufaturados importados, diminuindo seu consumo, ao mesmo tempo que reduziram as receitas do governo, pois os impostos sobre as importações eram a principal fonte de receita federal. O governo e a economia sofriam, ainda, a restrição de uma pesada dívida externa, daí resultando que, até 1898, a maior parte do excedente comercial foi usada no pagamento de juros sobre empréstimos externos. Nesse ano, o governo negociou uma suspensão dos pagamentos da dívida por treze anos (até 1911), comprometendo-se a equilibrar o orçamento e reduzir a quantidade de moeda em circulação. Em 1900 a situação econômica do país era tão periclitante que metade dos bancos faliu. A oligarquia reagiu à tormenta apregoando que o melhor para o Brasil era manter seu status e limitar o desenvolvimento da indústria e infra-estrutura nacional ao que fosse necessário para atender às necessidades da economia agrícola.[2]

Na sociedade moldada por essa economia, as elites viam a maioria da população tão-somente como fonte de trabalho barato para a agricultura. Seu interesse pela imigração advinha, sobretudo, do objetivo de assegurar a abundância e o baixo custo da mão-de-obra, mas também, em segundo lugar, do desejo de "embranquecer" a população. E essas elites continuaram a não demonstrar interesse pelo ensino público. Os vários planos de reforma militar que serão mencionados adiante seriam frustrados pela visão limitada das oligarquias estaduais, o que, como se verá em capítulos posteriores, acabou transformando os oficiais mais impacientes de reformistas em revolucionários.

O sistema político brasileiro funcionava em dois níveis, o aparente e o real. Havia a Constituição de 1891, com suas cláusulas sobre um presidente, uma legislatura, equilíbrio dos poderes etc., mas o sistema real baseava-se em acordos tácitos que permitiam a autonomia dos estados em troca do apoio às políticas nacionais do presidente. O que parecia ser uma democracia representativa constitucional era, na verdade, o governo por uma aliança oligárquica. O sistema funcionava porque se alicerçava na participação política limitada. O papel das Forças Armadas, como vimos em Canudos e tornaremos a ver no capítulo 3 sobre o Contestado, era manter a ordem. Mas esse papel não se ajustava aos ideais de profissionalismo que os oficiais importaram da Europa, e o abismo entre o papel e os ideais acabaria contribuindo para a rebelião.

Nos doze anos decorridos entre 1898 e 1910 houve quatro presidentes e seis ministros da Guerra. Em novembro de 1898 Prudente de Morais passou o cargo ao presidente (como eram chamados os governantes estaduais) de São Paulo, Manuel Ferraz de Campos Sales (1898-1902), que fora ministro da Justiça de Deo-

TABELA 2.1

PRESIDENTES, MINISTROS DA GUERRA E
CHEFES DO ESTADO-MAIOR DO EXÉRCITO (1898-1910)

PRESIDENTES	MINISTROS	CHEFES DO ESTADO-MAIOR
Manuel Campos Sales 15 nov. 1898 - 15 nov. 1902	João de Medeiros Mallet nov. 1898 - 15 nov. 1902	João Thomaz Cantuária 23 jan. 1899 - 9 dez. 1902
Rodrigues Alves 15 nov. 1902 - 15 nov. 1906	Francisco de P. Argollo 15 nov. 1902 - 15 nov. 1906	B. da Fontoura Costallat 19 dez. 1902 - 8 dez. 1904
Afonso A. Moreira Pena 15 nov. 1906 - 14 jun. 1909	Hermes R. da Fonseca 15 nov. 1906 - 27 maio 1909	Francisco A. Rodrigues de Sales 24 jan. 1905 - 19 nov. 1906
Nilo Peçanha 14 jun. 1909 - 15 nov. 1910	Luís Mendes de Morais 27 maio 1909 - 18 jun. 1909	João P. Xavier da Câmara 19 nov. 1906 - 29 maio 1909
	Carlos Eugênio de Andrade Guimarães 18 jun. 1909 - 16 out. 1909	Carlos Eugênio de Andrade Guimarães 29 maio 1909 - 18 jun. 1909
	José Bernardino Borman 16 out. 1909 - 15 nov. 1910	José Bernardino Borman 9 jul. 1909 - 16 out. 1909
		Marciano A. Botelho de Guimarães 23 out. 1909 - 16 nov. 1910

NOTA: Durante os intervalos entre as datas de exercício do cargo, o posto foi ocupado por um oficial interino cuja identidade não é importante para os propósitos desta tabela.

doro antes de romper com ele na crise de 1891. Campos Sales estabeleceu a "política dos governadores", o sistema de autonomia estadual acima mencionado, consolidou as dívidas do Brasil no exterior e manteve o Exército leal apesar de revoltas de pouca monta. Sucedeu-o outro presidente paulista, Francisco de Paula Rodrigues Alves (1902-06), que lidou com a crise do Acre e com a rebelião da escola militar em 1904 e incentivou reformas militares menores. A sucessão de 1906 deu a presidência a um mineiro, Afonso Augusto Moreira Pena (1906-09), graças à insistência do *kingmaker* gaúcho, o influente senador José Gomes Pinheiro Machado, para que se rompesse a hegemonia paulista no Executivo. Parecia justo que Minas, o estado mais populoso, tivesse sua vez no poder. A morte de Afonso Pena, em 14 de junho de 1909, levou ao cargo o vice-presidente, Nilo Peçanha, do Rio de Janeiro. A Tabela 2.1 mostra os nomes e datas dos ministros da Guerra e dos chefes do Estado-Maior do Exército que serviram sob esses presidentes.

Em plena época de aperto financeiro, a liderança do Exército fez o que pôde para reformar a instituição, modernizá-la, pô-la em dia com os avanços internacionais na arte da guerra. Este capítulo enfoca os ministérios dos generais Mallet, Argollo e Hermes, tendo como pano de fundo um exame da vida no Exército, da educação dos oficiais e das tentativas de conseguir treinamento e consultores no exterior. Trataremos primeiro do ministério do general João Nepomuceno de Medeiros Mallet, que em 1899 e 1900 propôs uma série de mudanças que moldaram o debate sobre a reforma na década seguinte.

O MINISTÉRIO MALLET

Mallet, que assumiu a pasta da Guerra aos 59 anos, era, em muitos aspectos, um oficial típico da geração que comandou o Exército na entrada no novo século. Nascido em família de militares no Rio Grande do Sul, ingressou no Exército aos dezessete anos e, em fins de 1863, era primeiro-tenente. Foi promovido a capitão por bravura na Guerra do Paraguai, vivenciou a desaceleração dos avanços na carreira nas décadas de 1870 e 1880 e chegou a coronel durante a orgia de promoções nas semanas seguintes à derrubada do Império. Foi um dos oficiais imediatamente alçados a uma posição política, sendo nomeado governador do Ceará. Seu retorno a Fortaleza foi irônico, pois sua remoção do comando da escola militar daquela cidade fora o que precipitara a crise conducente à queda da monarquia. Como mencionei no capítulo anterior, embora Mallet fosse um republicano histórico, sua oposição à ascensão de Floriano ao poder acarretou sua expulsão do Exército. Anistiado em 1895, ele supervisionou a preparação da regulamentação para o novo Estado-Maior do Exército e o serviço de quartel-mestre, e, entre 1896 e 1899, foi, em rápida sucessão, quartel-mestre-general, ajudante-general e ministro da Guerra. Chegou ao posto máximo sem ter tido participação direta na guerra civil e em Canudos. Como sua reputação não estava associada a esses acontecimentos, seu ministério era um recomeço.

Mallet queria mudar a composição das unidades, centralizar as nomeações, reorganizar a educação militar, enfatizar a importância do treinamento de tiro ao alvo, executar manobras rotineiramente, regularizar o planejamento, melhorar os critérios de promoção e elevar o nível intelectual do corpo de oficiais. Além disso, os quartéis e outras instalações do Exército precisavam ser remodelados, e as unidades careciam de armamento moderno. Ele nomeou para a chefia do recém-criado Estado-Maior do Exército seu antecessor no Ministério da Guerra, o general João Thomaz Cantuária, e o incumbiu, juntamente com seu subchefe, o general-de-brigada Luís Mendes de Morais, de dar mais substância a essas idéias. Infelizmente, por mais razoáveis que fossem os projetos resultantes, as políticas monetárias restritivas do governo Campos Sales (1898-1902), formuladas em resposta à vultosa dívida externa brasileira, impossibilitaram a implementação imediata. Ainda assim, o "Projeto Mallet", como ficou conhecido, forneceu a base intelectual para as iniciativas de reforma até a Primeira Guerra Mundial.

Os exércitos usam os chamados "princípios de guerra" como base de sua doutrina operacional; essa doutrina, por sua vez, afeta a estrutura, o efetivo, o armamento e o treinamento dos exércitos. Em 1900, Mallet escreveu que os avanços internacionais na área de armamento estavam tornando as guerras cada vez mais destrutivas e, em conseqüência, os mais importantes princípios de guerra haviam-se reduzido a (1) atirar sem se expor ao fogo retaliatório do inimigo e (2) aplicar a máxima pressão com a menor força possível para atingir o objetivo.[3]

A experiência recente de Canudos, ele observou, havia mostrado que com pontaria certeira até mesmo grupos sem "as mais simples noções de balística" e "sutilezas da tática" eram capazes de produzir uma fuzilaria "respeitável e de temer". Salientou ainda que "as baixas que na ocasião sofreram nossas tropas falam com eloqüência irrespondível".[4] E frisou que a boa pontaria fora imprescindível nas recentes vitórias dos bôeres contra os britânicos e nos êxitos americanos na guerra com a Espanha. O Exército precisava ministrar mais e melhor treinamento de tiro ao alvo e dar mais atenção à disciplina e à instrução. O fato de o ministro da Guerra ter de argumentar sobre questões tão básicas, citando dados nacionais e internacionais, revela muito sobre o Exército na virada do século.

Mallet também criticou outros aspectos do treinamento militar. Afirmou que a instrução teórica era insuficiente e acentuou a necessidade da experiência prática em campo, que dava aos oficiais e soldados oportunidades de cometer e corrigir erros.[5] A seu ver, as tradições de comando do Exército tolhiam a iniciativa, e isso dificultava aos líderes de pelotão aplicar racionalmente as ordens que recebiam. O Exército precisava de tenentes bem preparados tanto quanto de generais talentosos. Mas o progresso, declarou, seria impossível a menos que as unidades, extremamente dispersas, fossem concentradas, a fim de permitir o treinamento a baixo custo. Somente concentrando as forças os generais brasileiros conseguiriam a experiência de comando que lhes seria necessária em tempo de guerra.

Sem dúvida Mallet tinha razão em pensar que as unidades isoladas e espalhadas pelo Brasil contribuíam pouquíssimo para a defesa nacional e que reuni-las reduziria o custo de treinamento, assistência médica, rações e suprimentos. Ele julgava que, uma vez concentrado, todo o Exército poderia ser reorganizado.

Mallet ordenou que o recém-criado Estado-Maior elaborasse um plano de reorganização, "adaptando às nossas condições os preceitos e aperfeiçoamentos sancionados pela experiência das nações mais adiantadas",[6] mas advertiu que "a situação geográfica e política em que nos achamos, a falta de pessoal para o desenvolvimento das indústrias e da agricultura, impediam moldar completamente o nosso exército pelos das potências européias".[7] Os oficiais do Estado-Maior logo revelaram inexperiência em planejamento, além de discordância entre eles próprios e com as idéias de Mallet. Para resolver o impasse, Mallet nomeou uma comissão composta por dois coronéis, o chefe do Estado-Maior, Cantuária, e um capitão, Augusto Tasso Fragoso, que deixaria sua marca no Exército, para reunir-se com ele e formularem um plano condizente com as restrições orçamentárias do governo Campo Sales, a ser submetido primeiro ao Congresso.[8] Basicamente, a razão da incumbência dada a essa comissão era que, não tendo condições para possuir um exército numeroso, o Brasil deveria desenvolver um exército pequeno capaz de ser facilmente mobilizado e posto em ação. Um exército qualificado limitado, eficiente e passível de rápida expansão foi o objetivo dessa reforma e de quase todas as outras posteriores.

Essa situação exemplificou algumas das características do Exército nas décadas seguintes: a incapacidade do Estado-Maior para cumprir sua função de planejamento, a tendência a enredar-se em debates sobre teorias não postas à prova, a necessidade de o líder cuidar de minúcias e depender de um punhado de oficiais considerado "gente de confiança", a indevida importância atribuída ao "plano", que assumia características de uma sagrada escritura, e a tentativa de concluir às pressas tarefas altamente complexas. Nesta situação, e em outras posteriores semelhantes, os líderes gastaram tanta energia com a burocracia que pouco lhes sobrou para a execução. E o pior é que o corpo de oficiais responsável pela execução dos planos possuía pouquíssimos membros realmente interessados na carreira das armas. A maioria habituara-se a uma rotina burocrática que praticamente nada tinha a ver com preparar soldados para o combate. De fato, segundo o historiador militar general Francisco de Paula Cidade, havia oficiais que subiram de "soldado raso a coronel ou general sem nunca ter dado tiro com o fuzil regulamentar!".[9]

Mallet foi um visionário, mas não perfeito; algumas de suas idéias estavam à frente de seu tempo, mas outras atolavam-se no passado. Seu *Relatório* de 1901, abundante em conselhos minuciosos, incluindo sugestões para fazer reconhecimentos em combate, parecia um tratado sobre organização e operações de exércitos, em vez de um relatório anual sobre os assuntos ministeriais. Mallet preconizava que as armas e os serviços de combate (infantaria, cavalaria, artilharia e engenharia) fossem organizados segundo um padrão de três escalões, como nos exércitos alemão, francês, português, italiano e argentino, em vez do modelo de quatro escalões preferido por alguns oficiais. Seu esquema significaria três pelotões por companhia, três companhias por batalhão, três batalhões por regimento, três regimentos por brigada e três brigadas por divisão. Taticamente, essa organização permitiria uma unidade na frente, outra no flanco e uma na reserva. Contudo, devido à restrição de verbas, a organização em tempo de paz limitaria o número de batalhões a dois, impossibilitando aos regimentos treinar as táticas com três escalões.[10]

A esse defeito intrínseco adicionava-se outro. Embora Mallet reconhecesse que uma das lições de Canudos era que havia necessidade de um serviço eficiente de transporte e suprimentos, a falta de verba só permitiu a criação de duas companhias de transporte para todo o Exército! O próprio Mallet projetou dois carros leves para transporte de munições, bagagem ou feridos baseado em suas "observações na guerra com o Paraguai". Pensava, equivocadamente, que em tempo de guerra era possível organizar unidades adicionais "com facilidade" convocando-se voluntários ou pessoal da reserva — na verdade, dois elementos sempre em falta.[11] Admitia que o Exército não possuía animais e carros suficientes para uma campanha, e se eclodisse uma guerra o costumeiro procedimento "por contratos e compra amigável" logo daria lugar à requisição. Julgava, porém, ser possível agilizar o processo se cada unidade fizesse um levantamento dos cavalos, bois e carros da sua região para que, na hora da necessidade, pudessem ser requisitados, e seus donos, adequadamente indenizados. A seu ver era normal requisitar propriedade privada civil, e sua única preocupação era tornar o ato aceitável eliminando seu "caráter odioso de depredação e violência".[12]

Não percebia que com um sistema de transporte tão precário, organizado de última hora, a mobilização seria incerta. Nem sequer poderia ser testada, pois nenhum governo gastaria a quantia necessária para pagar as indenizações ou se arriscaria à animosidade civil generalizada.

Provavelmente a maior contribuição de Mallet para o pensamento militar brasileiro tenha sido sua insistência na necessidade de constantes manobras de treinamento para criar um verdadeiro exército. Segundo ele, "os nossos generais são obrigados a se limitarem, na prática, aos atos administrativos [...] o que concorrerá evidentemente para torná-los ótimos administradores na paz, porém menos aptos para as funções de comando [ou] para a manobra na guerra. Salvo, por estudos teóricos de gabinete, bebidos em excelentes tratados dos mestres da guerra e na história das campanhas européias e americanas, desconhecem eles, em geral, os atos de comando, por falta de prática". O preparo dos oficiais-generais em tempo de paz, ele aconselhou, deveria corresponder às suas funções em tempo de guerra. Mas, lamentou, enquanto as unidades não fossem concentradas, o Exército não teria condições de executar os exercícios conjuntos que preparariam os generais para comandar na guerra.[13]

A VIDA NO EXÉRCITO PARA OS PRAÇAS

Se os generais brasileiros em 1900 eram despreparados para liderar, tampouco os soldados estavam aptos para seguir ordens. Os praças mal conheciam o manejo regulamentar de armas e os rudimentos dos exercícios de ordem unida. O dever na guarnição consistia sobretudo em montar guarda diante de edifícios públicos ou participar de paradas e funerais, e não em preparação física, treinamento de táticas em pequenas unidades, tiro ao alvo ou acampamento.[14]

A lei do serviço militar obrigatório de 1874 fracassara devido à resistência generalizada. As juntas de seleção civis não funcionavam, em parte porque os cidadãos não faziam caso dos registros civis estabelecidos em 1888, o que impossibilitava a feitura de listas de recrutamento. A burguesia branca via com horror a vida de caserna, e os poderosos proprietários agrícolas não queriam perder seus peões. O recrutamento forçado no século XIX deixara péssimas recordações. Relatórios ministeriais constantemente lamentavam a aversão das pessoas a servir nas fileiras subalternas. É interessante notar que a ojeriza não era tão grande em se tratando de servir como oficial ou na Guarda Nacional. Mallet sugeriu que se alterasse a inútil lei do serviço militar obrigatório, aplicando-a somente à Guarda Nacional, e que se transferisse essa organização do Ministério da Justiça para o da Guerra, fornecendo assim uma verdadeira reserva para o Exército. A Argentina usara esse expediente para lidar com o mesmo problema.[15] A guarda passaria a ser o "exército territorial", cujos instrutores seriam oriundos das "fileiras do exército ativo", criando-se uma força que seria parte integrante da "nação armada".[16] Essa foi uma das muitas tentativas do Exército para obter o controle da Guarda Nacional, a qual funcionava principalmente como uma organização social e política que conferia poder às oligarquias locais. O controle da guarda pelo Ministério da Justiça indicava que seu propósito era o controle interno, e não a defesa nacional. De qualquer modo, os oficiais do Exército viam-na como um concorrente que desejavam eliminar.

Um esboço do que era o Exército para os alistados ajudará o leitor a compreender a aversão dos civis ao serviço militar. As condições descritas adiante mudaram lentamente nas duas primeiras décadas do século. Chamados de "voluntários", a maioria dos praças provinha das fileiras de desempregados. Alguns se alistavam espontaneamente, interessados em comida e teto, mas muitos outros, talvez até a maioria, eram pegos pela polícia em batidas, as chamadas "canoas", e despachados para os quartéis sob escolta. Nessas condições mandava-se um grande número de homens do Norte e do Nordeste para os estados do centro e do Sul do país. O analfabetismo era comum, e muitos sofriam de malária, parasitas e subnutrição; a disciplina era severíssima, até mesmo brutal. Em 1901 Mallet advertiu que "a crueldade é contraproducente. A depravação dos caracteres, a corrupção da índole nos tipos fracos e degenerados agravam-se em muitos casos com o excessivo rigor das penas". Afirmou que já se fora o tempo em que o terror conseguia produzir a "subordinação". "Os ferros, a chibata, as prisões degradantes, a pena de morte cederam lugar aos meios brandos, persuasivos, às prisões simples ou com trabalhos. Já o superior não se dirige ao subordinado injuriando-o; persuade-o pela razão, regenera-o com o exemplo."[17] Antes fosse! O mais provável é que a afirmação de Mallet de que a disciplina severa já não existia não passasse de uma tentativa de desencorajar seu uso.

O costume e a veneta do comandante, e não um código estabelecido, determinavam a disciplina no Exército. Até 1899 o código militar em vigor era uma mistura do código de 1710, do Regulamento do Conde de Lippe de 1763, das ordenanças de 1805 e do Código Criminal do Império. Apesar da opinião otimista de Mallet, o código de 1899, que na realidade era o código da Marinha aplicado ao Exército temporariamente, como se supunha então, era apenas só um pouco mais moderado que seus predecessores, e as tentativas de revisão em 1907 e 1916 fracassaram.[18]

Independentemente do prescrito no regulamento, as punições ficavam ao sabor de caprichos. Um oficial aposentado que serviu nas fileiras de alistados no início do século observou que "a dosagem das penas disciplinares" geralmente dependia do "humor transitório dos chefes", os quais nem sempre se norteavam pelo critério de corrigir ou ensinar. Confundiam o "dever de punir" com o "direito de castigar".[19] Quando o comandante julgava que determinada infração disciplinar merecia uma surra, não se dava ao trabalho de convocar um tribunal ou redigir um relatório. Formava a tropa em um retângulo no pátio do quartel, ordenava ao infrator que tirasse a camisa e, com a banda da unidade tocando marchas para abafar os gritos, mandava que lhe dessem uma surra de espada flexível ou vara. Em 1909 o 8º Regimento de Infantaria em Cruz Alta, Rio Grande do Sul, mantinha em exibição permanente centenas de varas de marmelo na sala do oficial de dia para incentivar a disciplina. Como essa disciplina era aplicada no âmbito de cada unidade, as estatísticas sobre o assunto que aparecem em relatórios ministeriais representam apenas os casos mais sérios, que chegavam ao Supremo Tribunal Militar.[20]

Entre as punições estavam as surras, o "marche-marche", que consistia em marchar por horas em um pátio juncado de telhas, o confinamento na solitária a pão e água por 21 dias, e os golpes de palmatória nas mãos e pés do desafortunado soldado; em campanha aplicava-se o "estaqueamento: o infrator, deitado de costas, pernas e braços abertos, era amarrado a estacas fincadas no chão defronte às tendas".[21] Às vezes, os soldados presos na solitária eram retirados para marchar ou serem surrados, depois devolvidos a seus úmidos cubículos. Alguns dos detidos, tendo a oportunidade, suicidavam-se por não ter outro modo de pôr fim ao sofrimento. Houve um caso em que dois prisioneiros, presos por assassinato no forte Santa Cruz, na entrada da baía de Guanabara, jogaram-se do muro nas rochas batidas pela arrebentação para não ser açoitados. Também aconteceu de guarnições inteiras rebelarem-se contra tratamento brutal.[22]

A brutalidade era o único modo que os oficiais concebiam para transformar em soldados aqueles deploráveis espécimes humanos. Queixavam-se de ter de aceitar todos os que lhes chegavam para não verem as fileiras desfalcadas. Como disse um oficial, rejeitá-los tornaria a unidade ineficiente, de modo que a solução era aceitá-los e discipliná-los com mão firme.[23]

Os soldados eram mal alojados. Muitos quartéis eram improvisados, com instalações sanitárias inadequadas. Em 1902, algumas unidades, como as de Curi-

TABELA 2.2

VENCIMENTOS DOS SOLDADOS (EM MIL-RÉIS, 1897)

POSTO	MENSAL	ANUAL
Praças de pré	$360	4$320
Anspeçada	$400	4$800
Cabo	$500	6$000
Furriel	$750	9$000
2º sargento	1$000	12$000
1º sargento	1$250	15$000
Sargento-mor ou sargento-quartel-mestre	2$000	24$000

FONTE: José Feliciano Lobo Vianna, *Guia militar para o anno de 1898,*
Rio de Janeiro, Imprensa Nacional, 1897, p. 336.

TABELA 2.3

VENCIMENTOS BÁSICOS DOS OFICIAIS (EM MIL-RÉIS, 1897)

POSTO	MENSAL	ANUAL
Alferes	120$000	1:440$000
Tenente	140$000	1:680$000
Capitão	200$000	2:400$000
Major	280$000	3:360$000
Tenente-coronel	320$000	3:840$000
Coronel	400$000	4:800$000
General-de-brigada	600$000	7:200$000
General-de-divisão	800$000	9:600$000
Marechal	1:000$000	12:000$000

FONTE: José Feliciano Lobo Vianna, *Guia militar para o anno de 1898,* Rio de
Janeiro, Imprensa Nacional, 1897, p. 336.
NOTA: em 1897, 1:000$000 equivalia a 143,90 dólares. Para uma tabela de con-
versão do mil-réis para o dólar, ver Robert M.Levine, *Pernambuco in the
Brazilian Federation,* Stanford, Calif., Stanford University Press, 1978, p. 189.

tiba, ocupavam propriedades alugadas, enquanto as do Recife aguardavam verba
para poder construir seu quartel. O problema da inadequação das casernas continuaria ainda por muitos anos; esforços significativos para melhorar os alojamentos com a morosa construção da Vila Militar no Distrito Federal tiveram início em
1909, e um programa abrangente começou na década de 1920.

TABELA 2.4

GRATIFICAÇÕES DE EXERCÍCIOS (1902)

POSTO	GRATIFICAÇÃO ANUAL
Comandante-chefe (marechal)	12:000$000
Chefe do Estado-Maior (general-de-divisão)	8:760$000
Chefe adjunto do Estado-Maior (general-de-brigada)	5:400$000
Comandante de corpo (general-de-divisão)	7:200$000
Comandante de divisão (general-de-divisão)	5:400$000
Comandante de brigada (general-de-brigada)	4:400$000
Comandante de regimento (coronel ou tenente-coronel)	3:000$000
Comandante de batalhão (major)	3:000$000
Comandante de companhia (capitão)	840$000
Comandante de guarnição 1ª classe	2:400$000
Comandante de guarnição 2ª classe	1:560$000
Comandante de escola militar	5:400$000
Comandante de escola preparatória	5:400$000
Quartel-mestre-general (intendente)	7:200$000
Membro de comissão de promoções	5:400$000
Diretor de arsenal	3:120$000
Oficial executivo de regimento ou batalhão	1:920$000
Ajudante de regimento ou batalhão	1:140$000
Quartel-mestre de regimento ou batalhão	780$000
Tenentes	660$000

FONTE: Ministério da Guerra, *Relatório apresentado ao presidente da República dos Estados Unidos do Brasil pelo General de Divisão João Nepomuceno de Medeiros Mallet, Ministro de Estado dos Negócios da Guerra em maio de 1902*, Rio de Janeiro,Imprensa Nacional, 1902, pp. 13-15.

As unidades adquiriam víveres na região em que estavam, e a qualidade, como seria de esperar, dava margem a muitas reclamações. Embora o adido militar americano recomendasse a seu Exército que adotasse parte dos utensílios e métodos alemães que ele vira nas cozinhas da Vila Militar em 1912, nos anos seguintes soldados aquartelados em Deodoro, localidade próxima, rebelaram-se em razão da péssima comida, sendo noticiado em *O Estado de S. Paulo* que o Exército servia "feijão bichado e carne-seca ardida".[24]

O soldo e as gratificações chegavam apenas para prover às necessidades mais básicas. A Tabela 2.2 mostra os vencimentos dos alistados em mil-réis em 1897. Os oficiais, evidentemente, eram mais bem remunerados, recebendo gratificações, ajudas de custo para viagens e alimentação etc. (ver Tabela 2.3).

As gratificações para os oficiais eram determinadas por suas atribuições. A lista é demasiado longa e variada para ser reproduzida aqui, mas uma amostra já indica que o comando trazia privilégios financeiros e de outros tipos (ver Tabela 2.4).

Os chefes das comissões de engenharia ou do Estado-Maior e os comandantes de fortes recebiam gratificações especiais. Portanto, a renda anual dos oficiais podia variar consideravelmente conforme suas atribuições; como se poderia esperar, havia melhores chances de obter gratificações adicionais para quem estivesse servindo no quartel-general do Exército no Rio de Janeiro ou em suas proximidades. Aparentemente, uma parcela extraordinária do orçamento do Ministério da Guerra era alocada para soldos, gratificações, pagamentos de alimentação e viagens. Em 1900, do orçamento total de 48375:684$375, cerca de 32367:481$700 (66,9%) foram usados só para esses tipos de pagamento, enquanto a alocação orçamentária para o material bélico foi de 8901:690$642 (18,4%) e para os hospitais e enfermarias militares foi de 366:250$000 (0,75%).[25] O custo relativo de manter oficiais e praças pode ser avaliado comparando-se os totais dos vencimentos básicos. Pelos números de 1897, 5 mil praças receberam 21:600$000 enquanto foram pagos 595:200$000 a cem altos oficiais (quatro marechais, nove generais-de-divisão, dezoito brigadeiros e 69 coronéis) e 624:960$000 a 372 tenentes. Para manter os escalões superiores com conforto, ao que parece, deliberadamente se mantinha abaixo dos limites autorizados o número de soldados alisados. No período de 1900 a 1910 o efetivo anual autorizado do Exército era de aproximadamente 30 mil oficiais e soldados, mas relatos contemporâneos indicam ser raro o efetivo real chegar a 15 mil homens e, em 1904, um oficial comentou que o efetivo não chegava a 10 mil homens. Ao que parece, o dinheiro que não era gasto com soldados ia para gratificações adicionais e para a manutenção do corpo de oficiais inflado. Por exemplo, em 1901, por lei, o Exército deveria ser composto de 1914 oficiais e 28160 soldados, mas na realidade havia 2917 oficiais e 15 mil soldados.[26] Em 1902, excediam o limite legal 668 alferes e seis segundos-tenentes, remanescentes das promoções de emergência da época da guerra civil. Seus salários absorviam 961:920$000.[27] Cabe notar, também, que esse excesso de oficiais de baixa patente constituía uma barreira às aspirações dos alistados que desejassem ingressar na escola militar e dos estudantes já matriculados. A ascensão não era possível se não aparecesse espaço entre os tenentes.

Em comparação, os civis que trabalhavam para o Exército eram remunerados conforme suas qualificações e status; um eletricista podia receber 4:800$000 por ano, um trabalhador de primeira categoria, 2:400$000, e um aprendiz de quinta categoria, 150$000.[28] Como não existia salário mínimo no Brasil, os empregados da iniciativa privada eram pagos segundo seu status e a boa vontade do empregador. A diária de um trabalhador agrícola em Pernambuco entre 1900 e 1910 variava de $800 a 1$100.[29] Em fins da década, trabalhadores braçais do Rio de Janeiro ganhavam em média 3$000 por dia, ou 936$000 por ano, supondo que trabalhassem o ano todo; um policial civil ou escriturário recebiam aproximadamente de 1:200$000 a 2:400$000 por ano, um criado doméstico ganhava 180$000 a 600$000 mais casa e comida. É difícil determinar com precisão o que esse dinheiro podia comprar. De 1895 a 1899 o Brasil sofreu com uma inflação que se transformou em deflação, quase enfrentou uma depressão de 1900 a 1902 devido às rigorosas políticas monetárias de Campos Sales, e dali por diante, até 1914, houve flutuações de preços de seis pontos em média por ano.[30] Em 1913, o *Jornal do Comércio* (Rio de Janeiro) estimou que o custo de vida subira 940% entre 1887 e 1912.[31] Enquanto os preços mudavam com grande freqüência, os salários mantinham-se comparativamente constantes, o que em várias ocasiões provocou clamores, levantes e manifestações de rua no Rio de Janeiro em protesto contra os preços de alimentos e transporte. A inflação e a agitação resultante sem dúvida afetaram o Exército e formaram o pano de fundo contra o qual devemos analisar as várias revoltas e conspirações militares.

Muitos soldados casados realistavam-se repetidamente, aferrando-se à segurança que o Exército proporcionava durante dez a vinte anos. Todo posto tinha seus velhos soldados, que formavam o núcleo do pessoal. Um oficial, que conheceu em primeira mão o Exército de 1910 e se tornou autoridade na história dos derradeiros anos do Império e primeiros anos da República, observou que os sargentos eram em geral solteiros, vivam no quartel e tinham a reputação de levar vida desregrada. Obviamente, como a maioria dos oficiais eram casados, a reputação dos sargentos solteiros pode ter sido mais imaginação do que fato. Os praças de pré, anspeçadas e cabos casados procuravam residir nas ruas e vielas próximas ao quartel ou, quando eram mandados para postos fora da cidade, construíam cabanas em terreno designado pelo comandante. Em alguns lugares, davam-lhes espaço no próprio posto. Formavam uma sociedade hermética na qual o excesso de álcool, o jogo e a violência familiar irrompiam com freqüência. Em certa medida, o Exército encorajava a bebida fornecendo uma ração de cachaça, costume que remontava à Guerra do Paraguai.[32] Alguns chefes de família, talvez extravasando a frustração, espancavam a mulher e os filhos. Em geral os oficiais evitavam interferir nesse submundo, mas não eram poucos os maridos detidos na cadeia do posto para esfriar a cabeça.

A vida dos soldados e suas famílias era regida pela dependência e obrigações que tinham uns para com os outros e também para com seus oficiais. Prevaleciam a "dedicação aos chefes e a vida em círculo fechado, sem mútuas interferências com a sociedade civil circundante".[33] O Exército refletia o caráter patriarcal da sociedade brasileira. Os soldados tinham com seus oficiais, muitos dos quais passavam longos anos no mesmo posto, uma relação não muito diferente da que existia entre o fazendeiro e seus peões. Os oficiais podiam ser chamados para arbitrar disputas em família, e alguns se empenhavam para que os filhos dos soldados do posto fossem à escola. Mas não surpreende que isso fosse raro, considerando o subdesenvolvimento do ensino público. Os esforços dos oficiais na esfera da educação concentravam-se em ensinar aos soldados as habilidades básicas de leitura e a matemática elementar.[34]

Os dependentes tinham acesso à assistência médica do Exército, pelo menos para receber remédios, mas cuidar da saúde dos dependentes não era prioritário. Como na sociedade civil, a qualidade da assistência médica do Exército variou conforme época e lugar. Ainda assim, os oito hospitais e dezenove enfermarias existentes em 1902 trataram 16123 pacientes quando o efetivo total do Exército não passava de 16 mil homens. Em alguns postos, parecia que unidades inteiras passavam pelas enfermarias. Em 1900, Mallet observou que o número elevado de pacientes decorria do fato de os soldados procurarem atendimento para "os menores incômodos", e a esse costume ele atribuía a taxa de mortalidade mais baixa que a do Exército dos Estados Unidos. Segundo Mallet, nos Estados Unidos de cada mil soldados 565 procuravam tratamento, e destes, 5% a 6% morriam, ao passo que no Brasil os números eram, respectivamente, 813,7 por mil, com taxa de mortalidade de 2,29%. Entretanto, nessa época os Estados Unidos participavam de operações de combate nas Filipinas e na China. E deve-se notar que o estado da medicina era tal que, das 5462 mortes resultantes da Guerra Hispano-Americana (1898), nada menos que 3443, ou 63%, foram causadas por doença ou acidente, e não por ferimentos em combate. Em 1902, sem combater, o Exército brasileiro sofreu uma taxa de mortalidade de 2,2% no efetivo de 16 mil homens ou, analisando de outro ângulo, para cada 42 dos 14380 pacientes, um morreu (ver Tabela 2.5).

TABELA 2.5

PACIENTES E TAXAS DE MORTALIDADE EM

INSTALAÇÕES DO EXÉRCITO (1900-08)

ANO	Nº DE PACIENTES	Nº DE MORTOS	TAXA DE MORTALIDADE
1900	14683	337	2,3
1901	14380	346	2,4
1902	16123	369	2,2
1903	17191	426	2,4
1904	20119	456	2,2
1905	25587	633	2,5
1906	20790	476	2,3
1907	15894	410	2,6
1908	19807	375	1,9
TOTAIS	164574	3828	2,3

NOTA: Esta tabela baseia-se em dados de seções médicas do Ministério da Guerra, *Relatórios*, 1900-1908. Sobre a saúde no Exército americano na década de 1890, ver Edward M. Coffman, *The Old Army: a portrait of the American Army in peacetime*, 1784-1898, Nova York, Oxford University Press, 1986, esp. pp. 381-82. A média anual de doentes no Exército americano no ano anterior à Guerra Hispano-Americana (1898) foi 1186, com taxa de mortalidade de 5,1%.

As causas de morte mais comuns na época eram a tuberculose e o beribéri, este último endêmico na unidades do Exército. Mas varíola, peste bubônica, febre amarela e malária, além de uma multidão de parasitas, também grassavam nas fileiras. As taxas de mortalidade só não foram mais altas graças, em parte, à tradicional preocupação dos militares com ordem e limpeza. Também se pode aventar a contribuição da comissão de polícia sanitária do Exército, estabelecida em 1900, que era responsável pela higiene nas instalações militares.[35]

Ressalte-se que o Exército participou, na virada do século, dos esforços para trazer ao Brasil métodos modernos de análise e pesquisa. Em 1896, montou um laboratório clínico de microscopia e bacteriologia no Rio de Janeiro. Embora de início a utilidade desse laboratório tenha sido questionada, ele se mostrou valioso em 1900, quando examinou e atestou casos suspeitos durante o surto de peste bubônica trazido por imigrantes. Além de fornecer análises de urina e outras amostras para o Hospital Central do Exército, sua equipe fazia exames radiológicos. E é interessante notar, considerando o estágio de evolução da medicina brasileira na época, que a equipe do laboratório realizou pesquisas sobre a febre amarela, tuberculose, beribéri, malária, peste bubônica e outras doenças.[36]

Apesar da existência desse laboratório moderno, os profissionais da área médica nesse período deixavam muito a desejar. Em 1900, o "Corpo de Saúde" do Exército compunha-se de 180 médicos e 87 farmacêuticos, dos quais 120 médicos e 43 farmacêuticos eram oficiais; os restantes sessenta médicos e 44 farmacêuticos eram civis contratados. Entre estes últimos a rotatividade era grande, pois, com um salário de 260 mil-réis, só permanecia na função quem não conseguisse encontrar trabalho melhor ou quem tivesse permissão para fazer o que bem entendesse. Os médicos contratados não podiam ser transferidos de região, por isso não era possível contar com eles nas emergências. E, como alguns dos médicos do Exército tinham posto permanente, atuavam na política, lecionavam em escolas do Exército ou possuíam clínicas civis, os quartéis-generais tinham dificuldade para formar equipes médicas em todo o país. Além disso, inexistiam serviços regulares de enfermagem, transporte em macas ou ambulâncias, o que, Mallet admitiu, criava uma situação que seria "fatal no caso de uma campanha".[37]

Embora o perfil da saúde no Exército refletisse o da população como um todo, no aspecto da assistência médica os soldados e suas famílias estavam, sem dúvida, em melhor situação do que a maioria dos brasileiros; ao menos contavam com instalações e profissionais para atendê-los. A qualidade dos médicos melhorou gradualmente entre 1900 e 1920, dentro e fora do Exército. Foi uma luta muito lenta. Em 1904, na faculdade de medicina do Rio de Janeiro, uma das duas existentes no Brasil, o professor de microbiologia tentava ensinar 150 alunos com um único microscópio. Na tradicionalista educação médica da época, os métodos laboratoriais não eram coisa rotineira.[38] Aliás, o mesmo se podia dizer da educação militar.

A CARREIRA DE OFICIAL NA VIRADA DO SÉCULO

Embora as classes média e alta, brancas e urbanas, não quisessem ver seus filhos servir como praças nas condições acima descritas, mostravam mais entusiasmo pela carreira de oficial. Lima Barreto, ao descrever os funcionários de classe média residentes nos subúrbios do Rio de Janeiro em 1904, escreveu: "O brasileiro [...] é vaidoso e guloso de títulos ocos e honrarias chochas. O seu ideal é ter distinções de anéis, de veneras, de condecorações, andar cheio de dourados".[39] Os políticos pareciam apreciar as patentes honorárias de oficial que o Exército concedia. Como observou Gilberto Freyre, a insegurança dos políticos republicanos produzia uma comichão por honras militares portadoras de status, com as quais, aos olhos da arraia-miúda, eles se afiguravam príncipes da República iguais aos generais profissionais.[40] Refletindo o clima da época, a Academia Brasileira de Letras, fundada em 1896, escolheu ataviar seus membros com farda e galões, plumas e espadas. Isso não significa que os brasileiros haviam sido tomados pelo espírito marcial ou pelo gosto da vida militar, mas apenas que adoravam exibições, pompa e desfiles. Quem sabe os civis usassem fardas e títulos como um disfarce, para alardear na aparência seu machismo sem os desconfortos ou os riscos da vida militar? E alguns levavam a ilusão ao extremo, tornando-se realmente oficiais de carreira.

Malgrado a falta de entusiasmo do povo pela vida militar, a oportunidade de educação gratuita atraía jovens para o corpo de oficiais. Para os que não tinham recursos, o Exército oferecia a possibilidade de ascensão social. Os oficiais que iniciaram a carreira entre 1900 e 1911 comandariam o Exército em meados do século. Ingressaram em um sistema educacional militar em constante mudança e sem uma tradição que o governasse.

No final do Império havia três escolas militares: em Fortaleza, Porto Alegre e Rio de Janeiro. Pouco depois da proclamação da República foram fundadas no Realengo, próximo ao Rio, e em Rio Pardo, Rio Grande do Sul, duas "escolas práticas" para ministrar ensino preparatório. Em 1898 o Exército fechou as instituições de Fortaleza e Porto Alegre, e com isso a única fonte de oficiais para o Brasil passou a ser a escola militar da Praia Vermelha. Rio Pardo e Realengo continuaram como escolas preparatórias para Praia Vermelha. A primeira, aparentemente, dava mais ênfase às manobras de campanha e ao treinamento de tiro do que a da Realengo, mas em ambas os alunos aprendiam português, francês, inglês, geografia, história, álgebra aritmética, geometria, história natural, cavalaria e artilharia. A atenção dada ao treinamento militar em proporção à educação geral dependia da vontade do coronel comandante, e não do currículo regulamentar. De fato, depois da rebelião de 1897, a escola do Realengo permaneceu desarmada por alguns anos.[41]

O tratamento dispensado aos estudantes que se rebelaram indicou que o Exército brasileiro não tratava seus candidatos a oficial com a mesma severidade empregada para disciplinar seus soldados. De início, os rebeldes de 1897 foram expulsos do Exército ou designados para servir como soldados comuns, mas em 1899 o Congresso concedeu-lhes anistia, inclusive com a permissão para reingressar em escolas militares. No Realengo, isso criou um corpo estudantil heterogêneo com idades que variavam de quinze a 45 anos, com alguns alunos que haviam sido primeiros-sargentos, de aparência calejada e robustecida, contrastando com garotos que haviam acabado de sair de casa pela primeira vez. O costume da anistia e reincorporação também foi seguido após a rebelião de 1904, e contribuiu para a disposição, entre os estudantes militares, para arriscar-se a participar de revoltas posteriores, como a de 1922. De fato, a relutância do governo em conceder anistia depois deste último episódio acarretou mais levantes em 1924, contribuindo, assim, para a agitação conducente à Revolução de 30.

Os historiadores não mencionaram a grande disparidade etária dos estudantes do Realengo ou da Praia Vermelha, dando a impressão de serem todos adolescentes ou jovens mal entrados na casa dos vinte. Mas os dados sobre a escola do Realengo mostram que em 1901 cerca de 41 dos 438 estudantes tinham entre 24 e 34 anos, e em 1902 nada menos que 149 dos 527 alunos (28%) tinham entre 24 e 45 anos. Não encontrei dados para 1904, mas testemunhos contemporâneos indicam que o corpo discente que se rebelou naquele ano continha vários homens mais velhos, veteranos anistiados da revolta de 1897, que talvez tenham incitado os mais jovens. Isso indica que o termo "cadete" nem sempre deve evocar a imagem de rapazes ingênuos.[42]

A análise que se fez aqui sobre o Exército no nascer do século mostra uma instituição clamando por reforma. Boa parte da atenção de seus líderes nos anos seguintes estaria voltada para diversos projetos de remodelação. A crise que fermentava então na remota fronteira ocidental da Amazônia agravou sua crescente sensação de insegurança.

A CRISE DO ACRE

A demanda por artigos de borracha, especialmente pneus de automóvel, concentrou o interesse dos fabricantes na única fonte de borracha natural do mundo, a vasta Amazônia. A virada do século assistiu ao auge da produção de borracha amazônica. E, embora toda ela passasse por portos brasileiros a caminho dos mercados mundiais, uma parte da borracha de melhor qualidade provinha do Acre boliviano. Em 1867 um tratado entre Brasil e Bolívia reconhecera a soberania boliviana no Acre, uma região entre os rios Madeira e Javari que abarcava as cabeceiras dos rios Juruá, Purus, Acre e Abuña; entretanto, o documento deixara dúvidas quanto à efetiva demarcação dos territórios, e isso deu margem a disputas. Em 1900 cerca de 60 mil brasileiros, em especial um grande número de cearenses desempregados e ávidos por terra, haviam entrado no Acre. A Bolívia estava perdendo depressa a mais rica região produtora de borracha do planeta.[43]

Em janeiro de 1899, a Bolívia procurou tardiamente, assegurar sua posição instalando uma alfândega em Puerto Alonso (Porto Acre) que cobrava um imposto de exportação de 30% sobre a borracha levada para os portos rio abaixo. O governador do Amazonas e os barões da borracha brasileiros no Acre apoiaram um espanhol, Luís Galvez Rodrigues, em uma revolta que levou à declaração de independência em julho de 1899. A bandeira do independente "Estado do Acre" ostentava o verde e amarelo das cores nacionais brasileiras, os códigos civil, criminal e comercial e as tarifas aduaneiras do Acre eram iguais aos do Brasil, a língua oficial era o português e a moeda brasileira era a moeda oficial acreana. Mas Galvez foi mais do que um melodramático aventureiro estrangeiro ou um títere da expansão brasileira. Se sua república amazônica houvesse alcançado êxito, teria tomado territórios reivindicados tanto pela Bolívia como pelo Brasil.[44]

De início, a opinião da imprensa nacional e o governo no Rio pareceram inclinados a ajudar a Bolívia a debelar a insurreição. Galvez, que tencionava açambarcar toda a produção de borracha acreana para forçar a subida de preços, era malvisto pelas casas comerciais de Manaus e Belém. Como não havia comunicações telegráficas com a região, circulavam rumores os mais despropositados, passados de barco em barco. Alguns deles diziam que os Estados Unidos preparavam-se para apoiar a Bolívia em troca de concessões alfandegárias e territoriais. A misteriosa e, como se viu depois, não autorizada viagem do navio americano *Wilmington* pelo rio Amazonas até Accedes, no Peru, deu credibilidade a essas suspeitas. A intensa cobertura do caso do Acre na imprensa agitou a opinião pública com a idéia de que o governo brasileiro estava abrindo mão de um valioso território brasileiro para aceder a reivindicações bolivianas. Em março de 1900 uma força naval brasileira prendeu Galvez, dando a impressão de que o governo brasileiro estava intervindo em favor da Bolívia.[45]

Apesar dessa ocorrência, saber que forças bolivianas estavam em marcha para o Acre endureceu a posição brasileira. Uma proposta da Bolívia para trocar o Acre por uma extensão semelhante de terras brasileiras ao longo do rio Madeira foi uma admissão tácita da incerteza de La Paz quanto a sua capacidade de reaver o controle. O jornal *Folha do Norte*, de Belém, qualificou de enganadora e vergonhosa a expedição naval que depôs Galvez, uma expedição contra os brasileiros, e não em favor dos direitos e deveres dos brasileiros.[46] Em fins de setembro de 1900, após uma viagem por terra que durou cerca de cinco meses, uma expedição militar boliviana retomou Puerto Alonso (Porto Acre) sem oposição significativa. Mas isso não encerrou o assunto. As notícias na imprensa sobre a expedição e a agitação de membros do governo amazonense e do Congresso alertaram o governo brasileiro para os tormentos de seus cidadãos, "que haviam caído sob o domínio boliviano" após anos acreditando que se tinham estabelecido no Brasil. O governo no Rio recusou a solicitação boliviana para que fosse permitido a uma expedição armada subir de navio pelo Amazonas até o Acre.[47]

As manobras subseqüentes incluíram a renovada determinação dos acreanos de manter-se independentes da Bolívia até que a bandeira brasileira fosse hasteada no território e cessasse a desesperada busca boliviana por ajuda estrangeira. Em janeiro de 1900 o cônsul americano em Belém recomendara que um sindicato americano comprasse terras produtoras de borracha às margens do Purus e seus afluentes para assegurar "a chave para o problema [da borracha] e ditar as condições ao resto do mundo".[48] Correram boatos de que um sindicato alemão estaria arrendando o Acre e de que havia uma proposta francesa para construir uma ferrovia no norte da Bolívia a fim de livrar o país da dependência da rota brasileira pelo rio Madeira. Em meados de 1900 as autoridades bolivianas haviam procurado a proteção das grandes potências oferecendo-se para ceder terras produtoras de borracha aos Estados Unidos e Inglaterra.[49] Embora os dois governos não se envolvessem diretamente, a Bolívia assinou um contrato com um sindicato anglo-americano que praticamente transferia a este último a soberania sobre a região. Se fosse implementado, o acordo teria criado um império privado de quase 200 mil quilômetros quadrados no coração da América do Sul.[50]

Durante todo o ano de 1900 a imprensa criticou o governo por não apoiar os acreanos contra a Bolívia.[51] E, quando vazou a notícia sobre o sindicato, a imprensa passou a clamar por ação, avivando o espectro das potências subdividindo a América do Sul como haviam feito com a África.

MAPA 2.1

CAMPANHA DO ACRE, OPERAÇÕES COMANDADAS POR PLÁCIDO DE CASTRO

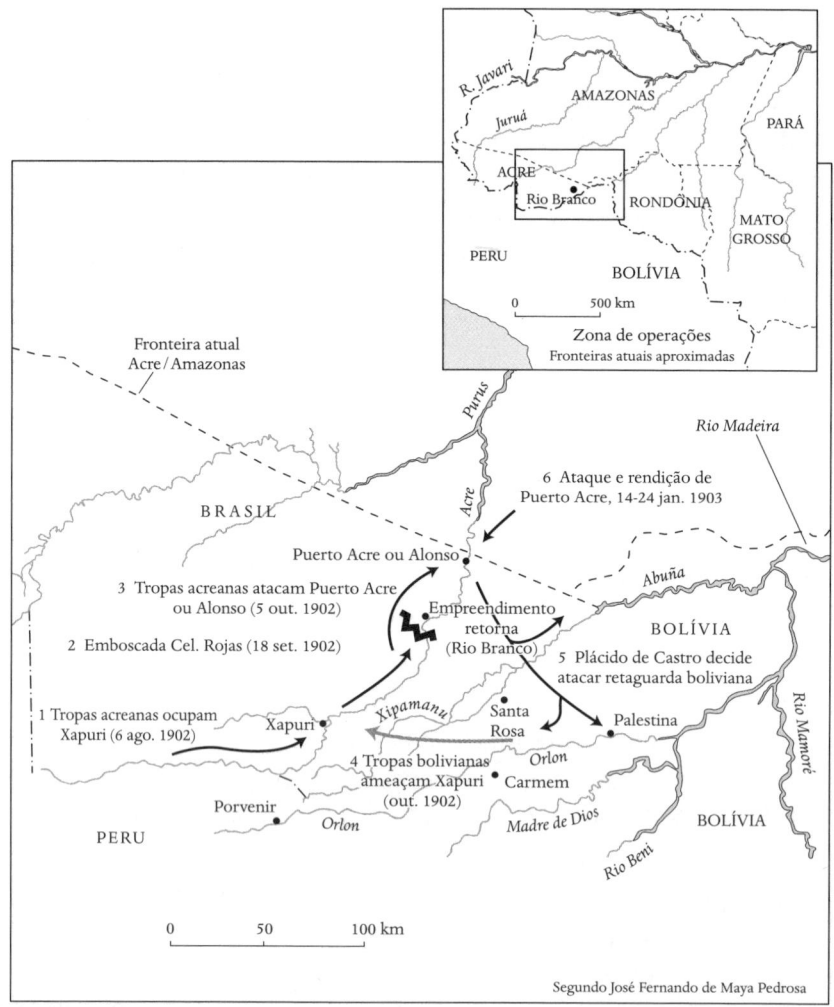

FONTE:. Luiz Paulo Macedo Carvalho (ed.), *The Army in Brazilian history,* Rio de Janeiro e Salvador, Biblioteca do Exército e Odebrecht, 1998, 4 v. Redesenhado por Bill Nelson. Usado com permissão da Biblioteca do Exército, Rio de Janeiro.

Em fins de 1900 as autoridades do estado do Amazonas decidiram agir por conta própria e montaram uma expedição para atacar Puerto Alonso. Apelidada depois de "Expedição dos Poetas", seu fracasso alertou as autoridades da Amazônia brasileira para a necessidade de uma liderança militar com treinamento profissional, de planejamento cuidadoso e de melhores armas para desalojar os bolivianos. Essa percepção finalmente levou as autoridades a confiar o comando de uma nova insurreição a José Plácido de Castro, um agrimensor com treinamento militar. Ele tornou a sublevar os acreanos e, à frente da Polícia Militar estadual do Amazonas e dos chamados voluntários, recrutados à força nas ruas de Manaus, marchou contra os bolivianos (ver Mapa 2.1).

Nesse meio-tempo, o barão do Rio Branco tornara-se ministro das Relações Exteriores e preconizava que o Brasil mudasse sua política de reconhecer a soberania boliviana, estipulada no Tratado de 1867, e estendesse suas pretensões territoriais até a área das nascentes dos rios que desaguavam no Brasil. O barão argumentava que o Brasil devia assenhorear-se de toda a área até o paralelo 10°20', salientando que, se a área em disputa não era brasileira, "com que direito havemos de procurar impedir as operações do sindicato americano?".[52] Notificou o governo boliviano de que o Amazonas estava fechado para seu comércio, e advertiu que a expedição militar que o presidente José Maria Pando estava enviando para a zona em disputa não deveria transpor a linha dos 10°20'. Para fazer valer o aviso, o Exército reforçou Corumbá, nas fronteiras da Bolívia, e enviou quatro regimentos de infantaria e três baterias de artilharia para o Acre.

Haveria guerra? Não. Rio Branco orquestrava um blefe. Como admitira a um amigo, para assegurar o Acre sem derramamento de sangue, "é preciso que nos mostremos fortes e decididos a tudo. Deus nos livre de uma guerra, desmantelados, empobrecidos como estamos".[53]

A situação financeira do governo forçara uma redução no efetivo, de 28 170 para 15 mil homens, e mobilizar tropas para Mato Grosso e Acre tornava-se um sério problema. Muitas unidades do Norte já sofriam com déficit de oficiais e soldados, pois muitos deles estavam enfermos com o beribéri endêmico na região, e outros haviam sido transferidos para o Sul.[54] Os regimentos de infantaria que foram mobilizados tiveram de pegar soldados de outras unidades para preencher suas fileiras, gerando, assim, lacunas nos regimentos de origem daqueles homens. A Marinha estava tão despreparada para o transporte fluvial que o Exército foi obrigado a contratar companhias civis para transportar a tropa. Vários batalhões embarcaram sem seus oficiais, que haviam sido eleitos para câmaras municipais ou assembléias estaduais, ficando assim liberados das obrigações militares. Um batalhão pôs-se a caminho sem nenhum de seus capitães, pois todos eles haviam sido eleitos para cargos públicos — alguns depois de terem recebido suas ordens — e outro saiu de Belém para o Alto Purus comandado por um major porque o coronel fora eleito senador estadual.[55]

Entre os soldados convocados estava um sargento de 21 anos do 25º Batalhão de Infantaria de Porto Alegre, Getúlio Dornelles Vargas. Seu pai, Manuel do Nascimento Vargas, fora para a Guerra do Paraguai como cabo e voltara tenente-coronel. Na década de 1870, tornou-se fazendeiro na região de São Borja, às margens do rio Uruguai, defronte às Missões argentinas. Na guerra civil de 1893-95, lutou do lado vencedor, o de Júlio de Castilho e dos florianistas, embora isso significasse combater tropas comandadas por seu cunhado. Como aconteceu com outras famílias gaúchas, a guerra dividiu os clãs Dornelles-Vargas em republicanos (chimangos) e federalistas (maragatos). Floriano promoveu Manuel Vargas a coronel, e Prudente de Morais fez dele general-de-brigada. Com essa história familiar, em 1898 Getúlio decidiu-se pela carreira militar e tentou admissão na escola preparatória do Exército em Rio Pardo, Rio Grande do Sul. Posto na lista de espera e desejando melhorar suas chances, em fevereiro de 1899 ele se alistou no 6º Batalhão de Infantaria em São Borja, e dali foi, no ano seguinte, para a escola de Rio Pardo. Em 1902 um incidente disciplinar levou à expulsão de vários alunos, e Vargas, solidarizando-se com eles, deixou a escola, decidido a abrir mão da carreira de oficial; em conseqüência, voltou às fileiras como soldado comum. Nessa categoria, juntou-se às tropas enviadas para reforçar Corumbá, na fronteira boliviana, e assim assumiu seu lugar no tabuleiro de xadrez de Rio Branco. Seus sonhos iniciais de glória militar, de voltar herói como seu pai, desvaneceram-se logo diante da "apatia, desordem e indisciplina" na fronteira. Anos depois ele contou à filha que "foi lá que aprendi a conhecer os homens [...]. Nos momentos difíceis e de incerteza é que podemos conhecê-los melhor".[56]

O ministro da Guerra, marechal Francisco de Paula Argollo (1837-1930), lamentou que as unidades do Exército estavam tão desfalcadas que a instrução, os exercícios de treinamento e as manobras tornavam-se impossíveis, com o agravante de que a maioria dos oficiais usava de todos os pretextos para evitar gastar tempo com os soldados. Esses oficiais limitavam sua participação na vida regimentar a estar presentes na leitura da ordem do dia e na mudança da guarda.[57] Além disso, o Exército não dispunha de mapas das áreas de operação, e Corumbá, Mato Grosso e o Acre estavam fora do alcance das linhas telegráficas, só podendo ser alcançados por via fluvial.[58] Foi muita sorte para os brasileiros que os bolivianos se encontrassem em condições ainda piores.

Em março de 1902 os dois lados firmaram um acordo no qual as tropas brasileiras ocupavam a área em disputa e cruzavam a linha dos $10°20'$ para impedir choques entre tropas bolivianas e rebeldes acreanos. As negociações conducentes ao Tratado de Petrópolis de 1903, reconhecendo a posse do Acre pelo Brasil, não entram no escopo deste livro. Cabe observar, contudo, que Rio Branco procurou atenuar a perda financeira da Bolívia pagando ao país 2 milhões de libras esterlinas e prometendo construir a estrada de ferro Madeira—Mamoré no trecho encachoeirado do rio Madeira para escoar a borracha boliviana.[59]

O caso do Acre, mais que uma história de conquista militar, foi uma história de migração e expansão econômica. O Exército teve peso decisivo apenas porque os Estados Unidos e a Inglaterra preferiram cruzar os braços enquanto o Brasil comprava a concessão do sindicato anglo-americano e porque a Bolívia era fraca. Ironicamente, em uma década a próspera economia da borracha amazônica arruinou-se devido à conquista do mercado pelas plantações do Sudeste Asiático com um produto mais barato e mais confiável.

A crise na fronteira boliviana e a suposta ameaça das grandes potências convenceram o governo no Rio de Janeiro de que precisava melhorar as comunicações com o extremo oeste de Mato Grosso e com as áreas dos rios Madeira e Acre. Desde 1896, Belém e Manaus eram ligadas por cabo submarino à Grã-Bretanha, mas não ao resto do Brasil. As comunicações por cabo com o norte dos seringais via Londres contribuíram para a insegurança das autoridades no Rio com relação à Amazônia. Em 1890-91 engenheiros do Exército haviam estendido linhas telegráficas a Cuiabá, e em 1906 haviam alcançado trechos nas fronteiras do Paraguai e da Bolívia. Um participante ativo, e depois comandante desses esforços (1892), foi Cândido Mariano da Silva Rondon, que passaria sua longa carreira (1889-1939) e sua ainda mais longa vida (1865-1958) empenhado em projetos ligados a construção telegráfica, mapeamento, abertura de áreas de fronteira e pacificação de povos indígenas recém-contatados. Em 1907, como chefe da Comissão de Linhas Telegráficas Estratégicas de Cuiabá ao Acre, ele liderou seus enérgicos tenentes, escolhidos a dedo, pela selva inexplorada em expedições que duravam meses, abrindo caminhos e instalando fios até Porto Velho, a nova cidade com terminal ferroviário às margens do rio Madeira (ver Mapa 2.2). Ao terminarem, a linha estendia-se por 2250 quilômetros, passando por 25 estações telegráficas, ligando Norte e Sul por código Morse, e eles haviam preenchido 51813 quilômetros quadrados de espaço anteriormente vazio no mapa nacional com quinze novos rios, as localizações exatas das cabeceiras de rios importantes, cadeias de montanhas e uma vasta savana. Além disso, fizeram contato e "pacificaram" treze tribos indígenas. Os homens de Rondon fotografaram e filmaram toda essa atividade, e os filmes foram exibidos nos cinemas urbanos populares para despertar o interesse pelo Exército e pela fronteira e mostrar aos brasileiros que os índios eram "bem-apessoados, bem desenvolvidos, robustos, um povo que valia a pena salvar entre as raças do mundo". Os filmes também se destinavam a fomentar a idéia de que o desconhecido noroeste não era "uma selva terrível, mas uma região aberta, honesta, à espera do arado".[60] E pautaram um debate entre as elites que contribuiu para a criação do Serviço de Proteção ao Índio e Localização de Trabalhadores Nacionais, chefiado por Rondon. Embora muitos julguem que esse serviço estivesse a cargo do Exército, era da alçada do Ministério da Agricultura, e seu propósito consistia não só em preservar as culturas indígenas, mas tirar os índios do caminho do progresso e assimilá-los à nação brasileira.[61]

O telégrafo e o Serviço de Proteção aos Índios tiveram finais tristes. Em fevereiro de 1913 o telégrafo foi desbancado pela radiotelegrafia, que já estava sendo usada por companhias estrangeiras na Amazônia na época da construção da linha do Acre. Esse novo serviço "sem fio" instalou estações cujos sinais cobriram o Brasil e alcançaram os países vizinhos e os da bacia do Atlântico. O telégrafo fora introduzido no Brasil em 1852, e nos sessenta anos seguintes mais de 33 milhões de metros de fios conectaram 658 estações, mas essa rede considerável concentrava-se na estreita faixa de litoral povoado.[62]

Assim como ocorreu com as ferrovias na mesma época, essa tecnologia só veio a ser usada para abrir o vasto interior do Brasil quando estava à beira da obsolescência. A "Mad Maria" de Farquhar nas cachoeiras do rio Madeira, em vez de estimular uma onda de imigração e desenvolvimento para aquela que Theodore Roosevelt — que em 1913 explorou parte dela junto com Rondon — chamou de a "última fronteira", foi solapada pela derrocada da exploração da borracha, pelas formigas e pela chuva. Quanto às linhas e estações telegráficas, em 1938 o antropólogo francês Claude Lévi-Strauss assim descreveu essa maravilha esquecida da

MAPA 2.2

MAPAS DAS LINHAS TELEGRÁFICAS

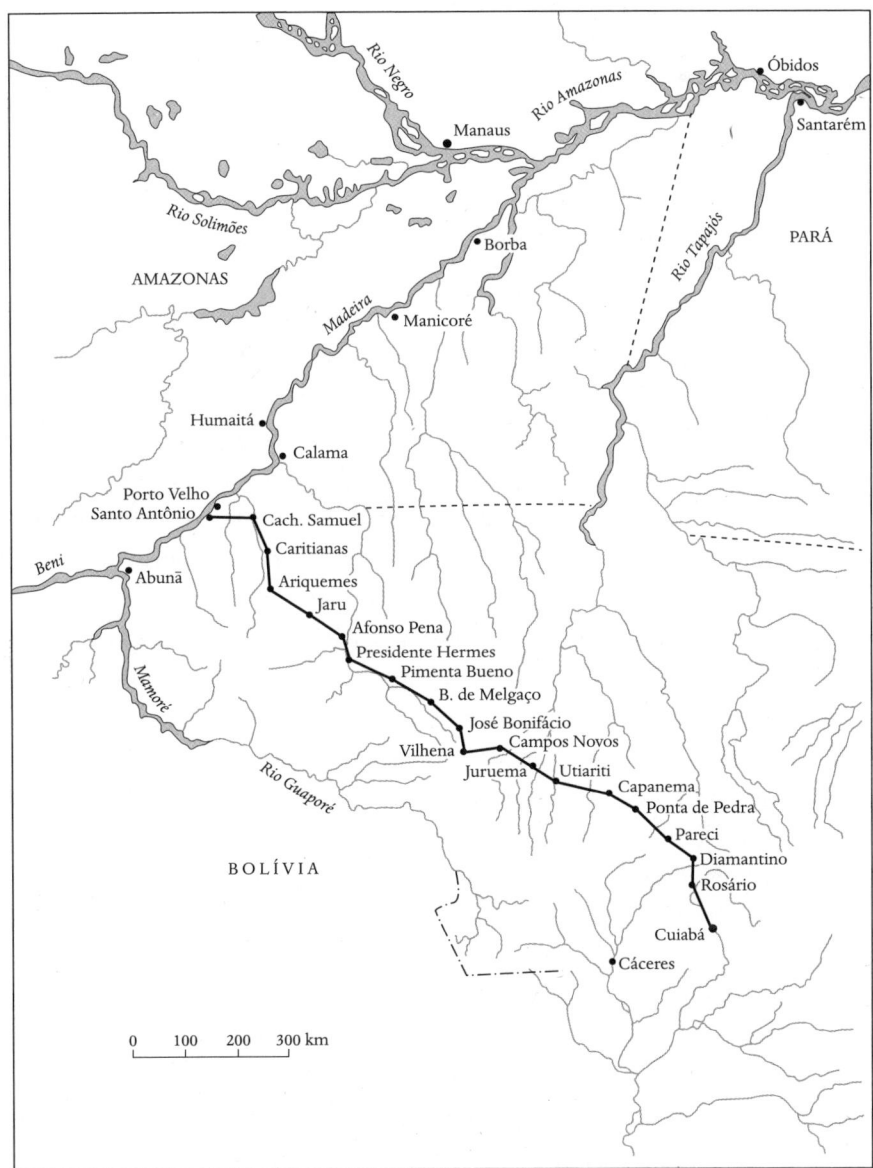

FONTE: Luiz Paulo Macedo Carvalho (ed.), *The Army in Brazilian history,* Rio de Janeiro e Salvador, Biblioteca do Exército e Odebrecht, 1998, 4 v. Redesenhado por Bill Nelson. Usado com permissão da Biblioteca do Exército, Rio de Janeiro.

Amazônia: "Quando lá cheguei, fazia muitos anos que já não lhes mandavam provisões. Ninguém se atrevia a desativar as linhas, mas também ninguém pensava em usá-las. Deixavam que os postes caíssem, os fios enferrujassem; e os últimos sobreviventes da equipe, estes não tinham nem coragem nem meios para ir embora, de modo que, lentamente, um após outro, exauridos pela doença, fome e solidão, estavam morrendo".[63]

O MINISTÉRIO ARGOLLO E O EMPENHO PELA REFORMA

A demonstração de força do Brasil na Amazônia produziu alguma euforia patriótica, mas, enquanto os civis celebravam a vitória, os líderes militares eram mais realistas. "Os sucessos ocorridos ultimamente nas fronteiras do Amazonas vieram, mais uma vez, patentear a iniludível necessidade de organizar o nosso Exército", escreveu Argollo, o ministro da Guerra.[64] Infelizmente, ele observou, os brasileiros ainda não compreendiam o perigo a que estava exposto seu território. Não podiam confiar unicamente nos "princípios da jurisprudência internacional" e na "eficácia de notas diplomáticas", pois, enquanto os diplomatas carecessem de força militar para fazer valer a lógica de seus argumentos — *ultima ratio* —, seu êxito dependeria da disposição das grandes potências para reconhecer os direitos brasileiros. Lamentou o ministro: "Os países fracos vivem condenados a uma aviltante tutela dos fortes, que julgam-se com o direito de aconselhá-los, dirigi-los e até mesmo admoestá-los, transformando, de fato, em verdadeira ficção a sua independência e autonomia". Apontou o Japão como exemplo de país antes atrasado que as grandes potências haviam passado a tratar com respeito, e até admiração, porque demonstrara habilidade militar. Ameaçou com o espectro das grandes potências refazendo e reinterpretando o direito internacional de modo a privilegiar "a consideração mais geral dos interesses superiores da humanidade", e, com isso, descartando os interesses nacionais brasileiros. Nesse pesadelo, as grandes potências justificariam sua tomada do território brasileiro com o argumento de que as pessoas tinham direito aos frutos do planeta e que os brasileiros haviam demonstrado sua incapacidade para explorar e utilizar as riquezas da terra em benefício de todos. Somente a força armada impediria tal situação.

O ministro Argollo apresentou, ainda, razões por que o Exército estava em

tão lamentável condição. Em momentos de crise, afirmou, as vozes de patriotismo protestavam contra aquele deplorável estado de coisas:

> Organizam-se planos de reforma, arquitetam-se projetos os mais variados; mas, pas-
> sado o momento esmorece o ânimo, aparece o que chamamos prudência e modera-
> ção, surgem os doutrinários humanistas, discute-se a paz universal, o barbarismo do
> regime militar, arruinador das forças vivas da nação, nada se faz; permanece tudo
> como estava [...]. O Exército se está nas condições em que se acha, não é porque igno-
> remos as suas necessidades [...] mas unicamente pela falta de firmeza, resolução e
> coragem da nossa parte para realizar aquilo que recomendamos e confessamos ser
> indispensável.[65]

O que o Alto-Comando via como indispensável era o serviço militar obrigatório. A ideologia militar definia o Exército como o povo armado. A proclamação
de 1889 que encerrou o Império declarou que o povo, o Exército e a Marinha
haviam decretado o destronamento da dinastia imperial.[66] O generalíssimo
Manoel Deodoro da Fonseca, chefe do governo provisório, declarara que "o soldado [...] deve ser de hoje em diante o cidadão armado" sustentando e promovendo as "instituições republicanas".[67] Ano após ano, os relatórios ministeriais
apregoaram a importância do serviço obrigatório, mas em vão. A lei de sorteio
militar de 1874 nunca foi aplicada. Embora a Constituição de 1891 (artigo 86)
declarasse que "todo brasileiro é obrigado ao serviço militar, em defesa da pátria
e da Constituição", a lei que o viabilizaria, estipulando um ano de serviço com seleção por loteria, ficou engavetada até 1908. Só veio a ser finalmente implementada
graças a esforços conjuntos de oficiais militares e da classe média urbana. À medida que mais filhos das famílias de classe média foram ingressando no corpo de
oficiais, as visões dos militares e da classe média sobre os objetivos e meios nacionais foram-se tornando cada vez mais semelhantes.[68]

A classe média brasileira via o país controlado pelos coronéis rurais, os quais,
com seus seguidores armados, constituíam forças militares irregulares que limitavam a capacidade do governo central para impor a lei nacional. E o pior, do ponto
de vista da classe média, era que esses coronéis, graças a um elaborado sistema de
alianças, na prática controlavam o governo central. Forças armadas fortes sob controle da classe média talvez pudessem impor sua visão do Brasil. No entanto, a
classe média não desejava provocar conflito, e sim evitá-lo, pois lutas desse tipo lhe

trariam sofrimentos, como se vira com os deslocamentos econômicos resultantes da guerra civil de 1893-95. Como parecia ter pouca base, ou talvez gosto, pela ação política unificada, a classe média subordinava-se ao sistema prevalecente; nas palavras do historiador Edgard Carone, "em vez de luta, colaboração; em lugar de ideologia própria, a vaga glorificação do civismo".[69]

A malfadada revolta da Escola Militar em 1904, com seus débeis murmúrios pela restauração monárquica, também pode ter contribuído para o interesse da classe média em melhorar o Exército. Sem dúvida os acontecimentos de 1904 perturbaram o já preocupado Alto-Comando. Os generais temiam dissensão, insubordinação e sectarismo político nas fileiras; e, como ocorreria em futuras situações semelhantes, tomaram medidas para proteger a coesão e unidade da instituição enquanto procuravam reforçar os laços do Exército com o povo. O ministro Argollo lamentou: "Ninguém sabe a arte dificílima de obedecer", mas afirmou que todos estavam ansiosos por comandar. "Uma das funestas consequências" da escravidão, segundo ele, foi a associação de "submissão e obediência à condição de escravo", incutindo nos brasileiros "uma extravagante noção de liberdade [...] uma predisposição mórbida a discutir e criticar todas as ordens [...] burlar todas as leis".[70] Os brasileiros, declarou, não tinham "as qualidades fundamentais que caracterizam o espírito do verdadeiro soldado". A luta para formar esse espírito era prejudicada pela vocação "de nossa inteligência para os estudos teóricos, para as especulações puramente abstratas, de onde resulta uma lamentável inaptidão para os trabalhos práticos e para os misteres profissionais e franca aversão pelo regime militar, embora entusiasticamente apaixonados por todas as suas brilhantes exterioridades".[71]

Mesmo antes de eclodir a revolta na Escola Militar em novembro de 1904, líderes do Exército associavam a reforma do sistema educacional militar à instituição do serviço militar obrigatório. O general Luís Mendes de Morais, diretor-geral de artilharia, propôs reformas educacionais para melhorar "nossas obsoletas instituições militares" não só porque uma sólida organização militar era necessária para a defesa, mas também porque ela seria um "agente regenerador" para a sociedade. A "generalização do encargo militar" fortaleceria o povo física e moralmente; a virilidade, a disciplina e as virtudes cívicas seriam disseminadas. Mendes de Morais citou o general Colmar von der Goltz, o conselheiro alemão do Exército turco, argumentando que a organização militar de um povo é "a imagem do seu estado social", e relacionou o "fortalecimento" da sociedade à consolidação do "poder e prestígio" do Brasil. E inspirado em Theodore Roosevelt afirmou que a "preparação para a guerra é a mais segura garantia de paz". Roosevelt observara que a paz era sempre retratada como uma deusa com a espada ao lado.[72]

Para Mendes de Morais, o elemento mais importante na "magna obra de regeneração das instituições militares" era a instrução profissional, o "nervo do sistema".[73] A tarefa da educação e instrução militar, declarou o ministro Argollo, era a "radical transformação moral e intelectual do indivíduo", para que os soldados pudessem ser caracterizados não apenas pela farda. O "problema militar" do Brasil ia muito além de meras reforma, organização e regulamentação. O sistema educacional militar, disse ainda o ministro, era incapaz de transformar civis em oficiais. Mesmo se os homens mais inteligentes, educados e corajosos estivessem bem armados e organizados em um exército moldado nos dos "países mais adiantados", assim que entrassem em ação, disse o ministro, provariam ser fundamentalmente civis: sem solidariedade, unidade de esforços, coesão e disciplina.[74]

O mesmo defeito nacional que impossibilitava organizar um Exército também impedia a formação de partidos políticos fortes e disciplinados, cuja ausência permitia que figurões políticos mal-intencionados avidamente tentassem transformar o Exército em um "perigoso instrumento de suas desordenadas ambições".[75] Era essencial, afirmou o ministro, que civis e militares mantivessem o Exército fora de lutas partidárias, restringindo-o ao papel especificado na Constituição e procurando "conquistar a veneração pública" com a correção de seu comportamento, a retidão no cumprimento do dever e a indiferença aos "aplausos mentirosos e efêmeros dos exploradores políticos". Caso contrário, o Exército perderia a credibilidade e se tornaria "objeto de desconfiança e temor das classes conservadoras da sociedade, de cujos interesses deve ser a melhor e mais sólida garantia".[76]

Essa análise dolorosamente franca da relação entre o Exército e a sociedade brasileira deixou clara a grande preocupação dos altos oficiais. Entre a oficialidade menos graduada também havia defensores da reforma. Na edição de janeiro de 1904 da *Revista Academia Militar*, o "doutor capitão" Liberato Bittencourt pronunciou-se em favor de menos severidade nas punições para os soldados. Quando a "chibata negra" fosse banida dos quartéis, afirmou, o comportamento dos soldados melhoraria. Era preciso melhorar a educação dos soldados e tratá-los com respeito, em vez de mantê-los "antipatrioticamente na mais condenável ignorância", exigindo deles coisas que não entendiam. No dia em que os militares somente se diferenciassem "pelas insígnias e não pela cultura, a costumada indisciplina dos nossos quartéis e fortalezas será coisa morta".[77]

Mas não era só questão de disciplina. A educação oferecida em Praia Vermelha era manifestamente teórica, pobre em conteúdo militar. Das dezoito matérias do currículo, cinco poderiam ser classificadas como militares: arte militar (isto é, história militar), fortificações, artilharia, administração militar e higiene militar. Não se ensinava coisa alguma sobre balística. O curso de fortificações concentrava-se em velhos estilos, e os alunos de artilharia aprendiam as minúcias da pólvora negra quando outros exércitos já a tinham substituído pela pólvora sem fumo. Assim, em uma escola destinada a preparar oficiais, os candidatos nada aprendiam sobre armas ou seu uso. Nas outras disciplinas, como física, química, direito e astronomia, cada professor tinha liberdade para elaborar e ministrar seu curso como bem entendesse. A ênfase era na exposição oral, dando-se pouca atenção a experimentação e aplicação. Não havia laboratórios; química e física eram estudadas abstratamente com ajuda de giz e quadro-negro, e o método para ensinar economia política era o da repetição das frases do professor pelos alunos. Embora alguns mestres se distinguissem por suas conferências eruditas e publicações, seu estilo de ensinar e o conteúdo de seus cursos não serviam para o desenvolvimento de oficiais capazes de liderar um exército moderno na guerra.[78] Considerando esse meio intelectual, não surpreende que os estudantes achassem a política mais interessante.

A REVOLTA DA ESCOLA MILITAR EM 1904

Em 1904 a Escola Militar do Brasil na Praia Vermelha tornou-se foco da agitação que tomou a capital. A inflação e o programa de saneamento e modernização do Rio de Janeiro oneravam sobretudo o operariado. Suas casas estavam sendo demolidas para dar lugar à avenida Central, à rua da Carioca e a outras ruas centrais da cidade, e os moradores eram espremidos em habitações ainda menos desejáveis com aluguéis mais altos, ou forçados a procurar abrigo em lugares mais distantes de seus locais de trabalho no centro ou na região portuária. Moradores desalojados, donos de armazéns, quiosques e bares juntaram-se aos descontentes, cujas fileiras engrossaram com a crise do comércio em maio de 1904, que arrasou muitos negociantes e jogou mais trabalhadores na rua. O custo de vida e a taxa de câmbio foram juntos para a estratosfera. Em meio a toda essa comoção, a gota d'água foi a lei da vacinação obrigatória decretada pelo governo. As arruaças começaram em 10 de novembro. Uma aliança de fato formou-se entre positivistas, políticos jacobinos, monarquistas, líderes sindicais, oficiais militares e alunos da escola militar. Nos quatro dias seguintes, a polícia montada, de sabre em punho, dispersou e prendeu manifestantes. Alguns dos detidos eram estudantes da escola militar. Ao final do dia 14, a multidão havia montado barricadas em várias ruas do centro, tomado duas delegacias de polícia e levado a luta para subúrbios como Vila Isabel e Santa Teresa. Como a polícia não conseguiu controlar a situação, Rodrigues Alves chamou o Exército.[79]

Enquanto isso, conspiradores reuniram-se no Clube Militar. Dois generais, Sylvestre Rodrigues da Silva Travassos e Antonio Olympio da Silveira, o tenente-coronel e senador Lauro Sodré e vários oficiais menos graduados vinham tramando havia meses. Seus esforços iniciais tinham sido infrutíferos devido à vigilância policial. E não podemos deixar de mencionar que a conspiração estava relacionada às rebeliões da escola militar em 1895 e 1897, cujos veteranos eram membros da turma que ingressara em Praia Vermelha em 1901 vinda da escola preparatória do Realengo. Tinham recebido ordens de servir com os praças após a rebelião, e sido readmitidos depois de o Congresso aprovar a anistia. Sem dúvida alguns deles eram os agitadores que, segundo Leitão de Carvalho, tentaram convencer os estudantes a prender o então presidente Campos Sales durante uma visita à escola em 1902. Aparentemente, os conspiradores esperavam instalar uma ditadura militar com apoio do movimento positivista. O episódio de 1904 tinha raízes mais profundas que a crise corrente.[80]

Como o moral e a força militar do governo pareciam arrasados pelos tumultos nas ruas, os conspiradores decidiram agir. De fato, podem ter participado, pela imprensa ou pessoalmente, dos esforços para estimular a violência. Não conseguiram instigar os estudantes da Escola Preparatória e Tática do Realengo, pois o agente dos conspiradores foi interceptado a tempo pelo comandante da escola, general-de-brigada Hermes da Fonseca.[81] Mas tiveram mais sorte na Escola Militar do Brasil (Praia Vermelha). Ali cerca de trezentos estudantes aderiram à causa e marcharam para o palácio do Catete resolvidos a depor o presidente Rodrigues Alves. Só que estavam sozinhos na revolta. Seus contatos no forte São João não conseguiram persuadir a guarnição. E tiveram seu caminho bloqueado por tropas lealistas comandadas pelo chefe de polícia do Rio, general-de-brigada Antônio Carlos da Silva Piragibe. Os dois lados enfrentaram-se no escuro, pois a iluminação a gás das ruas fora destruída nos embates do dia anterior. Após um tiroteio às cegas, os dois lados bateram em desordenada retirada. Ficaram feridos os líderes rebeldes, senador Sodré e general Travassos, este último mortalmente. Durante a noite, navios da Marinha apontaram holofotes para a escola e dispararam dois tiros no pátio para demonstrar a inutilidade da resistência. Ao amanhecer, tropas comandadas pelo coronel José Caetano de Faria encontraram os estudantes em formação diante da escola, prontos para render-se.[82]

Suprimida a revolta militar, a violência nas ruas durou apenas mais um dia. Longe de ser uma rebelião quixotesca contra a vacinação compulsória, o levante de 1904 visava, nas palavras do conspirador coronel Inocêncio Serzedelo Correia, à "completa renovação da nação" por meio da "destruição da presente ordem e da completa mudança do cenário político".[83] Seu propósito era a destruição da oligarquia que recuperara o controle durante o tumulto da década de 1890 e se mantinha no poder pelo sistema da "política dos governadores". Segundo Robert G. Nachman, esse foi "o primeiro sinal de oposição unida ao controle oligárquico do Brasil republicano".[84] Como protesto contra esse controle, o episódio foi parte de uma série de comoções que levariam, através do movimento salvacionista e da revolta do Contestado na década seguinte e das revoltas tenentistas da década de 1920, à Revolução de 30.[85]

TENTATIVA DE REFORMAR A EDUCAÇÃO DOS OFICIAIS

O efeito mais imediato da revolta foi o fechamento definitivo da escola militar de Praia Vermelha, marcando o fim de uma era na preparação de oficiais. O persistente debate acadêmico acerca da educação militar subitamente ganhou propósito, e os reformistas viram-se com menos inércia institucional a vencer. Mallet quisera abolir a escola e separar os cursos de armas de combate a fim de eliminar a natureza abertamente acadêmica do currículo e dar-lhe orientação mais prática. Embora os problemas financeiros na administração Campos Sales houvessem impossibilitado a implementação de suas idéias, a revolta de 1904 tornara imprescindível a ação. Os estudantes foram mandados para várias guarnições do Rio Grande do Sul, e ali sumariamente expulsos do Exército, sem soldo nem farda. Muitos tiveram de pedir emprestados roupas e dinheiro para voltar para casa. Ainda assim, tiveram melhor sorte que os prisioneiros civis mandados de navio para o Acre.

É muito revelador sobre a sociedade brasileira e o problema da disciplina militar o fato de que em 1905 os estudantes rebeldes receberam anistia e foram autorizados a fazer os exames finais relacionados ao que fora ensinado em 1904. Dos 569 que fizeram os exames gerais ou especiais, 59 qualificaram-se para promoção a alferes-aluno, a primeira patente de oficial na época, e 184 obtiveram notas de aprovação. Apenas dezenove receberam grau de bacharel em "ciências físicas e matemáticas".[86]

Com o fechamento de Praia Vermelha e da escola preparatória do Realengo em fevereiro de 1906, o ministério da Guerra criou a Escola de Guerra em Porto Alegre para ministrar a candidatos a oficial dois anos de treinamento em cavalaria e infantaria e um ano de "aplicação". A instrução baseava-se no novo regulamento da escola militar de 1905, inspirado nas propostas feitas por Mallet em 1900. O ensino deveria privilegiar a experiência prática, limitando os estudos teóricos a disciplinas não-militares. A intenção era pôr fim aos "doutores tenentes" e "doutores coronéis", acabar com o bacharelismo militar. Os candidatos a oficial deviam aprender a atirar, cavalgar, atuar em combate, a ser "soldados". Uma disciplina severa seria reforçada pela eliminação de oficiais estudantes, limitando-se a admissão no corpo discente a candidatos que fossem soldados alistados.[87] E, para preparar instrutores que implementariam a reforma projetada, o ministério da Guerra mandou seis oficiais de baixa patente servir arregimentados no Exército imperial alemão por dois anos como treinamento, iniciando assim uma prática que teria repercussões importantes no futuro.[88]

Infelizmente, o regulamento não foi posto em prática. A inércia prevaleceu sobre a reforma. Os oficiais mais graduados continuaram a lecionar e ministrar treinamento como sempre haviam feito, ou seja, privilegiando a teoria.[89] Os exercícios de ordem unida, a extensão de linhas de atiradores e as noções táticas remontavam à Guerra do Paraguai — esses foram os elementos da instrução que ficaram na memória do general Francisco de Paula Cidade.[90] O aperfeiçoamento da educação militar teria de esperar ainda alguns anos, mas a reforma estava no ar, com os civis das classes média e alta adquirindo interesse pela defesa nacional.

AS REFORMAS DE HERMES DA FONSECA

Pouco depois da revolta de 1904, o presidente Rodrigues Alves recompensou o general Hermes da Fonseca (1855-1922) por seu papel na supressão do levante nomeando-o comandante do 4º Distrito Militar, que incluía a capital.[91] Hermes iniciou uma campanha para robustecer as forças do distrito, que compunham quase metade do Exército. Organizou manobras anuais conjuntas com tanto aparato e cobertura pela imprensa que seriam lembradas por décadas.

Hermes da Fonseca pertenceu à geração de oficiais que vivenciou o período entre o fim da Guerra do Paraguai e a Primeira Guerra Mundial. Nascido em 1855 numa ilustre família de militares em São Gabriel, Rio Grande do Sul, cresceu ouvindo histórias de façanhas de seus parentes na Guerra dos Farrapos (1835-45) e na do Paraguai. Em 1871, aos dezesseis anos, bacharelou-se em letras pelo Colégio D. Pedro II no Rio de Janeiro e entrou para o Exército. Concluiu em 1876 o curso de infantaria e cavalaria em Praia Vermelha e dois anos depois o de artilharia, arma na qual serviu durante boa parte de sua carreira. Em fins da década de 1870 foi ajudante de seu pai, então general comandante na província do Pará; após um período como comandante de bateria, foi ajudante do conde d'Eu, marido da princesa Isabel e comandante-geral da artilharia do Exército imperial, durante uma viagem de inspeção às províncias setentrionais. Na década de 1880, lecionou na Escola Militar da Corte e em 1888 acompanhou como ajudante seu tio, o marechal Deodoro da Fonseca, quando o governo imperial, querendo afastá-lo do cenário político no Rio, despachou-o para Mato Grosso. No ano seguinte, estava com Deodoro na praça defronte ao Ministério da Guerra no 15 de Novembro. Hermes da Fonseca foi uma figura fundamental na conspiração republicana, atuando como filtro para os que pressionavam Deodoro a agir. Beneficiou-se da República, passando de capitão a tenente-coronel em dez meses. Durante a Revolta da Armada em 1893, distinguiu-se na defesa de Niterói e apoiou Floriano, apesar de antipatizar com ele.

A partir de sua promoção a coronel em 1894, comandou, até 1896, o 2º Regimento de Artilharia Montada (Rio de Janeiro) e o transformou em unidade modelo. Em 1896, com Prudente de Morais de licença-saúde e o vice-presidente Manuel Vitoriano exercendo a presidência, Hermes tornou-se chefe da Casa Militar da Presidência, cargo que o pôs em contato regular com líderes civis e lhe deu crescente visibilidade política. Com o passar dos anos, ele ganhou renome no Exército por seus estudos sobre organização e treinamento. Foi membro da comissão que redigiu o regulamento para o novo Estado-Maior, sendo identificado com as idéias reformistas de Mallet. O fato de que o presidente Campos Sales o considerava um defensor confiável do regime evidenciou-se com sua nomeação a comandante da Brigada de Polícia do Distrito Federal em 1899, posto que ele manteve até assumir o comando da escola preparatória do Realengo em agosto de 1904.

Hermes foi um protótipo do oficial brasileiro do século XX. Como capitão, conspirou para derrubar a monarquia, e como marechal reformado conspiraria contra o presidente Epitácio Pessoa. Andou sempre fardado durante sua presidência (1910-14), até para as reuniões ministeriais, o que indica que sua auto-imagem essencial era como oficial. Sua carreira combinou a vida militar, a política e a reforma institucional e social. Sua preocupação com a proficiência militar e a disposição para ver os oficiais individualmente e o Exército como um todo envolvidos na política seriam um exemplo influente nos anos vindouros. E, como se pode dizer de todos os outros oficiais no século XX, exceto os que serviram na Segunda Guerra Mundial, sua experiência de combate foi contra brasileiros.[92]

Sob seu comando, a guarnição do Rio de Janeiro marchou ao som de música marcial para o Campo dos Cajueiros em Santa Cruz, estado do Rio, e ali, por dezoito dias, em setembro e outubro de 1905, seus soldados viveram em barracas, treinaram ataques simulados, marcharam e posaram para fotógrafos, esforçando-se para parecer soldados. O Exército não fazia nada parecido desde os primeiros tempos da República, o que ficou bem evidente. Embora os trens de domingo partindo da estação Pedro II pudessem estar lotados de espectadores, e ainda que os jornais dessem grande cobertura às atividades militares, não houve motivos de satisfação. O relatório do general Hermes foi mais uma lista de deficiências e problemas que de proezas marciais demonstradas. Mesmo tendo recebido botas novas pouco antes da marcha, elas eram tão malfeitas que "a maioria dos soldados [...] chegou descalça a Santa Cruz". Atingindo seu destino, tiveram de haver-se com barracas exíguas, escassez de víveres devido a problemas de transporte, armas velhas e ineficazes, mochilas pesadas demais cujas alças impediam a circulação nos braços, cintos que não paravam fechados, cartucheiras de couro que rebentavam nas costuras com o peso das balas. A cavalaria queixou-se da qualidade das selas e arreios e da falta de carroções para transportar forragem. Claramente, o Exército brasileiro não estava preparado para uma campanha. Embora as manobras de 1905 despertassem o entusiasmo nos civis, demonstraram ao Alto-Comando do Exército que a reforma teria de ser completa.[93]

Os civis mostraram-se empolgados, ao menos com as exibições militares, e fundaram tiros-de-guerra, alistaram-se como voluntários para as manobras anuais e, no Congresso, apoiaram a lei do serviço militar obrigatório.[94] Mas o entusiasmo limitava-se às classes média e alta urbanas e derivava de um senso de nacionalismo intensificado. O Brasil, na primeira década do século xx, modernizou o Rio de Janeiro e eliminou a febre amarela da capital; também recebeu o primeiro cardinalato da América Latina, sediou a terceira Conferência Pan-Americana, elevou a embaixada sua delegação em Washington, enviou uma delegação ilustre à segunda Conferência de Paz de Haia (1907), arbitrou com êxito a posse de centenas de milhares de quilômetros quadrados de território em disputa, fundou o Serviço de Proteção ao Índio e comprou dois dos maiores couraçados do mundo para sua Marinha. Por trás desses eventos, acelerando-os e se alimentando deles, estava uma crescente onda de nacionalismo. Muitos intelectuais concordavam com a frase de Afonso Celso: "Somos ainda uma aurora. Chegaremos necessariamente ao brilho e ao calor do meio-dia. Ao terminar o século XIX, já constituímos a 2ª potência do Novo Mundo, a 1ª da América do Sul, a 1ª em extensão e a 3ª em população da raça latina. Seremos a 2ª ou a 1ª do orbe".[95]

Os brasileiros, acostumados a ver-se como apêndices culturais e econômicos da Europa, começavam a olhar para dentro e descobrir o verdadeiro Brasil. O desastre de Canudos teve um efeito positivo: forçou os habitantes das cidades costeiras a encarar a nação que, nas palavras de Euclides da Cunha, se compunha de "rijos caboclos". Era no sertão, onde "as variedades das dosagens díspares [de mestiçagem] se atenuavam, que se encontrava o núcleo de força de nossa constituição futura, a rocha viva da nossa raça".[96]

De algum modo, a energia feroz mostrada pelos sertanejos em Canudos e o patriotismo emergente da classe média tinham de ser aproveitados em uma máquina militar que apoiasse a diplomacia e a visão do barão do Rio Branco e os presidentes a quem ele servia. Uma nação fraca não seria respeitada. A política internacional brasileira seria pacífica, porém de um pacifismo armado.[97]

O entusiasmo nacionalista impulsionou o Congresso a aprovar uma nova lei do serviço militar obrigatório em 1908. Para fugir da vida de caserna, muitos civis recorriam ao expediente mais agradável de alistar-se nas chamadas linhas de tiro, que viriam a constituir a reserva do Exército. Este mantinha-se relativamente estático em tamanho, e não havia um processo para expandi-lo em tempo de guerra. Sua incapacidade para mobilizar-se já ficara patente na crise do Acre. O serviço militar obrigatório destinava-se a fazer do Exército um corpo treinado que transformaria levas anuais de recrutas em soldados, os quais, por sua vez, formariam uma reserva em constante crescimento, a ser convocada em períodos de crise.

Como já mencionado, a campanha de Canudos revelara a péssima pontaria dos soldados, por isso, em 1898, a guarnição do Rio construíra uma carreira de tiro, logo constatando, porém, que ela atraía mais os atiradores civis do que os soldados e oficiais.[98] Uma federação de tiro organizada por civis foi licenciada pelo Congresso em 1906, e um grupo no Rio conseguiu que Hermes lhe emprestasse fuzis Mauser para treinar a pontaria. Os atiradores cariocas formaram o "Tiro 7", e em 1908 juntaram-se a dez outros clubes de outras regiões, criando um batalhão que acabou por expandir-se e constituir um corpo de atiradores de elite, a primeira reserva organizada do país. Os Tiros eram a propaganda viva do Brasil armado preconizado por Hermes e pelo ministro do Exterior, Rio Branco. Causavam sensação nas paradas com suas fardas cáqui, perneiras amarelas, boldriés e vistosos chapelões cinza com plumas.[99] Sua exibição dava ótimo material para a imprensa, ainda que fosse apenas uma contribuição marginal para a defesa nacional.

Mas os Tiros foram um propulsor da aprovação da lei do serviço militar obrigatório pelo Congresso. Desde o momento em que o projeto de lei foi apresentado, em outubro de 1906, até ser aprovado como lei, em janeiro de 1908, os Tiros e os tenentes que os assessoravam e instruíam encetaram uma campanha de relações públicas em favor do projeto.[100] Em 1906 e 1907 as páginas dos jornais vieram repletas de fotos de manobras do Exército, das corridas de sessenta quilômetros, chamadas "raides", que integravam o novo programa de educação física do Exército, e de paradas e concursos de pontaria dos Tiros.[101]

Mas a aclamação pública não foi universal; os operários viram com desconfiança essas exibições de patriotismo da classe média. Formaram a Liga Antimilitarista em um acesso de "repugnância" pelo projeto de lei, na expressão do presidente Afonso Augusto Moreira Pena.[102] Os jornais *Correio da Manhã*, *O Século* e *Gazeta de Notícias*, do Rio de Janeiro, tacharam a medida de belicosa e antiindividualista. Embora seus oponentes no Congresso retardassem a aprovação com constantes mudanças no projeto, e os positivistas e o operariado criticassem a medida, o apoio entusiasmado da classe média e a pressão governamental lograram a aprovação do projeto.[103] Só que, no Brasil, lei promulgada nem sempre foi lei implementada. Seriam necessários oito anos e a Primeira Guerra Mundial para dar início ao serviço militar obrigatório.

A atmosfera de entusiasmo acima descrita gravitava em torno de Hermes da Fonseca, que, como ministro da Guerra (1906-09) no governo Afonso Pena, procurou estender a todo o Exército as reformas que buscara implementar no 4º Distrito

Militar. Em seu relatório ao presidente em 1907, ele dispensou eufemismos. O Exército "carece de pessoal e de material bélico, de organização e de comando". O serviço obrigatório demandaria novos quartéis, pois os existentes não atendiam aos requisitos de "conforto e sociabilidade" necessários à mistura adequada dos conscritos, "entre os quais se encontrará o mais rude camponês com o mais culto intelectual". Cada estado deveria ter sua área de treinamento; a Vila Militar, a ser construída na Fazenda Sapopemba, próximo ao Rio, deveria servir de modelo. Ele preconizou a renovação dos arsenais e das fábricas de pólvora e projéteis. Apesar de os governos anteriores terem estado a par da necessidade de reorganizar o Exército, este, segundo Hermes, estava reduzido a "corpos disseminados pelo vasto território nacional com efetivos reduzidíssimos, sem material de mobilização, alguns até sem armamento, e vivendo independentes, sem o menor laço de solidariedade, a não ser pela subordinação comum aos comandantes de distrito". Mas, como os comandantes de distritos viviam absortos em trivialidades administrativas, não comandavam efetivamente; o fato é que os batalhões e regimentos atuavam cada qual a seu modo, organizados mais para "a vida pacífica e indolente das guarnições, que para os intensos labores da campanha". A falta de equipamento era absoluta: não havia armas, carroções de munição nem barracas suficientes. E o pior era que os oficiais não sabiam comandar operações de campanha. Francamente, disse Hermes da Fonseca, "o Exército não está aparelhado para a guerra [...] apesar das grandes somas anualmente gastas com a sua manutenção".[104]

Ele recomendou a reforma da administração do Exército, desproporcionalmente grande no topo e deficiente. As diretorias de artilharia, engenharia, saúde e contabilidade deveriam ser reduzidas a um tamanho mais modesto e anexadas ao secretariado de guerra, o qual também assumiria boa parte do trabalho administrativo que assoberbava o Estado-Maior. Este deveria ficar livre para supervisionar o treinamento de tropas, estudar a defesa do país e planejar futuras campanhas.[105]

Preocupava-o, ainda, a produção de oficiais além da capacidade do Exército para incorporá-los. A barreira nas fileiras subalternas vinha sendo um grave problema desde a rápida promoção de oficiais de baixa patente durante a guerra civil na década de 1890. Em 1907, uma promoção a primeiro-tenente ou capitão podia demorar doze anos, e isso desanimava e diminuía a eficiência dos oficiais de baixa patente. A solução estava em aumentar o número de vagas para acomodá-los. Hermes julgava que "nosso pequeno exército" possuía escolas demais, e aconselhava o fechamento de algumas até que se abrissem novamente espaços no corpo de oficiais. Além disso, apenas os candidatos com mais de um ano de serviço como soldado comum deveriam ser selecionados para as escolas militares, pois "para ser oficial e cuidar do bem estar do soldado é necessário ter participado do seu modo de viver".[106]

Como boa parte do que ele recomendava dependia de desembolsos do governo, a oposição no Congresso aos gastos militares impediria a reforma completa. Talvez a mudança mais importante conseguida por Hermes tenha sido no Estado-Maior do Exército. Criado em 1899 para substituir a repartição do ajudante-general, então o centro administrativo do Exército, o Estado-Maior do Exército assumiu a maioria de suas funções. Seus oficiais provinham do antigo corpo de oficiais daquela repartição, e eram muito mais afeitos a lidar com a burocracia e criar tarefas desimportantes do que a planejar os exercícios de treinamento para as tropas, os procedimentos de mobilização, a obtenção de armas e as campanhas. Alguns passavam toda a sua carreira na burocracia, sem jamais pôr os pés numa unidade. Hermes atribuía tudo isso à "educação defeituosa proporcionada pelas escolas militares, cujo programa de ensino tornara inseparável o curso de estado-maior do de engenharia". Com o tempo, ele afirmou, essa ligação combinara-se aos "moldes burocráticos da repartição" e resultara em um Estado-Maior do Exército composto tão-somente de "hábeis engenheiros e escrupulosos funcionários públicos". Em 1908 o exclusivo corpo do Estado-Maior foi abolido, e as tarefas administrativas foram abertas a oficiais de qualquer ramo. O modelo foi o sistema alemão, no qual os oficiais de estado-maior deviam ter conhecimento em primeira mão das condições nas unidades de linha. Hermes esperava que o Estado-Maior do Exército brasileiro, como na Alemanha e no Japão, se tornasse "o próprio cérebro do Exército, o organizador da vitória".[107]

Para atingir esse objetivo, a reorganização do Exército de agosto de 1909 livrou o Estado-Maior de muitas tarefas administrativas, como codificar a legislação militar, supervisionar as transferências, as reformas e a justiça militar e registrar o estado civil dos oficiais. As tarefas administrativas rotineiras que lhe restaram foram entregues a sargentos e a civis, para permitir que os oficiais se concentrassem em supervisionar a educação dos oficiais e o treinamento dos soldados. Esse foi o princípio de um verdadeiro Estado-Maior, mas ainda se passaria uma década ou mais antes que adquirisse a forma e a substância desejadas por seus proponentes. A mudança aconteceria lentamente devido à resistência de oficiais e burocratas civis aos novos procedimentos, à quase contínua carência de recursos financeiros e à tendência de cada administração, ministro ou chefe do Estado-Maior para impor suas próprias idéias e métodos. A descontinuidade, com novas reformas sendo propostas antes de as antigas terem sido efetivamente implementadas, era uma característica do Exército brasileiro.[108]

Por exemplo, as mudanças estruturais que o ministério de Hermes levaram a cabo duraram apenas até o fim de sua presidência (1910-14). Muitas das alterações resultaram em sobreposição dos limites de autoridade no ministério, o que mais tarde, nas operações do Contestado (1912-15), provaria ser um estorvo. Em resumo, a seguinte estrutura foi projetada para o ministério: o Departamento Central, chefiado por um coronel, mantinha os registros de pessoal, preparava os dados para o quadro de promoções, supervisionava a elaboração das listas de homens elegíveis para recrutamento e as publicações da Imprensa Militar; o Departamento de Guerra, encabeçado por um general-de-brigada, era o centro de comando do Exército, composto de seis divisões — a primeira lidava com as tarefas do Alto-Comando e das tropas em geral, a segunda, a terceira, a quarta e a quinta supervisionavam a infantaria, a cavalaria, a artilharia, e a engenharia, respectivamente, e a sexta incumbia-se dos serviços médicos e veterinários; o Departamento de Administração, a cargo de um coronel, era o serviço de quartel-mestre.[109] Ademais, uma tentativa de atenuar o isolamento das unidades e aumentar a eficácia com a criação de cinco brigadas estratégicas e treze inspetorias regionais só complicou as coisas. As brigadas — duas no Rio Grande do Sul e uma para cada região no Rio de Janeiro, Paraná/Santa Catarina e Mato Grosso — estavam diretamente subordinadas ao Ministério da Guerra, enquanto as outras unidades nas treze regiões ficavam sob as ordens de inspetores-gerais locais. Isso foi um problema especialmente no Rio Grande do Sul (a 12ª Região) e no Rio de Janeiro (9ª Região), onde a dualidade de comando resultou em instruções conflitantes até mesmo em minúcias como a farda apropriada para o dia.[110]

Provavelmente a mais durável das criações de Hermes tenha sido a Vila Militar, situada em Deodoro, a aproximadamente quinze quilômetros do Rio de Janeiro. Revivendo a recomendação de Mallet sobre a concentração de unidades esparsas do Exército, Hermes propôs a construção de postos especialmente projetados para substituir a coleção aleatória de quartéis então em uso. Especificamente, sua intenção era alojar cada brigada estratégica em sua própria base. O Rio seria o primeiro a receber sua vila militar, que serviria de modelo para as outras a serem construídas por todo o país. Cada regimento teria seu próprio quartel, escritório, enfermaria e oficinas, além de casas individuais para oficiais e sargentos. Infelizmente, a falta de verba governamental impossibilitou que o programa fosse implementado além do Rio de Janeiro até a Primeira Guerra Mundial.

INSTRUÇÃO MILITAR ESTRANGEIRA

O ministro das Relações Exteriores, Rio Branco, incentivou os projetos de reorganização de Hermes por temer que a hostilidade ao Brasil do ministro do Exterior argentino, Estanislau S. Zeballo, pudesse levar à guerra. Ele conseguiu que o cáiser Guilherme II convidasse Hermes e o general Luís Mendes de Morais, então comandante do 4º Distrito Militar (Rio de Janeiro), para assistir a manobras do Exército alemão em 1908. O convite e a viagem renderam considerável publicidade para Hermes e aumentaram sua popularidade. Os alemães serviram jantar e vinho aos brasileiros, brindaram-nos com um vôo sobre Frankfurt em um dirigível militar, realizaram uma parada em honra a Hermes e os impressionaram com manobras na Alsácia-Lorena. Os generais brasileiros beneficiaram-se com explicações do capitão Constantino Deschamps Cavalcante, um dos oficiais que, em 1906, foram mandados para treinamento na Alemanha pelo ministro da Guerra, Argollo. Hermes negociou com a Alemanha o envio de uma missão para supervisionar a reorganização do Exército.[111]

Os alemães haviam ganhado considerável vantagem na competição com os franceses pela influência sobre o Exército brasileiro. Em 1909 um segundo grupo de seis oficiais foi servir por dois anos em regimentos alemães, e a Krupp consolidou sua posição como fornecedora de artilharia. Em 1910, quando embarcou o terceiro grupo, com 24 oficiais, os alemães já haviam selecionado os membros da missão para ir ao Brasil, e sabiam que poderiam trabalhar com um dedicado núcleo de oficiais treinados na Alemanha. As providências para a missão alemã estavam tão adiantadas que o tenente Amaro de Azambuja Vilanova, que concluíra seu treinamento com o grupo de 1909, recebeu ordem para permanecer na Alemanha como ajudante do chefe designado para a missão.[112]

Mas a missão alemã nunca se concretizou, o que deixou perplexos os oficiais mandados para a Alemanha, como Estêvão Leitão de Carvalho, e os que posteriormente estudaram a história brasileira. O projeto foi, sobretudo, vitimado pela influência francesa sobre a elite brasileira e pela hábil diplomacia francesa. Os paulistas haviam contratado com a França o envio de uma missão militar para transformar a Força Pública paulista em um pequeno exército para proteger o estado da intervenção federal. Importantes políticos paulistas, como o governador Jorge Tibiriçá e Rodolfo Miranda, eram pró-franceses. Tibiriçá, que governou São Paulo por duas vezes, em 1890-91 e 1904-08, e fez mais do que qualquer outro para moldar o futuro do estado, nascera em Paris, filho de uma francesa e de um aristocrata paulista, e vivera na França e na Alemanha. Creditam-se a ele a contratação de instrutores franceses para a polícia estadual e o despertar do interesse francês pela agricultura paulista. Miranda estudara em Paris, fora deputado federal de 1897 a 1909, ministro da Agricultura de Nilo Peçanha em 1909-10 e rompera com o *establishment* político paulista para apoiar Hermes da Fonseca em 1910. Em conseqüência, durante o governo desses dois presidentes, atuou como conduto para os interesses de seu estado.[113] Ele e Tibiriçá foram duas das vozes que pressionaram Hermes a romper seus compromissos com Berlim. Eleito presidente em 1910, Hermes defrontou-se com considerável agitação política, e desistir dos acordos com os alemães poderia granjear-lhe muito capital político em São Paulo, cujos líderes, em sua maioria, haviam apoiado o senador Rui Barbosa. Além disso, franceses, britânicos e americanos incomodavam-se com o aparente sucesso alemão. Estava em jogo não apenas seu prestígio, mas a venda de armas, que cada uma dessas potências relacionava ao aumento de comércio com o Brasil.

Por exemplo, o adido militar americano, capitão LeVert Coleman, e o embaixador Edwin V. Morgan empenharam-se para que a Bethlehem Steel conseguisse o lucrativo contrato de fornecimento dos canhões para a planejada nova defesa da costa brasileira, mas perderam a parada para a Krupp alemã. Oficiais americanos reclamaram que ingleses e alemães estavam recorrendo a suborno para influenciar tanto as comissões de estudo, cujos oficiais ansiavam por aceitar o contrato, como os jornais, que publicavam artigos criticando os produtos e os representantes americanos. Disputavam-se lucros futuros e influência política.[114]

O contrato francês com a Força Pública paulista venceria em 1910, e os franceses receavam que Hermes, que eles julgavam pró-Alemanha, de algum modo impediria os paulistas de renová-lo. Pressionaram seus aliados brasileiros dizendo que, mesmo se o contrato fosse renovado, não poderiam trabalhar em um país junto com os alemães. Também convidaram Hermes para ir à França, ver pessoalmente que o Exército francês fora reconstruído e não estava totalmente contaminado pela propaganda anarquista, como dizia a propaganda alemã. Os franceses superaram os alemães no esforço de trazer Hermes para seu lado. Além de visitas a unidades militares, escolas e fábricas de armas, ele foi apresentado a intelectuais como madame Curie e Anatole France, homenageado com uma recepção na Sorbonne e recebido pelo presidente da França. Além disso, o Estado-Maior francês orquestrou uma astuciosa campanha laudatória na imprensa, com a colaboração de um membro da comitiva do marechal, o major Alfredo Oscar Fleury de Barros, destinada a afagar o ego de Hermes. Por exemplo, oficiais franceses providenciaram para que fosse publicada uma breve descrição de Hermes no jornal parisiense *Le Matin* em 23 de agosto de 1910, na qual se dizia que a silhueta do major a cavalo lembrava a de Napoleão I.[115] Esses artigos, traduzidos e editados pelo major Fleury de Barros, apareceram quase simultaneamente em jornais brasileiros. O major não perdeu oportunidades de inserir comentários elogiosos ao Exército, à indústria bélica e à cultura da França.[116] Além dos comentários favoráveis que o major Fleury de Barros sem dúvida sussurrou em seus ouvidos, Hermes teve a seu lado o adido militar francês no Rio de Janeiro, capitão Salats, perito em ajeitar as coisas de modo a causar a melhor das impressões.[117]

Hermes foi conquistado. Antes de partir da França, fez uma declaração negando alguma vez ter sido germanófilo: "Longe de ser um cego admirador da Alemanha, minha formação pessoal é francesa: li seus autores militares e foi neles que busquei ensinamentos quando, como ministro da Guerra, comecei a reorganizar o Exército brasileiro". Além disso, ele afirmou, "o caráter do povo brasileiro e do soldado brasileiro assemelha-se mais ao do povo e do soldado francês do que ao de qualquer outro povo e qualquer outro soldado".[118] Estava claro que ele não podia transferir subitamente sua preferência para os franceses sem prejudicar as relações com a Alemanha, por isso recorreu ao tato que os franceses vinham ensinando a seus aliados do corpo de oficiais brasileiro: o Brasil não receberia nenhuma missão estrangeira; seus oficiais eram bons o bastante para treinar suas forças.[119] Mas o episódio todo requer estudos adicionais, pois decerto causou uma tremenda batalha no governo.

Em maio de 1910 o presidente Nilo Peçanha, que fora vice de Afonso Pena e o sucedera na presidência após sua morte, em junho de 1909, informou ao Congresso que era favorável a que se trouxessem "instrutores estrangeiros" ao Brasil por medida de economia. Embora o treinamento na Alemanha tivesse sido valioso, era uma "prática que acarretava sensível despesa aos cofres públicos". "A seu ver, tudo sopesado, seria melhor dispensar o envio de muitos oficiais para o exterior.[120] Entre maio e agosto a balança pendeu para a França. O processo de mudança de política foi parte da oculta mas feroz luta entre as duas potências européias pela influência militar no Brasil.[121]

Os franceses estavam decididos a não permitir que seus anos de trabalho preparando as tropas paulistas e cativando a elite do estado fossem em vão. Até a Primeira Guerra Mundial, continuaram a empenhar-se pelo contrato para a missão de treinamento. Mantiveram uma constante campanha de propaganda, de viva voz ou pela imprensa brasileira, favorável à França e deletéria para a Alemanha. A propaganda procurava explorar incidentes desagradáveis envolvendo a missão alemã na Turquia, como por exemplo um episódio no qual um soldado turco matou um oficial alemão que o agredira. Os alemães eram retratados como racistas, citando-se o caso de um oficial que exigiu remuneração extra para treinar soldados negros.[122]

Os esforços dos militares franceses para influenciar a elite brasileira em favor de sua causa podem ser vistos nos relatórios do Estado-Maior francês. Era política francesa inculcar na elite brasileira, como fora feito com o marechal Hermes, "a profunda convicção de que o Exército Francês ainda é o Exército Modelo".[123] Em outubro de 1911, durante a visita a Paris do senador mato-grossense Antônio Azeredo, que fora porta-voz do presidente Hermes da Fonseca no Senado e tinha laços estreitos e clientelísticos com políticos paulistas, oficiais franceses, inclusive o ministro da Guerra, encontraram-se com ele várias vezes "com a intenção de fazê-lo advogado de uma missão militar francesa no Rio".[124] Durante as conversas, o ministro da Guerra francês, M. Messimy, ofereceu formalmente o envio da missão. O senador observou que o Congresso debateria a questão da missão em novembro e que, embora a batalha devesse ser árdua, ele garantia que ou a missão seria francesa, ou não haveria missão nenhuma. Prometeu que quatro jornais os apoiariam: O Malho e A Tribuna, que lhe pertenciam, e O País e o Jornal do Comércio, dos quais era sócio.

Os oficiais do Estado-Maior francês sugeriram uma lista de argumentos para o senador apresentar:

1. O prestígio alemão estava em declínio depois da crise no Marrocos.
2. Com uma missão alemã, o Brasil corria o risco de sofrer humilhações e ser transformado em protetorado, como a Turquia.
3. A proteção alemã revelara-se inútil para os turcos.

4. Os alemães estavam procurando postos de abastecimento para sua frota, e o menor incidente com uma missão alemã seria usado como pretexto para tomarem uma base nos estados do Sul.

5. O Brasil precisava do dinheiro francês para seu desenvolvimento, e uma missão alemã interromperia esses investimentos.

6. O temperamento latino dos brasileiros assemelhava-se mais ao dos franceses que ao dos alemães.

7. Na balança de poder européia, a força estava do lado franco-britânico, e não do alemão.

8. A Tríplice Aliança estava morta, e no horizonte havia uma quádrupla aliança entre França, Inglaterra, Itália e Rússia.

9. Portanto, era bom para o Brasil entrar para o lado franco-britânico, combinando suas afinidades com seus interesses.[125]

Os franceses e seus aliados brasileiros, como Azeredo, impediram a missão alemã, mas não tiveram força para impor uma missão francesa. O Congresso brasileiro deliberou sobre o assunto em outubro de 1911. Era "sabido de todos" que Hermes prometera ao imperador alemão a assinatura de contratos com o Exército e com a Marinha. Assim, além dos franceses e dos paulistas, também americanos e ingleses mostraram-se contrariados com um resultado que produziria o aumento do já "poderoso prestígio comercial" da Alemanha. A questão dividiu a oficialidade e o governo. Alguns altos oficiais, entre os quais o ministro da Guerra e os que integravam o Estado-Maior, opunham-se a qualquer missão estrangeira, pois enciumavam-se da autoridade que ela teria e não queriam parecer menos competentes em sua profissão. Tamanha era a pressão sobre Hermes que lhe custava menos opor-se à posição pró-alemã de seu ministro do exterior, Rio Branco, e recusar-se a honrar o compromisso assumido com Berlim e a mandar mais oficiais para juntar-se aos que estavam completando seu treinamento na Alemanha. Mas já se afirmou que, para desfazer os acordos, o governo teria pago à Alemanha vultosa indenização. É perfeitamente possível que, para recuar do compromisso de contratar uma missão militar alemã, o governo Hermes tenha prometido comprar sua artilharia e outros artigos bélicos de fornecedores alemães. Seja como for, em dezembro de 1912 e janeiro de 1913 o adido militar americano reclamou que Hermes estava "enredado demais em promessas à Alemanha" e por isso temia comprar suprimentos militares de outros fornecedores.[126] Os brasileiros podem muito bem ter julgado que precisavam ter cuidado com os alemães, pois, no processo de negociar com a Krupp para as defesas costeiras do país, haviam entregue plantas de seus fortes litorâneos aos alemães, e estes, por sua vez, podem ter recorrido a algumas ameaças sutis de retaliação militar. A eclosão da guerra em agosto de 1914 e a entrada do Brasil contra a Alemanha em 1917 encerraram a questão. A promessa de Azeredo de que seriam os franceses ou ninguém cumpriu-se. A questão da missão militar estrangeira ficaria engavetada até o fim da Primeira Guerra Mundial.

O EXÉRCITO DE 1911

Embora a questão da assessoria estrangeira houvesse sido posta de lado, o Exército em 1911 dava sinais de mudança. Havia indícios de que agradava a um núcleo de oficiais a idéia de que o Exército devia modernizar-se e ser uma força propulsora da modernização do Brasil. Apesar dos resultados um tanto inócuos da reforma educacional de 1905, os estudantes militares da Escola de Guerra em Porto Alegre abraçaram a idéia de que o Exército só poderia ser melhorado se os soldados o fossem, por isso apoiavam a obrigatoriedade do serviço militar e o aperfeiçoamento do treinamento. Além disso, compreendiam que a mudança não ocorreria por si; eles tinham de empenhar-se. Em contraste com o comportamento de seus predecessores, quase metade dos aspirantes (como eram agora chamados os formados da escola militar) da turma de 1909 apresentou-se como voluntários para servir nas tropas. Em meados de 1910, enquanto Hermes estava na França e o último grupo de oficiais se estabelecia na Alemanha, outros oficiais em Porto Alegre publicaram o primeiro número da *Revista dos Militares*, onde se lia uma declaração que captava o clima do momento: "E como é público que em breve teremos instrutores estrangeiros, parece-nos ser este o momento próprio de chamar a atenção dos camaradas para as cogitações técnicas de suas respectivas armas, *a fim de não fazermos péssima figura perante o estrangeiro*".[127] Se a segurança nacional motivava os generais, quem sabe o orgulho pessoal estimularia os menos graduados!

Como vimos, estas e outras propostas de reforma surgidas nessa década nunca saíram do papel ou foram apenas parcialmente implementadas. A disciplina interna foi difícil de manter, com facções políticas rondando os portões dos quartéis e procurando atrair os oficiais para lutas partidárias. Como se deu com a interferência do estado de São Paulo e seus aliados franceses, elementos da elite brasileira e interesses externos intrometeram-se nos planos de profissionalizar o corpo de oficiais. O Exército não contou com liberdade institucional suficiente para selecionar seus próprios modelos; teve de funcionar dentro do arcabouço político e internacional dado pelas elites dominantes. Não podendo obter autonomia mesmo em questões técnicas como o treinamento, seus oficiais pró-reforma foram-se tornando cada vez mais frustrados e impacientes por mudança. Em conseqüência, alguns dos oficiais subalternos dessa década acabariam, mais adiante em suas carreiras, por envolver-se em atividades revolucionárias.

Em 1911, o Exército teve seu homem na presidência e, infelizmente para sua profissionalização, enredou-se na luta da elite republicana com as ressurgentes oligarquias regionais pelo controle dos governos estaduais. Uma orgia de intervenções, chamada movimento salvacionista, desacreditaria o Exército aos olhos de muitos brasileiros e retardaria a marcha em direção ao serviço militar obrigatório. A década de 1910 começou com uma nova escola militar no Realengo, estado do Rio de Janeiro. E em breve o Exército, mais uma vez, seria usado como instrumento de repressão, agora no interior de Santa Catarina.

3. O avanço das espadas

De norte a sul observa-se o avanço das espadas sobre os palácios
[dos governadores].
Afonso Arinos de Melo Franco, *Um estadista da República*

Nós não tem direito de terras tudo é para as gentes da Oropa
[Europa]. [...] *O governo da República toca os Filhos Brasilei-*
ros do terreno que pertence a nação e vende para o estrangeiro,
nós agora estemo disposto a fazer prevalecer os nossos direito.
Herculano Teixeira d'Assumpção, *A campanha do Contestado*

A Constituição de 1891 atribuiu ao Exército as missões das defesas interna e externa. A defesa contra ataque externo era compreensível, evidentemente. Já a defesa interna — defender o quê contra quem? A República contra os monarquistas? Para os oficiais, o Exército estabelecera a República e, portanto, tinha a responsabilidade de protegê-la. Mas o que constituía a República? Até isso mudara desde Deodoro e Floriano. Na década de 1910, a política dos governadores facilitara, em muitos estados, o retorno ao poder de famílias que haviam sido proeminentes durante o Império. Restaurar a monarquia não constava em seus objetivos. Os monarquistas fizeram as pazes com o novo regime após a morte de d. Pedro II (5 de dezembro de 1891). Suas oligarquias regionais ou estaduais interessavam-se muito mais pelos benefícios do controle regional do que pelos do governo nacional; de fato, esse desinteresse acabou por preocupar os oficiais empenhados em manter intacta a pátria. São Paulo e Minas Gerais dominavam o cenário político nacional, e o senador José Gomes Pinheiro Machado, do Rio Grande do Sul, intermediava o poder político. Os estados maiores mantinham forças policiais militarizadas de bom tamanho, capazes de conter, se não desafiar diretamente, o Exército nacional. Com efeito, de 1906 a 1914 São Paulo empregou oficiais do Exército francês para treinar suas tropas. Ao menos no papel, cada estado possuía suas próprias unidades da Guarda Nacional, com oficiais extraídos da elite política local e soldados, quando existiam realmente, que estavam a mando dos figurões locais. O propósito das Guardas Nacionais era alicerçar o controle da elite. Significativamente, em âmbito nacional era o ministro da Justiça, e não o da Guerra, que "supervisionava" a guarda. Além disso, e talvez mais próximo da realidade, em tempos de crise as elites locais convocavam seus peões e / ou beleguins e contratavam capangas para formar "batalhões patrióticos". O poder de fogo disponível aos políticos locais e estaduais permitia-lhes impor sua vontade aos subordinados e oponentes e defender-se do Exército nacional. O sistema militar brasileiro deixava para o Exército um papel secundário, ou de apoio, na defesa interna. Qualquer problema que as forças locais não conseguissem resolver era passado para o Exército. Para grande irritação dos oficiais, muitas das situações em que o Exército foi convocado eram resultado de querelas políticas locais nas quais um dos lados contendores pedia ajuda ao governo no Rio. O número de guerras "civis" locais ou estaduais que eclodiram e se extinguiram por todo o Brasil durante a República Velha é espantoso, considerando a aparente estabilidade do governo nacional. Esses conflitos tragavam energia humana, vidas e riqueza, dissipadas em lutas improdutivas pelo poder. Os oficiais idealistas sentiam-se usados em papéis que, a seu ver, estavam aquém de sua dignidade, enquanto os politicamente ambiciosos viam oportunidades de ascensão.

A PRESIDÊNCIA DE HERMES

A sucessão presidencial de 1910 forçosamente trouxe para primeiro plano as Forças Armadas e a questão do papel a ser desempenhado pela oficialidade nos assuntos nacionais. Também expôs uma fraqueza da política dos governadores: o sistema dependia, dentro de cada estado e entre os estados, do consenso entre os políticos e os oligarcas, inexistindo um mecanismo seguro para lidar com os desacordos. Em 1910 as elites políticas paulistas e mineiras discordaram quanto à escolha do presidente, e isso gerou uma situação na qual o corpo de oficiais, os mineiros e os gaúchos apoiavam a candidatura do ministro da Guerra, Hermes da Fonseca, enquanto o *establishment* paulista preferia o senador Rui Barbosa. O senador ameaçou com o espectro do militarismo e do abalo do crédito brasileiro se os banqueiros estrangeiros considerassem o Brasil semelhante aos países hispano-americanos dominados por militares. O marechal Hermes, afirmando que os militares gozavam da plena cidadania (embora ele próprio não fosse eleitor registrado) e tinham o direito de concorrer a cargos públicos, deixou a pasta da Guerra para se candidatar à presidência. A tensão e a comoção do público decorrentes desses eventos teriam, ao que se diz, contribuído para a morte do presidente Afonso Pena, desiludido e desmoralizado, pois esperava lealdade inabalável do marechal e seu apoio para o substituto que escolhera, o deputado mineiro David Campista. O sucessor imediato de Afonso Pena, vice-presidente Nilo Peçanha, do Rio de Janeiro, jogou todo o peso do Poder Executivo em favor de Hermes. O imensamente popular Rui Barbosa usou sua reputação de republicano histórico, ministro das Finanças de Deodoro e porta-voz do Brasil na segunda Conferência de Haia (1907) para projetar a imagem de um civil patriota que questionava a sabedoria de entregar a presidência a um general. Mas, como observou José Murilo de Carvalho, Rui levantou a questão errada, atacando o "militarismo". A candidatura de Hermes nasceu do fracasso da política dos governadores e não do desejo de o Exército de intervir no sistema político. De fato, as oligarquias mineiras e gaúchas estavam usando Hermes como escudo para seus interesses. Curiosamente, as posições pessoais de Hermes alinhavam-se mais com as de Rui Barbosa do que com as de seu patrocinador, Pinheiro Machado. Hermes concordava com a crítica de Rui Barbosa ao sistema político e às oligarquias estaduais; de fato, algumas das intervenções posteriores para derrubá-las foram efetivamente reformistas. Hermes foi o primeiro candidato a mencionar os trabalhadores em seus discursos e, quando presidente, mandou construir casas para operários no Rio de Janeiro e patrocinou o 4º Congresso Operário Brasileiro em 1912. Cabe ressaltar, ainda, que ele convidou Rui para participar de seu governo. Muitos afirmaram que, na verdade, foi Rui Barbosa quem recebeu mais votos, mas, obviamente, o governo federal e seus aliados nos estados controlavam as urnas. A vitória de Hermes devolveu os militares ao palco político e criou uma duradoura impressão de que as ações militares dos anos seguintes tiveram o apoio do presidente e do Exército como instituição, quando, na verdade, muitas foram iniciativas de comandantes locais sem consulta prévia ou mesmo sem consulta alguma às autoridades centrais. Os discursos de Rui Barbosa condenando a intromissão dos sabres na política contribuíram para aumentar a animosidade entre a oficialidade e os líderes políticos estaduais aliados de Pinheiro Machado.[1]

Hermes da Fonseca não era por natureza um homem arrojado ou agressivo, e provavelmente não previu a violência que sua presidência desencadearia, mas, uma vez instalado no palácio do Catete, foi arrebatado pelos acontecimentos. Esteve à frente do governo durante a repressão pelo Exército da revolta dos marinheiros de 1910, durante a série de intervenções que compuseram o movimento "salvacionista" e nas fases iniciais da supressão da revolta popular no Contestado, região disputada com a Argentina até que o arbitramento a entregou ao Brasil em 1895, e dali por diante pleiteada pelos estados de Santa Catarina e Paraná. Estes últimos movimentos ilustram os dois tipos de revolução que, usando a tipologia de Anthony F. C. Wallace, poderíamos chamar de "política dos apetites" e "política da identidade". A primeira designação ajusta-se bem aos militares salvacionistas que, para obter influência e poder, queriam tomar o poder em sistemas políticos de nível estadual essencialmente intactos. A segunda pode aplicar-se ao Contestado, onde houve um movimento de revitalização popular cuja força propulsora básica foi a busca de uma identidade nova e melhor. Coletivamente, os rebeldes do Contestado estavam procurando tanto a salvação terrena como a eterna.[2]

Os interesses de Hermes eram mais mundanos. A Constituição não o obrigava a renunciar à sua comissão de oficial nem a pedir a reforma para tornar-se presidente, e ele não viu necessidade de projetar uma fachada civil. De 1910 até 1914 ele constou na lista de oficiais da ativa como marechal, com a atribuição de "presidente da República". Um de seus ministros da Guerra tratava-o, na correspondência oficial, por "Sr. marechal presidente".[3] Hermes da Fonseca deslocava-se pela capital, ao que consta, trajando seu uniforme de gala, numa bela carruagem aberta puxada por cavalos airosos e emplumados e acompanhado por uma aparatosa escolta de guardas montados.

Hermes deu o tom. Em 1912, sete senadores, seis deputados, três governadores e o prefeito do Distrito Federal eram oficiais da ativa, com patentes que iam de tenente-coronel a general-de-divisão. Não só a maioria deles manteve seu lugar na fila das promoções em relação a outros oficiais de mesma patente como, em vez de serem postos em uma categoria separada ou de constar como estando de licença prolongada, também continuaram a receber promoções. Para a Comissão de Promoções, serviço militar e cargo político equivaliam-se, e isso se evidencia no exame da mobilidade ascendente dos oficiais de 1912 a 1914.

Em 1912, o terceiro, o quarto e o quinto na lista dos oito generais-de-divisão eram José de Siqueira Menezes, governador de Sergipe, José Caetano de Faria, chefe do Estado-Maior do Exército, e Emygdio Dantas Barreto, governador de Pernambuco. Na lista de 1914, eles já constavam, respectivamente, em primeiro, segundo e terceiro lugar. O prefeito do Distrito Federal, general-de-brigada Bento Manuel Ribeiro Carneiro Monteiro, foi um caso ainda mais notável. Em 1912 era o número 7 (A) na lista dos generais-de-brigada; quando a lista de 1914 foi publicada, ele havia ultrapassado sete oficiais e estava na oitava posição da lista de generais-de-divisão. É significativo que alguns dos homens preteridos fossem opositores do envolvimento militar na política.

Os generais não foram os únicos a beneficiar-se. O coronel Felipe Schmidt, senador, e depois (em 1915) governador de Santa Catarina, e o coronel Gabriel Salgado dos Santos, senador do Amazonas, constavam respectivamente na nona e na 14ª posições na lista dos coronéis de infantaria. Quando foi divulgada a lista de 1914, haviam passado para o terceiro e o sétimo lugares. Talvez mais importante seja a classificação que recebiam na lista de coronéis de combate, que os situava junto com todos os coronéis elegíveis para a promoção a general. Em 1912, eram o 37º e o 43º, mas em 1914 haviam subido para décimo e 17º lugares. Lauro Severiano Müller, tenente-coronel de engenharia, era senador por Santa Catarina em 1911 e foi promovido a coronel depois de assumir como ministro das Relações Exteriores do governo Hermes no início de 1912. Um último exemplo: Eduardo Arthur Sócrates, tenente-coronel de infantaria, foi promovido a coronel por "serviço meritório", quando deputado federal por Goiás. Ao que parece, esses homens eram duplamente remunerados, como oficiais e deputados, senadores ou governadores. O coronel Sócrates, por exemplo, além de ser deputado, foi arrolado em 1912 como fiscal (segundo oficial na hierarquia) do 14º Regimento de Infantaria em Aquidauana, Mato Grosso, e em 1914 estava registrado no 51º Batalhão em São João del Rei, Minas Gerais. Era comum oficiais serem designados para uma determinada unidade em caráter mais ou menos permanente enquanto serviam em outro lugar. Embora, de certo modo, essa prática se justificasse no contexto da administração do Exército, era distorcida a ponto de ser aplicada a políticos em exercício. Tudo isso dá razão à observação de Afonso Arinos de Melo Franco de que o Exército tornara-se o "novo partido político dominante".[4] Dominante ou não, certamente o Exército foi uma plataforma de onde vários oficiais se lançaram na política. O envolvimento de oficiais nos assuntos políticos e administrativos nacionais já era de longa data no Brasil, e os potenciais papéis para os oficiais na sociedade eram ilimitados fazia tempo. Se esta história estivesse mais clara na época do golpe militar de 1964, tanto o golpe em si como os 21 anos subseqüentes de governo militar teriam sido interpretados com mais exatidão. De fato, vista da perspectiva apresentada neste capítulo e nos seguintes, a "república militar" de 1964-85 afigura-se como o resultado lógico da história do Exército brasileiro.[5]

Seja como for, o governo de Hermes pareceu malsinado desde o início. Entre sua escolha como candidato e sua posse na presidência, ele foi à Europa no novo couraçado da Marinha, o *São Paulo*, construído na Grã-Bretanha. O navio era um dos maiores e mais modernos dos mares, e representava o resgate da Marinha brasileira das profundezas em que afundara na guerra civil de 1893-95. Em 3 de outubro de 1910, durante uma escala em Lisboa, enquanto Hermes recebia o rei Manuel II em um banquete a bordo, os republicanos portugueses começaram a revolução que derrubou a monarquia de Bragança. Do convés do *São Paulo*, os marinheiros brasileiros assistiram ao bombardeio do palácio real pelos navios portugueses. Esse bem-sucedido desafio à autoridade e ao *status quo* em Portugal decerto os impressionou. A disciplina na Marinha era abominável; apesar de as surras terem sido abolidas pela Constituição Imperial de 1824 e pelo terceiro decreto da República em 16 de novembro de 1889, a chibata ainda era comum. O regulamento naval prescrevia dez, quinze ou 25 chibatadas para várias transgressões, mas há vários relatos que mencionam duzentas ou trezentas. Alguns anos antes dessa rebelião, em uma viagem ao Chile, os 288 marinheiros do cruzador *Bahia* cometeram 911 infrações disciplinares, e a chibata foi aplicada com prodigalidade. Vívidas imagens de senhores e escravos emergem quando consideramos que a maioria dos oficiais era branca, e dos marinheiros, negra. Uma nota de protesto entregue ao comandante do navio, assinada "Mão Negra", dizia: "Ninguém é escravo de oficiais e chega de chibata". Vários motins haviam eclodido em protesto. Mas os oficiais da Marinha não atinavam com modos menos brutais e mais eficazes de manter suas tripulações na linha.[6]

Hermes tomou posse no Rio em 15 de novembro, e no dia 22 os marinheiros dos couraçados gêmeos *São Paulo* e *Minas Gerais*, junto com os de alguns navios menores, rebelaram-se e ameaçaram bombardear a capital se suas reivindicações por melhor tratamento não fossem atendidas. Pouco antes do levante, um marinheiro fora impiedosamente açoitado com 250 golpes de azorrague, o dilacerante chicote de várias tiras de couro, e o castigo prosseguiu mesmo depois de o homem cair inconsciente! Dois dos mais modernos navios de guerra de alto-mar estavam sendo comandados com disciplina do século XVIII. O Brasil exibia uma fachada de modernidade com seus colossais couraçados, cujas caldeiras e máquinas estavam aos cuidados de estrangeiros contratados. A Marinha era o exemplo clássico da expressão "para inglês ver". Nos primeiros dias do mandato, o governo sentiu ímpetos de ceder às forças rebeldes e ainda lhes conceder anistia. Apesar das boas intenções de Hermes, sua gestão nasceu em um clima de tensão e violência que caracterizaria os anos seguintes.[7]

O MOVIMENTO SALVACIONISTA

O drama do movimento salvacionista deve ser visto contra o pano de fundo de ambição política, indisciplina e expansão da definição da profissão militar. No relato biográfico sobre o marechal Hermes conta-se a história de um pequeno incidente ocorrido durante o desfile de sua posse que nos dá uma idéia da mentalidade independente dos oficiais. Quando o coche que levava o novo presidente entrou na formação, o tenente-coronel Joaquim Ignácio Baptista Cardoso fez sinal a seu 13º Regimento de Cavalaria para que se adiantasse e formasse uma guarda de honra ao redor do presidente. "Mal as primeiras ferraduras tilintam nas pedras do calçamento, de um dos carros logo em seguida ao do presidente, num brado forte e rijo de quem quer e sabe ser obedecido, uma voz arrogante [bradou]: 'Coronel! Recue o regimento, não passe à frente do meu carro!'." Era o novo ministro da Guerra, general Emygdio Dantas Barreto. Sem dar mostras de ter ouvido o que claramente foi audível para os circunstantes, o coronel ergueu o sabre no sinal de trotar e deixou o general na poeira de seu regimento.[8] Na maioria das organizações, tal comportamento não seria o melhor jeito de ascender na carreira, mas o tenente-coronel foi promovido a coronel por mérito em 1912, e futuramente chegaria a general.[9]

O sistema disciplinar era caprichoso. Alguns dos marinheiros rebeldes de 1910 que participaram de uma segunda revolta, rapidamente suprimida, na base naval da ilha das Cobras, Rio de Janeiro, foram despachados para o Acre nos porões do navio *Satélite* em companhia de vadios e prostitutas apanhados nas ruas da cidade. No caminho, onze marinheiros foram fuzilados e atirados ao mar. No entanto, em 1912, Manuel Gregório do Nascimento, que liderara a revolta no *São Paulo*, aproximou-se de Hermes na entrada do palácio do Catete e pediu-lhe ajuda para encontrar emprego. Fora anistiado, expulso da Marinha, e estava sem trabalho desde então. Hermes respondeu: "Venha trabalhar aqui conosco, no palácio. Arranjaremos um encosto para você". E foi assim que o ex-rebelde se tornou copeiro no palácio presidencial![10] Tamanha diversidade de tratamento incentivava a indisciplina. Rebeldes podiam ter êxito, e o preço do fracasso, sendo incerto, não intimidava o bastante.

Problemas disciplinares em geral são sintoma de moral e auto-estima baixos, e também de fraqueza na estrutura de comando. Considerando as condições do Exército, as melhorias eram mais fáceis de planejar do que de implementar. Apesar das reformas da década anterior, o Exército estava gravemente desfalcado em seu contingente. O Congresso continuava a postergar a legislação que daria a partida na obrigatoriedade do serviço militar, e não havia voluntários suficientes para compor as fileiras. A situação de duas unidades em Rio Pardo, Rio Grande do Sul, pode exemplificar a grave carência de pessoal no Exército. O 9º Regimento de Infantaria tinha noventa praças e dois oficiais em vez dos 590 e 49 respectivamente prescritos pelo regulamento; a unidade que o acompanhava, o 4º Batalhão de Engenharia, tinha cinqüenta praças e três oficiais em vez dos 235 praças e dezoito oficiais estipulados! O batalhão foi ainda mais reduzido quando seu comandante saiu de licença-saúde e vinte soldados foram mandados para o Rio de Janeiro em razão da revolta dos marinheiros. Em fins de 1910, foi nessas condições que o capitão Alfredo Malan d'Angrogne encontrou o 4º Batalhão ao apresentar-se para o serviço. Registrou sua consternação em carta a um amigo: "Quanta miséria, vergonha e tristeza vim encontrar. [...] O batalhão não tem dinheiro em cofre, nem fonte de receita, nem rancho, nem viaturas, nem animais". Além disso, o batalhão e o 9º Regimento estavam alojados no hospital da cidade e não em um quartel próprio. Desnecessário dizer que essas unidades não estavam em condições de operar.[11]

Frustração profissional e ambição política combinaram-se e produziram a complexa série de acontecimentos do movimento salvacionista. Hermes da Fonseca chegara à presidência graças ao apoio combinado, e por vezes contraditório, de representantes das oligarquias dominantes de Minas Gerais, Rio Grande do Sul, Pernambuco, Pará e outros, e de oligarquias oposicionistas de vários estados.

Também contou com a ajuda de vários oficiais do Exército, alguns dos quais com ambições políticas. Conseqüentemente, alguns de seus patrocinadores esperavam que ele preservasse o *status quo*, enquanto outros aguardavam mudança. Estes últimos, porém, não desejavam uma mudança estrutural, ou métodos eleitorais honestos, ou a abolição do poder dos "coronéis" rurais. Queriam apenas o poder. Era o caso clássico do quem está fora quer entrar. As únicas reivindicações reais de mudança social viriam do povo do Contestado, e seriam respondidas a fogo e aço.

Em fins de 1911 e início de 1912, época de eleições para governos estaduais, Hermes estava tentando cumprir seus compromissos. Há razões para supor que ele nem sempre foi ávido por usar o Exército como instrumento político. Em 1910, mesmo antes de Hermes assumir a presidência, alguns oficiais haviam-se juntado a políticos civis para forçar mudanças no controle político no Amazonas e no Rio de Janeiro. Agora o governo de Hermes apoiava os oposicionistas em Sergipe, Pernambuco, Alagoas, Pará, Piauí, Bahia, Rio Grande do Norte e Ceará, com a condição de que escolhessem os candidatos, em sua maioria oficiais militares, que ele aprovasse. Em Alagoas, Rio Grande do Norte e Bahia, parentes de Hermes estavam no páreo. O desordenado processo de substituir uma aliança oligárquica por outra freqüentemente envolveu o emprego direto de força militar. Em alguns casos, o choque entre as Forças Armadas e as oligarquias estaduais foi claramente delineado; em outros, foi confuso. O governo Hermes efetivamente patrocinou golpes contra governos estaduais. No caso de Pernambuco, tropas federais juntaram-se à oposição e a populares no ataque ao quartel da polícia estadual, causando tamanha desordem que o governador teve de renunciar em favor do general Emygdio Dantas Barreto, ministro da Guerra.

Na Bahia, a situação foi ainda pior. O comandante regional, general-de-brigada José Sotero de Menezes, achando-se com seus 882 homens diante de 5 mil policiais estaduais e jagunços, decidiu fazer cumprir um habeas corpus em favor da oposição bombardeando o palácio do governo, o quartel da polícia estadual e outros prédios públicos. Alegou ter recebido autorização em um telegrama do Rio assinado vagamente "M. Fonseca". O general Antônio Adolpho de Fontoura Mena Barreto, que sucedeu Dantas Barreto como ministro da Guerra, telegrafou: "Felicito ilustre camarada pela ação enérgica, ponderada".[12]

Hermes não ficou tão satisfeito. Mandou um general de confiança investigar, ordenou que fosse reempossado o governador deposto e chamou o general Sotero de Menezes de volta ao Rio de Janeiro. Mesmo assim, no final a oposição conseguiu assumir o governo baiano. É muito revelador do clima da opinião no Exército o fato de que, ao chegar ao Rio, Sotero de Menezes foi recebido festivamente por figuras como o coronel Fernando Setembrino de Carvalho, chefe-de-gabinete do ministro da Guerra. Obviamente contando com forte apoio, o general chegou ao ponto de negar ter havido um "bombardeio". Foi "balela", afirmou. E alegou que, como estavam em grande inferioridade numérica, ele fez o que faria "qualquer homem de tática": atirou algumas granadas onde havia as maiores concentrações de "policiais e jagunços" para dispersá-los. Era uma calúnia dizer que o bombardeio provocara incêndios.[13]

Fosse como fosse, Sotero de Menezes contava com protetores poderosos, como o ministro da Guerra, Mena Barreto, e portanto Hermes não podia fazer nada além de apressar sua aposentadoria. Mas o ministro da Guerra logo passou dos limites: tentando assegurar o cargo de governador do Rio Grande do Sul para si mesmo, acabou provocando uma crise de gabinete que o forçou a renunciar. Porém, antes que isso acontecesse, em fins de março de 1912, a cena política sofreu nova convulsão.

Em dezembro de 1911, tropas federais em São Paulo e Rio de Janeiro entraram em alerta, preparando-se para intervenção em São Paulo. Mena Barreto foi mencionado como possível escolha para ser o interventor. Os paulistas aprontaram-se para repelir a invasão convocando Batalhões Patrióticos nas principais cidades e mobilizando sua Força Pública treinada pelos franceses. Hermes, não querendo arriscar uma luta com adversários assim fortes, fez um acordo com o governador de São Paulo que deixou nas mãos dos paulistas o controle da política estadual. Mais ao sul, porém, outros problemas estavam ocorrendo. A contínua interferência de Mena Barreto na política rio-grandense gerou conflito com Pinheiro Machado, senador do estado e o *kingmaker* da época. Os salvacionistas estavam depondo os aliados do senador no Norte, e agora a ameaça batia às portas de sua base política. Pinheiro Machado e seus associados exortaram Hermes a condenar qualquer intervenção militar e a diminuir essa possibilidade removendo das guarnições federais de todo o país os oficiais que se metiam em política, ou seja, que demonstravam lealdade pessoal ao ministro. Mena Barreto reuniu os generais no Ministério da Guerra e alertou Hermes para manter Pinheiro Machado à distância.[14]

Em 29 de março, o confronto das vontades chegou ao auge em uma tempestuosa reunião de gabinete, durante a qual vários ministros acusaram Mena Barreto de interferir na política estadual, especialmente no Rio Grande do Sul, a ponto de fomentar a guerra civil. Berros, e, por fim, pedidos de demissão voaram pela sala, mas quando a poeira baixou Hermes aceitou apenas a do ministro da Guerra. No dia seguinte, o comandante da 9ª Região Militar (Distrito Federal), general-de-divisão Vespasiano Gonçalves de Albuquerque e Silva, tomou posse da pasta da Guerra, tornando-se o terceiro no posto em menos de um ano e quatro meses. A turbulência no topo sem dúvida favoreceu a carreira de oficiais menos graduados, que foram promovidos graças ao patrocínio de seus generais. E sem dúvida influenciou a aposentadoria de oficiais mais velhos. Entre novembro de 1910 e dezembro de 1913, no mínimo cem coronéis e generais foram reformados, e dentre eles 59 deixaram a ativa entre a posse da presidência por Hermes e o afastamento de Mena Barreto, em 1912.[15] A luta de Hermes para conseguir o controle do Exército por meio das reformas é um aspecto da era salvacionista que tem passado despercebido.

Os que foram empurrados para a reforma, porém, não foram simplesmente jogados na rua. Cuidou-se para que, por meio de amplos benefícios, seus interesses pessoais ficassem vinculados à estabilidade do regime. Os que tinham de trinta a 35 anos de serviço receberam o soldo integral de sua patente mais alta e as honras de uma patente honorária no posto seguinte na hierarquia. Quem serviu de 35 a quarenta anos recebeu a promoção à patente seguinte com o respectivo soldo. Essa vinha sendo a prática desde o início do século XIX, mas, no período que agora analisamos, funcionou de modo diferente e com claros indícios de favoritismo. Em 1912 e 1913 alguns tenentes-coronéis foram reformados como generais-de-brigada brevetados ou efetivos, enquanto alguns coronéis receberam patentes honorárias de generais-de-divisão, outros foram promovidos a marechal, alguns generais-de-brigada tornaram-se marechais brevetados e outros ainda passaram a marechais efetivos. O coronel Lauro Sodré, ativista militar, líder da rebelião de 1904 e senador federal, que já não tinha atribuições da ativa fazia vários anos, finalmente foi reformado como general-de-divisão, o mesmo acontecendo com políticos militares do Ceará, Minas Gerais e Piauí. O general-de-brigada Sotero de Menezes, que bombardeou a Bahia, foi promovido a marechal brevetado. A reforma foi usada para expurgar o Exército dos politicamente indesejáveis e também para obter sua cooperação tácita, cooptando-os com benefícios honoríficos e financeiros (ver Tabela 3.1).[16]

Com o afastamento de Mena Barreto, a maré começou a virar contra a intervenção militar destinada a substituir as oligarquias dominantes e a favor da neutralidade ou da preservação do *status quo*. É bem verdade, como escreveu Edgard

TABELA 3.1
PROMOÇÕES POR OCASIÃO DA REFORMA (1912-13)

PATENTE NA REFORMA	PATENTE REGULAR, ARMA E NOME DO OFICIAL	DATA DA REFORMA
Gen.-de-brig. Hon.	Ten.-Cor. (Cav.) Frederico Augusto Falcão da Frota	2/1/1913
	Ten.-Cor (Inf.) Manoel Ignácio Domingues	21/2/1912
Gen.-de-brig.	Ten.-Cor. (Inf.) Alcibíades Cabral	20/11/1913
	Ten.-Cor. (Inf.) Antônio Augusto da Cunha	5/11/1913
	Ten.-Cor. (Inf.) Antônio Froes de Castro Menezes	8/5/1913
	Ten.-Cor. (Inf.) Aristides de Oliveria Goulart	10/7/1912
	Ten-Cor. (Inf.) Augusto Fabrício Ferreira de Mattos	13/11/1912
	Ten.-Cor. (Inf.) João Nabuco	11/12/1912
	Ten.-Cor. (Inf.) José Ferreira Maciel de Miranda	4/9/1912
	Cor. (Inf.) João d'Avila França	22/1/1913
	Cor. (Inf.) Lauro Sodré (senador/Distrito Federal)	21/5/1913
Gen.-de-div. Hon.	Cor. (Inf.) Antônio Ignácio de Albuquerque Xavier	6/4/1912
	Cor. (Art.) João Maria de Paiva	18/12/1912
	Cor. (Eng.) Caetano Manoel de Faria e Albuquerque	10/9/1913
Gen.-de-div. Mar. Hon.	Gen.-de-Brig. Inocêncio Serzedelo Correia	2/5/1912
	Cor. (Art.) João Cândido Jacques	11/12/1912
	Cor. (Art.) José Freire Bezerril Fontenelle (dep. fed. Ceará)	11/11/1912
	Cor. (Inf.) Rodolpho Gustavo da Paixão (dep. fed./Minas Gerais)	26/4/1913
	Gen.-de-Brig. José Sotero de Menezes	23/10/1913
	Gen-de-Brig. Júlio Fernandes de Almeida	16/7/1913
	Gen.-de-Brig. Vicente Osório de Paiva	7/12/1912
Marechal	Gen-de-Brig. Alfredo Barbosa	20/4/1912
	Gen.-de-Div. Hon. Antônio Adolpho de Fontoura Mena Barreto	10/4/1912
	Gen.-de-Div. Antônio Vicente Ribeiro Guimarães	3/12/1912
	Gen.-de-Div. Luiz Antônio de Medeiros	24/12/1912
	Gen.-de-Div. Firmino Pires Ferreira (senador/Piauí)	6/1/1913

Carone, que naquele momento a maioria dos estados nortistas estava sendo governada por oficiais do Exército, mas o auge do movimento passara.[17]

Para ilustrar como funcionou o processo salvacionista e como as oligarquias reagiram, analisemos os casos muito diferentes de Minas Gerais, que evitou a intervenção, e do Ceará, onde a intervenção ocorreu, mas trouxe com ela o fim do movimento.

Por ser o estado mais populoso, com a maior delegação no Congresso, sem saída para o mar e de relevo montanhoso, Minas Gerais tinha um papel especial na federação brasileira. Sua forte economia agrícola e mineradora dava-lhe certa independência, simbolizada pela construção de sua nova capital, Belo Horizonte, em 1893-97. Minas, um estado geralmente considerado conservador, criou, orgulhosamente, a primeira cidade moderna planejada do Brasil. Como já vimos, São Paulo e o Rio Grande do Sul haviam afastado os salvadores militares com atitudes e manobras políticas. Minas Gerais obteve o mesmo resultado com tática diferente. Foi um incidente em Belo Horizonte, envolvendo a 9ª Companhia Independente de Infantaria Ligeira, que trouxe para primeiro plano a relação do estado mineiro com o Exército federal e, portanto, com o governo no Rio. A 9ª Companhia chegara em 1909, e fora a primeira unidade federal designada para a nova capital mineira. Nos três primeiros anos, a companhia dera-se bem com o povo de Belo Horizonte. Em novembro de 1909, realizou manobras aparatosas com a participação de voluntários da cidade. Venceslau Brás, então governador, que sucederia Hermes na presidência, animou-se a afirmar que a 9ª estava convencendo até mesmo "os espíritos mais recalcitrantes" quanto ao acerto da reorganização do Exército por Hermes, e dando a Minas a oportunidade de provar que não tinha "aversão à farda nem medo da espada". Chamou o Exército de alicerce da República e defensor da "integridade nacional". As pessoas apinharam a rua defronte ao quartel gritando vivas e, ao som do Hino Nacional, mulheres e meninas enfeitaram a bandeira brasileira com flores. À noite, um baile animou o quartel. Quando os marinheiros se rebelaram em 1910, a 9ª e os civis do Tiro 52 embarcaram juntos em um trem especial para Niterói, aclamados pela multidão.

Em maio de 1912 essa convivência feliz terminou abruptamente. No dia 25, uma altercação entre um soldado e um guarda civil resultou na morte do soldado. No hospital, um médico teria ouvido o comandante da companhia afirmar, furioso, que, se seus homens buscassem a vingança, ele não poderia impedi-los. O comandante e o inspetor geral da 8ª Região Militar, general-de-brigada Pedro Paulo da Fonseca Galvão,[18] pressionaram as autoridades mineiras para punirem o guarda civil, garantindo que o soldado morto não poderia ter provocado o ataque. Embora alguns oficiais procurassem acalmar os soldados, os ânimos se exaltaram e, em 28 de maio, armados de revólveres, facas, porretes e fios de arame farpado, dezenas de soldados dirigiram-se à delegacia de polícia, onde o acusado estava detido. No caminho, atacaram guardas civis despreparados, que as autoridades haviam desarmado para prevenir problemas. Os soldados enfurecidos mataram dois guardas civis e feriram gravemente vários outros. Um cocheiro correu na frente deles e deu o aviso, salvando assim outros guardas civis. Por fim, um dos tenentes da 9ª conseguiu prender os soldados e levá-los de volta ao quartel.

Foi uma comoção em Belo Horizonte. Civis apedrejaram o quartel aos gritos de "morte ao Exército!". Os jornais culparam os militares pela situação. O governador telegrafou a Hermes exigindo que o regimento fosse retirado de sua capital. Depois de uma comissão de inquérito expulsar do Exército os culpados e os entregar à polícia estadual, o regimento embarcou num trem para Niterói na madrugada de 4 de junho. Só em 1915, com o mineiro Venceslau Brás na presidência, o Exército voltaria a ter uma unidade em Belo Horizonte. Minas conservara as rédeas de seu próprio destino e, ao lado de São Paulo e Rio Grande do Sul, continuaria a dominar a política nacional.

O incidente em Belo Horizonte também afetou negativamente o movimento pela obrigatoriedade do serviço militar. Desde 1908 o Exército vinha se preparando para o sorteio militar, instalando juntas de alistamento militar nos municípios, as quais deveriam preparar as listas de nomes de onde os recrutas seriam selecionados assim que o Congresso desse sua aprovação. Em 1912, apenas dez dos 178 municípios de Minas Gerais já tinham as juntas. Aos mineiros não agradava a idéia do serviço militar. Em 1908, por ocasião da primeira tentativa de alistamento, houve manifestações violentas. Em Sacramento, duzentas mulheres atacaram o prédio onde eram feitos os registros e destruíram os documentos. Cenas semelhantes aconteceram em outras partes do estado. Depois dos tumultos provocados pela 9ª Companhia, o número de juntas caiu para três em 1913 e para dois no ano seguinte. Só a campanha patriótica de 1916 e a entrada do Brasil na Primeira Guerra Mundial em 1917 reverteriam essa tendência.[19]

O CEARÁ E A ASCENSÃO DE SETEMBRINO DE CARVALHO

A decidida reação mineira ao incidente em Belo Horizonte afastou a possibilidade de um movimento salvacionista, mas no Ceará a recuperação da autonomia do estado demandaria considerável violência. O Ceará foi divisor de águas do movimento salvacionista, e um caso interessante, pois as forças em confronto eram bem distintas, e as linhas que as separavam, nitidamente traçadas.[20]

O caso foi importante também para a história do Exército, pois deu destaque ao coronel Fernando Setembrino de Carvalho, que seria um dos altos oficiais do Exército na década seguinte. Setembrino era magro, de rosto anguloso, resoluto. Nascido em 1861, entrara para o Exército ainda adolescente e em 1892 se tornara alferes-aluno na escola militar de Praia Vermelha. Como muitos de seus colegas, foi promovido no alvorecer da República, tornando-se capitão em 1890. Oficial de engenharia, participou da guerra civil de 1893-95 no Rio Grande do Sul, mas, mesmo assim, passou dez anos e nove meses como capitão. Tinha quarenta anos ao ser promovido a major, em 1900, e beirava os cinqüenta quando se tornou coronel, em 1911. A essa altura, sua ascensão era notória; serviu como chefe-de-gabinete do ministro da Guerra de 1911 a 1914. Durante a turbulência causada pelas chegadas e partidas de três ministros, ele proporcionou a continuidade administrativa da pasta. Também usou esse tempo para consolidar sua amizade com o general-de-divisão José Caetano de Faria, que chefiou o Estado-Maior do Exército de 1910 a 1914 antes de tornar-se ministro da Guerra.

O Exército estava dividido quanto ao seu papel apropriado no Ceará, mas os oficiais desde o início participaram dos esforços para pôr fim ao controle da família Accioly. As forças anti-Accioly adotaram como líder um "salvador" militar, o tenente-coronel Marcos Franco Rabelo, cearense que lecionara na agora extinta escola militar em Fortaleza e cujo sogro os Accioly haviam deposto do cargo de governador em 1892. Os mais ardorosos partidários de Rabelo eram os comerciantes de Fortaleza, que haviam prosperado graças às ligações de seu estado com a florescente economia amazônica e se ressentiam de sua falta de poder político e da "política nepotista e peculatária" do oligarca.[21] Sozinhos, eram demasiado fracos para depor Antônio Pinto Nogueira Accioly; por isso, firmaram uma aliança com oficiais interessados, supondo que esses homens teriam o apoio do Alto-Comando do Exército. Em julho de 1912, o coronel Rabelo conseguiu o cargo de governador, mas logo se descobriu incapaz de controlar o rico vale sertanejo do Cariri, domínio do padre Cícero Romão Batista. Além disso, após a renúncia do ministro da Guerra, Mena Barreto, alguns altos oficiais apoiaram o senador Pinheiro Machado, que queria o acciolismo com ou sem os Accioly, enquanto outros defenderam um menor envolvimento do Exército na política partidária. Fosse como fosse, Hermes tinha o apoio do ministro da Guerra, Vespasiano de Albuquerque, do chefe do Estado-Maior, Caetano de Faria, e do comandante da 9ª Região Militar (Distrito Federal), general Antônio Geraldo de Souza Aguiar.[22] Além disso, em outubro de 1913 cinco dos oito generais-de-divisão e vinte dos 24 generais-de-brigada deviam suas promoções ao "marechal presidente".[23] A reforma dos oficiais com ambições políticas no alto escalão abriu espaço para os homens de Hermes.

Um deles foi Setembrino de Carvalho, que Hermes promoveu a general-de-brigada e mandou para Fortaleza em fevereiro de 1914 para comandar conjuntamente a 4ª, a 5ª e a 6ª Regiões Militares, abrangendo Ceará, Rio Grande do Norte, Paraíba, Pernambuco, Alagoas e Sergipe. Deixando as três regiões a cargo de um único oficial de confiança, Hermes pretendia reforçar seu controle sobre o Nordeste e reduzir a capacidade de comandantes individuais para engajar-se por conta própria na política local. Embora não se empregasse esse termo na época, Setembrino atuou como vice-rei do Nordeste.[24] Sua missão era levar a paz ao Ceará e solucionar a crise no governo estadual cearense — vale dizer, remover Rabelo.[25]

A violência era tremenda. A polícia estadual e os capangas que Rabelo mandava para atacar o reduto do padre Cícero em Juazeiro eram repetidamente rechaçados e, para piorar, a oposição estava marchando para Fortaleza. A rebelião, que contava com a bênção de Pinheiro Machado, tinha uma fachada legal, graças a um grupo dissidente da Assembléia estadual que se reuniu em Juazeiro e elegeu o dr. Floro Bartholomeu da Costa para chefe do governo estadual provisório.[26] A intervenção do governo federal, porém, era dificultada por protestos do Congresso, da imprensa e dos oficiais salvacionistas.

Está claro, pelos telegramas e relatório final, que Setembrino foi anti-Rabelo e seguiu os conselhos tanto de Hermes como de Pinheiro Machado. Em seu relatório, ele declarou que Rabelo, como uma versão mais recente do ditador argentino Juan Manuel de Rosas, usou bandos de desordeiros para aterrorizar os adversários, especialmente a família Accioly, cujas casas e firmas eles atacaram, saquearam e incendiaram em novembro de 1912. Durante 1913, a violência patrocinada pelo governo forçou os oponentes de Rabelo a fugir de Fortaleza em busca de segurança. "Anarquia" e "negros crimes" enlutaram o Ceará. Além disso, a administração de Rabelo "emaranhava-se numa complicada meada de ilegalidades". Setembrino afirmou que "na capital, como no interior, a população o execrava, convencida de que o Ceará nunca tivera um governo tão nocivo à sua prosperidade, e em que aos cearenses fossem negados todos os direitos, até o direito de viver". A situação, ele insinuou, justificou a rebelião. Com a hipérbole comum a tais relatórios, ele a qualificou de um levante pela "liberdade".[27]

Telegramas nos arquivos de Setembrino revelam, no entanto, sua parcialidade. Chegando a Fortaleza em 18 de setembro de 1914, ele mandou vir mais tropas federais, desarmou a polícia estadual e interferiu nos negócios do estado, apesar de protestos de Rabelo.[28] Este, porém, não estava sem apoio. Jornais do Rio de Janeiro, como *Correio da Manhã*, *O Imparcial*, *A Época* e *A Noite*, criticaram a missão e os métodos de Setembrino.[29] E alguns oficiais comandados por Setembrino foram contra sua recusa a ajudar Rabelo a combater o que afirmaram ser uma invasão iminente de Fortaleza por uma "horda de jagunços assassinos". Vinte e oito oficiais enviaram uma petição ao Clube Militar no Rio, exortando a entidade a declarar-se favorável a Rabelo, e os jornais publicaram o texto. O ministro da Guerra telegrafou a Setembrino dizendo que os oficiais que manifestassem oposição seriam transferidos "para o Sul, Mato Grosso etc." e que todos os críticos entre os oficiais subalternos e praças deveriam ser expulsos do Exército.[30] O coronel Rabelo também telegrafou ao clube, afirmando que fora "empossado pelo povo" e que ele não quis deixar-se "escravizar à política do senador Pinheiro Machado".[31]

Uma crise militar assomava. Vários oficiais salvacionistas, inclusive alguns generais reformados e outros da ativa sem atribuição, pressionaram os diretores do clube a convocar uma assembléia para 4 de março. Redigiram uma moção exortando a guarnição de Fortaleza a receber "os jagunços a bala" e expressando a esperança de que Rabelo soubesse morrer em seu posto como um soldado. O ministro da Justiça emitiu uma declaração de que os agitadores estavam tentando subverter a ordem constitucional e minar a disciplina nas Forças Armadas. O general Souza Aguiar, comandante da guarnição do Rio, redigiu, com seus subordinados, uma moção concorrente aconselhando os oficiais a cumprir seus deveres profissionais de militar, guardar distância da política destrutiva e manter a ordem pública. Conclamou o Clube Militar a instruir a guarnição de Fortaleza a obedecer às ordens legais. O ministro da Guerra, Vespasiano de Albuquerque, e o chefe do Estado-Maior, Caetano de Faria, apoiaram Hermes, que foi pessoalmente a quartéis para persuadir os oficiais. No Senado, Rui Barbosa e outros censuraram a parcialidade do governo. Na noite de 4 de março, a diretoria do Clube Militar não compareceu à assembléia marcada, e por isso os dissidentes da facção dos "salvadores" tentaram realizá-la sob a presidência do marechal reformado Mena Barreto. Em meio a muita gritaria, agentes do governo invadiram o clube e o fecharam.[32]

Em 5 de março, Hermes decretou estado de sítio parcial para controlar a situação no Distrito Federal, Niterói e Petrópolis. Foram presos oficiais dissidentes, entre eles o ex-ministro Mena Barreto, vários jornais e a revista popular carioca *O Malho* foram fechados, e os signatários da petição de Fortaleza foram detidos e mandados para o Rio. Os jornalistas Edmundo Bittencourt, do *Correio da Manhã* (Rio de Janeiro), e José Eduardo de Macedo Soares, de *O Imparcial* (Rio de Janeiro), além de vários deputados federais, também foram detidos. Nesse meio-tempo, Pinheiro Machado, membros do gabinete, altos oficiais do Exército e da Marinha, juntamente com alguns deputados e senadores, correram ao Catete para expressar sua solidariedade. Métodos violentos sempre parecem encontrar partidários. Mas houve quem não quisesse curvar-se.[33]

Rui Barbosa fugiu para São Paulo, e o mesmo fez Macedo Soares quando conseguiu escapar da prisão. O grau de poder presidencial e a natureza da federação brasileira podem ser bem aquilatados quando refletimos que, uma vez em São Paulo, os críticos de Hermes ficaram a salvo dele! Não que Hermes apreciasse seu papel de governante linha-dura; consta que, quando o chefe de polícia informou-o da fuga de Macedo, ele teria comentado: "Que pena não tenham fugido todos!". Fossem quais fossem seus sentimentos, porém, ele encerrou seu governo, com exceção das duas últimas semanas, em estado de sítio.[34]

Enquanto isso, no Ceará, as forças anti-Rabelo acercavam-se de Fortaleza. De início, Hermes negou a Rabelo ajuda para defender a cidade a menos que ele solicitasse a intervenção federal, o que Rabelo se recusou a fazer porque teria significado o fim de seu governo. Mas depois Hermes preocupou-se com os possíveis resultados da transformação de Fortaleza em um campo de batalha e ordenou a Setembrino que impedisse a invasão.[35] Em 9 de março, decretou estado de sítio e suspendeu as garantias constitucionais no Ceará. Rabelo, que ainda contava com o apoio popular em Fortaleza, não atendeu aos repetidos apelos de Hermes para que deixasse o cargo. Assim, em 14 de março, o presidente forçou a saída de Rabelo, nomeando Setembrino interventor.[36]

Nesse cargo, Setembrino supervisionou a reconstrução do controle oligárquico. O senador Pinheiro Machado empenhou-se para que os Accioly fizessem as pazes com seus ex-adversários. Aconselhou Setembrino a usar os préstimos da facção acciolista, justificando: "Nas últimas refregas políticas, têm sido companheiros firmes, leais". Chegou mesmo a sugerir nomes para certos postos.[37] Setembrino marcou a data da nova eleição, supervisionou a reorganização do Partido Republicano Conservador nos municípios e a preparação das chapas eleitorais para deputado estadual e governador, e até presidiu uma reunião dos deputados eleitos para formular novas regras básicas para a política estadual.

Depois de gerir a vitória eleitoral do Partido Conservador e a posse do novo governador e da Assembléia e fazer outros ajustes políticos, como a nomeação do padre Cícero para intendente de Juazeiro, Setembrino encerrou a intervenção e partiu para o Rio de Janeiro em 23 de junho de 1914.[38]

A intervenção no Ceará foi um caso clássico de atuação do Exército brasileiro na República Velha para manter o domínio de uma oligarquia local. Os debates internos no Exército revelaram a cisão, que se aprofundaria, entre os oficiais que defendiam o profissionalismo militar apolítico e os que viam o Exército como uma força política estabilizadora incumbida de manter a ordem social.

O CONTESTADO: CAUSAS SOCIOECONÔMICAS DA REBELIÃO

Enquanto se procurava controlar a situação no Ceará, outra crise surgira no Sul. Em agosto de 1914, quando a atenção do mundo se voltava para a eclosão da guerra na Europa, o Exército brasileiro estava sendo arrastado para a sua maior campanha desde Canudos. Na chamada Serra-Acima, em Santa Catarina, a partir da virada do século os acontecimentos haviam levado a uma rebelião contra o coronelismo. Se o movimento salvacionista procurava meramente substituir uma oligarquia por outra, os rebeldes do Contestado queriam remodelar o sistema, mudar sua parte da realidade brasileira. Obviamente, em razão de seus horizontes limitados e da visão restrita imposta por suas crenças messiânicas, a compreensão que aquelas pessoas tinham do que lhes estava acontecendo provavelmente não era tão clara quanto a que agora podemos ter graças à obra coletiva dos observadores contemporâneos e dos muitos estudiosos do assunto. O caso foi uma complexa mescla de elementos econômicos, políticos, sociais e religiosos, reunidos pela brusca incorporação da região ao sistema capitalista internacional. A população local atingida usou o messianismo como veículo para organizar sua reação, que as autoridades estaduais e federais combateram com violência esmagadora. O Exército, mais uma vez, se viu guerreando contra brasileiros em nome do progresso, um progresso no qual estrangeiros tinham papéis fundamentais.[39]

CAMPANHA DO CONTESTADO

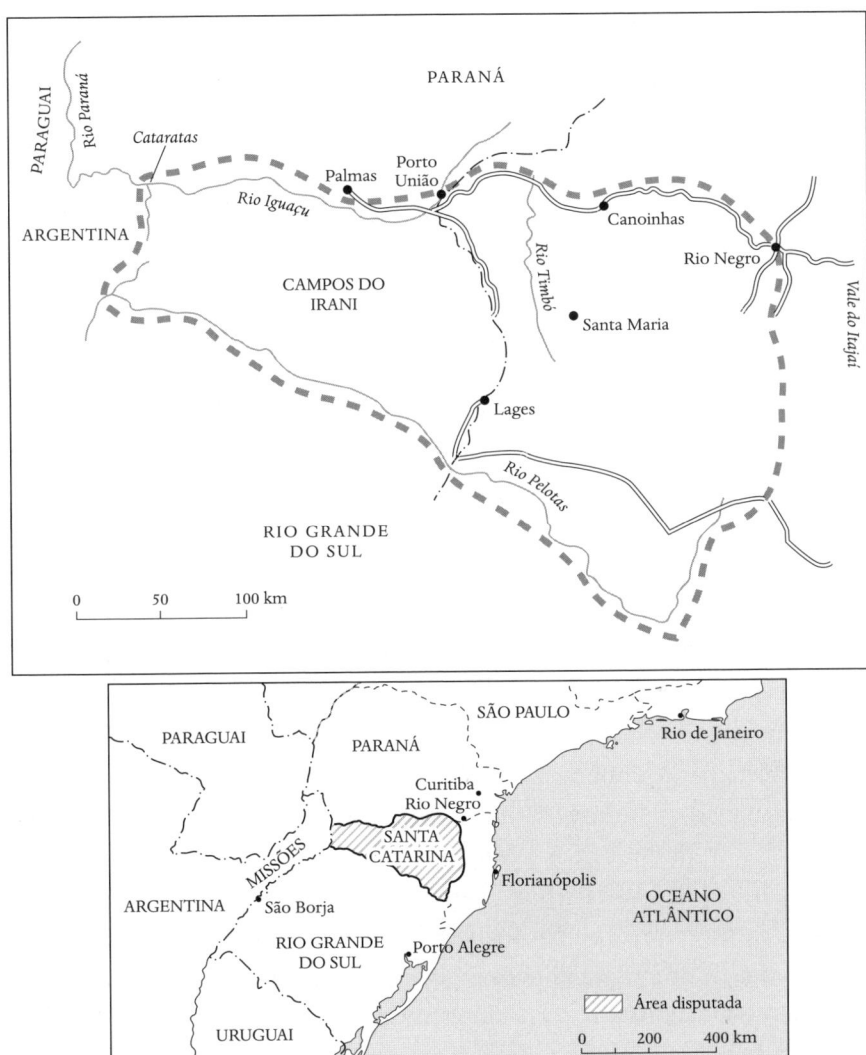

FONTE:. Luiz Paulo Macedo Carvalho (ed.), *The Army in Brazilian history,* Rio de Janeiro e Salvador, Biblioteca do Exército e Odebrecht, 1998, 4 v. Redesenhado por Bill Nelson. Usado com permissão da Biblioteca do Exército, Rio de Janeiro.

Antes de absorver o leitor nos aspectos militares do caso, convém tecer alguns comentários sobre a natureza da crise. O Contestado deve seu nome ao fato de ter sido uma área duplamente disputada: primeiro por Brasil e Argentina, até ser concedida ao Brasil por arbitragem do presidente americano Grover Cleveland, e depois pelos estados de Santa Catarina e Paraná, que reivindicavam a jurisdição sobre a região. A área em que ocorreu a rebelião foi mais limitada, terminando, ao norte, nos rios Negro e Iguaçu, ao sul nos rios Pelotas e Uruguai, a oeste em uma linha traçada desde o Uruguai passando por Irani, em Santa Catarina, até Palmas, no Paraná, e a leste por uma linha que partia de Lages, em Santa Catarina, e ia até Rio Negro, no Paraná (ver Mapa 3.1). O viajante atual encontrará a maior parte da zona rebelada compreendida pelo triângulo formado, aproximadamente, pelas rodovias BR 116, BR 470 e BR 476. No sul, nos arredores de Lages, a paisagem é relativamente aberta e ondulada, e à medida que se vai para norte e oeste ela se torna cada vez mais irregular, com escarpas e ravinas, mata densa, rios e ribeirões. A região, situada na rota do gado que ia do Rio Grande do Sul a São Paulo e Minas Gerais, foi uma das primeiras exploradas pelos europeus, principalmente na porção oriental. Suas principais atividades econômicas eram a pecuária, a extração de erva-mate e de madeira.

Na estrutura social da região, riqueza e poder concentravam-se nas mãos de alguns coronéis em torno dos quais se agregavam proprietários de terras menores. Setembrino de Carvalho comentaria depois que as relações entre o topo e a base da escala social lembravam muito as dos senhores e escravos.[40] Dispersas pelos barrancos e ribanceiras, famílias dedicavam-se à coleta de erva-mate; para muitas delas, os direitos de posse da terra, quando os tinham, eram incertos, enquanto outras subsistiam por tolerância dos proprietários. A disputa entre Paraná e Santa Catarina complicou os títulos de propriedade, pois havia casos em que cartórios de ambos os estados emitiam certificados de propriedade para a mesma terra. Quando isso ocorria, muitas vezes a posse era decidida pelas armas. E a jurisdição confusa também atraía para o local fugitivos de toda parte.

Os dois governos estaduais contribuíam para o clima de violência. Por exemplo, nos vales dos rios Timbó e Paciência, o mate que crescia nas cabeceiras e à beira dos rios era explorado pelos catarinenses, enquanto os paranaenses controlavam as junções com o Iguaçu e a principal cidade às margens desse rio, União da Vitória — passagem tradicional da rota do gado que vinha do Rio Grande do Sul. Entre 1905 e 1909 os dois governos e negociantes concorrentes apoiaram a formação de bandos armados informais cujo propósito era apoderar-se de território e construir ou remover postos fiscais estaduais nas estradas. Tropas federais intervieram e desarmaram os bandos em 1905, mas, em grande medida, até 1914, os dois estados ficaram livres para se confrontar. Essa violência oficialmente patrocinada e a presença de numerosos ex-maragatos, que haviam emigrado do Rio Grande do Sul após a guerra civil da década de 1890, agitaram setores da população e ensinaram-lhes o uso de organizações militares e armas.

Elementos externos à região influenciaram a crise: a construção da ferrovia São Paulo—Rio Grande do Sul trouxe trabalhadores do Nordeste e do Rio de Janeiro, que foram abandonados pela companhia estrangeira após a conclusão da obra, além de capital americano, interessado na exploração da valiosa madeira da região, e imigrantes estrangeiros, que a ferrovia atraiu para suas concessões de terra. O governo federal firmara contrato com a companhia do americano Percival Farquhar, a Brazil Railway Company, para a conclusão da estratégica ferrovia ligando Norte e Sul. Como parte do pagamento, foram concedidos à ferrovia dezesseis quilômetros ao longo dos dois lados dos trilhos. A Brazil Railway, para aumentar suas concessões, construiu a linha férrea em ziguezague e, com isso, invadiu terras com título de propriedade. Conforme a ferrovia avançou, foi expropriando terrenos, deixando para trás brasileiros destituídos e procurando substituí-los por imigrantes europeus. O acerto de tal política, baseada na crença de que os europeus trariam o espírito industrioso e os conhecimentos agrícolas supostamente faltantes nos brasileiros, era duvidoso na ausência de um programa concomitante de ensino e nacionalização. Quando procuravam controlar as entradas e saídas de pessoas nas áreas rebeladas durante essa pequena guerra, as autoridades constataram que descendentes de levas anteriores de imigrantes, teuto-brasileiros nascidos no Brasil, ainda reconheciam a Alemanha como sua pátria; só falavam alemão, e era difícil convencê-los de que eram cidadãos brasileiros. Embora isso preocupasse os oficiais nacionalistas do Exército, pouco se pôde fazer para abrasileirar a "zona colonial" até 1938, quando um governo central forte tomou providências para deter uma possível influência nazista.[41]

Quando a tensão exacerbada entre Argentina e Brasil beirou a guerra em 1910, o governo federal ordenou à companhia que acelerasse as obras do trecho inacabado entre Porto União e o rio Uruguai. Para isso, a ferrovia aumentou sua força de trabalho para aproximadamente 8 mil homens, os quais, sob tremenda pressão, conseguiram concluí-la em meados de dezembro de 1910. Muitos desses trabalhadores haviam sido recrutados à força em Santos, Rio, Salvador e Recife e, quando o trabalho terminou, receberam o pagamento e foram abandonados à beira dos trilhos. Farquhar também fundou a Southern Brazil Lumber and Colonization Company, para explorar madeira nos trechos setentrional e ocidental do Contestado. A preços baixos, a Lumber, como era chamada na região, adquiriu mais de 2500 quilômetros quadrados de terras, registrados no Paraná mas situados na área em disputa ao sul dos rios Negro e Iguaçu. A região continha quase 4 milhões de pinheiros, 2 milhões de cedros e imbuias, muitos deles com até trinta metros de altura e mais de um metro de diâmetro.[42] A Lumber construiu uma moderna serraria mecanizada em Três Barras e uma ferrovia de União da Vitória a São Francisco, no litoral ao sul de Joinville, para exportar sua produção. A partir de 1911, a Brazil Railway começou a expulsar posseiros das terras. A força de segurança da companhia matava os que resistiam.[43]

Houve uma corrida de especuladores, muitos deles estrangeiros, interessados nas terras. Líderes dos dois estados, com ajuda das autoridades estaduais, legalizaram os confiscos e as subseqüentes vendas de propriedades. Um eminente participante dessa pilhagem em massa foi Afonso de Camargo, chefe político e vice-governador do Paraná, que era, aliás, o advogado da Brazil Railway! As pessoas cujas famílias viviam na região havia um século subitamente se viram expulsas de suas terras, desamparadas, lendo anúncios de venda ou aluguel de sua propriedade a terceiros. As tensões sociais intensificaram-se e "uma onda de horror varreu todo o território".[44]

É nesse contexto de expulsões violentas, desmatamento, súbita predominância de estrangeiros e introdução de tecnologia moderna que devemos ver o movimento que deu organização à rebelião. Acrescente-se a tudo isso a desintegração social, pois os coronéis locais puseram de lado o paternalismo costumeiro que os ligava à população para melhor atender a seus próprios interesses, acomodando-se à nova ordem das coisas. O sistema social perdeu suas formas de dominação toleráveis, tranqüilizadoras e aprazíveis com a repentina e violenta incorporação à ordem capitalista mundial.[45] A desorientação resultante gerou o que se poderia chamar de crise de identidade coletiva.[46]

Em agosto de 1912, o povo do Contestado reuniu-se para a festa do Bom Jesus em Taquaruçu. A celebração marcava o fim da derrubada da mata e o início das queimadas em preparação para o plantio. Em geral, depois da festa as pessoas dispersavam-se e iam para casa, mas naquele ano muitas permaneceram ali, pois suas terras haviam sido tomadas e elas não tinham para onde ir. Um curandeiro e suposto santo, o beato ou monge José Maria, conduziu o povo nas orações, contou histórias religiosas e leu trechos de um livro popular intitulado *Carlos, o grande da França*. Inadvertidamente, foi arrastado para uma luta pelo poder travada entre dois coronéis locais da cidade próxima, Curitibanos. Um presenteou-lhe seu sabre da Guarda Nacional, e o outro telegrafou ao governador de Santa Catarina informando que fanáticos religiosos haviam proclamado uma monarquia em Taquaruçu.[47]

O telegrama causou alarme em Florianópolis, interesse em Curitiba e foi mencionado na imprensa do Rio. O governador de Santa Catarina garantiu que o "movimento" assemelhava-se ao de Canudos e ordenou a ação da Polícia Militar. O chefe de polícia, para evitar conflito, mandou avisar José Maria de sua chegada e exortou-o a ir para o Paraná, provavelmente torcendo para que fosse causar problemas por lá! O "monge" e seus seguidores destituídos reagruparam-se em Irani, na região sul do município paranaense de Palmas. Aparentemente, desconfiando que se tratava de uma tentativa de reforçar as reivindicações de terras dos catarinenses, as autoridades pediram explicações; não as recebendo, mandaram a Polícia Militar atacá-los em 22 de outubro de 1912. José Maria foi morto, assim como o comandante da polícia, João Gualberto Gomes de Sá Filho, capitão do Exército com posto de coronel da polícia do Paraná, formado em Praia Vermelha em 1902.[48]

Quem foi José Maria? Seu nome verdadeiro era Miguel Lucena Boaventura, e ele era ex-soldado do batalhão ferroviário do Exército que estava construindo o ramal entre Guarapuava e Foz do Iguaçu. Também servira na polícia do estado do Paraná.[49] Nos anos que antecederam os festejos em Taquaruçu, atuara como curandeiro na região de Lages enquanto sobrevivia de trabalhos braçais. E vivera durante algum tempo em Irani. Sua importância deve-se a ter atraído um número considerável de seguidores entre os despossuídos, os quais, após sua morte, recusaram-se a aceitar seu desaparecimento e espalharam a idéia de que ele não estava morto ou que ressuscitaria. Os que haviam perdido parentes em Irani elaboraram ainda mais a história, afirmando que ninguém morrera ali, pois os que haviam caído ou desaparecido tinham ido juntar-se ao exército encantado de São Sebastião. Patrono do sertão em geral, São Sebastião era especialmente venerado em Perdizes Grandes, região a leste do rio Peixe (onde atualmente Caçador é a principal cidade) atravessada pela ferrovia e origem de muitos dos seguidores de José Maria. Eis, portanto, mais um caso de sebastianismo na história brasileira. Essa crença recorrente no auxílio sobrenatural em época de desespero facilitou a transformação de pessoas dependentes, submissas, desafeitas a agir sem a sanção do patrão em uma determinada força de combate.[50]

Vários líderes apareceram e afirmaram comunicar-se com o finado José Maria através de uma série de crianças que atuavam como médiuns. Disseminou-se a crença de que ele reapareceria com o exército encantado em Taquaruçu no aniversário de seu "desaparecimento". Em dezembro de 1913, famílias de todo o Contestado começaram a mudar-se para aquela "Cidade Santa". À medida que se tornaram mais numerosas, cresceram também os rituais religiosos que as moldaram em um grupo coeso e disciplinado. Os homens passaram a usar faixas brancas no chapéu e a raspar barba e cabelo. Além da vantagem higiênica desta última prática, os dois hábitos facilitavam a identificação e a assimilação. Seus adversários chamavam-nos de "pelados", termo que, entre outros significados, aludia à cabeça raspada e à pobreza daqueles homens. Para os gaúchos, o apelido referia-se aos que haviam perdido tudo. Significativamente, os "pelados" chamavam seus inimigos de "peludos", que para os sulistas faz lembrar algo do qual é difícil livrar-se.[51] *

Preocupado, o manda-chuva da vizinha cidade de Curitibanos telegrafou ao governador, que avisou as autoridades, que por sua vez enviaram uma unidade do Exército. Um franciscano tentou convencer as pessoas a dispersar-se, mas elas se recusaram, dizendo que estavam ali "por ordem de São Sebastião, o rei da glória", à procura de "Liberdade! Estamos agora em outro século!".[52] Seu médium "consultou" José Maria e os aconselhou a não temer o ataque, pois não seria necessário lutar, uma vez que o monge e todos os que haviam morrido em Irani lá estariam para combater as forças do governo. Ainda assim, realizaram exercícios militares toda manhã sob a direção de um negro pernambucano, desertor do Exército. Suas armas eram toscas: espadas de madeira ou feitas com aço produzido ali mesmo, ferrões de gado e alguns fuzis Winchester.

O CONTESTADO: COMEÇA A PARTICIPAÇÃO DO EXÉRCITO EM TAQUARUÇU

Cento e sessenta soldados vindos de Curitiba chegaram de trem aos locais de reunião: Caçador a noroeste e Campos Novos a sudoeste, enquanto cinqüenta

* A expressão "tirar um peludo" significa "tirar a muito custo um veículo de um atoleiro". (N. T.)

policiais estaduais catarinenses preparavam-se em Curitibanos, a sudeste. Seu ataque, em 29 de dezembro, foi burlesco! Os soldados estavam tão crentes nas histórias de exércitos encantados e poderes sobrenaturais dos pelados que o destacamento vindo de Campos Novos debandou em pânico antes mesmo de avistar alguém, enquanto o destacamento de Caçador se agüentou apenas até o primeiro tiroteio breve. Os policiais saíram-se um pouco melhor. Oito rebeldes, liderados por seu médium de onze anos de idade, vieram em sua direção portando uma grande bandeira e gritando vivas a José Maria enquanto o resto das pessoas se escondia no capim alto. Quando a polícia abriu fogo com sua metralhadora, um rebelde a cavalo laçou-a e se foi com ela a reboque. Mais não foi preciso: os policiais fugiram, jogando fora seus fuzis Mauser, víveres, dólmãs e quepes enquanto corriam. Os rebeldes deixaram-nos partir; de fato, durante toda a guerra, não perseguiram adversários em fuga. Curiosamente, embora ficassem com as armas, incineravam todos os outros artigos deixados pelo inimigo, considerados impuros.[53]

No início de janeiro, alguns rebeldes formaram um novo "reduto", como o Exército denominava seus povoados, mais para o norte, em Caraguatá. Em 8 de fevereiro, uma coluna mista com setecentos homens, composta de soldados de cinco ou seis unidades reunidos para a operação, de policiais estaduais e de "patriotas" civis, atacou Taquaruçu com artilharia e metralhadoras. Em seu relatório de campanha, Setembrino comentou friamente que as forças dispersaram "a bala os carolas impenitentes ali amatulados" e "incendiaram-se as casas [...] mas a maior parte dos moradores fugiu". Na verdade, ele declarou, "não se tentou contra eles a mais branda perseguição [...] e sob a proteção das mulheres e das crianças, cuja matança era necessário evitar, escaparam armados inúmeros bandidos".[54] Como faria em outras ocasiões, Setembrino estava encobrindo a repugnante realidade de um massacre.

Alguns oficiais claramente incomodaram-se com toda aquela situação. O comandante da coluna, tenente-coronel Duarte de Alleluia Pires, veterano de alguns dos mais terríveis combates em Canudos dezessete anos antes, evidentemente sentia repulsa pela sua missão. Retardou o ataque enquanto um conhecido deputado federal do Paraná, Manoel Correia de Freitas, tentava convencer os devotos a dispersar-se e enquanto o Supremo Tribunal Federal examinava um pedido de habeas corpus para impedir o uso da força, sem no entanto deferi-lo. Durante esse intervalo, o comandante geral da 11ª Região Militar (Paraná e Santa Catarina), general-de-brigada Alberto Ferreira de Abreu, crivou Alleluia Pires de telegramas exigindo ação, insinuando que os oficiais eram covardes por aguardar.[55] O coronel desejava cercar Taquaruçu e matar de fome os devotos para evitar derramamento de sangue. Quando fracassaram as negociações e os pedidos ao tribunal, ele não teve alternativa a não ser obedecer a seu superior em Curitiba. Mas o pobre homem não teve estômago para agir. Acabou enfermo e acamado no dia do ataque, substituído pelo capitão Nestor Sezefredo dos Passos, que dirigiu a barragem da artilharia e galgou mais um degrau em sua ascensão a general mais importante da década seguinte.[56]

E que barragem! Incessantemente, por quatro horas, as duas peças despejaram todo o seu estoque de 175 projéteis shrapnel na povoação improvisada. Os soldados ouviram gritos de "São José Maria!, São José Maria!" no interior da igreja que se incendiou, até a construção desabar. Quando o canhão parava, os sitiados tentavam reagir, mas a maior parte de seus tiros nem sequer alcançava os soldados, que estavam a aproximadamente seiscentos metros de distância. O único fuzil Mauser que possuíam conseguiu matar um soldado e ferir três. Durante a noite, as pessoas escoraram cadáveres em posição de atiradores e fugiram furtivamente para Caraguatá. De manhã, quando os soldados entraram no que restava da "cidade santa", encontraram entre quarenta e noventa corpos, a maior parte despedaçados, impossibilitando uma contagem precisa. Em contraste com Setembrino, que não esteve no local, o médico da coluna horrorizou-se com o que viu, sobretudo com as mulheres e crianças mortas.[57] Até oficiais do Exército reconheceram que, independentemente das causas básicas, foi o ataque a Taquaruçu a tocha que pôs fogo na guerra no Contestado.[58]

Certamente esse ataque afetou a carreira do tenente-coronel Alleluia Pires e do capitão Sezefredo dos Passos. O primeiro reformou-se no final de 1914 e se tornou um "coronel de pijama" com apenas 53 anos de idade, enquanto seu colega subordinado, com 42, iniciou uma rápida ascensão profissional. Foi promovido a major em junho de 1914, ferido em Santa Maria em fevereiro de 1915 e chegou a general-de-brigada em agosto de 1922. Em 1926, sucederia Setembrino como ministro da Guerra.[59] Cumprir ordens e possuir estômago forte tinha suas vantagens. Esse episódio salienta uma característica deplorável do estilo brasileiro de resolver uma crise social: a falta de paciência no nível institucional. A célebre capacidade brasileira para a conciliação aparentemente limitava-se às disputas no seio das elites; para o povo comum, não havia margem para manobra. Contudo, o tenente-coronel Alleluia Pires não foi o único a duvidar da sabedoria de usar a força para resolver o problema, como veremos brevemente nas ações do capitão João Teixeira de Matos Costa.

Embora o governo Hermes, especialmente o Ministério da Guerra, estivesse ocupadíssimo com a crise no Ceará, o ministro decidiu, depois que os resolutos sertanejos rechaçaram um ataque do Exército ao novo reduto de Caraguatá, que esforços fragmentados no Contestado não resolveriam; assim, transferiu o general-de-brigada Carlos Frederico de Mesquita, então comandante da 4ª Brigada Estratégica, sediada em São Gabriel, Rio Grande do Sul, e o incumbiu das operações repressivas. Aos sessenta anos de idade, Carlos Frederico de Mesquita tinha uma experiência de combate notável. Com quinze anos fora soldado no último ano da Guerra do Paraguai; lutara na guerra civil de 1893-95 e saíra gravemente ferido de Canudos, e por sua bravura nesta última campanha fora recompensado com promoção a tenente-coronel.[60] Mas, embora sua folha de serviço pudesse parecer promissora, Mesquita constatou que pouco podia fazer com os parcos recursos à sua disposição.

Seu colega, general Abreu, descrevera as deficiências do comando em detalhes dolorosos. A escassez de oficiais era tremenda; dos 324 especificados pelo regulamento, o comando possuía apenas 172. Faltavam especialmente oficiais superiores, por isso a maioria das unidades era comandada por capitães ou tenentes. Os médicos civis contratados ou os pertencentes ao Exército eram tão poucos que havia apenas um para toda a guarnição de Florianópolis e três para as unidades de Curitiba. De fato, quando uma companhia do 5º Regimento de Infantaria foi destacada para a guarda da estação ferroviária em Herval (ou Erval), o general precisou contratar um veterinário para fazer as vezes de médico da companhia! Também faltavam cavalos — 869 a menos que o número previsto no orçamento — e verbas para comprar forragem para os que havia. O 2º Regimento de Artilharia descobrira ser menos dispendioso alojar seus cavalos à noite em um estábulo civil do que cuidar deles no posto. Armas e equipamentos, quase não havia. A infantaria, segundo o general Abreu, estava efetivamente "desarmada", pois todas as armas se encontravam mais ou menos defeituosas. Comandantes de unidades informaram: "As armas não mais preenchem as necessárias condições balísticas", estavam velhas e em péssimas condições. Não havia barracas suficientes, e em vez dos quinhentos carroções previstos no plano de mobilização da 2ª Brigada, estavam disponíveis apenas 31 veículos, velhos e malcuidados. Era angustiante, ele escreveu, "ver a dificuldade com que sua tropa mesmo pequena opera nos sertões". O general queixou-se de que, sem uma lei que autorizasse a requisição, ficavam na dependência de transporte alugado onde porventura o conseguissem. Os imigrantes europeus, que compunham a maioria da população no interior do Paraná, relutavam em fornecer qualquer tipo de ajuda ao Exército e, quando o faziam, cobravam preços exorbitantes.

Como se tudo isso já não fosse suficientemente desalentador, o retrato que Abreu esboçou dos oficiais e soldados era lamentável. Ele dividiu os oficiais em duas categorias: os primeiros eram formados pelas escolas do Exército, que tinham uma educação "meio científica, meio literária", e os outros eram "gente inculta". Em teoria, o estudo dos regulamentos do Exército e das regras da guerra deveria igualar os dois grupos, mas na prática "os regulamentos não são visados apaixonadamente", de modo que um oficial do primeiro grupo podia citar uma renomada autoridade estrangeira e ser refutado com uma menção a uma antiga prática do tempo da Guerra do Paraguai. Essa diversidade, que Abreu afirmou existir em virtude da ausência de uma doutrina militar durável e exigida, agravava-se quando se fazia necessária a cooperação entre as armas de combate e os serviços auxiliares. A falta de união era tanta que ele temia ser "impossível numa guerra obter sua liação regular em combate". Além disso, a maioria dos oficiais quase não estava familiarizada com as tarefas de campanha. E, para piorar, os comandantes tinham o "hábito desastroso" de intrometer-se na "esfera de obrigação dos seus subordinados", ocupando-se dos mais ínfimos detalhes.

E havia ainda os soldados. Com delicadeza, ele os descreveu como incorrigíveis e deselegantes. Seu treinamento básico ao entrarem para um regimento geralmente ficava entregue à "incapacidade de um sargento", o qual os empurrava às pressas por um programa que fazia deles "recrutas nas coisas que lhes são mais essenciais à guerra; não sabem atirar, não montam com desempenho, não esgrimem". Atribuiu a derrota do capitão João Gualberto em Irani a esse treinamento, pois os policiais estaduais que ele comandava eram ex-soldados que haviam deixado o Exército em troca do soldo e das condições melhores oferecidos pelas forças estaduais. Como policiais, revelavam os mesmos defeitos que tinham quando soldados.[61] Abreu lamentou que os únicos soldados totalmente treinados segundo o regulamento eram os corneteiros!

Considerando o baixo nível do preparo individual, não surpreende que a instrução nas unidades também fosse ruim. Os oficiais só treinavam os soldados em manobras fáceis. A infantaria parecia incapaz de passar de uma linha de marcha para uma linha de atiradores sem primeiro fazer alto, com isso oferecendo-se ao inimigo como alvos distintos e parados. E a cavalaria não sabia fazer um reconhecimento nem lutar a pé, além de demonstrar "sua preferência exagerada pelas cargas e pelas surpresas mal preparadas". A artilharia, que empregava técnicas francesas e canhões alemães, não tinha mobilidade porque seus animais de tração eram fracos e impróprios. Finalmente, as unidades de abastecimento comportavam-se como se fossem da cavalaria, e assim não conseguiam cumprir suas tarefas.[62]

Diante da obrigação de levar um comando como esse para combate, e sem a perspectiva de ajuda do Rio de Janeiro — o governo negara-lhe dinheiro, reforços e aviões —, não surpreende que o general Mesquita, depois de marchar um pouco com suas unidades e atacar algumas concentrações fracas que meramente se fundiram com a floresta, declarou que os "fanáticos" haviam sido exterminados e deu a campanha por encerrada.[63] Quem sabe? Talvez fantasmas de Canudos tenham visitado sua barraca à noite e ele quisesse evitar mais uma carnificina.

O general deixou duzentos homens sob o comando do capitão João Teixeira de Matos Costa para proteger a ferrovia. O capitão conhecia a região e conquistou certa popularidade entre os sertanejos. Acabou convencido de que eram os coronéis locais os responsáveis pela revolta. Vendiam terras em numerosas prestações aos sertanejos, os quais, quando a dívida estava quase quitada, eram expulsos sob algum pretexto. Como o governo tomava o partido dos coronéis, os sertanejos não tinham a quem recorrer. Além disso, o capitão descobriu que um dos principais coronéis estava imprimindo e pondo em circulação dinheiro falso. Matos Costa visitou redutos, ora disfarçado, ora acompanhado por um soldado descendente de italianos que fazia truques de mágica para entreter o povo enquanto o capitão tentava persuadi-los a recorrer a meios menos violentos de buscar compensação. Talvez as lembranças do que vivenciara em Canudos o convencessem de que a conversa era melhor do que a força. Ou talvez ele se tivesse tornado um homem mais brando depois de ter servido no rio Madeira com a Comissão de Linhas Telegráficas Estratégicas do coronel Rondon, onde, segundo informes, ele teria, como exemplo disciplinar, mandado executar três prisioneiros levados para lá no infame navio *Satélite*.[64] Por fim, em agosto de 1914, o capitão levou dois sertanejos para o Rio de Janeiro, e ali tentou, em vão, convencer as autoridades de que a revolta do Contestado era "apenas uma insurreição de sertanejos espoliados nas suas terras, nos seus direitos e na sua segurança [...] [que na sua] ignorância não sabem outro meio de defender seus direitos". Argumentou que a disputa poderia ser resolvida com "um pouco de instrução e o suficiente de justiça". As autoridades devem ter ficado espantadas com a ingenuidade revelada nas condições que os sertanejos estipularam para a paz: a remoção de dez dos doze principais coronéis da região e o retorno à vida das mulheres e crianças mortas em Taquaruçu![65] Sendo assim, não é de admirar a observação de Setembrino de que ninguém acreditava realmente que a tática de Matos Costa viesse a ter êxito. Nas palavras de Setembrino, "o movimento revolucionário que se anunciava para as bandas do Sul requeria em vez de umas centenas de praças mal instruídos e mal acantonados, um aparelhamento militar completo inteligentemente dirigido". E concluiu: "O que se impunha, no caso, era a energia tranqüila dos verdadeiramente fortes, a atividade consciente de verdadeiros profissionais, o conhecimento lúcido dos fatos e tropa". Com isso queria dizer, obviamente, que ele era o homem para resolver o problema.[66]

Os sertanejos viram a retirada do general Mesquita como uma vitória, e essa idéia encorajou muitos outros a juntar-se à rebelião. Em julho e agosto de 1914, líderes rebeldes, como Francisco Alonso de Souza, disseram aos habitantes da região que escolhessem: ou entravam para um dos redutos, ou áreas guardadas, ou se considerassem inimigos. Centenas afluíram. As obras no ramal de União da Vitória a São Francisco (Santa Catarina), no litoral, haviam cessado, deixando mais de mil trabalhadores estrangeiros e brasileiros desempregados; a maioria deles parece ter aderido à rebelião por frustração ou por falta de alternativa.[67]

A partir de junho, Canoinhas, na parte setentrional da zona, sofreu freqüentes ataques de grupos de rebeldes com mais de quinhentos integrantes. A leste do local, os rebeldes ocuparam Papanduva e Itaiópolis, destruindo registros de propriedade nos cartórios locais. Isso acontecia sempre que os rebeldes dominavam uma cidade, demonstrando que não se tratava apenas de um movimento messiânico de fanáticos. Embora fosse uma rebelião de nativos da região, forasteiros participaram de várias maneiras. Havia americanos das companhias ferroviária e madeireira, e um desertor do navio alemão *Panther*, Henrique Wolland (o "Alemãozinho"), que liderou o ataque a Itaiópolis. Os americanos comemoraram o Quatro de Julho e hastearam sua bandeira nacional. Em 5 de setembro, os rebeldes atacaram e incendiaram Calmon, uma estação da ferrovia São Paulo—Rio Grande onde se situavam as primeiras serrarias construídas pela Lumber e grandes depósitos de madeira. O reflexo das chamas no céu foram vistos por quilômetros. Rebeldes também atacaram a estação e o povoado de São João, balearam o almoxarife e os encarregados de manutenção da ferrovia e deixaram no depósito uma nota de protesto contra as expulsões das terras que eram depois vendidas a estrangeiros, na qual ameaçavam: "Nós os Filhos Brasileiros [...] agora estemo disposto a faser prevalecer os nossos direito".[68] Nesse mesmo tom, em janeiro de 1915 militares encontraram uma patética carta manchada de sangue no bolso de um rebelde morto, onde se dizia: "Nois não tem direito de terras tudo é para as gentes da Oropa".[69]

A população da vizinha União da Vitória foi tomada pelo pânico, e os trens saíram da cidade lotados de moradores aterrorizados que fugiram para Ponta Grossa, cidade que também se preparava para um ataque. Boateiros trabalhavam sem descanso, sussurrando que hordas de jagunços estavam a caminho de todos os povoados! Até em Curitiba, disseram, "avalanches de fanáticos" estavam prestes a invadir a cidade, e um reduto rebelde formara-se na periferia da cidade. Em Curitibanos, no sul da região, famílias decidiram dormir na mata para evitar ataques de surpresa. Nesse clima de precipitação irracional, um homem baleou seu irmão quando o avistou à distância, pensando que fosse um jagunço!

Os administradores da ferrovia americana em São Paulo ordenaram a seus homens em União da Vitória que inspecionassem os trilhos até Calmon. O capitão Matos Costa, que acabara de voltar do Rio de Janeiro, juntou-se com cinqüenta soldados a dois capatazes americanos da Lumber para verificar a linha férrea. A cerca de quarenta quilômetros de União, um homem disse-lhes que Calmon estava em ruínas. Matos Costa, os americanos e quarenta praças desceram do trem e foram andando cautelosamente à frente da locomotiva, que avançava devagar. De repente, foram atacados. Aterrorizado, o maquinista deu ré e partiu a todo vapor, só parando ao chegar a União. Matos Costa e seus sargentos foram mortos, e os poucos soldados não atingidos fugiram para a floresta; o mesmo fizeram os americanos, que chegaram cambaleantes a União dois dias depois. Os rebeldes ampliaram seus ataques a fazendas e depósitos de madeira e, em fins de setembro de 1914, conseguiram o controle efetivo do interior ao longo da margem esquerda do Iguaçu entre União e Canoinhas. Uma vez que os "fanáticos", como passaram a ser chamados, tinham a reputação de poupar mulheres, muitos bravos rapazes puseram vestido e lenço na cabeça![70]

O movimento chegara ao auge; controlava cerca de 26 mil quilômetros quadrados, área aproximada de Alagoas, ou 0,3% do território brasileiro. Nos redutos havia por volta de 20 mil pessoas no total, das quais mais de 8 mil eram homens combatentes. A população em cada reduto variava de trezentos a 5 mil habitantes. Em geral, situavam-se em clareiras recém-abertas na mata, em meio aos troncos caídos. "Ruas" e "vielas" sinuosas conduziam a uma praça quadrada na qual ficava a igreja. As casas, ou, melhor dizendo, cabanas e choças, eram improvisadas da noite para o dia, e não indicavam permanência. Assemelhavam-se à conhecida habitação dos sertanejos paupérrimos: paredes de tábuas grosseiras ou adobe, telhado de colmo, ripas de madeira ou, às vezes, de couro, e chão de terra batida ou tábuas. Em geral essas moradias eram divididas em dois aposentos onde os moradores cozinhavam, comiam e dormiam. A comida era feita em uma fogueira aberta no chão. Os leitos eram as toscas tarimbas, feitas de bambu, com as peles de carneiro das selas à guisa de colchão, e os ponchos, cobertores ou capas de lã servindo de coberta nas gélidas noites de setembro.[71]

O CONTESTADO: PROVIDÊNCIAS DE SETEMBRINO PARA EVITAR OUTRO CANUDOS

O Exército brasileiro foi fortemente pressionado a reagir ao êxito dos rebeldes. No fim de agosto, o ministro da Guerra, Vespasiano de Albuquerque, nomeou Setembrino de Carvalho inspetor-geral interino da 11ª Região, com a missão de debelar a insurreição. Setembrino chegou a Curitiba em 11 de setembro e encontrou a cidade agitada, a imprensa pródiga em rumores e críticas.[72] A 11ª Região e a chamada 4ª Brigada Estratégica que os planos oficiais situavam em Curitiba eram, em grande medida, ficções que só existiam no papel, incapazes de realmente executar operações de combate. O relatório do general Mesquita salientara a falta de homens e equipamento como obstáculos letais à eficiência do comando, e por isso Setembrino fora para o Sul levando a promessa do ministro de que receberia tropas e armas apropriadas. Para manter a palavra, o ministro precisou ordenar o deslocamento de unidades do Rio de Janeiro, Minas Gerais e Rio Grande do Sul. Algumas delas haviam-se formado pouco tempo antes e seus soldados eram inexperientes. Além disso, uma greve na Estrada de Ferro Sorocabana em São Paulo retardou o deslocamento das tropas para o Sul.[73]

Enquanto as unidades convergiam lentamente para o Contestado, Setembrino ia estudando a situação. Embora o Exército mantivesse várias colônias militares no Paraná e em Santa Catarina desde meados do século anterior,[74] ali também, como em outras partes, não existiam mapas precisos. O serviço cartográfico do Exército estava elaborando um pormenorizado mapa nacional baseado em levantamentos topográficos, mas só completara o trabalho para partes do Rio Grande do Sul e para a região em torno do Rio de Janeiro. Assim, não dispondo de mapas, Setembrino só podia fazer um planejamento básico, e precisaria depender de batedores civis e observadores aéreos para localizar os redutos rebeldes. Desde o início ele soube que suas unidades teriam de deslocar-se devagar e com cautela para escapar a outro desastre como Canudos. Era preciso evitar que sua tropa fosse forçada à ação antes de estar em condições de assegurar a vitória.

Canudos rondava os pensamentos de Setembrino, mas em dois aspectos o Contestado contrastava com a situação baiana. Primeiro, a geografia era diferente. A aridez e o deserto do sertão nordestino contrapunham-se à umidade e às florestas daquele sertão meridional. Numerosos pântanos, riachos e rios entremeavam-se no terreno montanhoso e arborizado. O sol escorchante infernizara a vida dos soldados no interior baiano, mas em Santa Catarina as fortes chuvas transformavam estradas e trilhas em atoleiros. O segundo aspecto contrastante era o local dos combates, que em Canudos concentrara-se em um único ponto, ao passo que no Contestado a revolta generalizada espalhava-se por uma vasta área. Setembrino a princípio falava em rebelião sertaneja e não em fanáticos ou bandidos, mas logo adotou esses termos.[75]

Metodicamente, Setembrino foi avançando seus preparativos. Percebeu que não poderia pôr em campo um número suficiente de soldados para extinguir a rebelião e que, se mandasse suas débeis forças em incursões mal planejadas, estaria repetindo "os mesmos processos desastrosos de Canudos", dando aos rebeldes, desnecessariamente, a ilusão de superioridade.[76] Sua estratégia era cercar a área rebelde, impedir a chegada de víveres e suprimentos e deixar que a fome acabasse com o ânimo de resistir dos rebeldes, enquanto evitava expor seus soldados a emboscadas desmoralizantes. Em outras palavras, ele estava empregando os princípios de guerra de Mallet (mencionados no capítulo 2): limitar a exposição ao fogo inimigo e aplicar pressão máxima com o mínimo de força. Ao norte, o ramal ferroviário de São Francisco a União da Vitória e o rio Negro delimitavam a fronteira da zona, pois patrulhas ali postadas poderiam impedir a movimentação dos rebeldes. Analogamente, a ferrovia São Paulo—Porto Alegre marcava os limites a oeste, estendendo-se do rio Iguaçu ao rio Uruguai. Setembrino despachou soldados para restabelecer o tráfego na ferrovia e para ocupar estações onde a linha se cruzava com estradas que seguiam para oeste em direção a Palmas e Chapecó. A leste e ao sul ele não contava com fronteiras convenientemente bem definidas, embora na parte oriental a serra do Mar fornecesse um limite extremo e o terreno fosse acidentado o bastante para não convir aos rebeldes. Mas tanto no leste como no sul permanecia a questão de como dispor as tropas de modo a fechar a área.

Em 13 de setembro, Setembrino expôs seus planos ao ministro da Guerra e explicou que precisava de organização meticulosa, suprimentos, dinheiro e 6 mil homens. Nos dias seguintes, seus telegramas repetiram os pedidos de mais unidades, médicos, equipamento e créditos. O general Vespasiano, apesar da difícil situação financeira do governo, obteve crédito de seiscentos contos de réis, convocou oficiais e enviou o único aviador do Exército brasileiro para ajudar. No Contestado, pela primeira vez na história brasileira, ocorreria o uso militar da aviação.[77]

Setembrino formou um estado-maior de operações e postou unidades que chegavam em pontos ao longo do quadrilátero formado a norte, sul, leste e oeste por suas quatro "linhas". Espantosamente, o Exército não tinha regulamentação para operações de campanha, e, por isso, ele redigiu os procedimentos para tudo, desde a divisão das rações à organização dos hospitais. E ordenou aos engenheiros que traçassem mapas e finalmente construíssem linhas telefônicas e melhorassem as estradas. Também instalaram novas linhas telegráficas, pois a "notória indiscrição" dos telegrafistas civis prejudicava o sigilo. Também para impedir vazamento de informações, ele impôs severas restrições a jornalistas e às relações entre soldados e sertanejos. Os rebeldes haviam espionado os acampamentos do Exército misturando-se aos vendedores nos povoados e a moradores curiosos que se fascinavam com a exibição militar. Não está claro se essa proibição de convívio foi seguida à risca. Alguns comandantes forneciam passes a moradores próximos, mas o relatório médico final informou que havia muitas mulheres "decaídas nos acantonamentos" e que essas prostitutas claramente dariam ótimas espiãs.[78] Os cavalos da cavalaria e as mulas da artilharia eram tão poucos e estavam em condições tão lastimáveis que oficiais e agentes civis vasculharam as fazendas da região e viajaram até o Rio Grande do Sul para comprar novos animais. Como não havia uma lei de requisição, o Exército teve de pagar preços de mercado. Para alimentar as tropas, Setembrino contratou M. Loureiro e Companhia para gerir uma rede de abastecimento. E, antes da chegada das unidades, médicos e farmacêuticos do Exército montaram hospitais de campanha em Rio Negro e União.

Como precisava localizar com precisão os redutos rebeldes, Setembrino ficou satisfeito porque o tenente Ricardo Kirk, que recentemente inaugurara a escola de aviação do Exército no Rio de Janeiro, fora designado para servir sob seu comando. Kirk, que aprendera a pilotar na França por conta própria, era uma daquelas figuras excepcionais que tinham as idéias certas, mas não possuíam influência política suficiente para pô-las em prática. Quando voltou da França com suas credenciais, as autoridades não quiseram confiar o treinamento dos pilotos do Exército a um conterrâneo, por isso entregaram a direção da escola a um piloto italiano contratado, Ernesto Darioli. Lamentavelmente, a missão de Kirk no Contestado foi desditosa desde o início. Quando seus dois aviões estavam sendo transportados de trem do Rio de Janeiro, fagulhas da locomotiva incendiaram o tecido da fuselagem. Antes de voltar à capital para os reparos, ele selecionou pistas de pouso em Rio Negro, Canoinhas e União, e nesta última localidade ordenou a construção de um hangar.[79]

Paralelamente a esses preparativos, Setembrino fez o que considerou um gesto preciso mas difícil, visando a uma solução pacífica: mandou entregar aos rebeldes um manifesto que os exortava a depor as armas e apresentar-se ao comandante mais próximo. Prometeu que receberiam alimentos até que o governo lhes desse terras. Mas avisou que os que não viessem espontaneamente e fossem encontrados na área proibida seriam considerados inimigos e, como tais, tratados com todos os rigores das leis da guerra. A mensagem era simples: saiam e ganhem terras, ou fiquem e lutem contra o Exército![80]

Entre os últimos dias de setembro e o início de novembro, as várias unidades lentamente ocuparam suas posições nos quatro lados do retângulo que Setembrino planejara para conter a rebelião. O 10º de Infantaria, comandado pelo coronel Júlio César Gomes da Silva, foi para Rio Negro, a nordeste. O 56º de Infantaria Ligeira e a Artilharia de Montanha vinculada, comandados pelo tenente-coronel Manuel Onofre Muniz Ribeiro, instalaram-se em Canoinhas, na parte centro-norte da zona. O 58º de Infantaria Ligeira, do tenente-coronel Francisco Raul Estillac Leal, marchou para o interior saindo de Itajaí, no litoral, em direção a Curitibanos, no canto sudeste, e partes dos 4º, 5º e 6º Regimentos de Cavalaria do Rio Grande do Sul, sob o comando do major José Leovigildo Alves de Paiva, postaram-se em Campos Novos, no sudoeste. Além do Exército regular, havia um "Batalhão Patriótico" reunido pelo chefe político de Rio Negro, Nicolau Bley Netto, o Regimento de Segurança do Paraná e cerca de trezentos vaqueanos (batedores) civis. No total, 6408 homens compunham as forças federais.[81]

O CONTESTADO: CRÍTICA DE OFICIAIS REFORMISTAS
À CAMPANHA E AO EXÉRCITO

As tensões causadas por essa mobilização podiam ser vistas nas páginas de *A Defesa Nacional*, que acompanhou os preparativos mês a mês e despejou uma saraivada constante de críticas. Seus editores não viam boas razões para manter "unidades ridículas" com os pomposos títulos de brigada estratégica, regimento, batalhão etc., quando não podiam funcionar por falta de material, oficiais e soldados. Argumentavam que, em vez de preservar a ficção das divisões no papel, era necessário que existisse pelo menos uma divisão real. Embora para isso talvez fosse preciso remover guarnições de capitais estaduais e das fronteiras, a seu ver a polícia poderia incumbir-se das capitais enquanto o "pacto ABC" eliminaria as ameaças nas fronteiras. O chamado pacto ABC foi uma mistura de acordos formais e informais entre Argentina, Brasil e Chile. Os editores culpavam a inefavelmente complicada burocracia do Exército pelos perigosos problemas de abastecimento. Por exemplo, havia o singular caso do 5º Regimento de Infantaria de Ponta Grossa, Paraná, que ao requisitar novas armas, extremamente necessárias, foi informado de que, antes de elas serem enviadas, o regimento teria de remeter suas armas antigas. Conhecendo muito bem a lentidão do processo, e temendo que seus soldados acabassem desarmados, o comandante recusou. Era muito mais acertado trocar as velhas pelas novas quando estas chegassem. A burocracia não arredou pé, venceu, e o regimento ficou com seus fuzis imprestáveis![82]

O fato de que os oficiais não aprovavam o papel do Exército no Contestado transpareceu nos editoriais de *A Defesa Nacional*. Os editores mencionaram que algumas pessoas estavam acusando os líderes de Paraná e Santa Catarina de fomentar a rebelião em benefício de seus interesses políticos; outros aludiam ao fanatismo religioso, e outros ainda diziam que os pequenos proprietários das antigas colônias militares, despojados de sua terra pelas elites dirigentes dos dois estados, queriam vingança. Na opinião dos editores, independentemente do que desencadeara a luta, a causa fundamental era a "ignorância lastimável em que o abandono criminosamente deixou essa pobre gente". Era isso que reduzia aqueles "humildes sertanejos patrícios à condição de nossos inimigos". Embora fosse "lamentável" ter de lutar contra "compatriotas" e "irmãos", seria pior, pensavam os editores, "deixar morrer, aos poucos, o nosso Exército, abatendo-se-lhe o moral, por considerações sentimentais inoportunas, que sem melhorarem a situação, antes a prolongam". Uma vez que o Exército fora comprometido, não podia mais haver "lugar para paliativos nem para concessões, que só servirão para enfraquecer a ação da tropa e desprestigiar o Exército". Enquanto os "fanáticos" recorressem às armas, só poderia existir o objetivo militar de destruir o inimigo. "O Brasil precisa de homens", declararam os editores, "mas de homens que colaborem, dentro da ordem, na obra de seu engrandecimento."[83]

Os comentários do segundo-tenente Francisco de Paula Cidade são um indicador do que pensavam os oficiais reformistas. O Contestado era o choque entre "o velho e o novo Brasil". As idéias e costumes europeus deste último não haviam penetrado na *hinterland*, mas, de algum modo, sua entrada na região causara a rebelião. Cidade depreciou (e subestimou) as qualidades militares dos rebeldes. Usavam fuzis e espingardas de caça, balas simples, não tinham baionetas e, embora fossem bons atiradores e astutos nas emboscadas, suas táticas eram ataques simples e ferozes ou defesas obstinadas. Em combate, atiravam como bem entendiam, preferivelmente contra oficiais. "Não guardam prisioneiros. Matamnos, e, por economia de pólvora, matam-nos à arma branca. Alguns, dentre eles, celebrizaram-se como degoladores."[84] Esta última observação certamente tinha sua parcela de verdade, pois a degola era característica dos conflitos no Sul; neste caso, porém, soa como propaganda, uma vez que os dados sobre assassinatos de prisioneiros, de que trataremos adiante, pendem mais para o lado do governo que para o dos rebeldes. Mas pelo menos uma testemunha ocular declarou ter visto rebeldes degolando cadáveres.[85]

O tenente Cidade usou o Contestado para criticar o despreparo do Exército. Lançou farpas em todas as direções: contra a dependência de vaqueanos, muitos dos quais passavam informações ao inimigo, contra a falta de estradas, contra o "exibicionismo" que anunciava planos de operações "aos quatro ventos", contra a Polícia Militar estadual, cuja função era manter a ordem interna, mas ansiava por pedir ajuda aos "esqueléticos batalhões do Exército", e contra a infantaria, que deixava "muito a desejar". Embora o Exército fosse mais bem armado que os rebeldes, seus soldados, por falta de treino, eram célebres pela péssima pontaria. Embora o treinamento de tiro fosse baseado em métodos alemães, seus resultados eram pífios porque, em vez da prática regular destinada a garantir um nível mínimo de habilidade, os soldados recebiam uma aula introdutória e depois ficavam semanas sem instrução nenhuma, esquecendo o que lhes fora ensinado. Em vez de praticar, os soldados passavam seu tempo guardando prédios militares e públicos, fazendo faxina, patrulhando as ruas ou levando recados para seus superiores. E, o que era pior, quando entravam de fato em combate, esqueciam as táticas regulamentares. Em todos os níveis, de companhia a batalhão, as unidades fragilizavam-se, estendiam suas linhas sem pensar em manter uma reserva para momentos de crise. "Não manobramos em profundidade", lamentou Cidade, "operamos em extensão, apresentando ao inimigo uma leve cortina, a qual furada num ponto, não pode ser remendada." O soldado individual era mal aprovisionado; não tinha estojo de primeiros socorros nem rações de combate, e, para piorar, não podia contar com um reabastecimento adequado de munição além da que conseguisse carregar na mochila.

E o Contestado estava provando a total inutilidade da chamada brigada estratégica, que não podia ser subdividida racionalmente. O tenente Cidade duvidava que ela existisse de verdade. Perguntava-se: se ela se mostrava "assim tão mal nas pequenas operações, que contas dará de si na grande guerra?". E ele mesmo respondia: "Deus nos livre da Brigada Estratégica!". Concluiu a crítica com esta observação: "Se do estudo dos atuais acontecimentos resultar alguma lição proveitosa, bendito seja o sangue que vai correr".[86]

O CONTESTADO: OS REBELDES ENCURRALADOS

E como haveria de correr! O coronel brevetado Eduardo Sócrates, comandante da linha oeste, que ia do rio Iguaçu ao rio Uruguai, restaurou o serviço ferroviário e ocupou dez estações. Ele e outros comandantes ordenaram que seus homens fossem postos para praticar tiro, muitos deles, como admitiu Setembrino, "pela primeira vez". O afoito comandante da linha norte, tenente-coronel Onofre Ribeiro, não conseguiu conter a impaciência ao chegar do Rio de Janeiro com seu 56º Batalhão de Infantaria Ligeira, de 450 homens, e pediu permissão para atacar os redutos rebeldes próximos de Canoinhas. Setembrino, não querendo arrefecer o "ardor militar" de seu coronel, consentiu. Embora o ataque, em 26 de novembro, arrancasse os surpresos rebeldes de um lugar chamado Salseiro, as tropas que avançavam foram barradas quando tentaram penetrar mais no território rebelde. Logo se viram empacadas diante da resistência feroz e das fortes chuvas. Em 10 de novembro, haviam recuado novamente para Canoinhas, passando a sofrer ataques noturnos até a véspera do Natal.[87]

Exceto quando reagiam a provocações desse tipo, os rebeldes mantinham distância do Exército. Vigiavam e se preparavam, juntando provisões. Alguns líderes compravam munição e víveres de fornecedores no Rio Grande e no Paraná; outros assaltavam as estâncias e povoados próximos, como a colônias rutenas de Iracema e Moema, no nordeste da área.

Jornais criticaram a fracassada ofensiva na linha norte e os cautelosos preparativos de Setembrino. E, quando o general se intrometeu na disputa jurisdicional entre os dois estados, os políticos catarinenses e paranaenses demandaram seu afastamento. Na opinião de Setembrino, a causa da rebelião era a disputa interestadual, e não o fanatismo religioso. No início de novembro ele escreveu a Felipe Schmidt, governador de Santa Catarina, exigindo o fim do problema de fronteiras. Embora admitisse que o Supremo Tribunal Federal houvesse dado sentença favorável a Santa Catarina, asseverou que a decisão da Justiça só poderia ser imposta a um alto custo, pois a "maioria dos habitantes da região contestada" opunha-se. Predisse que o cumprimento da lei acarretaria lutas constantes entre os dois estados e uma contínua intervenção federal para manter a ordem. A seu ver, era ridículo, em um país de território tão vasto, lutar por uma área pequena e despovoada. Ele declarou não compreender "pequenas pátrias", e concluiu: "Devemos ser brasileiros e todos devemos trabalhar pela prosperidade e engrandecimento do nosso caro Brasil, o que depende exclusivamente de nossa união. [...] Só unidos poderemos um dia não remoto alcançar um lugar de distinção entre as grandes nações civilizadas"; a desunião e a fragmentação resultariam em um país cativo das irrefreadas e em certa medida justificáveis ambições dos povos imperialistas, ele ameaçou. Apelou para o patriotismo de Schmidt, exortando-o a concordar com as concessões antes que ele, Setembrino, pedisse ao governo paranaense que o fizesse.[88]

É provável que Schmidt não tenha gostado do tom condescendente dessa carta. Também ele era coronel do Exército, da infantaria, estivera 31 lugares à frente de Setembrino na lista de coronéis combatentes de 1914 e recentemente representara Santa Catarina no Senado Federal.[89] Além disso, não podia deixar de zangar-se com os limites propostos, que teriam dado ao Paraná a maior parte das terras a oeste da ferrovia São Paulo—Porto Alegre. E lá estava Setembrino, depois de ter admitido que os mapas da região não eram suficientemente precisos para as operações militares, usando informações geográficas imperfeitas para propor uma solução definitiva para as fronteiras! A reação de Schmidt e as críticas da

imprensa aos morosos preparativos levaram Setembrino a apresentar sua renúncia, recusada pelo ministro da Guerra.

Setembrino justificou a lentidão dizendo que "apressar seria precipitar". Era
imperioso evitar outro Canudos. Ordenou a seus comandantes que avançassem
com cautela, sabendo bem onde estavam pisando. Afirmou não ter soldados suficientes para executar seus planos. Em 20 de novembro, dispunha de 4800 homens
e pediu outros 3 mil, além de "material de toda sorte". Em muitas das unidades, o
quadro de oficiais estava incompleto. Setembrino rogou que o ministro ordenasse
aos oficiais que não tinham vindo com suas unidades que se juntassem a elas imediatamente. Parece que uma misteriosa "epidemia" acometera oficiais das unidades enviadas para o Contestado. O Exército estava pagando o preço por criar um
corpo de oficiais burocratas em vez de líderes em combate. Setembrino asseverou
não estar exagerando suas necessidades, e recomendou ao ministro agir "com
energia e com presteza, ou mais tarde, lamentando-se o presente, será preciso
todo o Exército para abafar uma revolução que ainda está em começo". Nesse
meio-tempo, ele recorrera ao "único recurso" possível: contratar civis para formar
pequenos grupos armados a fim de controlar as estradas e trilhas e interditar o
fluxo de víveres e munição para os redutos. Essa medida, porém, resultou em
alguns roubos e degolas que levaram governos estrangeiros a protestar contra
maus-tratos e assassinatos de seus conterrâneos.[90]

Até 26 de dezembro Setembrino dirigiu os preparativos no relativo conforto
de seu quartel-general em Curitiba, partindo, então, para inspecionar as linhas
norte e leste. Após se encontrar em Rio Negro com o tenente-coronel Onofre, da
linha norte, e ser informado de que muitos rebeldes nos redutos vacilavam e estavam à espera de uma chance para desistir da luta, ele publicou uma segunda proclamação. Esta, curiosamente, não mencionava a concessão de terras; prometia
trabalho. Setembrino propôs o fim da luta, para que "o sangue brasileiro não con-
tinue a manchar as nossas terras". Se os rebeldes entregassem as armas, não seriam
mortos nem aprisionados e poderiam voltar ao trabalho. Entre os grupos que
abandonaram os redutos estavam de duzentos a trezentos homens liderados por
Henrique Wolland, desertor da Marinha alemã. Ele se dispôs a trocar de lado e
mostrou a Setembrino, em um mapa do Exército, as localizações de vários redutos, além de dar sugestões sobre o modo de os atacar.[91] Depois de ter oferecido o
incentivo, o general apelou para a força.

Quando inspecionava as tropas em Papanduva, Itaiópolis e Moema, Setembrino ficou sabendo que em Iracema o major Atalíbio Taurino de Rezende, em Iracema, começara a negociar com o líder rebelde Antônio Tavares. A motivação de Tavares para lutar fora a perda de um cargo municipal em Canoinhas e a insatisfação com a questão das fronteiras. Havia quem achasse que ele era secretamente protegido, ou até apoiado, pelo governo de Santa Catarina. Em carta de 18 de dezembro ao major Taurino de Rezende, Tavares lamentou "essa luta fratricida", mas garantiu que sua gente preferia "perecer no holocausto a suportar a ambição desmedida e a perseguição incessante do cobiçoso Paraná". O major declarou trégua e recomendou a Tavares que aceitasse suas garantias de bom tratamento em troca da rendição. Tavares pediu vinte dias, supostamente para reunir-se com outros chefes rebeldes. Escreveu a Setembrino salientando seus motivos políticos e sua preferência por Santa Catarina, afirmando: "Não abandonamos a civilização". Era seu modo de dizer que seu milenarismo era apenas um pretexto conveniente.[92] Segundo informes posteriores de oficiais do Exército, seus espiões avisaram-nos de que, em vez de debater sobre a rendição, Tavares procurou obter mais homens em troca de suprimentos. Essa história, mesmo que possivelmente verdadeira, pode ter sido usada para justificar a emboscada fracassada que os militares armaram para matar Tavares quando este retornava a seu reduto. Depois de mais negociações, ele se encontrou com o major Taurino de Rezende em território neutro para discutir os termos de um acordo. Aparentemente, concordou em não exigir a resolução da questão das fronteiras, mas ao voltar para o reduto escreveu que não podia depor as armas antes que a sentença do Supremo Tribunal em favor de Santa Catarina fosse cumprida. "Não posso crer que o governo queira nos exterminar" por buscar a justiça, declarou. Pediu que a trégua fosse prorrogada em doze dias e que o governo fornecesse alimentos a sua gente.[93]

O mensageiro que levou a carta, Pedro Nepomuceno, concordou em trair Tavares e ajudou os oficiais a planejar a tomada do reduto. Nepomuceno voltou ao reduto com o propósito de subverter os moradores, distribuindo cópias da proclamação de Setembrino. Em complicada manobra, os soldados cercaram a posição dos rebeldes na madrugada de 8 de janeiro. Na mira de artilharia e de atiradores, alguns escondidos no mato ao alcance do braço dos desavisados rebeldes, mais de trezentos homens e mulheres foram presos quando a tropa anunciou sua presença. Tavares escapou e sobreviveu à guerra graças à benevolência das autoridades catarinenses.[94]

Enquanto isso acontecia no leste, o Exército andara ocupado nas outras três linhas. O mais espetacular líder em combate da campanha, capitão Tertuliano de Albuquerque Potyguara, estreou na luta na linha norte contra os rebeldes que vinham atormentando Canoinhas com ataques noturnos. Era um homem excepcionalmente ousado e agressivo, que varreu o inimigo à sua frente. Sua primeira incumbência (20 de dezembro de 1914) foi atacar uma posição rebelde em Piedade que estava bloqueando a estrada entre Canoinhas e Paciência. Enquanto seu colega, o capitão Jeremias Froes Nunes, comandava sua companhia em um ataque frontal na estrada, Potyguara e seus homens adentraram quase dez quilômetros de mata em marcha rápida para apanhar os rebeldes de surpresa pelo flanco. Em vez de ordenar a seus homens que atirassem protegidos, lançou-os contra os rebeldes em um audaciosa carga de baioneta que pôs o inimigo em debandada.[95]

No sudeste, as forças do coronel Estillac Leal entraram na Curitibanos arrasada pelo fogo e na malsinada Taquaruçu, e por fim foram juntar-se às unidades do major Paiva seguindo para o norte por trilhas que saíam de Campos Novos, no canto sudoeste. Quando essas unidades emitiram passes para separar os sertanejos leais dos rebeldes e intensificaram as patrulhas, caravanas de rebeldes recuaram em direção ao rio Timbó, no noroeste. Com o sul e o leste limpos de inimigos em meados de janeiro de 1915, as linhas leste, sul e norte começaram a apertar o cerco.

O CONTESTADO: TRATAMENTO DOS PRISIONEIROS

À medida que a pressão foi aumentando, cada vez mais rebeldes decidiram render-se ao Exército.[96] Todd Diacon afirma que a motivação maior dos que se renderam nessa fase inicial não era o fervor religioso, e sim questões políticas ou a posse da terra. Quaisquer que tenham sido suas razões, entre 1300 e 3 mil pessoas haviam-se rendido em fins de janeiro. O destino dessa multidão não está muito claro. O primeiro grupo de 243 famílias que chegou a Canoinhas foi mandado pelo Exército às autoridades catarinenses para ser distribuído por colônias agrícolas em todo o estado, onde poderiam "compensar com trabalho os danos" a eles imputados. O caudilho de Rio Negro, Bley Netto, coronel da Guarda Nacional, supervisionou os campos de concentração, de onde tirou sucessivas levas de ex-rebeldes e as despachou para colônias no Paraná. O destino dos que se renderam dependeu do caráter e das atitudes do oficial encarregado da unidade à qual eles se entregaram. Alguns oficiais aceitaram a palavra dos prisioneiros de que não tornariam a pegar em armas e lhes permitiram deixar a zona de guerra com salvos-condutos. Houve os que contrataram prisioneiros como vaqueanos, e também os que toleraram atrocidades. Em Canoinhas, o chefe dos vaqueanos, Pedro Ruivo, tirou prisioneiros da cadeia superlotada, levou-os para um local isolado e os degolou. Noticiou-se que mais de cem desses infelizes foram deixados insepultos na periferia da cidade, para regalo dos porcos e corvos.[97]

Em carta de 18 de fevereiro ao governador Schmidt, de Santa Catarina, Setembrino negou veementemente que Pedro Ruivo e outros civis colaboradores de unidades do Exército houvessem cometido "depredações ou assassinatos de natureza alguma". Como se isso atestasse seu bom comportamento, afirmou que eles atuaram "juntamente com as forças da coluna norte" na "marcha triunfal" operada pelo tenente-coronel Onofre. Admitiu que os soldados haviam queimado casas e suprimentos em áreas rebeldes, mas justificou a destruição como necessária para eliminar os recursos de sobrevivência do inimigo e assim forçar a rendição. Mas as histórias de assassinato não passavam de calúnia, ele garantiu. Schmidt respondeu que o general provavelmente mudaria de opinião sobre as atividades de Pedro Ruivo quando ouvisse testemunhos de alguns dos oficiais que serviam nas proximidades de Canoinhas. Na verdade, Ruivo e seus vaqueanos assassinaram não-combatentes, roubaram um número considerável de bois, cavalos e mulas, saquearam e incendiaram casas de inocentes e, em um caso brutal, mataram a tiros dois homens depois de obrigá-los a assistir ao estupro de suas mulheres. O fato de ele e seus homens terem sido absolvidos quando levados a julgamento em Canoinhas é revelador sobre a época e o lugar.[98]

Embora os indícios disponíveis não provem que oficiais do Exército tenham ordenado tais crimes ou tomado parte neles, é difícil acreditar que o coronel Onofre não soubesse do comportamento atroz de seu vaqueano. Inquéritos militares subseqüentes comprovaram que civis a serviço do Exército realmente haviam assassinado prisioneiros, mas os culpados não foram punidos. Ao que parece, os oficiais aceitaram tal comportamento como um aspecto inevitável da guerra sertaneja, e seus relatórios levam a crer que em combate se preferia matar a fazer prisioneiros. E em um caso documentado, os comandados do capitão Potyguara mataram homens e mutilaram um prisioneiro que estavam escoltando a Porto União. Como alguns dos que sofreram maus-tratos ou foram assassinados eram estrangeiros, os incidentes trouxeram "muitos problemas" ao Exército quando diplomatas começaram a protestar. O general-de-divisão José Caetano de Faria, que sucedeu Vespasiano de Albuquerque como ministro quando este se aposentou em novembro de 1914, recomendou que Setembrino tivesse cautela quando se referisse a esses episódios em seu relatório de campanha, "se tiver de referir-se a esses fatos".[99]

O CONTESTADO: FECHANDO O CERCO

Em meados de janeiro de 1915, grande número de rebeldes refugiara-se na área do rio Timbó, onde seu principal reduto se instalara no rio Santa Maria, afluente das cabeceiras do Timbó. Havia redutos em posições avançadas que aparentemente protegiam os acessos a norte e a leste. O problema do Exército era que, embora os oficiais conhecessem os limites externos do território rebelde graças a uma série de incursões, ignoravam a localização dos redutos propriamente ditos. O tenente Ricardo Kirk e seu colega aviador, o italiano Ernesto Davioli, sobrevoaram o vale em um vôo de reconhecimento. A vasta região era coberta de pinheiros gigantescos, e eles não avistaram fumaça nem outros sinais de vida com exceção de uma grande bandeira branca presa aos pinheiros escuros de um dos altos montes próximos do extremo do vale. Imaginaram que, do chão, ela seria bem visível por quilômetros ao longo do Timbó. Mesmo não conseguindo localizar com precisão as posições rebeldes, os aviadores determinaram que serras íngremes a nordeste, leste e sul protegiam a área em que avistaram a bandeira.[100]

Em 21 de janeiro, mantendo a pressão do seu posto de comando temporário em Canoinhas, Setembrino deu novas ordens de operação, estipulando os objetivos para cada linha. A linha norte, de Onofre, deveria deslocar-se em direção ao reduto chefiado pelo rebelde Manoel Machado, na margem esquerda do Timbozinho; a linha leste, comandada por Júlio César, atacaria o reduto de Aleixo Gonçalves no rio da Areia, e a linha oeste, de Sócrates, e a linha sul, de Estillac Leal, atacariam os redutos de Tamanduá e Santa Maria. Os quatro lados do quadrado deveriam tocar-se. Tais planos eram admiráveis quando vistos no mapa, mas na execução a topografia, a resistência dos rebeldes, as comunicações entre as unidades e as diferenças de liderança emperraram as linhas sul e oeste enquanto as linhas leste e norte triunfaram.

Do Rio de Janeiro, o ministro Faria aconselhou Setembrino a concluir as operações antes do inverno para evitar mais despesas e sacrifício de homens. Ele escreveu: "E como sabes estamos atravessando uma crise de verdadeira miséria. Junta-se aqui dinheiro, quase níquel por níquel, para fazer um pagamento. É incrível quanto se deve! E eu tenho para este ano um orçamento menor do que o do ano passado, uns 8 mil contos mais ou menos". A situação financeira do Brasil era tão grave que o governo não conseguia pagar a tropa em dia. Em Curitiba, as guarnições receberam os pagamentos de setembro e outubro de 1914 em fevereiro do ano conseqüente, e os soldados em campanha só viram em março o soldo de janeiro de 1915, enquanto ainda aguardavam os de novembro e dezembro de 1914! Claramente, o montante reservado para o pagamento dos militares era insuficiente, e o ministro precisava negociar com o Ministério da Fazenda, vários líderes do Congresso e o presidente para obter verba suplementar. De tão pobre, o governo chegava a cobrar imposto de renda dos soldados em campanha sobre os soldos que lhes pagava irregularmente. Isso é digno de nota em um país onde poucas pessoas pagavam imposto de renda. Faria garantiu a Setembrino que estava tentando atender aos seus pedidos de homens e material, e prometeu não transferir oficiais do Contestado sem seu consentimento. Afirmou apreciar os serviços dos oficiais, tanto assim que recomendara ao presidente a promoção de vários que se haviam destacado. Dois dos que se beneficiaram de imediato foram Estillac Leal, agora coronel, e o tenente-coronel Leovigildo Paiva, que na época estava a caminho de Santa Maria.[101]

Entretanto, os papéis de ambos na fase final da campanha seriam menos dramáticos que os dos oficiais da linha norte.[102] No sul, Paiva incendiou Taquaruçu pela segunda vez, antecipando-se a uma tentativa dos sertanejos para se reinstalarem ali. Sua linha e a de Estillac Leal convergiram na serra do Caçador, que separava os riachos e rios que fluíam para o sul e o sudeste na direção do Pelotas dos que corriam para norte e nordeste até o Iguaçu. Antes deles, números indeterminados de rebeldes sertanejos, esfarrapados, exaustos mas decididos, rumaram para o agrupamento de povoados conhecido como Santa Maria. Ali, nas acidentadas corredeiras do trecho superior do Timbó, firmaram suas posições para resistir. Eram obstinados, e talvez o rótulo favorito dado pelo Exército — "fanáticos" — realmente se aplicasse a essas almas tenazes. Muitos dos chefes já não estavam mais ali em fevereiro, pois haviam morrido ou se rendido, como fizera Bonifácio (Papudo) José dos Santos. Um fotógrafo do Exército preservou a cena em que ele entrou a cavalo em Canoinhas, altivo e desabrido à frente de seus homens, e declarou a Setembrino "não querer mais lutar com o governo". Segundo Todd Diacon, "o general reconheceu que Papudo não era um rebelde milenarista, portanto não constituía ameaça ao Exército". Libertado, ele vendeu suas terras no Contestado e se mudou para o extremo oeste do Paraná.[103]

No leste, a linha comandada por Júlio César atacou três redutos ao longo do rio da Areia na primeira semana de fevereiro. Os dois primeiros, conhecidos como Marcello e Joséphino, nomes de seus líderes, caíram depressa. Em ambos os casos, o Exército usou a tática que funcionara muito bem em Tavares: chegar pela trilha e fazer uma "demonstração" de ataque enquanto uma unidade surpreendia os rebeldes atacando pelo lado da mata cerrada. O aspirante Heitor Mendes Gonçalves e seu sargento-mor de nome singular, Argentino Índio do Brasil, protegidos pela noite, lideraram cinqüenta homens através de pântanos, metidos no lodo às vezes até o peito, e abriram caminho pela densa floresta até a orla do povoado de Marcello.[104] Às oito da manhã, caíram sobre os espantados rebeldes. Na rápida fuzilaria, em meio aos gritos, brados e choro, à correria das mulheres e crianças em busca de abrigo, morreram 38 rebeldes, incluindo Marcello, e quarenta foram feridos. Um soldado foi morto. Uma operação de reconhecimento constatou que o reduto de Josephino estava em melhor posição defensiva, e por isso os oficiais haviam previsto uma luta mais renhida. Empregaram a mesma tática, mas desta vez o vaqueano da unidade que se aproximava furtivamente pela mata perdeu o rumo. Enquanto a unidade que deveria fazer o cerco vagueava, perdida, a outra, que se aproximou frontalmente pela trilha, viu-se em maus lençóis enfrentando os rebeldes. O tenente que comandava as metralhadoras teve parte da cabeça arrancada por um tiro. O líder do 30º Batalhão de Infantaria passou mal e entregou o comando a um subordinado. Nessa situação desoladora, o destacamento perdido na floresta topou de súbito com o povoado indefeso! Os rebeldes, de tão pasmos, renderam-se sem mais resistência: 158 homens, mulheres e crianças, desta vez incluindo o caudilho.

O CONTESTADO: A FASE TIMBÓ—SANTA MARIA

A maior tarefa ainda estava por cumprir. Aleixo, velho maragato da guerra civil da década de 1890 no Rio Grande do Sul, tinha cerca de quatrocentos a quinhentos seguidores no reduto principal do rio da Areia. O coronel César conseguiu infiltrar um espião no acampamento e estava preparando meticulosamente o ataque quando uma operação de reconhecimento em 16 de janeiro revelou que o reduto estava deserto. A gente de Aleixo desaparecera nas matas do Timbó. As defesas de Tamanduá—Santa Maria passaram a ser o principal objetivo do Exército.

O cerco continuava a fechar-se. Nos primeiros dias de fevereiro, sob fortes chuvas e tolhido por contínuas escaramuças, Onofre conduziu a coluna norte até os redutos de Santo Antônio, Tomazinho e Reichardt, mas encontrou-os, todos, abandonados. Os rebeldes, com aqueles ataques, só estavam ganhando tempo para que suas famílias recuassem na direção do Timbó. Nesse meio-tempo, a coluna sul de Estillac Leal vinha fazendo incursões de reconhecimento a partir da área conhecida como Perdizes Grandes, a leste da estação ferroviária de Caçador. As incursões revelaram que as posições rebeldes situavam-se nas densas florestas às margens do rio Santa Maria, a cerca de oito quilômetros de onde acampava a coluna.

Às seis e meia da manhã de 8 de fevereiro, a tropa de Estillac Leal pôs-se em marcha, com as principais unidades seguindo pela trilha e soldados nos flancos avançando arduamente pela mata. A vanguarda fez o primeiro contato mal haviam percorrido um quilômetro. A tática dos rebeldes consistia em despejar uma fuzilaria súbita e cerrada protegidos pela densa vegetação e recuar. A topografia irregular favorecia os rebeldes, pois conheciam o lugar, haviam preparado barricadas e dominavam o terreno elevado. Depois de avançar por menos de três horas, a coluna estacou diante de uma barricada em uma curva da trilha. Uma fuzilada mortífera abateu-se sobre os soldados. A vegetação densa não dava espaço para manobras. Estillac Leal não podia usar todo o potencial de sua força. Ordenou ao 57º Batalhão, na vanguarda, um ataque de baioneta que custou caro. As baixas entre oficiais e praças aumentavam a cada minuto enquanto os soldados avançavam contra a muralha de selva que ocultava o inimigo. Nem mesmo a metralhadora, comandada pelo aspirante João Pereira de Oliveira, logrou desentocar os rebeldes.[105] Seguiu-se então uma batalha de vaivém. Quando esmorecia a fuzilaria dos rebeldes, os soldados tentavam ganhar mais terreno, sendo então detidos por tiroteio mortífero. O comandante do 57º, major Nestor Sezefredo, teve cinco de seus seis oficiais mortos ou feridos; dos dois tenentes restantes, um sofreu ferimentos leves, o mesmo acontecendo com o próprio major.[106] Os oficiais mortos haviam sido baleados sobretudo na cabeça, pois os atiradores queriam pôr os soldados em pânico eliminando seus líderes. O major Nestor mandou avisar

Estillac de que era impossível manobrar pelos flancos, porque de um lado o terreno era alto demais, e do outro havia um despenhadeiro. Estillac, barrado, ordenou a retirada para Tapera.

Podemos avaliar o grau de determinação dos rebeldes e sua astúcia no uso das possibilidades defensivas do terreno sabendo, pelo testemunho posterior de participantes, que eles eram apenas 130 homens. Aqueles sertanejos famintos e acossados puseram em debandada seiscentos soldados bem armados e aprovisionados.[107]

A retirada revelou-se quase tão penosa quanto fora o avanço. A trilha era difícil, especialmente para os que carregavam os mortos e feridos em redes. Em certos trechos os soldados precisavam alargar a trilha e remover obstáculos à passagem. Enquanto isso, os rebeldes continuavam a persegui-los com ataques esporádicos vindos da mata, porém sem nenhum contra-ataque importante, até que, depois das duas da madrugada, desistiram da perseguição. Claramente, estavam se defendendo e não tentando destruir o exército. A tropa prosseguiu trôpega, com baixas totalizando dois oficiais, um vaqueano e 37 praças mortos, três oficiais e 26 praças feridos.[108] Alcibíades Miranda, veterano dessas batalhas, lamentou o que chamou de uma triste verdade: "Os praças mortos em combate ficavam quase sempre abandonados na mata, insepultos no seio da floresta! Quase o mesmo se poderá dizer quanto aos gravemente feridos!". Recordou com amargura que os feridos precisaram primeiro fazer um tremendo esforço para chegar até os companheiros e depois sobreviver à penosa jornada até o hospital de campanha em Perdizes. O pior meio de transporte, em sua opinião, era um sacolejante lombo de mula ou cavalo. Muitos do serviço médico ficaram com os nervos abalados diante do sofrimento que presenciaram e da falta de recursos com que tiveram de trabalhar. Alcibíades Miranda atribuiu esses reveses desastrosos à pouca importância que os "valentes nos gabinetes" no Rio de Janeiro davam ao conflito.[109]

Apesar da bem-sucedida defesa, os rebeldes estavam sentindo os efeitos da pressão a norte e a sul. Muitas famílias haviam seguido para o leste a fim de render-se ao coronel César, que parece ter ganhado a reputação de tratar os prisioneiros melhor que os outros comandantes.[110] Embora alguns desistissem, outros continuavam a chegar a Santa Maria, escapando ao avanço das tropas. A perda de acesso aos suprimentos vindos de fora combinada ao aumento de bocas para alimentar gerou fome sem precedentes no reduto. Abatiam-se dois novilhos por dia, mas à medida que a multidão crescia, a parte de cada um ficava cada vez menor. As crianças amontoavam-se em volta do animal abatido com canecas na mão para recolher o sangue da garganta. A falta de sal obrigou as pessoas a lamber o suor umas das outras. Cães e cavalos desapareceram nas panelas. Alguns encontravam nozes e mel, outros chegaram a cozinhar couros, cintos e selas.[111] O tempo estava do lado do Exército. Um aperto constante do cerco teria encerrado o episódio, lenta e dolorosamente para os rebeldes. Mas nas operações militares sem morte e destruição a glória é pouca, e as promoções, mínimas.

Os últimos e dramáticos dias sangrentos determinariam em parte quem chefiaria o Exército brasileiro na década seguinte. Setembrino ordenou à sua força aérea de dois homens que descobrisse a posição exata de Santa Maria. Infelizmente, em 1º de março, pouco depois da decolagem, o tempo virou e provocou a queda do avião, morrendo o tenente Ricardo Kirk.[112] O ministro da Guerra, Faria, enviou um telegrama de condolências a Setembrino (e o pesar devia ser sincero, pois o Exército perdera seu único aviador). Faria ordenou ao italiano Darioli que voltasse para o Rio junto com o avião, pois achava que não ficava bem o Exército depender de um estrangeiro para ter apoio aéreo. Esse incidente ressaltou uma curiosa contradição nas atitudes brasileiras. De início, o Exército o contratara porque seus dirigentes preferiam que um estrangeiro organizasse a escola de aviação a dar essa responsabilidade a um brasileiro. Mas depois, na hora da refrega, o orgulho nacional exigiu que a aviação dispensasse esse mesmo estrangeiro. Não era à toa que *A Defesa Nacional* se preocupava com o futuro da aviação militar brasileira.[113]

Setembrino gostaria que Estillac desferisse novo ataque em 1º de março, para comemorar o 45º aniversário do fim da Guerra do Paraguai. Enviou a Tapera seu ajudante, primeiro-tenente Daltro Filho, para comunicar sua vontade. Estillac, que esperava apoio aéreo, retardou o ataque e o remarcou para as duas e meia da madrugada de 2 de março. A partir dessa hora, até cinco e meia, seus obuseiros lançaram granadas altamente explosivas e projéteis shrapnel na direção dos rebeldes. Para alívio dos sertanejos, os projéteis não alcançaram o alvo, e muitos nem sequer explodiram. A linha de tiro estava errada, mas a escuridão e a floresta impediam que a artilharia descobrisse e corrigisse o erro. À luz do dia, percebendo o fracasso do bombardeio, Estillac ordenou aos vaqueanos que abrissem uma trilha até uma posição avançada de onde se pudesse avistar a capela de Santa Maria. Para vencer a barricada que detivera o avanço anterior da coluna, mandou que o canhão de montanha a explodisse. Não se sabe por que isso não fora feito em 8 de fevereiro.

Com a cobertura de uma possante força de infantaria, os vaqueanos foram derrubando a machadadas a densa vegetação enquanto duas juntas de fortes bois avançavam puxando um obuzeiro. Às onze e meia da manhã, estava tudo pronto. De seu posto de observação, os soldados conseguiram contar trezentas casas e uma igreja no povoado que Setembrino chamou de "Meca do Fanatismo".

Uma procissão foi vista saindo da capela. O povo achava que um milagre impedira os projéteis de artilharia de atingir Santa Maria, e estava dando graças. Sua fé e seus corpos foram despedaçados pela primeira salva do obuseiro. Seus rostos encheram-se de horror ao ver partes de corpos voando em todas as direções. Alguns correram para a capela e trancaram a porta, sendo soterrados quando a construção se incendiou e desabou. O obuseiro espalhou fogo, destruição e morte até as três da tarde. Curiosamente, a coluna não aproveitou a surpresa e o choque. O declive de 75 graus do vale impossibilitava o apoio direto da artilharia contra os rebeldes que se haviam refugiado em gargantas, de onde atiravam com pontaria mortífera. Percebendo que os sertanejos estavam manobrando de modo a disparar mais de perto contra os bois, Estillac ordenou a retirada do obuseiro.

Em seguida, ele cometeu seu erro tático mais básico, um dos mais comuns em operações antiguerrilha: não querendo arriscar-se a ser cercado durante a noite, mandou seus homens voltar às linhas originais. A incapacidade de manter o terreno arduamente conquistado significava que dia após dia a trilha deveria ser retomada. Seguiu-se um mês de combates à luz do dia na borda da escarpa e retiradas antes do anoitecer. O principal vaqueano da coluna, "coronel" Manoel Fabrício Vieira, disse a Estillac que precisaria de quinhentos soldados, em um ataque combinado com a coluna norte, para tomar Santa Maria.[115] Do lado sul, a configuração do terreno dava vantagem aos defensores. Os soldados resmungavam que, por aquele lado, era impossível tomar Santa Maria.[116]

O moral decaiu. Desabaram as chuvas torrenciais de março. O suprimento de víveres, roupas e remédios minguou. No 58º Batalhão, alguns soldados cortaram seus cobertores para fazer roupas mais quentes. O vento uivava fortíssimo, e o frio úmido, intenso, penetrava até os ossos dos trêmulos soldados. Não podiam aliviar o desconforto com a costumeira ração de cachaça, que em benefício da disciplina fora substituída por café. Os soldados derrubaram a mata para melhorar suas linhas de fogo defensivo e cobriram as barracas com camadas de capim para aquecê-las, e assim seus acampamentos ganharam a aparência de aldeias indígenas. A água potável diminuía dia a dia, pois eles sujavam os cursos d'água. Nas brasas das fogueiras assavam uarube, um pão massudo feito de farinha de mandioca, sal e água. À noite, cantavam e dançavam o mineiro, o coco e o catopé. Esperavam que o tempo melhorasse e alguma coisa acontecesse.[117]

Enquanto a tropa se encolhia nos acampamentos, o general Setembrino desfrutava relativo conforto em Curitiba. Telegrafou ao ministro Caetano de Faria dizendo que desejava retornar ao Rio para conversar pessoalmente sobre a situação, mas o ministro replicou que seu afastamento da zona de conflito seria malvisto pela imprensa e que ele devia permanecer com seus soldados.

A ação decisiva veio do norte. De 5 a 7 de março, Setembrino reuniu-se em Porto União com os coronéis Estillac, Onofre, Júlio César e Sócrates para elaborarem os planos finais. O coronel Estillac, depois de ter visto seus homens morrer quase em vão, argumentou em favor de um cerco até que a fome forçasse os sertanejos de Santa Maria a render-se. Um cerco salvaria vidas dos dois lados e facilitaria reincorporar os rebeldes à pátria. Mas Setembrino tinha seu orçamento e seu exército, e pretendia usar os dois. A coluna sul deveria manter um bombardeio contínuo, e elementos das colunas norte e leste deveriam encontrar-se, após o que as três atacariam simultaneamente de ambos os lados. Setembrino supunha que, depois de cortar as linhas de comunicação e retirada dos redutos, os bombardeios e os ataques freqüentes, aliados a um assalto fulminante, trariam a vitória. Admitiu ao ministro Faria que a estratégia não era original: estava seguindo conselhos de Karl von Clausewitz (1780-1831).[118]

O plano parecia excelente quando mostrado no mapa, mas seu êxito requeria comunicações constantes. E essas falharam totalmente. Linhas telegráficas e telefônicas ligavam os quartéis-generais da coluna a Setembrino, mas não havia comunicação onde era preciso, ou seja, entre as unidades participantes das manobras. De modo geral, as armas de combate não tinham unidade de esforços e não mantinham contato com os serviços auxiliares. Setembrino queixou-se ao ministro Faria de que havia uma "crise de comando" no corpo de oficiais e que, apesar de haver "alguns oficiais competentes", poucos tinham "as qualidades morais, intelectuais e práticas de um verdadeiro soldado".[119] Em seus vários telegramas e cartas durante a campanha e nas partes de combate, o historiador procura em vão por algum indício de que o general admitiu parte da culpa pela situação.

Quase como se o tivesse conjurado, Setembrino conseguiu um soldado exatamente como sonhava. O homem do momento foi o capitão Tertuliano de Albuquerque Potyguara. Em 26 de março, ele levou seus quatrocentos soldados e 148 vaqueanos de Canoinhas a Reichardt. Deveria encontrar-se com a coluna leste que vinha da Colônia Vieira em um lugar chamado Vaca Branca. Aconteceu uma confusão que, não fosse a perda de vidas que causou, teria sido cômica. Em 21 de março a coluna leste se pôs a caminho e seus vaqueanos chegaram a Vaca Branca no dia 23, mas naturalmente não viram sinal da tropa de Potyguara, que ainda estava em Canoinhas. Na verdade, Onofre mudara o local do encontro de Vaca Branca para Tamanduá porque as chuvas haviam enlameado os caminhos do norte. Embora Onofre mandasse uma carta explicando a mudança a Júlio César no dia 27, aparentemente ele não a recebeu a tempo de agir com base na nova informação.[120] Por isso, em 30 de março os dois destacamentos estavam a quilômetros um do outro, procurando-se, os homens de Potyguara nas proximidades de Tamanduá e os de Júlio César nos arredores de Vaca Branca, chamando-se com toques de corneta e tiros de aviso. Não conseguiram encontrar-se, mas certamente alertaram os rebeldes. Com tamanha barulheira a nordeste e sob os bombardeios diários da coluna sul, centenas de famílias rebeldes tentaram escapar pelo sudeste, e ali algumas caíram prisioneiras do 9º Regimento de Cavalaria, cujas patrulhas bloqueavam as rotas para Lages.[121] Outras fugiram para São Miguel, localidade escondida nos montes envoltos pela mata, onde, após a queda de Santa Maria, alguns dos sobreviventes se reuniriam.[122]

O ataque de Potyguara a Santa Maria teve todas as características de uma história de aventura sangrenta. De 31 de março até 4 de abril, seu destacamento atravessou rios na cheia e chafurdou em trilhas enlameadas às voltas com combates quase constantes. Por ironia, ou melhor, tragédia, estavam na Semana Santa. No dia 1º de abril, Quinta-Feira Santa, seus homens estavam na orla da fieira de povoados ou redutos coletivamente chamados de Santa Maria. Esse primeiro setor, ao longo do rio Caçador, estava "situado em uma belíssima posição e disposto de maneira a oferecer uma poderosa resistência a qualquer força regular". Fortificações feitas de troncos de nogueira e pinheiro protegiam as casas, e o terreno oferecia muitas trincheiras naturais. Potyguara, depois de forçar os "bandidos", como ele os chamava, a recuar até essas defesas, admitiu que opuseram "uma das mais bravas e heróicas resistências" que ele já presenciara em seus 26 anos como militar. Só com metralhadoras muito bem posicionadas foi possível romper a linha rebelde, de mil metros de extensão. Aos gritos e vivas, os soldados incendiaram 1181 casas, contaram 109 corpos e continuaram o avanço. Tendo percorrido pouco menos de dois quilômetros, foram atacados pela frente e pelos flancos, mas conseguiram passar. Naquela noite, com muitos feridos para cuidar e com o medo sobrepujando as necessidades do corpo, ninguém no destacamento dormiu.[123]

Em 2 de abril, a grande superioridade numérica do inimigo deteve o avanço da tropa. Travou-se furioso combate corpo a corpo aos brados de "degola!". Baionetas e punhais faiscaram na "luta titânica e heróica" que até para Potyguara pareceu "loucura humana". Quando terminou, "85 bandidos [...] jaziam no solo completamente desfigurados".[124] Depois de breve descanso, avançaram para o antigo setor de Aleixo, onde os rebeldes atiravam de posições entrincheiradas. Desta vez, Potyguara recorreu a dez minutos de fogo das metralhadoras para arrefecer a defesa. De facão em punho, ele encorajou e inflamou seus soldados. Seis cornetas deram o sinal de ataque, e os soldados arremeteram pelos 1200 metros de terreno contra os sertanejos. Engalfinharam-se em horrenda carnificina. Soldados, vaqueanos e jagunços caíram lutando no rio Santa Maria como "feras sedentas de sangue e de vingança", nas palavras de Potyguara. Uma hora depois, os rebeldes haviam desaparecido na mata. Os soldados incendiaram centenas de casas, choupanas de palha e uma capela. Encontraram um retrato grande de Aleixo de Lima envergando farda de capitão do 15º Regimento de Cavalaria da Guarda Nacional! Apesar do combate tão dramático, contaram-se apenas 48 corpos de rebeldes.[125]

Naquela tarde ele ordenou que os corneteiros tocassem repetidamente o "toque de vitória [...] o qual ecoava por dentro daquelas matas virgens como um protesto da civilização contra a barbaria". Nem as cornetas nem os numerosos tiros de aviso despertaram, nas palavras sarcásticas de Potyguara, "a fantástica coluna sul" ou o "veloz destacamento da coluna leste". Desiludido, sentia-se explorado. Onde estavam? A coluna sul deveria estar atacando, e o destacamento da coluna leste, Potyguara supusera que estaria um dia de marcha à sua frente. Em vez disso, ele entrara lutando no "antro dos bandidos". O inimigo resistira, mas talvez a maioria simplesmente houvesse saído do caminho. Agora sua unidade estava sozinha, seus vaqueanos, feridos, assim como cerca de um quarto de seus soldados, e a maioria de seus oficiais tinha morrido. Passaram a Sexta-Feira Santa descansando, vigiando e cuidando dos feridos.[126]

No dia seguinte, os soldados lutaram para penetrar em Santa Maria. Em três horas de combate, rechaçaram os rebeldes, que deixaram 91 mortos. As metralhadoras dos soldados davam-lhes a vantagem do poder de fogo sobre a superioridade numérica dos sertanejos. Mas talvez os jagunços estivessem apenas ganhando tempo para que suas famílias fugissem, pois os soldados não viram sinais de vida. Algumas casas estavam fechadas, outras abertas, mas todas abandonadas. Enquanto eles passavam cautelosamente pelas construções desertas, só as aves gritavam em protesto ao fugir voando. Vasculharam as casas à procura do que houvesse de valioso, depois as queimaram. No centro do povoado, construíram uma fortificação de troncos. Agora podiam ouvir, ao longe, as várias cornetas da coluna sul, acampada em Tapera, a seis quilômetros dali. Mais uma vez, Potyguara pôs seus corneteiros para trabalhar, torcendo para que a unidade de Estillac respondesse. Não havia mais comida além da que já fora distribuída. Haviam calculado mal a distância de Reichardt a Tapera (eram 142 quilômetros em vez de oitenta), e a prometida reunião com as demais colunas revelara-se uma ilusão. Pelo tom de sua parte de combate, ele obviamente se sentia arrasado, talvez traído.

Sábado de Aleluia, 1915. Os últimos raios de sol desapareceram no céu calmo e momentaneamente claro. Ao cair a noite, nuvens imensas surgiram. Potyguara escreveu que pensava em Deus e no sofrimento enquanto observava a cena. Tiros de fuzil despedaçaram qualquer devaneio que ele ou seus homens pudessem estar acalentando. A breves intervalos, os estampidos e centelhas de Winchesters, Comblains e Mausers irromperam na escuridão como inúmeros vaga-lumes monstruosos, enchendo o ar de silvos e zunidos mortíferos. O "hospital" sofreu fogo cerrado; o cirurgião do destacamento, dr. (tenente) Alexandre de Souto Castagnino, foi atingido, agonizou durante a noite e morreu na tarde seguinte. O "bravo corneteiro" Marcelino foi baleado quando tocava os chamados. A noite foi um "pasmoso inferno".[127]

O CONTESTADO: A LUTA FINAL EM SANTA MARIA

O amanhecer do Domingo de Páscoa trouxe as notas do toque de alvorada da coluna sul do outro lado da serra e despertou a esperança de que chegaria a ajuda. Potyguara escreveu uma súplica: "Caro amigo Estillac — Estou aqui neste inferno depois de dez dias de marchas horrorosas sendo oito de combate dia e noite, peço-te que avances com a máxima urgência a fim de me auxiliar no resto da nossa espinhosa missão".[128] Sob a cobertura das metralhadoras e fuzis, trinta homens escolhidos correram para a proteção da floresta. Ao meio-dia, a pressão dos rebeldes abrandou o suficiente para que os soldados se movessem pelo local, mas limitadamente e com muita cautela. Verificou-se que restavam quatro ou cinco balas com cada soldado. Os gemidos dos soldados feridos misturavam-se aos relinchos e zurros dos cavalos e mulas que, ainda selados, sangravam lentamente até a morte. O chefe dos vaqueanos, Leocádio Pacheco, morreu baleado na testa. Os tiros amainaram ainda mais à tarde, e os exaustos soldados sepultaram seus mortos. Subitamente, às cinco da tarde ficou claro por que os rebeldes haviam diminuído a pressão. Gritos e tiros vieram da direção de Tapera. Apareceram, correndo em sua direção, o capitão Salvador Pinheiro e alguns vaqueanos do coronel Fabrício, na vanguarda do 14º Batalhão. À noite, estava assegurada a salvação dos homens de Potyguara. De Santa Maria só restavam cinzas.[129]

Todos os dias a tropa de Estillac havia repetido a tática de desimpedir a trilha até o ponto onde eram barrados pela resistência rebelde, retirando-se ao cair da noite. Na manhã de 2 de abril, ele telegrafara a Setembrino dizendo ter ouvido tiros ao longe às oito da manhã, o que indicava a presença de "forças amigas" a nordeste. Declarou: "Já estou cooperando na ação conjunta que confio nos dê a vitória". Setembrino respondeu imediatamente: "é o bravo capitão Potyguara que avança; atacai com vigor procurando decisão". As forças da coluna travaram um violento combate pela trilha. Mas à uma da tarde os rebeldes tinham conseguido barrá-los, após um avanço de apenas duzentos metros. A pontaria certeira dos sertanejos pusera doze soldados fora de combate. Os rebeldes não ofereciam nenhuma posição fixa que o exército pudesse atacar. Atiravam de cima de árvores, de bambuzais, de depressões no solo. Sua invisibilidade não permitia saber se a enorme quantidade de munição gasta pelas tropas tinha algum efeito. Naquela noite, às sete horas, Estillac ordenou que seus homens recuassem e telegrafou a Setembrino afirmando que "o inimigo apresentou hoje uma resistência igual, se não superior, à do dia 8 de fevereiro". O general questionou o acerto daquelas retiradas noturnas, insinuando que Estillac deveria reconsiderar sua tática, mas não sugeriu nenhuma outra solução.

Em 3 de abril, enquanto os homens de Potyguara resistiam no centro de Santa Maria, Estillac escreveu um longo telegrama justificando sua tática e a incapacidade de assegurar uma posição fixa na floresta ou de penetrar no vale. Para

sorte do destacamento de Potyguara, a mensagem da manhã de Páscoa galvani-
zou a determinação de Estillac, e ele ordenou às suas unidades: "Avancem até
encontrar o capitão Potyguara, qualquer que seja a resistência oposta pelo inimigo, e não recuem diante das perdas que por acaso venham a sofrer". Para sua
grande surpresa, ao chegarem à área dos confrontos dos dias anteriores não
encontraram resistência; ou os rebeldes haviam partido para atacar Potyguara na
esperança de eliminar seu destacamento antes de a coluna poder atacar ou, o que
era mais provável, estavam gradualmente se retirando de vez. Deu-se então o
encontro acima descrito.[130]

Estillac finalmente ordenara que seus homens passassem a noite na mata,
acampados em pontos ao longo da trilha de Tapera a Santa Maria. Ele próprio não
desceu ao vale, por isso nunca pôs os pés em seu tão esperado objetivo; ficou à
espera de Potyguara no alto da encosta. O encontro dos dois foi uma das cenas
mais acrimoniosas da história militar brasileira. Esfarrapado, imundo, com um
esgar no rosto irado e o muito usado facão na bainha, Potyguara avançou com
passadas duras e vigorosas. Atrás dele arrastavam-se exaustos seus homens, as
roupas em tiras, cobertos de arranhões e feridas. Haviam perdido dois oficiais, 32
praças e 22 vaqueanos, mortos, e tinham dois oficiais, 58 praças e 39 vaqueanos
feridos. Em comparação, em todos os combates anteriores as baixas haviam sido
de oito oficiais, 110 praças e 22 vaqueanos mortos, e 26 oficiais, 113 praças e 25
vaqueanos feridos.[131]

Sob os vivas do 51º de Infantaria Ligeira, os dois oficiais ficaram frente a
frente. Potyguara perguntou secamente por que a "grande coluna" de Estillac não
os encontrara muito antes. Estillac respondeu que durante semanas não tinham
conseguido descer o vale devido à "grande resistência dos bandidos!". Não foi con-
vincente, nem naquele momento nem depois.[132]

Setembrino telegrafou ordenando que Estillac perseguisse o inimigo energicamente, e afirmou: "É preciso que o fecho desta luta seja mais uma conquista sig-
nificante para o Exército e um exemplo de valor para a história. É preciso vencer,
custe o que custar". Estillac respondeu que haviam perseguido os rebeldes durante
toda a noite de 4 de abril e a manhã do dia seguinte, até cessarem os tiros do outro
lado, a cerca de três quilômetros de Santa Maria. "Considero [o inimigo] destro-
çado." De Tamanduá até Santa Maria, aproximadamente 5 mil casas estavam em
cinzas. Potyguara não fez prisioneiros, e informou ter matado por volta de seiscentos rebeldes em combate. Embora pareça que a maioria dos sertanejos mera-

mente tenha saído do caminho do Exército ou, desesperados e desiludidos, fugido da região, muitos se reagruparam em novos redutos ao longo do rio São Miguel e em Pedra Branca. Mesmo assim, Estillac declarou "destruído o último reduto do banditismo". "Não posso garantir que todos os bandidos que infestam o Contestado tenham desaparecido, mas a missão confiada ao Exército está cumprida." Setembrino respondeu com congratulações, e observou que "o brilhante sucesso" de suas forças na tomada dos redutos entre os rios Santa Maria e Caçador vinha "elevar o nome do Exército e calar o despeito sórdido dos maldizeres ativados contra a dignidade dos soldados que jamais se negaram ao cumprimento do seu espinhoso dever".[133]

O destacamento de Potyguara descansou por um dia e partiu para embarcar no trem em Canoinhas. Nas proximidades do acampamento em Tapera, mataram e mutilaram um prisioneiro que lhes havia sido entregue para ser levado a Porto União.[134] Outros rebeldes que se renderam tiveram destino semelhante nas mãos de vaqueanos.

Era hora de encerrar a campanha. Nos acampamentos da coluna, as condições de higiene beiravam o intolerável. Os cursos d'água estavam contaminados. Aumentavam rápido os casos de tifo. Das matas, o fedor hediondo de carne humana e animal em decomposição tornara o ar irrespirável em alguns lugares.

Assim, Setembrino declarou vitoriosa a campanha, e as unidades da divisão partiram para seus respectivos quartéis. Em discurso em Porto União, ele apontou para Potyguara e declarou que o capitão salvara "a honra do Exército nacional". Uma pequena força permaneceu no local para eliminar os rebeldes que haviam evitado o Exército. Eles acabaram por render-se ou foram derrotados por uma combinação de perseguição e dissensões internas. Um número indeterminado, mas considerável, morreu depois de ter sido detido. Prisioneiros sobreviventes foram distribuídos como colonos por vários projetos de ocupação da região. A operação limpeza foi deixada a cargo de forças mistas, civis e militares, e da polícia estadual do Paraná e Santa Catarina, sob o comando do coronel da infantaria Antônio Sebastião Bazílio Pyrrho, veterano de Canudos e agora também do Contestado, cujo sobrenome, ironicamente, faz lembrar a expressão "vitória de Pirro": naquele momento, alguns oficiais preocupavam-se com a possibilidade de aquele sucesso revelar-se caro demais. Embora em fins de 1915 o coronel Pyrrho houvesse eliminado os bolsões rebeldes remanescentes, novo perigo surgiu no fim de julho de 1917, quando insurgentes se revoltaram contra o acordo de fronteiras entre Santa Catarina e Paraná em favor de um estado separado para as Missões. Desta vez o Exército reagiu sem demora e debelou o movimento em setembro de 1917. Pequenos destacamentos foram postados em Canoinhas e União da Vitória para manter a presença do governo nacional.[135] O Exército tornara o Contestado seguro para o progresso.

Os efeitos dessa campanha seriam sentidos por gerações. Nas palavras de Setembrino, ela confirmou que o Exército necessitava de verdadeira organização e treinamento. Mas ele hesitou em afirmar que o Contestado devia desviar o Exército de suas diretrizes européias. Uma guerra sertaneja não era tão respeitável como um conflito em estilo europeu. Essa pequena guerra, que ele comparou em seu relatório de campanha às guerras coloniais francesas na Ásia e na África, com "a feição irregularíssima da luta de nenhum modo invalida ou desmente", segundo ele, os regulamentos do Exército baseados na "magnífica doutrina alemã"; tampouco ensinara algo novo, mas, escreveu Setembrino, "mostrou-nos com a sinceridade nua dos fatos que precisamos melhorar intelectualmente, moralmente, praticamente". Apesar de negar que a campanha houvesse legado lições proveitosas, ele enumerou várias delas. É interessante notar, em seu relatório, a insinuação de que era provável ocorrerem futuramente conflitos desse tipo na periferia do Brasil civilizado. Ponderando que "a guerra é a política de armas na mão", ele ressaltou que dali por diante os comandantes de campanha deveriam ter a "confiança ilimitada do governo" e a "autoridade impartível de um ditador", a fim de evitar problemas com as autoridades civis. Criticou a imprensa, para a qual recomendou a censura em situações futuras semelhantes, com o fito de impedir que informações chegassem ao inimigo e que notícias negativas desencorajassem os cidadãos. Recomendou que os "destacamentos expedicionários" passassem a compor-se de colunas móveis com soldados predominantemente de infantaria, utilizando civis como vaqueanos. Posteriormente, como ministro da Guerra (1922-26), ele usaria colunas assim contra os oficiais rebeldes do próprio Exército, porém com muito menos êxito que o obtido no Contestado. Seu relatório discorreu minuciosamente sobre a necessidade de fardamento de campanha adequado, calçados, barracas e carroções mais fortes e melhor uso do telégrafo e de telefones de campanha. Elogiou o fuzil Mauser dos praças, mas recomendou que os oficiais portassem também um Smith & Wesson 38 ou 44. Ressaltou as desvantagens do controle estrangeiro das ferrovias e recomendou a elaboração de leis que dessem autoridade ao Exército para geri-las nas emergências. E, ao aconselhar um melhor treinamento militar, admitiu que grande número de oficiais desconhecia a teoria militar. Sem intenção de ser profético, seu relatório, de certa forma, vislumbrou a crise disciplinar da década de 1920 no comentário de que muitos oficiais de baixa patente, por serem agora mais bem treinados, mostravam-se mais críticos em relação a seus superiores do que no passado. Durante a campanha haviam ocorrido "situações verdadeiramente anômalas em que a superioridade do superior é apenas hierárquica". E alertou que a liderança, a disciplina e a obediência baseavam-se, em última análise, na autoridade moral que emanava de "uma real capacidade profissional e de uma extremada honradez".[136]

Veremos no próximo capítulo como um notável grupo de oficiais, que em 1913 retornara do treinamento com o Exército imperial da Alemanha, produziu centelhas de reforma. Esses oficiais, juntamente com alguns veteranos da campanha do Contestado, empenharam-se para dar à oficialidade as qualificações cuja ausência Setembrino notara no Contestado. Curiosamente, apenas alguns dos oficiais treinados na Alemanha foram mandados para Santa Catarina, talvez porque os líderes do Exército achassem que aquela guerra não estava à altura de seus talentos ou não valia o risco de perderem o investimento feito no preparo daqueles homens na Europa.[137] Mas o episódio do Contestado certamente interessou aos reformistas, que publicaram artigos em A Defesa Nacional durante a campanha e posteriormente, além de angariar fundos para ajudar as famílias dos que haviam sido mortos em ação. Além disso, uma das clarinadas da revista — que a maioria dos oficiais deixasse de lado sua criminosa, "impatriótica indiferença" e "inércia perniciosa" e participasse da reconstrução da máquina de guerra brasileira — foi escrita por um veterano do Contestado, o segundo-tenente Mário Travassos.[138]

Em agosto de 1917, os editores resumiram o relatório do general Setembrino e comentaram que a "perda de vidas preciosas" resultara da velha falta de previsão e de ação decisiva. A atabalhoada montagem de uma força expedicionária a partir de unidades díspares do Exército lançara uma precária "organização de tropas irregulares" em "uma luta sem glórias e de desprestígio para as nossas armas". Os editores fizeram uma crítica severa à República: "Que foi o Contestado senão a ausência de normas políticas elevadas, o abandono de milhares de brasileiros, até hoje segregados de vias de comuniação fáceis, pela falta de energia e pela pobreza de iniciativa que, infelizmente, tem caracterizado as administrações em geral desde os tempos da monarquia?". E alertaram: "Aos nossos chefes militares, especialmente [...] a lição do Contestado não deverá impressionar tão-somente pelo lado técnico [...] ela revelará ainda que a passividade com que o Exército vai recebendo todas as medidas mal inspiradas de origem política ou de caráter puramente administrativo, só lhe acarretá prejuízos morais e as mais funestas conseqüências ao país que não tem confiança no seu Exército".[139]

O Contestado continuou a ser, por vários anos, um importante elemento da memória institucional do Exército. Sem testemunhos precisos é difícil avaliar o impacto da rebelião sobre o pensamento e o comportamento posterior dos oficiais individualmente, mas é digno de nota o fato de que participaram da luta oficiais que tiveram papéis importantes na década de 1920 e posteriormente. Três ministros da Guerra foram veteranos da campanha: o general Setembrino, o capitão Nestor Sezefredo dos Passos e um oficial formado na primeira turma da nova escola militar do Realengo, o aspirante Henrique Batista Duffles Teixeira Lott, que começou seus 45 anos de carreira lutando no Contestado. No mínimo dois tenentes rebeldes da década de 1920 foram veteranos: os segundos-tenentes Euclydes Hermes da Fonseca, filho do presidente e depois comandante do forte de Copacabana na rebelião de 1922, e Heitor Mendes Gonçalves, que se distinguira em trabalhos de reconhecimento de longa distância no Contestado. De fato, na época da Revolução de 1930, havia 109 veteranos (15%) entre os 716 oficiais da ativa que foram comissionados a tempo de servir no Contestado. Nas décadas seguintes, no mínimo 26 (24%) chegaram ao generalato. Seis deles figuravam entre os 33 generais-de-divisão e generais-de-brigada em 1930. Se a experiência do Contestado não esclareceu a oficialidade sobre as realidades e problemas do Brasil rural, é difícil imaginar o que poderia tê-lo feito![140]

Haveria veteranos do Contestado entre os oficiais-generais até a década de 1960, e desses o mais proeminente foi o general Henrique Lott, ministro da Guerra de 1954 a 1960. Já na década de 1970, quando o Exército estava às voltas com ações de guerrilha, o estudo do Contestado e de Canudos fazia parte da preparação exigida dos oficiais selecionados para a Escola de Comando e Estado-Maior do Exército. Como vários dos fatores que haviam gerado aqueles movimentos ainda estavam presentes na sociedade brasileira, os pensadores do Exército procuravam no estudo da história sugestões para soluções pacíficas. E talvez mais revelador seja que os mapas rodoviários modernos ainda mostram a área de Santa Maria ao longo do rio Timbó vazia de estradas e cidades.[141]

Finalmente, cabe mencionar uma ligação curiosa com a Revolução de 30. Em cerimônia realizada em maio de 1915, uma placa de mármore em honra à vitória do general Setembrino foi afixada a uma parede do quartel-general regional do Exército em Curitiba. Durante a comoção de outubro de 1930, alguém removeu a placa, que nunca mais tornou a ser vista.[142]

Vimos neste capítulo que o Exército e seus oficiais estiveram profundamente envolvidos em duas linhas de ação que imergiram a instituição e, por meio dela, o governo nacional em assuntos internos dos estados: a primeira, o movimento salvacionista, que substituiu velhas oligarquias estaduais por grupos mais aceitáveis para as autoridades nacionais, muitas vezes beneficiando altos oficiais individualmente; a segunda, o Contestado, no qual o Exército atuou como o supremo encarregado de impor o modelo de desenvolvimento capitalista que a República Velha estava adotando, um modelo que subordinava as áreas rurais às necessidades das cidades costeiras e do capital e dos mercados externos. O duplo legado dessa era, de intervenção política e supressão da dissensão, enodoaria a missão do Exército nas décadas vindouras, embora aumentasse o poder do governo central. A idéia de Wallace da "política dos apetites", na qual oponentes procuram apoderar-se das estruturas de poder vigentes sem ocasionar mudanças importantes, foi uma descrição condizente com o movimento salvacionista; e a concepção da "política de identidade" aplicou-se aos rebeldes do Contestado, que, com motivações religiosas, buscavam uma vida melhor e direitos para os "Filhos Brasileiros" em uma época na qual tudo parecia ser para "as gentes da Oropa". A política dos apetites, porém, ganhou mais força e esmagou a política de identidade.

4. Patriotismo e modernização

As sociedades nascentes têm necessidade dos elementos milita-res para assistirem à sua formação e desenvolvimento.
A Defesa Nacional, 10 de outubro de 1913

A defesa militar nem é o principal, nem o primeiro, nem o mais vigoroso dos nossos meios de defesa.
Alberto Torres, *Presença de Alberto Torres*

Finda a guerra européia, vencedores e vencidos [...] não hesi-tarão em desenvolver a política imperialista, e a América do Sul, o Brasil principalmente, cujas riquezas antes já desperta-vam a cobiça de vários sindicatos, servirá de apoio à guerra conquistadora.
General Antônio Ilha Moreira, *O Exército e a nação*

Enquanto o Exército brasileiro estava ocupado no Contestado eclodiu a Primeira Guerra Mundial, e os oficiais brasileiros observaram, fascinados, os dois exércitos-modelo, o alemão e o francês, testarem homens, equipamentos, organização, estratégias e táticas um contra o outro. Em seu silêncio quase absoluto sobre a luta no Contestado revelou-se nitidamente o enfoque europeu das elites brasileiras. Embora as operações do Exército no sertão do país atraíssem a cobertura da imprensa, o tom dos comentários sugeria que se tratava apenas de outro conflito em um lugarejo remoto, que dispensava maiores atenções. Era de bom-tom as matronas da sociedade carioca angariarem fundos para ajudar os desventurados belgas, mas não os seus conterrâneos desalojados ou feridos na sitiada Santa Catarina. Foi a guerra na Europa, e não no Contestado, o pano de fundo contra o qual os planos de reforma e reorganização elaborados nos anos anteriores foram postos em prática. O serviço militar obrigatório tornou-se realidade, e alguns oficiais ansiavam por ver seu Exército ampliado juntar-se à luta na Europa. Esse desejo foi frustrado, mas a expansão física resultante do serviço obrigatório aumentou o alcance do Exército por todo o Brasil e, com isso, a capacidade do governo central para intervir nos estados.

Este capítulo analisa os esforços da oficialidade para definir o Exército, sua missão e sua relação com a sociedade e o sistema político. A visão resultante deu aos líderes militares direção e energia, mas também plantou sementes que, como veremos em outros capítulos, impeliram alguns oficiais para soluções revolucionárias violentas. Comecemos com uma análise do desenvolvimento ideológico.

A IDEOLOGIA DO PAPEL DAS FORÇAS ARMADAS NA SOCIEDADE

A Primeira Guerra Mundial aguçou nas elites brasileiras a consciência das fraquezas de seu país, mas não se formou de imediato um consenso sobre a linha de ação adequada. Exacerbaram-se as emoções contra e a favor dos lados beligerantes. Até o antimilitarista Rui Barbosa afirmou que o país não podia eximir-se diante da violação do direito internacional. Em sua opinião, ao invadir a neutra Bélgica, a Alemanha passara dos limites. Mas o deputado federal Dunshee de Abranches viu a guerra como um conflito comercial e se opôs a que o Brasil tomasse o partido dos Aliados porque o bloqueio britânico ao comércio e comunicações da Alemanha traria grande prejuízo aos negócios brasileiros. Ele apontou, mordaz, a ironia no afã britânico para salvar a Bélgica da "escravidão" enquanto suas próprias tropas suprimiam a "liberdade da Irlanda". O diplomata aposentado Manuel de Oliveira Lima aventou que a guerra poderia impedir os Estados Unidos de ampliar o alcance da Doutrina Monroe em detrimento da América Latina. O teor de seus artigos em *O Estado de S. Paulo* levou a Grã-Bretanha a declará-lo persona non grata.[1] Olavo Bilac e Alberto Torres, de quem trataremos adiante, preconizaram que se fortalecesse o Brasil para torná-lo independente e autônomo, mas, assim como divergiram a respeito da guerra, também propuseram diferentes papéis para as Forças Armadas. O debate decorrente sobre a defesa nacional girou em torno do serviço militar obrigatório e moldou idéias concorrentes acerca do papel do Exército na sociedade. Fez aflorar três interpretações da missão do Exército: a da revista militar *A Defesa Nacional*, a do poeta e inspirador dos militares Olavo Bilac e a do político e escritor Alberto Torres.[2]

Os oficiais que fundaram e publicaram *A Defesa Nacional* foram um novo fenômeno no Exército brasileiro: eram instruídos e sabiam comandar tropas. Sua tarefa era tornar-se modelos para as futuras gerações, mas nesse esforço colidiram com dois outros grupos: os "doutores" e os "tarimbeiros". Os primeiros eram produto da febre reformista de 1890 que transformou a escola militar em um centro da filosofia positivista. "Todos querem ser doutores: dr. tenente, dr. capitão, dr. general ou simplesmente 'seu doutor' como ainda [...] muitos soldados chamam a determinados oficiais." Os tarimbeiros haviam ascendido na hierarquia com pouca educação formal. Muitos mal sabiam ler, e pareciam acalentar a "ingênua convicção de que o analfabetismo enrija os músculos". Decerto irritavam-se ao extremo com os ares de superioridade dos doutores tenentes, que discutiam filosofia e citavam poetas. Em fins de 1914 o segundo-tenente Francisco de Paula Cidade observou satisfeito que o "doutorismo" exagerado estava em declínio e que restavam poucos tarimbeiros da velha guarda ainda na ativa. Mesmo assim, muitos oficiais resistiam passivamente à modernização porque se sentiam ameaçados pela mudança ou porque as inovações estavam sendo propostas e executadas por oficiais subalternos.[3]

O grupo de *A Defesa Nacional* compunha-se de oficiais de baixa patente que haviam servido na Alemanha e de colegas entusiasmados que desejavam aprender com sua experiência. Destes últimos, a maioria estava associada à Escola de Guerra e à *Revista dos Militares* em Porto Alegre. Entre 1905 e 1912 três contingentes, totalizando 34 oficiais, haviam passado dois anos em regimentos alemães. O Exército brasileiro moderno começou com o retorno desses homens ao Brasil.[4] Além de fundarem a importante revista *A Defesa Nacional*, eles e seus associados integraram a chamada Missão Indígena, que instruiu os cadetes da Escola Militar entre 1919 e 1923, influenciando, assim, os oficiais que liderariam o Exército na segunda metade do século.

Esses militares reformistas, significativamente, acolheram de bom grado o apelido de "jovens turcos", inspirado nos oficiais turcos que haviam remodelado o Império Otomano. De início, seus detratores haviam dado conotações negativas ao apelido, talvez, em parte, porque no Brasil "turco" era um termo pejorativo que designava os imigrantes do Oriente Médio, mas os reformistas gostaram dele. Afinal, os alemães também haviam treinado os oficiais turcos; de fato, a missão que os treinara fora comandada pelo general (barão) Friedrich Colmar von der Goltz, que em 1910 fora cogitado para assumir a direção de uma missão semelhante no Brasil. Cabe lembrar que os oficiais turcos profissionalizados tomaram o poder e reformaram seu país.[5]

Embora seja verdade que para o grupo que publicava *A Defesa Nacional* a defesa externa era a principal função do Exército, esses oficiais não propunham que o Exército se alheasse da sociedade. Serem apolíticos, para eles, significava que os oficiais deviam manter-se fora da política partidária e de todas as outras atividades extra-institucionais, a fim de concentrar as energias no aperfeiçoamento do Exército.[6]

Incluíam a intervenção militar na sociedade entre os papéis do Exército. Em seu muito citado primeiro editorial, os fundadores da revista declararam: "É fato histórico que as sociedades nascentes têm necessidade dos elementos militares para assistirem à sua formação e desenvolvimento". Só quando uma sociedade atingisse um nível elevado de civilização poderia livrar-se da tutela militar, e só então as Forças Armadas poderiam "se limitar à sua verdadeira função". Embora não quisessem introduzir injustificadamente "elementos militares nos negócios internos do país, o Exército precisa [...] estar aparelhado para sua função conservadora e estabilizante" na sociedade em mudança. O Exército era "o primeiro fator de transformação político-social" e tinha "igualmente uma função educativa e organizadora a exercer na massa geral dos cidadãos". Seu objetivo era transmitir à sociedade as virtudes de um bom exército: disciplina hierárquica e social, o abandono do interesse individual em favor do coletivo e o senso do dever e sacrifício pela pátria. Observaram que, se a influência militar ajudava a melhorar as antigas e cultas sociedades da Europa, seria "num país como o Brasil", com sua "sociedade atrasada e amorfa", "um fator poderoso de formação e de transformação de uma sociedade retardada e informe". Seu objetivo era construir um Exército que correspondesse às "legítimas aspirações de desenvolvimento e progresso", convictos de que "a capacidade social de um povo se mede e se avalia pela sua organização militar". Não podiam cruzar os braços e confiar à sorte a defesa do "Brasil, que é um dos mais opulentos países da Terra". Esses oficiais viam-se como "um bando de Cavaleiros da Idéia" empenhados em usar a razão em vez da força na luta por seus ideais. Convictos de que "o progresso é obra dos dissidentes", sentiam que seu dever era criticar para corrigir.[7]

Em fins de 1914 tinham em mãos um vasto programa de reformas, cuja implementação recomendaram ao novo ministro da Guerra, general José Caetano de Faria. Salientaram que ele deveria começar por baixo, antes de mais nada diminuindo o custo de manter o soldado individual, de modo a aumentar o número de recrutas alistados a cada ano, para expandir as reservas mais rapidamente. Suas sugestões eram práticas, voltadas para o aumento da eficiência. (1) Os voluntários deveriam apresentar-se em massa nos quartéis em data determinada, e não individualmente no decorrer de todo o ano, para que se pudesse organizar eficazmente a instrução. (2) Os exames de saúde dos recrutas deveriam ser mais rigorosos e (3) só homens "moralmente" sãos deveriam ser alistados. (4) O serviço militar obrigatório deveria ser posto em funcionamento para tornar o Exército "parte da nação", substituindo, assim, a "classe militar" pela "nação armada". E como só o corpo de oficiais, na condição de instrutores militares dos cidadãos, seria permanente, o custo dos soldados para o país diminuiria. (5) O tempo de serviço para os já instruídos deveria ser reduzido para acelerar seu ingresso na reserva. (6) O número de unidades deveria ser diminuído para permitir a cada uma um efetivo que (7) possibilitasse a instrução adequada dos soldados e preparasse os oficiais para o comando em tempo de guerra. (8) A organização do Exército em tempo de paz deveria ser igual à sua ordem de batalha na guerra para que as reservas mobilizadas pudessem ser incorporadas com facilidade. (9) Os serviços administrativos deveriam ser descentralizados de modo que o aprovisionamento pudesse ser feito em âmbito local, para que fosse possível economizar mais e melhorar a qualidade dos calçados e fardas. (10) Estes deveriam ser propriedade nacional, para que fosse possível acumular estoques. (11) Áreas de instrução deveriam ser criadas em cada guarnição para treinar os recrutas sob condições de combate realistas. (12) A lei estipulando depósitos para a substituição de animais de montaria deveria ser implementada, para suprir os cavalos e mulas necessários. (13) Finalmente, a oficialidade deveria ser afastada de "ambições políticas" com uma "lei de promoções séria e justa".[8] Os oficiais de *A Defesa Nacional* preconizavam, ainda, armamento moderno, munição para a prática de tiro e, em especial, a contratação de uma missão militar estrangeira para ajudar a remodelar e aperfeiçoar o Exército.[9]

Uma das primeiras reformas dos jovens turcos foi treinar subordinados —

cabos e sargentos — para que estes, por sua vez, pudessem treinar os recrutas. Essa medida técnica, em um Exército onde ela não era tradicional e no qual cabos e sargentos eram figuras marginais, foi revolucionária e provavelmente contribuiu para a posterior agitação entre os subalternos.

A segunda concepção do papel do Exército na sociedade foi a que o poeta Olavo Bilac, auto-intitulado "professor de entusiasmo", apresentou em sua campanha de 1915-16 em favor do serviço militar obrigatório. A seu ver, o papel defensivo das Forças Armadas era menos importante que sua função de ensinar. Sua principal missão era a educação cívica dos cidadãos. Trazendo todas as classes para os quartéis, argumentou Bilac, o Exército atuaria como nivelador social, ensinando disciplina, patriotismo e ordem. O perigo de uma casta militar seria eliminado, ele acreditava, se o Exército fosse o povo e o povo fosse o Exército.

Bilac apontava o serviço militar obrigatório como "uma promessa de salvação" para o Brasil. Refletindo a idéia dominante na classe média de que o Brasil não era uma nação coesa e unificada, para ele as classes privilegiadas da elite queriam apenas seu próprio prazer e prosperidade, as classes inferiores eram mantidas "na mais bruta ignorância", mostrando "só inércia, apatia, superstição [e] absoluta privação de consciência", enquanto os imigrantes estrangeiros viviam isolados pela língua e costumes. A "militarização de todos os civis" daria à sociedade as virtudes da classe média, dotando-a da coesão necessária para preservar-se. O serviço militar elevaria os da classe baixa e nivelaria os da alta.

Bilac achava que os verdadeiros brasileiros eram os da classe média. Suas idéias sobre o "povo", a maioria da população, eram permeadas de contradições. "Nos rudes sertões, os homens não são brasileiros, nem ao menos são verdadeiros homens: são viventes sem alma criadora e livre, como as feras, como os insetos, como as árvores." O aspecto do sertanejo é "miserável e triste: corpo emagrecido, pele sem cor, artérias sem sangue, olhar apagado, organismo depauperado, alma sem força, vontade abolida, cérebro sem luz. É uma sombra de homem". E as cidades "também estão cheias de ociosos, descalços maltrapilhos, inimigos da carta de 'abc' e do banho — animais brutos, que de homens têm apenas a aparência e a maldade". No entanto, afirmou que a pequena minoria instruída precisava aperfeiçoar-se antes de tentar aperfeiçoar o povo, e ponderou com entusiasmo que "o povo possui energias e virtudes, mais fortes e mais puras do que as nossas" e só precisava ser estimulado.[10]

O serviço militar, pensava Bilac, estimularia, purificaria e devolveria à sociedade aqueles homens como "conscientes, dignos brasileiros". As Forças Armadas forneceriam a disciplina e a ordem para reconstruir o Brasil, elevando os milhões de esmorecidos. Bilac culpava as oligarquias rurais pela miséria do povo, e afirmava que só a classe média possuía a "completa cultura intelectual e moral", a "elevação de espírito" e a capacidade de colocar-se acima de interesses pessoais, de classe ou partidários, sendo, pois, destinada "à sagrada missão de governar e dirigir a multidão".[11]

Os militares, já possuidores dessas qualidades superiores, ajudariam a classe média a chegar pacificamente ao poder. A nação, ou seja, o povo remodelado liderado pela classe média, seria o Exército, e este, reformado, reestruturado, redirecionado, seria a nação. O corpo de oficiais, na visão de Bilac, "é todo o Exército: é a alma — toda a sensibilidade, toda a inteligência, toda a vontade da corporação de soldados". O oficial era o sacerdote do culto à pátria e, como tal, devia afastar-se da ambição e envolvimento político. O oficial seria o regenerador e o disciplinador, e a classe média governaria e dirigiria.[12]

Bilac levou essa mensagem ao coração do Brasil moderno: os estados do Sul e do Centro-Sul. Platéias de estudantes, intelectuais e militares em São Paulo, Belo Horizonte, Rio de Janeiro, Curitiba e Porto Alegre ouviram seus empolgantes discursos patrióticos. Significativamente, ele iniciou sua cruzada em 9 de outubro de 1915 na Faculdade de Direito de São Paulo, que em 1910 entusiasmara-se com a campanha antimilitarista de Rui Barbosa. A missão de Bilac era reconciliar São Paulo, por intermédio de sua juventude, com os militares, ou melhor, reconciliar com estes os citadinos de todo o Brasil.[13]

O discurso em São Paulo foi o toque de reunir de sua campanha, na qual ele previa a "militarização de todos os civis" no "filtro" purificador dos quartéis. Foi onde ele apresentou pela primeira vez o tema presente em discursos subseqüentes: a imagem do Brasil carente de "fé e esperança", ávido por um "ideal". Ele retratou um Brasil em crise, em perigo de desmembrar-se, como "uma terra opulenta em que muita gente morre de fome, um país sem nacionalidade, uma pátria em que não se conhece o patriotismo", onde estava ocorrendo a "desnacionalização da nossa gente". Sua mensagem era sempre a mesma: a exaltação do patriotismo e a condenação da dúvida.[14]

Embora asseverasse constantemente não ser militarista, não querer "um regime militarista, oprimindo o país", Bilac exortava os oficiais a serem "fanáticos" por sua profissão. Sua solução para a falta de espírito nacional, para o regionalismo extremo, a excessiva influência estrangeira, era fundir o Exército com o povo em uma mentalidade democrática comum. Os oficiais deveriam ser os mestres salvadores que instruiriam o povo. Ele queria a neutralidade política da oficialidade porque "qualquer partidarismo diminuía" sua influência moral. Argumentava que os oficiais tinham de manter distância da política a fim de preservar a confiança, o crédito e o respeito de todos.[15]

"O trabalho que nos incumbe é longo, demorado, difícil", avisava os ouvintes. Não mudariam subitamente aquela geração; seria preciso "trabalhar para o futuro: somente outras gerações, mais felizes, gozarão o bem que teremos criado". Os únicos remédios para "a doença da nação são o tempo, a tenacidade, o devotamento". Para ele, as lutas no Contestado eram "conflitos ridículos sobre fronteiras" entre estados "envenenados pelo fanatismo".[16] Isso nos leva a indagar se ele realmente sabia o que estava acontecendo no Contestado. O alheamento ao conflito, evidente no discurso da elite, é notável.

Bilac era sincero, sem dúvida. Em 1893, pronunciara-se contra o que considerava o avanço do militarismo sob Floriano, fora preso brevemente no Rio de Janeiro e fugira para Minas Gerais, que estava livre do estado de sítio, para escapar das garras da polícia. Mas se sonhava com uma era dourada na qual as guerras seriam esquecidas e os exércitos seriam dispensados, também era de opinião que, enquanto houvesse o perigo da guerra, os países que não se preparassem arriscavam-se à "humilhação" e à "ruína". Referindo-se às manobras de 1905 do general Hermes da Fonseca, Bilac descreveu-as como "uma festa, uma radiante festa, porque é o início de um renascimento da força militar" que daria ao Brasil, na funesta eventualidade de uma guerra, "um exército disciplinado e forte".[17]

O escritor e político Alberto Torres expôs uma terceira visão do papel dos militares. O fluminense Torres, que fora deputado estadual e federal, ministro da Justiça e Negócios Interiores, presidente do estado do Rio de Janeiro e juiz do Supremo Tribunal Federal, publicara em 1914 dois livros importantes e muito debatidos: *A organização nacional* e *O problema nacional brasileiro*.[18] Concordava com Bilac sobre a necessidade de organização do Brasil. A seu ver, o país nunca fora organizado e estava perdendo dia a dia a pouca organização que possuía.[19] Mas não conseguia aceitar a terapia de Bilac. Para ele, os quartéis treinavam soldados, não cidadãos; a transmissão das virtudes cívicas constituía um processo distinto daquele que ensinava as habilidades militares. Se um bom soldado era virtuoso, altruísta e compassivo, era porque trouxera de casa e da praça pública essas virtudes. Os quartéis não produziriam tais qualidades; gerariam "pretorianos". E citava a Alemanha do cáiser como exemplo de que o "delírio militar" podia "turvar as almas [...], as próprias almas dos filhos de Schiller e dos descendentes de Kant!". Para ele, "esta nova idéia de 'educação pela caserna' é uma folha do mesmo livro de inverdades que por aí circula [...] a velha panacéia do espírito autoritário" que preconiza a educação para incutir as virtudes e qualidades que os do topo da socie-dade julgam que os da base devem possuir. Na confusa "multidão de palavras, idéias e sentimentos" de Bilac, Torres via um alicerce da diferenciação de classe e corporação na idéia da primazia militar como corretivo para a degradação civil.[20]

Em artigo publicado em *O Estado de S. Paulo* (22 de dezembro de 1915), Tor-res declarou duvidar que "num país sem 'sociedade' e sem 'nação', num povo a granel sem liga, sem vínculo, sem ambiente comum", o treinamento militar, mesmo sob o comando de um general alemão, pudesse transformar o Brasil em uma "Turquia ou uma Bulgária". E propôs, em vez de uma solução militar, em vez do modelo turco, que seguissem o modelo do Japão, Nova Zelândia e Austrá-lia, construindo a unidade e a infra-estrutura nacional. Alertou que, devido à "anarquia da organização" no Brasil, o serviço militar obrigatório malograria antes de começar.[21]

Opunha-se ao caráter permanente do corpo de oficiais e do Exército, que a seu ver era remanescente do velho sistema dinástico. Um corpo de oficiais perma-nente, argumentou, necessariamente se tornaria uma hierarquia privilegiada, dis-ciplinada e coesa, com tendência a evoluir para uma casta autoritária. Era ilusão supor que o recrutamento aberto, por produzir oficiais das classes baixa e média, eliminaria o perigo. A guerra na Europa, asseverou, demonstrava a necessidade de um exército de cidadãos, uma milícia civil semelhante à da Suíça ou à Guarda Nacional dos Estados Unidos. E delineou um programa básico de educação física, manobras militares e prática de tiro para um treinamento apropriado.

Torres concebia a defesa nacional como algo mais amplo que a defesa militar. "Em verdade, a defesa militar nem é o principal, nem o primeiro, nem o mais vigo-roso dos nossos meios de defesa", declarou. Para ele, a defesa nacional ideal tinha por base o governo constitucional, a educação pública, um sistema jurídico orga-nizado, uma economia forte, cautela com o crédito externo, restrição aos investi-mentos estrangeiros e à imigração, uma política externa cordial, propaganda paci-fista e, finalmente, a força militar.[22]

Incorrendo em certa contradição, dada sua opinião sobre os perigos de um corpo de oficiais permanente, Torres preconizava que a oficialidade treinasse as tropas que os estados seriam obrigados a fornecer. O recrutamento seria voluntário, recorrendo-se ao alistamento compulsório apenas para preencher claros.[23]

Bilac e Torres concordavam, porém, em alguns aspectos: a necessidade de patriotismo, de ordem, de um ideal nacional, da eliminação da apatia, da unidade nacional. Ambos recomendavam que os militares ficassem longe da política, pois um Exército político não passava de mera facção, não era mais um verdadeiro Exército. A política dividiria, separaria e desmembraria o Exército. Como comentou o biógrafo de Torres, Alexandre José Barbosa Lima Sobrinho, "um exército político seria como um partido que usasse, como símbolo, a bandeira nacional. O Exército não pode ser político, pela razão de que não pode e não deve ser uma facção".[24]

Em suma, o grupo de *A Defesa Nacional* queria que o Exército se modernizasse segundo o modelo alemão, com o corpo de oficiais permanente treinando recrutas trazidos pelo alistamento compulsório e depois dispensados para integrar uma força reservista sempre crescente. Consideravam missão do Exército a defesa externa e interna, esta última requerendo ainda por vários anos diversas formas de intervenção na sociedade. Essa visão determinaria a futura direção das relações do Exército com a sociedade e o sistema político. Os intelectuais civis Bilac e Torres queriam, ambos, limitar o papel das Forças Armadas a funções específicas, mas as idéias de Bilac eram mais palatáveis porque ele via o Exército como instrumento purificador capaz de reformar a sociedade por intermédio do papel educativo que Bilac atribuía ao serviço militar obrigatório. Essa idéia agradava aos oficiais e se amoldava bem ao enfoque intervencionista. Torres, por sua vez, duvidava da compatibilidade da democracia com um Exército permanente, preferindo como alternativa uma Guarda Nacional ou milícia civil — atitude que os oficiais rejeitavam. Como a morte logo tiraria esses dois pensadores de cena (Torres em março de 1917, Bilac em dezembro de 1918), os militares puderam adotar idéias selecionadas dos escritos e discursos de ambos sem medo de embaraçosos desmentidos. No futuro, quando o Exército procuraria estreitar laços com a sociedade, proclamaria Bilac seu grande aliado e amigo civil. Em 1939 o presidente Getúlio Vargas decretou que o dia 16 de dezembro, aniversário de Bilac, fosse comemorado como o "Dia do Reservista", e em 1966 o presidente (general) Humberto Castelo Branco elevou o poeta à eminência de "Patrono" do serviço militar. Como seria de esperar, não há placas em honra a Alberto Torres nas paredes dos prédios do Exército brasileiro.[25]

Dessas três posições sobre o papel das Forças Armadas, a defendida pelos oficiais de *A Defesa Nacional* foi, imediatamente e no longo prazo, a de maior impacto sobre o Exército. Sua influência no âmbito da instituição foi assegurada pelo apoio do general José Caetano de Faria, que de 1910 a 1914 foi chefe do Estado-Maior do Exército e ministro da Guerra de 1914 a 1918. Faria tinha sessenta anos ao tornar-se ministro em novembro de 1914. Entrara para o Exército como voluntário em 1868, quando beirava os treze anos. Participou da ocupação do Paraguai, entrou para a cavalaria e em 1875 tornou-se alferes, o posto inicial na hierarquia dos oficiais na época. Embora não tivesse o grau de bacharel da escola militar, concluiu o curso de artilharia em 1874, e suas promoções a tenente (1878) e capitão (1884) foram baseadas em seus "estudos". Sua carreira posterior indica que, a seu ver, o oficial devia combinar estudo com aplicação prática. A guerra civil do início da década de 1890 rendeu-lhe rápidas promoções em 1894, de capitão a major em abril e depois a tenente-coronel em julho. Caetano de Faria desempenhou papel ativo na supressão da revolta dos cadetes em 1904, o que talvez tenha ajudado a assegurar-lhe as estrelas de general. O regulamento do Exército especificava que a promoção a general ficava a critério do governo. Em 1905, embora ele fosse o 46º de 66 coronéis na lista de promoções, tornou-se general-de-brigada. Em 1906, elaborou um plano de treinamento para brigadas de cavalaria, dentro do espírito, então em voga, de pôr os soldados em campo.[26]

No Exército de Hermes da Fonseca, um oficial como o general-de-brigada Faria teve, claramente, carreira meteórica. Em 1909, quando comandava o politicamente importante 4º Distrito Militar, que incluía o Rio de Janeiro — uma incumbência indicativa de que ele era bem relacionado e considerado confiável —, Caetano de Faria organizou a 1ª Brigada Estratégica, em uma relativamente efêmera e impopular reformulação da estrutura de comando do Exército, e se tornou inspetor-geral da 9ª Região Militar, que substituiu o antigo distrito militar no esquema de organização. Em 1910 ele foi presidente da Comissão de Promoções, ganhando, assim, influência sobre quem comandaria o Exército nos anos vindouros. A experiência ensinara-lhe que o Exército precisava ser reformado e adotar os métodos e armas mais modernos para enfrentar potenciais adversários (leia-se: argentinos), os quais estavam recebendo instrução diretamente dos alemães. Contudo, embora ele aprovasse o envio de oficiais para treinamento no exterior, a seu ver os próprios oficiais brasileiros deviam filtrar, interpretar e adaptar ao Exército nacional o que aprendessem lá fora.

Foi ao general Faria que os oficiais de *A Defesa Nacional* entregaram seu plano de treze itens delineado acima. Eles também trabalharam na reforma de 1915 formulada pelo general: o tenente Estevão Leitão de Carvalho, jovem turco e um dos fundadores da revista, foi um dos ajudantes imediatos de Faria.[27] Como chefe do Estado-Maior três anos antes, Faria propusera a remodelação do Exército segundo uma organização divisional. Achava que um exército composto de unidades variadas distribuídas segundo critérios históricos, políticos ou aleatórios pelo território nacional teria dificuldade para pôr-se de prontidão para uma guerra. Ele foi buscar idéias na guerra russo-nipônica de 1904-05. Em seus relatórios do Estado-Maior, louvou as práticas japonesas, baseadas em normas napoleônicas, de manter, em tempo de paz, divisões ampliáveis capazes de pôr-se em prontidão de combate mediante o acréscimo de reservistas ou recrutas individuais. Em combate, os japoneses substituíam indivíduos, não unidades; mudavam os homens, mas a unidade permanecia. Em contraste, os russos criavam novas unidades compostas de reservistas mal treinados sob o comando de oficiais inexperientes. As divisões e corpos russos eram montados à medida que enfrentavam o inimigo, liderados por comandantes recém-nomeados e assessorados por oficiais que não conheciam uns aos outros nem seus soldados. O resultado da guerra russo-nipônica não deixou dúvidas, para Faria, sobre qual era o melhor sistema. Ele citou o princípio do general alemão Wilhelm Bronsart von Schellendorf, que na década de 1890 ajudara Emil Korner a treinar o Exército chileno: "O exército de campanha de 1ª linha, o que é chamado a travar as primeiras batalhas, seria o 'exército de pé de paz', devidamente mobilizado".[28]

Para a oficialidade, a experiência do Contestado deixara patente que a estrutura brasileira assemelhava-se mais à russa que aos modelos japonês e alemão. Faria sabia muito bem que para pôr unidades em campo fora preciso tomar emprestados homens, cavalos e equipamento das guarnições espalhadas pelo país, e que isso as incapacitara.[29] Também sabia que nada se fazia sem verbas, e para isso ele precisaria do apoio de um Congresso nem um pouco interessado em fortalecer o governo central. Mas a Primeira Guerra Mundial amedrontou a tal ponto as elites políticas que o Congresso autorizou um orçamento que permitia a reorganização.

O plano de 1915 baseava-se em duas considerações fundamentais: que a estrutura do Exército possibilitasse a incorporação de reservistas sem destruir a coesão das unidades e que o Exército em tempo de paz fosse capaz de pôr-se de prontidão para a guerra sem criar novas unidades. O pensamento estratégico de Faria pautava-se em quatro idéias: (1) o inimigo provável viria por terra e não por mar, ou seja, seria sul-americano e não europeu ou norte-americano, (2) as batalhas iniciais ficariam a cargo das tropas de primeira linha, (3) a reação brasileira seria de ofensiva, levando a guerra para o território inimigo e (4) para salvaguardar áreas de retaguarda, era preciso que o serviço militar obrigatório produzisse uma força de reserva numerosa e preparada. Claramente influenciado por autores militares europeus, ele frisou repetidamente que a guerra moderna era travada entre países inteiros e que a massa da população devia estar preparada para repelir um invasor. E preconizou: "É, pois, indispensável a instrução militar obrigatória, e que os cidadãos venham aos quartéis aprender a defender seus lares, a honra e a soberania da nação".[30]

A reforma, ou remodelação, como Faria preferia chamá-la, visava, no longo prazo, implementar o programa proposto em A Defesa Nacional e no curto prazo reagrupar as unidades do Exército. A complicada e malvista estrutura de cinco brigadas estratégicas e uma brigada provisória mista foi simplificada para cinco divisões e sete regiões militares. Além do aumento de eficiência que isso possa ter proporcionado, houve uma redução de custos com a diminuição do número de quartéis-generais. A medida também ampliou o tamanho autorizado de uma divisão, de 14 249 para 16 876 homens, além de expandir seu poder de fogo, de 42 para 56 canhões e de quinze para dezesseis metralhadoras.[31] Os oficiais não julgaram suficiente, mas Faria ressaltou a dura realidade de que o Exército inteiro mal atingia o tamanho que os planos de mobilização especificavam para uma única divisão em tempo de guerra.

O ministro lamentou em seu Relatório de 1915 que o orçamento permitia apenas uma força total de 18 mil homens, a qual se reduzia a menos de 17 mil para as unidades de tropa ao descontarem-se os auxiliares, as escolas e o pessoal em atribuições especiais. Observou que muitas unidades careciam de homens suficientes para o treinamento e funcionamento adequado. Na realidade, a situação era pior do que ele descrevia. No papel, o Exército brasileiro compunha-se de dez brigadas de infantaria, quatro de cavalaria e cinco de artilharia, mas em 1915 existiam de fato apenas quatro de infantaria, três de cavalaria e duas de artilharia, cujos regimentos e batalhões estavam com o efetivo seriamente menor que o estipulado.[32]

Observadores estrangeiros apontaram sem rodeios as deficiências do Exército. Em 1913, o embaixador britânico comentou causticamente que "como força combatente contra um exército realmente disciplinado podemos considerá-lo *quantité négligeable*, porém é útil ao governo no jogo da 'política', onde, de fato, tem o papel principal como meio para assegurar o controle da clique dirigente". Comparou o Exército brasileiro desfavoravelmente com o argentino, após o que deu o golpe de misericórdia: "Sequer me passa pela cabeça que o Exército brasileiro, indisciplinado, despreparado, de degenerado sangue negro, comandado por oficiais tão presunçosos quanto ignorantes, tenha a mais ínfima chance contra qualquer força combatente comum". Seria incapaz até, prosseguiu o embaixador, de sair-se bem "contra os 7 mil policiais militares de São Paulo", que vinham sendo treinados por uma missão militar francesa desde 1906. Enquanto São Paulo possuísse essa força, os líderes estaduais poderiam desconsiderar qualquer idéia de intervenção federal; de fato, poderiam continuar "a mandar no governo federal", salientou o embaixador.[33]

Ali estava, claramente exposto, o trabalho para Faria e outros reformistas. O ministro admitia que os brasileiros não tinham o hábito do serviço militar. Queria que a instrução militar fosse introduzida nas escolas secundárias e nas instituições de ensino superior, e recomendou que uma parcela de cargos no serviço público fosse alocada para os que concluíssem o serviço militar e que se desse preferência, para cargos oficiais, aos portadores do certificado de reservista.

Para lidar com o problema representado pelas forças "policiais" de São Paulo e outros estados, e também para expandir as reservas de pessoal treinado, ele propôs uma sutil incorporação: que fossem designadas como reserva de primeira linha, providenciando-se para que os estados isentassem do serviço militar federal os oficiais e praças da polícia e para que instrutores do Exército fossem fornecidos às unidades estaduais. Faria mencionou as revoltas de 1893, a campanha de Canudos e o corrente problema do Contestado como exemplos de emergências que demandaram a convocação de unidades da polícia por constituírem a única reserva organizada disponível. Se houvesse um mecanismo legal de regularizar sua condição de reserva, o Exército federal poderia contar com aproximadamente 30 mil homens, ele afirmou. Faria também preconizou a reorganização da Guarda Nacional, sob o controle do Exército, a ser usada como reserva de segunda linha.[34]

O controle da Polícia Militar dos estados e da Guarda Nacional era uma constante no pensamento do Exército, pois sua neutralização aumentaria o poder federal e, com isso, intensificaria a sensação de segurança do corpo de oficiais. Mas muita tinta seria gasta e muito sangue haveria de correr antes de se atingir esse objetivo.

Para que o Exército básico fosse verdadeiramente uma força qualificada, expansível em uma mobilização, precisava contar com reservas que pudessem ser convocadas, o que explica o interesse em obter o controle sobre as polícias militares estaduais e a Guarda Nacional. Mas, dadas as complexidades políticas que tais medidas envolveriam, os reformistas viam como uma realização mais provável a revitalização das unidades de Tiro e a implementação do serviço militar obrigatório.

Após um surto de entusiasmo pela aprovação da lei do serviço militar obrigatório em 1908, os Tiros declinaram em número e atividade, por duas razões: primeira, quando a lei não foi implementada, muitos dos que se haviam alistado com o intuito de escapar do serviço militar ativo não viram necessidade de continuar; segunda, políticos locais haviam usado aquelas sociedades como expedientes para conseguir votos. Faria estava certo de que a lei do serviço militar obrigatório, se de fato imposta, reviveria os Tiros. Salientou sua importância como modo de levar o treinamento a um número maior de homens e não apenas aos recrutas que o Exército seria capaz de absorver por ano. Um modo de insuflar vida ao movimento dos Tiros seria implementar a parte da lei de 1908 (artigo 17) que impunha aos reservistas um treinamento militar ligeiro e a prática mensal de tiro para todos os alistados, e não para os sorteados. O alistamento, aparentemente, vinha ocorrendo desde 1908, mas, considerando que não era imposto com eficácia, que as comunicações em todo o país eram precárias e que não se faziam convocações, o historiador só pode duvidar de que ele fosse generalizado ou que trouxesse para a caserna mais do que uma pequenina porcentagem de homens na faixa etária sujeita à seleção. Seja como for, Faria julgava que, como ninguém fora sorteado, todos os alistados podiam ser convocados para cumprir sua obrigação de reservista. Uma ação como essa provavelmente tornaria as unidades de Tiro mais atrativas.

Faria pretendia também recompensar atiradores da ativa que fossem aprovados em exames apropriados e tivessem boa reputação concedendo patentes de oficial da reserva em uma estrutura hierárquica que iria de segundo-tenente a capitão. E, para encaixar os Tiros na estrutura do Exército, propôs vincular cada sociedade a um batalhão, de modo que, em caso de mobilização, ela se tornasse sua quarta companhia.[35] Tais medidas teriam criado uma verdadeira força de reserva ativa, mas na década de 1990 o Exército brasileiro ainda não a possuía.

A reestruturação e as inovações propostas pelo general Faria pautavam-se na idéia de que o Exército devia deixar de ser o braço forte da "clique dirigente", como dissera o embaixador britânico, e tornar-se uma força qualificada. O êxito do projeto requeria que o corpo de oficiais se afastasse da política partidária e que soldados pudessem ser treinados e passados para a reserva. Para lidar com o primeiro desses requisitos, e também para indicar que estava encerrada a era das salvações, dos oficiais que intervinham na política movidos por ambições pessoais, o ajudante-de-ordens de Faria, tenente Leitão de Carvalho, um jovem turco, sugeriu que o general usasse seu discurso de ano-novo aos oficiais para exortá-los a concentrar-se em sua carreira militar e deixar de lado as lutas políticas. O ministro encarregou seu tenente treinado na Alemanha de redigir o pronunciamento e o leu aos surpresos oficiais da guarnição do Rio de Janeiro em 2 de janeiro de 1915 como "meu apelo de velho soldado". Sem meias palavras, recomendou: "Precisamos concentrar todas as nossas energias nos trabalhos profissionais [...] não se pode ambicionar para o Exército um maior grau de progresso técnico, nem para a tropa maior eficiência, se malbaratarmos as nossas energias dispersivamente, entregando-nos a funções estranhas à profissão [...] abandonemos de vez as ambições políticas e as ocupações colaterais, e consagremos nossa atividade, com decisão e patriotismo, à obra do Exército".[36] É claro que um pronunciamento de ano-novo não poderia alterar os hábitos de imediato, mas Faria deu o tom, ainda que os acontecimentos da década seguinte viessem a mostrar que era um tom idealista demais. Esse discurso tornou-se ponto de referência para os oficiais que almejavam uma carreira profissional, apolítica. E para o ghostwriter, Leitão de Carvalho, definiu sua "profissão de fé legalista".[37]

O principal problema do Exército em meados da década de 1910 era implementar, finalmente, o serviço militar obrigatório. Depois de ser aprovada, em 1908, a lei permanecera engavetada porque o Congresso cortara tão drasticamente o orçamento do Exército que o pequeno efetivo autorizado era preenchido por voluntários. A lei reafirmava a determinação constitucional de que todos os brasileiros tinham a responsabilidade de defender a pátria, mas estipulava que se usasse o sorteio para suprir os claros deixados pela insuficiência de voluntários. A existência da cláusula do sorteio visava, de certo modo, a ser um incentivo ao voluntariado. Os que fossem alistados, mas não sorteados, para um ano de vida de caserna deveriam receber um treinamento básico simplificado em infantaria e participar de exercícios de tiro e manobras de campanha.[38]

Os discursos de Olavo Bilac foram o cerne dos esforços de relações públicas, que incluíram a fundação da Liga de Defesa Nacional em 7 de setembro de 1916. A liga buscava construir uma ideologia de defesa nacional com base nas idéias contidas nos discursos de Bilac que ela publicava e distribuía. Tinha o apoio ativo do governo, sendo o presidente Venceslau Brás e o general Faria, respectivamente, seu presidente e vice-presidente honorários. A disposição de personalidades nacionais para associar seus nomes à liga serviu de exemplo aos líderes estaduais, que ingressaram em diretórios regionais. As conferências e manifestações patrióticas promovidas pela liga, seu catecismo cívico e seu manual de educação moral e cívica contribuíram para o crescente clima de nacionalismo.[39]

Essa campanha patriótica não aconteceu por acaso. O general Faria e o chefe do Estado-Maior do Exército, general Bento Manuel Ribeiro Carneiro Monteiro, usaram a amizade do ajudante-de-ordens de Bento Ribeiro com Bilac para pedir seu empenho em uma campanha nacional. Mais tarde, quando surgiram críticas contra essa iniciativa, vindas especialmente do deputado federal Maurício de Lacerda, que acusou Bilac de receber secretamente dinheiro do erário, o governo publicou uma nota no *Diário Oficial* afirmando que o Ministério da Guerra "não despendera nenhuma quantia, direta ou indiretamente, para auxiliá-lo na campanha em favor do serviço militar".[40]

Com ou sem o uso de verbas do Exército, o fato é que a idéia da campanha veio do Alto-Comando, não do poeta. Também está claro que seu primeiro discurso na Faculdade de Direito de São Paulo exaltou os ânimos dos dois lados da questão. O ministro Faria e o general Bento Ribeiro imediatamente enviaram telegramas de congratulações. Faria aplaudiu a opinião de Bilac de que o serviço militar obrigatório seria a "fonte da ressurreição de um Brasil forte pelo patriotismo de seus filhos". Oficiais do Exército demonstraram seu apoio com um banquete para 250 pessoas no Clube Militar em 6 de novembro de 1915. Na capa do menu, mandaram gravar: "Homenagem do Exército a Olavo Bilac, o poeta e o apóstolo da defesa nacional".[41]

No Congresso, alguns louvaram o serviço militar obrigatório como um modo de reforçar a unidade nacional; outros fizeram ressalvas, argumentaram que o Exército não formava o caráter, mas, ao contrário, era o caráter de seus membros que moldava o Exército. Um advogado observou que nos quartéis o recruta brasileiro não encontraria "os ensinamentos de Sócrates, a filosofia de Platão, a eloqüência de Cícero", e sim "os Regulamentos do Conde de Lippe", célebre por sua severidade setecentista. Um analista do jornal carioca *Correio da Manhã* salientou que o sorteio ainda não fora posto em prática por ser "uma planta exótica em terreno hostil". Houve até um general, Gabino Besouro, que foi demitido de seus comandos simultâneos da 5ª Região Militar (Rio de Janeiro) e da 3ª Divisão por opor-se em público à obrigatoriedade do serviço militar com os argumentos de que seria ilegal e, além disso, o Exército não estava preparado para receber o que ele previa ser uma avalanche de sorteados. Houve ainda, evidentemente, as já mencionadas críticas de Alberto Torres.[42]

Com a guerra grassando na Europa e o Exército brasileiro abalado pelo Contestado, era assim que a elite debatia a natureza da sociedade brasileira, o papel das Forças Armadas e o futuro do Brasil.

Para transformar em ação o ânimo favorável do momento, Leitão de Carvalho redigiu telegramas a serem assinados por Faria e enviados aos "presidentes e governadores dos estados" pedindo que instalassem as juntas locais de alistamento e seleção. A Liga de Defesa Nacional patrocinou ativamente discursos e eventos que atraíram cobertura da imprensa e debates editoriais. O comando do Exército não ficou de fora na política: empenhou-se ativamente, fazendo lobby junto a membros importantes do Congresso fora da Câmara, enquanto durante as sessões seus porta-vozes defenderam a concessão de verbas e as requisições de efetivo. O líder da maioria na Câmara dos Deputados, Carlos Peixoto de Melo Filho, de Minas Gerais, reuniu-se com o general Faria no Ministério da Guerra para deliberar sobre o orçamento militar e argumentou depois com seus colegas legisladores que "um Exército de terra não pode absolutamente obedecer só ao critério orçamentário; a manutenção de um Exército de terra só se faz faz à custa de sacrifícios do país, pela consideração de que é mister prepararmos o instrumento de nosssa soberania e os meios de defendê-la, de garanti-la no presente e no futuro".[43]

De 10 a 17 de dezembro de 1916, com as devidas cerimônias nos principais centros urbanos, entrou em operação o sorteio. No dia 10, no quartel-general do Exército e na presença do presidente, do ministro Faria, de vários comandantes do Exército e de figuras políticas, com o Batalhão do Tiro nº 7 encarregado das honras militares, realizou-se o primeiro sorteio. O procurador geral adjunto da República tirou da urna giratória o primeiro nome, Alberto Garcia de Maltas, do município de Santa Rita. Alguns dos sorteados apresentaram objeções processuais, constitucionais e religiosas e pediram dispensa. Mas em fins de janeiro de 1917 o Supremo Tribunal Federal decidiu por unanimidade que a lei era constitucional. Quarenta e dois anos depois da primeira lei de sorteio militar (1874) e oito após a segunda (1908), o Exército incorporou seus primeiros recrutas sorteados, iniciando, assim, sua história como força qualificada.[44]

A REVOLTA DOS SARGENTOS

Mas o sistema não funcionou exatamente como imaginara Olavo Bilac. Haviam ocorrido várias conspirações envolvendo sargentos do Exército, da Marinha, da Brigada de Polícia do Rio e do Corpo de Bombeiros, todas com raízes socioeconômicas e objetivos reformistas abrangentes e de longo prazo. O Exército, inicialmente, recusou-se a deliberar sobre as reivindicações dos sargentos pela criação de uma nova patente de oficial subalterno pela qual pudessem competir. Queriam algo semelhante ao atual *warrant officer* (suboficial) da hierarquia do Exército dos Estados Unidos. Os sargentos protestavam contra o favoritismo inerente às nomeações ministeriais para a categoria de oficial administrativo. O Alto-Comando argumentava ser impossível levá-los em consideração nas promoções regulares porque não tinham instrução suficiente sequer para assegurar legalmente sua continuidade como sargentos. Além disso, a nação não podia "aceitar o encargo de assumir a responsabilidade de proteger as famílias dos sargentos dos batalhões, porque no dia que esta circunstância lhe fosse imposta não haveria inferior [sargento] que não se casasse".[45]

Os conspiradores queriam a mudança de república presidencialista para parlamentarista, "a confiscação dos bens de todos os ladrões que infestam o país", a reestruturação territorial e política dos estados, o desenvolvimento da educação primária, a livre navegação para navios de todas as bandeiras, a adoção do serviço militar obrigatório, a regulamentação da instrução religiosa e legislação sobre os direitos políticos dos estrangeiros.[46]

O general Abílio de Noronha, que dirigiu o inquérito oficial do caso, afirmou que políticos civis haviam incitado os rebeldes a amotinar-se com promessas de altos postos militares depois de assassinarem os oficiais. A seu ver, por não terem refreado os políticos inescrupulosos que exploravam as frustrações dos soldados, os governos anteriores da República eram responsáveis pela indisciplina que continuamente caracterizava os sargentos da guarnição do Rio. Pouco se sabe sobre o folclore dos soldados, mas provavelmente a memória da revolta liderada pelo sargento Silvino Honório de Macedo no forte Santa Cruz em janeiro de 1892 ainda estava viva em 1915. Como na conspiração corrente, a revolta do sargento Silvino envolvera agitadores civis.[47]

Em 1915, quando 256 sargentos foram presos, expulsos do Exército e levados para locais no Norte, Nordeste e Rio Grande do Sul, seu exílio despertou a "simpatia da soldadesca, dos oficiais inferiores e de alguns superiores". Alguns historiadores enxergam em suas reivindicações um prenúncio de movimentos futuros; para Edgard Carone, "a ideologia tenentista é, em grande parte, continuação da dos sargentos".[48]

Oficialmente, o ministro Faria e o presidente Venceslau Brás felicitaram-se porque menos da metade dos cerca de seiscentos soldados com divisas de sargento participaram da rebelião, mas sabiam que o Exército ficara gravemente desfalcado.[49] A conspiração certamente rompeu a cadeia de comando; os oficiais perturbaram-se ao descobrir que até mesmo sargentos que eles haviam protegido e que consideravam homens de confiança estavam envolvidos. O tenente Francisco de Paula Cidade relatou sua consternação ao descobrir que um sargento cuja família ele havia amparado durante uma doença e cuja irmã freqüentava a casa de Cidade era "figura proeminente na conspiração". Até as últimas prisões, os oficiais ficaram sem saber em quem confiar e em que grau os sargentos contavam com a lealdade dos soldados.[50]

Tendo despachado os conspiradores para distâncias seguras, o ministro Faria procurou eliminar uma das causas de insatisfação substituindo a nomeação ministerial por um exame competitivo para o preenchimento das vagas na lista de oficiais administrativos. Mas, na velha tradição paternalista, antes de mudar o procedimento promoveu um de seus ex-sargentos do 1º Regimento de Cavalaria. Essa medida pode não ter sido tudo o que os sargentos desejavam, mas Leitão de Carvalho afirmou que, graças a ela, muitos "criaram ânimo e se inscreveram, conseguindo ingressar no oficialato e encaminhar-se para um futuro melhor". Mencionou o caso do sargento Joaquim Nunes de Carvalho, que usou a rota administrativa para ascender a coronel e se reformou como general.[51]

Como se não bastassem a insatisfação e a insurgência nas fileiras subalternas, em abril de 1915 o Exército concluiu as operações da campanha do Contestado, enquanto durante todo o ano "a situação política [...] e o dever de garantir as decisões do Poder Judiciário" exigiram "muitos movimentos de tropa" em Mato Grosso, Amazonas, Pará e Piauí.[52] Um Exército assim não atraía os filhos da classe média urbana nem dos proprietários rurais. Na verdade, era difícil atrair qualquer cidadão adequado. Dos 7137 sorteados, apenas 3709 apresentaram-se para o exame médico, e muitos deles revelaram-se fisicamente inaptos.[53] Mas o Alto-Comando procurou mostrar o alistamento sob a luz mais favorável, enfatizando o modo legal de safar-se do ano de serviço obrigatório. Todo aquele que possuísse o certificado de reservista estava quite com sua obrigação, e qualificava-se como reservista quem fosse membro de um Tiro, participasse como voluntário de manobras do Exército ou freqüentasse escola que ministrasse instrução militar. Os Tiros, como seria de esperar, cresceram extraordinariamente em número de associados, e novas unidades foram sendo criadas continuamente entre 1916 e 1920. Um efeito colateral desse crescimento foi a incapacidade do Exército para fornecer oficiais de baixa patente que atuassem como instrutores para os Tiros. Por isso, Faria aprovou a criação de um curso de treinamento de instrutores na Vila Militar, a ser ministrado a sargentos e oficiais reformados. Foi o começo da Escola de Sargentos do Exército e provavelmente contribuiu para aliviar a tensão nesse escalão.[54]

A loteria destinava-se sobretudo à criação de uma reserva e, independentemente da propaganda sobre conquista da coesão nacional e contribuição para a maior igualdade social, os "brasileiros de consciência e valor" que o Exército incorporou foram, em geral, pobres e analfabetos, e não filhos da classe média e alta. A loteria, embora tivesse importantes efeitos institucionais e políticos, antes da Segunda Guerra Mundial não alterou radicalmente a composição socioeconômica dos praças, que continuou a guardar notável semelhança com a de 1905. Duas décadas depois, os brasileiros continuariam a mostrar, segundo o general Eurico Dutra, uma rebeldia visceral contra a carreira das armas.[55]

Muitos não se apresentavam por ignorar que haviam sido convocados ou, simplesmente, porque se recusavam. Mas também pode ser porque, como disse um americano conhecedor do Brasil da virada do século, "as distâncias eram tão grandes que o patriotismo podia evaporar antes de chegarem ao quartel central".[56] As listas dos que poderiam participar do sorteio baseavam-se em registros municipais, e estes, em muitas partes do país, não incluíam todos os nascimentos nem todos os óbitos. Houve ocasiões em que centenas de fantasmas foram convocados para servir. As polícias e juntas de alistamento locais tendiam a fechar os olhos quando rapazes da cidade decidiam que podiam aproveitar melhor o ano em vez de brincar de soldado. O Ministério da Guerra, como já mencionado, esperava persuadir o governo a exigir o certificado de reservista ou de cumprimento de serviço militar para todos os empregos públicos federais e estaduais, mas entre 1916 e 1940 nada reduziu o número considerável dos que se esquivaram ao dever patriótico. A convocação de 1925 da 1ª Região Militar (Rio de Janeiro) pode ilustrar o problema: dos 23 069 convocados, 19122, ou 82%, não se apresentaram, e dos 3947 que apareceram, ou seja, 17%, 2551 eram fisicamente inaptos ou foram excluídos por alguma razão, restando apenas 1396 homens, meros 6% dos convocados, para ser incorporados à tropa.[57] Ao longo dos anos, muitos foram chamados, poucos se apresentaram e menos ainda permaneceram.

Embora o sistema não funcionasse a contento, fornecia o mecanismo e a justificativa para a expansão física do Exército, além de contribuir para seu crescente envolvimento na sociedade e na política. Em vez de optar por ter um ou dois campos de treinamento nacionais para depois distribuir os soldados treinados por todo o Brasil, o Exército queria manter os soldados em suas próprias regiões. Isso evitaria o custo e o ônus administrativo de transportar grandes contingentes de um lado para outro e daria ao Exército uma imagem local. Mas tal projeto requeria no mínimo uma unidade do Exército em cada estado para receber e treinar os sorteados e os voluntários, e isso, por sua vez, demandaria que o efetivo crescesse dos autorizados 18 mil homens para 25 mil, o menor número que, na opinião dos líderes militares, permitiria à instituição lidar com "questões de ordem interna" e servir como "núcleo de instrução". Obviamente, essa expansão necessitaria de mais verbas, com estimativa de 195 mil contos em vez dos 65 mil contos alocados em 1916.[58]

O Exército não só precisava de novas instalações, mas também tinha de reparar ou reconstruir as já existentes e lidar com a drástica alta de preços durante a guerra. Em 1917, os alojamentos de algumas unidades, como o 3º Corpo de Transportes e o 58º Batalhão, eram imundos, deploráveis. Uma unidade em São Paulo estava instalada de modo tão precário que se viu obrigada a alugar um prédio privado até ser possível a construção de novo quartel. Todos os comandantes regionais queixavam-se de que os soldados viviam em condições miseráveis e de que lhes faltava dinheiro para remediar o problema.[59]

Em outubro de 1917, depois de vários de seus navios comerciais terem sido afundados por submarinos alemães nos meses anteriores, o Brasil entrou na Primeira Guerra Mundial e rapidamente aumentou o número de seus soldados para mais de 52 mil. O Exército tinha grande dificuldade até para alojar, vestir e alimentar tantos homens, quanto mais para treiná-los e armá-los. Embora o Brasil não mandasse tropas para os campos de batalha europeus, a guerra forneceu uma justificativa imperiosa para a expansão imediata. Em meados de 1918, cada estado possuía pelo menos uma unidade que servia de centro de recepção aos convocados para o sorteio militar. Além disso, na opinião do general Faria, a guerra demonstrava inequivocamente que seria temeridade reverter o Exército ao seu tamanho anterior. Com a população brasileira na casa dos 25 milhões, um exército de 25 mil homens significava que apenas um em cada mil envergava a farda, uma porcentagem "muito fraca, em comparação com a de qualquer outra nação", observou o ministro. E afirmou que o custo era baixo, se comparado à imensa riqueza em recursos naturais do Brasil, riqueza essa que o Exército protegia. Significativamente, ele declarou que os gastos militares estavam contribuindo para a economia nacional, pois a maior parte do dispêndio dava-se no Brasil, já que alimentação, forragem, fardas, couro para os arreios da cavalaria, todo o ferro e parte do aço, carroções militares e toda a munição da infantaria e parte da usada pela artilharia eram fabricados por indústrias privadas ou arsenais do Exército.[60]

A guerra deu ao Exército o ímpeto de crescimento que se manteve nas décadas seguintes. Segundo o general Dutra, o efetivo aumentou de 30 mil homens em 1920 para 50 mil em 1930 e 93 mil em 1940.[61] Embora a proporção de soldados na população permanecesse baixa em comparação com outros países, ou seja, aproximadamente 1,1 soldado por mil habitantes, o crescimento do Exército ocorreu a uma taxa maior que o da população. Entre 1890 e 1930, enquanto a população aumentou 162%, o Exército cresceu 220%.[62] E, apesar dos indícios corroborando os comentário de Alfred Stepan de que "as variáveis políticas muitas vezes são bem mais importantes para determinar o papel dos militares na sociedade do que o tamanho absoluto das Forças Armadas",[63] no caso brasileiro o crescimento numérico do Exército ocorreu simultaneamente a um maior envolvimento político. O crescimento em si não acentuou a função política da instituição, mas é difícil ima-

ginar o Exército de 1905 funcionando como o braço forte da ditadura estadono-
vista de 1937-45 ou das presidências militares de 1964-85.

Ao mesmo tempo em que a loteria do serviço militar e a guerra forneceram
a justificativa para o Exército expandir o efetivo a ampliar sua área de atuação, a
instituição usou sua necessidade de reservas para aumentar sua influência sobre as
forças das polícias estaduais e a Guarda Nacional. Com base em uma lei de janeiro
de 1917, o Ministério da Guerra firmou acordos com os governos estaduais determinando que a polícia estadual e os bombeiros fossem considerados forças auxiliares. O controle total só viria a ser assegurado durante o Estado Novo, mas esse
foi o primeiro passo. A Guarda Nacional tornou-se a segunda linha do Exército, e
um decreto de 1918 determinou sua remodelação; porém, como muitos oficiais a
consideravam uma força rival, acabou sendo extinta. Essas medidas permitiram
ao general Faria comentar, satisfeito, que "ficarão, assim, organizadas, pela primeira vez entre nós, todas as forças que devem constituir o poder militar da
nação".[64] O monopólio do poder de fogo sempre aumenta a influência e o poder.

MATERIAL BÉLICO E DESENVOLVIMENTO INDUSTRIAL

Com mais homens, o Exército necessitaria de mais armas. E às vésperas da
Primeira Guerra Mundial o Exército encomendara à Alemanha um grande estoque de armas e equipamentos que o bloqueio britânico impedira de chegar ao Brasil.[65] A barreira às armas estrangeiras convenceu os oficiais reformistas de que o
Brasil precisava produzir seu próprio armamento. A Defesa Nacional, repetindo os
oficiais florianistas da década de 1890, preconizava o desenvolvimento industrial e
deblaterava: "Proteger indústrias parasitárias, fictícias, que importam matéria-
prima e até já confeccionados [vendidos] como produção nacional, é roubar do
povo para enriquecer meia dúzia [...] beneficiando a produção estrangeira e esfo-
lando a economia nacional". Os editores clamavam por indústrias que desenvol-
vessem recursos nativos.[66]

Era necessário um suprimento adequado e seguro de armas. Em 1919 o
sucessor do general Faria na pasta da Guerra, general Alberto Cardoso de Aguiar,
enunciou claramente o problema: "O serviço obrigatório e a independência absoluta de recursos materiais estrangeiros garantem a qualquer país seus meios eficazes de defesa militar".[67] Todos os elaborados planos do Estado-Maior convergiam

para a obtenção de homens e armas suficientes, os dois elementos necessários para a existência de qualquer exército. Desde do fim da Guerra do Paraguai em 1870 até a Primeira Guerra Mundial, a política do Exército foi importar armas do exterior. Em fins do século xix os arsenais do Exército eram principalmente oficinas de reparos, muitos em más condições e sem espaço adequado de armazenagem. Ainda assim, em 1899 o ministro da Guerra julgara que "para o nosso limitado Exército três arsenais [...] são mais que suficientes".[68]

Se antes da Primeira Guerra Mundial o Exército não se interessava pela produção de armas, pelo menos seus oficiais estavam convencidos de que era preciso produzir a própria munição. Esta era, para eles, o elemento "essencial" que, se importado em tempo de guerra, podia ser capturado ou perdido no mar, além de estar sujeito a preços e custos de transporte exorbitantes.[69] Na primeira década do século, os ministros da Guerra avisaram várias vezes o Congresso de que o Brasil necessitava de uma bem equipada fábrica de pólvora e projéteis.

O observador moderno não pode deixar de impressionar-se com as restrições do subdesenvolvimento. Quando a fábrica de cartuchos e projéteis no Realengo, que explodira em 1898, foi reconstruída alguns anos mais tarde, continuou a usar metal e pólvora importados da Alemanha em seus projéteis.[70] Embora a necessidade estivesse evidente no início do século, o Exército brasileiro continuaria a importar munição ainda por anos. Em certa medida, isso aconteceu porque em geral as taxas de câmbio e outras restrições fiscais favoreciam a importação em detrimento dos artigos nacionais de qualidade similar. Em 1909 o Exército instalou uma fábrica de pólvora sem fumo na cidade paulista de Piquete com base em informações de indústrias semelhantes nos Estados Unidos e na Europa, mas descobriu que, embora fosse econômico usar as piritas da região para produzir ácido sulfúrico, o álcool e o algodão americanos eram mais baratos que os do Brasil.[71] Esse tipo de dependência demoraria a extinguir-se.

Mas o preço não foi o único determinante; política e suborno entravam no processo de compra, e nem sempre favorecendo o estrangeiro. Em 1915, um oficial reclamou em A Defesa Nacional que as fardas e barracas feitas na região custavam muito mais do que as importadas da Alemanha, de melhor qualidade. Era um erro, afirmou, contratar fabricantes brasileiros, que tinham influência política, em prejuízo do Exército, pois se gastava dinheiro que poderia ser mais bem empregado na expansão militar.[72]

Os oficiais treinados na Europa exasperavam-se com essa situação. Em um editorial de maio de 1914, *A Defesa Nacional* comentou ironicamente que com "sacrifício financeiro" a fábrica de cartuchos e projéteis do Realengo expandira-se fisicamente, comprara novas máquinas e importara um experiente diretor europeu só para descobrir que não produzia mais cartuchos do que antes. E o pior era que sua seção de artilharia fora definitivamente desativada. Além disso, apesar da aquisição de maquinário caro para produzir os projéteis, os administradores da empresa contentavam-se com a montagem dos cartuchos a partir de invólucros importados da Europa. Culpando os operários, que, segundo os editores, estavam acostumados a ser pagos para não fazer praticamente nada, *A Defesa Nacional* declarou que "uma "limpeza radical nesse operariado é, pois, o único recurso para melhorar esse estado de coisas", acrescentando: "a segurança nacional reclama que se desenvolva a nossa fábrica ao ponto de nos emanciparmos do estrangeiro". Os editores acenaram com a ameaça do Prata, declarando que uma guerra na América do Sul ou na Europa poderia isolar o Brasil do suprimento europeu e que a República Argentina era "mais avançada do que nós" nessa área.[73]

Na década de 1910 também teve seu inauspicioso início a aviação militar. Embora os brasileiros considerem Santos Dumont o pioneiro do desenvolvimento da aviação mundial, ele trabalhava na França e pouco influiu nos primeiros passos da aviação brasileira.[74] A primeira operação aérea do Exército terminou em desastre. Um tenente de cavalaria, Ricardo Kirk, aprendera a pilotar na França à sua própria custa e distinguiu-se como o primeiro aviador brasileiro, mas o comando do Exército demorou a aproveitar suas qualificações. O Alto-Comando também patenteou a curiosa atitude brasileira de menosprezar as qualificações de seus cidadãos quando criou uma escola para pilotos e contratou um italiano para dirigi-la. A campanha do Contestado pôs fim a essa iniciativa. Kirk e o italiano levaram seus aviões para o Sul e, no primeiro vôo de reconhecimento, o avião caiu e Kirk morreu.[75] Para instruir seus pilotos, o Exército recorreu ao Aeroclube Brasileiro, civil, e à Marinha, que estava na vanguarda com seu treinamento em hidroplanos. Em 1918, o Exército tinha meia dúzia de aviadores em ação e alguns sendo treinados na França e na Grã-Bretanha.[76] E um dado muito importante: dois aviadores designados para a fábrica de cartuchos e projéteis do Realengo construíram um avião, com exceção do motor, com "materiais nacionais", e declararam que o Brasil possuía o conhecimento e os materiais para construir qualquer tipo de aeronave.[77] Como em outras áreas, esse início demoraria a mostrar resultados positivos.

Embora ocasionalmente as fontes estrangeiras de suprimento pudessem ser mais baratas, a Primeira Guerra Mundial deixou claro o perigo dessa dependência. O Exército encomendara à Alemanha trinta baterias de canhões de 75 mm e um estoque de metralhadoras, uma parte das quais já pagara, mas perdeu-as quando as hostilidades impediram que fossem remetidas de Hamburgo.[78] Depois de o Brasil unir-se aos Aliados, em outubro de 1917, o ministro Faria observou que expandir o efetivo de 18 mil para 50 mil requeria o triplo de alojamentos, fardas, equipamentos e armas, e lamentou que, sendo quase impossível importar, os produtores nacionais não fossem capazes de suprir as necessidades do Exército com suficiente rapidez. Para lidar com o problema do abastecimento, o comando do Exército tomou duas providências: criou a Diretoria do Material Bélico para coordenar os arsenais e fábricas militares, que antes funcionavam independentemente, e adotou como política o objetivo de livrar-se da dependência da indústria estrangeira. Segundo Faria, "a guerra atual deixou em evidência a necessidade que tem cada nação de ser suficientemente forte para manter a sua soberania e a inviolabilidade do seu território, e mostrou ainda que as economias feitas com a defesa nacional são pagas com juros terríveis no dia em que o inimigo, por cobiça ou por ódio, invade o solo da pátria".[79]

O desejo dos militares de libertar-se da dependência de importações levou-os a buscar fontes brasileiras de ferro e aço. O Exército possuía uma fundição em São João de Ipanema [perto de Sorocaba], São Paulo, desde 1808, que estava praticamente abandonada desde que o governo tentara, sem êxito, vendê-la em 1895.[80] O Exército restaurou-a e, em meados de 1918, a fundição estava produzindo a ínfima quantidade de três a quatro toneladas de ferro por dia; isso, porém, foi suficiente para encorajar o ministro da Guerra a mandar o diretor da fundição aos Estados Unidos para estudar métodos modernos de produção de ferro e aço. O interessante aqui é que o objetivo do Exército era desenvolver sua própria capacidade de produção em vez de recorrer à iniciativa privada. De fato, nessa mesma linha de ação, os militares empenharam-se para que o governo lhes concedesse o monopólio da fabricação de explosivos, a fim de assegurar um mercado que permitisse às suas fábricas manter níveis de produção elevados e faturamento constante.

Cabe notar, porém, que houve debate na oficialidade quanto ao papel apropriado da iniciativa privada, além de relutância em investir recursos em projetos que não seriam imediatamente produtivos. Certamente os oficiais estavam a par dos debates públicos que no mundo civil se travavam em torno do desenvolvimento da capacidade brasileira para produzir ferro e aço, e provavelmente concordavam com opiniões como a veiculada no *Jornal do Comércio*, em 1912, de que, sem uma indústria siderúrgica, o Brasil não poderia ser "verdadeiramente livre e senhor do próprio destino". Decerto sabiam, também, que o número de fundições de metais baseadas em sucata derretida vinha aumentando paralelamente à escassez de metais importados decorrente da guerra. Muitas dessas fundições estavam em São Paulo, cujos políticos depois se oporiam a que fosse desenvolvida uma indústria siderúrgica baseada na fundição dos ricos minérios de ferro de Minas Gerais.[81] Essas atitudes regionalistas tacanhas irritavam os oficiais que pensavam em âmbito nacional e debatiam o papel apropriado do governo federal no desenvolvimento industrial. Alguns oficiais preferiam uma indústria siderúrgica dirigida pelas Forças Armadas nos moldes das fábricas de pólvora, e outros achavam melhor que o governo estimulasse a iniciativa privada. Concordava-se que deveria haver a participação estatal e que o aço já era "considerado tanto quanto o ouro o nervo da guerra". Mas os editores pró-reforma de *A Defesa Nacional*, dizendo-se frustrados pelo fato de que seus freqüentes editoriais sobre a necessidade de uma indústria siderúrgica eram refutados com o argumento de que tais fábricas demandavam "despesas improdutivas", reproduziram um artigo sobre o aço americano para mostrar que a indústria siderúrgica era produtiva tanto na guerra como na paz. Afirmaram que, mesmo se o aço brasileiro não conseguisse competir no mercado mundial, ao menos atenderia às "necessidades do comércio interno e da defesa nacional".[82] Além do mais, o país não conseguiria preparar-se para a guerra sem antes criar uma indústria siderúrgica nacional. E o problema não podia ser deixado aos caprichos do setor privado. Declararam os editores: "Acreditamos que o governo da República não pode alhear-se à solução definitiva que exige a magna questão da siderurgia nacional". E exortaram: "É preciso fundar a indústria nacional do aço".[83] A partir de então, o Exército acompanhou de perto a questão do aço e, durante a Segunda Guerra Mundial, desempenharia papel fundamental na criação, finalmente, da importante siderúrgica de Volta Redonda.

O inspetor geral de artilharia expôs a posição do Exército quanto à situação brasileira: "Nós precisamos ser fortes para sermos respeitados. [...] Cuidemos de nos preparar se quisermos continuar a ser a nação autônoma e independente". Recomendou especialmente atenção imediata à indústria do aço, alertando: "Finda a guerra européia, vencedores e vencidos [...] não hesitarão em desenvolver a política imperialista, e a América do Sul, o Brasil principalmente, cujas rique- zas antes já despertavam a cobiça de vários sindicatos [estrangeiros], servirá de apoio à garra conquistadora".[84]

Para melhorar a posição militar do Brasil, o ministro Faria enviou ao exterior duas missões de estudo durante a guerra, uma para a França, para observar os efei- tos do conflito sobre a "arte da guerra", e a outra para os Estados Unidos, a fim de adquirir técnicos e material bélico. A primeira missão, chefiada pelo general Napoleão Felipe Aché, compunha-se de 28 oficiais que ascenderam rápido na car- reira, vários dos quais entrariam para o generalato nas décadas de 1920 e 1930. Eles fizeram cursos de treinamento, e alguns passaram algum tempo com unidades na linha de frente. O herói da campanha do Contestado, major Tertuliano Potyguara, foi ferido em ação em St. Quentin em outubro de 1918. Um dos propósitos desse grupo era familiarizar-se com o Exército francês para que pudessem trabalhar com a missão francesa que o Brasil preparava-se para contratar, um assunto de que trataremos no próximo capítulo. O Exército enviou também pessoal da área médica para montar um "Hospital Brasileiro" próximo a Paris. Se a guerra hou- vesse prosseguido além de 1918, é possível que esses contatos acabassem resul- tando no envio de soldados brasileiros para o campo de batalha.[85]

Em fins de 1917 a missão enviada aos Estados Unidos instalou-se na cidade de Nova York e imediatamente começou a reunir-se com industriais e a visitar fábri- cas e arsenais militares. Faria autorizara a missão a contratar um químico metalúr- gico americano e um superintendente da companhia Bethlehem Steel para a seção de projéteis do arsenal do Rio de Janeiro, e também a comprar uma grande varie- dade de armas, equipamentos e máquinas. O Departamento de Guerra ameri- cano empenhou-se em ajudar a missão, mas deixou claro que, como as fábricas americanas estavam trabalhando arduamente para suprir a demanda das forças americanas e aliadas, pouco poderiam fazer para garantir munições ou maquiná- rio para os brasileiros. O embaixador americano no Rio de Janeiro alertara o secre- tário de Estado de que a maior parte do que os brasileiros obtivessem, fosse lá o que fosse, não seria usada para ajudar no esforço de guerra dos Aliados. A guerra ter- minaria antes que a artilharia costeira, desejada pelos brasileiros, pudesse ser ins- talada e, portanto, seria empregada para "defesa em geral, e não contra a Alema- nha", predisse o embaixador. Ele comentou que havia no Brasil um "forte preconceito popular" contra o envio de soldados à Europa; além disso, o general Faria achava que o Exército não estava suficientemente preparado. Assim, apesar das pressões contrárias dentro e fora do país, a principal contribuição do Brasil seria fornecer comercialmente gêneros alimentícios.[86]

A experiência recente do Exército brasileiro na supressão da revolta do Contestado revelara muitos problemas de organização, e o general Faria e o Estado-Maior usaram a desculpa da guerra mundial para corrigir falhas estruturais do Exército e aumentar seu tamanho. Os oficiais mais jovens, especialmente as turmas de 1917 e 1918, estavam ansiosos para entrar em combate, e suas frustrações reprimidas talvez tenham contribuído para suas atividades revolucionárias na década de 1920. Como aliados de pouca expressão, os líderes militares descobriram que as armas e munições dos Aliados estavam fora de seu alcance durante o conflito. A lição tirada da Primeira Guerra Mundial influenciaria a decisão de ter papel ativo no campo de batalha na próxima guerra.[87]

REFORMA MILITAR E NACIONAL

Os reformistas afirmavam que o distanciamento da política e a lealdade ao governo federal eram marcas do profissionalismo. Supunham que argumentos lógicos convenceriam os líderes nacionais da necessidade de defesa. Aparentemente, não refletiam que a política não era neutra nem punha em primeiro lugar o bem da nação, e também não percebiam que a elite os exortava a afastar-se da política para com isso neutralizar seu poder. Ao final da Primeira Guerra Mundial acabaram por compreender, vagamente a princípio, que o sistema político era contra a reforma do Exército porque ela poria o sistema em perigo; de fato, se os quartéis realmente fossem transformados em centros de educação cívica, isso poderia abalar o sistema social explorador. Embora os marechais Deodoro da Fonseca (1889-91) e Floriano Peixoto (1894-98) houvessem proclamado e consolidado a República, o sistema político tomou forma sob os presidentes Prudente José de Morais Barros (1894-98) e Manuel Ferraz de Campos Sales (1898-1902), com o Partido Republicano Federal como único partido autorizado. Era um sistema político exclusivo, e não inclusivo. O processo eleitoral envolvia as oligarquias locais, que escolhiam os governadores estaduais, os quais, por sua vez, atuando como os "grandes eleitores", escolhiam o presidente. Em troca da autonomia local, os governadores estaduais garantiam que suas delegações no Congresso apoiassem os programas do presidente. O sistema servia para consolidar as oligarquias estaduais, que, em sua maioria, compunham-se de famílias pertencentes, no passado, a antigos partidos monarquistas. Também produzia lutas pelo poder nos estados, as quais, como vimos no capítulo anterior, acarretavam a intervenção federal. Os populosos, poderosos e relativamente ricos estados de Minas Gerais e São Paulo usavam seu poder econômico para dominar o sistema. A política dos governadores, nome comumente aplicado a esse sistema, substituiu a república florianista.[88]

A república antiflorianista e as oligarquias estaduais fortaleceram a Marinha e as polícias estaduais para contrabalançar o Exército nacional. De início, os reformistas do Exército parecem ter estado tão envolvidos com seu trabalho que deixaram de perceber a incompatibilidade de sua visão de um Exército moderno com a sociedade brasileira e com o sistema político vigente. Acabariam chegando à conclusão de que tanto a sociedade como o sistema tinham de ser mudados.[89]

O conhecimento profundo do Exército alemão, as frustrações do Contestado e a tentativa, após 1916, de dar um uso efetivo ao serviço militar obrigatório levaram os oficiais reformistas a examinar seu país com mais atenção. Sua experiência na Alemanha e a resistência à mudança que encontraram entre colegas oficiais convenceram-nos de que seus argumentos seriam mais persuasivos se pudessem contar com uma missão militar alemã para apoiá-los. Isso não quer dizer que não houvessem logrado êxito algum. Conseguiram que boa parte do regulamento sobre armas de combate fosse reformulada com base no modelo alemão; de fato, muitos dos itens eram meras traduções para o português. Críticos disseram que as traduções eram malfeitas e, pior, inadequadas às tropas e armamentos brasileiros.[90] Fosse como fosse, o sucesso parcial aumentou-lhes a avidez por uma germanização mais completa. Seu entusiasmo refletiu-se no discurso de um tenente-coronel a um grupo de Tiros pernambucanos, ao qual proclamou, exultante, que "o novo espírito militar triunfante" levaria os brasileiros "no futuro próximo, ao mesmo papel no continente sul-americano que os fortes e poderosos alemães desempenham na Europa".[91]

Enfrentavam, porém, a obstinada oposição dos que preferiam uma missão francesa, e isso mesmo antes de eclodirem as hostilidades na Europa; os francófilos argumentavam, com certa razão, que os brasileiros sentiam-se mais à vontade com os franceses, latinos como eles. Além disso, o mais aplicável não seria a experiência européia propriamente dita, mas as técnicas militares européias aplicadas em um contexto comparável, e os franceses possuíam uma experiência militar muito rica, com populações mistas e tropas "nativas" na África e na Ásia. Além de tudo, aparentemente mais oficiais sabiam francês do que alemão, a julgar pela consulta de livros da Biblioteca do Exército (ver Tabela 4.1): de 1910 a 1918 a média anual de retiradas de livros em francês foi 1077, em contraste com dezoito livros em alemão.[92] Até Hermes da Fonseca, admirador do sistema prussiano que enviou os oficiais de baixa patente à Alemanha, conversara em francês com os oficiais germânicos durante sua visita à Alemanha em 1908.[93]

Em maio de 1914, *A Defesa Nacional* empenhou-se com fervor pelo convite à missão alemã e observou em editorial que o Exército francês não possuía Estado-Maior e estava adotando táticas da artilharia germânica. Se o Exército francês estava se "germanizando", os editores não entendiam por que, "na escolha de oficiais estrangeiros para virem nos ensinar a moderna arte da guerra", hesitava-se entre "a fonte original dos maiores progressos militares e sua cópia tímida e indecisa". Acusavam interesses financeiros e empresariais no Brasil de desejarem erigir um "formidável cheque" às influências alemãs no Exército para agradar à "alta finança francesa" e assegurar as "grossas comissões resultantes dos futuros contratos do governo brasileiro com fábricas francesas de armamentos e de artefatos militares".[94] A derrota da Alemanha pelos Aliados traria uma trégua à discussão, mas não refrearia a admiração pelo modelo germânico.

Em 1915, os editores de *A Defesa Nacional* concentraram sua análise crítica no país e começaram a adotar um tom quase revolucionário. O major Raimundo Pinto Seidl, pasmo com a ignorância de seus soldados, desafiou outras unidades para uma competição na qual a unidade vencedora seria a que eliminasse o analfabetismo mais depressa e convenceu o presidente a fornecer um busto de bronze do duque de Caxias para ser o primeiro prêmio. Declarou que, com 80% de iletrados na população, o melhor modo de celebrar o centenário da Independência em 1922 seria com a erradicação do analfabetismo. O desafio não foi aceito.[95]

Em 1916, os editores ecoaram a declaração de Alberto Torres de que o Brasil não era um país, nação ou pátria, mas "uma exploração". E apontaram como exploradores os políticos, juízes, congressistas, funcionários públicos e bacharéis cujos cargos na sociedade multiplicavam-se com o aumento de sua prole, e que protestavam, todos, contra "a humilhação do serviço militar". Os explorados eram os trabalhadores agrícolas, os operários, os comerciários, "o povo que trabalha, que moureja, que paga impostos de suor e sangue. Só ele tem o dever de dar a vida pela pátria; os outros reservam-se apenas o direito de desfrutá-la. Neste ponto de vista não há dúvida — o Brasil é uma exploração". E o pior, lamentavam os editores, é que "nós somos uma nação improvisada, sem raízes no passado, de forma-

TABELA 4.1

CONSULTAS A OBRAS DA BIBLIOTECA
DO EXÉRCITO (1910-18)

ANO	FRANCÊS	ALEMÃO	INGLÊS	GUARANI
1910	910	6	44	4
1911	1076	4	56	1
1912	1432	5	80	5
1913	—	—	—	—
1914	1457	47	89	4
1915	1305	22	55	1
1916	1067	27	279	3
1917	1045	30	128	0
1918	1398	19	113	0
TOTAIS	9690	160	844	18

ção étnica indefinida e fácil, portanto, de esboroar-se". Por isso, enquanto se preparavam contra um possível inimigo externo, precisavam estar alertas para um inimigo interno mais provável: "a falta de coesão nacional".[96]

Em editorial intitulado "Acima de tudo, devemos ser brasileiros", *A Defesa Nacional* conclamou seus conterrâneos a acordar para uma realidade: a Europa não estava deslumbrada com os feitos de Rui Barbosa ou Santos Dumont. O estilo imodesto da imprensa brasileira era auto-ilusivo. O povo não devia ser enganado para manter-se em cega presunção; precisava, isto sim, reconhecer sua inferioridade e trabalhar para elevar-se ao nível dos povos mais avançados. Os editores indagavam por que a elite não voltava os olhos para o Brasil e, em vez de correr para ajudar os soldados feridos e as crianças desabrigadas da Bélgica e da França, não auxiliava as vítimas do Contestado. Era hora de acordar, dizia o editorial, de "afirmar pelo trabalho e demonstrar por fatos que esta terra que nos viu nascer é nossa, muito nossa, e que a nossa vida é inteiramente dela, porque ela é o filtro onde se opera a osmose da vida que veio de nossos pais e vai para nossos filhos".[97]

O Brasil estava atravessando "um período melindroso e decisivo de sua história", embora se encontrasse mais próximo do que nunca do "caminho que o pode levar à constituição definitiva de uma nacionalidade imperecível". Também nunca estivera tão próximo do "abismo da dissolução e da ruína". E, pondo a responsabilidade claramente sobre os ombros da elite, os editores declararam: "Tudo depende da ação das classes dirigentes. [...] Uma ação enérgica e persistente, visando à organização geral através da organização militar, pode trazer a felicidade a esta pátria", mas "uma ação dúbia, pontilhada de lances vistosos e de recuos malabaristas, com fito na popularidade, nos trará fatalmente a derrocada e a desonra". Para garantir que a ação governamental não fosse em vão, os oficiais teriam de tornar-se instrutores e educadores. A campanha por um Exército nacional teria de ser vencida primeiro na oficialidade. Alguns oficiais ainda julgavam a idéia inviável; outros se opunham por "smartismo [sic] filosófico", ou a consideravam "em desacordo com a nossa índole de povo democrático".

Um argumento mais revelador contra um Exército baseado no serviço militar obrigatório a todos era que as condições do Brasil assemelhavam-se menos às das potências européias que às de suas colônias, nas quais predominavam os soldados profissionais. Alguns oficiais receavam atrair as classes inferiores para um papel nacional ativo: o serviço militar obrigatório universal poderia enfraquecer o poder da oligarquia sobre as massas, e o alistamento não se aplicava aos trabalhadores rurais. Os editores de A Defesa Nacional salientaram que as potências européias mantinham exércitos nacionais em seus territórios para criar coesão, mas em suas colônias preferiam soldados profissionais a fim de não despertar sentimentos de nacionalidade nos nativos. Felizmente, afirmaram os editores, os líderes brasileiros haviam acolhido a idéia de um Exército nacional como veículo para "assegurar uma pátria aos brasileiros". "Assim, o nosso dever é marchar para a frente, colimando sempre a felicidade e a grandeza da nação brasileira. O caminho traçado é o único que nos pode levar a um futuro digno e tranqüilo. Sejam quais forem os obstáculos que possam surgir, recuar será uma covardia."[98]

No fim da década de 1910, a tarefa que os reformistas do Exército se impuseram era nada menos que "a obra sublime da constituição de um povo digno deste maravilhoso Brasil". Queriam ver uma mudança fundamental no comportamento social, particularmente das elites. Os editores de A Defesa Nacional afirmaram que a longa experiência da escravidão enfraquecera a espinha dorsal brasileira e deblateraram contra o "bacharelismo efeminado e histérico", amante dos "discursos declamatórios" e das "serenatas ao violão" e envergonhado de todo trabalho honesto que resultasse em calos, de enxada ou de espada.[99] Outro editorial dizia que esse "imenso e deslumbrante país" era uma "pátria tão digna de melhores filhos". Em vez da "nação vacilante e inerme" que abrigava, o Brasil poderia "acalentar em seu seio uma nação viril e gloriosa".[100]

Ao refletirem sobre a "obra grandiosa" que havia pela frente, os editores ressaltaram, com satisfação, que a nova geração começava a cultivar o espírito militar. Juntos, os oficiais reformistas e os jovens poderiam compensar as "gerações em colapso moral" e dar a "este imenso e lindo país" filhos dignos de sua opulência. "Avante, custe o que custar!", exortaram os editores.

Em um artigo nessa mesma edição da revista, o segundo-tenente Mário Travassos, veterano do Contestado, lamentou o pendor nacional para o pessimismo, que ele julgava corrosivo, deprimente e debilitante. Afirmou que o otimismo era "a única religião para os brasileiros". Os oficiais haviam-se divorciado da fé positivista, refugiando-se "na suntuosa catedral que as nossas fronteiras geográficas constituíram". As escolas militares estavam-se tornando mais eficientes. Os aspirantes que se formavam sabiam realmente cavalgar, atirar e conduzir jogos de guerra em vez de meramente dominar teorias abstratas e demonstrar gosto por questões insolúveis. A máquina de guerra brasileira estava sendo reconstruída. "O gigante adormecido desperta." Um pequeno número de oficiais de todas as patentes despertara o Exército. Travassos conclamou a maioria a juntar-se a eles, pondo de lado sua "impatriótica indiferença" e "inércia perniciosa". Já não eram só os visionários "jovens turcos" que falavam, ele exultou, mas a voz da própria nação.[101]

As idéias e sentimentos expressos nesses editoriais motivaram os oficiais a refletir criticamente sobre todos os aspectos do Brasil e a começar a busca de soluções para os problemas que suas análises revelavam. Mas essas eram questões de longo prazo, e os reformistas tinham objetivos mais imediatos.

A IMPOSIÇÃO DA VISÃO DOS JOVENS TURCOS

Os jovens turcos e o general Faria entraram em uma corrida contra o tempo para impor sua visão ao Exército antes que se encerrasse o governo de Venceslau Brás. Quando a guerra se encaminhou para o desfecho, aumentou a pressão para que se convidasse uma missão militar francesa para vir ao Brasil, reforçada pelos interesses de industriais e políticos paulistas ligados à França. Embora os britânicos e americanos quisessem vender armas ao Exército, concentravam seus esforços em competir entre si pelo contrato da missão naval. Faria abriu as portas para a aquisição de artilharia e material de aviação franceses, mas procurou preservar as doutrinas germânicas adaptadas que enchiam as páginas de *A Defesa Nacional*.

A instituição educacional central de um exército é sua escola preparatória de oficiais. Ela é o molde que plasma as características básicas sobre as quais se constroem o ensino, o treinamento e a experiência posteriores. O Exército lutara, desde o fechamento da escola de Praia Vermelha, em 1904, para atingir um equilíbrio adequado entre a instrução militar profissional e a educação geral ou, como se dizia no Brasil, a cultura geral. Em 1913, 1918 e 1919, mudanças no regulamento do ensino tiveram como meta fornecer ambas na medida certa.

O regulamento de 1913 reiterou a proibição, decretada em 1905, ao ingresso de oficiais na escola militar. Como vimos no capítulo 2, a presença de oficiais oriundos das fileiras subalternas que haviam ascendido na hierarquia foi um fator que contribuiu para as revoltas de 1897 e 1904 nas escolas. O novo regulamento estabeleceu a idade-limite de trinta anos para o ingresso e restringiu o acesso a homens provenientes de um dos colégios militares, a versão do Exército de uma escola preparatória, ou a soldados provenientes de uma unidade do Exército. Ainda assim, até 1919 haveria oficiais no corpo discente, e eles teriam seu papel nas revoltas da década de 1920.

Quando a preparação de oficiais foi transferida de Porto Alegre para o Realengo, em 1911, duas escolas encarregaram-se da tarefa: a Escola Militar e a Escola Prática. Quase um quilômetro de distância as separava, e de início cada qual teve seu comandante. Entre 1915 e 1918 foram unificadas e, supostamente, a prática prevaleceu sobre a teoria. Foi fundamental para o desenvolvimento da Escola Militar unificada ter sido tirada do controle direto do ministro da Guerra e entregue à direção do Estado-Maior.

No período 1910-18, o Estado-Maior do Exército, criado em 1899, pela primeira vez passou a funcionar como o núcleo do Exército. A relação entre o Estado-Maior e o gabinete do Ministério da Guerra foi facilitada durante os anos de Faria nessa pasta porque ele fora chefe do Estado-Maior de 1910 a 1914. Antes dele houvera sete chefes do Estado-Maior, que ocuparam o cargo de um mês a três anos. Apesar do interregno de três meses entre a chefia do general Faria e a do general Bento Ribeiro, durante o qual o cargo foi ocupado pelo general Antônio Geraldo de Souza Aguiar, Faria e Bento Ribeiro foram os responsáveis por todo o desenvolvimento nativo do órgão antes da chegada dos franceses em 1919.

Sob a chefia do general Faria, o Estado-Maior planejou a reestruturação do Exército implementada em 1915. Liderado por Bento Ribeiro, o órgão confrontou a necessidade de uma doutrina militar brasileira que incluísse planos de guerra designando os teatros de operações e o tipo de guerra (ofensiva, defensiva) e determinando os meios e a organização geral das forças. A partir desse plano seriam desenvolvidos planos ofensivos e defensivos, com ênfase nestes últimos por uma questão de política nacional. Bento Ribeiro reconheceu que o Estado-Maior só poderia ser tão bom quanto os oficiais que o compunham, por isso deu fim ao processo seletivo aleatório baseado em contatos pessoais e favoritismo e determinou que os oficiais do Estado-Maior fossem formados no curso especializado de sua arma e na escola de estado-maior.

Bento Ribeiro divergiu de Faria quanto ao modo de reformar o sistema de ensino. Ambos concordavam que a "instrução prática" era fraca e deficiente devido à falta de instrutores experientes. Faria achava que o espírito progressista do grupo de *A Defesa Nacional* poderia levar ao sucesso, mas para Bento Ribeiro seria mais eficaz contratar uma missão estrangeira como as que haviam modernizado os Exércitos argentino, chileno e peruano e a Força Pública paulista. Em 1917 o Estado-Maior sugeriu que se convidasse uma missão, mas não expressou preferência pela procedência. Obviamente, porém, como ainda se estava em guerra, as escolhas possíveis excluíam os alemães e incluíam os Exércitos francês, britânico, americano e japonês. Dada a necessidade militar de unidade doutrinária, tal convite requereria o descarte de boa parte do trabalho de inspiração germânica dos jovens turcos.[102]

Para evitar isso, os dois generais preferiram um meio-termo. Bento Ribeiro dobrou-se à antipatia do ministro por uma missão estrangeira, talvez refletindo que ministros acabam partindo enquanto o Estado-Maior permanece, e começou a revitalizar a escola militar com uma seleta equipe de oficiais inspirados no modelo alemão.

No início de 1918, *A Defesa Nacional* publicou editoriais analisando a educação militar nos quais argumentava que a preparação de um oficial era um processo contínuo ao longo de toda a carreira e não algo que começava e terminava nos três ou quatro anos de escola militar. Esta deveria ter a função restrita de preparar oficiais das armas de combate para serem instrutores dos praças. O treinamento adicional seria adquirido em uma série de escolas que o oficial freqüentaria durante sua carreira. Os editoriais recomendavam que se evitassem "os vícios da organização francesa, tão sobrecarregada em seus programas de assuntos sem aplicação prática, ou de necessidade remota" e louvavam a "simplicidade", brevidade e racionalidade da instrução militar alemã. Pelo jeito, a admiração do grupo de *A Defesa Nacional* pelos métodos germânicos não sofreu abalo com a declaração de guerra do Brasil.[103]

O ministro Faria não afirmou publicamente, mas suas ações indicam que ele concordava com seus jovens colegas, com a ressalva de que os métodos alemães fossem introduzidos por brasileiros. E como em 1918, segundo ele, "nossos oficiais, com exceção de alguns antigos, provêm todos da escola militar", a unidade de origem facilitaria rapidamente a unidade da doutrina.[104]

A Escola Militar, cerne do plano de Faria, teria por objetivo formar oficiais que, ao receber sua primeira atribuição, pudessem "imediatamente começar a instruir seu pelotão ou sua seção sem se sentir acanhado entre seus colegas da companhia, esquadrão ou bateria". De certo modo, essa era uma época ideal para introduzir grandes mudanças na Escola Militar, pois a crise financeira trazida pela guerra impusera a redução do corpo discente para duzentos homens, o que não era suficiente para preencher o déficit de 263 aspirantes em 1918 nas unidades que então vinham sendo distribuídas pelo Brasil. Por todo o país os comandantes de unidades queixavam-se da insuficiência de oficiais; assim, para o período letivo de 1918-19, o número de vagas foi aumentado para 516, somando-se a isso os 31 tenentes e quatro aspirantes retidos da turma de 1918; aumentou-se ainda mais o número de vagas em 1919-20, para 811, incluindo-se nesse contingente 55 aspirantes que faziam os cursos de artilharia avançada e engenharia e 756 praças. Essa expansão deveria ter facilitado a imposição da nova estrutura organizacional e do currículo reformulado.[105]

O Estado-Maior elaborou um exame competitivo para selecionar os novos instrutores. Antes desse período, as nomeações para o corpo docente da escola baseavam-se em favoritismo. O fato de um oficial contemporâneo mais tarde qualificar essa decisão como um "serviço corajoso" dá uma idéia do clima em que ela foi tomada.[106]

Para assegurar que a "instrução prática", como era chamada, tivesse o lugar de honra no currículo da escola, o Estado-Maior alterou o sistema de notas, atribuindo peso 3 para tática, serviço em campanha e história militar, peso 2 para armamento, fortificações, balística e topografia, e o modesto peso 1 para geometria analítica e descritiva, cálculo e física mecânica. Esse sistema ressalta quanto o Exército avançara desde os dias em que as aulas de matemática de Benjamin Constant e do coronel dr. Roberto Trompowsky Leitão de Almeida eram o pilar do currículo da escola de Praia Vermelha.[107] Fato interessante foi o ensino de línguas estrangeiras ter sido classificado como "instrução prática"; aprendia-se espanhol nos dois primeiros anos, francês nos três anos e inglês no segundo e no terceiro.[108]

Os oficiais selecionados foram designados para a escola no início de dezembro de 1918, e logo os cadetes os apelidaram de "Missão Indígena". Nas palavras de um dos oficiais, o então segundo-tenente Odylio Denys, a Missão Indígena, "condensando os ensinamentos dos ex-estagiários do Exército alemão, e adaptando-os ao nosso meio, conseguiu romper a crosta de atraso e comodidade que cobria a rotina tradicional do Exército".[109] Para aproveitar o novo sistema e garantir a familiaridade com os novos métodos, os aspirantes da turma de dezembro de 1918 foram retidos na escola por mais um ano a fim de ser treinados pelos novos instrutores. O resultado inesperado seria uma turma combinada em 1919 que conteria os rebeldes mais tecnicamente profissionais que o Exército já enfrentou: os famosos tenentes, de quem trataremos nos próximos capítulos.[110]

TERMINA O MINISTÉRIO DE FARIA

Com as várias reformas implementadas, quando se encerrava o governo de Venceslau Brás, em fins de 1918, o ministro Faria podia sentir-se satisfeito por ter deixado um Exército no caminho da modernização, diferente do da década anterior. Excepcionalmente, desta vez haveria continuidade, pois o general Bento Ribeiro permaneceria na chefia do Estado-Maior. Mas o Exército brasileiro que tomara forma sob a liderança de Faria enfrentaria nos anos seguintes mais mudanças, direcionadas pelos franceses, e seria abalado pelo ciclo revolucionário iniciado em 1922.

Mas esses acontecimentos ainda estavam no futuro. Na segunda metade de 1918 Faria providenciou para que seus subordinados leais ficassem a salvo da vingança de seus inimigos e detratores. Por exemplo, despachou para Santiago como adido militar o tenente Leitão de Carvalho, um dos fundadores de *A Defesa Nacional*, explicando que ele participara de estudos e reformas que haviam contrariado muita gente importante e que, se retornasse à tropa naquele momento, seria como "barata em galinheiro": todos iriam querer dar-lhe uma bicada. Leitão partiu para o outro lado dos Andes sabendo que o trabalho ainda não estava completo e que os oficiais subalternos de *A Defesa Nacional* não tinham conseguido reformar o Exército de baixo para cima.[111] Mas haviam feito algum progresso, e agora o Exército estava prestes a receber uma dose de reforma francesa de cima para baixo.

Neste capítulo acompanhamos as discussões geradoras das idéias básicas da ideologia que se desenvolveu no Exército quando a instituição passava de um exército profissional com soldados extraídos da escória da sociedade a um grupo qualificado composto de um corpo de oficiais profissionais e recrutas supostamente oriundos de todos os níveis socioeconômicos. A influência generalizada dos jovens turcos treinados na Alemanha foi mais evidente e duradoura em sua revista mensal *A Defesa Nacional*. Seus editoriais e artigos foram a arena onde os reformistas proclamaram suas doutrinas que retratavam o Brasil como uma "pátria tão digna de filhos melhores" e onde, em seguida, explicaram como o treinamento militar e a mudança social haveriam de produzi-los. Com sua Missão Indígena dirigindo a escola militar, eles puseram suas idéias em prática e formaram os oficiais que poriam fogo na República Velha na década de 1920 e acabariam com ela em 1930.

5. Profissionalismo e rebelião

O Brasil, país fértil e despovoado, está pela sua conhecida fraqueza sujeito a grandes perigos em meio do embate dessas nações fortes que se digladiam e digladiarão tenazmente para garantirem suas existências como povos autônomos, economicamente poderosos e financeiramente soberanos.

General-de-brigada Alberto Cardoso de Aguiar

Ninguém respeita nem procura a aliança dos fracos.

João Pandiá Calógeras

As ruas do Rio de Janeiro estavam desertas. Um medo mortal pairava sobre a capital brasileira à vista dos cadáveres que se acumulavam mais rápido do que se podia enterrá-los. A gripe espanhola não respeitava posição nem idade. Em outubro e novembro de 1918, quando tomava forma o novo governo do ex-conselheiro do Império e ex-presidente da República (1902-06) Francisco de Paula Rodrigues Alves, seu líder travava uma batalha perdida contra a doença em sua residência na cidade paulista de Guaratinguetá.

A doença chegara a bordo do navio do correio britânico *Demerara*, que transportava duzentos doentes, contaminados durante uma escala em Dacar. De 16 de setembro, quando o navio atracou, até 12 de outubro, noite em que a alta sociedade reuniu-se no baile do Clube dos Diários, a moléstia alastrou-se pouco a pouco pelas classes inferiores, mas a partir de então muitos convidados caíram doentes, e uma grande epidemia nivelou famílias ricas e pobres. Duas semanas depois a estimativa era de que 500 mil pessoas, metade da população do Rio, estavas acamadas, e mil corpos jaziam insepultos no cemitério do Caju. Não havia carros fúnebres suficientes para transportá-los, nem coveiros para enterrá-los. Tudo estava paralisado — transporte, escolas, lojas —, pois famílias inteiras haviam sido atingidas. Os gêneros alimentícios, especialmente leite e ovos, desapareceram, e alguns doentes acabaram morrendo de fome. O fétido hálito da morte, que sufocara a Europa nos quatro anos anteriores, espalhou-se pelo paraíso tropical com aterradora rapidez.

Em 25 de outubro, as Forças Armadas assumiram o controle e instalaram quatro hospitais temporários. Apropriadamente, no Dia de Todos os Santos o pior já passara, e a capital começou a reaver um pouco de normalidade. O número oficial de mortes foi 16 997, mas outras estimativas chegam a 28 mil. As escolas do Exército haviam suspendido as aulas, com oficiais e alunos acamados. O hospital central do Exército tratou 1442 pessoas com gripe, das quais 109 morreram. O acontecido deu um tom grave ao início do pós-guerra.[1]

Com o presidente eleito enfermo demais para trabalhar, o vice, Delfim Moreira da Costa Ribeiro, de Minas Gerais, assumiu interinamente a presidência em 15 de novembro de 1918. Embora sofrendo de grave arteriosclerose, que lhe causava perdas temporárias de memória, ele se empenhou arduamente para governar o país com o gabinete que Rodrigues Alves formara. Para o Exército, isso constituía uma mudança significativa de direção.

A INICIATIVA FRANCESA

O ministro da Guerra, Faria, opusera-se a qualquer missão estrangeira para não criar vínculos entre o Brasil e uma potência européia. Quando se debatera sobre a contratação de uma missão alemã durante o governo de Hermes, ele se opusera "tenazmente", e orgulhava-se de ter contribuído para abortá-la. Jactando-se da posição que assumira, apontou as dificuldades que Argentina e Chile haviam enfrentado durante a guerra em conseqüência de seus oficiais terem absorvido o "espírito germânico". Em suas palavras, "o Exército só pode ser nacional em suas doutrinas, teorias, no seu espírito e mesmo em sua tática". Embora considerasse útil enviar observadores à Europa e trazer alguns instrutores estrangeiros para ensinar métodos então em uso na frente ocidental, ele duvidava que a guerra de trincheiras ali travada constituísse um método ou doutrina de guerra universal, especialmente para a América do Sul, onde os grandes espaços e a população dispersa mantinham os vários exércitos nacionais a boa distância uns dos outros. Era difícil imaginar uma guerra de trincheiras nos pampas do rio da Prata ou nas ondulantes pradarias gaúchas.

Mas o general Faria tinha uma dúvida mais fundamental: "Conheço bem a nossa tropa, sei que nossos oficiais são muito ciosos de seus direitos e não creio que se sujeitem ao comando de oficiais estrangeiros". Seria melhor, a seu ver, manter a liberdade de escolher o que bem entendessem de qualquer fonte. Ele recomendou a contratação de especialistas estrangeiros em estratégia, jogos de guerra, mapeamento, aviação e outras áreas. De fato, escreveu ao adido do Exército em Paris a respeito da contratação de instrutores de vôo franceses, mas se opôs a uma missão estrangeira para treinar o Exército como um todo.[2]

A idéia de buscar no exterior a salvação militar, de contratar uma grande missão estrangeira para todo o Exército com o objetivo de ensinar os segredos da ciência militar avançada era antiga e engendrara debates consideráveis, como se depreende dos comentários de Faria. Uma missão desse teor fora abortada durante a presidência de Hermes, sobretudo porque os partidários dos alemães e os dos franceses deram-se xeque-mate. Em 1917 e 1918, com o Brasil em guerra contra o império germânico, a idéia de uma missão tornou a ganhar força. Depois do reconhecimento do estado de guerra pelo Brasil em outubro de 1917, correu em Paris o rumor de que os brasileiros enviariam soldados à Europa, e o adido militar, major Alfredo Malan d'Angrogne, escreveu ao ministro Faria comunicando sua impressão de que o Estado-Maior francês responderia favoravelmente à solicitação de uma missão para treinar as forças brasileiras que seriam mobilizadas. Malan lamentou que a fraqueza militar do Brasil levasse a notícia da entrada brasileira na guerra a ser recebida com indiferença e afirmou que, em sua opinião, uma grande missão para remodelar o Exército, as escolas militares, o Estado-Maior e a administração militar ajudaria o país a conquistar respeito no exterior. Confessou a seu amigo, general Augusto Tasso Fragoso, que era urgente agir porque "amanhã poderá ser tarde".[3]

Em 1918 chegou ao fim o governo do mineiro Venceslau Brás, e o poder presidencial passou para São Paulo, na pessoa do ex-presidente Rodrigues Alves. Os complexos laços da elite paulista com a França resultaram, primeiro, na escolha de um ministro da Guerra pró-francês e, segundo, na negociação de um contrato para uma missão militar com o governo da França.[4] Desde 1906 os franceses empenhavam-se para obter um contrato como esse. Paris tivera a intenção de demonstrar o que seu Exército podia fazer quanto treinou a Força Pública paulista. Tendo conseguido bloquear os alemães antes da guerra — servindo-se, inclusive, do argumento nacionalista de Faria como último recurso —, os franceses e seus aliados fizeram então uma investida para assegurar um resultado favorável.

Também em 1918 o adido militar francês, major (visconde) Fanneau de la Horie, ex-membro da missão de São Paulo, enumerou as medidas que Paris deveria tomar: restabelecer sua missão em São Paulo como o *pivot de la manoeuvre*, providenciar para que o Brasil enviasse uma missão de observação à França, fornecer a artilharia e o material de aviação que os brasileiros desejavam e, finalmente, enviar um líder militar que tivesse prestígio, habilidade organizadora e temperamento para "reorganizar o Exército brasileiro".[5] Embora o general Faria não quisesse uma missão para todo o Exército, preparou o caminho para isso quando enviou a missão de observação chefiada pelo general Napoleão Aché, encomendou material francês e tomou medidas em favor de uma missão para a aviação.

Um aspecto curioso e pouco notado no desenrolar dessa situação foi a ascensão e nomeação de Alberto Cardoso de Aguiar como sucessor de Faria. Nos círculos do Exército, os prováveis candidatos eram generais experientes como Augusto Tasso Fragoso, Luís Barbedo e Setembrino de Carvalho. Houve quem se incomodasse com o fato de Cardoso de Aguiar ter sido general-de-brigada por apenas onze meses (12 de janeiro de 1918) antes de se tornar ministro.[6]

Cardoso de Aguiar, oficial da artilharia com treinamento em engenharia, tinha 54 anos quando assumiu o ministério. Entre os dezoito coronéis da artilharia, era um dos quatro abaixo da média de idade, 59 anos. Como fora o 69º na lista de 77 coronéis de combate em 1915, sua rápida ascensão nos dois anos seguintes deve ter irritado seus concorrentes. A promoção a general nunca era acidental; tinha ramificações políticas e era determinada pelo presidente, e a nomeação de um ministro era provavelmente a mais importante decisão isolada de caráter político-militar que um presidente tomava durante a República Velha. Cardoso de Aguiar ingressara no Exército aos dezesseis anos (1880), fora alferes-aluno no último ano do Império, passara de segundo a primeiro-tenente em três dias em janeiro de 1890, tornara-se capitão em 1895 e dez anos depois era promovido a major. Tornou-se tenente-coronel em 1911, coronel brevetado em outubro de 1914 e coronel em janeiro de 1915. Três anos depois, recebia suas duas estrelas de general-de-brigada.[7]

Tinha fama de grande conhecedor do Brasil, graças a seu trabalho nas linhas telegráficas em Mato Grosso e na estratégica ferrovia de Palma, no Paraná, e também por ter chefiado interinamente a comissão que mapeou o país. Impressionou o adido americano como "homem com boas habilidades, sério, estudioso [...] de bom senso, capacidade de trabalho e de organização". Segundo essa mesma fonte, ele não tinha reputação de ser aliado de políticos. Contudo, sua eleição para a presidência do Clube Militar indicava que era popular entre seus colegas oficiais e hábil na política dos quartéis. No Exército, era considerado "simpático", inteligente, honesto, trabalhador e reformista.[8]

O segredo de sua ascensão foi uma combinação de competência e bons contatos. Era bem conhecido dos generais Faria e Bento Ribeiro, pois chefiara a 2ª Seção do Estado-Maior do Exército sob o comando de Faria de 1911 a 1914 e o gabinete de Bento Ribeiro de 1915 a 1918. Esses postos, especialmente o segundo, normalmente eram entregues a oficiais "de confiança". Além disso, ele tinha contatos políticos, como se deduz por seu posto de comandante do Corpo de Bombeiros do Distrito Federal em 1914, quando Bento Ribeiro era prefeito. Devia sua nomeação para o ministério, se não às suas estrelas, a políticos paulistas, especialmente o senador Álvaro de Carvalho, genro do presidente eleito Rodrigues Alves. É possível que ele tenha prometido apoiar a contratação dos franceses; entretanto, isso talvez não tenha sido necessário, já que era um renomado francófilo. Antes de sua promoção, ele escrevera a Malan em Paris: "França, valente França. Serás eternamente nossa sábia mestra".[9]

Os oficiais progressistas receberam a nomeação de Cardoso de Aguiar com demonstração de confiança em suas habilidades. Tasso Fragoso afirmou "confiar muito nele, por sua inteligência e honestidade", embora esperasse que ele se livrasse de "futilidades" como a excessiva preocupação com "coisas técnicas e reformas no papel". Leitão de Carvalho considerava-o "estudioso e capaz", colaborador do general Faria, e Pantaleão Pessoa descreveu-o como "um soldado de caráter e capacidade" que seria uma "promessa de justiça" para o Exército. Certamente não se aliaria aos "destruidores de boas obras".[10]

Nas semanas seguintes à posse do novo governo em 15 de novembro de 1919, enquanto o Congresso deliberava sobre a autorização para a missão estrangeira, o general Cardoso de Aguiar empenhou-se em favor dos franceses. Já em 29 de novembro dissera ao general Tasso Fragoso que contrataria oficiais franceses. Pouco depois, em 4 de dezembro, telegrafou a Malan avisando que a decisão estava tomada e pediu-lhe que sugerisse um general para chefiar a missão. Especificou: "Não quero apenas indiscutível competência técnica quero também general moço, sadio grande descortino com equilíbrio qualidades necessárias delicada incumbência será confiada". O general escolhido deveria vir ao Brasil para ver pessoalmente o que teria pela frente, e depois retornar à França para montar sua equipe.[11]

Claramente, o novo ministro devia estar seguro de onde pisava para dar tais ordens antes da aprovação do Congresso. Entre 30 de novembro, quando foi apresentado pela comissão, e 3 de janeiro de 1919, quando foi aprovado, o projeto de lei foi modificado, removendo-se a menção à nacionalidade da missão, aparentemente para abrandar a oposição que, na esperança de repetir o impasse que impedira a contratação de uma missão antes da guerra, mencionara a possibilidade de uma missão americana. O Congresso aprovou créditos para "uma missão de oficiais estrangeiros para a instrução do Exército. O chefe da dita missão será adido ao Estado-Maior do Exército como assistente técnico". O relatório provisório da Comissão do Exército e da Marinha, porém, deixara bem claro quais "oficiais estrangeiros" tinha-se em mente:

O governo propõe contratar uma missão na França, país mais próximo ao nosso não só na raça mas nas idéias e sentimentos, quase idêntico em suas linhas gerais. É natural que o Brasil procure mestres nas grandes potências militares, especialmente na França, cujo Exército está dando as mais notórias provas de valor e eficiência e tem fornecido o comandante-chefe para todas as forças aliadas. Ademais, os oficiais brasileiros que entraram na guerra procuraram a França para aprender, e encontra-se na França uma missão sob a direção do general Napoleão Aché. Se essas razões não forem suficientes, também se pode afirmar que uma missão para a aviação já foi contratada na França, não sendo aconselhável empregar-se uma missão de outro país, com métodos diferentes, para instrução em outros ramos do serviço, devido à confusão que acarretaria.[12]

O ministro estava decidido a copiar a organização e até o fardamento francês.[13] Com efeito, as fardas, compostas de túnica azul-escuro e calças vermelhas com listras pretas, eram indistinguíveis das dos oficiais franceses. Era quase como se ele estivesse aplicando a definição de um sacramento ao corpo de oficiais, um sinal exterior de graça interior. Os uniformes em estilo francês transformariam os brasileiros em franceses tropicais.

As reações dos jovens turcos à iniciativa de Cardoso de Aguiar foram variadas. Alguns dos reformistas reagiram negativamente, mas Leitão de Carvalho escreveu do Chile a seus colegas que o trabalho deles havia apenas começado e que, sozinhos, não conseguiriam reformar a instrução dos oficiais e dos praças, eliminar "hábitos e costumes inveterados" ou adquirir a experiência da guerra recente. Lembrou-lhes que não havia sido deles, e sim do governo, a escolha da Alemanha como modelo antes da guerra, e com a derrota daquele império fora preciso recorrer a outros. Uma vez que eram os líderes da campanha progressista, sua opinião era de que "devemos prestar à missão francesa o apoio que daríamos, antes da guerra, à missão alemã, se tivesse sido contratada". Estava ansioso para retornar e trabalhar com a missão porque não estavam "presos à sorte da Alemanha, mas ao futuro do Brasil".[14] Outros jovens turcos compartilhavam essa atitude, ou logo viriam a adotá-la.

O grupo de A Defesa Nacional tinha seu representante no gabinete do ministro, o capitão Joaquim de Souza Reis Netto, e vários do grupo ocupavam postos no Estado-Maior (os capitães Bertoldo Klinger, João Batista Mascarenhas de Moraes, Pantaleão da Silva Pessoa, Genserico de Vasconcelos e Julião Freire Esteves).[15] Esses oficiais usaram sua influência em favor da missão, e vários deles se inscreveram nos novos cursos que a missão instituiu, "para dar o exemplo da nossa submissão", como lembrou um dos integrantes. Leitão de Carvalho chegou a mandar de volta sua família, que estava com ele em Santiago, esperando com isso conseguir permissão para ser liberado de seu posto como adido militar um ano antes e poder, assim, estudar com os franceses. O chefe do Estado-Maior do Exército, Bento Ribeiro, ordenou-lhe que voltasse para o Chile, mas lhe prometeu uma vaga no curso de revisão do Estado-Maior em 1921.[16]

A tarefa "delicada e espinhosa" de Malan em Paris era encontrar um general francês com as qualidades pessoais encomendadas por Cardoso de Aguiar. O adido preocupava-se, pois os nomes que primeiro lhe vinham à mente eram de generais que haviam comandado centenas de milhares de homens mas, justamente por isso, ele hesitava em convidá-los para organizar brigadas desfalcadas ou divisões esqueléticas. Ele sabia que o chefe da missão teria de ter "tato, uma certa diplomacia para lidar com nossos melindrosos ou ignorantes, e portanto arrogantes, jacobinos". E dizia a si mesmo: "Entre nós, o chefe não manda: pede por favor". Ele e o ministro em Paris, Olyntho de Magalhães, para evitar fazer uma solicitação sem especificações ao Ministério da Guerra, temendo que isso resultasse na indicação de algum protegido ou de um oficial com contatos políticos que não se enquadrasse nos requisitos que eles procuravam, pediram conselho ao marechal Joseph Jacques Césaire Joffre, o herói da campanha do Marne. Joffre recomendou o general-de-brigada Maurice Gustave Gamelin, que fora seu chefe de estado-maior, comandara de batalhões a divisões, tinha tato, era diligente e jovem, na casa dos quarenta. Malan descreveu-o como um homem de constituição mediana, cabelos pretos, olhos azuis e longos bigodes louros. Não era afetado, e o brasileiro considerou-o "simpático". Encontrara o homem.[17]

É digno de nota Cardoso de Aguiar ter desejado que Gamelin fizesse uma viagem de inspeção ao Brasil imediatamente, antes que os dois governos negociassem um contrato. Sem dúvida, queria assegurar-se do acerto da escolha, dar a Gamelin a oportunidade de ver o que o esperava e permitir aos críticos em potencial constatar que o homem era menos ameaçador do que imaginavam. Assim que o Congresso votou favoravelmente à contratação da missão estrangeira, o ministro ordenou a Malan que providenciasse junto ao governo francês a visita de Gamelin. Malan e o futuro ministro da Guerra, João Pandiá Calógeras, então em Paris para a conferência de paz, escreveram a amigos militares pedindo-lhes que fizessem o possível para dar a Gamelin uma recepção cordial. Malan escreveu depois a Tasso Fragoso que Gamelin não era um intelectual, mas um general. "Nossos trepadores, não achando nada em que cortar, criticam haver-se-ido procurar um homem que ninguém conhece. Não buscamos puro-sangue premiado; precisamos, sim, de potro de boa saída e que não afrouxe na carreira." Para Malan, só tinham de arrepender-se por terem demorado tanto a chegar àquele ponto.[18]

Em fevereiro de 1919, Gamelin chegaria ao Brasil para sua inspeção pré-contrato. Mas antes disso o Exército americano ficou sabendo que fora descartado. Oficiais declararam repetidamente ao adido americano, major Fenton McCreery, que suas relações com os oficiais brasileiros eram "mais íntimas do que as de quaisquer adidos estrangeiros que vieram ao Brasil e que [ele fora] recebido mais cordialmente". O adido informou que, embora o Brasil estivesse prestes a contratar uma missão francesa, os brasileiros expressavam considerável "curiosidade em relação ao nosso Exército e especialmente ao treinamento rápido e ao equipamento e suprimento no exterior de um contingente enorme de soldados". Interessavam-se em particular pelo modo como os civis eram treinados para ser oficiais. Vários oficiais brasileiros afirmaram torcer por uma missão americana. O médico chefe do serviço de saúde do Exército estava propenso a moldar seu departamento com base no Exército americano, e esperava ir aos Estados Unidos para estudar o serviço de saúde militar.[19]

O ministro Cardoso de Aguiar disse ao adido que oficiais brasileiros deveriam estudar nos Estados Unidos para "adquirir idéias práticas e aprender algo além de táticas teóricas". O major McCreery garantiu a seus superiores nos Estados Unidos que não fora ele quem trouxera o assunto à baila, e que sempre limitara suas observações "a comentar que devíamos muito a oficiais franceses no treinamento de nosso Exército e que nossos oficiais finalmente se haviam formado e entrado na luta". Tempos depois, o adido presenteou o ministro com 45 rolos de filme, com títulos como *Pershing's crusaders* [Cruzados de Pershing], *Field service on the Western front* [Serviço de campanha na frente ocidental], *Spirit of 1917* [O espírito de 1917] e *The remaking of a nation* [A reconstrução de uma nação], para serem exibidos em postos militares. Graças a seus esforços, o Estado-Maior americano sugeriu ao Departamento de Estado que seria possível melhorar as relações entre os dois países se os brasileiros fossem induzidos a enviar um adido militar a Washington, pois "o Brasil [...] desconhece os métodos militares americanos e, se informado por um de seus próprios representantes, teria impressão favorável e seria menos propenso a aceitar as mentiras antiamericanas atualmente ditas por lá".[20] Essas olhadelas para os Estados Unidos não se tornariam um flerte sério antes da década de 1930, mas mostram que os oficiais brasileiros não eram cegamente pró-franceses ou pró-germânicos: estavam procurando os melhores métodos.

O Exército que Gamelin encontrou no início de 1919 estava em condições bem melhores que o de 1900, mas decerto o fez perceber que teria trabalho duro pela frente. Naquele ano, o efetivo autorizado do Exército era de 43 747 homens, mas o número realmente em serviço era de 37 mil, com muitas unidades desfalcadas.[21] No papel, havia cinco divisões, mas na verdade apenas duas estavam organizadas e em seus postos, capacitadas para funcionar. O resto compunha-se de regimentos e batalhões mais ou menos independentes espalhados por longas distâncias. As duas divisões organizadas eram a 3ª, no Distrito Federal, e a 5ª, no Rio Grande do Sul. Enquanto os sete regimentos e oito unidades menores da 3ª Divisão e os dezesseis regimentos e doze unidades menores da 5ª estavam a distâncias operacionais uns dos outros, a 1ª Divisão, como muitas outras, não tinha quartel-general fixo, e os batalhões e regimentos designados para suas duas brigadas de infantaria e uma de artilharia estavam distribuídos desde Manaus e Belém até Fortaleza e Recife, Corumbá e Cuiabá. A distribuição das forças refletia a dupla missão de defesa interna e externa dada ao Exército: no Sul, estavam de guarda contra possíveis invasões diretamente da Argentina ou através do Uruguai, além de protegerem as comunicações terrestres e marítimas com os estados do Centro-Sul; nestes últimos e nos estados do Norte, deviam proteger os portos e manter a ordem nos grandes centros populacionais e áreas de fronteira. O relatório da embaixada britânica em 1919 foi claro e franco: "A distribuição do Exército assemelha-o mais a uma polícia que a uma força de combate eficiente".[22]

O padrão dessa distribuição resultava naturalmente da percepção pelos militares de que o país estava sob constante risco de fragmentar-se. Segundo Cardoso de Aguiar, esse era "incontestavelmente o maior perigo que o Brasil tem que enfrentar". E o Exército era o único instrumento para manter o país unido. A organização militar apropriada permitiria que reinassem a justiça e a tranqüilidade e que o desenvolvimento econômico e industrial prosseguisse desimpedido, enquanto erguia "uma barreira inflexível às ambições do exterior, conservando o solo brasileiro livre sempre do coturno conquistador do estrangeiro". Além disso, a força militar garantiria "nossa expansão comercial [externa]".[23]

Uma grande preocupação do ministro era o ônus desigual que o serviço obrigatório estava impondo a algumas regiões militares cujas populações eram desproporcionais ao número de soldados que tinham de fornecer. Por exemplo, a 5ª Região (Distrito Federal) abrigava uma população de 975 918, segundo o censo, e precisava de 8292 soldados; a 7ª Região (Rio Grande do Sul), com 1 682 736 habitantes, devia fornecer 11814 soldados, e a 4ª Região (Minas Gerais, estado do Rio de Janeiro e Espírito Santo), com 6316891 habitantes, requeria apenas 4632 homens para suas unidades. Assim, o Distrito Federal e o Rio Grande do Sul estavam sobre-carregados, e como aquele não conseguiu suprir sua cota, as outras regiões tiveram de enviar recrutas para lá, com as conseqüentes despesas da viagem terrestre e marítima. O presidente em exercício, Delfim Moreira, disse ao Congresso que era "contra os interesses dos conscritos mandá-los para muito longe de suas casas". O governo propôs realinhar os estados componentes das sete regiões militares de modo a dar-lhes uma base populacional mais proporcional a seus níveis de conscritos anuais. Os números efetivos são menos importantes que a situação em foco: primeiro, a falha em não estudar completamente os principais aspectos de um programa antes de pô-lo em operação, e segundo, a resultante necessidade de refazer ou reformar a obra do governo precedente. Além disso, é estranho que uma hierarquia militar tão preocupada com a unidade nacional insistisse no padrão regional de recrutamento em vez de mandar os conscritos para campos de treinamento centrais como um modo de incutir neles a consciência nacional. Evidentemente, ao inserir uma instituição nacional em cada região o Exército atuava para aproximar cada uma delas do governo central. Ademais, as necessidades da guarnição do Rio serviam de pretexto para a prática de trazer recrutas das colônias germânicas de Santa Catarina e Paraná para a capital federal. Os soldados altos, louros, de olhos azuis, popularmente chamados de "catarinas", davam guardas especialmente bonitos aos olhos da elite europeizada.[24]

As unidades no Distrito Federal — que um oficial em serviço no Norte chamou "seio de Abraão" — eram mais bem alojadas, alimentadas e supridas que as de outras partes. A atitude prevalecente evidencia-se no fato de que a seção de *A Defesa Nacional* encarregada das notícias enviadas por oficiais de unidades fora do Rio intitulava-se "Das províncias". Essa mentalidade rotulava todo o país fora dos limites da capital como "o interior". Em razão dessa atitude e do desejo de melhor acesso a contatos influentes, os oficiais faziam o possível para passar boa parte da carreira nos círculos do Rio de Janeiro.

Três áreas do Distrito Federal eram tradicionalmente militares: a Tijuca, onde estavam o Colégio Militar e as residências de muitos oficiais; São Cristóvão, que sediava o mais antigo regimento do Exército, o 1º de Cavalaria (1808), além de um grupo de artilharia de campanha, um batalhão de infantaria ligeira e uma companhia de metralhadoras; e a área da Vila Militar/Deodoro, onde se alojavam o 1º Regimento de Artilharia Montada, o 1º e o 2º Regimentos de Infantaria e duas companhias de metralhadoras. Um exemplo das instalações do Exército eram as unidades de artilharia de campanha e metralhadoras. Seu quartel em São Cristóvão era de tijolo e pedra, ocupando três lados de uma praça. Tinha dois andares, exceto na ala dos dormitórios, cujo pé-direito tinha quase 90% da altura total do edifício. Os quartos eram espaçosos, arejados e bem iluminados graças ao teto alto e às numerosas janelas compridas e estreitas. O alojamento dos soldados compunha-se de dois dormitórios grandes, um para os conscritos e o outro para os sargentos, além do lavatório. Os refeitórios eram separados, dotados de cozinhas azulejadas e fogões modernos. A comida usual no Exército era a feijoada, servida com arroz cozido e farinha de mandioca. Os soldados também faziam refeições com carne, batatas, frutas e café. Havia uma enfermaria com dez leitos, uma farmácia e um prédio escolar. Os estábulos abertos tinham piso de tijolo, com baias e manjedouras de ferro. Um observador estrangeiro relatou que os cavalos eram de médio porte, um cruzamento de raças nativas e européias, e estavam em boas condições, apesar de magros. Eram alimentados com milho, alfafa e capim fresco. Havia um hospital veterinário com doze baias, ferraria e carpintaria. Para um experiente observador militar, os carroções pareciam demasiado leves para as suas funções.

Os homens, segundo o adido americano, eram de cores variadas que iam do negro ao branco, revelando, "quase sem exceção [...] indícios de sangue africano". Ele classificou a disciplina e o moral "ligeiramente abaixo do adequado", o que atribuiu, patenteando seu preconceito, a emoções e mentalidade africanas. Portavam fuzil Mauser e espada baioneta; a companhia de metralhadoras usava oito Maxims e munição de Essen, Alemanha, e a artilharia de campanha possuía canhões Krupp.

O hospital central do Exército compunha-se de oito prédios nos moldes dos hospitais franceses da época. Pisos e paredes azulejados, enfermarias de pé-direito alto, bem iluminadas, com banheiros amplos, salas de operação limpas com gabinetes de instrumentos cirúrgicos e irmãs de caridade atarefadas, com suas toucas brancas de abas largas, que davam ao lugar um ar de salubridade. Provavelmente a capacidade de atendimento era de trezentos pacientes; em 1919-20 foram internados 4454 pessoas. A equipe do hospital trabalhou bem durante a epidemia de 1918, apesar de assumir o fardo adicional de tratar cem marinheiros do navio americano *Pittsburgh*, todos eles internados durante o tratamento e a recuperação em uma ala rebatizada de "Pavilhão Presidente Wilson". O Exército também possuía seu próprio laboratório de microscopia, além de laboratório químico e farmacêutico, o que lhe dava independência nos diagnósticos e tratamentos. O laboratório farmacêutico fora aperfeiçoado durante a guerra para compensar a escassez de drogas e remédios importados.[25]

Como hoje em dia, o acesso à Vila Militar, principal estabelecimento militar brasileiro, situada a cerca de 65 quilômetros do centro da cidade do Rio de Janeiro, fazia-se por trem da Central do Brasil, saindo do terminal próximo ao quartel-general do Exército na praça da República. A caserna, lojas e armazéns ainda ladeiam a avenida Duque de Caxias. Provenientes do programa de construção de Hermes da Fonseca em 1907, esses prédios assemelhavam-se aos de São Cristóvão, mas posteriormente ganharam algumas melhorias. Defronte ao principal grupo de construções havia casas confortáveis para os oficiais e suas famílias. As avenidas largas serviam de área de exercícios para os conscritos, que amaciavam suas novas perneiras e sapatos fabricados no Brasil enquanto aprendiam a cantar a plenos pulmões a marcha de sua unidade. Havia um refeitório dos oficiais para cada unidade, que também era usado para as ocasiões sociais, como por exemplo as recepções ao general Gamelin e adidos estrangeiros.

A Vila era a sede dos 1º e 2º Regimentos de Infantaria, do 1º Regimento de Artilharia, da 2ª Companhia de Metralhadoras, do 1º Batalhão de Engenheiros, do 1º Corpo de Transporte e do Curso de Infantaria. Este preparava sargentos em grupos de aproximadamente cinqüenta alunos, para atuarem como treinadores dos conscritos e dos Tiros.[26] Próximo dali, em Deodoro, a leste alojava-se a 1ª Companhia de Metralhadoras; ao sul, atrás da Vila, ficava o Campo dos Afonsos, onde a missão de aviação francesa vinha treinando aspirantes a piloto desde novembro de 1918; a oeste, no Realengo, estavam a Escola Militar, seus cadetes e tropa de apoio; finalmente, mais a oeste, às margens da ferrovia em Santa Cruz, estavam instalados o 2º Regimento de Artilharia e a 9ª Companhia de Metralhadoras.[27] Naquela época, quando as unidades de transporte ainda não possuíam veículos motorizados, a ferrovia era a principal ligação com a cidade. Como oficiais, cadetes e praças tomavam os mesmos trens, empregava-se uma cuidadosa etiqueta para manter a distância e a pose. O ciclo anual de treinamento gerava altas e baixas na população da guarnição, que se tornava menos numerosa de fins de setembro até 1º de fevereiro.

A filosofia que pautava esse estabelecimento militar mudara desde o início do século, passando de um positivismo que, em sua forma mais ortodoxa, era ateísta e pacifista a uma forma que defendia a aplicação da tecnologia e do método a qualquer problema a ser resolvido. Já que o positivismo como modo de pensar privilegiava a descrição dos fenômenos e não sua compreensão, as resultantes soluções para os problemas tendiam a ser superficiais. Na segunda década da República, afirmou Francisco de Paula Cidade, a influência do positivismo sobre as escolas militares e setores do Alto-Comando enfraquecera e "desaparecera do seio do Exército".

Esse declínio da influência positivista aconteceu paralelamente à emergência de um novo espírito católico no Exército. Em 1917, o pároco do Realengo, padre Miguel de Santa Maria Muchon, incentivou cerca de uma dúzia de cadetes da Escola Militar, entre eles Juarez Távora, a fundar uma Conferência Vicentina para manter sua fé católica e praticar a caridade em favor dos pobres da cidade. A dedicação altruísta desses cadetes durante a epidemia de gripe, levando mantimentos para famílias enfermas, causou forte impressão sobre seus colegas indiferentes ou mesmo hostis. A combinação da solicitude de São Vicente de Paula pelos pobres com o positivismo de Augusto Comte e o profissionalismo do general Gamelin daria a alguns membros da geração militar vindoura raízes intelectuais interessantes, ainda que confusas.[28]

CHEGAM OS FRANCESES

Esse era o Exército que aguardava Gamelin quando ele desembarcou no Rio de Janeiro em março de 1919. Embora alguns altos oficiais ansiassem por sua chegada na esperança de que ele dissipasse o clima de "muitas asneiras" então no ar, outros mantinham uma "surda resistência", decididos a terminar suas carreiras, nas palavras do general Tasso Fragoso, "sem ter feito nada, e sem nada ter aprendido".[29]

Gamelin esforçou-se para garantir a seus anfitriões que não pretendia virar tudo de cabeça para baixo nem destituir o Exército de seu caráter brasileiro. O mais importante era que o comando permaneceria em mãos brasileiras enquanto a missão se ocuparia do treinamento e instrução. A missão, ele afirmou, procuraria preservar o "caráter nacional das tropas e os métodos e sistemas nacionais". Ao contrário dos métodos de "missões germânicas de instrução de exércitos estrangeiros, cujo principal objetivo é germanizá-los e mudar suas características e elementos tradicionais, a missão francesa", segundo Gamelin, propunha-se a "instruir as tropas ao mesmo tempo que conserva o mais possível suas características nacionais".[30]

Gamelin passou cinco semanas visitando guarnições do Exército, interessado especialmente, segundo ele, nos "distritos que apresentam os problemas de defesa nacional que agora recebem atenção do governo". Assim, considerou "absolutamente necessário" inspecionar áreas de fronteira no Rio Grande do Sul, "sem dúvida as mais interessantes" em matéria de tradições militares brasileiras, para ter "uma idéia visual completa e exata do terreno, seus acidentes e topografia, a fim de organizar a localização das forças e determinar os elementos militares adaptados ao distrito. O terreno entre Santa Maria e Cruz Alta, e dali até Porto Alegre, lembrou-lhe Champagne, embora fosse menos arborizado e mais cortado por arroios. Uma campanha em área como aquela, ele comentou, empregaria "todas as armas de combate".[31]

Uma guerra nas "extensas planícies" do Rio Grande seria de "movimentos e manobras", e o uso de metralhadoras e canhões de longa distância daria bons resultados. A "frente unida" — estilo de combate que caracterizou a frente ocidental — não ocorreria ali, mas as lições da guerra ainda podiam ser aplicadas. Sua impressão sobre as guarnições do Sul foi "muito melhor do que me disseram que seria". Considerou "tudo arranjado para uma boa e eficiente organização técnica", e admirou-se muito com "a diligência e devoção dos oficiais brasileiros". Diplomaticamente, comentou que com "rigorosa instrução" e "um pouco mais de perseverança", e com a "cavalaria do Sul e a infantaria do Norte, nunca faltarão homens de primeira classe ao Exército brasileiro".[32]

Mas esses arrulhos tranqüilizadores não calaram os críticos, especialmente entre os oficiais do Estado-Maior. *O Jornal*, do Rio de Janeiro, reagiu a um artigo crítico publicado na *Revista do Estado-Maior* com um elogio à escolha de Gamelin como "alguém que lutou na guerra e mereceu suas promoções". A insinuação, obviamente, era que os generais brasileiros haviam ganhado suas estrelas de modo diferente.[33]

Inserir um grupo estrangeiro, especialmente de consultores especialistas, é um problema delicado em qualquer organização, quanto mais em uma instituição militar complexa, hierarquicamente estruturada que valorizava a graduação. O decreto (de 28 de maio de 1919) do presidente em exercício Delfim Moreira autorizando a contratação de uma missão francesa estipulava que "o chefe da missão será adido ao Estado-Maior do Exército na qualidade de assistente técnico e terá a supervisão de todas as atividades designadas aos oficiais da missão". Essa cláusula reconhecia uma cadeia de comando separada para a missão, o que efetivamente isolava seus membros individuais do controle brasileiro direto.[34] Mais incômodo era o contrato, negociado em Paris entre maio e setembro de 1919, que criava uma inconveniente relação triangular entre a missão, o Estado-Maior do Exército e o ministro da Guerra, determinando que aquela deveria "prestar contas unicamente ao ministro da Guerra da República brasileira por intermédio do chefe da missão". A nomeação do chefe da missão como "assistente técnico de instrução e organização" do chefe do Estado-Maior, estipulando-se que ele devia "ser consultado em todas as questões de instrução", introduziu uma irritação constante no sistema militar brasileiro em uma fase tensa de seu desenvolvimento. Tornou-se, com isso, mais difícil resolver a eterna controvérsia quanto a quem comandava o Exército, o chefe do Estado-Maior ou o ministro da Guerra, uma questão de assumia significado especial com um ministro civil.

O contrato de quatro anos — que, considerando o longo tempo durante o qual os franceses ansiaram por obtê-lo, deveria ter dado ao Brasil um forte poder de barganha — era excessivamente favorável aos franceses. Proibia o Exército de contratar qualquer "outra missão estrangeira para propósitos militares, com exceção de técnicos para as fábricas, arsenais e serviços geográficos", e especificava o cancelamento com uma vultosa indenização caso qualquer estado viesse a contratar consultores não franceses para suas forças policiais. Também limitava a aquisição de maquinário militar junto a outras fontes, dando preferência a produtores franceses. O documento estipulava remuneração extremamente generosa e licenças periódicas do serviço.[35] Não está clara a razão por que os negociadores brasileiros, entre os quais estavam o adido em Paris, major Malan d'Angrogne, e João Pandiá Calógeras, que em meio às negociações se tornou o primeiro e único ministro civil da Guerra, não foram mais intransigentes e mais atenciosos para com os interesses do Brasil. Pode-se dizer apenas que provavelmente foi o favorecimento dos franceses o motivo de os termos do acordo serem mantidos em segredo.[36]

Em janeiro de 1920 cerca de vinte membros da missão estavam instalados no Rio de Janeiro. Embora usassem suas próprias fardas, recebiam as divisas e os privilégios da patente imediatamente superior à que tinham na França. Sua tarefa era criar os alicerces de um exército moderno, organizando escolas para treinar oficiais profissionais, melhorando a capacidade do Estado-Maior para dirigir o Exército, reformulando os regulamentos sobre treinamentos e táticas, elaborando um sistema de promoções que assegurasse a ascensão dos oficiais mais capazes aos postos de liderança importantes e criando verdadeiras unidades táticas.[37] Eles foram designados para a escola de estado-maior, onde o coronel Eugène Durandin foi nomeado diretor de instrução com a patente de general-de-brigada, um coronel tornou-se diretor de estudos e outros quatro oficiais foram encarregados da instrução. O tenente-coronel Albert Barat, com a patente de coronel, e três assistentes fundaram a Escola de Aperfeiçoamento de Oficiais (ESAO) na Vila Militar.[38]

A Escola de Comando e Estado-Maior já era requisito para que oficiais servissem no Estado-Maior; era, assim, a principal instituição a partir da qual se poderia influenciar o planejamento e a organização futuros. Os oficiais que ali estudavam eram majores e tenentes-coronéis que seriam os futuros comandantes do Exército. Para permitir a altos oficiais que já haviam concluído o curso de Estado-Maior terem contato com as idéias francesas, a missão instituiu um curso de revisão. A ESAO preparava capitães para serem comandantes de companhias, esquadrões e baterias.

Os formados nesses cursos tinham a tarefa de impor a unidade de doutrina ao Exército. Na época, como os regulamentos do Exército haviam mudado com grande freqüência em anos recentes, as unidades estavam operando sob regulamentos diferentes. Os formados na ESAO tiveram especial importância nesse processo; foram designados para unidades como instrutores e intérpretes oficiais das doutrinas da escola, com base na idéia de que impor a "unidade de doutrina" aceleraria a transformação do Exército. Evidentemente, na prática isso significava certa tensão entre esses intérpretes e os oficiais menos esclarecidos. Os formados nos cursos regular e de revisão da Escola de Comando e Estado-Maior tinham a mesma missão, porém em um nível mais elevado. As duas escolas marcavam, nas entusiasmadas palavras do ministro da Guerra, um "início de fase nova para o apuro profissional do Exército".[39]

Para chegar à perfeição, no entanto, os oficiais brasileiros tinham de saber francês, já que seus instrutores importados não falavam português. Alguns franceses fizeram um esforço para aprender português, mas foram exceções. Alguns oficiais brasileiros irritaram-se por ter de usar uma língua estrangeira em seu próprio país, e ainda por cima em suas próprias escolas, e não gostaram do que chamaram de palavreado "esotérico" dos oficiais franceses: "Só os grandes iniciados [...] conseguem decifrar o sentido oculto das conferências dos mestres", comentou um deles.[40] Os franceses não tinham experiência como professores, de modo que a instrução tinha suas deficiências, assim como os manuais didáticos que elaboraram. O general Paula Cidade lembrou que eles "não escreviam suas lições com preocupação literária" nem forneciam referências das fontes do material que copiavam liberalmente de autores publicados e manuais do Exército franceses.[41] Esta última prática constituiu-se num mau exemplo cuja influência se nota até hoje em publicações do Exército. Em um nível menos sério, os problemas de idioma resultavam, às vezes, em cômicos mal-entendidos e em piadas que os praças, e provavelmente os oficiais, faziam à custa dos franceses.[42]

Apesar da boa vontade do grupo de *A Defesa Nacional*, os resmungos e as incertezas continuaram. Não é exato afirmar simplesmente que os oficiais mais velhos eram contra os franceses e os mais jovens, a favor. A questão era muito mais complexa, pois derivava das inseguranças profissionais de alguns e do nacionalismo de outros. E, apesar da tão falada alma latina comum, havia a barreira do choque cultural que surge quando pessoas de culturas diferentes trabalham juntas. O mero fato de convidar uma missão de treinamento estrangeira era uma admissão da inferioridade brasileira, de modo que teria sido realmente surpreendente se não houvesse existido tensão entre mestres e pupilos.

Mas parte da tensão entre a missão e o Estado-Maior relacionava-se ao fato de este não ter participado do processo de tomada de decisão sobre a contratação e o uso de consultores estrangeiros. Um editorial de maio de 1920 em *A Defesa Nacional* comentou que o Estado-Maior fora menosprezado e era "vítima serena, surda dos boatos tendenciosos e do sigilo das suas deliberações". Havia o perigo de que dar à nova geração de oficiais uma instrução que seus superiores não tinham solapasse a estrutura de autoridade do Exército. Os ganhos profissionais não compensariam um resultado tão perverso, pensavam os editores.[43] Alguns dos mesmos oficiais que haviam estado na linha de frente da campanha para melhorar o Exército mostravam-se hostis e desconfiados. Haviam levado até aquele ponto o processo da reforma, e agora parecia que o crédito ficaria para os estrangeiros. Não queriam que seu Exército fosse uma pálida imagem do francês. Ressentiam-se com a idéia de estrangeiros determinarem o que era melhor para eles.[44]

Gamelin usou entrevistas à imprensa para garantir a seus anfitriões que os franceses não tinham vindo "para desfazer o que fora feito. Tentaremos preservar todas as coisas boas, expandindo-as quando necessário. [...] Nem todos os regulamentos do Exército brasileiro são cópias dos germânicos, e mesmo que fossem não os rejeitaríamos". Além do mais, havia muitas semelhanças entre a doutrina francesa e a alemã e, de qualquer modo, ambas "tinham de ser aplicadas ao caso especial do Brasil". Eles respeitariam "as tradições militares do Brasil", assegurou.[45]

Os novos cursos da Escola de Comando e Estado-Maior e da ESAO foram inaugurados com a devida cerimônia em 7 e 8 de abril de 1920; simultaneamente, uma comissão mista franco-brasileira dedicou-se à reformulação dos regulamentos do Exército. O objetivo dessa comissão era formular a doutrina militar básica para treinamento e operações. Nessa tarefa, os brasileiros tendiam a curvar-se à superioridade francesa; afinal, era para isso que os tinham contratado. Embora os brasileiros julgassem ter escolhido para mentores os mestres vitoriosos da guerra moderna, a guerra seguinte provaria que haviam escolhido mal. A partir de sua experiência recém-adquirida na Primeira Guerra Mundial, os franceses haviam desenvolvido uma doutrina militar que, como se veria em 1939-40, privilegiava erroneamente as fortificações estáticas e de grande porte para a defesa e grandes divisões de infantaria como elementos básicos das manobras ofensivas. No período entre as guerras, apesar dos esforços de Charles de Gaulle, os franceses minimizaram o potencial do tanque como arma ofensiva. Também não perceberam a futura importância dos aviões para apoiar operações de infantaria e para efetuar bombardeios estratégicos atrás das linhas inimigas. Não atentaram para os problemas de controle de batalha e a decorrente necessidade de comunicações radiofônicas e telefônicas eficientes. Seus planejadores lutaram novamente a Grande Guerra, desta vez simulando-a em seus tabuleiros de areia, tentando corrigir os erros do passado em vez de antever um novo tipo de guerra. E o pior de todos os erros foi, até o começo da Segunda Guerra Mundial, não terem "reunido os ramos militares e não-militares do governo para um planejamento estratégico sistemático, e nem ao menos para coordenar as posições dos serviços rivais".[46]

O tipo de guerra estático que os oficiais franceses adotavam revelou-se uma fantasia em 1939, e cabe lembrar que o general Gamelin, que chefiaria o Exército em sua desastrosa derrota para os alemães, mostrou ser um comandante-chefe "de postura defensiva, cauteloso, sem interesse por inovações táticas".[47] Era esse o homem a quem o Brasil estava confiando o futuro de seu Exército.

Não era muito provável que o Brasil viesse a travar uma guerra estática e defensiva contra exércitos estrangeiros. O imenso território brasileiro, as comunicações precárias, o efetivo pequeno e o desinteresse civil por questões militares depunham em favor de unidades táticas pequenas e dotadas de grande mobilidade, treinadas para uma guerra de movimento. Embora os franceses procurassem adaptar seu sistema às características brasileiras, talvez relembrando sua experiência colonial, boa parte de suas recomendações e ensinamentos refletiam a doutrina derivada da Primeira Guerra Mundial, especialmente a ênfase nas divisões como unidades táticas. Os oficiais brasileiros, deslumbrados por imagens de glória napoleônica e pela assombrosa força industrial envolvida na recente carnificina européia, hesitaram em criticar, e por isso a maioria aceitou as idéias francesas sem protestos imediatos. Quando o protesto veio, não foi em discussões na sala de aula, mas na forma de insurreição. Nossa análise, no capítulo 7, sobre as rebeliões tenentistas e a revolução de 1930 mostrarão que o sucesso no campo de batalha resultou do abandono dos métodos franceses em favor de técnicas brasileiras tradicionais. Assim sendo, é justo dizer que "boa parte do treinamento [francês] preparou os brasileiros para o tipo de guerra que nunca lutariam".[48] Um crítico comentou em 1928 que "com todos os ensinamentos da missão [...] nossos generais hodiernos" não foram capazes de impedir a Coluna Prestes de marchar por todo o mapa do Brasil.[49]

A INDÚSTRIA MILITAR

Embora os líderes do Exército e do governo houvessem adotado um modelo estrangeiro para aperfeiçoar seu pessoal, continuavam a sonhar com a independência em relação a fontes estrangeiras de armas e munições. Sua retórica associava cada vez mais a autonomia e a independência ao desenvolvimento nacional das indústrias do ferro, aço e carvão. Com a chegada da paz, intensificou-se o debate sobre esse desenvolvimento. Para o general Cardoso de Aguiar, não depender de fontes estrangeiras de abastecimento era um baluarte da defesa. Sem uma "indústria organizada", o Brasil seria sempre dependente do suprimento externo, que poderia facilmente ser interrompido em caso de guerra. Manter a independência brasileira requeria, segundo ele, o desenvolvimento de uma indústria metalúrgica fundamentada na produção do aço. Ele comentou que se Japão, Suíça, Itália e Suécia eram capazes de produzir e exportar produtos de metal sendo pobres em carvão e ferro, então o Brasil, que era rico nesses recursos, tinha de ser capaz de fazer o mesmo. A má qualidade do carvão brasileiro poderia ser superada com o uso de altos-fornos e carvão vegetal; as necessidades de energia poderiam ser supridas recorrendo-se às colossais florestas, quedas de água e rios brasileiros. Em seu *Relatório* de 1919, Cardoso de Aguiar declarou:

> Conseguir com facilidade e abundância a fonte precisa ao fabrico do aço para as nossas ferramentas, as nossas máquinas, as nossas armas, as nossas munições, os nossos navios deve ser o objetivo principal do governo, porque com o ferro se constrói a estrada que rompendo os sertões vai levar o progresso ao interior deserto e isolado, permitindo o transporte rápido de mercadorias; com o ferro também se constroem os grandes transatlânticos que levarão em seu bojo os nossos produtos em troca dos capitais que virão incrementar as nossas empresas e permitir o surto econômico do país.[50]

Para o general Cardoso de Aguiar, a defesa não era só uma questão de armas; requeria o desenvolvimento industrial de toda a economia, e ele estava ciente das ligações entre as relações econômicas internacionais e a dependência e segurança nacionais. "Sob o nome de lutas pacíficas, de concorrência econômica, se dissimulam muitas vezes rivalidades sérias, cujas conseqüências são verdadeiras explosões sangrentas", ponderou.[51]

Obviamente, desenvolver a indústria baseada no aço era uma política de longo prazo; para o curto prazo, porém, o Exército tomara algumas medidas. A apropriadamente chamada Usina Esperança, na fundição de Ipanema, pertencente ao Exército, não conseguira produzir aço com a composição correta para os projéteis de artilharia, por isso o ministro da Guerra despachara seu diretor, capitão Antônio Mendes Teixeira, aos Estados Unidos para estudar o problema com especialistas americanos. E um industrial estrangeiro produzira pequena quantidade de aço com minérios brasileiros e propusera fazê-lo em grande escala se fossem providenciadas as concessões adequadas.[52]

Para "regularizar" a produção do arsenal do Exército — que era responsável pela fabricação de veículos, partes de metal para pontes, projéteis de artilharia, freios de carroção, estribos e ferramentas, e também pelos consertos de armas pequenas e peças de artilharia —, como mencionamos no capítulo 4, o general Faria enviara, em fins de 1917, uma comissão de sete oficiais aos Estados Unidos para adquirir maquinário mais moderno.[53] Em meados de 1919, a maioria das máquinas já havia sido recebida e estava sendo montada, e o ministro Cardoso de Aguiar calculou que dali a um ano estariam produzindo um número suficiente de projéteis de artilharia para uso em treinamento e para a formação de um estoque modesto. A fim de suprir suas necessidades de armamento no curto prazo, o Exército comprou armas dos Estados Unidos e da França, onde, lembremos, outra comissão fora observar a guerra e escolher equipamentos para aviação, artilharia e outros. Está claro, porém, que o Alto-Comando considerava essas providências expedientes temporários para atender às necessidades do Exército até que as linhas de produção nacionais entrassem em operação. Como declarou o presidente em exercício Delfim Moreira em sua mensagem ao Congresso de 1919, as dificuldades encontradas durante a guerra haviam reforçado a convicção de que a organização da indústria militar deveria ser um dos "objetivos principais" do governo, a ser atingido "quaisquer que sejam os sacrifícios exigidos" para "nos libertar gradualmente da indústria militar estrangeira".[54]

No período da guerra fora criada a Diretoria de Material (1915) na estrutura administrativa do Exército, para gerir os arsenais, fábricas e depósitos e todos os demais aspectos da produção, aquisição e distribuição de armas. Relatórios ministeriais dão a impressão de que inicialmente esse órgão funcionou apenas como um guarda-chuva para as subagências, sem lhes alterar as diretrizes. No final de 1918, com a nomeação do general-de-brigada Augusto Tasso Fragoso para o cargo de diretor de material, as coisas começaram a mudar. Embora a princípio ele visse o cargo apenas como um "posto bom para quem termina a vida ou tem horror ao movimento", atirou-se ao trabalho e foi responsável, em grande medida, pela reformulação do pensamento do Exército com respeito ao desenvolvimento industrial.[55]

Importância especial teve a insistência de Tasso Fragoso no preparo de um corpo de oficiais com treinamento técnico, moldado nos engenheiros de artilharia da Bélgica, que supervisionaria a produção brasileira de armas. Ele recomendou o uso de técnicos estrangeiros como instrutores para um programa que, no início da década de 1930, ganharia vulto e originaria a Escola Técnica do Exército, precursora do respeitadíssimo Instituto Militar de Engenharia atual. Posteriormente, como chefe do Estado-Maior (1922-29 e 1931-32), ele continuaria a influenciar a política industrial. Seu objetivo de 1919, a "completa independência militar", viria a ser o objetivo de longo prazo do Exército brasileiro.[56] Mas a lacuna entre a formulação e a implementação de políticas em geral era grande no Brasil. A agitação das décadas de 1920 e 1930 e a resultante desorganização institucional e nacional retardaram a transformação dos planos em ação efetiva. Mas vale registrar para a história que o impressionante desenvolvimento industrial de fins da década de 1930 e do decênio seguinte não surgiu do nada: começou naqueles anos. Tratemos agora da comoção que estava prestes a dominar o Brasil.

O TENENTISMO

O debate sobre a natureza das revoltas da década de 1920, o chamado movimento tenentista, tem atraído estudiosos desde a publicação de *O sentido do tenentismo*, de Virgínio Santa Rosa, em 1932.[57] Deixarei para outros a tarefa de determinar se os rebeldes dos anos 20 representavam ou não as classes médias civis, mas darei ao leitor uma idéia de sua representatividade entre os oficiais do Exército.

Convém, primeiro, apresentar alguns dados a respeito dos contatos militares com a sociedade civil. No período em questão, aproximadamente metade do corpo de oficiais servia no Distrito Federal. Os militares não viviam isolados, e sim próximos dos civis, devido à localização e à disposição física das guarnições militares. Os quartéis, como já mencionado, situavam-se em ruas da cidade, e os oficiais viviam em residências privadas espalhadas por várias partes do Rio. Apenas alguns dos novos postos, como a Vila Militar, forneciam alojamentos segregados para os oficiais. Assim, as famílias dos oficiais usavam as mesmas linhas de bonde, as mesmas lojas, igrejas e escolas, e liam os mesmos jornais que os civis. Considerando sua remuneração relativamente baixa, essa categoria era tão sensível às flutuações econômicas quanto qualquer outra. Além disso, tinham uma ligação institucional com alguns civis na organização do Tiro, de alcance nacional, que em 1921 possuía 266 companhias "em todas as principais cidades do país", abrangendo aproximadamente 35 mil homens "das melhores classes".[58] E o sistema do serviço obrigatório, por mais imperfeito que fosse seu funcionamento, agora punha os oficiais em estreito contato com novos recrutas oriundos da sociedade civil.

Em 1920, os oficiais de baixa patente compunham a maioria da oficialidade; 65,1% eram segundos ou primeiros-tenentes, e 21,3% eram capitães.[59] Não eram nada jovens: muitos primeiros-tenentes estavam chegando ao fim da casa dos trinta, com quinze a dezoito anos de serviço. Os mais velhos haviam estudado na academia de Praia Vermelha, ao passo que os que haviam ingressado depois de ela ter sido fechada, em 1904, provinham ou de duas instituições efêmeras no Rio Grande do Sul (1905-11), a Escola de Guerra em Porto Alegre e a Escola de Aplicação de Infantaria e Cavalaria em Rio Pardo, ou da nova Escola Militar do Realengo (1911).⁶⁰ As mudanças filosóficas e práticas ocorridas na educação dos oficiais durante os primeiros vinte anos do século refletiam-se naqueles homens. A ausência de uma bagagem educacional comum necessariamente dificultava a formação do espírito de corpo e do nível de união necessários à coesão institucional. De fato, a meu ver esse foi um fator que contribuiu para a disposição de desrespeitar a hierarquia e rebelar-se.

Quanto à ideologia, o meio intelectual brasileiro, povoado de escritores civis como Alberto Torres, de quem tratamos no capítulo 4, implorava por mudança. Em *O problema nacional brasileiro* (1914), Torres argumentou que o país sofria de auto-ignorância, falso otimismo e regionalismo, além de carecer de nacionalidade e nacionalismo. O Brasil precisava de organização e de um governo central forte para dirigir as energias nacionais e proteger o país da exploração estrangeira. Em suas palavras, "o nosso nacionalismo não é uma aspiração sentimental, nem um programa doutrinário. [...] É um simples movimento de restauração, conservador e organizado".⁶¹

Os editoriais e artigos publicados em *A Defesa Nacional* continham idéias análogas às de Torres e citavam com freqüência esse autor. Mas alguns temas, como a natureza indefinida da população, o regionalismo excessivo e a falta de organização haviam sido levantados em textos militares anteriores, o que leva a crer que algumas dessas idéias partiram originalmente de oficiais ou fizeram parte do meio intelectual contemporâneo. As idéias de Torres provavelmente atingiram mais oficiais de uma forma destilada, através das páginas da revista, do que diretamente por meio de seus livros. Decerto as cáusticas análises dos problemas institucionais e nacionais em *A Defesa Nacional* contribuíram para a agitação que se apoderou do Exército na década de 1920. Isso não significa que os editores e os articulistas da revista eram a favor da revolução; queriam a reforma, mas dentro do sistema. Desejavam manter a forma de governo; suas críticas destinavam-se a fazê-la funcionar. O conselho editorial de 1920 — Bertoldo Klinger, Pantaleão da Silva Pessoa e Maciel da Costa — e os colaboradores Manuel de Cerqueira Daltro Filho, Estevão Leitão de Carvalho, Newton de Andrade Cavalcanti, Francisco José Pinto e Eurico Dutra foram legalistas que se posicionaram contra a revolta militar, pelo menos até a década de 1930. E mesmo seu comprometimento com o legalismo foi condicionado pela pressão de seus pares, pela oportunidade, lealdade a amigos e comandantes e por outras considerações pessoais. Como veremos no capítulo 7, a questão de quem se revoltou e quem se manteve leal é muito complexa. Mas, sem dúvida alguma, as idéias expostas em *A Defesa Nacional* eram um libelo contra um sistema corrupto e poderiam facilmente ser interpretadas como uma justificação da revolta. O tom de sua retórica atenuou-se distintamente ao eclodir a rebelião.

Em meados de 1922 o corpo de oficiais começara a dividir-se nas correntes legalista e revolucionária. Ambos os grupos extraíam apoio intelectual dos editoriais e artigos de *A Defesa Nacional*, porém diferiam quanto às soluções. Os legalistas, ou progressistas, como alguns oficiais preferiam intitular-se, julgavam que, se dessem ênfase ao aperfeiçoamento do Exército, tornando-o, na imagem poética de Bilac, uma escola de civismo, disciplina e organização, gradualmente criariam uma mentalidade nacional voltada para a defesa da pátria. Os revolucionários também aceitavam o papel educativo central do Exército, mas viam no forte regionalismo e na corrupção política impedimentos para implementá-lo com êxito. Quando esses senões fossem eliminados, o mérito especial da doutrina da nação armada poderia penetrar nos rincões mais remotos do país. Vários analistas comentaram que os tenentes tinham um programa fraco, desprovido de planos pós-vitória. Talvez seja porque, como militares, concordavam quanto ao que estava errado com o Brasil e se concentravam, conforme haviam sido treinados para fazer, em como destruir o inimigo em vez de em como reconstruir. Seu objetivo de uma nação brasileira organizada, industrializada e autoconsciente requeria um governo central forte, ensino primário compulsório e gratuito, serviço militar obrigatório e intervenção governamental na economia para desenvolver os recursos naturais e promover a industrialização. Tinham as metas, mas não estavam certos quanto ao modo de atingi-las.[62]

No diagnóstico que faziam dos males do Brasil e na visão que tinham sobre como o país viria a ser, os tenentes rebeldes pouco diferiam do restante do corpo de oficiais; a diferença estava na paciência e na escolha dos meios. De fato, para determinar quem se rebelou, podem muito bem ter pesado mais a localização e a oportunidade do que o acordo ou o desacordo quanto a problemas ou objetivos.

Cabe ressaltar que, como um grupo, os oficiais do Exército não eram os brasileiros mais intelectualizados. Muitas análises do tenentismo, e mesmo das relações civis-militares no Brasil em geral, criticam as idéias, programas e ações daqueles oficiais como se eles fossem intelectuais. Em parte isso ocorreu devido à necessidade de lidar com a palavra escrita; os acadêmicos têm mais familiaridade com os oficiais que deixaram memórias e outros textos. No entanto, a leitura dos relatórios ministeriais ao longo de várias décadas revela considerável variação na capacidade intelectual dos ministros da Guerra e chefes do Estado-Maior do Exército, e se pode notar variação semelhante nas páginas de *A Defesa Nacional* ou da *Revista Militar Brasileira*. Se isso vale para os formuladores e líderes do pensamento militar brasileiro, podemos imaginar que a variação fosse ainda maior no resto do corpo de oficiais. Eram executores, não pensadores. Obviamente, precisavam ter alguma habilidade para redigir os relatórios, que eram uma constante na vida militar, e isso os punha vários degraus acima da massa da população, mas o tipo de pensamento que se exigia de um oficial era o matemático: dados tal objetivo e tais meios, que solução propunham? Era um processo de pensamento limitado, e que se limitava ainda mais devido à necessidade rotineira de aceitar as soluções do comando.

Os historiadores também enfatizaram eventos políticos, como as célebres cartas falsas de Bernardes insultando Hermes da Fonseca, e deixaram de levar em consideração acontecimentos no Exército que igualmente contribuíram para a motivação revolucionária. Uma análise desses acontecimentos internos ilustrará as crescentes frustração e tensão conducentes à eclosão da violência em 1922.

O CLIMA PÓS-PRIMEIRA GUERRA MUNDIAL E O EXÉRCITO

Como a Primeira Guerra Mundial terminou sem o Brasil ter enviado soldados, em vez de jubilosas paradas de boas-vindas aos vitoriosos, a paz coincidiu com greves e com a mortífera gripe espanhola. Em fins de 1918, a ameaça do maximalismo, como o bolchevismo era então chamado, e do anarquismo pairou sobre o Exército quando, em meio a tiroteios e bombas, uma conspiração para tomar o depósito militar do Rio de Janeiro e o palácio do Catete foi abortada.[63] Em 1919, quando greves e passeatas, muitas delas acompanhadas por violência, tumultuaram Porto Alegre, São Paulo, Rio de Janeiro e Recife, noticiou-se que o governo proibira a publicação do jornal "maximalista" *Spartacus* por estar "solapando a lealdade do Exército e da Marinha". Embora o adido militar americano parecesse disposto a aceitar a "impressão geral" de que os rumores eram "muito exagerados" e não havia "um espírito generalizado de sublevação nas Forças Armadas", analisando hoje podemos perceber que um estudo das relações entre o operariado, oficiais subalternos e praças alistados talvez viesse a refutar essa impressão.[64]

A violência das greves obviamente alimentou a idéia, comum entre os oficiais, de que a população brasileira era indisciplinada. E se for verdade que os oficiais não viam o operariado com bons olhos, seus contatos com empresários civis na Liga de Defesa Nacional (fundada em 1916) podem ter estimulado esse sentimento. José Murilo de Carvalho indicou tais contatos como o início de uma aliança entre as Forças Armadas e grupos econômicos interessados em beneficiar-se do desenvolvimentismo pautado na defesa nacional.[65]

Talvez possamos ver uma indicação da falta de disciplina no Exército, ou pelo menos do nível de perturbação, na observação do adido americano de que o Exército ainda estava "longe de dispor-se a trabalhar de fato, tanto os oficiais como os praças, o que é essencial para o êxito de um treinamento, e a guerra européia não parece ter influenciado esse estado de espírito".[66] Existem, decerto, muitas indicações de que o nível de frustração no corpo de oficiais era alto, e a frustração tende a desviar a atenção do "trabalho de fato". Esse sentimento estava relacionado ao baixo apreço do público pelo Exército e à insatisfação com a remuneração, as armas, o equipamento e a liderança.

Os civis brasileiros tinham ojeriza ao serviço militar. Talvez a causa fosse a lembrança do recrutamento forçado durante o Império e início da República, ou a prática mais recente das oligarquias e políticos locais de mandarem alistar seus inimigos, ou ainda, como supunham alguns oficiais, a aversão pela disciplina, mas o fato é que os brasileiros preferiam fugir ou esconder-se a submeter-se ao treinamento militar. Isso provavelmente explica o uso do termo insubmissos para designar esses homens. Em 1918-22 era raro ocorrerem cenas como as que foram vistas em 1908 no município mineiro de Sacramento, quando duzentas mulheres atacaram o prédio onde as listas de convocação estavam sendo redigidas e as destruíram; os homens simplesmente fugiam ou davam outro jeito de não se apresentar.[67]

Analisando o período de 1917 a 1923, o general Tasso Fragoso declarou "desalentadora" a proporção crescente de insubmissos e atribuiu os milhares de casos a "defeitos intrínsecos no temperamento e educação do povo", mas acrescentou que a vasta geografia, a população esparsa e as comunicações precárias do Brasil contribuíam para impedir muitos homens de saber que haviam sido convocados. Além disso, a rígida política de prender os que se apresentavam com atraso, adotada por muitos comandantes, adicionava uma barreira desnecessária. A Tabela 5.1 ilustra o grau do problema. Essa rejeição em massa da nação armada acalentada pelos militares deve ter frustrado imensamente os oficiais.

TABELA 5.1

FUNCIONAMENTO DO SERVIÇO MILITAR OBRIGATÓRIO (1917-23)

ANO	CONVOCADOS	INSUBMISSOS	DISPENSADOS	INCORPORADOS
1917	5922	890	745	2966
1918	41564	14500	7625	17615
1919	28112	27044	7408	16985
1920	24088	22663	4783	14382
1921	31855	24996	6043	16541
1922	41516	30185	6541	15471
1923	51785	43154	6953	12021

FONTE: General-de-divisão Augusto Tasso Fragoso, *Relatório dos trabalhos do Estado-Maior durante o ano de 1923* (apresentado ao Exmo. Sr. Marechal Fernando Setembrino de Carvalho), Rio de Janeiro, junho de 1924, Rio de Janeiro, Imprensa Militar, 1924, p. 27. Os dados provêm dos gráficos das pp. 28 e 29.

Havia, ainda, a tensão inerente ao fato de o Exército, após anos de reorganização em linhas germânicas, estar sendo agora pressionado a enquadrar-se no molde francês, sob os olhos vigilantes dos oficiais da missão. Um observador militar estrangeiro comentou que a missão francesa tinha "o controle efetivo de toda a organização militar".[68] Sob a tutela francesa, o Exército regrediu a uma espécie de adolescência militar, com todos estudando os novos regulamentos e até os oficiais superiores voltando à escola para o curso de "Revisão". Com os franceses haviam chegado novas armas, algumas das quais excedentes de guerra e, mesmo se as histórias sobre equipamentos manchados de sangue forem exageros, havia a incômoda suspeita de que o Exército estava sendo ludibriado. Oficiais da artilharia que diziam considerar ainda "a metralhadora alemã superior à francesa" resistiam especialmente ao afrancesamento.[69] Soldados da artilharia consideravam o canhão Saint-Chamont "decididamente inferior" aos velhos Krupps do Exército. A artilharia brasileira dividia-se nas especializações de campanha e de costa. A artilharia de campanha afirmava que os complementos que os franceses queriam anexar a cada divisão de infantaria, embora adequados à França com sua rede de estradas e ferrovias, eram numerosos e pesados demais e quase impossíveis de deslocar rapidamente pelas estradas de terra e trilhas brasileiras. Durante a guerra, a artilharia de costa enviara alguns oficiais para treinar na Escola de Artilharia de Costa dos Estados Unidos no forte Monroe, estado da Virgínia, e eles se convenceram da superioridade americana nessa área. A cavalaria considerava os tanques franceses

281

absolutamente imprestáveis e preferia os tanques ingleses a todos os demais. A infantaria estava descontente com suas novas armas automáticas, que os oficiais julgavam menos eficientes que os fuzis Mauser alemães de fogo contínuo. E os oficiais tachavam de ridícula a compra de máscaras contra gases, pois a possibilidade de uma guerra com gás na América do Sul era remota demais para ser levada em conta.[70] Alguns observadores atribuíram os numerosos acidentes na escola de aviação do Exército aos velhos e defeituosos aviões franceses, embora o ministro civil da Guerra culpasse a imprudência dos pilotos.[71]

A imprensa acusava a missão e o ministro da Guerra de corrupção. Estudos não conseguiram comprovar tais acusações contra o ministro, mas os indícios de atividades escusas de membros da missão parecem fortes. Oficiais franceses controlavam a compra de todo tipo de equipamento para o Exército, desde boinas de feltro e selas até cozinhas de campanha e armas. Afirmou-se que "certos altos oficiais da missão francesa" cobravam uma taxa pessoal de 20% a 40% sobre o preço de compra. O Exército brasileiro pagava "essa quantia extra [...] sem conhecimento oficial". Era "de pleno conhecimento dos empresários do Rio" que os oficiais da missão francesa estavam "recebendo propina" e, embora não fosse certo que os altos oficiais da missão ficassem com uma parte, eles certamente estavam a par da prática e "fechavam os olhos".[72] Esses ganhos ilícitos devem ter irritado os oficiais brasileiros, sobretudo os de baixa patente, que acusaram publicamente alguns de seus superiores de corrupção.[73]

O MINISTÉRIO CALÓGERAS E O CHEFE DO ESTADO-MAIOR DO EXÉRCITO, BENTO RIBEIRO

A missão francesa também estava associada à crescente frustração com a liderança nacional. O presidente Epitácio Pessoa, que fora escolhido como um candidato de conciliação para substituir Delfim Moreira e concluíra as negociações para a missão quando ainda se encontrava na França participando da Conferência de Versalhes antes de assumir a presidência, rompera com a tradição republicana e nomeara um civil para o ministério da Guerra. Embora João Pandiá Calógeras, de Minas Gerais, tivesse, como deputado federal, a reputação de interessar-se pela defesa nacional, alguns oficiais viram em sua nomeação uma diminuição do prestígio militar.

Durante o Império fora comum haver civis na pasta do Exército. Apesar disso, na memória coletiva do corpo de oficiais esse fato estava associado à falta de entusiasmo do imperador pelas Forças Armadas. Talvez o indicador mais claro da hostilidade dos militares à idéia seja o fato de Calógeras ter sido o primeiro e último civil a exercer esse cargo. Curiosamente, parece provável que ele tenha sido uma escolha conciliatória, calculada para evitar problemas piores com os oficiais. Os dois senadores mais mencionados para o Ministério da Guerra eram os mais anatemizados pelos militares.[74] Assim, a escolha de Calógeras, vista como o menor dos males, "evitou por um triz um grande problema com os militares", observou *O Estado de S. Paulo.*[75] Calógeras e seu colega da pasta da Marinha, Raul Soares, também ele civil, tinham a virtude política de ser mineiros, assegurando, assim, o apoio de Minas Gerais para o governo de Pessoa.

Durante toda a sua carreira Calógeras sofreu com a imagem de ser um forasteiro, grego, apesar de ter nascido no Brasil e ser carioca. Sua associação com Minas Gerais provinha de ter-se formado na Escola de Minas, em Ouro Preto, de sua participação nos movimentos abolicionista e republicano daquela província, de ser membro fundador do Partido Republicano mineiro e de seu casamento com uma moça de proeminente família mineira. Representou Minas no Congresso e foi, sucessivamente, ministro da Agricultura e da Fazenda de Venceslau Brás. Tinha reputação de ser brusco e impaciente com quem discordava de suas idéias e de não fazer acordos. No Congresso era conhecido como especialista em economia, finanças públicas, assuntos internacionais e Forças Armadas. Defendeu ardorosamente os esforços de Rio Branco para elevar o status internacional do Brasil e os programas de modernização e profissionalização de Hermes para as Forças Armadas.

Em 1918, o desditoso presidente eleito Rodrigues Alves pediu a Calógeras que fizesse um estudo confidencial dos problemas do governo para servir de orientação à nova administração. O estudo, franco e crivado de críticas, publicado apenas após a morte de Calógeras, analisou as dificuldades que esperavam cada ministro, com atenção especial para o Ministério da Guerra. Calógeras recomendara o envio de uma força expedicionária de considerável tamanho para lutar na Primeira Guerra Mundial, financiada com empréstimos americanos ou britânicos que poderiam, segundo ele, ser quitados com compensações pagas pelas potências derrotadas. O rumo tomado pela guerra e as circunstâncias da política brasileira impediram que se deliberasse seriamente sobre essa idéia.

Calógeras julgava que durante o Império os militares tornaram-se uma classe distinta e que era preciso reincorporar as Forças Armadas à vida nacional. Propunha, como solução, o serviço militar universal e a profissionalização do corpo de oficiais, esta última a ser empreendida sob orientação francesa. Apesar de sua reputação de defensor do aperfeiçoamento militar, ele era civil, e sua nomeação quase levou os militares a impedir que tanto ele como Epitácio Pessoa assumissem seus cargos.[76]

Com um civil no topo da estrutura, o principal general era o chefe do Estado-Maior do Exército, Bento Ribeiro Carneiro Monteiro, e este logo protestou que o chefe da missão francesa estava invadindo sua jurisdição. Os franceses julgavam que o Estado-Maior estava funcionando com base em "favoritismo e influência privada" e se empenharam para que as nomeações para os postos e as promoções dependessem exclusivamente de mérito. Essa atitude levou-os a interferir nas nomeações, detalhes e promoções, o que, na opinião do general Bento Ribeiro, estava além das funções de assessoria e instrução da missão. Calógeras, porém, apoiou Gamelin.

Embora houvesse alguma justiça na suspeita dos franceses acerca de favoritismo nas promoções e nomeações, sua intervenção só conseguiu irritar as sensibilidades nacionalistas de muitos oficiais. O chamado elemento nacional, que também era pró-germanização e não via com bons olhos a reorganização francesa, via no general Bento Ribeiro seu paladino. Durante todo o ano de 1920 e no início de 1921, Calógeras tratou de minar o poder de Bento Ribeiro, afastando um a um seus subordinados leais, em um processo calculado para isolá-lo. Em fevereiro de 1921, Bento Ribeiro apresentou sua renúncia, mas o presidente recusou-se a aceitá-la. Bento Ribeiro usou seu relatório anual para criticar severamente a missão por ultrapassar seus limites, e com isso o conflito foi veiculado pela imprensa.[77]

Finalmente, o problema culminou com um incidente. Calógeras designou um oficial francês para dar aulas de equitação aos instrutores da Escola Militar. Lembremos que, em fins de 1918, o Estado-Maior do Exército enviara ao Realengo como instrutores alguns oficiais de baixa patente que eram membros do grupo de *A Defesa Nacional* ou influenciados por esse grupo, e o propósito declarado desse ato era que esses oficiais inspirassem os cadetes com suas idéias progressistas e seu entusiasmo militar. A chamada Missão Indígena tornou-se lendária no Exército. Um de seus membros, Pantaleão Pessoa, capitão com dezesseis anos de serviço e amigo do general Bento Ribeiro, pediu dispensa, pois, sendo já exímio cavaleiro, não queria ser humilhado tendo de receber lições básicas de equitação de um oficial francês. O capitão Pessoa via aquilo como parte dos esforços dos "zelosos francófilos ortodoxos" para erradicar a influência germânica. Indiretamente, Gamelin confirmou essa idéia quando informou ao capitão que as lições não haviam sido idéia dele, e sim de um dos auxiliares de Calógeras. O presidente tentou acalmar os ânimos oferecendo-se para nomear o capitão Pessoa ajudante do general Bento Ribeiro. Mas o general, para não continuar o que considerava uma luta perdida com Calógeras que acabaria por prejudicar a disciplina no Exército, apresentou sua renúncia.

Era costume transferir cargos desse quilate com uma cerimônia condigna e discursos laudatórios. Mas o ministro Calógeras decidiu não seguir a praxe, e ordenou que o substituto de Bento Ribeiro, general-de-divisão Celestino Alves Bastos, tomasse posse no mesmo dia em que chegou de seu posto anterior em São Paulo. O general Bastos entrou na sala de Bento Ribeiro às quatro da tarde e disse que Calógeras queria a transferência imediatamente. Em menos de duas horas, Bento Ribeiro despediu-se da equipe, limpou o escritório e se pôs a caminho de casa em um carro particular em vez de no costumeiro veículo oficial.

Bento Ribeiro estava pasmo. Não só fora posto para fora sem a devida cerimônia, como ainda por cima Calógeras substituíra-o por um velho amigo, em favor do qual ele usara sua influência política para assegurar a promoção a general-de-divisão.[78] Bento Ribeiro disse à imprensa que em "numerosos casos" Calógeras mostrara "firme intenção de prejudicar-me e [remover-me] da chefia do Estado-Maior. Eu não podia continuar ocupando esse posto depois dos últimos acontecimentos. Um oficial do Exército […] muitas vezes é obrigado a refrear seus impulsos para evitar conflito ou crise […] mas não se pode exigir que um oficial […] consinta em ser ferido no que um homem deve ter de mais sagrado, seu caráter e seu amor-próprio".[79] No dia seguinte o comandante da Região Militar do Rio, general Luís Barbedo, veterano de Canudos e amigo chegado do general Floriano Peixoto, convidou oficiais do Distrito Federal e arredores a juntar-se a ele numa visita à casa do ex-chefe do Estado-Maior do Exército para expressarem sua apreciação coletiva por seu mérito profissional e gratidão por suas cortesias. Em poucas horas, comandantes regionais de São Paulo e Rio Grande do Sul expediram o aviso de que todo oficial que tomasse parte em demonstrações de solidariedade seria culpado de infração disciplinar; no Rio de Janeiro, o general Tasso Fragoso emitiu instruções semelhantes à Diretoria do Material, e Calógeras substituiu o general Barbedo.

O general Bento Ribeiro fez uma declaração à imprensa na qual expressou sua apreciação e disse que não poderia receber os oficiais coletivamente, mas seria uma honra recebê-los um a um. Em 23 de abril, espantosamente, mais de cem oficiais, inclusive o general Barbedo e outros de alta patente, visitaram o general deposto. O adido militar americano surpreendeu-se. "Essa atitude de desafio é coisa nova no Exército brasileiro. Houve duas revoltas graves na Marinha durante os 32 anos da República, mas o Exército sempre pareceu estável e disciplinado pelos padrões sul-americanos."[80]

Esse incidente não detonou a explosão que viria no ano seguinte provavelmente porque o general estava mais deprimido que zangado e seu hábito de disciplina era demasiado forte para permitir-lhe assumir a liderança de dissidentes militares. Além disso, oficiais que se mostraram solidários, como o capitão Pessoa, foram imediatamente transferidos para quartéis no Rio Grande do Sul e em Mato Grosso.[81] Dali a quatro meses o general Bento Ribeiro morreu depois de uma doença breve, saindo assim da cena, que se tornava extremamente agitada, "o indivíduo com a mais forte influência pessoal nos círculos do Exército". Um observador estrangeiro achou que sua morte teria "efeito tranqüilizador sobre o Exército, pois a devoção de um grande setor militar à pessoa do general [Bento] Ribeiro e à sua causa ameaçava criar uma cisão no Exército".[82]

Embora conseguisse livrar-se de Bento Ribeiro, a administração Epitácio Pessoa-Calógeras estava "muito desacreditada" para conseguir abrandar a insatisfação entre os militares. A situação financeira do Brasil era desalentadora, a balança de pagamentos era desfavorável e os credores protestavam contra a lentidão do governo para pagar suas contas. Algumas unidades do Exército estavam com o soldo atrasado havia meses, e em algumas partes do país o Exército tinha de reduzir as rações da tropa. Bela maneira de tentar assegurar lealdade! E, estranhamente, o governo escolheu esse difícil momento na situação fiscal para assinar um contrato de 120 mil contos de réis com a Companhia Construtora de Santos, de Roberto Simonsen, para a construção de novos postos militares em 36 localidades por todo o Brasil. É bem verdade que havia grande necessidade dessas instalações, mas o contraste entre a avareza do governo com os soldos e rações e a prodigalidade com a construção parecia suspeito aos oficiais já exaltados com a idéia de corrupção.[83]

O ritmo lento das promoções era outro fator de irritação. No começo da década de 1920 era comum haver tenentes com dez, quinze ou mais anos no posto, aguardando vaga para capitão. Decerto a lei das promoções em debate no final de 1921 não contribuiu para diminuir a frustração, pois manteve o costume da promoção a primeiro-tenente e capitão com base na antigüidade.[84] A solução de Calógeras para o problema do reconhecimento, aparentemente, não foi promover, mas condecorar. Ele preconizou o restabelecimento de "todas as nossas antigas ordens civis e militares", especialmente a Ordem de Aviz, que seria concedida como um sinal de "gratidão nacional" e "veneração pública".[85]

Alguns oficiais de baixa patente, principalmente os que haviam freqüentado a escola militar durante a Primeira Guerra, sentiam-se frustrados por não terem tido a chance de lutar na guerra. As turmas de 1918 e 1919 aparentemente desejavam combater. Um desses graduados, Delso Mendes da Fonseca, que dirigiu os canhões do forte de Copacabana na revolta de 1922, atribuiu a corrente revolucionária a essas duas turmas e explicou seu comportamento insinuando que esses oficiais canalizaram para a conspiração o ardor guerreiro reprimido. Com certeza, ser oficial de um Exército cujo governo evitava o combate quando todas as grandes nações estavam em guerra não gerava orgulho nem satisfação. Em agosto de 1918, explicando a posição oficial a seu amigo, major Malan, Tasso Fragoso indicou o papel destacado do ministro Faria: "Com Faria no governo não irá à França um único soldado do Brasil. Ninguém sabe a razão dessa atitude, num homem tão inteligente e tão aliado. Creio que é temor de parte dos franceses daqui que receiam ver os boches de perto".[86] Obviamente, considerando as capacidades brasileiras, é difícil ver como teria sido possível levar a cabo suficiente mobilização, treinamento e transporte de soldados. No entanto, seria a geração de oficiais subalternos dessa época que, como oficiais superiores e altos oficiais, lideraria a campanha por um papel ativo no campo de batalha na guerra seguinte.

Foi nesse clima que o Clube Militar escolheu para seu presidente, em maio de 1921, o ex-ministro da Guerra e presidente da República marechal Hermes da Fonseca. O jornal *Correio da Manhã* (Rio de Janeiro) publicou as infames cartas falsas de Bernardes com insultos a Hermes em outubro. Nos oito meses seguintes, a tensão aumentou enquanto a imprensa e o Clube Militar debatiam a autenticidade das cartas. Como na década de 1880, uma "questão militar" tumultuou o sistema político brasileiro em um momento no qual frustrações multifacetadas dominavam o corpo de oficiais. Em ambos os períodos, uma onda progressista havia elevado o nível do debate sobre o profissionalismo. A lentidão das promoções desincentivava os oficiais subalternos, pois os oficiais mais antigos, que se haviam acomodado ao sistema vigente, bloqueavam a ascensão na carreira. E a existência de influências estrangeiras concorrentes exacerbava a problemática situação interna.

Os tenentes rebeldes cerraram fileiras em torno de Hermes da Fonseca e deixaram clara sua francofobia quando tomaram o forte de Copacabana na noite de 4-5 de julho de 1922, jogando no mar um novo canhão leve de 75 mm que a St. Chamond enviara para teste.[87] Em 5 de julho, quando marcharam pela avenida Atlântica, dividiram a oficialidade e puseram o Brasil em um ciclo revolucionário que acabaria por demolir a República.

1. *D. Pedro II com o uniforme de generalíssimo.*

2. Deodoro da Fonseca, o primeiro homem do povo a receber o título de generalíssimo.

3. *Benjamin Constant, um subversivo*
republicano na Escola Militar.

4. *A escola militar de Praia Vermelha, a fonte dos "doutores" militares.*

5. Tropa comandada por Deodoro da Fonseca em formação defronte ao Ministério da Guerra, em 15 de novembro de 1889.

6. *Floriano Peixoto, ajudante-general do Exército, depois vice-presidente da República.*

7. Bateria de artilharia defende o governo contra a Revolta da Armada em 1893.

8. Lanceiros da Brigada Militar do Rio Grande do Sul no cerco de Bagé.

9. *Prudente de Morais, o primeiro presidente civil.*

10. *O 27º Batalhão de Infantaria em Canudos, em foto de Flávio de Barros.*

11. *Canudos: Artur Oscar (segundo à dir.), com seu estado-maior. O general comandante era excessivamente confiante e mau planejador.*

12. *A primeira favela do Rio de Janeiro, no início do século XX. No morro da Providência, atrás do Ministério da Guerra, veteranos de Canudos acamparam aguardando a prometida gratificação. Chamaram o acampamento de Favela, o nome do morro onde haviam lutado em Canudos.*

13. *Hermes da Fonseca queria reformar e modernizar o Exército, mas tropeçou em suas ambições.*

14. *Fundação da revista* A Defesa Nacional, *em 1913. Da esquerda para a direita: Francisco Jorge Pinheiro, Joaquim de Souza Reis Neto, Amaro de Azambuja, Epaminondas de Lima e Silva, José dos Mares Maciel da Costa, César Augusto P. Rodrigues, Brasílio Taborda, Mario Clementino Carvalho, Bertoldo Klinger, Estevão Leitão de Carvalho, José Pompeu Cavalcanti, Euclides Figueiredo e Francisco de Paula Cidade.*

15. *Escola Militar do Realengo, o centro das atividades dos jovens turcos em prol da reforma do Exército.*

16. *Acampamento do 29º Batalhão de Infantaria em Iracema, Contestado, janeiro de 1915.*

17. *Capitão Tertuliano de Albuquerque Potyguara, líder do combate em Santa Maria, Contestado.*

18. *A primeira operação aérea do Exército terminou em desastre: o tenente Ricardo Kirk (oitavo, da esq. para a dir.) morreu pouco tempo depois desta foto, com a queda de seu avião, durante vôo de reconhecimento na região do Contestado. Também na foto, o general Setembrino de Carvalho (décimo), Euclides Figueiredo (décimo primeiro) e o italiano Ernesto Darioli (de paletó escuro).*

19. *Escola de Aperfeiçoamento de Oficiais (EsAO) na Vila Militar, Rio de Janeiro. A EsAO tornou-se um núcleo de conspiração porque era ali que todos os capitães do país se reuniam.*

20. Fachada do prédio do antigo Ministério da Guerra. O ministério era o núcleo do Exército como instituição.

21. Ministério de Artur Bernardes (o presidente em primeiro plano). Este foi o governo que matou a República Velha.

22. *General Augusto Fragoso, chefe do Estado-Maior do Exército. Um grande
pensador militar que não teve a chance de pôr-se à prova como comandante em combate.*

23. *Luís Carlos Prestes, 1928 (2). Sem dúvida uma das figuras mais curiosas da história do Exército, que deve sua reputação ao fato de ter sido um rebelde fracassado. Também na foto: Miguel Costa (1), Juarez Távora (3), Siqueira Campos (5) e Cordeiro de Farias (7).*

24. *Pessoal do posto telefônico de transmissão do Roncador. Durante a campanha do Paraná, as forças federais entraram em combate com a Coluna Prestes.*

25. *Washington Luís ao dirigir-se para o Forte São João, a fim de embarcar no navio Alcântara com destino à Europa. O presidente deposto assombrou-se com a rapidez com que as insígnias do poder podiam ser reduzidas a nada.*

26. Parada no Rio de Janeiro em comemoração à Revolução de 30.

27. Getúlio Vargas em sua primeira revista militar após a Revolução de 30. Vargas correu o risco de manter intacta a maior parte do exército derrotado e reestruturá-la para apoiar o novo regime.

28. *Diretoria do Clube Três de Outubro. O clube foi uma débil tentativa de criar um partido político para apoiar a revolução. Na foto, Pedro Ernesto Batista (o segundo, sentado, da esq. para a dir.) e Góes Monteiro (o terceiro).*

29. *Os soldados de Bertoldo Klinger em campo no Mato Grosso, durante as manobras de Nioaque (MS), em setembro de 1931. Klinger tinha bons conhecimentos sobre guerra moderna, mas era instável demais para ser confiável.*

30. *Bertoldo Klinger e Eurico Gaspar Dutra.*

31. *Comício na praça do Patriarca, maio de 1932. Os líderes de São Paulo declararam não acreditar nas promessas de Vargas sobre uma nova Constituição, apesar de estar tudo acertado.*

32. *Tropas paulistas a caminho da frente de batalha durante a revolta de 1932. Os três meses de guerra civil agravaram substancialmente as dificuldades financeiras do Brasil.*

33. *Euclides Figueiredo durante a revolta de 1932 em São Paulo.*

34. *Campo dos Afonsos, no Rio de Janeiro, a principal base aérea do Exército.*

35. *O princípio da Força Aérea Brasileira. Da esquerda para a direita, em pé: Ruben Paiva, José Cândido da Silva Murici (quarto), Francisco de Assis Correia de Melo (sétimo) e Antônio Alves Cabral (nono); e sentados: Altir Rossnyi e Inácio Loyola Daakar (terceiro).*

36. *Da esquerda para a direita: Leite de Castro (segundo), Pedro Ernesto (de terno), Getúlio Vargas (quinto, de terno) e João Gomes. Esses homens foram protagonistas nos primeiros anos do novo governo.*

37. Posse de José Antônio Flores da Cunha no governo do Rio Grande do Sul, em 15 de abril de 1934. Flores foi o último caudilho gaúcho, e era fascinado pelas pompas militares.

38. *Getúlio Vargas, José Pessoa e outros durante cerimônia de entrega de espadins na Escola Militar do Realengo. Os espadins eram um modo sagaz de criar um forte sentimento de união entre gerações de cadetes.*

39. Getúlio Vargas, Franklin Roosevelt e José Carlos de Macedo Soares (em pé entre os dois). Este primeiro encontro dos dois líderes, em novembro de 1936, gerou um sentimento de camaradagem que os acompanhou por toda a vida.

40. *Dez de novembro de 1937: Getúlio Vargas fala à nação ao instaurar o Estado Novo, na presença de outras autoridades no palácio da Guanabara. O texto de seu discurso recapitulou os problemas dos anos anteriores e prometeu a paz política e o cumprimento dos compromissos assumidos com Dutra e Góes Monteiro.*

41. *O palácio Monroe, sede do Senado, cercado pela Polícia Militar por ocasião do golpe do Estado Novo. É significativo que Eurico Dutra não tenha mandado tropas do Exército para fechar o Congresso.*

42. Getúlio Vargas e Eurico Gaspar Dutra no parque da Gávea, em 25 de dezembro de 1940. O presidente e seu supremo comandante militar em um momento de descontração.

6. O Exército na década de 1920

Não há possibilidade de [o governo] abandonar o Exército regular, pois ele é a unidade que mantém os estados ligados à união federal.

Major F. L. Whitney a chefe
adjunto do Estado-Maior, 31 de julho de 1923

Instruir um exército é tarefa muito mais vasta do que ensinar-lhe novos processos de combate. [...] é preciso penetrar-lhe no cerne para dar-lhe uma mentalidade que corresponda aos tempos que correm.

General Francisco de Paula Cidade,
Síntese de três séculos de literatura militar brasileira

O serviço aéreo do Exército permanece paralisado. [...] É evidente que o sr. Bernardes não tem confiança em grande parcela do Exército e não se exporá ao risco de ser bombardeado.

Capitão Hugo Barclay
ao tenente-coronel N. E. Margetts, 31 de agosto de 1926

Marinheiros e oficiais, perfilados no convés do navio de guerra *Floriano*, fizeram continência quando Hermes da Fonseca subiu a bordo naquela manhã cinzenta, chuvosa e fria de 5 de julho de 1922. Ele estava cansado e frustrado depois da longa noite de vigília e das várias viagens de automóvel para tentar fazer contato com unidades rebeldes que se revelaram inexistentes. O governo descobrira a conspiração e atacara primeiro. Oficiais que haviam prometido sublevar os soldados da Vila Militar haviam sido presos antes de poder agir. Agora prisioneiro, apesar das cortesias devidas a um marechal do Exército e ex-presidente, seu corpo reagia à pressão: ele suava, e o aperto que vinha sentindo no peito transformou-se em dor aguda. A tensão das horas anteriores dilacerou seu coração. O general Alfredo Ribeiro da Costa, comandante da Vila Militar, pusera-o sob custódia às seis horas naquela manhã, em casa de seu filho, Mário Hermes (situada próximo à estação ferroviária Marechal Hermes), onde ele ficara no jardim à espera de notícias dos conspiradores. A rebelião fracassara. Os estudantes da Escola Militar no Realengo estavam detidos no quartel, sendo interrogados. Oficiais suspeitos estavam sob vigilância, e a tropa do coronel Sezefredo dos Passos dominava as ruas que levavam ao forte de Copacabana. Ali o capitão Euclides, filho de Hermes, comandava o único reduto rebelde no Rio de Janeiro. E, na tarde seguinte, os remanescentes da guarnição do forte, chamados de voluntários da morte, teriam seu encontro com o destino nas areias de Copacabana.[1]

A luta interna pela natureza do Exército e sua relação com os sistemas político e social eclodiu abertamente, e as facções disputaram suas posições de armas na mão. As famosas revoltas tenentistas viriam a ser o centro, se não toda a história, do Exército na década de 1920. No entanto, de 1922 a 1930 os tenentes foram minoria no corpo de oficiais: eram cerca de 325 dos 2500 homens que haviam cursado a Escola Militar do Realengo entre 1913 e 1927. Às vésperas da Revolução de 30 provavelmente não eram mais que seiscentos no corpo de oficiais, que tinha então 5275 membros, ou seja, compunham 11% dos oficiais da ativa. Na verdade, seu movimento ainda não tinha nome; só viriam a ser chamados de tenentes depois de 1930.[2] Analisando da perspectiva da Revolução de 30, os tenentes parecem ter vencido, e certamente muitos deles desempenharam papéis importantes na vida militar e política brasileira subseqüente. Mas se a história do Exército nessa década for reduzida à história dos tenentes, muito do que aconteceu nos escapará, e boa parte do que ocorreu em seguida será bem menos compreensível. A história de um Exército, dada a complexidade da instituição, requer um enfoque amplo. Além disso, não deve se ocupar apenas dos vencedores; precisa também falar de quem perdeu e por quê. Apesar da importância das rebeliões, há mais na história do Exército na década de 1920, como se verá neste capítulo.

Os anos 20 foram importantes na história brasileira por terem sido o cadinho onde o novo e o velho Brasil lutaram para moldar o futuro. Um resumo do Brasil nessa década dará ao leitor o pano de fundo para compreender o drama então em curso no Exército. Na década de 1920 as mudanças que vinham acontecendo no Brasil desde 1889 tornavam-se mais claras. Às vésperas do centenário da Independência, as cidades brasileiras possuíam os adornos da modernidade, mas as áreas rurais ainda tinham um aspecto oitocentista, ou mesmo setecentista. Escritores e artistas podiam proclamar sua visão de um novo Brasil na famosa Semana de Arte Moderna em São Paulo, mas no sertão nordestino, nas roças de cacau baianas, nos canaviais de Pernambuco, nos cafezais de São Paulo e Minas Gerais, de fato em todo o "interior", os "coronéis" controlavam a vida dos pobres. O sindicalismo começava a fazer-se presente, mas ainda por anos a elite política consideraria as atividades sindicais um caso de polícia.

Nos trinta anos desde 1890, a população brasileira aumentara de 14 333 915 para 30 635 605 pessoas. Em 1920, a taxa anual de crescimento galopava a 3,8%, e por toda a década permaneceria acima de 3%. Esses níveis deviam-se, ao menos parcialmente, à entrada de imigrantes após a Primeira Guerra Mundial. À medida que crescia, a população concentrava-se mais nas cidades, das quais dez superaram os 100 mil habitantes. Embora o crescimento urbano fosse notável, o Brasil ainda era um cenário rural; suas fazendas e pastagens continham 69 703 000 bois, cavalos, mulas, porcos, ovelhas e cabras. Fora dos limites das cidades eram poucas as estradas pavimentadas, e as ferrovias concentravam-se nos municípios cafeeiros paulistas e nas áreas canavieiras pernambucanas. Na época das chuvas as estradas ficavam quase intransitáveis até para o versátil Ford modelo T, que fazia sucesso no início da década. Boa parte do território era subdesenvolvida, com exceção de uma estreita faixa costeira.[3]

Para ligar os centros populacionais desenvolvidos distribuídos pelos 7390 quilômetros de costa, o país contava, em fins de 1926, com o serviço de 582 navios a vapor, com capacidade bruta de 618 588 toneladas, e 107 embarcações a vela totalizando 41 535 toneladas. A ausência de estradas transitáveis em qualquer clima e o traçado local das ferrovias faziam das viagens marítimas uma característica do comércio e das comunicações interestaduais.[4]

Era difícil, para quem não vivia no Brasil, fazer uma idéia da imensidão do país. Em 1922, em resposta a um pedido do Tesouro britânico para que aprovasse as despesas de recepção do cônsul em Belém, o embaixador real no Rio escreveu ao Ministério das Relações Exteriores britânico que isso "equivalia a pedir ao embaixador de Sua Majestade em Paris para avaliar a cozinha de nosso representante em Mosul [norte do Iraque]". E, prosseguindo, explicou: "É difícil, para quem não conhece o Brasil, lembrar que não se está falando de um país de tamanho normal com meios de comunicação normais, e que o Brasil como entidade política é bem diferente do Brasil no mapa".[5]

A composição racial da população continuava a ser uma mistura de índios, descendentes de africanos e europeus, além de um pequeno, porém crescente, número de japoneses. A presença de imigrantes estava produzindo maior impacto do que no passado. Em 1872, havia no país 388 459 nascidos no exterior; entre 1908 e 1920, entraram 1 086 525 estrangeiros, elevando o total de imigrantes a 1 565 961. As publicações preparadas para o centenário da Independência, em 1922, não deram atenção à proporção racial, aparentemente porque a elite instruída estava convencida (ou talvez, mais precisamente, tinha esperanças) de que a população não-branca estava gradual e irreversivelmente "branqueando". Os matemáticos do censo até criaram estatísticas que supostamente provavam que os negros estavam morrendo a uma taxa maior (5,4%) do que os brancos (2,8%), índios (3,7%) ou mulatos (2,8%). Já o embaixador britânico tinha outra opinião: "O Brasil, com exceção dos estados meridionais, não é e nunca será um país de brancos".[6]

Só a cidade de São Paulo abrigava 100 mil italianos em sua população predominantemente branca de 548 mil pessoas. Disso resultou que, nas décadas seguintes, o sotaque, as comidas favoritas e os modos de vida na cidade assumiriam uma cadência italiana. Com altitude de 670 metros, a cidade oferecia um clima mais salutar para os europeus do que Rio de Janeiro ou Santos. Suas ruas de traçado irregular, que atravessavam colinas e vales pronunciados, eram pavimentadas até os distantes subúrbios. Uma rede de bondes elétricos, muitos automóveis e caminhões, ruas desobstruídas e bem varridas e novos parques públicos, firmas e prédios residenciais davam à cidade uma aparência moderna. A população comprava alimentos frescos nas numerosas hortas plantadas por imigrantes portugueses, italianos e japoneses. Os dez jornais diários paulistanos enchiam as bancas nas esquinas. Havia oportunidades de emprego nos numerosos estabelecimentos industriais dedicados à fabricação de máquinas, açúcar, produtos químicos, mobiliário, vidro, cerâmica, artigos de couro, tintas e tecidos de algodão e lã. São Paulo também era o centro financeiro dos cafeicultores, pecuaristas e agricultores em geral de todo o estado. Um observador americano predisse, com acerto, que a cidade um dia suplantaria o Rio de Janeiro.[7]

Mas havia problemas. Em meados da década a cidade sofria com falta de energia elétrica, especialmente quando a estação seca reduzia o fluxo de água nas usinas hidrelétricas da Light. O rápido crescimento das indústrias paulistas gerara tanta demanda que era preciso reduzir periodicamente a corrente. No primeiro semestre de 1925 houve cortes na iluminação das ruas e nos serviços de bonde, e os cinemas fecharam às dez da noite. Muitas fábricas operaram durante metade ou três quartos do tempo normal, prejudicando os operários, que precisavam do salário de tempo integral.[8]

Embora São Paulo e a imigração representassem um Brasil novo, talvez mais progressista, outros fatores constituíam um entulho do passado. A educação na década de 1920 ainda era para as elites. "A classe dirigente", comentou um observador estrangeiro, "não é favorável ao ensino das massas." O trabalho braçal que as elites demandavam não requeria educação, a qual, a seu ver, só produzia insatisfação, agitação e greves. Até então tinham "estado livres" de tais contratempos, e queriam que continuasse assim. Felizmente, outros brasileiros perceberam que com pelo menos 80% de analfabetos na população, o desenvolvimento permanente seria impossível.[9]

A precariedade da assistência médica acompanhava a falta de oportunidades educacionais. Malária, doenças venéreas, tracoma, lepra, doença de Chagas e ancilostomose eram comuns. As estimativas de incidência de ancilostomose (que era curável) na população rural chegavam a 90%, e a sífilis era responsável por 3 mil natimortos por ano no Rio de Janeiro. A dieta desequilibrada contribuía para a subnutrição generalizada no interior. Tinha razão Paulo Prado ao iniciar seu retrato do país em 1928 com a frase "Numa terra radiosa vive um povo triste". De fato, os cartunistas da época representavam o Brasil com o personagem Zé Povo, um sujeito simplório que sempre se dava mal.[10]

Na década de 1920, o Brasil como entidade política fervilhava com dissensões internas. Não havia coesão e consciência nacional; gaúchos, paulistas e mineiros tinham mais orgulho de suas identidades estaduais do que de ser brasileiros. Em janeiro de 1926 a imprensa da capital federal noticiou que no Rio Grande do Sul se fazia propaganda secessionista pela formação de uma república separada, unicamente gaúcha ou junto com Santa Catarina e Paraná. Enquanto isso, muitos pau-

TABELA 6.1

FORÇAS ESTADUAIS EM 1926

ESTADO	Nº AUTORIZADO	Nº REAL
Bahia	2580	4000
Ceará	1000	1000
Distrito Federal	4000	4000
Minas Gerais	4000	3700
Pernambuco	2381	2381
Piauí	1000	1000
Rio de Janeiro	1060	1061
Rio Grande do Sul	3182	8597
São Paulo	14254	14254
SUBTOTAL	33457	39993
Estados com menos de 1000	6059	5828
TOTAL	39516	45821

FONTE: Capitão Hugo Barclay, Rio de Janeiro, 18 de maio de 1926, nº 552: "Brazilian organized militia", 2006-70/6, Military Intelligence Division, General Staff, U.S. War Dept., RG 165, National Archives.

NOTA: A tabela mostra o efetivo autorizado e o real a contar de 1 de janeiro de 1926.

listas afirmavam que se o seu estado fosse independente, seria a república mais próspera do mundo. Afinal, diziam, 50% da receita do governo federal era arrecadada no estado, e os paulistas reclamavam que a maior parte era gasta nos estados pobres do Norte.[11]

Para se conservarem relativamente livres de intervenção federal, os estados maiores mantinham forças policiais bem equipadas (ver Tabela 6.1). Em 1922, a Força Pública paulista, treinada por franceses, contava com 8814 oficiais e praças, aquartelados principalmente na capital do estado; em 1926, seu efetivo era de 14254 homens. Em 1891, compusera-se de oito companhias de infantaria (2267 homens), mas em 1927 era verdadeiramente um pequeno exército com sete batalhões de infantaria, dois regimentos de cavalaria, um batalhão de bombeiros e um esquadrão de aviação. Minas Gerais, Rio Grande do Sul e Bahia tinham a seu serviço menos homens, porém ainda assim um número respeitável.[12]

Os dados acima ganham relevo especial quando levamos em conta que o efetivo real do Exército federal em meados de 1925 era de 3045 oficiais e 36 mil praças distribuídos por todo o país. Se São Paulo, Minas Gerais e Rio Grande do Sul resolvessem pegar em armas contra o Exército, teriam, juntos, 26554 soldados. Não é de surpreender que não tenham sofrido intervenção federal durante a República Velha, nem que a posse dessas forças lhes permitisse impedir, em 1926, a tentativa de reformular a Constituição de modo a aumentar as justificativas para intervir.[13]

Da perspectiva dos vizinhos do Brasil, as forças estaduais eram uma ameaça, mas também uma bênção. Os países vizinhos viam as forças estaduais como exércitos de reserva, que davam ao Brasil um exército muito maior do que o país declarava possuir em conferências internacionais. Com isso, a Argentina podia acusar os diplomatas brasileiros de insinceridade. Contudo, manobras diplomáticas à parte, as repúblicas próximas compreendiam que as forças estaduais preservavam o poder dos estados e, assim, impediam o desenvolvimento de um governo central forte e estável que pudesse ampliar mais eficazmente sua influência além das fronteiras.[14]

RECRUTAMENTO DE PRAÇAS

O sistema do serviço militar obrigatório, conquistado a duras penas, revelou-se muito diferente do que seus proponentes haviam esperado. Desde o início (ver capítulo 4), o número de homens que se recusaram a responder ao chamado do país foi maior que o dos que se apresentaram. De 1917 até 1929 foram sorteados 619753 nomes, dos quais 75286 foram dispensados e 409111 não se apresentaram, restando apenas 135354 para ingressar nos quartéis. Mas até esses dados são incertos. Erros simples de adição macularam os relatórios do Estado-Maior do Exército durante todos esses anos; além disso, para algumas regiões os dados não foram completos.[15]

O sonho de que o serviço militar obrigatório forneceria um exército qualificado que, por sua vez, geraria uma reserva numerosa, treinada e mobilizável foi abalado pelas realidades brasileiras. Como vimos no capítulo 4, homens de classe média e alta escapavam do serviço, e quem se apresentava era muito pobre ou ignorante para ter influência política ou meios de tentar impedir sua incorporação recorrendo à Justiça. Para os filhos das então chamadas "boas famílias" o serviço militar era "visto mais ou menos como uma calamidade".[16] A situação tornou-se tão drástica em São Paulo durante a revolta dos tenentes em julho de 1924 que as autoridades militares no Rio de Janeiro organizaram uma canoa (batida policial) para arregimentar malandros e vadios das ruas e docas da capital e os puseram para treinar diariamente nas ruas da cidade. Esse incidente mostrou a divergência entre métodos legais e a prática arbitrária efetivamente adotada. E mesmo os procedimentos legais podiam ter resultados arbitrários, como no caso, em 1928, em que os examinadores médicos do Exército declararam apto para o serviço um homem de uma perna só! Um editorial do *Correio da Manhã* (Rio de Janeiro) comentava com indignação que não era preciso mais nada para provar a desmoralização do recrutamento militar. Bastava uma palavra amiga de um político, mesmo de pouca influência, proferida no momento do exame físico, e o favorecido era declarado inapto para o serviço, a despeito de um físico exuberante e de perfeita saúde. Mas, se o pobre-diabo não tinha pistolão, nada, nem mesmo uma perna de pau, o podia salvar da farda.

Decerto esse foi um caso excepcional, mas, como salientou um observador estrangeiro, não havia dúvida de que a lei era "executada com suprema parcialidade e favoritismo". Em conseqüência, ele declarou, "não existe respeito pela lei, e os moços do país recorrem a todos os expedientes possíveis para escapar do serviço militar".[17] Além disso, o recrutamento tornou-se uma arma nas lutas entre facções no interior, onde os chefes políticos puniam seus adversários mandando convocar seus filhos.

Como os recrutas provinham, em sua maioria, dos degraus inferiores da escala social e econômica, tinham pele mais escura e eram menos instruídos que os dispensados. Mulatos e mestiços predominavam nas fileiras, exceto no Sul dos imigrantes. Os relatórios de exame médico do Exército fornecem uma imagem dos grupos de onde eram selecionados os recrutas. Embora seja preciso ter cautela na análise dos dados estatísticos da época, um estudo dos registros de 1922 e 1923 compilados por um oficial do corpo médico do Exército, coronel dr. Arthur Lobo da Silva, permite-nos ter uma idéia de composição racial, nível educacional, ocupações, condições de saúde e até do porte físico dos recrutas. Os registros abrangeram 38 675 homens que se apresentaram para exame médico naqueles anos. Foram computados, no total, 547 caboclos, 3707 negros, 11 711 mestiços (incluindo mulatos) e 22 710 brancos. Curiosamente, estes últimos eram, de modo geral, menos sadios que os dos outros três grupos; 71% dos brancos eram aceitáveis, em comparação com 77% dos mestiços, 80% dos negros e 81% dos caboclos. Os brancos também ficaram na frente em matéria de doenças venéreas (489 de 863), problemas respiratórios (475 de 703), doenças do ouvido, nariz, garganta e olhos (554 de 733) e baixa estatura (280 de 575, sendo de 1,52 metro a altura mínima aceitável).[18] Em parte, o número maior de rejei-

TABELA 6.2
RAÇA E DISPENSAS POR PROBLEMAS DE SAÚDE

DOENÇAS	CABOCLOS	NEGROS	MESTIÇOS	BRANCOS	REJEITADOS
Doenças venéreas	12	86	276	489	863
Digestivas	1	—	28	29	58
Respiratórias	13	47	168	475	703
Circulatórias	4	36	122	200	362
Genitais, urinárias	2	20	55	157	234
Sistema nervoso	1	12	68	192	273
Olhos, ouvidos, nariz, garganta	6	36	137	554	733
Malária	4	6	70	78	158
Hérnia	3	44	85	177	309
Verminose[a]	—	5	60	76	141
Ossos, articulações	3	32	102	215	352
Debilidade física	21	106	567	1117	1811
Defeitos físicos	4	35	161	220	420
Baixa estatura (menos de 1,52 m)	11	45	239	280	575
Tuberculose	2	26	59	166	253
Outras doenças[b]	16	134	348	539	1037
TOTAIS	103	670	2545	4964	8282

FONTE: Dados de Arthur Lobo da Silva, "A anthropologia no Exército brasileiro", *Archivos do Museu Nacional* 30, 1928, p. 35.

[a] Esses números não são precisos. O coronel Lobo da Silva escreveu que as juntas médicas "não fazem exame sistemático sobre ela [verminose], mesmo porque, se o fizessem, as recusas se elevariam a uma porcentagem fantástica [pois] a população do interior do país acusa a presença de verminose intestinal na proporção de 80 a 90 por 100" (p. 40).

[b] Incluem-se doenças de pele, úlceras não-sifilíticas, anemia, obesidade, traumatismos, doenças dos tecidos epiteliais e celulares, doenças infecciosas e doenças diversas.

ções por problemas de saúde para os brancos pode ser explicado pelo fato de a maioria dos caboclos, mestiços e negros serem do Norte e do Nordeste, onde as juntas médicas não eram tão rigorosas como nos estados centrais e meridionais. Nestes últimos, os brancos examinados provinham das classes inferiores, pois, como já mencionamos, os de classes mais altas evitavam o processo. A Tabela 6.2 mostra a distribuição das dispensas entre as quatro categorias raciais.

A maioria dos homens examinados era de trabalhadores agrícolas (37,5%), operários (31,1%) e empregados do comércio — "indivíduos sem educação, sem instrução e sem meios de vida certos". Dos examinados, 30% foram arrolados

TABELA 6.3

PORCENTAGEM DE ANALFABETOS ENTRE OS RECRUTAS, POR RAÇA

RAÇA	EXAMINADOS	ANALFABETOS	PORCENTAGEM
Caboclos	547	231	42
Negros	3667	1914	52
Mestiços	11635	4321	37
Brancos	37936	11340	30

FONTE: Dados de Arthur Lobo da Silva, "A anthropologia no Exército Brasileiro", *Archivos do Museu Nacional* 30, 1928, p. 35.

como analfabetos (ver Tabela 6.3). Essa porcentagem, se acurada, é notável, pois na época a taxa nacional estimada de analfabetismo era de 70%.[19] No entanto, pode-se supor que possivelmente grande número dos que não se apresentaram eram analfabetos. Certamente, o nível de alfabetização entre os praças não era elevado. Em 1920 um observador militar estrangeiro afirmou: "Poucos [soldados] que encontrei sabiam ler ou escrever". E mencionou, também, que "os praças parecem ser recrutados entre os mais inferiores e simples da classe dos peões".[20] Fosse qual fosse a porcentagem exata, ela bastou para que o Exército estabelecesse escolas regimentais para combater "o câncer do analfabetismo". Em 1926, o ministro Setembrino afirmou que o Exército devolvera à vida civil "algumas centenas de homens que ingressaram nas fileiras sem saber ler nem escrever, alguns mesmo sem saberem se eram ou não brasileiros".[21] Mas nesse mesmo ano o adido militar americano comentou que o soldado comum era "via de regra analfabeto" e que, em sua opinião, o ensino nas escolas das guarnições não era "abrangente nem consciencioso", embora recordasse que "em cada posto que visitei houve especial empenho em mostrar uma vintena ou mais de carteiras e um quadro-negro".[22]

O interesse do general Setembrino na educação dos praças era questionável, considerando sua freqüente observação de que um praça analfabeto com uma "memória virgem" aprendia e recordava suas obrigações mais facilmente do que outro com alguma educação. E que grau de comprometimento com a educação, com o combate ao "câncer do analfabetismo", tinha Setembrino quando extinguiu a biblioteca do Exército em 1925? Ele ordenou que a biblioteca, inaugurada em 1881, fosse fechada, e seus milhares de livros dispersaram-se. É difícil imaginar um ato mais lamentável, mais sem sentido e mais criminoso de antiintelectualismo. Pelo menos ele não mandou queimar os livros.[23]

A disciplina, observou o adido americano, não existia "do modo como é entendida por um oficial americano". Os praças, segundo ele, "fazem o que bem entendem, recusam detalhes que lhes desagradam etc.". Não havia, em sua opinião, "reconhecimento pelos praças da autoridade constituída". Os soldados eram "ignorantes e analfabetos" e "facilmente persuadidos a tomar parte em levantes, seguindo seu comandante imediato sem saber por quê". Contudo, apesar de suscetíveis à "psicologia da multidão", os soldados demonstravam um acentuado fatalismo que os levava a enfrentar "o perigo e a morte com louvável grau de frieza e calma". Surpreendentemente, considerando os problemas de saúde e as limitações físicas, os soldados mostravam uma energia impressionante. A resistência, de ambos os lados, durante as longas marchas com pouco descanso e alimento insuficiente durante as rebeliões tenentistas foi mencionada favoravelmente. Os homens brasileiros das classes alta e média em geral consideravam degradante carregar fardos e executar trabalho braçal em público, e os praças alistados, até onde lhes era permitido, imitavam essa atitude. O mesmo orgulho que motivava tal comportamento assegurava grande preocupação com o alinho da farda. Os praças adoravam desfilar e toleravam os exercícios, mas quando designados para uma turma de trabalho com pá e picareta, tornavam-se "emburrados e rebeldes".[24] Embora o moral dos praças não fosse elevado, eles tinham forte tendência à passividade e a maioria se mostrava "bastante satisfeita desde que pudesse usar farda, desfilar pela cidade e fazer refeições regulares de arroz com feijão".[25]

Para o adido americano, faltava coragem moral aos brasileiros: "Nenhum brasileiro consegue sustentar sozinho uma posição, por mais convencido de estar com a razão. Em matéria de opinião, ele tem de fazer como a maioria". Um brasileiro, continuou o adido, não defenderia uma causa impopular, e "o ridículo o transtorna completamente". Mentir e roubar, afirmou-se, era usual para a soldadesca. O adido, major Lester Baker, declarou que "a verdade, para os brasileiros, não passa de uma virtude relativa", e eles "não acreditam uns nos outros". Quando um soldado americano acusava outro de mentir, disse o major, surgia tensão, ou talvez uma luta, mas entre os brasileiros isso era apenas troca de palavras. A atitude com relação ao roubo também era diferente. Se um soldado furtasse dinheiro de um companheiro de quartel, o ladrão não seria tão criticado quanto "o descuidado dono do dinheiro que deixou a tentação no caminho de um pobre coitado de quem não se esperaria que resistisse". Culpado era quem permitia que surgisse a tentação, e não quem a ela sucumbia.[26]

O mesmo adido afirmou que os brasileiros eram maus perdedores, que adoravam jogar e competir mas, embora exultassem nas vitórias, amuavam nas derrotas. Muitas partidas de futebol acabavam em briga. Ele achava que uma partida entre armas, como as que nos Estados Unidos jogavam West Point (academia do Exército) e Annapolis (academia da Marinha), resultaria em um "campo ensangüentado, um massacre". Assim, o esporte entre o pessoal alistado não fizera progresso no final da década de 1920;[27] na década seguinte, porém, o Exército se empenharia em estabelecer a educação física e o atletismo.

A precariedade do serviço militar obrigatório impossibilitava assegurar que todos os recrutas servissem próximo de sua casa ou mesmo em suas regiões. Como as maiores concentrações de praças estavam no Distrito Federal e no Rio Grande do Sul, essas áreas seriam sobrecarregadas se suprissem as necessidades anuais das guarnições próximas. Por isso, exigia-se que cada distrito de recrutamento contribuísse com uma cota para essas regiões. Ademais, como o Exército não podia funcionar sem um núcleo de soldados experientes, incentivou-se o realistamento a tal ponto que em 1928 metade dos praças eram voluntários e só o restante compunha-se de recrutas. Assim, encerrava-se a década com o Exército muito longe do ideal do serviço militar obrigatório sonhado por Olavo Bilac. A nação armada e o povo fardado eram frases retóricas e não descrição da realidade.[28]

LIDERANÇA E ORGANIZAÇÃO DO EXÉRCITO NA DÉCADA DE 1920

Apesar de toda a conversa sobre profissionalismo e das mudanças estruturais resultantes da influência francesa e do estilo de liderança dos altos oficiais, continuaram a luta entre o ministro e o chefe do Estado-Maior e os problemas de recrutamento e treinamento. O poder concentrava-se nas mãos do ministro, mas também a ele faltava autoridade sobre detalhes administrativos comparativamente sem importância que só podiam ser levados a efeito com uma assinatura presidencial. O adido americano observou que "o ministro da Guerra brasileiro tem menos autoridade que o secretário da Guerra americano".[29]

Depois do breve experimento com o ministro civil Pandiá Calógeras durante o governo de Epitácio Pessoa, a elite política devolveu a pasta aos generais. Os dois homens que ocuparam o posto nos anos restantes da República Velha tinham raízes profundas no velho Exército saído do Império, e não na ala reformista da oficialidade. Apoiavam a modernização, mas concebiam o Exército como o instrumento de um governo e de uma sociedade que se alicerçavam na política dos governadores. Eram chamados de situacionistas. Fernando Setembrino de Carvalho (1922-26) e Nestor Sezefredo dos Passos (1926-30) haviam provado seu valor defendendo a ordem estabelecida. Setembrino celebrizou-se na intervenção do Ceará em 1914 e no Contestado, enquanto a bravura de Sezefredo dos Passos impulsionou sua carreira.

Os anos que Setembrino passara como engenheiro no início de sua carreira construindo ferrovias no Rio Grande do Sul atraíram a atenção do marechal Hermes, que o chamou à capital, onde, como chefe de gabinete do ministro da Guerra, ele demonstrou grande habilidade como mediador. Setembrino conquistou a confiança de seus superiores. Seu sucesso como interventor no Ceará, e depois como comandante no Contestado, granjeou-lhe o cargo de diretor do departamento administrativo do ministério, que controlava o dia-a-dia do Exército. Em 1916 seus colegas elegeram-no presidente do prestigioso Clube Militar, e em 1918 ele recebeu a terceira estrela de general-de-divisão. Após breve período como comandante da 2ª Divisão sediada em Niterói, incumbiram-no de organizar a nova 4ª Região Militar, que abrangia Minas Gerais e Goiás e tinha sede na cidade mineira de Juiz de Fora. Como alto oficial federal em Minas, ele criou laços com o presidente do estado, Artur Bernardes, e mais tarde apoiou sua candidatura à presidência nacional. Durante a crise das "cartas falsas" que dividiu a oficialidade em fins de 1921 e ao longo de 1922, ele ficou do lado de Bernardes. Quando a crise chegou ao ápice, em 1º de julho, o presidente Epitácio Pessoa escolheu Setembrino para suceder o general Alves Bastos como chefe do Estado-Maior do Exército. Embora ele não tomasse posse oficialmente antes de 7 de julho, encontrava-se no Rio quando a rebelião eclodiu, no dia 5. Na confusão, tomou medidas decisivas para organizar as forças do governo que esmagaram o desafio à pretensão de Bernardes ao palácio do Catete. Bernardes recompensou sua lealdade nomeando-o ministro quando tomou posse em novembro.[30]

É interessante notar que o sucessor de Setembrino na chefia do Estado-Maior do Exército teve carreira semelhante como esteio militar da República Velha. O general-de-divisão Nestor Sezefredo dos Passos tinha 54 anos quando foi nomeado ministro por Washington Luís, em novembro de 1926. Nascido em Desterro, atual Florianópolis, em 1872, aos dezesseis anos ele ingressou no curso preparatório para a Escola Militar. Em 1890 o agora republicano Exército enviou-o para cursar o primeiro ano da Escola Tática e de Tiro de Rio Prado, no Rio Grande do Sul. No ano seguinte ele foi designado para um regimento de cavalaria que, em 1893, foi arrastado para a Revolta Federalista. Com a supressão da rebelião, ele foi exonerado do Exército, e por dois anos sobreviveu dando aulas e dedicando-se ao comércio em Porto Alegre. Anistiado em 1895, retornou ao Exército como alferes-aluno (posto remanescente do Exército imperial, no qual se iniciava a escala hierárquica) e serviu em um batalhão de infantaria em Florianópolis. Em 1899, agora homem maduro de 27 anos, retornou à Escola Militar e ali, em 1902, bacharelou-se em matemática e ciências físicas. De segundo-tenente naquele ano, foi promovido a primeiro-tenente em 1903. Serviu em Mato Grosso, onde participou com tropas federais das violentas lutas pelo controle do governo estadual em 1906 e, sob o comando de Cândido Mariano da Silva Rondon, construiu linhas telegráficas. Foi promovido a capitão em 1907. Em 1911 estava novamente construindo linhas telegráficas, desta vez da Amazônia ao Mato Grosso. De 1912 a 1916 esteve na região do Contestado, foi promovido a major em 1914 e tomou parte nos combates em Taquaruçu, Caraguatá e Santa Maria (Santa Catarina). Já claramente destinado a altos postos, foi dali para o Rio de Janeiro comandar um batalhão do 2º Regimento de Infantaria. Foi muito notado no Rio e, tendo provado seu valor, em 1917 foi promovido a tenente-coronel e entrou para o gabinete do ministro, general Cardoso de Aguiar. Dois anos depois era coronel, e em 1921 ganhou a importante credencial do curso de revisão do Estado-Maior do Exército dirigido pelos franceses.

No levante em julho de 1922, ele estava no comando do 1º Regimento de Infantaria na Vila Militar. Na madrugada de 5 de julho, durante uma luta, conseguiu desarmar um tenente rebelde cujos soldados haviam cercado o cassino do regimento. Antes disso, alertado de que vários oficiais estavam chegando de trem para juntar-se aos conspiradores na Vila, enviara seu fiscal, tenente-coronel Álvaro Guilherme Mariante, para interceptá-los na estação. Mariante posteriormente comandaria uma coluna contra os tenentes e ganharia suas estrelas de general. O papel de Sezefredo dos Passos na noite de 4-5 de julho, e novamente no dia seguinte, comandando tropas que confrontaram os rebeldes em Copacabana, levou o presidente Epitácio Pessoa a promovê-lo a general-de-brigada em agosto de 1922 e ajudou a assegurar-lhe um cargo no Estado-Maior do Exército. Em março de 1925 ele e o general Rondon dirigiram as operações no oeste do Paraná contra os tenentes em uma série de embates notavelmente violentos. No ano seguinte, Epitácio Pessoa, já se despedindo do governo, promoveu-o a general-de-divisão.[31]

Um terceiro oficial, Augusto Tasso Fragoso, que deixou marca mais indelével no Exército, foi chefe do Estado-Maior de 1922 a 1929 e novamente em 1931 e 1932. Nordestino nascido em São Luís, Maranhão, em 1869, ingressou em Praia Vermelha em 1885 e ali, em 1889, foi alferes-aluno sob a influência do tenente-coronel Benjamin Constant. Sua participação na derrubada do Império foi recompensada com a promoção a tenente em janeiro de 1890. Partidário de Floriano Peixoto, lutou contra os rebeldes da armada e foi gravemente ferido no combate em Niterói em fevereiro de 1894, sendo então promovido por bravura a capitão. Entre suas atribuições especiais esteve a chefia do Departamento de Obras e Transportes no Distrito Federal durante alguns meses de 1892 e a participação na comissão que escolheu o local para a cidade de Brasília, futura capital federal, no Planalto, em 1892-93. Passou quase um ano com a comissão militar de compras na Europa, onde aproveitou para tratar-se de problemas musculares decorrentes de seus ferimentos em combate. De volta ao Brasil em 1895, trabalhou nas defesas costeiras e se casou com Josefa da Graça Aranha, irmã do escritor.[32] Nos anos seguintes serviu em vários cargos do Estado-Maior, na comissão para a fronteira com a Bolívia e no levantamento cartográfico nacional. Em 1903, quando se dedicava a esta última tarefa, foi promovido a major. Acompanhou o marechal Hermes à Alemanha em 1908, e no ano seguinte foi adido militar em Buenos Aires, sendo então promovido a tenente-coronel. Sua experiência ali e como comandante do 8º Regimento de Cavalaria em Uruguaiana de 1911 a 1913 moldaram suas concepções a respeito da Argentina. Em 1914 foi feito coronel, e após alguns meses no Estado-Maior, o presidente Venceslau Brás nomeou-o chefe de sua Casa Militar, trazendo-o, assim, para os mais altos círculos políticos e militares, onde ele trabalhou com o presidente e o ministro da Guerra, Faria, para reativar as reformas de 1908, particularmente a instituição do serviço militar obrigatório. Promovido a general-de-brigada em janeiro de 1918, organizou o 4º Regimento de Cavalaria no Rio de Janeiro antes de concordar, no fim daquele ano, em assumir a chefia da Diretoria do Material. Em fevereiro de 1922 recebeu suas estrelas de general-de-divisão, e em novembro Artur Bernardes nomeou-o chefe do Estado-Maior do Exército. Nesse posto serviu, no total, durante sete anos e cinco meses, um período nunca superado por nenhum outro chefe do Estado-Maior. Também foi historiador e produziu longos e pormenorizados estudos sobre a guerra contra os argentinos na década de 1820 e a guerra da Tríplice Aliança contra o Paraguai em 1865-70. Essas obras e o tempo em que serviu como chefe do Estado-Maior deram-lhe enorme influência sobre o pensamento do Exército.[33]

As relações pessoais entre o chefe do Estado-Maior e os dois ministros cuja carreira delineamos acima merecem ser comentadas. Primeiro, cabe mencionar que a tensão entre o chefe do Estado-Maior e o ministro da Guerra existia desde a instituição do Estado-Maior do Exército, em 1899. Embora supostamente o ministro nomeasse o chefe do Estado-Maior e supervisionasse seu trabalho, na realidade o presidente nomeava os dois, o que permitia ao chefe do Estado-Maior esquivar-se do ministro procurando diretamente o presidente. Além disso, a questão de quem comandava o Exército na paz e na guerra não estava decidida, e assim os limites da autoridade mantinham-se indefinidos. Ademais, com exceção do ministério de Calógeras, ambos os postos foram ocupados por generais cuja predileção era comandar. O Exército, por mais amplamente distribuído que fosse, era pequeno, e não havia muito espaço para dois comandantes. Idealmente, o ministro, que era membro do governo e, portanto, uma figura política, deveria concentrar-se nas relações com o Congresso, na obtenção de verbas e em questões políticas, enquanto o chefe do Estado-Maior deveria dedicar-se ao planejamento, organização, treinamento e gestão cotidiana do Exército. Na realidade, porém, os ministros consideravam-se na posição de comandantes do Exército e tendiam a centralizar a tomada de decisões, e mesmo o planejamento, nas mãos de seus assessores imediatos. Embora isso possa ter sido reflexo inconsciente de um anseio geral por ganhar renome, alguns ministros viam o Estado-Maior como uma ameaça à sua autoridade e, por isso, o preteriam e o tornavam um órgão marginal na administração do Exército. Sejam quais forem as causas, a tensão, quando não a discórdia, entre essas duas autoridades foi uma característica da história do Exército brasileiro.[34]

Tasso Fragoso frustrou-se em suas relações com ambos os ministros sob os quais serviu na década de 1920.[35] Aparentemente, Calógeras quisera a nomeação de Tasso para chefe do Estado-Maior por ocasião da saída de Alves Bastos, mas, devido à revolta de julho de 1922, o presidente eleito Artur Bernardes pressionou Epitácio Pessoa para que nomeasse Setembrino, dando-lhe a tarefa de manter a lealdade do Exército. Setembrino, de bom grado, prestou-se ao papel. Em carta a Bernardes, Setembrino declarou que o Brasil precisava de estabilidade para prosperar e que isso só seria possível com "a cooperação das Forças Armadas". Atribuía o "verdadeiro caos" nos meios militares aos sempre presentes exploradores políticos — como se os oficiais fossem incapazes de tirar suas conclusões sem ajuda civil — e afirmou ser necessário separar os bons elementos, usá-los, recompensar suas nobres atitudes. Porém, profeticamente, alertou Bernardes contra tratar com muita dureza os momentaneamente desviados do caminho do dever, entre os quais muitos de real mérito.[36] Bernardes desconsiderou o conselho e recusou clemência aos rebeldes de 1922, entre eles o ex-presidente Hermes da Fonseca, e com isso deu margem a mais agitação.

Promovido a ministro em novembro de 1922 por ocasião da posse de Bernardes, Setembrino, com aprovação do presidente, convidou o general Tasso para chefiar o Estado-Maior. Tasso considerou o momento oportuno, pois estava "certo de que os preciosos ensinamentos dos camaradas franceses" permitiriam que recuperassem rapidamente "todo o tempo perdido nos anos anteriores". Infelizmente, em 1924, quando eclodiu nova rebelião, os oficiais treinados que eram seus auxiliares foram despachados para as campanhas contra os tenentes rebeldes, restando-lhe uma casca vazia para comandar. E, pior ainda, sua esperança de que seus auxiliares adquirissem experiência útil nas operações contra os rebeldes foi frustrada, pois Setembrino concentrou em sua equipe o planejamento e a direção das operações, "transformando seu gabinete no Estado-Maior do Exército". Embora isso enfurecesse Tasso a ponto de levá-lo freqüentemente a pensar em demitir-se, o tratamento pessoal que Setembrino lhe dispensava era tão cordial que ele não teve coragem de sair.[37]

Sua experiência com o general Nestor Sezefredo dos Passos foi ainda menos feliz. Tasso escolhera o general para ser subchefe do Estado-Maior mesmo sem conhecê-lo bem porque ele estava disponível para ocupar o posto, tinha a formação apropriada e especialmente por ter pensado rápido e contido seu regimento durante a revolta de 1922. Como subordinado de Tasso no Estado-Maior, seu desempenho foi limitado pelo comparecimento irregular ao serviço, devido, segundo ele, a uma doença grave na família. Tasso compadeceu-se e considerou justificável que trabalhasse pouco. Insensatamente, talvez por querer bancar o *kingmaker*, recomendou ao presidente Washington Luís que ao tomar posse nomeasse o general Sezefredo dos Passos ministro. Tasso recordou que nutria "grandes esperanças na cooperação do general Nestor", pois era um "oficial inteligente, calmo, conhecedor da profissão e ao parecer modesto". Além disso, os dois haviam conversado muitas vezes sobre as necessidades do serviço e várias medidas reformistas. Em especial, porém, haviam debatido sobre as relações entre os ministros e o Estado-Maior e comentado sobre os acessos de "desconfianças ou de ciúme" que acometiam os ministros. Tasso recordou que a opinião do general Nestor "a esse respeito era radical e em tudo perfeitamente acordante com a minha", além do que, em outras áreas, nunca houvera "o mais leve sintoma de divergência". Ademais, antes de assumir o ministério, o general Nestor fizera questão de ir à casa de Tasso convidá-lo para continuar na chefia do Estado-Maior. Escreveu Tasso: "Tudo isso me levava a acreditar que sua entrada no ministério balizaria nova fase, isto é, importaria a colocação do Estado-Maior na posição que de fato lhe deve tocar, e apertaria os laços de confiança e de harmonia entre ele e o respectivo ministro".[38]

Enganar-se mais seria impossível. Uma vez no cargo, o general Nestor pôs todos os generais subordinados à distância, tratando-os como inferiores. A intervalos regulares, recebia-os juntos em sua sala, todos em pé, recorda Tasso, "como uma confraria de mendigos, cada qual aguardando a oportunidade de ser ouvido". Esse tratamento abominável dispensado a generais por um ministro era coisa inédita. As relações com o Estado-Maior não só não melhoraram, mas se deterioraram. Por exemplo, quando o contrato com os franceses foi renegociado (1927-28), Tasso só ficou sabendo de seu conteúdo *post facto*, quando os franceses lhe mostraram o texto. Ele finalmente renunciou quando um deputado veio lhe dizer que o general Nestor havia preparado e submetido ao Congresso uma nova lei sobre treinamento militar sem consultá-lo. Enviou sua renúncia a Washington Luís em 30 de dezembro de 1928. Caracteristicamente, não explicou em público suas razões.[39]

A incapacidade dos altos oficiais para o trabalho conjunto era uma grave fraqueza institucional. No entanto, servia para retardar a emergência do Exército como força política relativamente independente, o que talvez explique por que os políticos civis deliberadamente evitavam resolver o problema. Embora Tasso não conseguisse fazer tanto quanto desejava, ele elevou o nível intelectual do Estado-Maior, consolidou a tradição das manobras sobre carta, promoveu a causa da aviação do Exército e manteve os franceses fora do planejamento da defesa brasileira. Além disso, tornou certas visões estratégicas, especialmente relacionadas à Argentina, parte do pensamento do Exército. Essas idéias serão analisadas adiante. Tasso também contribuiu para difundir a instrução profissional de influência francesa além da guarnição no Rio de Janeiro. Providenciou para que o Estado-Maior supervisionasse e regularizasse o processo que ele chamava de "osmose", que disseminava as doutrinas francesas por todo o Exército. Uma característica fundamental desse processo foi o contato direto do Estado-Maior com os soldados. O fato de isso poder ser considerado uma inovação revela muito sobre o Exército na década de 1920.[40]

A qualidade de um exército é determinada, em grande medida, por sua liderança, portanto a questão de quem é promovido tem grande importância. Na década de 1920, o Exército brasileiro começou a mostrar mais rigor nos requisitos educacionais para determinar o mérito nas promoções. A nomeação para o posto de segundo-tenente, criado recentemente, baseava-se na posição do pretendente ao graduar-se na escola militar; para a patente seguinte, a de capitão, o critério era a antiguidade; para a de major, um terço das promoções era por antiguidade e dois terços por mérito; para coronel, metade por antiguidade e metade por mérito; os generais-de-brigada eram escolhidos pelo presidente dentre os coronéis das armas de combate que haviam comandado tropas por no mínimo um ano no posto de tenente-coronel ou coronel. O presidente usava seus próprios critérios para selecionar os generais-de-divisão. Para incentivar os oficiais a fazer os cursos de Revisão e de Estado-Maior ministrados pela missão francesa, o ministério avisou que a partir de 1929 nenhum coronel em uma arma de combate seria promovido a general-de-brigada sem ter feito um dos cursos. Além disso, precisariam de três anos de serviço como oficial superior, dos quais dois deveriam ser em posição de comando. Era um plano esplêndido, mas na prática foi difícil impor as mudanças; as juntas de promoção continuaram a dar mais peso à antiguidade apesar dos pedidos dos ministros.[41]

Os critérios informais que os presidentes adotavam para escolher seus generais às vezes tinham resultados imprevistos. A filha e biógrafa do presidente Epitácio Pessoa, Laurita Pessoa Raja Gabaglia, contou a história da promoção do coronel Clodoaldo da Fonseca. Epitácio, cauteloso ao distribuir patentes de general, postergara a promoção desse oficial sem brilho, mas acabou cedendo diante da insistência de seu irmão mais velho e chefe de polícia do Distrito Federal, o general José da Silva Pessoa, o qual lembrou ao presidente que o coronel era sobrinho de seu falecido amigo e patrono, Deodoro da Fonseca. Na época, Clodoaldo expressou imensa gratidão e se declarou à disposição de Epitácio para qualquer coisa e em qualquer lugar. Ironicamente, na rebelião de 22 de julho ele foi o único general a se posicionar em favor do levante. Comentou com o governador de Mato

Grosso: "Estou à frente deste movimento regenerador". O episódio demonstrou a necessidade de profissionalizar o processo de promoção, separando-o das redes de parentesco, política e amizade.[42]

Os problemas de liderança continuaram a afligir o Exército, tanto quanto os critérios não profissionais usados para a seleção: laços de família, parentela e amizade. Como descobriu o general Tasso, promover um oficial porque ele era simpático, amigo da família ou parecia ter idéias concordes era, em última análise, prejudicial ao Exército. Examinemos agora a tropa nessa época.

OS OFICIAIS

Os oficiais provinham principalmente das regiões Sudeste e Nordeste do país, e com certeza da pequena parcela educada da população masculina. Os dados sobre as origens regionais e estaduais da oficialidade são fragmentários e dispersos, mas os registros da procedência dos alunos da Escola Preparatória e Tática do Realengo em 1901-02 dão uma indicação das origens prováveis dos oficiais com patentes de capitão a tenente-coronel na década de 1920 (ver Tabela 6.4). A predominância do Sudeste (40,4%) e do Nordeste (38,4%) como regiões de origem refletia a estrutura de poder econômico e político da República Velha. As elites civis não eram bem representadas. Muitos oficiais vinham de famílias com tradição militar ou de famílias civis relativamente pobres. José da Silva Pessoa, irmão de Epitácio, buscou a educação e carreira militar depois de ele e seus quatro irmãos ficarem órfãos subitamente. Outro nordestino, Pedro Aurélio de Góes Monteiro, ingressou na carreira militar por falta de melhores perspectivas, e os líderes tenentistas Luís Carlos Prestes, Antônio de Siqueira Campos, João Alberto Lins de Barros e os irmãos Távora tinham, todos, origens econômicas modestas. Quando Estevão Leitão de Carvalho decidiu candidatar-se à escola militar, seu professor perguntou se sua família estava com dificuldade para pagar seus estudos na escola particular. Portanto, na República Velha, educação e carreira militar eram vistas como meios de ascensão. Gilberto Freyre observou que houve "numerosos jovens brasileiros de origem modesta e alguns mestiços, a quem as escolas — ou colégios — militares facilitaram a formação intelectual, secundária e superior. E com essa formação, oportunidades de ascensão social completada pelo desejo de direção política do país".[43]

TABELA 6.4

REGIÕES E ESTADOS DE ORIGEM DOS ALUNOS

DA ESCOLA PREPARATÓRIA (1901-02)

REGIÃO E ESTADO	NÚMERO	%	TOTAIS	% REGIONAL
Sudeste			387	40,4
Minas Gerais	69	7,2		
Espírito Santo	5	0,5		
Rio de Janeiro	97	10,2		
Distrito Federal	175	18,3		
São Paulo	41	4,3		
Sul			83	8,6
Paraná	17	1,8		
Santa Catarina	17	1,8		
Rio Grande do Sul	49	5,1		
Centro-Oeste			70	7,3
Goiás	29	3,0		
Mato Grosso	41	4,3		
Norte			46	4,8
Amazonas	16	1,7		
Pará	30	3,1		
Acre	—	—		
Nordeste			368	38,4
Maranhão	41	4,3		
Piauí	14	1,5		
Ceará	66	6,9		
Rio Grande do Norte	22	2,3		
Paraíba	36	3,8		
Pernambuco	55	5,8		
Sergipe	42	4,4		
Alagoas	34	3,6		
Bahia	58	6,1		
TOTAIS	954	100	954	100

FONTE: Ministério da Guerra, *Relatório apresentado ao Presidente da República dos Estados Unidos do Brasil pelo Marechal J. N. de Medeiros Mallet Ministro de Estado da Guerra em maio de 1901*, Rio de Janeiro, Imprensa Nacional, 1901, p. 55; *Relatório ... J. N. de Medeiros Mallet ... 1902*, Rio de Janeiro, Imprensa Nacional, 1902, p. 33.

TABELA 6.5
NÚMERO PROPOSTO E NÚMERO REAL DE OFICIAIS (1924)

PATENTE	INF. AUT./REAL	CAV. AUT./REAL	ART. AUT./REAL	ENG. AUT./REAL	ESPECIAIS E ESTADO-MAIOR AUT./REAL	MÉD., ODONT. E VET. AUT./REAL
Coronel	36/31	17/14	33/22	18/8	20/20	7/7
Tenente-Coronel	41/36	22/22	49/39	21/21	34/34	19/16
Major	86/78	37/33	94/53	33/33	46/46	52/39
Capitão	340/271	139/126	301/175	87/83	96/96	172/143
1º Tenente	484/374	247/199	470/195	93/34	129/129	287/126
2º Tenente	506/133	163/37	236/57	38/12	24/24	236/70
TOTAIS[a]	1493/919	624/431	1183/561	283/191	349/349	774/462
DÉFICIT	574	193	622	92	0	312

FONTE: Major F. L. Whitley a chefe adjunto de Estado, G2, "Brazilian Army for 1924", Rio, 22 de agosto de 1923, 2006-73, GS, WD, RG 165, NA. Os generais foram excluídos desses cálculos porque seus números estavam completos (8 generais-de-divisão e 22 generais-de-brigada). Os números autorizados foram propostos ao Congresso, mas não aprovados.
[a] A diferença entre o efetivo total autorizado (4706 oficiais) e o efetivo real (2913) significa um déficit total de 1793 oficiais.

Alguns observadores contemporâneos desnorteavam-se com o tamanho do Exército e do corpo de oficiais. Sempre havia diferença entre o efetivo que a verba autorizada pelo Congresso permitia e o número real de soldados nas unidades. De fato, algumas unidades autorizadas nunca foram formadas e existiram apenas nas planilhas da instituição. Na década de 1920, essa prática permitiu a propagandistas argentinos pintar o retrato de um Brasil perigosamente forte. As discrepâncias podiam ser gritantes, como em 1923 e 1924, quando havia 4706 oficiais autorizados, mas apenas 2913 na ativa, enquanto para os praças o número de autorizados variou de 42 208 em 1920 a 54 081 em 1923, embora o número real não atingisse a casa dos 40 mil, compondo de 60% a 70% do efetivo oficialmente previsto.[44]

Um efeito do déficit na oficialidade foi a escassez de oficiais de baixa patente em 1923. A expulsão de cadetes rebeldes em 1922 reduzira o número de segundos-tenentes e necessariamente impusera fardos adicionais aos outros oficiais. A Tabela 6.5 mostra o efetivo autorizado e o real por patente. Considerando que o número real de soldados em 1923 era 38 346, isso significa que para cada um dos 2913 oficiais havia treze praças. Se excluirmos os oficiais com atribuições especiais, os do Estado-Maior e os das áreas médica, odontológica e veterinária, encontraremos 2102 oficiais de linha e a razão de um oficial para cada dezoito praças.

TABELA 6.6

NÚMERO DE OFICIAIS SUBALTERNOS (1924)

PATENTE	AUTORIZADO	REAL	DÉFICIT
Capitão	1135	894	241
1º tenente	1710	1057	653
2º tenente	1203	333	870
TOTAIS	4048	2284	1764

FONTE: Major F. L. Whitley a chefe adjunto de Estado, G2, Brazilian Army for 1924", Rio, 22 de agosto de 1923, 2006-73, GS, WD, RG 165, NA.

Essa razão indica um exército com grande peso no topo da escala hierárquica. Tendo em vista a missão de treinamento e a necessidade de capacidade de mobilização, não seria surpreendente encontrar unidades com altas razões entre oficiais e praças. No entanto, vários relatos biográficos recordam que faltavam oficiais nas unidades, e até o presidente observou que a escassez de oficiais subalternos era prejudicial ao treinamento da tropa e estava, segundo ele, "sobrecarregando os poucos oficiais entre os quais essas tarefas são divididas" (ver Tabela 6.6).[45]

A imagem que se tem do Exército com base nos relatórios do adido militar americano é, em grande medida, exata. Alguns dos comentários do adido refletem o racismo e os preconceitos etnocêntricos prevalecentes nos Estados Unidos naquela época, mas, esses fatores à parte, os pormenores e a necessidade de explicar claramente a sociedade e a cultura brasileira às autoridades do serviço de inteligência em Washington tornam esses relatórios valiosos para os historiadores. Os americanos consideravam a proficiência profissional dos oficiais brasileiros baixa, inferior à dos oficiais argentinos e chilenos, e "absolutamente sem base de comparação com o padrão americano".

Com respeito a raça e cor, o major Baker achava que o Exército era consideravelmente mais democrático do que a Marinha: "Oficiais negros são numerosos no Exército, mas na Marinha são raríssimos, embora em ambas as armas haja muitos do tipo 'moreno' ou mestiço". A elite do Rio costumava freqüentar os eventos sociais do Clube Naval muito mais que os do Clube Militar.

O requisito de que os oficiais do Exército fossem formados na Escola Militar e os pré-requisitos educacionais necessários para a admissão nessa escola excluíam do corpo de oficiais a grande maioria de brasileiros de pele escura. Além disso, era preciso ter influência política para conseguir ser indicado para a escola; talvez, como afirmou um repórter, esse fosse "o elemento preponderante para determinar a seleção".[46]

Outro problema era o suborno, que diziam ser considerável. Os oficiais que influenciavam ou decidiam os assuntos da área de compras eram adulados com presentes e dinheiro. Fabricantes estrangeiros que desejassem vender para o Exército brasileiro tinham de "molhar a mão" das autoridades.[47] Embora o observador americano atribuísse a prevalência do suborno às deficiências na instrução moral, o problema também pode ser explicado como parte da elaborada cooptação de altos oficiais pelo sistema político; quanto mais se beneficiassem pessoalmente do sistema, menor a probabilidade de o atacarem. Durante os incertos anos da década de 1920, é possível que o suborno tenha crescido paralelamente à necessidade do governo de preservar a lealdade do Exército.

Outra forma de cooptação era a prática de pagar gratificações, ostensivamente por determinadas tarefas, mas, na realidade, muitas vezes concedidas a certos oficiais que caíam nas graças do ministro. A taxa de câmbio flutuante e a inflação de preços tornavam o salário dos oficiais insuficiente para manter a família.[48] Antes da Primeira Guerra Mundial, o mil-réis valia aproximadamente 33 centavos de dólar; durante a guerra, esteve em torno de 25 centavos, mas em 1923 caíra para 0,09 centavo, antes de aumentar lentamente para cerca de 15 centavos entre 1924 e 1926. As taxas de câmbio eram importantes porque o Brasil importava boa parte dos gêneros alimentícios e a maioria dos produtos industrializados consumidos pela classe média urbana. No início de julho de 1924, os preços dos produtos básicos atingiram níveis tão exorbitantes, e tantas pessoas encontravam-se em situação desesperadora, que o presidente suspendeu as tarifas aduaneiras por sessenta dias para os alimentos importados.[49] Dadas essas circunstâncias, qualquer dinheiro extra era muito bem-vindo, e os oficiais que dependiam de remunerações suplementares provavelmente permaneceriam leais. Sem dúvida os que não recebiam suplementos ressentiam-se.

Como o ministro controlava os pagamentos de gratificações, servir em postos de grande visibilidade no Rio de Janeiro era especialmente interessante. Se a designação fosse para a Vila Militar, também significava moradia com aluguel simbólico, o que até o ministro João Calógeras reconhecia como uma forma de favoritismo que deveria ser estendida a todos os oficiais.[50]

Sendo baixo o soldo, a maioria dos oficiais residia modestamente, muitos em hotéis baratos. Relatos biográficos dão a impressão de que os oficiais com patentes inferiores à de coronel viviam à margem da classe média. Às vezes, um grupo deles alugava uma casa e ali passava a viver, como em uma república de estudantes. Em um caso, a cidade mineira de Itajubá alugou uma casa ao batalhão de engenheiros local para o coronel e seus tenentes.[51]

O soldo era preocupação constante e fonte de irritação na economia inflacionária do Brasil. E, embora todos os oficiais ansiassem por promoção, com ela vinha um imposto especial, que eles podiam pagar de uma vez ou metade à vista e o restante em doze parcelas mensais. As pensões eram financiadas por um montepio, com dedução mensal no valor de um dia de soldo; entretanto, em 1925 as pensões ainda eram baseadas nos soldos de 1906, enquanto as deduções eram porcentagens do soldo de 1925![52] Talvez como um modo de amenizar as agruras do plano de pensão, a lei dava aos oficiais com trinta anos de serviço o direito de aposentar-se com graduação acima da sua, recebendo os vencimentos da patente imediatamente superior. Os que tinham 35 anos de serviço recebiam uma promoção real ao nível seguinte, e os com quarenta ou mais recebiam uma promoção real e além disso eram remunerados segundo a graduação acima da sua. Assim, um coronel com quarenta anos de serviço podia esperar reformar-se como general-de-divisão. Esse sistema incentivava a lealdade e o longo tempo de serviço dos oficiais superiores. Na lista de 84 coronéis de combate em 1925, havia doze com quarenta anos ou mais de serviço, 62 com 35 anos ou mais e dez com mais de trinta anos.[53] Esse mecanismo de aposentadoria era um modo importante de manter a lealdade dos altos comandantes do Exército.

No fim de 1928 o Congresso mudou a lei de aposentadoria, restringindo a regra da graduação apenas ao oficial mais antigo em cada posto, que se aposentaria depois de trinta anos com a patente e os vencimentos da graduação acima da sua, ou, tendo servido por quarenta anos, subiria duas graduações. Mas todos os outros oficiais ao se aposentarem manteriam sua patente e receberiam os vencimentos correspondentes. Compreensivelmente, a nova lei não agradou aos oficiais, em especial os coronéis com mais de trinta anos de serviço, e houve uma onda de pedidos de reforma antes de a lei entrar em vigor. Com isso, em fins de abril de 1929 o Exército estava com insuficiência de coronéis e tenentes-coronéis, e designava majores para atribuições geralmente confiadas a oficiais mais graduados. O Exército não podia meramente promover esses homens, uma vez que o regulamento requeria que decorresse um tempo específico entre as promoções. Um dos altos oficiais que entraram com o pedido de reforma foi o chefe do Estado-

Maior, Tasso Fragoso.[54] Essa lei de aposentadoria contribuiu para enfraquecer a estrutura de comando justamente quando a República Velha e seu Exército aproximavam-se do revolucionário ano de 1930.

Um aspecto curioso da lei era que ela garantia o pagamento dos vencimentos básicos à família dos oficiais agregados (afastados temporariamente da ativa) e até para os que se ausentavam sem licença; os que estavam cumprindo pena na prisão recebiam metade dos vencimentos básicos! Era um modo estranho de incentivar a disciplina, mas deixava claro que o Exército cuidava de seu pessoal, mesmo dos rebeldes.[55]

EDUCAÇÃO DOS OFICIAIS: REALENGO

A educação era a chave da disciplina e do desempenho dos oficiais. Por toda a década de 1920, o Exército continuou a procurar uma fórmula para produzir o oficial ideal. O viveiro da oficialidade era, naturalmente, a Escola Militar do Realengo, situada a cerca de 24 quilômetros da cidade do Rio, no ramal Santa Cruz da Estrada de Ferro Central do Brasil. Os dois primeiros anos do curso eram uma mistura de educação geral com treinamento militar teórico e prático destinado a preparar líderes de pelotões; o terceiro e último ano era dedicado à instrução especializada em uma das armas de combate. Os alunos graduavam-se como aspirantes, e nessa categoria serviam por um ano ou até surgir vaga entre os tenentes. O propósito da escola militar era preparar oficiais subalternos para atuarem até ser promovidos a capitão, quando ingressavam no curso da Escola de Aperfeiçoamento de Oficiais (ESAO).

Com uma breve caminhada ia-se da Escola Militar do Realengo até a estação de trem, sendo fácil o acesso à capital. Em 1924, havia oito alojamentos de um só pavimento formando um quadrilátero, cada qual projetado para abrigar 75 estudantes em quartos grandes e abertos. Cada aluno tinha uma cama pequena e estreita, um colchão fino e duro e um baú com chave ao pé da cama para guardar os pertences. No refeitório, as mesas retangulares comportavam oito homens, sentados em bancos sem encosto. A ração principal consistia em variações da feijoada. Não havia espaço para o estudo tranquilo, e a biblioteca era pequena. Os prédios e as áreas ao ar livre assemelhavam-se mais a um "vasto quartel" que a uma escola. Não havia instalações para recreação, por isso os estudantes "matavam o tempo" com caminhadas pelas ruas do Realengo. O general Tasso Fragoso recomendou que, se houvesse verba, o Exército construísse uma escola nos moldes da academia militar americana de West Point, como a República da Argentina estava fazendo. A farda de serviço dos alunos era de tecido cáqui de má qualidade, cujo tom variava de esverdeado a pardacento, usada com perneiras de couro.[56] Não havia uniforme de gala para os alunos. A condição de estudante era indicada por uma insígnia de latão representando um castelo, usada no colarinho alto. O aluno do Realengo a passeio na avenida Rio Branco tinha a melancólica aparência de quem estava usando uma farda emprestada que não lhe caía bem, comentou o chefe do Estado-Maior. Uma das mudanças que viriam com a Revolução de 30 seria o novo uniforme de gala, inspirado nos usados pelos soldados brasileiros na guerra contra o governo de Rosas, na Argentina, em 1851-52.[57] Em meados da década a escola estava superlotada, pois no mesmo conjunto de prédios ministrava-se também o curso preparatório. De 1920 a 1929 a população de estudantes foi de setecentos a oitocentos alunos.[58]

As disposições sobre o currículo e o corpo docente foram "reformadas" em 1924 e 1929. Nos dois casos, as regras seguiram o costume, em vigor desde 1913, de fornecer diretrizes minuciosas que regessem o conteúdo e a qualidade do ensino. Jehovah Motta, que foi aluno do Realengo em 1925-27, comentou que "nem os comandantes da escola nem os professores" conseguiam seguir as diretrizes. De fato, ele não achava exagero afirmar que "não leram as 'diretrizes do ensino' ou, se as leram, não as entenderam, ou, se as entenderam, deliberadamente as desrespeitaram". O ensino, "com poucas exceções", era "livresco, verbalista, desligado dos objetivos traçados". Alguns professores "compraziam-se com o ambiente de medo, e até de terror", ameaçando com exames impossíveis resultantes em notas baixas. A física e a química eram inúteis, ele recordou, e a geometria descritiva e a mecânica eram desperdiçadas em cálculos e abstrações. A topografia era uma piada, e o curso de fortificações não tinha utilidade prática. Os alunos podiam, com razão, questionar a qualidade do ensino que na turma de 139 alunos de 1924 produziu 86 reprovações em física. O chefe do Estado-Maior, Tasso Fragoso, escreveu sobre a "crise de professores", salientando que entre os efetivos vira poucos "realmente competentes com vontade de trabalhar". Ele apontou física e química como cursos particularmente fracos.[59]

O treinamento puramente militar era melhor. Os dias da entusiástica Missão Indígena haviam passado, mas capitães e tenentes enérgicos e ambiciosos surgiram no elenco de instrutores. Dos vinte comandantes de unidades de combate em 1924 e 1925, por exemplo, no mínimo oito chegariam a general; um deles, Álvaro Fiuza de Castro, seria um dos que por mais tempo ocupariam o cargo de chefe do Estado-Maior do Exército, e Euclides Zenóbio da Costa teria papel importante na força expedicionária da Segunda Guerra Mundial e seria ministro da Guerra em 1954.[60] Esses eram oficiais decididos e competentes, que haviam tido contato com a missão francesa na Escola de Aperfeiçoamento de Oficiais (ESAO) e desejavam um Exército moderno e eficiente. Talvez tenham tido mais impacto sobre seus alunos do que seus equivalentes americanos sobre os cadetes de West Point, pois o Realengo não possuía a estrutura de comando de cadetes nos moldes da academia americana; aqui quem comandava as unidades de estudantes eram os oficiais instrutores. Esse sistema os punha em contato próximo e diário com seus pupilos, mas, por outro lado, diminuía para os cadetes as oportunidades de praticar o comando. A postura do Exército era que comandar vinha depois que se aprendia a obedecer.

Tasso Fragoso recomendou mais rigor na seleção dos estudantes; para ele, "tipos indesejáveis" haviam sido admitidos. Influência e sentimento prejudicavam as decisões sobre quem ingressava no Realengo. Surpreendentemente, apesar das agitações da década, em 1928 o número dos que se candidatavam à escola havia aumentando a ponto de o general Tasso Fragoso afirmar que o Exército podia ser mais seletivo. Ele recomendou que se investigassem a moral e a reputação das famílias dos candidatos. E, para melhorar a imagem dos estudantes militares, nenhum devia ser admitido sem o fardamento completo, presumivelmente adquirido à própria custa. Ele não demonstrou preocupação com o fato de o custo de equipar-se poder excluir os candidatos mais pobres. Mas é provável que esses já estivessem sendo excluídos. O adido americano, major F. L. Whitley, observou que a inteligência dos estudantes era "notavelmente superior à do jovem brasileiro médio de idade correspondente" e que "o pronunciado tipo negro é comparativamente raro no corpo estudantil".[61]

A rebelião de 1922 deixou cicatrizes no Realengo. O esforço de readmitir os estudantes expulsos foi motivo constante de irritação e um grande problema após a Revolução de 30. A segunda revolta, em 5 de julho de 1924 em São Paulo e Rio Grande do Sul, relacionou-se à questão da anistia e readmissão dos rebeldes de 1922. Além disso, os recursos humanos, materiais e financeiros necessários para combater a Coluna Prestes significaram que correspondentemente menos recursos estiveram disponíveis para a educação militar.

A presença da missão militar francesa provavelmente salvou o sistema de ensino do Exército da total desmoralização. Desde o início da missão os franceses controlaram duas das três principais instituições: a Escola de Aperfeiçoamento de Oficiais (ESAO) e a escola de Estado-Maior do Exército. A escola militar permaneceu fora de sua influência imediata até depois de 1922, quando o ministro julgou que a presença francesa ajudaria a melhorar a disciplina ali. Ao longo da década os franceses ampliaram sua influência sobre essa instituição até que, em 1929, um deles foi nomeado "diretor de instrução militar".[62]

EDUCAÇÃO DOS OFICIAIS: A ESAO

Até hoje a memória dos fundadores franceses da ESAO é cultivada como parte das tradições da escola. A missão da ESAO era preparar tenentes de graduação superior e capitães para as próximas etapas de suas carreiras como oficiais superiores. Os cursos, que se concentravam nos aspectos práticos da condução de operações militares no âmbito das pequenas unidades, eram ministrados pelos oficiais franceses, assistidos por brasileiros selecionados que haviam concluído o curso da ESAO ou da Escola de Comando e Estado-Maior.

Inaugurada em 8 de abril de 1920, a ESAO destinava-se a criar um corpo de oficiais de baixa patente que, como instrutores em unidades distribuídas por todo o Brasil, difundiriam as novas doutrinas baseadas na experiência da Primeira Guerra Mundial. O objetivo era pôr fim à confusão causada pelo uso de diferentes regulamentos e métodos pelas unidades.[63] Situada em um belo prédio novo na Vila Militar, a escola usava os praças do local para demonstrações e exercícios de treinamento. Os tenentes e capitães que passavam por seus portões consolidaram as amizades, e talvez as inimizades, que haviam começado na escola militar e estabeleceram novas e mais estreitas relações com outros de turmas anteriores e posteriores.

Os franceses sabiamente acolheram os jovens turcos e nomearam o capitão Joaquim Souza Reis Netto, que havia treinado com um regimento de infantaria alemão em Hanôver em 1910-12 e ajudara a publicar *A Defesa Nacional*, para a função de assistente do comandante, coronel Albert Barat, que com isso passou a contar com um intermediário respeitado pelos oficiais brasileiros. Além disso, essa medida demonstrava que os franceses não tencionavam substituir tudo e todos que estivessem associados aos alemães. Segundo o então capitão João B. Mascarenhas de Moraes, o coronel Barat controlava a "natural tendência" dos oficiais alunos brasileiros "de resvalarem para o abstrato em problemas de caráter concreto e objetivo". O coronel não hesitava em criticar as respostas de seus testes, dizendo-lhes que precisavam melhorar o raciocínio ao redigir "a Ordem de Desdobramento", que escreviam demais e saíam muito facilmente do assunto. Os oficiais brasileiros não estavam acostumados a esse tipo de crítica, o que talvez explique por que um deles, recordando o primeiro período do curso, comentasse: "Não foi sem sacrifício que voltei à condição de cadete". E também ajuda a explicar por que os oficiais reclamavam dos franceses. A transferência de idéias, tecnologia e experiência não era tão simples como alguns haviam suposto.

O primeiro da classe nessa turma inaugural de oficiais alunos foi o capitão João B. Mascarenhas de Moraes, que, como general na Segunda Guerra Mundial, comandaria a Força Expedicionária Brasileira na Itália. É interessante notar que ele atribuiu seu sucesso na ESAO às lições que aprendera com os jovens turcos. Em 1945 ele incorporaria as três influências estrangeiras sobre o Exército: a alemã, a francesa e a americana. Certamente ele acertou quando avaliou a ESAO como "o mais eficiente órgão de ensino" dos anos franceses.[64] E, por ter reunido oficiais subalternos que normalmente estariam servindo em postos dispersos por todo o país, a escola tornou-se um centro de conspiração quando a rebelião começou a tomar forma. Considerando que, dos 131 oficiais matriculados em 1922, 65 não concluíram o curso, é provável que a maioria destes tenha estado envolvida na conspiração. O perigo de fornecer um viveiro para a conspiração não preocupava tanto o general Tasso Fragoso quanto a necessidade de aumentar o número de capitães e tenentes estudando na escola. Ele receava que, se mantivessem a proporção do ano de 1923, ou seja, se admitissem a cada ano aproximadamente um sexto dos 2269 oficiais subalternos, seriam necessários no mínimo 22 anos para todos passarem pelo curso![65]

EDUCAÇÃO DOS OFICIAIS: A ESCOLA DE ESTADO-MAIOR

A Escola de Estado-Maior destinava-se a ser o ápice do sistema educacional do Exército. Quando os franceses chegaram, em 1919, instituíram um curso de "revisão" com duração de um ano para assimilar os altos oficiais ao novo sistema ou eliminá-los. Por toda a década de 1920 o curso de revisão foi parte importante da educação militar. Nos dois primeiros anos de existência, esse curso teve mais alunos do que o curso regular de três anos. Na verdade, era difícil convencer os oficiais a candidatar-se à escola. Em 1923 apenas quatro candidatos apresentaram-se voluntariamente para os exames de admissão. Tasso Fragoso observou que, com números assim reduzidos, não seria possível manter a escola, um constrangimento depois dos dispendiosos sacrifícios feitos para contratar o corpo docente estrangeiro. Para remediar, ele permitiu aos que se formassem com as melhores notas na ESAO ingressarem sem exames, e encomendou ao general Gamelin a criação de um curso por correspondência para preparar os oficiais para o exame que, em sua opinião, não deveria ser um "requisito apavorante".[66]

Não era só o exame que amedrontava os oficiais; o programa de estudo estava além da capacidade de muitos deles. De 1920 a 1929 ingressaram nos três cursos de Estado-Maior 664 oficiais, mas só 243 foram aprovados.[67]

Provavelmente a grande inovação da década tenha sido a criação das unidades de aviação do Exército e a determinação de que a Escola de Estado-Maior estudasse sua mobilização. Mas com as rebeliões tenentistas, especialmente a de 1924, o governo tornou-se tão desconfiado que retirou o apoio financeiro e imobilizou os aviões. Depois de 1921 não foram mais compradas peças, os aviões não puderam mais ser usados e as equipes dispersaram-se. Em 1926, o adido americano informou que "o serviço aéreo do Exército permanece paralisado. [...] Está claro que o sr. Bernardes não tem confiança em um numeroso contingente do Exército e não quer correr o risco de ser bombardeado". O argumento de que a Argentina estava à frente do Brasil na aviação não diminuiu a aversão do presidente Bernardes. Mas depois de Bernardes deixar o cargo a situação melhorou, adquiriram-se novos equipamentos e reinstituiu-se o treinamento de vôo. Em julho de 1928, o tenente do Exército dos Estados Unidos James Doolitle fez uma demonstração de vôo no Campo dos Afonsos, ao lado da Vila Militar, que impressionou profundamente os aviadores brasileiros, na época muito empenhados em recuperar o tempo perdido. Em 1929, o chefe do Estado-Maior do Exército pôde informar que os oficiais alunos da Escola de Estado-Maior haviam passado dez semanas na Escola de Aviação Militar recebendo orientação sobre o funcionamento dessa importante arma.[68]

A atitude dos brasileiros para com seus mentores franceses, como já mencionado, era um misto de admiração e irritação. Já em 1924 Tasso Fragoso elogiou o trabalho da missão, mas afirmou discordar da concepção de Gamelin para a divisão de infantaria brasileira. A infantaria de Gamelin era pesada demais para "uma guerra de movimento, como a que teremos de empenhar com qualquer um de nossos inimigos prováveis". Contudo, embora Tasso quisesse uma divisão mais leve, achava melhor deixar que a doutrina francesa se consolidasse antes de tentar uma mudança, talvez dali a dois ou três anos. Era de opinião, também, de que dentro de alguns anos seria aconselhável remodelar o curso de Estado-Maior, dando-lhe um "ponto de vista francamente nacional", levando em consideração "nossas necessidades" e o preparo corretivo especial necessário aos oficiais que fizessem o curso. Com isso, insinuava que não estava havendo um entrosamento perfeito entre a missão e o Exército.

Claramente, para ele a missão era um remédio temporário, até que os brasileiros passassem a produzir seus próprios remédios.[69] Cabia aos franceses estabelecer os padrões, mostrar aos oficiais como era um exército de categoria internacional; não estavam ali para criar uma dependência permanente. É impossível saber como se encaminharia a situação se não houvessem ocorrido as rebeliões tenentistas.

Em meados da década, estava evidente uma certa animosidade. No final de 1924 as autoridades paulistas dispensaram a missão francesa independente que vinha treinando a Força Pública desde 1906. Oficiais paulistas deram continuidade ao trabalho de treinamento, e o estado expandiu suas forças para 14200 homens, criando um "formidável exército" para a "Prússia brasileira", como alguns observadores designavam São Paulo. Se no início os paulistas haviam dado o exemplo ao Exército contratando os franceses, agora mostravam o caminho para uma solução mais nacional.[70] Em 1925 havia 172 oficiais formados no curso de Estado-Maior ministrado pela missão francesa. Segundo Tasso Fragoso, toda vez que um desses oficiais atuava em operações contra os tenentes rebeldes, havia notável progresso. "Tudo quanto haviam aprendido foi posto em prática com as adaptações necessárias", ele escreveu. Se os soldados estivessem à altura dessa liderança, lamentou, e se houvessem contado com equipamento adequado, o resultado teria sido diferente. Mas a verdade era que "a instrução da tropa fez-se com muita deficiência e irregularidade".[71] Embora os formados na Escola de Estado-Maior fossem grandes conhecedores da teoria tática, não a punham em prática nem transmitiam as informações a seus subordinados. O Exército tinha a doutrina francesa, mas parecia incapaz de aplicá-la nas operações reais.[72]

Em fins da década de 1920, o principal treinamento imposto aos recrutas do Exército brasileiro eram os exercícios de ordem unida, para que fizessem boa figura nas paradas e também porque os cabos que supervisionavam o treinamento inicial não sabiam muita coisa além disso. Apesar de toda a ênfase que os relatórios ministeriais dos vinte anos anteriores haviam dado à prática de tiro, os recrutas ainda não recebiam instrução completa nesse quesito. De fato, a prática limitada que chegava a acontecer resultava principalmente em desperdício de munição. Do mesmo modo, o treinamento do manejo dos canhões da artilharia não era bem organizado, e inexistia o treino de pontaria. Durante o mandato de Bernardes o treinamento da aviação definhara, e os motores enferrujavam no Campo dos Afonsos porque o governo temia que os pilotos pudessem atacar o palácio do Catete.[73]

Talvez um indicador da natureza da relação franco-brasileira seja o fato de que a principal língua usada na instrução era o francês, e a deficiência dos oficiais brasileiros nesse idioma finalmente chegou a tal ponto que, em 1926, Tasso Fragoso considerou urgente criar um curso de conversação nesse idioma.[74] Entendessem ou não uns aos outros, os brasileiros resistiam a algumas das idéias francesas e se opunham a que os franceses se envolvessem em certos assuntos.

Inicialmente, os franceses elaboraram um plano para a reorganização do Exército com base em um efetivo de 74 534 homens em tempo de paz. Embora a aprovação do plano saísse no fim de 1922, ele nunca foi posto em prática porque o Congresso não autorizou verba suficiente para manter um efetivo desse vulto e ao longo de toda a década milhares de brasileiros recusaram submeter-se ao serviço militar. O Exército brasileiro real era um débil reflexo do Exército planejado. E o pior era que, mesmo se as circunstâncias permitissem, os generais brasileiros não tinham intenção de implementar um plano que consideravam insuficientemente adequado às condições climáticas e geográficas do país. Especificamente, objetavam ao complemento pesado demais da artilharia de campanha projetado para a divisão de infantaria. Na França, com suas rodovias e ferrovias, a artilharia de campanha deslocava-se com facilidade, mas nas toscas estradas de terra e trilhas brasileiras tais unidades não ofereceriam apoio e cooperação significativos em operações da infantaria. Como os oficiais franceses queriam impor com arrogância as suas idéias, os oficiais brasileiros recusavam-se obstinadamente a examinar com atenção o plano.[75] Também é provável que os franceses ainda não houvessem entendido que o assunto estava encerrado porque a recusa brasileira não era direta, escondia-se por trás de um muro de sorrisos, evasivas, atrasos e desculpas.

O general Tasso Fragoso não aprovava a tentativa francesa de envolver-se no planejamento brasileiro de guerra e operações bélicas. Em 1926, os franceses queriam incluir no curso de Estado-Maior um exame da situação militar do Brasil em relação a "certos países vizinhos", com hipóteses sobre a provável linha de ataque desses adversários e a melhor resposta brasileira. Tasso Fragoso tentou, de início, persuadir o chefe da missão, general Frederic M. M. Coffec, de que o planejamento de operações era da alçada do Estado-Maior e que o Brasil não contratara a missão para elaborar planos de defesa. Como o francês persistisse, Tasso Fragoso interrompeu-o dizendo "categoricamente [...] que essa era uma decisão do governo". Talvez tenha sido esse incidente o que levou Tasso Fragoso a preparar seu próprio estudo detalhado da situação estratégica brasileira.[76] A irritação do general com os franceses e com seus esforços para tirar o melhor proveito possível da situação evidencia-se em várias partes de seu *Relatório* de 1927, especialmente nas que tratam dos problemas ligados à substituição do general Gamelin, do conteúdo do curso na Escola de Estado-Maior e das dificuldades para conseguir que o governo francês fornecesse consultores com qualificações idênticas às mencionadas no contrato. Os franceses não estavam sendo tão cuidadosos quanto antes na seleção dos membros da missão.

Os brasileiros consideravam o sucessor de Gamelin, general Coffec, que chegara em julho de 1925, um homem inteligente, mas com uma "competência profissional vulgaríssima", logo percebida por todos. Não se dava bem com seus subordinados da missão, a ponto de não falar com seu ajudante, general Albert Quirin, que por sua vez era agressivo e antipático com seus colegas franceses. O embaixador da França viu-se obrigado a intervir para pôr fim às querelas e tirar os dois oficiais superiores do país. Em setembro de 1927, nem bem secara a tinta dos comentários negativos de Tasso Fragoso, o general Joseph Spire, que servira em missões francesas na Polônia e Tchecoslováquia, chegou para chefiar o grupo de consultores de quase quarenta membros.[77]

Em abril de 1928, Tasso Fragoso lembrou ao ministro Sezefredo dos Passos que, quando o governo convidara a missão francesa, planejava-se que ela permaneceria alguns anos e então passaria o controle aos brasileiros. Para esse fim, o instrutor francês tinha um ou mais assistentes brasileiros que ele próprio podia escolher. Com o tempo, ficara claro que os oficiais franceses haviam deliberadamente evitado selecionar homens muito talentosos porque, pensava Tasso Fragoso, "quanto mais estes escasseiem, maiores serão as probabilidades de continuar a missão a nosso serviço". Além disso, a maioria dos escolhidos eram jovens, portanto mais submissos e impressionáveis, enquanto na opinião de Tasso Fragoso o interesse nacional demandava oficiais mais velhos que poderiam mais tarde ser nomeados para postos mais elevados.

Para acelerar o processo de livrar-se da missão, ele recomendou insistentemente que oficiais talentosos fossem mandados para escolas do Exército francês. Seu argumento era surpreendente. "A vinda da missão isolou-nos um pouco da Europa, sobretudo da França", lamentou. Tudo o que sabiam chegava-lhes por intermédio da missão, que aparentemente desejava manter a situação como estava. No princípio, Gamelin pedira que não mandassem oficiais para o exterior em nome da unidade de doutrina. Mas agora, disse Tasso Fragoso, "deve prevalecer o nosso interesse, que nos impõe precisamente a orientação oposta"; freqüentar escolas estrangeiras seria o melhor modo de saber com exatidão como eram organizadas e como se ministrava a instrução. Por exemplo, só depois que o capitão Francisco Gil Castelo Branco retornou da escola de cavalaria de Saumar o Estado-Maior brasileiro pôde ter uma noção clara de como ela funcionava. E um oficial que voltasse com um "diploma obtido depois de provas rigorosas e de julgamento imparcial" teria prestígio suficiente para introduzir o que aprendera, pensava Tasso. Um grupo de oficiais assim qualificados permitiria ao Exército emancipar-se dos instrutores estrangeiros e dispensar a missão "com maior segurança".[78] Embora sem dúvida ele acertasse nos objetivos, estes não se realizariam.

No relatório do Estado-Maior de 1929, o novo chefe, general Alexandre Henriques Vieira Leal, recapitulou a história da missão e também sugeriu que ela estava com os dias contados. Depois de afirmar que nos primeiros anos os cursos da escola de Estado-Maior haviam sido ministrados "mais metodicamente", analisou o declínio qualitativo em várias matérias: estratégia e história militar passara de 24 períodos de aula para um em 1928, tática de infantaria nunca tivera uma linha lógica porque o curso mudava todo ano, cartografia desaparecera após 1924, e transporte, mobilização e aviação militar haviam sido extintos ou ensinados em dois ou três períodos por ano. As irregularidades eram tamanhas que ele propôs a criação do cargo de inspetor de instrução.

Em nota menos carregada, mas obviamente irritada, ele protestou que vários oficiais desrespeitavam o prazo de suas licenças bianuais passadas na França. Em um caso então recente, um oficial permanecera seis meses e meio em vez dos quatro regulamentares. O general Leal afirmou que estava na hora de terminar o contrato.[79] Assim, ao fim dos anos 20, o Estado-Maior do Exército estava querendo mudanças.

Enquanto isso, os americanos vinham ampliando seu contato com o Exército brasileiro. Como os franceses dominavam o sistema de ensino do Exército e as armas de combate, eles direcionaram-se para as áreas de serviço. Em 1925 o diretor do serviço médico do Exército, que se impressionara com a organização hospitalar americana, a eficiência do serviço médico durante a guerra e particularmente com o controle de doenças venéreas no Exército dos Estados Unidos, consultou o adido militar americano a respeito da organização de uma visita a instalações do Exército do país. Ao recomendar que Washington fizesse o convite, Harry W. Brown, o funcionário civil que era o esteio do escritório do adido, afirmou que aquela "seria uma oportunidade de fortalecer nossa influência e oferecer assistência a um país amigo que nunca deixou de reconhecer tais cortesias".[80] Ocorreram visitas semelhantes de outros especialistas; por exemplo, no ano seguinte o Exército enviou dois capitães para estudarem métodos americanos de fabricar pólvora. Embora a viagem não houvesse sido organizada por canais oficiais, a Diretoria do Material Bélico providenciou visitas a arsenais e exposições, dando-lhes "especificações" para pólvora sem fumo.[81]

Em julho de 1928, o tenente James Doolitle fez uma demonstração no Campo dos Afonsos que o general Spire, chefe da missão francesa, declarou ser "a mais prodigiosa exibição de habilidade de voar" que já vira. Doolitle convenceu os pilotos do Exército brasileiro de que o aviador treinado pelo Exército americano não tinha rivais e que o avião Curtis Hawk era o caça mais bem projetado e bem construído do mundo. Dali para a frente, o adido americano começou a ser consultado por oficiais que queriam saber sobre a possibilidade de freqüentar escolas de aviação do Exército americano. O Ministério da Guerra recusara convites anteriores dos Estados Unidos (o último deles em 1923) porque não queria introduzir doutrinas que competissem com as francesas, mas agora o adido observava que a influência da missão francesa não era "tão forte" e pedia instruções ao Departamento de Guerra. As autoridades americanas responderam-lhe que eram a favor de "vincular oficiais do exército de todos os países latino-americanos a nossas escolas e organizações militares". No entanto, como os brasileiros haviam recusado os convites anteriores, não seria feito "novamente um convite formal", porém "uma solicitação do governo brasileiro para a incorporação desses oficiais brasileiros como desejavam [...] [seria] bem recebida" e providências seriam tomadas para concretizá-la. Além disso, afirmou o instrutor, "concordamos totalmente com sua sugestão de que o contato neste momento com nossas escolas e nossos oficiais alunos seria muito benéfico aos oficiais brasileiros e às relações entre nossos respectivos governos".[82]

Os americanos eram sensíveis à importância de haver oficiais estrangeiros treinando nos Estados Unidos. "De fato", declarou um deles, "considero este um dos melhores métodos de propaganda." Antes da Primeira Guerra Mundial, os oficiais brasileiros que haviam sido mandados para Alemanha, França e Estados Unidos retornaram como ardorosos admiradores do país onde haviam treinado.[83] E agora que alguns aviadores brasileiros estavam insatisfeitos com a missão francesa e queriam obter instrução e material dos Estados Unidos, os americanos trataram de garantir a oportunidade. O adido militar, major Lester Baker, conseguiu, com operações secretas de espionagem, obter uma cópia do sigiloso contrato franco-brasileiro a fim de ter informações exatas sobre as condições de renovação do sub-acordo para a aviação, o qual era renegociado a cada dois anos em vez de quatro como o da missão geral. Ele alertou o Departamento de Guerra de que o governo brasileiro comprometera-se a não contratar nenhuma outra missão militar estrangeira, exceto técnicos para fábricas, arsenais e serviços geográficos do Exército.[84]

O estímulo ao estreitamento dos laços entre os exércitos brasileiro e americano parece ter provindo dos oficiais brasileiros interessados em treinamento especializado e insatisfeitos com o armamento francês, e também da convicção dos oficiais americanos quanto à importância do Brasil para a defesa do hemisfério e ao potencial do país como mercado americano. O embaixador dos Estados Unidos, Edwin Morgan, inicialmente não foi a favor de os americanos substituírem os franceses. Tanto ele como os oficiais do Exército supunham que "a França se ressentiria amargamente da penetração americana no Exército brasileiro". A missão era parte do programa global francês para a penetração na América do Sul no período entre guerras, e os Estados Unidos ainda não estavam prontos para iniciar um esforço sério em tais atividades.[85]

Apesar das declarações em relatórios oficiais brasileiros mencionadas, em público as autoridades brasileiras geralmente expressavam satisfação com a qualidade da instrução militar francesa. Mas críticos não-oficiais queixavam-se constantemente de que os franceses estavam mais empenhados em empurrar aos brasileiros grandes quantidades de material fabricado na França do que em recomendar o equipamento mais apropriado às necessidades do país. Em meados de 1930, porém, alguns oficiais acabaram expressando publicamente sua insatisfação com a qualidade da instrução. Um deles, escrevendo como "observador militar" para *O Jornal* (Rio de Janeiro), qualificou os métodos de treinamento da Escola Militar do Realengo de antiquados e impróprios para produzir oficiais eficientes. Os franceses elaboravam o curso e supervisionavam o programa de instrução, portanto essa crítica equivalia a uma censura ao trabalho da missão.[86]

Uma combinação de considerações de ordem fiscal, comercial e política manteve a missão francesa no Brasil até que a Segunda Guerra Mundial forçou sua chamada de volta à França em 1939. Os brasileiros obtiveram boa parte do que queriam dos franceses: a sensação de serem modernos e o endosso às suas inclinações para intervir na sociedade a fim de moldar melhores filhos para a pátria. Os franceses inspiraram os oficiais brasileiros a pensar politicamente. Os oficiais tinham de estar acima da política partidária — tinham de ser sacerdotes da pátria. Essa foi a mensagem que os jovens turcos haviam trazido da Alemanha, e os franceses haviam confirmado que esse era o verdadeiro caminho para a salvação nacional. Como observou Frederick Nunn, "a ênfase em serem parte da nação, e não apartados dela, direcionou oficiais do Estado-Maior para a aplicação de soluções militares para problemas nacionais". Com sua experiência pessoal e institucional em missões militares no Peru, Polônia, Tchecoslováquia, Romênia e Grécia, sua ocupação militar da Síria com a bênção da Liga das Nações e suas operações coloniais na Ásia e na África, os franceses deram aos brasileiros a convicção de que poder militar e desenvolvimento nacional eram intimamente ligados. Suas idéias sobre o papel das Forças Armadas na sociedade como uma força civilizadora e estabilizadora provavelmente encorajaram os tenentes rebeldes em sua empreitada, assim como inspiraram a mais destacada personalidade do Exército na década seguinte, Pedro de Góes Monteiro. Como veremos no próximo capítulo, os tenentes e Góes Monteiro partiriam de lados opostos no início da década de 1920, mas terminando a década juntos derrubariam a República Velha.[87]

A justificativa para o gasto com a missão francesa — de fato, para o gasto com o Exército — era a defesa do país contra inimigos estrangeiros e a defesa do governo, ou, mais vagamente, da nação contra o tumulto e a desintegração. Em capítulos anteriores, vimos exemplos do uso do Exército em situações internas. Entre 1889 e 1930 o Brasil não mandou tropas para o exterior e, com exceção do caso do Acre, não lutou contra vizinhos, mas o Exército planejava para a eventualidade de um conflito internacional a fim de estar preparado, ao menos no papel.

O planejamento estratégico brasileiro baseava-se na premissa da guerra com a Argentina. A longa luta da era colonial entre espanhóis e portugueses pelo rio da Prata, as batalhas de facções no Uruguai, a inquietação em torno do resultado da guerra com o Paraguai (1865-70) e a arbitragem da fronteira das Missões em 1895 prepararam o cenário para as relações entre os dois países no século xx.

A tensão nessas relações não era tanto uma questão de intenções reais, mas das percepções que cada lado tinha do outro. Os brasileiros julgavam ter muitas razões para ser cautelosos. Na virada do século o Exército brasileiro era liderado por veteranos da Guerra do Paraguai (1865-70) e da decorrente ocupação desse país (1870-79). Esses veteranos haviam testemunhado a deterioração das relações com a Argentina, de aliança para uma nervosa desconfiança. Os anos de formação do Estado-Maior brasileiro (após 1889) coincidiram com a era da intensificação das tensões. Entre os acontecimentos que marcaram o período estiveram a arbitragem pelo presidente Grover Cleveland em favor do Brasil na disputa da fronteira Missões—Las Palmas (1895), relações pessoais acrimoniosas entre os ministros das Relações Exteriores Zeballos e Rio Branco, culminando no escândalo do falso Telegrama Número 9 em 1908, e a compra, pelo Brasil, dos possantes navios de guerra britânicos em 1910. A atmosfera anuviou-se a tal ponto que o Brasil não enviou uma delegação à comemoração do centenário da independência da Argentina em 1910, durante a qual ocorreram manifestações antibrasileiras em cidades argentinas.

Foi essa situação que moldou o pensamento subseqüente do Exército brasileiro com relação à Argentina, e certamente influenciou Tasso Fragoso, que fora adido militar em Buenos Aires de julho de 1909 a abril de 1911. Seus muitos memorandos analisando pormenorizadamente as capacidades da República do Prata reverberaram nos relatórios do Estado-Maior por anos. Durante sua estada na

Argentina, ele se convenceu de que o Brasil era militarmente inferior e levou consigo essa idéia pelo resto de sua carreira. Preocupava-se com a possibilidade de uma guerra, embora supusesse que a Argentina não atacaria sem provocação.[88]

Se a guerra viesse, Tasso achava que, em razão da imensidão do Brasil, a Argentina se limitaria a tentar destruir a Marinha e invadir o Rio Grande do Sul a fim de atrair o Exército para uma batalha decisiva. Não podendo deslocar-se por mar, os brasileiros seriam forçados a depender da ferrovia de bitola estreita que ligava São Paulo e Curitiba a Porto Alegre e Santa Maria, uma ferrovia que, para Tasso Fragoso, lembrava a Transiberiana na Guerra Russo-Japonesa. Essa era a estrada de ferro cuja construção estivera entre as causas da luta no Contestado, examinada no capítulo 3. O hipotético ataque argentino viria por Corrientes e Missiones em Uruguaiana, Itaqui e São Borja. Os brasileiros teriam de limitar-se a defender a linha férrea até reunir forças suficientes para contra-atacar. Essas idéias tornaram-se o cerne dos numerosos relatórios do Estado-Maior nos anos seguintes. Como chefe, Tasso Fragoso trouxe para o Estado-Maior oficiais que pensavam de modo semelhante, dois dos quais, pelo menos, também haviam servido como adidos em Buenos Aires.[89]

Tasso transmitiu essas percepções estratégicas e atitudes a oficiais mais jovens do Estado-Maior, que as levaram consigo ao longo da carreira e as passaram a gerações posteriores de oficiais. Vários desses oficiais do Estado-Maior desempenhariam papéis importantes no Exército e no país, por exemplo, Eurico Dutra, que seria o ministro da Guerra a ocupar por mais tempo a pasta (1936-45) e depois presidente (1946-51), e Humberto Castelo Branco, que se tornaria chefe do Estado-Maior do Exército (1963-64) e presidente (1964-67).

Evidentemente, fatores internos, como a revolta do Contestado em 1912-15, também ajudaram a manter o Exército voltado para o Sul. A campanha fornecera experiência de combate, e os oficiais analisaram-na atentamente em busca de lições.[90]

Em outubro de 1921, a missão militar francesa legitimou o enfoque sobre o Sul quando organizou manobras de campanha no Rio Grande do Sul — "a clássica zona de suas principais lutas históricas" — com base em uma invasão imaginária por uma coalizão liderada pela Argentina. O chefe da missão, general Maurice Gamelin, disse aos oficiais reunidos que o objetivo era "familiarizá-los" com os exércitos vizinhos em uma situação próxima da realidade em "terreno de seus eventuais conflitos". Mas tentar aplicar as lições da guerra européia era arriscado.

Gamelin comentou que as manobras do ano anterior no vale do Paraíba, entre Rio e São Paulo, haviam levado a imprensa nacional a acusar a missão de provocar conflito entre o Norte e o Sul do Brasil. Ele alertou os oficiais para que naquele ano mantivessem em sigilo os exercícios para evitar a acusação de que "queremos atear fogo na América do Sul". A manobra, que combinava exercícios em carta e em campo, enfatizava a simulação de retiradas e contra-ofensivas ordenadas em campo aberto. A escassez de ferrovias e o baixo nível dos serviços de apoio foram duas limitações que os oficiais alunos, que haviam sido escolhidos na Escola de Aperfeiçoamento de Oficiais e no curso de revisão, tiveram de confrontar enquanto "manobravam" suas brigadas e regimentos através dos mapas e das terras do Rio Grande. Foram lições que muitos dos participantes logo puderam pôr em prática, embora não contra vizinhos estrangeiros, como haviam suposto os franceses, mas uns contra os outros.[91]

Uma medida do distúrbio causado pelas rebeliões tenentistas e do desejo de Tasso Fragoso de manter os franceses longe do planejamento defensivo foi ele próprio ter sido o autor da mais importante análise da situação brasileira escrita na década de 1920. Em seu documento de 1927, Tasso Fragoso contrastou o preparo da Argentina com a desordem brasileira. A defesa nacional era "precária", ele alertou o governo. Recomendou veementemente a melhora do sistema de recrutamento, a aquisição de equipamento para treinamento, maior atenção à aviação, melhores comunicações com o Sul, reabastecimento dos arsenais, preparação de oficiais da reserva, compra de caminhões e automóveis, imitação dos métodos argentinos de criação de cavalos, mais exercícios de treinamento, nacionalização de trechos de fronteira, rearmamento e reorganização do Exército. A ausência de resposta às suas sugestões pode ter sido um fator em sua decisão de aposentar-se, juntamente com seu papel na prisão do presidente Washington Luís e na entrega da capital a Getúlio Vargas em 1930.[92]

O PROGRAMA DE CONSTRUÇÃO DE QUARTÉIS

A última seção deste capítulo sobre a década de 1920 analisa o esforço do Exército para alojar seu pessoal e fornecer áreas de treinamento adequadas. O vasto programa de construção iniciado durante a gestão do ministro Calógeras e concluído sob Setembrino de Carvalho foi o maior programa de construção patrocinado pelo governo até então. Apesar das suspeitas mencionadas no capítulo 5, o programa melhorou as horrendas condições de vida dos soldados e deu ao Exército a planta física básica que seria usada por várias décadas. Calógeras assumira o ministério convicto de que a República não devia convocar jovens para o dever militar e depois os obrigar a viver "em condições precárias, até mesmo inacreditáveis". Chegou a chamar os quartéis existentes no início da década de 1920 de "senzalas imundas".[93] Além do mais, toda a estrutura do Exército supostamente se baseava na idéia de que as levas anuais de cidadãos que a instituição transformava em soldados treinados formavam uma reserva capaz de ser mobilizada em uma emergência, mas a verdade era que, se ocorresse a mobilização, o Exército não seria capaz de acomodar os milhares de soldados adicionais. E não havia prédios onde armazenar os equipamentos e suprimentos para a mobilização. O problema não era novo; relatórios ministeriais durante anos haviam lamentado o estado deplorável das casernas, hospitais, arsenais e armazéns; a novidade foi Calógeras ter tomado alguma providência. *A Defesa Nacional* louvou sua iniciativa em um editorial, salientando: "Não temos casernas!". Seus editores concordaram com a opinião do ministro de que especialmente no Rio Grande do Sul a situação era terrível, pois ali dificilmente se encontraria uma unidade adequadamente abrigada contra os rigores do inverno.[94]

A Vila Militar, no Distrito Federal, construída no tempo de Hermes da Fonseca, deveria ser o modelo para as bases do Exército em todo o país; mas, como de costume, depois que foi atendida "a Corte Imperial", como os editores da revista sarcasticamente chamavam a 1ª Região Militar, o resto caiu no esquecimento. Com apoio do presidente Epitácio Pessoa, Calógeras ordenou que o diretor de engenharia do Exército preparasse um plano mestre. Mas o ministro duvidava da capacidade dos engenheiros militares para levar a cabo o grandioso projeto e contratou empresas civis, principalmente a Companhia Construtora de Santos, de Roberto Simonsen, para a obra. Como seria de esperar, isso levou alguns oficiais da Diretoria de Engenharia chefiada pelo general Cândido Rondon a sentir-se menosprezados, mas no fim até eles tiveram de admitir que os resultados de Simonsen foram bons. Seus sentimentos abrandaram-se ainda mais quando, posteriormente, alguns dos projetos lhes foram entregues para conclusão. É provável que os engenheiros se incomodassem principalmente com o fato de Calógeras ter encomendado o planejamento inicial a seu próprio ajudante, major Egydio Moreira de Castro e Silva, que ao longo de todo o projeto atuou como contato do ministro com Simonsen.[95] O colossal programa, envolvendo a construção de mais de cem projetos distintos por todo o território brasileiro ao custo aproximado de 23 milhões de dólares, não tinha precedentes na história brasileira. Também marcou a quebra do costume de contratar firmas estrangeiras para construir obras públicas.

Foram construídos 61 novos quartéis (incluindo cinco quartéis-generais), cinco hospitais militares e numerosas enfermarias, cinco armazéns, um aeroporto, um estádio e um lago para treinamento com pontões, além de serem reparados, reconstruídos ou ampliados 45 quartéis já existentes.[96] Para evitar pedir ao Congresso um aumento de verba para o Exército, o programa foi financiado com títulos federais, que requeriam apenas a aprovação do Congresso para o pagamento dos juros anuais dos títulos. Esse método distribuiu o custo por muitos anos, mas infelizmente também aumentou o endividamento do governo e as críticas ao presidente Epitácio Pessoa. Ainda assim, foi um preço que ele se dispôs a pagar; a situação tornara-se tão desesperadora que em 1919 o Exército leiloou seu arsenal e o forte São Pedro em Salvador a fim de conseguir dinheiro para construir um novo quartel para a infantaria em terreno doado pelo município. Obviamente, embora pela ótica fiscal tivesse algum sentido reduzir suas instalações da era colonial e início do Império, o Exército não podia meramente liquidar todos os seus prédios antigos.[97]

O programa também marcou o estabelecimento definitivo do Exército em Minas Gerais e São Paulo. No alvorecer da República, cada um desses dois estados tinha uma unidade do Exército federal instalada em seu território; respectivamente, um batalhão de infantaria e um regimento de cavalaria. Em 1910, Minas ainda abrigava o batalhão e dois pelotões mensageiros, com uma única companhia de infantaria composta de oito oficiais e noventa praças postada em Belo Horizonte e o restante em São João del Rei. Similarmente, a cidade de São Paulo tinha uma única companhia de infantaria de tamanho equivalente e um batalhão de infantaria e um pelotão de engenharia em Lorena, no vale do Paraíba, na estrada para o Rio.[98] Antes de 1919 Minas era parte da 1ª Região Militar, com sede em Niterói. A reorganização do Exército naquele ano redistribuiu os componentes das regiões militares, porém mudou apenas um quartel-general regional. Uma nova região militar foi destinada totalmente a Minas Gerais. Seu quartel-general, bem como o de uma divisão, foram situados em Juiz de Fora, no caminho do Rio de Janeiro a Belo Horizonte. Ao todo, Minas foi agraciado com quinze novas unidades, de tamanhos variando entre companhia e regimento. Embora isso possa ter representado a vontade de Calógeras de dar a seu estado algum benefício financeiro proveniente do programa de construção, também foi produto da preocupação do Exército em posicionar-se melhor diante de uma das usinas de força da República Velha. As guarnições federais acrescidas totalizavam 4 mil soldados em 1921, o que instigou os mineiros a ampliar sua Polícia Militar de 3 mil para 4 mil homens em fins de 1922. Com a típica cautela mineira, enquanto os recém-chegados eram certamente bem acolhidos, também demandavam vigilância.

São Paulo, do mesmo modo, também fora centro de uma região militar (em 1910 chamava-se 10ª Região de Inspeção e, em 1920, 2ª Região Militar), composta do estado de São Paulo e de todo o estado de Goiás, que então se estendia ao norte até a Amazônia e abrangia o atual estado do Tocantins. Em decorrência do programa de construção, São Paulo recebeu doze novas unidades distribuídas por todo o estado. Assim como os mineiros, os paulistas, em resposta, aumentaram o tamanho de sua tropa estadual. Em 1918 a Força Pública contava com 8875 homens em armas; no início de 1926, tinha 14254. Embora parte desse crescimento provavelmente resultasse da rebelião tenentista de 1924 e da subseqüente necessidade de proteção contra incursões da Coluna Prestes, esses números são um forte indício de que ambos os estados acautelavam-se contra a presença do Exército e usavam suas forças para contrabalançar esse poder em seus territórios.[99]

Calógeras planejara concluir todo o programa a tempo para o Centenário da Independência, em 7 de setembro de 1922. Além do óbvio simbolismo patriótico, ele queria os novos quartéis prontos para receber a tropa de reservistas que ele tencionava mobilizar como parte das comemorações. Além disso, e talvez o mais importante, por ser um homem prático ele queria que o programa fosse concluído antes que o novo governo tomasse posse, receando que não se desse continuidade aos projetos que estivessem inacabados. Mas na época em que os contratos foram realmente assinados, em março de 1921, suas cláusulas estipulavam que "a maioria" deveria estar pronta, e não tudo. Os atrasos provocados pela seleção de tantos locais novos e pelas remessa de materiais, a maioria importados, por trilhas de carros de boi, foram frustrantes, mas devem ter sido esperados. E, naturalmente, o tumulto que assolou o Exército após o levante de julho de 1922 complicou ainda mais as coisas. É espantoso que 70% do programa estivesse concluído no final do governo de Epitácio Pessoa. A maior parte das obras restantes foi executada durante o ministério de Setembrino de Carvalho. Algumas instalações ficaram por começar ou concluir quando Simonsen concordou com uma interrupção no Rio Grande do Sul em fins de 1924 devido à rebelião tenentista na área. Finalmente, em janeiro de 1925, o presidente Bernardes ordenou que todas as construções federais fossem suspensas por motivos fiscais.[100]

A construção de quartéis requeria alto nível de organização e planejamento, pois muitos deles localizavam-se em áreas de difícil acesso. A falta de linhas férreas em regiões de fronteira no Rio Grande do Sul e Mato Grosso forçou a companhia a transportar os materiais do fim das linhas mais próximas até os locais das obras em seus novos caminhões Ford. E, como não podia depender da desqualificada mão-de-obra local, a equipe de Simonsen criou cursos de treinamento especiais e foi transferindo seus operários de um sítio a outro conforme terminavam uma obra e iniciavam a seguinte. A seleção de locais muitas vezes revelou-se um problema político além de técnico. Os municípios, tendo em vista a contribuição para a economia local, desejavam avidamente ser selecionados pelo Exército. Em lugares como Campo Grande, em Mato Grosso, que não contavam com redes de água, Simonsen levou até a cidade as redes de abastecimento que a companhia construíra para os quartéis. Para todas as novas cidades sedes de guarnição, isso significava uma infusão de dinheiro federal, no mínimo via remuneração dos soldados. A documentação leva a crer que não foi dada às cidades a oportunidade de competir pela seleção; de fato, mesmo no âmbito de cada cidade procurou-se manter o projeto secreto até que um local fosse escolhido, para evitar uma súbita alta no preço da terra. Na maioria dos casos os municípios doaram o terreno, mas houve alguns, como o de Quitaúna, em São Paulo, em que um proprietário, procurando lucrar indevidamente, foi buscar indenização no tribunal depois de ser expropriado com base no princípio do domínio eminente.[101]

Um problema mais sério foi que muitos altos oficiais, generais inclusive, não compreenderam que o novo Exército alicerçado no serviço militar obrigatório diferia em função e método do Exército antigo. Suas unidades, escreveu o major Castro e Silva, não deviam mais "ser confundidas com as da polícia". Assim sendo, necessitavam de prédios maiores, mais amplos, localizados em áreas com espaço suficiente para treinamento.[102] Os oficiais que não compreendiam os novos conceitos ou não simpatizavam com eles forçaram a seleção de alguns locais inadequados. Por exemplo, em vez de o 11º Regimento de Infantaria ser transferido para longe do centro de São João del Rei para que seus toques de corneta não perturbassem a vizinhança civil e fosse possível disparar com segurança os fuzis e canhões, os comandantes regionais e regimentais insistiram para que o quartel fosse mantido onde estava.[103]

As guarnições resultantes desse programa, chamadas "quartéis de Calógeras", ainda são usadas na época em que estou escrevendo este livro. Assemelham-se na aparência, mas não há duas idênticas, graças à arte dos arquitetos de Simonsen, que projetaram cada uma para sua localização específica. A maioria é de cimento e tijolo, com interiores arejados e bem iluminados por janelas e pé-direito alto. Em geral possuem áreas abertas para treinamento, exercícios e paradas, e normalmente situam-se em terreno elevado na orla da cidade, próximo a uma ferrovia ou rodovia. Todas são muradas ou cercadas e possuem guaritas, e o acesso se faz formalmente por um portão principal. Muitas ainda conservam os acessórios, janelas, portas e azulejos decorativos originais.

A guerra civil gaúcha em 1923 interrompeu a construção em 26 cidades que sediariam guarnições no Rio Grande do Sul, e em muitos desses casos as forças rivais lutaram pelo controle das novas instalações. Em julho de 1924 a revolta tenentista em São Paulo afetou as obras locais e em áreas que eram abastecidas por trem a partir dali, com alguns sítios permanecendo meses sem receber remessas ferroviárias. No fim de 1924 os trabalhos foram paralisados no Rio Grande do Sul, e em janeiro de 1925, como já mencionado, Bernardes ordenou a suspensão de todos os projetos de construção federais. Em maio de 1925 a companhia de Simonsen passou para os engenheiros do Exército as quinze obras inacabadas que restavam dos 53 projetos contratados, com isso encerrando o maior programa de construção da República Velha. Vários desses quartéis no Rio Grande do Sul, como o de Passo Fundo, seriam ocupados por batalhões provisórios durante as rebeliões tenentistas e deixados em más condições, para desventura das tropas federais quando finalmente tomaram posse desses locais.

Na década de 1920 o Exército reorganizara-se, estabelecera um padrão elevado de treinamento com base na assessoria da missão francesa e melhorara suas instalações e armamento. O futuro deveria ter sido brilhante. Os elementos organizacionais e físicos cuja ausência fora apontada pelos "jovens turcos" agora estavam presentes. Mas, em vez de realizar os sonhos das décadas anteriores, o Exército brasileiro sofreu a desintegração e implosão da Revolução de 30.

7. A Revolução de 30

Nos valores tenentistas, o "povo" já estava representado pelo Exército brasileiro. [...] A Coluna Prestes quis ser o agente de uma "revolução" dos militares para o povo brasileiro; por isso ela não foi agente de uma revolução social.

José Augusto Drummond, *O movimento tenentista*

Rio Grande, de pé, pelo Brasil! Não poderás falhar ao teu destino heróico!

Getúlio Vargas, *A nova política do Brasil*

Às cinco e meia da tarde de 3 de outubro de 1930, ecoou no ar o estrondo de tiros disparados contra o quartel-general regional do Exército em Porto Alegre. No centro da cidade as lojas estavam fechadas e as escolas haviam mandado os alunos de volta para casa devido aos rumores que haviam varrido a cidade horas antes. Em 48 horas, as forças rebeldes chefiadas pelo tenente-coronel Pedro Aurélio de Góes Monteiro e pelo advogado Osvaldo Aranha venceram o reduzido número de oficiais e praças que resistiam em todo o Rio Grande do Sul. A rapidez da vitória foi uma medida clara da desintegração da estrutura de comando do Exército. O fato de o comandante da revolução militar ser um tenente-coronel indicava que a maioria dos generais, e muitos coronéis, permaneciam leais ao regime e, portanto, haviam perdido o controle do Exército. Seriam reformados ou preteridos em promoções pelos novos comandantes, seus subordinados e mais jovens do que eles.

A Revolução de 30 marcou-se mais pelas "batalhas" de telegramas do que por combates reais. Foi a culminância das rebeliões e conspirações da década de 1920, as quais solaparam de tal modo o Exército que sua estrutura de comando, em vez de defender a República Velha, ruiu.

Este capítulo examina as revoltas tenentistas de 1924, a subseqüente marcha da Coluna Prestes (1924-27), a conspiração revolucionária e a desintegração e implosão do Exército em outubro de 1930. O Exército brasileiro, como se viu no capítulo anterior, estava empenhado em modernizar-se, rearmar-se e reconstruir-se. Por isso, o leitor há de estranhar que oficiais subalternos, que aparentemente seriam os mais beneficiados por todas as melhorias, tenham escolhido esse momento para rebelar-se. Eis um bom exemplo de como uma minoria decidida pode impor sua vontade quando as circunstâncias são propícias. E, com o passar dos anos, as circunstâncias que favoreciam levantes violentos ganharam mais relevo, pois na década de 1920 a República Velha atingiu seu limite de absorção das mudanças que o Brasil sofrera desde a derrubada do império em 1889. Os oficiais não estavam respondendo unicamente às pressões internas das Forças Armadas, mas também às da sociedade como um todo. A mudança estava no ar e afetava profundamente o Exército brasileiro.

AS REVOLTAS TENENTISTAS

Historicamente, a frustração e insatisfação das fileiras subalternas com a ordem política caracterizaram os últimos anos do Império e perturbaram a República nascente até 1904. O ímpeto de profissionalizar o Exército desviara da sociedade civil essa insatisfação, mas uma nova questão militar, semelhante à que levara os militares a retirar seu apoio ao Império, emergira em 1921. O episódio das "cartas falsas", no qual o candidato à presidência Artur Bernardes supostamente insultara o marechal Hermes da Fonseca, ex-ministro da Guerra, ex-presidente e em 1921 presidente do Clube Militar, transtornou os oficiais; a maioria, porém, aceitou as explicações dadas por Bernardes e apenas um punhado de tenentes e capitães continuou a insistir que ele havia insultado a honra das Forças Armadas.[1]

Como em manifestações de descontentamento anteriores, poucos superiores aliaram-se aos oficiais insurgentes. A mais notável exceção foi o marechal Hermes, cujas motivações até hoje aguardam explicação. É possível que a publicidade resultante do incidente das cartas falsas, a punição que ele recebeu por contestar a autoridade do presidente para intervir em Pernambuco e seu contínuo desejo de reaver sua boa reputação, que fora prejudicada durante sua presidência, o tenham persuadido a abandonar a posição legalista e emprestar seu nome ao movimento. É possível que seus filhos o tenham influenciado. E pode ter havido alguma verdade na análise do embaixador britânico de que ele era um velho com capacidade mental diminuída, "muito vaidoso e ávido para ser feito figura-de-proa de qualquer movimento político". O embaixador também supunha que "por trás de toda ação política que ele empreende" estava a segunda mulher de Hermes, "inteligente e ambiciosa", bem mais nova do que ele. Todas as razões acima podem ter influenciado suas emoções, juntamente com sua insatisfação por ver Bernardes derrotar o ex-presidente Nilo Peçanha, candidato de Hermes e de muitos oficiais.[2]

A campanha pelo profissionalismo, de fato, contribuíra para a intensidade, e talvez até mesmo para a escolha do momento do protesto tenentista. Em 1918, o ministro da Guerra, José Caetano de Faria, e o chefe do Estado-Maior do Exército, Bento Ribeiro, haviam reorganizado a escola militar com base na filosofia de que o preparo dos oficiais não devia começar e terminar em um período de três ou quatro anos, mas ser um processo contínuo ao longo de toda a carreira (ver capítulo 5). A escola militar, enfatizando a prática e não a teoria abstrata, devia concentrar-se em treinar cadetes para ser oficiais subalternos nas armas de combate. Editoriais de *A Defesa Nacional* haviam defendido com veemência essa idéia, e os dois generais da cúpula concordavam. Apesar da participação do Brasil na guerra contra a Alemanha, os oficiais brasileiros acreditavam na superioridade dos métodos alemães.

Os jovens e enérgicos oficiais da chamada Missão Indígena ensinaram aos cadetes táticas e procedimentos germânicos abrasileirados, no esforço deliberado para modernizar e estimular a mudança nos usos tradicionais do Exército. Como refletiu o segundo-tenente Odylio Denys, o objetivo daqueles oficiais era sacudir o "atraso e sossego" do velho Exército.[3] As turmas de 1918 e 1919 passaram por esse programa especial de treinamento. Foram as que forneceram a maioria dos tenentes rebeldes. Delso Mendes da Fonseca, membro da turma de 1919 e um dos principais participantes da revolta do forte de Copacabana, afirmou: "Duas turmas [...] foram responsáveis pela revolução em todo o Brasil: as turmas de 18 e 19 da Escola Militar. Onde tinha gente dessas turmas, essa gente era revolucionária. Era um sangue novo que se infiltrava no organismo [do Exército]". Sua experiência na Escola Militar foi crucial na formação de uma geração militar notavelmente distinta. Osvaldo Cordeiro de Farias, membro da turma de 1918, recordou que devido ao treinamento extraordinário, eram incrivelmente unidos, como verdadeiros irmãos, e entre eles não existia inveja nem segredos. Havia uma união indissolúvel que os ligava como membros de uma família.[4]

Tendo sido treinados em padrões europeus, esses oficiais de baixa patente julgavam-se mais preparados do que seus superiores, atrelados à experiência militar brasileira. Além disso, muitos oficiais superiores haviam sido cooptados pela estrutura política, e oficiais subalternos como Delso Mendes da Fonseca os criticavam por permitir que o Exército fosse uma escora do governo, o que adicionava uma dimensão política à insubordinação natural dos tenentes. Essa insubordinação provavelmente também foi influenciada pela agitação social, greves e repressão política que marcaram os anos desses oficiais no Realengo. Em pelo menos um episódio grevista no vizinho Bangu, os cadetes substituíram patrulhas policiais depois de elas terem matado operários. As turmas de 1918 e 1919 também vivenciaram a súbita emergência da influência católica entre os cadetes, impulsionada pelos membros da Conferência de São Maurício, que, seguindo o exemplo de São Vicente de Paula [francês nascido em 1660] e a inspiração do pároco local, padre Miguel de Santa Maria Muchon, prestavam assistência aos pobres e enfermos nas cidades ao longo da ferrovia, de Bangu a Bento Ribeiro. A pandemia de gripe espanhola em 1918 ensejou ocasiões especiais para atos caridosos, levando os cadetes às casas de pessoas comuns e pondo-os em contato com as dificuldades cotidianas daquela gente.[5]

Outro fator que contribuiu para o descontentamento dos tenentes foi a missão militar francesa. O número de oficiais que se opôs à importação de instrutores estrangeiros foi suficiente para criar um clima de tensão associado à presença da missão. Apesar disso, como vimos no capítulo anterior, os oficiais franceses ministraram o curso de Estado-Maior e fundaram a Escola de Aperfeiçoamento de Oficiais (ESAO). Os oficiais de baixa patente que passaram por mãos francesas na ESAO consideravam-se mais bem treinados que os oficiais superiores, e duas vezes mais no caso dos que haviam sido instruídos pela Missão Indígena. Essa convicção era prejudicial à disciplina e contribuía para o sentimento de superioridade dos tenentes.[6]

É paradoxal que o desejo de reforma, que fora a causa do envio de oficiais à Alemanha, da criação da Missão Indígena na escola militar e do convite aos franceses, também tenha impelido oficiais para a ação política. Frederick Nunn ressaltou que os corpos de oficiais alemães e franceses eram altamente politizados, com idéias claras sobre a importância de um Exército forte para a saúde política do Estado. Os brasileiros, assim como outros latino-americanos, atentavam para o papel das Forças Armadas nesses países enquanto aparentemente desconsideravam as barreiras e limites à intervenção militar. Na Europa, segundo Samuel Huntington, o profissionalismo militar eliminou o militarismo, mas, como podemos ver, no Brasil contribuiu para ele.[7]

O impulso dado pela instrução francesa impeliu certos oficiais a tornar-se atores políticos a fim de atingir os objetivos que, como haviam aprendido, eram essenciais se desejassem ter um Exército moderno. A missão francesa procurara reorganizar o Exército tornando o treinamento de oficiais mais sistemático e salientando que o Estado-Maior deveria ser seu ápice de organização e comando. Mas os políticos, que receavam perder o Exército como instrumento político, hesitavam em dar muita independência ao Estado-Maior.[8]

Por mais importância que a reforma militar tivesse para eles, os tenentes também queriam mudar a sociedade brasileira. De fato, a seu ver ambas as reformas fundiam-se. Embora os detalhes sejam vagos, eles preferiam um Estado menos liberal e mais autoritário que interviesse na economia de modo a produzir uma distribuição mais justa da riqueza. O movimento era mais negativo do que positivo, e em seus aspectos práticos, operacionais, era mais uma luta pelo controle do Exército do que pela reforma da sociedade. Sua confusão e rápido colapso, depois de brevemente ter tido o poder ao seu alcance em 1930, mostra sua imaturidade. Certamente as interpretações do movimento são variadas.[9]

Em julho de 1922 o movimento que veio a ser chamado de tenentista surgiu no cenário nacional quando alguns de seus partidários se lançaram em uma rebelião quixotesca, principalmente no forte de Copacabana, no Rio de Janeiro. O catalisador foi a punição que o presidente Epitácio Pessoa impôs ao marechal Hermes da Fonseca: quando o presidente ordenou a intervenção federal em Pernambuco, o marechal Hermes, como presidente do Clube Militar, telegrafou às guarnições federais daquele estado aconselhando a resistência pacífica ao cumprimento da ordem e afirmando: "Os governos passam e o Exército permanece".[10] Os tenentes indignaram-se com a breve sentença de prisão dada a Hermes; viam o Exército como o criador da República e os políticos civis como seus traidores. O fato de que o presidente Epitácio Pessoa reconhecera como seu sucessor Artur Bernardes (o das "cartas falsas"), considerado inimigo por muitos oficiais, era mais uma "prova" do perigo mortal que os políticos civis representavam para o Exército e o Estado.[11]

Muitos oficiais, não apenas tenentes, expressaram sua cólera dentro dos muros do Clube Militar. A indisciplina e o clamor furioso chegaram a tal ponto nos debates que o presidente Pessoa fechou o clube em 1º de julho. Quatro dias depois a revolta eclodiu. Embora os líderes do clube se apressassem a repudiar o levante, Estevão Leitão de Carvalho, que na época era capitão, refletiu mais tarde que eles devem ter tido um papel clandestino no planejamento da revolta. Unidades de vários locais do Rio de Janeiro insurgiram-se: a Escola Militar, alguns elementos do 1º Regimento de Infantaria e do Batalhão de Engenheiros e as guarnições dos fortes de Copacabana e Vigia. Mas o restante da 1ª Divisão do Exército permaneceu leal e, com o general Setembrino de Carvalho na supervisão das operações, facilmente esmagou o movimento.[12]

Foi uma rebelião rica em ironias, das quais uma das maiores foi o fato de os rebeldes serem uma mistura de membros da Missão Indígena no Realengo, novos formandos dessa escola, oficiais subalternos que haviam concluído recentemente o curso da missão francesa na ESAO e pelo menos um veterano da campanha de Canudos em 1897, o coronel João Maria Xavier de Brito, que comandava a escola militar. A maioria era produto dos esforços pela reforma das décadas anteriores e usou seu dispendioso treinamento contra o próprio sistema que o possibilitara. Foi irônico o forte de Copacabana ter disparado o canhão sinalizando a revolta, pois aquela era a mais moderna fortificação do governo e a menina-dos-olhos do ministro Calógeras. Ele tratara os oficiais do forte com especial consideração, especialmente Delso Mendes da Fonseca e Antônio de Siqueira Campos. O primeiro disparou o tiro do sinal e, segundo alguns, lançou os projéteis no pátio do Ministério da Guerra, e o outro liderou os famosos "Dezoito do Forte" pela avenida Atlântica para confrontar os legalistas do Exército. Os papéis que ambos desempenharam devem ter magoado o ministro.[13] Outras ironias estão nas carreiras posteriores de homens de ambos os lados, cujos caminhos se cruzariam repetidamente nas décadas seguintes. Um exemplo foi o capitão João Batista Mascarenhas de Moraes, que, comandando a 2ª Bateria do 1º Regimento de Artilharia Montada, dirigiu o fogo de canhão que ajudou a convencer os estudantes militares revoltosos de que a Vila Militar não se juntaria a eles. Alguns dos homens contra quem ele atirou foram depois subordinados seus na campanha da Itália na Segunda Guerra Mundial.

O rumo dos acontecimentos em seu regimento revela algo do funcionamento dos processos de conspiração, rebelião e reação. O quartel do regimento situava-se próximo à ESAO, e suas baterias serviam como unidades de demonstração para a escola, o que permitia o contato freqüente entre os oficiais do regimento e os oficiais alunos. Entre aqueles estavam, no final de junho de 1922, os segundos-tenentes Filinto Müller e João Alberto Lins de Barros, que em janeiro se haviam formado aspirantes no Realengo e imediatamente sido designados para o 1º de Artilharia Montada. João Alberto ingressou na bateria do capitão Mascarenhas, que estava começando o treinamento de novos recrutas. Depois de uma demonstração de manobra para a ESAO, João Alberto entabulou uma conversa aparentemente casual com Mascarenhas, perguntando se ele estava satisfeito com "o mau governo de Epitácio Pessoa". Sabendo que se tratava de uma sutil sondagem de sua posição, o capitão respondeu que desde que envergara a farda servira a alguns maus governos, mas consolava-se de os ver depois elogiados pelos próprios jornais que os haviam coberto de censura. Deixou claro seu "absoluto respeito pela decisão das urnas". Depois dessa conversa os capitães do regimento passaram a observar com mais atenção os tenentes. Com a punição de dezessete horas de prisão dada a Hermes e o fechamento do Clube Militar, a unidade entrou em alerta. Na tarde de 4 de julho, o estado de alerta primeiro foi revogado e em seguida reinstaurado quando os oficiais superiores farejaram rebelião. Nas primeiras horas de 5 de julho, quando começava a revolta, os sargentos da 2ª Bateria informaram ao capitão Mascarenhas que o tenente João Alberto os exortara a aderir. O comandante do regimento, coronel João José de Lima, reuniu todos os oficiais no Cassino e quis saber qual era a posição de cada um naquela situação. João Alberto falou primeiro e criticou o governo por fechar o Clube Militar, e todos menos dois dos tenentes pronunciaram-se depois nessa mesma linha. Foram todos removidos dali como prisioneiros, deixando aos capitães e sargentos a missão de pegar em armas contra os estudantes do Realengo.[14] Esse tipo de drama desenrolou-se em unidades de todo o Exército, e mostra que já de longa data a "conspiração" estivera presente nas conversas dos envolvidos, mas não se tivera a precaução de assegurar que na hora H o pessoal, o equipamento e as unidades necessárias estivessem a postos.

Convém ressaltar que a punição de Hermes e o fechamento do clube foram pretextos, não causas. Os vários relatos biográficos e testemunhos de história oral, como o de Delso Mendes da Fonseca, evidenciam uma profunda insatisfação com a sociedade e com o papel que nela desempenhava o Exército. Aqueles oficiais acabaram por convencer-se de que "não bastava a preparação profissional [...] para cumprir integralmente sua responsabilidade perante o futuro do país. Não era mais possível servir aos governos nas suas determinações políticas [...] sem analisar as repercussões de qualquer ato no futuro da nacionalidade". A situação, dessa perspectiva, chegara a um ponto em que o Exército não podia simplesmente obedecer a ordens sem o risco de tornar-se um "autômato". Conversas e conspirações fermentaram durante meses antes que a revolta eclodisse. Delso recordou que levara "quase seis meses" na preparação das tabelas de controle da artilharia para poder disparar os grandes canhões do forte de Copacabana contra alvos na cidade. De fato, as conversas prévias aparentemente haviam convencido tantos oficiais a insurgir-se que quando representantes das unidades da área do Rio reuniram-se em 4 de julho no forte de Copacabana para debater seus planos, alguns, pelo menos, supuseram que não se chegaria a combater. O tenente Delso lembrou-se de ter saído da reunião pensando: "Bom, não vai haver guerra. Não tem combatentes contrário; todo mundo era nosso". Enganou-se. Os acontecimentos subseqüentes mostraram que muitos dos que se pronunciaram veementemente em favor da ação desapareceram quando os tiros começaram.[15]

O que não desapareceu foi a convicção de que a mudança era necessária. Além disso, as punições que os rebeldes receberam exacerbaram as linhas de conflito em vez de as eliminar. A recusa do governo a estender a anistia aos oficiais rebeldes foi, isoladamente, o fator mais importante para a continuação do movimento. Participantes da guerra civil da década de 1890 e das rebeliões da escola militar em 1897 e 1904 haviam sido anistiados depois de um período de punição. De fato, o regulamento do Exército permitia que um oficial detido por até dois anos ainda assim retornasse à ativa, e portanto as punições inferiores a dois anos eram consideradas toleráveis. Embora se possa encarar a anistia como um exemplo do "jeitinho" brasileiro, ela claramente subvertia a disciplina. O problema foi que, ao tentar mudar a tradição naquele momento crítico, o governo contribuiu decisivamente para reavivar a rebelião.

Em 26 de dezembro de 1923, em vez da esperada anistia o tribunal aprovou a indiciação sob o artigo 107 do Código Penal, determinando, assim, que os rebeldes fossem julgados por tentativa de derrubar pela violência a Constituição e a

REBELIÃO DE 1922, REBELDES DO FORTE DE COPACABANA
CONFRONTAM TROPAS DO GOVERNO

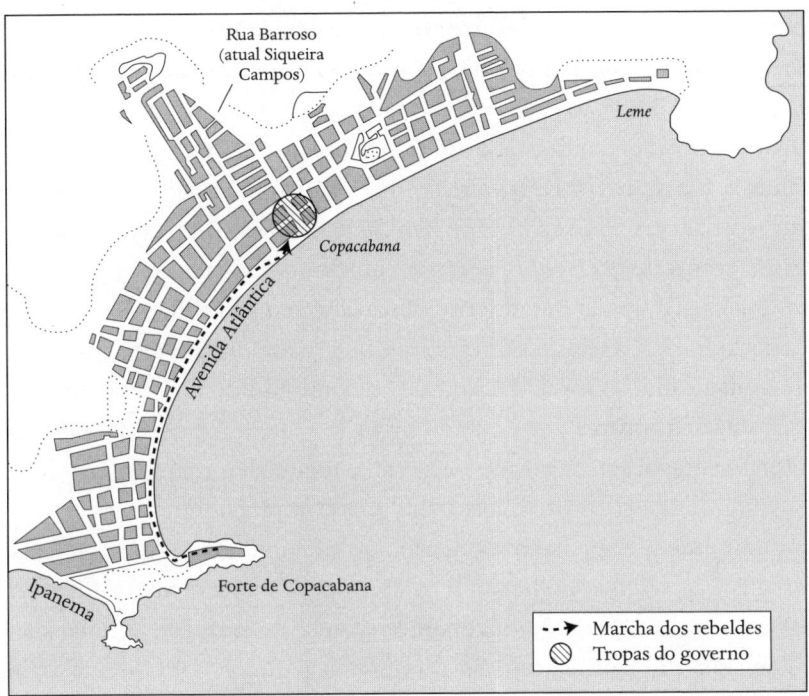

FONTE: Luiz Paulo Macedo Carvalho (ed.), *The Army in Brazilian history*, Rio de Janeiro e Salvador, Biblioteca do Exército e Odebrecht, 1998, 4 v. Redesenhado por Bill Nelson. Usado com permissão da Biblioteca do Exército, Rio de Janeiro.

forma de governo. Se fossem considerados culpados, os líderes poderiam ser condenados à prisão por dez a vinte anos, e os subordinados, por cinco a dez. Juarez Távora protestou em seu livro *À guisa de depoimento sobre a revolução brasileira* (1927) que os rebeldes estavam apenas buscando a "vingança violenta" contra o presidente Pessoa, sem "nenhum intuito de mudar a forma de governo do país ou de lhe alterar, violentamente, a constituição política".[16]

No final de 1923 eles haviam feito sondagens discretas à procura de potenciais adesões a um movimento mais amplo, mencionando vagamente a possibilidade de aproveitarem a agitação civil em terras gaúchas para organizar um levante no sul. Um plano, rejeitado, incluía a detenção de Setembrino de Carvalho, que fora para o Sul negociar um acordo, durante sua viagem de trem na volta para o Rio.

Os indiciamentos — símbolos da obstinação e opressão do governo — força-ram os atingidos a uma escolha. Dos cinqüenta indiciados, 22 já estavam presos e outros dezessete logo depois se renderam, deixando a onze resolutos homens o fardo de prosseguir como "desertores" aos olhos da lei. A solidariedade desse grupo nascera na Escola Militar, intensificara-se com a rebelião e agora tornava-se férrea com sua "deserção" comum e a existência clandestina que ela impunha.[17] Para esse grupo, o único caminho agora aberto era o da "luta armada", não mais buscando a rebelião, mas a revolução. Para salvar-se, precisavam derrubar o governo e os líderes do Exército. Haviam desfrutado sua parte da "glória" impro-visada no levante de 1922; agora necessitavam de disciplina e planejamento. O pri-meiro-tenente Granville Belerofonte Lima escreveu ao capitão Newton Estillac Leal, referindo-se aos levantes fracassados, que "a maioria pretende viver eterna-mente conspirando em vez de aspirar e o resultado de tudo isso é reforçar o governo que nos oprime".[18]

Talvez ele estivesse frustrado com as duas tendências então observáveis entre os descontentes no corpo de oficiais: um grupo queria um movimento nacional cuidadosamente planejado com um cronograma definido; o outro julgava que levantes em quartéis espalhados bastariam para atrair o apoio mais amplo. Embora o primeiro grupo gradualmente acabasse fazendo predominar sua posi-ção, o que eles preconizavam era claramente o caminho com mais resistência e dúvidas. O que era necessário "para uma transação geral", sugeriu Eduardo Gomes, era algo que reacendesse as paixões. Além disso, ele alertou, precisavam ter "uma certa segurança, no sentido de saber com quem contar".[19]

Precisavam também de um líder. Teria de ser um oficial livre para deslocar-se, por isso nenhum dos envolvidos em 1922 serviria. Teria de ser bem conhecido e respeitado para comandar aquelas personalidades rebeldes, e teria de possuir sagacidade e tato político suficientes para obter apoio civil. Para preservar a hie-rarquia, deveria ser oficial superior e, como não conseguiram encontrar um homem assim entre os militares da ativa, foram procurar na reserva o coronel Isidoro Dias Lopes, que ao reformar-se fora feito general-de-brigada. Ele era gaúcho, da cidade de Dom Pedrito. Era militar da velha guarda, que ingressara no Exército como praça em 1883. Em janeiro de 1889 concluiu a Escola Militar em Porto Alegre e, como ardoroso propagandista republicano, apoiou a nova República nascida no final daquele ano. Quando eclodiu a Revolta Federalista no Rio Grande do Sul em 1893, deixou o Exército e se tornou chefe do Estado-Maior do caudilho Gumercindo Saraiva, lutando contra o governo estadual de Júlio de Castilhos e contra o governo federal de Floriano Peixoto. Em 1895, quando seu lado foi derrotado, exilou-se na França. Anistiado em 1896, reintegrou-se ao Exército no ano seguinte e se tornou oficial aluno na Escola Militar de Praia Vermelha, no Rio. A partir de 1900, quando se tornou capitão, até 1917, quando chegou a tenente-coronel, ocupou postos em várias escolas e quartéis e, mais importante, comandou unidades em Corumbá, Rio de Janeiro, Bagé, Uruguaiana e Cruz Alta. Os tenentes achavam que ele provara seu valor como rebelde em 1893-95 e que compreendia a importância da anistia. Além disso, ele já demonstrara alguma inclinação para conspirar; depois da posse de Artur Bernardes em dezembro de 1922, Isidoro debatera algumas idéias para a rebelião com o ex-presidente Nilo Peçanha.[20]

O desejo dos tenentes de ter como líder um oficial superior ia além do respeito pela hierarquia. Havia, como salientou José Drummond, um "importante raciocínio realista, prático e operacional". Um líder respeitado atrairia, "seja por subordinação, seja camaradagem, seja pelo mero exemplo", outros oficiais para a causa. Em um nível mais profundo, os tenentes ansiavam por diminuir, de fato e/ou simbolicamente, seu isolamento "no Exército e eventualmente caracterizar sua intervenção como coletiva e institucional". Seria esse desejo pela "cobertura institucional do Exército" que levaria os tenentes a tentar, em vão, atrair o comandante da 2ª Região Militar, o general Abílio de Noronha, para sua causa em 1924 e aceitar em 1930 a liderança do então legalista tenente-coronel Pedro Aurélio de Góes Monteiro.[21]

Em 1924, quando os líderes dos tenentes ofereceram o comando a Isidoro, ele só abandonou sua hesitação depois de visitar vários quartéis em São Paulo, Paraná e Rio Grande do Sul e comprovar pessoalmente a disposição dos oficiais para a revolta. Ao mesmo tempo, os irmãos Távora passaram incógnitos por unidades nesses mesmos estados, e também em Santa Catarina, Minas Gerais e Rio. Joaquim Távora encontrou-se com líderes civis no Contestado, talvez lembrando-se do talento guerreiro que aquela gente demonstrara. Outros estiveram em unidades de Mato Grosso e contrabandearam mensagens para dentro e para fora de prisões no Rio. Completando a sondagem, eles se reuniram em São Paulo e elaboraram quatro listas de forças: (1) as unidades com oficiais simpatizantes, (2) as que ajudariam (3) as que adeririam com facilidade e (4) as que eram inimigas. Seu objetivo, naquela etapa, era organizar rebeliões simultâneas em todo o país, a fim de reduzir a capacidade do governo para debelar rapidamente o movimento como fizera em 1922.[22]

O modo como oficiais individuais decidiram aderir à rebelião revela que a política provavelmente foi menos importante do que a pressão de amigos e a crença no possível êxito do movimento. Um major da Força Pública paulista com o singular nome de Índio do Brasil testemunhou depois que, embora nada tivesse contra os líderes do estado ou da força policial, seguiu o major Miguel Costa porque "não tinha coragem de negar-lhe qualquer auxílio em qualquer área por conta da amizade e dos favores que recebera". A convicção de que o movimento não possuía material bélico e pessoal suficientes para sair vencedor impediu o mais conhecido oficial de médio escalão, o major Bertoldo Klinger, de aderir. Seu regimento, o 4º de Artilharia em Itu, São Paulo, foi um dos centros da conspiração. Ele era altamente respeitado graças a seu prestígio como fundador e editor de longa data da revista *A Defesa Nacional*. Servira no gabinete do chefe do Estado-Maior do Exército, Bento Ribeiro, e fora mandado para o Peru como adido militar de fevereiro de 1921 a junho de 1922 em razão de ter criticado abertamente a missão francesa. Embora sua unidade em Itu não se rebelasse em 1922, sua imagem como crítico das políticas militares do governo ensejou constantes propostas dos tenentes ao longo do ano e meio seguinte. Ele simulava estar disposto a conversar, acalentando, assim, a esperança dos conspiradores de conquistá-lo para seu lado. De fato, em determinado momento ele concordou em assumir um papel de liderança na organização do estado-maior rebelde.

Os conspiradores usaram festividades, como o Dia do Soldado em maio de 1924, como cobertura para suas discussões. O quartel de Itu recebeu, nessa ocasião, todas as unidades da 2ª Região Militar para cerimônias e competições esportivas. Até fugitivos como Juarez Távora se misturaram à multidão e conversaram com Klinger. Este, por sua vez, reuniu os oficiais sob seu comando para falar sobre os planos dos rebeldes, argumentando persuasivamente que lhes faltava material suficiente para um movimento em tão grande escala. Os conspiradores por fim admitiram que o regimento de Itu estava excluído mas, ainda assim, acreditavam que quando eclodisse o levante, o regimento aderiria.[23]

O objetivo dos tenentes era tomar o poder, o que significava que tinham de obter o controle do Rio de Janeiro. Mas as cada vez mais freqüentes greves trabalhistas, assembléias públicas e manifestações de rua concentravam a atenção da polícia sobre a capital a ponto de tornar a conspiração ali mais perigosa. Quando ficou claro para os líderes tenentistas que não seriam capazes de sublevar um número suficiente de quartéis para dominar o Exército, passaram a ver em São Paulo um objetivo útil. Muitos deles já estavam lá, escondendo-se no anonimato das apinhadas ruas cosmopolitas. Naquele mar de estrangeiros e imigrantes de todo o Brasil, podiam passar despercebidos. Além disso, achavam que a rebelião de 1922 no Rio fracassara porque o rico estado de São Paulo emprestara seu braço forte ao governo federal. Desta vez a idéia era decepar aquele braço já no primeiro golpe e, com isso, assegurar uma posição sólida a partir da qual consolidariam o movimento revolucionário. Se dominassem São Paulo e se todas as unidades que se haviam comprometido se rebelassem, poderiam dominar as vias de acesso ao Rio de Janeiro pelo vale do Paraíba e isolar a capital federal. Mas para um plano assim funcionar, precisavam controlar Barra do Piraí, no caminho do Rio, e isso eles não conseguiriam.[24]

Como se poderia esperar, tiveram dificuldade para marcar uma data definitiva para o levante e obter comprometimentos absolutos quanto a quem agiria primeiro. De fevereiro a junho de 1924 a liderança reuniu-se com oficiais conspiradores em Jundiaí e São Paulo e repetidamente marcou datas — 28 de março, 13 de maio, 28 de maio, 26 de junho —, que chegaram e passaram sem rebelião porque uma ou outra unidade, como o 4º Regimento de Infantaria em Quitaúna (SP) ou o 4º de Artilharia de Klinger, em Itu, não estavam garantidas. A morte, em 1º de abril, de seu importante aliado civil, o ex-presidente Nilo Peçanha, entristeceu-os, e a retirada definitiva de Klinger do movimento desencorajou a participação de oficiais do Paraná, Rio Grande do Sul e parte de São Paulo. O comandante regional, general Noronha, ouviu os rumores e repetidamente exigiu de seus comandantes garantias de que suas unidades eram leais; além disso, já em 26 de junho, pediu ao ministro da Guerra, Setembrino, que removesse os tenentes-coronéis Olinto de Mesquita Vasconcelos e Bernardo de Araújo Padilha do 2º Grupo de Artilharia e do 5º Batalhão de Cavalaria, em razão dos indícios do envolvimento de ambos. Não está claro se suas palavras de alerta às autoridades federais e estaduais tiveram ou não o pouco impacto que ele lhes atribuiu, mas certamente a polícia do Rio e de São Paulo intensificou a vigilância.[25] Em desespero, no final de junho escolheu-se o 5 de julho, tão rico do simbolismo da revolta do forte de Copacabana dois anos antes. Eles tinham de agir enquanto ainda pudessem.

Nas primeiras horas de 5 de julho de 1924, cinco tenentes, incluindo os capitães Joaquim e Juarez Távora e Newton Estillac Leal, tomaram o quartel do 4º Batalhão de Cavalaria na cidade de São Paulo, armaram oitenta soldados, juntaram-se ao major Miguel Costa e seus soldados da Força Pública e transformaram o quartel-general da polícia no posto de comando revolucionário do general Isidoro Dias Lopes. Os rebeldes tentaram tomar o palácio dos Campos Elíseos, sede do governo estadual, mas não conseguiram. Na luta pelo controle da cidade propriamente dita, os dois lados estavam mais ou menos equilibrados, cada qual com aproximadamente mil homens. Os rebeldes tomaram o prédio do telégrafo, várias delegacias de polícia e, mais importante, as estações ferroviárias. Mas para vencer precisavam conseguir o rápido controle de toda a cidade, convencer unidades indecisas e muitos soldados oponentes a aderir ao movimento e então seguir para o leste, passar pelo vale do Paraíba e chegar ao Rio de Janeiro. As forças do governo precisavam apenas resistir coesas e manter os rebeldes empacados na capital. Essa percepção levou Isidoro, em 8 de julho, a ordenar a retirada antes que se vissem presos numa armadilha. De início, Miguel Costa e vários tenentes recusaram-se a obedecer, mas, depois de refletir, Costa escreveu uma carta ao governador oferecendo a rendição em troca de anistia e reintegração na Força Pública. Felizmente para eles, porém, o outro lado estava ainda mais nervoso. Antes do amanhecer de 9 de julho, o governador e suas forças abandonaram a cidade, e com isso a carta de Costa deixou de ser entregue e a ordem de retirada dada por Isidoro foi revogada.

Os tenentes não tardaram a descobrir que uma coisa era fazer planos para lidar com uma cidade capturada de 647 mil habitantes, e outra, bem diferente, era lidar com ela na prática. Parecem ter suposto que tudo continuaria a funcionar normalmente enquanto eles tratavam dos assuntos militares. Mas descobriram que tinham de administrar o abastecimento de víveres, água e energia elétrica, o transporte e a ordem pública. Líderes operários anarquistas tentaram entrar em acordo com os rebeldes, que puseram gêneros alimentícios à disposição dos necessitados. Um oficial rebelde, João Cabanas, invadiu o mercado municipal e ordenou que suas mercadorias fossem distribuídas de graça a famílias pobres. Os desempregados, entre os quais agora se incluíam operários cujas fábricas haviam sido fechadas ou danificadas, e pessoas comuns saquearam lojas e armazéns, alguns destes últimos pertencentes a industriais como Francisco Matarazzo. Tolerar as pilhagens, e até ajudar a saquear em alguns casos, foram atitudes que granjearam alguma popularidade para os rebeldes e atenuaram parte da tensão social gerada pela luta. A Associação Comercial da cidade protestou ao general Isidoro, que providenciou a formação de uma força civil e procurou restabelecer a ordem. No final da ocupação, cerca de 103 estabelecimentos comerciais e industriais haviam sofrido prejuízos resultantes de "incêndio, saque, bombardeio, roubo e confisco pelos rebeldes".[26]

Nesse ínterim, as forças federais mobilizaram-se de modo a impedir a guerra de movimento planejada pelos rebeldes. O ministro da Guerra, Setembrino, à primeira notícia do levante em São Paulo, ordenara ao general Eduardo Sócrates, comandante da 1ª Região Militar, já apresentado ao leitor quando tratamos da campanha do Contestado (capítulo 3), que bloqueasse os acessos ao Rio. Mas ele conseguiu fazer muito mais do que isso. Em 7 de julho, já instalara seu posto de comando em Barra do Piraí, um dos principais objetivos que os rebeldes não atingiram, e rapidamente passara por Caçapava e chegara a Mogi das Cruzes, cidade vizinha de São Paulo. Com isso, suas forças bloquearam a passagem dos rebeldes para o leste paulista, Minas Gerais e Rio. Nesse meio-tempo, o couraçado *Minas Gerais* fechou o porto de Santos. E o general Sócrates ordenou ao coronel Tertuliano de A. Potyguara, que também aprimorara suas habilidades repressivas no Contestado, que tomasse a ferrovia de São Paulo para cortar o acesso a Campinas. Os rebeldes estavam sendo cercados. "Batalhões patrióticos" civis, liderados por fazendeiros e comerciantes, entre os quais se incluíam o próximo presidente, Washington Luís, e o futuro candidato à presidência Júlio Prestes, barraram o acesso ao Paraná e a possível adesão de guarnições do Sul à revolta. Mas apesar de toda essa atividade governamental, as forças rebeldes engrossaram suas fileiras com deserções de unidades federais e a adesão de operários paulistas, a maioria dos quais eram estrangeiros com experiência na Primeira Guerra Mundial. Cerca de trezentos alemães, húngaros e italianos formaram unidades nacionais. No total, os rebeldes eram aproximadamente 3500 em 11 de julho.[27]

No dia seguinte, o general Sócrates ordenou que sua artilharia começasse a bombardear São Paulo. Aplicaram-se então a uma cidade importante as técnicas repressivas que haviam funcionado no Contestado. Sob as explosões dos grandes canhões, a população civil, sofrendo centenas de baixas, pôs-se em fuga. O arcebispo de São Paulo e líderes civis fizeram um apelo ao presidente Bernardes para que cessasse o bombardeio e transmitiram a proposta de Isidoro de não usar sua artilharia se as forças do governo se abstivessem de usar as delas. Bernardes mandou Setembrino responder que as forças federais não podiam combater sem artilharia, pois isso só prolongaria a resistência, que estava trazendo mais danos morais que os danos físicos "facilmente reparáveis" causados pelos projéteis. O ministro sugeriu que, em vez de pedir ao governo que parasse o bombardeio, deveriam apelar à bravura do "inimigo" para que não "sacrificassem a população, evacuassem a cidade e aceitassem combater em campo aberto". Embora alguns paulistas se irritassem por Setembrino ter chamado os rebeldes de "inimigos" e sua insurreição de "guerra", quando no ano anterior, durante a rebelião no Rio Grande do Sul, ele chamara os combatentes de "irmãos", líderes civis, como José Carlos de Macedo Soares, presidente da Associação Comercial, tentaram combinar as negociações usando como intermediário o general Abílio de Noronha, o comandante capturado da 2ª Região Militar. Seus esforços foram infrutíferos.[28]

Em 22 de julho, aviões federais acrescentaram suas bombas às que já castigavam a cidade. As barragens prosseguiam dia e noite, mas curiosamente os quartéis em posse dos rebeldes eram os menos atingidos. Eram os bairros civis que sofriam a maior parte dos danos e perdas de vida. O repórter paulista Paulo Duarte acusou o Exército de atirar livremente contra a cidade sem estabelecer alvos determinados, e com isso "a Santa Casa se enchia de mulheres e crianças; os cemitérios pejavam-se de cadáveres e as fileiras revolucionárias não perdiam um só homem". Decerto ele exagerou. Os tenentes perderam Joaquim Távora, "a cabeça e o coração do movimento tenentista, o principal responsável pelo início da revolta em São Paulo". Mas as vítimas civis chegaram a quinhentas.[29]

Enquanto tudo isso acontecia, eclodiram revoltas no dia 12 em Aracaju e em Bela Vista, Mato Grosso, e no dia 23 em Manaus, mas sem que os tenentes tomassem conhecimento, pois as linhas telefônicas e telegráficas haviam sido cortadas desde o início. Essas revoltas defrontaram-se com a determinação do governo e com os numerosos "batalhões patrióticos" civis liderados por caudilhos locais, e não tiveram chances de sucesso. O tenente Augusto Maynard Gomes, um dos líderes em Sergipe, explicou depois que esperava atrair as forças federais para longe de São Paulo, "o principal teatro da luta". Os conspiradores de Bela Vista, tenentes Pedro Martins da Rocha e Riograndino Kruel, foram prontamente subjugados pelos sargentos de seu regimento e mandados para o Rio de Janeiro como prisioneiros. Em Aracaju e Manaus, os rebeldes tiveram de formar governos para as cidades depois de os governadores fugirem. Na capital sergipana, tentaram convencer o general reformado José Calazans a assumir o posto, mas, como ele não aceitou, formaram uma junta composta de quatro tenentes; em Manaus, criaram uma comuna que incluía civis. A comuna enviou uma embarcação rio abaixo para assegurar a posse do forte em Óbidos e adotou várias medidas socioeconômicas, entre elas a cobrança de impostos dos ricos para beneficiar os pobres, a quebra de monopólios de gêneros alimentícios e a tomada do abatedouro e do mercado pertencentes a ingleses, obrigando seus administradores a pagar os impostos devidos havia muito tempo pela companhia. Oficiais subalternos em Sergipe e Amazonas reagiram positivamente, alguns talvez por oportunismo, a telegramas dos tenentes informando-lhes sobre os novos governos, mas talvez o melhor indício da precariedade de sua situação tenha sido sua desesperada reforma, nas oficinas da ferrovia em Aracaju, de três canhões da década de 1820 para as defesas da cidade contra ataques por mar. Mas em Sergipe a repressão veio por terra e pôs fim ao controle tenentista depois de 21 dias. Em Manaus, os tenentes resistiram por trinta dias antes de abandonar a cidade em mãos de uma expedição comandada pelo general João de Deus Mena Barreto. As cadeias e prédios públicos de Aracaju logo se encheram de rebeldes e simpatizantes, reais e imaginários. O número de acusados chegou a 606 antes de os tribunais o reduzirem para 252. A caçada ao tenente Maynard finalmente logrou êxito em São Paulo, e dali ele foi despachado de volta a Aracaju em fevereiro de 1925. Em Manaus e Aracaju, com suas populações pequenas e sociedades fechadas, os julgamentos foram grandes espetáculos que serviram para intensificar o debate público sobre os problemas nacionais e locais.[30]

Enquanto isso, em São Paulo, em 26 de julho aviões do Exército jogaram folhetos que diziam à população para abandonar a cidade e deixar forças legalistas livres para agir contra os rebeldes. O pânico instalou-se, e milhares de pessoas lotaram as estradas em busca de refúgio. Nos vinte dias anteriores cerca de 200 mil já haviam fugido em trens, automóveis, caminhões e a pé, mas o que seria dos quatrocentos e tantos mil civis restantes? Era impossível tanta gente abandonar a cidade. Acaso Setembrino e Sócrates pensavam que São Paulo podia ser arrasada como as cidades de Canudos e Contestado? Depois de todo o treinamento francês, o Exército brasileiro estava retomando seus velhos métodos? Certamente era o que parecia. Isso poderia explicar por que os comandantes do Exército disseminaram explicações confusas entre seus soldados, afirmando estarem suprimindo uma greve geral, um levante dos italianos ou uma revolta da Força Pública que reivindicava aumento de soldo.[31]

As várias tentativas de Isidoro para conseguir um acordo com o governo que pelo menos desse anistia aos rebeldes foram rechaçadas. Os líderes compreenderam que seriam aniquilados, juntamente com boa parte da cidade, se ali permanecessem. Na noite de 27 de julho, empreenderam uma cuidadosa retirada de 3 mil soldados em treze trens, pela Estrada de Ferro Noroeste, em direção a Mato Grosso, onde esperavam juntar-se a unidades simpatizantes. A retirada foi executada com tanta discrição — inclusive com dois canhões de campanha ainda disparando enquanto o último trem partia — que, nas adequadas palavras de Neill Macaulay, "o comando do governo, obcecado pela artilharia, nada soube da evacuação até a manhã seguinte". Encontrando bloqueada a rota para Mato Grosso, e depois de perder a sangrenta e decisiva batalha por Três Lagoas, cuja posse lhes teria dado o controle da ferrovia no lado oeste do rio Paraná, eles desceram o rio até Foz do Iguaçu e decidiram resistir naquele rincão do Brasil limítrofe com Argentina e Paraguai.[32]

A história subseqüente de como essas forças, acrescidas de outras vindas do Rio Grande do Sul, formaram a chamada Coluna Prestes e perambularam por 25 mil quilômetros e treze estados até fevereiro e março de 1927, é bem conhecida, e por isso a relatarei aqui muito resumidamente. O embargo às notícias imposto pelo governo Bernardes ao resto do país não vingou no Rio Grande do Sul, onde jornais e rádios argentinos e uruguaios, lidos e ouvidos diariamente, transmitiram informes sobre as forças rebeldes. E a prática governamental de deter oficiais suspeitos ou constantemente transferi-los de um comando para outro, serviu para chamar a atenção para a rebelião e disseminar o descontentamento.

As guarnições gaúchas em Santo Ângelo, São Luís, São Borja e Uruguaiana rebelaram-se em fins de outubro de 1924 e se juntaram às forças do "general" Honório Lemes, que estavam insatisfeitas com o ajuste decorrente da guerra civil de 1923 no estado. A tropa gaúcha, muito pitoresca em suas vistosas fardas regionais e armas antiquadas, foi, porém, pouco eficaz no combate às forças federais, estaduais e provisórias enviadas para combatê-la. No começo de janeiro de 1925, os 2 mil homens comandados pelo capitão Luís Carlos Prestes que marcharam para juntar-se aos rebeldes de Isidoro estavam reduzidos a cerca de metade pelas deserções, enquanto as forças federais chefiadas pelo general Cândido Rondon os aguardavam no Paraná e em Santa Catarina com aproximadamente 12 mil homens. Após um tremendo esforço, Prestes conseguiu chegar a Foz do Iguaçu com cerca de oitocentos homens e cinqüenta mulheres. Ali descobriu que Isidoro desistira, assim como muitos dos outros oficiais e praças rebeldes, alguns dos quais haviam cruzado a fronteira Argentina e se exilado. Miguel Costa e Prestes tornaram-se as personalidades dominantes da força rebelde restante que surpreendeu Rondon atravessando o rio, entrando no Paraguai para dali chegar a Mato Grosso.

Depois de algumas discordâncias iniciais quanto à estratégia, a que os rebeldes adotaram foi, em vez de uma guerra de movimento, uma "manifestação de protesto armada" e itinerante que serviria como um constante chamado à ação contra o abominado Bernardes. A idéia não era derrotar as forças mandadas contra eles, e muito menos o velho objetivo de tomar o poder no Rio de Janeiro; o propósito, agora, era continuar vivos, manter a coluna em movimento e parecer invencíveis. Nisso foram bem-sucedidos: percorreram estado após estado, de Mato Grosso ao Maranhão, refizeram o trajeto e, em 1927, refugiaram-se na Bolívia. O Exército, apesar dos milhares de homens mandados a campo, mostrou cada vez menos disposição para combater oponentes que eram alguns de seus melhores oficiais. Como lembraria mais tarde o general Eurico Dutra, a atitude da maioria dos oficiais era: "Deixe que passe". Não tinham a menor vontade de lutar porque muitos oficiais, especialmente os tenentes, capitães e majores, concordavam com os rebeldes.[33]

Ainda assim, a luta aumentou o abismo entre as gerações que vinha crescendo na oficialidade desde a fundação de A Defesa Nacional, em 1913. Um dos fundadores da revista, major Joaquim de Souza Reis, considerado por muitos oficiais o melhor cérebro do Estado-Maior, suicidou-se com um tiro por sentir-se humilhado quando foi retirado de seu posto, porque não conseguira suprimir a rebelião.[34] O Exército brasileiro estava desmoronando lentamente como instituição e como força combatente. Seria necessária grande parte da década de 1930 para reconstruí-lo. O elenco de combatentes de ambos os lados incluiu muitos dos principais atores da política militar e civil brasileira das décadas seguintes. A luta produziria a elite político-militar que moldou o Brasil entre a Revolução de 30 e o golpe militar de 1964.

Por todo o país, rebeldes, simpatizantes, suspeitos e parentes foram detidos, alguns espancados e torturados. Um relato estimou em aproximadamente 10 mil o número de presos em São Paulo. Alguns prisioneiros desapareceram, outros foram executados abertamente. Nem os idosos, as mulheres e os militares estiveram a salvo da detenção. Um ancião alemão de quase oitenta anos foi preso numa

MARCHA DO CORPO PRINCIPAL DA COLUNA MÓVEL

FORMADA PELOS REBELDES DE 1924

FONTE: Luiz Paulo Macedo Carvalho (ed.), *The Army in Brazilian history*, Rio de Janeiro e Salvador, Biblioteca do Exército e Odebrecht, 1998, 4 v. Redesenhado por Bill Nelson. Usado com permissão da Biblioteca do Exército, Rio de Janeiro.

cidade do interior por ter gritado vivas a Isidoro por ocasião da passagem dos revolucionários pelo local. Em São Paulo, os prisioneiros tinham de comprar seu próprio colchão se não quisessem dormir no chão duro, e pagavam aos guardas para trazer-lhes comida e jornais. Muitos também compraram a liberdade. Segundo

Lourenço Moreira Lima, que de sua cela testemunhou essas coisas, "a polícia paulista fez da Revolução um bom negócio. As prisões, especialmente de pessoas abastadas do interior, tornaram-se uma esplêndida fonte de renda". E, como seria de esperar, advogados, como o irmão do governador Carlos Campos, usaram seus contatos para libertar quem tinha dinheiro. Até mesmo oficiais que lutaram contra os rebeldes foram presos por criticar ações do governo.[35]

A revolta convenceu muitos brasileiros de que o serviço militar não era para eles e os levou a questionar o acerto de manter um exército rebelde. O chefe do Estado-Maior do Exército, Tasso Fragoso, lamentou que "ninguém desejava mais entrar para as fileiras do Exército com temor de desordens". Muitos recorriam à Justiça para ser dispensados, mas a maioria simplesmente recusava apresentar-se quando convocada. Em 1925, dos 73250 sorteados em todo o Brasil, 59638 não se apresentaram. O Exército estava "quase sem soldados; [...] não pode haver resultado mais contristador", observou Tasso. O prestígio que as forças federais estavam perdendo parecia fluir rapidamente na direção dos batalhões patrióticos civis e da polícia estadual. O governo, para grande desgosto dos oficiais bem informados, agora pagava a dois exércitos: o federal e as forças estaduais/civis. O declínio do apoio civil era demonstrado pela recusa contínua a servir: em 1927, dos 49084 convocados, 25412 se recusaram a se apresentar. O povo brasileiro estava resistindo passivamente, mas com êxito. As revoltas tenentistas solaparam o Exército e a autoridade moral do governo central.[36]

Em 1925, Tasso Fragoso tentou salvar as aparências, afirmando que "para a glória do Exército brasileiro, o último levante rareou-lhe as fileiras, mas não o aniquilou". E, embora alguns críticos dissessem que "o excesso de instrução" dado aos oficiais contribuíra para a rebelião, o chefe do Estado-Maior argumentou que o profissionalismo era o único meio de prevenir problemas futuros. Para um corpo de oficiais no qual "ninguém quer se afastar do Rio" para servir em guarnições distantes, ele via a experiência de campanha obtida na supressão da rebelião como um bom preparo contra uma guerra com estrangeiros. Desse ponto de vista, segundo Tasso,

devemos até felicitar-nos pelos acontecimentos que nos arrancaram à monotonia do quartel. Fizemos afinal uma importante manobra com tropas, em condições extraordinariamente vizinhas de uma guerra real. Os oficiais que andaram pelo Paraná, pelo Rio Grande do Sul e por Mato Grosso jamais esquecerão esse treinamento inesperado que lhes permitiu sentir a urgente necessidade de resguardar as nossas fronteiras. As praças volveram a seus lares com uma sólida experiência da vida campestre e do esforço excepcional que a defesa do Brasil pode um dia exigir de seus filhos.

Salientando que a missão militar francesa treinara 172 oficiais de Estado-Maior, os quais, segundo ele, se haviam portado com distinção nas operações, ele afirmou que se o nível dos praças correspondesse ao daqueles oficiais e se possuíssem equipamento adequado, poderiam ter suprimido as revoltas mais rapidamente. Na pior das hipóteses, a seu ver, agora eles compreendiam melhor os problemas que teriam de enfrentar em uma guerra com países vizinhos.[37]

A ASCENSÃO DE GÓES MONTEIRO

À parte o esforço de Tasso Fragoso para pensar positivamente, pode-se dizer que a malograda perseguição da Coluna Prestes revelou todas as fraquezas do Exército brasileiro e de seu relacionamento com o sistema político. Alguns oficiais que lutaram contra a coluna dentro em breve se juntariam aos tenentes e civis insatisfeitos e fariam a Revolução de 30; desses oficiais, o mais importante foi Pedro Aurélio de Góes Monteiro. Ele subira rápido na carreira; de tenente em fins de 1923 passara a tenente-coronel ao encerrar-se 1928, seria chefe do Estado-Maior dos revolucionários em 1930 e ministro da Guerra em 1934. Mais do que qualquer outro, reconstruiria o Exército no fim dos anos 30 e poria a instituição no rumo cada vez mais intervencionista trilhado nas décadas seguintes.

Góes, como era conhecido, nascera em Alagoas, mas passava tanto tempo no Rio Grande do Sul que se identificava com o estado gaúcho. Nascido em dezembro de 1889, ingressou na escola preparatória do Exército no Realengo em 1903 à procura de educação gratuita. O comandante da escola, Hermes da Fonseca, impediu que ela aderisse à revolta da Escola Militar de Praia Vermelha em 1904, e assim, em 1906, Góes foi para a nova Escola de Guerra em Porto Alegre. Curiosamente, ali seu caminho cruzou-se com o de vários homens que mais tarde desempenhariam papéis cruciais na vida dele próprio e do país como um todo. Durante as explosivas eleições rio-grandenses de 1906 ele se juntou a um grupo de estudantes de direito liderados por Getúlio Vargas e escreveu sobre temas militares para o jornal do grupo. Embora ele e Vargas aparentemente tivessem pouco ou nenhum contato direto antes de 1930, tinham conhecidos em comum e a partir dessa época suas vidas seguiriam entrelaçadas, com Góes comandando as forças revolucionárias em 1930, desempenhando papel fundamental no estabelecimento da ditadura do Estado Novo em 1930 e na deposição de Vargas em 1945 e chefiando o Estado-Maior das Forças Armadas durante o reeleito governo Vargas no início da década de 1950.

Depois de tornar-se aspirante em 1910, Góes foi designado para um batalhão ferroviário comandado por Setembrino de Carvalho. Promovido a segundo-tenente em 1914, serviu em unidades de cavalaria no Rio Grande até 1916. Após se casar naquele ano com Conceição Saint-Pastous, moça de família tradicional de Alegrete, ele fez um curso de engenharia no Rio e absorveu as idéias que os jovens turcos divulgavam em *A Defesa Nacional*. Em 1918 voltou para o Sul, como comandante de um esquadrão do regimento de cavalaria em Quaraí, fronteira com o Uruguai, e foi promovido a primeiro-tenente no ano seguinte. Por intermédio da família de sua esposa, conheceu um jovem e promissor advogado, Osvaldo Aranha, que tinha escritório em Alegrete e era sócio e amigo de Getúlio Vargas, o qual, de seu escritório na vizinha São Borja, também atendia clientes naquela parte do estado. Aranha seria o coordenador civil da Revolução de 30 e em governos seguintes seria ministro da Fazenda, embaixador nos Estados Unidos e ministro do Exterior. Em 1921 Góes foi chamado de volta ao Rio de Janeiro para fazer o novo curso dos franceses na ESAO, e em seguida prosseguiu os estudos na Escola de Estado-Maior, da qual era aluno quando eclodiu a revolta de julho de 1922. Embora como oficial aluno ele se mantivesse à margem dos acontecimentos, apoiou o governo na crise. Os instrutores franceses ficaram satisfeitos com ele, e durante a agitação civil de 1923 no Rio Grande do Sul o Exército o incumbiu de elaborar um plano para defender o governo estadual. Feito capitão no ano seguinte, foi mandado para Santos para ajudar a organizar as forças federais após a tomada de São Paulo pelos tenentes. Góes não escondeu seu desagrado com o bombardeio indiscriminado da cidade. Depois da retirada dos tenentes, assumiu duas funções: lecionar na Escola de Estado-Maior e atuar no setor de operações do Estado-Maior.

No início de 1925, durante uma viagem de férias pelo Rio Grande do Sul, Góes recebeu a ordem de chefiar o estado-maior do destacamento do coronel Álvaro Guilherme Mariante, que seria parte das forças que se estavam reunindo no Paraná sob o comando do general Cândido Rondon. Participou de operações que empurraram a agora combinada Coluna Prestes-Miguel Costa de encontro à fronteira paraguaia. Depois de os rebeldes entrarem no Paraguai em 27-29 de abril de 1925, Góes e Mariante passaram breve período no Mato Grosso no estado-maior do general Malan d'Angrogne, sendo então chamados de volta ao Rio. Por dois meses, Góes esteve na Escola de Estado-Maior, após o que foi mandado para Uberaba, no Triângulo Mineiro, onde as forças federais tentavam em vão bloquear o avanço dos rebeldes para Goiás.

Em janeiro de 1926, Mariante, agora general, levou-o, novamente como chefe de seu estado-maior, para a Bahia, onde esperava encurralar a coluna rebelde. Góes organizou "grupos de caça" com jagunços a soldo de fazendeiros da região. Mas embora a tropa de Mariante e Góes se deslocasse pela Bahia, Minas Gerais, Sergipe, Goiás e finalmente Mato Grosso, não conseguiu deter, e muito menos derrotar os rebeldes. Quando a coluna se pôs a salvo na Bolívia em março de 1927, Góes, major desde outubro de 1926, voltou a lecionar no Rio.[38]

Ainda naquele ano, Mariante, nomeado diretor de aviação do Exército, esco-lheu Góes para chefiar seu Estado-Maior (com funções semelhantes às de um sub-comandante), e em outubro de 1928 Góes foi promovido a tenente-coronel. Com esta segunda promoção rápida em dois anos, ele ingressou na categoria dos oficiais para quem a possibilidade de efetivamente exercer influência e poder começava a ser real. Seus estudos com a missão militar francesa haviam reforçado sua auto-confiança natural, fornecido uma doutrina militar estruturada e trazido inspira-ção para que ele pensasse, escrevesse e, mais ainda, falasse sobre o Exército e suas dificuldades. A seu ver, o Exército era o núcleo da maioria dos problemas nacio-nais e de suas soluções. As condições da instituição refletiam a saúde política do Brasil.[39] Góes fazia críticas contundentes à vida de caserna, o que irritava muitos oficiais, especialmente os de alto coturno. Mas era ainda mais crítico com respeito às atitudes do governo federal para com o Exército, as quais, em sua opinião, man-tinham a instituição ineficiente.[40]

Observadores estrangeiros bem informados também achavam que o Exér-cito era indisciplinado e estava permeado de intrigas políticas. As várias polícias militares estaduais mostravam-se mais competentes em batalha do que o Exército federal, o qual, na opinião de alguns, não queria destruir a Coluna Prestes porque a vitória significaria o fim do duplo soldo pela ação em campanha. As elites políti-cas duvidavam da capacidade do Exército para defender o sistema político da República Velha. Como seria de esperar, os dirigentes dos estados maiores e mais ricos reforçaram suas forças policiais para assegurar a sobrevivência de suas respectivas partes do sistema.[41]

Góes estava particularmente consternado com o deplorável desempenho do Exército. Enquanto perseguia a coluna, sua coordenação de forças mistas compostas de jagunços, agregados de vários fazendeiros e policiais estaduais da Bahia, Pernambuco, Alagoas e Minas Gerais causara-lhe forte impressão.[42] Em outras partes, "batalhões patrióticos" civis forneciam a força que faltava ao Exército. Era difícil fazer essas forças trabalharem juntas e especialmente exasperante constatar que muitas unidades civis e policiais eram mais eficazes do que o Exército regular. Essa experiência perturbou-o. A seu ver, era o despreparo do Exército que permitia a sobrevivência da coluna. Segundo a Constituição, as Forças Armadas deviam garantir a ordem interna e defender a integridade e a honra nacional, mas, agora ele se convencera, não eram capazes de cumprir essas missões.

E se o Brasil fosse invadido, ele se perguntava, como seria? O Exército precisava de planos para confrontar seu mais provável inimigo, a Argentina, e esse planejamento tinha de abranger a agricultura, a indústria, os transportes e as finanças, além da inteligência, abastecimento e reunião de forças. Depois dessa experiência, porém, ele duvidava que o sistema então vigente fosse capaz de proporcionar o necessário. "Na guerra", escreveu em uma análise da campanha, "não é o Exército que se mobiliza, é toda a nação que, mobilizando integralmente suas forças vivas, vai se bater." Criticando a reação do Exército aos levantes tenentistas, Góes afirmou que exércitos modernos não podiam ficar à espera de que surgisse o perigo para só então improvisar uma reação, especialmente em um país subdesenvolvido. O povo brasileiro precisava ver o Exército como parte de um todo, em vez de algo à parte, pois "sua grandeza ou decadência são função da grandeza ou decadência desse Todo". Seriam necessárias décadas para construir um sistema de defesa adequado, pois não era uma questão de reconstruir, mas de construir um Exército totalmente novo. Se não fossem tomadas providências, ele temia, o Brasil se desintegraria. Alertou que a experiência com a revolta era um aviso do que poderia acontecer se o país fosse invadido.

Em seu relatório sobre o destacamento Mariante, de onde provêm os comentários acima, ele também criticou seus colegas oficiais, afirmando que a maioria deles não se interessava em aprender a doutrina militar e resistia obstinadamente aos esforços da missão francesa para ensiná-los. Em geral, na opinião de Góes, o oficial pouco fazia para aperfeiçoar-se depois de chegar a capitão. Empenhava-se, isso sim, para permanecer no Rio, longe das agruras das guarnições do interior e próximo dos que influenciavam nas promoções. "Não estuda mais. Não produz. Para mascarar a ignorância, não vacila em utilizar-se de todos os artifícios escusos e imagináveis." Góes preconizava um novo sistema de promoções que estimulasse os oficiais a aperfeiçoar-se continuamente. Ele se considerava "uma voz clamante fora do deserto" a mensagem de que as Forças Armadas brasileiras "pouco significam como valor militar".[43]

Talvez Góes estivesse, subconscientemente, chegando pouco a pouco ao ponto de decisão. Embora o caos dos anos 20 houvesse contribuído para sua ascensão na carreira, seu desejo de melhorar o Exército, assim como, sem dúvida, sua própria ambição, levaram-no, por fim, a concluir que apenas uma mudança radical na liderança nacional criaria o ambiente apropriado para a reforma militar. Outros oficiais também pareciam estar passando por um processo semelhante. De 1927 a 1930 não aconteceram rebeliões declaradas, mas houve muita crítica ao governo e vários avisos de revolução. O próprio Góes, quando membro da aviação, advertiu em seus relatórios que as alternativas eram a "reconstrução nacional" ou a revolução. Seus superiores não fizeram caso, e ele culpou o caudilhismo de ter fechado os ouvidos dos líderes civis aos seus alertas.[44] Mas os líderes civis e militares não podiam menosprezar os repetidos alertas na imprensa.

REVOLUÇÃO NO AR

Alguns jornais, como o *Diário Carioca*, rotularam o governo de "entreguista" e afirmaram que a prontidão para assumir dívidas no exterior havia posto o Brasil nas mãos dos imperialistas. Os Estados Unidos e a Europa não eram os culpados: "Estão fazendo exatamente o que faríamos no lugar deles. Nosso principal inimigo está entre nós [...] São os maus governos [...] que nos venderam e nos entregaram às potências estrangeiras. [...] nosso maior inimigo é o presidente da República". Outro jornal do Rio, *A Manhã*, refletiu que, se depois de dez anos o êxito da missão militar francesa não podia ser demonstrado no campo de batalha, ou os oficiais não entendiam o francês (a língua de instrução) ou os oficiais franceses não sabiam ensinar. Coletivamente, editoriais e matérias nessa linha apontavam a revolução como solução. O *Diário Carioca* captou esse ânimo crescente quando declarou que "faz-se necessária uma transformação radical ainda mais completa que a ocorrida em 15 de novembro de 1889". O paulista *Diário Nacional* não teve papas na língua: "O Brasil caminha a passos largos para uma revolução".[45]

Em julho de 1929, políticos descontentes começaram a cogitar nesse caminho. A escolha, pelo presidente Washington Luís, de seu colega paulista Júlio Prestes para candidato oficial na eleição de 1930 enfureceu os líderes mineiros, pois, segundo as regras da "política dos governadores", o próximo presidente deveria vir de Minas Gerais. No início de 1929, nasceu a Aliança Liberal, quando políticos mineiros e seus confrades do Rio Grande do Sul deliberaram sobre a possibilidade de contestar a escolha do paulista. Para atrair os gaúchos, os mineiros propuseram a candidatura do presidente de seu estado, Getúlio Vargas. Quase imediatamente, os líderes da Aliança aventaram a possibilidade de rebelião em caso de uma provável derrota. Compreendiam a ínfima chance da vitória nas urnas, pois a contagem dos votos ficava a cargo do governo.[46]

Embora a maioria dos oficiais do Exército não estivesse satisfeita com o presidente — ressentiam-se porque ele mantinha a política de seu antecessor de recusar anistia aos rebeldes —, apenas alguns oficiais na ativa entraram logo de saída na conspiração.[47] Os acontecimentos subseqüentes revelariam que poucos oficiais importavam-se suficientemente com o governo para defendê-lo com a vida.[48]

Os tenentes, de início, mostraram-se relutantes, quando não hostis, à idéia de associar-se aos conspiradores civis, que eram o tipo de homens — de fato, em alguns casos, os próprios homens — que eles haviam lutado para depor. Acabaram cedendo à persuasão de Osvaldo Aranha e preferiram concordar em cooperar a continuar isolados. Embora uma "segunda geração" de tenentes houvesse respondido ao novo chamado à rebelião, ainda foram minoria entre os oficiais de baixa patente. Curiosamente, o governo, dispersando-os por guarnições em todo o país, inadvertidamente ajudou a difundir a conspiração. Os conspiradores acabaram por convencer ou neutralizar um número suficiente de oficiais — principalmente no Nordeste e Rio Grande do Sul — para tornar o movimento irresistível.[49]

Quando Getúlio Vargas declarou sua candidatura, muitos oficiais, especialmente no Rio de Janeiro e no Rio Grande do Sul, expressaram seu desencanto com o sistema vigente trabalhando abertamente por Vargas. O governo federal procurou manter essa atividade sob controle, mas as tensões foram aumentando cada vez mais. Como em rebeliões anteriores, é provável que alguns oficiais não tenham conscientemente se decidido por um ou outro lado, mas sido levados pela opinião da maioria em suas unidades e/ou pela força de suas amizades em um dos lados.

O caso de Góes Monteiro é um bom exemplo. O comando do Exército supunha que, se eclodisse uma rebelião, seria no Rio Grande do Sul e, por isso, começou a enviar oficiais de confiança para guarnições naquele estado. Mas quando Góes Monteiro recebeu do ministro da Guerra, Nestor Sezefredo dos Passos, ordem para assumir o comando do 3º Regimento de Cavalaria Independente em São Luís das Missões, sentiu-se perseguido, pois considerava aquela a "pior guarnição" do Rio Grande do Sul, e além disso seus superiores ali, incluindo o comandante geral, general Gil Antônio Dias de Almeida, eram seus inimigos. O ministro talvez estivesse testando sua lealdade e ao mesmo tempo tirando-o do Rio. Afinal, Góes Monteiro estava na aviação, e muitos dos oficiais desse setor apoiavam Vargas. Além disso, em julho de 1929 ele permitira que o fotografassem em companhia de políticos da oposição no mesmo dia em que Vargas anunciara seu rompimento com o presidente Washington Luís. O encontro foi acidental e social, mas os jornais não informaram a razão de sua presença, sendo possível, assim, que a cena tenha suscitado dúvidas no quartel-general do Exército.

O mais provável, contudo, é que o general Nestor visse Góes como um oficial que provara sua competência e lealdade contra a Coluna Prestes, conhecia bem o Rio Grande do Sul e teria capacidade para controlar a área ao redor da cidade natal de Vargas, São Borja. O governo Washington Luís temia que depois das eleições de março de 1930 as derrotadas forças varguistas se revoltassem usando o poder de fogo da Brigada Militar gaúcha e das unidades civis provisórias comandadas por caudilhos locais. Em vez de sentir-se lisonjeado, Góes zangou-se com o posto e comentou com um amigo: "Não me importa. Mas eles pagarão caro!".[50]

Nessa conjuntura, falou alto a influência da família e da parentela. Em janeiro de 1930, a caminho para seu posto em São Luís, Góes fez escala na cidade portuária de Rio Grande, onde seu irmão favorito, Cícero Augusto, capitão de infantaria envolvido na conspiração e servindo na vizinha Pelotas, resumiu-lhe a situação local. E, a partir do momento em que seu navio atracou em Porto Alegre, Osvaldo Aranha orquestrou uma campanha de pressão com seus parentes — o genro de Góes, Antônio Saint-Pastous, seu primo em segundo grau por parte de mãe, tenente João Alberto, e vários outros conspiradores. Osvaldo Aranha providenciou para que Góes se encontrasse com Vargas, que relembrou seus dias de estudante. Aranha sondou-o, comentando: "Tu deves saber que as eleições vão ser fraudadas e nós vamos fazer o movimento revolucionário para acabar com esse sistema oligárquico que domina e oprime o Brasil". Góes não fez caso dos apelos e replicou: "Sou um oficial legalista, venho comandar uma unidade no Rio Grande do Sul e não tenho razões para mudar de opinião".[51] Obviamente ele tinha, sim, suas razões, e acabaria cedendo. Mas deve ter sido uma decisão difícil: poderia manter-se leal ao Exército e ao regime que jurara defender, mas julgava danoso ao Brasil, ou arriscar sua vida e sua carreira.[52]

É complicada a questão de como foi criado o comando militar da revolução. Claramente, Góes o encabeçou. Mas, em certa medida, foi à revelia. Virgílio de Melo Franco afirmou que o comando foi oferecido ao coronel Estevão Leitão de Carvalho, que comandava o quartel de Passo Fundo, e ao coronel Euclides Figueiredo, em Alegrete, dizendo-se ao primeiro que, se aceitasse, Góes e Figueiredo acatariam sua liderança.[53] Deve ter sido difícil para os tenentes pensar em subordinar-se a um oficial que lutara contra eles. Mas já haviam comprometido seus princípios associando-se à Aliança Liberal, que incluía políticos contra os quais se haviam insurgido: Epitácio Pessoa e Artur Bernardes! De fato, o candidato à vice-presidência, João Pessoa, fora por toda a década de 1920 o juiz do supremo Tribunal Militar que tentara sentenciar os tenentes rebeldes.[54] Vista do ângulo positivo, a aliança também incluía os antigos aliados civis dos tenentes: os "libertadores" gaúchos, os democratas paulistas e os políticos de oposição do Distrito Federal. Por mais desagradável que pudesse ser aquele arranjo, era seu único caminho para a vitória.

O tenente Osvaldo Cordeiro de Farias observou anos depois, em uma entrevista: "Se nós tivéssemos que fazer um levante militar exclusivo, sem a cobertura popular que o elemento político podia nos dar, seria uma repetição de 22 ou 24".[55] "Efetivamente isolados no Exército", como ressaltou José Augusto Drummond, os tenentes "não estavam em condições de escolher seus aliados civis."[56] E no passado haviam procurado consistentemente o apoio de altos oficiais; se não conseguissem que um ou dois generais se juntassem a eles, teriam de contentar-se com algum tenente-coronel promissor. A Aliança Liberal, por sua vez, incorporou as reivindicações dos tenentes (como o voto secreto, melhores leis eleitorais, atenção para problemas sociais e, especialmente, anistia para eles) à sua plataforma. No entanto, foram os tenentes que se tornaram um dos braços fortes das oligarquias dissidentes no Rio Grande do Sul, Minas Gerais, São Paulo e Paraíba, e não o contrário.[57]

O que os conspiradores civis queriam era absorver a heróica e extraordinária aura tenentista, e com esse propósito procuraram Luís Carlos Prestes, então exilado em Buenos Aires. No final de 1929 e início de 1930, Prestes encontrou-se em segredo com Vargas e Aranha em Porto Alegre e deles recebeu dinheiro para comprar armas no exterior, mas já enveredara demais pela esquerda. Não partilhava mais os objetivos dos veteranos da coluna. Achava que Vargas queria seu endosso mais para ganhar votos do que para desencadear a revolução de que o Brasil precisava. Em maio de 1930, Prestes estarreceu seus ex-companheiros tachando de "burguesa" a Aliança Liberal. Sua rejeição deixou os tenentes à deriva, pois agora estavam mais interessados em uma revolta bem-sucedida que lhes desse a anistia e lhes permitisse reparar suas vidas e carreiras em ruínas do que em idealismo revolucionário ou ideologia doutrinária.[58] A recusa de Prestes empurrou a rebelião para o centro político, facilitando aos políticos obter o controle.

Os altos e baixos dos meses seguintes são bem conhecidos: depois de o governo declarar Júlio Prestes vitorioso na "eleição", o ardor revolucionário dissipou-se a tal ponto que o projeto pareceu morto, mas reviveu-o o assassinato em Recife e o dramático funeral no Rio de Janeiro do conspirador João Pessoa, candidato à vice-presidência na chapa de Vargas e presidente da Paraíba.[59] Durante o interlúdio que antecedeu o assassinato, Góes declarou a Aranha que, mesmo se fossem necessários "um, dois, dez, vinte anos para alcançar a vitória", ele "já trazia na cabeça a idéia de um Brasil regenerado". Se Aranha não estivesse mais disposto a prosseguir em seus planos, ele, Góes, organizaria uma sociedade secreta no Exército em prol da regeneração nacional.[60]

O quartel de Góes em São Luís não era o melhor lugar para se manter contato com os conspiradores em Porto Alegre. O general comandante da região, Gil Antônio Dias de Almeida, suspeitava que Góes estava tramando, e por isso era preciso encobrir cuidadosamente seus movimentos. Devido à vacilação do líder mineiro Antônio Carlos e de sua recusa a aceitar responsabilidade, a revolta só poderia começar depois de 7 de setembro, quando Olegário Maciel tomasse posse como chefe do governo em Minas Gerais e pudesse mobilizar as forças estaduais. Góes permaneceu no interior depois de seu último encontro com Aranha de junho até o começo de setembro. Arranjou, então, uma desculpa engenhosa para viajar para Porto Alegre sem despertar as suspeitas do general. Desde meados de agosto, seu genro, dr. Antônio Saint-Pastous, que era médico, e seu irmão, Cícero, usaram como código para comunicar-se por telegrama uma doença simulada da esposa de Góes, Conceição, que devidamente representou seu papel. Por exemplo, em 1º de setembro Cícero telegrafou: "Vá possível brevidade P. Alegre assistir operação?", e no dia 7: "Você custando compreender gravidade moléstia Conceição deve seguir urgente fim vê-la".[61] O governo interceptou vários telegramas e cartas dos conspiradores, mas não conseguiu decifrar os códigos, ou não teve energia para tal, já que eram mudados semanalmente, enquanto os rebeldes ouviram todas as mensagens nas comunicações radiofônicas entre as unidades gaúchas e entre estas e o Rio de Janeiro, além de receberem cópias de mensagens do Estado-Maior das mãos de "funcionários amigos" no telégrafo e nos correios.[62]

A jornada de Góes pelo Rio Grande do Sul até Porto Alegre foi meticulosamente planejada. Ele se encontrou com conspiradores civis e militares em várias estações ferroviárias — Santo Ângelo, Cruz Alta, Juí, Tupanciretã, Santa Maria e Cachoeira do Sul. Alguns embarcavam no trem em uma cidade e viajavam até a próxima para não despertar suspeita. Preservar sua fachada legalista dava um tom irônico a muitas de suas conversas. Por exemplo, em Cruz Alta, onde seu amigo, major Eduardo Guedes Alcoforado, que não estava envolvido na trama, reunira os oficiais da guarnição para um almoço-surpresa na estação do trem, Góes perguntou ao comandante do posto, tenente-coronel João Batista Mascarenhas de Moraes, se ele tinha alguma mensagem para o comandante regional. Mascarenhas, que comandaria a Força Expedicionária Brasileira na Itália em 1944-45, ingenuamente pediu a Góes para dizer que ele tinha seus soldados sob controle e estava mantendo as conspirações fora de suas unidades. Góes comentou que também ele considerava seu próprio regimento invulnerável. Mas devia estar pensando: "Ah, se você soubesse o que o primeiro-tenente Nelson Gonçalves Etchegoyen está organizando entre os seus oficiais e sargentos!". Quando a revolta eclodiu, muitos dos oficiais não se apresentariam no quartel ou não resistiriam, pois haviam prometido permanecer neutros. Guedes Alcoforado, ao ver seu batalhão sem oficiais, entregaria a unidade aos rebeldes, e os sargentos do regimento desarmariam e prenderiam Mascarenhas.[63]

Em Porto Alegre, Góes repassou o plano das operações militares com os conspiradores,[64] provavelmente satisfeito por ter conseguido manter em segredo seu papel na insurreição programada. De fato, era tão bom comandante que um inspetor elogiara-o pela melhora que ele produzira no moral e na disciplina dos soldados em São Luís.[65]

Os legalistas não estavam totalmente no escuro; havia por toda parte sinais de rebelião à vista. Movimentações misteriosas ocorriam na Brigada Militar, em unidades da Guarda Nacional e em batalhões provisórios que se reuniam em todo o interior gaúcho, armas e munições desapareciam inexplicavelmente dos depósitos do Exército, os rumores corriam com rapidez alarmante, e tudo isso punha as guarnições estaduais do Exército em constante estado de alerta. No final de agosto, o general Gil, comandante regional, pediu permissão ao ministro da Guerra para concentrar suas tropas no interior do estado, para assim diminuir sua vulnerabilidade a serem atacadas separadamente e impedir que os conspiradores tivessem acesso a oficiais e sargentos simpatizantes. O general Nestor julgou isso desnecessário (embora conspiradores cortassem as linhas telegráficas do Exército no meio da comunicação dos generais) e afirmou que a paz reinava em todo o Brasil: "O perigo da revolução passou". Poucos dias depois os rumores ferveram a tal ponto que o general Gil sentiu-se impelido a chamar três unidades a Porto Alegre só para mostrar que elas obedeceriam ao seu comando.[66]

Esse processo deixou todos com os nervos à flor da pele, e os soldados cada vez mais se mostraram dispostos a atender a apelos como o do manifesto abaixo, destinado ao "Soldado Rio-grandense" e distribuído em Passo Fundo em 23 de setembro:

E no momento empolgante em que o Rio Grande, unindo as suas divisas [...] sai a campo para desagravar a honra nacional ultrajada, que farás tu, soldado rio-grandense? Empunharás, porventura, uma arma para atirar contra teus irmãos?

Lembra-te, soldado gaúcho, que ali, naquelas colunas que vais defrontar, estão os teus irmãos civis, os teus amigos de infância, aqueles que contigo comeram do mesmo churrasco e beberam do mesmo chimarrão.

[..] [cometerás] o crime do fratricídio? Não! Tu não podes atirar contra nós, soldado do Rio Grande, irmão querido, que tantas vezes estreitamos nos braços, nos amplexos da fraternidade. Vem conosco, irmão querido, comungar do mesmo ideal, para a redenção da pátria e a salvação da República![67]

No Rio de Janeiro, o general Nestor reunira tantas funções do Estado-Maior em seu gabinete que se isolara do grande fluxo de informações que o Estado-Maior normalmente processaria. Pior ainda, indispusera-se com generais respeitados que tinham numerosos seguidores no corpo de oficiais: Tasso Fragoso, João de Deus Mena Barreto, Francisco Andrade Neves, Malan d'Angrogne — justamente os homens a quem os conspiradores apelavam. Em 12 de setembro, o ex-deputado federal pelo Rio Grande do Sul Lindolfo Collor chegou ao Rio para pedir o apoio dos generais. Mas era preciso tato. Em vez de convidar Tasso Fragoso para juntar-se à revolução, disse-lhe que, sendo muito conhecido seu apreço pelo Rio Grande do Sul, viera para informá-lo sobre planos, alertá-lo. A essa demonstração de confiança Tasso respondeu que se opunha a rebeliões conta a "autoridade constituída", mas que se essa revolução viesse a ser realmente um movimento de alcance nacional, ele garantia que não permaneceria neutro e agiria com patriotismo quando chegasse a hora.[68]

A polícia do Distrito Federal, chefiada por Coriolano de Araújo Góes Filho, fracassou notavelmente em impedir esses encontros devido à proeminência dos envolvidos. Podiam usar métodos violentos com o povo, mas não com a elite.[69] E sem dúvida dois outros fatores também limitaram sua ação: primeiro, o presidente Washington Luís não acreditava de jeito nenhum que a revolução era possível, e repelia os ajudantes e outros que vinham trazer-lhe rumores e informes sobre conspiração; segundo, o poder da presidência em questões de policiamento político não ultrapassava as fronteiras do Distrito Federal. Assim, com uma força policial manietada, um ministro da Guerra isolado e egocêntrico, um corpo de oficiais dividido e um presidente turrão, a balança foi pendendo cada vez mais para o lado dos revolucionários.

Oficiais que aderiram à revolução, como Góes Monteiro, concordavam com a crítica tenentista de que uma panelinha paulista controlava o sistema político em benefício próprio. Alguns receavam que a crise econômica estivesse tornando o comunismo atraente para as massas ignorantes. A situação militar deprimia muitos oficiais; como afirmou Góes, faltavam líderes, soldados, material. A frágil estrutura disciplinar do Exército desmoronaria ao primeiro golpe. A revolução seria o veículo da regeneração nacional. O fascismo italiano de Mussolini era um exemplo arrebatador do que poderia ser feito; e, evidentemente, o Exército teria papel importante. O problema seria impedir a instituição de se deixar apanhar na armadilha da política partidária. Essas idéias motivaram os oficiais a adotar uma dentre três linhas de ação: aderir à revolução, permanecer neutro ou simular resistência. A oficialidade não estava ali para lutar até a morte pelo governo de Washington Luís.

No final de agosto, Góes redigira planos para uma reforma política destinada a criar um estado autoritário que "regenerasse" o Brasil. Em vez de aceitar a fragmentação e o colapso do país, ele propunha a unificação pela força.[70] É claro que nem os tenentes nem os políticos da Aliança queriam que ele redigisse planos políticos. Estavam obtendo mais do que haviam pedido daquele tenente-coronel, que antes de encerrar-se a década remodelaria o Exército e sua doutrina política. É interessante notar que pouco tempo antes, ainda em 1930, Góes elaborara um relatório sobre o preparo para a guerra para uma inspetoria do Exército, e essa tarefa dera-lhe a chance de refletir sobre as ligações entre a política e a prontidão militar. O trabalho continha conhecidas afirmações sobre o Exército fornecendo uma visão nacional comum e unificadora, sobre o abrasileiramento dos imigrantes e sobre alcançar o progresso usando o governo para resolver os problemas nacionais. A maior parte do relatório ressaltava necessidades institucionais do Exército, como um novo sistema de promoções, a reorganização do comando e do Estado-Maior, a criação de serviços logísticos regionais e uma divisão de autoridade mais racional. Góes retratou a situação nas unidades como desesperadora: o moral estava péssimo, havia deficiência de material e a disciplina era minada pela agitação política. Era imperioso uma ação rápida e honesta.[71] Talvez Góes estivesse tentando alertar o ministério para que agisse enquanto ainda era tempo, ou talvez esperasse convencer seus leitores de que a revolução era o único caminho para salvar o Exército e o país, justificando, assim, suas ações.

Góes tinha talento para expressar idéias que eram aceitáveis ou estavam latentes na mente de muitos oficiais que desejavam ver o Brasil mudado, mas se opunham a levantes populares e duvidavam da capacidade da elite para fazer revolução. Para ele, o objetivo era uma revolução militar que mudasse o menos possível a situação social. O povo deveria ser observador passivo, não participante ativo. Góes tinha incômodas dúvidas quanto à capacidade do Brasil para fazer uma "revolução útil". O que aconteceria quando as multidões saíssem às ruas? E, ponderado, alertava: "as revoluções sempre conduzem ao ignoto. As cousas raramente se passam como a gente as quer".[72]

Mas Góes desdobrou-se para garantir que as coisas acontecessem exatamente como ele queria. Conseguiu manter seu papel de chefe do estado-maior revolucionário oculto de seus superiores e dos oficiais não simpatizantes. Chegando a Porto Alegre em meados de setembro, supostamente para a cirurgia de sua esposa, montou um quartel-general secreto que funcionava de madrugada. A rede de agentes de Osvaldo Aranha obteve cópias de mensagens do comando regional que facilitaram muito o planejamento revolucionário.[73]

O levante propriamente dito, em 3 de outubro de 1930, deveria ocorrer simultaneamente por todo o país. Os adiamentos anteriores deram aos conspiradores uma lição sobre a precariedade de seu sistema de comunicação, e provavelmente não foi surpresa quando as mensagens confusas enviadas ao Nordeste retardaram a ação até a madrugada de 4 de outubro. De qualquer modo, a chave era o êxito do levante no Rio Grande do Sul.

O plano era engenhoso, como não poderia deixar de ser, pois os rebeldes não teriam condições de deslocar-se para fora do Rio Grande do Sul antes que os 14 mil soldados federais fossem neutralizados ou convencidos a aderir ao movimento. O ataque foi marcado para as cinco e meia da tarde de sexta-feira, 3 de outubro. Nessa hora, finda a semana, a maioria dos oficiais teria ido para casa, e os soldados que não estivessem de licença estariam jantando. Por vários dias antes dessa data, a polícia da unidade da Guarda Civil próxima do quartel-general militar regional em Porto Alegre havia feito o revezamento de seus homens na região central da cidade marchando em fila dupla pelas ruas, deixando no posto os homens que vinham render os que estavam de serviço, enquanto estes últimos se incorporavam à coluna em marcha. Dessa maneira, acostumaram a tropa federal àquelas idas e vindas, eliminando suspeitas e se transformando em uma força ideal para um ataque surpresa. Na tarde de 3 de outubro, quando passaram marchando às cinco e meia, fizeram uma guinada súbita e correram para a entrada do quartel-general. Trincheiras, disfarçadas de valas para reparo da canalização de água, haviam sido cavadas nas ruas. Prédios vizinhos — a torre da igreja de Nossa Senhora das Dores, o convento de São Rafael, o quartel da Brigada Militar e o hotel Majestic —, cujas janelas permitiam boa visão para atirar, haviam sido ocupados. Tiros de canhão partiram de todas as direções. Cerca de trezentos homens compunham a força atacante. Os conspiradores haviam previsto que as lojas estariam fechando e que as ruas se encheriam de trabalhadores a caminho de casa. Mas a notícia espalhara-se pela cidade no começo da tarde. As escolas dispensaram os alunos mais cedo, e à tardinha as lojas haviam mandado seus empregados para casa e baixado as portas de metal. Havia, inclusive, muitos espectadores nas ruas, curiosos, à espera de que algo acontecesse. A revolta era segredo só para os distraídos.

Ironicamente, naquela manhã o general Gil fora fazer um exame de vista; talvez fosse bom ter mandado examinar também os ouvidos. Quando voltou ao quartel por volta da uma da tarde, disseram-lhe que Osvaldo Aranha leria um manifesto revolucionário em um comício naquele dia, e informaram-lhe que telefonemas anônimos tinham avisado sobre uma revolta iminente. De Passo Fundo, o coronel Leitão de Carvalho informou por rádio que homens armados haviam tomado a agência do correio e que o intendente local dera ordem ao provisor civil do regimento para que não fornecesse suprimentos requisitados. De Bagé, o coronel José Meira de Vasconcellos informou-lhe que ficara sabendo que a revolta começaria naquele mesmo dia em Porto Alegre, e de Alegrete veio a notícia de que grupos haviam roubado cavalos dos pastos do Exército no meio da noite. Às três horas, o general Gil ordenou às unidades da capital que ficassem de prontidão. Mas muitas já haviam dispensado seus soldados, e em outras os oficiais comprometidos ocultaram a ordem. O general demorou a acreditar que Vargas poderia estar envolvido. O mensageiro que ele enviou para informar Vargas das notícias vindas de todo o estado retornou às quatro e meia com a resposta: "Diga ao general que serão tomadas precauções". Algumas das "precauções" consistiriam em conspiradores do Exército removerem os percutidores das metralhadoras e trancarem a porta do depósito de munição do próprio quartel! Quando o ataque aconteceu, Osvaldo Aranha tinha vários dos cruciais percutidores bem seguros no bolso da camisa.[74]

Civis armados e policiais prenderam oficiais e soldados que andavam pelas ruas em seu horário de folga. Em um quartel, os oficiais, chamados para o jantar pelo toque de corneta, foram atacados por rebeldes. Os oito homens nos três andares do quartel-general não foram páreo para os trezentos que atiravam contra o prédio. O general Gil e um oficial médico, major João Cavalcanti Ferreira de Mello, refugiaram-se nos aposentos do general, onde o doutor foi ferido. Uma das filhas do general pegou o revólver do médico caído e, ao lado do pai, em uma das despensas, manteve os atacantes à distância. Com sua presa imobilizada, Osvaldo Aranha ordenou-lhe que se rendesse, e o general concordou em fazê-lo, mas só se recebesse uma carta de Getúlio Vargas atestando a inutilidade de continuar resistindo e dando-lhe garantias à altura de sua patente e "da estima que ele merece no Rio Grande do Sul".[75]

Dos cinqüenta homens que efetivamente atacaram o quartel-general regional, onze foram mortos e catorze ficaram feridos. Um velho soldado, conhecido apenas como Vicente, varria o chão quando foi morto por um tiro; outro que tombou foi o major Otávio Cardoso, chefe do Centro de Preparação de Oficiais da Reserva (CPOR) de Porto Alegre. Curiosamente, os relatos biográficos de onde se extraiu boa parte desses detalhes não fornecem números para o total de mortos e feridos. Provavelmente isso ocorreu porque o registro dos fatos foi uma tarefa que entrou em colapso junto com a estrutura de comando do Exército.[76]

Em outros lugares, os rebeldes surpreenderam as unidades leais em seus quartéis; os soldados estavam cansados não só da rotina diária, como também das semanas de alertas e alarmes falsos durante as quais haviam sido mantidos de prontidão. A resistência foi débil e incerta, vencida, na maioria dos lugares, em algumas horas, quando não em minutos. Alguns resistiram mais tempo, mas em três dias o estado estava dominado.[77] Em Santo Ângelo, o regimento de infantaria e a bateria de artilharia renderam-se depois de ser ameaçados com a degola de seus familiares na frente do quartel. Em São Borja, a cidade de Vargas, o 2º Regimento de Infantaria Ligeira, apesar de ter um parente do líder entre seus oficiais e soldados naturais do município, resistiu por vários dias antes de atravessar o rio Uruguai e entrar na Argentina. O parente de Vargas e outro oficial aderiram depois ao movimento revolucionário. Góes aparentemente não se arriscou a conspirar em seu próprio regimento, comandado por um capitão que, após declarar-se legalista esperou até 7 de outubro por ordens que nunca chegaram. A unidade nada fez; a maioria de seus oficiais acabou por refugiar-se na Argentina. Fora prometido ao coronel Leitão de Carvalho que seu 8º Regimento não seria atacado se evitasse ação ofensiva, mas os chefes rebeldes locais perderam o controle sobre alguns dos belicosos rebeldes vindos de outras regiões, que começaram a atirar contra o quartel. No tiroteio resultante, dois soldados foram mortalmente feridos. Leitão dissolveu o regimento antes de entregar o prédio e suas áreas externas. Ele e alguns de seus oficiais foram mandados para o navio-prisão atracado em Porto Alegre. Um detalhe significativo foi não terem sido despojados de seus revólveres e espadas até chegarem ao navio. Por ocasião da revolta, o coronel Euclides Figueiredo estava fora de Alegrete, participando de manobras de campanha em Livramento, e ali foi atacado por civis na entrada de seu hotel e deixado inconsciente ao lado de seu ajudante e ordenança feridos. A Brigada Militar do estado tomou de surpresa o quartel da cavalaria e infantaria em Livramento.[78]

O que estrategicamente parecera sensato no tempo do ministério Calógeras (1919-22), quando foram construídos os modernos quartéis no Rio Grande do Sul — ou seja, distribuí-los em formação defensiva pelo mapa do estado em unidades do tamanho de regimentos —, revelou-se desastroso como defesa contra a conspiração interna e os ataques fragmentados. Os 14 mil soldados federais estavam dispersos por 21 guarnições cujos efetivos variavam de duzentos a mil homens. O

Ferrovias na década de 1930

PARAGUAI

PARANÁ

SÃO PAULO

Ponta Grossa

Guarapuava

Curitiba

Foz do
Iguaçu

Lapa

Paranaguá

Porto União

ARGENTINA

SANTA CATARINA

Blumenau

Itajaí

Uruguai

Campos
Novos

Curitibanos

Santo Ângelo

Juí

Passo Fundo

Lajes

Florianópolis

São Joaquim

São Borja

São Luís
Gonzaga

Cruz Alta

RIO GRANDE
DO SUL

Laguna

Santiago

Santa
Maria

Caxias
do Sul

Torres

Uruguaiana

Alegrete

Cacequi

Rio Prado

Rosa

Porto
Alegre

Osório

Quarai

São Gabriel

Cachoeira
do Sul

Livramento

OCEANO
ATLÂNTICO

Bagé

URUGUAI

Rio Grande

0   100   200   300 km

FONTE: Luiz Paulo Macedo Carvalho (ed.), *The Army in Brazilian history,* Rio de Janeiro e Salvador, Biblioteca do Exército e Odebrecht, 1998, 4 v. Redesenhado por Bill Nelson. Usado com permissão da Biblioteca do Exército, Rio de Janeiro.

Exército contava com forças numericamente superiores às forças estaduais em todas as localidades exceto Porto Alegre, e seus homens eram mais bem treinados e armados; entretanto, estavam espalhados, com as comunicações comprometidas ou cortadas, tinham oficiais e sargentos participando da revolução e soldados oriundos da própria região que abominavam atirar em amigos e parentes, e por tudo isso o Exército no Rio Grande do Sul sucumbiu. Seus oficiais renderam-se, exilaram-se ou amarraram um lenço vermelho no pescoço e aderiram à revolução.

De capitão para baixo, a tendência foi a adesão à revolução, enquanto de major para cima a parcela predominante apoiou a legalidade. Os oficiais subalternos que ficaram ao lado de seus superiores e resistiram aos rebeldes, ainda que por pouco tempo, fizeram-no por sentimento de lealdade a seus comandantes específicos e não ao sistema ou ao presidente federal. Mantiveram a resistência até seu comandante liberá-los da obrigação para com sua pessoa. Como é duvidoso que muitos oficiais superiores sentissem lealdade pessoal para com Washington Luís — sua recusa a anistiar os rebeldes de 1922 e 1924 pesava acentuadamente contra ele —, podemos supor que os que lutaram contra o movimento de 1930 fizeram-no porque eram legalistas, acreditavam que o Exército não tinha direito de rebelar-se contra a autoridade constituída, ou talvez julgassem que seus compromissos pessoais obrigavam-nos a agir assim, ou ainda que tinham mais a ganhar ficando do lado do governo. Leitão de Carvalho costuma ser apontado como o principal legalista, em parte porque em seu livro constantemente afirmasse sê-lo; mas não podemos deixar de notar que foi promovido a coronel em setembro de 1930, em plena crise.[79]

Mas até os legalistas tinham uma autodefinição singular, pois não prenderam os que conspiravam discretamente, nem, ao que parece, revelaram a seus comandantes que haviam sido sondados. Cabe ressaltar que os oficiais brasileiros não juravam obediência à Constituição, e sim a seus superiores, de modo que os laços pessoais tinham papel importante na manutenção da disciplina. Era um sistema acentuadamente paternalista, influenciado pelas ligações pessoais e as amizades. Até Góes aconselhou o ajudante do general Gil, primeiro-tenente Afonso Henrique de Miranda Correia, que quis aderir ao movimento na manhã de 3 de outubro, a permanecer leal a seu general porque este lhe tinha confiança e precisava dele.[80] No código tácito do corpo de oficiais, ser o homem de confiança de um superior implicava o dever recíproco da lealdade.

A comparação do efetivo autorizado para cada posto nas unidades do Rio Grande do Sul com os homens que o general Gil registrou como detidos em Porto

Alegre ou fugidos do país evidencia que relativamente poucos oficiais opuseram-se aos revolucionários ou se recusaram a aderir ao movimento. Considerando que todas as unidades estavam com efetivo inferior ao autorizado e que o general Gil não pôde registrar todos os oficiais que resistiram, a Tabela 7.1 mostra esmagadora tendência à passividade ou aceitação da revolução.

A tabela pode dar apenas uma idéia do número de oficiais que escolheram rebelar-se e dos que resistiram, mas, enquanto não forem obtidos dados mais apropriados, ela permite ver que a grande maioria, ou 758 dos 920 oficiais com patentes inferiores à de coronel em serviço no Rio Grande do Sul, aderiu à revolução.

A rebelião foi bem-sucedida porque a estrutura de comando do Exército fora totalmente solapada. Os conspiradores haviam persuadido 82% dos oficiais, e um número desconhecido, porém elevado, de sargentos em muitas unidades, de que seu futuro, assim como o do Exército e o do país, seria melhor sob o comando de um novo grupo de líderes. Os ataques às várias unidades lograram êxito em grande medida porque nelas havia conterrâneos e uma aversão geral a lutar. Os revolucionários procuraram, de modo geral, minimizar as baixas de ambos os lados.

É interessante notar que mesmo na rebelião foram observados certas cortesias e costumes militares. Depois que o 7º Batalhão de Infantaria Ligeira em Porto Alegre resistiu tenazmente por horas ao fogo cerrado de armas pequenas e artilharia, seu comandante e Góes negociaram um documento de rendição formal declarando que a unidade cumprira seu dever militar. Em seguida, em vez de apenas prender o oficial derrotado, os vencedores permitiram a realização da cerimônia completa usual, com discursos transferindo o batalhão para o novo comandante rebelde. Além disso, todos os soldados do batalhão optaram por juntar-se aos rebeldes contra quem até então estavam lutando.[81]

A ESTRADA PARA O RIO DE JANEIRO

Agora por trilhos, as forças revolucionárias seguiram para o norte, atravessaram Santa Catarina até Porto União e dali até Ponta Grossa, no Paraná, enquanto a cavalaria viajava pela rota litorânea. Unidades federais no Paraná juntaram-se à revolução e depuseram o governo estadual.

Minas Gerais era motivo de preocupação. O veterano tenente Osvaldo Cordeiro de Farias coordenava a atividade rebelde naquele estado, mas, como era ape-

TABELA 7.1
REVOLUÇÃO DE 30 NO RIO GRANDE DO SUL. Nº AUTORIZADO DE OFICIAIS
COMPARADO AO Nº DE OFICIAIS QUE PERMANECERAM LEAIS OU SE REBELARAM

PATENTE	ARMA					SERVINDO NO RS			%
	INF.	CAV.	ART.	ENG.	DESCONHECIDA	TOTAL	LEAIS	REBELDES	
Coronel	3	1	4	1		9			89
Leais	3	3	1	0	1		8		
Rebeldes		1						1	
Ten.-coronel	6	12	11	2		31			54,8
Leais	9	0	1	0	4		14		
Rebeldes					17			17	
Major	19	12	21	2		62			59,6
Leais	10	4	2	1	8		25		
Rebeldes	9	8	19	1				37	
Capitão	67	65	60	12		210			87
Leais	15	3	3	0	6		27		
Rebeldes	52	62	57	12				183	
Tenente	85	130	108	17		343			88,6
Leais	9	21	3	3	3		39		
Rebeldes	76	109	105	14				304	
2º.-ten.	110	104	56	12		285			82,5
Leais	28	12	4	3	3		50		
Rebeldes	82	92	52	9				235	
TOTAIS						937			
Leais							163		17
Rebeldes								777	82,9

NOTA: Para o efetivo autorizado, ver *Almanak do Ministério da Guerra para o Anno de 1931*, Rio de Janeiro, Imprensa Militar, 1931, pp. 17-19, 187-89, 267-69, 267-69. Esses níveis de autorização haviam sido mantidos durante toda a década de 1920. Podem não ser totalmente precisos em relação ao número efetivamente presente no estado em 3 de outubro. O General Gil de Almeida, em *Homens e factos de uma revolução*, Rio de Janeiro, Ed. Calvino Filho, s.d., pp. 327-32, observou que sua lista não incluía alguns oficiais de guarnições em São Borja, Itaqui, Uruguaiana e Alegrete. Mas ele incluiu a maioria dos que se mantiveram leais e foram aprisionados ou que atravessaram a fronteira e se exilaram. José Murilo de Carvalho afirmou que "mais de trezentos oficiais apresentaram-se como prisioneiros ao comando rebelde", porém não informou a fonte dessa informação (ver José Murilo de Carvalho, "Armed Forces and politics in Brazil, 1930-1945", *Hispanic American Historical Review* 62, n. 2, maio 1982, p. 194, nota 2). É possível que esse número realmente tenha sido o correto nos primeiros dias após 3 de outubro, mas desconfio que muitos dos que inicialmente se mantiveram ao lado de seu oficial superior por lealdade pessoal logo foram liberados desse compromisso e se juntaram aos rebeldes.

nas primeiro-tenente, o comando era exercido pelo irmão do falecido João Pessoa, tenente-coronel Aristarcho Pessoa Cavalcanti de Albuquerque. Não conseguiram trazer para seu lado nenhuma das guarnições federais. As forças revolucionárias compunham-se da Força Pública e de civis armados chefiados por líderes políticos locais. Os rebeldes desmantelaram o sistema de comando das forças federais prendendo o general José Joaquim de Andrade dez minutos antes do ataque a vários quartéis. Em Belo Horizonte, o 12º Regimento de Infantaria resistiu por cinco dias em uma luta vã contra um batalhão da polícia estadual, e unidades em Juiz de Fora e Três Corações foram imobilizadas em seus quartéis. Os soldados do 10º Batalhão de Infantaria Ligeira em Ouro Preto, no primeiro encontro com os rebeldes fugiram para as montanhas ou aderiram à revolução. O 11º Regimento de Infantaria em São João del Rei capitulou depois de breve tiroteio. As forças mineiras logo estavam a postos nas fronteiras de Minas com São Paulo e Rio de Janeiro.[82]

No Nordeste, a resistência foi vencida de modo semelhante, em três dias. Ali, além das guarnições federais, unidades do Tiro, como o 333º do Recife, aderiram à revolta. Só na Paraíba os percalços foram maiores; ali os principais conspiradores eram ajudantes do governador e do comandante da região militar, nenhum dos quais estava envolvido. O ataque teve início à uma da madrugada de 4 de outubro, quase doze horas depois de iniciar-se o levante no Sul, e tirou a vida do general Lavenère Wanderley, comandante regional, e cinco de seu estado-maior. Também o comandante do 23º Batalhão de Infantaria, coronel Pedro Ângelo Correia, morreu resistindo a seus homens. Em 12 de outubro, no Sul, as forças revolucionárias estavam na fronteira de Paraná e São Paulo, aproximando-se de Itararé, cidade interiorana paulista onde a estrada de ferro São Paulo—Rio Grande cruzava com a linha Nordeste, cuja captura abriria o caminho para São Paulo e finalmente para o Rio de Janeiro.[83]

Em Itararé não houve batalha, mas um impasse. Chuvas torrenciais desabaram sobre a região de 5 a 24 de outubro, dificultando ou impossibilitando operações militares. Unidades legalistas do Exército federal e a Força Pública paulista estabeleceram posições defensivas na cidade, puseram à prova as linhas rebeldes com incursões de pequenas unidades e trocaram tiros de artilharia. Mas nenhum dos lados mostrou muito interesse em uma grande batalha enquanto aguardavam o tempo melhorar e o clima político revelar-se. Góes, seus colegas do Exército regular entre os revolucionários e os tenentes não estavam interessados em destruir fisicamente o Exército federal, mas em ganhar seu controle. Precisariam do

Exército para manter a ordem e impedir as massas de fazer sua própria revolução. Considerando o fervor revolucionário que crescia pelo país, o tempo estava do lado da revolução. Enquanto isso, forças rebeldes vindas de Minas Gerais e do Nordeste continuavam a avançar para o Rio de Janeiro.[84]

A capital fervilhava de rumores e tramas. No quartel da Vila Militar e nos corredores do Ministério da Guerra, na praça da República, os generais e coronéis reconsideravam sua lealdade ao presidente Washington Luís. Dia a dia, a partir de 10 de outubro, foi declinando o número dos legalistas. A ausência de resposta à convocação de reservistas da 1ª Região Militar demonstrou que o governo não tinha apoio popular. Começaram a surgir histórias de nepotismo; os filhos e o genro do presidente apresentaram-se para o dever, mas logo foram designados para a assessoria militar da presidência. Alguns apontavam o presidente como principal responsável por provocar a revolução. O general Tasso Fragoso classificava-o como "autoritário e sem a menor visão política". Com a queda do entusiasmo legalista, conspirar entrou na ordem do dia.[85]

Os generais tinham de agir antes que o Exército fosse totalmente derrotado, subvertido ou que se esvaísse, se quisessem ter alguma influência em seu futuro. Os mais otimistas dentre eles talvez esperassem conseguir o controle da situação e, de algum modo, impedir Vargas de chegar ao poder. Mas isso era totalmente improvável. O general Malan d'Angrogne escreveu em seu diário: "o espírito geral é francamente favorável ao triunfo revolucionário", salientando, porém, que "isto deve acabar o mais depressa possível" para poupar o país e "nosso amado Rio Grande" de uma carnificina prolongada.[86] Tasso Fragoso chegara à conclusão de que se os generais liderassem "uma ação pacificadora", seria "mais fácil conservar a disciplina da tropa, manter a ordem social, coibir os abusos e evitar as vinditas pessoais". As paixões haviam chegado a tal ponto que se fazia necessária uma intervenção no topo. Já em 19 de outubro, o coronel Bertoldo Klinger e o tenente-coronel José Antônio Coelho Neto procuraram vários generais em nome do general João de Deus Mena Barreto pedindo assinaturas para uma "ordem operacional" conclamando o presidente a renunciar.[87]

A decisão de Tasso Fragoso de "rebelar-se" é especialmente interessante, pois aos vinte anos ele participara do golpe contra o Império, e a experiência subseqüente ensinara-o a desconfiar de revoluções. Ele afirmou que em 1889 rebelara-se por julgar que a monarquia era uma forma de governo transitória que desapareceria em breve. As leis da evolução humana exigiam uma república, ele pensava;

seu amor pelo Brasil impelira-o a contribuir para o avanço do processo. Embora não se arrependesse de sua decisão, ele acabou por concluir que "levantes parciais" que entregavam o governo aos militares desviavam o Exército de sua verdadeira missão. Mas em outubro de 1930 ele reconhecia que o país passava por "uma verdadeira comoção ou revolução nacional como jamais tinham visto". Já não ficava bem os militares defenderem um governo que a nação não apoiava. "A força armada é servidora desta [a nação], e não daquele [o governo]." A seu ver, a dificuldade estava em reconhecer o momento decisivo em que era preciso recusar-se a servir como "instrumento de opressão".[88]

Na manhã de 23 de outubro, o general Mena Barreto e seu filho foram à casa de Tasso dizer que estava tudo pronto e pedir-lhe que se juntasse a eles. Discutiram o texto de um manifesto exortando o presidente a renunciar em nome do patriotismo, e Tasso concordou em consultar outros generais. Naquela tarde foi ao ministério, onde seu amigo Alexandre Henriques Vieira Leal, chefe do Estado-Maior do Exército, deixou claro que estava com o governo e que Tasso não devia contar-lhe nenhum segredo. Permaneceria leal ao presidente porque lhe dera sua palavra, e não porque concordasse com ele. Os outros generais com quem Tasso conversou achavam que a rebelião era justificada; alguns se comprometeram imediatamente, outros se desculparam dizendo que não podiam abandonar seus postos por lealdade a seus superiores imediatos.[89] Naquela noite, por ordem do ministro da Guerra, Sezefredo dos Passos, agentes tentaram, sem êxito, prender o coronel Klinger em sua casa. Deliberadamente, ele passara a dormir em seu escritório, cujas sentinelas eram de sua confiança. O ministro enviou o general Leal com vários oficiais e agentes a paisana, os "secretas", para buscar o general Mena Barreto. Mas, constatando que ele não estava em casa e sendo informado de que se encontrava no forte de Copacabana, o general Leal conduziu propositalmente seu grupo na direção oposta, provavelmente no intuito de evitar uma luta. De qualquer modo, os generais rebeldes agora não tinham escolha: precisavam agir. Altas horas da noite, Mena mandou um carro buscar Tasso no forte. Cenário da primeira revolta tenentista em 1922, o forte agora era palco de uma revolta de generais.[90]

Do outro lado da cidade, na praça da República, entre uma e três da madrugada de 24 de outubro o ministro Sezefredo e o general Leal chamaram vários generais ao ministério para uma reunião de emergência. Discutiram a ordem de operações de Mena Barreto. O general Malan declarou que ele não a assinara por-

REVOLUÇÃO DE 30, CENÁRIO DOS PRINCIPAIS ACONTECIMENTOS
E OPERAÇÕES REBELDES NA PRIMEIRA METADE DE OUTUBRO

FONTE: Luís Paulo Macedo Carvalho (ed.), *The Army in Brazilian history,* Rio de Janeiro e Salvador, Biblioteca do Exército e Odebrecht, 1998, 4 v. Redesenhado por Bill Nelson. Usado com permissão da Biblioteca do Exército, Rio de Janeiro.

que não comandava tropa e, sem soldados para apoiá-lo, teria sido um ato inútil, "platônico". Afirmou, porém, que era "preciso superpor à rude obrigação militar o dever de brasileiro que exigia estancar a sangueira e impedir a ruína do país". Em sua opinião, deviam exigir a renúncia do presidente.[91] O general Nestor disse que a causa dos problemas do país não era o governo, mas a luta dos partidos políticos pelo controle. Vários oficiais censuraram o ministro e o chefe do Estado-Maior do Exército por esconderem do presidente a gravidade da situação. Depois de algumas horas, o general Nestor declarou que já ouvira o bastante, e foi ao palácio da Guanabara conferenciar com Washington Luís.[92]

Às seis da manhã, os generais Tasso e Mena começaram a dar telefonemas. Tasso exortou os generais João Gomes Ribeiro, comandante da Vila Militar, e João Álvares de Azevedo Costa, comandante da 4ª Região Militar, a juntar-se a eles. Pouco depois o ministro da Guerra telefonou a Mena e deu-se o diálogo a seguir, reproduzido aqui com a grafia usada por Klinger, que na época estava preconizando uma reforma ortográfica:

MINISTRO João de Deus, aci é o Nestor. Estou de póse dos seus papéis. Como foe V. se meter niso? V. ce sempre, toda a sua vida, se comservou ao lado da legalidade?! Venha para o nóso lado!

GENERAL MENA Iso não é possível. As órdems estão dadas e em vias de ezecusão. Trata-se presizamente de restaorar a legalidade. V. é ce deve juntar-se aos seus camaradas, libertarse de seus compromisos politicos.

MINISTRO Vocês vão levar o BRAZIL para o comunizmo.

GENERAL MENA Emcuanto eu viver, tal não susederá.

O coronel Klinger ligou para seu amigo, general Azevedo Costa, em Juiz de Fora, e o persuadiu a tomar parte no "movimento de pacificação". O general Mena aconselhou os comandantes da Polícia Militar e do Corpo de Bombeiros do Distrito Federal a não entrarem na briga. Por volta das oito e meia, o genro do general Malan trouxe a notícia de que o general decidira juntar-se a eles; imediatamente, designaram-no para comandar o 3º Regimento de Infantaria em Praia Vermelha e o forte São João, na Urca. Os generais José Fernandes Leite de Castro, Firmino Antônio Borba, Álvaro Mariante e Pantaleão Telles Ferreira também aderiram. Um fluxo constante de oficiais de várias patentes estivera chegando a Copacabana, e multidões apinhavam as ruas do Rio. Em alguns lugares, saqueadores aproveitaram a distração das autoridades para invadir lojas, o jornal situacionista *O País* foi incendiado e a cidade assumiu um ar caótico.[93]

Em Botafogo, o agrupamento formado pelo 3º Regimento de Infantaria e os civis que a unidade armou, marchando pelas ruas Farani e Pinheiro Machado até o palácio da Guanabara, tinha aspectos de ópera cômica. Os generais Tasso, Mena e Malan reuniram-se ao comandante do regimento, coronel José Pessoa Cavalcanti de Albuquerque, sobrinho do presidente Epitácio Pessoa, à frente da variegada coluna, e foram abrindo caminho pelas ruas através da multidão de espectadores até o jardim do palácio. Em vez de lutar, a guarda do palácio recebeu-os com vivas e ramos de palmeira. A multidão ouviu, à distância, os canhões nos fortes de Copacabana, Vigia e São João dispararem uma salva de quinze tiros, um para cada estado em mãos dos revolucionários naquele momento.

Curiosamente, mesmo àquela altura, talvez por hábito de uma vida inteira, os generais rebeldes respeitavam a posição e a autoridade do presidente. Tasso, Mena e Malan, com extrema deferência, considerando as circunstâncias, aguardaram um pouco nervosos que Washington Luís os recebesse, mas finalmente, cansados do jogo, foram até ele. Tasso fez-lhe continência e ressaltou que lamentavam ser obrigados a agir daquela maneira; expressou sua preocupação com a vida do presidente, e este replicou: "A vida neste momento é o que mais desprezo!". Os generais espantaram-se com a recusa do presidente a aceitar o golpe; aparentemente, ele esperava ainda poder intimidá-los. O problema dos golpistas era fazê-lo concordar em ser deposto e deixar o palácio pacificamente. Temiam que, se usassem a força, pudessem incitar a multidão nos jardins e nas ruas a uma violência incontrolável. A história de suas negociações e da participação do arcebispo do Rio, Sebastião Leme da Silveira Cintra, que em meio à crise voltara de Roma com o chapéu cardinalício, é bem conhecida. Em poucas palavras: Washington Luís cedeu horas depois e concordou em deixar o palácio em companhia do cardeal Leme e do general Tasso, que o levaram de carro até o forte de Copacabana, de onde ele partiria do Brasil para o exílio.[94] Se os generais insurgentes reconheceram o simbolismo e a ironia de usar o forte de Copacabana para desencadear sua revolta e aprisionar o presidente, não o declararam em seus relatos biográficos. Mas foi um final digno do processo iniciado em 1922.

Se os oficiais do Rio e seu "movimento de pacificação" julgavam poder afastar as vitoriosas forças de 3 de outubro, enganaram-se. Sua ação na deposição de Washington Luís deu-lhes algum poder de barganha e impediu o derramamento de sangue que poderia ter descambado para uma guerra civil. No mesmo dia do golpe no Rio, Góes Monteiro estava prestes a ordenar o ataque em Itararé. Como os revolucionários tinham o compromisso de levar a luta avante, os generais, sem ter escolha, entregaram o poder a Vargas em 3 de novembro. Se tinham alguma dúvida, a passagem triunfal de Vargas pelo sul do Rio de Janeiro vindo do Sul e a tumultuada acolhida que lhe deram na capital demonstraram os sentimentos populares.[95]

O general Tasso Fragoso, embora respeitado alto oficial do Exército, não ardia de desejo pelo poder político. Toda a sua carreira comprova seu testemunho de que se sentiu aliviado ao passar o fardo da autoridade a Vargas. Cabe notar que, embora Tasso possa, em grande medida, ter personificado a alma do Exército em 1930, a rebelião que ele e seus colegas levaram a cabo não foi o mesmo tipo de golpe institucional que se veria no Brasil em 1937, 1945 ou 1964. O golpe de 24 de outubro foi, sobretudo, um golpe de altos oficiais contra a própria estrutura de comando do Exército, contra o presidente, o ministro e o chefe do Estado-Maior. Foi um indicador da desintegração do Exército brasileiro.

O corpo de oficiais e os sargentos haviam-se dividido em seis grupos. Primeiro, os tenentes: os veteranos de 1922, 1924 e da Coluna Prestes e a chamada segunda geração, que a eles se juntou assim que se formou na Escola Militar no final da década. Segundo, os moderados, agrupados em torno de Góes Monteiro, ex-legalistas que tinham laços com as oligarquias gaúchas, mineiras ou paraibanas. No topo desse grupo estavam cerca de duas dúzias de oficiais superiores como Góes, mas o grosso compunha-se de tenentes e capitães que seguiram seus superiores em outubro de 1930 sem simpatizar com os tenentes; de fato, mais tarde formariam o núcleo de oposição de oficiais subalternos à influência tenentista no Exército. O terceiro grupo consistia em oportunistas que, durante um ataque ou após serem feitos prisioneiros, haviam aderido ao movimento. O quarto compunha-se dos que resistiram. Alguns, como vimos, fugiram do país; aproximadamente dez foram mortos, entre eles o comandante geral regional da Paraíba. O quinto grupo era formado pelos "pacificadores" que derrubaram Washington Luís e, sem conseguir negociar um novo governo aceitável aos revolucionários, passaram o poder a Vargas. E o sexto eram os pacifistas que não definiram sua posição e aguardaram o resultado da luta. Quanto aos sargentos, é difícil categorizá-los, pois faltam estudos sobre seu papel. Muito provavelmente, estiveram distribuídos pelos grupos acima. Tanto os rebeldes como as forças do governo deram comissão de tenente a sargentos para preencher lacunas na cadeia de comando. O fato de ser possível montar a lista acima indica o grau do colapso da disciplina e organização. Também é importante salientar que os vários grupos mencionados não foram as únicas forças armadas envolvidas na revolução. Havia as polícias militares dos estados da Aliança Liberal e o grande número de civis armados liderados por políticos estaduais, oficiais da Polícia Militar ou caudilhos locais.[96]

A revolução pôs sob os holofotes a derrocada do Exército. Os revolucionários de 30 não viam o Exército como a nação armada ou o "povo em armas", mas como o principal inimigo militar que precisava ser eliminado ou neutralizado para que a vitória fosse assegurada. Como observou Leitão de Carvalho, "o Exército brasileiro foi a principal vítima da revolução".[97] O Exército era o baluarte do velho regime, e não o agente de um novo Brasil. Em todo o país, os quartéis-generais e comandantes regionais foram os primeiros alvos dos revolucionários, cujo objetivo era desmantelar a cadeia de comando, neutralizar a capacidade operacional do Exército para que não pudesse defender o governo. E nesse esforço foram tão bem-sucedidos que seria necessária boa parte da década vindoura para reerguer o Exército.

Em 1889 oficiais do Exército haviam emprestado seus sabres para a criação da República; o breve período de governo por generais na década de 1890 deu lugar ao governo oligárquico e ao posicionamento do Exército como principal instrumento para estender a autoridade do governo nacional a todo o mapa do Brasil. Quando os alicerces da República Velha foram minados pelas mudanças socioeconômicas do início do século XX, também as contradições entre os objetivos modernizadores do corpo de oficiais e o papel de instrumento de força que ele desempenhou para manter a ordem estabelecida minaram sua autoconfiança e auto-estima até incapacitá-lo para resistir à revolução.

8. O Exército e a política revolucionária

Tudo se relaciona com o Exército.
Osvaldo Aranha

A REVOLUÇÃO E O EXÉRCITO

A Revolução de 30 introduziu um período de mudanças profundas e turbulentas. E o Exército, por mais instável que fosse, era a única instituição nacional que o governo central tinha à disposição, portanto dominá-la era fundamental. No fim da década, Osvaldo Aranha comentaria com um diplomata estrangeiro que "tudo se relaciona com o Exército".[1] E um amigo e colega de Aranha, o tenente-coronel Pedro Aurélio de Góes Monteiro, seria um dos principais responsáveis no Exército por essa predominância. Avaliando a revolução e o papel político do Exército, Góes registrou sua célebre máxima: "Sendo o Exército um instrumento essencialmente político, a consciência coletiva deve-se criar no sentido de se fazer a política do Exército, e não a política no Exército".[2] Ressalte-se que o regulamento do Exército supostamente limitava a participação na política. O artigo 73, por exemplo, proibia "provocar, tomar parte ou aceitar discussão acerca de política partidária ou religião, no interior do quartel ou estabelecimento militar", e o artigo 74 proibia "manifestar-se publicamente a respeito de assuntos político-partidários". Esses ditames, assim como os que especificavam as regras disciplinares (particularmente as constantes no artigo 338), seriam repetidamente violados e menosprezados.[3]

Após a revolução o Exército estava em crise, se não no caos. Quem o vislumbrasse de fora, superficialmente, veria suas casernas, escolas, sistemas de comunicação e pessoal aparentemente na mesma situação de antes, mas um exame mais atento revelaria que a estrutura de comando tinha muitas lacunas e novos rostos e, sobretudo, que agora havia uma cadeia de comando paralela, revolucionária, encabeçada por Góes Monteiro. Talvez na época os participantes soubessem claramente quem eram os membros dessa estrutura paralela, mas, como não se publicou nenhum almanaque com a lista dos postos, resta aos historiadores recorrer a relatos biográficos, referências em jornais e correspondências para descobrir quem era quem.

Nos anos seguintes, uma luta pelo controle da instituição acabaria por fundir o Exército revolucionário com o velho Exército. Esse conflito interno apresentou aspectos filosóficos, tradicionais, práticos, econômicos, políticos e geopolíticos que se refletiram nos vários debates, reformas, influências estrangeiras, revoltas e inimizades e amizades pessoais, aspectos esses de que já tratamos em capítulos anteriores. A influência dos rebeldes da década de 1920, chamados tenentes após 1930, diminuiria com o tempo, mesmo enquanto sua importância moral e simbólica aumentava e por fim se tornava fundamental na historiografia brasileira e na hagiografia do Exército. O corpo de oficiais seria reconstituído a duras penas, e o Exército se reestruturaria lentamente, a ponto de, em novembro de 1937, ser capaz de apoiar a primeira ditadura prolongada no Brasil, o Estado Novo (1937-45). Entretanto, vários fatores afetariam o processo de reconstrução: freqüentes conspirações e rebeliões secundárias em unidades durante 1931 e 1932, a guerra civil de 1932 em São Paulo, agitação e conspiração em vários níveis em 1933 e 1934, um levante de sargentos estimulados pelo exemplo cubano da tomada de poder pelo sargento Fulgêncio Batista, ajustes à nova Constituição promulgada em 1934, a revolta comunista de 1935, a brutal repressão de 1936 e o mergulho na ditadura em 1937. É de assombrar que o Exército realizasse qualquer coisa em um contexto como esse. Uma análise *a posteriori* evidencia que na década de 1930 o Exército foi empurrado, puxado e auto-impulsionado para o centro da política brasileira em um grau que ultrapassou sua experiência em qualquer período desde a década de 1890.[4] Mas o que distingue esse período do passado é o fato de que, pela primeira vez na República, os militares tiveram um mediador civil eficaz na pessoa de Getúlio Dornelles Vargas.

Analisando o Exército pós-1930 da perspectiva da ciência social, Edmundo Campos Coelho constatou que ele se transformou de organização em instituição. Para alcançar o status institucional, o Exército precisou fortalecer ou criar departamentos específicos para formar líderes que fossem conscientemente socializados e doutrinados, isolar os líderes de seus seguidores de modo a minimizar as pressões das bases e aperfeiçoar mecanismos para blindar o Exército contra influências externas danosas, além de, ao mesmo tempo, aprofundar e desenvolver as comunicações internas.[5]

Em 3 de novembro de 1930, depois de 41 anos como República, o Brasil novamente entrou em um prolongado período de mudança de regime que se estenderia por vários anos. E, assim como ocorreu no período anterior, iniciado com a derrubada do Império, a violência e a verdadeira revolução vieram depois. Estava claro que a Aliança Liberal liderada por Getúlio Vargas vencera, mas o que isso significava para o Exército? A deposição de Washington Luís pelos generais no último minuto livrara São Paulo e Rio de Janeiro da necessidade de uma guerra, e com isso deixara indefinido quem fora o vencedor militarmente. Quem reconstruiria o Exército: os velhos generais, como Tasso Fragoso e Mena Barreto, ou os oficiais revolucionários, como Góes Monteiro, Juarez Távora e Osvaldo Cordeiro de Farias?

A experiência revolucionária em outros países aconselhava que o novo regime não confiasse no que restava da velha estrutura de comando militar. Talvez Vargas desconhecesse a história do presidente mexicano Francisco Madero, que confiara no Exército federal depois de destituir Porfirio Diaz em 1910, mas acabara preso e executado por seus generais. Mas os instintos de Vargas, apurados na política habitualmente violenta da fronteira gaúcha, deram-lhe plena consciência de sua dependência da força armada.[6] Nos anos seguintes ele habilmente manobraria até que tanto as forças revolucionárias como as federais dependessem dele e houvesse, novamente, um único Exército nacional.

Vargas fechou o Congresso, as câmaras legislativas estaduais e municipais e revogou a Constituição de 1891 e as Constituições dos estados. Substituiu os governadores estaduais por interventores que ele próprio nomeou, sete dos quais, inicialmente, foram oficiais militares. Minas Gerais foi o único estado a manter seu governador eleito, Olegário Maciel. Com uma profusão de decretos, Vargas varreu a República Velha para os arquivos.

Gradualmente, Vargas foi montando seu gabinete e fez questão de escolher ele mesmo os ministros. A seu ver, a "mentalidade criada pela Revolução não permitia mais o emprego dos velhos processos, do critério puramente político" para equilibrar os desejos dos líderes estaduais.[7]

O propulsor da revolução, Osvaldo Aranha, assumiu a pasta da Justiça, e desse posto presidiu um tribunal que investigou a corrupção no regime deposto. Outros ministérios foram para quem tinha credenciais revolucionárias: Joaquim Francisco Assis Brasil, veterano líder da oposição gaúcha considerado pelos tenentes o cabeça civil de seu movimento em 1924-27, tomou posse como ministro da Agricultura, embora empregasse a maior parte de seu tempo cuidando de outros assuntos políticos; José Maria Whitaker, banqueiro paulista e ex-presidente do Banco do Brasil (1920-22), foi para o Ministério da Fazenda, dando aos banqueiros estrangeiros garantia de estabilidade financeira; José Américo de Almeida, natural da Paraíba e secretário de segurança do governador "mártir" João Pessoa, fora o líder civil da revolução no Nordeste, e ganhou a pasta de Transportes e Obras Públicas, que incluía os serviços postais, telegráficos e de combate à seca; O Ministério das Relações Exteriores ficou para o mineiro Afrânio de Melo Franco, cujo filho, Virgílio, tivera papel fundamental na conspiração e cuja longa experiência como diplomata fazia dele um porta-voz desejável e internacionalmente reconhecido para o novo regime; Lindolfo Leopoldo Boekel Collor, velho colaborador e agente de Vargas, assumiu o novo Ministério do Trabalho, Indústria e Comércio; e, finalmente, a nova pasta da Educação e Saúde foi destinada a Francisco Campos, de Minas Gerais. Vargas pode ter tido motivos "revolucionários" para cada escolha, mas também conseguiu satisfazer alguns dos interesses regionais tradicionais: o Rio Grande do Sul ganhou os ministérios da Agricultura e Trabalho, São Paulo, o da Fazenda, um nordestino o de Obras Públicas com seus lucrativos programas contra a seca, e Minas ficou com Relações Exteriores e Educação e Saúde.

Nos cargos militares, Vargas manteve os oficiais eminentes do antigo sistema: o general-de-brigada José Fernandes Leite de Castro como ministro da Guerra, o general-de-brigada Alfredo Malan d'Angrogne como chefe do Estado-Maior do Exército e o general-de-brigada Francisco Ramos de Andrade como chefe da Casa Militar, o gabinete militar do presidente. Os três haviam sido procurados pelo agente de Vargas, Lindolfo Collor, antes da revolução, e se declarado favoráveis à deposição de Washington Luís. Leite de Castro e Andrade Neves eram gaúchos, e Malan passara muitos anos no Rio Grande do Sul; os três defendiam a modernização e tinham ampla experiência na Europa.[8] Curiosamente, Leite de Castro, empolgado com a derrubada de Washington Luís, não quisera entregar o poder a Vargas, afirmando, segundo o general Malan: "Fizemos a revolução e o povo quer que tomemos conta do país".[9]

Nomeá-lo ministro da Guerra foi um exemplo do hábito de Vargas de manter os potenciais aspirantes ao poder em sua órbita próxima, tão intimamente envolvidos que acabavam neutralizados e cooptados. O general logo se tornou ardoroso defensor da revolução e dos tenentes. Seu gabinete pessoal de onze oficiais incluía sete tenentes, entre os quais o major Eduardo Gomes, sobrevivente da revolta do forte de Copacabana em 1922, Newton Estillac Leal, futuro ministro da Guerra e filho de um coronel que o leitor já encontrou no Contestado, o capitão Osvaldo Cordeiro de Faria, veterano da Coluna Prestes, o capitão Dulcídio do Espírito Santo Cardoso, que participou da revolta de 1924 em São Paulo e passou depois catorze meses na prisão, e o primeiro-tenente Filinto Müller, que fora comandante de artilharia em São Paulo em 1924 e seria o infame chefe de polícia do Distrito Federal.[10]

Mesmo com aliados tão bem colocados, o coronel Góes Monteiro não confiava nos oficiais da guarnição do Rio de Janeiro, e continuou a trazer forças revolucionárias do interior e a manter uma estrutura de comando paralela. Nessa fase, Vargas confiou a seu diário que seus próprios poderes ditatoriais deveriam ser limitados para não violar os ideais da revolução com a continuidade dos métodos restritivos do velho regime.[11] No entanto, não agiu segundo essa idéia. Decerto acabou concluindo que limitar seu poder como ditador provisório ameaçaria o novo regime.

Vargas viu-se no centro de uma coalizão indócil, cujos componentes tinham objetivos conflitantes. Depois de tanto falar em revolução, ele e seus colegas descobririam que ter idéias era uma coisa, e implementá-las, outra. Ele tolerava, e até encorajava, rivalidades entre ministros e outros competidores intra-regime até um dos lados esgotar-se politicamente ou emergir um consenso. Era muito paciente, e aprendera a ouvir e a estudar os que o cercavam, inclusive seus inimigos, até perceber como lidar com eles. Temia o fracasso mais do que seus adversários suspeitavam. Em vários momentos, de 1930 em diante, cogitou no suicídio como um modo de lidar com a desgraça. Afável e atento, deixava seus ministros, assessores e numerosos correspondentes com a impressão de estar totalmente atento a eles e às suas idéias, necessidades e preocupações. Em geral, o que realmente pensava sobre determinada questão só confiava ao seu diário, cuja existência foi desconhecida de todos, exceto alguns parentes, até 1995! Um diretor de cinema de Hollywood nunca lhe daria o papel de ditador em um filme: ele não fazia o tipo. Baixinho, cada vez mais atarracado e calvo com o passar dos anos, não era o homem que os cartazes revolucionários mostravam montado em seu cavalo; revelou-se um apreciador dos charutos e do golfe, especialmente dos aperitivos após as partidas.

Os tenentes queriam mais do que eram capazes de realizar. Vargas ouvia-os, mas os mantinha tão ocupados com tarefas políticas imediatas que nunca chegaram a formar sua própria base de poder e gradualmente se tornaram mais dependentes dele. Deu a tenentes cargos na Polícia Militar do Distrito Federal, em vários ministérios e nos estados, como interventores ou assessores. Se contarmos os oficiais de todos os postos, havia 74 homens em atribuições desse tipo em 1931. Nos anos seguintes, os tenentes estiveram na berlinda. De fato, Vargas jogou-os contra o Exército regular, e vice-versa. Instados por Góes Monteiro e Aranha, os tenentes formaram o Clube Três de Outubro, com filiais por todo o país, para ser um fórum de discussão da doutrina revolucionária e um veículo extragovernamental para disseminá-la.[12] A própria existência do clube e suas sucursais tornou-se um pomo de discórdia entre alguns oficiais-generais, que consideravam aquela organização extra-institucional uma ameaça à disciplina.

Os baluartes da "República Velha", entre eles o ex-presidente, o ex-ministro da Guerra, o ex-prefeito do Rio e ex-senadores como Antônio Azeredo, haviam sido mandados para o exílio. E, mais importante, no fim de novembro de 1930 Vargas deu início ao expurgo no corpo de oficiais, começando pelos oficiais superiores "cuja atitude era incompatível com a Revolução". A limpeza prosseguiu no ano seguinte. Dos nove generais-de-divisão, então o posto mais elevado, só dois foram poupados, Tasso Fragoso e João de Deus Mena Barreto. Dos 24 generais-de-brigada, sete escaparam das reformas iniciais.[13] Os cortes na lista de coronéis de combate foram ainda maiores: cerca de quarenta coronéis foram reformados. E, considerando que a lista tinha então legalmente 99 lugares (embora em 1931 só 83 estivessem preenchidos), essas aposentadorias limitaram drasticamente a disponibilidade de oficiais para futuras promoções a general. No fim da década, Getúlio influenciara a configuração dos altos escalões do Exército em um grau nunca atingido por civil algum desde Pedro II.

Em um clima como esse, as promoções eram um problema especialmente delicado. Os comandantes do Exército reconstituído tinham de compreender os objetivos reformistas e ter capacidade para concretizá-los. Discordâncias em torno das promoções geraram tensões, pressões e aflições pessoais e institucionais. Para complicar ainda mais a questão de como equilibrar as atribuições dos que se opuseram ao regime anterior e os que o defenderam, o general-de-brigada Firmino Antônio Borba — cuja presidência da Comissão de Promoções fora preterida pela nomeação de um membro da comissão, o general-de-brigada Malan d'Angrogne, a chefe do Estado-Maior do Exército — recusou-se publicamente a comparecer a reuniões dali por diante, pois a seu ver o tempo de serviço, requisito no qual ele tinha a vantagem, devia ter precedência sobre o cargo, mesmo de chefe do Estado-Maior do Exército. Essa disputa perturbou Malan de tal maneira que em 6 de janeiro de 1931, no fim do expediente, seu ajudante encontrou-o derreado na cadeira do vestiário, ensopado de suor e incapaz de falar. Foi levado para casa de ambulância, mas os médicos não conseguiram reverter os efeitos do derrame. Sobreviveu por um ano, porém o Exército perdeu um de seus melhores oficiais, abatido pelo trauma que continuou a emperrar sua reconstrução. Não muito tempo depois, contudo, o ministro e o presidente reformularam o regulamento do Exército, definindo que o chefe do Estado-Maior presidiria a comissão.[14]

O debate acerca dos requisitos para as promoções uniu Góes Monteiro e Bertoldo Klinger, que discordaram dos critérios e do procedimento das promoções feitas por Vargas em 1931 porque a "escolha foi infestada de considerações pessoais do momento". Góes queixou-se ao ministro Leite de Castro de que não contava com sua promoção a coronel e achava que não a merecia.[15] Góes, Klinger e outros oficiais preocupados com a profissionalização do Exército viam o sistema de promoções atrelado à política como um obstáculo fundamental à melhora dos padrões profissionais da instituição. Os critérios políticos, argumentaram, como fizera o finado Malan, não podiam ter prioridade sobre o desempenho no treinamento e no comando. Em meados de fevereiro, para tranqüilizar os defensores da revolução, Vargas assinou um decreto autorizando a transferência para funções administrativas de oficiais que não se mostravam suficientemente pró-revolução. Incluíam-se nessa leva oito dos 23 coronéis então servindo na artilharia, entre eles o "jovem turco" Olyntho de Mesquita Vasconcelos, que tivera a audácia de escrever a Vargas protestando por ter sido preterido nas promoções a general. Ele reclamou: "Lendo nos diários de hoje as promoções dos generais da nova República, senti que os processos são os mesmos da velha e que os homens são os mesmíssimos". Acusou Getúlio de relegar a segundo plano os homens que por uma década haviam lutado contra os governos que a revolução substituíra e recompensar os que se haviam empenhado por aqueles governos e sido favorecido por eles, especialmente o de Washington Luís. "A promoção atual", ele fulminou, "foi uma grande injustiça praticada por V. Exª" contra "os homens que não vacilam e que põem acima de seus interesses os princípios e o bem de sua pátria". Curiosamente, entre os promovidos a general-de-brigada estavam três de seus colegas jovens turcos: o coronel da cavalaria José Maria Franco Ferreira e os coronéis da artilharia César Augusto Praga Rodrigues e Bertoldo Klinger.[16]

Naquele mesmo mês, dando forma a seus sonhos de reformar o Exército, Góes Monteiro compilou uma lista de propostas com colegas revolucionários, o capitão Alcides Gonçalves Etchegoyen e o primeiro-tenente Jurandir da Bizarria Mamede. Outros dezenove oficiais juntaram-se a eles e assinaram o que denominaram um "pacto secreto" de trabalhar pelas reformas pretendidas. O documento declarava que, enquanto o governo revolucionário estava reorganizando o país, as Forças Armadas deviam garantir a sobrevivência do regime. Enquanto não fosse redigida uma Constituição (não se especificava o prazo), Vargas necessitava do apoio inequívoco dos militares, e o merecia. Os signatários identificaram três porta-vozes militares regionais: Góes Monteiro para o Sul, Leite de Castro para os estados centrais e Juarez Távora para o Norte. Buscariam as opiniões dos oficiais revolucionários e as transmitiriam a Vargas. O documento aconselhava que se nomeassem comandantes favoráveis à revolução em cada nível, e afirmava que os que não se haviam comprometido com a revolução deviam ser expurgados ou, no mínimo, designados para servir em locais onde não pudessem causar dano algum. Revolucionários deveriam controlar a crucial Comissão de Promoções. Essa atitude contradizia a já mencionada ênfase de Góes no profissionalismo. Por outro lado, em toda a sua carreira Góes muitas vezes assumira posições contraditórias. Críticos ressaltaram que os três delegados encarregados de revolucionar o Exército eram justamente aqueles que, até então, haviam sido incapazes de restaurar a ordem e a disciplina na instituição. Como declarou bem a propósito o capitão Heitor da Fontoura Rangel: "O Exército não soube, até hoje, governar-se por si mesmo; como pode, pois, aspirar a governar estados ou a República?". Oficiais que pensavam da mesma maneira recusaram-se a assinar, pois não estavam dispostos a apoiar o que viam como uma emergente "república dos soldados e operários, dos sargentos e tenentes comissionados analfabetos" comandada por oficiais subalternos; em suma, receavam que a revolução viesse a produzir um regime nos moldes soviéticos. Mas sua maior preocupação parece ter sido a subversão da hierarquia militar.

Como capitães e coronéis poderiam comandar generais? Isso seria inverter a hierarquia. Pôr de lado a cadeia de comando tradicional, argumentaram, destruiria a pouca disciplina que restava e forçaria a saída de oficiais capazes e honestos:

> Seis meses já passados e ainda perduram a desordem, a anarquia e a indisciplina no Exército. O que fizeram até agora os chefes revolucionários em benefício do Exército ou do Brasil? [...] A revolução foi feita para consertar o Brasil, quebrado, arruinado e desorganizado. Cuidaremos do Exército, e os civis que tratem da política e da administração do país. Eles são a maioria, nós a minoria. Este dever é deles, aquele é o nosso. [...] Unamo-nos todos em torno do presidente Getúlio Vargas, delegado do povo e nosso comandante-em-chefe. Deixemo-lo livre para pensar e agir. [...] Fiquemos firmes e unidos ao seu lado, auxiliemo-lo no que ele de nós precisar, com desinteresse, sinceridade e lealdade.[17]

O que precisavam fazer era concretizar as promessas da Aliança Liberal, as promessas da revolução. Mas como poderiam fazer isso com oficiais que não eram revolucionários convictos? Parte do problema, evidentemente, era o movimento de 1930 ser reformista, e não verdadeiramente revolucionário. Não tencionava eliminar a pobreza, e nem mesmo redistribuir a riqueza ou a renda nacional, não propunha retalhar as imensas fazendas que dominavam a agricultura e reformular a estrutura da posse de terra para torná-la mais eqüitativa, e não pretendia eliminar o analfabetismo. Os revolucionários queriam um governo honesto que promovesse a modernização, incluindo a industrialização e o desenvolvimento econômico, porém com pouca remodelação da estrutura social.

Naquela época não havia nenhum modelo de revolução desenvolvimentista (o soviético era inaceitável), por isso a retórica de todos os lados tendia a ser igual à de alguma versão de democracia liberal. Em certos aspectos, o que estava tomando forma podia ser comparado aos vários objetivos e programas do New Deal de Franklin Roosevelt, sem os aspectos redistributivos. Mas esse exemplo norte-americano encontrava-se ainda alguns anos no futuro, portanto naquele momento os brasileiros estavam sozinhos. Nesse contexto, os objetivos militares de homens como Góes Monteiro assemelhavam-se mais às idéias reformistas dos jovens turcos de 1913. Foi a concordância dos oficiais quanto a esses objetivos reformistas que permitiu às várias facções das décadas de 1920 e 1930 finalmente trabalharem juntas pelo bem do Exército. Puderam anuir na idéia de que o Brasil era uma pátria "digna de melhores filhos"[18] e precisava de um Exército moderno para defender suas imensuráveis riquezas dos políticos regionalistas tacanhos e dos estrangeiros cobiçosos e invejosos. O país tinha de ser mudado o suficiente para poder ser adequadamente defendido. O problema estava no fato de que a retórica disponível era a das revoluções setecentistas nos Estados Unidos, França e América Espanhola contra opressores estrangeiros e/ou instituições monárquicas. Os revolucionários de 30 gostavam do jargão dessas revoluções, mas não das realidades que elas encerravam. A revolução que tinham em mente deveria vir de cima, não de baixo.

No topo, o Exército estava sofrendo uma crise de liderança. Malan se fora, e o Estado-Maior não só estava sem chefe, mas também sem dois subchefes. O oficial seguinte na hierarquia era o coronel Arnaldo de Souza Pais de Andrade, que comandara as tropas do governo responsáveis pelo bloqueio das forças revolucionárias no sul de São Paulo. Ele convidou um amigo para assumir interinamente a subchefia, o coronel Leitão de Carvalho, um dos principais reformistas do grupo dos jovens turcos da década de 1910, que recusara a oferta de ser comandante militar das forças de 1930 e ainda estava envolto em uma nuvem de suspeitas que o mantinha sem cargo. Para os oficiais revolucionários, a impressão foi de que os revolucionários do "velho Exército" estavam reavendo o controle. Teriam ainda mais razão para suspeitar do Estado-Maior durante a crise paulista de 1932.

Ao menos algumas das práticas governamentais ainda conservavam algo de familiar. Como haviam feito os governos da República Velha, o regime Vargas fazia questão de que os oficiais reformados, inclusive os que haviam sido forçados a deixar a ativa, recebessem pensões razoavelmente satisfatórias. Também seguia a velha prática de fazer cortes no pessoal alistado e usar a verba economizada para custear os aumentos no soldo dos oficiais. No início de 1931, a lista de reformados incluía quinze marechais (posto de tempo de guerra), oitenta generais-de-divisão, 324 generais-de-brigada, 102 coronéis, 126 tenentes-coronéis, 363 majores, 323 capitães, 191 primeiros-tenentes e 581 segundos-tenentes. Em comparação, o grupo de oficiais da ativa consistia em onze generais-de-divisão, 26 generais-de-brigada, 109 coronéis, 164 tenentes-coronéis, 301 majores, 717 capitães, 875 primeiros-tenentes, 239 segundos-tenentes e 504 segundos tenentes comissionados.

Tanto os da ativa como os reformados receberam aumentos moderados em seus vencimentos no início de 1932.[19]

A competição entre capitães e primeiros-tenentes claramente há de ter sido acirrada. Se todos os majores fossem substituídos simultaneamente, o que não ocorreria, apenas 42% dos capitães poderiam ter esperança de promoção. Necessariamente, a ascensão significaria que muitos seriam forçados a sair; do contrário, poderiam esperar permanecer no posto por longos anos. Um corpo de oficiais frustrado não era um bom veículo para a reforma. E para os oficiais subalternos, já em crise, sobreveio outra decepção no final de maio de 1932. Os movimentos revolucionários da década de 1920 complicaram a composição do corpo de oficiais e a posição relativa em cada posto. Provavelmente, no que respeita ao pessoal do Exército, a questão mais polêmica era a posição dos estudantes da academia expulsos em 1922. No célebre levante de 5 de julho de 1922 que visava impedir a posse do presidente eleito Artur Bernardes, os oficiais da Academia do Realengo haviam liderado a tentativa de obter o controle da vizinha Vila Militar. Imobilizados pela artilharia e carros blindados, eles se renderam, fracassados, e foram sumariamente expulsos do Exército.

Um dos objetivos dos tenentes na Revolução de 30 fora a anistia geral e a reincorporação de todos os oficiais e estudantes da escola militar expulsos durante a década de 1920, e conseguiram concretizá-lo usando sua influência junto a Vargas e Leite de Castro. Disso resultou que 508 estudantes exonerados, depois de uma década de vida civil, foram readmitidos, passaram por um curso de um ano e foram feitos primeiros-tenentes — o posto que teriam se não houvessem sido expulsos. Essa medida buliu em um vespeiro de descontentamento, pois esses homens foram inseridos e classificados na lista do Exército à frente dos primeiros-tenentes que haviam ingressado no Exército depois de 1922, entre os quais se incluíam os que haviam lutado contra a República Velha. Da noite para o dia estes tenentes, com seis ou sete anos de serviço pós-academia e com treinamento avançado, viram-se passados para trás em 508 posições na lista do Exército em favor de homens menos preparados. Em resposta, 163 primeiros-tenentes enviaram um telegrama coletivo de protesto ao ministro da Guerra, Leite de Castro.

A situação tornou-se ainda mais espinhosa porque, enquanto muitos do grupo de 1922 haviam permanecido alheios à atividade revolucionária posterior, os que eles estavam passando para trás tinham sido o esteio da Revolução de 30. Cada grupo ganhou um apelido distintivo. Os de 1922 foram chamados de picolés, por terem permanecido frios diante das conspirações subseqüentes ou, como disseram alguns, haviam chegado instantaneamente ao nível de oficiais subalternos. Os tenentes de 1930 ficaram conhecidos como rabanetes, por serem radicais vermelhos por fora e conservadores brancos por dentro. Em todas as camadas hierárquicas grassava o sentimento de que os picolés não mereciam seu posto. Em 1925 Tasso Fragoso, então chefe do Estado-Maior do Exército, alertara contra essa reintegração afirmando: "É erro, a meu parecer, ceder aos impulsos do coração e consentir que relapsos e retardatários voltem de novo para alcançar pela tolerância o que não conseguem nem pela inteligência, nem pelo trabalho".[20]

O ministro retaliou ordenando a prisão dos autores do protesto por trinta dias, em punição por sua "transgressão da disciplina". A notícia dessa medida provocou uma enxurrada de telegramas de oficiais de todo o país, expressando solidariedade com os 163 transgressores e, portanto, expondo-se a punição semelhante. Se continuasse a prender os que assinassem os telegramas, o ministro logo teria de trancafiar a maioria do corpo de oficiais. Vargas incumbiu o primeiro-tenente Juracy Magalhães, interventor federal na Bahia, de ser o "mediador" entre o ministro acossado e seus indóceis oficiais. Humilhado pela situação, Leite de Castro empenhou-se em controlar o Exército. Apenas os tenentes apoiaram seus esforços para reintegrar os rebeldes de 1922; a maioria dos oficiais enxergou naquilo uma injustiça feita aos jovens oficiais desalojados do lugar que haviam conquistado na lista oficial. A solução conciliatória foi criar listas paralelas de primeiros-tenentes, uma com os de 1922 e outra com os que assumiram o posto posteriormente, de modo a serem classificados em escalas não concorrentes. Os que se sentissem prejudicados por futuras promoções poderiam buscar justiça nos conselhos militares.

A GUERRA CIVIL DE 1932

As realidades da política brasileira intrometeram-se nesses debates internos do Exército e separaram ainda mais o já cindido corpo de oficiais no decorrer de 1931. O principal problema era como impor o domínio do governo central sobre o estado de São Paulo. Uma vez que a Aliança Liberal recorrera à violência para despojar São Paulo do controle da presidência e, com isso, de seu domínio do sistema da "política dos governadores", é compreensível que os tenentes mais radicais quisessem manter as rédeas do poder estadual. O interventor nomeado, João Alberto Lins de Barros, natural de Pernambuco, tornou-se o ponto de convergência das queixas dos paulistas e constatou ser quase impossível governar o estado. Não era só o fato de ele ser nordestino, na prática um estrangeiro para os paulistas; acontece que ele deixou de lado o Partido Democrático (PD), que estivera na oposição na política estadual desde 1924, fora membro da Aliança Liberal e se considerava parceiro na revolução. O partido contribuíra para a deposição de Washington Luís, e seus líderes achavam que um de seus membros devia ser o interventor de seu próprio estado. Não era simplesmente uma questão de ego, ou mesmo de orgulho estadual, mas também uma questão prática de quem controlava o vasto sistema clientelístico que a revolução pusera à disposição, pois o interventor fazia as nomeações para os cargos de chefia nos municípios e nas várias repartições do governo. João Alberto gradualmente pôs militares nesses cargos, excluindo os políticos estaduais filiados ao aliado PD ou ao Partido Republicano Paulista (PRP) de Washington Luís. Os paulistas protestaram que o estado estava sofrendo ocupação militar e sendo tratado com discriminação em relação a outros estados com interventores militares.

O PD estava particularmente ressentido. Durante a passagem de Vargas por São Paulo a caminho do Rio de Janeiro, o povo apinhara-se junto aos trilhos do trem para acenar e dar vivas, e nas cidades, incluindo a capital, ele fora recebido em clima de triunfo e euforia. O presidente do PD, Francisco Morato, que fora nomeado governador pela efêmera junta pacificadora quando esta aprisionou o presidente no Rio, supunha que Vargas confirmaria sua nomeação. A dinâmica no "grupo revolucionário" produziu um cenário diferente. Os líderes gaúchos Antônio Flores da Cunha e João Neves da Fontoura favoreceram Miguel Costa, o oficial da Força Pública paulista que tivera papel fundamental no levante de 1924 em São Paulo e na subseqüente Coluna Miguel Costa—Prestes. Ele foi um dos comandantes de tropa em outubro de 1930 e, depois da morte de Siqueira Campos, fora saudado como o grande "herói revolucionário paulista". Na triunfal travessia do estado, seu nome muitas vezes esteve ligado ao de Vargas nos vivas que se ouviram nas estações de trem. Aparentemente ele recusou o cargo e se opôs à nomeação de Morato. Quando este se encontrou com Vargas no "Trem da Vitória", Getúlio informou-lhe que João Alberto seria o "Delegado Militar da Revolução" no estado, mas que era uma designação provisória e que o secretariado seria composto de "personalidades civis notáveis".[21]

Além disso, os trabalhadores paulistas haviam acolhido Vargas como seu herói. Ele prometera justiça social e um governo que falaria pelos trabalhadores. João Alberto estava representando o novo regime, e não meramente seu ponto de vista pessoal. Os trabalhadores haviam comemorado a derrota de seus políticos estaduais em outubro de 1930 incendiando a odiada prisão conhecida como Bastilha do Cambuci, onde líderes operários haviam sido detidos, torturados e assassinados. Como disse Joel Wolf, o Cambuci simbolizava as "falsas promessas de vida para a classe trabalhadora de São Paulo na década de 1920". As promessas de Getúlio de "melhores condições, salário mínimo, férias remuneradas, cooperativas de consumo e regulamentação do trabalho feminino e infantil" foram o que levou a multidão às ruas para aclamá-lo. A Depressão mundial fizera-se sentir com a redução da demanda de mercado no país e no exterior, levando as fábricas da cidade a cortar a produção para alguns dias por semana e a demitir cerca de 100 mil homens e mulheres. Os industriais, nervosos, estocaram armas e combinaram esquemas especiais de proteção com a polícia. Vargas manobrou de modo a conquistar o apoio dos trabalhadores sem provocar uma revolução social.[22]

De outubro de 1930 a fevereiro de 1931, o PD "partilhara" o governo com João Alberto, nomeando seus membros para postos importantes como o de prefeito da capital, chefe de polícia e secretário da Fazenda. O PD aceitou essa divisão de poder como inevitável durante o período revolucionário. Entretanto, como interventor, João Alberto deixou entrever, por suas ações, que sua idéia de revolução não era igual à do PD. Sem consultar o chefe de polícia, ele permitiu que o Partido Comunista Brasileiro (PCB) se reorganizasse e realizasse um grande comício que terminou com a polícia espancando manifestantes. Ainda mais inquietante foi sua ordem para que o Banco do Estado dividisse certas fazendas. Houve, também, a ameaça de uma Legião Revolucionária de São Paulo patrocinada pelos militares. Em novembro de 1930, aviões lançaram panfletos sobre a capital do estado propondo um movimento popular em apoio à revolução e contra os políticos. Os folhetos eram assinados pelos militares revolucionários João Alberto, Miguel Costa e coronel Mendonça Lima. Nessa etapa, a Legião Revolucionária era parte do infrutífero esforço de Osvaldo Aranha e Góes Monteiro para formar um partido revolucionário nacional.

Tudo isso pôs João Alberto sob suspeita. Além de ser um forasteiro ocupando um cargo de autoridade em São Paulo, ainda por cima evidenciava tendências comunistas! Líderes do PD pressionaram Vargas a substituí-lo e exortaram o governo no Rio de Janeiro a cuidar das "questões sociais". João Alberto defendeu-se alegando não ter ligações com os comunistas, que, por serem pouco numerosos e, portanto, irrelevantes, podiam ser tolerados. Em vez de removê-lo do cargo, Vargas, por insistência de Aranha e Juarez Távora, confirmou-o na chefia do estado. Como se quisesse atenuar essa medida, o governo estadual emitiu um comunicado em defesa da "ordem pública" e da "propriedade privada", proibindo a "agitação" comunista e anarquista. Ao mesmo tempo, para amenizar as dificuldades da classe trabalhadora, o interventor formou uma comissão para estudar a "questão trabalhista". Como Henry Ford nos Estados Unidos, os industriais paulistas não queriam que o governo nacional lhes ditasse como deviam lidar com seus operários. Se fosse para terem sindicatos, negociações sobre jornada de trabalho e salários, eles queriam que o governo estadual, e não o Rio de Janeiro, controlasse o processo. A insistência de João Alberto para que negociassem com seus operários levou industriais a fechar suas fábricas em meados de 1931. Greves, lockouts e violência nas ruas compuseram o pano de fundo para o desenrolar dos acontecimentos políticos e militares.

O clamor da elite paulista para que se substituísse João Alberto por um civil natural do estado e sua reivindicação de uma convenção constitucional talvez resultassem mais do desejo de proteger os próprios interesses do que de insatisfação com as origens do interventor ou de comprometimento dessa elite com o governo constitucional, e menos ainda com a democracia. O desejo de restaurar a autonomia do estado foi reiterado vezes sem conta. Tal era a oposição daqueles homens à intervenção nacional nas políticas econômicas e sociais que estavam dispostos a começar uma guerra civil para recuperar o controle do estado. Em 17 de janeiro de 1931, o PD lançou um manifesto rompendo com Vargas. E no dia 25 um comício comemorando a fundação da cidade descambou para um ataque ao centro gaúcho e a derrubada da bandeira rio-grandense. Com essa hostilidade simbolicamente voltada para o governo Vargas, o Partido Libertador, do Rio Grande do Sul, enviou telegramas de solidariedade ao PD, e em meados de fevereiro o PD consolidou a Frente Única Paulista com seu velho inimigo, o Partido Republicano Paulista. Miguel Costa e seus seguidores do Partido Popular Progressista apoiaram o regime federal. Em 24 de fevereiro, Vargas assinou uma lei eleitoral marcando a data para a eleição de uma Assembléia Constituinte que redigiria a nova Constituição, mas isso não bastou para acalmar os ânimos.[23]

A falta de disciplina nos altos e baixos escalões da cadeia de comando caracterizou o Exército em 1931 e prosseguiu em 1932. Em janeiro de 1931, praças e sargentos do 5º Regimento de Infantaria em Lorena (SP) exigiram a substituição do comandante do regimento, e sargentos do 3º de Infantaria, no Rio de Janeiro, tentaram apelar diretamente a Vargas para obter a remoção de seu comandante. Em março falava-se que o ministro Leite de Castro pedira a um grupo de oficiais reunidos em Niterói seu apoio contra oponentes no governo. No mês seguinte, circulou em postos rio-grandenses uma "Proclamação ao Exército" apelando aos "velhos" e "novos" oficiais revolucionários para que se unissem com o objetivo de instalar uma ditadura militar que eliminasse o canceroso regionalismo empenhado em fragmentar as Forças Armadas. Em momentos de grande mudança como aquele, proclamava o documento, o Exército devia tutelar e conduzir o Brasil. Em outubro, oficiais que se opunham às atividades "revolucionárias" de seus colegas lançaram um panfleto intitulado "União da Classe Militar" conclamando ao restabelecimento da disciplina e dedicação integral à profissão. Os generais Mena Barreto, Pantaleão Telles Ferreira e Bertoldo Klinger expressaram publicamente seu apoio à proposta de reintroduzir a disciplina. De 29 a 31 de outubro de 1931, uma revolta do 21º de Infantaria Ligeira no Recife ganhou a adesão dos estivadores e condutores de bondes, e foi necessária a atuação de unidades da Paraíba, Rio Grande do Norte e Ceará para debelar o levante. O primeiro-tenente da artilharia Ernesto Geisel, de 23 anos, que seria presidente do Brasil de 1974 a 1978, persuadiu os recalcitrantes a render-se.

Essa revolta, em seu planejamento inicial, pode ter sido parte de uma conspiração mais ampla envolvendo o comandante da 7ª Região Militar, general-de-brigada José Sotero de Menezes Jr., que foi transferido pouco depois e subseqüentemente implicado em uma conspiração para derrubar o governo que lhe acarretou o exílio em Portugal. O comandante e o subcomandante do 21º de Infantaria foram mortos na luta. A unidade distribuiu 1200 fuzis a civis, o que provavelmente explica a prisão de 1024 civis junto com quinze oficiais, sessenta sargentos e trezentos praças ao término da revolta. A rebelião no Recife ressaltou uma questão que entrelaçava políticas de disciplina e de promoção: o que fazer com as centenas de tenentes comissionados? O batalhão rebelde continha meia dúzia deles, todos, ao que consta, promovidos das fileiras de alistados durante a Revolução de 30. Supostamente, muitos tenentes comissionados tinham nível educacional tão baixo e tão pouca aptidão militar que não poderiam obter comissões permanentes, mas, embora possuíssem status de oficiais, eram considerados uma influência prejudicial em suas unidades. A súbita ascensão de alistado a oficial, dizia-se, subira-lhes à cabeça. No entanto, essa interpretação não parece corroborada pelas informações de carreira na lista do Exército de 1931; dos 504 comissionados nas armas de combate, apenas 111 poderiam ter sido comissionados em fins de 1930. Os oficiais que desejavam bloquear o acesso dos sargentos ao seu posto podem ter usado a revolta para disseminar propaganda negativa.[24]

Em maio de 1932 houve outra rebelião de sargentos no 18º Batalhão de Infantaria Ligeira em Mato Grosso, seguida pela descoberta de uma conspiração "comunista" de sargentos e oficiais subalternos no Rio de Janeiro que resultou em centenas de prisões e, em junho, por movimentos contraditórios no Distrito Federal e no Rio Grande do Sul, contra e a favor do ministro Leite de Castro. Cada uma dessas conspirações parece ter tido ligação com políticos civis.[25] Analisadas globalmente, essas revoltas e conspirações evidenciam o nível incrivelmente baixo de disciplina e comando efetivo no Exército. Harry W. Brown, funcionário da intendência que foi indispensável no escritório do adido militar na Embaixada dos Estados Unidos, concluiu um relatório sobre parte dos eventos acima mencionados comentando que "após treze anos de observação interessada do Exército brasileiro e suas ações, [sou] forçado a concluir que a organização chegou a seu ponto mais baixo no moral, na disciplina e na eficiência".[26]

A imposição da disciplina militar refletia o velho ditado da política brasileira: "Aos amigos, tudo; aos inimigos, a lei". Os atos de indisciplina eram punidos de acordo com os contatos do transgressor, e não com os regulamentos do Exército. Por exemplo, em 24 de fevereiro de 1932, um grupo civil-militar, o "Clube 24 de Fevereiro", que reivindicava o retorno imediato à Constituição de 1891, marcara uma manifestação para celebrar o novo código eleitoral do regime provisório. O ministro da Justiça, Maurício Cardoso, e o chefe de polícia do Rio de Janeiro, João Batista Lusardo (efetivamente o chefe nacional dos serviços policiais), deram permissão para a comemoração, mas foram depois forçados a cancelar o evento devido a ameaças de violência do Clube Três de Outubro. Assim se evitou uma luta nas ruas que teria a participação de oficiais de ambos os lados. Não se contentando em suprimir uma manifestação livre, o Clube Três de Outubro mandou três caminhões carregados de praças para atacar a redação e os empregados do *Diário Carioca*, que se opunha ao regime e vinha publicando editoriais preconizando o retorno ao governo constitucional e acabara de divulgar um artigo criticando os tenentes. O ministro da Justiça e o chefe de polícia, ambos gaúchos, exigiram que

Vargas ordenasse prisões, mas o ministro da Guerra, Leite de Castro, afirmou que "os 'rapazes' [os tenentes] haviam feito ao *Diário Carioca* o que ele próprio teria feito se fosse vinte anos mais novo". Vargas, segundo Lusardo, assim respondeu aos protestos: "Mas o que vocês querem que eu faça? Se os rapazes fizeram isso porque o *Diário Carioca* estava me atacando, não posso ser contra eles!". Ninguém foi punido. Os principais jornais do Brasil protestaram contra o ataque com uma inédita suspensão da publicação por 24 horas.[27]

Os dois gaúchos renunciaram, e o interventor Flores da Cunha, que estava no Rio e observara esses acontecimentos, vacilou em sua lealdade. Os políticos do Rio Grande do Sul, que haviam apoiado a revolução com tanto fervor, estavam prestes a romper totalmente com Getúlio devido à sua aliança com os "rapazes".

O presidente provisório julgava estar tentando manter o apoio dos militares. Seu diário mostra que ele sabia do envolvimento de soldados do 1º Regimento de Cavalaria e, diferindo um pouco do relato de Lusardo, afirma que Leite de Castro avisara que ele não conseguiria deter os oficiais dispostos a atacar quaisquer outros jornais que criticassem o governo e os militares, e ele temia que uma ação disciplinar repressora provocasse uma crise militar maior. Para si mesmo, Getúlio escreveu: "Tenho de me decidir entre as forças militares que apóiam o governo e um jornalismo dissolvente, apoiado pelos políticos e instigado mesmo por estes contra o governo. Estou numa encruzilhada em que urge uma decisão".[28]

A relutância de Leite de Castro em punir os oficiais e praças que atacaram o *Diário Carioca* frustrou o oficial superior imediato daqueles militares, o general João Gomes Ribeiro, comandante da 1ª Região Militar, na qual se incluía o Rio de Janeiro. Incapaz de induzir o ministro a agir, ele emitiu uma ordem do dia censurando a desordem e conclamando os soldados da região a evitar a política e se ater estritamente a seus deveres militares. O ministro Leite de Castro reagiu transferindo subordinados de Gomes sem o consultar, e oficiais subordinados menosprezaram-no passando por cima de sua autoridade e procurando diretamente o ministro para decidir sobre questões da alçada de Gomes. Os jornais notaram que ele havia caído em desgraça, e o ministro permitiu que as notícias fossem divulgadas. Vargas decidiu substituir Gomes por Góes Monteiro. No fim de maio, o comandante da 3ª Região Militar no Rio Grande do Sul, general Andrade Neves, solicitou substituição por também estar frustrado com a intromissão ministerial em seu comando, sobretudo com a transferência de seu ajudante, major Rangel, de Porto Alegre para Uruguaiana. Rangel viu sua transferência como retaliação por ter-se pronunciado abertamente em favor do retorno ao governo constitucional e se recusado a filiar-se à sucursal do Clube Três de Outubro inaugurada pouco tempo antes em Porto Alegre. Ele afirmou publicamente ser vítima da panelinha dos tenentes que controlava o gabinete do ministro. A grande popularidade de Andrade Neves no estado acarretou protestos ante a perspectiva de seu afastamento. A situação era potencialmente volátil, pois políticos gaúchos haviam retirado formalmente seu apoio ao governo Vargas. Líderes políticos e formadores de opinião paulistas, como Júlio de Mesquita Filho, do jornal *O Estado de S. Paulo*, empenharam-se para formar uma frente unida com os gaúchos, julgando precisar do Rio Grande do Sul para um confronto armado com o governo provisório.[29] Imaginavam uma aliança com gaúchos e mineiros que, simplesmente por sua união, derrubaria Vargas e dispensaria uma luta.

Para agravar a situação, enquanto Góes Monteiro comandava a 2ª Região Militar (São Paulo, Mato Grosso e Goiás), passou de aliado a oponente do nativo Miguel Costa, que comandava a Força Pública do estado e controlava a Legião Revolucionária. A Legião fora fundada em novembro de 1930 para "garantir" as reformas tenentistas que, de modo geral, visavam a um governo central forte capaz de intervir na vida social e econômica do Brasil, limitar o poder dos latifúndios, cartéis e monopólios e proteger o patrimônio nacional da absorção por sindicatos estrangeiros. Preconizava a rejeição de modelos externos em favor de soluções brasileiras para problemas brasileiros. Em abril de 1931, discordando do ativismo político de Miguel Costa e do apoio que lhe dava o interventor João Alberto, o general Isidoro Dias Lopes tentou renunciar ao comando da 2ª Região Militar, mas Vargas o dissuadiu. Em 28 de abril de 1931, uma rebelião de oficiais da Força Pública e políticos do PD contra Costa e João Alberto foi suprimida com a prisão de cerca de duzentos policiais e a subseqüente transferência ou substituição de oficiais do Exército, incluindo o general Isidoro. Esse acontecimento provavelmente esteve relacionado a greves e dispensas em indústrias paulistanas e ao empenho de João Alberto para forçar industriais a negociar com operários.[30]

Esperava-se que Góes Monteiro trouxesse a paz para esse viveiro de insatisfação, mas o clima no estado envenenou-se ainda mais. O pendor de Góes para dar entrevistas a jornais resultou em centenas de comentários confusos e contraditórios. João Alberto sentiu-se isolado e renunciou em julho de 1931.

Para acalmar a agitação, Vargas aceitou a idéia de nomear um civil paulista para interventor no estado. O primeiro nome que pareceu ganhar aprovação foi o de Plínio Barreto, veterano editor de *O Estado de S. Paulo* que fora governador provisório por alguns dias durante a Revolução de 30. Mas Miguel Costa fez objeções; mencionou, entre outras coisas, um artigo que Barreto escrevera em 1922 criticando os rebeldes de 5 de julho. Escolheu-se, então, um juiz estadual, Laudo Ferreira de Camargo, cujos laços com o PD proporcionaram uma base de apoio, mas também contribuíram para a crescente hostilidade de Miguel Costa e seus aliados trabalhistas. Uma vez empossado como governador, Camargo fez questão de que Costa abrisse mão de um de seus dois cargos, escolhendo entre ser o secretário de segurança do estado ou o comandante da Força Pública. Forçou uma decisão criando uma nova secretaria de Justiça que incluía a segurança, e assim rebaixava o cargo e seu ocupante. Resultou dessa medida um aumento da tensão no estado. Camargo conseguiu piorar as coisas concedendo anistia a várias autoridades do governo pré-1930 e renomeando juízes que haviam sido exonerados pelos revolucionários; isso provocou, na área federal, protestos de que ele extrapolara sua autoridade e acarretou sua renúncia em novembro de 1931.[31] Vargas foi então buscar no Exército alguém que ele supunha poder ser um interventor seguro, o coronel Manuel Rabelo.

Em meio a toda essa confusão, o Banco da Inglaterra enviou Otto Niemeyer ao Brasil para analisar a situação financeira e o endividamento, com vistas a preservar a capacidade do Brasil para manter o valor e o poder de troca de sua moeda. No fim de julho, enquanto se preocupava com conspirações, revoltas e intermináveis rumores, Vargas estava lendo o relatório de Niemeyer que recomendava o equilíbrio orçamentário e a estabilização cambial, bem como a criação de um banco central privado nos moldes do Banco da Inglaterra. Em fins de setembro ruíram as finanças inglesas no país, suspendendo a convertibilidade da libra / mil-réis, e em resposta o governo sustou o pagamento da dívida externa brasileira. A súbita incapacidade de obter moeda estrangeira e cartas de crédito forçou a baixa do preço do café, o que naturalmente prejudicou São Paulo, o centro cafeeiro do país.[32]

As Legiões Revolucionárias em São Paulo e Minas Gerais eram agora mais numerosas e clamorosas e, embora provavelmente não constituíssem verdadeiras ameaças militares, pareciam reforçar as já formidáveis forças estaduais dos dois estados mais ricos do país. Em 30 de setembro, Vargas estava suficientemente preocupado para convocar uma reunião noturna com seus conselheiros mais chegados, que ele chamava de "soviete revolucionário": Osvaldo Aranha, general Leite de Castro, contra-almirante José Isaías de Noronha (ministro da Marinha), general Góes Monteiro, major Juarez Távora e o novo interventor do Distrito Federal, dr. Pedro Ernesto. Trataram das duas legiões e das atitudes de Miguel Costa e do governo mineiro. Vargas argumentou que era necessário assegurar a predominância das forças militares federais sobre a polícia dos dois estados, "para depois agir". Ordenou a Leite de Castro que tomasse as medidas apropriadas.

Góes Monteiro e o interventor Rabelo pediram o envio de mais soldados federais para reforçar as guarnições em São Paulo. Mas Vargas decidiu evitar o alarme que um movimento de tropas tão súbito haveria de causar, e preferiu chamar Miguel Costa ao Rio para uma conversa. Convenceu-o de que seria melhor abrir mão do comando da Força Pública paulista.[33] Não se sabe o que Vargas disse, mas obviamente ele foi persuasivo.

A ascensão extremamente rápida de Góes Monteiro a general-de-brigada foi uma exceção às regras de promoção em tempo de paz. Sua carreira abrangeu boa parte dos anos contemplados por este estudo. Ingressou na escola preparatória do Realengo em 1903 e, junto com seus colegas, foi mantido fora da Revolta da Vacina por seu comandante, o coronel Hermes da Fonseca. Como o governo fechou a Escola Militar da Praia Vermelha por seu papel na revolta, Góes e seus colegas formados pela escola preparatória tiveram de ir para Porto Alegre a fim de prosseguir seus estudos na Escola de Guerra. Esse lance do destino empurrou-o por um caminho que ligou intimamente o militar alagoano ao Rio Grande do Sul. Como estudante militar, ele foi arrastado para a agitação política que vinha afligindo o estado desde os violentos conflitos do início da década de 1890. Juntou-se ao grupo de estudantes de direito que estavam publicando um jornal partidário, *O Debate*, sob orientação editorial do estudante Getúlio Dornelles Vargas, para quem o jovem Góes escreveu sobre temas militares. Graduado aspirante em 1910, foi designado para o Batalhão Ferroviário em Cruz Alta, então comandado pelo general Fernando Setembrino de Carvalho. Promovido a segundo-tenente em 1914, foi ajudante do comandante da 2ª Brigada de Cavalaria em Uruguaiana. Antes de ser enviado para o Rio para fazer um curso de engenharia em 1916, apaixonou-se por Conceição Saint-Pastous, de família ilustre de Alegrete, e a desposou. Seria seu cunhado quem, em 1930, o poria em contato direto com Osvaldo Aranha, na época empenhado em arquitetar a conspiração revolucionária. Foi a profundidade do envolvimento de Góes com a região de fronteiras do Rio Grande do Sul com o Uruguai e a Argentina que contribuiu para sua credibilidade junto às autoridades federais do Exército e aos revolucionários de 30. Durante sua temporada no Rio de Janeiro em 1916-18 ele foi atraído pelos ensinamentos dos jovens turcos e sua Missão Indígena na escola militar. Em 1918, retornou à fronteira gaúcha para comandar um esquadrão do 6º Regimento de Cavalaria Independente, e nessa atribuição foi promovido a primeiro-tenente. Em 1921 estava de volta ao Rio, estudando com a missão militar francesa; quando a bandeira da rebelião foi hasteada, em 1922, ele cursava a Escola de Comando e Estado-Maior do Exército. Os franceses deram-lhe notas altas e elogios, e isso, juntamente com sua familiaridade com o Rio Grande do Sul, levou o gabinete do ministro a pedir-lhe que elaborasse um plano de defesa para o governo do estado contra seus oponentes na guerra civil gaúcha de 1923-24. Nesse plano ele ressaltou o uso de forças provisórias que deveriam ser recrutadas entre os gaúchos da zona fronteiriça. Dois dos líderes destacados dessas unidades naquele conflito foram Flores da Cunha e Osvaldo Aranha, e ambos posteriormente lideraram unidades provisórias contra os tenentes rebeldes Prestes, Cordeiro de Farias e os irmãos Nelson e Alcides Etchegoyen. Em janeiro de 1924 Góes foi promovido a capitão e nomeado instrutor de estratégia na Escola de Comando e Estado-Maior. A tomada de São Paulo pelos tenentes, em julho de 1924, acarretou seu envio a Santos, onde um encontro fortuito com o almirante que comandava a ocupação do porto levou-o a preparar um plano de ataque que se tornou a base dos planos legalistas para derrotar os rebeldes. Em vários momentos, depois que os rebeldes se retiraram da capital paulista e formaram a Coluna Prestes, Góes foi o oficial das operações legalistas que organizou forças de campanha contra eles. Desempenhou essa função nos combates no Paraná, oeste de Minas Gerais e na Bahia, geralmente sob o comando de seu mentor, o general Mariante. Em outubro de 1926, Góes foi promovido a major. No ano seguinte, a Coluna Prestes exilou-se na Bolívia, e quando Mariante se tornou comandante da aviação do Exército, que acabara de ser reconhecida como nova arma de combate, Góes acompanhou-o como chefe de seu gabinete. Em outubro de 1928 Góes foi promovido a tenente-coronel, posto que ocupava quando foi para o Rio Grande do Sul em 1931 para assumir o comando do 3º Regimento de Cavalaria Independente em São Luís das Missões.

As regras vigentes em 1929 determinavam que a promoção a coronel requeria dois anos em posição de comando. A promoção de coronel a general-de-brigada era da alçada do presidente, que escolhia em uma lista de recomendados. Góes chegou a coronel em março de 1931, e em maio Vargas nomeou-o general. É possível que ele não constasse na lista apresentada ao presidente, o que pode explicar por que ele inicialmente afirmou não querer essa promoção. Decerto passar de coronel a general em dois meses era algo inusitado. Mas, como indica a trajetória de sua carreira acima delineada, ele não tinha razões de constrangimento quanto à qualidade de seu desempenho até então.[34]

A ojeriza dos generais Gomes Ribeiro e Andrade Neves pelo ministro Leite de Castro e as constantes queixas e rumores quanto à sua lealdade levaram Vargas a começar a difícil busca de um sucessor aceitável. Em fins de maio de 1932, o pedido do general Gomes para ser dispensado da 1ª Região Militar no Rio deu a Vargas um pretexto conveniente para tirar Góes Monteiro de São Paulo e trazê-lo para esse posto. Além da tensão crescente no estado e dos rumores sobre conspiração por toda parte, fervilhava a já mencionada controvérsia dos picolés e rabanetes. O coronel Euclides Figueiredo sondara Gomes com a proposta de sublevar a guarnição no Rio a favor de uma revolta em São Paulo, e a vaga resposta de Gomes levou o coronel a supor que ele estava do lado dos revoltosos. Gomes respondera que se fosse um movimento verdadeiramente nacional ele achava que a guarnição cooperaria. As coisas não saíram conforme o planejado, e a polícia vigiou de perto o general Gomes. Seu filho José, que era tenente, juntou-se à causa paulista como aviador e morreu em setembro de 1932, em um ataque a um navio em Santos.[35]

Os paulistas mostraram mais vivacidade e energia para organizar sua propaganda do que para efetivamente empreender uma campanha militar. Infelizmente para eles, seus estrategistas primaram mais pelo pensamento positivo do que pela fria capacidade analítica. É irônico que atraíssem Bertoldo Klinger, que fora promovido a general-de-brigada em 1931 e era chefe do distrito militar de Mato Grosso, para ser o comandante das forças rebeldes. O leitor deve lembrar-se de que Klinger não quisera aceitar o comando nem participar em 1930 porque a seu ver os revolucionários não tinham força suficiente. No entanto, desta vez aderiu a uma operação mal organizada e mal abastecida com pouca chance de êxito. Estaria ele arrependido de sua decisão em 1930, a ponto de isso toldar-lhe o discernimento?

Certamente ele ganhou a reputação de excêntrico; alguns observadores chegaram a considerá-lo "errático". Em abril de 1932 ele pode ter revelado sua atitude para com os brasileiros comuns quando comandou soldados de unidades em Campo Grande e Bela Vista para reprimir e prender camponeses nas vizinhanças de Ponta Porã que estavam resistindo à tomada de suas terras pela Companhia

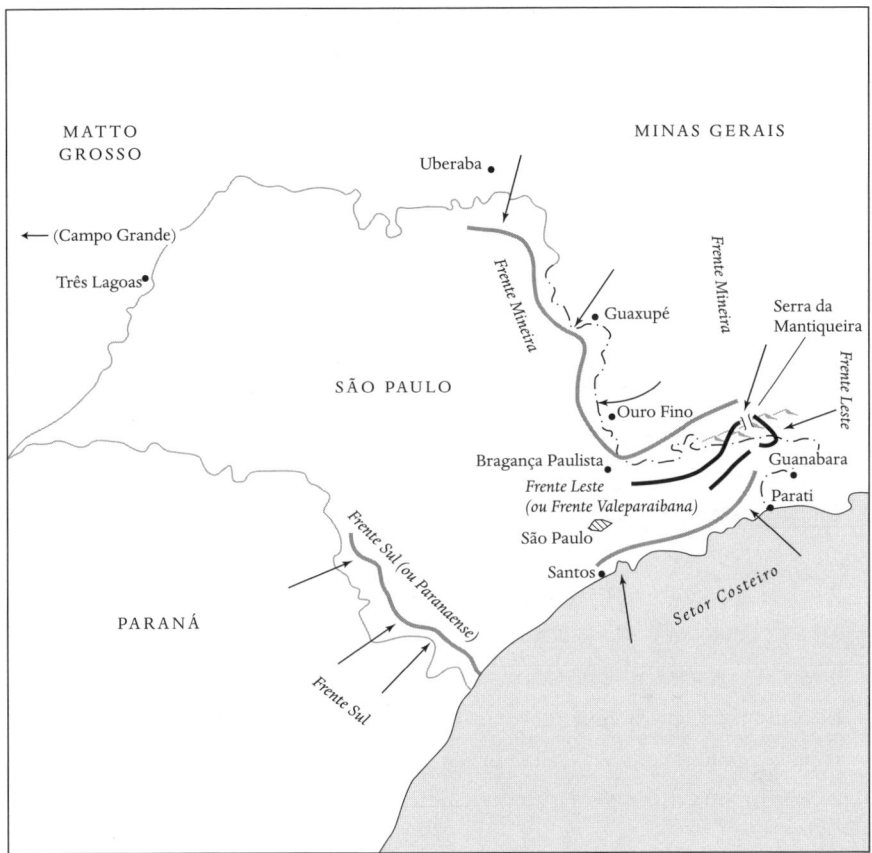

FONTE: Luís Paulo Macedo Carvalho (ed.), *The Army in Brazilian history*, Rio de Janeiro e Salvador, Biblioteca do Exército e Odebrecht, 1998, 4 v. Redesenhado por Bill Nelson. Usado com permissão da Biblioteca do Exército, Rio de Janeiro.

Mate Laranjeiras.[36] Claramente ele estava disposto a fazer mais do que expressar sua discordância das idéias de reforma social dos tenentes do Clube Três de Outubro. Klinger amenizou o tédio de seu posto em Cuiabá enviando telegramas a jornais, amigos e dignitários sobre todo tipo de assunto. Pouco depois de castigar os camponeses na região da fronteira, mandou um telegrama afirmando vagamente que, se fosse para retornar ao Rio, seria no comando de sua tropa. Em seguida, enviou uma mensagem "codificada" ao coronel Rabelo, comandante da 2ª Região Militar (SP), aconselhando-o a que não se permitisse ser usado por "políticos ardilosos" (aparentemente referindo-se a Vargas) para derrubar mais um governo paulista.

Rabelo pode ter reprimido sua irritação, mas o capitão Asdrúbal Gwyer de Azevedo, tenentista então encarregado das obras públicas no estado do Rio de Janeiro, criticou acerbamente o general Klinger, associando-o à rebelião paulista iminente e, talvez, fazendo uma referência velada ao mencionado caso Mate Laranjeiras:

> Não se contentando em trair os revolucionários em 1924 por covardia e em trair o general Sezefredo em 1930 por instinto de autopreservação, o senhor insiste em ser um traidor dos princípios revolucionários, procurando perturbar a ordem com seus telegramas idiotas [...] o senhor deveria tirar a farda que cobre de lama [...]. Provocar novo derramamento do generoso sangue brasileiro só é próprio de saqueadores cujo ideal consiste em extorquir [...] o dinheiro público. Os revolucionários que repelem essa sua vil ambição sabem como manter a nobre atitude exigida pelo ideal ao qual se dedicam e que o senhor não compreende. A excessiva indulgência do governo, que o fez general, é a culpada de seu comportamento. Os traidores do país não devem enganar-se, pois os revolucionários, apesar de todos os seus erros de generosidade, continuarão até o fim em seu inabalável propósito de defender o público coletivo contra os insaciáveis abutres aos quais o senhor se uniu.[37]

Essa declaração, feita publicamente por um capitão a um general, é um exemplo espantoso da indisciplina reinante no Exército, mas também é uma indicação da confiança de oficiais revolucionários como o capitão Gwyer. Não há como saber quantos oficiais poderiam concordar com a avaliação de Gwyer, mas o fato é que Klinger, apesar de todos os seus esforços reformistas de jovem turco das décadas anteriores, tornara-se uma figura polêmica nos anos 30. Depois que os conspiradores paulistas lhe deram o comando de suas forças, ele gerou ainda mais controvérsia.

Klinger prometera aos paulistas chegar de Mato Grosso à frente de 5 mil soldados. Os estrategistas paulistas ressaltaram a importância de Klinger concordando que qualquer tentativa federal de removê-lo de seu posto desencadearia a revolta antes da data planejada, 14 de julho. É revelador comparar a deliberada discrição de Góes Monteiro pouco antes da Revolução de 30 com a atitude de Klinger de chamar a atenção nacional para si.

Em junho de 1932, Vargas estava atormentado por uma crescente preocupação com São Paulo e por queixas cada vez mais veementes de oficiais sobre Leite de Castro, que, como Osvaldo Aranha alertara Vargas um ano antes, estava tentando promover a general oficiais que eram "reacionários e amigos pessoais".[38] As facções tenentistas, os que haviam participado das revoltas da década de 1920 e os que, como Góes Monteiro, emergiram de 1930, queriam um aprofundamento da revolução para eliminar homens, idéias e práticas remanescentes da República Velha. Talvez a maior falha de Leite de Castro fosse sua incapacidade para restabelecer a ordem no Exército. Ele chegara a pedir a Vargas que decretasse estado de sítio a fim de lhe permitir impor sua vontade. Tal ato teria lembrado demais o antigo regime e provavelmente provocaria comoção nacional. A princípio, Vargas pensou em substituí-lo pelo general Andrade Neves, mas depois decidiu que precisava deste no Rio Grande do Sul, ao lado de Flores da Cunha. João Alberto e Góes Monteiro sugeriram um oficial reformado que deixara o Exército em 1923. Augusto Inácio do Espírito Santo Cardoso fora legalista na época, mas seu irmão, o general Joaquim Inácio Batista Cardoso, e seus dois filhos, os tenentes Ciro e Dulcídio do Espírito Santo Cardoso, haviam sido ativos conspiradores, o que bastara para que as autoridades suspeitassem dele e para que a Comissão de Promoções o preterisse.[39] Sua promoção a general-de-brigada fora do tipo brevetado concedida por ocasião da reforma. O novo ministro tinha 64 anos, estava longe do modelo de profissionalismo que o jovem turco Klinger, homem de meia-idade, desejava ver na liderança do Exército! E Klinger não escondeu o que pensava. Enviou um auxiliar com uma carta ao novo ministro dizendo que sua nomeação era "absurda". Leite de Castro fora removido porque "sancionava assaltos à disciplina" e agira a conselho de um punhado de extremistas liderado por seu filho, capitão Dulcídio, "extremista rubro de décima terceira hora". Klinger duvidava que o ministro fosse aprovado em um exame de aptidão física, e acusou-o de não possuir as qualidades morais para a liderança, de não ter feito o curso de estado-maior e não ter a capacidade de raciocínio necessária para relacionar os problemas do Exército com outros assuntos nacionais. Perguntou-se como o governo teria chegado à surpreendente conclusão de que não possuía um general na ativa que fosse apropriado, "não obstante reformado um ror deles e fabricado outros em massa".[40] O governo só poderia concluir que Klinger fora longe demais e tinha de ser reformado.

É um indicador do respeito que a carreira de Klinger como jovem turco despertava o fato de o coronel Pantaleão Pessoa, chefe do Estado-Maior da 1ª Região Militar, ter interceptado o emissário e retido a mensagem enquanto seu chefe, Góes Monteiro, tentava inutilmente dissuadir Klinger com telegramas e telefonemas. Procurando tranqüilizar Klinger quanto às boas intenções do governo, Góes perguntou-lhe como achava que a situação poderia ser resolvida. Klinger respondeu acusando o governo de hipocrisia por nomear um ministro que física, moral e profissionalmente só poderia ser um testa-de-ferro. Finalmente, Klinger disse a Góes que não havia ninguém melhor do que eles próprios, militares, para restabelecer a paz, pois tinham consciência de que a guerra não era um fim, e sim um meio. Salientou que se a questão pudesse ser resolvida pacificamente, tanto melhor, mas estava nas mãos do governo".[41] Góes chegara ao ponto de enviar a Klinger cópias dos telegramas de líderes políticos e militares regionais para mostrar-lhe que os paulistas iludiam-se ao pensar que tinham o apoio de Minas Gerais ou do Rio Grande do Sul. Góes, que admirava o passado de Klinger e respeitava suas habilidades, argumentou que ele deveria usar novamente a coragem que fora imprescindível para "expressar a verdadeira situação do país" e a necessidade de "união e estreita colaboração de todos nós no Exército" para ir ao Rio a fim de que eles pudessem defendê-lo e dar-lhe "explicações sinceras sobre *nossa atitude* e saberá *como pensamos contribuir* para o bem do povo brasileiro" (grifo meu). Se ele fizesse isso, Góes afirmou, sua reforma poderia ser esquecida, e "sua preciosa colaboração não nos faltará e o Exército não perderá seus serviços nesta hora de extremas dificuldades. Faço apelo suas nobres virtudes atender-me e vir até aqui procurando pelos meios seu alcance acabar preocupações resultantes último incidente em que esteve envolvido".[42]

Essa comunicação também nos diz algo sobre os critérios de disciplina no Exército: conversar, escrever, e até mesmo tramar eram tolerados até que alguma ação ocorresse. Se Klinger houvesse retirado a mensagem, ela teria sido vista como um desabafo em momento de descontrole emocional que se mostraria imprópria depois de uma reflexão calma. Klinger, como se quisesse eliminar qualquer possibilidade de voltar atrás, enviou cópias a outros oficiais, e o conteúdo da carta logo se tornou um segredo de polichinelo. O documento, remetido em 1º de julho, finalmente chegou às mãos do ministro Espírito Santo Cardoso no dia 6, e dois dias depois ele telegrafou a Klinger informando que Vargas ordenara sua reforma e ele deveria deixar o comando e apresentar-se no Rio de Janeiro.[43] O coronel Euclides Figueiredo, que tinha dúvidas quanto à qualidade do planejamento paulista e tentara convencer Klinger a recuar para que não perdesse o controle das tropas em Mato Grosso, ficou consternado com o descaso do general pela "revolução" que se comprometera a liderar. Figueiredo conhecia bem Klinger, desde a época em que haviam treinado na Alemanha, fundado e editado *A Defesa Nacional* e trabalhado juntos para profissionalizar o Exército. Ao dar sua opinião após a derrota, disse que Klinger traíra seus ideais e seus sonhos.

Klinger pareceu não se incomodar com o fato de que sua ação destemperada ferira mortalmente a causa paulista antes de se disparar um único tiro. O general Bertoldo Klinger, escreveu Figueiredo, era "um desses homens cuja vontade não se torce, mesmo à evidência da mais pura razão; tomada uma resolução como chefe, ele dá por encerrado o assunto, fecha os olhos e os ouvidos, e quer sua execução. Julga-se incapaz de um erro, e despreza, por isso, as observações dos que o cercam". Em vez de obter apoio, sua ação isolou-o. Os paulistas e as autoridades federais atraídas para sua luta não queriam que os elevados interesses nacionais que afirmavam estar defendendo — a ordem legal, a hierarquia militar, a sinceridade das propostas políticas, o respeito pela autonomia dos estados — se misturasse, na mente do público, com "a insubordinação de um general". Agora o homem que os deveria comandar "num levante armado em nome da lei [trazia] como credencial o estigma da indisciplina militar". Talvez pior, na opinião de Figueiredo, fosse Klinger ter obedecido ao próprio governo contra o qual prometera rebelar-se: em sua última ordem do dia, que escrevera para transferir o comando, ele exortou os soldados a permanecerem calmos, mantendo-se "dentro da ordem, na verdadeira disciplina". Exasperado, Figueiredo lamentou que Klinger não dissera uma única palavra para incitar as unidades de Mato Grosso a segui-lo; com efeito, ele havia "abandonado" a causa paulista.[44] O homem que muitos no Exército consideravam seu oficial mais bem preparado revelara-se inflexível e mau líder.

A articulação das conspirações, como já mencionado na análise de revoltas anteriores, fluía pelas redes de amizades. O comportamento em tais assuntos era regido por regras tácitas que tinham precedência sobre o regulamento do Exército e as normas disciplinares prescritas. Um exemplo notável é o caso do coronel Figueiredo. Destaque durante o apogeu dos jovens turcos, sua carreira enveredou por um caminho inconveniente com os acontecimentos de 1930. Na crise paulista ele foi procurado por ambos os lados, e suas decisões o levariam a passar a maior parte dos anos Vargas restantes exilado na Argentina. Foi pai de futuros generais, um dos quais, João Batista, seria o último presidente (1978-85) do ciclo militar (1964-85). O novo ministro, Espírito Santo Cardoso, era seu "velho amigo e chefe [...] a quem em toda a minha vida de soldado nunca faltara com provas de acatamento e com o qual, naquele delicado momento, importava usar da máxima lealdade". Constrangeu-se quando o ministro o chamou para falar sobre os rumores que ouvira. Conversaram com franqueza, "de irmão para irmão, como patriotas e como amigos, cada um encastelado no seu ponto de vista, mas respeitando o do outro". O coronel deixou claro que tinha um "compromisso de honra" com a causa paulista e não podia mais obedecer ao governo. O ministro, como "homem de honra", só pôde lamentar o caminho errado que seu amigo estava seguindo; ao se despedirem fez-lhe um apelo, "que sabia em vão, mas que era seu dever de chefe". Se pensara em ordenar a prisão de Figueiredo, seu "cavalheirismo" e "sentimentos de amigo" o retiveram. Compreensivelmente, o coronel saiu da sala do ministro e correu para o elevador e para fora do prédio. E dali por diante não mais apareceu em público nem dormiu em casa.[45]

Outro caso foi o do coronel Eurico Gaspar Dutra, que em 4 de julho de 1932, quando comandava o 4º Regimento de Cavalaria em Três Corações (Minas Gerais), foi procurado em seu hotel pelo capitão Benjamin C. Ribeiro da Costa, o qual se apresentou como emissário do coronel Figueiredo e lhe fez um convite para juntar-se ao seu lado no levante iminente. Dutra respondeu não poder aceitar porque era legalista por princípio. Além disso, tinha um dever de gratidão para com o ministro Espírito Santo Cardoso que, por sugestão de seu filho, capitão Dulcídio Cardoso, tirara Dutra de Mato Grosso e lhe dera o comando daquele regimento. Dutra, por ter sido contra a Revolução de 30, fora mandado para o 11º Regimento de Cavalaria em Ponta Porã, fronteira com o Paraguai, em novembro de 1930. Ele era um oficial bem conceituado que se destacara no Estado-Maior do Exército sob a chefia de Tasso Fragoso em fins dos anos 20, época em que também se tornara conhecido em todo o Exército como um dos editores de *A Defesa Nacional*. Em 1931, no estado-maior de Klinger, o general fez-lhe um grande elogio, afirmando que "com ele no estado-maior, não há missão difícil para um chefe". Em seu diário, Dutra registrou sua gratidão para com o ministro e seu filho, e concluiu: "Eu desejava ser leal a ambos". É interessante notar que um dos oficiais de Dutra era irmão do malsucedido emissário, capitão Thales Ribeiro da Costa, que posteriormente se distinguiu na luta pelo túnel da ferrovia na serra da Mantiqueira.[46]

Em razão do ato bombástico de Klinger e da pressuposição dos paulistas de que "talvez" e "poderia" significavam compromissos, os conspiradores anteciparam sua declaração de revolta de 14 para 9 de julho. Quantos não foram os oficiais de quem ouviram o mesmo que o coronel Basílio Taborda, recrutado para a causa entre os oficiais do Estado-Maior, disse a Figueiredo quando este partiu para São Paulo no dia 8: "Podem ir tranqüilos que, em 48 horas, nós responderemos da Vila Militar ao brado libertador de São Paulo!".[47]

Em 9 de julho, a Força Pública paulista e todas as guarnições do Exército no estado declararam-se em rebelião contra o governo nacional e se instalaram em posições que bloqueavam os acessos ao vale do Paraíba a leste, ao longo da ferrovia através da serra da Mantiqueira até Minas Gerais e a oeste nas estradas para o Paraná. Sua única chance de vitória teria sido um ataque rápido ao longo da estrada Rio—São Paulo, para levar a guerra à capital antes que as forças federais se organizassem. Em vez disso, puseram-se na defensiva, pois estavam convencidos de que na realidade não precisariam lutar, pois assim que Minas, Rio Grande e a tropa de Klinger em Mato Grosso se juntassem a eles, as unidades do Rio deporiam Vargas. Mas o governador de Minas e o interventor do Rio Grande permaneceram leais a Vargas, e suas forças estaduais invadiriam São Paulo, em vez de aliar-se aos paulistas; e Klinger, naturalmente, perdeu seu comando e chegou a São Paulo sozinho.

A tentativa do novo comandante da 4ª Região Militar (Minas Gerais), general-de-brigada Firmino Antônio Borba, de trazer as unidades de sua região para o lado paulista foi frustrada por Juarez Távora, que correu do Rio para Juiz de Fora, prendeu o general Borba e o substituiu pelo coronel Jorge Pinheiro, o qual foi imediatamente promovido a general-de-brigada. Um oficial federal, coronel Cristóvão Barcelos, viajou no trem com Távora até Belo Horizonte e ali assumiu o posto de chefe do estado-maior da Polícia Militar de Minas.[48]

A Marinha bloqueou o porto de Santos, impedindo a entrada em São Paulo de munição vinda do exterior. Os paulistas tiveram de contentar-se com as armas e granadas em posse das guarnições revoltosas. A indústria local desdobrou-se para produzir o que era possível e manter os operários satisfeitos pagando-lhes horas extras e fornecendo-lhes assistência médica e odontológica gratuita.[49] Estudantes de direito alistaram-se entusiasmados em unidades provisórias, mas revelaram-se péssimos soldados na hora do combate.

Figueiredo, com Klinger ainda em trânsito vindo de Mato Grosso, assumiu o comando das operações quase no mesmo momento em que chegou de carro do Rio, na manhã de 9 de julho. De início ele contou com os 12 mil soldados das guarnições federais e 9 mil das unidades da Força Pública. Posicionou os maiores contingentes dos dois lados da ferrovia e da rodovia ao longo do Paraíba, adentrando alguns quilômetros a fronteira do Rio de Janeiro. Inicialmente, a intenção era defender as fronteiras do estado de uma invasão. Segundo a teoria militar, isso posicionou os paulistas em linhas interiores e as forças federais em linhas exteriores, com as primeiras consideradas em vantagem nos quesitos suprimentos e comunicações. Contudo, as vantagens das linhas interiores podem ser perdidas se os suprimentos de homens e material forem inadequados para os objetivos da guerra. Além disso, como observou Napoleão em suas máximas de guerra, "a transição da defensiva para a ofensiva é uma das mais delicadas operações na guerra".[50] Se isso valia para os grandes capitães da história, quanto não valeria para um exército improvisado, com suas numerosas unidades de voluntários novatos e escassez de oficiais experientes?

Mas nenhum dos lados foi capaz de empreender uma campanha ofensiva vigorosa. Como se pode inferir das páginas anteriores, o Exército federal não inspirava confiança em sua lealdade, e, quando alguns oficiais abandonaram seus postos e se bandearam para São Paulo, surgiu nos círculos governamentais o medo de que o Exército desmoronasse como em 1930. Vargas anotou em seu diário que havia deficiências de toda ordem, felonias, traições, inércia. O presidente provisório recorreu a homens de confiança para serem seus comandantes de campo. Nomeou Góes para comandar o que ele, significativamente, chamou de "tropas expedicionárias", integrantes daquele que posteriormente seria denominado Exército do Leste. Pôs o tio de sua esposa, general-de-brigada reformado Valdomiro Castilho de Lima, no comando das forças governamentais que avançavam do Paraná para São Paulo. O Estado-Maior do Exército, novamente chefiado pelo veterano Tasso Fragoso, convocado de volta à ativa, foi lento na elaboração dos planos, e nas primeiras horas da crise alguns de seus oficiais tentaram impedir o embarque das tropas. O retorno de Tasso à lide militar seria breve. Para impedir que agentes paulistas se comunicassem com unidades do Rio, Góes ordenou que várias unidades saíssem numa despropositada marcha noturna e que as restantes embarcassem em trens da Central do Brasil, ônibus e caminhões emprestados pela companhia de força e luz e por uma cervejaria. Essas unidades postaram-se próximo à fronteira paulista em Barra do Piraí e em Volta Redonda, local que se tornaria o centro da indústria siderúrgica brasileira na década de 1940. Como não chegavam os planos do Estado-Maior, Góes incumbiu-se pessoalmente de redigir as ordens de operação para esmagar a rebelião. Sua idéia básica era fazer uma guerra de atrito. São Paulo não possuía recursos para vencer. Ele comparava a situação paulista a uma miniatura daquela em que se viram os "impérios centrais" na Primeira Guerra Mundial: "Isolado e investido por muitos pontos, a sua economia e os recursos se submeterão a uma grande crise, não podendo ser renovados. [...] A vantagem de poder manobrar em linhas interiores, aproveitando sua excelente rede ferroviária e outras comunicações terrestres, desaparecerá ou será neutralizada com o correr do tempo". Bastaria apertar o cerco cada vez mais e impedir os suprimentos de entrar no estado.[51] Ele também esperava evitar grande perda de vidas e material, para que as cicatrizes desse conflito sangrento não fossem indeléveis.

Nenhum dos lados contava com um poderio aéreo significativo ao começar a luta. As forças federais possuíam uma coleção heterogênea, entre as quais vários monomotores biplanos franceses TOE Potez para observação e bombardeio, seis Wacos de fabricação americana (monomotores, biplanos, com metralhadora), um bombardeiro Amiot, alguns De Havilland Moths britânicos, os únicos equipados com rádio e, portanto, capazes de ser usados para detectar artilharia, e um único avião de combate Nieuport Delage. Os Potez e os Wacos foram responsáveis por 90% das 1300 missões e 2500 horas de vôo. Um dos Wacos foi entregue aos paulistas em 21 de julho, quando seu piloto decolou em seu vôo de treinamento no Campo dos Afonsos e se juntou à causa dos insurgentes. Como os paulistas obtiveram seus primeiros aviões de unidades rebeldes instaladas em seu território, os tipos de aeronaves eram iguais aos das forças federais, só que menos numerosos e sem sincronização entre as metralhadoras e hélices, o que representava uma desvantagem nos combates aéreos. Em agosto, agentes constitucionalistas (termo preferido pelos paulistas) trouxeram do Chile nove Curtis Falcons da montadora americana Curtis Wright Corporation instalada naquele país. Pilotos americanos e chilenos levaram esses aviões até o Paraguai e sul de Mato Grosso, onde os entregaram aos paulistas. Dois foram perdidos durante a travessia: um caiu na Argentina e o outro foi apreendido pelas autoridades paraguaias; o terceiro teve suas hélices danificadas em uma tentativa fracassada de sincronizá-las com a metralhadora. Com velocidade máxima aproximada de 224 quilômetros por hora, capacidade de bombardeio em mergulho vertical, elevação máxima de 4600 metros e autonomia de vôo de 992 quilômetros, os Curtis Falcons foram os aviões mais avançados usados no conflito. Mas o lado federal possuía um recurso importante que faltava aos constitucionalistas: os 103 oficiais e 34 sargentos-aviadores que haviam sido treinados entre 1928 e 1932. O governo imediatamente encomendou 150 novos Wacos, dez dos quais ficaram prontos a tempo para entrar em ação.[52]

Os paulistas concentraram seus aviões no Sul, contra as forças do general Valdomiro, pois no início ele não tinha aviões. Só em fins de agosto o lado federal conseguiu equiparar-se no ar nessa frente. O Exército federal não conseguiu o controle aéreo total sobre São Paulo, mas com o número crescente de aviões e os pilotos treinados para conduzi-los a balança estava pendendo em sua direção.

Flores da Cunha despachou unidades da Brigada Militar para a frente paranaense e para o Rio, e o mesmo fizeram os interventores da Bahia e Pernambuco. Vargas empenhou-se em conseguir para seus generais os soldados e armas de que precisavam. Comentou que seu ministro da Guerra, Espírito Santo Cardoso, revelara-se "um homem enérgico e serenamente calmo". Mas continuaram as queixas de lentidão e até "sabotagem" do Estado-Maior. Não se contentando em sentar-se no gabinete atendendo ao telefone e cuidando da correspondência, de 14 a 17 de julho Getúlio levou seus assessores militares e civis e o general Espírito Santo Cardoso para visitar o quartel-general de Góes Monteiro em Barra Mansa e ver unidades a menos de três quilômetros das linhas paulistas. Essas excursões serviam para exibir a calma deliberada que ele julgava ter de manter para tranqüilizar o público e os seus auxiliares.[53]

Do interior do palácio, Vargas estava lutando contra líderes da República Velha: Borges de Medeiros em seu estado natal, Rio Grande do Sul, e o ex-presidente Artur Bernardes em Minas. Ambos usavam sua considerável influência para solapar o governo nacional em nome da autonomia estadual. Seus agentes usavam contatos nas unidades da Polícia Militar de seus respectivos estados para tentar convencê-las a abandonar a luta. Essas atividades preocupavam Vargas constantemente, mas seu serviço de inteligência o mantinha informado, e ele conseguia frustrar suas iniciativas. Vargas também ordenou a reforma dos oficiais que haviam aderido à causa paulista e dos que se haviam recusado a lutar. E, em vez de tomar como reféns os paulistas empregados no serviço civil na capital, mandou que a Marinha transportasse todos os que desejassem ir para São Paulo.[54] Deliberadamente, projetou uma imagem de calma determinação e força emoldurada pela compaixão.

No fim de julho, o Exército do Leste comandado por Góes estava combatendo em uma frente de quarenta quilômetros no Vale do Paraíba. A estrada Rio—São Paulo que, juntamente com a ferrovia, era o foco de suas operações, era uma via permanente de mão dupla, com seis metros de largura e leito de cascalho sobre terra vermelha. As estradas vicinais na área dessas duas cidades eram de cascalho sobre argila, mas de mão única e com três metros de largura. "O tráfego pesado só era possível ali em tempo seco." Os paulistas destruíram todas as pontes das rotas principais e atravessaram trincheiras de 1,5 metro de profundidade nas estradas.[55]

Em 9 de agosto, Vargas pôde confiar a seu diário: "Os rebeldes recuam em toda a linha". Mais ou menos nessa mesma época ele se encontrou com emissários paulistas e enviou aos rebeldes a seguinte mensagem: "Pretendo, após extinguir a revolta, adotar uma Constituição provisória até que a Assembléia Constituinte possa votar a definitiva". Chegou a pedir-lhes sugestões para a Constituição provisória. Em 10 de agosto, Getúlio reviu sua "tribo", quando o 14º Corpo Auxiliar da Brigada Militar do Rio Grande do Sul, de sua cidade natal, São Borja, passou pelo Rio de Janeiro comandado por seu irmão Benjamin Vargas. Seu filho Lutero e dois sobrinhos eram soldados desse corpo. Essa unidade e seus homens teriam um papel na ascensão de uma figura importante na história subseqüente do Exército e do país: foram comandados pelo coronel Eurico Dutra e lutaram para tomar o túnel ferroviário da Mantiqueira na fronteira entre Minas e São Paulo. Posteriormente, Benjamin Vargas teceu elogios tão convincentes a Dutra que Getúlio promoveu-o a general e por fim o nomeou ministro da Guerra, posto que Dutra ocupou por mais tempo que qualquer outro na história do Brasil, de 1936 a 1945; Dutra sucedeu Vargas na presidência de 1946 a 1951. É difícil não ver um lance de sorte no relacionamento de Dutra com Benjamin Vargas e os gaúchos de São Borja.

Em meados de agosto, Góes descreveu a situação a Getúlio e deu conselhos. A situação pouco mudara, ele declarou, porém "progredimos pouco, mas sempre progredimos". Dada a "deficiência dos meios de que dispomos", ponderou, o melhor seria não contar logo com a vitória, mas "temperar o espírito para uma guerra perseverante e demorada contra o orgulho e o quase fanatismo que a plutocracia paulista cultiva em seu proveito e com absoluto desprezo pelo resto do Brasil, [...] dezenove estados que apóiam seu governo. São Paulo está com inferioridade militar, mas colocou sua política, sua indústria, sua economia ao inteiro serviço da vitória". Klinger, ele escreveu, tinha sob seu comando "a vontade e a organização de 7 milhões de homens, que dia a dia são adrede convencidos de que desejamos a destruição e a ruína de seu estado". Do lado do governo federal, Góes via muita dispersão de esforços. Recomendou a Vargas concentrar em suas mãos toda a força vital do país e canalizá-la para a vitória. Ele próprio, declarou, desejava apenas tomar parte naquela vitória e, tendo sido incapaz de impedir a catástrofe iminente, contribuir sinceramente para reduzir seus efeitos e servir ao Brasil defendendo o governo.[56]

Como era típico de agosto, chuvas e ventos frios vindos do sul abatiam os ânimos e transformavam as estradas e trincheiras em lamaçais. Os paulistas agravavam esse clima deprimente com cargas cerradas de seus morteiros de 105 mm contra as posições das forças federais no vale do Paraíba. Enquanto isso, o governo lutava para conseguir a liberação e o embarque dos armamentos que comprara na França. Os franceses, cujo Exército treinara a polícia paulista desde 1906 e o Exército federal brasileiro desde 1920, alegavam preocupações humanitárias, mas Vargas achava que na verdade estavam ressentidos pelas compras que o Brasil fizera nos Estados Unidos e em outros países.

Klinger começou a negociar com o governo por intermédio da Marinha, cujos oficiais não estavam entusiasmados com a guerra. O general parece ter discordado dos líderes civis paulistas quanto ao modo de encerrar a luta. É provável que concordassem que Vargas devia ser substituído, mas Klinger queria ir além e pôr o governo nacional em poder dos militares. Os homens de 1930 achavam essa idéia contra-revolucionária e inaceitável. Mas ela coincidia com o argumento de Borges de Medeiros no Rio Grande do Sul, cuja influência estava enfraquecendo o apoio ao governo provisório entre as unidades da Brigada Militar do estado na frente paranaense. Um piloto do Exército que servia nessa frente atravessou as linhas com seu avião e se juntou aos paulistas, e o mesmo fez um membro do estado-maior de Góes. Para piorar as coisas, no extremo norte o forte de Óbidos, que guardava o trecho mais estreito do rio Amazonas, rebelou-se. Agosto parecia fazer jus à sua reputação de mês de desastres políticos. A suspeita estava no ar; Vargas e Góes não conseguiam fazer os arsenais do Exército produzirem com suficiente rapidez; o governo mineiro desconfiava que o general estava conspirando com seu antigo (e supostamente secreto) patrono, o ex-presidente Bernardes; Góes não confiava nos líderes mineiros, que a seu ver estavam armando seus soldados, mas se abstendo de atacar para ver o rumo que as coisas tomariam; outros cochichavam a Vargas que Góes estava conspirando com Klinger para impor uma ditadura militar. Enquanto isso, bombas explodiam no centro do Rio de Janeiro, e multidões gritavam vivas a São Paulo.[57]

Quase no fim de agosto o clima sombrio dissipou-se com os mineiros desferindo uma vigorosa ofensiva. Em fins de setembro Borges de Medeiros e o ex-presidente Bernardes foram presos em seus respectivos estados e postos sob guarda da Marinha em uma ilha costeira. Vargas promoveu sete novos generais em comandos da linha de frente. Na madrugada de 29 de setembro, Klinger telegrafou a Vargas propondo a suspensão das hostilidades. Getúlio respondeu-lhe que enviasse um emissário ao general Góes. Houve confusão nas fileiras paulistas por alguns dias, enquanto vários delegados tentavam conseguir condições melhores do que a rendição incondicional. Os oficiais da Força Pública estadual recusaram obediência tanto a Klinger como ao governo rebelde, depuseram este último e assumiram o controle do estado até a chegada das autoridades federais.[58]

Essa guerra civil gerou o mito de que ela foi responsável por impelir Vargas a reconstitucionalizar o país. Mas, como vimos, ele já havia marcado eleições para a Assembléia Constituinte, e seu diário deixa claro que seus sentimentos privados coincidiam com os que ele expressava em público. Longe de contribuir para o governo constitucional, a rebelião paulista acrescentou desnecessariamente mortes, despesas, confusões, traições e indisciplina a uma situação já farta de tudo isso; na verdade, provavelmente contribuiu mais para pavimentar o caminho para a ditadura cinco anos depois.[59] O argumento de que a revolta forçou Vargas a cumprir sua promessa de providenciar uma convenção constitucional baseou-se na idéia de que ele era profundamente insincero e, se não fosse a pressão paulista, teria evitado formar a convenção. Como provar que ele estava ou não sendo sincero? A ausência de provas permitiu aos paulistas declarar que seu sacrifício não fora em vão. Mas a publicação, em 1995, do diário secreto de Getúlio deitou por terra esse argumento, pois agora sabemos o que ele estava dizendo a si mesmo naquela época. Em 1931, ele julgava que "pelo menos três anos de ditadura, fazendo administração e alheados da clientela política e dos partidos" seriam necessários para obter o equilíbrio orçamentário, e que este fora sabotado pela Frente Única do Rio Grande, liderada por "dois lunáticos", Borges de Medeiros e Raul Pilla, os quais também incitaram os paulistas à revolta. O apressado retorno do país ao governo constitucional já estava a caminho, com data de eleição marcada para 3 de maio de 1933, quando a guerra começou. As reivindicações de autonomia estadual pelos paulistas haviam sido atendidas, inclusive com a transferência do comandante da região militar. Vargas observou que os paulistas haviam ficado tão satisfeitos com o governo do estado que ele nomeara que o haviam mantido por todo o período da revolta. Na opinião de Vargas, o governo do estado não quisera a revolta, mas tivera de aceitar a decisão dos conspiradores militares para não ser deposto. Em um encontro com Vargas em 1937, Valdemar Ferreira, que fora o secretário da Justiça paulista na época do conflito, pôs a culpa da revolta no general Klinger e seus colegas militares conspiradores. No mínimo, é hora de os historiadores reexaminarem a revolta paulista de 1932.[60]

A guerra paulista realmente teve resultados importantes. Eliminou o tenentismo como uma força influente na política nacional e no Exército. Os tenentes e seu Clube Três de Outubro opunham-se à constitucionalização, portanto sua derrocada facilitou as negociações para Vargas. Mais do que em qualquer outra época, essa guerra deixou o Exército mais próximo de possuir o monopólio da força no Brasil. O general Valdomiro Lima, que se tornou governador militar de São Paulo em 10 de outubro de 1932, imediatamente se empenhou em eliminar alguns setores da Força Pública. Quando ele deixou o estado em julho do ano seguinte, a Força Pública, embora ainda existisse, era uma força policial e não um pequeno exército, uma redução de status que seria confirmada por lei dois anos depois. O corpo de oficiais apercebeu-se mais claramente dos danos que haviam sido infligidos ao Exército, e mais oficiais se decidiram a repará-los. A guerra também mostrou quanto o Exército estava mal preparado para combater. Uma nova onda de reorganização e rearmamento marcou os anos seguintes, juntamente com a convicção de que a dependência de fontes estrangeiras para armas e munições tinha de acabar. O Brasil precisava ter sua própria indústria bélica, e os esforços para criá-la gerariam uma aliança mais firme entre Vargas e os militares, além de afetar o rumo que as relações exteriores do Brasil tomariam até a eclosão da Segunda Guerra Mundial.[61] A guerra paulista também pôs em evidência oficiais que comandariam o Exército no período da guerra mundial e posteriormente, até as décadas de 1960 e 1970.

A indústria paulista aprendeu que podia conseguir uma produção mais eficiente de seus operários concedendo-lhes mais benefícios em vez de recorrer a ameaças e violência. Os industriais de São Paulo passaram a defender a combinação de benefícios do estado de bem-estar social com capitalismo. Na análise de Joel Wolfe, eles ganharam "nova percepção do poder do governo para garantir a paz social e, portanto, altos níveis de produção. [...] começaram a aceitar componentes fundamentais do programa de Vargas para o sindicalismo corporativo patrocinado pelo Estado".[62] Mas, independentemente das lições aprendidas, os paulistas não conseguiram fabricar armas e munições suficientes para vencer a superioridade do governo nesses dois recursos. No entanto, aproveitaram o que tinham. A fábrica de pólvora em Piquete estivera em suas mãos, e fornecera "explosivo barato e muito eficiente". As indústrias Matarazzo em São Caetano haviam fabricado por dia 250 mil cartuchos para fuzis e metralhadoras e quatrocentos projéteis de artilharia de 75 mm. E os paulistas haviam produzido 160 morteiros de trincheira de 90 mm com alcance máximo de 1500 metros usando eixos de vagões de trem. No auge da produção, as fábricas estavam entregando 3 mil granadas de mão e de rifle por dia. Os 70 mil homens que os paulistas puseram em campo não estiveram desarmados.

Mas eles não foram suficientes para resistir ou vencer os 80 mil que as forças federais mobilizaram contra eles. De fato, o governo pôde manter "no mínimo um batalhão de canhões de artilharia de 75 mm e um número considerável de soldados da infantaria no Rio durante toda a campanha". Os aviões federais, que contavam com metralhadoras sincronizadas para disparar por entre as hélices, eram "imensamente superiores em quantidade e qualidade" ao equipamento paulista, que requeria o uso de fuzis automáticos, disparados dos flancos dos aviões. Ambos os exércitos recorreram abundantemente aos bombardeios aéreos contra as concentrações de tropas. Os ataques aéreos federais abalaram o moral dos paulistas, com bombardeios diários sobre Campinas e, no caminho de volta, fogo cerrado sobre as trincheiras paulistas. Mas não foi o número de soldados nem a qualidade do equipamento que acarretaram a derrota paulista; foi, principalmente, a "falta de bons oficiais na frente de batalha". Nos combates nos arredores de Campinas, a Força Pública estadual "repetidamente recuou, deixando as unidades de voluntários em situação precária". Mais grave foi o fato de oficiais subalternos serem "muito negligentes, muitos deles abandonando seus homens por dias. Essas condições levaram a repetidas retiradas, e o resultado foi a gradual perda do moral entre os voluntários". Na esteira da guerra ocorreram arruaças na cidade de São Paulo em 28 e 30 de setembro de 13 de outubro porque a população acreditava "ter sido traída pelos líderes militares em campanha".[63]

Os informes sobre as baixas na guerra civil de 1932 são vagos e díspares. A estimativa do adido militar dos Estados Unidos foi de 1050 mortos e cerca de 3800 feridos nas forças federais. Entre os cinqüenta oficiais mortos no vale do Paraíba estava o irmão favorito de Góes Monteiro, Ciro. Depois de percorrer as áreas de batalha, o adido militar americano, Sackville, concluiu que "não houve luta encarniçada nessa rebelião. As forças federais pareceram contentar-se com cercar gradualmente as forças rebeldes e esperar que a fome lhes desse cabo. Embora o povo paulista permanecesse resoluto até o fim, a pressão foi forte demais, e o moral dos paulistas na frente de batalha arrefeceu". Sackville observou, acertadamente, que a maneira como o governo Vargas lidasse com São Paulo nessa ocasião determinaria o futuro: um tratamento duro aprofundaria o ressentimento que levara à guerra. "A benevolência provavelmente os conquistará com o passar do tempo." Na opinião do adido, Vargas provavelmente estava propenso a seguir esse caminho, pois não mandou tropas federais "para a capital paulista até que as forças estaduais de São Paulo houvessem restabelecido a ordem na cidade".[64]

Uma arma importante que não esteve presente nos campos de batalha dessa guerra foi o tanque. Em março de 1932 o Exército havia abolido sua única companhia de tanques. Entre o equipamento francês de segunda mão comprado após a chegada da missão militar havia doze tanques, que ao chegar estavam praticamente obsoletos, e "os brasileiros nunca adquiriram proficiência digna de nota no manejo dos tanques". Nos doze anos seguintes eles "deterioraram a tal ponto que estavam desativados". O escriturário do adido militar americano, Harry Brown, achava que "a dissolução da única Companhia de Tanques não resultaria em perda substancial da eficiência do Exército". Mas, naturalmente, ele escreveu esse comentário antes de começarem as hostilidades com São Paulo.[65]

Para Góes Monteiro, a falta de tanques era uma ínfima parte dos problemas que demandavam solução. Durante as operações de campanha, ele analisou o que precisava ser feito. Escreveu a Vargas que os paulistas tiveram em mãos todos os elementos necessários para a vitória, mas não souberam como tirar proveito deles. Se sua mobilização houvesse sido adequada e se houvessem usado com eficácia sua rede rodoviária e ferroviária, poderiam ter surpreendido o Rio com uma poderosa ofensiva. O governo fora salvo pela inépcia dos paulistas, e não pela competência de seu próprio Exército. Politicamente, o nacionalismo brasileiro e os laços federais haviam enfraquecido, pois a estrutura nacional era "frágil, confusa e suscetível de ruptura". Para reforçar a união, Góes declarou, o necessário era "maior centralização política e nacionalista". O episódio paulista fora uma tentativa reacionária de retornar ao passado sob a falsa bandeira da "reconstitucionalização". O que Vargas precisava fazer, recomendou seu general comandante, era "outorgar ao país uma Constituição que atenda as necessidades e possibilidades da coletividade, sem as incertezas, imitações e fantasias inadequadas ao povo brasileiro, que deve ser compreendido com o senso exato de sua realidade". Nessa mesma linha, Góes analisou friamente as Forças Armadas da pátria:

O Exército federal e as tropas auxiliares dos Estados não passam de um conglomerado de unidades desfalcadas em pessoal e material, pouco aparelhadas para a guerra e sofrendo os efeitos de uma já avançada dissolução inoculada em seu seio por uma organização defeituosa e não correspondente às necessidades militares do país e uma década de lutas intestinas, nas quais têm sido envilvidas ativamente, e das quais têm sido cada vez mais dilaceradas, moral e materialmente, a começar pelos quadros que experimentam mais intensamente a influência das facções políticas e não se aplicam à profissão como convém.

O Alto-Comando [...] deixa tudo a desejar e será, na posteridade, o responsável-mor pelo estado de desagregação e anarquia das Forças Armadas, comprometendo o futuro da nação [...] sacrificando os interesses nacionais em proveito de interesses particularistas, regionais e pessoais.

A Revolução de Outubro deveria ter mudado ou começado a transformar essa ordem das coisas e a mentalidade que produz. Mas a matéria-prima, o substratum de certos elementos que se batizam revolucionários não difere muito do dos chamados "reacionários" ou "decaídos".

Um esforço maior de todos os brasileiros de boa vontade faz-se mister para combater por todas as formas esse mal profundo de mentalidade, de hábitos, de costumes, de paixões e de individualismo exagerado — que paira como uma ameaça sombria sobre a nação enferma.

Góes recomendou que o próximo passo fosse a criação de "forças militares disciplinadas, fortes, homogêneas, bem aparelhadas e comandadas". "Custem o sacrifício que custar. Só assim se poderá encarar o futuro sem graves preocupações e sem nervosismos." Ele queria aumentar o efetivo para 100 mil homens e dar ao Exército o controle exclusivo sobre todas as questões de armas e mobilização militar.[66]

A tarefa imediata ao fim da guerra civil era reorganizar o Exército e assegurar que os oficiais mantidos na ativa fossem pró-governo. A "pedra de toque" para o Exército era a questão das promoções, Góes lembrou a Vargas. Embora o regulamento determinasse que o presidente só influísse na seleção dos postos mais elevados, na prática ele participava das decisões sobre todas as patentes, até o nível dos capitães, tenentes e sargentos. De fato, ele examinou e "organizou" a lista de promoções que a comissão do Exército apresentou e a entregou, para comentário, ao chefe da Casa Militar, o coronel Pantaleão Pessoa, e ao general Góes. O ministro da Guerra, Espírito Santo Cardoso, e seu predecessor, general Leite de Castro, sugeriram nomes que mereciam promoção. Pelo menos um coronel, José Gay, pediu a Getúlio em audiência privada para ser promovido. O presidente recusou e anotou em seu diário: "Não promoverei mais a general simples portadores de galões". Góes advertiu que se as poucas centenas de oficiais que mereciam promoção por seus serviços na Revolução de Outubro e na campanha recente não fossem atendidas, a situação se agravaria. Precisava-se urgentemente de uma nova lei de promoções "para evitar o arbítrio, as promoções de caráter político e os novos incômodos ao governo". Era agora necessário "restabelecer sobretudo a mais rigorosa disciplina na tropa e prepará-la para agir em qualquer emergência". Ele aprovara, com poucas remoções e adições, a lista de capitães que Vargas lhe entregara. Quanto aos tenentes, Góes achava que seguir o critério da antiguidade era o critério mais seguro, mas havia alguns que deviam ser promovidos por mérito em razão de seus serviços na guerra civil. A seu ver, seria difícil para um tenente que passara três meses nas trincheiras aceitar que alguém mais novato, que não participara diretamente nas operações militares, fosse promovido antes dele. O mesmo se podia dizer quanto aos oficiais subalternos que haviam participado da Revolução de 30 mas, no conflito mais recente, não haviam sido designados para a frente de batalha. Os problemas dos sargentos e dos comissionados também eram sérios. Os primeiros deviam receber vencimentos maiores, e os segundos, ter mais benefícios que os medíocres "pesos mortos". Era "extremamente necessário", afirmou Góes, promover o "expurgo dos elementos incapazes, sobretudo nos quadros superiores, inclusive generais". Além disso, os efetivos deviam ser aumentados, "particularmente em São Paulo e noutros pontos sensíveis". A vigilância do regime não deveria cessar. Era "preferível gastar mais no Exército e prepará-lo bem que se arriscar a despender cem vezes mais em presença de maiores atentados à segurança pública". O Exército tinha de ser posto em excelentes condições nos aspectos moral, profissional e material. "A disciplina mais rigorosa que se puder obter será uma questão de vida ou morte; e nas regiões [militares] fora do Rio, o corpo de oficiais e sargentos deve ser selecionado e de inteira confiança, para não ser contaminado."[67]

O cuidadoso controle das reformas e promoções gradualmente removeu oficiais superiores promovidos antes de 1930. Em 1937 a lista de coronéis de combate, da qual eram escolhidos os futuros generais, continha apenas cinco oficiais promovidos antes da revolução, em um total de 104 coronéis.[68]

Para Góes Monteiro, com os paulistas derrotados o Exército estava livre para voltar sua atenção para os perigos que confrontavam a pátria. Como já mencionado, a guerra civil forneceu um pretexto para expurgar o corpo de oficiais dos ineptos, dos preguiçosos e dos agitadores. Como general vitorioso, Góes estava aumentando rapidamente sua influência. Derrubara Klinger de sua posição quase mítica como jovem turco reformista, e seria Góes, e não os oficiais treinados na Alemanha, quem levaria o crédito por moldar o novo Exército brasileiro. Sua recompensa imediata foi a promoção, em 6 de outubro de 1932, ao posto de general-de-divisão, o mais elevado da ativa. Tinha 42 anos, mas já não apresentava a condição física requerida por sua posição. Na década seguinte, a saúde freqüentemente refrearia sua ambição. Ele se esforçara arduamente para aproveitar as oportunidades, mas teve o cuidado de não buscar a notoriedade excessiva. Por exemplo, em outubro de 1932, quando estava para retornar ao Rio de seu quartel-general em Resende, políticos cariocas fizeram-lhe uma visita a fim de saber a que hora ele chegaria à capital para que pudessem preparar uma recepção vistosa. Góes consultou seu chefe de gabinete, coronel Pantaleão Pessoa, e este observou que uma aclamação pública poderia ser inconveniente para o governo; por isso, marcaram o retorno para entre duas e três da madrugada. Essa foi uma demonstração deliberada de que ele estava decidido a apoiar o governo, ou pelo menos a apoiar Getúlio.[69]

A rebelião paulista afetou Góes profundamente, mais do que se pode inferir de seus comentários nas tão citadas entrevistas a Coutinho. Em seus papéis há um manuscrito inacabado analisando operações que ele próprio comandou, e ali ele descreve o governo Vargas como ingenuamente crédulo e a liderança paulista como patifes covardes empenhados em saquear seu estado e a nação. Eram conquistadores, "industriais monopolistas e egoístas" sem preocupação com seus conterrâneos. Defendendo seu papel na guerra civil, Góes deblaterou contra a "cegueira das oligarquias brasileiras", cuja insanidade as levara a querer destruir o Exército. O objetivo dessas oligarquias ao dividir o corpo de oficiais era controlar o Brasil. Em seu notavelmente truculento discurso de despedida por ocasião da desmobilização do "Exército do Leste", ele exortou os soldados a serem vigilantes, pois a pátria sempre precisaria deles. Deveriam manter-se alertas e ter a baioneta sempre à mão. Deveriam agir "niponicamente" (uma referência maliciosa aos ataques japoneses na China) sempre que o "inimigo interno" levantasse a cabeça, até mesmo no próprio Exército. Anexa ao texto havia uma página manuscrita intitulada "Inimigos" na qual Góes resmungava sobre as "forças ocultas" que estavam tentando destruir o Brasil. Não há nomes, e sequer alusões claras, identificando as pessoas a quem ele se referia, mas estão patentes a sua raiva e a sua convicção. Esse modo de pensar costumava irromper quando ele estava particularmente tenso e frustrado, mas geralmente não em público. Nessa ocasião ele provavelmente se sentia muito angustiado, talvez em razão do pesar pela morte em combate de Cícero (ou Ciro), seu irmão favorito.[70]

Góes também alertou Vargas sobre a necessidade urgente de uma total reestruturação do Exército. A Argentina tinha capacidade para mobilizar tropas mais bem armadas mais depressa que o Brasil, e supostamente era o mais provável oponente do Brasil em uma futura guerra externa. Góes preocupava-se particularmente com a equipagem. Era imperioso obter equipamento moderno, como deixara claro a rebelião paulista. O aparelhamento de São Paulo e a substancial contribuição da indústria paulista para o esforço de guerra impressionaram favoravelmente Góes e os oficiais de seu Estado-Maior. Ele não vinculou imediatamente a necessidade de armas e equipamento à industrialização; seu primeiro cuidado era com a obtenção de armas, o mais rápido possível, portanto concentrou-se na importação como solução imediata. Embora preconizasse a melhora da produção e dos padrões nos arsenais do Exército e fábricas civis, deixou para outros a defesa da industrialização mais abrangente e de longo prazo.

A ASSEMBLÉIA CONSTITUINTE E A CONSTITUIÇÃO DE 1934

Finda a guerra civil, Vargas reviveu sua promessa de convocar uma Assembléia Constituinte. E a imagem pública de Góes Monteiro como o recém-vitorioso e mais jovem general do Brasil impeliu-o à participação ativa. Góes entrou para a comissão, liderada pelo ministro das Relações Exteriores, Afrânio de Melo Franco, responsável pela redação do projeto a ser apresentado à Assembléia eleita. Entre meados de novembro de 1933 e meados de julho de 1934 a Assembléia debateu sobre as cláusulas propostas, aceitou a maior parte do texto recomendado, mas rejeitou a legislatura unicameral em favor da bicameral e acrescentou a novidade de representantes de empregados e de empregadores, em uma tentativa infrutífera de enfraquecer a influência de grandes delegações estaduais. O Poder Executivo era exercido pelo presidente e seu gabinete, sem vice-presidente. O direito de voto foi estendido a homens e mulheres com mais de dezoito anos, com voto obrigatório para todos os homens e para as mulheres funcionárias públicas. As mulheres ficavam excluídas do serviço militar obrigatório, que agora passava a ser requisito constitucional, e não legislado. Góes Monteiro quisera estender o serviço militar às mulheres, excluindo-as apenas das funções de combate, mas não conseguiu fazer prevalecer sua opinião.

Como em 1891, os delegados civis quiseram manter os militares envolvidos na política. De fato, a nova legislatura, graças a leis de anistia, teria a participação de exilados de 1930 e 1932 em suas câmaras, dando aos inimigos do regime status e plataforma para proteger seus interesses e atacar o governo. Como sua antecessora, a Constituição de 1934 declarou que as Forças Armadas "são instituições nacionais permanentes e, dentro da lei, essencialmente obedientes aos seus superiores hierárquicos. Destinam-se a defender a pátria e garantir os poderes constitucionais". Como observou Alfred Stepan, "isso, na prática, autorizava os militares a obedecer ao presidente somente se julgassem acertado, pois a obediência dependia de considerarem legal a ordem presidencial". Singularmente, em 1891 Deodoro da Fonseca opusera-se a essa cláusula por considerá-la prejudicial à disciplina militar. O fato de ela ter sobrevivido no documento de 1934 indica que os políticos desejavam impor constitucionalmente um papel intervencionista ou moderador às Forças Armadas, ao qual pudessem recorrer para convocar soldados para seu lado em disputas entre o Executivo e o Congresso.[71] Na medida em que a Constituição procurou preservar as práticas da República Velha, esse foi um golpe contra a tendência centralizadora da Revolução de 30 e contra a esperança de isolar os militares da política.

O que esse exercício de democracia fez foi atrair o Exército mais intimamente para a política. As Forças Armadas mantiveram-se à margem da crise de sucessão causada pela morte do "presidente" de Minas Gerais (o único entre os governadores estaduais autorizado a manter o velho título, em tributo ao seu papel em 1930). Em 12 de dezembro de 1933, a decisão de Getúlio de não nomear Virgílio de Melo Franco nem Gustavo Capanema levou à renúncia do ministro da Fazenda, Osvaldo Aranha, e do ministro das Relações Exteriores, Afrânio de Melo Franco, pai de Virgílio. Flores da Cunha, que apoiava Capanema, ameaçou renunciar ao cargo de interventor no Rio Grande do Sul. Informes e rumores sobre conspiração circularam freneticamente nos círculos governamentais. Vargas convenceu Aranha e Flores a permanecerem em seus cargos, mas o orgulho da família Melo Franco, demasiadamente ferido, impediu Afrânio de voltar atrás na renúncia. O caso quase desestabilizou o regime, impelindo Minas Gerais e Rio Grande do Sul a aumentarem suas forças estaduais para, respectivamente, 7 mil e 3500 homens, o que, por sua vez, desagradou ao corpo de oficiais.[72]

Pouco antes dessa crise em torno de Minas Gerais, a Gazeta do Rio publicou uma coluna assinada pelo "Coronel Y", criticando o mau uso e o abuso do Exército pelos políticos. Essa matéria, e as que a acompanharam, demonstram que eram discutidas questões militares na imprensa pública, que os oficiais inquietavam-se muito com os efeitos da política sobre a instituição e que se preocupavam em educar o público. Essas colunas têm uma importância mais destacada porque foram escritas pelo capitão Humberto de Alencar Castelo Branco, então assistente do diretor de estudos na Escola Militar do Realengo. O Exército, ele escreveu, não era um aparelho para controlar os dirigentes da nação nem uma milícia partidária. Castelo Branco criticou os oficiais políticos que se entregavam a tais papéis e distorciam a verdadeira missão das Forças Amadas, a defesa nacional. "O nosso político não estuda, em regra, as questões vitais de um Exército permanente", ele acusou, acrescentando que esses políticos viam o Exército do mesmo modo que viam sua polícia estadual: como uma força para impor a vontade do partido no poder. Castelo conclamou a Assembléia Constituinte a estudar as questões militares e a considerar a defesa nacional parte dos "interesses sagrados do Brasil".[73]

Enquanto ocorria o que se relatou acima, Paraguai e Bolívia entraram em guerra pelo Chaco, Peru e Colômbia engalfinharam-se na disputa por Letícia, os generais Góes Monteiro e Tasso Fragoso travaram uma polêmica mordaz nos jornais em torno de suas ações na guerra civil paulista, e os generais Valdomiro Castilho de Lima, interventor em São Paulo, e Manuel de Cerqueira Daltro Filho, comandante da 2ª Região Militar (São Paulo), deram de discutir publicamente sobre seus papéis na política do estado. Em meados de outubro de 1933, poucos dias antes da visita ao Brasil do presidente argentino, general Agustín P. Justo, o irmão de Getúlio, Benjamin, liderou uma tropa de soldados, parentes e amigos que saiu de São Borja, atravessou o Rio Uruguai e entrou em Santo Tomé, Argentina, para decidir uma disputa local de fronteiras. Foram recebidos a bala, e vários brasileiros morreram, entre eles dois sobrinhos de Vargas. Getúlio ficou embaraçado com o comportamento impensado de seu irmão e se referiu ao episódio como uma "triste noite", mas o fato é que esse incidente revela muito sobre a brutalidade reinante nas fronteiras meridionais do país. Parte da irritação do governo argentino foi abrandada no final de dezembro de 1933, quando as autoridades brasileiras em Uruguaiana prenderam o coronel argentino Gregorio Pomar e seus seguidores, que faziam preparativos para invadir sua terra natal.[74]

Em dezembro, o "fantasma da ditadura militar" assombrava o cenário político, sem assumir de fato uma forma definida, mas em geral pairando sobre o nome de Góes Monteiro. A decisão do general Espírito Santo de renunciar ao Ministério da Guerra deu a Getúlio a oportunidade de trazer para seu lado o jovem general, cada vez mais ambicioso, oferecendo-lhe a pasta. Esse posto daria a Góes a posição que lhe permitiria realizar seu sonho de reformar o Exército. No entanto, em vez de agarrar prontamente a oportunidade, Góes preocupou Vargas pedindo-lhe tempo para consultar outros generais e depois mantendo-se distante do presidente. Depreende-se do diário de Vargas que aparentemente os dois não se viram nem conversaram entre 20 de dezembro e 10 de janeiro, o que, para eles, e considerando a crise então em curso, era um longo tempo.[75] Osvaldo Aranha, cujo apoio também não estava seguro para Vargas na época, declarou-se contra a nomeação de Góes para ministro da Guerra, dizendo ao presidente que ouvira do general Andrade Neves que Góes não tinha a influência sobre o Exército suposta por Vargas. Além disso, Aranha afirmou que Góes oferecera-lhe 100 mil contos de réis para unir-se a ele contra Flores da Cunha como seu "seu inimigo comum".[76] Independentemente da veracidade dessa estranha proposta, a antipatia de Góes Monteiro por Flores continuou a crescer até vê-lo removido do governo do Rio Grande do Sul, uma das medidas que prepararam o caminho para a ditadura do Estado Novo em 1937. Na noite de 18 de janeiro, procurando arrancar mais compromissos do presidente antes de aceitar o ministério, Góes mostrou a Vargas uma carta que escrevera, na qual tratava das necessidades do Exército. Vargas declarou que esse tipo de manobra não tinha cabimento entre os dois, que ele providenciaria o que fosse possível e que Góes parasse de criar dificuldades e assumisse logo o novo cargo.[77]

No que provavelmente foi uma tentativa de enfraquecer Vargas fragmentando seu apoio militar, delegados de Bernardes em Minas Gerais propuseram o nome de Góes Monteiro para presidente por tempo suficiente para que ele fosse mordido pela "mosca azul" da ambição presidencial, mas não o bastante para permitir que uma onda irresistível de apoio se formasse. O breve flerte de Góes Monteiro com a mosca azul talvez tenha sido encorajado pelos murmúrios entre oficiais e políticos a respeito de planos de golpes para impô-lo como ditador caso sua candidatura fracassasse. Os tenentistas do Clube Três de Outubro publicaram um manifesto de apoio. Não se sabe o que há de verdadeiro nesses informes e rumores. Certamente o número de cartas e telegramas nos papéis de Vargas mostra que os informes foram numerosos, mas o centro da conspiração era sempre outro que não a localidade onde vivia o autor do escrito. Por exemplo, Flores da Cunha, no Rio Grande do Sul, telegrafou a Vargas afirmando que um oficial de uma unidade em São Paulo alertara-o de que telefonemas do gabinete do ministro da Guerra para oficiais de seu estado declaravam que o general Góes renunciaria à pasta e, se não fosse eleito presidente, daria um golpe de estado. O mais provável, ao que parece, é que ou a boataria estava correndo solta em todas as direções ou um grupo desconhecido estava deliberadamente espalhando falsos rumores com a intenção de provocar uma crise. Seja como for, as respostas de Vargas marcaram-se pelas recomendações de ter cautela, manter-se vigilante e evitar demonstrações de força policial. Vargas sugeriu a Flores que telegrafasse a Góes e lhe dissesse que não se reunira com os comandantes da Brigada Militar do estado, não mobilizara unidades provisórias, não bloqueara postos do Exército nem fizera coisa alguma que fosse hostil ao Exército. Vargas respondeu a comentários do interventor da Bahia, capitão Juracy Magalhães, sobre rumores de conspirações, dizendo que só agiria se tivesse certeza de que os rumores eram verdadeiros. Vargas recomendou "medidas enérgicas, excluindo da Força Pública, de preferência pela reforma, os oficiais suspeitos, convidando os principais responsáveis civis a deixar o Estado".[78] É irônico que Góes Monteiro, que em público e em particular apontava o regionalismo como mais grave perigo para a pátria, fosse arrastado para uma rede urdida por políticos regionais.

Ocasionalmente, durante esses meses, Vargas se perguntou se não seria melhor renunciar e deixar para outros todas as dores de cabeça.[79] Flores da Cunha estava ouvindo tantos rumores sobre um golpe para instaurar uma ditadura militar que propôs o envio de um destacamento de polícia gaúcho para o Rio para atuar como guarda pessoal de Getúlio. O presidente achou que essa medida seria "inútil, senão irritante". Curiosamente, alguns dos homens que mais tarde seriam mais identificados como contrários à ditadura (por exemplo, o general Rabelo e Osvaldo Aranha) cogitaram essa idéia nesse intervalo. Os generais Manuel Rabelo e Góes Monteiro concordavam: "Estamos de comum acordo que devemos conter a tempestade que vem por aí, e que poderá degenerar numa guerra civil de conseqüências funestas para a pátria; só há uma solução para o caso, a qual é o Exército e a Marinha imporem uma Constituição que não seja uma fantasia a mais entre tantas que têm aparecido, mas uma realidade, cujas eficácia e utilidade são asseguradas já pela prática". Rabelo lembrou Góes de que ele outrora admitira que a Constituição positivista do Rio Grande do Sul era "o único meio de pôr termo à inquietação que anda por aí fora". Segundo esse esquema, Vargas permaneceria como presidente e tomaria posse perante as duas armas, que "encarnam as aspirações nacionais e a vontade do povo livre do Brasil". Se assim fizessem, Rabelo assegurou a seu colega, salvariam "o Brasil da anarquia que o ameaça [...] da caótica situação em que vivemos e entraremos numa fase definida e clara, de força e responsabilidade. [...] Ou o Brasil se salvará desta vez, ou não poderemos mais prever o seu futuro". Rabelo falou a Vargas sobre a conversa dos generais, entregou-lhe uma cópia da proclamação proposta e exortou a Getúlio a "dar esse golpe para evitar a revolução". Vargas prometeu estudar o assunto, mas declarou que preferia tentar a melhora da Constituição por meio de debates da Assembléia Constituinte. Separadamente, o general Daltro Filho, interventor em São Paulo, criticou a Constituinte, dizendo-se a favor de uma "república ditatorial". Em 9 e 10 de abril, generais em reunião secreta no Rio de Janeiro incitaram Góes a dizer a Vargas que se ele insistisse em candidatar-se à presidência na eleição, haveria derramamento de sangue. Góes recusou-se a transmitir a mensagem. Mas, com seu nome no páreo, suas freqüentes exortações na imprensa para que o Exército se mantivesse longe da política soavam vazias. Vargas observou que a candidatura do general trazia "a política no seio do Exército", dividindo-o em grupos favoráveis e hostis.[80] Em abril, o general João Guedes da Fontoura, comandante da Vila Militar, reuniu 170 oficiais das unidades da vila e obteve seu consentimento para apresentar em nome deles uma declaração de apoio ao governo, respeito à Assembléia Constituinte e solidariedade com o general José Maria Franco Ferreira, comandante regional no Rio Grande do Sul, que da mesma forma expressara sua lealdade ao governo.[81]

No começo de abril, José Carlos de Macedo Soares, influente paulista que se tornaria ministro das Relações Exteriores sob o governo constitucional, declarou-se preocupado com a divisão das opiniões no país com relação à democracia liberal. Observou que "a ficção da eleição do presidente da República já não basta para dar-lhe a força necessária para o exercício do cargo". A Revolução, afirmou, solapara o prestígio da autoridade no Brasil, e a opinião bem informada era influenciada pelos grandes pensadores contemporâneos que estavam escrevendo que a democracia fracassara, como parecia comprovar o fortalecimento dos poderes presidenciais nos Estados Unidos, Bélgica e França. Macedo Soares disse a Vargas que sondara vários oficiais do Exército e era "impressionante a uniformidade da opinião. Quase todos são contrários à democracia liberal". Os oficiais viam o Brasil no caminho do corporativismo. Curiosamente, a Assembléia Constituinte, ao reformular o projeto de Constituição, mostrara preferência pela mesma democracia liberal à qual se opunham os oficiais. A candidatura de Góes era apoiada por republicanos da velha guarda, portanto continha contradições básicas, refletiu Macedo Soares.

Góes, segundo Macedo Soares, não estaria disposto a ser um Nestor Passos ou um marechal Hermes, mas talvez aceitasse apoio de círculos alheios à tradição democrática liberal, quem sabe chegando ao poder "na crista de um movimento nitidamente popular". Surpreendentemente, em 27 de maio Vargas escreveu em seu diário que Aranha sugerira fazerem outra revolução na qual dissolveriam a Assembléia Constituinte e decretariam uma nova Constituição para o país. A verdade dessa afirmação não pode ser confirmada em outras fontes, que nada mencionam a respeito.[82] Mas outros conspiradores aparentemente continuavam a murmurar e a reunir-se em segredo. Em 4 de junho, o chefe de polícia do Distrito Federal informou a Vargas sobre uma conspiração "político-militar" destinada a dar um golpe na noite da eleição presidencial na Assembléia, prendê-lo e entregar o governo ao general Góes. O único a ser identificado claramente entre os conspiradores foi o tenente-coronel Gustavo Cordeiro de Farias, do gabinete de Góes. Um dos aspectos mais fascinantes de tudo isso foi que, com exceção dos meses da revolta paulista, Getúlio não recorreu a lei marcial, estados de sítio ou censura à imprensa para governar como ditador.[83] Durante o regime constitucional vindouro, tais medidas passariam a ser quase constantes.

Finalmente, Vargas candidatou-se a presidente constitucional, e o mesmo fizeram o general Góes e o caudilho gaúcho Antônio Augusto Borges de Medeiros. Em 16 de julho de 1934, Vargas venceu com 175 votos contra 59 para Borges e 4 para Góes. Vários dias antes da eleição, Góes apresentou sua renúncia, afirmando sua lealdade constante, mas admitindo que fora desencaminhado por "falsos amigos" em uma sórdida intriga contra o Exército. Não quisera ser candidato "em oposição ao honrado nome de Vossa Excelência". Sua candidatura era "o ponto escuro no longo e diáfano convívio de franqueza que mantive com V. Exª". A culpa, declarou, fora dos "permanentes inimigos do Exército", "certos homens cínicos". Ele queria restabelecer o clima de confiança entre ambos, e julgava que devia deixar o ministério e retornar às fileiras do Exército, dando a Getúlio liberdade para implementar a reorganização do Exército sobre a qual haviam concordado. Além das dificuldades financeiras e das "complicações acumuladas durante a primeira república e o período revolucionário", ele via apenas "um grave empecilho à ordem institucional, diante do qual podem esbarrar os esforços": não fora possível desviar "os elementos do Exército ativo das atrações, competições e lutas da política partidária". Góes reafirmou sua crença no patriotismo de Getúlio e em sua capacidade para "achar os meios de vencer as dificuldades e restaurar nossa posição no continente". Vargas retribuiu essas declarações de lealdade mantendo-o como ministro; na verdade, as anotações em seu diário deixam claro que, para Getúlio, o candidato da oposição era seu conterrâneo Borges de Medeiros, e não Góes.[84]

Assim, o Brasil retornou mesmo ao governo constitucional, mas infelizmente sob uma carta nacional que carecia de uma terminologia precisa em suas tentativas de restringir os poderes presidenciais enumerando-os e diminuindo sua arbitrariedade. O observador contemporâneo Karl Lowenstein comentou: "Embora pareça dúplice, a Constituição provavelmente foi o elo predestinado entre o passado liberal e o futuro mais orientado para o social, se não coletivista".[85] Os estados elaboraram novas constituições e realizaram eleições, e as facções locais de 1930 lutaram com as velhas oligarquias, as quais divisaram uma chance de retorno. A Assembléia Nacional tornou-se o campo de batalha legislativo entre os autonomistas dos estados e os centralistas de Vargas. O presidente teve dúvidas imediatas, acreditou que seria difícil "dirigir o país" sob a nova Constituição e começou a pensar em redigir outro "projeto".[86]

O período de governo eleito não acalmou a contínua turbulência que afligia o Brasil, e o Exército seria freqüentemente um ator fundamental na série de crises que marcaram essa era. O tão citado objetivo de Góes Monteiro de manter a política partidária fora do Exército e desenvolver uma postura política institucional unificada revelou-se impossível sem ditadura.

9. A segurança da pátria

Falta-nos [...] quase tudo.
Getúlio Vargas, 24 de dezembro de 1934

Em todos os escalões existe uma pequena porcentagem de homens
que são bons soldados e seriam bons em qualquer exército, mas
infelizmente quase toda a sua eficiência é perdida no ambiente de
lealdade questionável e falta de disciplina generalizadas.
Major William Sackville, 18 de abril de 1935

Para construir um Exército com elevado padrão de profissionalismo, o Brasil precisava reformar seu sistema de ensino militar e fornecer armas e equipamento moderno a seus regimentos e batalhões. E, para assegurar que as missões designadas fossem adequadas às ameaças que enfrentava, o Exército tinha de desenvolver um serviço de inteligência que reunisse e analisasse informações. Como as grandes distâncias do território eram atravessadas por poucas ferrovias e por ainda menos estradas pavimentadas, o avião era uma dádiva que permitia a observação e a comunicação com muitos pontos do mapa nacional raramente vistos por forasteiros, bem como o contato físico com lugares que distavam semanas ou meses do Rio de Janeiro por via terrestre ou aquática. A necessidade da industrialização para pôr fim à dependência da importação de produtos industrializados era consenso na elite brasileira. Na turbulenta década de 1930 teria sido otimista demais pensar que qualquer uma dessas mudanças ocorreria sem luta, discórdia e determinação férrea. As guerras entre vizinhos do Brasil ajudaram a concentrar a atenção de sua oficialidade nos aspectos essenciais dos soldados, armas e treinamento. A consciência das realidades das ameaças que enfrentavam também aguçou o senso corporativo e o sentimento de que suas vidas estavam sendo vendidas barato demais. A luta pela remuneração adequada parecia fútil a alguns observadores, mas muitos oficiais achavam que não podiam sobreviver com seus vencimentos. A crise dos soldos de 1935 nos permite analisar de uma perspectiva rara o funcionamento do corpo de oficiais na intimidade, sua frágil disciplina e sua auto-imagem como organização militar.

A REFORMA DA ACADEMIA MILITAR E A NOVA ACADEMIA DAS AGULHAS NEGRAS

Podemos saber como um observador externo bem informado via essa conjuntura analisando os relatórios do adido militar americano, major William Sackville, que percorreu postos do Exército para inteirar-se pessoalmente da situação. Sua perspectiva e sua análises foram descritivas e comparativas. Depois de assistir às cerimônias de formatura na Escola Militar do Realengo, Sackville comentou que os cadetes viviam em alojamentos espaçosos com 75 camas, mais parecidos com as casernas dos praças americanos do que com os quartos para três ou quatro cadetes da Academia de West Point. Comiam em mesas compridas no refeitório. O ambiente assemelhava-se mais a um quartel do que a uma escola. Entrava-se no prédio principal, de dois pavimentos, por uma arcada central que dava acesso a um pátio interno, flanqueado de todos os lados pelo edifício de dois andares; uma segunda arcada levava ao segundo pátio interno, com uma estrutura semelhante de um andar ao seu redor, e uma terceira arcada abria-se para um terceiro pátio com barras de exercício e quadra de basquete. Nas noites quentes, os cadetes estudiosos, chamados pejorativamente de crânios pelos menos motivados, levavam seus livros, armavam suas mesinhas dobráveis embaixo das lâmpadas exteriores do segundo e terceiro pátios e ali permaneciam até de madrugada. Quando finalmente entravam para dormir, às vezes encontravam colegas voltando de escapadas no Realengo, Bangu e outros subúrbios. Se acontecesse de o oficial de dia fazer uma revista, o aventureiro que pulara o muro podia deparar com sua cama desmontada e posta no banheiro. Nesses alojamentos enormes os cadetes estudavam, cantavam ou batucavam sambas, além de dormir nas horas de folga. Era o constante contato no alojamento que formava e estreitava a "camaradagem que os unia como irmãos, nas horas boas e más".[1]

O Corpo de Cadetes compunha-se de 750 homens no curso de três anos, dos quais, na época, os dois primeiros destinavam-se ao currículo básico e o terceiro à arma de combate do cadete. A turma de 1933 continha 220 cadetes. "Crânios" da turma de 1930-33 como Golbery do Couto e Silva, Mozart de Souza Andrade, Raymundo Ferreira de Souza, Fritz de Azevedo Manso (todos da infantaria), José Campos de Aragão (artilharia) e Dirceu Araújo Nogueira (engenharia) seriam os capitães do Estado Novo, os majores e tenentes-coronéis da segunda era Vargas no início dos anos 50, os coronéis do golpe de 1964 e os generais do Exército pós-1964.[2]

O oficial comandante, general-de-brigada José Pessoa Cavalcanti de Albuquerque, era irmão do candidato a vice-presidente na chapa de Vargas, João Pessoa, cuja morte violenta precipitara a Revolução de 30. Era sobrinho do presidente Epitácio Pessoa (1919-22) e irmão de Aristarcho Pessoa Cavalcanti de Albuquerque, que desempenhara papel central na Revolução de 30 em Minas Gerais. Era também oficial de grande distinção, produto e participante dos esforços reformistas das décadas anteriores. Nascido em 1884, aos dezessete anos ingressou no Exército como estudante da Escola Preparatória e Prática do Realengo, buscando admissão na Escola Militar de Praia Vermelha. Corria o ano de 1903, e em 1904, como vimos no capítulo 2, a escola de Praia Vermelha entrou de roldão nos acontecimentos tumultuosos daquele ano que acarretaram seu fechamento e a transferência dos alunos para Porto Alegre a fim de concluírem seus estudos. Ele observou o êxito do comandante da escola do Realengo, general-de-brigada Hermes da Fonseca, em manter a escola fora do levante de 1904 e os esforços de Hermes para intensificar a disciplina, o treinamento e a profissionalização de seus estudantes. Em 1909 sua primeira missão como soldado coincidiu com um ponto alto das reformas de Hermes e com o retorno do primeiro grupo de oficiais enviados à Alemanha para treinamento. Em 1912, já tenente, Pessoa participou de operações salvacionistas em seu estado natal, a Paraíba, no movimento mencionado no capítulo 3. Foi instrutor do programa do Tiro na Bahia e em São Paulo, e neste último estado organizou e treinou uma unidade de voluntários na Faculdade de Direito em apoio à campanha de Bilac pelo serviço militar obrigatório. Quando o Brasil entrou na Primeira Guerra Mundial, ele foi mandado a Paris para fazer um curso na escola militar de Saint-Cyr, recebendo o comando de um esquadrão em uma unidade do Exército francês cujos soldados eram turcos. Posteriormente, atribuiu suas medalhas da Cruz de Guerra francesa e belga por bravura a seus soldados turcos, extremamente agressivos, que no mínimo uma vez o presentearam com um colar feito com orelhas de inimigos. Contraiu tifo, apaixonou-se, como Hemingway, por uma bela enfermeira inglesa da Cruz Vermelha, Blanche Mary Edward, e a desposou. Voltou ao Brasil em 1920 como capitão e organizou a nova unidade de tanques do Exército, que dois anos depois ajudou a bloquear o avanço dos estudantes rebeldes da Escola Militar do Realengo em direção à Vila Militar. Promovido a major, serviu como segundo oficial da escola militar, depois como comandante interino do 1º Regimento de Cavalaria; o êxito nesse posto deu-lhe o comando do 3º Regimento de Cavalaria Independente em São Luís, Rio Grande do Sul. Que pensaria Mary, sua esposa, da vida na fronteira em meio aos gaúchos? Por ocasião da Revolução de 30 ele era coronel no Rio de Janeiro, onde liderou a tomada do palácio da Guanabara durante a deposição de Washington Luís. Depois de breve período no Distrito Federal como chefe do corpo de bombeiros, assumiu o comando da Escola Militar do Realengo.[3]

O termo cadete, que na antiga tradição portuguesa era um título com ares de nobreza, fora abolido pelo governo republicano na onda radical de 1898. Em agosto de 1931, para associar a escola básica de oficiais do Exército às tradições do século anterior, Vargas decretou a criação do Corpo de Cadetes, cujos integrantes envergavam um novo fardamento azul com barretina moldado no uniforme de 1852 (usado na campanha contra Manuel Rosas, da Argentina). Uma versão em menor escala da espada de campanha do duque de Caxias e uma *fourragère* (faixa usada no ombro esquerdo) de fita vermelha completava o uniforme característico conhecido no jargão militar como "azulão". Em 25 de agosto, aniversário do duque de Caxias, Vargas entregou a nova bandeira azul do Corpo de Cadetes ao cadete mais graduado, Antônio Pereira Lima. Os cadetes eram incentivados a considerar-se soldados de elite, futuros oficiais. Um cadete dessa época recordou que sentiam orgulho e honra por usar a farda da escola. Até os fustigados primeiranistas, os "bichos", sentiam-se importantes, "gente", naquele uniforme.[4]

Pessoa fez modificações simples em algumas das tradições básicas da academia, como por exemplo a obrigatoriedade de exames físicos e médicos anualmente em vez de apenas no início do curso de três anos. O costume dos terceiranistas de viver dos louros dos dois anos anteriores e com isso livrar-se de tarefas cansativas, como por exemplo carregar mochilas e equipamento para as manobras de campanha, foi abolido por Pessoa, que fez questão de que todos os cadetes seguissem o programa completo até a conclusão do curso. Acabou-se a moleza: os louros tinham de ser defendidos constantemente. Pessoa recorreu à persuasão e a seus contatos sociais para conseguir convites para seus esplendidamente vestidos cadetes freqüentarem festas nos principais clubes da capital, como o Tijuca Tênis Clube e o Fluminense, e assim introduzir os cadetes do Exército nas camadas mais elevadas da sociedade. Pensando no status dos cadetes, ele aboliu a prática de punir infrações do regulamento com detenção em cadeias ou unidades do Exército onde seus alunos se misturariam aos soldados comuns. As punições passaram então a ser ministradas na própria escola. Sua ênfase no comportamento digno em público e no status levou-o a expulsar alguns cadetes que foram provocados a entrar em brigas de rua no bairro vizinho, o Bangu, muito embora os cadetes julgassem estar defendendo a honra da escola. Também contribuíram para a mudança de status novas políticas de recrutamento que limitaram a 50% o número de formados pelos três colégios militares em Fortaleza, Porto Alegre e Rio de Janeiro, sendo a outra metade selecionada por exames competitivos realizados em escolas secundárias civis. O fato de a escola ser atraente para rapazes de famílias civis é demonstrado pelos mil candidatos que prestaram os exames de 1932, dos quais apenas oitenta foram aceitos.

Entre os admitidos deste último grupo estava um rapaz paulistano de dezessete anos, Carlos de Meira Mattos, que fora soldado das forças paulistas e cujos pais tentaram dissuadi-lo dizendo que "não vão querer um revolucionário paulista na Escola Militar". Ele insistiu e ingressou nas fileiras dos "azulões". Na carreira de Meira Mattos constaria o serviço na campanha da Itália na Segunda Guerra Mundial, a participação destacada no Exército do pós-guerra e o comando da escola dos sonhos de Pessoa, a Academia Militar das Agulhas Negras, em 1969-71. Depois da reforma, seus vários livros sobre geopolítica engrandeceriam o pensamento estratégico brasileiro e o poriam em um nível elevado.[5]

O general Pessoa remodelou os prédios antigos, mas impusera duas condições para aceitar a designação para o Realengo: primeira, tirar a escola da "atmosfera tumultuada" da capital, e segunda, ter carta branca para empreender a mudança. Em 1931, depois de examinar possíveis locais para as novas instalações no Rio, São Paulo e Minas Gerais, ele escolheu um lugar defronte à cidade de Resende, no estado do Rio de Janeiro, próximo à fronteira com São Paulo. O belo trecho era dominado pelas majestosas montanhas da serra de Itatiaia, as mais altas do Brasil, com o destacado pico das Agulha Negras salientando-se no horizonte. Ali, longe das intrigas políticas do Rio e São Paulo, Pessoa imaginava ser capaz de preparar um novo tipo de oficial. Sua escola ideal foi um dos empreendimentos retardados pela guerra civil paulista. Em janeiro de 1933 já fora selecionada uma firma de arquitetura. Uma maquete em madeira escura das instalações projetadas estava à mostra no Realengo, e o Exército estimara seu custo em aproximadamente 4,5 milhões de dólares. O problema era que o governo não tinha esse dinheiro. Osvaldo Aranha, então ministro da Fazenda, receando desestabilizar os preços de mercado, discordou da idéia de Pessoa de custear o projeto com vendas extras de café aos Estados Unidos. Alguns oficiais criticaram os planos para aquela academia "luxuosa" porque seus formandos certamente desanimariam depois, quando deparassem com as toscas e arruinadas unidades do Exército. Convicto, resoluto, Pessoa fechou os ouvidos a essas vozes negativas e prosseguiu nos esforços, talvez julgando que o modo mais seguro de vencer a oposição seria construir depressa. Ele pressionou para que os planos arquitetônicos fossem completados rapidamente e marcou uma cerimônia de assentamento da pedra fundamental por ocasião da conclusão da semana de manobras dos cadetes em fins de outubro de 1933.[6]

Esses exercícios, inéditos em escopo e localização, contavam com a participação de todo o Corpo de Cadetes e eram realizados na área onde hoje se localiza a Academia das Agulhas Negras. Celebrizaram-se nos anais do Exército por marcarem o auge da influência francesa e porque alguns dos oficiais que comandavam os cadetes tornaram-se os generais que lideraram o Exército na fatídica década de 1960.

O currículo da escola visava a equilibrar o treinamento profissional militar com a educação geral de nível universitário sob orientação da missão militar francesa, a cargo do diretor de estudos do Realengo, tenente-coronel Paul Langlet, e de seu ajudante, Humberto de Alencar Castelo Branco, ilustre pupilo da missão, que em sua extraordinária carreira militar deixaria profunda marca na história do Exército como chefe do Estado-Maior e presidente da República. Entre os oficiais da escola também estavam o major Mário Travassos e os tenentes Newton Fontoura de Oliveira Reis, Breno Borges Fortes, Paulo Enéas F. da Silva e Amílcar

Dutra de Menezes. Anos depois, Travassos seria um pioneiro na formulação da geopolítica brasileira, Dutra de Menezes chefiaria o departamento de propaganda do governo durante o Estado Novo e Borges Fortes seria chefe do Estado-Maior do Exército.[7]

A insistência de Pessoa na correção do comportamento e na autodisciplina nem sempre era compartilhada ou compreendida pelos cadetes. Em resposta à punição de alguns cadetes por conduta imprópria, houve uma "greve" em grande escala na academia. O desacordo com o então ministro da Guerra, Góes Monteiro, quanto à condução desse caso acarretou sua substituição. Ainda assim, ele continuou a pressionar pela construção da nova academia em Agulhas Negras.

Nos anos restantes da década, o regime de Vargas concentrou esforços em elevar a qualidade do treinamento e educação militar, fornecer armas e equipamento adequados e moldar a doutrina estratégica de modo a equilibrar os objetivos nacionais do Brasil com suas capacidades e potencial. Evidentemente, todos esses objetivos eram inter-relacionados, e o empenho para concretizá-los teria efeitos profundos sobre a sociedade, a economia, a política e, em última análise, a posição internacional do Brasil.

GUERRA NO CHACO E NA AMAZÔNIA

Para melhorar o treinamento, o Exército tinha de manter as unidades existentes em condições de operar, aumentar o efetivo e equipar unidades que existiam apenas no papel. A guerra paulista exigira uma súbita expansão das Forças Armadas, acentuadamente baseada na mobilização breve de unidades policiais e de unidades provisórias dos estados; mas o Exército também expandiu seu efetivo, e assim, ao término das hostilidades, contava com 63 524 homens em armas, os quais foram mantidos até o fim daquele ano. Em 1932, enquanto a crise em São Paulo absorvia a atenção dos líderes brasileiros, uma disputa de décadas em torno de uma região de fronteira entre Paraguai e Bolívia acabou por desencadear a Guerra do Chaco (1932-35). E no oeste da Amazônia, de setembro de 1932 até o início de 1933, Peru e Colômbia enfrentaram-se num combate em pequena escala pelo controle de Letícia e do território adjacente. A proximidade desses conflitos com as cidades fronteiriças brasileiras de Corumbá, nas cabeceiras do rio Paraguai, e Tabatinga e Benjamin Constant no rio Solimões, preocupou o governo Vargas o suficiente para que se mantivesse o efetivo com 60 mil soldados na ativa, muito embora o orçamento daquele ano exigisse uma redução para 54500 homens. Em março de 1934 o Estado-Maior do Exército apresentara a Vargas um plano para uma reorganização provisória do Exército que previa uma força de 74 mil soldados.[8]

A grande inquietação de Vargas é gritante em uma correspondência secreta de fins de 1934 com Osvaldo Aranha, que deixara a pasta da Fazenda para tornar-se embaixador nos Estados Unidos em julho de 1934. O presidente escreveu que não consultara nenhum assessor, mas retornara de uma viagem ao Sul profundamente preocupado com a situação paraguaia e suas possíveis conseqüências para as relações entre Brasil e Argentina. Seus receios coincidiam com a opinião do Estado-Maior do Exército, o qual, segundo ele, estava "um tanto alarmado". A questão do Chaco enveredara por um caminho obscuro e parecia complicar-se. O Paraguai, agora "militarmente forte, com um exército vitorioso de 70 mil homens, não "sabe o que fazer dessa gente depois da terminação da guerra"; não teria empregos para todos, de modo que, predisse acertadamente Vargas, um general vitorioso retornando à frente de "um exército descontente" poderia muito bem derrubar o governo civil. Vargas temia que o Paraguai pudesse "criar complicações na nossa fronteira de Mato Grosso, provocando qualquer incidente que arraste a Argentina no conflito". Quanto à Argentina, ele declarou: "Esta, por sua vez, ampara abertamente o Paraguai, provendo-o de todos os recursos, acumula tropas na fronteira da Bolívia, já ocupou alguns fortins deste país e advoga a reabsorção da Bolívia como parte deagregada do do vice-reinado [colonial] do Prata". Uma das vozes mais exaltadas a exigir essa ação era a do ministro argentino da Guerra, general Manuel A. Rodríguez. O governo argentino concedia empréstimos para manter o Paraguai na luta. Os dois países tratavam os adidos militares brasileiros com "visível desconfiança" e não lhes permitiam visitar a zona de guerra. "A nossa política tem sido de cordial amizade com a Argentina e abstenção de intervir na questão do Chaco", comentou Getúlio. Enquanto se mantinha essa política, era preciso "tomar precauções militares", a única medida capaz de evitar problemas futuros. "Falta-nos, entretanto, quase tudo". Perguntou a Aranha: "Como pensará a política americana a esse respeito, e até onde nos acompanharia? [...] Duas coisas necessitamos, no momento, e não temos dinheiro. Algumas unidades para a defesa da costa, um ou dois cruzadores, submarinos e uma ou duas canhoneiras no rio Paraguai".

Roosevelt, respondeu Aranha, pedira que nada fizessem com respeito à frota brasileira antes de o consultar, pois decidira "fazer com que tudo fosse aqui construído em condições melhores e mais baratas". Aranha advertiu que precisavam manter isso em segredo, pois o menor vazamento dessas informações comprometeria seus esforços para obter armas americanas. "A verdade, porém, Getúlio, é que esta gente está convencida de que será acompanhada por nós em caso de guerra, mas se alarma com o nosso desinteresse por este posto desde a saída de Domício da Gama" [1911-18]; os americanos não entendiam por que o Brasil podia renovar duas vezes o contrato com a missão militar francesa e não manter a missão naval americana. Era por isso que os Estados Unidos estavam tratando de "CONQUISTAR A SIMPATIA DOS DEMAIS, especialmente da Argentina", à qual já haviam concedido uma missão naval". Aranha afirmou: "Digo-te [...] que tudo é possível conseguir [...]. Mas tudo terá que ser feito com discrição, com segredo". Nem uma palavra pode escapar, ele alertou.[9]

Fazia anos que o Estado-Maior do Exército vinha observando com atenção os dois lados, que mantinham uma paz precária graças às advertências do Chile à Bolívia para manter a calma e aos esforços da Argentina, então governada pelo presidente Hipólito Yrigoyen (1916-22, 1928-30) para conter o Paraguai. Mas este último freio foi eliminado em 1930, quando os militares derrubaram Hipólito Yrigoyen. De fato, por toda a década de 1930 foi grande a preocupação dos militares brasileiros com seus congêneres argentinos. Durante a guerra civil paulista, o adido militar brasileiro em Buenos Aires, capitão Riograndino Kruel, informou que "o ambiente argentino, tanto popular como oficial, é, em geral, simpático aos paulistas". Kruel afirmou que agentes rebeldes conseguiam contrabandear suprimentos e aviões da Argentina para o Brasil. Isso já teria bastado para alarmar os encarregados da inteligência brasileira, mas adicionalmente, em sua análise da situação do Chaco, eles enxergavam a atuação de interesses argentinos. Desde 1929, a grande maioria das propriedades privadas no Chaco estava em mãos de cidadãos ou empresas argentinas: nada menos que 10,5 milhões de hectares dos 22 milhões de hectares em disputa; dos 30 mil paraguaios residentes na região, 18 mil trabalhavam para empresas argentinas, proprietárias de metade do 1 milhão de cabeças de gado criadas na região; dos 416 quilômetros de ferrovia no Chaco, 316 eram argentinos. No total, os investimentos argentinos na zona em conflito, segundo analistas brasileiros, excediam muito os 40 milhões de pesos computados em 1929. Os observadores achavam, também, que as notícias de existência de petróleo no Chaco tinham seu papel no apoio argentino ao Paraguai. Afirmavam que a Argentina considerava o Paraguai "um prolongamento dos seus empórios comerciais" e que seu território constituía "indiretamente um elemento geográfico tributário da sua própria economia política". Ademais, supunham que, nas repúblicas vizinhas, o astuto ministro do Exterior da Argentina, Carlos Saavedra Lamas, estava passando a perna na diplomacia brasileira.

A guerra restringiu os planos brasileiros para criar laços com a Bolívia. Em 1928 os dois países haviam assinado um protocolo pelo qual o Brasil ajudaria a construir ferrovias ligando Santa Cruz de la Sierra a portos na Bacia Amazônica e aos portos no rio Paraguai, o que daria à Bolívia acesso a Manaus, ao norte (e ao mundo via rio Amazonas), e a Corumbá, a leste. A partir de Corumbá haveria uma ligação ferroviária com São Paulo, "cujas indústrias encontrariam um bom mercado na Bolívia". Esse plano brasileiro chocava-se com o projeto argentino de construir uma ferrovia em direção ao norte, adentrando a Bolívia; também competia com os esforços peruanos e chilenos para orientar a Bolívia para o Pacífico.

Além da competição do Brasil com a Argentina pelos países vizinhos, os analistas do Exército mencionavam uma ameaça argentino-paraguaia na região de fronteira de Mato Grosso. Em 1870 a área mudara de mãos em conseqüência da derrota do Paraguai pelo Brasil, mas os numerosos habitantes paraguaios ainda se opunham. Vários latifúndios pertenciam a paraguaios, e o Exército tinha informes de que muitos dos peões estavam sendo alistados no Exército paraguaio, o que violava a neutralidade brasileira. Os oficiais brasileiros apontavam especialmente a empresa argentina "Mate Laranjeira [que] constitui um perigo para os interesses da defesa nacional [...] no caso de guerra com aquele país". Para enfatizar a inconfiabilidade da Mate Laranjeira, os analistas ressaltaram que "essa companhia, em todas as lutas internas de 1922 a 1932, contribuiu sempre para auxiliar os revoltosos contra o governo, quer pelo auxílio de capital, quer arregimentando tropa, inclusive grande parte de paraguaios, como aconteceu especialmente em 1932 auxiliando a revolução de São Paulo". Claramente os oficiais brasileiros não confiavam nos argentinos, com quem em meados da década de 1930 o Brasil estava mantendo relações cordialíssimas e vigoroso comércio, nem nos paraguaios, "dado o caráter desleal e o desprezo que os paraguaios sempre demonstraram em matéria de diplomacia e respeito aos direitos dos demais países, quando se trata de satisfazer seus interesses e ambições". Os oficiais receavam que para atacar Puerto Suarez (na Bolívia, defronte a Corumbá, na fronteira com Mato Grosso) os paraguaios tivessem que entrar em território brasileiro, violando não só a neutralidade, mas também a soberania nacional.

Nos grandes conflitos do mundo na década de 1930 a Guerra do Chaco pode ter sido um episódio menor, mas para o Brasil foi um problema imediato que afetaria por décadas suas relações na região do rio da Prata. Uma observação adicional interessante é que a inteligência do Exército, frustrada com a dificuldade de obter informações acuradas, aparentemente tentou compensar sua falta de adidos militares em Assunción e La Paz no início da guerra enviando o primeiro-tenente de cavalaria Nemo Canabarro Lucas para servir no lado paraguaio. Em seu retorno ao Brasil ele ajudou a escrever o estudo da guerra no qual se baseia este relato.[10]

A VISÃO DO EXÉRCITO SOBRE A POSIÇÃO ESTRATÉGICA DO BRASIL NOS ANOS 30

O estudo do Estado-Maior do Exército sobre a Guerra do Chaco foi parte do processo de organização do primeiro serviço de inteligência militar moderno do país. O Brasil enviou adidos militares a vários "países interessantes". Um dos primeiros resultados dessa iniciativa foi um estudo minucioso da "situação militar" do Brasil que pautaria as políticas militar e externa nos anos anteriores à Segunda Guerra Mundial. Um resumo desse documento de 1934 possibilitará ao leitor vislumbrar o pensamento estratégico da liderança brasileira. A análise leva a crer que, a despeito de todas as aparentes divisões internas entre as elites, a política brasileira baseou-se, em essência, na avaliação coerente e realista da força relativa e da posição do Brasil na América do Sul e no mundo.

Os analistas observaram que as grandes potências estavam abaladas pelas crises econômicas e sociais que haviam desestabilizado a ordem mundial e produzido "uma desconfiança recíproca e permanente que impossibilita qualquer acordo durável". Em conseqüência "o Brasil pode ser arrastado a tomar parte, como aliado, numa outra guerra mundial, ou pode ser causa ou teatro de uma guerra". Viam "ameaças sérias" pairando sobre "a América do Sul em geral e sobre o Brasil em particular" provenientes de "várias correntes expansionistas", entre as quais:

A JAPONESA — a mais perigosa porque é a mais sistemática e metódica, mais nitidamente absorvente e mais bem dirigida;

A GERMÂNICA — existente anteriormente à conflagração européia [Primeira Guerra Mundial] e que ameaça recrudescer com o surto intensivo do espírito racista e da filosofia científico-militar;

A AMERICANA DO NORTE — que é sobretudo econômica, não ameaça talvez diretamente nossa independência política, mas tende a nos avassalar. A expansão americana, que se faz sobretudo por meio da exportação de capitais e do comércio em geral, tende a chocar-se a japonesa, que se faz sobretudo pelo trabalho, pela exportação do braço, de efeitos mais radicais e perigosos. Do entre-choque dessas duas correntes pode resultar uma ação contra nossa independência ou, pelo menos, contra nossa integridade;

A ITALIANA — que por seus antecedentes e natureza é a menos perigosa, acumulada, no entanto, demasiadamente em certas regiões do país, tende indiretamente a ameaçar de quebra a unidade nacional do povo, e a influir em caso de guerra européia fortemente sobre parte da opinião pública.

Os imigrantes alemães poderiam, de modo semelhante, pôr em perigo a unidade e a determinação nacional.

Se houvesse uma guerra "extracontinental", o Brasil só poderia defender-se com uma política preventiva. Internamente, precisaria controlar a população imigrante, dispersando-a por todo o país para evitar concentrações de pessoas de mesma origem, neutralizando a ajuda direta de governos estrangeiros, proibindo companhias de colonização estrangeira, insistindo no ensino e uso obrigatórios do português e impondo uma "intensa nacionalização" dos nascidos no Brasil para cortar seus laços com os países de origem. Externamente, o Brasil teria de fazer alianças. Nenhum país sul-americano, segundo os analistas do Estado-Maior, teria nas duas ou três décadas vindouras força militar suficiente para defender-se contra uma grande potência agressora. Se os países sul-americanos maiores se aliassem, reuniriam poder militar suficiente para tornar "difícil, dispendiosa e quiçá de resultados duvidosos tentativas de conquista por qualquer método". Essa aliança sul-americana idealizada envolveria o desenvolvimento de indústrias militares e de um sistema continental de comunicações. Infelizmente, lamentaram os analistas, a história de disputas e rivalidades sul-americanas tornava improvável uma aliança como essa.

Os autores lembraram a seus superiores que o Brasil, sendo o único país lusófono do continente, estava isolado e, portanto, só podia contar consigo mesmo.

Embora os Estados Unidos estivessem, analogamente, sozinhos em meio a países de língua espanhola, e ainda que esse caráter de estranhos comum aos brasileiros e americanos houvesse levado a uma "aproximação mais ou menos íntima" no passado, uma expansão da influência dos Estados Unidos não se daria "sem graves inconveniências". "Economicamente somos seus dependentes, pois que eles nos compram nosso principal produto [o café] em muito maiores quantidades que todos os outros países, enquanto que nós lhes compramos relativamente pouco." Além disso, o café não era uma necessidade, e em tempo de guerra podia ser obtido em outros lugares. Os Estados Unidos, alertou o relatório, "podem mesmo constituir para nós uma ameaça [...] à vista da evolução de sua política internacional de após-guerra".

Concluíam os analistas do Exército: "De tudo isso resulta a necessidade de o Brasil organizar-se militarmente [...], libertar-se da dependência norte-americana, sem prejuízo até de uma maior aproximação com a grande confederação do Norte, satisfazendo, assim, de modo mais amplo, as necessidades da defesa nacional". Advertiram que, em caso de guerra, "sem o apoio dos Estados Unidos ou de outra forte potência industrial, a situação de qualquer nação sul-americana é precária, pois que nenhuma delas possui indústria bélica suficiente". Nesse meio-tempo, enquanto o Brasil estivesse desenvolvendo sua capacidade industrial, sua defesa contra a agressão extracontinental resumia-se em "medidas preventivas", principalmente diplomacia.

Se uma nova guerra seguisse o padrão da grande guerra de 1914-18, afirmava o relatório, "nossa posição é naturalmente do lado da *entente*, mormente se aí se enfileirarem a Argentina e Estados Unidos". Contudo, avisava o documento, "todo cuidado deve haver em não ser tomada atitude diametralmente oposta à da Argentina, caso que poderia redundar em guerra com esta nação, e para a qual não estamos preparados".[11]

Essa análise das ameaças mostra que já em 1934 as autoridades brasileiras estavam avaliando os perigos que se acumulavam no cenário mundial e deliberando sobre a melhor forma de proteger o país. Em suma, os líderes do Exército brasileiro achavam que deviam contar apenas com seu próprio engenho e com os recursos ao seu alcance, e aproveitar as crises vindouras para obter a maior vantagem possível para o Brasil. Contudo, quando pensavam sobre uma possível guerra mundial e o problema de equipar e preparar suas Forças Armadas, os militares brasileiros e os papéis presidenciais repetidamente indicavam os Estados Unidos como a fonte mais lógica.[12] Posteriormente naquela década, a espionagem brasileira na Argentina entregou um documento de 1933, com revisões feitas em 1934 e 1935, que esboçava um "Plano Máximo" para uma possível guerra com o Brasil. O plano pressupunha que os Estados Unidos apoiariam os brasileiros; de fato, os argentinos viam-se como a principal barreira ao imperialismo americano sobre o continente sul-americano e julgavam possível que Washington instigasse o Brasil a um conflito com Buenos Aires para eliminar aquela oposição.[13]

Havia também razões internas para querer aumentar o poder militar federal. A Revolução de 30 arrancara o poder das mãos das coalizões oligárquicas de raízes estaduais, mas o perigo de um levante dos remanescentes do velho sistema era sempre latente. De fato, como já mencionado, alguns oficiais e alguns políticos civis viam o governo constitucional de 1934 como um retorno às coalizões estaduais que a Revolução de 30 derrubara. Já vimos, também, que o período da Assembléia Constituinte de fins de 1933 até julho de 1934 foi marcado por conspirações mirabolantes e pálidos fantasmas de ditadura. No pensamento do Exército, o melhor modo de barrar as ameaças internas e externas era organizar-se para uma guerra contra inimigos externos poderosos, pois essa preparação sem dúvida daria aos militares recursos suficientes para manter a ordem interna. O chefe do Estado-Maior do Exército, Francisco de Andrade Neves, afirmou francamente que a manutenção da paz e da ordem internas influenciava a distribuição das tropas pelo território nacional tanto quanto as questões de recrutamento, mobilização e estratégia. Era preciso estarem prontos para uma intervenção rápida de caráter preventivo. A experiência nas "guerras intestinas" do país, notavelmente o conflito recente com São Paulo, mostrara que a divisão de infantaria do Exército federal era demasiado pesada, e por isso precisavam desenvolver "uma unidade de combate mais leve e mais manobrável". A política do Exército, ou melhor, sua missão, levava em conta que "os interesses da política interna cometem ao Exército o papel de salvaguarda da paz e mantenedor da ordem na República".[14]

A análise acima deveria bastar para indicar que a liderança brasileira antes da Segunda Guerra Mundial vinculara o desenvolvimento e a segurança nacional ao comércio e finanças internacionais e que estava preocupada com medidas que pudessem pôr em perigo o país, mas também que, no cenário internacional, via o Brasil naturalmente do lado das potências liberais, particularmente os Estados Unidos. Além disso, os principais líderes concordavam que os perigos que afligiam o mundo também ofereciam oportunidades. Facções desenvolveram-se à medida que a crise mundial se agravou, e as opiniões divergiram quanto a que lado oferecia mais com o menor perigo. Para alguns observadores estrangeiros, os debates internos assumiram tons ideológicos que toldaram as análises desses líderes.

O EXÉRCITO E A INDUSTRIALIZAÇÃO

No decorrer dos anos 30 estreitaram-se as ligações entre as preocupações brasileiras com a segurança interna e externa, a reorganização e rearmamento do Exército, a política externa e a industrialização. Em 1919 e 1920, os relatórios do ministro do Exército e as mensagens presidenciais ao Congresso haviam ressaltado que acabar com a dependência das importações de armas estrangeiras e "organizar nossa indústria militar será a maior realização patriótica da geração que o fizer", pois isso "garantirá a emancipação e a independência do país". O presidente Epitácio Pessoa relacionara a produção de armas ao desenvolvimento de uma indústria siderúrgica nacional. Ele e seus predecessores haviam reconhecido a conexão entre o estabelecimento dessa indústria e um amplo desenvolvimento econômico, e no Exército pensava-se que, em última análise, esse desenvolvimento constituía um meio de defesa nacional. Vargas e sua administração implementaram um conjunto de objetivos que haviam sido debatidos e imaginados por décadas. O fato de serem os implementadores e não os criadores do objetivo da industrialização em nada diminui o papel de Vargas e seus assessores. As circunstâncias dos anos 30, tanto na esfera nacional como na internacional, deram-lhes oportunidades antes indisponíveis. A lentidão do processo de transformar objetivos em realidade pode ser mais bem compreendida quando recordamos que, na década de 1920, o Brasil não era meramente subdesenvolvido: não havia desenvolvimento nenhum. A maioria dos brasileiros era analfabeta, e a minúscula elite instruída não possuía a mentalidade orientada para a resolução de problemas ou organização necessária para levar o país à modernidade. A educação superior durante o Império limitara-se às faculdades de medicina, direito e engenharia; a primeira universidade, a do Rio de Janeiro, fora fundada em 1920. Em 1937 e na época do Estado Novo o Brasil teria um total de quatro universidades. Essas instituições não eram dedicadas a preparar líderes modernizadores; como observou o educador reformista Anísio S. Teixeira, "eram afastadas da maioria das pressões que poderiam tê-las feito responsáveis pelas necessidades mais amplas da sociedade", pois existiam "em um mundo fechado de estudos remotos e distantes".[15] As universidades, seu corpo docente e seus estudantes estavam desvinculados das idéias, objetivos e organização dos militares, e as partes pareciam não se entender, o que teria perigosas conseqüências futuras. Assim, em vez de as universidades levarem o Brasil para a era moderna, esse papel ficou para os políticos e os militares.

A enormidade do que havia por fazer era esmagadora. Como poderia atingir um alto nível de desenvolvimento um país onde o carro de boi e o comboio de mulas ainda eram os meios de transporte mais comuns — o Exército continuou às voltas com a criação de cavalos e mulas até as vésperas da Segunda Guerra Mundial — e onde a madeira era a principal fonte de energia? O objetivo de produzir aço e armas envolvia um salto de séculos, de animais e madeira ao motor de combustão interna a gasolina e à energia hidrelétrica.[16]

De fato, a experiência do Exército com seus próprios arsenais já mostrava como seria difícil o caminho a percorrer. Na década de 1920 ficou claro que não bastava comprar as mais modernas máquinas, matrizes e ferramentas. A liderança era um problema básico. Os oficiais designados para os arsenais eram em geral selecionados ao acaso, sem levar em conta seu conhecimento técnico ou capacidade administrativa. E os trabalhadores que eles dirigiam não tinham incentivo para produzir, pois ninguém, segundo o ministro da Guerra na época, estava preparado para "apreciar e recompensar o verdadeiro mérito". Ele lamentou que "o trabalho do Arsenal é considerado como lugar de descanso". Sem supervisão técnica apropriada, os operários não faziam quase nada. O Exército importou alguns técnicos franceses para remodelar "tão estranho arcabouço" que os brasileiros, deplorou o ministro da Guerra, iludiam-se em considerar "um estabelecimento militar de primeira ordem" quando, na realidade, "não possuía senão um amontoado de máquinas". A litania de problemas ocupou muitos outros parágrafos.[17]

As rebeliões dos anos 20, a Revolução de 30 e a guerra civil paulista de 1932 deixaram essa situação mais ou menos inalterada até fins dos anos 30. Esses acontecimentos, particularmente o último, patentearam a fraqueza material do Exército. As pesquisas sobre armas e equipamentos praticamente cessaram enquanto o Exército lutava para manter-se inteiro. No conflito paulista, as forças do governo dispararam em média 265 mil tiros de fuzil por dia enquanto seu arsenal no Realengo produzia apenas 65 mil balas diariamente. Em 1932, o Exército gastou no total mais de 20 milhões de balas enquanto a fábrica do Realengo conseguira montar 17 442 535, das quais apenas 1 335 189 usaram invólucros produzidos no local. E para possibilitar isso foi necessária uma concessão orçamentária especial. O Exército tinha de comprar munição dos Estados Unidos, França, Holanda e Áustria para subjugar forças rebeldes que dependiam exclusivamente da captura de estoques do Exército e da polícia e da produção improvisada. A situação era semelhante na produção de projéteis de artilharia e na renovação dos canos de fuzis e metralhadoras. Os arsenais e fábricas do Exército conseguiam produzir aproximadamente um terço de suas necessidades. O diretor de material bélico atribuía a deficiência ao semi-abandono dessas instituições. Em comparação com o Brasil, que possuía um estoque reserva de 46 milhões de cartuchos em meados dos anos 30, a Argentina tinha 380 milhões. Os receios de Vargas e seus generais em torno da Guerra do Chaco baseavam-se em uma avaliação realista das capacidades brasileiras.[18]

Claramente, o Brasil precisava ter capacidade para produzir suas próprias armas, e para isso era necessário industrializar-se. Entre 1934 e 1938 o chefe de material bélico recomendou diversas medidas que refletiam a evolução das políticas do Exército para a industrialização. Em vez de meramente exportar suas vastas reservas de minérios e importar produtos acabados, o Brasil devia criar indústrias para produzir ferro, aço, cobre, chumbo, zinco, alumínio e outros produtos de metal. Os relatórios da Diretoria do Material Bélico exortavam o governo a atrair investidores privados com incentivos fiscais e afrouxamento das restrições alfandegárias sobre o maquinário estrangeiro necessário, e também com a garantia de um mercado básico inicial mediante a compra obrigatória pelo governo de uma determinada parcela da produção resultante. O Exército vinha estudando o problema da metalurgia desde 1931, e seus oficiais haviam concluído que durante os turbulentos anos 20 a instituição não enfrentara resolutamente a questão. Salientaram que, embora o Departamento de Material Bélico houvesse sido criado em 1915 e os vários cursos técnicos de construção, armamentos, química e eletricidade houvessem começado em 1918, ainda não se via progresso digno de nota. O alto escalão do Exército e a política de promoção não haviam incentivado o treinamento técnico e especializado necessário. Sem oficiais qualificados, o Exército ficava na dependência de especialistas civis, que nenhuma universidade brasileira produzia. A solução imediata era a velha medida de contratar especialistas estrangeiros e comprar linhas de produção e processos inteiros da Europa ou América do Norte. Em 1937 o chefe de material bélico observou que seu departamento era "um setor técnico sem técnicos". Só agora, comentou esperançoso, as escolas do

Exército estavam começando a formar os técnicos desejados, cujo trabalho, porém, ainda não se faria sentir por vários anos. Entre outras razões, os novos oficiais técnicos precisariam treinar uma força de trabalho especializada. Os frutos desses esforços seriam notados após a Segunda Guerra Mundial, quando a construção do complexo siderúrgico de Volta Redonda no período da guerra e o crescimento da indústria automobilística na década de 1950 assegurariam a ascensão industrial do Brasil.

A AVIAÇÃO DO EXÉRCITO AUMENTOU O ALCANCE DO ESTADO

A década de 30 também assistiu ao robustecimento do serviço aéreo do Exército e ao crescimento da aviação em geral. A guerra civil em São Paulo demonstrou o valor da aviação militar e levou à expansão física dessa arma, agora equipada com os 150 aviões comprados dos Estados Unidos durante o conflito. Essa foi "a maior aquisição de equipamento bélico já feita por um governo brasileiro, com exceção dos dois couraçados comprados da Inglaterra" em 1910. O conflito também aumentara o interesse do Exército pela artilharia antiaérea. De modo geral, a luta ajudara a transformar o Brasil em uma sociedade atenta para a aviação. Em Vargas os brasileiros já tinham um líder fascinado por voar e convicto de que a aviação seria o meio mais rápido e eficaz de ligar à nação-Estado os rincões mais remotos e sem estradas do território brasileiro. Para Vargas, a aviação seria "o destino histórico dos brasileiros".[19]

Antes do conflito de 1932, o regime de treinamento dos pilotos na escola de vôo no Campo dos Afonsos, Rio de Janeiro, restringia-os a voar num raio de dez quilômetros ao redor do campo. Para livrar-se dessa limitação de distância e adquirir experiência prática sobre condições de vôo, um grupo de pilotos, entre os quais o major Eduardo Gomes e os primeiros-tenentes Antônio de Lemos Cunha e Casimiro Montenegro Filho, propôs ao ministro da Guerra que usasse seus serviços para operar o Correio Aéreo Militar (CAM). Essa idéia forneceu ao Exército e à Marinha uma justificação civil para os caros aviões importados, valiosa experiência de vôo e um modo de estender o alcance do governo central ao ainda nebuloso interior. Permitiu compartilhar os custos de equipamento e infra-estrutura com o Ministério dos Transportes e Obras Públicas. E foi um modo produtivo de "canalizar" a energia e o entusiasmo dos pilotos e pessoal de terra para um serviço útil e bem-vindo à sociedade. O serviço começou com três vôos semanais entre Rio e São Paulo, e depois, gradualmente, foi sendo estendido a Goiás e Mato Grosso, e a Minas Gerais ao longo do rio São Francisco até Juazeiro e Quixadá, no Ceará, em fins de 1932. Os pilotos do CAM já tinham bastante desenvoltura no ar quando eclodiram as hostilidades. Alguns pilotos, como o capitão José Cândido da Silva Muricy, aterrissavam ao término de uma missão do correio e decolavam em seguida em missão de combate. O capitão Muricy comentou que fora doloroso ver amigos do lado paulista sob a mira de sua arma, mas que dera prioridade ao dever.[20]

Essa atividade coincidira com a entrada no espaço aéreo brasileiro de companhias aéreas estrangeiras então incipientes, cujas subsidiárias brasileiras — a Panair do Brasil, da Pan American (1930), a Aeropostale, da França, e a Condor da Lufthansa —, assim como as florescentes companhias aéreas com sedes no Rio Grande do Sul e São Paulo, a Varig e a Vasp, respectivamente, precisavam de pilotos familiarizados com as condições e rotas. De fato, em 1936 o governo decretou que as subsidiárias estrangeiras e as linhas estaduais deveriam ser tripuladas totalmente por brasileiros, a maioria dos quais seria recrutada, necessariamente, nas Forças Armadas.[21] Em 1934 a Brazilian Clipper da Pan American inaugurou o serviço de Miami ao Rio de Janeiro pela rota costeira. Talvez convenha lembrar aos leitores que naquela época ainda não havia vôos noturnos de longa distância, por isso levava-se cinco dias de viagem para voar de Miami até o Rio. O Brazilian Clipper demorava três dias para voar os 4232 quilômetros de Belém, na saída da Amazônia, ao Rio de Janeiro. Em agosto de 1934 um acontecimento marcante foi o feito de dois pilotos do Exército, que viajaram dezesseis horas sem escala de Fortaleza ao Rio de Janeiro a bordo de seu Waco Cabin-64. Vargas e seus parentes adoravam voar, e sempre que podia ele viajava de avião para ganhar tempo. Durante seu longo período à frente do governo, o Brasil pulou da era dos trilhos para a era do ar.[22]

A compra de aviões americanos resultou no envio de pilotos aos Estados Unidos para treinamento avançado. Aconteceu, porém, que divergências de procedimento entre os dois países acarretaram resultados muito negativos. As autoridades brasileiras não solicitaram ao embaixador nem ao adido militar dos Estados Unidos que providenciassem para que os pilotos brasileiros pudessem visitar os campos de aviação e as fábricas de aviões americanas, mas os oficiais pensaram que fariam cursos, aprenderiam sobre a organização americana em terra, em esquadrões e em grupos e veriam os mais modernos equipamentos aéreos militares. Aparentemente, a embaixada brasileira em Washington se encarregaria das providências. Apesar da quebra de protocolo, o adido militar americano no Rio avisou seus superiores do Departamento de Guerra que os brasileiros estavam dispostos a pagar mais por aviões de alta qualidade e que "uma política por parte do Serviço Aéreo do Exército de incentivar esses oficiais brasileiros a inspecionar equipamentos e aprender sobre nossos métodos de instrução trará futuros dividendos ao nosso país". Os brasileiros desejavam em especial fazer visitas minuciosas às fábricas para obter conhecimento técnico sobre o uso e a manutenção adequada de seus novos aviões e equipamentos. Um representante da Du Pont, ávido por vender pólvora para a munição de calibre 0,50 em uso nas metralhadoras dos aviões, observou que a visita era "uma boa oportunidade para nós [americanos] conquistarmos a boa vontade deles, de modo que os Estados Unidos possam continuar a fornecer-lhes equipamento no futuro". Na opinião do representante, o Departamento de Guerra "poderia auxiliar materialmente forçando a compra de equipamento da Força Aérea americana" e "mil e uma coisas poderiam ser feitas oficialmente ou extra-oficialmente para impressionar os brasileiros a tal ponto que no futuro não fizessem encomendas à Europa". Os oficiais a caminho dos Estados Unidos eram "os melhores pilotos do Exército brasileiro, e os de maior influência". Claramente as empresas americanas consideravam que seus interesses estavam em jogo na competição com empresas européias. O sagaz agente da Du Pont comentou:

> Sei o que teria feito a Força Aérea britânica, a francesa ou a italiana se esses homens houvessem ido para seus países. Decerto nosso Exército não deve fazer menos. Não há outro povo no mundo com o qual a cortesia e o tratamento cordial abram tanto caminho como os brasileiros. Temos o que eles querem, portanto façamos um bom trabalho enquanto há chance [...] Estou imensamente interessado em saber o que nossa Força Aérea do Exército fará a título de "Auxílio de Vendas" para os industriais americanos. Já chega de pisar em ovos; devemos competir com os europeus como eles competem conosco: dizendo "pois não!".[23]

As autoridades do Corpo de Aviação do Exército dos Estados Unidos deram permissão para visitas aos campos de Mitchel, Wright, Selfridge, Randolph e Kelly, mas se desculparam dizendo que não haveria grande coisa para se ver, pois a escola tática em Maxwell encerrara seu período letivo corrente e nos outros lugares havia poucos oficiais presentes, pois muitos deles estavam servindo no Civilian Conservation Corps.* De início, infelizmente, o Departamento de Guerra recusou permissão aos pilotos brasileiros para visitarem a fábrica da Martin Company em Baltimore, onde um novo bombardeiro estava em construção. A empresa pediu que o pedido fosse reconsiderado, pois o avião já fora entregue ao Corpo de Aviação em Dayton, Ohio, e a Martin desejava mostrar suas instalações e os novos hidroaviões que estava produzindo para a Pan American Airways. Quando os brasileiros perceberam que suas visitas às instalações da Martin, Curtis e United Aircrafts estavam restritas a estadas de um a três dias em vez do treinamento mais prolongado que haviam imaginado, queixaram-se a seus superiores no Rio, e no Ministério da Guerra tanto se falou em chamá-los de volta que os representantes das firmas americanas interessadas inundaram a embaixada dos Estados Unidos no Rio e seus departamentos da Guerra e de Estado com cartas e telegramas protestando contra esse tratamento míope. Agentes da Colt Fire Arms (que fabricava metralhadoras para aviões) e da United Aircrafts no Rio informaram que "os oficiais contatados aqui no Ministério da Guerra mostraram-se muito decepcionados". Os agentes advertiram que "seria contrário não só aos interesses comerciais americanos, mas também ao espírito de boa vontade que prevalece entre os dois países, permitir que esse assunto permaneça como está. O Brasil teve considerável trabalho e despesa para enviar a missão ao nosso país e agora, dadas as circunstâncias, só lhe resta a alternativa de chamá-la subitamente de volta".

Como iniciativa de propaganda ou publicidade, a viagem dos aviadores aos Estados Unidos produziu resultados mistos. Alguns dos oficiais retornaram ao Brasil "mais ou menos ressentidos" e falaram "em favor do material europeu". Disseram que "não lhes foi permitido aprender muito sobre coisa alguma, que as visitas demoradas às fábricas que realmente lhes interessavam não foram facilitadas". Um deles, que desejava estudar armamentos, foi autorizado a permanecer apenas três dias na fábrica da Colt. Depreende-se dos documentos que a maioria dos oficiais não falava inglês, e não está claro se foram providenciados intérpretes. O especialista em armamentos foi depois mandado à Itália e à França, cujos gover-

* Civilian Conservation Corps: Corpo Civil de Conservação, criado pelo presidente americano Franklin D. Roosevelt nos anos da Depressão, com a tarefa de alocar desempregados de grandes áreas urbanas para trabalhar na conservação do solo e dos recursos naturais. (N. T.)

nos estavam seriamente empenhados em vender armas, em contraste com os Estados Unidos, que procuravam reduzir suas exportações de material bélico devido a crescentes temores pela paz mundial. Do lado positivo, dois influentes oficiais, os capitães José Cândido da Silva Muricy e Nelson Freire Lavenère Wanderley, pediram permissão para freqüentar a Escola Avançada de Pilotagem em Kelly Field, San Antonio, Texas. Um indicador de que ter oficiais estrangeiros em treinamento era novidade nos Estados Unidos foi o fato de que a decisão ficou a cargo de autoridades do nível do secretário de Estado e do chefe do Estado-Maior, Douglas MacArthur, que aprovaram o pedido "considerando a importância atribuída por seu Departamento a este assunto".[24]

COMPRA DE ARMAS ESTRANGEIRAS COMO SOLUÇÃO PROVISÓRIA

A decisão de adquirir armas no exterior continuou a seguir o velho padrão, mas desta vez como um expediente temporário até que a industrialização pudesse viabilizar-se. Os esforços deveriam ser empreendidos simultaneamente. Em 1933, Vargas nomeou duas comissões, uma para "criar e desenvolver indústrias militares" e a outra para comprar armas na Europa, sendo a chefia da segunda entregue ao ex-ministro da Guerra Leite de Castro.[25] Os oficiais desta comissão negociaram com a empresa sueca Bofors a compra de artilharia, mas a tentativa fracassou porque o Brasil não podia pagar em ouro ou moedas fortes. Como os debates sobre as políticas de comércio e endividamento afetavam a capacidade do Brasil para pagar pelas armas, o Exército entrou na discussão. As escolhas não eram fáceis. Se o Brasil pagasse suas dívidas, teria de sacrificar a defesa nacional. Os britânicos e americanos preferiam que fossem quitadas as dívidas com seus cidadãos portadores de títulos brasileiros vencidos antes de começarem a tratar efetivamente da venda de armas. Essa atitude e as ameaçadoras nuvens de guerra tornaram as autoridades em Londres e Washington menos receptivas às preocupações brasileiras com seus armamentos. Além disso, na primeira metade da década o Tratado Naval de Washington, de 1922, que limitava a tonelagem naval, ainda estava em vigor (expirou em 1936), o que tornava ilegal a venda de navios de guerra ao Brasil pela Grã-Bretanha ou Estados Unidos. Washington não queria ver recursos que poderiam pagar aos portadores de títulos ser desviados para outros fins. Em conseqüência, os fabricantes da Europa continental pareceram mais atrativos do que seriam em outras condições. O acordo informal de compensação comercial com a Alemanha em junho de 1935 contou com o apoio do Exército porque as armas poderiam ser compradas e pagas com matérias-primas, como o algodão. Naquele ano, também, a Krupp voltou a estar disponível como fornecedora de armas. Considerando que velhos canhões Krupp ainda estavam em uso ou em exibição nos postos do Exército, havia certa continuidade no fato de o Exército brasileiro voltar a recorrer à Alemanha para obter equipamentos e armas. As compras seriam feitas em 1937 e 1938, e a eclosão da guerra interferiria na entrega.[26]

O presidente Roosevelt, como já mencionado, afirmara querer que os navios de guerra desejados pelo Brasil fossem construídos nos Estados Unidos, mas por fim, depois de comprometer-se e despertar esperanças no governo Vargas, veementes protestos da Argentina levaram Washington a recuar. Antes da guerra mundial, os Estados Unidos não puderam fornecer armas e equipamentos ao Exército. Uma das razões que levaram o Brasil a enviar soldados à Europa foi obter armas. Mas a incapacidade de fornecer armamentos não impediu Washington de pressionar o governo Vargas a nortear suas políticas comerciais para o lado dos interesses americanos. O Estado-Maior do Exército brasileiro prestou muita atenção a essas mesmas políticas porque afetavam a capacidade do país para comprar no exterior. Conforme essas políticas foram sendo debatidas no Exército, o corpo de oficiais aparentemente dividiu-se em um grupo pró-Estados Unidos (posteriormente Aliados) e outro pró-Alemanha (posteriormente Eixo). A crise na Europa provocou reações profundamente conflitantes e complicadas na oficialidade brasileira. Certamente havia admiração pela reconstrução germânica de suas Forças Armadas e indústrias militares, além de crescente aceitação da idéia de que para enfrentar as incertezas à frente, a segurança nacional do Brasil exigia um governo centralizado forte e eficiente, empenhado na defesa. Era fácil para os observadores estrangeiros contemporâneos enxergar nefandas influências do Eixo nas afirmações e atitudes dos generais Dutra e Góes Monteiro, mas os historiadores têm a obrigação de analisar com mais profundidade. Os relatórios secretos do Estado-Maior do Exército permitem ver por trás da fachada pública. Em fins de 1936, a inteligência do Exército brasileiro especificou as "ambições e rivindicações da Alemanha, Itália e Japão [...] [para] uma nova divisão de terras" como um "perigo latente para o Brasil". Além disso, ao recomendar que um adido militar fosse designado para a embaixada em Washington, o setor de inteligência do Estado-Maior do Exército afirmou que "a nossa política externa nos aconselha, por todos os princípios, uma maior aproximação com os Estados Unidos da América, nosso principal apoio em caso de guerra". Interesses recíprocos ligavam os dois países, como demonstrara a conferência interamericana em Buenos Aires realizada naquele ano. O Exército seria beneficiado por um estreitamento de ligações com as Forças Armadas americanas, como ficou patente no trabalho executado com "muita dedicação e lealdade" pela missão de artilharia de costa estadunidense.[27]

Em seu relatório de 1936 o chefe do Estado-Maior ressaltou que o Exército, como a "instituição destinada à defesa da Pátria", tinha de estar "interessado em incentivar as questões ligadas à mobilização industrial". A opinião do Estado-Maior do Exército era que "nossa emancipação econômica" seria o único modo de o Brasil possuir "Forças Armadas eficientes". Esse objetivo seria atingido quando o Brasil resolvesse seus *grandes problemas nacionais (siderúrgicas, combustíveis etc.)*" (grifo meu). Nesse momento de grave tensão internacional, quando as potências européias estavam-se armando, o chefe do Estado-Maior declarou que "o Brasil não poderia ser uma exceção". O corpo de oficiais estava trabalhando arduamente, mas as deficiências materiais estavam arruinando tudo, lamentou. "Praticamente, estamos desarmados. É lamentável ainda o estado dos próprios fuzis."[28]

Tamanho despreparo gerava extrema sensibilidade à situação política nacional, especialmente nos altos oficiais. Em 1934 a atividade política foi frenética, com formação de partidos políticos, eleições estaduais e a adoção de constituições nos estados. Os partidos organizavam-se em âmbito estadual para atuar contra ou a favor de grupos de interesse locais. Não se uniam em partidos nacionais, e em geral tentavam usar o governo nacional para aumentar seu poder nos respectivos estados. As forças policiais estaduais, que haviam sido criadas na década de 1890, defendiam os detentores do poder nos estados e seus aliados nos municípios. Os governos estaduais não eram imparciais; serviam a interesses privados. Essa era a situação que a Revolução de 30 pretendia reformar. A restauração da política eleitoral em 1934 mergulhou os estados em lutas políticas internas. Em São Paulo, a importância da polícia estadual pode ser vista nas repetidas disputas pelo controle dessa organização. Por exemplo, em fevereiro o interventor Armando de Sales Oliveira queixou-se a Vargas de que o general Daltro, comandante da 2ª Região Militar, estava tentando controlar a polícia estadual em favor do Partido Republicano Paulista.[29] No final de abril, rumores de um possível golpe contra Vargas agitaram o caldo político nos estados. Flores da Cunha, no Rio Grande do Sul, começou a mobilizar os batalhões provisórios da brigada estadual. Altos oficiais, como Dutra e Góes Monteiro, viram na ação de Flores um desafio ao Exército nacional. Em agosto havia rixas políticas locais, algumas a bala, no Maranhão, Rio Grande do Norte, Ceará, Piauí e Mato Grosso. Em Natal, talvez imitando o que pensavam estar acontecendo no Rio de Janeiro, oficiais do 25º de Infantaria Ligeira incentivaram o interventor a renunciar, ressaltando a queda do apoio público ao seu governo. Esta unidade participaria da revolta comunista em Natal em novembro de 1935.[30]

TEMPESTADE MILITAR: REMUNERAÇÃO E DISCIPLINA

O corpo de oficiais irritou-se porque a legislação sobre a segurança nacional viera intrometer-se no acalorado debate público sobre o aumento dos soldos dos militares. O general João Guedes da Fontoura, comandante da 1ª Brigada de Infantaria na Vila Militar, liderara uma comissão de oficiais do Exército e da Marinha que redigiu a proposta salarial inicial apresentada ao Congresso.[31] Se aprovada, ela teria dobrado os vencimentos em todos os níveis dessas duas armas. Quando as deliberações no Congresso se mostraram desfavoráveis à proposta, o general Guedes da Fontoura perdeu as estribeiras e ameaçou marchar com sua tropa defronte ao Congresso para ajudar os legisladores a ver a razão. A situação era complicada e perigosa. No início de julho de 1934, quando Vargas assinara decretos legalizando decisões de seu "governo provisório" antes da promulgação da nova Constituição, o Exército sugerira que ele elevasse os soldos, mas na época Vargas e o ministro da Fazenda estavam fazendo cortes implacáveis nos orçamentos: de fato, as reduções nos ministérios da Justiça, Relações Exteriores, Educação, Agricultura, Transportes e Marinha haviam enxugado mais de 140 mil contos de réis. Correu a história de que ele prometera aumentos para conseguir o apoio do Exército na eleição para presidente, mas isso não é corroborado por documentação nem por seu diário. Em 12 de setembro de 1934 Vargas concordara com o ministro da Marinha e com o chefe do Estado-Maior da Armada que a Marinha ganharia novos navios se conseguisse encontrar quem concordasse em construí-los recebendo como pagamento gêneros de exportação. Mais para o final daquele mesmo mês, estava maior a pressão para um aumento salarial generalizado para todas as categorias. Nos círculos militares circulavam petições por reajustes equivalentes aos do funcionalismo público ou elevação nos vencimentos dos militares.

Vargas fizera um acordo com seus ministros da Guerra e da Fazenda: seriam alocados 100 mil contos de réis para o rearmamento e 19 mil contos para o reajustamento dos soldos.[32] Na opinião do general Pessoa, chefe da Casa Civil, Guedes da Fontoura e os outros que reivindicavam aumento de vencimentos estavam trabalhando contra o governo. Admirava-se de generais quererem aumento quando o Exército fazia economia mantendo unidades com efetivo e armas inferiores aos prescritos.[33] O governo constitucional estava trabalhando com um déficit orçamentário cuja origem remontava aos custos da guerra civil de 1932, e empenhava-se para reduzir as despesas, não para aumentá-las. Os ministros da Fazenda, Osvaldo Aranha (até 24 de julho de 1934) e Artur de Souza Costa (1934-45), recusaram-se a sancionar aumentos sem novos impostos. Os funcionários públicos, percebendo a oportunidade, reivindicaram aumentos paralelos. A imprensa oscilava entre defender melhor remuneração para os servidores públicos, civis e militares, e expressar temor pela estabilidade das finanças da República. A disciplina no Exército vacilava. Comentava-se que o general Guedes da Fontoura teria dito a oficiais que se os aumentos salariais não fossem aprovados, ele derrubaria o governo. No último dia de 1934, Vargas anotou em seu diário que os militares haviam divulgado um documento exigindo aumento dos soldos, e os juízes do Supremo Tribunal também estavam reivindicando reajustes salariais. Getúlio lamentou: "E não há dinheiro, a exportação declina, a moeda se desvaloriza, não podemos mais atender ao pagamento das dívidas externas". Poucos dias depois, no começo do ano, ele anotou que os dois problemas mais importantes e urgentes eram o pagamento da dívida externa e o aumento dos vencimentos dos militares.[34] Vargas queria que os generais no comando das tropas fossem confiáveis e leais a ele, mas não há indícios de que tenha tentado comprar-lhes a fidelidade.

Curiosamente, para um regime centralizador e anti-regionalista, o período de 1930 a 1945 é o único no qual o *Almanaque do Exército*, que arrolava os oficiais da ativa e é a principal publicação para acompanharmos as promoções e atribuições, informou os estados de origem dos oficiais. Durante esses quinze anos, o maior número de generais oriundos de um mesmo estado provinha do Rio Grande do Sul (27), que possuía a maior concentração de postos do Exército. O Distrito Federal e o estado do Rio de Janeiro forneceram dezesseis oficiais que chegaram a general, e o Nordeste como um todo gerou 26. Não encontrei nenhum documento que explique como a origem afetava as promoções. É digno de nota São Paulo não ter visto um único de seus filhos ascender a general, e Minas ter visto apenas um.[35]

Vargas, contudo, tentara aplacar oficiais que haviam lutado por São Paulo em 1932 promovendo um bom número deles. O general Eurico Dutra reparou nisso e comentou em seu diário que Vargas estava procurando "implantar a paz tão necessária à ordem e ao desenvolvimento nacional". Mas outros oficiais de alto coturno pensavam diferente; não gostavam da nova Constituição nem do sistema federalista que, a seu ver, ameaçava a unidade nacional; por outro lado, contraditoriamente, desagradava-lhes ver a Lei de Segurança Nacional ser debatida no Congresso e, por isso, andavam murmurando a respeito de um golpe para instaurar uma ditadura militar.[36] Nos primeiros meses de 1935, rumores e informes sobre conspirações militares continuaram a chegar até o presidente e seus aliados. Os rebeldes anistiados de 1932 juntaram-se aos conspiradores, e o general Klinger secretamente aliou-se ao general Guedes da Fontoura. É bem possível que entre os que sussurravam nas sombras, a agitação em razão dos vencimentos, em vez de ser uma questão real, fosse, na verdade, um veículo para atiçar os oficiais contra o governo. Não é provável que houvesse no Exército uma propensão generalizada a recorrer às armas para forçar concessões na remuneração. Mas cabe ressaltar que desde 1929 a renda real sofrera queda de 30 a 40%, e até os bancários da classe média, que haviam resistido a associar-se aos operários em greve, estavam-se tornando mais radicais em 1934-35. Portanto, os oficiais sem dúvida estavam sofrendo pressões financeiras reais.[37] Em 9 de abril de 1935, o ministro da Guerra, Góes Monteiro, enviou uma mensagem em código a todos os generais tratando do problema dos vencimentos. E em 15 de abril, diante da insistência do chefe do Estado-Maior do Exército, Olímpio da Silveira, para que a liderança do Exército tomasse uma atitude decisiva, Góes convocou uma reunião dos generais da área do Rio de Janeiro em sua sala e disse que renunciaria se os reajustes não fossem aprovados; os generais presentes combinaram que se recusariam a ser nomeados para sucedê-lo. Se isso não chegava a ser um motim do alto-comando, estava incomodamente perto de ser; Vargas chamou a idéia de "revolução branca". Era precário o argumento de que, por ser político o posto do ministro, não estava sujeito às regras normais de obediência. Os generais, pelo visto, não levaram em consideração que legalmente Getúlio poderia nomear um civil. Por mais que o único civil na pasta da Guerra durante a República, João Pandiá Calógeras (1919-22), houvesse sido elogiado em seu funeral em abril de 1934, não havia inclinação para repetir a experiência de ter um ministro civil. Singularmente, esperava-se que a autonomia das Forças Armadas assegurasse uma distância institucional das intrigas políticas, mas claro está que isso não vinha acontecendo. À medida que informes fragmentados desses desdobramentos vazavam para a imprensa, ia crescendo a apreensão do público. Em evidente tentativa de desanuviar o clima, o chefe do Estado-Maior do Exército, general Benedito Olímpio da Silveira, disse aos repórteres que não abria mão da ordem e da disciplina e que as "justas aspirações" do Exército seriam obtidas por vias legais e constitucionais. O general João Gomes, comandante da 1ª Região Militar, foi além e declarou ser "impensável que o Exército possa voltar suas armas contra o público ou assumir o papel de opressor da população civil". E o general José Pessoa, comandante da escola militar, escreveu a Góes que discordava do "modo de ação" de seus colegas generais. Temia que tais atitudes viessem a ter "conseqüências funestas". O general Pantaleão Pessoa, que não fora convidado para a reunião, escreveu anos depois que a posição dos generais era "grave, indisciplinada e até ingrata, pois o presidente era o mais favorável ao aumento e apenas exigia para ele uma forma regular". A crise ia depressa de mal a pior.[38]

A crise dos soldos gerou então um imbróglio disciplinar com ramificações políticas e regionais. Oficiais do Segundo Batalhão de Pontões (Engenharia) em Cachoeira do Sul (RS) telegrafaram ao ministro Góes criticando-o por suas declarações e por não ter punido o general Guedes da Fontoura pela fanfarronada. Exigiam de Góes uma declaração categórica de que o Exército reconhecia que a remuneração dos militares era uma decisão da alçada do Congresso e, fosse qual fosse o resultado, o Exército seria "o baluarte e defensor da ordem pública". O fascinante nesse episódio foi que o oficial que escreveu o telegrama e organizou o protesto, capitão Ciro Carvalho de Abreu, servira no gabinete de Góes até pouco tempo antes; de fato, redigira o texto antes de partir de avião do Rio de Janeiro a fim de assumir seu novo posto. Revelando ainda mais sobre o funcionamento da disciplina no Exército, antes de embarcar para o Sul ele foi à casa de seu cunhado, o general Pantaleão, mostrou-lhe o texto e disse que não podia usar as armas do país para conseguir aumento salarial e se sentia humilhado com a situação. Esperava que seus amigos no Sul se juntassem a ele em um protesto digno e declarou que depois de sublevar a unidade em Cachoeira aguardaria sua punição! "Ponderei que aquilo era uma revolução e que o Exército também sofria com atos de indisciplina como aquele", contou o general, mas em suas memórias observou que não disse mais nada para dissuadi-lo porque "por dentro, eu estava desejando ser tenente para acompanhá-lo na sua resolução". Pantaleão telegrafou então ao governador Flores da Cunha avisando que o capitão Ciro estava a caminho e pediu a Flores que o interceptasse, lesse o texto e o aconselhasse; "precisamos evitar novas dificuldades".[39]

Góes enviou o documento ultrajante ao general-de-divisão César Augusto Pargas Rodrigues, comandante da 3ª Região Militar em Porto Alegre, para que aplicasse a punição usual por insubordinação: trinta dias de detenção na caserna. Telegramas semelhantes rapidamente começaram a chegar de outras guarnições gaúchas, apoiando a posição de Cachoeira e convidando a novas detenções. Um dos oficiais que protestaram era tio do presidente, o coronel da artilharia Argemiro Dornelles, que não podia ser punido por ter imunidade como membro da Assembléia estadual.[40]

Flores despachou o coronel Dornelles para Cachoeira, tentando acalmar os oficiais da guarnição, que agora ameaçavam uma rebelião se as punições fossem executadas. Dornelles informou a Flores e a Vargas que os oficiais de Cachoeira acreditavam que "o Exército não se vende" e que estavam defendendo a honra da instituição. Vargas apelou a Flores "com todo afeto do amigo e em virtude da função que exerço, para que faças calar nossos amigos aí [...] solução tem de ser dada por mim e eu a darei. Apelo para teu sentimento brasileiro evitar caia sobre ti a responsabilidade moral de uma guerra civil [...] Tudo tende para uma solução inteiramente satisfatória". Entre os conspiradores que murmuravam em volta do general Guedes da Fontoura estavam oponentes do regime como Klinger e Figueiredo, mas Vargas tranqüilizava-se porque os oficiais das unidades da Vila Militar estavam divididos, alguns concordando com seu general, outros não. Não era o momento de criticar Góes, que estava cumprindo seu dever, ele aconselhou a Flores. "Precisamos estar prontos e unidos."[41]

O adido militar americano, major William Sackville, redigiu um relatório no qual afirmava que "a disciplina no Exército brasileiro é fraca, em comparação com os padrões americanos". O moral fora arruinado pelos "freqüentes movimentos revolucionários. Os soldados rebelam-se ante a menor provocação. [...] a lealdade de qualquer unidade específica deve sempre ser questionada". Parte desses problemas ele atribuía às estremecidas relações pessoais entre os oficiais, que haviam lutado uns contra os outros na guerra civil de 1932 ou em rebeliões anteriores. Ciumeiras pessoais fúteis e rixas afetavam a administração do Exército. "As transações entre os departamentos baseiam-se mais em trocas do que no regulamento", observou. Era de conhecimento geral que "o modo mais rápido de se obter um resultado desejado é oferecer incentivos de uma forma ou de outra. [...] Em todos os escalões existe uma pequena porcentagem de homens que são bons soldados e seriam bons em qualquer exército, mas infelizmente quase toda a sua eficiência é perdida no ambiente de lealdade questionável e falta de disciplina generalizadas".[42]

No início de março, Vargas anotou em seu jargão gaúcho: "Estou me convencendo de que, para dar mais firmeza e eficiência à disciplina no Exército e na Marinha, é preciso substituir os bois do arado".[43]

Em um clima assim, não surpreende que a fé do corpo de oficiais na democracia liberal do regime constitucional estivesse evaporando.[44] O patriotismo dedicado e altruísta também parecia esvair-se. Vargas recebia contínuos informes da polícia e do Exército sobre conspirações político-militares envolvendo figuras da oposição que estavam usando a crise dos soldos e a Lei de Segurança Nacional como pretextos para insuflar a oposição ao governo. A crise chegou ao auge por trás da superficial calma da Semana Santa. Para evitar envolver-se, alguns generais saíram de licença e foram para estações de água em Minas Gerais. O presidente passou os feriados em Petrópolis, onde, ao ver a imagem de Cristo sofredor em uma procissão na Sexta-Feira da Paixão, disse a si mesmo que ela devia "dar alento para a resistência e não para o desânimo". Naquela noite, na sede da polícia do Rio de Janeiro, o chefe de polícia, Filinto Müller, o comandante da 1ª Região Militar, general João Gomes, e o ministro da Justiça, Vicente Rao, reuniram-se e deliberaram por longo tempo acerca de quem devia ser substituído por quem e o que precisava ser feito para intensificar a disciplina no Exército. No dia seguinte, Gomes levou suas recomendações a Vargas. A única modificação feita por Getúlio foi tirar Eurico Dutra da chefia da aviação e nomeá-lo para substituir Guedes da Fontoura na Vila Militar. Nos dias anteriores Dutra fizera suas próprias trocas no comando da escola de aviação, em especial com a substituição do coronel Newton Braga, que declarara que não lutaria contra tropas que se rebelassem, pelo tenente-coronel Eduardo Gomes. Na manhã de 20 de abril, muitos oficiais, entre eles o general Klinger, entraram e saíram da residência do general Guedes da Fontoura na Vila Militar. Dutra pôs a infantaria de prontidão para defender a escola de aviação e no começo da manhã seguinte, domingo, foi assumir o comando da Vila Militar. Em uma cena tensa defronte à casa de Guedes na hora em que este estava saindo para ir à missa, o conspirador frustrado declarou colericamente a Dutra que não lhe passaria o comando, que estava "desgostoso com o Exército e farto de traidores". Dutra apossou-se do quartel-general sem a costumeira cerimônia de transferência. Nas promoções de maio, Vargas nomeou Dutra general-de-divisão e novamente o pôs no comando da 1ª Região Militar, posto deixado vago pelo general João Gomes, que se tornou ministro da Guerra no lugar de Góes Monteiro, o qual permaneceu temporariamente sem cargo.[45]

Afastadas as ameaças de golpe e ditadura militar, Vargas resolveu então a crise salarial que estava quase incapacitando a administração. Os ministros da Marinha e do Exército tentaram em vão convencer seus subordinados a reconhecer a periclitante situação financeira do país. Mesmo com a queda do valor da moeda, os oficiais não estavam inclinados a abrir mão do aumento nos vencimentos. Vargas comentou que mesmo com as trocas no comando "o Exército está fundamente trabalhando por um espírito de indisciplina impressionante". Os congressistas que encerrariam seu mandato em 27 de abril propuseram a criação de uma comissão especial para fazer um estudo minucioso da tributação e gastos federais como parte de um esforço mais abrangente para reconstruir o sistema econômico e financeiro da República. Como medida temporária, os deputados em fim de mandato aprovaram uma gratificação mensal a ser adicionada aos vencimentos de todos os servidores federais até que o novo Congresso (que seria empossado em de 3 de maio) determinasse uma solução permanente. Se fosse paga por doze meses, a gratificação aumentaria o déficit do Tesouro de 1,5 milhão para mais de 5 milhões de contos de réis.

Getúlio reagiu vetando a parte do projeto de lei referente aos servidores civis, usando a cláusula constitucional que determinava que as medidas fiscais eram da alçada do presidente, e não do Congresso. Como ele propusera as escalas salariais dos militares mas não a dos civis, sentiu-se justificado em vetar a prodigalidade do Congresso. Os oponentes acusaram-no de má-fé, mas não havia chance de conseguir a aprovação de um novo projeto de lei que anulasse os efeitos do veto parcial. Alguns oficiais, como o general Manuel Rabelo, comandante da 7ª Região Militar no Nordeste, afirmaram que a gratificação "queimaria as mãos" dos oficiais que a aceitassem. Mas nas mal-remuneradas Forças Armadas, às voltas com a queda do mil-réis e a elevação dos preços, não houve entusiasmo para mais debates.[47]

Para lidar com o déficit resultante da gratificação, o Exército parou completamente de admitir recrutas em suas fileiras. Os 1700 sargentos que haviam sido promovidos a tenentes comissionados por seus serviços na Revolução de 30 foram barrados de futuras promoções e estavam sendo gradativamente eliminados pela reforma, e assim, em fins de 1935, havia 1125 deles na ativa. Devido à política de aceitar ex-rebeldes de volta às fileiras no intuito de manter a paz, o corpo de oficiais estava inchado; em vez dos 5485 oficiais autorizados pelo orçamento, havia 6173 na lista da ativa (não estavam incluídos nesse total os oficiais ocupando cargos políticos). O retorno dos rebeldes de 1932 ocorreu em 1934. A magnitude do custo pode ser vista neste exemplo hipotético: se os 688 oficiais adicionais houvessem sido todos capitães (não eram), seus vencimentos mensais básicos somariam 1444:800$000, o que em um ano representaria um acréscimo de 17337:600$000 às despesas do Exército.[48] A Tabela 9.1 mostra que o orçamento total do Exército para 1936 foi de 39600:113$000. Anistiar os rebeldes e readmiti-los nas fileiras pode ter tido claras justificações políticas e culturais, mas a escala dessas reintegrações na década de 30 acarretou custos que diminuíram a solvência do governo.

Nas décadas abrangidas por este livro, os dados do governo sobre orçamentos militares foram questionáveis e tiveram pouco valor analítico, pois em vários anos os gastos totais não corresponderam ao indicado no orçamento anual. Alocações adicionais de verbas, públicas e secretas, eram comuns. Essa é a razão de haver poucas análises orçamentárias neste livro. Mas em 1935 as quantias destinadas às Forças Armadas foram mais bem documentadas, mais próximas da realidade, e a relação entre o aumento de vencimentos para os oficiais e os cortes no número do pessoal alistado foi tão clara que não pude deixar de analisá-la. De fato, ela me permite ressaltar um fator importante que, de outro modo, ficaria oculto nas revoltas de novembro de 1935.

Em um sentido amplo, talvez seja útil apresentar aqui um resumo preparado pela inteligência do Exército americano em 1936, a fim de auxiliar o leitor a ter uma idéia dos gastos militares do Brasil. A Tabela 9.1 mostra a porcentagem do orçamento nacional oficialmente destinada ao Exército e à Marinha; não é provável que esses números incluam verbas secretas ou mesmo adicionais concedidas às Forças Armadas após o anúncio inicial do orçamento anual.[49]

A imparcialidade na disciplina revelou-se difícil de obter. Embora a idéia convencional seja que o governo tolerava os integralistas e perseguia a ANL (Aliança Nacional Libertadora), pelo menos em 1935 o governo aplicou a Lei de Segurança Nacional contra oficiais do Exército e da Marinha que participaram de manifestações tanto da ANL como integralistas. Mas uma coisa era trocar os comandantes, e outra era conseguir que exercessem total controle sobre seus subordinados. Em 16 de maio, o Clube Militar patenteou seu desafio elegendo presidente o general

TABELA 9.I
ORÇAMENTOS DA DEFESA NACIONAL DO BRASIL (1919-36, EM DÓLARES)

ANO	ORÇAMENTO NACIONAL	ORÇAMENTO DO EXÉRCITO	% DO EXÉRCITO	ORÇAMENTO DA MARINHA	% DA MARINHA	% DA DEFESA
1919	159 345 212	21 662 500	13,58	12 900 000	8,07	21,65
1920	93 040 401	13 917 574	14,96	6 418 236	6,89	21,85
1921	121 706 883	19 205 711	15,77	9 266 565	7,61	23,38
1922	153 903 808	16 167 088	11,00	12 056 844	7,80	18,80
1923	155 815 981	17 159 344	11,40	9 748 800	6,50	17,90
1924	145 274 106	20 730 455	11,00	11 241 301	6,40	17,40
1925	184 806 705	21 719 989	11,75	12 156 424	6,58	18,33
1926	205 936 281	25 754 742	12,50	14 348 566	6,96	19,46
1927	214 371 516	23 374 537	10,90	14 464 539	6,75	17,65
1928	250 567 920	30 665 760	12,23	17 370 360	6,93	19,16
1929	254 084 040	33 136 800	13,04	18 677 040	7,35	20,39
1930	211.937.880	32 443 432	15,31	18 561 679	8,76	24,07
1931	156 317 258	23 733 881	15,18	14 741 948	9,43	24,61
1932	160 159 084	16 612 500	10,37	9 286 674	5,79	16,16
1933	207 916 354	24 817 526	11,93	12 467 694	5,99	17,92
1934	195 463 010	32 562 600	16,66	19 185 300	9,82	26,48
1935	223 409 772	36 810 067	16,47	19 215 498	8,60	25,07
1936	241 142 099	39 600 113	16,43	20 621 823	8,55	24,98

FONTE: "Funds used for national defense, Brazil, period of 1919 to 1936", MID Chart, 2006-147, MID, GS, WD, RG 165, NA. Os pesquisadores que preferirem os valores em mil-réis os encontrarão nesse documento.

Guedes da Fontoura, porém o apoio a uma medida institucional contra o governo arrefecera. A crise nacional parecia ter-se mudado para a arena política. Mas o governo não podia resolver seus problemas financeiros e ainda assim manter as Forças Armadas. Vargas comprometera-se a rearmar, reequipar e modernizar totalmente as Forças Armadas. O Plano de Reorganização de 1934 demandaria fundos agora cada vez mais escassos, se não inexistentes. Como observou o adido americano, major Sackville, "a situação do Tesouro federal tornou-se cada vez mais difícil, e a perspectiva de equilibrar o orçamento federal, cada vez mais inalcançável. O ônus crescente gerado pelo aumento dos soldos nas Forças Armadas acarretou um problema para o qual só havia uma solução: a redução do efetivo". De fato, o corte no número de soldados do Exército começara já em 1º de julho de

1935. Isso foi feito simplesmente deixando de substituir os que completavam o treinamento. Os debates no Congresso prognosticavam um "drástico corte no Exército em 1936". Em fins de outubro, alguns oficiais pediram anonimamente uma assembléia no Clube Militar para protestar contra a redução de praças e planejar ações que a impedissem. O ministro da Guerra, João Gomes, que o adido militar americano descreveu como "o mais firme disciplinador que o Exército brasileiro teve em muitos anos", mandou o chefe de polícia do Distrito Federal, Filinto Müller, investigar a identidade dos agitadores e agir com rigor contra os que realizavam assembléias não autorizadas. O ministro Gomes afirmou que as reduções de que se falava nada mais eram que "boatos sem fundamento" e declarou que "não se fará modificação nenhuma na eficiência de nossas forças terrestres". Além disso, garantiu que os problemas que ele e o chefe do Estado-Maior do Exército enfrentavam não eram "assunto de discussão pública, pois vinculam-se intimamente à Segurança Nacional".[50] Os oficiais que haviam proposto protestos clandestinamente sumiram-se nas sombras, mas algumas semanas depois o Exército foi sacudido por levantes em quartéis.

Presumivelmente, o Estado-Maior do Exército seria importante para concretizar a prontidão e a união desejadas por Vargas. Os acontecimentos acima relatados resultaram em repetidas trocas de generais nos comandos regionais e no Alto-Comando. A aparição em público do general Daltro com o coronel Figueiredo, oponente do governo agora na reforma, causara sua substituição no 2º Quartel-General Regional por Benedito Olímpio da Silveira. Esse recém-promovido general-de-divisão permaneceu em São Paulo apenas de maio a agosto de 1934, sendo então chamado de volta ao Rio de Janeiro para chefiar o Estado-Maior do Exército. O general Olímpio da Silveira foi um dos poucos generais que sobreviveram ao expurgo após a Revolução de 30. Opusera-se a movimentos revolucionários desde seu tempo de estudante, na década de 1890. Tido em grande consideração por seus colegas oficiais, ele serviu no Estado-Maior do Exército sob a chefia de Tasso Fragoso de 1923 até que, quando era coronel em 1926, o ministro Sezefredo dos Passos nomeou-o chefe de gabinete, onde ele permaneceu até 1929. Foi promovido a general-de-brigada em outubro de 1929, e quando Tasso Fragoso renunciou em agosto de 1932 em meio à guerra civil paulista, Olímpio da Silveira atuou como chefe do Estado-Maior do Exército até a posse do general Andrade Neves no início de setembro. Dois anos depois esse oficial veterano sucedeu Andrade Neves na chefia do Estado-Maior do Exército e se pôs imediatamente a administrar a reorganização do Exército que ele ajudara a preparar desde o fim da guerra civil. A tensão do trabalho arruinou-lhe a saúde. Ele adoeceu e morreu em 15 de maio de 1935, depois de ter exercido a chefia por nove meses.[51]

Vargas aproveitou a oportunidade para substituí-lo na chefia do Estado-Maior do Exército por seu assessor militar mais chegado, o general Pantaleão da Silva Pessoa. O general Pessoa era oficial experiente do Estado-Maior, chefiara o gabinete de Góes Monteiro durante a guerra civil paulista, e desde outubro de 1932 trabalhara em contato diário com o presidente como chefe da Casa Militar; sob o governo constitucional de 1934 ele atuou adicionalmente como secretário-geral do Conselho de Segurança Nacional. No início de 1935, trabalhara em favor da Lei de Segurança Nacional que tanto desagradou aos oficiais e agravou as emoções geradas pela campanha pelo aumento dos vencimentos liderada pelo general Guedes da Fontoura. Também foi amigo de Flores da Cunha, e essa amizade perturbou suas agora delicadas e tensas relações como seu ex-chefe, o general Góes Monteiro. Vargas promoveu Pessoa a general-de-divisão preterindo oficiais mais antigos em 27 de junho e o nomeou chefe do Estado-Maior do Exército em 4 de julho. Nessa época perigosa de crescente indisciplina no Exército, escolheu Pessoa em razão "da dedicação com que serviu ao meu governo". Vargas supôs que essa nomeação provocaria "muita ciumaria, mas estou certo [...] de que é o nome mais indicado para a função", anotou em seu diário.[52]

Ele teria motivo para se arrepender dessa decisão. Aconteceu que os homens em quem ele confiava para disciplinar o Exército sucumbiram eles próprios a tentações. Em vez de revelar-se uma equipe durável e confiável, esses homens mostraram ao presidente ao longo do ano seguinte que sua capacidade para julgar as pessoas não era perfeita.

10. O Exército e a política ideológica

O integralismo é [...] uma propaganda útil no sentido de disciplinar a opinião. Contudo, não confio muito nos seus dirigentes.

Getúlio Vargas, *Diário*

Em novembro de 1930 a revista *Careta*, do Rio de Janeiro, publicou uma charge mostrando um revolucionário de 30 marchando entre os braços estendidos do fascismo e do comunismo, com o aviso do cartunista embaixo: "Cuidado! Tens de passar intato entre os dois". A perda de Prestes para o comunismo assegurava que a esquerda granjearia a lealdade de parte do pessoal do Exército. A direita podia voltar-se para o fascismo ou o nazismo, mas os três "ismos" eram ideologias estrangeiras com atrativos limitados para os brasileiros nacionalistas. O observador contemporâneo Karl Lowenstein salientou que o Brasil não era solo fértil para o bolchevismo. Na década de 1930 o nível de industrialização no país era baixo, e em boa parte do território as relações trabalhistas assemelhavam-se mais ao paternalismo feudal que às existentes em modernas sociedades industriais. O comunismo, ele escreveu, "nunca foi um perigo real para a ordem burguesa". O integralismo, versão brasileira do fascismo, tinha a distinta vantagem de ser nativo. Adotou o mesmo lema da bandeira brasileira, "Ordem e Progresso", juntamente com "Deus, Pátria e Família" — idéias caras a todos os brasileiros. Lowenstein, cientista político do Amherst College, não se impressionou com a "miscelânea de idéias conflitantes" do integralismo e não conseguiu decidir se qualificava o programa integralista como "mais infantil do que imbecil ou vice-versa".[1]

ESTRÉIA DA IDEOLOGIA POLÍTICA DE DIREITA: O MOVIMENTO INTEGRALISTA

Em meio à intranqüila atmosfera de meados de 1935, as ideologias políticas fizeram sua dramática estréia no palco político brasileiro. Em julho de 1935 Vargas reunira-se quase diariamente com autoridades do governo e líderes do Congresso para deliberar sobre a multiplicação das atividades comunistas, que estavam estimulando reações da direita política. O general Pessoa foi um trunfo, servindo de ponte naquela direção. Ele era benquisto pelo movimento político de direita independente que o escritor paulista Plínio Salgado fundara em outubro de 1932. A Ação Integralista Brasileira (AIB), segundo o manifesto de lançamento divulgado por Salgado, destinava-se a proteger o Brasil sob o lema "Deus, Pátria e Família" contra as ameaças dos fracassos da política, da desunião nacional, da luta de classes, do comunismo materialista, da ganância capitalista e dos modelos europeus de organização social e econômica. O objetivo básico do movimento era a criação de um "Estado integral", que diferiria do "Estado liberal" com seu sistema fraudulento de representação baseado em partidos políticos inautênticos e no sufrágio supostamente universal. Já em 1927 Salgado censurara o que via como o caráter falso da democracia brasileira e o abismo entre a ideologia liberal e a realidade do país. A seu ver, a história produzira dois Brasis. Um deles, o Brasil do interior, que desde os tempos coloniais, quando estava longe do alcance de Portugal, fora aquele "realmente brasileiro, realmente nacionalista" com sua "vida espontânea, bárbara e selvagem". O segundo, para ele, resultava da independência e de um maior contato com o comércio atlântico e as influências da Europa, que facilitaram "o domínio e a opressão de uma elite cosmopolita costeira sobre as populações sertanejas do interior". O integralismo supostamente reconciliaria os dois Brasis pela ação espiritual e moral e não pela violência.[2]

Facilitado pela revivescência do catolicismo na época, eloqüentemente simbolizada pela construção da colossal estátua do Cristo Redentor no Corcovado em 1931, o integralismo foi parte da efervescência intelectual da década de 1930, a qual, por sua vez, foi estimulada pela rápida expansão da indústria editorial. Entre 1931 e 1937, por exemplo, a Companhia Editora Nacional aumentou suas tiragens de 350 mil para 2 milhões de cópias. O editor José Olympio reconheceu que a Revolução de 30 e a ascensão da nova classe média haviam mudado o clima intelectual e criado um novo mercado para os autores brasileiros.[3] Idéias entraram no debate político em um grau sem precedentes no país. A análise e a solução de Salgado para os problemas brasileiros agradaram aos milhões de trabalhadores de colarinho-branco e profissionais liberais, e provavelmente também aos ex-funcionários públicos cortados da folha de pagamento do governo pelo colapso do sistema de apadrinhamento da República Velha. É significativo que os que vestiam a camisa verde do movimento com braçadeiras exibindo o símbolo do sigma, bradavam anauê e faziam a saudação de braço em riste eram mais instruídos do que a maioria de seus concidadãos. Cerca de 40% tinham nível secundário, e 25 % eram formados em universidade. Em 1934 a AIB declarou possuir 180 mil membros, e, com certo exagero, afirmou em 1937 que o número de filiados crescera para quase 1 milhão. Nos freqüentes desfiles integralistas, mulheres da classe alta marchavam ao lado de trabalhadores braçais, poetas, advogados, padres e pequenos negociantes. Brasileiros abastados apoiavam o movimento, que recebia assessoria e ajuda financeira da embaixada italiana. Sua milícia dispersava os comícios dos comunistas e da ANL. Com surpreendente rapidez, o integralismo tornou-se "o maior movimento político de massa na história do Brasil até então". O observador contemporâneo Karl Lowenstein ressaltou que "pela primeira vez na história brasileira um partido político começara a adquirir verdadeira base nas massas".[4]

Quando o Congresso aprovou a Lei de Segurança Nacional no final de maio de 1935, Vargas comentou em seu diário: "O integralismo é uma forma orgânica de governo e uma propaganda útil no sentido de disciplinar a opinião. Contudo, não confio muito nos seus dirigentes, nem eles têm procurado se aproximar do governo de modo a inspirar confiança".[5] O que acabou por preocupar Vargas, e por fim os chefes militares, era que esse florescente movimento pretendia governar o Brasil e, antecipando-se, estava criando uma estrutura hierárquica paralela à do governo. Salgado encabeçava uma hierarquia de líderes e organismos fiscalizadores nos níveis municipal, estadual, regional e nacional. O movimento possuía tribunais disciplinares, clínicas médicas, dispensários de leite, escolas e salas de leitura. Publicava jornais (por exemplo, A Ofensiva & O Povo) e uma revista no Rio de Janeiro (Anauê), além de contar com o apoio de jornais em vários estados. Possuía até uma marca de cigarros própria no mercado. Além do mais, suas fileiras de membros e de inimigos estavam engrossando. A importância do integralismo avultou constantemente depois da revolta comunista de 1935, e em fins de 1937 era impossível ignorá-la. A súbita guinada nas opiniões políticas foi ilustrada pela rápida mudança de atitude do vice-almirante Henrique Aristides Guilhem, ministro da Marinha. O ministro empenhara-se para que os camisas-verdes fossem incluídos entre as organizações proibidas pela Lei de Segurança Nacional, mas depois que alguns lemas comunistas apareceram pichados nos muros de sua residência, ele se transformou, do dia para a noite, em fã dos integralistas. Os ministros da Guerra e da Justiça divertiam-se zombando daquela súbita conversão.[6]

Muitos analistas categorizavam o integralismo como um fascismo brasileiro, mas porta-vozes do movimento desdobravam-se para distingui-lo do fascismo europeu e do nazismo germânico. Argumentavam que o integralismo era compatível com as encíclicas papais Rerum Novarum e Quadragesima Anno, dedicadas à organização social, e que a condenação do nazismo e do fascismo pelo filósofo católico Jacques Maritain não devia aplicar-se ao integralismo, pois este não era "a mesma coisa que aqueles dois regimes". Declararam que "o integralismo afirma a existência de Deus e a imortalidade da alma. Compreende a família e a autoridade [do Estado] segundo os ensinamentos cristãos. [...] Opõe-se a ódios e lutas de classes [...] e considera a nação como uma sociedade de famílias [...] [e] a religião e a família como os elementos morais da nacionalidade". A concepção integralista de propriedade era a mesma das de Leão XIII e Pio XI. O Estado integralista seria corporativo, condizendo com a orientação da Igreja.[7]

O general Pessoa escreveu artigos para o semanário integralista A Ofensiva, mas em suas memórias afirmou que nunca fora integralista e que julgava impróprio pertencer a qualquer partido político enquanto estivesse servindo o Exército. Contudo, admirava a "esplêndida campanha cívica" da AIB, que, a seu ver, fizera bem ao país.[8]

Sua amizade com Flores da Cunha, seu apoio ao integralismo e um discurso que ele fez em São Paulo no qual atestava a devoção do Exército à pátria e asseverava que a democracia era a "tendência natural dos brasileiros" contribuíram para sua queda. Em 19 de janeiro de 1936 ele declarou em um discurso: "O que o Exército aspira é ver a solidariedade de todos os brasileiros colocada acima dos incidentes políticos". Negou que o Exército desejasse "dominar na política interna", instaurar o "militarismo" e, sobretudo, que considerasse necessária uma mudança de regime. Mais tarde um amigo disse-lhe que gostara do discurso, mas duvidava que viesse a ser interpretado corretamente, e que aquele pronunciamento haveria de ser o "divisor de águas" para o general Pantaleão. Seus dias como chefe do Estado-Maior do Exército estavam decididamente contados.[9]

REVOLTAS PATROCINADAS POR MOSCOU NO BRASIL

Um dos mais estranhos acontecimentos dos anos 30 também foi um dos maiores erros de cálculo. Na distante Moscou, o Comintern decidiu organizar no Brasil seu próximo grande levante. Agentes soviéticos em Buenos Aires haviam conseguido atrair o célebre tenente Luís Carlos Prestes para a causa da revolução mundial. Curiosamente, o Partido Comunista Brasileiro rejeitou o pedido de filiação de Prestes porque seus líderes consideravam-no um intelectual burguês sem origem proletária. Prestes passou anos na Rússia (de 1931 a 1934), e sustentou a mãe a as irmãs trabalhando como engenheiro. O Partido Comunista da Rússia também não o aceitou como membro. Mas em outubro de 1934 o 7º Congresso Internacional Comunista, baseando-se em informes exagerados sobre a situação brasileira, decidiu-se pela revolução armada no Brasil sob a liderança de Prestes. No fim de dezembro de 1934, usando passaportes falsos, ele partiu de Moscou para o Brasil em companhia de Olga Benário, a encarregada de sua segurança que acabou por tornar-se sua amante. Já em julho de 1934 as autoridades do Comintern estavam reunindo uma equipe de coordenadores revolucionários e posicionando-os como peças de um vasto jogo de xadrez por todo o planeta. Esses agentes, sozinhos ou em casais, atravessaram a Europa com destino aos Estados Unidos, ou partiram da china para a Argentina, até convergirem no Rio de Janeiro: os alemães Arthur Ernst Ewert (e sua esposa, Elise Saborowski) e Johann de Graaf; o argentino Rodolfo Ghioldi, o ucraniano Pavel Stuchevski e o americano Victor A. Baron. Esses agentes chegaram com um conjunto de planos para uma insurreição que deveria começar no Nordeste e alastrar-se para o Sul. Mantiveram deliberadamente distância dos comunistas brasileiros e uma ativa e reveladora correspondência telegráfica com Moscou. Separadamente, Graaf e Stuchevski estudaram português com o mesmo professor da Berlitz. Por incrível que pareça, esses revolucionários de elite reuniam-se abertamente em bares do Leblon e aproveitavam as praias do bairro e de Ipanema.[10]

Enquanto isso, a ANL organizava-se em uma ampla frente de socialistas, comunistas, católicos e democratas que se opunham ao fascismo, ao imperialismo, aos latifúndios e às leis e decretos repressivos do governo. A trajetória dessa formação resultou da intensificação da atividade política por todo o país, à medida que os estados realizaram convenções constitucionais para amoldar seus governos ao novo regime nacional. Na maioria dos estados, os interventores de Vargas elegeram-se governadores, possibilitando a legalização da situação existente. Os membros da oposição local ou nacional tiveram, então, seu breve momento de oportunidade. A ANL foi fundada oficialmente em março e em fins de abril lançou seu porta-voz na imprensa, o jornal *A Manhã* (Rio de Janeiro). Nesse mesmo mês, Prestes chegou à capital, mas permaneceu tão bem escondido que a polícia o supunha na Rússia em agosto, quando o 7º Congresso Internacional elegeu-o para o Comintern. Segundo todos os outros informes, os demais membros do Comintern não tinham idéia das condições no Brasil e aceitaram prontamente as exageradas informações sobre a prontidão para a revolução fornecidas pelo Partido Comunista Brasileiro. No entanto, Prestes deveria ter refletido melhor; é provável que se tenha deixado seduzir pela inebriante sensação de estar subitamente incluído na elite da revolução mundial: Stalin, Mauilski, Dimitrov, Thorez, Togliatti, Mao Tsé-tung, Dolores Ibárruri e Bela Kun. Desde o princípio, Graff, agente duplo que trabalhava para a inteligência britânica, manteve Londres a par dos planos do grupo. O embaixador britânico alertou Vargas sem revelar sua fonte. Como se pode constatar pelo estudo de 1934 do Estado-Maior do Exército sobre as potenciais ameaças ao Brasil, a União Soviética e o comunismo não foram incluídos na lista. Por isso, o surgimento inopinado do plano soviético foi um choque. Isso não significa que o Exército ou o governo não estavam cientes dos potenciais perigos do comunismo, mas seus receios relacionavam-se muito mais com o Partido Comunista Brasileiro do que com as ações soviéticas. O Exército vigiava a atividade comunista em suas fileiras, particularmente entre os sargentos, que continuavam insatisfeitos com sua situação.[11] No debate público acerca das relações comerciais com a União Soviética, o *Correio da Manhã* declarou que elas "só seriam prejudiciais à nossa segurança interna", o *Jornal do Brasil* (Rio de Janeiro) ressaltou que os comunistas estavam-se alastrando pelo país, e *O Estado de S. Paulo* alertou: "Se não nos protegermos contra esse perigo, estaremos perdidos". Era hora de o governo "ganhar garras", aconselhou o *Diário Carioca*. Comandantes do Exército estavam informando sobre figuras e publicações suspeitas em suas localidades. E a polícia política, o DOPS, em São Paulo e Rio de Janeiro, vigiava os líderes da ANL e fazia batidas em suas reuniões.[12]

Os acontecimentos de novembro de 1935 fazem parte da história do Exército por várias razões: Prestes era formado pela escola militar e ainda constava nas listas do Exército como capitão de engenharia desertor; os instrumentos da insurreição foram unidades do Exército; um dos resultados do episódio foi o Exército isolar-se ainda mais da sociedade; o ocorrido gerou no Exército um fortíssimo sentimento anticomunista e a desconfiança contra proponentes de reforma socioeconômica; Prestes participou ou sofreu efeitos de muitos dos acontecimentos e tendências analisados em capítulos anteriores.

A fase inicial da vida de Luís Carlos Prestes foi tão exemplar e tão ligada às principais tendências reformistas no Exército que a análise do seu começo de carreira nos leva a pensar que ele provavelmente teria chegado a general se não se tornasse revolucionário. Prestes nasceu em Porto Alegre em 1898, filho de um oficial de engenharia e de uma professora primária. A morte de seu pai em 1908, quando servia no posto de capitão, deixou a família (esposa, quatro filhas e Luís) na dependência de magra pensão do Exército. Em 1910, com ajuda do general Bento Ribeiro, amigo de seu pai, Prestes foi admitido no Colégio Militar, no Rio. Em 1916 ingressou na Escola Militar do Realengo, e ali, influenciado pelos professores do colégio e pelo revivescimento do catolicismo no Realengo, ele aceitou o batismo. Era a época da Missão Indígena inspirada pelos "jovens turcos" (ver capítulo 4). Entre seus amigos e colegas de turma incluíam-se futuros tenentes como Juarez e Fernando Távora, Antônio de Siqueira Campos, Carlos da Costa Leite, Eduardo Gomes, Osvaldo Cordeiro de Farias e Newton Prado. Prestes concluiu o curso básico em 1917 e passou dois anos estudando engenharia, período no qual chegou a aspirante-a-oficial. Devido à epidemia de gripe espanhola, os exames foram adiados, e só em janeiro de 1920 sua turma recebeu os diplomas de bacharel em ciências físicas e matemática. Foi a última turma a receber o bacharelado, abolido pelas reformas de influência francesa. Sua primeira designação foi para a 1ª Companhia Ferroviária em Deodoro, cidade próxima, onde ele passou um breve período como instrutor em tempo parcial no Realengo em 1921. Prestes compareceu aos debates no Clube Militar sobre a autenticidade das cartas de Bernardes; na célebre votação, ele se opôs a um inquérito formal por achar que o Exército não devia interferir. Passou seis meses de licença para tratamento médico. Na situação que levou à prisão de Hermes da Fonseca, Prestes compareceu à reunião de planejamento já mencionada (ver capítulo 5), mas não participou da revolta, pois estava de cama, com tifo. Em setembro de 1922 foi designado, juntamente com Fernando Távora, para a comissão que estava supervisionando a construção de quartéis no Sul (ver capítulo 6), mas em fevereiro de 1923 pediu para ser liberado da tarefa, pois a comissão não tinha capacidade para supervisionar custos ou impedir a flagrante corrupção que ele testemunhava. Em outubro ele foi promovido a capitão, com elogios do comandante regional por seus esforços para pacificar os lados rivais na guerra civil gaúcha de 1923. Foi, então, nomeado chefe de construção do 1º Batalhão Ferroviário em Santo Ângelo (RS), onde entrou em contado direto com a corrupção administrativa, o que lhe reforçou o desejo de reforma política. E o trabalho com centenas de soldados analfabetos reforçou suas idéias sobre a necessidade de mudança social. Durante esse período, Prestes manteve-se em contato com seus colegas de turma que estavam planejando a revolta de 1924. Para não faltar ao seu voto de lealdade, ele conseguiu continuar de licença-saúde antes da eclosão da revolta, mas não foi avisado e perdeu a rebelião. Finalmente, em setembro de 1924 ele deixou o Exército e trabalhou como engenheiro civil na região de Santo Ângelo, mantendo contato com seus colegas que se refugiaram em Foz do Iguaçu. Em 29 de outubro, liderou o seqüestro do comandante de seu ex-batalhão e entregou um telegrama falso ao oficial de dia, supostamente mandado pelo general regional, ordenando que Prestes assumisse o comando. O comandante sentiu-se depois tão humilhado que se suicidou com um tiro na cabeça.

Enquanto isso, seu colega de turma, o tenente Siqueira Campos, sublevou uma unidade de cavalaria em São Borja, os tenentes João Lins de Barros e Renato da Cunha Melo fizeram o mesmo com uma unidade de artilharia montada em Alegrete, e o capitão Fernando Távora dominou o batalhão de engenharia em Cachoeira do Sul. Depois de juntar-se às forças provisórias gaúchas comandadas por caudilhos locais encabeçados por Honório Lemes, avançaram lutando contra tropas do governo até finalmente se reunirem aos rebeldes de São Paulo. Esse movimento incluiu manobras notáveis como retirar-se tão discretamente do meio de duas unidades do governo que as tropas federais atacaram uma à outra, e abrir uma trilha por regiões sem estradas até chegarem a Nova Iguaçu.[13]

Mas em 1935 Prestes estava liderando uma forma bem diferente de revolução, e o Partido Comunista Brasileiro era fértil na linguagem bombástica e pobre na análise isenta de sua influência e capacidade. Informava forças que não possuía, e seus líderes pareciam depois acreditar nos próprios exageros. O agente duplo britânico era o consultor militar do Comintern para os comunistas brasileiros, o que provavelmente significava que também atuava como provocador. Depois de freqüentes erros, a ambiciosa revolução pretendida transformou-se em tragédia. Da perspectiva atual, tantas décadas depois, não se vê muita chance de que os comunistas viessem a ter êxito. Mas o medo do comunismo levou os líderes do Exército a atribuir uma atração popular pelos Vermelhos e uma capacidade de organização que eles não possuíam. De certo modo, a atenção do comunismo internacional salientou a importância do Brasil, e seus líderes não podiam minimizar esse status. Além disso, o recrutamento anual para preencher as fileiras do Exército era um lembrete constante para os oficiais das drásticas desigualdades na sociedade, e o temor da revolução social marcava profundamente a história do país e a psicologia das elites.

Devido à retórica comunista sobre as classes trabalhadoras, os altos oficiais do Exército consideravam esse movimento mais perigoso do que o fascismo, o nazismo ou o integralismo brasileiro. Estes manteriam a ordem social existente, enquanto o comunismo pretendia invertê-la. Mas os métodos revolucionários dos comunistas liderados por Prestes não eram inovadores. Apesar de suas tentativas pro forma de organizar as classes trabalhadoras, seu principal esforço seguia o muito batido caminho de subverter o Exército para ganhar poder. O corpo de oficiais tolerava e, como se vem mostrando repetidamente neste livro, atuava segundo certas normas quando envolvido em uma rebelião. Era "aceitável", apesar das determinações regulamentares em contrário, não trair amigos que revelassem sua participação em conspirações com objetivos políticos. Mas a insurreição ideológica era coisa desconhecida, uma importação estrangeira malvista. Se os "maus brasileiros" eram condenáveis, os que traíam a pátria por uma potência estrangeira — os entreguistas — não tinham perdão, e os estrangeiros que ameaçavam a pátria despertavam a fúria da xenofobia que jazia latente sob a plácida cordialidade brasileira.

No Brasil, os comunistas misturaram suas duas estratégias, a ação política em frente unida e a rebelião armada. Na efervescência política catalisada pela adoção da Constituição de 1934 e na subseqüente formação dos governos estaduais, a esquerda brasileira preferiu a política antifascista nacionalista à política regionalista e se agrupou na ANL, fundada no final de março de 1935. Essa organização, infiltrada pelos comunistas, ingenuamente fez de Prestes seu presidente honorário, medida que a implicou na revolta comunista de novembro. Entretanto, Hélio

Silva provavelmente acertou ao comentar que não foi Prestes, o líder comunista, mas o herói popular, o Cavaleiro da Esperança, quem foi aclamado com entusiasmo pela multidão.[14]

No dia 4 de abril de 1935, Vargas assinou a Lei de Segurança Nacional nº 38, que ampliava a autoridade repressiva do governo. Entre as ações declaradas crimes contra a ordem política estavam tentar mudar a Constituição ou a forma de governo pela violência, instigar a desobediência coletiva à lei, incitar militares ou policiais a descumprir a lei, transgredir a disciplina, rebelar-se ou desertar, provocar animosidade entre as Forças Armadas e as instituições civis, insuflar o ódio entre as classes sociais, promover, organizar ou dirigir qualquer atividade destinada a subverter ou modificar a ordem política ou social por meios não autorizados pela lei; ficavam proibidos, também, quaisquer partidos, centros, associações ou juntas de toda espécie que visassem à subversão, por ameaça ou violência, da ordem política e social. Oficiais militares que praticassem quaisquer das ações acima ou pertencessem a qualquer um desses grupos seriam removidos de seus postos, e os residentes estrangeiros implicados teriam suas naturalizações canceladas. Todos esses crimes seriam julgados em tribunais federais. E só o "poder público" poderia criar milícias de qualquer espécie, com exceção dos escoteiros, dos Tiros e de outras legalmente autorizadas. Seria um erro supor que a lei nº 38 destinava-se principalmente à ANL, pois naquele momento o governo via diversos outros perigos: a crescente insatisfação nos estados onde se redigiam novas constituições e se faziam eleições, a crise dos soldos que estava desgostando os militares, a queda no valor do mil-réis com o conseqüente aumento no custo de vida e, ainda, a desoladora situação internacional. Muitos oficiais do Exército protestaram irados contra essa lei por mencioná-los com destaque, o que, argumentaram, era insultante e desnecessário. Na realidade, a ligação dos militares com a nova lei de segurança pode ter sido eclipsada posteriormente pelos dramáticos acontecimentos de fins de 1935. Para Vargas, era uma medida que permitiria um controle mais rigoroso do Exército.[15]

Nesse meio-tempo, a esquerda desastradamente forneceu mais razões para que se desse fim ao regime constitucional. Prestes tentou associar a ANL e um planejado levante em novembro ao movimento tenentista dos anos 20 lançando uma proclamação no aniversário da revolta de 5 de julho de 1922 no forte de Copacabana. Provocativamente, conclamou as massas a organizar-se para a guerra contra o "odioso governo de Vargas" em favor de um "governo popular nacional revolucionário". "Todo o poder à Aliança Nacional Libertadora", bradou. Seis dias depois, o governo, em uma demonstração de força, invocou a Lei de Segurança Nacional e fechou a ANL. Àquela altura, Prestes e seu pequeno grupo tinham convencido a si mesmos de que contavam com adesões suficientes entre os militares para viabilizar a revolta; viram na insatisfação com os soldos e com a redução de tamanho do Exército sua oportunidade para atrair adeptos. Além disso, como o Exército começara a dispensar sargentos e cabos, Prestes temia perder seus homens-chave. Ou agiam logo ou perderiam os que os apoiavam.

Como em todas as revoltas anteriores, a coordenação foi um problema, especialmente porque muitos dos supostos comprometimentos não eram firmes ou não existiam. A coordenação falhou. No final de novembro, em vez de uma explosão conjunta, o que se viu foi um cordão de estalinhos de festim explodindo a intervalos em Natal, Recife e Rio de Janeiro. Na verdade, os incidentes no Nordeste estavam mais ligados a assuntos do próprio Exército do que ao comunismo, às esperanças de Moscou ou aos planos de Prestes. Na região, particularmente no Recife e arredores, as classes populares haviam apoiado fervorosamente a Revolução de 30 — cinco anos depois as fachadas calcinadas de mansões dos ricos eram mudos lembretes da fúria da multidão —, mas, como pouco havia mudado, crescia a impaciência do povo. Fatores internos do Exército influenciaram o rumo dos acontecimentos. Depois da revolução, o governo provisório reconheceu o papel desempenhado pelas fileiras subalternas e revogou a regra de que os sargentos e cabos tinham de deixar o serviço após oito anos na ativa. Mas a Constituição de 1934 restaurou essa limitação. Conseqüentemente, os homens nesses postos estavam frustrados, ressentidos e insatisfeitos.

Antes de novembro, circunstâncias fortuitas vincularam a agitação trabalhista à militar. Nas oficinas da ferrovia Great Western na periferia do Recife, os ferroviários estavam em greve. Ladeavam os trilhos do trem, tendo como escudo suas mulheres e filhos que empunhavam a bandeira do Brasil, e repetidamente bloqueavam a passagem dos trens nas proximidades do quartel do 29º Batalhão de Infantaria Ligeira. O 29º, com ordens de desobstruir a passagem, agia com brandura, indicando simpatia pelos grevistas. Um tiro disparado por um atacante desconhecido matou um tenente supervisor. Investigação posterior apurou que os sargentos que haviam participado da tomada do quartel do batalhão em 24 de novembro não haviam transferido suas famílias para os alojamentos próximos construídos pouco tempo antes, ostensivamente para mantê-las longe da luta.

Aconteceu de Pernambuco estar momentaneamente sem liderança. O governador Carlos Lima Cavalcanti fazia visita à Alemanha, a convite da companhia Zeppelin, cuja base transatlântica era no Recife. O comandante da 7ª Região Militar ali sediada, general Manuel Rabelo, fora ao Rio de Janeiro tratar da construção do novo quartel. O comandante da Polícia Militar do estado, capitão do Exército Jurandir Bizarria Mamede, estava no Rio Grande do Sul, representando Pernambuco nas comemorações do centenário da Revolução Farroupilha (1835-45), e em seu lugar outro capitão do Exército, Afonso Augusto de Albuquerque Lima, comandava a polícia. Esses dois homens teriam papéis de destaque nas mudanças de regime subseqüentes no país, em especial em 1964 e anos seguintes.[16] Além disso, boa parte da força policial do estado encontrava-se no interior, perseguindo o bando de Lampião. Depois do fracasso da revolta, capturariam rebeldes que haviam fugido para o sertão.[17]

Do primeiro levante em Natal participaram relativamente poucos sargentos e praças (cerca de 110, ou 25%) do 21º Batalhão de Infantaria Ligeira, cuja escolha do sábado, 23 de novembro, durante uma cerimônia de formatura da escola à qual compareceram o governador e muitas autoridades potiguares, tinha em vista o fato de que a defesa da cidade seria mínima. Lembremos que o 21º Batalhão era a mesma unidade que se rebelara no Recife em 1931. Fora transferido para Natal como medida de controle, mas ainda havia problemas; como seus soldados se haviam envolvido em brigas de rua pouco tempo antes, o governo enviara um coronel de confiança para discipliná-los. Vários soldados haviam sido inseridos na lista das expulsões, mas por alguma razão ainda continuavam no quartel. O estilo de disciplina é ilustrado pelo fato de que os soldados detidos que mostrassem bom comportamento recebiam autorização para passar as noites em casa. Como de costume, naquele sábado os oficiais saíram do quartel ao meio-dia, deixando o único oficial de dia encarregado do comando. Os sargentos e cabos revoltosos prenderam-no. Como observou Hélio Silva, para aqueles homens o comunismo era uma coisa que resolveria os problemas do Brasil: "A maioria nada sabia de comunismo". Foram ajudados por ex-agentes da polícia civil que o governador demitira ao assumir o cargo. O governador fugiu para um navio francês ancorado na baía, e os rebeldes mais ou menos dominaram Natal até quarta-feira, 27 de novembro, quando fugiram ao avistar unidades do Exército que chegavam dos estados vizinhos.[18]

No dia seguinte, na periferia do Recife, rebeldes apoderaram-se de um prédio do 29º Batalhão de Infantaria Ligeira. Defenderam-se, mas horas depois tiveram de render-se. Outros pontos de rebelião foram contidos e suprimidos. Enquanto isso, no centro da cidade, o planejado ataque ao 7º Quartel Regional falhou, pois insurgentes supostamente comprometidos não apareceram, e os comandantes esvaziaram o prédio mandando todo mundo para casa almoçar. Um dos verdadeiros comunistas envolvidos nesses acontecimentos, o sargento Gregório Bezerra, não encontrando ninguém para armar no quartel-general, correu para o Centro de Treinamento de Oficiais da Reserva, atirou contra vários oficiais, matou um e imobilizou os outros. Mesmo sangrando profusamente, foi para a rua tentar persuadir os passantes a juntar-se a ele; no mais extremo exemplo de improvisação brasileira, o sargento Bezerra convenceu e armou dois empregados de banca de jornal. Foi mais tarde levado ao hospital por um médico do Exército envolvido na revolta, e ali, na mesa de operação, prenderam-no.[19]

Esses acontecimentos haviam posto em alerta as autoridades no Rio de Janeiro. A pedido do presidente, o Congresso aprovou a decretação do primeiro estado de guerra desde 1930. Apesar disso, as explosões no Rio de Janeiro foram mais sérias. Curiosamente, o ministro da Guerra, João Gomes, declarou não acreditar nos avisos do chefe do Estado-Maior, o general Pantaleão Pessoa. Gomes chegou a insinuar que o trabalho de Pessoa na Casa Militar de Vargas deixara-o viciado em "rumores e revoluções". Mesmo quando Pessoa apresentou-lhe dois revólveres com balas especiais de cobre usadas exclusivamente pela polícia municipal que estavam sendo distribuídos aos conspiradores, Gomes replicou que "não acreditava em revolução" e que seus contatos na polícia lhe haviam dito que não havia perigo algum. O general Pessoa, transtornado com a atitude do ministro, improvisou um centro de comando em sua própria casa com seus ajudantes de confiança. Por volta da meia-noite, foi até o Ministério da Guerra e encontrou o prédio fechado! Dirigiu-se então ao 1º Quartel-General Regional, comandado por Dutra, e em seguida ao palácio do Catete, para reforçar a guarda na residência e escritório do presidente. Ordenou que as luzes fossem apagadas e que o presidente não fosse perturbado.[20]

Na madrugada de 27 de novembro, eclodiram revoltas no quartel do 3º Regimento de Infantaria no antigo prédio da escola militar em Praia Vermelha e na escola de aviação em Campo dos Afonsos, vizinha da Vila Militar. Do ponto de vista tático, se os rebeldes houvessem conseguido decolar com os aparelhos da escola de aviação, poderiam ter causado graves danos, pelo menos até acabar a

gasolina; mas eram pouco numerosos para defender o aeroporto contra os soldados da Vila Militar. A tentativa de lançar uma rebelião a partir do quartel do 3º Regimento de Infantaria em Praia Vermelha era suicida. O quartel era encravado na
estreita faixa de terra entre as encostas de rocha maciça dos morros Babilônia e
Urubu, do lado de Copacabana e Urca, e Pão de Açúcar, do lado da baía. Ali enta-
lados, era impossível recuar e fazer surtidas. Os estrategistas haviam planejado
dominar rapidamente o regimento e avançar depressa com a tropa para tomar o
palácio da Guanabara e prender o presidente. Mas o plano não se alicerçara em
preparativos cuidadosos. Era loucura escolher Praia Vermelha como fulcro da
revolta em 1935, como também fora em 1904. Talvez ainda mais insano agora, pois
em fins de novembro de 1935 dois terços dos soldados do regimento eram recrutas recentes que não sabiam atirar; outros ainda nem haviam recebido fardas!
Além do resgate dos oficiais e soldados capturados, não se sabe para que mais as
forças locais tiveram de usar violência contra os amotinados sitiados. A fome e a
sede acabariam por forçar a rendição.[21]

Na tarde de 26 de novembro, uma tentativa potencialmente mais grave fora
abortada no quartel-general do Exército. Nos arquivos do serviço de inteligência
americano há um informe de que vários generais haviam sido convocados por
telefone para uma reunião com o ministro da Guerra. Dutra, agora no comando
da 1ª Região Militar, desconfiou do telefonema que recebeu e deu o alarme. Supostamente, rebeldes dominariam o ministério e assassinariam os generais reunidos.
Se isso for verdade, é estranho que não conste nos relatos da época. Contudo, está
comprovado que uma companhia do 2º Regimento de Infantaria chegara para ajudar a proteger o ministério. Seu comandante, primeiro-tenente Augusto Paes Barreto, tentou convencer o comandante de outra unidade a juntar-se a ele na tomada
do prédio. Em vez de concordar, o oficial informou o general Dutra, que mandou
prender o tenente subversivo. Dutra disse aos outros tenentes da companhia que
ao primeiro sinal de rebelião "atirassem sumariamente" contra os insurgentes.[22] A
incerteza quanto ao momento e local em que poderiam ocorrer as explosões agravou a tensão. Por volta da uma da madrugada, Dutra ordenou que todas as unidades mantivessem vigilância armada. Às duas e cinqüenta, oficiais do 3º Regimento
de Infantaria telefonaram avisando que havia tiroteio no quartel. Os rebeldes atiravam através do pátio contra as duas companhias de metralhadoras que resistiam. Quando o capitão de sua companhia foi ferido no começo do entrevero, o
segundo-tenente Fritz Azevedo Manso assumiu o comando e teve papel notável

na resistência.[23] Tropas acorreram do quartel-general do Exército, da Vila Militar e do quartel de Polícia Militar no centro da cidade, e batalhões de apoio vieram de Petrópolis chegaram de balsa via Niterói.[24]

Ao raiar do dia, Vargas chegou a Praia Vermelha, mas o tiroteio cerrado barrou-lhe o caminho para o posto de comando, e ele então seguiu de carro para o quartel-general do Exército, do outro lado da cidade, onde tomou uma xícara de café e ouviu as últimas notícias dos generais Gomes e Pessoa. Às sete horas, acompanhado de dois ajudantes-de-ordens, Vargas foi ao Campo dos Afonsos ver como estava a situação na escola de aviação. No caminho, cruzou com um grupo de artilharia pesada que rumava apressado para Praia Vermelha. Sem fazer caso dos avisos dos oficiais encontrados pelo trajeto, ele passou de carro por grupos de soldados amotinados que haviam deposto as armas e estavam fugindo do local. O presidente conversou com o tenente-coronel Eduardo Gomes, que fora ferido, com o comandante da escola, tenente-coronel Ivo Borges, e com praças que davam vivas diante dos pavilhões e hangares ainda em chamas. Nenhum dos caros aviões fora perdido.[25]

Um sopro de alento nesse dia tenebroso veio da Escola Militar do Realengo. Com sua história de rebeliões — 1897, 1904, 1922 e a greve de 1934 —, não seria de surpreender se os seus cadetes se envolvessem também desta vez. Depois que a greve de protesto forçara a transferência do general José Pessoa, em menos de um ano dois outros generais haviam fracassado em impor disciplina à escola. Em julho de 1935 lá chegou o coronel João Batista Mascarenhas de Moraes, decidido a mudar o clima com constantes inspeções e fazendo sentir constantemente sua presença. Na madrugada de 27 de novembro, oficiais da escola de aviação vizinha alertaram-no sobre a revolta. Ele ordenou o toque de alvorada e a formação dos quase mil cadetes no pátio; armou-os, e ao amanhecer os pôs em marcha pela estrada Rio—São Paulo rumo ao Campo dos Afonsos. Capturaram alguns dos rebeldes que fugiam. Embora o papel ativo da escola tenha sido secundário nesses acontecimentos, foi importante pelo que não aconteceu: seus cadetes "pela primeira vez no Brasil saíram do quartel para defender a ordem as instituições [nacionais]".[26]

Nesse meio-tempo, às onze da manhã o ministro Gomes tomara a precaução de telefonar ao tenente-coronel Osvaldo Cordeiro de Farias, que na época estava fazendo o curso da Escola de Comando e Estado-Maior, e lhe ordenara que trouxesse o maior número possível de oficiais alunos para o ministério. De lá, Gomes despachou Cordeiro e seus amigos para Praia Vermelha para juntarem-se a soldados do forte São João, ali próximo, a fim de impedir quem quisesse deixar o 3º Regimento.[27] O Batalhão de Guardas, comandado pelo general-de-brigada Francisco José da Silva Jr., postou-se em pontos de bloqueio pouco antes das quatro da madrugada e iniciou uma fuzilaria constante.[28] Alguns soldados nos morros da Urca e Babilônia tinham o pátio central sob sua mira e puderam rechaçar surtidas provenientes das galerias laterais do prédio. O general Dutra tratou diretamente do posicionamento das metralhadoras e, juntamente com o ministro Gomes, expôs-se aos tiros dos rebeldes. Quando os dois generais avançaram para olhar mais de perto, o ajudante de Dutra tombou-lhe aos pés, mortalmente ferido. Policiais civis atiraram granadas de gás lacrimogêneo dentro do prédio. Por volta das oito da manhã, uma bateria de quatro obuseiros, instalados na rua e no terreno do Iate Clube para bloquear a saída de Praia Vermelha pela avenida Pasteur, bombardeou o prédio com granadas shrapnel à distância de apenas 150 metros, iniciando um incêndio. Simultaneamente, dois aviões metralharam o quartel. Fitando o prédio da ex-escola militar em chamas, o general Gomes comentou para o tenente-coronel Cordeiro: "Feliz é teu pai, pois morto já não pode ver a destruição da nossa escola. A Praia Vermelha é o Exército [...] E eu a estou destruindo".[29] Dutra talvez tenha pensado o mesmo; fora estudante ali durante o levante de 1904. Depois de mais ou menos uma hora de bombardeio, um corneteiro tocou o cessar-fogo e Dutra enviou um mensageiro conclamando os rebeldes a render-se.

Sua linguagem formal é digna de nota: "Senhor comandante revolucionário do 3º R. I. O general comandante da 1ª Região Militar — vosso comandante — vos concita a depor as armas e render-vos; vossa situação é insustentável e é aconselhável evitar inúteis sacrifícios". O capitão rebelde Agildo Barata respondeu com uma mensagem a seus companheiros do Batalhão de Guardas, exortando-os a trocar de lado. Em sua mensagem a Dutra, declarou: "Esperamos do chefe da 1ª R. M. união ponto de vista, capaz livrar nossa pátria garras Getúlio. Movimento não é comunista!, mas nacional, popular, revolucionário, com o mais digno dos nossos companheiros à frente: Luís Carlos Prestes". Pouco depois das onze horas, os aviões voltaram a bombardear em pique o quartel, convencendo o capitão Barata de que estavam mesmo "totalmente sozinhos". Seus homens debateram sobre sua situação desesperadora e mandaram o corneteiro tocar o cessar-fogo. À uma da tarde, apareceu uma bandeira branca. Barata escreveu em suas memórias que tivera esperança de conseguir, como condição para a rendição, a imunidade para seus sargentos e praças, mas as tropas de Dutra haviam "abusado" do cessar-fogo "infiltrando-se" pelo lado esquerdo do quartel, o lado do morro da Babilônia. Os porta-vozes de Barata foram recebido a tiros, cercados e desarmados. O general Dutra imediatamente entrou no pátio do quartel e, recusando-se a falar com o capitão Barata, ordenou que os rebeldes entrassem em forma. Dutra, decidido a controlar seus homens, conteve um capitão que brandia uma pistola e gritava "Quem é esse filho-da-puta do Agildo Barata?", resmungando para ele com os dentes cerrados: "Cale a boca!". Naquele momento o presidente entrou no pátio, passando pelos escombros fumegantes. O prédio queimava, fumaça e fagulhas enchiam o ar, e caía uma chuva fina. Os prisioneiros rebeldes enfileirados, os feridos sendo atendidos, a destruição sob o céu cinzento foram, para Vargas, um "espetáculo desolador".[30] Um relato registra que o ministro Gomes, colérico, ordenara o fuzilamento dos rebeldes conforme fossem capturados, mas Vargas dera uma contra-ordem. Dutra, porém, contestou a veracidade dessa informação, ainda que em um contexto um tanto diferente; afirmou que Gomes lhe sugerira "bombardear tudo [...] não quero que ninguém dessa ralé saia vivo daí".[31]

Surpreendentemente, apenas duas mortes resultaram de toda essa fuzilaria e destruição: o major Misael Mendonça, das forças do governo, e o tenente Tomás Meireles, um dos rebeldes. Tragicamente, o tenente Meireles morreu em um confronto com seu grande amigo, o tenente Armando Pereira, que depois viveu atormentado por ter matado o amigo.[32]

Nenhum dos testemunhos dos que presenciaram o episódio fala em soldados mortos na cama, mas essa logo se tornou a referência clássica à revolução. É verdade que alguns praças de prontidão estavam na cama, totalmente fardados e armados. Mas tratava-se de uma medida de controle, para impedir contatos subversivos. Havia escolta até para irem ao banheiro. Nenhum relato afirma que estavam dormindo. Outros estavam em formação no pátio, sob a mira de armas. O general Pessoa recorda ter aconselhado repetidamente os vários comandantes da escola e seus amigos entre os comandantes de unidades a estar alerta e ter cuidado. A rebelião, incluindo Natal, Recife e Rio de Janeiro, resultou em 22 mortos e 159 feridos dos dois lados.[33]

Nas primeiras horas de 1936, em seu discurso de ano-novo ao povo brasileiro, o presidente Vargas alertou contra as forças do mal e do ódio que ameaçavam a nação. Declarou que "os nossos comunistas imitam os apóstolos do bolchevismo russo" no "surto vergonhoso" de 27 de novembro durante o qual houve "cenas de revoltantes traições e, até, de assassínio frio e calculado de companheiros confiantes e *adormecidos*" (grifo meu).[34]

A referência aos soldados adormecidos foi repetida na cerimônia fúnebre em 28 de novembro e dali por diante nas comemorações anuais. Por exemplo, em Natal, na comemoração do 13º aniversário da "Conspiração Comunista de 1935", o general Antônio Carlos da Silva Murici afirmou: "Nos Afonsos, na madrugada de 27, um grupo de oficiais e praças sublevou-se e traiçoeiramente assassinou seus companheiros, alguns dos quais dormindo". Na memória coletiva do Exército, os comunistas e a pérfida rebelião de 1935 ficaram para sempre associados.[35]

Notícias do levante em Natal haviam levado o Congresso a aprovar o estado de sítio que impôs a censura à imprensa, e em dezembro a Casa concordou em ampliar os poderes excepcionais do governo decretando estado de guerra por noventa dias, o qual seria continuamente renovado. Efetivamente, isso permitiu uma brutal onda de repressão que jogou dirigentes e membros da ANL, comunistas, meros simpatizantes e inocentes nas cadeias abarrotadas. Navios na baía do Rio de Janeiro foram transformados em prisões flutuantes. Em março de 1936 até mesmo as imunidades do Congresso foram suspensas para permitir a prisão de um senador e quatro deputados. O dr. Pedro Ernesto Batista, revolucionário de 1930, civil tenentista e coronel honorário do Exército, médico particular da família Vargas, membro do "gabinete negro" de Getúlio e primeiro prefeito eleito do Distrito Federal, foi preso por conspiração.[36] A tensão era inescapável, especialmente em partes do Rio onde agentes da polícia revistavam casa por casa à procura de Prestes e seus colegas do Comintern. A prisão desses homens e o assassinato do americano Victor A. Baron, o operador de rádio dos conspiradores, que foi torturado para revelar o esconderijo de Prestes e misteriosamente morreu de uma queda da janela do quartel da polícia, e ainda o brutal tratamento de Harry Burger, tornaram-se causas internacionais, motivando manifestações e editoriais negativos nos Estados Unidos e na Europa. Os imorredouros símbolos da repressão seriam o escritor Graciliano Ramos, cujo livro *Memórias do cárcere* moldou a imagem da era Vargas para muitos brasileiros letrados, e Olga Benário, a companheira de Prestes e sua guarda-costas nomeada pelo Comintern, que foi deportada, grávida, para as mãos da Gestapo e morreu anos depois na câmara de gás. Assis Chateaubriand, dono da rede de jornais Diários Associados, captou a realidade do momento ao observar: "O beneficiário de tudo o que Luís Carlos Prestes perdeu é Getúlio Vargas".[37]

Uma questão interessante é: quanto dessa repressão deve ser considerada responsabilidade do Exército? A repressão esteve a cargo da polícia civil do Distrito Federal, porém sob o comando de Filinto Müller, capitão do Exército. Ele estava em um posto especial, fora da cadeia de comando regular. Mas era um oficial comissionado (aspirante, janeiro de 1922) e voltaria a envergar a farda em julho de 1942 como membro do gabinete do ministro da Guerra. O Exército foi responsável por seu comportamento enquanto ele atuou como chefe de polícia? Esse cargo fora ocupado antes por oficiais do Exército, assim como o seria depois, e a Comissão de Promoções considerava os serviços prestados durante o exercício dessa função como válidos para galgar o posto seguinte. Mas isso significa aprovação do comportamento? Em reuniões dos generais da área do Rio de Janeiro de 1935 a 1937, o consenso foi que medidas mais severas tinham de ser tomadas e que os apelos legais por tratamento mais humano a Harry Berger eram insensatos e deviam ser rejeitados. Assim sendo, é lógico pensar que Müller deve ter suposto que os altos oficiais do Exército apoiavam sua brutalidade.[38]

A ideologia comunista e o envolvimento estrangeiro diferenciaram esses eventos das muitas outras rebeliões da década de 1930. A disciplina no Exército brasileiro requeria contínua subordinação. A obediência era um valor absoluto, o princípio basilar do Exército. Como observou Vanda Maria Ribeiro da Costa: "A retórica da subordinação inspira-se fundamentalmente na analogia do Exército com a família". Procurava induzir à "submissão total através da promessa do afeto paternal que iguala todos os filhos". Para obter absoluta confiança e a submissão voluntária, "o chefe deve ser mais que o chefe, o amigo". Para que os recrutas internalizassem a obediência, tinham de ver seus oficiais como viam seus pais. A verdadeira disciplina, preconizou o capitão Gerardo Lemos do Amaral, requeria dos instrutores que se fizessem amados por seus soldados. Ele retratou o Exército como "uma família que vive à sombra da bandeira. [...] Confiando cada um no seu companheiro como se ele fosse um irmão". Mas essa imagem rósea era solapada por uma estrutura que eliminava a profissionalização dos sargentos. Eles instruíam os recrutas, encarregavam-se da rotina administrativa e faziam a unidade funcionar. No entanto, não podiam ter esperança de melhorar de vida. Os soldados, nesse modelo, nunca chegariam a crescer até a fase adulta; esta era um status exclusivo dos oficiais. "Enquanto a retórica inclui todos, a prática reserva o reino da família militar para os oficiais." A linguagem da igualdade chocava-se com a realidade da subordinação. O Exército pode ter sido uma grande família, mas nela os diferentes níveis hierárquicos não podiam ter familiaridade uns com os outros. O fechamento da Escola de Sargentos em 1931 extinguira um raio de esperança, que talvez tenha renascido com a admissão de sargentos na Escola das Armas, mas este também se revelou um experimento efêmero. Em 1937 todos os sargentos com mais de dez anos de serviço foram dispensados. Tudo isso moldou a maneira como as rebeliões foram tramadas e executadas. As revoltas tendiam a ser breves, marcadas por tréguas para negociação e consideráveis conversas entre os lados adversários, em contínua busca de conciliação. Era mister evitar rupturas absolutas.[39] Mas quando o filho mais amado trai a afeição do pai, a reação tem de cortar os laços entre eles. O 3º Regimento de Infantaria e a escola de aviação eram "unidades de elite" às quais o Exército concedera os amplos recursos necessários para completarem suas missões. "Justamente por isso", afirmou o general Gomes, "as medidas de repressão que foram empregadas revestiram-se de máxima violência. [...] os prejuízos decorrentes foram vultosos, não só aqui como em Natal e Recife; mas salvou-se o princípio da autoridade"[40]

"GENTE DIFÍCIL ESTES MILITARES..."

A desastrada tentativa de Moscou para gerar uma revolução no Brasil não conseguiu atrair as massas, mas deu aos oficiais e políticos que viam o regime constitucional de 1934 como um retrocesso uma justificativa adicional para substituírem o fiasco por um governo centralizador que, na opinião deles, poderia livrar o Brasil de seus males. Nos dias seguintes à supressão das rebeliões de novembro de 1935, Vargas anotou em seu diário que civis e militares estavam exigindo "castigo exemplar". A Constituição não permitia a pena de morte e limitava o tempo de detenção. Havia necessidade de leis mais severas para que o governo pudesse controlar o Exército e combater o comunismo.[41]

Líderes da Igreja católica demonstraram sua solidariedade com o governo, e Alceu de Amoroso Lima, crítico literário e confidente do arcebispo Sebastião Cardinal Leme, usou sua coluna em *O Jornal* (Rio de Janeiro) para divulgar suas opiniões em favor do fortalecimento do Estado, da organização corporativa da economia e da eliminação da política regionalista. Aplaudiu Vargas como "o homem de que o Brasil precisa para salvar-se do caos e do imperialismo soviético". A imprensa, que antes da rebelião demorara em concordar com a desconfiança da ANL manifestada pelo governo, agora também clamava por medidas rigorosas. Em

30 de novembro, *O Jornal* pediu que o Congresso conferisse ao governo novos poderes que permitissem enfrentar de igual para igual a ameaça ao Brasil. "As armas para nos preservarmos do comunismo têm de ser forjadas com o mesmo aço que as dos que nos atacaram."[42]

Era constrangedor que justamente o Exército, que deveria estar a salvo da infiltração comunista, servisse-lhe de veículo. O Partido Comunista "não tinha ligações reais com as comissões de fábrica" e, como observou o historiador Joel Wolfe, "os conspiradores sequer tentaram organizar o apoio da classe trabalhadora em São Paulo". Os operários, apesar de indiferentes e alheios aos acontecimentos de novembro, sofreriam com a repressão. O caso forneceu uma desculpa conveniente para coibir as atividades independentes de organização e protesto dos trabalhadores e forçá-los a participar do sistema de relações industriais do governo.[43] Criou-se uma miragem para convencer o país de que a ameaça era real e grave. Mas como uma ameaça tão facilmente derrotada poderia ser verdadeiramente perigosa? O general Gomes, afinal de contas, não acreditou nela até o último momento. O uso da artilharia e dos bombardeios aéreos contra homens acuados armados de fuzis e metralhadoras pode, realmente, ter derivado do desejo de Gomes de cobrir sua inação anterior, mas também tinha precedentes no uso excessivo da força que o Exército empregara em Canudos em 1897, no Contestado em 1915 e em São Paulo em 1924. E também é possível que, coletivamente, os generais estivessem mesmo chocados, atemorizados e zangados pelo fato de a União Soviética tentar provocar uma revolução no Brasil.

Em 3 de dezembro, o ministro Gomes chamou todos os generais da área do Rio a seu gabinete. Propôs que endossassem a imediata expulsão do Exército de todos os envolvidos na revolta e que buscassem medidas mais severas contra futura subversão. Góes Monteiro, que se mantivera à margem, pouco dizendo publicamente a respeito desses acontecimentos, foi o único a apresentar por escrito sua posição. Preocupava-se, como sempre, com o problema de o Exército apresentar-se como uma frente unida ao país. A expulsão do serviço militar era uma questão que afetava diretamente o status dos oficiais perante a lei civil e militar e, de certo modo, as regras que a governavam no passado haviam afetado a todos os presentes naquela reunião. Houve debates acerca de como interpretar as revoltas; alguns generais as atribuíram à redução do efetivo, à oposição ao realistamento dos sargentos, a más condições de vida ou à falta de disciplina generalizada. Góes Monteiro pôs a culpa na liberalidade da Constituição de 1934 (da qual ele fora um dos autores), que ao dar aos soldados o direito de voto abrira as portas da caserna ao contato com políticos e com idéias "estrangeiras".

Por anos ele vinha pregando que os políticos brasileiros tramavam contra o Exército para preservar sua influência e poder nas esferas pessoal e regional. Esses homens, a seu ver, eram "falhos de educação racional" e haviam facilitado "os males de que nos queixamos". Em maio de 1935 ele declarara: "O nosso patriotismo, porém, não pode consentir que tal situação perdure". Para que "a grandeza do Brasil" assentasse em "alicerce sólido [...] os esforços de todos os bons brasileiros [eram necessários] para imunizar o Exército contra as seduções do partidarismo".[44] Os outros generais sentiram-se intimidados por Góes, e o fato de ele vir com um memorando pronto permitiu-lhe conduzir a discussão e seu resultado. Ele aconselhou que apoiassem Gomes, pois mais acontecimentos como aquele poderiam levar à "desintegração nacional e à total subversão social". Referindo-se às revoltas como "a crise mais terrível por que já passou a nação brasileira", afirmou que existência da nação estava ameaçada porque o Exército, espinha dorsal da nação, encontrava-se em condição fatal. Tinham de agir decisivamente em uníssono, não meramente punindo os rebeldes, mas resolvendo os problemas institucionais do país. O Brasil estava doente, e sua doença infectara o Exército. Góes argumentou que a pátria e seu Exército só poderiam ser salvos com tratamentos heróicos e perigosos. Esboçou três linhas de ação possíveis: (1) manter a Constituição e enfrentar a anarquia e o caos; (2) buscar a reforma constitucional como solução temporária; (3) dar um golpe de Estado, abolir a Constituição e impor um governo por uma junta até que uma nova Constituição pudesse ser escrita. Este último caminho, ele reconheceu, trazia o risco de dividir as Forças Armadas.[45] Góes era de opinião que o Exército tinha de estar intelectualmente unido para enfrentar as divisões ideológicas do país. As emendas constitucionais, afirmou, deveriam ser aprovadas rapidamente pelo Congresso, que por sua vez deveria dissolver-se após formar a Assembléia Constituinte para redigir uma nova Constituição e entregar o poder ao presidente. Góes encerrou observando que todos os problemas que envolvessem os "direitos ou interesses das classes armadas devem ser resolvidos dentro delas mesmas, sem nenhuma interferência estranha". E concluiu: "A gendarmizá-las será preferível a dissolução".[46]

Talvez para indicar que rebeliões de unidades não seriam mais toleradas como parte dos anais militares brasileiros, naquele mesmo dia Getúlio e Gomes assinaram um decreto dissolvendo o 21º e o 29º Batalhões de Infantaria Ligeira e o

3º Regimento de Infantaria, criando, para substituí-los, o 30º e o 31º Batalhões e o 14º Regimento. Essa medida, aliada à expulsão de oficiais rebeldes do Exército, com perda de todas as patentes e benefícios, foi muito além do simbólico, para com isso eliminar a tolerância que permitira a sobrevivência nas rebeliões passadas.[47]

O Congresso começou a deliberar sobre as emendas em 6 de dezembro. A atitude prevalecente na legislatura era de considerar a "comoção intestina", na expressão de Vargas, como "equivalente ao estado de guerra". Quando Gomes informou ao presidente que pretendia falar aos líderes do Congresso e dos estados, Vargas impediu-o e afirmou que ele próprio coordenaria a aprovação pelo Congresso das mudanças na Lei de Segurança Nacional e das emendas constitucionais. Vargas declarou a outros visitantes que o governo estava decidido a aplicar "repressão severa" ao comunismo, e quem estivesse de acordo que o seguisse, caso contrário saísse do caminho.

O general Gomes expôs em nome dos generais a exigência de reforma constitucional em reunião ministerial no dia 7 de dezembro. Afirmou que estavam pisando em um fosso coberto de cinzas que a qualquer momento podia irromper em chamas; criticou o liberalismo das leis vigentes e pediu punição exemplar aos conspiradores militares e civis. O ministro Gomes declarou que os oficiais rebeldes haviam cometido "crime de alta traição à sua pátria". Além de faltar ao "juramento sagrado" e de usar as armas da nação contra ela própria, os oficiais do 3º de Infantaria haviam afrontado a sociedade brasileira, rindo com escárnio ao serem levados para a prisão! Os ministros apoiaram Gomes e decidiram, adicionalmente, criar um forte sistema de censura e um Tribunal de Segurança Nacional.[48] Uma semana depois da reunião ministerial, os presidentes e líderes da maioria nas duas Câmaras do Congresso reuniram-se com Vargas para tratar das emendas propostas e testemunhar a assinatura presidencial do recrudescimento da Lei de Segurança Nacional. Pouco depois, no dia 17, a Câmara dos Deputados aprovou as emendas por ampla margem, e no dia 21 o Congresso prorrogou o estado de sítio por noventa dias e autorizou o presidente a considerá-lo equivalente ao estado de guerra. Em 31 de dezembro, Vargas assinou uma lei cancelando as comissões dos oficiais rebeldes. Essa lei tornava crime a filiação de oficiais e sargentos a partidos subversivos ou que pregassem a violência contra o governo ou a sociedade. A lei especificava que transgressões disciplinares seriam punidas com a reforma e que um ataque a um "superior, inferior ou companheiro" ao se cometer qualquer um dos crimes enumerados estaria sujeito à pena de dez a vinte anos de trabalhos forçados; se a agressão resultasse em morte, a sentença seria de vinte a trinta anos. Os estrangeiros implicados em crimes contra a segurança estariam sujeitos à expulsão imediata, e a lei reduziu o prazo de tramitação e conclusão dos julgamentos.[49]

Não ficou muito claro se essas determinações poderiam ser aplicadas a crimes cometidos antes de sua aprovação. De qualquer modo, os oficiais que perderam as patentes e os emolumentos foram três majores, nove capitães (entre eles Prestes, que ainda constava na lista de desertores quase dez anos depois de deixar seu quartel no Rio Grande do Sul), oito primeiros-tenentes, quatro tenentes veterinários e quatro segundos-tenentes. Por não resistirem suficientemente à subversão do 3º Regimento de Infantaria, dois majores e dez capitães foram reformados por decreto presidencial. O coronel Afonso Ferreira, comandante do regimento, que apesar de ter sido alertado sobre o perigo da revolta dera o comando de tropas a oficiais de lealdade duvidosa, foi absolvido, porém nunca mais recebeu outro comando. Foi promovido a general-de-brigada em maio de 1937 e reformado.[50]

Uma tempestade de anticomunismo sacudiu o governo, arrancou manchetes veementes da imprensa e empurrou o Brasil mais para a direita. No Congresso a caça aos comunistas foi coordenada pelo deputado Adalberto Correia, do Partido Republicano Liberal Rio-Grandense. Ele participara de rebeliões no Rio Grande do Sul em 1923 e liderara a tomada do arsenal federal em Porto Alegre em 1930. Recém-eleito, provavelmente via na perseguição aos comunistas um meio de ascensão política rápida. Curiosamente, ele era irmão de Octávio Correia, o civil que foi ao encontro da morte quando se juntou aos tenentes em sua marcha fatal pela avenida Atlântica em julho de 1922. Não está claro como ou por que ele foi nomeado presidente da nova Comissão Nacional de Repressão ao Comunismo. O deputado era um peixe fora d'água no cenário nacional, mas desempenhou papel notável, ainda que secundário, nos acontecimentos que ligaram a conspiração comunista de 1935 à ditadura de novembro de 1937. Em maio de 1936, ele se aliou ao deputado mineiro Pedro Aleixo na liderança ao ataque contra a minoria que se opunha à suspensão das imunidades parlamentares de quatro deputados e um senador acusados de envolvimento na conspiração de 1935. Um observador militar da época referiu-se a ele como "meio doido". É possível, inclusive, que sua obstinada perseguição ao prefeito do Rio, Pedro Ernesto, tenha ido além do desejo de Getúlio de refrear o populista médico de sua família. Considerando a configuração do poder na capital federal em 1936, é impossível não desconfiar da sanidade mental do deputado Correia quando ele deu entrevistas criticando o ministro da Justiça e o chefe da Polícia Federal, Filinto Müller. De fato, os censores da imprensa cortaram pelo menos uma entrevista, mas ele teimosamente a mimeografou e distribuiu. Estava claramente obcecado e alheio à realidade. Se estava sendo manipulado ou fora de controle, é uma questão que terei de deixar para outros historiadores.[51]

A comissão anticomunista serviu para manter desperta a opinião pública. Sua autoridade para investigar e processar abrangia todo o país, embora seja duvidoso que conseguisse forçar autoridades estaduais a obedecer à sua vontade. Supostamente, a comissão podia demitir e prender funcionários públicos e combater propaganda comunista, e estava incumbida de formular um plano nacional para reprimir o comunismo. Como aceitava denúncias anônimas, muitos dos acusados eram vítimas de inimigos pessoais ou rotulados de comunistas por não se enquadrarem nos padrões locais. Uma mulher foi processada pelo Tribunal de Segurança porque seu nome constava da caderneta de endereços de um suposto comunista e porque ela era filiada à União Feminina do Brasil. A imagem do comunista era associada à do estrangeiro, e por isso desconfiar de imigrantes entrou na ordem do dia. A lei determinando que firmas de propriedade estrangeira tivessem dois terços de brasileiros no total de seus empregados foi mais uma justificativa para numerosas demissões. A comissão considerava aceitáveis as injustiças sofridas pela minoria se isso protegesse o Brasil do comunismo. E teve papel nas prisões, entre outros, do prefeito do Distrito Federal, Pedro Ernesto, do ex-secretário da Educação do Distrito Federal, Anísio Teixeira, e do coronel do Exército Filipe Moreira Lima. A prisão de Pedro Ernesto foi a mais importante, e sua odisséia sensibilizou imensamente o povo. Ele era um dos homens mais populares do país. Quem foi o responsável pela decisão de prender o líder populista? Em seu diário, Vargas escreveu que só aprovaria uma ordem de prisão se existissem provas suficientes. Quando o fato ocorreu, ele anotou: "Confesso que o fiz com pesar. Há uma crise na minha consciência. Tenho dúvidas se esse homem é um extraviado ou traído, um incompreendido ou um ludibriado. Talvez o futuro esclareça".[52]

O general Góes Monteiro, que depois de passar a pasta da Guerra ao general Gomes estava sem cargo havia meses, viu na crise política em curso a oportunidade de centralizar o poder no governo federal e ao mesmo tempo aumentar a autonomia do Exército com relação à política. Mas isso não aconteceu. É verdade que o Congresso esforçou-se para dar mais poder ao presidente mas, ao fazê-lo, também lhe deu mais autoridade sobre as Forças Armadas, conferindo-lhe especificamente a jurisdição sobre promoções, atribuições e punições de oficiais. Com efeito, as emendas constitucionais tiraram das Forças Armadas a supervisão legal da disciplina interna. Anos depois, Góes protestou que os militares, tendo cumprido seu dever, foram punidos com perda de autonomia.[53]

No começo de 1936 formavam-se tempestades que toldavam a atmosfera político-militar. Os generais discutiam sobre sua autoridade, os políticos secretamente faziam alianças e compravam armas para as forças policiais de seus estados e Vargas procurava adiar a competição pública entre possíveis sucessores na eleição marcada para 1938. Em vários estados ocorriam lutas silenciosas para determinar quem administraria o decreto do "Estado de Guerra" e as investigações correlatas. Em Pernambuco, por exemplo, o comandante regional, general Rabelo, melindrou-se por não ser nomeado e pediu dispensa. Vargas atribuiu as revoltas em Recife e Natal ao hábito de Rabelo de dar entrevistas à imprensa discorrendo sobre problemas sociais de modo perturbador. Seu positivismo, segundo o presidente, podia levar as pessoas a estabelecer "certa consangüinidade" com o comunismo. Rabelo chegara ao ponto de dizer que "o movimento comunista tem a sua raiz na miséria das massas".[54] O governador Flores da Cunha, do Rio Grande do Sul, estava empenhado em criar um pacto tripartite com os governadores Valadares, de Minas, e Armando de Sales Oliveira, de São Paulo, para assegurar a eleição deste último à presidência. Tanto o Rio Grande do Sul como São Paulo vinham importando armas e pareciam estar-se preparando para lutar se necessário. Flores estava enfrentando grande dificuldade para manter a lealdade de facções políticas em seu estado. As unidades provisórias gaúchas que ele controlava preocupavam os comandantes do Exército Federal, particularmente os que estavam distantes, no Rio de Janeiro. Góes Monteiro e Flores divergiam totalmente; Góes era centralista convicto, enquanto Flores era um proponente igualmente fervoroso da autonomia estadual. Mas sua idéia de autonomia não o impedia de interferir politicamente em Santa Catarina e no estado do Rio de Janeiro. Às vezes ele dava a impressão de que se imaginava no papel do senador Pinheiro Machado, o manda-chuva dos primeiros tempos da República. As visões concorrentes de Góes e Flores geravam atrito e acabariam requerendo de Vargas que tomasse partido de um ou de outro; essa decisão determinaria se o rumo do Brasil seria na direção de preservar o regionalismo no velho estilo ou de estabelecer o governo centralizado.

O que está evidente é que a Revolução de 30 não eliminara as concepções políticas das lideranças nacionais e estaduais brasileiras. A revolução interrompera o jogo político, tirara de campo alguns jogadores, mas a mentalidade e as tradições não haviam mudado. A política dos governadores ainda funcionava no aspecto de os governadores falarem por seus estados, e embora Minas e São Paulo não tivessem mais a palavra final, ainda tentavam influenciar os resultados. O próprio Vargas estava fazendo o antigo jogo, mesmo enquanto manipulava as regras de modo a adequá-las às realidades políticas em mudança.

A explicação para o estabelecimento da ditadura do Estado Novo é vaga nas obras de história geral e monografias sobre os anos 30, entre elas meus trabalhos anteriores; mas dizer que Getúlio gostava do poder ou que os generais que o apoiavam eram antiliberais não basta. O Estado Novo construiu boa parte do que associamos ao Brasil moderno. Não simplesmente aconteceu; foi criação deliberada dos homens que apareceram nestas páginas, e suas ações requerem explicação. Para o Exército, esse foi um momento crítico em sua história, e por isso os acontecimentos não podem ser interpretados apenas com mitos fáceis ou generalizações nebulosas.

A política ou o partidarismo estavam muito vivos no Exército em abril e maio de 1936. Góes Monteiro era geralmente o centro das disputas sobre assuntos cruciais, como a emenda constitucional nº 2, que permitia a anulação das comissões de oficiais. Góes não queria aceitar essa cláusula e se empenhou ativamente para que a oficialidade se opusesse a ela. Redigiu textos alternativos e até fez circular entre os militares um boletim objetando à ação do governo. Isso, aparentemente, gerou mais desentendimentos entre Góes e Gomes do que entre Góes e Vargas.[55] Góes também se irritou com as promoções de oficiais generais porque em sua opinião vários dos que estavam na lista não faziam jus aos padrões profissionais que ele procurara impor em seus tempos de ministro.[56]

Góes e seu sucessor no ministério não se davam bem, para dizer o mínimo. Gomes, como muitos outros ministros da Guerra, não tinha consideração pelos planos e idéias que herdara, e deixava que morressem lentamente pela inação ou fazia suas próprias substituições. Era do "velho Exército", aluno de Praia Vermelha quando o Império fora derrubado; como tenente, lutara do lado de Floriano na guerra civil de 1893-95, quando se distinguira comandando a tomada do cruzador *Aquidabã*. Os vários governos da República Velha claramente o consideraram confiável, pois ele chegou a tenente-coronel em meados de 1920. Em 1923 foi promovido por mérito a coronel, e em dezembro de 1924 tornou-se general-de-brigada. Comandou tropas no Piauí e Ceará contra a Coluna Prestes, o que deve ter influenciado suas atitudes em 1935. Sua popularidade entre os oficiais foi indicada por sua eleição para a presidência do Clube Militar em 1928. Apesar de opor-se à Revolução de 30, ele sobreviveu ao expurgo das reformas. Como já mencionado, ele prometera juntar-se aos revoltosos paulistas em 1932, mas se manteve em seu posto no Rio de Janeiro. Um de seus filhos, pilotando um avião do lado paulista, foi morto em combate. Nos anos seguintes, distinguiu-se como comandante regional em Curitiba e Porto Alegre (3ª Região Militar), e voltou para o Rio de Janeiro para comandar a 1ª Região Militar em 1935, justamente quando a Lei de Segurança Nacional entrava em vigor e a questão salarial convulsionava o Exército. Ele e Góes Monteiro, então ministro da Guerra, tiveram uma discussão nada discreta acerca da posição do Exército na crise dos soldos. O leitor deve lembrar-se de que o resultado da crise removeu o general Guedes da Fontoura do comando da Vila Militar e suscitou crítica a Góes por seu ex-ajudante-de-ordens, o capitão Ciro de Abreu, e outros oficiais em Cachoeira, Rio Grande do Sul. As emoções despertadas complicaram-se extraordinariamente. As relações de Flores da Cunha com Góes deterioraram-se, e as deste com Pantaleão Pessoa (que era cunhado do capitão Ciro e grande amigo de Flores da Cunha) chegaram ao ponto de ruptura. Góes responsabilizou-o pelas ações do capitão. Embora não haja indícios que associem Gomes à pressão para que Góes saísse de cena, Góes culpou Flores; posteriormente, o ministro deposto incluiu Gomes entre seus inimigos por ter feito comentários negativos à imprensa sobre a eficiência de Góes.[57]

Em maio de 1936, teve início novo round da briga entre Góes Monteiro e Gomes, causado por comentários sobre este último que Góes supostamente teria feito a alguns oficiais. O costume em tais situações era o oficial ofendido solicitar comentários por escrito sobre o que teria sido dito. Gomes levou o pedido de Góes suficientemente a sério para enviar telegramas aos comandantes regionais alertando-os, sem citar nomes, de que "caracteres ambiciosos que estavam tentando reaver importantes posições políticas" andavam empenhados em dividir o Exército para que a instituição não se opusesse a seus planos. O momento dessas mensagens leva a crer que esse "alerta" referia-se a Góes, mas seria interessante saber se os generais regionais possuíam um decodificador secreto especial para decifrar essas mensagens.

Góes imediatamente negou-se a fazer quaisquer comentários a outro que não o próprio Gomes. O entrevero tinha alicerces no mútuo desdém dos dois generais. Sua discórdia acerca da segunda emenda constitucional certamente não era a causa da malquerença. A tensão veio a público indiretamente quando o jornal *Correio da Manhã* (Rio de Janeiro) noticiou que havia nas Forças Armadas um movimento contra a emenda e que muitos oficiais haviam assinado uma petição enviada a Vargas. O gabinete do ministro negou veementemente a existência dessa petição. O general Dutra, comandante da 1ª Região Militar, garantiu a um repórter que a história era falsa. Dutra passou o recorte da notícia a seus oficiais avisando-os para que cumprissem seu dever e mantivessem a lealdade.[58]

Uma análise de 1936 e 1937 mostra que o golpe de Estado de 10 de novembro de 1937 não foi um resultado inevitável nem decorreu unicamente das decisões de Getúlio Vargas.

A tendência à ditadura foi favorecida pela determinação de certos líderes paulistas de recuperar a presidência, pela sobrevivência de idéias, imagens e objetivos pré-1930, por políticos incapazes de aceitar os candidatos saídos das manobras políticas que estavam conduzindo às eleições presidenciais de 1938 e por generais convictos de que a democracia "liberal", e especificamente o regime de 1934, não forneceria as armas, equipamentos e homens necessários à construção de um Exército moderno. Formava-se na liderança política o consenso de que era necessária uma ação drástica para evitar calamidades piores. Para que o Exército apoiasse um movimento como esse, foi preciso fazer trocas de indivíduos nos vários postos de comando. Analisando em retrospectiva, parte dessas medidas parece ter sido manipulada por Vargas, mas muitas vezes as aparências enganam. Várias trocas de comando foram mais acidentais do que planejadas. Se pudéssemos voltar a 1931 e pedir a oficiais bem informados que tentassem adivinhar quais seriam os três ou quatro oficiais no topo da escala de comando no final de 1937, duvido que acertassem. Basta olharmos a lista dos generais que adoeceram gravemente ou morreram durante aqueles seis anos: três chefes do Estado-Maior do Exército, Alfredo Malan d'Angrogne (1932), Benedito Olímpio da Silveira (1935) e Arnaldo de Souza Pais de Andrade (1937); os generais José Victoriano Aranha da Silva (1931), João de Deus Mena Barreto (1933), Ptolomeu de Assis Brasil (1935) e Manuel de Cerqueira Daltro Filho (1938); e os que se autodestruíram, como os generais-de-brigada José Sotero de Menezes Jr. (1931), João Meira de Vasconcelos (1932), generais-de-divisão Augusto Tasso Fragoso (1932), Pantaleão da Silva Pessoa (1936) e João Gomes Ribeiro Filho (1936).[59] Embora seja comum considerar-se a dupla Eurico Dutra e Góes Monteiro como os cabeças do apoio ao Estado Novo, grande foi o acaso que aproximou esses dois homens como ministro da Guerra e chefe do Estado-Maior do Exército em fins de 1937. Não quero com isso desmerecer a reputação de grande orquestrador político de Getúlio, e sim ressaltar os aspectos acidentais do cenário com os quais ele teve de trabalhar.

Aspectos políticos e militares foram responsáveis por João Gomes Ribeiro Filho ter incorrido no desfavor de Getúlio. Em setembro de 1936 ele supostamente teria dito ao governador paulista Armando de Sales Oliveira que era simpático à sua candidatura e se considerava ministro de São Paulo. Isso ocorreu em meio a constantes informes e rumores sobre preparativos militares em São Paulo e Rio Grande do Sul. Vargas recebeu relatos em primeira mão de parentes seus no Rio Grande a respeito da mobilização de corpos provisórios por Flores. Dizia-se que estavam organizados aproximadamente 20 mil homens no corpo provisório e que estavam entrando armas no estado. Flores, afirmavam, estava montando um esquema com aliados no Paraná que pensavam como ele. Ao mesmo tempo, parecia que Flores estava manobrando para tornar-se um candidato substituto à presidência. Singularmente, o governador perdeu o controle, e certamente a lealdade, da bancada de seu estado no Congresso, da qual muitos membros reuniam-se regularmente com Getúlio nas terças à noite no palácio da Guanabara. O general Góes Monteiro fora nomeado inspetor geral das guarnições no Sul, para poder coordenar as contramedidas do governo. Julgou a situação tão explosiva que ameaçou renunciar a menos que o ministro Gomes agisse rapidamente e reforçasse o Exército no Paraná e no Rio Grande do Sul. Gomes hesitou porque temia que o reforço federal piorasse a situação.

Dar um xeque-mate a Flores da Cunha requeria ter oficiais de confiança no comando em todos os níveis, começando pelas 1ª, 2ª, 3ª e 5ª Regiões Militares (Rio de Janeiro, São Paulo, Porto Alegre e Curitiba, respectivamente). Nessas regiões, os vários comandantes de brigadas seriam cruciais. A Polícia Militar dos diversos estados, especialmente a Brigada Militar do Rio Grande do Sul e as forças semelhantes em São Paulo e Minas Gerais, teriam de aliar-se ou ser neutralizadas, e os supostos corpos provisórios gaúchos teriam de ser desarmados e dispensados.

Como historicamente quase um terço das unidades do Exército vinha sendo postado no Rio Grande do Sul, muitos dos oficiais haviam nascido e crescido naquele estado. E já que muitos oficiais tiveram seu primeiro posto em localidades rio-grandenses, os que não haviam encontrado esposa entre as namoradas do tempo da escola militar acabavam se casando com gaúchas. Até nordestinos como

Góes Monteiro, casado com uma gaúcha de Alegrete, adotavam o modo de falar e os maneirismos rio-grandenses. Além disso, graças ao padrão local de recrutamento do Exército brasileiro, quase todos os soldados nas unidades espalhadas por todo o estado eram gaúchos. Lealdades divididas não faziam um Exército forte. Um confronto poderia levar à repetição do colapso de 1930. Em tal situação, o blefe, a bravata e a diplomacia provaram ser as armas preferidas.

Em agosto de 1936, o general-de-divisão Dutra comandava a 1ª Região Militar, dando segurança à capital nacional, o general-de-brigada Almério Moura estava à frente da 2ª Região Militar, o general-de-brigada Emílio Lúcio Esteves da 3ª e o general-de-brigada João Guedes da Fontoura, da 5ª (Curitiba). Nos dois anos anteriores haviam ocorrido várias trocas nesses postos; na época, os comandantes atuais haviam tido dois antecessores na 1ª, três na 2ª, dois na 3ª e cinco na 5ª. Os generais Esteves e Guedes eram gaúchos, Dutra era mato-grossense e Moura, maranhense. Pelo menos um estudioso do Exército atribuiu o fato de Guedes ter sobrevivido ao fiasco do movimento pelos soldos à sua velha amizade com Vargas dos tempos de escola.[60] Não se sabe se essa análise é válida. A carreira de Guedes da Fontoura sofreria um golpe fatal na crise iminente com Flores da Cunha. Notavelmente, com exceção de Góes Monteiro os oficiais generais envolvidos nesse momento crucial não foram ex-tenentistas ou revolucionários de 30, e sim os chamados legalistas. Talvez um bom símbolo para esse grupo de oficiais seja o general-de-brigada José Joaquim de Andrade, que era então comandante da 1ª Brigada de Infantaria e da Vila Militar no Rio e mostrara seu valor na supressão da rebelião de novembro, mas, quando coronel, comandara o 12º de Infantaria em Belo Horizonte durante sua célebre resistência à Revolução de 30. Foi designado para a 5ª Brigada de Infantaria em Santa Maria, principal guarnição do sul. Como se vê na Tabela 10.1, era marcante a concentração de forças do Exército no Rio Grande do Sul.

Durante a lenta evolução da luta pelo controle do Rio Grande do Sul, dois comandantes regionais seriam transferidos por tolerarem as tentativas de Flores da Cunha para manter-se no cargo, mas significativamente o general-de-divisão César Augusto Pargas Rodrigues e o general-de-brigada Emílio Lúcio Esteves não foram reformados. De fato, em 1937 estariam, respectivamente, no comando da 2ª Região Militar, em São Paulo, e da 4ª Região Militar, em Juiz de Fora.[61]

TABELA 10.1
UNIDADES DO EXÉRCITO BRASILEIRO (1934-36)

ARMA	UNIDADES	
	TOTAL	NO RS
Infantaria	14 regimentos	4
	30 batalhões ligeiros	3
Cavalaria	14 regimentos	12
	5 regimentos divisionários	1
Artilharia	9 regimentos montados	3
	5 de dorso	1
	6 grupos de costa	0
	3 grupos de obuseiros	1
	6 baterias montadas	6
	8 baterias de costa	0
Engenharia	2 batalhões de pontoneiros	1
	4 batalhões de sapadores	1
	3 companhias de comunicações independentes	1
	1 batalhão montado de comunicações	1
Aviação	3 regimentos	1[a]
	3 regimentos (em formação)	0
TOTAL	116	36

FONTE: MG, *Relatório ... João Gomes Ribeiro Filho ... Maio de 1936*, Rio de Janeiro, Imprensa do Estado-Maior do Exército, 1936, pp. 154[-]157

NOTA: O número total de unidades de vários tamanhos e missões era 116 (36 postadas no Rio Grande do Sul)

[a] Um deles em Curitiba

O MINISTRO GOMES SABOTOU POLÍTICAS DO GOVERNO E ABALOU O MORAL

A popularidade de Gomes declinara em 1936. As causas disso foram tanto a maledicência como sua administração, que deixou muito por fazer. E ele irritou Vargas desnecessariamente. Por exemplo, como parte das comemorações do Dia do Soldado, em 25 de agosto, o Exército concederia as medalhas da Ordem do Mérito Militar. Sendo o presidente e o grão-mestre da ordem, Vargas tinha de autorizar cada condecoração. Notando que a lista estava um tanto carregada de oficiais que se haviam rebelado em 1932, ele escreveu ao comitê de seleção dizendo que seria bom incluírem alguns outros nomes e sugeriu seu tio, o general Valdomiro. O comitê acrescentou alguns nomes, mas comentou que não podia incluir Valdomiro porque ele tinha "mau nome no Exército", por isso Vargas não quis aprovar medalha nenhuma. Embora o ministro não estivesse abertamente envolvido no caso, coisas dessa natureza não costumavam ocorrer sem o seu conhecimento.[62]

Para 1936, o Congresso autorizara 74 mil soldados, mas o efetivo, na realidade, compunha-se de pouco mais de 60 mil homens. Ao mesmo tempo, o corpo de oficiais consistia nos autorizados 4800 oficiais regulares e 1100 temporários. Para onde estava indo o dinheiro que não era gasto com os 14 mil soldados que faltavam? Essa questão é especialmente interessante porque a verba do Congresso para 1936 foi um pouco maior que a de 1935. Entretanto, em outubro as "Grandes Manobras do Estado-Maior do Exército", planejadas para ocorrer no Vale do Paraíba, próximo a Taubaté, tiveram sua escala reduzida por falta de verba. Talvez para salvar as aparências, a Escola de Armas da Vila Militar transportou seus oficiais alunos, sargentos e praças para a área de Taubaté, onde realizaram manobras modestas. Mesmo esse evento despretensioso foi considerado suficientemente importante para merecer a presença do ministro, do chefe do Estado-Maior, do comandante da 2ª Região Militar, de vários comandantes de brigada, de oficiais superiores da Força Pública Paulista, de oficiais franceses e brasileiros da Escola de Armas e dos adidos militares argentino e americano. E para garantir que os convidados terminassem o dia de um modo agradável, segundo o observador americano, "as Grandes Manobras do Exército brasileiro em 1936 foram transformadas em um churrasco".[63]

E a reputação do ministro Gomes foi maculada por sua falta de entusiasmo por implementar o plano de reorganização de Góes Monteiro de 1934. O plano pretendia dividir o ministério em quatro departamentos: o Estado-Maior do Exército, o de pessoal, a administração geral e o de material bélico técnico. Os dois primeiros já existiam, e a principal inovação seria reunir numerosas agências separadas em um departamento de administração geral. O fracasso na criação desse novo departamento foi uma "prova flagrante de que o plano de 1934 estava longe de concretizar-se". Indagações em todos os níveis depararam com respostas "incertas e evasivas". Em setembro de 1936 o Congresso reconheceu formalmente a situação declarando que o plano de 1934 ainda estava em vigor, mas agora as autoridades militares tinham até o final de 1939 para completá-lo.[64] Ainda mais grave era a situação das armas e material. Na reunião de outubro de 1935, Gomes explicara francamente ao Conselho de Segurança Nacional que os armamentos e material do Exército estavam em "estado caótico". Em março de 1936 abrira-se um crédito especial de 1,5 bilhão de contos de réis para iniciar um programa de dez anos visando aparelhar o Exército. Mas, quando o novo ministro assumiu a pasta em dezembro, as mesmas deficiências continuavam a existir. Ainda pior fora Gomes consentir, em outubro de 1936, que São Paulo comprasse no exterior armas e munições para sua Força Pública. Como as encomendas incluíam 7 mil fuzis e carabinas Mauser de 7 mm, 372 metralhadoras Madsen de 7 mm, 10 milhões de cartuchos de 7 mm e oito metralhadoras antiaéreas de 20 mm, a impressão deveria ser de que aquelas armas não se destinavam à manutenção da ordem pública. Quando a existência dessas encomendas foi descoberta em fins de janeiro de 1937, o Exército apreendeu a remessa no porto de Santos e transportou o material para o Rio de Janeiro.[65]

Em setembro e outubro, Vargas recebeu informes constantes sobre os preparativos militares de Flores da Cunha e se reuniu várias vezes com Góes Monteiro, que estava ansioso para agir, mas andava cada vez mais frustrado com as vacilações e a sabotagem do general Gomes. Em 30 de novembro a crise Góes-Gomes chegou à inevitável encruzilhada quando as ordens do ministro a Góes foram claramente inadequadas à sua missão. Desanimado, Góes pediu demissão. Além disso, Gomes criticou o general Esteves por passar por cima de sua autoridade e ir reclamar diretamente a Vargas que não estava recebendo as armas e munições que solicitara. Exasperado, o presidente escreveu em seu diário: "Gente difícil estes militares".[66] Não se pode deixar de admirar a lendária calma de Getúlio, pois esse drama desenrolava-se nos bastidores enquanto Vargas recebia a visita de Franklin D. Roosevelt e estava de luto pela mãe, morta no fim de outubro. Por fim, Vargas mandou o general Francisco José Pinto, que sucedera o general Pessoa em julho de 1935 na chefia da Casa Militar, dizer a Gomes que apoiasse a política de Getúlio ou renunciasse. Em 3 de dezembro, em sua habitual reunião sobre assuntos militares, Vargas anotou, Gomes fez "uma última tentativa para não cumprir as instruções" e, como o presidente insistisse, Gomes enviou naquele mesmo dia sua carta de demissão.[67]

É digno de nota que Vargas tenha permitido a Gomes manter intacta sua reputação pública. Em julho um informe da polícia dizia existir crescente hostilidade contra o ministro por parte dos oficiais do Exército. Em 25 de novembro, o chefe de polícia, Müller, entregara ao presidente um relatório sobre o comportamento escandaloso do ministro com um grupo de jovens e belas esposas de oficiais. Em troca de favores sexuais, ele supostamente estava zelando pela carreira dos maridos. Isso é que é subversão da disciplina militar! Gomes foi para a reserva em 12 de março de 1937 e reformou-se como general-de-divisão em janeiro de 1940.[68]

O afastamento do ministro João Gomes do poder em dezembro de 1936 ilustrou as complexidades da situação político-militar. O papel e o poder do ministro da Guerra na República Velha não haviam sido claramente definidos; a maioria dos presidentes permitira que seus ministros gerissem o Exército, mas Vargas considerava-se o comandante-em-chefe das Forças Armadas e estava decidido a exercer controle direto sempre que julgasse conveniente. Gomes não podia propor que a disciplina fosse reforçada canalizando-se as ordens presidenciais através dele, que as passaria então à cadeia de comando, pois ele andara subvertendo as instruções do presidente. Historicamente, o poder das polícias militares estaduais sempre preocupara o Exército. Este adquiriu mais controle sobre essas forças policiais após 1930, mas um controle que, muitas vezes, era mais simbólico do que real. Oficiais do Exército eram destacados do serviço regular para assumir cargos de comando e estado-maior em vários estados, geralmente a pedido do interventor ou governador, mas muitos desses oficiais, se não todos, eram naturais do estado em questão e tinham laços pessoais com o governador, de modo que sua lealdade ao governo nacional tinha de ser comprovada antes que se pudesse confiar neles. Na passagem de 1936 para 1937, o governador paulista Armando Sales renunciou ao cargo para tornar-se elegível nas eleições presidenciais de janeiro de 1938. Significativamente, lançou sua candidatura contrariando o conselho do general Góes Monteiro, o qual lhe disse que o Exército não o apoiaria. Também no próprio estado ele enfrentou oposição. Talvez o cegasse a oportunidade de ser o agente de São Paulo que reaveria o controle do governo nacional. Osvaldo Aranha tinha outra explicação para a determinação de Armando Sales: ele veria a presidência como o único modo de sanar as dificuldades financeiras resultantes de sua gestão do estado.[69] Mas o apoio de Flores da Cunha à sua candidatura condenou-a, e a reafirmação do regionalismo trouxe cada vez mais dureza à política, a dureza de aço das baionetas.

Vargas manobrou entre os que pretendiam candidatar-se a sucedê-lo, encorajando alguns, mas recusando-se a indicar seu preferido. A política nacional assumiu um clima de República Velha, com várias facções e partidos tentando levar o presidente a decidir suas disputas internas. A principal ameaça ao que restava da Revolução de 30 era uma potencial aliança entre Flores da Cunha, do Rio Grande do Sul, Armando Sales, de São Paulo, e Valadares, de Minas Gerais. Não há certeza quanto a essa aliança ter sido real e representado de fato uma ameaça à centralização, pois ela não se concretizou, mas isso não significa que o esforço não tenha tido resultados: ele se espatifou de encontro aos abismos pedregosos da política mineira quando Valadares lutou com Antônio Carlos Ribeiro de Andrada pelo domínio do estado.[70] Sempre realista, Valadares julgou melhor estar do lado de Getúlio e, por isso, manteve-se leal ao seu criador político, deixando seus potenciais aliados em posições militares vulneráveis. Minas Gerais e suas tropas estaduais foram a força reguladora do movimento político nacional.[71]

Assim que o presidente recebeu o pedido de demissão do general Gomes, convidou o general Eurico Dutra para assumir a pasta. Desde a supressão da revolta em novembro, a fama de Dutra vinha crescendo depressa. Como comandante da 1ª Região Militar, fora grande a sua visibilidade para os jornais do Rio e para Vargas. Contava então 53 anos, e sua figura aprumada era mesmo a de um general, especialmente nas reluzentes botas de montar. Seria o ministro da Guerra que ocuparia por mais tempo o cargo na história do Brasil, e só deixaria a pasta em 1945. Ironicamente, considerando seu papel na repressão da rebelião de 1935, ele participara do levante de 1904 na Escola Militar de Praia Vermelha. Expulso com os demais estudantes amotinados, seus sonhos de carreira transformaram-se em pesadelo. Humilhado, aguardara em Cuiabá pela anistia, que veio em novembro de 1905. Foi a primeira e última vez que tomou parte em aventuras sediciosas. Em 1906, ingressou na Escola de Guerra de Porto Alegre, onde foi contemporâneo de Pedro Aurélio de Góes Monteiro, ambos ativos, juntamente com o estudante de direito Getúlio Vargas, em uma organização estudantil civil-militar, o Bloco Acadêmico Castilhista e seu jornal *O Debate*. Embora não pareçam ter sido amigos íntimos, certamente os dois se conheciam.

Em 1908, Dutra tornou-se aspirante e serviu brevemente no 17º Regimento de Cavalaria em Ponta Porã, na fronteira com o Paraguai em seu estado natal, Mato Grosso. Depois de fazer cursos na escola de artilharia e engenharia, onde se especializou em mecânica, balística e metalurgia, foi designado para o 13º Regimento de Cavalaria na capital federal, e ali promovido a segundo-tenente em 1910. Entre 1912 e 1915, foi instrutor de cavalaria em várias escolas do Exército na área do Rio, entre elas a do Realengo. Em 1915 passou a integrar o prestigioso 1º Regimento de Cavalaria, também na capital. Em 1916 publicou um livro, *Duas táticas em confronto*, comparando o uso da cavalaria pelos exércitos alemão e francês.

Também participou do conselho editorial de *A Defesa Nacional*, inserindo-se firmemente entre os modernizadores reformistas do corpo de oficiais liderados pelos jovens turcos. E criou laços pessoais com o grupo desposando Carmela Leite, viúva de José Pinheiro de Ulhôa Cintra, oficial de engenharia do terceiro grupo enviado à Alemanha (1910-12). Freqüentou a Escola de Comando e Estado-Maior (1920-22), dirigida pela missão militar francesa, e nesse período foi promovido a capitão. Em janeiro de 1922 foi um dos 529 oficiais que assinaram a moção do Clube Militar censurando o presidente eleito Bernardes por supostamente insultar as Forças Armadas. Mas esteve do lado do governo no espasmo de rebelião em julho desse ano e, ao concluir o curso de estado-maior como primeiro da turma e com uma rara menção *très bien*, entrou, no ano seguinte, para o setor de operações (terceiro) do Estado-Maior do Exército chefiado pelo general Tasso Fragoso. Durante a rebelião tenentista em 1924, foi agente de ligação do Estado-Maior com as forças do Exército em campanha. Depois de servir como oficial de operações para o Destacamento do Norte comandado pelo general Mena Barreto, que suprimiu a rebelião tenentista no Amazonas e Pará, o capitão Dutra voltou para o Sul e integrou o estado-maior do general Otávio de Azevedo Coutinho, na época (fevereiro de 1925) em operação contra as unidades que haviam fugido de São Paulo e estavam entocadas entre Foz do Iguaçu e Catanduvas, Paraná. O chefe de Estado-Maior de um dos destacamentos do governo postado nas proximidades, comandado pelo general Mirante, era o capitão Góes Monteiro. Antes de as tropas do capitão Prestes chegarem à área vindas do Rio Grande, Dutra foi mandado para o estado-maior da 1ª Região Militar, no Rio, e ali ascendeu a major em maio de 1927. Entre essa data e maio de 1929, quando se tornou tenente-coronel, passou um ano com o 9º Regimento de Cavalaria Independente (RCI) em São Gabriel, Rio Grande do Sul, seguido por um período presidindo o Conselho Permanente de Justiça no Rio e depois vários meses no Estado-Maior do Exército. Quando a conspiração de 1930 ganhou fôlego, ele repeliu os convites para aderir, mantendo-se firme no duplo comando do 15º RCI e da escola de cavalaria, ambos no Rio. Em 21-24 de outubro de 1930 estava à frente do 15º, avançando para Minas Gerais. A suspensão das hostilidades no dia 24 eliminou a necessidade de sua projetada invasão. Um novo dia despontara no Brasil, e Dutra deve ter parecido suficientemente alheio à política para ter escapado do expurgo pós-revolução que mandou tantos para a reforma. Seu castigo por não apoiar a revolução foi o comando do 11º RCI em Ponta Porã, onde servira como aspirante no início da carreira. Pouco depois, o general-de-brigada Klinger assumiu o comando do distrito militar de Mato Grosso e convocou Dutra para chefiar seu estado-maior. Os dois se conheciam dos tempos em que publicavam *A Defesa Nacional* e trabalhavam bem juntos; Klinger fez muitos elogios ao chefe de seu estado-maior. Em dezembro de 1931 Dutra foi promovido a coronel e recebeu o comando do 4º Regimento de Cavalaria Divisionária em Três Corações (MG), e lá estava quando eclodiu a guerra civil de 1932. Sua gratidão a Vargas por fazê-lo coronel e entregar-lhe o comando do 4º Regimento conservou-o leal ao governo e o pôs em contato com Benjamin Vargas, cuja recomendação, juntamente com a de Osvaldo Aranha, que observara sua liderança na serra da Mantiqueira, motivou o presidente a promovê-lo a general-de-brigada em 4 de outubro de 1932. Do fundo do poço dois anos antes, sua carreira estava agora em franca ascensão. Seu status no corpo de oficiais foi indicado por sua eleição a presidente do Clube Militar em 1933-34. Já mencionamos as circunstâncias de sua carreira que o levaram, na crise dos soldos em 1935, a substituir o general Guedes da Fontoura como chefe da 1ª Brigada de Infantaria na Vila Militar.[72]

O conjunto de personalidades que os historiadores associam ao Estado Novo chegou às posições de poder por meio da política interna do Exército e do regime. Fatores acidentais como doença, desejo sexual, lealdades regionais e ambição pessoal tiveram papéis secundários na composição do Alto-Comando do Exército brasileiro em fins de 1936. Talvez outro ministro da Guerra ou outro chefe do Estado-Maior houvesse produzido resultados diferentes nos cruciais acontecimentos de 1937. A ameaça da política regional, representada por Flores da Cunha, à unidade do Brasil foi mais substancial do que pensavam os historiadores. E a ameaça vermelha pode ter existido mais em pesadelos que na realidade, mas o medo nem sempre é realista ou controlável. Para o bem ou para o mal, o Brasil estava prestes a embarcar a caminho da modernização ditatorial.

11. Os generais e o Estado Novo

Nada queremos. Só desejamos trabalhar pelo Exército e pela salvação da pátria.
Ata da reunião dos generais, 27 de setembro de 1937

A pátria e o regime repousarão sob nossa guarda [...] *em defesa da ordem interna, da integridade política, da soberania nacional. É esta nossa missão.*
Marechal Eurico Gaspar Dutra, 10 de novembro de 1937

A aurora iluminava o céu além das montanhas do outro lado da baía e poças de chuva salpicavam as ruas do Rio de Janeiro quando a Polícia Militar do estado rumou para os palácios Monroe e Tiradentes para guardar o Senado e a Câmara dos Deputados que estavam fechados. O centro da cidade foi ganhando vida devagar à medida que os bondes despejavam os passageiros. Nas bancas, os jornais matutinos traziam a manchete da nomeação de Francisco Campos para o Ministério da Justiça, mas nada diziam sobre o manifesto de Armando Sales, lido no Congresso no dia anterior. A aparência plácida da capital não denunciava que uma revolução estava ocorrendo. Antes do meio-dia de 10 de novembro de 1937, o Brasil teria uma nova Constituição e iniciaria oito anos de ditadura. Seria uma ditadura salvacionista que teria por objetivo restaurar a nação, permitindo-lhe "construir livremente sua própria história e destino", declarou Getúlio aos ouvintes do rádio. O intricado rumo dos acontecimentos, manobras, conspirações e políticas que produziram esse dia histórico envolveram o Exército brasileiro em grau sem precedente. O relacionamento entre Vargas e os generais alicerçava-se no compromisso que ele assumira de equipar e armar o Exército e a Marinha em troca da paz social e política na qual seu governo desenvolveria a economia e a infra-estrutura do país. Era preciso tornar a pátria segura. Os generais Pedro de Góes Monteiro e Eurico Dutra acreditavam estar salvando o Brasil da catástrofe e garantindo a segurança futura da nação.[1]

A POLÍTICA DOS GENERAIS

Quando Dutra assumiu o ministério sucedendo ao ministro João Gomes em dezembro de 1936, não tinha ligações intelectuais ou emocionais com o tenentismo nem com a Revolução de 30; seu pensamento militar baseava-se no reformismo institucional dos jovens turcos e da revista *A Defesa Nacional*. Era grato a Getúlio Vargas por suas promoções a coronel e general-de-brigada. Seu longo tempo no ministério e sua parceria com Góes Monteiro fortaleceriam a centralização do governo nacional, modernizariam o Exército e o levariam à guerra contra a Alemanha, eliminariam o regionalismo político como uma ameaça à integridade da pátria e fariam das Forças Armadas o moderador do sistema político no próximo meio século. Nesse momento crítico da história brasileira, ele foi um ator de considerável importância.

Sua personalidade contrastava com a do típico oficial do Exército cheio de maneirismos gaúchos nativos ou adotados, em especial o falar alto, com veemência, marcando os erres. Dutra, não: era "manso de trato, dava a mão pequena e mole a apertar, ouvia muito, falava pouco, baixo, sibilante, sussurrando as palavras".[2]

É importante observar que Góes Monteiro não foi a primeira escolha de Getúlio para chefiar o Estado-Maior do Exército; ele seria nomeado por insistência de Dutra. O tio da esposa do presidente fora o escolhido inicialmente. O general Valdomiro Castilho de Lima teria sido uma escolha lógica naquele momento crítico devido aos laços de família; fora, inclusive, soldado comandado pelo pai de Getúlio, o coronel Manuel do Nascimento Vargas, na guerra civil de 1894. Provavelmente Vargas julgava que as raízes gaúchas do general Valdomiro poderiam ser úteis no iminente confronto com Flores da Cunha. Sua carreira foi tipicamente ascendente até a eclosão do tenentismo na década de 1920. Permaneceu do lado do governo em 1922 por acreditar na disciplina. Em outubro daquele ano foi nomeado comandante do 3º Regimento de Infantaria em Praia Vermelha. Sua crescente simpatia pelos tenentes atraiu a suspeita do governo de Artur Bernardes, que o removeu do cargo e o aprisionou na desolada ilha da Trindade, no meio do Atlântico. Posto em liberdade pelo Supremo Tribunal Federal em 1925, manteve-se afastado da política até a crise de 1929-30. Participou do ataque ao quartel da 3ª Região Militar em Porto Alegre em 3 de outubro de 1930 e destacou-se em operações militares posteriores. Durante a guerra civil de 1932, comandou as forças federais que enfrentaram São Paulo na frente oeste. Depois da derrota da força paulista, ele foi governador e em seguida interventor do estado. Nesse cargo, demonstrou empenho em melhorar as condições dos operários e defender os interesses do estado. Em outubro de 1933, retornou ao Exército como inspetor geral do 1º Grupo de Regiões Militares (Sul). De junho a agosto de 1935, fez o curso de inteligência estratégica para oficiais superiores da Escola de Comando e Estado-Maior e o concluiu como primeiro da turma. A prática, na época, era dar aos melhores alunos das escolas do Exército um período de estudo ou experiência prática na Europa. Na França, onde ele serviu no Estado-Maior, o general Gamelin condecorou-o com uma medalha e providenciou uma visita à supostamente impenetrável Linha Maginot. Mussolini, para não ficar atrás, convidou-o a sobrevoar os campos de batalha da Etiópia e concedeu-lhe uma medalha para comemorar sua façanha. Ele voltou ao Brasil em outubro de 1936. No mesmo dia em que Vargas convocou Dutra para o ministério, persuadiu o general Valdomiro a assumir o comando da 1ª Região Militar, em preparação para nomeá-lo chefe do Estado-Maior.[3]

Dutra queria um controle mais rígido do corpo de oficiais. Uma de suas primeiras medidas como ministro foi chamar de volta os oficiais que estavam em missões não-militares. Em 21 de janeiro de 1937, enviou ao Congresso um relatório sobre os oficiais que estavam destacados para trabalhar nos ministérios federais e à disposição de governadores estaduais. No total, havia sessenta oficiais com atribuições não-militares, alguns dos quais estavam afastados havia anos. Em dezembro, Dutra ordenara a volta ao serviço ativo de nove oficiais e trocara telegramas acerbos com Flores da Cunha, que protestara que o Rio Grande do Sul estava sendo discriminado. Na primeira lista dos que estavam sendo chamados de volta havia três dos sete oficiais que estavam à disposição de Flores da Cunha. Esses casos eram uma demonstração gritante do abuso de cargos fora da área militar: o tenente-coronel Agnelo de Souza, com quase 33 anos de Exército, nunca servira nas fileiras, estava fora do Exército desde 1932 e a serviço do governador gaúcho desde 1934. Mas "todos sabiam que ele permanecia quase continuamente na capital federal". E havia o major Leopoldo de Barros Bittencourt, também com 33 anos de carreira, que servira apenas "um ano, onze meses e oito dias" nas fileiras, na época em que fora segundo-tenente. Estivera à disposição do Rio Grande do Sul desde 1924, por doze anos! O terceiro caso era o do major Armando Nestor Cavalcante, que fora promovido por mérito ao posto que então ocupava, mas ainda não prestara serviço de tropa como major. Fora designado para servir ao governo de Porto Alegre em 1932. A convocação de Dutra em dezembro deixou com Flores apenas o comandante da Brigada Militar.[4] A pretexto de uma administração responsável, Dutra deferiu um golpe sutil que enfraqueceu Flores.

Getúlio pretendia instalar o tio de sua esposa na chefia do Estado-Maior do Exército, mas isso não aconteceu. Em maio de 1937, avançaram os planos para isolar o Rio Grande do Sul com tropas federais; em 4 de maio, Vargas tinha a impressão de que todos tendiam "para a paz e acomodação dos interesses", mas dez dias depois ele anotava: "Há indícios de que o Flores prepara o movimento armado". Quando o mês ia chegando ao fim, Vargas convidou o tio de sua esposa, general Valdomiro Lima, para chefiar o Estado-Maior do Exército. Mas então a política interna do Exército aflorou aos olhos do público.

Vários generais, temerosos de que a pressão contra Flores acabasse em guerra civil, reuniram-se na casa do general José Pessoa e redigiram uma condenação às manobras no Sul. Aparentemente, esses "generais pacificadores", entre os quais estava Valdomiro de Lima, encontraram-se depois individualmente com Dutra, e este emitiu uma proclamação ao Exército em 19 de maio, garantindo que a movimentação de tropas não tinha relação nenhuma com a sucessão presidencial, destinando-se a "salvaguardar a ordem, as instituições e integridade nacionais". Declarou que, como ministro, apenas ordenara medidas para pôr o Exército em condições de "cumprir sua missão de mantenedor da ordem interna e fiel executor das deliberações do governo legalmente constituído". Mas ali também estava uma admissão pública de que os preparativos militares federais tinham com objetivo "abafar ao nascer qualquer atitude de rebelião ou agressão" por parte do Rio Grande do Sul. Referindo-se à sucessão presidencial, Dutra escreveu que o Exército deveria ser um "espectador vigilante e desapaixonado, desejoso e pronto a dar sua cooperação, para que o mesmo [o problema da sucessão presidencial] se resolva pelos meios legais, dentro das normas constitucionais e pelos processos da lei eleitoral". Exortou os colegas: "Camaradas! Lembrai-vos de que na sinceridade dos nossos propósitos, na nossa unidade de vistas, na nossa indiscutível coesão e na disciplina inabalável repousam, ainda e sempre, a honra e a integridade da pátria, a prosperidade da nação e a tranquilidade da família brasileira". Apesar dessa linguagem pomposa, a proclamação foi a primeira indicação de que se temia pelo moral do Exército.[5]

Imediatamente, em resposta ao protesto dos generais, Góes Monteiro enviou uma carta a todos os generais da área do Rio de Janeiro exigindo que lhe dissessem quem eram os generais que haviam participado da reunião na casa do general Pessoa. Estava furioso porque o protesto dos generais frustrara seu projeto de invasão, e receava que alguns dos altos oficiais estivessem procurando sabotar seus planos. Era uma situação singular. Góes não tinha autoridade para questionar seus colegas generais, mas, por respeito ou medo, eles responderam. Alguns disseram que não houvera reunião alguma, e outros que apenas alguns generais haviam participado de uma conversa sobre problemas do momento na casa de Pessoa. Garantiram a Góes que não haviam falado sobre ele. Os poucos que admitiram ter protestado a Dutra afirmaram que o fizeram para evitar o conflito civil. Um, corajosamente, declarou que sua conversa com Dutra era confidencial. Dois questionaram as ações de Góes no Sul, e a estes ele replicou secamente que divulgaria, mediante solicitação, documentos apoiando seus planos. Por fim, a um general que expressara seu patriótico desejo de evitar a guerra civil, Góes enviou uma longa e contrafeita apologia exsudando fervorosas afirmações de honra militar. Em todas as respostas, ele asseverou que sua missão era de suprema importância para a nação.[6]

Esse incidente ilustra à perfeição a imensa influência que Góes desfrutava no Exército: quinze oficiais generais responderam prontamente e em detalhes à sua despropositada exigência; alguns foram breves, mas a maioria respondeu minuciosamente. No entanto, o incidente também mostrou que Góes e Vargas não tinham poder absoluto; vários generais haviam alertado os homens mais poderosos do país de que seu apoio tinha limites. Também ficou patente que talvez uma parcela considerável do Exército poderia ter sido levada a rebelar-se contra o que, até menos de uma década antes, teria sido uma prática bastante comum, ou seja, a intervenção federal em um estado. E o incidente pôs em relevo, também, a consideração especial que os oficiais tinham pelo Rio Grande do Sul. Rio de Janeiro e

Mato Grosso sofriam intervenção sem grandes problemas. Finalmente, evidenciou-se com o episódio a angústia que afligia Góes; ter enviado a carta original aos generais já era de espantar, mas suas respostas perturbadas mostraram que a frustração de seus planos afetara-o profundamente.

A fachada de um Exército unido começou a desmoronar perante o público quando a imprensa ficou sabendo da reunião dos generais. "Pobre gente!", comentou Vargas em seu diário. "Parece mesmo que o Flores é mais general do que eles. Seria preferível que, em vez de espada, lhes dessem uma almofada para bordar." O general Valdomiro negou que os generais estavam conspirando, mas Góes Monteiro disse a Vargas que o tio de sua esposa comunicava-se em segredo com Flores da Cunha. Getúlio, dirigindo-se a Dutra, que viera junto com Góes para falar-lhe, disse que o governo precisava tomar medidas enérgicas a fim de impedir que o cenário político se dissolvesse em "anarquia militar".

Enquanto se desenrolava essa crise nos bastidores, o que o público viu foi o ministro da Justiça mandando soltar mais de trezentos presos políticos. Mas até isso era encenação. Os prisioneiros "políticos", na verdade, como Vargas admitiu, eram batedores de carteira e arruaceiros que haviam sido presos durante o estado de guerra. Dutra aumentou o simulacro de paz declarando à imprensa que o Exército não tinha objeções a que se desse fim ao estado de guerra. Assim, terminou a censura e retornaram os direitos constitucionais. Mas fora das vistas do público, o drama prosseguiu. Vargas disse ao general Valdomiro em 11 de junho que o governo sabia o que ele andava fazendo e que ele não mais se considerasse chefe do Estado-Maior do Exército; Góes Monteiro assumiria o cargo. O general negou estar envolvido em manobras políticas e declarou que renunciaria ao comando da 1ª Região Militar se Góes assumisse a chefia. Dutra, por sua vez, já avisara que a nomeação de Góes era a condição para que ele permanecesse como ministro. O confronto entre Góes e Valdomiro veio a público quando o general Valdomiro mandou seu advogado entregar à imprensa sua carta acusando o general Góes de difamação de caráter. O ministro Dutra considerou esse ato uma transgressão disciplinar e ordenou sua prisão por quatro dias na Vila Militar. Valdomiro protestou que essa medida era um abuso de autoridade e apelou a Vargas. Dutra removeu-o do comando da 1ª Região Militar e agregou-o à Casa Militar. Ali, fora de sua jurisdição, ele seria problema do presidente.

O general José Pessoa entrou na contenda com uma carta "enérgica" a Vargas defendendo-se contra a acusação de conspiração e lamentando que "certos elementos" (referindo-se a Góes) houvessem chegado a "altos postos de responsabilidade, onde podem mais facilmente saciar sua mórbida sede por fomentar a controvérsia e a discórdia". Comprometeu-se a demitir-se do Exército imediatamente se as acusações se revelassem verdadeiras, e pediu que seu acusador "procedesse com a mesma dignidade" se ocorresse o contrário. O presidente, em resposta, mandou prendê-lo por seis dias.

O general-de-divisão Firmino Borba, já então na chefia da 1ª Região Militar, abriu um inquérito militar sobre as acusações dos dois generais a Góes Monteiro. O adido militar americano recordou a altercação entre Góes e Tasso Fragoso em 1932 e salientou que naquela ocasião Góes não fora repreendido por seus excessos verbais, o que contrastava gritantemente com as punições dadas a Pessoa e Valdomiro. O adido receava que a briga viesse a dividir o Exército "em facções abertamente hostis uma à outra. O rancor e a malquerença de longa data podem vir à tona".[7]

O episódio, em vez de cindir o Exército entre os dois vitoriosos da guerra civil paulista, fortaleceu os oficiais generais. A luta entre Góes e Valdomiro terminou com acusações e contra-acusações perante o Supremo Tribunal Militar e com as prisões, breves, dos generais Valdomiro e Pessoa. O relatório do inquérito do general Borba "procurou enfocar todos os oficiais envolvidos sob a luz mais favorável possível". Contudo, o ostracismo a que foram relegados esses dois oficiais proeminentes serviu de lição para outros altos oficiais que pudessem pensar em opor-se ao rumo dos acontecimentos. Valdomiro recebeu alguns inquéritos judiciais militares de pouca importância para conduzir, sofreu um derrame e morreu em fevereiro de 1938. Pessoa ficou sem cargo até março de 1938, sendo então designado para comandar a 9ª Região Militar em Mato Grosso, o tradicional posto dos banidos do Exército, onde a tropa caçava bandidos.[8] A "política dos generais", como Vargas chamou o episódio, encerrou-se com o Exército sob comando da dupla Dutra-Góes.[9] Os dois seriam, respectivamente, o ministro e o chefe do Estado-Maior do Exército que por mais tempo ocuparam esses cargos na história brasileira.

Enquanto esses acontecimentos absorviam a atenção da oficialidade, os políticos haviam proposto dois candidatos às eleições de 1938. Armando de Sales Oliveira lançou formalmente sua candidatura em São Paulo. O homem de Vargas, governador Benedito Valadares, anunciou dramaticamente em um pronunciamento pelo rádio que Minas Gerais não se prestaria "a nenhum movimento de coerção ou violência" para levar a efeito a sucessão presidencial. Alguns observadores cogitaram na possibilidade de esse discurso significar que Valadares havia rompido com Vargas. Uma convenção de políticos de todo o país, que Valadares organizou em Belo Horizonte, apresentou como seu candidato José Américo de Almeida, da Paraíba. Por mais fascinante que tenha sido, essa malfadada campanha eleitoral é o pano de fundo do drama principal, e não requer que desviemos nossa atenção da marcha da ditadura.[10]

Com o Exército seguro, o governo assestou a mira contra Flores da Cunha. Para Vargas, Flores representava a pedra angular da potencial oposição política dos estados à centralização; os políticos de outros estados provavelmente não se mexeriam sem sua liderança. Góes Monteiro impulsionara quase à conclusão os preparativos militares nos três primeiros meses de 1937. De fato, tantos eram os informes sobre compras de armas no exterior por paulistas e gaúchos que Vargas anotou em seu diário: "São Paulo e Rio Grande armaram-se como para uma guerra para conquistar o Brasil".[11]

Com a atenção do público muito concentrada nas figuras políticas, não surpreende que alguns eventos militares "normais" passassem despercebidos. O ciclo anual de treinamento do Exército naquela época começava em maio e terminava em março do ano seguinte. Os alistados individuais e os convocados iam passando gradativamente do aprendizado do manejo de armas de fogo para o das táticas de unidades pequenas e o das configurações cada vez maiores até serem capazes de atuar em operações divisionárias combinadas. Essas operações de treinamento em grande escala dependiam das verbas que eram alocadas para os quartéis-generais regionais. Em março de 1937, a 3ª Região Militar recebeu os recursos necessários e realizou manobras na área de Santa Maria e no Portão, a cerca de 48 quilômetros ao norte de Porto Alegre, na proximidades de Novo Hamburgo. Os planos das duas manobras pareciam destinar-se à defesa contra forças que atacassem ao longo da ferrovia a partir de Uruguaiana e de Santa Catarina, mas como as unidades brasileiras desempenharam tanto os papéis defensivos como os ofensivos, o treinamento teria aplicação imediata em caso de confronto com a Brigada Militar e as unidades provisórias do estado. As duas semanas de manobras envolveram aproximadamente 10 mil soldados de infantaria, cavalaria e artilharia e incluíram o uso de aviões de observação. O adido americano comentou: "O verdadeiro objetivo dos exercícios foi treinar a organização em movimentação e abastecimento de tropas".[12] Flores, sem dúvida, estava plenamente ciente desse treinamento e do que ele pressagiava.

Osvaldo Aranha, de passagem pelo Brasil para a Conferência Pan-Americana em Buenos Aires, tentara reconciliar Flores e Getúlio. Para o presidente, a solução era simples: não hostilizaria Flores se ele ficasse quieto e não atiçasse ninguém. Isso, na prática, significava que Flores devia impedir que seus jornais atacassem o governo federal, não mandar circulares por telegrama a outros governadores estaduais nem negociar com eles acordos de resistência. Flores chegara a tentar obter do Uruguai o compromisso de neutralidade em caso de conflito entre Rio Grande do Sul e Rio de Janeiro. Osvaldo convenceu os dois ex-amigos, agora protagonistas, a se encontrar. Em 2 de abril, Flores e Getúlio conversaram a sós a respeito da sucessão presidencial. Concordaram que nenhum dos dois se comprometeria com um candidato específico; Flores até se declarou disposto a tentar convencer Armando Sales a retirar sua candidatura. Nesse que seria seu último encontro, os dois foram cordiais e conciliadores. Flores disse que permaneceria quinze dias no Rio à disposição de Vargas, mas cinco dias depois, inesperadamente, telegrafou avisando que precisava voltar para o Sul de imediato. O equilíbrio do poder na Assembléia estadual gaúcha assentava-se em uma precária margem de um voto, e voltara-se contra ele. O irmão de Getúlio, Benjamin, liderara os deputados estaduais da oposição contra Flores. Os irmãos Vargas haviam criado um plano visando provocar uma resposta hostil de Flores que justificasse a intervenção militar federal. Em 25 de abril os deputados da oposição solicitaram que, em nome da paz e segurança no estado, a administração dos poderes especiais do estado de guerra fosse transferida de Flores para o general Emílio Lúcio Esteves, comandante da 3ª Região Militar. Para surpresa de todos, o normalmente explosivo Flores conteve-se. O general Esteves, seu ajudante-de-ordens, convencera Flores a aceitar pacificamente a desfeita. Ainda assim, Dutra cancelou as licenças de todos os oficiais e recomendou a Esteves concentrar as unidades do Exército em Porto Alegre. O general respondeu que tal movimentação de tropas poderia provocar um confronto desnecessário. De fato, Esteves, gaúcho de Taquara, na região serrana do leste rio-grandense, por vários anos principal instrutor da Brigada Militar do estado, um oficial que não fazia segredo de sua oposição à intervenção federal, agiu como um amortecedor entre Flores e as autoridades no Rio de Janeiro. De qualquer modo, o estado de guerra nacional expirou em 18 de junho, deixando, assim, de ser um instrumento para irritar Flores.[13]

Mas a luta contra Flores não terminara. Góes enviou seus assistentes, coronel Gustavo Cordeiro de Farias e major Arthur Hescket Hall, ao Rio Grande do Sul para serem seus olhos e ouvidos. Ambos comunicaram por rádio suas avaliações das situações política e militar, e o mesmo fez o general Esteves, que permaneceu até julho para supervisionar a continuação do desarmamento das unidades provisórias. Em 29 de junho, Esteves telegrafou informando que os provisórios haviam sido desarmados e totalmente dispersados. E até meados de julho os regimentos e batalhões despachados para o Sul nos meses anteriores continuavam ali à espera de novas ordens.[14]

Nesse mesmo dia, o ministro da Guerra enviou uma circular a todos os comandantes ordenando que, naquela etapa de ajustamento ao retorno à constitucionalidade, ficassem de sobreaviso contra as paixões políticas inflamadas decorrentes da campanha eleitoral para a presidência. Algumas autoridades civis, dizia a circular, tenderiam a confundir "liberdade com licença e justiça com tolerância [...] Impõe-se ao Exército adotar uma posição serena, mas articulado e vigilante, em condições de não se deixar surpreender e vencer [...] as responsabilidades que se avolumam [...] assim como se multiplicam as forças que contra ele se levantam". O inimigo mais perigoso continuava a ser o comunismo, pois era "organizado e pertinaz, o mais nefasto porque é a subversão de tudo quanto se tem construído em séculos de civilização, o mais digno de repulsa porque atinge [...] nossos santuários domésticos". Góes Monteiro, que muito provavelmente foi o autor dessa prosa exaltada, concluiu relembrando os trágicos acontecimentos de novembro de 1935 e o vandalismo que nunca deveriam esquecer![15]

Em 2 de julho, Góes sucedeu na chefia do Estado-Maior do Exército ao seu amigo, general Pais de Andrade, que, gravemente enfermo, renunciou ao cargo.[16] Enquanto Góes promovia a troca de comandantes regionais, Dutra foi inspecionar unidades no Rio Grande do Sul. Em 5 de julho, ele e Vargas haviam conversado sobre essa viagem e, pela primeira vez, os dois falaram abertamente em intervenção federal. Dutra afirmou que desejava incutir nas guarnições gaúchas a necessidade de serem "agressivas" se novos grupos de soldados de tropas estaduais irregulares aparecessem por perto. Vargas preocupava-se porque, se houvesse intervenção, era imprescindível que os soldados cumprissem "qualquer ordem do governo". Dutra conversou com oficiais em Curitiba e com outros que serviam mais ao sul, em unidades de reforço postadas em Tubarão, na estreita planície costeira de Santa Catarina. Em Porto Alegre, Flores da Cunha, que Dutra tratava por "general" em razão de seu título honorário recebido em 1930, preparou uma "grandiosa" recepção no aeroporto e mandou seu carro oficial para levar o ministro ao quartel-general da 3ª Região Militar a fim de encontrar-se com o general

Esteves. A notícia de que seria transferido para outra região militar entristeceu o general Esteves. Dutra encontrou-se com o "general" Flores, que aproveitou a oportunidade para ressaltar as intenções pacíficas de seu governo, ressalvando, porém, que se necessário "ele saberia defender a dignidade do estado". Afirmou que dissolvera os provisórios, com exceção de aproximadamente oitocentos homens, que estavam executando serviços essenciais. Flores providenciou um trem especial para levar os generais Dutra e Esteves ao importante centro militar de Santa Maria. Em conversas com o general-de-brigada José Joaquim de Andrade e com os oficiais da 5ª Brigada de Infantaria, Dutra percebeu que eles queriam manter distância da política local e determinou algumas restrições ou limitações à intervenção federal.[17] Andrade e Esteves combinaram que deveriam evitar conflito armado. Os oficiais de Cruz Alta apresentaram restrições semelhantes com relação à intervenção.

Dutra e Esteves fizeram o circuito de Uruguaiana, Alegrete, São Gabriel e Bagé. Em cada localidade, Dutra enfatizou a necessidade de "obediência incondicional". Em 14 de julho, no 9º Regimento de Cavalaria Independente em São Gabriel, onde ele servira como major em 1927-28, Dutra fez um breve discurso no qual lembrou aos oficiais que a obediência faz do Exército "uma força impessoal, inteiramente submetida aos poderes da nação". Além disso, declarou: "Não nos cabe apreciar suas [do governo] decisões, mas apenas cumpri-las, com lealdade e a isenção que nos devem caracterizar".[18]

Enquanto isso, no Rio de Janeiro, Góes Monteiro estivera realocando os altos comandantes. O general Guedes da Fontoura, que lhe dera tanta dor de cabeça em meados de 1935 e fora posto no comando da 5ª Região Militar em Curitiba, era, assim como seu cunhado, o general Esteves, indiferente às manobras contra Flores, e foi transferido para um posto supostamente mais elevado, o de inspetor geral do 1º Grupo de Regiões Militares (Sul). Como se vira durante o período em que Góes Monteiro ocupara esse cargo, o poder do inspetor geral chegava apenas aonde o presidente, o ministro da Guerra e agora o chefe do Estado-Maior desejassem. Para Guedes da Fontoura, promovido a general-de-divisão, era um cargo vazio. Sua reforma seria em novembro. Góes pusera a 5ª Região Militar nas mãos capazes de um de seus homens de confiança, nordestino como ele: o general-de-divisão Manuel de Cerqueira Daltro Filho, natural da Bahia. Esse general vinha comandando as forças de invasão que estavam de prontidão para atacar o Rio Grande do Sul caso Flores resistisse. Agora, aguardava novas ordens. Esteves seria transferido para a 4ª Região Militar em Minas Gerais, cujas tropas estaduais asse-gurariam que ele não cedesse a súbitos impulsos de ajudar Flores.

No início de agosto, Góes e Dutra tornaram a rearranjar os comandos visando a um controle ainda maior. Desta vez, Daltro Filho foi para a 3ª Região Militar, Esteves permaneceu em Minas e o general-de-brigada José Meira de Vas-concellos assumiu a 5ª Região Militar. O coronel Mascarenhas de Moraes foi man-dado para a 9ª Região Militar em Mato Grosso e, mais curioso, o general-de-divi-são José Maria Franco Ferreira tornou-se inspetor geral do 3º Grupo Regional, que aparentemente ainda não existia. O major Mitchell, adido militar americano, comentou que este último cargo era "um dos mistérios, ou pelo menos uma das surpresas, nas quais é tão fértil a administração militar brasileira". Os generais, ao serem transferidos, levavam consigo seus oficiais subordinados de confiança.[19]

Ao mesmo tempo, Dutra aumentava a pressão sobre Flores, exigindo que o Rio Grande do Sul devolvesse todas as armas que o Exército emprestara ao estado desde 1930! E não deveriam ser levados em conta o desgaste dos materiais e as per-das e desaparecimentos normais. O estado poderia escolher entre devolver as armas ou pagar por elas. Flores deu uma resposta conciliadora e pediu que o Exér-cito e seu estado procurassem um juiz imparcial para chegarem a um acordo. Mas Dutra declarou que isso era inaceitável, pois tratava-se de uma questão da alçada do Exército, e só o Exército e o governo nacional tinham autoridade para resolvê-la.[20]

Agosto, mês agourento em que surgiram tantas crises e problemas, fez jus à sua reputação em 1937. No final de julho, o candidato "oficial", José Américo, pro-feriu no Rio de Janeiro um discurso irado em um comício político na Esplanada do Castelo, expondo suas prioridades se fosse eleito: sanear as finanças públicas, rees-truturar a administração pública, melhorar o transporte e a habitação, dividir os latifúndios, estimular a exploração de recursos minerais e a indústria bélica para a defesa nacional, promover estrita separação dos poderes Executivo, Legislativo e Judiciário e instituir garantias para os direitos políticos e civis. Em 31 de julho, o ministro Dutra enviou uma circular às regiões militares, alertando severamente: "Não estamos habituados a embates políticos de tão vastas proporções". As mas-sas, se "entregues a si mesmas [...] facilmente descambam para a agressão violenta, para a desordem; sem um poder que as contenha em justos limites [...] É então que a Força Armada nacional exerce sua mais legítima e elevada missão [...] como guar-diã da ordem interna". O Exército, ele ressaltou, deve "manter-se alheio à luta polí-tica [...]. Para ser respeitado, para impor sua autoridade onde for chamado, precisa ser imparcial". Portanto, os oficiais deveriam conservar-se atentos aos interesses nacionais, os quais tinham de sobrepor-se a "aspirações políticas, ambições regionais e preocupações ideológicas".[21]

Na noite de 3 de agosto, a pedido dos ministros militares, Vargas reuniu-se com eles, com o ministro da Justiça e com o chefe de polícia Müller, que lhe deu informações preocupantes sobre o perigo da propaganda comunista. O ministro da Justiça, a quem supostamente Müller era subordinado, zangou-se porque o chefe de polícia nada lhe dissera de antemão. Decidiram que o chefe deveria fazer um relatório por escrito e solicitar autorização para adotar medidas específicas. No dia seguinte, Plínio Salgado, candidato integralista à presidência, fez um pronunciamento no rádio alertando sobre um plano de golpe pelos comunistas. Nesse mesmo dia, José Américo disse a Getúlio que ele e Edmundo Bittencourt, fundador do jornal *Correio da Manhã* (Rio de Janeiro), estavam tentando persuadir Flores a renunciar. Também avisou o presidente de que havia perigo de golpe; Góes Monteiro dissera-lhe que se os políticos não chegassem a um acordo, o Exército agiria. No decorrer de agosto, quase todos os dias houve rumores sobre um levante comunista, um putsh integralista ou um golpe de estado pelos militares, e isso, segundo a embaixada americana, estava provocando intranqüilidade no governo e nos meios empresariais. Em 7 de agosto, um comício político contra Armando Sales foi dissolvido a bala em São Paulo. Os rumores de conspirações e preparativos de guerra no Rio Grande do Sul continuavam intensos. A morte, em 8 de agosto, do general Pais de Andrade, que recentemente renunciara à chefia do Estado-Maior do Exército, agravou o clima lúgubre. No dia 15, em Campos, estado do Rio de Janeiro, um comício integralista terminou em tumulto, deixando treze mortos e vários feridos. No dia 18, o general Dutra ordenou aos comandantes regionais que se pusessem de sobreaviso para o caso de comoções públicas; toda unidade principal deveria manter uma subunidade de prontidão. Dutra também ordenou que a ferrovia Central do Brasil se preparasse para a qualquer momento transportar tropas. E no dia seguinte o general Daltro Filho, que assumira o comando da 3ª Região Militar no dia 17, telegrafou a Vargas avisando que oficiais de sua região estavam dizendo que se oporiam a qualquer ataque à autonomia rio-grandense e que Flores estava decidido a resistir à intervenção. Daltro descobriu que em seu próprio estado-maior havia oficiais aliados a Flores e, por isso, providenciou para que, gradualmente, os de lealdade duvidosa fossem transferidos. Para ressaltar a precariedade da situação, o general Daltro enviou por um mensageiro um relatório com fotografias de dezesseis turmas de trabalhadores de rodovias que eram, na verdade, soldados provisórios a soldo da Brigada Militar do estado. Daltro também informou que a disciplina nas guarnições do Paraná era precária. Além disso, o governador Flores mantinha comunicações com São Paulo relacionadas a um amplo movimento contra o governo nacional. E Flores, informou Daltro, pretendia pôr no comando o tio da esposa de Getúlio, general Valdomiro. Mais uma vez pairava sobre o Brasil o espectro da guerra civil.[22]

Os provisórios gaúchos eram "grandes lutadores", não só porque estavam em sua terra natal e conheciam uns aos outros, mas também porque haviam todos passado por um ano de treinamento pelo Exército ou eram ex-membros da Brigada Militar. Estavam bem armados e, como a população local os prestigiava, portavam-se com grande orgulho. Uma incômoda questão que ainda precisa ser respondida de modo mais completo do que podemos fazê-lo aqui é: como eles eram pagos? O orçamento da brigada incluiria verba para os batalhões provisórios? Juracy Magalhães comentou que "os provisórios eram pagos pela União, que cobria por baixo do pano o soldo de seus combatentes". Isso, segundo ele, "magoava muito a oficialidade", e era uma das razões por que a operação de Góes Monteiro contra o Rio Grande do Sul tinha boa recepção entre eles. Se Juracy estava certo, por que Vargas simplesmente não retirou o apoio financeiro dos provisórios?[23]

Não é de espantar que, com todas essas complicações, Vargas não se sentisse bem e ficasse ainda mais preocupado quando a Argentina, a Inglaterra e a Alemanha opuseram-se ao acordo que ele fizera com Roosevelt para arrendar seis destróieres americanos antigos que serviriam ao treinamento na Marinha. Os brasileiros ressentiram-se especialmente da atitude argentina. Os jornais brasileiros, independentemente de seus sentimentos em relação ao governo federal, ergueram-se em defesa da aquisição dos navios como uma questão de honra nacional, e expressaram irritação e decepção com a Argentina, que na época estava construindo sete destróieres.[24]

Em meio a essa comoção nacional e internacional, Vargas passava por uma crise pessoal. Estava às voltas com um caso extraconjugal, o único que se conhece de sua vida. Queixava-se de irritabilidade e alterações de humor, e anotou em seu diário que sua esposa, Darcy, andava com acessos de ciúme. Em 19 de agosto suas frustrações particulares e presidenciais levaram-no a cogitar: "talvez me levem a sair disto com uma decisão brusca e inesperada". Estaria pensando em renúncia ou suicídio?[25]

O ânimo soturno de Vargas refletiria o do país ou estaria ele projetando suas percepções individuais? Afinal, o que ele estava pensando? As anotações em seu diário tornam-se cada vez mais enigmáticas. Certamente os discursos de José Américo estavam enervando os políticos e solapando rapidamente sua candidatura. No entanto, em uma anotação em seu diário no dia 23, Vargas parece minimizar os perigos que a campanha eleitoral trazia à tona, afirmando: "os fenômenos comunista, integralista e a questão do Rio Grande [...] não têm a significação que lhes querem dar os campeões da democracia". A seu ver, as posições extremistas de José Américo não passavam de "pose de candidato" e, por isso, Getúlio não sentia os mesmos "receios" que os alarmados líderes políticos.[26]

Em 25 de agosto o Corpo de Cadetes desfilou defronte ao monumento a Caxias, então situado no largo do Machado, em comemoração ao Dia do Soldado, o aniversário de Luís Alves de Lima, o duque de Caxias, patrono e "guia espiritual" do Exército. Uma breve digressão dará ao leitor uma idéia mais clara sobre a importância desse evento.

LUÍS ALVES DE LIMA E SILVA, O DUQUE DE CAXIAS

Doze anos antes, o Exército não tinha tradição de patronos. A prática de adotar patronos simbólicos para suas armas e academias nasceu e floresceu entre 1923 e 1938. Começou quando um membro do Instituto Histórico e Geográfico sugeriu, em 1923, que o Exército comemorasse oficialmente o 120º aniversário do nascimento de Caxias e centésimo aniversário de seu ingresso no Exército. O ministro Setembrino de Carvalho ordenou que dali por diante formações apropriadas do Exército marcassem a data. Em janeiro de 1925, a turma que se formou na Escola Militar do Realengo, encantada com o uso de patronos simbólicos pelo Exército francês, escolhera como patrono o único duque do Império e seu maior general. Durante a missa de ação de graças pela formatura, os estudantes distribuíram "santinhos" com a efígie do duque e uma lista de suas vitórias. A ascensão de Caxias foi favorecida pela decisão dos estudantes do Realengo de adotá-lo como patrono. Mais tarde, o ministro Setembrino, que assistira à missa, ordenou que o aniversário de Caxias fosse comemorado como Dia do Soldado. Dali por diante, Caxias seria considerado o soldado exemplar da pátria. Recordar sua vida seria, como afirmou Celso de Castro, um simbólico "antídoto contra a indisciplina militar". Mas não bastava fazer discursos sobre Caxias como "protótipo das virtudes militares"; era preciso, segundo Castro, "conhecer seu caráter moral e renovar anualmente o compromisso de seguir seu exemplo". Após 1930 ocorreu importante mudança de ênfase, passando-se da legalidade e disciplina à "fusão do Exército com a nação", com Caxias como figura central na luta pela "unidade e integridade da pátria". Quando o fechamento político de 1937 atingiu o ápice no Estado Novo, passou-se a salientar a liderança militar de Caxias a serviço de um Estado forte. José Murilo de Carvalho observou que, quando os militares cerraram fileiras em apoio à ditadura, Caxias tornou-se ainda mais acentuadamente o símbolo da unidade militar e nacional. Os periódicos militares passaram a publicar muito mais artigos sobre Caxias na década de 1930.[27]

Vargas, em contraste com seus predecessores, fazia questão de estar presente nas comemorações do Dia do Soldado. Outra novidade era a participação dos estudantes de escolas militares nas cerimônias. O coronel José Pessoa, como já mencionado, criou propositalmente novas "tradições" quando reorganizou a Escola Militar do Realengo. As duas mais notáveis foram a adoção do "azulão", uniforme inspirado na farda usada na guerra de 1852 comandada por Caxias contra a Argentina de Rosas, e a adição de uma versão em menor escala da espada de campanha do duque como parte do uniforme de gala dos cadetes. Para ressaltar a unidade e continuidade do corpo de oficiais, Pessoa e seus colegas desenvolveram o que se tornou uma característica evocativa do cerimonial da escola militar. Pessoa considerava a espada de Caxias "um talismã para guiar [os cadetes] a uma vida de grande sucesso, de amor pelo Exército e de fidelidade à pátria". Os espadins não se tornavam propriedade dos cadetes que os recebiam; eram passados às sucessivas turmas, que os usavam durante o curso. Desde 1933 até hoje, a turma que se forma passa seus espadins aos calouros, que prestam o juramento: "Recebo o sabre de Caxias como o próprio símbolo da honra militar". A primeira dessas cerimônias realizou-se no Rio de Janeiro, defronte à estátua de Caxias.[28] Tem-se dado muita importância ao fato de a ressurreição de Caxias como modelo intensificar-se durante o Estado Novo, mas não devemos desconsiderar que esse foi um processo de vários anos, obra de diversos oficiais. Em 1899 a memória do duque foi homenageada com uma estátua eqüestre erigida no então elegante largo do Machado, que passou a ser chamado pelo nome do duque até a transferência da estátua para o local atual. Na mente dos altos oficiais estavam a natureza do Exército e do corpo de oficiais e a relação da instituição com o país. Um dos problemas filosóficos históricos era o papel que o positivismo desempenhara na educação militar do século XIX. A suposição de seus adeptos de que a guerra desapareceria e os aspectos positivos da humanidade predominariam resultou na minimização dos estudos militares. Na década de 1930 a profissionalização reinava soberana, mas alguns dos velhos símbolos positivistas estavam ainda em evidência. O *Almanaque* do Exército arrolava, como ainda hoje, Benjamin Constant Botelho de Magalhães como o número 7 na lista dos brigadeiros, posto que foi extinto em sua honra em 1891 por resolução do Congresso e que equivalia ao de general-de-brigada. Em 1926, sua imagem como figura histórica foi realçada por um esplêndido monumento situado na orla da praça da República, defronte ao Ministério da Guerra. Como figura emblemática do positivismo militar, Benjamin Constant fora o modelo de gerações de oficiais. O fato de seu monumento ter sido transferido, na década de 1940, de sua posição proeminente para uma localização menos visível na vasta praça poderia muito bem ser interpretado, equivocadamente, como resultado de um choque de filosofias militares que substituiu o positivismo pelo duque. Mas a realidade foi mais prosaica. A renovação urbana do Rio de Janeiro, iniciada em 1943, incluiu o alargamento da rua que se tornou a avenida Presidente Vargas. Desse desenvolvimento urbano fez parte a construção do mausoléu defronte ao Ministério da Guerra, e para lá foram levados os restos mortais do duque e de sua esposa no Dia do Soldado, 25 de agosto de 1949. O mausoléu recebeu, então, a estátua eqüestre já mencionada.[29]

Caxias era símbolo da unidade brasileira, da dedicação militar e do respeito internacional. No número especial de agosto de 1935 da *Revista Militar Brasileira* em honra à memória do duque, o ministro da Guerra, general João Gomes, sugerira aos soldados que quando começassem a duvidar do futuro da pátria, deveriam lembrar-se de Caxias, "sempre cheio de fé e amor pátrio [...] [e] a mais vívida esperança nos destinos do Brasil".[30]

O PLANO COHEN

Os soldados precisavam mesmo de muita fé no futuro da pátria naquele momento da história brasileira. Toda a tinta que já se gastou com o episódio do Plano Cohen não conseguiu esclarecer por que um documento falso foi usado para justificar o restabelecimento do estado de guerra. Sabe-se, inequivocamente, que o documento foi escrito pelo capitão Olímpio Mourão Filho, integralista desde 1932, organizador da milícia paramilitar do partido, membro da câmara dos quatrocentos e, em 1937, chefe do serviço secreto integralista. E ele também estava a serviço do setor de inteligência do Estado-Maior do Exército! O capitão redigiu o documento que se tornou o Plano Cohen como uma simulação de golpe de estado comunista para um exercício defensivo dos integralistas. Plínio Salgado rejeitou-o para uso do partido por julgá-lo fantasioso demais. Mas o chefe do Estado-Maior do Exército, Góes Monteiro, aproveitou parte desse documento como justificativa para solicitar ao Congresso que tornasse a decretar o estado de guerra.

Esse episódio suscita questões para as quais o atual estado das pesquisas não fornece reposta. O fato de o capitão Mourão não ser acusado, segundo a Lei de Segurança Nacional nº 38, de abril de 1935, de organizar uma milícia não autorizada, é, provavelmente, a mais gritante prova de que a lei era aplicada seletivamente. Se o governo precisava de documentos comunistas, por que não usou alguns dos que apreendera ao capturar Prestes e outros agentes de Moscou? Quem sabia que o documento era falso? O general Mariante, mentor de Góes Monteiro na década de 1920 e em 1937 presidente do Supremo Tribunal Militar, obteve uma cópia de Mourão, que lhe explicou exatamente do que se tratava; o general Góes, que parece ter recebido uma cópia de Mariante, também sabia; o major (depois general) Agnaldo Caiado de Castro, que encontrou Mourão datilografando o documento em uma sala do Estado-Maior do Exército, certamente também sabia. Mourão afirmou que ao ficar sabendo que um documento daquele teor estava prestes a ser tornado público, correu à sala de Góes para protestar, mas o chefe do Estado-Maior ordenou-lhe secamente que se calasse. Teria Góes dito a Vargas ou a Dutra que o Plano Cohen era falso? As memórias de Getúlio e os dois diários de Dutra não respondem a essa pergunta. Isso importa?

O certo é que, mais uma vez, estimulou-se um significativo envolvimento do Exército na política com base, ao menos parcialmente, em mentiras. Em 1889, fora a mentira de que o governo imperial dissolveria o Exército e prenderia Deodoro e Benjamin Constant; em 1922, foi a carta forjada na qual o presidente Bernardes supostamente insultara o Exército; e agora, em 1937, era o pretenso Plano Cohen dos comunistas. Se não havia uma conspiração comunista que exigia uma reação militar salvacionista para proteger o Brasil, por que os generais apoiaram o golpe de 10 de novembro de 1937?

A ALIANÇA VARGAS-DUTRA-GÓES MONTEIRO PARA FORTALECER
AS FORÇAS ARMADAS BRASILEIRAS

Um tema constante em todo este livro tem sido a preocupação do Exército com o péssimo estado de suas armas e equipamentos e as dificuldades para mobilizar e treinar soldados suficientes visando a garantir forças armadas adequadas para defender o país contra inimigos internos e externos. Em 1903, o sargento Getúlio Vargas constatara pessoalmente a precariedade da mobilização na fronteira; a Revolução de 30, a rebelião paulista de 1932 e a revolta comunista nos quartéis em 1935 revelaram fraquezas no Exército e na Marinha do Brasil. Com o mundo descambando para uma crise terrível, porém ainda ignorada, Vargas vinculou a solução das tribulações políticas brasileiras à defesa nacional. Os governos da França e dos Estados Unidos, sem falar nos da Alemanha, Itália, Polônia e Portugal, estavam consolidando seu controle sobre a formação e execução da política nacional. Por que o Brasil não deveria fazer o mesmo?

Os receios de Vargas e Dutra quanto à possível reação negativa do Exército às ordens para intervir no Rio Grande do Sul e, mais ainda, quanto à mudança do regime, estavam por trás do novo código de disciplina militar imposto por ordem do Executivo. O código, extremamente detalhado, mencionava "tudo o que um soldado ou oficial sabidamente fazia, tudo o que pudesse ocorrer-lhe fazer e um grande número de ações que provavelmente nunca lhe passariam pela cabeça realizar". Os oficiais não deviam aparecer em público usando sua farda de serviço verde-oliva, devendo sempre apresentar-se nessas ocasiões com seu uniforme de lã, mais alinhado e elegante. Somente os alistados podiam usar farda em lugares considerados não respeitáveis! Várias cláusulas destinavam-se a manter a distância social entre oficiais e praças; os oficiais deviam tratar os soldados com "urbanidade" e os recrutas com "benevolência". E os subordinados, por sua vez, deviam obedecer "instantaneamente a toda ordem recebida de um superior". Essas novas regras seriam submetidas a rigoroso teste nos meses seguintes.[31]

Ao longo de boa parte da década de 30, Góes Monteiro vinha incutindo em Vargas a necessidade premente de reformas básicas nas Forças Armadas. Como os ministros da Guerra e os chefes do Estado-Maior vinham ressaltando fazia tempo, o Brasil estava praticamente desarmado; sua frota e seu Exército possuíam talento humano e um conjunto completo de escolas, mas pouquíssimas armas e munições. Isso não era novidade, mas o cenário mundial em 1937 era excepcionalmente assustador. A Guerra Civil Espanhola indicou que em 1932 o Brasil tivera sorte de não ter atraído a intervenção estrangeira, mas provavelmente essa sorte não se repetiria. O envolvimento da União Soviética no fiasco de 1935 despertou temor de que os soviéticos viessem a tentar novamente se tivessem a chance, e a Alemanha nazista já demonstrara demasiada atenção às condições das comunidades germânicas no Sul do Brasil. A Argentina acabara de revelar-se uma "falsa amiga" no caso dos destróieres. Velhos temores de perder recursos naturais riquíssimos, inexplorados e, muitos deles, desconhecidos, provocavam pesadelos nos oficiais brasileiros e nos políticos bem informados.

Em março de 1935 o embaixador Osvaldo Aranha escrevera de Washington a Góes Monteiro, afirmando que se apaixonara pela democracia:

> Mas, meu caro, é preciso não confundir essa forma de governo ideal com as suas deformações. O nosso problema, meu caro, cifra-se, apenas, em dar organização militar às classes militares para salvaguardar a autoridade, manter a unidade e defender a integridade do país e, quanto ao mais, para sanear a raça e a terra, educar o povo e dar liberdade ao Brasil. [...] A Rússia, a Alemanha, a Itália estão em perpétuas convulsões econômicas, mantidas na instabilidade de uma situação que vai atirar com esses povos na guerra ou na anarquia. Não devemos arrastar o Brasil para esses descaminhos. *Confesso-te que pareceu que um regime de força nos seria útil. [...] a organização militar do Brasil é uma necessidade interna e exterior.* [...] O mundo complica-se, e o nosso continente começa a ficar nervoso.[32]

O Brasil tinha condições de armar-se e era imperativo fazê-lo, como escreveu Aranha, avisando ainda: "Se não o fizermos já e imediatamente, custará muito mais, material e moralmente".[33] Em junho de 1937, Aranha escreveu a Vargas: "Minha opinião é que devemos armar-nos, fazendo encomendas globais, custe isso o que custar. Se não o fizermos já e imediatamente, há de custar-nos muito mais, material e moralmente". Sugeriu a criação de um fundo especial de defesa como uma medida pacífica para evitar sacrifícios ainda maiores no futuro.[34]

Vargas, Dutra, Góes e, como vimos, Aranha concordavam que o Brasil tinha de modernizar suas Forças Armadas. Um Exército moderno manteria o país unido contra as forças centrífugas do regionalismo e o defenderia dos inimigos externos. Também daria o exemplo de modernidade educada para o povo brasileiro. Em setembro de 1937 os três estavam mais ou menos de acordo quanto ao caminho que seguiam. Em certo sentido, Vargas tornara-se cativo; teria de levar a cabo os planos ou correr o risco de ser deposto. Os dois generais podiam recuar, mas Vargas não.

Góes e Dutra queriam um Exército moderno com todas as armas e equipamentos condizentes. A combinação era clara: dariam a Vargas paz e segurança internas, e ele lhes daria as armas e indústrias modernas que sustentariam o contínuo desenvolvimento das Forças Armadas. Góes desejava tornar realidade os planos de reorganização de 1934. Em 1º de setembro de 1937, Vargas presidiu uma reunião do Conselho de Segurança Nacional da qual participaram os ministros e os chefes de Estado-Maior do Exército e da Marinha. Era apenas a terceira vez que o Conselho se reunia desde sua formação em 1934, portanto não seria exagero afirmar que foi um acontecimento incomum.[35] Tratou-se do equipamento das Forças Armadas e da necessidade de criar uma nova fonte de receita para custeá-lo.

Como demonstrou Stanley Hilton, durante 1934-36 o Exército estivera negociando com a Krupp alemã e com a empresa sueca Bofors a compra de artilharia, a ser paga com recursos naturais.[36] A Marinha negociava com o governo italiano, sob essas mesmas condições, a compra de submarinos e com o governo americano a aquisição de destróieres. Em janeiro de 1937 o chefe do Estado-Maior do Exército, Pais de Andrade, alertou: "Estamos praticamente desarmados". E em seu relatório anual ao presidente em maio de 1937 o ministro Dutra escrevera:

> Seria mentir à nação dizer que estamos armados, em condições de lhe guardar e defender o enorme patrimônio. A verdade [...] é que o Brasil é um Estado desarmado. [...] Temos um povo brioso, patriota e bravo. Conhecemos as energias armazenadas em quase 50 milhões de habitantes. [...] é doloroso, mas é sincero confessar: o que possuímos em recursos materiais é insuficiente para as nossas exigências internas.[...] Não podemos parar quando outros povos avançam.[37]

A política nacional deveria tornar-se uma combinação da busca imediata de armas no exterior e de um objetivo de mais longo prazo, o desenvolvimento da indústria pesada.

Vargas comprometeu-se a rearmar e equipar as Forças Armadas e a construir um complexo siderúrgico nacional em troca de apoio militar para prorrogar e conferir poderes ditatoriais à sua presidência a fim de eliminar o ativismo político e o regionalismo. A implementação pública desse acordo deu-se da maneira hesitante e indireta como Getúlio costumava manobrar.

Os sinais que ele mandou certamente foram ambíguos. Mais comumente, os historiadores interpretam as ações contraditórias de Getúlio como manobras diversionistas. No entanto, é mais provável, recordando seu comportamento em 1930, que essas ações indicassem, na verdade, indecisão e cautela. Em seu discurso de 7 de setembro à nação, ele afirmou que aquela seria a última vez que ele comemoraria o Dia da Independência como chefe de Estado. Estaria falando sério ou tentando tranqüilizar os oponentes? Nos dias seguintes, políticos, entre eles o governador Valadares, de Minas, que vinham apoiando José Américo, desanimaram com os discursos e atitudes do candidato e quiseram trocá-lo por um outro, um candidato conciliador.[38]

Em 13 de setembro, a cena política explodiu. O ex-prefeito do Rio, dr. Pedro Ernesto, absolvido pelo Supremo Tribunal Militar, foi posto em liberdade. O Rio de Janeiro irrompeu num carnaval improvisado. A Prefeitura decretou feriado, e os funcionários municipais foram engrossar a multidão. A praça Onze, tradicional reduto do samba, apinhou-se tanto que o carro de Pedro Ernesto não pôde passar. Para chegar à Esplanada do Castelo, no centro da cidade, onde faria um discurso, seu carro foi empurrado pelo povo que o aclamava. Passaram bem na frente do Ministério da Guerra, de cujas janelas oficiais os praças e funcionários civis assistiram àquela expressão espontânea de afeto e lealdade. O médico permanecera neutro na corrida presidencial, e por isso partidários tanto de José Américo como de Armando Sales haviam arregimentado manifestantes. No discurso na Esplanada, ele ressaltou que não participara das revoltas de 1935 e declarou: "Não sou, nunca fui e nunca serei comunista". Mas continuou sem indicar sua preferência entre os candidatos. Dias depois, em 29 de setembro, anunciou seu apoio a Armando Sales. Michael Conniff salientou que a efusão pública que homenageou Pedro Ernesto "inadvertidamente precipitou" a ação dos arquitetos do golpe.[39]

Nos dias seguintes, Vargas reuniu-se com Valadares e Dutra. Concordaram que seria impossível arranjar um terceiro candidato substituto. Prolongar legalmente o mandato de Vargas também não era possível, e assim decidiram-se "pela ação revolucionária". É provável que, até esse momento, Vargas e seus colaboradores estivessem caminhando em direção a uma extensão de seu mandato aprovada pelo Congresso, mas que a partir de então tenham buscado uma solução extralegal. Tal interpretação explicaria por que Dutra pôde afirmar que foi na conversa em 18 de setembro que Vargas, pela primeira vez, falou abertamente com ele sobre "uma reação [...] por meio de uma revolução de cima para baixo, isto é, desencadeada pelo próprio governo". O presidente queixou-se de que o Congresso nada fazia de útil e se opunha às iniciativas do Executivo; naquele momento, Getúlio estava particularmente preocupado com o destino de sua proposta para a criação de um banco central. A única solução era mudar o regime e reformar a Constituição. Mas, afirmou Dutra, Vargas comentou que só faria a revolução se Dutra colaborasse com ele; Dutra, depois de alguns momentos em silêncio, respondeu que Vargas "poderia contar com ele, mas não podia avançar tanto a respeito do Exército". Começariam eliminando Flores no Rio Grande do Sul. Insinuou-se a Plínio Salgado que, se ele colaborasse com a mudança de regime, poderia estar certo de que o integralismo teria um lugar importante no novo Brasil.[40]

É curioso que Vargas, mesmo agindo para subjugar o regionalismo, estivesse disposto a usar, e portanto fortalecer, um proponente do regionalismo, o governador mineiro Benedito Valadares. Como os conspiradores pressupunham que haveria alguma resistência em São Paulo e no Rio Grande do Sul, precisavam ter as tropas estaduais mineiras do seu lado. Valadares impôs duas condições em troca de seu apoio: que o Exército aceitasse a revolução e que a Força Pública de Minas, com exceção de dois batalhões, não fosse federalizada e continuasse sob seu comando.[41]

Em 19 de setembro, Valadares procurou Dutra para dizer que Vargas pedira a Plínio Salgado que aderisse ao movimento, e este, querendo algo em troca, ganharia um ministério. O governador sugeriu que limitassem a participação de Salgado e Góes Monteiro, para impedi-los de dominar a cena. Em outra conversa, no dia seguinte, Valadares lamentou a impossibilidade de encontrar um terceiro candidato e afirmou veementemente que o único caminho era a "revolução", chefiada por Getúlio. Entregou a Dutra rascunhos da sugestão de um manifesto presidencial e da Constituição que Francisco Campos estava elaborando. Ressaltou que o documento prorrogaria o mandato de Vargas por seis anos.[42]

Em uma série de acontecimentos que, para muitos, foi friamente calculada, na realidade a emoção desempenhou papel considerável. O exemplo mais notável foi a resposta oficial à celebração popular da absolvição de Pedro Ernesto. Em 22 de setembro o governo decretou feriado geral, com fechamento do comércio, e realizou uma solenidade em honra aos soldados mortos em novembro de 1935.

Vargas e os generais reuniram-se no cemitério de São João Batista, no Rio, para orações e discursos. Para o presidente, as demonstrações "tiveram um caráter de reação à decomposição do ambiente político". O evento aconteceu em um momento incomum, e provavelmente teria sido esquecido não fosse pelo que aconteceu em seguida. Na Câmara dos Deputados iniciou-se um prolongado debate para decidir se deveriam registrar na ata da Câmara os discursos feitos no cemitério, o que levou o general Newton Cavalcanti, comandante da 1ª Brigada de Infantaria na Vila Militar e um dos maiores entusiastas do Integralismo no Exército, a protestar que havia "uma corrente, um agrupamento comunista dentro do próprio Congresso Nacional".[43] Ampliou-se o escopo do debate e passou-se a discutir a crise da democracia brasileira e os rumores de que o general Góes Monteiro estava tramando um golpe. O general emitiu uma negação formal de que tal idéia alguma vez lhe houvesse passado pela cabeça e asseverou que, servindo a pátria, seu maior desejo era pôr o Exército em condição de enfrentar qualquer ameaça à integridade nacional.[44]

Nos dias seguintes Vargas demonstrou sua solidariedade com o Exército assistindo a manobras no campo de Jericinó. Também fortaleceu seus laços com os aviadores do Exército retardando a concessão À Pan American Airways para abrir nova rota de São Paulo e Curitiba a Assunción, no Paraguai. O Correio Aéreo Militar levava correspondência por essa rota e relutava em entregá-la a uma companhia estrangeira. Getúlio percebia a importância de manter satisfeitos os aviadores e bombardeiros.[45]

Na manhã de 27 de dezembro, Dutra convocou uma reunião crucial em sua sala, com a participação de Góes Monteiro (chefe do Estado-Maior do Exército), Almério de Moura (1ª Região Militar), José Antônio Coelho Neto (diretor da Aviação), Newton Cavalcanti e o mais poderoso e temido capitão do Brasil, Filinto Müller (chefe de polícia do Distrito Federal). Haviam recebido de Góes cópias do relatório sobre o Plano Cohen que, assegurou-lhes Dutra, não era "fantasia do governo". As ações do Ministério da Justiça estavam "fomentando" em vez de reprimir "as energias que estão prestes a explodir". As leis não estavam funcionando, afirmou Dutra. "As Forças Armadas, particularmente o Exército, [...] constituem o único elemento capaz de salvar o Brasil da catástrofe prestes a explodir." E concluiu: "É preciso, portanto, agir, e agir imediatamente". Newton Cavalcanti, referindo-se ao documento do Plano Cohen, declarou que a intenção dos comunistas era "liquidar o próprio Exército". A insídia do Congresso patenteava-se em sua recusa a incluir em seus anais os discursos de poucos dias antes. A iminência de uma nova ameaça comunista, declarou, requeria "ação imediata em defesa do Exército, das instituições democráticas, da sociedade, da própria família ameaçados de morte. [...] *é necessário agir, mesmo fora da lei,* mas em defesa das instituições e da própria lei deturpada". O general Coelho Neto, o mais novo na patente, observou que precisariam envolver a Marinha e o próprio Vargas. Vários generais afirmaram que a Câmara dos Deputados tinha de ser expurgada de seus membros reacionários, fracos e incapazes. Dutra e vários outros asseveraram que "é necessário manter as autoridades constituídas. O movimento arrastará consigo o próprio presidente da República, cuja autoridade será por ele fortalecida".[46]

Em um aparte, Góes Monteiro acusou José Américo de estar dando dinheiro a um jornal simpatizante, *O Popular* (Rio de Janeiro), e Coelho Neto lembrou que o candidato não comparecera à solenidade no cemitério no dia 22. Ressaltou que para enfrentar os planos do comunistas era preciso um "movimento militar que importará em um golpe de Estado", com absoluto sigilo; seus planos deveriam ser um "segredo só de generais". Deveriam assinar um "compromisso escrito de que não querem uma ditadura militar". O capitão Müller declarou: "É preciso que as Forças Armadas, realizando o movimento, fiquem fora do governo, apenas como garantia do movimento e do próprio governo constituído". Sugeriu também que as prisões fossem sumárias sem direito a defesa e que fossem criados campos de trabalhos forçados. Cavalcanti recomendou que os dois ministros das Forças Armadas dirigissem a operação, ao lado do presidente, de modo a assegurar-lhe, pelo uso da força, os poderes excepcionais necessários. O sucesso, disse ele, exigia "a imediata volta ao estado de guerra sem restrições, assim como a decretação da Lei Marcial em toda a sua plenitude". Dutra acrescentou que ela deveria aplicar-se a todo o país pela "salvação do Brasil". Era preciso, segundo ele, envolver todo o Exército, especialmente a aviação. O general Almério de Moura, que até então não se pronunciara, referindo-se às acusações feitas contra Góes Monteiro, disse que tinham de ter cuidado para não deixar que o movimento fosse confundido com uma ditadura militar. Cavalcanti defendeu-se contra a acusação de ser integralista. "Não sou", afirmou; opunha-se à influência política, inclusive do integralismo, no Exército. "Só utilizá-los, se preciso, enquadrados na tropa, mas nunca como milícias." Góes e Cavalcanti parecem ter sintetizado os sentimentos do grupo: "Nada queremos. Só desejamos trabalhar pelo Exército e pela salvação da pátria". No dia seguinte, todos assinaram a ata e se declararam empenhados no "exclusivo propósito de salvarem o Brasil e suas instituições políticas e sociais da hecatombe que se mostra prestes a explodir, comprometendo-se todos eles a excluir de suas ações e intenções qualquer proveito próprio ou qualquer idéia de ditadura militar". É irônico que nesse mesmo dia a Câmara dos deputados tenha aprovado a inserção dos célebres discursos na ata de seus debates.[47]

No dia seguinte, o general Dutra e o vice-almirante Henrique Aristides Guilhem (ministro da Marinha) foram ao palácio da Guanabara falar com Vargas sobre a necessidade de restabelecer o estado de guerra. Os dois ministros concordaram em fornecer uma explicação que o presidente pudesse apresentar ao Congresso. Mais tarde, em seu gabinete, Dutra disse a seus colegas generais que aquele seria "o modo mais viável" de terem uma base legal para atacar o comunismo, prender congressistas e tomar outras providências desse teor. No dia 29, Vargas enviou o pedido dos ministros ao Congresso. Convém notar que em seu diário as referências de Getúlio ao pedido de instauração do estado de guerra distanciavam-no da iniciativa. Ele em geral acrescentava um comentário do tipo "de acordo com o pedido dos ministros militares".[48]

O documento dos ministros foi endereçado a Vargas, e era tão pobre em detalhes que fica difícil, hoje, vê-lo como uma solicitação séria de poderes extraconstitucionais. Vale a pena citá-lo na íntegra para lembrar ao leitor como era o Brasil em 1937. Os ministros evocaram os fantasmas de 1935 declarando: "Como em 1935, as ameaças são evidentes [...] [e] muita gente não crê, atribuindo os preparativos ostensivos a manobras da política tendenciosa, fantasias de autoridades assalariadas". Para combater a ameaça comunista os ministros afirmavam ter feito o que podiam. Mas apesar de seus esforços o "crime de lesa-pátria praticado em novembro de 1935 está prestes a ser repetido, com maior energia e mais segurança de êxito". A situação

> não é fantasia das autoridades. [...] Os documentos de origem comunista, vindos do exterior ou editados em nosso próprio território, são copiosos e precisos. As atitudes agressivas dos elementos recentemente postos em liberdade são públicas e evidentes. As manifestações em praça pública, em que se leva o povo ingênuo a homenagear falsos ídolos, preparados pelos praticantes do credo vermelho, não encontram o menor embaraço em suas exibições ofensivas. As declarações de certa imprensa rubra, algumas sob assinaturas até de deputados, não deixam a menor dúvida. [...] As providências pedidas insistentemente pelo ministro da Guerra vão sendo protela-

das. Sob vários pretextos o Ministério da Justiça, longe de prevenir os acontecimentos que se preparam, promete leis e medidas de defesa contra o perigo que nos ameaça, mas nada realiza. [referem-se então ao Plano Cohen sem nomeá-lo] [...] Já conhece a nação o plano de ação comunista, desvendado pelo Estado-Maior do Exército. É um documento cuidadosamente arquitetado, cujo desenvolvimento meticuloso vem da preparação psicológica das massas, ao desencadear do terrorismo sem peias. [...] E as provas são mais evidentes. Há uma corrente, um agrupamento comunista, dentro do próprio Congresso, acobertado pelas imunidades parlamentares. [...] os nomes são conhecidos. Preparam a ruína da pátria, quando deveriam ser os primeiros a consolidá-la.. [...] Temos informações seguras de que a explosão se dará antes das eleições gerais de 3 de janeiro do ano vindouro, eleições cuja realização o comunismo deliberou impedir. [...] as próprias leis atuais constituem obstáculo insuperável à ação da autoridade [...]. As nossas leis são ineficazes e inócuas. Só têm servido para pôr em liberdade aqueles que a polícia apanhou em delinqüência. [...] todos podem emudecer, menos as Forças Armadas. Para elas, a inação é um crime, e crime contra as instituições, contra a religião, contra a família, contra a pátria, contra a própria humanidade. [...] As Forças Armadas constituem o único elemento capaz de salvar o Brasil da catástrofe prestes a explodir. [...] A luta será violenta, sem quartéis. [...] lá está o exemplo da Espanha, flagrante, expressivo, irrefutável [...] Assim, é preciso agir, e agir imediatamente, sem parar ante as mais respeitáveis considerações. Acima de tudo está a salvação da pátria. [...] Por nós falam generais e almirantes das Forças Armadas do Brasil [...] Por nós fala, estamos certos, o Brasil inteiro [...] [solicitamos] [...] a volta imediata ao estado de guerra.[49]

Em 30 de setembro, dia em que o documento acima foi entregue ao Congresso, o programa de rádio oficial *Hora do Brasil* divulgou a notícia da "descoberta" do Plano Cohen pelo Estado-Maior do Exército, e no dia seguinte as manchetes de jornais levaram a notícia às ruas e becos, juntamente com o apelo do governo pela reinstauração do estado de guerra. Nos dias anteriores, o general Daltro Filho havia informado sobre remessa de armas do exterior para Porto Alegre, sobre a localização de depósitos secretos de armas e sobre a expansão do efetivo da Brigada Militar por Flores. Vargas comentou em seu diário, no dia 27 de setembro: "As coisas procuram definir-se".[50]

Em 1º de outubro, os debates no Congresso trataram da legitimidade dos supostos perigos. Alguns deputados e senadores, naturalmente, quiseram ver os documentos mencionados mas não apresentados. Outros argumentaram que pedir os documentos seria questionar a honestidade dos chefes das Forças Armadas, que deveriam prestar contas a seus colegas de farda e à história. A Câmara aprovou a medida por 138 votos contra 52, e o Senado por 31 contra 3. E naquela noite Vargas assinou o decreto restabelecendo o estado de guerra no Brasil. Diferindo dos estados de guerra anteriores, este seria supervisionado em âmbito nacional por uma comissão, nomeada em 7 de outubro, composta do ministro da Justiça, Macedo Soares, do general Newton Cavalcanti e do almirante Dário Pais Leme de Castro; nos estados, os governadores ficariam encarregados, com exceção de São Paulo, Rio Grande do Sul e Distrito Federal, onde a autoridade foi entregue aos generais-de-divisão César Augusto Pargas Rodrigues (2ª Região Militar) e Daltro Filho (3ª Região Militar) e ao capitão Filinto Müller (chefe de polícia). As atitudes dos comissários nacionais foram extremas. O almirante Pais Leme de Castro disse aos repórteres que quem não era contra o comunismo era comunista, e o general Cavalcanti concordou, dizendo que os inimigos da pátria eram os comunistas e os indiferentes. O plano da comissão exigia julgamentos sumários, a detenção de todos os simpatizantes dos comunistas e a criação de uma Polícia Federal com poderes para reprimir o comunismo. Até as lojas maçônicas e os centros espíritas deveriam ser fechados.[51]

A decisão de não deixar a cargo dos governadores dos dois estados suspeitos a implementação do estado de guerra requeria que a Força Pública em São Paulo e a Brigada Militar no Rio Grande do Sul fossem postas sob o comando das duas regiões militares. Nas semanas anteriores, consideráveis negociações e manobras haviam colocado simpatizantes do Exército em posições cruciais. Grandes e pequenos dramas desenrolaram-se enquanto as autoridades da polícia ponderavam suas opções, lealdades e futuros. Nenhuma das duas polícias estava inclinada a uma guerra civil. Mas ainda assim, dia a dia, semana a semana, as tensões agravaram-se e a incerteza pairou no ar. São Paulo não ofereceu resistência, talvez pensando nas tropas estaduais que Minas Gerais havia postado na fronteira.

O que faria Flores? Os gaúchos nasciam e eram criados leais ao Rio Grande. O governador seria capaz de conduzir esses sentimentos? O arcebispo de Porto Alegre, d. João Becker, discutiu o impasse com Flores, buscando uma saída honrosa que excluísse a violência. Flores reconheceu que a Brigada passara para o lado do Exército e que os provisórios estavam ouvindo seus oficiais da Brigada. Ele estava sozinho. Em um brioso gesto simbólico, vestiu sua farda de general na manhã de domingo, 16 de outubro, e fez a ronda no quartel da Brigada em Porto Alegre para despedir-se. E, desafiante, orgulhoso, recusou-se a assinar o decreto passando o comando da Brigada ao Exército. Em vez disso, no dia seguinte renunciou e pegou o avião da Varig que estava à espera para levá-lo para o Uruguai. Não haveria mais caudilhos gaúchos como ele. No dia 19, Vargas decretou intervenção federal em seu estado natal e nomeou o general Daltro Filho interventor. Por breve período, até que o general fosse acometido por uma doença fatal em dezembro, o Rio Grande foi chefiado por um forasteiro, um baiano. O receio de que os paulistas pudessem reagir à intervenção no Rio Grande do Sul levou Dutra a despachar o 4º Regimento de Cavalaria em Três Corações, Minas Gerais, para uma posição mais próxima da linha paulista e a pedir a Valadares que concentrasse a polícia mineira de modo semelhante. Os paulistas permaneceram quietos. Mas no Rio Grande do Sul os problemas com as armas que Flores encomendara do exterior e com o comportamento suspeito de alguns oficiais da Brigada só foram permitir que Daltro Filho começasse a se ocupar de suas responsabilidades civis no final de outubro. De fato, seu chefe-de-gabinente, o coronel Osvaldo Cordeiro de Farias, comentou que foram necessários trinta dias para terem a situação sob controle.[52]

No Rio de Janeiro, os generais Góes Monteiro e Newton Cavalcanti estavam mostrando a Vargas documentos acusando os governadores da Bahia e Pernambuco de terem tramado com São Paulo e Rio Grande do Sul contra o governo federal. Cavalcanti também reclamou que o ministro da Justiça, Macedo Soares, não estava cooperando na administração da comissão do estado de guerra com ele e com o almirante Pais Leme de Castro. Pode-se imaginar Vargas rangendo os dentes enquanto escrevia no diário: "Está criada a crise, ou antes, uma nova crise". O presidente estava certo de que a partida de Flores fora um bem. Sua liderança regionalista colidia com a "tendência centralizadora e coercitiva do poder central". Se Flores tivesse conseguido manter-se por tempo suficiente, Vargas especulou, acabaria obtendo o apoio de "elementos militares desviados de sua missão".[53]

A partir de 20 de outubro, Dutra reuniu-se ou conversou com Vargas diariamente. É curioso que Vargas não tenha feito anotações sobre todas essas conversas, mas Dutra, que agora estava empregando o fatídico termo "golpe de Estado", fez o registro. No dia 21, falaram em substituir o ministro da Justiça, Macedo Soares, por Francisco Campos, e no dia 23 discordaram acerca da intervenção em São Paulo, pois Dutra temia que ela provocasse uma reação generalizada, até mesmo no Exército. Preferia deixar São Paulo em paz e intervir em Pernambuco e na

Bahia. No final, a intervenção ocorreu nos três estados. Também nesses dias, além da federalização de dois batalhões mineiros, as polícias militares dos outros estados foram postas sob o comando da autoridade federal.[54]

O grande passo seguinte foi iludir Plínio Salgado e seus camisas-verdes de que teriam função importante no novo regime. Francisco Campos, que estava redigindo a nova Constituição tendo como modelo as cartas polonesa e portuguesa, desenvolvera um relacionamento amistoso com o pretenso *Führer* brasileiro e chegara a pedir-lhe comentários sobre o projeto da Constituição. No domingo, 24 de outubro, Vargas reuniu-se em sua residência no palácio da Guanabara com os principais conspiradores, o ministro da Justiça, Macedo Soares, o ministro do Trabalho, Agamenon Magalhães, o governador Valadares e os generais Dutra, Góes Monteiro e Newton Cavalcanti, para discutirem como implementar a "reforma constitucional". Falaram em medidas militares para controlar Pernambuco, Bahia e São Paulo, os prováveis "estados não-conformistas". Não chegaram a um consenso quanto ao modo de legalizar a nova Constituição. O general Cavalcanti argumentou que o Congresso deveria aprová-la. Outros preferiam que o governo a declarasse em vigor e a submetesse depois a um plebiscito. Dutra anotou em seu diário (talvez referindo-se a uma conversa distinta) que ele e Vargas haviam concordado em apresentar o projeto de Constituição ao Conselho de Segurança Nacional, após o que viriam um manifesto à nação e o golpe de Estado. Dois dias depois, Vargas reuniu-se com Plínio Salgado na casa de um amigo comum. Entenderam-se bem, e Vargas saiu com a opinião de que Salgado era "um caipira astuto e inteligente". O presidente deu-lhe a entender que no governo reorganizado o Ministério da Educação seria dele.[55]

Emissários de Valadares e Vargas partiram em busca da concordância dos governadores estaduais com a mudança de regime. Os governadores de Pernambuco e da Bahia não receberam visita, pois estavam marcados para a deposição. Valadares posteriormente refletiu: "É interessante observar o ser possível fazer uma revolução, às claras, sem o povo desconfiar. É que ela partia do governo, que estava acima de qualquer suspeita".[56]

Isso não quer dizer, porém, que o sucesso estava garantido. Alguns generais não identificados estavam "conspirando" para frustrar o movimento. Essa trama, que infelizmente para os historiadores deixou poucos vestígios, pode ter motivado o ministro Dutra a tomar a precaução de encontrar-se pessoalmente com certos generais e fazer alguma trocas nos comandos regionais. Em 26 de outubro ele visitou unidades de artilharia que se preparavam para seguir para Pinheiros, São Paulo; foi depois à Vila Militar assegurar-se de que o general Cavalcanti estava convencido da necessidade de suas ações e cooperaria integralmente. No domingo, dia 31, esteve em Juiz de Fora e conversou com o comandante da 4ª Região Militar, o general Lúcio Esteves, constatando que ele estava seguramente comprometido com o governo. Em sua passagem por Minas Gerais, Dutra visitou algumas unidades do Exército e duas unidades da polícia estadual. A tensão que sentia explodiu quando o general Valdomiro fez sinal para Dutra parar seu carro na estrada quando voltava para o Rio. Vargas e seu tio Valdomiro haviam participado de um churrasco numa fazenda próximo a Petrópolis, e o general dera algumas sugestões de medidas que ele poderia tomar como inspetor geral do grupo de regiões que incluía São Paulo. Vargas disse-lhe para consultar Dutra. Em vez disso, na conversa à beira da estrada, Valdomiro apresentou as idéias como se houvessem sido ordens do presidente. Dutra zangou-se e quis renunciar imediatamente. Getúlio, que esperava descansar um pouco nas montanhas, foi obrigado a voltar para o Rio no dia seguinte para repor "as coisas em seu lugar". Pode-se imaginar a conversa interessante que ele e Dutra devem ter tido sobre o tio general Valdomiro![57]

Esse incidente suscita uma questão sobre um dos mais célebres acontecimentos conducentes ao Estado Novo: Getúlio planejou assistir ao desfile integralista em 1º de novembro ou sua presença foi impremeditada, como o que se narrou acima parece sugerir? Certamente esse foi um evento de grande efeito, que assinalou o apogeu do integralismo. Centenas de caminhões haviam levado camisas-verdes à praça Mauá, de onde marcharam pela avenida Rio Branco e avenida Beira-Mar, passaram defronte ao Hotel Glória onde o *"Führer"* Plínio Salgado os saudou, seguindo então para o palácio Guanabara, de cuja janela Vargas e o general Cavalcanti assistiram à sua demonstração de força. Naquela noite, Salgado fez um pronunciamento no rádio, retirando sua candidatura à presidência em favor da continuidade de Vargas no cargo. Afirmou que ele e seus seguidores estavam "solidários com o presidente da República e com as Forças Armadas na luta contra o comunismo e a democracia anarquista. [...] [Além disso, eram a favor de] um novo regime sem o qual não será possível salvar as instituições e tradições do Brasil". Em vez de ser presidente, ele queria ser "simplesmente um conselheiro de meu país".[58]

No dia seguinte, apesar de ser o feriado de Todos os Santos, houve grande movimentação no palácio da Guanabara. Vargas reuniu-se com aliados gaúchos, os deputados federais João Neves da Fontoura e João Batista Lusardo, e os pôs a par dos planos. Lusardo partiu então para o Rio Grande do Sul e ali disse a seus colegas políticos que o golpe estava marcado para 15 de novembro e que Vargas queria que se comportassem como se nada estivesse para acontecer. O ministro da Fazenda, Souza Costa, arquiteto das finanças do governo, pedia que o governo parasse de sustentar artificialmente os preços do café comprando os estoques, queimando ou jogando no mar milhões de toneladas. Meses antes, em maio, ele negociara um acordo com o governo Roosevelt que permitia ao Brasil separar as negociações da dívida externa com os Estados Unidos e Europa, facilitando, assim, um plano de pagamento; Souza Costa obtivera a garantia de 60 milhões de dólares para financiar um banco central brasileiro. Como uma parte importante do plano de mudança de regime envolvia a suspensão do pagamento da dívida externa para permitir a compra de armas, as idéias de Souza Costa tinham considerável peso para os conspiradores. O chefe de polícia Müller e Francisco Campos foram falar com Vargas; com este último, Getúlio deliberou sobre algumas mudanças na linguagem da Constituição e do manifesto que a acompanharia. Os generais Dutra, Cavalcanti, Deschamps e Daltro Filho fizeram seus relatórios e ouviram as últimas notícias sobre a "iminente reforma política e constitucional".[59]

Em 5 de novembro, o *Correio da Manhã* (Rio de Janeiro) noticiou que estavam em curso graves intrigas envolvendo o governo e as Forças Armadas. Vargas admirou-se: "Como a censura deixou publicar?". Telegrafou a Valadares, que havia despachado o deputado Negrão de Lima para informar os governadores nordestinos sobre o golpe iminente, e lhe pediu que divulgasse a história de que a missão de Negrão fora procurar possíveis "soluções políticas legais". Depois de tentar tranqüilizar congressistas preocupados, ele recebeu uma carta do ministro da Justiça, Macedo Soares, com seu pedido de demissão. Os generais impacientavam-se, já de longa data, com os esforços de Macedo Soares para manter uma atitude liberal com relação aos direitos humanos e à fachada de respeito às leis pelo regime. No dia anterior, o general Cavalcanti queixara-se a Vargas de que não podia mais trabalhar com o ministro, acusando-o de estar "sabotando" a comissão de execução do estado de guerra. E, mais tarde, Macedo Soares foi ao palácio dizer que estava cansado e propôs a retirada do general ou a nomeação de nova comissão. Depois de ter refletido por uma noite, ele decidira demitir-se. Significativamente, na tarde do dia 5 Vargas reuniu-se com os ministros das duas Armas, o general Góes e o chefe de polícia Müller, com quem discutiu os acontecimentos do dia. Anotou em seu diário que "depois de ouvi-los, resolvi aceitar a demissão do ministro da

Justiça" e lhes disse que Francisco Campos assumiria o cargo. Naquela noite Campos aceitou o posto, e Vargas e seu novo ministro conversaram sobre a "reforma constitucional".[60]

Na tarde de 8 de novembro, líderes da oposição reuniram-se na casa do candidato Armando de Sales Oliveira, que lhes informou estar enviando uma carta aos chefes militares "denunciando a trama sinistra que vinha sendo urdida, nos bastidores oficiais, contra as instituições". E alertou: "Se alguma força poderosa [...] não intervier a tempo [...] um golpe terrível sacudirá de repente a nação, abalando seus fundamentos até as últimas camadas [...]. Está em marcha a execução de um plano longamente preparado, que um pequeno grupo de homens, tão pequeno que se pode contar nos dedos de uma mão, ideou para escravizar o Brasil [...]. A nação está voltada para os seus chefes militares; suspensa, espera o gesto que mata ou a palavra que salva". Aparentemente, José Américo recusara-se a assinar o manifesto a conselho de amigos, para quem isso o prejudicaria, mas não faria diferença para impedir o golpe. Ironicamente, mais ou menos na mesma hora os generais Dutra e Góes e o almirante Guilhelm estavam na casa de Francisco Campos examinando o texto da nova Constituição.[61]

No dia seguinte, na Câmara dos Deputados, João Carlos Machado (aliado de Flores da Cunha) leu para os deputados o apelo de Armando Sales aos militares para que resistissem ao golpe. No Senado, Paulo de Morais Barros, sobrinho do presidente Prudente de Morais (1894-98), fez o mesmo. João Batista Lusardo, que retornara depressa de Porto Alegre, estava presente e testemunhou a cena na Câmara: "um ambiente revolucionário", foi sua impressão. Lusardo correu ao palácio do Catete para informar a Getúlio. Advertiu que "amanhã a nação estará sabendo toda ela do grande movimento e da situação como está. Ou você dá o golpe hoje, ganha de mão, ou a revolução deles está na rua. Mande chamar o Dutra e o Góes. Tem que ser hoje". Nesse meio-tempo, o manifesto de Armando Sales estava chegando aos quartéis e aos oficiais subalternos. Quando Dutra saiu de sua casa no Leme, disse à família: "Ou o dr. Getúlio desencadeia o golpe hoje, ou não mais poderá fazê-lo". Ao tentar impedir o golpe, Armando Sales precipitou-o.[62]

Na fase de planejamento, Dutra e Góes procuraram não dar ênfase ao envolvimento do Exército, talvez em razão do que Getúlio chamou "intriga e divisão dos militares". E foi essa divisão, além do fato de saber-se que o golpe estava marcado para o dia 11, que tornou "preciso precipitar o movimento, aproveitando a surpresa". Com Müller, Campos e Dutra, Vargas tomou as providências finais.

Dutra ordenou que ficassem de prontidão as 1ª, 2ª e 3ª Regiões Militares, e advertiu às demais regiões que eventos políticos da máxima importância estavam prestes a ocorrer, devendo todas estar prontas para agir se necessário. No entanto, do lado de fora das duas casas do Congresso não estariam postadas tropas federais, e sim a Polícia Militar do Distrito Federal. Às seis da manhã, Müller informou ao presidente em exercício do Senado que o Congresso estava dissolvido, mas Pedro Aleixo (Minas Gerais), presidente da Câmara dos Deputados, sofreu o constrangimento de ser mandado embora pela polícia. Também logo cedo, Dutra foi a São Cristóvão verificar se estavam de prontidão o 1º Regimento de Cavalaria e o batalhão da guarda. Vargas mandou João Batista Lusardo informar José Américo sobre o golpe. O candidato, que o chefe de seu comitê de campanha foi acordar muito cedo, aceitou o inevitável e voltou para a cama, segundo ele satisfeito na sua "obscuridade", tendo feito o que podia. "Não fui eu que falhei; foi o próprio Brasil que estava surdo".[63]

Na encoberta manhã de 10 de novembro, às dez horas, o gabinete, com exceção de um dissidente, o ministro da Agricultura, assinou a nova Constituição. Ao longo do dia, oitenta membros do Congresso enviaram mensagens congratulatórias. Os associados a Armando Sales estavam sob prisão domiciliar. À tarde, o ministro das Relações Exteriores procurou o embaixador americano e lhe assegurou que não haveria mudanças na política externa e que o governo seria "muito liberal para com "o capital externo e os estrangeiros que tivessem interesses legítimos no Brasil". Naquela noite, às oito horas, Vargas falou à nação pelo rádio. Afirmou que os partidos políticos, infectados pelo regionalismo, estavam subvertendo a ordem, ameaçando a unidade nacional e pondo em perigo a existência do Brasil com suas rivalidades polarizadoras e incentivo à desordem civil. Para evitar a desintegração do país, ele decidira restaurar a autoridade do governo nacional. Fez um apanhado das necessidades econômicas e militares do Brasil: suspensão do pagamento da dívida externa, construção de ferrovias e rodovias no vasto interior e reequipamento das Forças Armadas. Tudo isso ele vinculou diretamente ao "magno problema da defesa nacional". Salientou que era "necessidade inadiável, também, dotar as Forças Armadas de aparelhamento eficiente, que as habilite a assegurar a integridade e a independência do país". Por esse motivo, não houvera alternativa senão instaurar "um regime forte, de paz, de justiça e de trabalho".[64]

Os jornais vespertinos de 10 de novembro estamparam na primeira página o pronunciamento de Dutra, que também estava sendo divulgado nos quartéis. Na peculiar linguagem militar que caracterizava declarações desse gênero, ele procurou deixar clara a missão do Exército:

> Cabe, porém, ao Exército, cabe às Forças Armadas não permitir que essas aspirações de paz, de ordem, de trabalho sejam frustradas por eternos inimigos da pátria e do regime. Para isso é necessário uma orientação precisa, definida. Paixões patrióticas podem entrechocar-se. Conflitos ideológicos podem entrar em ebulição. Interesses pessoais e de agrupamentos podem ressoar em debates. Questões regionais podem ser trazidas à arena. Tudo isso pode acontecer. Mas de tudo isso o Exército deve estar isento de contaminação. Não faltarão tentações maneirosas e inteligentemente arquitetadas. As suas virtudes serão exalçadas na lisonja dos sedutores. Cumpre, porém, resistir. Não lhe cabe, ao Exército, influir nos destinos políticos de que os políticos se incumbem. Não é esta a sua missão. Muito mais simples, nem por isso ela deixa de ser mais nobre. Cumpre-lhe, neste momento de incerteza, salvaguardar os interesses da pátria, fiel a estes postulados — obediência, disciplina, trabalho, instrução, serenidade, discrição, abnegação, renúncia, patriotismo em suma. Se os arraiais da política se agitam em busca de uma solução que a todos satisfaça; se, na impossibilidade de atingirem o fim almejado, recorrem a medidas de exceção; se, descrente dos ensaios esboçados, apegam-se a deliberações singulares — o espírito público contrasta em uma tranqüilidade aparentemente paradoxal. E isto por quê? Porque o Exército, as Forças Armadas da nação, mostram-se coesas e circunscritas às suas legítimas finalidades. Guardiãs da ordem interna, atentas e vigilantes, isentas de paixões e de ódios, prontas para atenderem ao primeiro comando dos chefes, é assim que a sociedade as vê e é por isso que nelas confia. O panorama que se desdobra no cenário da política interna não foi por elas criado; os desacordos das facções em pugna não foram por elas fomentados; das impossibilidades de um entendimento entre os diferentes grupos não lhes cabe responsabilidade. O que elas têm feito, e continuarão a fazer, é oporem um dique às explosões que se preparam, é constituírem barreira às ambições partidárias, é expelirem do seu seio os elementos indesejáveis, é destruírem logo no início os menores surtos de desordem, é se mostrarem dispostas a não consentir que se transforme em campo de batalha o solo feracíssimo onde o traba-

lho estua, onde repousa a paz, onde a riqueza se avoluma e se multiplica. Como é do conhecimento geral, hoje foi promulgada uma nova Constituição Federal, estatuto que os órgãos competentes na matéria consideram melhor atender às exigências do presente momento. Percebendo as lacunas e defeitos do estatuto de 1934 [...] novos rumos são traçados ao nosso regime democrático, melhor aparelhado para a continuidade federativa. Qualquer perturbação da ordem será uma brecha para os inimigos da pátria, para os adversários do regime democrático. Cumpre-nos evitá-la, exercendo com serenidade e firmeza a missão que nos corresponde. [...] Se assim procedermos, em nós continuará confiante a sociedade brasileira. [...] A pátria e o regime repousarão sob nossa guarda [...] em defesa da ordem interna, da integridade política, da soberania nacional. É esta nossa missão. [65]

E era uma missão sancionada pelo patrono do Exército, duque de Caxias. Em 1939, na comemoração do 25 de Agosto na 3ª Região Militar, o general Estevão Leitão de Carvalho afirmou que os eventos em curso tornavam Caxias uma figura histórica ainda mais atual. "Na verdade", declarou, "aniquilador de caudilhos, defensor incansável da unidade nacional, esteio da ordem e da autoridade, *Caxias é o precursor, o símbolo desta reação vitoriosa corporificada no Estado Novo* e que se faz [...] com a fibra e o patriotismo dos soldados do Brasil." E frisou: "Estamos a caminho de realizar o ideal do nosso patrono: unidade nacional consolidada moral e politicamente, regime de autoridade, Exército numeroso, bem provido e disciplinado, assegurando a paz interna e fazendo respeitar o país no exterior". [66]

O que Vargas ganhou com esse apoio do Exército? Claramente, a presidência até outubro de 1945, e mais trabalho e sacrifício pessoal. Ele pode ter amado o poder, mas sem dúvida suas motivações eram mais complexas do que gostar de ser presidente. Ele trabalhava até de madrugada, muitas vezes sozinho com relatórios imensos, mantinha correspondência com um número enorme de pessoas e, depois de um longo dia de audiências e conferências, com freqüência tinha outras reuniões e conversas até tarde da noite. Ao contrário de outros líderes latino-americanos, ele não era afeito a discursar na sacada do palácio, mas usava o rádio para chegar aos cidadãos. Era um recurso eficaz, mas não tão emocionalmente gratificante quanto falar numa sacada e ouvir os vivas da multidão. Sua sede de poder nascia de outros elementos. Ele e os generais tinham em comum um sonho, talvez não com os mesmos detalhes, mas sonhavam com uma nação grande e próspera espraiada sobre uma porção gloriosamente bela da Terra, vivendo e produzindo feliz e em segurança. Vargas dedicava-se a melhorar o Brasil e confiava em sua capacidade para tomar as decisões certas para o país. No entanto, tinha o cuidado de pedir conselhos e de não se afastar demais da opinião da elite. Ele não assaltou o erário, e após sua morte sua família não nadou em riquezas. Mesmo sua cidade natal, São Borja, não se beneficiou muito com seus anos no poder; a estrada para lá só veio a ser pavimentada em 1972, e as chuvas nos pampas continuaram a transformar a estrada para a estância de Getúlio numa faixa de lama até 1973! Não estou fazendo aqui uma apologia de Vargas, mas uma exposição de fatos conhecidos.

Os dados disponíveis não deixam claro se a ditadura foi idéia de Getúlio ou dos generais. Getúlio, certa vez, conversando com um alto oficial que era seu amigo, gracejou: "Em 1930 eu fiz a revolução com os tenentes, em 1937 com os generais". Sua filha disse que ele agiu para impedir uma ditadura militar, mas a ata da reunião dos generais em 27 de setembro consta eles não a queriam.[67] Importa quem primeiro expressou a idéia? Talvez não, mas sem dúvida importa o motivo por que o Exército apoiou a ditadura. Na esfera pessoal, o golpe assegurou a Dutra e Góes a permanência à frente do Exército, permitindo-lhes moldar sua contínua profissionalização de acordo com suas concepções.

O Exército, representado por seus principais generais, queria defender o país. Esses militares supunham que o Exército não podia fazê-lo sob o regime de 1934, e assim derrubaram o governo constitucional em nome do bem maior, a segurança da pátria. Vargas assumiu o compromisso de equipar e armar as Forças Armadas para que pudessem cumprir seu dever, e recebeu em troca o poderio militar para um regime de força e desenvolvimento nacional. Em 17 de novembro Vargas escreveu a Aranha explicando por que mudara a Constituição e dizendo que precisava dele para obter em Washington o capital para um grande programa de reforma e desenvolvimento baseado em "larga aquisição de material para o nosso aparelhamento militar e ferroviário".[68] Em uma série de discursos no início de 1938, ele reiterou o toma-lá-dá-cá de várias maneiras. No discurso de ano-novo pelo rádio, afirmou: "Cabe-nos uma missão na América e no mundo. [...] já não podemos permanecer em atitude passiva, deixando indefeso o patrimônio histórico que nos foi legado. As Forças Armadas, por cujo aparelhamento e preparo estamos trabalhando com afinco, representam o núcleo aglutinador de milhões de brasileiros dispostos a tudo sacrificar pela integridade da pátria". Em Porto Alegre, uma semana depois, ele declarou a uma platéia de elite que estava feliz por voltar ao seu Rio Grande natal, agora a salvo dos perigos da guerra civil, e ser novamente capaz de trabalhar com segurança e confiança. Concluindo, disse-lhes que teriam de ser "soldados e obreiros da grande obra que se inicia". Ainda mais claramente, em seu discurso no banquete a ele oferecido pelo 2º Regimento de Cavalaria Independente em sua cidade natal, São Borja, Getúlio afirmou que sempre tentara "aumentar o prestígio do Exército, pois nele se fundamenta a grandeza do país [...] Tenho contado com o Exército principalmente para derrubar os 'chefes políticos' que vinham tentando impor uma hegemonia regional e suplantar a autoridade do poder central, enfraquecendo o Brasil. Hoje tudo isso está assegurado. A Constituição de 10 de novembro restabeleceu definitivamente a predominância do poder central". A missão das Forças Armadas era garantir a ordem para possibilitar a confiança do público. Vargas sintetizou, então, o compromisso: "Dêem-me ordem e tranqüilidade e eu restaurarei as finanças, desenvolverei a economia, construirei tudo o que nossas matérias-primas nos puderem dar; [...] o ferro necessário às nossas indústrias e ao nosso progresso, de locomotivas a aviões. [...] Para isso [...] preciso de ordem. Mas confio em vós, que sois a nação".[69]

A mais clara expressão desse compromisso encontra-se no relatório do Estado-Maior do Exército de 1937, assinado por Góes Monteiro. Góes abriu o documento de 41 páginas com a acusação de que a lei de 1934 determinando que a reorganização do Exército deveria completar-se dentro de três anos não fora cumprida. Pura e simplesmente, o Exército estava "imprestável para o campo de batalha". Góes não fez menção ao ex-ministro Gomes, mas está claro que o tinha em mente. As imagens que ele esboçou eram extremamente desalentadoras. O Exército, afirmou, era "frágil, mais fictício do que real"; suas grandes unidades estavam "desmanteladas [...] incapazes de ser mobilizadas em tempo razoável e aplicadas a uma situação que exija seu emprego". Os receios do Estado-Maior acerca das fraquezas militares do Brasil, ele escreveu, haviam aumentado com a notícia de que o Chile estava reequipando seu Exército e a Argentina estava melhorando seu armamento, expandindo sua indústria bélica e desenvolvendo amplamente suas capacidades militares. Nos Estados Unidos, o presidente Roosevelt preconizava o "mais pronto e intensivo aparelhamento para as suas Forças Armadas". As nações do globo preparavam-se para a guerra. "A violência na Abissínia, na China e na Espanha" eram, na realidade, "verdadeiras guerras de ensaio para experiência do material de destruição e proteção tendo em mira uma ulterior utilização do instrumento de força na luta capital e decisiva", ele afirmou. Nem as ilusões pacifistas nem a artilharia Krupp da virada do século que o Brasil possuía seriam capazes de proteger o país. Nas próprias fronteiras brasileiras "os ex-beligerantes do Chaco, a despeito da interminável conferência de paz em Buenos Aires, retomam o caminho do rearmamento mais completo, na perspectiva de apelar para as armas na resolução da pendência que afeta interesses de muitas nações sul-americanas". Góes alertou: "O momento em que vivemos impõe uma transformação radical no organismo militar [...] [porque] ficamos paralisados, retardados de cerca de um decênio". Tinham, disse ele, "maior responsabilidade com a realização de um programa restaurador, que nos redima da inércia anterior e que nos liberte da situação deprimente em que jazemos". Essas circunstâncias motivaram Góes e Dutra a solicitar insistentemente "ao Excelentíssimo Senhor Presidente da República todos meios exigidos para a reforma de nossa estrutura".

Góes concluiu o relatório com um apanhado da "situação interna", qualificando a luta contra Flores da Cunha como o "extermínio do caudilhismo". Afirmou batalhar com todas as suas "forças de soldado pela intangibilidade da unidade nacional e pelo prestígio da autoridade". Em novembro de 1935 "elementos subversivos [...] seguindo as instruções oriundas de Moscou" haviam ameaçado esse prestígio, ele declarou. E menconou, finalmente, que "o documento secreto captado o ano passado" (o Plano Cohen) levara "todas as classes do país, pela voz de seus legítimos representantes", a concordar "quanto às medidas de exceção que, em tal emergência, deveriam ser outorgadas ao Senhor Presidente da República". A necessidade da decretação do estado de guerra equivalia, a seu ver, à condenação do regime de 1934 como incapaz de "promover a felicidade da pátria".

A atmosfera pacífica do país após 10 de novembro, ele advertiu,

[...] não nos deve iludir. O Brasil, hoje mais do que nunca, precisa ser uma potência militarmente forte, em condições de neutralizar, em qualquer terreno, as agressões de nossos inimigos internos e externos. O Exército, em cuja alma repercutem, de modo especial, os anseios do mais puro sentimento de brasilidade, deposita suas esperanças nas promessas do governo, que, sem dúvida, não deixará de promover a sua completa restauração na situação muito favorável que ora atravessamos. O não aproveitamento de uma fase tão singularmente propícia fornecerá justo motivo para que o Exército venha a descrer, finalmente, da possibilidade de cumprir, normalmente, os encargos impostos pela sua alta finalidade. Já disse, e repito, que o problema militar não admite soluções incompletas, unilaterais. [...] Os sacrifícios feitos em nosso passado e relembrados nas páginas amarguradas de nossa história oferecem lições de sobra para que não mais desprezemos o concurso e a responsabilidade de todos os brasileiros na obra comum da defesa nacional.[70]

Góes tinha a firme convicção "de que a jornada de 10 de novembro satisfez a uma inadiável necessidade nacional e, pelo menos [foi] uma barreira à decomposição político-militar que se processava a um grau bastante adiantado. O regime, que deixou de existir, não permitia que tivéssemos uma posição definida e consistente ante o turbilhão que agita o mundo". A Constituição de 1934 era prova de que os estadistas brasileiros haviam dado as costas à "política da realidade", lamentou Góes. Haviam evocado as idéias de outros países sem atentar para o modo como aquelas nações efetivamente resolviam seus problemas. O regime de 1934 continha as armadilhas do governo constitucional sem os mecanismos, a mentalidade e as tradições que faziam tal governo funcionar. O Exército faria sua parte, e "o governo fará o resto, desobrigando-se do compromisso, que assumiu, de aparelhar as Forças Armadas para o cabal desempenho do papel que lhes é reservado".[71]

Em maio de 1938, Dutra expressou mais sucintamente o compromisso ao escrever que o governo só queria "paz e tranqüilidade para edificar o país economica e financeiramente. Para executar seu programa de ressurgimento nacional, o governo confiou no Exército". Em seu relatório anual ao presidente ele afirmou que "o Exército não mais se interessa pelas questões de política partidária". E, sendo um pouco mais claro, assegurou a Vargas que se alguma rara intervenção ocorresse, seria "sob comando de chefes autorizados para assegurar a liberdade, manter o império da ordem". Como mero espectador da cena política, acompanhando de fora os acontecimentos, "o Exército, cada vez mais, se constitui o apoio com que pode o governo contar, sempre que elementos nocivos procurem subverter a ordem atentando contra a integridade de pátria".[72]

Tem predominado entre os estudiosos a idéia de que, após a derrubada do Império em 1889, o Exército, nas palavras de Ronald M. Schneider, "assumiu a função do poder moderador".[73] Os capítulos anteriores não corroboram essa opinião; na verdade, foi a partir de 1937 que o Exército, nas pessoas de seus altos oficiais, fundamentou para a instituição o direito de ser o moderador nacional. O "compromisso" de Vargas abriu a porta, e os generais entraram.

O acordo político-militar que alicerçou o Estado Novo requeria, no curto prazo, o rearmamento e a reorganização das Forças Armadas, e no longo prazo a industrialização baseada na siderurgia. Vargas prometera essas duas coisas, e os generais queriam ambas. Durante toda a década de 1930 o Estado-Maior do Exército indicara repetidamente os Estados Unidos como a melhor fonte de armas e investimentos na indústria. Mas, justamente quando o Brasil tomou o rumo de um governo centralizado e autoritário, a Alemanha tornou-se um mercado importante para produtos brasileiros, em especial o algodão e os gêneros alimentícios, além de um ávido fornecedor de armas. A famosa competição pelo Brasil entre Alemanha e Estados Unidos no período que antecedeu a Segunda Guerra Mundial teve origem não na ideologia, mas na necessidade de as Forças Armadas brasileiras se armarem.

Em junho de 1935, o governo Vargas fizera, informalmente, um acordo comercial de compensação com a Alemanha que, por elaborados mecanismos de troca, permitia ao Brasil usar seus produtos naturais ou agrícolas para obter produtos industrializados alemães. Os Estados Unidos objetaram veementemente a esse sistema fechado, que removia o comércio entre Brasil e Alemanha do sistema internacional geral baseado no ouro e nas moedas conversíveis. Em decorrência da estreita ligação entre a obtenção de armas e o comércio externo do Brasil, os militares eram mais do que observadores interessados no comércio exterior; eram participantes diretos nos debates que moldavam as políticas governamentais.

Antes da guinada acima descrita, o governo brasileiro via os Estados Unidos como um aliado natural. Depois do cordial encontro que tiveram no final de 1936, Vargas sugeriu a Roosevelt que os representantes dos dois países deliberassem sobre a total cooperação militar e naval, incluindo a construção de uma base naval no Brasil para uso dos americanos em caso de uma guerra de agressão contra os Estados Unidos.[74] Mas Washington não agiu, e os líderes brasileiros voltaram-se para suas próprias necessidades e soluções. Os altos preços e as condições de pagamento desfavoráveis dos americanos impeliram o Brasil a procurar a Europa, encomendando artilharia da Alemanha, armas de infantaria ligeira da Tchecoslováquia e navios de guerra da Inglaterra e Itália. Aos Estados Unidos os brasileiros encomendaram aviões e matérias-prima para a construção de destróieres.[75]

Os generais brasileiros angustiavam-se por saber perfeitamente que sua artilharia de costa, postada à entrada dos portos do país, não seria capaz de defender o país de um ataque da Argentina, e muito menos da Alemanha. O Rio de Janeiro possuía apenas dois canhões de 305 mm, de alcance menor que o dos canhões dos navios argentinos *Rivadavia* e *Moreno*. E, segundo o chefe do Estado-Maior do Exército, Góes Monteiro, seriam necessários cinco anos para tornar operacionais seus planos de defesa. Um consultor militar americano afirmou que "a capital do Brasil está à mercê de qualquer ataque naval determinado, bem informado e eficiente".[76] Foi para remediar a vulnerabilidade dos portos e fronteiras terrestres que o Exército encomendou à Alemanha 55 milhões de dólares em artilharia e acessórios em março de 1938. As armas seriam pagas principalmente com os marcos de compensação ganhos no acordo de comércio acima descrito. Desde pelo menos junho de 1936 Vargas andava preocupado com o modo como seriam pagos os armamentos. Em 15 de junho de 1936, anotou em seu diário que o único modo de fazer as aquisições necessárias seria "uma grande redução no pagamento da dívida externa", o que não seria viável "no regime político que estamos seguindo".[77] Assim, para comprar armas para defender a pátria, era necessário interromper os pagamentos da dívida externa, o que requeria eliminar o Congresso e criar um novo regime. Em última análise, a política de defesa conduziu à aliança entre Vargas, Dutra e Góes Monteiro que resultou no Estado Novo.

Epílogo

Com a instauração do Estado Novo, o Exército foi seguramente o principal instrumento de controle do governo central. A idéia do Exército como uma instituição politicamente neutra, um veículo de reforma social, a "vanguarda do povo", foi substituída pela do "Exército como parte essencial do Estado e instrumento de suas políticas". O Exército tornou-se "a vanguarda do Estado", e não do povo.

A perspicaz análise de José Murilo de Carvalho sobre as correntes rivais no Exército pós-1930 mostrou que os tenentes, que ele chamou de "intervencionistas reformistas", forjaram uma aliança com os oficiais interessados na profissionalização, que desejavam restabelecer a disciplina e a hierarquia para obter o Exército de seus sonhos. O resultante "intervencionismo conservador" teve sua expressão mais completa no Estado Novo. Oficiais de carreira que se jactavam de seu ferrenho legalismo louvavam a ditadura como "um regime de paz política e verdadeira preocupação com as Forças Armadas". Os profissionais aceitaram a intervenção política do Exército porque, como explicou Murilo, era "benéfica aos interesses específicos do *establishment* militar".[1] A década de 1930 também viu o Exército fortalecer alguns de seus vínculos com a sociedade recrudescendo as punições por evasão ao recrutamento e requerendo um certificado de serviço militar para obter empregos públicos e para votar, aumentando o número dos tiros-de-guerra e impondo o treinamento de oficiais da reserva aos estudantes universitários do sexo masculino. Um decreto-lei de 19 de maio de 1938 especificou que ninguém poderia deixar o Exército sem saber ler, escrever e contar e sem possuir um conhecimento elementar do Brasil, sua geografia e Constituição. No entanto, para controlar a entrada de idéias e atitudes políticas divisoras da sociedade no Exército, houve um esforço coincidente para isolar os oficiais do partidarismo político. A eliminação da política competitiva com o estabelecimento do Estado Novo e a privação dos direitos eleitorais que a Constituição impôs aos militares simbolizaram o desejo dos intervencionistas conservadores de proteger o Exército das influências externas perniciosas. O Exército também restringiu o acesso à escola militar aos que tivessem características raciais, familiares, religiosas, educacionais e políticas aceitáveis. A doutrinação ideológica tornou-se norma de treinamento em todos os níveis. Proibia-se aos oficiais até mesmo freqüentar instituições civis de ensino superior porque as escolas do Exército eram suficientes.[2]

Essas medidas repressivas, a suspensão das atividades políticas e o apoio governamental ao rearmamento e à modernização deram ao Exército coerência e unidade que não vinha possuindo desde antes de 1922. O crescimento do efetivo, de 47997 homens em 1930 para 93 mil em 1940, bem como a aquisição de armas modernas, deram à instituição força e meios para empregá-la. A Segunda Guerra Mundial e a aliança militar com os Estados Unidos puseram em mãos dos militares mais equipamentos, aumentaram suas habilidades organizacionais e individuais, elevaram seu prestígio e, por fim, deram-lhe o que lhe faltava desde 1870: experiência em combate contra um inimigo externo. A participação da Força Expedicionária Brasileira na campanha da Itália também deu ao Exército um status popular de certo modo separado do Estado Novo, possibilitando que os febianos retornassem como heróis e que o Alto-Comando, novamente sob o general Góes Monteiro, interviesse na crise sucessorial de outubro de 1945 depondo Getúlio Vargas e contendo a mobilização política das massas, que, na opinião dos generais, perturbaria a ordem social. Não ter agido significaria violar o acordo tácito com as elites, que haviam entregue suas forças militares estaduais independentes ao controle federal.[3]

Fala-se, com acerto, na era Vargas, mas é difícil imaginar que direções as décadas de 1930 e 1940 teriam seguido sem Góes Monteiro e Eurico Dutra. Embora desde 1930 Getúlio houvesse promovido cada um dos oficiais generais a esse posto, a lealdade desses homens era antes de tudo à instituição do Exército e sua hierarquia, e não ao presidente e seu regime. O Exército sob Dutra e Góes Monteiro tornou-se, como salientou Aspásia Camargo, "um Exército autônomo e intervencionista, capaz de atuar com legitimidade própria".[4]

O governo eleito que Dutra presidiu de 1946 a 1951 foi sustentado pelo Exército intervencionista conservador e não por uma entidade subitamente democrática. De fato, Dutra, quando presidente, ressaltou que ele ainda pertencia à "classe militar", cujas necessidades não negligenciaria, e que dirigiria o Exército politicamente. Salientando que "unidas e disciplinadas, nossas Forças Armadas — fiadoras dos poderes constitucionais — estão vigilantes na defesa do país, da lei e da ordem", Dutra traçou um paralelo significativo: "Assim foi em 15 de novembro de 1889 e em 29 de outubro de 1945". A seu ver, a derrubada de d. Pedro II e a de Getúlio Vargas eram análogas e tinham o mesmo propósito: "Pela grandeza do Brasil".[5]

O Exército agora se empenhava em remodelar o Brasil doutrinando as elites com a visão de um futuro industrial para o país. Enquanto os sonhos da década de 1910 haviam sido baseados na reforma da sociedade por meio do treinamento militar obrigatório, os sonhos no pós-Segunda Guerra Mundial ganhariam vida mediante a educação das elites. Os oficiais do Estado-Maior do Exército preservaram a propaganda do serviço militar obrigatório como um grande nivelador social de classes, raças e religiões, um nacionalizador de imigrantes e "uma grande e completa escola de democracia", mas admitiram que o Exército moderno, mecanizado e técnico requeria recrutas educados e que "não havia "mais lugar, hoje em dia, para analfabetos e os sem profissão nos quartéis". De fato, em meados dos anos 50, fosse por falta de instrução e qualificação, fosse para não interferir na agricultura e na estrutura social rural, o Exército recrutava em apenas quinhentos dos 2 mil municípios brasileiros.[6] Em vez de fluir de baixo para cima, a reforma continuava a dar-se de cima para baixo.

A Escola Superior de Guerra (ESG), fundada em 1949, destinava-se a integrar e militarizar as elites civis; convidavam-se pessoas selecionadas para estudar na escola e organizavam-se cursos especiais em todo o Brasil para as elites locais. Na década de 1950, desenvolvendo as doutrinas da missão militar francesa (1919-39) e da Comissão Mista Brasil-Estados Unidos para a Defesa Comum (1942-55-77), que salientavam a necessidade de os oficiais estudarem os elementos da economia e da sociedade que contribuíam para a mobilização nacional, os alunos militares e civis da ESG estudavam inflação, reforma bancária, reforma agrária, sistemas eleitorais, transportes e educação, além de guerras de guerrilha e convencional. Como observou Alfred Stepan, "ressaltava-se a necessidade de mudar os aspectos fundamentais da organização social e econômica do Brasil para que o país pudesse manter sua segurança interna".[7] E em virtude do entrosamento do pessoal da ESG e da Escola de Comando e Estado-Maior do Exército (ECEME), as doutrinas da primeira espelhavam-se nas da segunda e se haviam propagado por todo o corpo de oficiais.

A partir do início dos anos 50, o modo intervencionista conservador tentou dominar o comportamento do Exército, com o Alto-Comando regendo os esforços de Getúlio Vargas para fundamentar solidamente no populismo o seu governo, agora eleito (1951-54). Porém, ao mesmo tempo, a atmosfera liberalizada do "experimento de democracia", usando aqui a expressão de Thomas Skidmore, permitiu o ressurgimento do partidarismo político nas fileiras do Exército, "mutilando, assim, pela segunda vez, sua capacidade de controle político", como observou José Murilo de Carvalho.[8] As lutas internas no Exército em torno da possível participação na Guerra da Coréia e da criação dos monopólios federais do petróleo e da energia elétrica — a Petrobras e a Eletrobrás —, a consolidação do legado de Vargas após seu suicídio, em 24 de agosto de 1954, a dissensão nas fileiras acarretada pelo golpe preventivo do marechal Henrique Lott em novembro de 1955, que permitiu a Juscelino Kubitschek e João Goulart assumirem como presidente e vice-presidente, e a desunião dos militares na crise de 1961 provocada pela renúncia de Jânio Quadros e a sucessão de Goulart foram, todas, sintomas do mal-estar e da dissensão nas Forças Armadas. Alguns diriam que a facção nacionalista que se contrapunha ao envio de tropas à Coréia e favorecia a intervenção governamental na economia, como no caso da Petrobrás, compunha uma ala esquerdista das Forças Armadas, mas isso pressupõe um nível de coerência comportamental e ideológica que me parece carecer de comprovação.[9]

O Exército dispôs-se a intervir em 1964 porque uma parcela suficiente de seus oficiais julgou ser do interesse da instituição e, portanto, em benefício do Brasil. No início dos anos 60, o Exército estava sendo cada vez mais convocado para fornecer tropas para manter a ordem durante as eleições e policiar as fronteiras para impedir o contrabando, o que causava desgaste de equipamento e estorvava o treinamento adequado para a guerra. À medida que essas missões extramilitares tornaram-se quase rotineiras, os líderes do Exército passaram a queixar-se de aumento dos efeitos negativos, pois a verba escassa os impedia de manter seus limitados estoques de equipamento. Em 1962 o Exército estava empregando 93,8% de sua verba em pessoal, restando apenas 6,2% para o material. O ministro da Guerra, Amaury Kruel, lamentou que o Exército vinha sendo submetido a um orçamento de "sobrevivência" desde 1958 e que a maior parte de seu armamento e equipamento estava obsoleta, precisando ser substituída, ou já deteriorada demais para ser reparada. Em 1962, todos os quartéis-generais regionais informaram não estar em condições de programar manobras regulares, e que o "desestímulo generalizado e a progressiva descrença" eram tais que muitos oficiais concluíram serem inúteis os seus esforços. O general Kruel, profeticamente, alertou o presidente Goulart de que a escassez de verbas para cumprir suas missões estava gerando uma "calamitosa situação" na qual o Exército era "econômica e financeiramente asfixiado". Em conseqüência, advertiu Kruel, "o Exército brasileiro vive um angustiante e progressivamente acelerado processo de desvitalização que, inexoravelmente, o afasta de sua destinação básica [a manutenção da segurança interna e externa]".[10]

Claramente, o golpe de Estado de 1964 foi motivado por mais do que limitações orçamentárias, mas também é verdade que a predição de Kruel estava correta. Como em 1937, o Brasil chegara a outra encruzilhada que apresentava visões conflitantes do futuro. As rumorosas, e mesmo caóticas, reformas sociais favorecidas por João Goulart e seu partido afiguravam-se como uma revolução comunista aos generais que haviam sido capitães em 1935-37. Incapazes de aceitar a confusão da democracia eleitoral, empenharam-se pelo que conheciam melhor. Kruel avisara o presidente Goulart: "Presidente, o Exército não aceitará a sua política e mais cedo ou mais tarde o senhor ficará sozinho com os seus amigos e eu não poderei acompanhá-lo".[11]

Chegou-se ao limite da tolerância quando os oficiais viram acontecimentos como a revolta dos sargentos em setembro de 1963 e as manifestações da Associação dos Marinheiros em março de 1964 com uma sensação de *déjà vu*. A mobilização política dentro e fora das Forças Armadas e os desafios à cadeia de comando lembraram-lhes a década de 1930 e outubro de 1945.

E a lógica de 1937 e 1945 foi, cada vez mais, ganhando atrativos. Nos meses que antecederam a março de 1964, os oficiais da ECEME, docentes e alunos, tiveram papel fundamental, convencendo oficiais em reuniões e cartas de que deviam apoiar um movimento contra o governo. Julgavam que o desenvolvimento econômico racional e a segurança interna (e, poderíamos acrescentar, o bem-estar do Exército) só aconteceriam se a estrutura econômica e política fosse alterada, e que os líderes civis não estavam dispostos a fazer as mudanças necessárias ou eram incapazes de implementá-las.[12] Para Edmundo Campos Coelho, os militares no pós-guerra estavam sofrendo uma grave crise de identidade, originada, segundo ele, na crise de identidade do Estado brasileiro, que não possuía uma instituição central, aceita por todos como a "incorporação da autoridade nacional". Em 1964, na opinião desse autor, a liderança do Exército pretendia fazer do Exército essa instituição central, moldando ao seu redor o restante do Estado nacional.[13]

O problema dessa idéia era que, embora houvesse ampla aceitação na oficialidade da necessidade de agir contra o governo Goulart (admitiu-se que alguns oficiais resistiram e foram depois expurgados), era menor a concordância quanto a manter o controle militar depois que a casa fosse arrumada. Ainda que os linhas-duras tenham conseguido impor o governo autoritário, isso gerou um mal-estar básico, pois a estrutura organizacional militar, o treinamento e os sistemas de armamentos eram voltados para o uso contra forças convencionais ou, em menor grau, contra guerrilhas. Assim, enquanto as instituições militares adaptavam-se às suas tarefas após 1964 (e especialmente após 1968), muitos oficiais não estavam à vontade em seus papéis na esfera da segurança interna. Aquilo cheirava a trabalho policial, e os oficiais reagiam com raiva quando se referiam a eles como milícia ou milicos.

Em fins de 1965 e começo de 1966, os oficiais que eram a favor de que cuidar da segurança interna fosse definido como sua missão primordial prevaleceram sobre a facção de Humberto Castelo Branco, que defendia a devolução do governo, expurgado, aos políticos civis. Os oficiais linhas-duras, agrupados em torno do ministro do Exército (e ex-tenente), Arthur da Costa e Silva, impuseram, então, o regime autoritário.[14] O resultado foram duas concepções rivais de profissionalismo militar: uma que Alfred Stepan chamou de "novo profissionalismo" da segurança interna, e a outra que definia a profissão com base na guerra convencional sobretudo contra oponentes externos. Os oficiais que favoreciam a segunda linha consideravam o comando de tropas e as tarefas normais da oficialidade como mais "militares" do que a incumbência de zelar pela segurança interna. A tensão entre essas duas visões de profissionalismo apareceu freqüentemente ao longo dos anos nas conversas que tive com oficiais que se ressentiram das atividades de segurança interna de seus colegas, mesmo quando talvez pudessem, a contragosto, justificar-lhes a necessidade.[15]

O Estado Novo acelerou a industrialização brasileira, centralizou o poder governamental, criou a burocracia que implementou esse poder, levou o Estado ao longínquo interior e projetou o país no cenário mundial. É difícil imaginar como o Brasil poderia ter alcançado os aspectos bons e maus de sua atual condição sem sua singular ditadura. Certamente o Exército moderno e os demais ramos das Forças Armadas foram afetados por esses anos. Os homens que decidiram em favor da ditadura em novembro de 1937 estavam respondendo a preocupações internas incorporadas em seu desejo de garantir a segurança da pátria.

Temiam que a guerra viesse a pegá-los despreparados, mas decerto não poderiam ter antevisto a magnitude do conflito que eclodiu em 1939. Não estavam aptos para lidar com a rapidez dos acontecimentos mundiais nos cinco anos seguintes. O estilo consensual de tomada de decisão adotado por Getúlio Vargas não tinha suficiente agilidade para permitir ao Brasil acompanhar o ritmo das demandas de guerra e suas oportunidades. Muitas vezes, embora as decisões finais fossem acertadas, vieram depois que o momento mais oportuno já havia passado, e por isso os benefícios não foram tão grandes quanto poderiam ter sido ou quanto se esperava. Por exemplo, se o Exército brasileiro possuísse um corpo de infantaria treinado e pronto em 1943, poderia ter combatido na invasão da África e, com isso, ter ganhado prestígio com seu esforço de guerra. Mas ocorreu que o Brasil não foi capaz de pôr uma unidade em campanha um ano depois e, por isso, ganhou menos renome internacionalmente. A redução das ligações do Exército com a sociedade no início do Estado Novo impediu a oficialidade de compreender as mudanças sociais e econômicas que a guerra provocou no Brasil. A fatídica decisão de terminar o governo Vargas em outubro de 1945 com um golpe de Estado, em vez de com um processo legal, projetou o Exército na política no duplo papel de moderador e participante e contribuiu substancialmente para as crises que culminaram na série de presidências militares de 1964 a 1985. Durante esses 21 anos, o Brasil viveu sob um regime peculiar. O Congresso, expurgado, funcionou por boa parte do tempo, assim como os governos estaduais e municipais ajustados. Foi uma democracia tutelar, com sucessivos generais superintendendo o processo. Não houve caudilhos, no sentido hispano-americano, e a sucessão na presidência foi por consenso entre os oficiais. No entanto, a participação direta na política limitou-se aos generais do alto escalão; ao resto do corpo de oficiais coube continuar em suas atividades normais. Isso requereu ênfase muito acentuada na unidade institucional, aceitação das decisões do comando e negação de informações sobre divisões internas aos de fora. O desejo do general Góes Monteiro de manter a política fora dos quartéis e apresentar uma posição política unificada era o ideal. Mas revelou-se muito mais difícil de alcançar do que Góes poderia ter imaginado. O próprio Exército sofreu declínio de capacidade durante as presidências militares. Na época em que a Constituição de 1988 foi promulgada, estava claro que a idéia de um Estado de segurança nacional fora rejeitada pelo eleitorado.[16] A partir de então, ficaria a cargo de toda a sociedade fornecer soldados dignos da pátria.

Notas

ABREVIATURAS

CEM	Chefe do Estado-Maior do Exército
ACB	Arquivo Castelo Branco
ADN	*A Defesa Nacional*
AE	Arquivo do Exército
AFSC	Arquivo Fernando Setembrino de Carvalho
AGV	Arquivo Getúlio Vargas
AHE	Arquivo Histórico do Exército
AOA	Arquivo Osvaldo Aranha
BAO	Brazilian Army Officers Project (baseado na lista anual de oficiais do Exército ou *Almanaque*)
Bat.	Batalhão
BiblioEx	Biblioteca do Exército
CDOC-EX	Centro de Documentação do Exército, Brasília
CPDOC	Centro de Pesquisa e Documentação de História Contemporânea do Brasil, Fundação Getúlio Vargas, Rio de Janeiro
DPEA	Documentos sobre Política Externa da Alemanha
DHBB	Dicionário Histórico-Biográfico Brasileiro
ESAO	Escola de Aperfeiçoamento de Oficiais
FDRL	Franklyn D. Roosevelt Library, Hyde Park, Nova York
FEB	Força Expedicionária Brasileira
FSC	Fernando Setembrino de Carvalho
PGM	Papéis de Góes Monteiro

EME   Estado-Maior do Exército
GV   Documentos de Getúlio Vargas (arquivados em AGV)
Reg. Inf. Regimento de Infantaria
DIM   Divisão de Inteligência Militar
MG   Ministério da Guerra
MMB   Modern Military Branch
NA   National Archives, Washington D. C.
GR   Grupo de Registro
UFMG   Universidade Federal de Minas Gerais
WD   War Department (Departamento de Guerra dos Estados Unidos)

PREFÁCIO [PP. 9-25]

1. Vanda Maria Ribeiro Costa, "Com rancor e com afeto: Rebeliões militares na década de 30", *Política e Estratégia* 4, nº 2, p. 193, abr.-jun. 1986.

2. Alain Rouquié, *The military and the state in Latin America*, Berkeley, University of California Press, 1987, p. 330.

3. Alfred Stepan, *The military in politics: Changing patterns in Brazil*, Princeton, N. J., Princeton University Press, 1971; Alfred Stepan (ed.), *Authoritarian Brazil: Origins, politics and future*, New Haven, Conn., Yale University Press, 1973. Ver também Frank D. McCann, "Origins of the 'new professionalism' of the Brazilian military", *Journal of Interamerican Studies and World Affairs* 21, nº 4, pp. 505-22, nov. 1979.

4. Ver Frank D. McCann, *The Brazilian—American alliance, 1937-1945*, Princeton, N. J., Princeton University Press, 1973, p. 444.

5. José Murilo de Carvalho, "As Forças Armadas na Primeira República: O poder desestabilizador", *Cadernos do Departamento de Ciência Política* [UFMG], nº 1, pp. 113-88, mar. 1974; idem, "As Forças Armadas na Primeira República: O poder desestabilizador", em Boris Fausto (ed.), *História geral da civilização brasileira*, v. 9, tomo 3, *O Brasil republicano*, Rio de Janeiro, DIFEL/Difusão, 1977, pp. 183-234; idem, "Forças Armadas e política, 1930-1945", em CPDOC, *A Revolução de 30: Seminário Internacional*, Brasília, Editora Universidade de Brasília, 1982, pp. 109-187; idem, "Armed forces and politics in Brazil, 1930-1945", *Hispanic American Historical Review* 62, nº 2, pp. 193-223, maio 1982. José Murilo de Carvalho também exerceu considerável influência sobre minha concepção da natureza da república graças a seus livros *Os bestializados: O Rio de Janeiro e a República que não foi*, São Paulo, Companhia das Letras, 1991; e *A formação das almas: O imaginário da República no Brasil*, São Paulo, Companhia das Letras, 1990.

6. Edmundo Campos Coelho, *Em busca de identidade: O Exército e a política na sociedade brasileira*, Rio de Janeiro, Forense Universitária, 1976, pp. 19, 27.

7. Sou grato a André Moysés Gaio por me chamar a atenção para Goffman. Gaio escreveu uma análise muito interessante da literatura sobre as Forças Armadas em sua tese "Em busca da remissão — Os militares contra o regime: uma análise das eleições do Clube Militar em 1984", tese de mestrado, Universidade Federal de Minas Gerais, 1992. Ver também Erving Goffman, *Asylums: Essays on the social situations of mental patients and other inmates*, Chicago, Ill., Aldine, 1962, pp. 4-9.

8. Anthony F. C. Wallace, "Identity and the nature of revolution", em Stefan A. Halper e John R. Sterling (eds.), *Latin America: The dynamics of social change*, Nova York, St. Martin's, 1972, pp. 178-80.

9. Roderick J. Barman, *Brazil: The forging of a nation, 1789-1852*, Stanford, Calif., Stanford University Press, 1988, p. 225. Sobre o funcionamento das parentelas como unidades de poder regional, ver Billy Jaynes Chandler, *The Feitosas and the Sertão dos Inhamuns: The history of a family and a community in Northeast Brazil, 1700-1930*, Gainesville, University of Florida Press, 1972; e Linda Lewin, *Politics and parentela in Paraíba: A case study of family-based oligarchy in Brazil*, Princeton, N. J., Princeton University Press, 1987.

10. Rouquié, *Military and the state*, p. 104.

1. TUMULTO REPUBLICANO [PP. 27-101]

1. A historiografia desses acontecimentos é ampla e crescente. Ver, p. ex., Ernesto Senna, *Deodoro: Subsídios para a História — Notas de um repórter*, Rio de Janeiro, Imprensa Nacional, 1913; George C. A. Boehrer, *Da monarquia à república: história do Partido Republicano no Brasil (1870-89)*, Rio de Janeiro, Ministério da Educação e Cultura, 1954, pp. 275-91; Raimundo Magalhães Jr., *Deodoro: A espada contra o império*, v. 2, *O galo na torre*, São Paulo, Companhia Editora Nacional, 1957, pp. 31-82; Heitor Lyra, *História da queda do Império*, 2 v., São Paulo, Companhia Editora Nacional, 1964, esp. v. 2, pp. 272-88; José Maria Bello, *História da República (1889-1954)*, 5ª ed., São Paulo, Companhia Editora Nacional, 1964, pp. 31-48; June E. Hahner, *Civilian—military relations in Brazil, 1889-1898*, Columbia, S. C., University of South Carolina Press, 1969, pp. 24-33; John Schulz, "O Exército e o Império", em Sérgio Buarque de Holanda e Pedro Moacyr Campos (eds.), *História geral da civilização brasileira*, v. 6, São Paulo, Difusão Européia do Livro, 1971, pp. 235-58; William S. Dudley, "Reform and radicalism in the Brazilian army, 1870-1889", dissertação de Ph.D., Columbia University, 1972; Emília Viotti da Costa, *The Brazilian empire: Myths and histories*, Chicago, Ill., University of Chicago Press, 1985, pp. 202-33; Murilo de Carvalho, *A formação das almas*, pp. 35-54; Renato Lemos, *Benjamin Constant: Vida e história*, Rio de Janeiro, Topbooks, 1999, pp. 368-411. A pintura de Deodoro foi feita com o modelo vivo por Henrique Bernardelli, e uma reprodução de página inteira encontra-se em *Agulhas Negras: Tradição e atualidade do ensino militar no Brasil*, Rio de Janeiro, AC&M Editora, 1993, p. 163.

2. Schulz, "O Exército e o Império", pp. 235-58, esp. p. 239; sobre o Exército como instituição penal, ver o excelente trabalho de Peter M. Beattie, "Transforming enlisted army service in Brazil, 1864-1940: Penal servitude versus conscription and changing conceptions of honor, race and nation", dissertação de Ph.D., University of Miami, 1994, esp. caps. 6 e 7.

3. Senna, *Deodoro*, p. 245. Ele cita dois capitães, um alferes e um cadete como os fornecedores da informação. Para uma clara exposição sobre a Revolta do Vintém, ver Thomas H. Holloway, *Policing Rio de Janeiro: Repression and resistance in a nineteenth-century city*, Stanford, Calif.: Stanford University Press, 1993, pp. 260-62.

4. Holloway, *Policing Rio de Janeiro*, pp. 263-64. As classes inferiores, para quem Castro era um defensor e um herói, saíram às ruas, apedrejaram policiais e tentaram incendiar o prédio do Ministério da Justiça, obrigando o gabinete a encerrar uma reunião e fugir pelos fundos. Ver Nelson Werneck Sodré, *História militar do Brasil*, Rio de Janeiro, Civilização Brasileira, 1965, p. 145.

5. Raimundo Magalhães Jr., *Deodoro: A espada contra o Império*, v. 1., *O aprendiz de feiticeiro*, São Paulo, Companhia Editora Nacional, 1957, pp. 303-16; citação p. 314.

6. O marquês da Gávea era Manoel Antônio da Fonseca Costa (1803-90), que, espantosamente, esteve no Exército por 76 anos! Foi ajudante-general de 1880 a 1888. Alfredo Pretextato Maciel da Silva, *Os generais do Exército brasileiro de 1822 a 1889 (traços biográficos)*, Rio de Janeiro, Biblioteca Militar, 1940, v. 2, pp. 356-60.

7. Schulz, "O Exército e o Império", pp. 235-58 (a análise de Schulz sobre a Questão Militar é a melhor da literatura — clara, concisa e bem documentada). Robert Conrad, *The destruction of Brazilian slavery, 1850-1888*, Berkeley, University of California Press, 1972, pp. 187, 193, 201-2, 218-19.

8. Sérgio Buarque de Holanda, *O Brasil monárquico: Do Império à República*, v. 7, *História geral da civilização brasileira*, São Paulo, Difusão Européia do Livro, 1972, pp. 314-16; Jeanne Berrance de Castro, "A Guarda Nacional", em Sérgio Buarque de Holanda e Pedro Moacyr Campos (eds.), *História geral da civilização brasileira*, v. 6, São Paulo, Difusão Européia do Livro, 1971, pp. 274-98; Holloway, *Policing Rio de Janeiro*, pp. 66-75. Ao que parece, oficiais regulares eram designados para serviços da guarda periodicamente.

9. *Relatório apresentado à Assembléia Geral Legislativa na quarta sessão da vigésima legislatura pelo ministro e secretário de Estado dos Negócios da Guerra Thomaz José Coelho d'Almeida*, Rio de Janeiro, Imprensa Nacional, 1889, pp. 7-8. Em 1888, o efetivo autorizado do Exército para os praças era de 13 500 e, em 1889, de 16 616. Uma reorganização estava em andamento, e o ministro comentou que "não podem atualmente todos os corpos ter o pessoal completo da nova organização" (8).

10. Francisco de Paula Cidade, "O Exército em 1889: Resumo histórico", em Biblioteca Militar, *A República brasileira*, Rio de Janeiro, Almanak Laemmert, 1939, pp. 231-304. Cidade, um coronel, foi um dos melhores historiadores do Exército na faceta dos detalhes intrigantes.

11. João Camillo de Oliveira Tôrres, *A democracia coroada: Teoria política do Império do Brasil*, 2ª ed., Petrópolis, Vozes, 1964, pp. 455-57.

12. Emílio Fernandes de Souza Docca, "A Questão Militar", em Biblioteca Militar, *A República brasileira*, Rio de Janeiro, Almanak Laemmert, 1939, pp. 50-56.

13. Lyra, *História da queda do Império*, v. 2, pp. 35-36.

14. Essa idéia é de Eiko Ikegami, em *The taming of the samurai: Honorific individualism and the making of modern Japan*, Cambridge, Mass., Harvard University Press, 1995, pp. 42-43.

15. John Bushnell, "The Tsarist office corps, 1881-1914: Customs, duties, inefficiency", *American Historical Review* 86, nº 4, out. 1981, p. 759. Ver também Edward M. Coffman, *The old army: A portrait of the American army in peacetime, 1784-1898*, Nova York, Oxford University Press, 1986, pp. 63-66, 69-70.

16. Roberto Kant de Lima, "Bureaucratic rationality in Brazil and in the United States", em David J. Hess e Roberto A. DaMatta (eds.), *The Brazilian puzzle: Culture borderlands of the western world*, Nova York, Columbia University Press, 1995, pp. 260-61.

17. É interessante notar que estudos clássicos das Forças Armadas por Huntington, Lieuwen e Johnson nem ao menos trazem os termos disciplina e obediência em seus índices remissivos. Ver Samuel P. Huntington, *The soldiers and the State: The theory and politics of civil—military relations*, Cambridge, Mass., Harvard University Press, 1957; Edwin Lieuwen, *Arms and politics in Latin America*, Nova York, Praeger, 1960; John J. Johnson (ed.), *The role of the military in under-developed countries*, Princeton, N. J., Princeton University Press, 1962.

18. Senna, Deodoro, p. 10

19. Cláudio Moreira Bento, *O Exército na proclamação da República*, Rio de Janeiro, Senai, 1989, pp. 90-91. O coronel Francisco de Paula Cidade ressaltou a disparidade entre o código disciplinar do Exército e o modo como os oficiais o aplicavam sem juntas ou conselhos formais, decretando por conta própria as punições, incluindo açoitamentos e execuções, para não desperdiçar "papel, tinta ou tempo". A arbitrariedade tendia a gerar contradição entre as regras dos oficiais no comando. Ver Cidade, "O Exército em 1889", pp. 272-76.

20. Lyra, *História da queda do Império*, v. 2, pp. 354-56, 365-69; Charles Simmons, *Marshal Deodoro and the fall of Dom Pedro II*, Durham, N. C., Duke University Press, 1966; Henry H. Keith, *Soldados salvadores: As revoltas militares brasileiras de 1922 e 1924 em perspectiva histórica*, Rio de Janeiro, Biblioteca do Exército, 1989, pp. 41-43. Sobre as motivações dos participantes do golpe, ver William S. Dudley, "Institutional sources of officer discontent in the Brazilian army, 1870-1889", *Hispanic American Historical Review 55*, nº 1, fev. 1974, pp. 44-65; e William S. Dudley, "Professionalism and politization as motivational factors in the Brazilian army coup of 15 November 1889", *Journal of Latin American Studies 8*, nº 1, maio 1976, pp. 101-24.

21. *Almanak ... 1889*, pp. 73-75; fornece local, data de criação, nome do diretor. Para um estudo, ver David L. Wood, "Abortive panacea: Brazilian military settlements: 1850 to 1913", diss. Ph.D., University of Utah, 1972.

22. Benjamin Constant, por seu papel na criação da República, foi promovido a general-de-brigada "por aclamação" em janeiro de 1890 e, ao morrer, em 1891, o governo provisório honrou-o decretando que fosse perpetuado como número 7 na lista dos generais-de-brigada no *Almanaque do Exército*. Sou grato a Peter M. Beattie por compartilhar seu artigo, "National identity and the Brazilian folk: The Sertanejo in Taunay's *A retirada da Laguna*". Beattie observa que os autores educados pelo Exército salientaram-se mais na formação dos símbolos e questões de identidade nacional do que os de países hispano-americanos.

23. Bento, *O Exército na proclamação da República*, p. 64.

24. Francisco Ruas Santos, *Coleção bibliográfica militar*, Rio de Janeiro, Biblioteca do Exército, 1960, pp. 9-125. Alain Rouquié argumentou que o controle do Exército sobre a educação dos oficiais contribuiu para a crescente autonomia das Forças Armadas com relação à esfera civil; ver Rouquié, *Military and the state*, pp. 61-66.

25. Cidade, "O Exército em 1889", pp. 232-304; Bento, *O Exército na proclamação da República*, pp. 80-85.

26. Ildefonse Favé, *Curso de arte militar*, trad. Joaquim Alves da Costa Matos, Rio de Janeiro, Tipografia Militar de Costa & Santos, 1882; resumo e comentários em geral Francisco de Paula Cidade, *Síntese de três séculos de literatura militar brasileira*, Rio de Janeiro, Estabelecimento Gustavo Cordeiro de Faria, 1959, pp. 259-60. Cidade observou que o corpo docente da escola militar não achou necessária a tradução deste livro porque todos os estudantes sabiam francês, mas, apesar dessa oposição, o livro foi traduzido para o uso dos oficiais tarimbeiros que não sabiam francês nem tiveram oportunidade de estudo formal.

27. Sobre o fuzilamento, ver Francisco de Assis Barbosa, *A vida de Lima Barreto*, Rio de Janeiro, José Olympio, 1975, p. 25; Murilo de Carvalho, *A formação das almas*, pp. 75-128.

28. Para uma análise do contexto mais amplo conducente ao golpe, ver Emília Viotti da Costa, *The Brazilian empire: Myths and histories*, Chicago, Ill., University of Chicago Press, 1985, pp. 202-33;

Sérgio Buarque de Holanda, "Do Império à República", *História geral da civilização brasileira*, tomo 2, v. 5, São Paulo, Difel/Difusão, 1972, p. 224; João Quartim de Moraes, *A esquerda militar no Brasil: Da conspiração republicana à guerrilha dos tenentes*, São Paulo, Siciliano, 1991, pp. 39-49; Renato Lessa, *A invenção republicana: Campos Sales, as bases e a decadência da Primeira República brasileira*, São Paulo, Vértice, 1988, pp. 23-46.

28. O romance *Esaú e Jacó*, de Machado de Assis, captou a resposta ambivalente do público à mudança de regime na situação do dono de confeitaria que acabara de afixar o novo letreiro "Confeitaria do Império" e temia perder os clientes monarquistas se o removesse ou os clientes republicanos se o mantivesse, e vice-versa se mudasse o letreiro para "Confeitaria da República", por isso acabou cogitando em usar seu nome para batizar o estabelecimento: "Confeitaria do Custódio".

29. Barbosa, *A vida de Lima Barreto*, pp. 26-30.

30. Magalhães, *O galo na torre*, pp. 134-37.

31. Ibid., pp. 207-26. Benjamin Constant foi o grande perdedor nessas lutas internas.

32. Ibid., pp. 238-57; Edgard Carone, *A República Velha*, v. 2, *Evolução política*, São Paulo, Difusão Européia do Livro, 1972, p. 71.

33. Uma fonte mexicana informou que Blaine forneceu dinheiro a Deodoro para comprar votos no Congresso; ver Daniel Cosío Villegas, *Historia moderna de México*, México, D. F., Editorial Hermes, 1954-74, v. 6, p. 700.

34. Alfred Stepan, *Military in politics*, pp. 75-77.

35. Carone, *A República Velha*, v. 2, pp. 54-78.

36. Ver June E. Hahner, *Civilian—military relations in Brazil*, pp. 56-72; um romance que capta com precisão o clima da luta no Rio Grande é *O tempo e o vento*, de Erico Verissimo; a melhor abordagem acadêmica é a de Joseph L. Love, *Rio Grande do Sul and Brazilian regionalism, 1882-1930*, Stanford, Calif., Stanford University Press, 1971, pp. 57-75; e Bello, *História da República*, pp. 130-47. Os massacres perpetrados pelo coronel do Exército Antônio Moreira César em Santa Catarina mostram que os maus-tratos a prisioneiros não eram cometidos somente por gaúchos iletrados.

37. Hélio Silva, *1889: A República não esperou o amanhecer*, Rio de Janeiro, Civilização Brasileira, 1972, pp. 170, 196; Carlos Eugênio de Andrade Guimarães, *Arthur Oscar, soldado do Império e da República*, Rio de Janeiro, Biblioteca do Exército, 1965, pp. 102-15.

38. Muitos desses homens permaneceriam por muito tempo na ativa. Prudente de Morais trouxe de volta ao serviço ativo os expulsos do Exército. Ambos os lados contribuíram para a liderança subseqüente no Exército. Mallet e Setembrino de Carvalho tornaram-se ministros da Guerra. Arthur Oscar derrotou Canudos e Piragibe combateu a revolta na escola militar de 1904.

39. O cerco de 26 dias terminou com a morte do comandante da Lapa, coronel Antônio Ernesto Gomes Carneiro. Creditou-se à resistência ter desencorajado o avanço dos federalistas sobre São Paulo, um evento tão importante para os florianistas que um painel de bronze no monumento a Floriano no Rio de Janeiro foi dedicado a Gomes Carneiro. José Feliciano Lobo Vianna (ed.), *Guia militar para o anno de 1898*, Rio de Janeiro, Imprensa Nacional, 1897, p. 289. O panegírico comparou a resistência da Lapa a um quebra-mar que barrava as ondas daquela "tempestade de crimes". "Que vergonha, senhores inimigos da República!" (Arthur Vieira Peixoto, *Floriano, biografia do marechal Floriano Peixoto*, Rio de Janeiro, Ministério da Educação, 1939, pp. 405-9). Os dois lados usaram gaúchos uruguaios, muitos das estâncias pertencentes a brasileiros no outro lado da fronteira.

40. Bello, *História da República*, pp. 130, 154-55, 172; Hélio Silva, 1889, pp. 232-33, 243-45; para

análise das execuções na ilha de Anhatomirim, ver Carlos Humberto Corrêa, *Militares e civis num governo sem rumo: O governo provisório revolucionário no Sul do Brasil, 1893-1894*, Florianópolis, Ed. UFSC & Ed. Lunardelli, 1990, pp. 141-48. Para Corrêa, não está claro quem ordenou as execuções, e o número de mortos, apesar de incerto, foi pequeno. Parte da violência no Rio Grande deveu-se a vingança pessoal. Afirmou-se que Adão de Latorre, que degolou republicanos capturados pouco antes do ataque a Bagé, estava vingando o estupro brutal de sua esposa e filhos por aqueles mesmos homens; John C. Chasteen, *Heroes on horseback: A life and times of the last gaucho caudillos*, Albuquerque, University of New Mexico Press, 1995, pp. 108-9; Love, Rio Grande do Sul, pp. 60-71.

41. Bello, *História da República*, p. 155.

42. Steven C. Topik, *Trade and gunboats: The United States and Brazil in the age of empire*, Stanford, Calif., Stanford University Press, 1996, pp. 102-3; José Afonso Mendonça Azevedo, *Vida e obra de Salvador de Mendonça*, Rio de Janeiro, Ministério das Relações Exteriores, 1971, esp. pp. 380-81.

43. Topik, *Trade and gunboats*, pp. 126-27. O Instituto Naval dos Estados Unidos também comparou os navios brasileiros aos da Marinha americana em 1893; ver idem, nota 22.

44. Ibid., p. 126.

45. Ibid., pp. 124-27.

46. Ibid., pp. 128-30; June E. Hahner, "Jacobinos versus galegos: Urban radicals versus Portuguese immigrants in Rio de Janeiro in the 1890s", *Journal of Interamerican Studies and World Affair* 18, nº 2, maio 1976, pp. 129-30.

47. Teresa A. Meade abre seu livro com uma descrição da violência nas ruas em 11-12 de setembro de 1893, mas não leva em conta que isso aconteceu depois de a Revolta da Armada ter começado, em 6 de setembro. Ver Teresa A. Meade, *"Civilizing" Rio: Reform and resistance in a Brazilian city, 1889-1930*, University Park: Pennsylvania State University Press, 1997, pp. 1-2, 51-54.

48. Sobre o traje civil, ver Carone, *A República Velha*, p. 76; *Jornal do Brasil*, Rio de Janeiro, 30 jun. 1895, reproduzido em Arthur Vieira Peixoto, *Floriano*, pp. 315-17.

49. Citado em Topik, *Trade and gunboats*, p. 156.

50. Ibid., p. 163.

51. Citado em ibid., p. 147.

52. Para um relato completo dos acontecimentos delineados nos três últimos parágrafos, ver ibid., pp. 135-77.

53. Bello, *História da República*, p. 160.

54. Edgard Carone, *A República Velha*, v. 1, *Instituições e classes sociais*, São Paulo, Difusão Européia do Livro, 1972, p. 358.

55. Jehovah Motta, *Formação do oficial do Exército: Currículos e regimes na academia militar, 1810-1944*, Rio de Janeiro, Companhia Brasileira de Artes Gráficas, 1976, pp. 249-50.

56. Ibid.

57. Floriano Peixoto, Mensagem ao Congresso, Rio de Janeiro, 7 maio 1894, em Câmara dos Deputados, *Mensagens presidenciais, 1890-1910*, Brasília, Câmara dos Deputados, 1978, p. 101.

58. Motta, *Formação do oficial*, p. 251.

59. Ministério da Guerra, *Relatório apresentado ao presidente da República dos Estados Unidos do Brasil pelo general-de-divisão Bernardo Vasques, ministro de Estado dos Negócios da Guerra em maio de 1895*, Rio de Janeiro, Imprensa Nacional, 1895, pp. 19-23. Doravante a forma para citar todos os relatórios ministeriais será MG, *Relatório ... Vasques ... 1895* (substituindo-se devidamente o nome do ministro e

a data); MG, *Relatório ... Vasques ... 1896*, pp. 17-18. Prudente J. de Morais Barros, Rio de Janeiro, 3 maio 1895, Mensagem ao Congresso, em Câmara dos Deputados, *Mensagens presidenciais, 1890-1910*, pp. 116-18. Dados sobre a carreira do general Mendes Ourique Jacques em *Almanaque do Exército, 1895*. Sobre o funeral de Floriano, ver Arthur Vieira Peixoto, *Floriano*, esp. p. 223. Para os efeitos da insubordinação na escola sobre a política nacional, ver Hahner, *Civilian—military relations in Brazil*, pp. 160-62.

59. Usei o termo *estudantes militares* em vez de *cadetes* porque o título de cadete era associado à monarquia e fora proibido; ademais, a Escola Militar, na época, não era meramente uma escola para candidatos a oficiais, mas uma instituição que oferecia um programa preparatório, um programa geral de estudos e programas para infantaria, cavalaria e artilharia. Era freqüentada por oficiais que desejavam ampliar sua educação e por soldados (os "praças de pré") que aspiravam a patentes de oficial. Entre os alunos havia, inclusive, oficiais superiores. Em 1896, o major Tristão de Alencar Araripe e o tenente-coronel Alberto Ferreira de Abreu receberam seus diplomas de bacharel juntamente com outros sete oficiais. Ver MG, *Relatório ... Vasques ... 1896*, p.18. Parece ter sido comum a prática de oficiais superiores voltarem aos estudos; Floriano Peixoto recebeu seu diploma em 1871, quando era tenente-coronel com catorze anos de serviço.

60. O general Medeiros Mallet, que Floriano exonerara, seria nomeado para uma tarefa importante em 1896: redigir a regulamentação para o novo Estado-Maior do Exército; e posteriormente, em novembro de 1897, seria promovido a general-de-divisão enquanto Arthur Oscar, ardoroso florianista e conquistador de Canudos, permaneceria com sua patente congelada.

61. MG, *Relatório ... Vasques ... 1896*, pp. 3-4.

62. MG, *Relatório ... Argollo ... 1897*, p. 3

63. O Exército estava dividido quanto a várias questões internas e externas. June Hahner, em *Civilian—military relations in Brazil, 1889-1898*, argumenta que Prudente selecionava seus ministros da Guerra com base em seu comprometimento com o governo civil para ajudar a despolitizar o Exército (p. 152). O crescente profissionalismo levaria à despolitização. Dessa perspectiva, o Exército teria ingressado na política por ter sido menosprezado pelo governo imperial.

64. MG, *Relatório ... Vasques ... 1895*, pp. 4-5.

65. Ibid., pp. 4-16; *Relatório ... Vasques ... 1896*, pp. 4-5. A comissão que redigiu a regulamentação sobre o Estado-Maior do Exército e o Quartel-Mestre foi composta pelo general-de-brigada João Nepomuceno de Medeiros Mallet (que retornara ao Exército em outubro de 1895), major Pedro Ivo da Silva Henriques e major Francisco de Paula Borges Fortes. Foi nomeada em outubro de 1896 e apresentou suas recomendações em maio de 1897 (*Relatório ... Argollo ... 1897*, p. 4).

O Exército dos Estados Unidos também estava discutindo seu futuro na década de 1890; ver James L. Abrahamson, *America arms for a new century: The making of a great military power*, Nova York, Free Press, 1981, pp. 19-62.

66. Os estudiosos fascinam-se desde então com o líder da comunidade, Antônio Conselheiro. Embora tenham sido produzidas as costumeiras memórias de veteranos de campanha, o lado militar do episódio foi suplantado pelas esferas sociológica, religiosa e política. Maria Isaura Pereira de Queiroz, *O messianismo no Brasil e no mundo*, São Paulo, Dominus Editora, 1965, pp. 200-219; Douglas Teixeira Monteiro, "Um confronto entre Juazeiro, Canudos e Contestado", em Boris Fausto (ed.), *História geral da civilização brasileira*, Rio de Janeiro, DIFEL/Difusão, 1977, v. 9, pp. 58-71; Ralph della Cava, "Brazilian messianism and national institutions: a reappraisal of Canudos and Joaseiro", *His-*

panic American Historical Review 48, n⁰ 3, ago. 1968, pp. 402-20; Hahner, *Civilian—military relations in Brazil*, pp. 171-79. Edmundo Moniz, em *A guerra social de Canudos*, Rio de Janeiro, Civilização Brasileira, 1978, atenta para os aspectos político-militares, mas infelizmente o livro não é anotado. O melhor resumo das interpretações correntes é o de Robert M. Levine, "'Mud-hut Jerusalem': Canudos revisited", *Hispanic American Historical Review* 68, n⁰ 3, ago. 1988, pp. 525-72; e Robert M. Levine, *Vale of tears: Revisiting the Canudos massacre in northeastern Brazil, 1893-1897*, Berkeley, University of California Press, 1992.

67. Levine, *Vale of tears*, pp. 4, 8; Levine, "'Mud-hut Jerusalem'", pp. 545-46; a parte de combate do tenente Pires Ferreira é citada na íntegra em Tristão de Alencar Araripe, *Expedições militares contra Canudos: Seu aspecto marcial*, 2ª ed., Rio de Janeiro, Biblioteca do Exército, 1985, pp. 9-21; e Luiz Vianna ao Ministro da Guerra Dionísio Cerqueira (14 dez. 1896), também citado em Araripe, *Expedições militares contra Canudos*, p. 35; Euclides da Cunha, *Os sertões*, pp. 342-50, em Silviano Santiago (org.), *Intérpretes do Brasil*, v. I, Rio de Janeiro, Nova Aguilar, 2002. Morreram cerca de 150 sertanejos. O livro de Araripe inclui excertos de partes de combate de oficiais e é mais acurado com respeito a muitos detalhes militares do que o célebre livro de Euclides da Cunha.

68. Ver Cunha, *Os sertões*.

69. Della Cava, "Brazilian messianism", p. 411.

70. Ibid., p. 407; Cunha, *Os sertões*, pp. 309-13.

71. Teixeira Monteiro, "Um confronto", p. 68. A teologia trinitária de Conselheiro seguia a clássica seqüência da criação, elevação, pecado, punição, promessa, remissão e reconciliação. Seus escritos preservados encontram-se em Ataliba Nogueira, *Antônio Conselheiro e Canudos: Revisão histórica*, São Paulo, Companhia Editora Nacional, 1974.

72. Ver Moniz, *A guerra social de Canudos*: "Na *Utopia*, de Thomas More, estava a origem histórica e ideológica de Canudos", p. 253.

73. Della Cava, "Brazilian messianism", p. 411.

74. Ibid., pp. 412-14. Rui Facó acertou ao atribuir aos fazendeiros um grande interesse na destruição de Canudos, mas a situação foi mais complexa do que um mero antagonismo entre sertanejos rebeldes e fazendeiros. No entanto, em última análise, a ação do Exército ajudou a preservar o sistema socioeconômico vigente na região. Ver Rui Facó, *Cangaceiros e fanáticos, gênese e lutas*, Rio de Janeiro, Civilização Brasileira, 1976, p. 90: "os grandes fazendeiros [...]. Eram os principais interessados no assalto a Canudos, no esmagamento dos 'revoltosos' que tão mau exemplo transmitiam aos demais explorados do campo". Para as complexidades da política baiana, ver Consuelo Novais Sampaio, "Repensando Canudos: O jugo das oligarquias", *Luso-Brazilian Review* 30, n⁰ 2, inverno 1993, pp. 97-113. Sobre o papel dos coronéis rurais, ver Victor Nunes Leal, *Coronelismo, enxada e voto, o município e o regime representativo no Brasil*, São Paulo, Alfa-Ômega, 1976; e Maria Isaura Pereira de Queiroz, *O mandonismo local na vida política brasileira e outros ensaios*, São Paulo, Alfa-Ômega, 1976, pp. 163-216.

75. Araripe, *Expedições militares contra Canudos*, pp. 9-11. Sólon citou o princípio do direito brasileiro: "O que a lei não especifica, ninguém tem direito de especificar".

76. A parte de combate de Pires Ferreira é citada na íntegra em Araripe, *Expedições militares contra Canudos*, pp. 14-18.

77. Araripe, *Expedições militares contra Canudos*, pp. 23-38. A certa altura na disputa de Vianna e Sólon, o governador destacou a polícia estadual da força e ordenou seu avanço para Monte Santo (p. 32). Febrônio de Brito ao coronel Saturnino Ribeiro da Costa (comandante do 3⁰ Distrito Militar),

Monte Santo, 24 jan. 1897, em Henrique Duque-Estrada de Macedo Soares, *A guerra de Canudos*, 1903, reimpressão em 1959, Rio de Janeiro, Biblioteca do Exército, pp. 9-13. Consuelo Novais Sampaio situou o general Sólon e o major Febrôno e seu comportamento no contexto da política estadual baiana; ver "Repensando Canudos", pp. 108-9.

78. Cunha, *Os sertões*, pp. 217-27.

79. Ibid., p. 365.

80. Ibid., p. 369.

81. Ibid., p. 370-75; e Febrônio de Brito ao coronel Saturnino Ribeiro da Costa Jr. (Comandante do 3º Distrito Militar), Monte Santo, 24 jan. 1897, em Macedo Soares, *A guerra de Canudos*, pp. 9-13.

82. Cunha, *Os sertões*, p. 450. Marcos Evangelista da Costa Villela Jr., *Canudos: Memórias de um combatente*, São Paulo, Marco Zero, 1988, p. 21.

83. Manuel Benício, Canudos, 24 jul. 1897, *Jornal do Comércio*, Rio de Janeiro, 7 ago. 1897, em Walnice Nogueira Galvão, *No calor da hora: A guerra de Canudos nos jornais, 4ª Expedição*, São Paulo, Ática, 1974, p. 263.

84. Macedo Soares, *A guerra de Canudos*, p. 11.

85. Cunha, *Os sertões*, p. 379.

86. Moniz, *A guerra social de Canudos*, pp. 133-34. Essa força somou-se a seu 7º Batalhão de Infantaria, ao reconstituído 9º de Infantaria, ao desfalcado 16ª de Infantaria de São João del Rei, parte do 33º de Infantaria, uma bateria do 2º Regimento de Artilharia e um esquadrão do 9º de Cavalaria.

87. Umberto Peregrino, *"Os sertões" como história militar*, Rio de Janeiro, Biblioteca do Exército, 1956, pp. 70-71.

88. Moniz, *A guerra social de Canudos*, p. 134. Vianna opusera-se à candidatura de José Joaquim Seabra, que fora impulsionada pelo vice-presidente Manuel Vitoriano; ver João Dunshee de Abranches, *Como se faziam presidentes: Homens e fatos do início da República*, Rio de Janeiro, José Olympio, 1973, pp. 12-13.

89. Moniz, *A guerra social de Canudos*, p. 139. Ver também Macedo Soares, *A guerra de Canudos*, p. 22.

90. Moniz, *A guerra social de Canudos*, pp. 140-41. O dr. Ferreira Nunes comentou: "Os ataques hão de repetir-se cada vez mais amiúde, e, se ele tem o incômodo em momentos de combate, pode nos ser fatal".

91. Cunha, *Os sertões*, p. 398; a unidade de artilharia encontrou dificuldade especial porque teve de abrir caminho para os quatro canhões Krupp e empurrá-los quando as mulas não conseguiam ou não queriam puxá-los montanha acima; ver Villela, *Canudos: Memórias de um combatente*, pp. 16-19.

92. Cunha, *Os sertões*, p. 405; Villela, *Canudos: Memórias de um combatente*, pp. 20-21. Este último observa que, de quando em quando, durante essa marcha, os sertanejos disparavam contra os soldados.

93. Araripe, *Expedições militares contra Canudos*, pp. 58-62, 68-69; Villela, *Canudos: Memórias de um combatente*, pp. 21-23. Os vários relatos de participantes mencionam momentos diferentes em que o coronel teria sido ferido.

94. Araripe, *Expedições militares contra Canudos*, pp. 62-69; Macedo Soares, *A guerra de Canudos*, pp. 19-27 (Macedo Soares escreveu que o "arquivo" da expedição foi preservado, mas não indicou onde ele estava, e não encontrei nenhuma outra referência a respeito; ver p. 27); Villela, *Canudos: Memórias de um combatente*, pp. 23-32.

95. Citado em Cunha, *Os sertões*, p. 416.

96. Posteriormente, boatos e propaganda do governo diriam que os monarquistas estavam fornecendo armas modernas aos sertanejos, mas está claro que o armamento moderno que lhes caiu nas mãos veio de seus atacantes. Ver o relato do repórter Favila Nunes em *Gazeta de Notícias*, Bahia, 17 out. 1897, em Galvão, *No calor da hora*, p. 203. De início, Euclides da Cunha não conseguia acreditar que essa teria sido a fonte das armas. Ver seu livro *Canudos, diário de uma expedição*, Rio de Janeiro, José Olympio, 1939. Ver também Araripe, *Expedições militares contra Canudos*, pp. 60-75. Um sobrevivente desse desastre, sargento da bateria de artilharia que retornou depois com a última expedição, mencionou que os oficiais deixaram os praças pelo caminho para que se salvassem por seus próprios meios; ele próprio demorou quinze dias para chegar a Queimadas; Villela, *Canudos: Memórias de um combatente*, pp. 23-51.

97. Thomas Thompson (ministro dos Estados Unidos), Petrópolis, 12 mar. 1897, Despacho nº 550: "Opposition to the government by religious fanatics in Bahia", Department of State Records, Microfilm vol. 60, Sept. 18, 1896-Aug. 31, 1897, Roll 62, NA. Thompson observou: "Não há dúvida de que esse bando é antagônico à República, mas a meu ver não tem condições de dar auxílio material aos esforços dos monarquistas para restaurar o império". Ele salientou que os informes sobre ajuda dos monarquistas a Canudos eram "um tremendo exagero". Hahner afirma, em *Civilian—military relations in Brazil*, que os assassinos eram oficiais (p. 172). Para uma lista dos nomes e as citações de *O Estado de S. Paulo*, ver Maria de Lourdes Mônaco Janotti, *Os subversivos da República*, São Paulo, Brasiliense, 1986, pp.139-45 e n. 90.

98. Moniz, *A guerra social de Canudos*, pp. 153-58; Janotti, *Os subversivos da República*, pp. 138-39, discute as três correntes republicanas que se combinavam e se chocavam na época. Os castilhistas do Rio Grande do Sul defendiam o federalismo como um modo de assegurar a centralização de poder na esfera estadual; a corrente militarista florianista preconizava uma presidência autoritária, talvez ao extremo de uma ditadura; e a "burguesia" paulista, com seus interesses na cafeicultura e suas ligações com o capital internacional, favorecia o governo oligárquico e conservador com controle civil das Forças Armadas.

99. Moniz, *A guerra social de Canudos*, pp. 158-59.

100. Mensagem de Prudente de Morais ao Congresso, Rio de Janeiro, 3 maio 1897, em Câmara dos Deputados, *Mensagens presidenciais, 1890-1910*, Brasília, Câmara dos Deputados, 1978, p. 152. "Canudos vai ser atacado em condições de não ser possível novo insucesso: dentro em pouco a divisão do Exército, ao mando do general Arthur Oscar, destroçará os que ali estão envergonhando nossa civilização".

101. Hélio Silva, *1889*, pp. 272-73; Dunshee de Abranches, *Como se faziam presidentes*, pp. 34-35; Raymundo Faoro, *Os donos do poder, formação do patronato político brasileiro*, Porto Alegre e São Paulo, Globo e Ed. da Universidade de São Paulo, 1975, v. 2, p. 558; Vianna, *Guia militar para o anno de 1898*, pp. 315, 318, 320; a Tabela 1.2 baseia-se em MG, *Relatórios, 1895, 1896, 1897, 1898*.

102. MG, *Relatório ... Mallet ... 1899*, p. 66. O carregamento partiu de Hamburgo em 5 de maio. Para o armamento de Canudos, ver Macedo Soares, *A guerra de Canudos*, p. 45.

103. Dunshee de Abranches, *Como se faziam presidentes*, pp. 34-35; MG, *Relatório ... Cantuária ... 1898*, pp. 4-5, 16-17. Os estudantes militares solicitaram que suas punições fossem reconsideradas porque eles "representavam a República", ao que o ministro replicou que a "República eram todos os seus cidadãos" (Janotti, *Os subversivos da República*, pp. 148-49.

104. MG, *Relatório ... Cantuária ... 1898*, p. 18.

105. *Folha da Tarde*, Rio de Janeiro, 17 jul. 1897, em Galvão, *No calor da hora*, p. 35.

106. Vianna, *Guia militar para o anno de 1898*, p. 396. Para os modos como o recrutamento militar recaía sobre os pobres nas décadas anteriores, ver Joan E. Meznar, "The ranks of the poor: Military service and social differentiation in Northeastern Brazil, 1830-1875", *Hispanic American Historical Review* 72, nº 3, ago. 1992, pp. 335-51.

107. MG, *Relatório ... Argollo ... 1897*, p. 9. Por exemplo, o Batalhão Tiradentes, associado ao arqui-republicano Clube Tiradentes, fora dispensado em 24 de março de 1897.

108. MG, *Relatório ... Cantuária ... 1898*. Ver tabela no Anexo C, "Repartição de Ajudante General, Mappa da força do Exército, segundo a lei de fixação vigente no anno de 1897, de acordo com os ultmos mappas parciaes". Com data de 31 dezembro 1897, a tabela mostra os efetivos e localizações das unidades. Em 1897 havia oitenta segundos-tenentes, 1096 alferes e nove alferes-alunos que foram mencionados também na lista extraordinária.

109. Beattie, "Transforming enlisted army service", pp. 300-301.

110. *Folha da Tarde*, Rio de Janeiro, 17 jul. 1797, em Galvão, *No calor da hora*, p. 34.

111. *A Bahia*, Salvador, 12 set. 1897, em Galvão, *No calor da hora*, p. 43.

112. Galvão, *No calor da hora*, p. 36. Joseph Love afirmou que muitos dos gaúchos uruguaios que seguiram seus patrões federalistas brasileiros em incursões no Rio Grande em 1893 provinham de um departamento no Uruguai povoado por espanhóis vindos de Maragatoría, daí o nome maragatos. Ver Love, *Rio Grande do Sul*, p. 62. Para uma discussão sobre o termo jagunço, ver Maria Isaura Pereira de Queiroz, *O mandonismo*, pp. 219-28.

113. Os batalhões enviados para Salvador eram o 14º, de Pernambuco, o 5º, do Maranhão, o 27º, da Paraíba, o 25º e o 30º, do Rio Grande do Sul, e o 9º e o 16º, da Bahia. Os despachados para Sergipe eram o 12º de Infantaria e uma bateria do 5º de Artilharia, do Rio de Janeiro, e o 31º e 32º batalhões, do Rio Grande do Sul; foram adicionados ao 26º de Infantaria de Sergipe, ao 33º de Alagoas, 34º do Rio Grande do Norte e 35º do Piauí. *Relatório ... Cantuária ... 1898*, Anexo A, "Forças em operações na Bahia". Esse documento contém partes de combate e listas de unidades, além de listas de mortos e feridos.

114. MG, *Relatório ... Argollo ... 1897*, p. 9; e *Relatório ... Cantuária ... 1898*, Anexo A, "Forças em operações na Bahia", pp. 8, 12, 19.

115. General-de-brigada Cláudio do Amaral Savaget, Salvador, 6 ago. 1897, "Relatório", em MG, *Relatório ... Cantuária ... 1898*, Anexo A, "Forças em operações na Bahia", p. 13.

116. Savaget, Salvador, 6 ago. 1897, "Relatório", em MG, *Relatório ... Cantuária ... 1898*, Anexo A, "Forças em operações na Bahia", p. 14. Savaget foi forçado a uma parada de sete dias em fins de junho em uma localidade chamada Simão Dias, para que seu fornecedor pudesse organizar seu transporte, e também em razão dos "muitos casos de estropeamento de praças, devido não só aos péssimos caminhos, pedregosos e lamacentos, como também e principalmente pela falta de hábito dos nossos soldados às marchas prolongadas a pé descalço".

117. Cidade, "O Exército em 1889", p. 247. "Quando as tropas marchavam para a guerra, a mulher e os filhos acompanhavam o soldado." Para números, ver Macedo Soares, *A guerra de Canudos*, p. 88. Não faz diferença, aqui, se as mulheres eram esposas legítimas dos soldados ou apenas vivandeiras.

118. Savaget, Salvador, 6 ago. 1897, "Relatório", em MG, *Relatório ... Cantuária ... 1898*, Anexo A, "Forças em operações na Bahia", p. 15.

119. Ibid., p. 16.

120. Ibid., p. 17.

121. Benício, *Jornal do Comércio*, Rio de Janeiro, 9 ago. 1897, em Galvão, *No calor da hora*, p. 297.

122. Lelis Piedade, *Jornal de Notícias*, Bahia, 7 set. 1897, em Galvão, *No calor da hora*, p. 345. Essa mulher era companheira de um soldado do 4º Batalhão de Polícia da Bahia.

123. Savaget, Salvador, 6 ago. 1897, "Relatório", em MG, *Relatório ... Cantuária ... 1898*, Anexo A, "Forças em operações na Bahia", p. 18.

124. Benício, *Jornal do Comércio*, Rio de Janeiro, 9 ago. 1897, em Galvão, *No calor da hora*, p. 297.

125. Savaget, Salvador, 6 ago. 1897, "Relatório", em MG, *Relatório ... Cantuária ... 1898*, Anexo A, "Forças em operações na Bahia", p. 19.

126. Benício, *Jornal do Comércio*, Rio de Janeiro, 3 ago. 1897, em Galvão, *No calor da hora*, pp. 240-41.

127. Capitão Alberto Gavião Pereira Pinto ao tenente-coronel Emygdio Dantas Barreto (C. O. 3ª Brigada), Favela, 30 jun. 1897, em MG, *Relatório ... Cantuária ... 1898*, Anexo A, "Forças em operações na Bahia", pp. 85-87; general-de-brigada João da Silva Barbosa, Favela, 17 jul. 1897, "Relatório", em ibid., pp. 69-72; Cunha, *Os sertões*, p. 452. As baixas no 7º ocorreram durante a luta em 28 de julho quando o Exército tentou atacar. O segundo major baleado foi Carlos Frederico de Mesquita, que posteriormente, como general, comandaria as operações iniciais no Contestado (ver cap. 3).

128. O incidente com a artilharia envolveu uma demonstração de enorme coragem e determinação. Anteriormente, no dia 28, o sargento de artilharia Marcos Evangelista da Costa Villela Jr. fora levado ao hospital em uma trincheira na retaguarda, e ali, segurando-o de encontro ao muro de terra, os médicos extraíram um estilhaço de seu braço sem anestesia e aplicaram ácido na ferida para estancar o sangramento. Depois de recuperar-se da dor excruciante e com o braço imobilizado preso ao corpo com bandagens, ele voltou à batalha. Juntou um grupo de homens do destacamento de polícia baiana, inexperientes em artilharia, e pôs para trabalhar o agora solitário canhão em sua tarefa mortífera. Seria o responsável por rechaçar um dos principais ataques dos sertanejos naquele dia. Ele fez menção à ordem do coronel para fuzilar covardes. Ver Vilella, *Canudos: Memórias de um combatente*, pp. 64-68.

129. Savaget, Salvador, 6 ago. 1897, "Relatório", em MG, *Relatório ... Cantuária ... 1898*, Anexo A, "Forças em operações na Bahia", p. 20.

130. Benício, *Jornal do Comércio*, Rio de Janeiro, 3 ago. 1897, em Galvão, *No calor da hora*, p. 245.

131. Ibid., 8 ago. 1897, em Galvão, *No calor da hora*, p. 290.

132. Cunha, *Os sertões*, p. 476.

133. Manuel Benício afirmou o mesmo em *Jornal do Comércio*, Rio de Janeiro, 3 ago. 1897, em Galvão, *No calor da hora*, p. 244.

134. John Reed, *Insurgent Mexico*, Nova York, D. Appleton, 1914. Não existe para o Brasil um estudo comparável ao de Elizabeth Salas, *Soldaderas in the Mexican military: Myth and history*, Austin, University of Texas Press, 1990.

135. Benício, *Jornal do Comércio*, Rio de Janeiro, 8 e 9 ago. 1897, em Galvão, *No calor da hora*, pp. 290-91, 299-300; Macedo Soares, *A guerra de Canudos*, pp. 183-84, 187-89; Cunha, *Os sertões*, pp. 476-78; Villela, *Canudos: Memórias de um combatente*, pp. 69-73. Esta última fonte dizia que ele subsistiu por

catorze dias com sebo de canhão, lima e nacos de carne, e que uma ocasião, vergonhosamente, roubou da comida que estava sendo preparada.

136. Benício, *Jornal do Comércio*, Rio de Janeiro, 10 ago. 1897, em Galvão, No calor da hora, pp. 305, 312.

137. Cunha, *Os sertões*, p. 480.

138. Macedo Soares, *A guerra de Canudos*, pp. 35-36, 39. Euclides da Cunha mencionou Pajeú várias vezes em *Os sertões*. O sertanejo que guiou a expedição, "capitão" Jesuíno, considerava Pajeú o responsável por mortes de parentes seus e, para vingar-se, ofereceu seus serviços; Villela, *Canudos: Memórias de um combatente*, pp. 83-84.

139. Benício, *Jornal do Comércio*, Rio de Janeiro, 3, 4 e 8 ago. 1897, em Galvão, *No calor da hora*, pp. 247, 252, 294.

140. General-de-brigada João da Silva Barbosa a general-de-brigada Arthur Oscar de Andrade Guimarães, Canudos, 7 ago. 1897, em MG, *Relatório ... Cantuária ... 1898*, Anexo A, "Forças em operações na Bahia", pp. 60-64. Benício, *Jornal do Comércio*, Rio de Janeiro, 6 ago. 1897, em Galvão, *No calor da hora*, pp. 257-60.

141. Macedo Soares, *A guerra de Canudos*, pp. 233-37.

142. Ibid., p. 246.

143. Benício, *Jornal do Comércio*, Rio de Janeiro, 6 ago. 1897, em Galvão, *No calor da hora*, p. 262; Moniz, *A guerra social de Canudos*, p. 219.

144. Benício, *Jornal do Comércio*, Rio de Janeiro, 23 out. 1897, em Galvão, *No calor da hora*, pp. 366-38.

145. *Diário de Notícias*, Bahia, 24 ago. 1897 (datado na notícia como Canudos, de 13 ago. 1897), em Galvão, *No calor da hora*, pp. 122-23.

146. Macedo Soares, *A guerra de Canudos*, pp. 275-76.

147. Como a maioria partiu contando apenas com suas próprias forças e ração para três dias que não bastariam para alimentar um homem por um único dia, muito menos pelos cinco que demorava a jornada até Monte Santo, evacuar não é um termo apropriado para descrever a horrível retirada dos incapacitados.

148. Macedo Soares, *A guerra de Canudos*, pp. 177-79, 249-54; Cunha, *Canudos, diário*, 119-20; e Cunha, *Os sertões*, pp. 579-80; Galvão, *No calor da hora*, pp. 281, 292, 332-33. Alguns feridos passavam a noite em claro no caminho, guardando seus burros dos outros soldados, e alguns alugavam animais de civis; Villela, *Canudos: Memórias de um combatente*, pp. 84-87.

149. Benício, *Jornal do Comércio*, Rio de Janeiro, 9 ago. e 6 out. 1897, em Galvão, *No calor da hora*, pp. 298, 333; ver também a análise de Galvão nas pp. 113-114.

150. Ver Jonas Correia, introdução a Macedo Soares, *A guerra de Canudos* (ed. 1959), pp. xxi-xxii.

151. Benício, *Jornal do Comércio*, Rio de Janeiro, 4 ago. 1897, em Galvão, *No calor da hora*, p. 253.

152. Moniz, *A guerra social de Canudos*, pp. 195-99.

153. Essas frases típicas são do coronel Pedro Antônio Nery (34º Batalhão de Infantaria) ao cidadão coronel Julião Augusto da Serra Martins (C. O. 5ª Brigada), Canudos, 29 jun. 1897, em MG, *Relatório ... Cantuária ... 1898*, Anexo A, "Forças em operações na Bahia", p. 37; e tenente-coronel Emygdio Dantas Barreto (C. O. 1ª Brigada) ao general-de-brigada João da Silva Barbosa, Canudos, 4 ago. 1897, em ibid., pp. 65-69. O termo republicano "cidadão" apareceu freqüentemente na correspondência do Exército na década de 1890.

154. Moniz, *A guerra social de Canudos*, p. 201.

155. Macedo Soares, *A guerra de Canudos*, p. 224.

156. Coronel Antônio Olympio da Silveira (C. O. Brigada de Artilharia) a general-de-brigada João da Silva Barbosa, forte Sete de Setembro (Canudos), 5 out. 1897, em MG, *Relatório ... Cantuária ... 1898*, anexo A, "Forças em operações na Bahia", pp. 138-40; Cunha, *Os sertões*, pp. 556-60; ver também Cunha, *Canudos, diário*, pp. 69, 80, 92-93; Lelis Piedade, *Jornal de Notícias*, Bahia, 18 set. 1897, em Galvão, *No calor da hora*, p. 378 (descreve uma degola); Macedo Soares, *A guerra de Canudos*, pp. 312-13, 334-35, 387-88, 391-95.

157. Macedo Soares, *A guerra de Canudos*, p. 394.

158. Cunha, *Os sertões*, p. 560.

159. Macedo Soares, *A guerra de Canudos*, p. 262.

160. Correia, introdução, pp. xiv-xvi.

161. Os batalhões recém-convocados eram o 28º de Infantaria, de Minas Gerais, o 39º, do Paraná, o 37º, de Santa Catarina, e o 4º e 29º, do Rio Grande do Sul.

162. Edmundo Moniz afirmou que Bittencourt consultou outros generais, mas nenhum quis aceitar a brigada, e com isso ele se viu forçado a confiá-la ao irmão de Arthur Oscar. Moniz também comentou: "Como Girard, os generais mais esclarecidos, sabendo do que se passava, não quiseram participar de uma guerra fratricida e impatriótica que comprometia a honra do Exército em vez de salvaguardá-la. Só por disciplina é que permaneciam em silêncio e não vinham de público desmascarar a pequena minoria responsável por aquela insensata aventura". Infelizmente, seu livro não apresenta citações que permitam comprovação; no entanto, soa verdadeiro. Moniz, *A guerra social de Canudos*, pp. 207-8. Embora eu tenha sido convencido pelo argumento de Moniz, cabe notar que outra possível razão para a hesitação em aceitar esse comando fosse a condição e a força dessas unidades. Suas armas, e até suas fardas eram velhas, e as fileiras de "voluntários" estavam gravemente desfalcadas. Pelo regulamento, cada batalhão de infantaria deveria contar com 425 homens, mas estes tinham 240 (o 29º), 250 (39º), 322 (37º), 250 (28º) e 219 (4º), totalizando 1281 em vez dos 2125 regulamentares. Curiosamente, todos menos um estavam com excedente de oficiais; tinham 27 (29º), quarenta (39º), 51 (37º), 47 (28º) e onze (4º). O último, de São Gabriel, Rio Grande do Sul, compunha-se inteiramente de alferes. Euclides da Cunha forneceu os números; ver *Os sertões*, p. 517. Para os efetivos regulamentares para 1897, ver MG, *Relatório ... Cantuária ... 1898*, Anexo C, "Mappa da força effectiva do Exército".

163. Cunha, *Os sertões*, pp. 520-21.

164. Macedo Soares, *A guerra de Canudos*, p. 311.

165. Ibid., pp. 333-37.

166. Ibid., p. 341.

167. Ibid., pp. 350-53.

168. Ibid., p. 358.

169. Ibid., p. 364.

170. Favila Nunes, *Gazeta de Notícias*, Bahia, 28 out. 1897, em Galvão, *No calor da hora*, p. 210.

171. *O comércio de São Paulo*, São Paulo, 27, 23 e 24 dez. 1897, em Galvão, *No calor da hora*, pp. 498-99, 504, 507-8.

172. MG, *Relatório ... Cantuária ... 1898*, p. 33; Macedo Soares, *A guerra de Canudos*, p. 406.

173. Suely Robles de Queiroz, *Os radicais da República — Jacobinismo: ideologia e ação, 1893-1897*, São Paulo, Brasiliense, 1986, pp. 61-80; Hélio Silva, *1889*, pp. 286-90.

174. O assassino era de Alagoas, estado natal de Floriano, e em meses anteriores tentara colocar-se em posição para atacar Prudente. O fato de ter sido torturado na prisão foi indicado pela condição de seus pés e por ter sido encontrado morto na cela em 24 de janeiro de 1898 com pesos amarrados aos tornozelos. O relatório oficial declara que ele se enforcou. Suely Robles de Queiroz, *Os radicais da República*, pp. 61-80; Hahner, *Civilian—military relations in Brazil*, p. 179. Os oficiais são arrolados em Hélio Silva, *1889*, pp. 291-92. Para uma análise da ciência social sobre os efeitos políticos desses eventos, ver Renato Lessa, *A invenção republicana: Campos Sales, as bases e a decadência da Primeira República*, São Paulo, Edições Vétice e Instituto Universitário de Pesquisas do Rio de Janeiro, 1988, pp. 73-94.

175. Seu irmão, o general Carlos Eugênio de Andrada Guimarães, queixou-se amargamente sobre isso em seu livro Arthur Oscar pp. 125-31.

2. REFORMA E CONSTRUÇÃO [PP. 102-51]

1. O incidente do *Panther* ocorreu em fins de novembro de 1905, quando membros da tripulação do cruzador alemão que entrara no porto de Itajaí, Santa Catarina, desembarcaram e prenderam um desertor em terra. Esse ato levou Rio Branco a protestar veementemente ao governo do cáiser e receber um pedido de desculpa. Embora o incidente não envolvesse uma resposta do Exército, a Marinha brasileira destacou dois de seus maiores navios maiores para vigiar o *Panther*. Ver José Joffily, *O caso Panther*, Rio de Janeiro, Paz e Terra, 1988. Posteriormente, outro desertor apareceu no Contestado entre as forças rebeldes.

2. Para a economia na República Velha, ver Steven C. Topik, *The political economy of the Brazilian state, 1889-1930*, Austin, University of Texas Press, 1987; e Steven C. Topik, "The Old Republic", em Michael L. Conniff e Frank D. McCann (eds.), *Modern Brazil: Elites and masses in historical perspective*, Lincoln, University of Nebraska Press, 1989, pp. 83-102.

3. MG, *Relatório ... Mallet ... 1900*, pp. 4-5.

4. MG, *Relatório ... Mallet ... 1901*, p. 35.

5. Ibid., p. 6.

6. MG, *Relatório ... Mallet ... 1900*, p. 9.

7. MG, *Relatório ... Mallet ... 1901*, p. 72.

8. Ibid., pp. 72-73.

9. Francisco de Paula Cidade, "Marechal Hermes Rodrigues da Fonseca", *Revista Militar Brasileira*, jul-dez. 1955, p. 235.

10. MG, *Relatório ... Mallet ... 1901*, pp. 74-81.

11. Ibid., p. 94.

12. Ibid., p. 109.

13. Ibid., p. 31.

14. Ibid., p. 32.

15. MG, *Relatório ... Mallet ... 1900*, p. 12.

16. MG, *Relatório ... Mallet ... 1901*, p. 105.

17. Ibid., p. 22.

18. Carone, *A República Velha*, v. 1, pp. 355-56; Oliveira Torres, *Democracia coroada*, pp. 224-25.

19. Dermeval Peixoto, *Memórias de um velho soldado (Nomes, coisas e fatos militares de meio século atrás)*, Rio de Janeiro, Biblioteca do Exército, 1960, p. 108.

20. Cidade, "O Exército em 1889", pp. 275-77. A expressão "metia o pau" ainda era ouvida entre os oficiais do Exército na década de 1990, embora designando tipos menos violentos de punição.

21. Peixoto, *Memórias de um velho soldado*, pp. 108-12.

22. Ibid., pp. 132-33. Um motim ocorreu no forte Santa Cruz em 8 de novembro de 1905, e dois oficiais foram mortos antes de o vizinho forte São João subjugar os rebeldes pela força dos canhões. Edgard Carone, *A República Velha*, v. 2, p. 214; MG, *Relatório ... Argollo ... 1906*, pp. 12-13.

23. Ademar de Brito, *O 52º Batalhão de Caçadores e a 3ª Companhia de Metralhadoras Pesadas*, Rio de Janeiro, Biblioteca do Exército, 1944, p. 47.

24. Capt. LeVert Coleman, Rio de Janeiro, 31 ago. 1912, War College, Division 4392, Record Card, RG165, Old Army and Navy Branch, NA; *O Estado de S. Paulo*, São Paulo, 9 e 12 fev. 1913, citado em Carone, *A República Velha*, v. 1, pp. 357-58.

25. MG, *Relatório ... Mallet ... 1900*, Anexo 1. Despesas reais em 1900.

26. Augusto Sá, *Exércitos Regionaes ou O problema de uma organização para o nosso exército*, Porto Alegre, sem nome de editora, 1905, pp. 12-14; Armando Duval, *Reorganização do Exército*, Rio de Janeiro, Imprensa Nacional, 1901, p. 53. Duval afirmou que o efetivo autorizado era de 30 100 oficiais e soldados, mas o efetivo real era de 17 917.

27. MG, *Relatório ... Mallet ... 1902*, p. 21. O salário total baseia-se nos dados para 1897 porque os de 1902 não estão disponíveis; portanto, os números devem ser interpretados como um indicador, e não como os verdadeiros.

28. MG, *Relatório ... Mallet ... 1900*, anexo B, "Leis e Decretos". Esses números baseiam-se no Decreto 3573 de 23 de janeiro de 1900, que estipulou os salários para a Fábrica de Cartuchos e Artifícios de Guerra. Os operários de primeira classe recebiam 8$000 por dia, os de quinta classe, $500. Cheguei ao montante anual supondo uma semana de trabalho de seis dias por 52 semanas, portanto os números reais podem ser menores, devido a ausências não remuneradas.

29. Robert M. Levine, *Pernambuco in the Brazilian federation*, Stanford, Calif., Stanford University Press, 1978, p. 25.

30. J. C. Oakenfull, *Brazil (1913)*, Frome, Inglaterra, Butler and Tanner, 1914, pp. 564-65. Para um índice de preços, ver Levine, *Pernambuco*, p. 189. Ele usou 1912 como ano-base. De 1914 a 1937 os preços subiram muito: com 1912 = 100, os índices foram de 132 em 1915, 289 em 1920, 341 em 1925, 243 em 1930, 265 em 1935 e 327 em 1937.

31. Oakenfull, *Brazil (1913)*, pp. 569-70. O *Jornal do Comércio* (Rio de Janeiro) estimou em 1913 que entre 1887 e 1912 o custo dos alimentos subira 671%, o do vestuário, 537%, o de artigos domésticos, 611%, e o de remédios 1940%!

32. Cidade, *Síntese de três séculos de literatura militar brasileira*, p. 341.

33. Cidade, "o Exército em 1889", p. 246.

34. Sobre o ensino público durante a República Velha, ver Jorge Nagle, *Educação e sociedade na Primeira República*, São Paulo, Ed. da Universidade de São Paulo, 1974.

MG, *Relatório ... Mallet ... 1900*, p. 105; *Relatório ... Mallet ... 1901*, p. 213.

36. MG, *Relatório ... Mallet ... 1901*, pp. 209-11.

37. MG, *Relatório ... Mallet ... 1900*, pp. 101-3.

38. Nancy Stepan, *Beginnings of Brazilian science, Oswaldo Cruz, medical research, and policy, 1890-1920*, Nova York, Science History Publications, 1976, p. 55.

39. Citado em Barbosa, *A vida de Lima Barreto*, p. 135.

40. Gilberto Freyre, *Order and progress: Brazil from Monarchy to Republic*, Nova York, Knopf, 1970, pp. 179-80. Como os títulos de nobreza do Império, esses títulos militares baseavam-se no "mérito pessoal". Ver análise em Lilia Moritz Schwarcz, *As barbas do imperador: D. Pedro II, um monarca nos trópicos*, São Paulo, Companhia das Letras, 1998, pp. 191-95.

41. MG, *Relatório ... Mallet ... 1901*, pp. 52-62; Umberto Peregrino, *História e projeção das instituições culturais do Exército*, Rio de Janeiro, Biblioteca do Exército, 1967, pp. 58-59.

42. MG, *Relatório ... Mallet ... 1901*, p. 55; *Relatório ... Mallet ... 1902*, p. 33; Estevão Leitão de Carvalho, *Memórias de um soldado legalista*, Rio de Janeiro, SMG Imprensa do Exército, 1961, v. 1, p. 23. Leitão afirmou que sua turma no Realengo, que ingressou em Praia Vermelha em 1901, continha esses veteranos de 1897 que usavam cavanhaques e bigodes de aparência marcial, além de divisas de sargento.

43. Para um estudo do caso da perspectiva da Bolívia, ver J. Valerie Fifer, *Bolivia: Land, location, and politics since 1825*, Cambridge, Inglaterra, Cambridge University Press, 1972, pp. 92-134.

44. O mais completo estudo da crise do Acre é Charles E. Stokes, "The Acre revolutions, 1899-1903: a study in Brazilian expansion", dissertação de PhD, Tulane University, 1974.

45. Ibid., pp. 184-92.

46. *Folha do Norte*, Belém, 23 set. 1900, citado em Stokes, "Acre Revolutions", p. 197.

47. Ibid., pp. 197-98, 242-43.

48. Cônsul K. K. Kenneday, citado em ibid., p. 202.

49. Ibid., p. 317.

50. A Bolívia teria sido diretamente beneficiada com impostos sobre a borracha, e teria recebido 60% dos lucros do sindicato. Os líderes bolivianos supunham que essas receitas superariam o orçamento anual do país (ibid. p. 322).

51. Ibid. p. 249.

52. Luiz Viana Filho, *A vida do barão do Rio Branco*, Rio de Janeiro, José Olympio, 1959, p. 307.

53. Rio Branco a José Veríssimo, Petrópolis, 16 fev. 1903, Arquivo da Academia Brasileira de Letras, citado em Viana Filho, *A vida do barão*, p. 332.

54. Ver acima uma análise sobre o efetivo; MG, *Relatório ... Mallet ... 1901*, p. 127.

55. MG, *Relatório ... Argollo ... 1904*, pp. 6-7. Em 1904, dois oficiais eram membros do Congresso, 35 eram deputados estaduais ou senadores e oito eram autoridades municipais.

56. Alzira Vargas do Amaral Peixoto, *Getúlio Vargas, meu pai*, Porto Alegre, Globo, 1960, pp. 3-5; "Getúlio Vargas", *Dicionário Histórico-Biográfico Brasileiro* (doravante citado como DHBB), v. 4, p. 3437.

57. MG, *Relatório ... Argollo... 1904*, p. 6

58. Note-se que, quando o Paraguai ameaçou Mato Grosso na década de 1860, o governo imperial encomendou estudos para ligar esse estado ao Atlântico; entretanto, terminada a guerra e passado o perigo, o projeto da estrada "caiu em profundo esquecimento" (MG, *Relatório ... Mallet ... 1901*, p. 171.

59. Luiz Viana Filho, *A vida do Barão*, pp. 344-45; Charles A. Gauld, *The last titan: Percival Farquhar, American entrepeneur in Latin America*, Stanford, Calif., Institute of Hispanic American and Luso-

Brazilian Studies, 1964, pp. 126-59. Gauld mencionou que Farquhar transportou cerca de 20 mil trabalhadores para construir a "Mad Mary", como os engenheiros americanos chamavam a ferrovia.

60. L. E. Elliot, *Brazil today and tomorrow*, Nova York, Macmillan, 1917, pp. 112-13. Os filmes também se destinavam a mostrar que o sertão era atraente. Elliot concordou: "A história do magnífico trabalho feito no interior pela expedição Rondon é um épico do sertão brasileiro, e um de seus grandes méritos foi provar que aquela terra inexplorada não era uma selva terrível, mas uma região aberta, honesta, à espera do arado" (p. 129). Uma rica coleção de fotos dessas expedições encontra-se na coleção Rondon, na seção da Biblioteca do Exército instalada no forte de Copacabana. Os estudos sobre Rondon e seu trabalho enriqueceriam a história da República Velha; muitas dissertações podem brotar dessa documentação.

61. O primeiro relatório oficial sobre os projetos do telégrafo encontra-se em MG, *Relatório ... Fonseca ... 1908*, pp. 60-61. Há uma lista de oficiais que serviram na comissão do telégrafo (o 5ª Batalhão de Engenharia) no *Almanak do Ministerio da Guerra para o anno de 1912*, Rio de Janeiro, Imprensa Militar, 1912, pp. 86-87. "Cândido Rondon", DHBB, v. 4, pp. 3012-14. David H. Stauffer, "The origin and establishment of Brazil's Indian service: 1889-1910", diss. PhD, University of Texas, Austin, 1955; Eulália Parolini et al., "A contribuição de Rondon para a antropologia brasileira", *Revista do Exército Brasileiro* 119, nª 2, abr.-jun. 1981, pp. 7-19.

62. Oakenfull, *Brazil (1913)*, pp. 189-93. Fornece uma lista de estações, mencinando força em quilowatts e alcance. Em 1913, o Rio contava com 279,32 quilômetros de linhas telefônicas, e o serviço estava prestes a ser conectado a São Paulo. Mas em Porto Alegre, Belo Horizonte, Bahia, Manaus, Belém e Recife o serviço estava limitado a ligações locais no município. Em J. C. Oakenfull, *Brazil in 1911*, Frome, Inglaterra, Butler and Tanner, 1912, pp. 142-43, há uma lista das 37 principais linhas ferroviárias e as vias combinadas de outras 27 linhas menores, totalizando 21 273 892 quilômetros em operação, além de 3 748 749 quilômetros em contrução. Em geral, eram linhas ponto-a-ponto, de bitola estreita, sem ligações que permitissem viagens de longa distância.

63. Theorodre Roosevelt, *Through the Brazilian wilderness*, Nova York, Charles Scribner's Sons, 1919, p. 333; na estação das chuvas, acumulavam-se nos trilhos tantas teias de aranha que provocavam curto-circuitos (p. 239). Claude Lévi-Strauss, *Tristes tropiques*, Nova York, Atheneum, 1968, pp. 250-51.

64. MG, *Relatório ... Argollo ... 1904*, p. 3.

65. Ibid., pp. 3-5.

66. E. Bradford Burns, *A documentary history of Brazil*, Nova York, Knopf, 1966, pp. 283-84.

67. Em decreto sobre reforma da educação militar, datado de 14 de abril de 1890; texto em Edgard Carone, *A Primeira República (1899-1930): Texto e contexto*, São Paulo, Difusão Européia do Livro, 1969, pp. 249-50.

68. Na França e nos Estados Unidos houve movimentos semelhantes para estabelecer o treinamento militar universal e reformar as instituições militares. Ver Richard D. Challenger, *The French theory of the nation in arms*, 1866-1939, Nova York, Columbia University Press, 1952; John G. Clifford, *The citizen soldiers: the Plattsburg training camp movement, 1913-1920*, Lexington, University Press of Kentucky, 1972. Boa parte da terminologia empregada na França foi adotada em debates brasileiros.

69. Carone, *A República Velha*, v. 1, p. 162.

70. MG, *Relatório ... Argollo ... 1905*, p. 4.

71. Ibid., p. 5.

72. Luís Mendes de Morais, *Reforma do ensino*, Rio de Janeiro, Villas Boas, 1904, pp. i-v. Suas propostas de regulamento para uma Escola Prática do Exército têm data de 7 de março de 1904, e sua introdução ao conjunto completo das reformas propostas são datadas de outubro de 1904. Mendes de Morais foi ministro por três semanas em 1909 sob Nilo Peçanha.

Os textos de Gotz popularizaram a idéia da nação armada entre os pensadores militares brasileiros. Para ele, a força militar refletia o nível cultural da nação, cidadão e soldado eram sinônimos, e o Exército ligava os cidadãos e o Estado. Para uma análise de seus escritos e influência sobre os exércitos sul-americanos, ver Frederick M. Nunn, *Yesterday's soldiers: European military professionalism in South America, 1890-1940*, Lincoln, University of Nebraska Press, 1983, pp. 82-85.

73. Mendes de Morais, *Reforma do ensino*, p. vii.

74. MG, *Relatório ... Argollo ... 1905*, p. 5.

75. Ibid., p. 6.

76. Ibid., p. 4.

77. Capitão dr. Liberato Bittencourt, "Pelo soldado brasileiro", *Revista Academia Militar* 1, nº 9, 27 jan. 1904, pp. 455-61. Cópia no Centro de Documentação do Exército (doravante CDOC-EX), Brasília.

78. Motta, *Formação do oficial*, pp. 230-40; 258 n. 33; 263 n. 72; Leitão de Carvalho, *Memórias*, v. 1, pp. 25-27.

79. Carone, *A República Velha*, v. 2, pp. 198-207. Para análise das mudanças culturais da época, ver Jeffrey D. Needell, *A tropical belle époque: Elite culture and society in turn-of-the-century Rio de Janeiro*, Cambridge, Inglaterra, Cambridge University Press, 1987.

80. Leitão de Carvalho, *Memórias*, v. 1, pp. 23-30; Carone, *A República Velha*, v. 2, pp. 208-9. Em 1903 o general-de-divisão Olympio da Silveira comandara o 1º Distrito Militar (Amazonas e Pará) durante a crise do Acre e supervisionara a ocupação do território, e o general-de-brigada Silva Travassos comandara o 3º na Bahia. MG, *Relatório ... Argollo ... 1903*, p. 12. Sobre o papel dos positivistas, ver Robert G. Nachman, "Positivism and revolution in Brazil's First Republic: the 1904 revolt", *The Americas* 34, nº 1, jul. 1977, pp. 20-39.

81. Hermes ocupou esse posto apenas brevemente, de 12 de setembro a 24 de dezembro de 1904. Sua ação em apoio ao governo foi recompensada com a promoção a general-de-divisão, em julho de 1905. Em maio ele completara cinqüenta anos de idade. Hermes da Fonseca Filho, *Marechal Hermes: Dados para uma biografia*, Rio de Janeiro, sem editora, 1961, pp. 50-57.

82. Carone, *A República Velha*, v. 2, pp. 208-10; Glauco Carneiro, *História das revoluções brasileiras*, Rio de Janeiro, Edições O Cruzeiro, 1965, v. 1, pp. 136-50; Leitão de Carvalho, *Memórias*, v. 1, pp. 41-48.

83. Inocêncio Serzedelo Correia, *A revisão constitucional*, Rio de Janeiro, Litho-Typographia, 1904, pp. 3, 16, citado em Nachman, "Positivism and revolution", p. 35.

84. Nachman, "Positivism and revolution", p. 36. José Murilo de Carvalho salientou os aspectos socioeconômicos dos levantes nas ruas em *Os bestializados: O Rio de Janeiro e a República que não foi*, São Paulo, Companhia das Letras, 1987, pp. 91-139.

85. O elenco de coadjuvantes da revolta de 1904 incluíu oficiais que desempenhariam papéis importantes em anos vindouros. Vários seriam ministros da Guerra. Do lado legalista estavam Hermes da Fonseca (1906-8), José Caetano de Faria (1914-18), José Fernandes Leite de Castro (1930-32) e João Gomes Ribeiro Filho (1935-36). Entre os estudantes rebeldes incluíram-se Eurico Gaspar Dutra, então com dezenove anos (1936-45), que foi ferido e, depois da mais longa gestão como ministro na

história do Exército, foi, depois de Hermes, o próximo general a ser eleito presidente (1946-50). Estêvão Leitão de Carvalho distinguiu-se por ser um dos três alferes-alunos e nove oficiais-alunos que recusaram rebelar-se, enquanto seu futuro colega no movimento reformista da década seguinte, Bertoldo Klinger, juntou-se aos rebeldes. De fato, a lista de estudantes militares quase corresponde à de generais, coronéis e tenentes-coronéis que lideraram o Exército na década de 1930.

86. MG, *Relatório ... Argollo ... 1906*, pp. 14-16.

87. Motta, *Formação do oficial*, pp. 288-97. Para uma útil análise do bacharelismo, ver Emília Viotti da Costa, *The Brazilian empire: Myths and histories*, Chicago, Ill., University of Chicago Press, 1985, pp. 196-98. Essa autora observou que "as Forças Armadas pareciam ser o único grupo capaz de '-modernizar' o país sem mobilização popular" (p. 198).

88. MG, *Relatório ... Argollo ... 1905*, p. 17. Esse primeiro grupo incluía: capitão Emílio Sarmento, tenente Constantino Deschamps Cavalcante (ambos da infantaria), tenente Cassiano da Silveira Mello Mattos, segundo-tenente Bento Marinho Alves, segundo-tenente Manoel Bourgard de Castro e Silva (ambos da artilharia) e tenente Estellita Augusto Werner (cavalaria).

89. Motta, *Formação do oficial*, p. 296.

90. Ver Cidade, *Síntese de três séculos de literatura militar brasileira*, p.338.

91. O 4º Distrito abrangia, além do distrito da capital, os estados do Rio de Janeiro, Espírito Santo, Minas Gerais e Goiás.

92. Sobre Hermes, ver Cidade, "Marechal Hermes Rodrigues da Fonseca", pp. 229-42; Umberto Peregrino, "Significação do Marechal Hermes", em Peregrino, *Euclides da Cunha e outros estudos*, Rio de Janeiro, Record, 1968, v. 3, p. 48; Fonseca Filho, *Marechal Hermes*, pp. 371-80.

93. General-de-divisão Hermes Rodrigues da Fonseca (comandante do 4º Distrito Militar) a general Francisco Antônio Rodrigues Sales (chefe do Estado-Maior), 16 fev. 1906, nº 3.418: "Relatório das manobras de 1905 nos Campos de Santa Cruz", em Mário Hermes da Fonseca e Ildefonso Escobar (eds.), *Primórdios da organização da defesa nacional*, Rio de Janeiro, Tipografia Glória, Pinho & Manes, 1943, pp. 43-45. O general Hermes encerrou o relatório afirmando ter descrito o "muito que ainda precisamos para ter neste distrito um corpo de exército pronto a ser mobilizado de um momento para o outro".

94. Ver Frank D. McCann, "The nation in arms: Obligatory military service during the Old Republic", em Dauril Alden e Warren Dean (eds.), *Essays concerning the socioeconomic history of Brazil and Portuguese India*, Gainesville, University Press of Florida, 1977, pp. 211-43.

95. Afonso Celso, *Porque me ufano do meu paiz*, Rio de Janeiro, Livraria Garnier, pp. 197-98. Para uma análise do papel dos intelectuais nesse nacionalismo incipiente, ver E. Bradford Burns, *Nationalism in Brazil: A historical survey*, Nova York, Praeger, 1968, pp. 51-71; ver também E. Bradford Burns, *A history of Brazil*, New York, Columbia University Press, 1970, pp. 267-71; para um relato resumido do período, ver Pedro Calmon, *História do Brasil*, Rio de Janeiro, José Olympio, 1959, v. 6, pp. 2092-2112.

96. Euclides da Cunha, *Os sertões*, pp. 591-92. Para uma excelente análise do pensamento de Euclides da Cunha, ver Thomas E. Skidmore, *Black into white: Race and nationality in Brazilian thought*, Nova York, Oxford University Press, 1974, pp. 103-9.

97. "Ao mesmo tempo em que o barão afastava as possibilidades de conflito armado com as demais potências eliminando [...] as questões de fronteiras, espalhava-se no Brasil um espírito não propriamente de belicosidade, mas de sobranceria." Afonso Arinos de Melo Franco, *Um estadista da*

República, Afrânio de Melo Franco e seu tempo, v. 2, *Fase nacional*, Rio de Janeiro, José Olympio, 1955, pp. 625-26. Ver também E. Bradford Burns, *The unwritten alliance: Rio Branco and Brazilian-American relations*, Nova York, Columbia University Press, 1966.

98. MG, *Relatório ... Cantuária ... 1898*, p. 20; *Relatório ... Mallet ... 1900*, p. 8; *Relatório ... Argollo ... 1904*, p. 27.

99. Hermes e Escobar, *Primórdios*, pp. 17-19, fotografias entre pp. 176 e 177; Calmon, *História*, v. 6, p. 2157. Calmon mencionou que "no Tiro 7, do Rio de Janeiro, se alistaram personalidades ilustres, que o povo, admirado, via desfilar, fuzil ao ombro, na canícula, energicamente". O custo das atividades do Tiro indicava que seus membros não eram pobres nem da classe operária. Nas práticas de domingo, gastavam cerca de 4$500 em balas, o que, somado à taxa mensal que pagavam, de 5$000, custava-lhes 23$000 mensais, 276$000 por ano, mais a despesa com o uniforme, de 19$800. Os dados são de Hermes e Escobar, *Primórdios*, p. 18, e MG, *Relatório ... Caetano de Faria ... 1917*, Anexo B, p. 43.

100. Nota-se aqui o caráter mutável das relações entre civis e militares. Os primeiros congressistas a defender a loteria do serviço obrigatório foram James Darcy, do Rio Grande do Sul, e Carlos Peixoto Filho, de Minas Gerais, líderes da chamada facção jardim-de-infância, que desafiava o domínio do governo pelo senador José Gomes Pinheiro Machado. A natureza da política brasileira era tal que, em meados de 1909, esses homens opunham-se à candidatura de Hermes da Fonseca à presidência tachando-a de cesarismo, enquanto Pinheiro Machado a apoiava. Ver Bello, *History of modern Brazil*, pp. 202-7; Carone, *A República Velha*, v. 2, pp. 229-36; Love, *Rio Grande do Sul*, pp. 136-64.

101. Hermes e Escobar, *Primórdios*, pp. 71-6

102. Afonso Pena a marechal Hermes da Fonseca, Petrópolis, 24 fev. 1908, em Hermes e Escobar, *Primórdios*, p. 54.

103. Carone, *A República Velha*, v. 2, p. 228.

104. MG, *Relatório ... Fonseca ... 1907*, pp. 3-6.

105. Ibid, p. 7

106. Ibid., pp. 11-12.

107. MG, *Relatório ... Fonseca ... 1908*, pp. 26-27; capitão Francisco Ruas Santos, "Resumo Histórico, período de outubro de 1896 a dezembro de 1950", Estado-Maior do Exército, Rio de Janeiro, 5 nov. 1951, pp. 4-5, CDOC-EX, Brasília.

108. Não foram só os brasileiros que encontraram dificuldade para introduzir o Estado-Maior em seu Exército; nesse mesmo período, o Exército dos Estados Undos enfrentava problema semelhante. Major Mark B. Powe (U.S.A.), "A great debate, the American general staff (1903-16)", *Military Review* 55, nº 4, abr. 1976, pp. 71-89. James L. Abrahamson analisou a luta para impor o Estado-Maior à estrutura administrativa do Exército americano em *American arms for a new century: The making of a great military power*, Nova York, Free Press, 1981, pp. 66-7, 123-24, 167-68.

109. MG, *Relatório ... José Bernardino Bormann ... 1910*, pp. 23-41.

110. MG, *Relatório ... Bormann ... 1910*, p. 79.

111. Fonseca Filho, *Marechal Hermes*, pp. 75-79; Leitão de Carvalho, *Memórias*, v. 1, pp. 102, 143; Manuel Domingos Neto, "L'influence étrangère dans la modernization de l'armée bresilienne (1889-1930), Paris, Thése presentée à l'Institut des Hautes Etudes de l'Amérique Latine, Université de Paris III, pour l'obtention du Doctorat IIIéme Cycles, 1979, p. 208.

A missão alemã seria composta por vinte a trinta oficiais sob o general (barão) Friedrich Colmar von der Goltz, conhecido escritor militar (*La nation armée*) e reorganizador do Exército turco. Ver

Fonseca Filho, *Marechal Hermes*, p. 22. Sobre a experiência alemã na Turquia, ver Ulrich Trumpener, *Germany and the Ottoman Empire, 1914-1918*, Princeton, N. J., Princeton University Press, 1968. Sobre a exportação de idéias e práticas militares européias, ver Nunn, *Yesterday's soldiers*.

112. Leitão de Carvalho, *Memórias*, v. 1, p. 102.

113. Joseph L. Love, *São Paulo in the Brazilian federation, 1889-1937*, Stanford, Calif., Stanford University Press, 1980, pp. 168-71.

114. Os arquivos do adido militar americano no Brasil foram destruídos em 1925 e 1926 para abrir espaço no War College, mas as fichas de arquivo de 1903 a 1916, com resumos dos documentos, foram preservadas. Ver Index Cards, "Coastal defenses—Brazil", nº 5978, War College Division, Old Navy and Army Branch, NA. Ver os registros de 17 maio 1912; 31 dez. 1912 e 4 jan. 1913. Para uma análise, ver Frank McCann, "Influência estrangeira no Exército brasileiro", *A Defesa Nacional* (doravante *ADN*), jan-fev. 1985, pp. 86-87.

115. Domingos Neto, "L'influence etrangere", p. 212.

116. Ibid. Fleury de Barros aparentemente tinha contatos políticos. Em 1900, quando era tenente no antigo corpo do Estado-Maior, ele achou tempo para atuar como deputado estadual pelo Rio de Janeiro. *Almanac do Exército, 1900*, p. 21. Fonseca Filho, *Marechal Hermes*, p. 126, comentou que o jornalista brasileiro Agenor de Carvoliva acompanhou Hermes. Seus artigos foram publicados no *Jornal do Brasil* (Rio de Janeiro).

117. Seus relatórios citados em Domingo Neto, "L'influence étrangère". Fleury de Barros foi depois nomeado adido militar em Paris.

118. Ibid., p. 213.

119. Fonseca Filho, *Marechal Hermes*, p. 124. Õ filho de Hermes melindrou-se com a insinuação de que o marechal fora conquistado por meios questionáveis. Nesse relato, ele citou a afirmação de jornais franceses de que, aceitando instrutores alemães e exluindo os franceses de São Paulo, o governo brasileiro estaria insultando a França. Ele asseverou que os elogios vieram "depois" de Hermes ter declarado sua posição (ver pp. 124-25).

120. Nilo Peçanha, Rio de Janeiro, 3 maio 1910, em Câmara dos Deputados, *Mensagens presidenciais, 1890-1910*, p. 700.

121. Para a competição entre franceses e alemães, ver Christopher Leuchars, "Brazilian foreign policy and the great powers, 1912-1930", diss. de doutorado em filosofia, St. Anthony's College, Oxford University, 1983.

122. Domingos Neto, L'influence étrangère", pp. 214-15.

123. Le capitaine d'artillerie Brevete Demars a M. le Ministre de la Guerre (Etat-Major de l'Armée 2è Bureau), Paris, 19 out. 1911, "Compte-Rendu de la visite du senateur Antônio Azeredo a Paris en 1911", em ibid., Appendix, i-vii.

124. Love, *São Paulo*, pp. 195, 202.

125. Ver Domingo Neto, L'influence étrangère". Ver nota 123, Appendix, p. iv-v.

126. P. C. Knox (secretário de Estado interino) ao secretário da Guerra, Washington, 14 out. 1911, 832.20/1; e Edwin Morgan (embaixador dos Estados Unidos), Rio de Janeiro, 13 nov. 1917, #1052, 832.20/16, ambos NA Microfilm "Brazil 1910-29", Roll 17; Capt. Le Vert Coleman, Rio de Janeiro, 31 dez. 1912, summary 31 e 4 jan. 1913, summary 29, em Index of War College materials, War College Division, Old Navy and Army Branch, NA.

127. Cidade, *Síntese de três séculos de literatura militar brasileira*, p. 341 (grifo meu). Cidade, então

jovem aspirante, sugerira a publicação da *Revista* e posteriormente trabalharia com o grupo treinado na Alemanha para o lançamento de *A Defesa Nacional*.

3. O AVANÇO DAS ESPADAS [PP. 152-213]

1. Bello, *A history of modern Brazil*, pp. 204-5; Faoro, *Os donos do poder: Formação do patronato político brasileiro*, pp. 593-602; Luiz Viana Filho, *A vida de Rui Barbosa*, 7ª ed., São Paulo, Livraria Martins Editora, 1965, pp. 329-39; Love, *São Paulo*, pp. 112-15; Sertório de Castro, *A República que a revolução destruiu*, 1932, reimpressão Brasília, Ed. Universidade de Brasília, 1982, pp. 157-75; Murilo de Carvalho, "As Forças Armadas na Primeira República: O poder desestabilizador", pp. 218-20.

2. Ver Wallace, "Identity and the nature of revolution", pp. 172-86.

3. Vespasiano Gonçalves de Albuquerque e Silva a Fernando Setembrino de Carvalho, Rio de Janeiro, 5 mar. 1914 (telegr.), Arquivo de F. Setembrino de Carvalho, 14.03.05 / 10, CPDOC-Rio.

4. Melo Franco, *Um estadista da República*, v. 2, p. 702. Os dados da carreira foram extraídos de *Almanak ... 1912*, Rio de Janeiro, Imprensa Militar, 1912, pp. 7-16, 21-24, 57-60, 187-95, 321; lista de coronéis combatentes, pp. 7-18; *Almanak do Ministerio da Guerra para o anno de 1914*, Rio de Janeiro, Imprensa Militar, 1914, pp. 9-17, 27-29, 65, 140, 205-9; lista de coronéis combatentes, pp. 21-22. Em 1912, os estados com governadores que eram oficiais eram Sergipe, Pernambuco e Goiás; em 1914, eram Sergipe, Pernambuco, Alagoas e Ceará. Em 1912, oficiais eram senadores pelo Amazonas, Piauí, Ceará, Paraíba, Santa Catarina e Distrito Federal; mas em 1914 a lista reduziu-se a Amazonas e Santa Catarina. Em 1912, oficiais foram deputados federais pelo Rio Grande do Sul, Minas Gerais, Distrito Federal, Goiás e dois pelo Ceará; em 1914 a lista resumia-se a Rio Grande do Sul, Goiás e outros dois estados que não pude identificar.

5. A questão, aqui, gira em torno de o que é novo e o que é velho no papel das Forças Armadas no Brasil antes de 1964. O "novo profissionalismo" de Alfred Stepan poderia facilmente aplicar-se ao corpo de oficiais desse período; ver seu livro *Authoritarian Brazil: Origins, policies, and future*, New Haven, Conn., Yale University Press, 1973. Ver também Frank D. McCann, "Origins of the 'new professionalism' of the Brazilian military", *Journal of Interamerican Studies and World Affairs* 21, nº 4, nov. 1979, pp. 505-22.

6. Edmar Morel, *A Revolta da Chibata*, 3ª ed., Rio de Janeiro, Graal, 1979, pp. 63-74.

7. O comentário sobre a revolta dos marinheiros baseia-se em Fonseca Filho, *Marechal Hermes*, pp. 141-48; para os acontecimentos em Portugal, ver Douglas L. Wheeler, *Republican Portugal: a political history, 1910-1926*, Madison, University of Wisconsin Press, 1978, pp. 32-61.

8. Fonseca Filho, *Marechal Hermes*, p. 141.

9. Projeto Brazilian Army Officers (doravante citado como BAO), nº 120. O BAO consiste em dados compilados pelo autor sobre biografia e carreira de 554 oficiais-generais. Boa parte desses dados foi extraída do *Almanak* anual do Exército.

10. Fonseca Filho, *Marechal Hermes*, p. 153. Edmar Morel citou João Cândido, líder da revolta dos marinheiros do Minas Gerais, que teria dito que Gregório do Nascimento tornara-se um "tira"; ver Morel, *Revolta da Chibata*, p. 201.

11. MG, *Relatório ... Emygdio Dantas Barreto ... 1911*, p. 5; os dados sobre as forças provêm de *Almanak do Ministerio da Guerra para o anno de 1915*, Rio de Janeiro, Imprensa Militar, 1915, p. 658; Alfredo

Souto Malan, *Uma escolha, um destino: Vida do gen. Malan d'Angrogne*, Rio de Janeiro, Biblioteca do Exército, 1977, p. 129.

12. Carone, *A República Velha*, v. 2, p. 272.

13. Ibid., p. 271; Fonseca Filho, *Marechal Hermes*, pp. 161-63.

14. *Correio da Manhã*, Rio de Janeiro, 30 dez, 1911, citado em Carone, *A República Velha*, v. 2, p. 284.

15. Lista de oficiais reformados em MG, *Almanak ... 1914*, pp. 465-75.

16. Essas observações baseiam-se em comparação de MG, *Almanak ... 1912*, pp. 8-16, 21-24, 57-61, 121-27, 187-98 com MG, *Almanak ... 1914*, pp. 465-75. A Tabela 3.1 não é completa, mas fornece exemplos suficientes para ilustrar o argumento.

17. Carone, *A República Velha*, v. 2, p. 284.

18. BAO, p. 89.

19. Herculano Teixeira d'Assumpção, "Atividades militares em Belo Horizonte", datilografado, 12 dez. 1947, elaborado para o Estado-Maior do Exército, CDOC-EX, Brasília, p. 24.

20. A situação que levou à intervenção federal no Ceará é analisada de uma perspectiva local por Ralph Della Cava, *Miracle at Joaseiro*, Nova York, Columbia University Press, 1970; para um ponto de vista nacional, ver Carone, *A República Velha*, v. 2, pp. 277-93.

21. Della Cava, *Miracle*, p. 132.

22. Carone, *A República Velha*, v. 2, p. 291.

23. MG, *Almanak ... 1914*, pp. 10-17. E, por ter expandido a Junta de Promoções com seus homens em 1912-13, Hermes ampliou seu alcance até o nível dos oficiais subalternos; ver MG, *Almanak ... 1914*, p. 590.

24. Sobre o agrupamento das regiões, ver MG, *Relatório ... Vespasiano Gonçalves de Albuquerque e Silva ... 1914*, p. 76.

25. Suas instruções estão nos seguintes telegramas: Vespasiano Gonçalves de Albuquerque e Silva a F. Setembrino de Carvalho, Rio de Janeiro, 6 fev. 1914, 14.02.02.16, 18 fev. 1914, 14.02.18/2, 19 fev. 1914, 14.02.19/2, todos em Arquivo Fernando Setembrino de Carvalho (doravante AFSC), Centro de Pesquisa e Documentação de História Contemporânea do Brasil, Fundação Getúlio Vargas, Rio de Janeiro (doravante CPDOC-Rio).

26. Della Cava, *Miracle*, p. 153.

27. F. Setembrino de Carvalho, "Antes, durante, depois" (datilografado), sem editora, sem data, 14.00.00/1, AFSC, CPDOC-Rio. Ele censurou as atrocidades dos rabelistas, mas não fez caso de perversidades semelhantes perpetradas por seus oponentes. Della Cava comentou que o padre Cícero protestou veementemente contra "brutalidades inflingidas por cangaceiros a soldo de Floro (freqüentemente contra cangaceiros empregados pelos rabelistas)". Ver Della Cava, *Miracle*, Juazeiro, p. 155.

28. Rabelo denunciou uma conspiração em telegrama a Hermes, Fortaleza, 20 fev. 1914, 14.01.20/; objetou a intervenções em assuntos do estado em telegramas a Setembrino, Fortaleza, 24 fev. 1914, 14.10.24/14 e 26 fev. 1914, 14.02.26/3, todos em AFSC, CPDOC.

29. Sebastião do Rego Barros a F[ernando] S[etembrino de] C[arvalho], Rio de Janeiro, 25 fev. 1914, 14.02.25/11, AFSC, CPDOC-Rio.

30. Vespasiano Gonçalves de Albuquerque e Silva a FSC, Rio de Janeiro, 28 fev. 1914, 14.02.28/7; 28 fev. 1914, 14.02.28/8; 3 mar. 1914, 14.03.01/3 [faltando o nome] a FSC, Rio de Janeiro, 3 mar. 1914, 14.03.02/06, AFSC, CPDOC-Rio.

31. *O Estado de S. Paulo*, São Paulo, 1º mar. 1914, citado em Carone, *A República Velha*, v. 2, p. 290.

32. Ibid., pp. 290-92; Vespasiano de Albuquerque a FSC, Rio de Janeiro, 5 mar. 1914, 14.03.05 / 10, AFSC, CPDOC-Rio; Robert A. Hayes, "The Military Club and national politics in Brazil", em Henry A. Keith e Robert A. Hayes (eds.), *Perspectives on armed politics in Brazil*, Tempe, Arizona State University Press, 1976, p. 150.

33. Deputado Agapio Santos a Manuel Satiro, Rio de Janeiro, 6 mar. 1914, 14.03.05 / 9, Vespasiano de Albuquerque a FSC, 5 mar. 1914, 14.03.05 / 10; Pamplona [faltando o resto do nome] a FSC, Rio de Janeiro, 3 mar. 1914, 14.03.07 / 5, AFSC, CPDOC-Rio. Dois generais e um coronel da lista de oficiais da ativa estavam entre os oficiais detidos: general-de-divisão Gregório Thaumaturgo de Azevedo, que fora chefe adjunto do Estado-Maior de 29 de novembro de 1911 a 21 de março de 1912 e em 1914 esteve sem atribuições em 1914; general-de-divisão brevetado Feliciano Mendes de Morais, que a partir de 29 de novembro de 1911 constou na lista como comandante da 5ª Brigada Estratégica, sediada em Aquidauana, Mato Grosso; e coronel Coriolano de Carvalho e Silva, arrolado como oficial do 4º Batalhão de Engenheiros, Margem do Taquary, Rio Grande do Sul. Todos haviam participado da agitação dos dias anteriores no Rio. Os dois últimos obviamente não estavam com suas unidades. MG, *Almanak ... 1914*, pp. 11-12, 19, 612, 615.

34. Fonseca Filho, *Marechal Hermes*, p. 219. Na opinião de Hermes, "tão cauteloso tem sido o governo no emprego das medidas autorizadas pelo estado de sítio que, desde o dia de sua decretação até hoje [3 de maio de 1914] a vida normal da cidade não foi interrompida. [...] Não fora o conhecimento da existência do decreto que o declarou e a população desta grande capital não perceberia que se acham suspensas as garantias constitucionais" (Relatório de 1914 de Hermes R. da Fonseca ao Congresso, Câmara dos Deputados, *Mensagens presidenciais, 1910-1914* [1921; reimpressão, Brasília, Câmara dos Deputados, 1978] p. 313).

35. Hermes R. da Fonseca a FSC, Rio de Janeiro, 6 mar. 1914, 14.03.06 / 7, dois telegramas, AFSC, CPDOC-Rio.

36. Herculano de Freitas (ministro do Interior) a FSC, Rio de Janeiro, 9 mar. 1914, 14.03.09 / 3; Marcos Franco Rabelo a FSC, Rio de Janeiro, 16 mar. 1914, 14.03.16 / 2, AFSC, CPDOC-Rio. Este último contém suas instruções como interventor.

37. Pinheiro Machado a FSC, Rio de Janeiro, 12 abr. 1914, 14.04.12 / 2, AFSC, CPDOC-Rio.

38. FSC, Decreto (incompleto), (2?) jun. 1914, 14.06.02? / 1; padre Cícero a FSC, Juazeiro, 2 mar. 1914, 14.05.02, AFSC, CPDOC-Rio.

39. Ver Maurício Vinhas de Queiroz, *Messianismo e conflito social: A guerra sertaneja do Contestado*, 1912-1916, São Paulo, Ática, 1977; Douglas Teixeira Monteiro, *Os errantes do novo século: Um estudo sobre o surto milenarista do Contestado*, São Paulo, Livraria Duas Cidades, 1974; Queiroz, *Messianismo no Brasil*; Todd A. Diacon, *Millenarian vision, capitalist reality: Brazil's Contestado rebellion, 1912-1916*, Durham, N.C., Duke University Press, 1991.

40. F. Setembrino de Carvalho, *Relatório apresentado ao general-de-divisão José Caetano de Faria, ministro da Guerra, pelo [...] comandante das forças em operações de guerra no Contestado, 1915*, Rio de Janeiro, Imprensa Militar, 1916, p. 3. Cópia no Arquivo do Exército, Rio de Janeiro. Doravante citado como FSC, *Relatório ... Contestado*.

41. Herculano Teixeira d'Assumpção, *A campanha do Contestado*, 2 v., Belo Horizonte, Imprensa Oficial do Estado de Minas Gerais, 1917, v. 1, pp. 72-73. Os resultados da nacionalização de 1938 podem ser vistos claramente em cemitérios no Sul do Brasil; por exemplo, no cemitério de Gramado, RS, as sepulturas à esquerda da alameda principal são anteriores a 1938 e têm inscrições em ale-

mão, e as situadas à direita são posteriores a 1938 e foram gravadas em português, embora os sobrenomes sejam alemães.

42. Nilson Thomé, *Trem de ferro, a ferrovia no Contestado*, 1ª ed., Caçador, Santa Catarina, Impressora Universal, 1980, p. 100. Douglas Teixeira Monteiro supôs que a introdução de tantos trabalhadores provenientes de cidades portuárias que vinham participando de disputas trabalhistas talvez tenha trazido ainda mais agitação; ele destacou a violenta repressão aos ferroviários, que se revoltaram por não receberem seus salários. Ver Teixeira Monteiro, *Os errantes do novo século*, p. 44.

43. As atividades e o ponto de vista de Farquhar são apresentados em Gauld, *The last titan*, pp. 160-79. Gauld afirma que Farquhar construiu a ferrovia em linha reta para maior eficiência na velocidade, mas enfoca o "titã" com uma luz extremamente benigna. Fotos da ferrovia, das serrarias, da "força de segurança" e de personalidades do Exército encontram-se em Fundação Roberto Marinho, *Contestado*, Rio de Janeiro, Ed. Index, 1987.

44. Vinhas de Queiroz, *Messianismo e conflito social*, p. 73.

45. Teixeira Monteiro, *Os errantes do novo século*, p. 31.

46. Wallace, "Identity and the nature of revolution", pp. 172-86.

47. A idéia de monarquia no Contestado é interessante. Da análise de Douglas Monteiro e da teoria de Wallace sobre os movimentos de renovação depreende-se que monarquia, neste caso, não significava a restauração dos Braganças, mas a renovação da vida e a salvação da opressão da República corrupta. O fato central na idéia de um movimento monárquico no Contestado era a coroação simulada de um "rei da festa", a qual era uma tradição em festivais rurais no Brasil. Embora mais comum durante a Folia do Divino, essa prática não era desconhecida como parte da festa do Bom Jesus. Em geral, um padre coroava o "rei" na igreja. Esse "rei", na verdade, era um patrocinador do evento, cujo dever era zelar para que tudo corresse segundo a praxe. Em Taquaruçu, José Maria fez o papel do padre e coroou um fazendeiro local, Manuel Alves de Assunção Rocha, que fornecia gado para os seguidores do "monge". Em 5 de agosto de 1914, no reduto de Taquaruçu, esse "imperador" da monarquia constitucional do Sul brasileiro assinou uma "Carta à nação", comprometendo-se com um programa de trinta propostas, tão refinado que dificilmente teria sido de sua autoria. Talvez a "carta" fosse uma tentativa de dar credibilidade à idéia monarquica, já que a "coroação" praticada na Folia do Divino era amplamente conhecida? Para as trinta propostas, ver Luís da Câmara Cascudo, *Dicionário do folclore brasileiro*, Rio de Janeiro, Instituto Nacional do Livro, 1962, pp. 486-87. Esse aspecto do episódio pede mais esclarecimentos. Ver Vinhas de Queiroz, *Messianismo e conflito social*, p. 88. Além disso, no rústico catolicismo do Sul rural, monarquia era um termo associado à chegada do milênio, do reino de Cristo na Terra. A luta dos insurgentes assumiu o aspecto de um combate às forças do mal, do anticristo, para poderem assegurar a salvação entre os abençoados. Ver Marco Antônio da Silva Mello e Arno Vogel, "Monarquia contra República: a ideologia da terra e o paradigma do milênio na 'guerra santa' do Contestado", *Estudos Históricos* 2, nº 4, 1989, pp. 190-213.

48. Coronel (inf.) Alcibíades Miranda, *Contestado*, Curitiba, Lítero-Técnica, 1987, pp. 31-38. O coronel Miranda serviu na Campanha no 10º Batalhão do 4º Regimento de Infantaria e, posteriormente, na fase de limpeza sob o coronel Pyrrho. Seus originais, claros e exatos a respeito das operações militares, foram concluídos em 1939, mas a publicação foi postergada até 1987, e assim os estudos anteriores a esta data não puderam beneficiar-se dessa obra.

49. Aparentemente ele desertou de um dos dois, talvez de ambos. Vinhas de Queiroz afirma em uma passagem que foi do Exército, e em outra, da polícia (ver *Messianismo e conflito social*, pp. 79, 103).

585

Evidentemente, ele pode ter sido um duplo desertor, pois a polícia estadual atraía muitos homens do Exército com soldos maiores e fardas melhores.

50. Ibid., pp. 109-110

51. Ibid., p. 117.

52. Ibid., p. 119.

53. Ibid., p. 122.

54. FSC, *Relatório ... Contestado*, p. 12.

55. BAO, nº 99.

56. BAO, nº 147. "Sezefredo dos Passos", DHBB, v. 3, pp. 2624-25; há uma foto sua. Ele se tornaria ministro da Guerra na década de 1920 (ver cap. 6).

57. Tenente-coronel Duarte de Alleluia Pires a general-de-brigada Alberto Ferreira de Abreu, Espinilho, 10 fev. 1914 (telegr.) em FSC, *Relatório ... Contestado*, pp. 12-13; Vinhas de Queiroz, *Messianismo e conflito social*, pp. 129-31.

58. Dermeval Peixoto, *Campanha do Contestado: Episódios e impressões*, Rio de Janeiro, 2º milheiro, 1916, p. 160.

59. Para Alleluia Pires, ver MG, *Almanak ... 1915*, pp. 213, 495; para Sezefredo dos Passos, ver nota 56 acima. Sobre seu ferimento, ver FSC, *Relatório ... Contestado*, Anexo 23, p. 255.

60. MG, *Almanak ... 1914*, pp. 14, 611. BAO nº 102. Em Canudos, o então major Mesquita comandou o 9º Batalhão de Infantaria da Bahia. Ele foi mencionado freqüentemente nas partes de combate em MG, *Relatório ... Cantuária ... 1898*, Anexo A. No Sul, Mesquita substituiu Abreu como comandante da 2ª Brigada Estratégica, sediada em Curitiba, cujo posto Abreu ocupara concomitantemente ao de inspetor-geral (comandante) da 11ª Região Militar.

61. Abreu pensou que, como a tática básica dos sertanejos era aproximar-se e atacar com facões, se os policiais soubessem usar a baioneta teriam sido vitoriosos.

62. Essas observações baseiam-se no relatório de Abreu de 1914, citado na íntegra em FSC, *Relatório ... Contestado*, pp. 30-37.

63. *O Estado de S. Paulo*, São Paulo, 4 jan. 1915, p. 1. Ele foi entrevistado no Rio Grande do Sul ao retornar do Contestado. A seu ver, o problema tinha origem em manobras de políticos locais.

64. Esse episódio envolvendo Matos Costa ocorreu em Santo Antônio do Madeira (atual Porto Velho, Rondônia); ver Morel, *Revolta da Chibata*, pp. 172-75.

65. Vinhas de Queiroz, *Massianismo e conflito social*, pp. 160-62. É possível que, se o governo houvesse aceitado a responsabilidade por Taquaruçu, indenizado os que haviam perdido parentes e concedido terra aos desapropriados, tivesse evitado mais derramamento de sangue.

66. FSC, *Relatório ... Contestado*, p. 22. O comportamento de Matos Costa nessa ocasião é ainda mais interessante se considerarmos que ele não era avesso ao uso da violência. Em Canudos, onde serviu no 29º de Infantaria, foi citado como "incansável" na matança de jagunços, e chegou a arriscar a própria vida atirando bombas de dinamite; coronel João César Sampaio (C. O. 6ª Brigada) a general-de-brigada Carlos Eugênio de Andrade Guimarães (C. O. 2ª Coluna), Acampamento de Canudos, 5 out. 1897, MG, *Relatório ... Cantuária ... 1898*, Anexo A, "Forças em operações na Bahia", p. 145. Afirmou-se que em 1910, no Acre, quando escoltava prisioneiros da revolta dos marinheiros, ele fuzilou vários para manter a disciplina; ver Morel, Revolta da Chibata, p. 175.

67. Vinhas de Queiroz, *Messianismo e conflito social*, p. 164.

68. O texto completo permite vislumbrar a frustração dos rebeldes por terem aparentemente

sido abandonados pelo governo em favor de estrangeiros: "Nós estava em Taquarussú tratando da nossa devoção e não matava nem robava, o Hermes mandou suas forças covardemente nos bombardear onde mataram mulheres e crianças portanto o causante de tudo isto é o bandido do Hermes e portanto nós queremos a lei de Deus que é a monarquia. O governo da República toca os Filhos Brasileiros dos terreno que pertence a nação e vende para o estrangeiro, nós agora estemo disposto a fazer prevalecer os nossos direito". D'Assumpção, *A campanha do Contestado*, v. 1, p. 245. Ver também Dermeval Peixoto, *Campanha do Contestado*, p. 74.

69. D'Assumpção, *A campanha do Contestado*, v. 1, p. 245. Essa corruptela de Europa era comum no Rio Grande do Sul na época; ver *Vocabulário Sul-Rio-Grandense*, Porto Alegre, Globo, 1964, p. 327.

70. Vinhas de Queiroz, *Messianismo e conflito social*, pp. 168-73.

71. Ibid., pp. 177-78.

72. FSC, *Relatório ... Contestado*, pp. 28-30.

73. Vespasiano de Albuquerque a Setembrino de Carvalho, Rio de Janeiro, 26 out. 1914, AFSC, CPDOC.

74. David L. Wood, "Abortive panacea: Brazilian military settlements, 1850 to 1913", diss. PhD, University of Utah, 1972.

75. De início ele também se referia às povoações como aldeias, termo geralmente associado a habitações rústicas e pobres, em geral de índios ou mestiços, e que também, no jargão gaúcho de Setembrino, podia significar as casas das famílias dos soldados ao redor do quartel. Ele trocou esse termo relativamente imparcial por reduto, de conotação mais beligerante. Ironicamente, reduto também significa refúgio. Essas designações obviamente são importantes, pois o Exército empregava uma terminologia que ajudava os soldados a imaginar seus concidadãos como inimigos ferozes e traiçoeiros, enquanto os sertanejos empregavam termos que os ajudavam a resistir.

76. FSC a Vespasiano de Albuquerque, sem local, 20 nov. 1914, em *Relatório ... Contestado*, p. 78.

77. Ibid., pp. 39-40; Vespasiano de Albuquerque a FSC, Rio de Janeiro, 23 e 27 set. 1914, AFSC, CPDOC.

78. Dr. Hermogeneo Pereira de Queiroz e Silva, Curitiba, 18 maio 1915, em apêndice de FSC, *Relatório ... Contestado*, p. 329.

79. Ibid., pp. 48-49; dados sobre a carreira em *Almanaque do Exército, 1914*, p. 174; Editorial, ADN, 10 abr. 1915, pp. 197-98.

80. General Setembrino de Carvalho, "Quartel-General das Forças de Operação", 26 set. 1914, como em seu *Relatório*.

81. Ibid. pp. 50-51. O 10º Regimento de Infantaria era de Porto Alegre; a sede do 56º Batalhão de Infantaria Ligeira era na antiga escola militar de Praia Vermelha, no Rio; o 58º de Infantaria Ligeira era de Niterói; o grupo formado pelo 4º, 5º e 6º Regimentos de Cavalaria provinha das cidades missioneiras de São Nicolau, São Luiz e São Borja, do Rio Grande do Sul. Ver lista das paradas das unidades em MG, *Almanak ... 1914*, pp. 617-18. Para uma análise interessante das relações econômicas e de compadrio de Bley Netto na região, ver Diacon, *Millenarian vision*, pp. 17, 38. Listas de pagamentos a vaqueanos encontram-se em "Relação dos civis empregados com declarações dos vencimentos, Forças em Operação no Contestado (F.O.C.), Caixa 12a, Arquivo do Exército, Rio.

82. Editores, "Uma mobilização", ADN, 10 ago. 1914, p. 370.

83. Editorial, ADN, 10 out. 1914, pp. 1-2. A mais atual análise das causas da insurgência encontra-se em Diacon, *Millenarian vision*.

84. Francisco de Paula Cidade, "Os fanáticos, liame histórico", *ADN*, 10 out. 1914, p. 13.

85. Um segundo-sargento (do 43º Batalhão do 15º Regimento de Infantaria) que integrou a coluna do capitão Potyguara afirmou em carta à filha (17 de junho de 1915) que os "fanáticos" desenterravam cadáveres de militares e vaqueanos para os degolar por acreditarem que isso lhes impediria ressuscitar no Juízo Final; ver Themistocles Cavalcanti de Queiroz, "A luta no Contestado", *Revista do Clube Militar* 31, nº 152, 1957, pp. 49-57.

86. Cidade, "Os fanáticos", pp. 13-14.

87. FSC, *Relatório ... Contestado*, pp. 60-67. Em 1914 o coronel Sócrates era deputado federal por Goiás; MG, *Almanak ... 1914*, p. 209. No mínimo dois dos oficiais envolvidos nesses combates tornaram-se generais. O aspirantes Henrique Teixeira Lott (BAO nº 262; *DHBB*, v. 3, pp. 1937-43) comandou um pelotão do 12º, e o major Fernando de Medeiros (BAO nº 175) comandou o 56º de Infantaria Ligeira, que chegou bem armado; ver Vespasiano de Albuquerque a FSC, Rio de Janeiro, 12 set. 1914, AFSC, CPDOC.

88. FSC a coronel Felipe Schmidt, sem local, nov. de 1914, Anexo 32 de FSC, *Relatório ... Contestado*, pp. 334-36.

89. MG, *Almanak ... 1914*, pp. 21-22. Schmidt era o décimo da lista, e Setembrino, o 41º.

90. FSC a Vespasiano de Albuquerque, sem local, 20 nov. 1914, citado em *Relatório ... Contestado*, pp. 74, 79-80. Sobre o problema dos oficiais, ver Francisco de Paula Cidade, "Recrutamento de oficiaes", *ADN*, 10 nov. 1914, p. 50.

91. FSC, *Relatório ... Contestado*, pp. 85-86, 90; d'Assumpção, *A campanha do Contestado*, v. 2, pp. 60-63; Vinhas de Queiroz, *Messianismo e conflito social*, pp. 213-14.

92. Diacon, *Millenarian vision*, p. 127. Nessas concepções, Tavares assemelhava-se muito a outra autoridade desalojada de Canoinhas, Bonifácio Papudo (Bonifácio José dos Santos).

93. Antônio Tavares Jr. a major Atalíbio Taurino de Rezende, Itajaí, 18 e 23 dez. 1914; 2 e 4 jan. 1915; e major Taurino de Rezende a Tavares, Moema, 20 dez. 1914, 4 jan. 1915, Anexos 16-20, FSC, *Relatório ... Contestado*, pp. 229-33.

94. D'Assumpção, *A campanha do Contestado*, pp. 65-72; Vinhas de Queiroz, *Messianismo e conflito social*, pp. 214-17. Antônio Tavares, como Bonifácio Papudo, perdera seu cargo municipal em Canoinhas em 1914 e se juntara aos rebeldes para vingar-se; ver Diacon, *Millenarian vision*, p. 127.

95. FSC, *Relatório ... Contestado*, pp. 82-84. Potyguara depois tornou-se general (BAO nº 153) e combateu os tenentes (ver capítulo 7).

96. A maioria dos que se renderam tinha nomes de origem brasileira/portuguesa, mas havia também nomes como Becker, Kosky, Leffel, Baffz e Schinowski. Uma lista típica continha 275 homens e oitocentas mulheres e crianças. "Relação nominal dos fanáticos e suas famílias apresentadas" [sem local e sem data], Linha Leste, coronel Júlio Cézar G. da Silva, Doc. 19, Forças em Operações no Contestado, Caixa 12, Arquivo do Exército, Rio.

97. Detalhes das primeiras rendições encontram-se em Diacon, *Millenarian vision*, pp. 126-27. FSC, *Relatório ... Contestado*, pp. 89-90; *O Estado*, Florianópolis, 18 maio 1915, citado em Vinhas de Queiroz, *Messianismo e conflito social*, p. 218. Pedro Ruivo trouxe com ele 42 homens para atuarem como vaqueanos; recebia 10 mil-réis, e cada um de seus vaqueanos recebia 5 mil-réis por dia. Havia numerosos grupos de civis como esse. O Exército tem listas com seus nomes, dias de serviço e pagamentos. Relação dos civis empregados com declarações dos vencimentos, Forças em Operações no Contestado, Caixa 12, Arquivo do Exército, Rio.

98. FSC a coronel Felipe Schmidt, Porto União, 18 fev. 1915; F. Schmidt a FSC, Florianópolis, 19 fev. 1915, em FSC, *Relatório ... Contestado ... 1915*, pp. 240-41; Vinhas de Queiroz, *Messianismo e conflito social*, p. 220.

99. José Caetano de Faria a FSC, Rio de Janeiro, 29 jan. 1915, AFSC, CPDOC. Ele disse que o governo italiano protestara contra maus-tratos a seus cidadãos e que estava entregando um relatório de FSC sobre o caso ao ministro das Relações Exteriores, Lauro Miller. Faria a FSC, Rio de Janeiro, 19 maio 1915, AFSC, CPDOC. Em sua carta manuscrita, Faria afirma: "O caso das reclamações estrangeiras sobre indivíduos mortos por forças civis já está dando o que fazer e parece que custará caro. Os inquéritos provaram infelizmente que houve degolamentos por parte dos tais civis; a propósito, permita que recomende todo o cuidado no seu relatório se tiver de referir-se a esses fatos". Sobre o assassinato por soldados de Potyguara, ver d'Assumpção, *A campanha do Contestado*, v. 2, pp. 393-96.

100. Ricardo Kirk e Ernesto Darioli a coronel Eduardo Sócrates, Porto União, 19 jan. 1915, em FSC, *Relatório ... Contestado*, Anexo 13. O general Faria é nº 80 do BAO; para sua carreira e sua atuação como ministro, ver cap. 4.

101. José Caetano de Faria a FSC, Rio de Janeiro, 29 jan. 1915, AFSC, CPDOC. Estillac Leal e Leovigildo Paiva foram promovidos por "mérito" em 20 e 27 de janeiro, respectivamente; ver *Almanak ... 1915*, pp. 32, 175. Sobre os soldos e impostos, ver R. Bonjean (escritório da Receita) a FSC, Curitiba, 10 fev. 1915; coronel Frederico Rossani a FSC, Rio de Janeiro, 1º mar. 1915; R. Bonjean a FSC, Curitiba, 12 mar. 1915, AFSC, CPDOC.

102. O coronel Francisco Raul d'Estillac Leal era um oficial de porte imponente e elegante bigode de pontas viradas. Graças aos vários artigos sobre a campanha que ele publicou em *A Defesa Nacional* e aos dois livros que um de seus oficiais escreveu, seu nome passou a ser associado ao episódio. Ele parece ter sido um oficial eficiente em tudo, exceto levar seus soldados à vitória. Seus artigos intitulados "Do Contestado, observações colhidas nas operações da coluna sul" foram publicados em *ADN*, 10 ago. 1915, pp. 357-61, e *ADN*, 10 out. 1915, pp. 27-30. O oficial subalterno que escreveu os livros era Herculano Teixeira d'Assumpção. Ver d'Assumpção, *A campanha do Contestado*. A qualidade de sua liderança não o impediu de aposentar-se marechal. João Pandiá Calógeras, quando ministro da Guerra em um período posterior, observaria: "As promoções ao generalato raramente foram felizes. Obedeceram a considerações políticas e pessoais, a relações de amizade, muito mais do que às conveniências do serviço. [...] [O] que mais pesou no critério da eleição foram a simpatia, serviços políticos, parentes influentes e empenhos, e não, como deveria ser, o crisol do valor profissional, de dedicação à tropa, do esforço militar". João Pandiá Calógeras, *Problemas de administração*, 2ª ed., São Paulo, Companhia Editora Nacional, 1938, p. 96. Dois de seus filhos, Newton [DHBB, v. 2, pp. 1751-58] e Zeno Estillac Leal [DHBB, v. 2, pp. 1760-61, como oficiais de baixa patente, estariam em lados opostos nos levantes da década de 1920, o primeiro como tenente e o segundo do lado do governo, e se tornariam, respectivamente, ministro da Guerra (1951-52) e chefe do Estado-Maior (1956-58).

103. Vinhas de Queiroz, *Messianismo e conflito social*, p. 218. Ver fotografia em FSC, *Relatório ... Contestado*, foto nº 12, depois da p. 261. Diacon, *Millenarian vision*, p. 127.

104. Heitor Mendes Gonçalves foi declarado aspirante a oficial em janeiro de 1911 ao concluir seu treinamento para oficial no Rio Grande do Sul (na Escola de Guerra em Porto Alegre, 1907-09, e na Escola de Aplicação de Infantaria e Cavalaria de Rio Pardo, 1909-11). Nasceu em 1º de outubro de 1889, ingressou no Exército em 21 de março de 1907; MG, *Almanak ... 1912*, p. 393. A sua turma seria

a última a concluir a preparação no Rio Grande do Sul entre o fechamento de Praia Vermelha em 1904 e a abertura do Realengo em 1911. Para um relato sobre as escolas rio-grandenses, ver Francisco de Paula Cidade, "Revivendo o passado — meio século mais tarde: a Escola de Guerra", *Revista do Clube Militar* 31, nº 152 (1958?), pp. 105-14. Segundo Cidade, um bom número de formados nessa escola atuou no Contestado (p. 112). Os formados pelas escolas rio-grandenses seriam os capitães e majores da década de 1920 e, como Pedro A. de Góes Monteiro, turma de 1910 (chefe do Estado-Maior do Exército da revolução de 1930), os tenentes-coronéis de 1930 e os generais das décadas de 1930 e 1940. O Contestado seria a iniciação à guerra dessa geração de oficiais e, com exceção da Segunda Guerra Mundial, suas experiências posteriores proviriam de uma forma ou outra de guerras civis.

105. BAO nº 246. João Pereira de Oliveira foi declarado aspirante em janeiro de 1911 após concluir treinamento nas escolas do Rio Grande do Sul. Nasceu em 1884 e entrou para o Exército em 7 de abril de 1903.

106. BAO nº 147. Nestor Sezefredo dos Passos esteve no Contestado de 1912 a 1916; fora promovido recentemente a major. Nasceu em 1872 e participou da guerra civil de 1893; aos 27 anos, era membro da turma de 1902 da Escola Militar de Praia Vermelha. Chegaria a general e se tornaria ministro da Guerra em 1926. Para um resumo de toda a carreira, ver o cap. 4.

107. Vinhas de Queiroz, *Messianismo e conflito social*, pp. 223-24.

108. Baseado em FSC, *Relatório ... Contestado*, pp. 105-13.

109. Alcibíades Miranda, Contestado, pp. 91-93. Ele observou que o cemitério vizinho de sua barraca no acampamento tinha apenas cinco sepulturas em 2 de março; os outros mortos permaneceram na floresta até depois de 5 de abril. Depois, foram enterrados onde haviam caído. Ele também refutou "a lenda de que os jagunços haviam maltratado os cadáveres"; turmas designadas para o sepultamento aparentemente constataram que os corpos não tinham sinais de mutilações pós-combate (p. 93).

110. Parece razoável supor que a reputação dos homens de Pedro Ruivo, que trabalhavam para a unidade do capitão Potyguara, era conhecida pelos rebeldes e que eles se sentiam mais seguros em poder do coronel César. Há indícios de que, mesmo após a queda de Santa Maria, prisioneiros foram mutilados e mortos. Ver d'Assumpção, *A campanha do Contestado*, v. 2, pp. 402-3, 406. Ele deu dois exemplos de prisioneiros confiados à unidade de Potyguara e aos vaqueanos do "coronel" Fabrício que foram mutilados e mortos. Alcibíades Miranda também declarou que eles mataram prisioneiros (ver seu livro *Contestado*, pp. 95-96). Nas operações de limpeza pós-Santa Maria, listas de execuções eram usadas para determinar os prisioneiros que deveriam ser mortos. Em Perdizinhas, uma força mista de civis e militares comandados pelo capitão José Vieira da Rosa matou 248 prisioneiros e queimou os corpos. Ver Vinhas de Queiroz, *Messianismo e conflito social*, p. 243.

111. Vinhas de Queiroz, *Messianismo e conflito social*, pp. 222-23.

112. Primeiro-tenente João Guedes da Fontoura [BAO nº 193; DHBB v. 2, p. 1313] ao coronel Eduardo Arthur Sócrates [BAO nº 134], Porto da União, 25 mar. 1915 (Doc. 1599), Forças em Operações no Contestado, Caixa 12, Arquivo do Exército, Rio de Janeiro. Um desenho mostra que o avião, na tentativa de aterrissagem forçada, bateu no solo, pulou e parou de ponta-cabeça.

113. Faria a FSC, Rio de Janeiro, sem data, AFSC; editorial, ADN, 10 abr. 1915, pp. 197-98.

114. Manuel de Cerqueira Daltro Filho seria um dos principais generais do Exército na década de 1930; "Daltro Filho", DHBB, v. 2, pp. 1043-46.

115. Manoel Fabrício Vieira foi o "rei da erva-mate" no Contestado e um dos mais poderosos coronéis da região, e regularmente organizava grupos de trabalho. Aparentemente, arregimentar um destacamento de vaqueanos para o Exército era decorrência natural de os patrões usarem seus agregados como forças paramilitares privadas. Para suas atividades de organização de força de trabalho, ver Diacon, *Milenarian vision*, pp. 27-8, 104-5.

116. O capitão Alcibíades Miranda, *Contestado*, pp. 97-105, deixou um testemunho em primeira mão de sua perspectiva como comandante de um pelotão de ponta do 57º.

117. D'Assumpção, *A campanha do Contestado*, v. 2, pp. 255-81; FSC a José Caetano de Faria, Curitiba, 13 mar. 1915, Ofícios Recebidos 20, Forças em Operações no Contestado, Caixa 12, Arquivo do Exército, Rio de Janeiro. A escolha de músicas e danças reflete a influência africana na cultura dos praças. O coco era do Nordeste, o mineiro e o catopé, de Minas Gerais; ver Cascudo, *Dicionário do folclore brasileiro*, pp. 195, 224-5, 479-80.

118. Note-se que ele citou Clausewitz, para quem a política e o Exército eram permanentemente ligados; ver Nunn, *Yesterday's soldiers*, p. 78.

119. FSC a José Caetano de Faria, Curitiba, 13 mar. 1915, Ofícios recebidos 20, Forças em operações no Contestado, Caixa 12, Arquivo do Exército, Rio de Janeiro. Embora Setembrino afirmasse querer reduzir os "bandoleiros do Santa Maria" antes da chegada do frio, não podia ter certeza do êxito, por isso solicitou fundos e barracas para manter seus soldados durante o inverno. Lembrou Faria de que a região, após ser pacificada, necessitaria de "um policiamento moralizado e contínuo". Sobre a opinião de Estillac, ver Miranda, *Contestado*, p. 205. O capitão Miranda criticou a tendência do general a culpar seus subordinados. Ver também FSC, *Relatório ... Constestado ... 1915*, pp. 122-123.

120. Ver Manuel Onofre Muniz Ribeiro a Júlio César, Canoinhas, 27 mar. 1915; texto integral em Miranda, *Contestado*, pp. 326-28. O Exército não tinha regulamento para a redação de mensagens, ordens e relatórios, nem padrões para traçar os mapas de modo a assegurar que todas as informações necessárias fossem transmitidas; ver FSC, *Relatório ... Contestado*, p. 161.

121. D'Assumpção, *A campanha do Contestado*, v. 2, pp. 331-33. O 9º acabou fazendo contado com a tropa de Onofre e coordenou suas ações de bloqueio. Na página 285, d'Assumpção afirmou que os prisioneiros do 9º eram sobretudo mulheres, crianças, velhos e doentes que haviam deixado a área do reduto enquanto os homens postavam-se em posições defensivas. Afirmou também que o 9º tratou tão bem os prisioneiros que eles concordaram em servir de guia para patrulhas que procuravam outros rebeldes escondidos nas montanhas.

122. Vinhas de Queiroz, *Messianismo e conflito social*, p. 231.

123. Relatório de Potyguara em FSC, *Relatório ... Contestado*, pp. 250-51.

124. Ibid., p. 253.

125. Ibid., p. 254; Miranda, *Contestado*, p. 116.

126. FSC, *Relatório ... Contestado*, p. 254.

127. Na lista de mortos havia dois com o nome de Marcellino Gonçalves, um do 57º Batalhão de Infantaria, o outro um vaqueano civil. O primeiro foi morto nas proximidades de Santa Maria, o segundo quando o reduto foi tomado. Portanto, o corneteiro deve ter sido o vaqueano. FSC, *Relatório ... Contestado*, Anexo 28, "Relação dos oficiais, praças e civis mortos em combate", páginas não numeradas; pp. 256-57, e ver anexo 28, Lista dos oficiais, praças e civis mortos em combate.

128. Texto da nota em d'Assumpção, *A campanha do Contestado*, pp. 379-80.

129. Baseei-me aqui no relato de Potyguara em sua parte de combate a Setembrino, que a incluiu

em seu relatório FSC, *Relatório ... Contestado*, pp. 249-59. Sobre a participação da família Pacheco no desenvolvimento da crise, ver Diacon, *Millenarian vision*, pp. 86-87.

130. Telegramas: Estillac a FSC, Santa Maria, 2 abr. 1915 (8h40 da manhã); FSC a Estillac, Porto União, 2 abr. 1915; Estillac a FSC, Santa Maria, 2 abr. 1915 (2h20 da tarde); Estillac a FSC, Tapera, 2 abr. 1915 (7h50 da noite); FSC a Estillac, Porto União, 2 abr. 1915; Estillac a FSC, Tapera, 3 abr. 1915; texto integral em d'Assumpção, *A campanha do Contestado*, v. 2, pp. 366-72.

131. Miranda, *Contestado*, p. 125. Durante todo o relato ele citou pormenorizadamente as baixas.

132. D'Assumpção, *A campanha do Contestado*, v. 2, pp. 390-91, 396. Relatório de Potyguara em FSC, *Relatório ... Contestado*, p. 258. Foram mortos 109 animais de seu destacamento. Seus soldados gastaram 86120 balas de fuzis e metralhadoras Mauser, pistolas e revólveres Winchester, Parabellum e Nagant. Ele comentou desejar que seu relatório servisse como exemplo de que, para evitar desastres, era imprescindível não discutir ordens e segui-las à risca. Capitão T. de Albuquerque Potyguara a sr. coronel Manuel Onofre Muniz Ribeiro, comandante da coluna norte, Vila de Canoinhas, 20 abr. de 1915, "Tomada do Reducto de Santa Maria", Forças em Operações no Contestado, Caixa 12, Arquivo do Exército, Rio de Janeiro.

133. FSC a Estillac, Porto União, 4 abr. 1915 (7h00 da manhã); Estillac a FSC, Tapera, 5 abr. 1915; FSC a Estillac, Porto União, 5 abr. 1915; textos integrais em d'Assumpção, *A campanha do Contestado*, v. 2, pp. 393-96.

134. D'Assumpção, *A campanha do Contestado*, v. 2, pp. 402-3. D'Assumpção afirmou que estava com o cornel Estillac, o primeiro-tenente Souza Reis, o capitão Pará e um contingente de cavalaria quando encontraram o corpo "desse bandoleiro todo mutilado; faltavam-lhe as orelhas, estava quase inteiramente degolado". [...] "Bem desgraçada foi a sorte desse bandido. [...] O destacamento do norte, não sei por que motivo superior, não quis levar o prisioneiro até a cidade de P. União." (ver nota, pp. 402-3).

135. Felipe Schmidt a FSC, Florianópolis, 20 abr. 1915, AFSC. O ministro Faria escreveu a FSC para felicitá-lo pelo êxito da campanha e conceder-lhe uma licença remunerada para descansar. Faria a FSC, Rio de Janeiro, 19 maio 1915, AFSC, CPDOC. O coronel Antônio S. B. Pyrrho esteve em Canudos em julho e agosto de 1897 (ver *Almanak ... 1915*, p. 28). O líder grego Pirro (318-272 a. C.) só conseguiu vencer os romanos em 279 a. C. a um custo elevadíssimo. Uma força de vaqueanos comandada pelo capitão do Exército José Vieira da Rosa, do 54º Batalhão de Infantaria Ligeira de Florianópolis, e pelo "coronel" local Maximino de Moraes atuou em operações sanguinárias — em Perdizinhas foram executados cerca de 167 prisioneiros; Vinhas de Queiroz, *Messianismo e conflito social*, pp. 230, 243; MG, *Relatório ... Caetano de Faria ... 1916*, pp. 67-58, e ... 1918, pp. 34, 99. Sobre o "coronel" Maximino, ver Diacon, *Millenarian vision*, pp. 108-9, 133. O capitão Alcibíades Miranda participou das fases finais e relata as ações do Exército em seu livro *Contestado* (pp. 143-64).

136. MG, *Relatório ... Setembrino de Carvalho ... 1915, Relatório*, pp. 137-80. Citações das pp. 130, 138, 141, 159, 160.

137. Encontrei três oficiais do grupo dos "jovens turcos" treinados na Alemanha entre os veteranos do Contestado: primeiro-tenente (infantaria) Joaquim Rosa Reis Netto, primeiro-tenente (infantaria) José Bento Thomaz Gonçalves, que atuou na área de março a junho de 1914 e de fevereiro a maio de 1915, e o primeiro-tenente (cavalaria) Euclides de Oliveira Figueiredo, que comandou um pelotão de estafetas e foi condecorado por salvar a vida de um soldado. Souza Reis e Figueiredo foram do grupo de fundadores de *A Defesa Nacional*; este último posteriormente serviu no estado-maior do general Setembrino na 4ª Região Militar e quando Setembrino foi ministro da Guerra. Seria

promovido a tenente-coronel em 1924; em 1930 opôs-se à revolução, e em 1932 foi um dos principais líderes das forças paulistas na guerra civil. Seu filho, João Figueiredo, foi presidente do Brasil de 1979 a 1985. Ver MG, *Relatório ... Setembrino de Carvalho ... 1915*, p. 153; "Euclides Figueiredo", *DHBB*, v. 2, pp. 1270-74. No início da década de 1920, Souza Reis era um oficial muito respeitado do Estado-Maior do Exército; sentiu-se tão arrasado ao ser dispensado depois de ter fracassado contra os tenentes rebeldes em 1924 que se suicidou nas dependências do Ministério da Guerra (ver capítulo 7).

138. Mário Travassos, "Para a frente, custe o que custar!", *ADN*, 10 out. 1916, pp. 15-17; ele foi comandante do Depósito de Pessoal da Força Expedicionária Brasileira na Itália na Segunda Guerra Mundial e se tornou general-de-brigada em 1946 (BAO nº 264). Entre outros artigos sobre o Contestado incluem-se: Francisco de Paula Cidade, "Em torno do Contestado", *ADN*, 10 jan. 1915, pp. 124-25; *ADN*, 10 mar. 1915, pp. 179-82; "A campanha inglória do Contestado...", Editorial, *ADN*, 10 abr. 1915, pp. 197-98; [coronel Francisco Raul de Estillac Leal] "Do Contestado, observações colhidas nas operações da coluna sul", *ADN*, 10 out. 1915, pp. 27-30. Sobre os recursos para os herdeiros dos mortos na campanha, ver "Exemplo patriótico", *ADN*, 10 maio 1915, pp. 265; e "Subscrição em favor das vítimas do Contestado", *ADN*, 10 nov. 1916. Angariaram 14:781$760.

139. "Relatório", *ADN*, 10 ago. 1917, pp. 356-58. Como se trata de um comentário não assinado, provavelmente foi escrito por um dos editores.

140. *Almanak do Ministerio da Guerra para o anno de 1930*, Rio de Janeiro, Imprensa Militar, 1930, pp. 7-17. Dois nomes destacados estiveram entre os generais-de-divisão de 1930: Nestor Sezefredo dos Passos e Tertuliano de A. Potyguara. Ambos, juntamente com todos os veteranos do Contestado, exceto um, estiveram entre os vinte generais reformados em conseqüência da revolução de 1930. A única exceção foi José Luís Pereira de Vasconcellos, que em 1932 se juntaria às forças paulistas contra o governo Vargas como general-de-divisão e comandante da 2ª Região Militar; "Euclydes Hermes da Fonseca", *DHBB*, v. 2, pp. 1301-2; "Vasconcellos", *DHBB*, v. 4, p. 3516. Para Heitor Gonçalves, ver Setembrino, *Relatório ... Setembrino de Carvalho ... 1915*, p. 162. Os números sobre os veteranos da campanha ainda na ativa durante a Revolução de 1930 foram extraídos do *Almanak do Ministerio da Guerra para o anno de 1931*, Rio de Janeiro, Imprensa Militar, 1931, pp. 7-31 (generais), 21-90 (infantaria), 191-218 (cavalaria), 271-302 (artilharia), 371-86 (engenharia), 418-24 (aviação), 443-60 (medicina), 499-506 (farmácia), 529-32 (veterinária). Esses números indicam que o maior contingente era o dos oficiais de infantaria: 65 dos 246 (26%), em comparação com doze oficiais de cavalaria em 107 (11%) e seis de 130 oficiais de artilharia (4%).

O número de generais que participaram do Contestado foi extraído de meu projeto BAO. Quero agradecer especialmente a Candace Kattar e Gus Lawlor por coletarem e analisarem os dados.

141. "Henrique Teixeira Lott", *DHBB*, v. 3, pp. 1937-43. Escola de Comando e Estado-Maior do Exército, Curso de Preparação, *Guerras insurrecionais no Brasil (Canudos e Contestado)*, Rio de Janeiro, Imprensa Nacional, 1968; sobre o ínfimo desenvolvimento da região de Santa Maria, ver Quatro Rodas, "98 Mapa Brasil", em *Guia Brasil 1998*, São Paulo, Abril, 1998. Atualmente a região do Contestado possui uma universidade estadual e planeja usar sua história para atrair o turismo; ver http://www.contestado.com.br/roteiros/index.htm (acessado em 10 jan. 2003)

142. Esta última informação provém de Miranda, *Contestado*, p. 126.

1. Francisco Luiz Teixeira Vinhosa, *O Brasil e a Primeira Guerra Mundial*, Rio de Janeiro, Instituto Histórico e Geográfico Brasileiro, 1990, pp. 31-36; ver também seu artigo "1014 ou escritores em guerra", *Jornal do Brasil*, Rio de Janeiro, 26 ago. 1984, "Especial", p. 4; Dunshee de Abranches, *A illusão brasileira (justificação histórica de uma attitude)*, 5ª ed., Rio de Janeiro, Imprensa Nacional, 1917, pp. 25, 28.

2. Campos Coelho, *Em busca de identidade*, pp. 75-82.

3. Segundo-tenente Francisco de Paula Cidade, "Recrutamento de oficiaes", ADN, 10 nov. 1914, pp. 49-50. Em 1919, Alfredo Malan d'Angrogne, então adido militar em Paris, redigiu um relatório para o presidente eleito Epitácio Pessoa no qual apresentou uma divisão um tanto diferente do corpo de oficiais: (1) homens qualificados com "preparo livresco", dotados de verdadeira inclinação para a profissão, a qual cultivavam ativamente; (2) oficiais que, apesar da capacidade, haviam empacado em escalões inferiores e estavam velhos demais para outro avanço na carreira [ele mencionou capitães de 45 anos que deveriam ser tenentes-coronéis ou coronéis]; (3) os oportunistas que ocupavam cargos públicos e não podiam ser considerados verdadeiros soldados profissionais. Malan, *Uma escolha, um destino*, p. 194.

4. O *Relatório* de 1905 afirmou que o período na Alemanha deveria prepará-los para tornar-se instrutores nas escolas do Exército. Os oficiais enviados foram:

Grupo 1: capitão Emílio Sarmento (inf.), tenente Constâncio Deschamps Cavalcanti (inf.), primeiro-tenente Cassiano da Silveira Mello Matos (art.), segundo-tenente Bento Marinho Alves (art.), segundo-tenente Manoel Bourgard de Castro e Silva (art.), tenente Estellita Augusto Werner (cav.); em MG, *Relatório ... Argollo ... 1905*, p. 17.

Grupo 2: primeiro-tenente Alexandre Galvão Bueno, primeiro-tenente Leopoldo Itacoatiara de Senna, segundo-tenente Manoel Joaquim Pena, segundo-tenente Augusto da Silva Mendes, segundo-tenente Antônio Borba de Moura, segundo-tenente Amaro de Azambuja Vilanova. Também mandados à Europa para "aperfeiçoar-se", mas sem destino indicado, foram: segundo-tenente Mário Hermes da Fonseca, segundo-tenente Ignácio de Alencastro Guimarães Jr., segundo-tenente Pedro Carlos da Fonseca; em MG, *Relatório ... Hermes ... 1909*, p. 5.

Grupo 3: capitães Luiz Furtado (inf.), José Carlos Vital Filho (inf.), Arnaldo Brandão (cav.), César Augusto Parga Rodrigues (art.), Epaminondas de Lima e Silva (cav.), Francisco Jorge Pinheiro (cav.), Emílio Rosauro de Almeida (cav.), primeiros-tenentes José Antônio Coelho Ramalho, Luiz Gonzaga dos Santos Sarahyba, José Bento Thomaz Gonçalves, Joaquim de Souza Reis Netto, Julião Freire Esteves (todos da inf.), Augusto de Lima Mendes, José Maria Franco Ferreira, Jerônymo Furtado do Nascimento, Euclides de Oliveira Figueiredo (todos da cav.), Olyntho de Meira (Mesquita) Vasconcellos, Bertoldo Klinger, Eduardo Cavalcanti de Albuquerque Sá (todos da art.), José Pinheiro de Ulhôa Cintra (eng.), segundos-tenentes Estevão Leitão de Carvalho (inf.), Evaristo Marques da Silva (cav.); em *Almanak ... 1912*, p. 86; Leitão de Carvalho, *Dever militar*, p. 34; e Aviso nº 683, 19 abr. 1910, Boletim Especial nº 48 e Aviso nº 2846, 17 abr. 1910, Boletim Especial nº 84, Arquivo do Exército, Rio de Janeiro.

5. Sobre as relações entre Alemanha e Turquia, ver Ulrich Trumpener, *Germany and the Otoman Empire*, 1914-1918, Princeton, N. J., Princeton University Press, 1968, esp. pp. 69, 73, 105. Oficiais ale-

mães atuaram na Turquia como chefes do Estado-Maior e foram comandantes de campanha durante a Primeira Guerra Mundial, mas sem ter o controle total do Exército.

6. Ver o relato de Estevão Leitão de Carvalho sobre o discurso de ano-novo de 1915 que ele redigiu para Faria, o ministro da Guerra: Leitão de Carvalho, *Memórias*, v. 1, pp. 189-90.

7. Editorial, *ADN*, 10 out. 1913, pp. 1-3.

8. Editorial, *ADN*, 10 nov. 1914, pp. 37-8.

9. Leitão de Carvalho, *Memórias*, v. 1, p. 176.

10. Olavo Bilac, *A Defesa Nacional* (discursos), Rio de Janeiro, Biblioteca do Exército, 1965, pp. 25, 130, 27, 41 (na ordem das citações). Esses discursos foram proferidos no Centro-Sul do Brasil em 1915 e 1916.

11. Ibid., citações das pp. 27 e 135.

12. Ibid., p. 137.

13. Ver a interessante discussão em Barbosa Lima Sobrinho, *Presença de Alberto Torres (Sua vida e pensamento)*, Rio de Janeiro, Civilização Brasileira, 168, pp. 388-403.

14. Bilac, *A Defesa Nacional* (discursos), esp. texto do discurso em São Paulo, "Em marcha", pp. 23-28 (citações das pp. 26-7).

15. Ibid.; Lima Sobrinho, *Presença de Alberto Torres*, p. 393.

16. Bilac, *A Defesa Nacional* (discursos), pp. 33-42; citações de "Ao Exército nacional", discurso proferido no Clube Militar, Rio de Janeiro, 6 nov. 1915.

17. Raymundo Magalhães Jr., *Olavo Bilac e sua época*, Rio de Janeiro, Americana, 1974, p. 275.

18. Ambas as obras foram relançadas em 1933 pela Companhia Editora Nacional, São Paulo, na famosa coleção "Brasiliana", e novamente em 1982 pela Editora Universidade de Brasília.

19. Alberto Torres, *A organização nacional* (1914; reimpressão: Brasília, Ed. Universidade de Brasília, 1982), p. 160.

20. Lima Sobrinho, *Presença de Alberto Torres*, pp. 393-94.

21. Ibid., p. 395.

22. Ibid., pp. 395-97.

23. Torres, *A organização nacional*, p. 330.

24. Lima Sobrinho, *Presença de Alberto Torres*, p. 399.

25. Decreto-lei nº 1908, 26 dez. 1939 (assinado por Getúlio Vargas, Eurico G. Dutra e Henrique A. Guilhem); Decreto nº 58222, 19 abr. 1966 (assinado por H. Castelo Branco, Zilmar de Araripe Macedo, Arthur da Costa e Silva e Eduardo Gomes). Textos em general Moacir Araújo Lopes, *Olavo Bilac, o homem cívico*, Rio de Janeiro, Liga de Defesa Nacional, 1968, pp. 43-5.

26. MG, *Relatório ... Argollo ... 1906*, Rio de Janeiro, Imprensa Nacional, 1906, p. 29. Informações sobre a carreira encontram-se em vários números do Almanac do Exército. Seu BAO é nº 80.

27. *Almanac ... 1915*, p. 562.

28. Estado-Maior do Exército, *História do Estado-Maior do Exército*, Rio de Janeiro, Biblioteca do Exército, 1984, p. 30. Sobre a experiência chilena, ver Nunn, *Yesterday's soldiers*, pp. 100-12.

29. MG, *Relatório ... Faria ... 1915*, pp. 5-7.

30. MG, *Relatório ... Faria ...1915*, pp. 4-5. Sobre os autores europeus, ver Nunn, acima citado, e Richard D. Challener, *The French theory of the nation in arms, 1866-1939*, Nova York, Columbia University Press, 1952, p. 64. O que mais caracterizou o pensamento militar francês de 1872 a 1914 foi a idéia de que "o Exército era uma escola e, como tal, podia desempenhar um papel social importante na

vida francesa". Todo cidadão devia prestar serviço militar, dando ao Exército "a imagem da nação". Os brasileiros inspiraram-se acentuadamente nesse pensamento.

31. MG, *Relatório ... Faria ... 1915*, p. 4; Theodorico Lopes e Gentil Torres, *Ministros da Guerra do Brasil, 1808-1946*, Rio de Janeiro, sem editora, 1947, pp. 175-76. Para uma lista de comandantes e estados-maiores de brigadas estratégicas e distritos de inspeção, ver *Almanak ... 1914*, Rio de Janeiro, Imprensa Militar, 1914, pp. 603-12.

32. Sobre o efetivo, ver *Almanak ... 1915*, pp. 634-45. Cada uma das cinco divisões continha duas brigadas de infantaria e uma de artilharia, um regimento de cavalaria e um batalhão de engenharia, além de unidades de apoio, suprimentos e médica (ver pp. 654-60).

33. Sir W. Haggard a Sir Edward Grey, Petrópolis, 19 jun. 1913, "Brazil, Annual Report, 1912", Confidential 10286, Foreign Office Confidential Print, pp. 18-19.

34. MG, *Relatório ... Faria ... 1915*, pp 7-9.

35. Ibid., pp. 10-11.

36. Leitão de Carvalho, *Memórias*, v. 1, pp. 189-90.

37. Ibid., p. 191.

38. Ibid., pp. 210-11.

39. Fonseca e Escobar, *Primórdios*, pp. 139-56; "Liga da Defesa Nacional", DHBB, v. 3, p. 1813. Sobre ideologia, ver Carone, *A República Velha*, v. 1, pp. 168-70.

40. Magalhães, *Olavo Bilac*, p. 399.

41. Ibid., pp. 368-69, 377. O banquete foi organizado pelos generais Bento Ribeiro, Luís Barbedo e Setembrino de Carvalho.

42. Ibid., pp. 368-75. O general-de-divisão Besouro foi substituído em 2 de dezembro de 1916. Sua oposição não podia ser menosprezada, pois ele era um general veterano que fora comandante da Escola do Estado-Maior do Exército de setembro de 1910 a maio de 1914, e seria designado para a Comissão de Promoções em março de 1917; *Almanak ... 1914*, p. 554; e *Relatório ... Faria ... 1917*, p. 92.

43. Leitão de Carvalho, *Memórias*, pp. 204, 213-15; David V. Fleischer (ed.), *Carlos Peixoto Filho*, Brasília, Câmara dos Deputados, 1978, p. 523.

44. Para uma descrição dos acontecimentos do dia, ver Fonseca e Escobar, *Primórdios*, pp. 157-60; Raymundo Magalhães Jr., *Olavo Bilac*, pp. 398-402.

45. *O Estado de S. Paulo*, São Paulo, 26 nov. 1915, citado em Carone, *A República Velha*, v. 2, pp. 306-7.

46. Carone, *A República Velha*, v. 2, pp. 307-8.

47. Abílio de Noronha, *Narrando a verdade: Contribuição para a história da Revolução de S. Paulo*, São Paulo, Companhia Gráfica-Editora Monteiro Lobato, 1924; coronel Tobias Coelho, *O Exército internamente, reminiscências históricas*, Rio de Janeiro, Editorial Alba, [c. 1935?], pp. 186-89; Cidade, *Síntese de três séculos de literatura militar brasileira*, pp. 472-75.

48. A citação que revela a simpatia pelos exilados encontra-se em *O Estado de S. Paulo*, São Paulo, 10 abr. 1916, reproduzida em Carone, *A República Velha*, v. 2, p. 308; O comentário de Carone está na nota 113. Nenhuma das fontes consultadas indica se algum dos sargentos rebeldes servira no Contestado; mas, se tiver sido esse o caso, podemos supor que o aumento das responsabilidades dos sargentos em uma zona de combate poderia provocar a insatisfação com seu status normal.

49. MG, *Relatório ... Faria ... 1915*, pp. 16-17; Câmara dos Deputados, *Mensagens presidenciais, 1915-1918*, 1921, reimpressão: Brasília, Câmara dos Deputados, 1978, pp. 136-37.

50. Cidade, *Síntese de três séculos de literatura militar brasileira*, pp. 474-75.

51. Leitão de Carvalho, *Memórias*, v. 1, pp. 200-201. O sargento Joaquim tornou-se tenente na intendência em 1916. Esse setor administrativo era encarregado das finanças e dos serviços de quartel-mestre. Ele nasceu em 1886 e entrou para o Exército em 1903. Em novembro de 1930, era capitão. Para um número desconhecido de sargentos, a administração foi o caminho para o oficialato. *Almanak ... 1931*, p. 626.

52. MG, *Relatório ... Faria ... 1917*, p. 8.

53. Ibid., p. 6. Ressaltando o número elevado de inaptos, Faria preconizou a educação física obrigatória para produzir "homens fortes e vigorosos". É estranho que não tenha recomendado antes de tudo um ensino público geral obrigatório que fornecesse um local que possibilitasse o treinamento físico.

54. Ibid., p. 22; e MG, *Relatório ... Faria ... 1918*, p. 16.

55. MG, *Relatório ... Eurico Gapar Dutra ... 1940*, p. 22.

56. Albert Hale, *The South Americans*, Indianapolis, Bobs-Merrill, 1907, pp. 208-9.

57. MG, *Relatório ... Setembrino de Carvalho ... 1926*, pp. 82-3.

58. Em 1916-17 os estados que não possuíam guarnições permanentes ou tinham apenas pequenos destacamentos com propósitos específicos eram: Amazonas, Piauí, Rio Grande do Norte, Alagoas, Sergipe, Espírito Santo e Goiás. Ver MG, *Relatório ... Faria ... 1917*, pp. 7-10. Os 195 mil contos de réis eram a quantia ideal na opinião de Faria.

59. O poder aquisitivo do Exército reduziu-se durante a Primeira Guerra Mundial devido à situação financeira do país. Em 1914, o orçamento brasileiro consistia em 86439 contos de réis em papel-moeda e 250 contos de réis em ouro, sendo este último usado para compras no exterior. Ao longo dos dois anos seguintes, a verba reduziu-se para 64246 contos de réis em papel-moeda e 50 contos de réis em ouro. Ver ibid., p. 24. Sobre a condição dos quartéis, ver ibid., pp. 15-17, 79-101. O comandante da 6ª Região citou o exemplo da unidade de Santa Anna (SP), alojada em "um velho pardieiro que nos tempos primitivos da cidade foi construído com taipa, para um convento, sem ar, luz, acomodações e em péssimo estado de conservação". Ele estava usando soldados para construir um alojamento novo; ibid., pp. 96-97. Para os dados do orçamento do Ministério da Guerra em 1910-16, ver Câmara dos Deputados, *Mensagens presidenciais, 1915-1918*, pp. 137-38, 292-93, 482-83.

60. MG, *Relatório ... Faria ... 1917*, p. 9. Sobre o Brasil e a Primeira Guerra Mundial, ver Vinhosa, *O Brasil*; Otto Prazeres, *O Brasil na guerra (algumas notas para a história)*, Rio de Janeiro, Imprensa Nacional, 1918; Pedro Cavalcanti, *A presidência Wenceslau Braz, 1914-1918*, Brasília, Ed. Universidade de Brasília, 1981, pp. 474-81. Thomas Skidmore analisou os efeitos da guerra sobre o desenvolvimento do nacionalismo em *Black into white*, pp. 159-72.

61. Eurico Gaspar Dutra, *O Exército em dez anos de governo do presidente Vargas*, Rio de Janeiro, Ministério da Guerra, 1941, p. 27.

62. Murilo de Carvalho, "As Forças Armadas na Primeira República: o poder desestabilizador", p. 141.

63. Alfred Stepan, *Military in politics*, p. 26.

64. MG, *Relatório ... Faria ... 1918*, p. 21.

65. O governo encomendara trinta baterias de canhões de campanha de 75 mm à Krupp, e eles estavam em Hamburgo prontos para ser embarcados quando eclodiu a guerra. General-de-brigada João Cândido Pereira de Castro Jr. (diretor de material bélico) ao ministro da Guerra, Rio de Janeiro,

23 mar. 1936, Diretoria do Material Bélico, "Relatório do anno de 1935", p. 39. Cópia em carbono datilografada no CDOC-EX, Brasília.

66. Primeiro-tenente Miguel de Castro Ayres, "Regimen das massas", ADN, 10 nov. 1915, pp. 54-55; Editorial, "Plantar para o inimigo", ADN, 10 jul. 1916, pp. 305-6. As citações foram extraídas deste último.

67. MG, Relatório ... Aguiar ... 1919, p. 32.

68. MG, Relatório ... Mallet ... 1899, pp. 60-65. Os três arsenais de 1899 situavam-se no Rio de Janeiro, Rio Grande do Sul e Cuiabá. A construção do arsenal cuiabano era de taipa; castigada pelas pesadas chuvas da região, exigia que seus destacamentos de trabalhadores militares e adolescentes aprendizes passassem tanto tempo reparando o prédio quanto restaurando armas.

69. Ibid., p. 65.

70. MG, Relatório ... Mallet ... 1899, pp. 66-68; Relatório ... Mallet ... 1900, p. 89.

71. MG, Relatório ... Bormann ... 1910, pp. 129-30.

72. Primeiro-tenente Miguel de Castro Ayres, "Regimen das massas", ADN, 10 nov. 1915, pp. 53-55.

73. Editorial, "Fábrica de cartuchos e artefactos de guerra do Realengo", ADN, 10 maio 1914, pp. 258-59.

74. Santos Dumont, que era mineiro, foi uma figura fundamental no desenvolvimento de aeronaves não-rígidas; construiu e pilotou o primeiro avião movido a gasolina em 1898. Também construiu com êxito um monoplano em 1909.

75. Editorial, ADN, 10 abr. 1915, pp. 197-98; general Vespasiano de Albuquerque a general Fernando Setembrino de Carvalho, Rio de Janeiro, 18 e 27 set. 1914; e general José Caetano de Faria a general F. Setembrino de Carvalho, Rio de Janeiro, sem data, AFSC, CPDOC-Rio.

76. MG, Relatório ... Faria ... 1916, p. 19; MG, Relatório ... Faria ... 1917, p. 21; MG, Relatório ... Faria ... 1918, p. 31. O grupo maior foi para a França, mas um aviador do Exército foi para a Grã-Bretanha com um contingente da Marinha; Keith Hart, "Brazilians in Britain, 1918", Army Quarterly and Defense Journal, Grã-Bretanha, v. 3, nº 4, out. 1981, pp. 475-78.

77. MG, Relatório ... Faria ... 1918, p. 31; primeiro-tenente Marcos Evangelista da Costa Villela Jr., "A aviação militar no Brasil", ADN, 10 set. 1916, pp. 379-80. O autor foi um dos construtores do avião. O leitor encontrou-o em Canudos como sargento da artilharia.

78. General-de-brigada João Cândido Pereira de Castro Jr., "Relatório do anno de 1935", Diretoria do Material Bélico, Rio de Janeiro, 23 mar. 1936, p. 39; cópia em carbono datilografada em CDOC-EX, Brasília; MG, Relatório ... Faria ... 1916, p. 9.

79. MG, Relatório ... Faria ... 1916, p. 5; Relatório ... Faria ... 1918, pp. 28, 32, citações das pp. 36-37.

80. Sobre a fundição de Ipanema, ver Steven C. Topik, Political economy, pp. 130, 148-50.

81. Jornal do Comércio, Rio de Janeiro, 10 nov. 1912, p. 13; citado em Steven C. Topik, Political economy, p. 149; Warren Dean, The industrializaton of São Paulo, 1880-1945, Austin, University of Texas Press, 1969, pp. 147-48.

82. Editorial, ADN, 10 jun. 1917, pp. 282-84; "A indústria siderúrgica como elemento da defesa nacional", ADN, 10 ago. 1917, pp. 395-96; "O problema siderúrgico", ibid., p. 361.

83. Editorial, "A indústria nacional do aço", ADN, 10 maio 1917, pp. 250-51.

84. "O Exército e a Nação", ADN, 10 jun. 1916, p. 312. O general era Antônio Dias Moreira.

85. MG, Relatório ... Faria ... 1918, pp. 34-35; Malan, Uma escolha, um destino, pp. 166-67; e Malan,

Missão militar francesa de instrução junto ao Exército brasileiro, Rio de Janeiro, Biblioteca do Exército, 1988, pp. 51-54.

86. Embaixador Edwin V. Morgan, Rio de Janeiro, 26 out. 1917, 9971K-5, e 6 nov. 1917, 9971K-6; cor. P. H. Lochridge (chefe interino da War College Division), memorando ao chefe do Estado-Maior, Washington, D. C., 22 nov. 1917, 9971K-2; e Military Intelligence Division, General Staff, War Department, Record Group 165, National Archives, Washington, D. C. [doravante indicado como MID, GS, WD, RG 165, NA]. Ver também Estevão Leitão de Carvalho, *Discursos, conferências e outros escritos*, Rio de Janeiro, Imprensa do Exército, 1965, p. 215. Alguns oficiais americanos desconfiavam que um dos oficiais da missão treinados na Alemanha era espião, mas não havia provas de que algum deles estivesse reunindo informações para serem usadas fora do Brasil.

87. Sobre a contribuição militar brasileira para a Segunda Guerra Mundial, ver McCann, *Brazilian-American alliance*.

88. João Cruz Costa, *Contribuição à história das idéias no Brasil*, Rio de Janeiro, José Olympio, 1967, pp. 360-61. Costa usou a expressão "República dos Conselheiros". A natureza do sistema foi analisada em uma estimulante série de estudos concentrados em estados específicos. Ver, p. ex., Love, *Rio Grande do Sul*; Love, *São Paulo*; Levine, *Pernambuco*; John D. Wirth, *Minas Gerais in the Brazilian federation, 1889-1937*, Stanford, Calif., Stanford University Press, 1977.

89. Nelson Werneck Sodré afirmou que a nova ordem via o Exército como seu inimigo, que os políticos censuravam o militarismo, o sectarismo e o jacobinismo, que eram associados ao florianismo por serem, segundo ele, qualidades "nacionais, populares e democráticas". "O militarismo", ele escreveu, "era a vigilância contra o privilégio de classe, o sectarismo era a proteção das instituições democráticas e o jacobinismo era a preservação da soberania nacional" (Sodré, *História militar do Brasil*, pp. 177, 183-84. Há uma certa verdade nessa idéia, mas cabe lembrar que o Exército sofria não só com sua própria desordem interna e com a má situação financeira do país, que impedia gastos militares vultosos, mas também com a vontade dos estados de manter fraco o governo federal. A probabilidade de as oligarquias terem tido uma idéia clara do Exército como uma ameaça não é maior que a probabilidade de o Exército ter tido uma idéia clara da necessidade de reforma social. É possível que os políticos civis achassem desnecessário haver um Exército e que julgassem ser mais fácil projetar uma imagem nacional pacífica com uma força pequena e fraca. Para uma análise sobre o uso da força militar no sistema político, ver Henry H. Keith, "Armed federal intervention in the states during the Old Republic", em Henry H. Keith e Robert A. Hayes (eds.), *Perspectives on armed politics in Brazil*, Tempe, Center for Latin American Studies, Arizona State University, 1976, pp. 51-73.

90. Um crítico dos "jovens turcos" afirmou que, quando servia no Departamento Central do Ministério, mandou vender três toneladas de regulamentos alemães traduzidos que se tornaram obsoletos pelos novos regulamentos franceses. Disse que os regulamentos de artilharia, mal traduzidos, eram para o canhão alemão 77, mas que a artilharia brasileira era equipada com o canhão de campanha Krupp 1908, de modo que quando disparados em uma demonstração os projéteis caíram duzentos metros antes do alvo; um deles atingiu uma casa e destruiu um pote de feijões pretos. Coronel José Tobias Coelho, *O Exército internamente (reminiscências históricas)*, Rio de Janeiro, Alba, 1935, pp. 67, 71-76.

91. *A República*, Recife, 9 jan. 1912, citado em Levine, *Pernambuco*, p. 12.

92. Compilado de MG, *Relatórios ... 1910-1918*. Em comparação, a média anual de livros em inglês foi 105, e em guarani, 2,25. Essa é uma média de oito anos, excluindo-se 1913. Aparentemente, depois

de 1918 deixaram de ser informados esses tipos de dados; a biblioteca foi fechada e sua coleção dispersou-se em 1925.

93. Fonseca Filho, *Marechal Hermes*, p. 79.

94. Editorial, ADN, 10 maio 1914, pp. 241-44.

95. Major Raimundo Pinto Seidl, "Combater o analfabetismo é um dever de honra para o oficial brasileiro", ADN, 10 out. 1915, pp. 44-47.

96. Editorial, "A organização nacional", ADN, 10 mar. 1916, pp. 177-79.

97. Editorial, "Acima de tudo devemos ser brasileiros", ADN, 10 jun. 1916, pp. 273-74.

98. Editorial, "Recuar será uma covardia", ADN, 10 set. 1916, pp. 369-71.

99. Editorial, "Avante, custe o que custar!", ADN, 10 out. 1916, pp. 1-3.

100. Editorial, "A grandeza nacional e o momento militar", ADN, 10 nov. 1915, pp. 49-51. O termo bacharelismo refere-se, aqui, pejorativamente, ao intelectualismo vazio dos formados nas faculdades de direito e medicina, encontrados em grande número no governo.

101. Mário Travassos, "Para a frente, custe o que custar!" ADN, 10 out. 1916, pp. 15-17.

102. Para um resumo dos anos Faria—Bento, ver Estado-Maior do Exército, *História do Estado-Maior do Exército*, pp. 28-51.

103. Motta, *Formação do oficial*, pp. 302-3.

104. MG, *Relatório ... Faria ... 1918*, p. 25.

105. Ibid., pp. 24-25, 44-45. Embora houvesse apenas duzentos alunos praças em 1917-18, havia treze tenentes e aspirantes nos cursos de artilharia e 74 desses oficiais na engenharia. Além disso, havia 166 praças auditores no curso básico, a única vez que essa designação foi encontrada; ver ibid., p. 45. Para as matrículas, ver MG, *Relatório ... Cardoso de Aguiar ... maio 1919*, p. 68; MG, *Relatório ... Calógeras ... jun. 1920*, p. 94. Este último observou que 51 segundos-tenentes e 146 aspirantes concluíram seus estudos em dezembro de 1919. Essas foram as turmas que formaram a espinha dorsal do movimento dos tenentes. Para uma descrição da Escola Militar em 1917-18 ver Juarez Távora, *Uma vida e muitas lutas, memórias*, Rio de Janeiro, José Olympio, 1973, v. 1, pp. 84-95.

106. Tristão de Alencar Araripe, *A coerência de uma vocação*, Rio de Janeiro, Imprensa do Exército, 1969, p. 94.

107. Motta, *Formação do oficial*, p. 306.

108. Ibid., folheto entre pp. 306-7.

109. Odylio Denys, *Ciclo revolucionário brasileiro, memórias*, Rio de Janeiro, Nova Fronteira, 1980, pp. 173-74. O primeiro grupo foi designado em 5 de dezembro de 1918. Esse grupo e as várias adições e substituições compuseram-se de oficiais de carreira meteórica que deixaram sua marca no Exército e no país. Dos dezenove oficiais da Missão Indígena que estavam no Realengo em 1920, no mínimo onze chegariam a general.

O grupo de 1920 incluía o capitão João Eduardo Pfeil, os primeiros-tenentes Valentim Benício da Silva (BAO nº 213), Eduardo Guedes Alcoforado (BAO nº 225), Renato Paquet (BAO nº 235), Arthur Joaquim Pamphiro, Newton de Andrade Cavalcanti (BAO nº 209), Dermeval Peixoto (BAO nº 242), João Barbosa Leite, Henrique Batista Duffles Teixeira Lott (BAO nº 264), Penedo Pedra, Manoel Henrique Gomes, Orozimbo Martins Pereira, Antônio da Silva Rocha, Luiz de Araújo Corrêa Lima, Orestes da Rocha Lima (BAO nº 274), Álvaro Fiúza de Castro (BAO nº 236), Gustavo Cordeiro de Faria (BAO nº 239), Mário Ary Pires (BAO nº 230); e segundo-tenente Odylio Denys (BAO nº 251). Nomes extraídos de MG, *Almanaque do Exército, 1920*, Rio de Janeiro, Imprensa Militar, 1920, pp. 554-55. Os números do

BAO indicam o código de identificação dos generais em meu arquivo de oficiais-generais intitulado "Brazilian Army Officer".

110. Um membro dessa turma, Osvaldo Cordeiro de Farias, recordou que "toda a minha geração da Escola Militar [...] teve participação destacada no movimento tenentista: Prestes, Siqueira Campos, Eduardo Gomes, Juarez saíram todos das mesmas turmas [...] os formados da turma de 1918 precisaram permanecer mais um ano para receber o mesmo treinamento. [...] Este é o segredo do êxito da Coluna Prestes. Éramos incrivelmente unidos, como verdadeiros irmãos, e entre nós não havia ciúmes nem segredos. Existia uma união inseparável que nos ligava como membros de uma família". Aspásia Camargo e Walder de Góes, *Meio século de combate: Diálogo com Cordeiro de Farias*, Rio de Janeiro, Nova Fronteira, 1981, pp. 64-65.

Para uma análise da turma, ver Frank D. McCann, "The military", em Michael L. Conniff e Frank D. McCann (eds.), *Modern Brazil: Elites and masses in historical perspective*, Lincoln, University of Nebraska Press, 1989, pp. 51-54.

111. Leitão de Carvalho, *Memórias*, v. 1, pp. 219-21.

5. PROFISSIONALISMO E REBELIÃO [PP. 254-88]

1. Major Fenton R. McCreery, Rio de Janeiro, 25 nov. 1918, "Spanish influenza epidemic in Brazil", 2052-17, MID, GS, WD, NA; MG, *Relatório ... Alberto Cardoso de Aguiar ... 1919*, pp. 67, 127; Melo Franco, *Um estadista da república*, v. 2, pp. 918-23; Távora, *Uma vida e muitas lutas*, v. 1, pp. 89-90.

2. General Caetano de Faria a Alfredo Malan d'Angrogne, Rio de Janeiro, 2 mar. 1918, citado em Malan, *Uma escolha, um destino*, pp. 174-5. Faria também argumentou que se os estrangeiros não podiam servir o Exército como soldados, certamente não podiam exercer o comando. Talvez tivesse em mente o Exército chileno, que tivera alemães no comando; ver Frederick M. Nunn, *The military in Chilean history: Essays on civil—military relations, 1810-1973*, Albuquerque, University of New Mexico Press, 1976, p. 76.

3. Malan, *Uma escolha, um destino*, p. 174.

4. Sobre os laços da elite paulista com os franceses, ver Love, *São Paulo*, pp. 62, 127, 168-69.

5. Fanneau de la Horie, "Note destiné e à expliquer et confirmer les télégrammes n° 135, 36, 37 bis", Rio de Janeiro, jun. 1918, Service Historique de l'Armée de Terre, citado em Manuel Domingos Neto, "L'influence étrangere dans la modernization de l'armée bresilienne (1889-1930)", tese de Doctorat IIIéme Cycle, l'Institut des Hautes Etudes de l'Amérique Latine, Université de Paris III, 1979, pp. 217-18.

6. Tasso Fragoso a Malan, Rio de Janeiro, 29 nov. 1918, em Tristão de Alencar Araripe, *Tasso Fragoso, um pouco da história do nosso Exército*, Rio de Janeiro, Bibilioteca do Exército, 1960, p. 387; Pantaleão Pessoa, *Reminiscências e imposições de uma vida (1885-1965)*, Rio de Janeiro, edição de autor, 1972, pp. 48, 54.

7. BAO n° 131; ver nota 9 para fontes detalhadas.

8. Major Fenton R. McCreery, Rio de Janeiro, 26 nov. 1918, "President elect, vice president and acting president, minister of war", 2052-18, MID, GS, WD, RG 165, NA; Tasso Fragoso a Malan, Rio de Janeiro, 29 nov. 1918, em Araripe, *Tasso Fragoso*, p. 388; Pessoa, *Reminiscências e imposições*, p. 47. Pessoa comentou que ele sabia inspirar confiança ao primeiro contato.

9. Para suas atribuições, ver *Almanac ... 1912*, p. 28; *Almanac ... 1914*, p. 68; *Almanac ... 1915*, pp. 22, 240, 559. Em 1915 Cardoso de Aguiar estava na 15ª posição na classificação por mérito de dezesseis coronéis da artilharia. Para as ligações políticas, ver Pantaleão Pessoa, *Reminiscências e imposições*, p. 50; Love, *São Paulo*, p. 114; Malan, *Uma escolha, um destino*, p. 177.

10. Tasso Fragoso a Malan, Rio de Janeiro, 29 nov. 1918, citado em Araripe, *Tasso Fragoso*, pp. 385-87; Leitão de Carvalho, *Memórias*, v. 2, p. 22; Pessoa, *Reminiscências e imposições*, p. 54.

11. Araripe, *Tasso Fragoso*, pp. 387-88; Malan, *Uma escolha, um destino*, p. 177.

12. Major Fenton R. McCreery, Rio de Janeiro, 12 dez. 1918, 2006/3, MID, GS, WD, RG 165, NA.

13. Ibid.

14. Leitão de Carvalho, *Memórias*, v. 2, pp. 22-23.

15. Ibid., p. 22; MG, *Almanaque ... 1920*, pp. 531-32.

16. Pessoa, *Reminiscências e imposições*, p. 54. Ele e Mascarenhas foram para a Escola de Aperfeiçoamento de Oficiais (doravante ESAO), enquanto Klinger e "outros colegas de *A Defesa Nacional* fizeram o Curso de Revisão" (Leitão de Carvalho, *Memórias*, v. 2, pp. 25-26.

17. Malan, *Uma escolha, um destino*, pp. 178-82. Gamelin (1872-1958) esteve no Brasil de 1919 a 1923. Em 1931 foi nomeado chefe do Estado-Maior da França, comandante de todos os exércitos franceses em 1939 e generalíssimo das forças aliadas no início da Segunda Guerra Mundial (set. 1939). Em maio de 1940, com as forças alemãs arrasando as defesas francesas, ele foi substituído. Detido depois pelo governo de Vichy, passou o resto da guerra preso na Alemanha. É lembrado mais favoravelmente no Brasil do que na França.

18. Araripe, *Tasso Fragoso*, p. 382; Lawrence H. Hall, "João Pandiá Calógeras, minister of War, 1919-1922: The role of a civilian in the development of the Brazilian army", Diss. PhD, Nova York, New York University, 1983, pp. 178-79.

19. Major Fenton R. McCreery, Rio de Janeiro, 14 maio 1919, 2006-19, MID, GS, WD, RG 165, NA.

20. Major Fenton R. McCreery, Rio de Janeiro, 16 dez. 1918, 2052-22; 3 jan. 1919, 2006-8; 14 mar. 1919, 2052-41; e tenente-coronel T. C. Cook (Estado-Maior) a L. Lanier Winslow (Departamento de Estado), Washington, D. C., 29 jul. 1919, 2052-70, MID, GS, WD, RG 165, NA.

21. Coronel R. H. Jordan ao diretor de Inteligência Militar, memo: "Effect of European War on strength, training and military policy of Brazilian army", 1º set. 1919, 2006-30, MID, GS, WD, RG 165, NA.

22. Presidente Delfim Moreira, "Mensagem 1919" em Câmara dos Deputados, *Mensagens presidenciais, 1919-1922*, 1922, Reimpressão: Brasília, Câmara dos Deputados, 1978, p. 76; Major Fenton R. McCreery, Rio de Janeiro, 13 maio 1919, 2006-18, "Specific military information", MID, GS, WD, RG 165, NA; Sir Ralph Paget ao conde Curzon, Rio de Janeiro, 5 abr. 1920, "Brazil Annual Report, 1919", nº 11546, Foreign Office, p. 5.

23. MG, *Relatório ... Cardoso de Aguiar ... 1919*, pp. 4-5.

24. Ibid., pp. 5-12; Câmara dos Deputados, *Mensagens presidenciais, 1919-1922*, p. 76; Major F. R. McCreery, Rio de Janeiro, 5 abr. 1919, "German-Brazilian recruits", 10987-524, e 8 maio 1919, "President's message (War Department)", 2052-62, MID, GS, WD, RG 165, NA.

25. Major F. R. McCreery, Rio de Janeiro, 28 dez. 1918, 2006-3, MID, GS, WD, RG 165, NA;. Os oficiais reclamaram que os prédios não eram modernos, mas o major McCreery achou que eram adaptados para o clima tropical. MG, *Relatório ... João Pandiá Calógeras ... jun. 1920*, pp. 153-58.

26. MG, *Relatório ... Cardoso de Aguiar ... 1919*, pp. 87-88; Major F. R. McCreery, Rio de Janeiro, 28

dez. 1918, 2006-3, MID, GS, WD, RG 165, NA. Essa escola de sargentos foi, em parte, uma resposta ao descontentamento expresso pelos oficiais subalternos no levante de 1915.

27. MG, *Almanac ... 1920*, pp. 19-20, 211-12. A missão de aviação francesa foi contratada antes e separadamente da missão do Exército, mas passou a ser comandada por Gamelin assim que ele tomou posse oficialmente. A missão trouxe trinta aviões para o Campo dos Afonsos. Major F. R. McCreery, Rio de Janeiro, 14 fev. 1919, 2006-II, MID, GS, WD, RG 165, NA.

28. Cidade, *Síntese de três séculos de literatura militar brasileira*, p. 361; Távora, *Memórias*, v. 1, pp. 86-91.

29. Araripe, *Tasso Fragoso*, p. 486.

30. *Jornal do Comércio*, Rio de Janeiro, 9 jun. 1919, citado em Major F. R. McCreery, Rio de Janeiro, 17 jun. 1919, 2006-65, MID, GS, WD, RG 165, NA.

31. Major F. R. McCreery, Rio de Janeiro, 13 maio 1919, 2006-18, e 17 jun. 1919, 2006-25, MID, GS, WD, RG 165, NA.

32. Major F. R. McCreery, Rio de Janeiro, 17 jun. 1919, 2006-25, MID, GS, WD, RG 165, NA.

33. *O Jornal*, Rio de Janeiro, 7 jun. 1919, citado em Hall, "João Pandiá Calógeras", p. 183.

34. Hall, "João Pandiá Calógeras", p. 183.

35. Gamelin recebia 65 contos [1 conto = 1000 mil-réis] e ajuda de custo de 10 contos; seu auxiliar recebia 45 contos, enquanto um tenente de baixa patente recebia 25 contos. Os oficiais viajavam de primeira classe e recebiam vultosas quantias para montar suas residências. Ao fim de dois anos, tinham direito a quatro meses de licença com remuneração integral e despesas de viagem pagas. Cada oficial tinha um ordenança brasileiro e acesso a cavalos do Exército.

36. Dez anos depois, quando os americanos estavam interessados em uma possível missão de aviação, o adido americano no Rio obteve uma cópia do documento de 1919, roubada do arquivo brasileiro. O documento encontra-se em Major Lester Baker, Rio de Janeiro, 21 mar. 1929, "Memo: Contracts between Brazilian and French governments for French military missions", 2006-44, MID, GS, WD, RG 165, NA. O contrato de dois anos para a aviação foi negociado separadamente, embora a missão passasse para o comando de Gamelin assim que ele tomou posse. Os textos dos contratos encontram-se em Malan, *Missão militar francesa*, pp. 207-11, 219-35. Ver também general A. de Lyra Tavares, *Brasil França ao longo de 5 séculos*, Rio de Janeiro, Biblioteca do Exército, 1979, pp. 275-80.

37. Hall, "João Pandiá Calógeras", p. 187.

38. Para os nomes dos oficiais franceses, ver MG, *Almanac ... 1920*, p. 534; dados das carreiras e atribuições de alguns oficiais encontram-se em Malan, *Missão militar francesa*, pp. 236-47.

39. MG, *Relatório ... Calógeras ... 1920*, pp. 54-55.

40. Coelho, *Exército internamente*, p. 66.

41. Cidade, *Três séculos de literatura militar brasileira*, p. 407.

42. Capitão Raymundo da Silva Barros, *Sarilho d'armas (vida de caserna)*, Rio de Janeiro, Ed. Calvino Filho, 1934, pp. 59-68. Ele relata as brincadeiras que um ordenança fazia à custa de um oficial francês. O autor era oficial de administração de intendência. O livro é um raro glossário de gíria militar.

43. Editorial, "As escolas do M.M.F.", *ADN*, 10 maio 1920, pp. 325-28.

44. Hall, "João Pandiá Calógeras", p. 195.

45. Citado em ibid., pp. 191-92.

46. Paul Kennedy, *The rise and fall of the great powers*, Nova York, Random House, 1987, p. 313.

47. Ibid.

48. Ibid., p. 201. Larry Hall é um coronel reformado do Exército americano que estudou na Escola de Comando e Estado-Maior do Exército brasileiro. Quanto à experiência colonial dos franceses, o general Gamelin serviu na Argélia no início da década de 1890, e o coronel Louis Buchalet, que estabeleceu a Escola de Intendência, servira na Indochina, Senegal, Madagascar e África Ocidental Francesa. Sua experiência no suprimento de tropas naquelas áreas certamente era importante para as necessidades do Exército brasileiro. Para um resumo da carreira de Buchalet, ver Malan, *Missão militar francesa*, pp. 75, 237-38.

49. Coelho, *Exército internamente*, p. 66. Ele também afirmou que os franceses estavam desviando os brasileiros da fronteira com a Guiana Francesa na Amazônia incutindo-lhes a idéia de que a Argentina era a futura ameaça. Em sua opinião, a França era um adversário mais provável; ver p. 68.

50. MG, *Relatório ... Cardoso de Aguiar ... 1919*, p. 33. Extraído de uma seção intitulada "A nossa indústria militar", pp. 32-40. Citação da p. 38.

51. Ibid.

52. Ibid., p. 39.

53. Para as atividades da comissão de compras brasileira, ver File 9971K, MID, GS, WD, Old Navy and Army Branch, RG 165, NA. A maior parte desses documentos é de 1917 e 1918. Os brasileiros foram forçados a planejar a produção interna porque as fábricas americanas não conseguiam atender à demanda das suas Forças Armadas e dos seus aliados e, ao mesmo tempo, fornecer aos brasileiros tudo o que desejavam.

54. Câmara dos Deputados, *Mensagens presidenciais, 1919-1922*, pp. 77-78; Major F. R. McCreery, Rio de Janeiro, 8 maio 1919, "President's message (War Department)", 2052-62, MID, GS, WD, RG 165, NA.

55. Araripe, *Tasso Fragoso*, p. 476.

56. Seção sobre a Diretoria de Material Bélico em MG, *Relatório ... Cardoso de Aguiar ... 1919*, pp. 111-22; citação da p. 113. Essa política prosperou em fins da década de 1930; ver John D. Wirth, *The politics of Brazilian development*, Stanford, Calif., Stanford University Press, 1970.

57. Os argumentos giraram em torno das origens sociais e intelectuais; um grupo de estudiosos afirmou que os tenentes representavam as classes médias urbanas (Santa Rosa, Sodré, Jaguaribe, Ramos, Carone, Wirth) e outro (Boris Fausto, Décio Saes) refutou essa afirmação. Havia ainda a terceira posição, segundo a qual eles eram da classe média e membros do "aparelho de Estado militar", mas a escassez de informações sobre as classes médias urbanas dificulta resolver a questão da representatividade; Maria Cecília Spina Forjoz, *Tenentismo e política*, Rio de Janeiro, Paz e Terra, 1977, p. 28. Os ensaios clássicos em inglês são: Robert J. Alexander, "Brazilian 'Tenentismo'", *Hispanic American Historical Review* 36, maio 1956, pp. 229-42; John D. Wirth, "Tenentismo in the Brazilian Revolution of 1930", *Hispanic American Historical Review* 44, maio 1964, pp. 161-79. Michael L. Conniff argumentou persuasivamente que a classe média apoiou os tenentes até que eles se tornaram ditatoriais em 1931, ao passo que a classe média baixa manteve uma aliança até 1934; ver, desse autor, "The tenentes in power: a new perspective on the Brazilian Revolution of 1930", *Journal of Latin American Studies* 10, nº 1, 1978, pp. 61-82. A dissertação de Ilan Rachum inseriu os tenentes no meio intelectual da década de 1920; ver Ilan Rachum, "Nationalism and revolution in Brazil, 1922-1930: A study of intellectual, military, and political protesters and of the assault on the Old Republic", diss. PhD, Columbia University, 1970.

58. Military Intelligence Division (Depto. De Guerra), Washington, D. C., 7 set. 1921, Memo:

"Brazil's military participation in the war", 2006-52, MID, GS, WD, RG 165, ONA Branch, NA. Leitão de Carvalho referiu-se ao secretário do ministro das Relações Exteriores como "meu ex-soldado do Tiro de Imprensa" em *Memórias*, v. 2, p. 69.

59. Murilo de Carvalho, "As Forças Armadas na Primeira República: O poder desestabilizador", p. 206. Em comparação no Exército americano de 1920, 40% dos oficiais eram tenentes.

60. Para a história da educação militar no Brasil, ver Umberto Peregrino, *História e projeção das instituições culturais do Exército*, Rio de Janeiro, José Olympio, 1967; Motta, Formação do oficial.

61. Alberto Torres, *O problema nacional brasileiro*, 1914, reimpressão, Brasília, Ed. Universidade de Brasília, 1982, pp. 113-33; citação da p. 133. O pioneiro artigo de John Wirth chamou a atenção para a influência de Torres; ver Wirth, "Tenentismo", p. 165. Suas idéias ganharam vida nova pouco antes da Revolução de 1930 graças a Francisco José de Oliveria Viana, *Problemas de política objetiva*, São Paulo, Companhia Editora Nacional, 1930; ver a análise de sua obra em Lúcia Lippi Oliveira (ed.), *Elite intelectual e debate político nos anos 30*, Rio de Janeiro, Fundação Getúlio Vargas, 1980, pp. 339-42.

62. Vale a pena observar que essas duas correntes não eram fixas; embora alguns oficiais, como Leitão de Carvalho, defendessem religiosamente o legalismo, outros afastaram-se das fileiras legalistas em crises posteriores. Em 1930 o Exército estava tão dividido que até o Alto-Comando voltou-se contra o governo. Em 1932, o "jovem turco" Bertoldo Klinger lideraria a revolta em São Paulo. Eurico Dutra assumiria postura intervencionista em 1937 e 1945, e o membro da junta Humberto Castelo Branco lideraria o golpe de 1964. Considerando o evidente ressurgimento de muitas das idéias inicialmente expostas em *A Defesa Nacional* nas doutrinas da Escola Superior de Guerra após a Segunda Guerra Mundial, poderíamos pensar que durante os anos Vargas (1930-45) ocorreu uma síntese que fundiu essas idéias à experiência revolucionária dos tenentes, criando a mais formal ideologia de segurança nacional.

63. Major F. R. McCreery, Rio de Janeiro, 5 fev. 1919, "Maximalist movement in Rio, November 18, 1918", 10987-499, MID, GS, WD, RG 165, ONA Branch, NA.

64. Coronel R. H. Jordan, Rio de Janeiro, 12 set. 1919, "Maximalist tendencies in Brazil; Rumours of discontent among armed forces", 2052-82, MID, GS, WD, RG 165, ONA Brunch, NA; e Rio de Janeiro, 12 set. 1919, "Anarchistic demonstrations in Brazil", 2052-84, MID, GS, WD, RG 165, ONA Brunch, NA. Para greves do operariado e movimentos da época, ver Joel W. Wolfe, "Anarchist ideology, worker practice: The 1917 general strike and the formation of São Paulo's working class", *Hispanic American Historical Review* 71, nº 4, nov. 1991, pp. 809-46.

65. Ver Murilo de Carvalho, "As Forças Armadas na Primeira República: O poder desestabilizador", pp. 232-33. O fato de essa aliança estar mais forte na década de 1930 evidencia-se em Stanley E. Hilton, *Brazil and the great powers, 1930-1939: The politics of trade rivalry*, Austin, University of Texas Press, 1975. No final da década de 1970 ela estava no auge, como atesta o ativo programa brasileiro de produção e exportação de armas.

66. Coronel R. H. Jordan, Rio de Janeiro, 1º set. 1919, "Effect of European war on strength, training and military policy of Brazilian Army", 2006-30, MID, GS, WD, RG 165, ONA Brunch, NA.

67. Herculano Teixeira d'Assumpção, "Atividades militares em Belo Horizonte", Belo Horizonte, 12 dez. 1947, e seu memorando anexo "Alistamento Militar (1875-1920)", Centro de Documentação do Exército, quartel-general do Exército, Brasília.

68. Escritório do adido militar (provavelmente redigido pelo major F. L. Whitley, o adido na época), Rio de Janeiro, 5 out. 1921, 2006-56, MID, GS, WD, RG 165, ONA Brunch, NA.

69. Coronel R. H. Jordan, Rio de Janeiro, 1º set. 1919, "Effect of european war on stength, training and military policy of Brazilian army", 2006-30, MID, GS, WD, RG 165, ONA Brunch, NA.

70. Escritório do adido militar, Rio de Janeiro, 9 mar. 1921, "Campaign against French military mission — munitions", 2066-44, MID, GS, WD, ONA Brunch, NA.

71. Ibid.; MG, *Relatório ... Calógeras ... 1921*, pp. 37-38. Calógeras escreveu: "É crescido o martirio-lógio dos pilotos e dos alunos, vítimas de seu denodo, de sua audácia, por vezes imprudente, ou de circunstâncias mal definidas, as quais são objeto de contínua investigação. De vários acidentes se pode afirmar serem filhos dos excesso de arrojo e impaciência injustificados de suas vítimas".

72. Capitão C. H. Woodward, Marinha dos Estados Unidos (U. S. Navy — U. S. N.) a Escritório de Inteligência Naval (Office of Naval Intelligence), Rio de Janeiro, 27 jul. 1920, cópia anexa a capitão R. H. Jordan, Exército dos Estados Unidos (United States Army, U. S. A.), Rio de Janeiro, 28 jul. 1920, "Activities of French mission of instruction", 2006-41, MID, GS, WD, RG 165, ONA Brunch, NA.

73. Tenente Asdrubal Gwaier de Azevedo, *Discurso pronunciado no Clube Militar no dia 25 de junho de 1922*, Recife, sem editora, 1932, reproduzido em Sodré, *História militar do Brasil*, pp. 202-8. O tenente Gwaier acusou o general Setembrino de Carvalho de falsificar recibos de víveres durante a campanha do Contestado para ganho pessoal. O coronel Cláudio Moreira Bento, ex-diretor do Arquivo Histórico do Exército, pôs em dúvida a autenticidade da citação de Sodré, afirmando que Gwaier de Azevedo assumira um novo posto em Ipameri, Goiás, em 23 de junho de 1922 e, portanto, não poderia ter estado na reunião no Rio em 25 de junho; além disso, questionou a existência do texto citado. Ver C. Moreira Bento, "A falsa ata do Clube Militar", *ADN*, jan.-fev. 1989, pp. 173-74. No entanto, o tenente Gwaier, que morreu em 1970, não contestou o relato de Sodré de 1965. Para tornar a questão ainda mais curiosa, Gwaier, quando estava exilado em Portugal depois de ter participado da revolta dos tenentes de 1924, publicou um livro, *Os militares e a política* (Barcelos, Portugal, Companhia Editora do Minho, 1926), no qual não faz menção alguma ao caso. Confiando na honestidade de Sodré, apresento este relato, mas o leitor deverá perguntar-se: onde estava Gwaier em 25 de junho? Teria pedido a alguém para assinar por ele o livro de registro em Goiás? Será possível que tanto Bento como Sodré estejam certos?

74. Eram os senadores Artur Lemos, do Pará, e Rivadávia Corrêa, do Rio Grande do Sul, que, segundo oficiais, tendiam a usar o Exército para seus objetivos políticos particulares. Lawrence Hall, "To create an army: the mission of Calógeras", texto apresentado em American Historical Association, Chicago, 1984, 10, n. 14.

75. *O Estado de S. Paulo*, São Paulo, 1º ago. 1919, citado em ibid.

76. Hall, "To create an army", pp. 1-8.

77. Escritório do adido militar, Rio de Janeiro, 21 fev. 1921, 2066-44; 9 mar. 1921, 2066-44/2; 28 mar. 1921, 2066-44/3; 21 abr. 1921, 2066-44/4; e 21 abr. 1921, 2066-44/5, MID, GS, WD, RG 165, ONA Brunch, NA. Um dos oficiais afastados foi um fundador de *A Defesa Nacional*, capitão Bertoldo Klinger, que foi mandado como adido militar para o Peru, onde os franceses também tinham uma missão; boletim, Estado-Maior do Exército, nº 9, Rio de Janeiro, 3 mar. 1921, BK21.03.03, Arquivo Bertoldo Klinger, CPDOC.

78. O relato, incluindo as citações, é baseado em Pantaleão Pessoa, *Reminiscências e imposições*, pp. 57-63.

79. Escritório do adido militar, Rio de Janeiro, 25 abr. 1921, "Relief of the Brazilian chief of Staff", 2066-44/5, MID, GS, WD, RG 165, ONA Brunch, NA.

80. Ibid.

81. Pessoa, *Reminiscências e imposições*, p. 60.

82. Escritório do adido militar, Rio de Janeiro, 2 set. 1921, "Death of general Bento Ribeiro", 2006-44/7, MID, GS, WD, RG 165, ONA Brunch, NA. O relatório descrevia-o como "um dos mais eficientes e experientes oficiais do Exército brasileiro". Possivelmente para evitar mais manifestações, ou para expressar seu desgosto, a família dispensou as usuais honras militares e preferiu um funeral privado.

83. Escritório do adido militar, Rio de Janeiro, 28 mar. 1921, 2066-44/3 e 25 abr. 1921, 2066-44/5, MID, GS, WD, RG 165, ONA Brunch, NA. O contrato com Simonsen foi assinado em 18 de março de 1921. O objetivo era completar os novos postos antes de 7 de setembro de 1922, o centenário da independência do Brasil.

Em 1931, Roberto Simonsen publicou um livro explicando e justificando sua obra: *A construção dos quartéis para o Exército*, São Paulo, sem editora, 1931. Ver Hall, "João Pandiá Calógeras", pp. 222-66.

84. Escritório do adido militar, Rio de Janeiro, 16 set. 1921, 2006-54, MID, GS, WD, RG 165, ONA Brunch, NA. A lei especificava que um terço dos novos majores deveriam ser promovidos com base na antiguidade e um terço na seleção por mérito, metade dos coronéis por antiguidade e metade por mérito. A promoção a general-de-brigada e general-de-divisão continuaria a ser decidida pelo presidente.

85. MG, *Relatório ... Calógeras ... 1920*, pp. 70-71.

86. Entrevista de Delso Mendes da Fonseca, Coleção História Oral, CPDOC, p. 20. Tasso Fragoso a major Malan, Rio de Janeiro, 8 ago. 1918, citado em Araripe, *Tasso Fragoso*, p. 386. O general Araripe, analisando na década de 1950, considerou Tasso equivocado e aludiu à inutilidade de aventuras estrangeiras desse tipo, salientando que a contribuição brasileira na Segunda Guerra Mundial não traria benefícios: "Sendo pequeno o peso da balança, os vencedores não iriam dar à nossa cooperação, como aconteceu vinte e cinco anos depois, o devido valor" (p. 386).

87. A atitude de Hermes em relação a franceses e alemães é uma questão incerta. Entretanto, nessa altura ele parecia mais inclinado para a ala da germânica Missão Indígena do que para a ala brasileira do Exército. O adido americano comentou que Hermes era "antifrancês e pró-germânico, incapaz de esquecer a tremenda impressão causada pelas manobras gerais do Exército alemão em 1908, a que ele assistiu como convidado do cáiser". Escritório do adido militar, Rio de Janeiro, 5 out. 1921, 2006-56, MID, GS, WD, RG 165, ONA Brunch, NA; e major F. L. Whitney, Rio de Janeiro, 9 out. 1922, 2006-64, MID, GS, WD, RG 165, ONA Brunch, NA.

6. O EXÉRCITO DA DÉCADA DE 1920 [PP. 289-334]

1. Detalhes de Fonseca Filho, *Marechal Hermes*, pp. 270-73; referência ao ataque cardíaco na p. 281.

2. José Augusto Drummond, *O movimento tenentista: a intervenção militar e conflito hierárquico (1922-1935)*, Rio de Janeiro, Graal, 1986, pp. 72, 172.

3. Major Lester Baker a tenente-coronel R. H. Williams (chefe, Seção do Adido Militar, G-2), Rio de Janeiro, 2 out. 1928, "Population data", 2054-114; Relatório do adido do Brasil aMID, Rio de Janeiro, 10 mar. 1921, nº 67: "Animal census of Brazil 1920", 2052-88; major R. H. Jordan, Rio de Janeiro, 2 set. 1920, nº 53: "Initial trip to states of São Paulo and Minas Gerais", 2052-86, MID, GS, WD, RG 165, NA.

4. Major Lester Baker, Rio de Janeiro, 2 out. 1928, 2052-114, MID, GS, WD, RG 165, NA.

5. Sir John Tilly ao marquês Curzon of Kedleston, Rio de Janeiro, 22 fev. 1923: "Brazil: Annual report for 1922", Confidential 12147, p. 4.

6. Adido militar, Brasil, Rio de Janeiro, 22 ago. 1925, nº 486: "Brazil's population", 2052-108, MID, GS, WD, RG 165, NA. É interessante notar que os negros, segundo informado, apresentavam a taxa de natalidade mais alta (4,8%), em comparação com os brancos (4%), índios (4%) e mulatos (3,7%). Para os efeitos da imigração sobre o estado de São Paulo, ver Love, *São Paulo*, pp. 1-36; Thomas H. Holloway, "Migration and mobility: immigrants as laborers and landowners in the coffee zone of São Paulo, Brazil, 1886-1934", diss. PhD, University of Wisconsin, 1974; e Thomas H. Holloway, "Immigration in the rural South", em Michael L. Conniff e Frank D. McCann (eds.), *Modern Brazil: Elites and masses in historical perspective*, Lincoln, University of Nebraska Press, 1991, Tabela 1, p. 148. sir W. Haggard a sir Edward Grey, Petrópolis, 19 mar. 1910, "Annual report 1909", confidential 9690, p. 54.

7. Adido militar, Brasil, Rio de Janeiro, 28 mar. 1921, nº 602, "Inland cities: São Paulo", 2052-93, MID, GS, WD, RG 165, NA. Sobre o desenvolvimento da cidade nos anos precedentes, ver Warren Dean, *The industrialization of São Paulo, 1880-1945*, Austin, University of Texas Press, 1969.

8. Adido militar, Rio de Janeiro, 1º abr. 1925, nº 439: "Chronology", 2052-96/15, MID, GS, WD, RG 165, NA.

9. Major F. L. Whitley, Rio de Janeiro, 13 jun. 1922, nº 143: "Reconnaissance of southern Brazil", 2052-98, MID, GS, WD, RG 165, NA.

10. Ibid.; Paulo Prado, *Retrato do Brasil, ensaio sobre a tristeza brasileira*, Rio de Janeiro, José Olympio, 1928, p. 3. Ele encerrou o livro com um pensamento sombrio: "O futuro [...] não pode ser pior que o passado" (p. 183).

11. Relatado em capitão Hugh Barclay, Rio de Janeiro, 29 jan. 1926, nº 526: "Influences affecting policy and military system", 2006-85, MID, GS, WD, RG 165, NA.

12. Major F. L. Whitley, Rio de Janeiro, 4 ago. 1923, nº 265: "Gendarmerie of Brazil", 2006-70, MID, GS, WD, RG 165, NA. Em comparação, Pará e Amazonas tinham, respectivamente, sessenta oficiais e mil praças e dezesseis oficiais e quinhentos praças. Embora a força policial paraense contasse com bons alojamentos, fardas e armas, era mal treinada, e seus oficiais geralmente eram protegidos políticos do governador. As unidades de Manaus também eram mal treinadas e mal disciplinadas, além de "pagas só em intervalos infreqüentes". Para outras informações sobre números, ver Heloisa Rodrigues Fernandes, *Política e segurança, Força Pública do Estado de São Paulo: Fundamentos históricos-sociais*, São Paulo, Alfa-Ômega, 1974, pp. 219-21; Heloísa Rodrigues Fernandes, "A Força Pública do estado de São Paulo", em Boris Fausto (ed.), *História geral da civilização brasileira*, v. 9, tomo 3, *O Brasil republicano*, Rio de Janeiro, DIFEL/Difusão, 1977, pp. 237-56; Keith, "Armed federal interventions", p. 60; Boris Fausto (ed.), *História geral da civilização brasileira*, v. 9, tomo 3, *O Brasil republicano*.

13. Capitão Hugh Barclay, Rio de Janeiro, 18 mar. 1926, nº 552: "Brazilian organized militia", 2006-70; e capitão Hugh Barclay, Rio de Janeiro, 30 jul. 1925, nº 476: "Combat estimate for Brazil", 2006-61/5, MID, GS, WD, RG 165, NA. A lei de autorização de efetivo do Exército federal de 1925 previa

3583 oficiais e 42 393 homens alistados. Durante toda a década de 1920 houve disparidade entre o efetivo autorizado e o real.

14. Discutido em Barclay, Rio de Janeiro, 18 mar. 1926, nº 552: "Brazilian organized militia", 2006-70/6, MID, GS, WD, RG 165, NA.

15. Estado-Maior do Exército, *Relatório dos trabalhos do Estado-Maior ... 1929 ... pelo general-de-divisão Alexandre Henriques Vieira Leal*, Rio de Janeiro, Imprensa Militar, Estado-Maior do Exército, 1930, p. 101. Um exemplo de erro foi o registro do total de convocados como 557 863 em vez de 619 753.

16. Capitão Hugh Barclay, Rio de Janeiro, 11 fev. 1926, 6200a, 2006-87, GS, WD, RG 165, NA.

17. Capitão Hugh Barclay, memo: "Recruiting methods and facilities", Rio de Janeiro, 22 fev. 1926, 2006-81; e major Lester Baker, memo: "Defective operation of military services law", Rio de Janeiro, 30 nov. 1928, 2006-81, GS, WD, RG 165, NA. *Correio da Manhã*, Rio de Janeiro, 29 nov. 1928.

18. Coronel dr. Arthur Lobo da Silva, "A antropologia no Exército brasileiro", *Archivos do Museu Nacional* 30, 1928, p. 33, quadro 7 e p. 24. A altura média do soldado era 1,65 metro. O capitão do Exército americano Hugh Barclay, ao visitar o hospital central do Exército, relatou ter-se "impressionado com a grande proporção de pacientes com doenças venéreas em tratamento", apesar de ter havido notável progresso nos quatro anos precedentes. Ele usou algumas estatísticas do coronel Arthur Lobo da Silva. Barclay a chefe adjunto do Estado-Maior, (G2), Rio de Janeiro, 17 jun. 1924, nº 367, Brasil 6300, RG 165, NA.

19. Lobo da Silva, "A antropologia no Exército brasileiro", p. 36.

20. H. W. Brown, Q. M. Clerk (na ausência do coronel R. H. Jordan) a diretor da Inteligência Militar, Rio de Janeiro, 3 fev. 1920, 2006-37, GS, WD, RG 165, NA.

21. MG, *Relatório ... Fernando Setembrino de Carvalho ... 1926*, p. 11.

22. Capitão Hugh Barclay, "Loyalty", Rio de Janeiro, 15 dez. 1926, 2656-K-3, 6300; e capitão Hugh Barclay, "Combat training in the Brazilian Army", Rio de Janeiro, 17 dez. 1926, 2006-97, 6700, RG 165, G-2 Regional Files, NA.

23. Capitão Hugh Barclay, "Brazil's current military policy", Rio de Janeiro, 25 jan. 1926, 2006-84, GS, WD, RG 165, NA. O fechamento da Biblioteca do Exército é uma das explicações para a falta de estudo sistemático da história do Exército. A Biblioteca do Exército foi restaurada, e parte de sua antiga coleção reunida em 1937. Ver Cidade, *Síntese de três séculos de literatura militar brasileira*, pp. 398-400. Ele afirma que o general Tasso Fragoso não foi ouvido na decisão de fechar a biblioteca. Ver também Umberto Peregrino, *História e projeção das instituições culturais do Exército*, Rio de Janeiro, José Olympio, 1967, pp. 96-97.

24. Major Lester Baker, "Mental and moral traits of the Brazilian soldier", nº 835, Rio de Janeiro, 19 out. 1928, 2006-108, GS, WD, RG 165, NA.

25. Capitão Hugh Barclay, "Commissioned officers of Brazilian army", nº 536, Rio de Janeiro, 18 fev. 1926, 2006-88, GS, WD, RG 165, NA; e capitão Hugh Barclay, "Combat efficiency and value of Brazil military establishment", nº 655, Rio de Janeiro, 22 nov. 1926, 2006-90, GS, WD, RG 165, NA.

26. Baker, "Mental and moral traits". É sugestivo o fato de um moderno dicionário de português fornecer 22 sinônimos para a palavra mentira: ver Aurélio Buarque de Holanda Ferreira, *Novo dicionário da língua portuguesa*, 1ª ed., Rio de Janeiro, Nova Fronteira, sem data, p. 918. Com respeito à responsabilidade pelo roubo, vários comandantes de posto deram-me explicações semelhantes nas décadas de 1970 e 1980.

27. Baker, "Mental and moral traits".

28. Brown a diretor; Baker, "Defective operation".

29. Capitão Hugh Barclay, Rio de Janeiro, 4 fev. 1926, nº 529: "Brazilian War Department", 2006-86, MID, GS, WD, RG 165, NA.

30. Para um resumo da carreira, ver "Setembrino de Carvalho, DHBB, v. 1, pp. 682-84.

31. Resumo baseado em DHBB, v. 3, pp. 2624-25. Sobre Mato Grosso em 1906, ver Joaquim Ponce Leal, *Os homens e as armas: Notícia de um ciclo revolucionário*, Rio de Janeiro, Livraria Editora Cátedra, 1980, pp. 233-96.

32. José Pereira da Graça Aranha (1868-1931) também era do Maranhão; seu romance *Canaã* examinou os efeitos sobre o Brasil da interação de imigrantes e nativos. Ele contribuiu para o crescente nacionalismo criticando a dependência e declarando o mulato "o verdadeiro brasileiro".

33. Araripe, *Tasso Fragoso*; DHBB, v. 2, p. 1343-45. Seus livros são *A Batalha do Passo do Rosário*, Rio de Janeiro, Imprensa Militar, 1922; *História da guerra entre a Tríplice Aliança e o Paraguai*, 5 v., Rio de Janeiro, Imprensa Militar, 1934; *A Revolução Farroupilha (1835-1845): Narrativa sintética das operações militares*, Rio de Janeiro, Imprensa Militar, 1938; *A paz com o Paraguai depois da guerra da Tríplice Aliança*, Rio de Janeiro, Imprensa Militar, 1941.

34. O processo de estabelecimento do Estado-Maior do Exército fora lento. Sua criação foi autorizada por lei aprovada em outubro de 1896, que estipulou que o Estado-Maior e uma nova Intendência Geral substituiriam as seções de ajudante-general e quartel-mestre. A desativação gradual destes dois últimos prolongou-se até 1899, e só então o Estado-Maior começou a existir. Estado-Maior do Exército, *História do Estado-Maior do Exército*, Rio de Janeiro, Biblioteca do Exército, 1984, p. 12.

35. A preocupação de Tasso Fragoso com esse problema era de longa data. Em 1918 ele escreveu a Malan d'Angrogne, então em Paris, pedindo informações sobre o funcionamento e interação do Ministério da Guerra e o Estado-Maior da França. Segundo ele, o "grupo germanista" queria eliminar o ministério e deixar tudo sob a alçada do Estado-Maior. Temia que o general Alberto Cardoso de Aguiar reagisse enfraquecendo o Estado-Maior a ponto de o órgão voltar a ser equivalente ao antigo departamento do ajudante-general. Tasso Fragoso a major Malan, Rio de Janeiro, 29 nov. 1918, em Araripe, *Tasso Fragoso*, p. 388.

36. Araripe, *Tasso Fragoso*, p. 520; Setembrino a Artur Bernardes, Rio de Janeiro, 29 ago. 1922, FSC 22.08.29, AFSC, CPDOC, Rio de Janeiro.

37. Araripe, *Tasso Fragoso*, pp. 520-23, 622.

38. Ibid., pp. 523-24.

39. Ibid., 523-30. Citação da p. 526. Em 1937 Tasso escreveu sobre isso em seu ensaio "A Revolução de 1930", que só foi publicado em 1951; ver *Revista do Instituto Histórico e Geográfico Brasileiro*, v. 211, abr.-jun. 1951. Araripe reimprimiu-o na íntegra, pp. 516-89. O relatório de Tasso para 1927 (com data de abr. 1928) continha recomendações pormenorizadas para o novo contrato com os franceses; Estado-Maior do Exército, *Relatório dos Trabalhos do Estado-Maior ... 1927 ... Tasso Fragoso*, Rio de Janeiro, Imprensa Militar, 1928, pp. 42-52.

40. Estado-Maior do Exército, *História do Estado-Maior do Exército*, Rio de Janeiro, Biblioteca do Exército Editora, 1984, pp. 67-73; Estado-Maior do Exército, *Relatório dos trabalhos do Estado-Maior ... 1923 ... Tasso Fragoso*, Rio de Janeiro, Imprensa Militar, 1924, p. 7.

41. MG, *Relatório ... Setembrino de Carvalho ... 1926*, p. 12; Escritório do Adido Militar a MID, Rio de

Janeiro, 16 set. 1921, 2006-54; capitão Hugh Barclay, Rio de Janeiro, 25 jan. 1926, rept. 523, "Brazil's current military policy", 2006-84, MID, GS, WD, RG 165, NA.

42. Laurita Pessoa Raja Gabaglia, *Epitácio Pessoa (1865-1942)*, Rio de Janeiro, José Olympio, 1951, v. 2, p. 593. Para o relacionamento de Epitácio com seu irmão mais velho e com Deodoro, ver Lewin, *Politics and parentela*, pp. 169, 220-21, 363 n. 22. Epitácio devia seu primeiro cargo político a Deodoro.

43. Lewin, *Politics and parentela*, p. 168; Lourival Coutinho, *O general Góes depõe*, Rio de Janeiro, Livraria Editora Coelho Branco, 1956, p. 2; Murilo de Carvalho, "As Forças Armadas na Primeira República: O poder desestabilizador", p. 120; Leitão de Carvalho, *Memórias*, v. 1, p. 13. Gilberto Freyre, *Ordem e progresso*, p. 448.

44. Major F. L. Whitley a chefe adjunto do Estado-Maior (G-2), Rio de Janeiro, 22 ago. 1923, nº 274, "Brazilian Army for 1924", 2006-73; Whitley a ACS (G-2), Rio de Janeiro, 31 out. 1923, nº 306, "- Sheets for economic monograph and for combat monograph", 2052-102, GS, WD, RG 165, NA.

45. Estado-Maior do Exército, *Relatório dos trabalhos do Estado-Maior ... 1923 ... Tasso Fragoso*, p. 6; Artur da Silva Bernardes, Rio de Janeiro, 3 maio 1924, "Mensagem 1924" em Câmara dos Deputados, *Mensagens presidenciais 1923-1926*, 1926, reimpressão, Brasília, Câmara dos Deputados, 1978, pp. 234-35. Juarez Távora recordou que "devido à falta de oficiais, exercemos, como tenentes, o comando das companhias" no 4º Batalhão de Engenheiros em Itajubá, Minas Gerais, em 1921. Távora, *Uma vida e muitas lutas*, v. 1, p. 105. O projeto de lei para financiar os números "autorizados" na Tabela 6.5 não foi aprovado no Congresso. O Exército teve de atravessar 1924 com os números reais da tabela. Ver nota 44 para as fontes.

46. Major Lester Baker, "Commissioned officers of Brazilian Army, 1928", nº 836, 2006-19, GS, WD, RG 165, NA; L. Baker, "Cadet training in the Brazilian Army", nº 533, Rio de Janeiro, 13 fev. 1926, 6740, 2277-K-6, RG 165, G-2 Regional Files, NA.

47. Capitão I Iugh Barclay, "Discipline" nº 697, Rio de Janeiro, 25 jan. 1927, 2006-102, Brazil 6300, RG 165, G-2, Regional Files, NA.

48. Ibid.; também capitão Hugh Barclay, Rio de Janeiro, 22 nov. 1926, nº 655, 2006-90, GS, WD, RG 165, NA.

49. Capitão Hugh Barclay, "Brazilian war debt", nº 529, Rio de Janeiro, 4 fev. 1926, 2006-86; e capitão Hugh Barclay, "Chronology" nº 371, Rio de Janeiro, 4 jul. 1924, 2052-96/10, GS, WD, RG 165, NA.

50. MG, *Relatório ... Calógeras ... jul. 1921*, Rio de Janeiro, Imprensa Militar, 1921, p. 47; Escritório do Adido Militar a diretor MID, Rio de Janeiro, 5 out. 1921, nº 97, 2006-56, MID, GS, WD, RG 165, NA.

51. Távora, *Uma vida e muitas lutas*, v. 1, pp. 100, 105.

52. Major F. L. Whitley, "Pay of the Army, Brazil", nº 477, Rio de Janeiro, 31 jul. 1925, 2006-65, GS, WD, RG 165, NA.

53. MG, *Almanak do Ministério da Guerra para o anno de 1925*, Rio de Janeiro, Imprensa Militar, 1925, pp. 15-16.

54. Major Lester Baker, "Brazil's new retirement law", nº 850, Rio de Janeiro, 7 jan. 1929; "Brazil's new retirement law made effective", nº 872, Rio de Janeiro, 30 abr. 1929, 2006-110, GS, WD, RG 165, NA. A lei estendia benefícios aos homens alistados e seus dependentes, mas havia poucos "soldados velhos" na época. Talvez o objetivo fosse tornar mais atrativa a carreira dos alistados. De qualquer modo, o tesouro nacional não sentiria os efeitos por muitos anos ainda.

55. Major Lester Baker, "Brazil's new retirement law", nº 850, Rio de Janeiro, 7 jan. 1929, 2006-110, GS, WD, RG 165, NA.

56. Major F. L. Whitley ao chefe adjunto do Estado-Maior (G2), Rio de Janeiro, 13 maio 1924, 2277-K; idem, "Cadet training in the Brazilian Army", 13 fev. 1926, nº 533, 2277-K-6, 6740, G2 Regional, RG 165, NA; Estado-Maior do Exército, *Relatório dos Trabalhos do Estado-Maior ... 1927 ... Tasso Fragoso*, pp. 25-26; Estado-Maior do Exército, *Relatório dos Trabalhos do Estado-Maior ... 1929 ... Alexandre Henriques Vieira Leal*, p. 27.

57. Estado-Maior do Exército, *Relatório dos trabalhos do Estado-Maior ... 1927 ... Tasso Fragoso*, p. 24. Como já mencionado neste livro, o título de "cadete" fora proscrito em 1898, em parte como resposta à rebelião da escola militar em 1897. Oficialmente os estudantes eram chamados de "alunos" ou, às vezes, "praças", nome este aplicado também aos soldados. Em fins da década de 1920 parecia crescente a vontade de reviver o título de "cadete"; no relatório de 1927 acima citado, Tasso Fragoso usou o termo "cadete do Realengo". Em 1931 o coronel José Pessoa Cavalcanti Albuquerque, que reorganizou a escola militar e conseguiu novas fardas, também restabeleceu a tradição de chamar os estudantes de "cadetes". Ver Hiram de Freitas Câmara, *Marechal José Pessoa: A força de um ideal*, Rio de Janeiro, Biblioteca do Exército, 1895, pp. 60-68. Juarez Távora mencionou a insígnia no colarinho; ver Távora, *Uma vida, muitas lutas*, p. 84. A escolha dos uniformes de campanha de 1851-52 pode ter tido relação com a série de onze palestras proferidas pelo capitão Genserico de Vasconcelos na Escola de Estado-Maior e ESAO em 1920, publicadas como *História militar do Brasil: Introdução da influência do fator militar na organização da nacionalidade; a campanha de 1851-1852*, Rio de Janeiro, Imprensa Militar, 1922.

58. Major F. L. Whitley, "Visit to Brazilian Military Academy at Realengo", Rio de Janeiro, 13 maio 1924, nº 349, 2277-K-3, 6740, RG 165, G-2, Regional, NA; MG, *Relatório ... Fernando Setembrino de Carvalho ... nov. 1924*, Rio de Janeiro, Imprensa Militar, 1924, p. 25; Estado-Maior do Exército, *Relatório dos trabalhos do Estado-Maior ... 1927 ... Tasso Fragoso*, pp. 21-26; Estado-Maior do Exército, *Relatório dos trabalhos do Estado-Maior ... 1929 ... Alexandre Henriques Vieira Leal*, pp. 23-24.

59. Motta, *Formação do oficial*, pp. 323-24. Para notas, ver MG, *Relatório ... Setembrino de Carvalho ... nov. 1924*, Rio de Janeiro, Imprensa Militar, 1924, pp. 26-29. Estado-Maior do Exército, *Relatório dos trabalhos do Estado-Maior ... 1927 ... Tasso Fragoso*, pp. 22-23. O corpo docente estava certamente carregando o peso morto dos professores efetivos (27 em uma equipe de 45 administradores e professores), que compareciam "para uma ou outra palestra e deixavam as aulas diárias para outros instrutores" (capitão Hugh Barclay, "Cadet training in the Brazilian Army", nº 533, Rio de Janeiro, 13 fev. 1926, 2277-K-6, 6740, RG 165, G-2, Regional, NA).

60. Álvaro Fiuza de Castro [BAO nº 236; DHBB, v. 1, pp.727-28], da Artilharia, foi chefe do Estado-Maior por seis anos e sete meses em 1948-55; outros que foram promovidos a general foram Nilo Horácio de Oliveira Sucupira, da Infantaria [BAO nº 322], José Alves Magalhães [BAO nº 303; DHBB, v. 3, pp. 2024-25], Euclides Zenóbio da Costa [BAO nº 240; DHBB, v. 2, pp. 988-89], João Saraiva [BAO nº 551], Aricles Gonçalves Pinto [BAO nº 398], Alexandre Zacharias de Assumpção [BAO nº 253; posteriormente com sobrenome grafado como Assunção, DHBB, v. 1, pp 240-41] e engenheiro Benjamin Rodrigues Galhardo [BAO nº 335; DHBB, v. 2, pp. 1422-23]. MG, *Almanak ... 1925*, pp. 597-98.

61. Estado-Maior do Exército, *Relatório dos trabalhos do Estado-Maior ... 1923 ... Tasso Fragoso*, p. 21; Estado-Maior do Exército, *Relatório dos trabalhos do Estado-Maior ... 1927 ... Tasso Fragoso*, pp. 23-25; major F. L. Whitley, "Visit to Brazilian Military Academy at Realengo", nº 349, Rio de Janeiro, 13 maio 1924, 2277-K-3, 6740, RG 165, G-2, Regional, NA. Talvez por razões diferentes das de Tasso Fragoso, durante o Estado Novo (1937-45) o Exército excluiria negros, mulatos, judeus, filhos de imi-

grantes da Polônia e Rússia, membros de famílias operárias, filhos de pais separados e não católicos. A base jurídica dessas exclusões era a "Lei do conformismo social e eliminação dos não-conformistas" que o general Dutra redigiu e que formava "a base moral da estrutura disciplinar do Exército", e o artigo 177 da Constituição do Estado Novo, que permitia a expulsão de oficiais quando o Alto-Comando as considerasse "no interesse do serviço público ou por conveniência do regime", *Relatório ... Eurico Gaspar Dutra ... 1940*, Rio de Janeiro, Imprensa Militar, 1941, p. 22; Nelson Werneck Sodré, *Memórias de um soldado*, Rio de Janeiro, Civilização Brasileira, 1967, pp. 188-90; Murilo de Carvalho, "Armed Forces and politics", pp. 205-6.

62. Estado-Maior do Exército, *Relatório dos trabalhos do estado-maior ... 1929 ... Alexandre Henriques Vieira Leal*, p. 23. Embora os brasileiros ficassem satisfeitos durante a maior parte da década, em 1929 os franceses enviaram um oficial de infantaria chamado Grancey, cujo desconhecimento do português e do Brasil tornou necessário nomear um brasileiro como seu auxiliar. Ibid. p. 27.

63. MG, *Relatório ... Calógeras ... 1920*, p. 54.

64. Marechal J. B. Mascarenhas de Moraes, *Memórias*, Rio de Janeiro, José Olympio, 1969, v. 1, pp. 60-62; Pantaleão Pessoa, *Reminiscências e imposições*, p. 54; Malan, *Missão militar francesa*, pp. 101-3.

65. Estado-Maior do Exército, *Relatório dos trabalhos do Estado-Maior ... 1923 ... Tasso Fragoso*, pp. 18-19.

66. Ibid., pp. 16-17. Em 1929 a maioria dos admitidos na Escola do Estado-Maior (35 de 38 capitães e tenentes) não havia feito o exame. Estado-Maior do Exército, *Relatório dos trabalhos do Estado-Maior ...1929 ... Alexandre Henriques Vieira Leal*, p. 11.

67. Estado-Maior do Exército, *Relatório dos trabalhos do Estado-Maior ... 1929 ... Alexandre Henriques Vieira Leal*, p. 81.

68. Estado-Maior do Exército, *Relatório dos trabalhos do Estado-Maior ... 1923 ... Tasso Fragoso*, pp. 33-35; capitão Hugh Barclay, Rio de Janeiro, 25 jan. 1926, rept. 523: "Brazil's Current military policy", 2006-84, GS, WD; capitão Hurh Barclay a tenente-coronel N. E. Margetts (chief MID, WD), Rio de Janeiro, 31 ago. 1926, 2052-111, MID, GS, WD, RG 165, NA; Estado-Maior do Exército, *Relatório dos trabalhos do Estado-Maior ... 1929 ... Alexandre Henriques Vieira Leal*, pp. 13-14.

69. Estado-Maior do Exército, *Relatório dos trabalhos do Estado-Maior ... 1923 ... Tasso Fragoso*, pp. 16, 40-42.

70. Os franceses chegaram em 1906, permaneceram até eclodir a guerra em 1914 e retornaram em 1919. Fernandes, *Política e segurança*, pp. 157-63; H. W. Brown (funcionário), Rio de Janeiro, 12 dez. 1925, 2006-70, MID, GS, WD, RG 165, NA. Em 1924, a Força Pública compunha-se de 14 200 homens, equivalente a quase metade do efetivo do Exército federal, que na época tinha 30 mil soldados.

71. Estado-Maior do Exército, *Relatório dos trabalhos do Estado-Maior ... 1925 ... Tasso Fragoso*, Rio de Janeiro, Imprensa Militar, 1927, pp. 27-30.

72. Adido militar, Rio de Janeiro, 16 jan. 1925, nº 422, "Chief of French military mission in Brazil", 2006-44, MID, GS, WD, RG 165, NA. O adido citou o general Abílio de Noronha como fonte do comentário sobre a inaptidão para aplicar "os princípios de combate que lhes ensinaram os especialistas franceses".

73. Capitão Hugh Barclay, memo: "Combat training in the Brazilian Army", Rio de Janeiro, 17 dez. 1926, 2006-97, MID, GS, WD, RG 165, NA.

74. Estado-Maior do Exército, *Relatório dos trabalhos do Estado-Maior ... 1925 ... Tasso Fragoso*, pp. 42-43.

75. Capitão Hugh Barclay, Rio de Janeiro, 24 mar. 1926, 2006-90, MID, GS, WD, RG 165, NA.

76. Estado-Maior do Exército, *Relatório dos trabalhos do Estado-Maior ... 1925 ... Tasso Fragoso*, pp. 42-43. O relatório tem data de setembro de 1926. O estudo de Tasso Fragoso, "Reflexões sobre a situação militar do Brasil", de outubro de 1927 (datilografado e encadernado), encontra-se em CDOC-EX, Brasília.

77. Estado-Maior do Exército, *Relatório dos trabalhos do Estado-Maior ... 1927 ... Tasso Fragoso*, pp. 4-5, 17-19, 42-47. O general Coffec fora chefe da Artilharia; ver resumo da carreira, Adido Militar, Rio de Janeiro, 16 jan. 1925, nº 422, "Chief of French military mission in Brazil"; W. H. Brown (funcionário), Rio de Janeiro, 5 set. 1927, "New chief of the French military mission to Brazil", nº 743, ambos em 2006-44, MID, GS, WD, RG 165, NA; para a lista dos nomes da missão, ver MG, *Almanak ... 1925*, p. 571.

78. Estado-Maior do Exército, *Relatório dos trabalhos do Estado-Maior ... 1927 ... Tasso Fragoso*, pp. 47-52. Ele defendeu esse argumento particularmente com respeito à aviação e ao treinamento de vôo e mecânica na França do major Antônio Guedes Muniz e do capitão Ivan Carpenter Ferreira. Em 1931, porém, ambos ainda estavam na Europa e, por isso, qualquer impacto que pudessem ter produzido foi retardado para muito além de abril de 1928 como desejara Antônio Fragoso. Suas atribuições encontram-se em *Almanak ... 1931*, pp. 420 e 423.

79. Estado-Maior do Exército, *Relatório dos trabalhos do Estado-Maior ... 1929 ... Alexandre Henriques Vieira Leal*, pp. 45-49. Ver a tabela na p. 93 com dados sobre os cursos entre 1920 e 1929.

80. Tenente Julio Schwenck (ajudante do general Ivo Soares) a capitão Hugh Barclay, Rio de Janeiro, 11 nov. 1925; Harry H. Brown (funcionário) a chefe de Estado-Maior adjunto, G-2, Rio de Janeiro, 11 nov. 1925; capitão Hugh Barclay a chefe de Estado-Maior adjunto, G-2; secretário de Estado a dr. Ivo Soares, Washington, sem data; todos 2257K-10, MID, GS, WD, RG 165, NA. Brown alertou que o serviço médico brasileiro recebera verba de 670 mil dólares para aquisição de equipamento médico e se o general visitasse os Estados Unidos o dinheiro provavelmente seria gasto ali.

81. Major Aiden Simons (Divisão de Vendas Militares, I. E. Dupont de Nemours & Co.) a tenente-coronel N. E. Marggets (Oficial de Ligação com o Exterior, Estado-Maior), Wilmington, Del., 21 out. 1926, e correspondência anexa, 2257K-12, MID, GS, WD, RG 165, NA.

82. Major Lester Baker a tenente-coronel R. W. Williams (chefe, Seção do Adido Militar, G-2), Rio de Janeiro, 9 ago. 1928; e Williams a Baker, Washington, D. C., 1º set. 1928, 2257K-15, MID, GS, WD, RG 165, NA.

83. Capitão Hugh Barclay, Memo: "Instruction with foreign armies", Rio de Janeiro, 3 dez. 1926, 2257K-13, MID, GS, WD, RG 165, NA. Alexandre Galvão Bueno e Marcolino Fagundes eram dois que haviam treinado nos Estados Unidos; passaram três meses na Escola de Artilharia de Costa no forte Monroe. Ambos também serviram na comissão de compras nos Estados Unidos durante a Primeira Guerra Mundial. Galvão Bueno também estivera no segundo grupo a ir para a Alemanha.

84. Major Lester Baker, memo: "Contracts between Brazilian and Franch governments for French military missions", Rio de Janeiro, 21 mar. 1929, 2006-44, MID, GS, WD, RG 165, NA.

85. Major Lester Baker, Rio de Janeiro, 29 maio 1930, 2006-44 / 13, MID, GS, WD, RG 165, NA; para um estudo da penetração cultural francesa, ver Gilles Matthieu, *Une ambition sud-américaine: politique culturelle (1914-1940)*, Paris, Ed. L'Harmattan, 1991.

86. Major Lester Baker, Rio de Janeiro, 24 jun. 1930, 2257K-16, MID, GS, WD, RG 165, NA. O crítico esperava que o presidente eleito, Júlio Prestes, houvesse adquirido algumas idéias reformistas durante uma visita a West Point em 1930.

87. Nunn, *Yesterday's soldiers*, pp. 192-200.

88. Tenente-coronel Augusto Tasso Fragoso a general Emygdio Dantas Barreto, 15 nov. 1910, memo: "Conjecturas sobre o plano de operações da Argentina contra o Brasil", anexo da 19ªComu: nicação do adido militar na República Argentina, Buenos Aires, 25 nov. 1910, CDOC-EX, Brasília. Para uma citação longa desse memorando e uma análise mais ampla do pensamento estratégico brasileiro, ver Frank McCann, "The Brazilian general staff and Brazil's military situation 1900-1945", *Journal of Inter-American Studies and World Affairs* 25, nº 3, ago. 1983, pp. 299-324.

89. Os dois ex-adidos foram Armando Duval e Genserico Vasconcelos. Duval interessava-se pelas relações entre organização internacional, poder militar e prestígio nacional, e escreveu uma análise sobre as Forças Armadas argentinas que influenciou oficiais brasileiros: *A Argentina, potência militar*, 2 v., Rio de Janeiro, Imprensa Nacional, 1922. Vasconcelos escreveu *História Militar do Brasil, 1922*, citado anteriormente, versando sobre a intervenção brasileira de 1851-52 contra o governo de Rosas.

90. Editorial, ADN, 10 abr. 1915, pp. 197-98; articulista, "Uma mobilização", ADN, 10 ago. 1914, p. 370; Francisco de Paula Cidade, "Os fanáticos, liame histórico", ADN, 10 out. 1914, pp. 2-14; idem, "Em torno do Contestado", ADN, 10 jan. 1914, pp. 124-25; Francisco Raul d'Estillac Leal, "Do Contestado, observações colhidas nas operações da coluna sul", ADN, 10 ago. 1915, pp. 357-61; idem, mesmo título, ADN, 10 out. 1915, pp. 27-30.

Décadas depois, a campanha ainda seria objeto de estudo para futuros oficiais do Estado-Maior que se preparavam para ingressar na Escola de Estado-Maior; Escola de Comando e Estado-Maior do Exército (Curso de Preparação), *Guerras insurrecionais no Brasil (Canudos e Contestado)*, Rio de Janeiro, Imprensa Nacional, 1968.

91. O leitor já encontrou muitos desses homens. A lista dos oficiais participantes incluía futuros chefes do Estado-Maior, ministros da Guerra, muitos comandantes e figuras políticas eminentes e um presidente, como indica a seguinte seleção: tenentes Pedro Aurélio de Góes Monteiro, Eduardo Gomes, Mário Travassos; capitães Valentim Benício da Silva, Francisco Gil Castelo Branco, Pedro de Alcântara Cavalcanti, Eurico Dutra, Euclides Figueiredo, Álvaro Fiuza de Castro, Firmo Freire do Nascimento, Milton de Freitas Almeida, João Guedes da Fontoura, Estevão Leitão de Carvalho, Isauro Reguera, Anor Teixeira dos Santos, Genserico de Vasconcelos; majores Manoel de Araripe e Armando Duval; tenente-coronel Alfredo Malan d'Angrogne; coronéis Nestor Sezefredo dos Passos e Tertuliano de Albuquerque Potyguara; e generais Augusto Tasso Fragoso e Cândido M. Rondon. General Maurice Gamelin (e capitão Joaquim de Souza Reis Netto), *Manobra de quadros de Exército de 1921-1922*, Rio de Janeiro, Imprensa Militar, 1922, pp. 5, 18-20, 141-47. Ver também Leitão de Carvalho, *Memórias*, v. 2, pp. 46-49. Os franceses sabiamente associaram os influentes "jovens turcos" a essa e outras atividades. Gamelin parece ter tomado o capitão Souza Reis sob sua proteção.

92. Augusto Tasso Fragoso, "Reflexões sobre a situação militar do Brasil", out. 1927 (cópia em carbono do documento no CDOC-EX, Brasília).

93. João Pandiá Calógeras a Epitácio Pessoa, Rio de Janeiro, 15 nov. 1922, em Câmara dos Deputados, *Mensagens presidenciais, 1919-1922*, p. 631; MG, *Relatório ... Calógeras ...jun. 1920*, p. 33. O termo senzala originou-se do quibundo, língua nativa de Angola. Calógeras deve ter usado o termo com intenção de chocar.

94. Editorial, *A Defesa Nacional* 8, nº 85, Rio de Janeiro, 10 ago. 1920, p. 1.

95. Major Egydio Moreira de Castro e Silva, *À margem do ministério Calógeras (na pasta da Guerra)*, Rio de Janeiro, Ed. Melso S. A., 1961, pp. 89-115. O major era engenheiro.

96. Existem listas em MG, *Relatório ... Calógeras ... out. 1922*, Rio de Janeiro, Imprensa Militar, 1922, pp. 4-10; Calógeras a Epitácio Pessoa no relatório final do presidente, Rio de Janeiro, 15 nov. 1922, em Câmara dos Deputados, *Mensagens presidenciais, 1919-22*, Brasília, Câmara dos Deputados, 1978, pp. 623-34.

97. Hall, "João Pandiá Calógeras", p. 232.

98. MG, *Almanaque ... 1891*, Rio de Janeiro, Imprensa Militar, 1891, p. xii. O 10º Regimento de Cavalaria estava em São Paulo, e o 31º Batalhão de Infantaria em Minas. MG, *Relatório ... José Bernardino Bormann ... maio 1910*, Rio de Janeiro, Imprensa Militar, 1910, páginas seguintes a 166. *"Mapa da força do Exército em 1º de abril de 1910."* Havia um total de 62 oficiais e 821 praças em Minas e 63 oficiais e 437 praças em São Paulo em 1910. Planejava-se a instalação de um batalhão de artilharia em Santos, mas na época do *Relatório* ele não estava organizado.

99. Para os números da Força Pública paulista em 1918, ver Fernandes, *Política e segurança*, pp. 218-24. O número para 1926 provém de Capitão Hugh Barclay, Rio de Janeiro, 18 mar. 1926, nº 552: "Brazilian organized militia", 2006-70/6, MID, GS, WD, RG 165, NA. Fernandes mencionou um total de 9216 para 1926, mas como obteve esse dado na lei de autorização, decidi que o relatório contemporâneo do serviço de inteligência militar americano provavelmente é mais acurado.

Minha interpretação aqui difere da de Joseph Love, que escreveu: "A estratégia paulista de usar tropas estaduais para contrabalançar o poder do Exército diferia nitidamente da estratégia adotada pelos mieiros" (p. 219). Embora eu concorde em que Minas tenha barganhado o apoio às políticas federais em troca de autonomia local, os líderes mineiros também tiveram a precaução de assegurar-se de que possuíam poder de fogo adequado. Ver Love, São Paulo, pp. 217-19.

As forças de ambos os estados estavam organizadas mais como pequenos exércitos do que como unidades policiais; as de Minas configuravam-se em cinco batalhões de infantaria, um esquadrão de cavalaria e uma companhia de metralhadoras; a força paulista, mais poderosa, agrupava-se em dez batalhões de infantaria, um batalhão-escola, dois regimentos de cavalaria um batalhão de artilharia e uma seção de aviação. Ver o relatório de Barclay de 18 de maio acima citado.

100. Hall, "João Pandiá Calógeras", pp. 244-45.

101. Ibid., p. 252.

102. Castro e Silva, *À margem do ministério Calógeras*, pp. 42-43.

103. Ibid., pp. 49-51. Em visita a São João del Rey na década de 1970, recordo ter sido acordado ao raiar do dia por fogo de artilharia disparado nas proximidades da cidade.

7. A REVOLUÇÃO DE 30 [PP. 335-83]

1. O melhor estudo sobre o movimento é Drummond, *O movimento tenentista*.

2. Sir John Tilley ao marquês Curzon of Kedleston, Rio de Janeiro, 22 fev. 1923, Confidental 12147, "Brazil, Annual report for 1922", Foreign Office Confidential Prints, 32. A esposa de Hermes, Nair de Teffé, afirmou que seus filhos queriam que ele fosse candidato nas eleições de 1921, e que Rui Barbosa, entre outros, tentou vê-lo novamente mordido pela "mosca azul" da presidência. Nair

de Teffé Hermes da Fonseca, *A verdade sobre a Revolução de 1922*, Rio de Janeiro, Gráfica Portinho Cavalcanti, 1974, pp. 94-95.

3. Odylio Denys, *Ciclo revolucionário brasileiro, memórias*, Rio de Janeiro, Nova Fronteira, 1980, pp. 173-74.

4. Delso Mendes da Fonseca, História oral, CPDOC-Rio, 14 e 20. Seu BAO é nº 364. A seu ver, a preparação desses homens para participar na Primeira Guerra Mundial e seu desejo frustrado de entrar em ação pode tê-los influenciado a rebelar-se. Sua carreira levou-o ao generalato em 1952. Para uma biografia, ver "Delso Mendes da Fonseca", *DHBB*, v. 2, pp. 1300-1301; Aspásia Camargo e Walder de Goes, *Meio século de combate: diálogo com Cordeiro de Farias*, Rio de Janeiro, Nova Fronteira, 1981, pp. 64-65. O BAO de Cordeiro é nº 243. Para uma análise do papel das turmas no corpo de oficiais brasileiro, ver McCann, "The military", pp. 51-54.

5. Távora, *Uma vida e muitas lutas*, v. 1, pp. 89-91. Para a greve em Bangu, ver "Siqueira Campos", *DHBB*, v. 1, p. 597.

6. Ver cap. 6 para a missão francesa; e João Baptista de Magalhães, *A evolução militar do Brasil*, Rio de Janeiro, Biblioteca do Exército, 1958, pp. 349-50; Sodré, *História militar do Brasil*, pp. 199-200; Rachum, "Nationalism and revolution in Brazil", pp. 120-21.

7. Frederick Nunn, "Military professionalism and professional militarism in Brazil, 1870-1970: historical perspectives and political implications", *Journal of Latin American Studies* 4, 1972, pp. 29-54; idem, "The Latin American military establishment: Some thoughts on the origins of its socio-political role and an illustrative bibliographic essay", *The Americas* 28, 1971, pp. 135-41; idem, "Effects of european military training in Latin America: Origins and nature of professional militarism in Argentina, Brazil, Chile and Peru, 1890-1940", *Military Affairs* 39, 1975, pp. 1-7. Nunn apresentou uma análise mais completa em *Yesterday's soldiers*. Samuel F. Huntington, *The soldier and the state: The theory and politics of civil—military relations*, Cambridge, Mass., Harvard University Press, 1959, afirmou que, com base na experiência européia, o profissionalismo deveria ter destruído o militarismo. Mas no caso brasileiro, produziu-o.

8. Sobre as tensões geradas pela presença da missão francesa, ver caps. 5 e 6; ver também McCann, "Influência estrangeira no Exército brasileiro", pp. 83-117. Sir Ralph Paget ao conde Curzon, Rio de Janeiro, 5 abr. 1920, Confidential 11546, "Brazil, Annual report, 1919", Foreign Office Confidential Prints, 5. O embaixador Paget observou que os políticos receavam que um Estado-Maior com funcionamento apropriado viesse a roubar do presidente o privilégio de nomear a chefia quando tomasse posse. Além disso, ele afirmou, aparentemente "a opinião pública não é favorável á formação de uma força eficiente, e os brasileiros [...] sempre parecem divididos entre o desejo de introduzir a eficiência e o medo de que um Exército ou Marinha eficiente possa ser subvertido e usado por um ditador militar para derrubar a ordem vigente" (5).

9. Edgard Carone, em *O tenentismo* (São Paulo, Difel, 1975), qualifica os tenentes de progressistas e inimigos do oligarquismo, mas Maria do Carmo Campello de Souza, em *Estado e partidos políticos no Brasil (1930 a 1964)*, São Paulo, Alfa-Ômega, 1976, pp. 101-102, julga que o movimento foi ambíguo e reformista, porém aberto a métodos políticos autoritários. Keith, "Armed federal interventions", pp. 67-68, ressalta impulsos profissionais por trás do tenentismo, uma interpretação que um de seus mais célebres adeptos, Juarez Távora, parece apoiar em *À guisa de depoimento: Sobre a revolução brasileira de 1924*, São Paulo, O combate, 1927, v. 1, pp. 89-90. Drummond, *O movimento tenentista*, pp. 50, 89, afirma que os tenentes insurgiram-se não contra as "classes dominantes", mas con-

tra a "posição subordinada do Exército no aparelho de Estado", enquanto sua luta com os legalistas militares visava determinar que grupo agia em nome do Exército.

10. Hélio Silva, *1922: Sangue na areia de Copacabana*, Rio de Janeiro, Civilização Brasileira, 1965, faz um relato-documentário da rebelião. Hermes foi detido por dezessete horas.

11. Campos Coelho, *Em busca de identidade*, pp. 82-91.

12. Leitão de Carvalho, *Dever militar*, pp. 91-93.

13. Delso Mendes da Fonseca, História oral, CPDOC-Rio, p. 39; "Siqueira Campos", DHBB, v. 1, pp. 597-98; Hugo G. Borges Fortes, *Canhões cruzados: Uma síntese da história da artilharia de costa brasileira*, Rio de Janeiro, Editora Biblioteca do Exército, 2001, pp. 152-53.

14. Mascarenhas de Moraes, *Memórias*, v. 1. pp. 66-70. Filinto Müller e João Alberto foram presos por cinco meses com outros tenentes, o que lhes deu tempo para conversar bastante. Ambos participaram posteriormente da revolta de 1924 e tiveram papéis importantes no governo Vargas na década de 1930. O comandante do regimento, João José de Lima (BAO nº 151) foi promovido a general, e Mascarenhas, que comandou a Força Expedicionária na Itália durante a Segunda Guerra Mundial, tornou-se uma das principais figuras da história militar brasileira.

15. Delso Mendes da Fonseca, História oral, CPDOC-Rio, pp. 13, 21, 23.

16. Távora, *À guisa de depoimento*, v. 1, p. 108.

17. Os onze eram os capitães Joaquim do Nascimento Fernandes Távora (DHBB, v. 4, pp. 3310-11), Juarez do Nascimento Távora (BAO nº 278; DHBB, v. 4, pp. 3311-25), Otávio Muniz Guimarães; tenentes Vitor César da Cunha Cruz (BAO nº 318), Estênio Caio de Albuquerque Lima (BAO nº 295; DHBB, v. 3, p. 1828), Henrique Ricardo Hall (também Holl; DHBB, v. 2, pp. 1591-92), Eduardo Gomes (DHBB v. 2, pp. 1477-86), José Coelho Valente do Couto, Lídio Gomes Barbosa, Rui da Cruz Almeida (DHBB v. 1, p. 88) e ajudante Rômulo Fabrizzi. Nomes em Anna Martinez Corrêa, *A Rebelião de 1924 em São Paulo*, São Paulo, HUCITEC, 1976, 64, nº 190.

18. Anna Maria Martinez Corrêa, *Rebelião de 1924*, p. 65. Newton Estillac Leal (BAO nº 252) foi um formando do Realengo em 1915 que apoiou o movimento tão discretamente que foi promovido a capitão de artilharia em setembro de 1922 e serviu no estado-maior do general Abílio de Noronha, comandante da 2ª Região Militar em São Paulo, até a eclosão da rebelião de 1924; seria oficial do estado-maior de operações de Góes Monteiro na Revolução de 1930 e ministro da Guerra de Vargas em 1951-54; ver "Newton Estillac Leal", DHBB, v. 2, pp. 1751-58. O oficial de infantaria Granville Belerofonte Lima foi comissionado aspirante da escola militar quando servia em Porto Alegre em janeiro de 1910. Chegou a segundo-tenente em outubro de 1914 e a primeiro-tenente em julho de 1919. Sua promoção a capitão aconteceria em novembro de 1930, tendo sido inserido no quadro de acesso em setembro de 1924. Sua trajetória na carreira foi típica dos militares que aderiram à rebelião de 1922. MG, *Almanak ... 1931*, p. 66.

19. Anna Maria Martinez Corrêa, *Rebelião de 1924*, p. 66.

20. Ibid., pp. 67-69, 76-77; "Isidoro Dias Lopes", DHBB, v. 3, pp. 1918-19.

21. Drummond, *O movimento tenentista*, pp. 103-4. O fato de os tenentes terem recorrido a Hermes em 1922, a Isidoro em 1924 e a Góes em 1924 evidencia que não estavam dispostos a agir sem essa cobertura. Em 1924 os tenentes em Sergipe buscaram em vão a liderança do general reformado José Calazans; no Centro-Sul, tamanho foi o desespero dos que aguardavam enquanto Isidoro se decidia que cogitaram em fazer a proposta ao general Abílio de Noronha, comandante da 2ª Região Militar sediada em São Paulo, embora ele nunca houvesse demonstrado a menor inclinação para

rebelar-se. Para os tenentes, um líder de alto coturno trazia a possibilidade de "catalisar apoio de última hora dentro da oficialidade do Exército, arrastando colegas mais próximos e/ou hesitantes para a rebelião" (p. 103). Correa analisou a discussão dos tenentes quanto à proposta ao general Abílio em *Rebelião de 1924*, pp. 89-90.

22. Corrêa, *Rebelião de 1924*, pp. 76-77.

23. Ibid., pp. 74-75; Távora, *Memórias*, v. 1, pp. 132-35; "Bertoldo Klinger", DHBB, v. 2, p. 1686.

24. Corrêa, *Rebelião de 1924*, pp. 77-80.

25. Hélio Silva, *1922*, pp. 399-400; Corrêa, *Rebelião de 1924*, pp. 93-94. Nos meses anteriores, os oficiais detidos na Escola de Comando e Estado-Maior no Rio de Janeiro não só haviam sido mantidos a par do rumo dos acontecimentos como também, uma vez que a segurança na escola era extremamente frouxa, puderam sair escondido para participar de reuniões. No mínimo uma dessas reuniões realizou-se em Barra do Piraí, com oficiais de Minas e São Paulo. Mas uma súbita inspeção de suas celas vazias na prisão acarretou a detenção do oficial de dia e a transferência para um navio-prisão dos tenentes prisioneiros quando finalmente retornaram de sua saída diária.

26. Joel W. Wolfer, "The rise of Brazil's industrial working class: community, work, and politics in São Paulo, 1900-1955", diss. PhD, University of Wisconsin, 1990, pp. 93-95; Corrêa, *Rebelião de 1924*, pp. 120-29.

27. Hélio Silva, *1922*, pp. 396-99; Carone, *A Primeira República*, pp. 86-88; Neill Macaulay, *The Prestes Column: Revolution in Brazil*, Nova York, Viewpoints, 1974, pp. 14-15.

28. Setembrino de Carvalho a Firmiano Pinto, prefeito de São Paulo, Rio de Janeiro, 12 jul. 1924, citado em Corrêa, *Rebelião de 1924*, p. 141, n. 451; o resto desse parágrafo baseia-se nas pp. 141-47.

29. Paulo Duarte, *Agora nós, São Paulo*, sem editora, 1927, pp. 75-76, citado em Hélio Silva, *1922*, p. 377. Os comentários sobre Joaquim Távora provêm de Neill Macaulay, *Prestes Column*, p. 19. Corrêa citou um informe do prefeito paulistano, Firmiano Pinto, que indicou um total de quinhentos civis mortos; Corrêa, *Rebelião de 1924*, p. 151.

30. José Ibaré Costa Dantas, *O tenentismo em Sergipe (Da Revolta de 1924 à Revolução de 1930)*, Petrópolis, Vozes, 1974, pp. 91-143; Carone, *O tenentismo*, pp. 103-6; idem, *República Velha*, v. 2, pp. 377-78; "José Calasans", DHBB, v. 1, p. 537; "Augusto Maynard Gomes", DHBB v. 2, pp. 1474-76; "Riograndino Kruel", DHBB, v. 2, pp. 1697-98. Maynard foi promovido a capitão pelo governo revolucionário em novembro de 1930, a major em agosto de 1931, a tenente-coronel em 1936 e a coronel em 1939. Durante a era Vargas, foi por duas vezes interventor em Sergipe e, entre 1947 e 1957, foi senador federal. Kruel acabou sendo mandado para uma unidade em Mato Grosso, de onde desertou para o Paraguai e a Argentina, só retornando ao Brasil depois da Revolução de 1930. Posteriormente serviu em vários cargos de segurança e reformou-se como general-de-brigada em 1944. Desempenhou papel fundamental na derrubada do preidente João Goulart em 1964.

31. Macaulay, *Prestes Column*, p. 15.

32. Ibid., pp. 17-25. Citação da p. 17.

33. Dutra fez esse comentário em uma entrevista a Neill Macaulay em 1965; ver Macaulay, *Prestes Column*, pp. 91, 250 n. 62. Osvaldo Cordeiro de Farias fez afirmações parecidas, com mais detalhes. Em anos posteriores, debateu esses acontecimentos com militares do lado oposto, como Góes Monteiro e Humberto Castelo Branco, nos quais observou, como "em tantos outros, o desinteresse em nos combater". Afirmou que "o Exército não tinha, na época, quadros capazes de enfrentar a luta

com a obstinação e a dureza com que a coluna a enfrentou". Ver Camargo e Góes, *Meio século de combate*, p. 106.

34. Coutinho, *O general Góes depõe*, p. 12. Souza Reis suicidou-se nas dependências do Estado-Maior do Exército no Ministério da Guerra, Rio de Janeiro.

35. Lourenço Moreira Lima, *A Coluna Prestes (marchas e combates)*, 3ª ed., São Paulo, Alfa-Ômega, 1979, pp. 63-72. O autor foi secretário civil da Coluna Prestes. Neill Macaulay classificou seu livro como "de longe o mais valioso relato em primeira mão da marcha da Coluna Prestes". Macaulay, *Prestes Column*, p. 252, n. 38. Góes Monteiro comentou o caso de um oficial do estado-maior do coronel Mariante que a polícia tentou prender quando retornava de combate no Paraná por ter sido ouvido criticando o governo na estação da ferrovia de São Paulo. A intervenção de Mariante, declarando que só o prenderiam sobre o seu cadáver, impediu a detenção do oficial. Coutinho, *O general Góes depõe*, pp. 30-31.

36. Estado-Maior do Exército, *Relatório dos trabalhos do Estado-Maior ... 1925 ... Tasso Fragoso*, pp. 1, 4, 33-34; Estado-Maior do Exército, *Relatório dos trabalhos do Estado-Maior ... 1927 ... Tasso Fragoso*, pp. 53-55. É necessário um estudo das finanças das unidades estaduais e civis durante as décadas de 1920 e 1930.

37. Estado-Maior do Exército, *Relatório dos trabalhos do Estado-Maior ... 1925 ... Tasso Fragoso*, pp. 5, 27, 29-30.

38. A promoção de Góes de capitão a major foi incomumente rápida e posteriormente o constrangeu a ponto de declará-la uma "promoção ilícita". Talvez uma possível causa desse embaraço seja que a promoção poderia ter sido uma compensação por ele ter espionado seus colegas oficiais para o presidente Bernardes. Góes a Bernardes, sem data, Papéis do general Góes Monteiro (doravante PGM), rascunho ou cópia manuscrito, com a letra do general. Essa carta provavelmente foi escrita entre fevereiro e junho de 1926, pois Góes refere-se a um incidente em Juazeiro, e essa foi a única ocasião em que ele esteve no local durante as operações contra a Coluna Prestes.

Sejam quais forem as razões exatas de sua promoção, em um sistema marcado pelo apadrinhamento ele evidentemente teve patronos poderosos. Góes ao general Octávio de Azevedo Coutinho [comandante da 1ª Divisão, Rio de Janeiro], 5 jul. 1929, PGM; para a promoção de Góes, ver *Almanak ... 1931*, p. 198. Ele foi promovido a capitão em janeiro de 1924 e a major em outubro de 1926, um espaço de dois anos e dez meses.

Em comparação, seus contemporâneos legalistas e colegas oficiais da cavalaria Eurico Dutra (capitão em junho de 1921 e major em maio de 1927) e Euclides de Oliveira Figueiredo (capitão em março de 1919 e major em setembro de 1922) esperaram pela promoção, respectivamente, cinco anos e onze meses e três anos e sete meses; os oficiais da artilharia Bertoldo Klinger (capitão em fevereiro de 1918 e major em dezembro de 1922) e Armando Duval (capitão em novembro de 1912 e major em maio de 19230) aguardaram respectivamente três anos e onze meses e sete anos e seis meses, enquanto o oficial da infantaria Estevão Leitão de Carvalho (capitão em janeiro de 1919 e major em fevereiro de 1923) esperou cinco anos e um mês. Claramente, a promoção de Góes foi rápida para os padrões de seu tempo. Os dados foram extraídos ao almanaque acima citado.

39. Essa opinião de Góes refletiu idéias do escritor alemão Hans von Seeckt e os ensinamentos da missão militar francesa. Durante a Primeira Guerra Mundial, von Seeckt serviu na frente turca, de 1918 a 1926 foi comandante-em-chefe do Reichswehr, e depois de reformado reorganizou o Exército Nacionalista Chinês de Chiang Kai-shek. Sua obra mais famosa, *Thoughts of a soldier*, trad. Gil-

bert Waterhouse, Londres, Ernest Benn, 1930, analisou muitas das idéias expressas por Góes. Ele afirmou que o Exército devia ser político, mas não um partido. "O Exército serve ao Estado, e somente ao Estado, pois é o Estado" (p. 80).

Frederick Nunn, analisando Seeckt e o francês Charles de Gaulle, salientou que, para o primeiro, "o Exército era a instituição nacional, transcendendo os limites cronológicos da história, da monarquia e do império no passado à república parlamentarista"; mas para o segundo apenas os oficiais podiam ser "homens de ação [..] homens de caráter". Nunn observou que havia uma continuidade de pensamento entre os oficiais europeus e seus colegas sul-americanos que viam a sociedade como "autodestrutiva, rebelde, sem direção". O Exército, a seu ver, era "corporativo, orgânico"; o treinamento militar produzia líderes (homens de caráter); o serviço militar obrigatório transformava homens em cidadãos completos. Só no Exército acontecia a convivência próxima entre homens de todas as classes. Suas idéias, escreveu Nunn, "assemelharam-se a ponto de ser prova irrefutável da continuidade da autopercepção da classe dos oficiais independentemente da nacionalidade" (Nunn, *Yesterday's soldiers*, pp. 226-30).

40. General-de-brigada Clóvis Travassos, entrevista a Peter S. Smith, Rio de Janeiro, 10 nov. 1974; "Clóvis Travassos", DHBB, v. 4, 3373-74. Ele serviu no gabinete imediato de Góes durante seu segundo período como ministro da Guerra, 1945-46; o pai de Travassos fora grande amigo de Góes, e as famílias mantiveram a amizade durante toda a vida de Góes. Smith e eu estamos escrevendo uma biografia de Góes.

41. Henry H. Keith e Robert A. Hayes (eds.), *Perspectives on armed politics in Brazil*, pp. 69, 94, 121-22; Fernandes, *Política e segurança*, pp. 161-63.

42. Macaulay, *Prestes Column*, p. 227; Stanley E. Hilton, "The Armed Forces and the industrialists in modern Brazil: The drive for military autonomy, 1889-1954", *Hispanic American Historical Review* 62 nº 4, nov. 1982, pp. 632-33.

43. Góes Monteiro, "O Destacamento Mariante no Paraná Ocidental (reminiscências)", Rio de Janeiro, jun. 1925, pp. 3-11 (datilografado), Arquivo Histórico do Exército, Rio de Janeiro. Esse documento contém, ainda, uma "explicação prrévia" de uma página, datada de maio de 1936, talvez a época em que Góes pensou em publicá-lo. Ele lamentou que a condição do Exército não havia mudado.

44. "Resposta ao Gal. Flores", p. 42; Fontoura, *O Globo*, Rio de Janeiro, 29 out. 1956; Coutinho, *O general Góes depõe*, pp. 43-48.

45. *Diário Carioca*, Rio de Janeiro, 18 jul. 1928; *A Manhã*, Rio de Janeiro, 5 out. 1929; *Diário Carioca*, Rio de Janeiro, 21 ago. 1928; *Diário Nacional*, São Paulo, 30 maio 1929, citado em Rachum, "Nationalism and revolution in Brazil", pp. 198, 199-200, 201, 207.

46. Sobre o funcionamento do sistema eleitoral pré-1930, ver Michael L. Conniff, "The national elite", em Michael L. Conniff e Frank D. McCann(eds.), *Modern Brazil: Elites and masses in historical perspective*, Lincoln, University of Nebraska Press, 1989, pp. 29-31. Vargas foi deputado federal pelo Rio Grande do Sul de 1922 a 1926, ministro da Fazenda no governo Wahington Luís de 1926 a 1928 e presidente do Rio Grande do Sul, e quando ocupava esse cargo concorreu à presidência federal.

47. A primeira escolha de Washington Luís para a pasta da Guerra, general-de-brigada Alfred Malan d'Angrogne, recusou a oferta porque o presidente não quis conceder anistia aos rebeldes; ver Leitão de Carvalho, *Dever militar*, p. 169 e cap. 8, n. 8, p. 520.

48. Leitão de Carvalho posteriormente acusou o ministro da Guerra de negligenciar o dever por

não ter alertado o governo para perigos conhecidos; ibid., pp. 180-81. Ver também general Tasso Fragoso, "A Revolução de 1930", *Revista do Instituto Histórico e Geográfico Brasileiro* 211, abr.-jun. 1951, p. 30. Os revolucionários sondaram Leitão sobre a liderança da revolta militar; ele recusou e comandou seus soldados na resistência mas, significativamente, não delatou nem prendeu os que lhe fizeram a proposta.

49. Leitão de Carvalho, em *Dever militar*, ressaltou o papel dos que desejavam a anistia na formação de um "underground nacional"; ver pp.174-75; Wirth, "Tenentismo", pp. 161-69. Sobre a segunda geração de tenentes, ver Drummond, *O movimento tenentista*, pp. 171-73.

50. Coutinho, *O general Góes depõe*, pp. 48-56.

51. Ibid., p. 57.

52. Ibid., pp. 57-58.; Pedro A. de Góes Monteiro, *A Revolução de 30 e a finalidade política do Exército*, Rio de Janeiro, Assis Cintra e Andersen, 1934, pp. 38-39. Cícero era o caçula de cinco irmãos e o favorito de Góes. A conversa com Aranha em janeiro de 1930 aparentemente ocorreu na casa do genro de Góes, dr. Antônio de Saint-Pastous. Os conspiradores João Neves da Fontoura e João Alberto estavam presentes. João Neves da Fontoura, *Memórias*, Porto Alegre, Globo, 1963, v. 2, p. 387. Para datas, ver Góes, *Fé de ofício*, Arquivo do Exército, Rio.

53. Contemporâneos discordaram acerca do momento em que se fez a oferta a Góes e quantos outros a liderança rebelde já havia procurado. Na verdade, é provável que quando ele foi procurado pela primeira vez a idéia não era fazê-lo comandante militar, mas integrá-lo ao estado-maior revolucionário chefiado por outro. Góes afirmou que a oferta estava "em suas mãos" em abril, quando os conspiradores estavam negociando com Luís Carlos Prestes em Buenos Aires. Juarez Távora, porém, disse que Góes foi a terceira escolha, depois de Prestes e João Alberto Lins de Barros, e que a decisão de fazer a proposta a Góes foi de última hora, em fins de agosto. Pode, inclusive, ter havido mais um ou dois nomes em debate; seja como for, Gós foi o último, já que aceitou.

A versão de Góes pode muito bem ser correta. Em junho ele escreveu a seu amigo, capitão Agnaldo Caiado de Castro, do Estado-Maior do Exército no Rio, afirmando que recusara a proposta dos conspiradores, preferindo trabalhar pela mudança na legalidade. Provavelmente Góes pensou que seus superiores ficariam sabendo que os conspiradores o haviam procurado e que sua correspondência seria violada. Reiterou seus protestos lealistas ao mesmo amigo um mês depois. Melo Franco situou Góes no centro dos acontecimentos em 26 de julho. Portanto a decisão foi tomada antes dessa data. Leitão de Carvalho e Figueiredo ajudaram indiretamente não tomando medidas contra os conspiradores e mantendo silêncio a respeito das propostas que lhes haviam sido feitas. Leitão recusou por ser a favor de preservar a legalidade; Figueiredo, por lealdade pessoal ao comandante regional, Gil de Almeida.

Coutinho, *O general Góes depõe*, pp. 69-70, 147; Távora, *Uma vida e muitas lutas*, v. 1, pp. 277-79; João Neves da Fontoura, *Memórias*, p. 388; Robert M. Levine, *The Vargas regime: The critical years*, 1934-1938, Nova York, Columbia University Press, 1970, p. 3; cartas, Góes Monteiro a [capitão Agnaldo] Caiado [de Castro], 30 jun., 29 jul. 1930, PGM; Virgílio de Mello Franco, *Outubro, 1930*, 2ª ed., Rio de Janeiro, Ed. Schmidt, 1931, pp. 270, 277-80, 320-24; Estevão Leitão de Carvalho, *Na revolução de 30: A atitude do 8º R. I. (Guarnição de Passo Fundo)*, Rio de Janeiro, Ed. Schmidt, 1933, pp. 170-76.

54. Lewin, *Politics and parentela*, pp. 364, 389, 406. De fato, ele ganhara a reputação de "juiz duro" por exigir continuamente a revisão de decisões de tribunais militares inferiores, os quais muitas vezes davam sentenças de apenas sete meses. Uma dessas revisões de auditoria ou conselho militar exami-

nou uma sentença dada pelo major Eurico Gaspar Dutra (posteriormente ministro da Guerra e presidente), que presidira um conselho de justiça militar que absolvera um tenente desertor. "João Pessoa", *DHBB*, v. 4, p. 2702.

55. Valentina da Rocha Lima, *Getúlio, uma história oral*, Rio de Janeiro, Record, 1986, p. 204.

56. Drummond, *O movimento tenentista*, pp. 183-84.

57. Ibid., p. 185. As poderosas polícias militares estaduais constituíam o outro braço forte.

58. Denis de Morais e Francisco Viana, *Prestes: Lutas e autocríticas*, Petrópolis, Vozes, 1982, pp. 47-50.

59. Hélio Silva, *1930: A revolução traída*, Rio de Janeiro, Civilização Brasileira, 1966, pp. 178-82; Ann Quiggins Tiller, "The igniting spark — Brazil 1930", *Hispanic American Historical Review* 35, 1965, pp. 384-92; Jordan Young, *The Brazilian revolution of 1930 and the aftermath*, New Brunswick, N. J., Rutgers University Press, 1967; Lewin, *Politics and parentela*, pp. 403-7. Depois do assassinato a capital da Paraíba foi rebatizada como João Pessoa.

60. Coutinho, *O general Góes depõe*, pp. 74-75.

61. A. Saint-Pastous a Góes, P. Alegre, telegramas, 23 e 26 ago. 1930, PGM; Cícero de Góes Monteiro a Góes, telegramas, Pelotas, 1º, 4, 7, 9 set. 1930, PGM.

62. Melo Franco, em *Outubro, 1930*, p. 290, afirmou que Antônio Carlos queria postergar a revolta para torná-la responsabilidade de Maciel; sobre os códigos e mensagens, ver pp. 313-14. Melo Franco observou que encontraram posteriormente muitas de suas mensagens e cartas nos arquivos de Washington Luís, aparentemente não decifradas (ver p. 313).

63. Coutinho, *O general Góes depõe*, pp. 83-85; Mascarenhas de Moraes, *Memórias*, v. 1, pp. 84-87. Mascarenhas lamentou o colapso da unidade do Exército, que a seu ver deveria ser "o supremo objetivo dos chefes militares" (p. 87).

64. General Pedro Geraldo de Almeida, entrevista a Peter S. Smith, Rio de Janeiro, 16 dez. 1974 (Almeida foi um dos ajudantes de Góes na década de 1940. Agradeço-lhe ter compartilhado comigo essa informação); Paul Frischauer, *Presidente Vargas: Biografia*, São Paulo, Companhia Editora Nacional, 1944, pp. 262-63.

65. Fé de ofício de Góes Monteiro, Arquivo do Exército, Rio.

66. General Gil Antônio Dias de Almeida, *Homens e fatos de uma revolução*, Rio de Janeiro, Ed. Calvino Filho, sem data, pp. 149-54.

67. Leitão de Carvalho, *Na Revolução de 30*, pp. 149-50.

68. Tasso Fragoso, "A Revolução de 1930", citado em Araripe, *Tasso Fragoso*, p. 546; Mello Franco, *Outubro, 1930*, p. 312.

69. Para uma análise das atitudes da elite para com as pessoas comuns, ver Robert M. Levine, "Elite perceptions of the povo", em Michael L. Conniff e Frank D.McCann (eds.), *Modern Brazil*, pp. 209-24.

70. Pedro de Góes Monteiro, "Agosto de 1930" (datilografado), PGM.

71. Ministério da Guerra, Inspetoria do 2º Grupo de Regiões Militares, "Plano geral de ação para a organização definitiva do Exército em vista de seu papel na hipótese de guerra. 1930" (datilografado), PGM.

72. Jordan Young, "Military aspects of the 1930 Brazilian Revolution", *Hispanic American Historical Review* 44, 1964, p. 180. Citações de "Agosto de 1930", PGM; esse documento também se encontra em Manoel Luiz Lima Salgado Guimarães et al. (eds.), *A Revolução de 30; textos e documentos*, 2 v.,

Brasília, Ed. Universidade de Brasília, 1982, v. 1, p. 359. A atitude de Góes reflete "a política dos apetites" e não uma "política de identidade" radical, como discutido no capítulo 3.

73. Coutinho, *O general Góes depõe*, pp. 78, 82, 93-96. Para evitar chamar a atenção do público para sua presença em Porto Alegre, Góes não se encontrou com Vargas de janeiro até 1º de outubro de 1930. De fato, nem mesmo usou farda na capital até a tarde da revolta. Alzira Vargas do Amaral Peixoto, *Getúlio Vargas, meu pai*, Rio de Janeiro, Globo, 1960, p. 36.

74. General Gil de Almeida, *Homens e fatos*, pp. 223-24; Hélio Silva, *1930*, pp. 185-98.

75. General Gil de Almeida, *Homens e fatos*, pp. 231-36; Coutinho, *O general Góes depõe*, p. 106.

76. General Gil de Almeida, *Homens e fatos*, p. 231; Mello Franco, *Outubro, 1930*, p. 347.

77. Coutinho, *O general Góes depõe*, pp. 99-100, 104-13; Carolina Nabuco, *A vida de Virgílio de Melo Franco*, Rio de Janeiro, José Olympio, 1962, p. 21; Leitão de Carvalho, *Dever militar*, pp. 183-90. Leitão considerou irresolutos o general Gil, comandante regional, e o ministro da Guerra, e achou que não haviam tomado precauções suficientes apesar de sobejamente avisados sobre um golpe. O general acreditou nas garantias oferecidas por Vargas em razão de sua longa amizade com ele e por ele ser membro de seu partido, o Partido Republicano Rio-Grandense. Ver também Virgílio de Mello Franco, *Outubro, 1930*. Melo Franco foi secretário de Góes durante a campanha. O general Gil afirmou que ele tentou impedir o envio de armas e munições para o Rio Grande do Sul a fim de que não caíssem em mãos erradas caso houvesse uma rebelião; ver seu livro *Homens e fatos*, p. 293.

78. General Gil, *Homens e fatos*, pp. 263-78; Leitão de Carvalho, *Na Revolução de 30*, pp. 157-220; sobre os revólveres, ver p. 241.

79. Leitão de Carvalho, *Dever militar*, pp. 183-99; Murilo de Carvalho, "Armed Forces and politics", p. 194; Leitão foi promovido por mérito a coronel em 11 de setembro de 1930; ver MG, *Almanak ... 1931*, p. 28.

80. Coutinho, *O general Góes depõe*, pp. 102, 104, 117; ver também "Afonso Henrique de Miranda Correia, DHBB, v. 2, p. 934.

81. Coutinho, *O general Góes depõe*, pp. 107-11; Mello Franco, *Outubro, 1930*, pp. 347-52.

82. Camargo e Góes, *Meio século de combate*, pp. 172, 177-85; Geraldo Tito Silveira, *Crônica da Polícia Militar de Minas*, Belo Horizonte, sem editora, 1966, pp. 113-32. O tenente-coronel Aristarcho Pessoa foi aspirante em 1907; serviu na campanha do Contestado em outubro e novembro de 1912 e novamente em dezembro de 1913 a fevereiro de 1914. Não fosse pelo assassinato de seu irmão ele provavelmente não teria participado do movimento. Foi promovido a coronel em 1931. Ver *Almanak ... 1931*, p. 34; "Aristarco Pessoa Cavalcanti de Albuquerque", DHBB, v. 1, p. 46.

83. Alexandre José Barbosa Lima Sobrinho, *A verdade sobre a Revolução de Outubro — 1930*, 2ª ed., São Paulo, Alfa-Ômega, 1975, pp. 142-50. O Tiro 333 era comandado por um sargento. Os governadores nordestinos fugiram por mar ou tentaram fazê-lo. Hélio Silva, *1930*, pp. 280-92.

84. Estados Unidos, Departamento de Estado, *Foreign relations of the United States*, 1945, p. 439; Young, *Brazilian revolution*, pp. 64-69.

85. Araripe, *Tasso Fragoso*, p. 547.

86. Malan, *Uma escolha, um destino*, pp. 304-5.

87. Araripe, *Tasso Fragoso*, p. 544.

88. Ibid., pp. 555-57.

89. Ibid., pp. 557-60.

90. Ibid., pp. 557-61; Malan, *Uma escolha, um destino*, p. 308; general [Bertoldo] Klinger, *Narrati-*

vas autobiográficas, v. 5, *O coronel*, Rio de Janeiro, "O Cruzeiro", 1950, pp. 149-68; "João de Deus Mena Barreto", DHBB, v. 1, pp. 313-14.

91. Malan, *Uma escolha, um destino*, pp. 309-10. Entre os presentes na reunião estavam os generais Octávio de Azeredo Coutinho, comandante da 1ª Região Militar, João Gomes Ribeiro Filho (DHBB, v. 2, pp. 1488-89), comandante da brigada de infantaria da Vila Militar, José Luiz Pereira de Vasconcelos (DHBB, v. 4, p 3516), comandante de outra brigada de infantaria no Rio, Álvaro Guilherme Mariante (DHBB, v. 3, pp. 2092-94), diretor de aviação militar, e Alfredo Malan d'Angrogne (DHBB v. 1, pp. 144-45, vice-chefe do Estado-Maior do Exército).

92. Malan, *Uma escolha, um destino*, pp. 309-10.

93. Araripe, *Tasso Fragoso*, pp. 561-62; "Sezefredo dos Passos", DHBB, v. 3, pp. 2624-25; o diálogo entre os generais Nestor e Mena encontra-se em general Bertoldo Klinger, *Narrativas autobiográficas*, v. 5, pp. 168-70, 206. Também há fotos do incêndio em Ana Maria Brandão Murakami (ed.), *A Revolução de 1930 e seus antecedentes*, Rio de Janeiro, Nova Fronteira, 1980, pp. 182-83.

94. Lima Sobrinho, *A verdade sobre a Revolução*, pp. 155-57; Araripe, *Tasso Fragoso*, pp. 562-70. Houve grandes arruaças em 24 e 25 de outubro, quando operários, irados e frustrados, incendiaram a prisão do Cambuci, infame por maltratar e torturar prisioneiros. Quando Vargas ali chegou em 29 de outubro, operários em greve reivindicaram sua intervenção e foram atendidos. Ver Wolfe, "Rise of Brazil's industrial working class", pp. 117-20.

95. Ver fotos em Murakami, *Revolução de 1930*, pp. 123-93.

96. Drummond, *O movimento tenentista*, pp. 197-99.

97. Leitão de Carvalho, *Dever militar*, p. 198.

8. O EXÉRCITO E A POLÍTICA REVOLUCIONÁRIA [PP. 384-434]

1. Em abril de 1939 Osvaldo Aranha era ministro das Relações Exteriores e estava negociando com os Estados Unidos sobre questões comerciais e a criação de um banco central que restringiria o comércio com a Alemanha, limitando, assim, a capacidade brasileira para pagar pelas armas alemãs. Quando um americano perguntou que relação tinha o Exército com bancos e comércio, Aranha respondeu: "Meu caro, você nem pode imaginar como tudo se relaciona com o Exército hoje em dia". (Norbert A. Bogdan a Laurence Duggan, 24 abr. 1939, 033.3211 Aranha 71, NA; para uma análise completa, ver McCann, *Brazilian-American alliance*, p. 131).

2. Góes Monteiro, *A Revolução*, p. 163.

3. Ministério da Guerra, Estado-Maior do Exército, *Regulamento interno e dos serviços gerais dos corpos de tropa do Exército (R. I. S. G.)*, Rio de Janeiro, Imprensa Militar, 1930, pp. 9-10, 245, 250. O Regulamento 49 proibia "autorizar, promover ou assinar petições coletivas, dirigidas por militares, a qualquer autoridade civil ou militar" (p. 243). Também era proibido aos soldados fazer reuniões públicas sem permissão (artigos 50, 51).

4. Ver Murilo de Carvalho, "Armed Forces and politics", pp. 193-223; e seu artigo mais detalhado "Forças Armadas e política", 1930-1945", em CPDOC, *A Revolução de 30: Seminário Internacional*, pp. 109-87. A revolta dos sargentos cubanos começou como um protesto contra supostos cortes iminentes nos vencimentos, restrições ao acesso de oficiais a comissões e má qualidade de alojamentos, fardas e refeições. A intenção não era derrubar o governo nem remover o corpo de oficiais. Mas a aliança

tática com facções antigovernistas logo converteu a insubordinação em uma rebelião mais ampla. As queixas que foram a causa inicial da rebelião refletiam notavelmente a situação no Brasil. Ambos os exércitos possuíam grande número de negros entre os alistados e não comissionados. Como comentou Louis A. Pérez, o maior especialista em Exército cubano: "Uma razão da grande popularidade de Batista entre os alistados era a mobilidade social que ele tratou logo de implantar no corpo de oficiais, até então predominantemente branco". Ver Louis A. Pérez, *Army politics in Cuba, 1898-1985*, Pittsburgh, University of Pittsburgh Press, 1976, pp. 81-85.

5. Campos Coelho, *Em busca de identidade*, pp. 128-29.

6. Para um interessante apanhado dos primeiros anos de Getúlio na região missioneira da fronteira rio-grandense, ver Rubens Vidal Araújo, *Os Vargas*, Porto Alegre, Globo, 1985. Sobre o equívoco fatal de Madero quando recorreu ao Exército federal, ver John M. Hart, *Revolutionary Mexico: The coming and process of the Mexican Revolution*, Berkeley, University of California Press, 1987, pp. 237-62. Para uma visão mais geral das Forças Armadas mexicanas, ver Roderic Ai Camp, *Generals in the palacio: The military in modern Mexico*, Nova York, Oxford University Press, 1992.

7. Vargas, *Diário*, São Paulo e Rio de Janeiro, Siciliano e Fundação Getúlio Vargas, 1995, v. 1, p. 21.

8. José Fernandes Leite de Castro, filho de um marechal do Exército, nasceu em 5 de outubro de 1871 em Cruz Alta, Rio Grande do Sul. Ingressou na Escola de Tática e de Tiro de Rio Pardo (RS) em 1887 e concluiu o curso de artilharia como alferes em 1890. Na guerra civil, esteve em campanha no Rio Grande do Sul e na área do Rio de Janeiro, onde se distinguiu na batalha por Niterói. Após breve período como instrutor no Colégio Militar, entrou para a comissão que projetou as defesas costeiras para Santos e Rio em 1896-97, tarefa que o pôs em contato com os problemas da obtenção de armamento pesado. Promovido a capitão em 1901, esteve na Europa de 1907 a 1909 estudando o material bélico mais moderno da época. Em 1910 comandou o bombardeio do quartel da Marinha, pondo fim à revolta na Ilha das Cobras; no ano seguinte, foi promovido a major, e em 1916 a tenente-coronel. Participou da missão enviada à França para observar operações de guerra. Integrado ao estado-maior do general Charles M. E. Mangin, comandante de artilharia, elaborou um plano que os franceses usaram para transportar força aliadas. Por sugestão francesa, foi nomeado para a comissão da Liga das Nações que retraçou as fronteiras da bacia do Saar. Promovido a coronel em 1919, tornou-se chefe da comissão responsável pelo estudo de operações de guerra e pelas aquisições de armamentos, posto que ocupou até 1928 e que o manteve muito tempo na Europa. Em 1922 foi feito general e nomeado diretor geral de artilharia, cargo que se somou aos outros que exercia. Em 1928 era inspetor geral de defesa da costa. Quando eclodiu a revolução, estava em Nova Friburgo (RS), e retornou ao Rio para participar da deposição de Washington Luís (ver BAO nº 148, "José Fernandes Leite de Castro", DHBB, v. 1, pp. 731-32).

Alfredo Malan d'Angrogne nasceu em Gênova, Itália, em 25 de julho de 1873. Veio com a família para Pelotas, RS, em 1885, e dali se mudou para o Rio de Janeiro, onde, em 1890, ingressou na Escola Militar de Praia Vermelha. Envolveu-se nos problemas disciplinares da escola e foi rebaixado a soldado raso; tornou-se sargento antes de entrar para a escola preparatória em Fortaleza. Em dezembro de 1893 era um dos 125 estudantes a bordo do *Andrada*, navio da frota de Flint mandado ao Rio de Janeiro para combater a Revolta da Armada. Combateu no mar e em terra no Sul, participando do destacamento de Moreira César em Santa Catarina e Paraná até o fim da luta em 1895. Passou dois anos na escola miliar no Rio Grande do Sul (1896-98) antes de obter o diploma de bacharel em matemática e ciências físicas em 1902. A partir de então, até 1916, servindo na cavalaria e depois na engenharia (nesta última tornou-se capitão, em 1905), trabalhou no mapeamento do Rio Grande do Sul e na demarcação da fronteira com o Uruguai. Em 1914 fora promovido a major, já totalmente familiarizado com o estado gaúcho e as regiões de fronteira. Em maio de 1916 foi para Paris como adido militar e percorreu a frente belga com Hermes da Fonseca, que estava passando os anos da guerra na Europa. Seus artigos sobre a guerra foram publicados no jornal porto-alegrense *Correio do Povo*. Em 1919 participou das negociações em torno da missão militar francesa cuidando dos assuntos parisienses, entre eles a seleção de Gamelin para chefiar a missão (ver capítulo 5). Foi delegado militar do Brasil na conferência de Versalhes e retornou depois ao Rio de Janeiro, onde se tornou chefe de gabinete do ministro da Guerra, Calógeras. Nessa atribuição, fez o curso de comando e estado-maior e participou das manobras de 1922 no Rio Grande do Sul. Em novembro daquele ano foi promovido a coronel e assumiu o comando do 1º Batalhão de Engenharia na Vila Militar. Com a rebelião em julho de 1924, foi designado para comandar um dos destacamentos que combateram os tenentes em São Paulo. Posteriormente, nesse mesmo ano, comandou o distrito militar de Mato Grosso, e nesse cargo foi feito general-de-brigada em dezembro. Lutou contra a Coluna Prestes, especificamente a tropa de Juarez Távora. Em setembro de 1926 tornou-se primeiro subchefe do Estado-Maior do Exército chefiado por Tasso Fragoso. Washington Luís ofereceu-lhe o cargo de ministro, mas ele recusou por discordar de políticas presidenciais, especialmente as relacionadas à anistia aos rebeldes de 1922 e 1924, que ele defendia. Como subchefe do Estado-Maior, foi por duas vezes o diretor da Comissão de Promoções. Pediu dispensa quando Tasso renunciou da chefia, mas o novo chefe, general Alexandre Leal, não lhe permitiu sair. Na Revolução de 1930, participou da deposição de Wahington Luís. Foi chefe do Estado-Maior do Exército até janeiro de 1931, quando uma doença fatal forçou-o a deixar o cargo. Mesmo doente, foi promovido a general-de-divisão em outubro de 1931. Morreu em Petrópolis em janeiro de 1932 (ver BAO nº 161; "Alfredo Malan d'Angrogne", DHBB, v. 1, pp. 144-45).

Francisco Ramos de Andrade Neves nasceu no Rio Grande do Sul em 31 de maio de 1874. Aos quinze anos entrou para o Exército, e aos dezenove era segundo-tenente. As fontes não informam quando ele obteve seu grau de bacharel em matemática e ciências físicas, mas provavelmente foi em 1893. Combateu pelo governo na guerra civil de 1893-95. Não lutou em Canudos. Em 1901 foi promovido a primeiro-tenente, em 1908 a capitão e depois promovido por mérito a major em 1916 e designado para o forte de Copacabana. Promovido a tenente-coronel em 1919, chefiou a 2ª Seção do Estado-Maior; ocupou vários cargos na delegação brasileira da Liga das Nações e nessas atribuições foi promovido a coronel em 1922. No ano seguinte foi para a Bélgica como adido militar. Retornou ao Brasil em 1925 e assumiu a diretoria do arsenal no Rio de Janeiro. Promovido a general-de-brigada em 1926, tornou-se diretor de material bélico em 1927. Provavelmente sua carreira beneficiou-se de seu casamento com Zalda Vilela de Carvalho, filha de Fernando Setembrino de Carvalho, o ministro da Guerra de 1922 a 1926. Washington Luís nomeou-o chefe da Casa Militar em setembro de 1930. Nesse cargo, foi procurado por Lindolfo Collor, que lhe pediu apoio à revolução. Foi um dos generais do movimento de pacificação. Vargas manteve-o como seu assessor militar, promoveu-o a general-de-divisão em abril de 1931 e o mandou para Porto Alegre como comandante da 3ª Região Militar. Nesse cargo ele se envolveu na crise que levou à guerra civil paulista de 1932 (ver BAO nº 167; "Francisco Ramos de Andrade Neves", DHBB, v. 3, pp. 2378-79).

9. Malan, *Uma escolha, um destino*, p. 312. Ele disse que na primeira reunião da junta no Catete em 24 de outubro o general-de-brigada Firmino Antônio Borba concordou com ele. Borba foi promo-

vido a general-de-divisão e reformado em seguida, sendo esse um modo de recompensá-lo por seu papel em 24 de outubro e depois tirá-lo do Exército devido à sua atitude.

10. MG, *Almanak ... 1931*, p. 683.

11. Vargas, *Diário*, v. 1, p. 22.

12. MG, *Almanak ... 1931*, pp. 762-64; Conniff, "Tenentes in power", pp. 61-82.

13. Os generais-de-divisão expurgados foram: Cândido Mariano da Silva Rondon, Alexandre Henrique Vieira Leal, Antenor de Santa Cruz Pereira de Abreu, Hastimphilo de Moura, Nestor Seze-fredo dos Passos, Tertuleano de Albuquerque Potyguara, João Nepomuceno da Costa, Octavio de Azeredo Coutinho e João Álvares de Azevedo Costa. Ver MG, *Almanak ... 1930*, pp. 10-17. Potyguara também perdeu seu cargo de deputado federal com o fechamento do Congresso. O caso de Rondon é curioso: ele não aparece na lista de 1931, mas sua biografia afirma que ele foi mantido como inspe-tor de fronteiras (ver "Cândido Rondon", DHBB, v. 4, p. 3014). Alexandre Henrique Vieira Leal tam-bém foi reintegrado e nomeado chefe do Estado-Maior do Exército.

O expurgo dos generais-de-brigada, mais abrangente, incluiu: Eduardo Monteiro de Barros, Cândido José Pamplona, Estanislau Vieira Pamplona, Gil Antônio Dias de Almeida ("Gil de Almeida", DHBB, v. 1, pp. 77-78), Carlos Arlindo, Marçal Nonato de Farias, Francisco de Borba Pará da Silveira, Nicolas Antônio da Silva, Diógenes Monteiro Tourinho, Jorge França Wiedmann, José Vic-toriano Aranha da Silva, Augusto Limpo Teixeira de Freitas, João Baptista Machado Vieira, Fernando de Medeiros e Benedicto Olympio da Silveira. Adicionalmente, o general-de-brigada Alberto Lave-nère Wanderley fora morto nos combates em Alagoas. Listas compiladas de *Almanak ... 1930*, pp. 7-10; *Almanak ... 1931*, pp. 7-13.

14. Malan estivera na comissão desde junho de 1929 e foi nomeado chefe do Estado-Maior do Exército em 15 de novembro de 1930. Para uma lista do Estado-Maior e da comissão, ver MG, *Alma-nak ... 1931*, pp. 675-76, 761. Souto Malan, *Uma escolha, um destino*, pp. 329-41; para sua carreira, ver "Malan d'Angrogne", DHBB v. 1, pp. 144-45; Vargas promoveu Malan a general-de-divisão antes de sua morte. Borba também foi promovido a general-de-divisão, mas voltou-se contra o regime na crise paulista de 1932, tentou em vão subverter a 4ª Região Militar em Minas Gerais, foi preso e exilado, recebeu anistia em maio de 1934 e retornou ao Brasil. Ver "Firmino Antônio Borba", DHBB, v. 1, p. 411.

15. Góes Monteiro a Leite de Castro, Rio de Janeiro, 15 mar. 1931, PGM; Juarez [do Nascimento Fernandes] Távora, ao saber que se empenhavam em promovê-lo de major a general-de-brigada, exi-giu que desistissem da campanha. Távora, *Uma vida e muitas lutas*, v. 2, p. 27; "Juarez Távora", DHBB, v. 4, pp. 3311-25.

16. Coronel Olyntho de Mesquita Vasconcelos a G. Vargas, Rio (Vila Militar, 1º Regimento de Artilharia Montada), 12 maio 1931, 1931.05.12, Arquivo Getúlio Vargas (doravante AGV), CPDOC. Os jovens turcos podem ser identificados no *Almanak ... 1931* pela anotação "Serviu Exército Alemão" (ver pp. 191, 272-75).

17. Capitão Heitor da Fontoura Rangel (cav.) a Alcides Etchegoyen, Porto Alegre, 3 abr. 1931, em Manoel Luiz Lima Salgado Guimarães et al., *Revolução de 30*, v. 2, pp. 179-92; as linhas citadas são das pp. 180, 181, 189, 190.

18. Ver capítulo 4. A citação é de um editorial: "A grandeza nacional e o momento militar", ADN, 10 nov. 1915, pp. 49-51. Pelo menos um grupo no Exército, identificado apenas como "Comitê Revo-lucionário do Rio de Janeiro", emitiu uma proclamação contendo mais propostas de reforma radi-cal voltadas para necessidades civis: limitação da jornada de trabalho, legislação sobre salário

mínimo, prevenção do desemprego, igualdade salarial para homens e mulheres, proteção de crianças e mulheres no local de trabalho, liberdade para formar sindicatos, fornecimento pelo governo de moradia para trabalhadores, educação obrigatória gratuita, permissão para o divórcio, subdivisão dos latifúndios e terras do governo, incentivo à criação de uma indústria siderúrgica por empresas nacionais ou estrangeiras, reforma tributária etc. Comitê Revolucionário do Rio de Janeiro, 22 abr. 1931, "Proclamação ao Exército", GV 1931.04.22, AGV, CPDOC.

19. Harry H. Brown, QMC Clerk, U. S. Attaché Office, Rio de Janeiro, 1º fev. 1932: "Military budget and expenditures for 1932", 1010, 2006-119, MID, GS, WD, RG 165, NA; os números de oficiais foram extraídos desse documento, com exceção dos referentes aos oficiais na ativa de capitão para baixo, os quais provêm do *Almanak ... 1931*.

20. Para a década de 1930 os relatórios do adido militar americano fornecem detalhes valiosos. Harry H. Brown, funcionário da Intendência que servia no escritório do adido desde 1919, era um observador particularmente habilidoso e bem informado. Ver Brown, Rio de Janeiro, 2 jun. 1932, "Confusion and discipline", Brazil 6300-b, G-2 Regional, RG 165, NA. Para a oposição de Tasso à anistia, ver Estado-Maior do Exército, *Relatório dos trabalhos do Estado-Maior ... 1925 ... Tasso Fragoso*, p. 25. Drummond, *O movimento tenentista*, p. 245. Durante a crise dos picolés e rabanetes, o ministro Leite de Castro repetidamente propôs renunciar, mas Vargas não permitiu enquanto não encontrou um substituto. Ver Vargas, *Diário*, v. 1, pp. 106-13.

21. Vavy Pacheco Borges, *Tenentismo e revolução brasileira*, São Paulo, Brasiliense, 1992, pp. 32-34.

22. Joel W. Wolfe, *Working women, working men: São Paulo and the rise of Brazil's industrial working class, 1900-1925*, Durham, N. C., Duke University Press, 1993, pp. 50-53.

23. Stanley E. Hilton, *1932: A guerra civil brasileira*, Rio de Janeiro, Nova Fronteira, 1982, pp. 27-38; para a cronologia, ver Hélio Silva, *1931: Os tenentes no poder*, Rio de Janeiro, Civilização Brasileira, 1966, pp. 1-44; Hélio Silva, *1932: A guerra paulista*, Rio de Janeiro, Civilização Brasileira, 1967, pp. 5-24.

24. Cláudio Tavares, *Uma rebelião caluniada: O levante do 21º BC em 1931*, Recife, Editora Guararapes, 1982, p. 11; o autor indicou o números de prisioneiros na p. 14 e mencionou que o general José Sotero de Menezes conspirou antes da revolta. Vargas, *Diário*, v. 1, p. 120; a anotação de 30 e 31 de julho referiu-se à cumplicidade dos generais Mena Barreto e Sotero de Menezes em uma conspiração no Rio. Hélio Silva, *1932*, p. 263. Harry H. Brown, Rio de Janeiro, 2 nov. 1931, rept. 994: "Pernambuco mutiny of Oct 29th", 2006-118, MID, GS, WD, RG 165, NA; MG, *Almanak ... 1931*, pp. 160-86 (infantaria), 257-65 (cavalaria), 355-65 (artilharia), 409-11 (engenharia), 606-20 (intendência). Havia 314 na infantaria, 77 na cavalaria, 86 na artilharia, 27 na engenharia, 151 contadores. O relatório de Brown afirma que a maioria desses homens fora comissionado por ocasião da Revolução de 30; contudo, o *Almanak ... 1931* mostrou que a maioria obtivera essa posição em 1922 ou 1924; nas quatro armas de combate, do total de 504, parece que apenas 111 eram comissionados em outubro de 1930. Mas o modo como os registros foram feitos deixou-me em dúvida quanto à exatidão até mesmo desse número. Cinco segundos-tenentes comissionados foram designados para o 21º de Infantaria Ligeira em 1931: José Dantas de Carvalho (comissionado em 1924), Cândido das Neves Leal Ferreira (comissionado em 1925), Elias Lopes da Trindade (comissionado em 1925) e Sabino Firmino da Silva (comissionado em 1925); ver *Almanak ... 1931*, pp. 167, 175, 178, 182. Portanto, é possível que o adido tenha fornecido informações falsas, talvez para minimizar a importância dessa revolta. Singularmente, em 18 de fevereiro de 1933 Vargas decretou que fossem arquivadas as acusações contra os

envolvidos na revolta do Recife. O caso de Recife sugere que talvez algumas dessas revoltas de caserna tenham tido maiores ramificações e merecem ser examinadas em detalhes.

25. Lúcia Lahmeyer Lobo e Vanda M. Costa Aderaldo, "Movimentos militares, 1930-1945", em CPDOC, *A Revolução de 30: Seminário Internacional*, pp. 151-79.

26. Brown, Rio de Janeiro, 2 jun. 1932: "Confusion and discipline", Brazil 6300-b, G-2 Regional RG 165, NA.

27. John W. F. Dulles, *Vargas of Brazil: A political biography*, Austin, University of Texas Press, 1967, pp. 94-96; Glauco Carneiro, *Lusardo: O último caudilho*, Rio de Janeiro, Nova Fronteira, 1978, v. 2, pp. 140-42. Considerando que os artigos 292 e 293 do regulamento do Exército proibia oficiais e praças até mesmo de praticar esportes ou cavalgar juntos, seria fácil imaginar que eram proibidos de saquear jornais juntos; Ministério da Guerra, Estado-Maior do Exército, *R. I. S. G.*, Rio de Janeiro, Imprensa Militar, 1930, pp. 203-4.

28. Vargas, *Diário*, v. 1, p. 192.

29. Harry H. Brown, Escritório do Adido Militar, Brasil, 2 jun. 1932: "Confusion and discipline", nº 1027, G-2 Regional, Brazil 6300-b, RG 165, NA.

30. "Miguel Costa", DHBB, v. 2, p. 981. Sobre João Alberto e os operários, ver Wolfe, *Working women, working men*, p. 53. Pouco antes desses acontecimentos, uma carta publicada nos jornais de Luís Carlos Prestes, em Buenos Aires, aos praças brasileiros deve ter intensificado o alheamento entre Góes e Isidoro. Prestes exortou-os a parar de combater trabalhadores que estavam lutando por "um pouco mais de pão". Acusou Góes e João Alberto de cinicamente estarem impedindo Isidoro de ajudar os operários. Ver relatório datilografado de uma matéria no *Diário da Noite*, 27/3/31, AGV, CPDOC.

31. "Laudo Camargo", DHBB, v. 1, p. 564; "João Alberto", DHBB, v. 1, pp. 39-42; "Plínio Barreto", DHBB, v. 1, pp. 315-16.

32. Vargas, *Diário*, v.1, p. 73. Nos anos seguintes, o Brasil se afastaria da libra inglesa em favor do dólar americano. Talvez o primeiro passo tenha sido o decreto de Vargas instituindo o dólar como moeda oficial a ser usada no cálculo das taxas de exportação do café. Ao mesmo tempo, Vargas estendeu o controle federal sobre as exportações cafeeiras por meio do Conselho Nacional do Café e do Ministério da Fazenda. "Otto Niemeyer", DHBB, v. 3, p. 2389.

33. Vargas, *Diário*, v. 1, pp. 74-75, anotações de 3-6 e 7-11 out. Nesses mesmos dias, Vargas compareceu à consagração da estátua do Cristo Redentor no Corcovado, e durante a cerimônia recebeu a bênção do papa. Claramente ele precisava de toda ajuda que pudesse obter.

34. O BAO de Góes é nº 179. Os dados de sua carreira foram extraídos do *Almanak da Guerra*, especialmente *1931 e 1934*. Um oficial que serviu com Mariante e Góes durante esse período, Agnaldo Caiado de Castro, trabalhou com Góes na preparação de um relatório sobre a perseguição da Coluna Prestes. Os dois estariam em lados opostos na guerra civil paulista de 1932. "Góes Monteiro", DHBB, v. 3, pp. 2246-48; "Caiado de Castro", ibid., v. 1, pp. 721-22. Para as regras de promoção e uma análise de seu funcionamento, ver Harry Brown a MID, Rio de Janeiro, 16 set. 1921: "General outline [...] system of promotion for officers in Brazilian army", 2006-54, MID, GS, WD, RG 165, NA.

35. "João Gomes", DHBB, v. 2, pp. 1488-89; a primeira parte desse relatório trata do general Gomes: Harry W. Brown, Escritório do Adido Militar, Brasil, 2 jun. 1932: "Confusion and discipline", nº 1027, G-2, Regional, Brazil, 6300-b, RG 165, NA.

36. "Bertoldo Klinger", DHBB, v.2, p. 1687. A Mate Laranjeiras era uma empresa pertencente a

argentinos que controlava vastas áreas no sul de Mato Grosso. Dois anos depois, o Estado-Maior do Exército alertaria que "os estabelecimentos estrangeiros, notadamente argentinos, naquela região, são um ponto fraco em nossa segurança nacional". General Francisco Ramos de Andrade Neves (chefe do Estado-Maior do Exército), Exame da situação militar do Brasil, Rio de Janeiro, Imprensa Militar, Estado-Maior do Exército, 1934, pp. 28-29.

37. Harry W. Brown, Escritório do Adido Militar, Brasil, 2 jun. 1932: "Confusion and discipline", nº 1027, G-2, Regional Brazil, 6300-b, RG 165, NA. Brown descreveu Klinger como um "oficial errático".

38. Osvaldo Aranha a Vargas, Rio de Janeiro, sem data, GV 1931.01.021, AGV, CPDOC.

39. "Augusto Inácio do Espírito Santo Cardoso", DHBB, v. 1, pp. 621-22; Vargas, Diário, v. 1, p. 113. Vargas observou que Leite de Castro renunciou por estar "irritado com os oficiais revolucionários, principalmente o capitão João Alberto, e desgostoso com os seus colegas de gabinete. Julga-se abandonado e traído".

40. General Bertoldo Klinger a general Espírito Santo Cardoso, sem editora, sem data, GV, 1932.07.01/3, AGV, CPDOC.

41. "Pantaleão da Silva Pessoa", DHBB, v. 4, pp. 2706-8; Pantaleão Pessoa, Reminiscências e imposições, pp. 87-90, 109; Klinger, Narrativas autobiográficas, v. 6, pp. 307-8, 312-21.

42. Góes Monteiro a B. Klinger, sem editora, sem data [8 jul. 1932], GV, 1932.07.08/2, AGV, CPDOC.

43. O sucessor de Klinger foi o coronel Oscar Saturnino de Paiva, de 57 anos, dos quais 41 servindo o Exército. Sua carreira abrangeu o período deste estudo; como alistado, lutou por Floriano Peixoto em 1893-94, e como capitão combateu no Contestado em 1914-15; suas promoções a major (1919), tenente-coronel (1922) e coronel (1925) foram por mérito; MG, Almanak ... 1931, p. 372.

44. Euclydes Figueiredo, Contribuição para a história da Revolução Constitucionalista de 1932, São Paulo, Martins, 1977, pp. 87-90.

45. Ibid., p. 85.

46. Mauro Renault Leite e Luiz Gonzaga Novelli Jr. (eds.), Marechal Eurico Gaspar Dutra: O dever da verdade, Rio de Janeiro, Nova Fronteira, 1983, pp. 31-36; Hélio Silva, 1932, pp. 91-93; seu emissário não deve ter dito a Figueiredo exatamente o que Dutra falou, pois em suas memórias ele afirma que Dutra não se definiu claramente; ver Figueiredo, Contribuição, p. 157.

47. Figueirredo, Contribuição, p. 92.

48. Távora, Uma vida e muitas lutas, v. 2, pp. 78-80.

49. Wolfe, Working women, working men, p. 62.

50. General Burnod, Napoleon's maxims of war, Filadélfia, Pa., David McKay, 1902, maxim XIX, 50.

51. Vargas, Diário, v. 1, pp. 115-16; curiosamente, só em 28 de julho Vargas decretou o retorno do general à ativa (ver p. 119); Coutinho, O general Góes depõe, pp. 192-98; Pessoa, Reminiscências e imposições, pp. 110-14; Góes Monteiro, Barra Mansa (RJ), 18 jul. 1932: "Diretivas gerais nº 1", GV 1932.07.18/1, AGV, CPDOC.

52. Nelson Lavenère Wanderley, História da Força Aérea Brasileira, Rio de Janeiro, Imprensa Nacional, Ministério da Aeronáutica, 1967, pp. 167-80. Lavenère Wanderley pilotou a serviço das forças federais.

53. Vargas, Diário, v. 1, pp. 116-17. Sobre sua presença deliberadamente calma, ver registro de 3 ago. 1932 (p. 120).

54. Ibid., p. 119.

55. Capitão William Sackville, 26 out. 1932, Rio de Janeiro: "Active operations of São Paulo revolt", 1045, 6670, MID, GS, WD, G-2, Regional, RG 165, NA.

56. Góes Monteiro a Vargas, Resende, 14 ago. 1932, GV 1932.08.14/3, AGV, CPDOC.

57. Vargas, Diário, v. 1, pp. 122-25.

58. Vargas a B. Klinger, Rio de Janeiro, 29 de setebmro de 1932, GV, 1932.09.29/3, Vargas a Góes Monteiro, Rio de Janeiro, 1º out. 1932, GV 1932.10.01/3, AGV, CPDOC.

59. Figueiredo, Contribuição, pp. 300-302, chama seu exército de "constitucionalista", e boa parte da literatura aplica esse termo à revolta paulista.

60. Vargas, Diário, v. 1, pp. 416-17, v. 2, p. 27 (reunião 17 mar.); "Valdemar Ferreira", DHBB, v. 2, pp. 1265-66.

61. Hilton, 1932: A guerra civil brasileira, pp. 329-30.

62. Wolfe, Working women, working men, p. 62.

63. Capitão William Sackville, 26 out. 1932, Rio de Janeiro: "Manufacture of military equipment and its use by the Paulista forces", 1046, 6670; idem, "Active operations of São Paulo revolt", 1045, 6670, MID, GS, WD, G-2, Regional, RG 165, NA. Ele percorreu a zona de guerra de 12 a 22 de outubro de 1932.

64. Ver relatório de Sackville de 26 out. 1932, citado acima.

65. Harry W. Brown a Adido Militar, Rio de Janeiro, 1º mar. 1932, 1013, "Brazil's tank company abolished", 2006-99, MID, GS, WD, RG 165, NA.

66. Góes Monteiro, "Memória nº 3" (para o governo), quartel-general, Resende, 9 ago. 1932, GV, 1932.08.09/1, AGV, CPDOC.

67. Vargas, Diário, v. 1, pp. 184-88, 193; ver anotações de 2, 6, 7 fev., 9 mar. 1933; curiosamente, os editores do CPDOC erraram ao identificar o coronel Gay como José Gay Cunha, que era tenente comissionado e participou posteriormente do levante comunista de 1935 e combatente na Guerra Civil Espanhola; Góes Monteiro a Vargas, Rio de Janeiro, 7 fev. 1933, GV 1933.02.07/c e 10 fev. 1933, GV, 1933.02.10; J. F. Leite de Castro a Vargas, Rio de Janeiro, 7 fev. 1933, GV 1933.02.07/1, A. I. do Espírito Santo Cardoso a Vargas, Rio de Janeiro, 8 fev. 1933, GV 1933.02.08. Todos AGV, CPDOC. Os comentários de Góes encontram-se em sua carta a Vargas de 7 de fevereiro de 1933.

68. MG, Almanak ... 1931; o número de coronéis promovidos e o respectivo ano são: dois em 1929, três antes de outubro de 1930, dezoito em 1931, dezessete em 1932, 27 em 1933, dezesseis em 1934, dez em 1935 e dez em 1936.

69. Pessoa, Reminiscências e imposições, pp. 126-27; agradeço a meu colega Peter Smith por compartilhar comigo a entrevista que lhe concedeu Pessoa em 17 de abril de 1975, na qual o general afirmou que ele marcou a hora e Góes achou graça da idéia. O carioca Jornal do Comércio noticiou o retorno em 10-11 de outubro de 1932.

70. Coutinho, O general Góes depõe, pp. 224-37; "Campanha de São Paulo, Operações do Destacamento de Exército do Leste de São Paulo", datilografado, MS, inacabado, s.d.; "Minha missão em São Paulo", sem editora, sem data, "Destacamento de Exército brasileiro [sic] do Leste de São Paulo (I) Despedida (II) Inimigos", sem data, PGM, AE.

71. Góes Monteiro era a favor de não permitir que oficiais e sargentos votassem, para evitar que militassem em partidos políticos. Talvez tivesse em mente a experiência então recente na Argentina, quando o Exército apoiara posições partidárias. Singularmente, isso significa que quando suas esposas ganharam o direito de voto, os oficiais militares o perderam. Ver Alfred Stepan, Military in poli-

tics, pp. 75-79, para análise das constituições de 1891, 1934, 1937 e 1946. Para o texto da Constituição de 1988, ver Título v, Capítulo ii, art. 142. Com relação a esta última, Stepan analisou o processo de recrutamento e as objeções dos militares a mudanças que limitariam sua capacidade para intervir; ver Alfred Stepan, *Rethinking military politics, Brazil and the Southern Cone*, Princeton, N. J., Princeton University Press, 1988, pp. 111-14. Quando o livro de Stepan foi para o prelo, o presidente José Sarney e o líder do Congresso Ulysses Guimarães defenderam a "limitação do papel constitucional tradicional das Forças Armadas a assuntos internos" (p. 114). Para a argumentação de Góes Monteiro acerca das mulheres no Exército, ver Hélio Silva, *1934: A Constituinte*, Rio de Janeiro, Civilização Brasileira, 1969, pp. 450-51.

72. Major William Sackville, Rio de Janeiro, 9 nov. 1933, "State troops in Brazil", 6010a, G-2, Regional, RG 165, NA. Ele observou que os soldados estaduais eram armados com fuzis Mauser de 7 mm, e que todos tinham metralhadoras, exceto em São Paulo, onde o uso dessa arma estava proibido desde a guerra civil.

73. Coronel Y, "Os políticos e o Exército", Assuntos Militares, *Gazeta do Rio*, Rio de Janeiro, 24 nov. 1933, em j / 7 ACB. Para uma análise mais completa das colunas do coronel Y, ver J. F. Dulles, *Castello Branco, the making of a Brazilian president*, College Station, Texas A&M University Press, 1978, pp. 42-45. Creio que Castelo pode ter escolhido o "Y" de seu pseudônimo em honra a Argentina, sua esposa, que era de Minas Gerais (em inglês, Y pronuncia-se "uai", como a célebre interjeição mineira).

74. Vargas, *Diário*, v. 1, pp. 244-56.

75. Ver ibid., pp. 254-62.

76. Ibid., p. 263. A dificuldade para distinguir as lutas inter-regime deve-se, em parte, ao fato de que os oponentes mudavam de lado conforme os ventos políticos e, em encontros pessoais e na correspondência, mantinham os tratamentos, tempos verbais e tom usados com amigos. O valor do *Diário* de Vargas está em revelar muito do que se oculta em outros documentos.

77. Vargas, *Diário*, v. 1, pp. 262-64. Góes já dera a Vargas um longo documento sobre a necessidade de desenvolver um plano de guerra nacional diante dos óbvios preparativos que as potências de ambos os hemisférios vinham fazendo para um novo conflito. Salientou que os republicanos haviam abolido o plano de guerra do tempo do Império que previa a intervenção em países vizinhos, mas sem o substituir por outro plano para repelir invasões. Os líderes da República estavam distraídos com interesses regionais e, temendo o crescimento do poder das Forças Armadas, permitiam sua estagnação como um mal menor. Góes argumentou: "Os civis, responsáveis pelos destinos do Brasil, precisam conhecer mais a fundo os negócios militares do país, para não incidirem em erros de concepção e subestimação da nossa capacidade defensiva". Ele desejava eliminar as falsas pressuposições e a identificação equivocada das Forças Armadas com "as diferentes classes sociais". Góes Monteiro a G. Vargas, Rio de Janeiro, 4 jan. 1934, AGV, CPDOC. Na carta de 18 de janeiro, Góes tentou estipular condições antes de assumir o cargo — especialmente créditos e dinheiro, além do orçamento normal —, para equipar o Exército progressivamente e com prazo marcado e para pôr em prática as "medidas sugeridas para a remodelação completa e homogeneização dos quadros e da tropa" (Góes Monteiro a G. Vargas, Rio de Janeiro, 18 jan. 1934, AGV, CPDOC).

78. G. Vargas a Flores da Cunha, Rio de Janeiro, 28 e 30 abr. 1934, GV 1934.05.28 e GV 1934.05.30; ver também Flores da Cunha a G. Vargas, Rio de Janeiro, 9 maio 1934, GV 1934.05.09 / 2; G. Vargas a

capitão Juracy Magalhães, Rio de Janeiro, 16 mar. 1934, GV 1934.03.16; e GV a cap. J. Magalhães, Bahia, 2 maio 1934, GV 1934.05.02, todos AGV, CPDOC.

Cearense afável, o capitão Juracy adaptou-se bem à Bahia; fazia discursos no rádio regularmente, auxiliava o arcebispo e visitava freqüentemente os chefes locais, passando por cima das autoridades que antes intermediavam entre Salvador e o interior. Alzira Alves de Abreu (ed.), *Juracy Magalhães: Minhas memórias provisórias*, Rio de Janeiro, Civilização Brasileira, 1982, pp. 74-79.

79. Vargas, *Diário*, v. 1, p. 219. Por exemplo, em 19 de junho de 1933 ele escreveu: "Não estou de bom humor. Cansaço, enfaramento, desilusão? [...] O Brasil não tem dinheiro para tantas dedicações que pretendem sacrificar-se. Não será melhor ir-me embora?".

80. Vargas, *Diário*, v. 1, pp. 276, 279, 285, 293, 298; General Manoel Rabelo a Góes Monteiro, Rio de Janeiro, 18 mar. 1934, GV 34.03.18, AGV, CPDOC.

81. Vargas enviou essa informação a Flores da Cunha em G. Vargas a Flores da Cunha, Rio de Janeiro, 29 abr. 1934, GV 1934.04.29, AGV, CPDOC. O general Guedes é nº 193 do BAO. Nascido no Rio Grande do Sul, combateu como tenente no Contestado, lutou contra os tenentes na década de 1920 e foi promovido a tenente-coronel em 1928. Durante 1929-30 presidiu um inquérito destinado a expulsar comunistas do Exército; foi promovido a coronel em 1931, lutou contra os paulistas em 1932 e chegou a general. Trabalhou na Comissão de Promoções em 1934. Ver "João Guedes da Fontoura", DHBB, v. 2, p. 1313. O general José Maria Franco Ferraira é nº 180 do BAO. Nasceu no Paraguai em 1876, durante a ocupação brasileira. Distinguiu-se como oficial de cavalaria durante a guerra civil de 1893-94; todas as suas promoções acima de primeiro-tenente (1908) foram por estudos ou mérito, e ele foi um dos enviados à Alemanha para treinamento, portanto foi um "jovem turco". Como parte das mudanças no comando em 1934, foi transferido de Porto Alegre (3ª Região Militar) para Juiz de Fora, Minas Gerais (4ª Região Militar), onde permaneceu até 1937. Não há resumo biográfico seu no DHBB.

82. Vargas, *Diário*, v. 1, p. 298. Não era do feitio de Aranha fazer uma proposta desse teor, mas talvez ele estivesse temeroso de um movimento puramente militar. J. C. de Macedo Soares a G. Vargas, Rio de Janeiro, 11 abr. 1934, GV 1934.04.11, AGV, CPDOC.

83. Vargas, *Diário*, v. 1, p. 299; Pantaleão Pessoa, *Reminiscências e imposições*, p. 164.

84. Góes Monteiro a G. Vargas, Rio de Janeiro, 10 jul. 1934, GV 1934.07.10, AGV, CPDOC; Vargas, *Diário*, v. 1, pp. 304-7.

85. Karl Lowenstein, *Brazil under Vargas*, Nova York, Macmillan, 1942, pp. 25-26; Ronald M. Schneider, *"Order and Progress": A political history of Brazil*, Boulder, Colorado, Westview Press, 1991, pp. 126-29.

86. Vargas, *Diário*, v. 1, p. 304 (anotação de 27-31 maio 1934).

9. A SEGURANÇA DA PÁTRIA [PP 435-69]

1. Major William Sackville, Rio de Janeiro, 6 jan. 1933, "Graduation exercises at Military Academy", nº 1064, 2277-k-8, G-2 Regional, RG 165, NA; Rual Pedroso (Realengo, turma de 1933), *Cadetes em desfile (Escola Militar do Realengo)*, Rio de Janeiro, Pongetti, 1969, pp. 204-7, 228-29.

2. Pedroso, *Cadetes em desfile*, ver p. 244-46 para os melhores da turma nesse período; o autor também menciona os oficiais e professores encarregados do treinamento, pp. 11-14. Nem todos esses

homens estão incluídos em meu estudo sobre os oficiais do Exército brasileiro (Brazilan Army Officers, BAO). Nesta passagem baseei-me em informações do Ministério do Exército, *Almanaque do Exército, 1970*, Rio de Janeiro, Estabeleciemnto General Gustavo Cordeiro de Farias, 1970).

3. "José Pessoa,", *DHBB*, v. 4, pp. 2705-6; Câmara, *Marechal José Pessoa*, pp. 27-41; *Almanak ... 1931*, p. 193; [Exército brasileiro], *Agulhas Negras*, pp. 120-40.

4. Pedroso, *Cadetes em desfile*, p. 35.

5. Câmara, *Marechal José Pessoa*, pp. 60-90; Meira Mattos ingressou em março de 1933, ver pp. 89-90; "Meira Mattos", *DHBB*, v. 3, pp. 2132-2133; MG, *Almanak ... 1970*, p. 15. Ele foi promovido a coronel em agosto de 1963 e a general-de-brigada em março de 1968.

6. Para a opinião de um cadete sobre as manobras, ver Pedroso, *Cadetes em desfile*, pp. 194-203.

7. "Breno Borges Fortes", *DHBB*, v. 2, p. 1336; "Amílcar Dutra de Menezes", *DHBB*, v. 3, p. 2212. Travassos tornou-se general-de-brigada em maio de 1946; MG, *Almanak ... 1952*, p. 33. Reis era general-de-divisão em novembro de 1966, e Fortes chegou ao novo posto máximo, general-de-exército, em novembro de 1969. Foi chefe do Estado-Maior do Exército de maio de 1972 a dezembro de 1973. MG, *Almanak ... 1970*, p. 105.

8. Major William Sackville, Rio de Janeiro, 15 maio 1933, "Brazil's authorized strength for 1933", nº 1112, 2006-105 / 6; e idem, 9 abr. 1934, "Brazil's authorized army, 1934-1936", nº 1261, 2006-105, MID, GS, WD, RG 165, NA; Estado-Maior do Exército, *Relatório dos trabalhos do Estado-Maior durante o ano de 1933 ... pelo general-de-divisão Francisco Ramos de Andrade Neves*, Rio de Janeiro, Imprensa Militar, Estado-Maior do Exército, 1934, p. 5; Bryce Wood, *The United States and Latin American wars, 1932-1942*, Nova York, Columbia University Press, 1966, pp. 167-251; Robert Scheina, "Chaco War", e Helen Delpar, "Leticia dispute", ambos em Barbara A. Tenembaum et al. (eds.), *Encyclopedia of Latin American history and culture*, Nova York, Charles Scribner's Sons, 1996, v. 2, pp. 70-72; v. 3, p. 407; "Questão do Chaco" e "Conflito de Letícia", *DHBB*, v. 1, p. 776 e v. 3, p. 1805.

9. G. Vargas a O. Aranha, sem editora, 24 dez. 1934, GV 1934.12.24 / 1, AGV, CPDOC; e O. Aranha a G. Vargas, Washington, D. C., 18 jan. 1935, GV 1935.01.18 / 2, AGV, CPDOC.

10. Capitão Riograndino Kruel a G. Vargas, Buenos Aires, 28 set. 1932, GV 1932.09.28 / 5 e 29 ago 1932, GV 1932.09.29 / 1, AGV, CPDOC, 2ª Seção Estado-Maior do Exército, "Síntese das informações colhidas sobre a guerra boliviano-paraguaia no Chaco Boreal, e seus antecedentes", 12 mar. 1935, Rio de Janeiro, Estado-Maior do Exército, 1935, cópia nº 4, CDOC-EX, Brasília. Nemo Canabarro Lucas formou-se no Realengo em janeiro de 1930; depois da revolução foi ativista de organizações tenentistas, mas chegou à conclusão de que o governo provisório não estava interessado nos ideais reformistas dos tenentes. O verbete biográfico no *DHBB* nada menciona sobre sua aventura paraguaia. Foi ativista da Aliança Nacional Libertadora; após a revolta em novembro de 1935 tiraram-lhe a comissão e o mandaram para o exílio. Esteve na Espanha em 1937 e serviu no estado-maior de uma brigada do exército catalão contra Franco. Em abril de 1945 beneficou-se da anistia geral e retornou ao Exército, chegando a coronel em 1956. "Nemo Canabarro Lucas", *DHBB*, v. 3, p. 1947.

11. General-de-divisão Francisco Ramos de Andrade Neves (chefe do Estado-Maior do Exército), Rio de Janeiro, 3 ago. *1934: Estado-Maior do Exército, Exame da situação militar do Brasil*, Rio de Janeiro, Imprensa do Estado-Maior do Exército, 1934, CDOC-EX, Brasília. Citações das pp. 5-9.

12. Ver, por exemplo, Estado-Maior do Exército, 2ª Grande Região Militar, Rio de Janeiro, sem data, dez. 1936, Memo nº 1 (Situação do País), Correspondência pessoal, Acervo pessoal general Pedro Aurélio de Góes Monteiro, Caixa 1, Arquivo do Exército, Rio de Janeiro. Menciona-se (na

seção 4) que o Brasil não conseguiria manter a neutralidade no caso de um conflito mundial, teria de associar-se a um dos lados e, por não possuir material bélico, sua mobilização forneceria soldados que teriam de ser equipados por outro país, "que não poderia ser outro senão os Estados Unidos da América. Osvaldo Aranha a G. Vargas, Washington, D. C., 6 mar. 1935, GV 1935.03.06/1, AGV, CPDOC. Aranha alertou que a Argentina estava tentando arruinar as relações cordiais do Brasil com os Estados Unidos e que "devemos conservar a nossa posição por forma a contarmos com este país em qualquer eventualidade".

13. Cap. Vernon A. Walters, Rio de Janeiro, 27 jan. 1944, "The Plano Máximo", G-2 Regional Files, 5995, RG 165, NA.

14. Estado-Maior do Exército, *Relatório sobre o reajustamento da organização do Exército*, Rio de Janeiro, 26 jan. 1934, general-de-divisão Francisco Ramos de Andrade Neves ao Ministro da Guerra, pp. 5-6, 29, 70.

15. Teixeira, citado em T. Lynn Smith, *Brazil: People and institutions*, Baton Rouge, Louisiana State University Press, 1963, p. 503; Daniel Levy, "O Estado e o desenvolvimento das universidades na América Latina: um panorama comparativo (1920-1940)", CPDOC, *A Revolução de 30: Seminário Internacional*, pp. 473-92; William L. Schurz, *Brazil: The infinite country*, Nova York, E. P. Duton, 1961, p. 215.

16. Ver Norman Gall, "The rise of Brazil", Commentary, jan. 1977, pp. 45-55.

17. MG, *Relatório ... Calógeras ... 1921*, pp. 26-33; Report, Office of Military Attaché to Director MID, Rio de Janeiro, 5 out. 1921, nº 97, 2006-56, MID, GS, WD, RG 165, NA.

18. General-de-brigada João Cândido Pereira de Castro Júnior (diretor de material bélico), Rio de Janeiro, 23 mar. 1936: "Relatório da Diretoria de Material Bélico, 1935", e os relatórios de 1934 e 1935, CDOC-EX, Brasília.

19. Major William Sackville, "Federal active operations, São Paulo revolt", Rio de Janeiro, 18 nov. 1932, 1055, 6670, G-2 Regional, WD, RG 165, NA; sobre Vargas e a aviação, ver Simon Schwartzman, *Estado Novo, um auto-retrato*, Brasília, Ed. da Universidade de Brasília, 1982, p. 273; os aviões foram comprados da United Air Craft Co. e da Waco Airplane Co. Essa fonte menciona 137 aviões, mas fontes brasileiras registram 150; Nicolas E. Bates (representante no Rio da E. I. du Pont de Nemours & Co.) ao major K. K. V. Casey (du Pont em Delaware), Rio de Janeiro, 28 abr. 1933, cópia anexa a Sackville, "Brazilian Army aviators sail for United States", Rio de Janeiro, 28 abr. 1933, pp. 1104, 2257-K-17, G-2 Regional WD, RG 165, NA.

20. Baseado em conversas com ele em agosto de 1980. Durante o conflito ele voou em 94 missões, entre as quais se incluíram ataques a aeroportos e tropas em terra.

21. Nelson Freire Lavenère Wanderley, *História da Força Aérea Brasileira*, pp. 196-201; a Pan American, com três anos de existência, comprou a NYRBA (New York—Rio—Buenos Aires) e seus cinco novos hidroaviões Commodore em 1930, e organizou a Panair do Brasil (set. 1930). Para detalhes da história inicial, ver "Harvest in Brazil", New Horizons, *The Magazine of America's Merchant Marine of the Air*, Nova York, jul. 1942, pp. 19-22.

22. Darci Vargas, esposa do presidente, batizou o avião da Pan Am, ver *Diário*, 1930-1936, v. 1, p. 318; Major William Sackville, "Amazon River", Rio de Janeiro, 27 jun. 1933, 1126, 2052-116, MID, GS, WD, RG 165, NA; "President Vargas of Brazil on his march to the West..." New Horizons, *The Magazine of America's Merchant Marine of the Air*, Nova York, ago. 1941, pp. 9-11. Os hidroaviões da Pan Am podiam atingir 152 quilômetros por hora com seus motores Pratt e Whitney de 500 cavalos-vapor.

Podiam voar a 10 mil pés e levar catorze passageiros, além de correspondência e bagagem. Lavenère Wanderley, *História da Força Aérea Brasileira*, pp. 200-201.

23. Nicolas E. Bates (representante no Rio da E.I. du Pont de Nemours & Co.) ao major K. K. V. Casey (du Pont em Delaware), Rio de Janeiro, 28 abr. 1933, cópia anexa a Sackville, "Brazilian army aviators sail for United States", Rio de Janeiro, 28 abr. 1933, 1104, 2257-K-17, G-2, Regional, WD, RG 165, NA.

24. Cor. C. Burnett (oficial de ligação das Relações Exteriores) a Cyro de Freitas-Valle, conselheiro, Embaixada brasileira, Washington, D. C., 10 out. 1934, 2257-K-18; Cor. F. H. Lincoln (chefe interino da Divisão de Inteligência Militar), memo para o chefe do Estado-Maior (MacArthur), Washington, D. C., 2 nov. 1934, 2257-K-18/29, e Douglas MacArthur ao Secretário de Estado, Washington, D. C., 3 nov. 1934, 2257-K-18/30, MID, GS, WD, RG 165, NA. Os dois oficiais retornaram ao Brasil cativados pelos equipamentos e métodos americanos, e pelo resto da vida foram grandes fãs dos Estados Unidos. Wanderley serviu no esquadrão brasileiro incorporado ao Army Air Corps durante a Campanha da Itália na Segunda Guerra Mundial e foi ministro da Aeronáutica (1964), além de diretor da aviação civil.

25. "Leite de Castro", DHBB, v. 1, p. 732.

26. McCann, *Brazilian-American alliance*, pp. 152-53.

27. Estado-Maior do Exército, *Relatório ... 1936 ... general-de-divisão Arnaldo de Souza Pais de Andrade*, Rio de Janeiro, Imprensa do Estado-Maior do Exército, 1937, pp. 11-12. A segunda seção também recomendava o envio de um adido à Europa, "neste momento de instabilidade política", para acompanhar as constantes mudanças militares. Significativamente, aconselhava que o adido fosse postado na França, pois assim poderia acompanhar e orientar os oficiais brasileiros em treinamento no país (13).

28. Ibid., pp. 4-5.

29. Vargas, *Diário*, v. 1, p. 269.

30. Vargas, *Diário*, v. 1, pp. 293, 314, 316; Major William Sackville, Rio de Janeiro, 5 jun. 1934 (apt. 1286: Rio Grande do Sul state troops), 2006-123, MID, GS, WD, RG 165, NA. Sacville ressaltou que a brigada possuía 3500 homens em quatro batalhões de infantaria, três regimentos de cavalaria e núcleos de oito batalhões provisórios. Muitos dos recrutados para essas unidades tinham um ano de treinamento militar. Essas unidades foram postadas em território gaúcho nas proximidades de unidades regulares do Exército. Nos meses anteriores o Rio Grande do Sul importara grande quantidade de fuzis, carabinas e metralhadoras da Tchecoslováquia. Também tinha armas mais antigas estocadas, bem como cerca de 4 milhões de cartuchos de munição prontos para uso.

31. "João Guedes da Fontoura", DHBB, v. 2, p. 1313. A carreira do general Guedes da Fontoura estende-se por quase todo o período abrangido por este estudo. Nascido no Rio Grande do Sul em maio de 1879, alistou-se no Exército em 1897, aos dezoito anos, e foi para a Escola Militar de Praia Vermelha, no Rio de Janeiro, de onde saiu como alferes-aluno em 1904. Promovido a primeiro-tenente em 1913, serviu nesse posto durante a campanha do Contestado; em 1919 foi promovido a capitão, e em 1920 matriculou-se no recém-criado curso da ESAO, dirigido pelos franceses. Em 1924 ficou do lado do governo contra os rebeldes tenentistas que tomaram São Paulo, e lutou contra a Coluna Prestes, sendo promovido a major em outubro de 1924. Com ascensão segura a partir de então, foi promovido a tenente-coronel em 1928 e em 1929 presidiu um inquérito policial-militar (IPM) destinado a expulsar comunistas das Forças Armadas. Promovido a coronel em 1931, comba-

teu os paulistas no ano seguinte. Em 1932 ascendeu a general-de-brigada, e em 1934 entrou para a sempre importante Comissão de Promoções. Como vimos neste capítulo, ele desempenhou papel fundamental no drama que conduziu ao Estado Novo.

32. Vargas, *Diário*, v. 1, p. 307 (anotação de 14-16 jul. 1934), pp. 321, 326, 328. Em 25 de setembro, Vargas anotou: "O chefe de polícia veio reiterar a prevenção de que se conspira nos meios militares, alegando oposição do governo ao aumento de vencimentos" (p. 330).

33. Pessoa, *Reminiscências e imposições*, pp. 165-68. Ele comentou que Guedes ameaçou marchar com sua tropa da Vila Militar defronte ao Congresso e talvez fechá-lo.

34. Sobre as declarações de Guedes Fontoura, ver Flores da Cunha a Vargas, 29 mar. 1935, AGV, CPDOC; Hélio Silva, *1935: A revolta vermelha*, Rio de Janeiro, Editora Civilização Brasileira, 1969, p. 113; Vargas, *Diário*, v. 1, pp. 348-51.

35. Frank D. McCann, "Brazilian army officers biography project" (painel sobre biografia coletiva, Latin American Studies Association, Miami, 5 dez. 1989).

36. Vargas, *Diário*, v. 1, p. 314. Em 11 de agosto de 1934 o presidente anotou: "Continuei assinando decretos, fazendo mudanças nos altos comandos e procurando trazer, de preferência, para estas guarniçoes generais da minha confiança" (Leite e Novelli, *Marechal Eurico Gaspar Dutra*, pp. 60-62); Hélio Silva, *1935*, pp. 111, 131-47.

37. Vargas, *Diário*, v. 1, pp. 362-63. O ajudante-de-ordens do presidente, general Pantaleão Pessoa, teve papel fundamental na organização das medidas preventivas do governo contra conspiradores; ibid., p. 363. Major William Sackville, "Brazil's military tempest", Rio de Janeiro, 23 abr. 1935, 1438a, 2006-102, G-2, Regional Brazil 6300, WD, RG 165, NA; sobre a reação da classe média ao clima econômico, ver Brian P. Owensby, *Intimate ironies: Modernity and the making of middle-class lives in Brazil*, Stanford, Calif., Stanford University Press, 1999, pp. 163-65.

38. Vargas acompanhou de perto esses acontecimentos; *Diário*, v. 1, pp. 378-79. Major William Sackville, "Brazilian Army's loyalty and discipline", Rio de Janeiro, 18 abr. 1935, 1438, 2006-102, G-2, Regional, Brazil 6300, WD, RG 165, NA; Pessoa a Góes Monteiro, 4 abr. 1935; Silva, *1935*, pp. 135-37; Pessoa, *Reminiscências e imposições*, p. 168.

39. Pessoa, *Reminiscências e imposições*, pp. 172-75. O capitão Henrique Geisel foi à casa de Pessoa despedir-se do capitão Ciro, seu amigo. O irmão de Geisel, Orlando, estava em Cachoeira com Ciro e foi um dos signatários do telegrama. Ernesto Geisel e seus dois irmãos eram oficiais da artilharia, haviam apoiado ativamente a Revolução de 30 e permanecido leais ao governo em 1932. Henrique reformou-se antes de 1964, mas apoiou o golpe contra João Goulart. Orlando foi ministro do Exército de 1969 a 1973, e Ernesto foi presidente do Brasil de 1974 a 1979. Ver "Ernesto Geisel", DHBB, v. 2, pp. 1450-59; "Orlando Geisel", DHBB, v. 2, pp. 1459-60.

40. Major William Sackville, "Brazil's military tempest", Rio de Janeiro, 23 abr. 1935, 1438a, 2006-102, G-2, Regional, Brazil 6300, WD, RG 165, NA; "Argemiro Dornelles", DHBB, v. 2, p. 1114.

41. Silva, *1935*, pp. 155-57.

42. Major William Sackville, "Brazilian Army's loyalty and discipline", Rio de Janeiro, 18 abr. 1935, 1438, 2006-102, G-2, Regional, Brazil 6300, WD, RG 165, NA. Anexa a esse documento há uma estimativa da inteligência: "Na atual situação, [...] parece que um aumento nos vencimentos [...] não contribuirá grande coisa para elevar o moral ou a lealdade da maioria dos oficiais do Exército".

43. Vargas, *Diário*, v. 1, pp. 366-67. Ver anotação de 11 mar. 1935.

44. José Carlos de Macedo Soares a Getúlio Vargas, Rio de Janeiro, 11 abr. 1934, AGV, CPDOC.

45. Major William Sackville, "Brazil's military tempest", Rio de Janeiro, 23 abr. 1935, 1438a, 2006-102, G-2, Regional, Brazil 6300, WD, RG 165, NA; Vargas, *Diário*, v. 1, pp. 382-85 (anotações dos dias 17 a 24 abr.). Leite e Novelli, *Marechal Eurico Gaspar Dutra*, pp. 65-69. Leite e Novelli afirmaram que essa fora "a primeira tentativa séria para implantação de uma ditadura militar, no curso dos 44 anos da vida constitucional republicana" (p. 69). Alguns detalhes foram extraídos de entrevista de P. Pessoa a Peter S. Smith, Rio de Janeiro, 8 maio 1975.

46. Vargas, *Diário*, v. 1, p. 385; Major William Sackville, "Development of political issues", Rio de Janeiro, 12 abr. 1935, 1434, 2607-K-103; e Sackville, "Monthly bonus for federal employees", Rio de Janeiro, 29 abr. 1935, 1442, 2006-102, G-2, Regional, Brazil 6000a, WD, RG 165, NA. O câmbio em 29 de abril era de 17$200 por dólar; 1 conto de réis escrevia-se 1:000$. O último relatório fornece os valores das gratificações para cada posto.

47. Major William Sckville, "Federal expenditures; Executive action on monthly bonus bill", Rio de Janeiro, 16 maio 1935, 1451, 2006-102, G-2, Regional, Brazil 5020-b, MID, GS, WD, RG 165, NA.

48. Major William Sackville, "Strength of active commissioned officers", Rio de Janeiro, 10 out. 1935, 1541, 2006-105, G-2 Regional, Brazil 6200-b, MID, GS, WD, RG 165, NA. Ver nota 46 para o relatório de Sacville de 29 de abril de 1935 que menciona as gratificações mensais de cadetes e praças até generais-de-divisão. O soldo mensal de um capitão era 1:500$000, acrescido de um bônus de 600$000, totalizando 2:100$000; o total pago mensalmente a 688 capitães era de 1444:800$000.

49. Esses números diferem dos encontrados em Robert A. Hayes, *The armed nation: The Brazilian corporate mystique*, Tempe, Center for Latin American Studies, Arizona State University, 1989, p. 170.

50. Major William Sackville, "Agitation within army to prevent reduction of effectives", Rio de Janeiro, 1º nov. 1935, 1552, 2006-102, G-2 Regional, Brazil 6300-c, MID, GS, WD, RG 165, NA. Sackville não poderia ter-se equivocado mais quando escreveu, concluindo seu relatório: "é pouco provável que venha a ocorrer mais agitação de oficiais".

51. O Exército parece não ter prestado muita atenção à condição física de seus altos oficiais. Malan e Olímpio da Silveira morreram quando eram chefes do Estado-Maior, a doença afastou Andrade Neves do serviço, e posteriormente até Góes Monteiro teria freqüentes problemas de saúde. "Benedito Olímpio da Silveira", DHBB, v. 4, p. 3187; Araripe, *Tasso Fragoso*, p. 622; MG, *Almanak ... 1925*, p. 562. Na chefia, ele reuniu projetos que vinham sendo elaborados desde o final dos anos 20 para desenvolver planos de guerra e uma estrutura compatível para o Exército; capitão Francisco Ruas Santos (adjunto da Subseção de História Militar), "Resumo histórico período de outubro de 1896 a dezembro 1950", Estado-Maior do Exército, pp. 35-39, cópia em CDOC-EX, Brasília, Estado-Maior do Exército, *História do Estado-Maior do Exército*, Rio de Janeiro, Biblioteca do Exército, 1984, pp. 76-78.

52. Vargas, *Diário*, v. 1, p. 399. O nome do gabinete militar da presidência variou ao longo da década de 1930. Popularmente era conhecido como Casa Militar.

10. O EXÉRCITO E A POLÍTICA IDEOLÓGICA [PP. 470-507]

1. Lowenstein, *Brazil under Vargas*, pp. 32-33.
2. "Plínio Salgado", DHBB, v. 4, pp. 3051-61, citações das pp. 3053-54; Lúcia Lippi Oliveira (ed.), *Elite*

intelectual e debate político nos anos 30: Uma bibliografia comentada da Revolução de 1930, Rio de Janeiro, Fundação Getúlio Vargas, 1980, p. 43. Owensby, *Intimate ironies*, pp. 135-39.

3. Lúcia Lippi Oliveira, introdução de *Elite intelectual e debate político nos anos 30*, pp. 34-35.

4. Owensby, *Intimate ironies*, p. 135; Lowenstein, *Brazil under Vargas*, pp. 32-34.

5. Vargas, *Diário*, v. 1, p. 373 (anotação de 28 mar. 1935).

6. Ibid.

7. Contudo, segundo o principal estudioso da AIB, Hélio Trindade, a influência do fascismo e do nazismo europeus moldou "aspectos centrais de sua ideologia, a forma de organização altamente hierárquica, o estilo carismático e autocrático do poder do chefe e, inclusive, os rituais do movimento"; ver Hélio Trindade, "Integralismo", *DHBB*, v. 2, pp. 1621-28; Lúcio José dos Santos, "Consulta sobre o integralismo", *Enciclopédia do integralismo*, v. 2, *Estudos e depoimentos*, Rio de Janeiro, Livraria Clássica Brasileira, 1937, pp. 30-32, 39-41, citações das pp. 39, 31-32; Hélio Trindade, *Integralismo (o fascismo brasileiro na década de 30)*, São Paulo, Difusão Européia do Livro, 1974, pp. 288-89; Frederico del Villar, "Life and death of Brazilian fascism", *Inter-American Monthly*, jun. 1943, pp. 16-19; Levine, *Vargas regime*, pp. 81-99; Frank D. McCann, "Vargas and the destruction of the Brazilian Integralista and Nazi Parties", *The Americas* 26, nº 1, jul. 1969, pp. 15-34; e Stanley E. Hilton, "Ação Integralista Brasileira: Fascism in Brazil, 1932-1938", *Luso-Brazilian Review* 9, nº 2, dez. 1972, pp. 3-29. Para uma útil análise do pensamento de Salgado, ver Ricardo Benzaquen de Araújo, "As classificações de Plínio: uma análise do pensamento de Plínio Salgado entre 1932 e 1938", *Revista de Ciência Política* 21, nº 3, set. 1978, pp. 161-79.

8. Pessoa, *Reminiscências e imposições*, pp. 255-57.

9. Ibid., pp. 229-37.

10. O jornalista brasileiro William Waack obteve acesso a documentação do Comintern em Moscou após o colapso da União Soviética: "Os papéis de Moscou: Documentos inéditos revelam a ação da Internacional Comunista em 1935", *Veja*, São Paulo, 8 set. 1993, pp. 58-60; William Waack, *Camaradas: Nos arquivos de Moscou; a histórica secreta da revolução brasileira de 1935*, Rio de Janeiro e São Paulo, co-edição Biblioteca do Exército e Companhia das Letras, 1993, pp. 206-12. O autor apresentou detalhes sobre a seleção de agentes, o apoio financeiro e a tomada de decisão em vários níveis.

11. Vargas manteve-se informado sobre a agitação comunista entre os ferroviários da Central do Brasil e os empregados das linhas de ônibus, taxistas e operários da construção civil. Escreveu que o General Góes informava-o sobre as atividades comunistas nas fileiras do Exército. Vargas, *Diário*, v. 1, p. 321.

12. Stanley E. Hilton, *Brazil and the Soviet challenge, 1917-1947*, Austin, University of Texas Press, 1991, pp. 59-60.

13. Távora, *Uma vida e muitas lutas*, v. 1, pp. 84-94, 159-75; Dênis de Moraes e Francisco Viana, *Prestes: Lutas e autocríticas*, Petrópolis, Vozes, 1982, pp. 31-35; "Luís Carlos Prestes", *DHBB*, v. 4, pp. 2813-14.

14. Hélio Silva, *1935*, pp. 43, 117.

15. A Lei de Segurança permitiu investigar os constantes rumores de conspiração no corpo de oficiais, especialmente entre os oficiais superiores. Vargas, *Diário*, v. 1, p. 364; Major William Sackville, Rio de Janeiro, 9 abr. 1935, rept. 1430 "Brazil's national security law" 2657-K-103, RG 165, NA.

16. Hélio Silva, *1935*, pp. 285-89; para resumos biográficos dos dois oficiais, ver Ronald M. Schnei-

der, *The political system of Brazil: Emergence of a "modernizing" authoritarian regime, 1964-1970*, Nova York, Columbia University Press, 1971, pp. 375-76; e DHBB, v. 3, pp. 1824-27, 2053-58.

17. Silva, *1935*, p. 299. Como se o Brasil já não tivesse suficientes problemas de segurança interna com suas polícias estaduais e unidades do Exército indisciplinadas, havia também os bandos de cangaceiros que perambulavam pelo sertão nordestino; ver Billy J. Chandler, *The bandit king: Lampião of Brazil*, College Station, Texas A&M University Press, 1978; Frederico Pernambucano de Mello, *Guerreiros do sol: O banditismo no Nordeste do Brasil*, Recife, Editora Massangana, 1985, pp. 185-209.

18. Silva, *1935*, pp. 280-84; João Café Filho, *Do sindicato ao Catete: Memórias políticas e confissões humanas*, 2 v., Rio de Janeiro, José Olympio, 1966, v. 1, pp. 83-86; Levine, *Vargas regime*, pp. 104-12. Depois de pegarem dinheiro de agências da receita federal e estadual, os três sargentos que lideraram o levante apoderaram-se de um avião da Condor (subsidiária brasileira da Lufthansa) para fugir. Seus soldados tomaram o navio *Santos*, do Lloyd Brasileiro, para escapar. Major William Sackville, "Military revolt in Brazil", Rio de Janeiro, 28 nov. 1935, nº 1572, G-2 Regional, Brazil 6300, RG 165, NA.

19. Hilton, *Brazil and the Soviet challenge*, p. 79; "Gregório Bezerra", DHBB, v. 1. pp. 387-88; foram dissolvidas as unidades trangressoras, o 21º e o 29º Batalhões de Infantaria Ligeira e o 3º Regimento de Infantaria, e seus números foram removidos da lista de unidades do Exército. Foram substituídos por novas unidades, o 30º e o 31º Batalhões e o 14º Regimento. Ver Decreto 465 em MG, *Relatório ... João Gomes Ribeiro Filho ... 1936*, p. 236. Levine, em *Vargas regime*, p. 105, designou incorretamente o 21º como "batalhão de artilharia".

20. Pessoa, *Reminiscências e imposições*, pp. 211-20. A recusa de Gomes a aceitar a informação revelada pelo Estado-Maior foi um exemplo de cegueira do comando; chegou a tal ponto que Pessoa começou a suspeitar de que Gomes talvez estivesse envolvido na conspiração. Seu relato dá a impressão de que a revolta foi rapidamente suprimida, e que depois do isolamento do 3º Regimento de Infantaria não houve mais necessidade de violência; poderiam esperar até que "a sede ou a fome os forçassem à submissão" (p. 219).

21. Paulo Sérgio Pinheiro, *Estratégias da ilusão: A revolução mundial e o Brasil, 1922-1935*, São Paulo, Companhia das Letras, 1991, pp. 300-301. Havia 1700 soldados no 3º Regimento de Infantaria, dois terços dos quais, estimou-se, aderiram à revolta. Aparentemente, os líderes rebeldes disseram a seus homens que a razão do levante era a proibição ao realistamento e a redução do efetivo do Exército. Pinheiro também salientou que a escolha desse quartel entre "os morros e o mar" foi péssima (p. 302).

22. Major William Sackville, "Details of military revolt", Rio de Janeiro, 5 dez. 1935, rept. 1574, 6300, G-2 Regional, RG 165, NA. Ele afirmou que o capitão Francisco Moésia Rolim e o tenente Paes Barreto haviam tentado incitar à rebelião. E também que vários oficiais subalternos haviam sido presos. Rolim protestara ativamente contra a Lei de Segurança Nacional alguns meses antes. Assinara a ata de fundação da ANL. Foi preso, mas solto depois por falta de provas. Ver "Moésia Rolim", DHBB, v. 4, p. 3008. Depoimento do major Mariano de Oliveira, Inquérito Policial Militar, v. 7, pp. 1674-75, citado em Hélio Silva, *1935*, pp. 324-25. Talvez a ordem de Dutra para atirar nos rebeldes fundamentasse o rumor de que o general Gomes quis fuzilar os rebeldes capturados em Praia Vermelha.

23. Silva, *1935*, p. 358. A resistência das duas companhias impossibilitou aos rebeldes sair do quartel para as missões que Prestes lhes designou. Trinta e nove anos depois, o general Fritz Manso seria chefe do Estado-Maior do Exército no governo Geisel. Ver "Fritz Azevedo Manso", DHBB, v. 3, pp. 2074-75.

24. Leite e Novelli, *Marechal Eurico Gaspar Dutra*, pp. 92-95.

25. Escolhi narrar os acontecimentos do ponto de vista de Vargas porque seu relato é o que mais claramente indica a seqüência dos eventos. Vargas, *Diário*, v. 1, pp. 446-47. O leitor deve lembrar-se de que mencionamos a participação de Eduardo Gomes na revolta do forte de Copacabana em julho de 1922. Ivo Borges foi um dos primeiros pilotos do Exército em 1921; comandou a força aérea paulista em 1932; depois da anistia retornou ao Exército em janeiro de 1934 e em abril de 1935 assumiu o comando da escola de aviação, onde permaneceu até agosto de 1939. Com a criação da força aérea independente em 1941, transferiu-se para a nova arma e serviu como adido da Aeronáutica na Argentina e Uruguai de julho de 1941 a agosto de 1943; foi depois comandante em Belém, de 1943 a 1944, e no Rio de Janeiro em 1945. Ver "Ivo Borges", DHBB, v. 1, pp. 413-14.

26. Mascarenhas de Moraes, *Memórias*, v. 1, pp. 93-96; Carlos Meira Mattos, *O marechal Mascarenhas de Moraes e sua época*, Rio de Janeiro, Biblioteca do Exército, 1983, v. 1, pp. 64-67.

27. Camargo e Góes, *Meio século de combate*, p. 67. Note-se que isso ocorreu antes de os telefonemas do 3º Regimento ao gabinete de Dutra anunciassem o início da revolta. Cordeiro estava, na época, estudando na Escola de Estado-Maior, e os oficiais que ele reuniu provavelmente também eram de lá. Gomes, dirigindo-se ao tenente-coronel Cordeiro, trata-o por "menino", evidenciando o grau de intimidade entre os oficiais.

28. O general-de-brigada Francisco José da Silva Jr. nasceu em Fortaleza em 1879, entrou para o Exército em agosto de 1897, cursou a escola preparatória do Realengo e formou-se em Praia Vermelha em 1904 como segundo-tenente. Entrou para a Infantaria em 1907, tornou-se primeiro-tenente em 1914 e capitão em 1919, fez os cursos da Escola de Estado-Maior no ano seguinte e em 1922 era ajudante-de-ordens do ministro Setembrino de Carvalho. Foi promovido a major em 1925 e a tenente-coronel em 1929. Quando eclodiu a Revolução de 30, era subcomandante do 13º Regimento de Infantaria em Ponta Grossa, Paraná. Juntou-se aos revolucionários, comandando um dos destacamentos da coluna Miguel Costa que avançou para o Rio de Janeiro. Esteve à frente das tropas prontas para atacar Itararé, São Paulo, quando Washington Luís foi deposto. Em maio de 1931 foi promovido a coronel e lutou do lado do governo em 1932, desta vez tomando Itararé. Em outubro daquele mesmo ano foi promovido a general-de-brigada e comandou a 3ª Brigada de Infantaria; juntou-se aos generais que, em dezembro de 1935, exigiram punições duras e rápidas para os rebeldes de novembro. Em 1938 tornou-se general-de-divisão e comandou a 2ª Região Militar (SP); em junho de 1939 assumiu a 1ª Região Militar (RJ), que comandou até 1942. De 1943 até sua morte, em 1948, participou do Supremo Tribunal Militar. Ver "Francisco José da Silva Júnior", DHBB, v. 4, pp. 3180-81; seu depoimento no Inquérito Policial-Militar é citado na íntegra em Silva, *1935*, pp. 361-64.

29. Camargo e Góes, *Meio século de combate*, p. 68. Seu pai, Joaquim Barbosa Cordeiro de Faria, era alferes em janeiro de 1889 e foi contemporâneo de Augusto Tasso Fragoso. Osvaldo Cordeiro de Farias logo seria o mais jovem general do Exército, aos 41 anos; seria interventor no Rio Grande do sul, comandaria a artilharia da FEB na Itália, fundaria a Escola Superior de Guerra depois da guerra, seria eleito governador de Pernambuco, participaria do estabelecimento do regime militar em 1964 e do encerramento deste no início da década de 1980. Ver "Cordeiro de Farias", DHBB, v. 2, pp. 1232-38.

30. Essa reconstrução baseia-se em relatos de Dutra, Barata e Vargas: Leite e Novelli, *Marechal Eurico Gaspar Dutra*, pp. 89-101; o ajudante-de-ordens de Dutra era o capitão João Ribeiro Pinheiro. Agildo Barata contou sua história em *Vida de um revolucionário (Memórias)*, Rio de Janeiro, Melso S. A., 1962, pp. 253-300. Barata afirmou que Dutra não obedecera às "regras" quando recusou falar com seus emissários e usou gás lacrimogêneo. Esses dois atos demonstraram "a absoluta falta de ética e

de dignidade profissional desse general" (pp. 298-99). Barata passou dez anos na prisão por sua sedição. Vargas, *Diário*, v. 1, pp. 446-47. O ministro da Guerra, Gomes, procurou aproximar-se do quartel em companhia de Dutra e vários oficiais subalternos, mas foi detido por uma rajada de metralhadora que feriu mortalmente o ajudante de Dutra e atingiu dois ajudantes do ministro. Talvez isso o tenha encolerizado, mas não há indícios de que tenha ordenado o fuzilamento dos rebeldes. O relato de Silva é o mais claro (ver Hélio Silva, *1935*, pp. 369-72). O comandante do regimento, coronel José Fernando Afonso Ferreira, estava entre os feridos, atingido em dois lugares. Um dos pilotos responsáveis pelo bombardeio e pelos disparos de metralhadora foi o capitão Nero Moura, que seria piloto de Vargas entre 1938 e 1943 e na Segunda Guerra Mundial comandaria o esquadrão brasileiro na Itália; no segundo governo Vargas, 1951-54, ele seria ministro da Aeronáutica. Ver "Nero Moura", *DHBB*, v. 3, pp. 2311-13.

31. Luiz Vergara contou a história em *Fui secretário de Getúlio Vargas*, Rio de Janeiro, Globo, 1960, p. 105, e o general Dutra contestou-a. Ver Leite e Novelli, *Marechal Eurico Gaspar Dutra*, pp. 102-102 n. 18. Stanley E. Hilton mencionou que Dutra disse isso a seu velho amigo Vitorino de Brito Freire; ver Hilton, *Brazil and the Soviet challenge*, p. 71 n. 44. Freire foi um dos políticos de segundo ou terceiro escalão cuja carreira abrangeu de 1930 até a década de 1970; ver "Vitorino Freire", *DHBB*, v. 2, pp. 1378-80.

32. Misael de Mendonça, nascido em 1885, ingressou no Exército em 1903, tornou-se aspirante em 1910 e chegou a capitão em 1924. Legalista na década de 1920, em 1932 lutou contra São Paulo. Em 1933 foi promovido a major e comandou o 3º Batalhão do 3º Regimento de Infantaria. Foi atingido no fogo cruzado quando tentava investigar a situação. "Misael de Mendonça", *DHBB*, v. 3, p. 2209. Hélio Silva forneceu os tristes detalhes sobre Meireles e Pereira em *1935*, pp. 358-59. Ironicamente, Meireles está entre os oficiais na lista dos mortos pelos comunistas no monumento que hoje há no local do quartel. Pereira fora um dos cadetes do Realengo expulsos em 1922 que retornou ao Exército na anistia pós-1930.

33. Pessoa, *Reminiscências e imposições*, pp. 211-15. Paulo Sérgio Pinheiro analisou minuciosamente os números e lugares onde esses homens foram mortos em *Estratégias da ilusão: A revolução mundial e o Brasil, 1922-1935*, São Paulo, Companhia das Letras, 1991, pp. 302-6. O monumento sobre sua sepultura no cemitério São João Batista, no Rio de Janeiro, registra 22 nomes, dezessete mortos no Rio de Janeiro, quatro em Natal e um no Recife. A imprensa e relatórios da inteligência estrangeira apresentam números exagerados; o adido militar americano escreveu: "As baixas em Praia Vermelha não foram anunciadas oficialmente. A melhor informação que pôde ser obtida dá conta de quatro oficiais (um insurreto e três leais) e 150 alistados mortos, sendo que último número inclui as baixas de ambos os lados. Os jornais desta manhã mencionam 34 feridos, seis deles oficiais". Major William Sackville, "Military revolt in Brazil", Rio de Janeiro, 28 nov. 1935, rept. 1572, Brazil 6300, G-2 Regional, RG 165, NA. Os tão citados cinqüenta mortos em Praia Varmelha, "a maioria jovens cadetes rebeldes", exemplificam a precariedade até mesmo das fontes contemporâneas; Levine, *Vargas regime*, p. 120. Mais recentemente, o CPDOC, assim como José Campos de Aragão, resume os números no Rio em dezenove mortos e 159 feridos. "Eurico Gaspar Dutra", *DHBB*, v. 2, p. 1129. A versão oficial do Exército de que foram mortos soldados que estavam dormindo parece ter-se abrandado. A história "oficial" recente dá se ao trabalho de citar Glauco Carneiro, que mencionou, cautelosamente: "Dois oficiais legalistas [...] foram mortos [...] diz-se que ainda dormindo". *História das revoluções brasileiras*, Rio de Janeiro, Edições O Cruzeiro, 1965, v. 2, p. 429. Luiz Paulo Macedo de Carvalho (ed.), *The army in Brazilian history*, Rio de Janeiro e Salvador, Biblioteca do Exército e Odebrecht,

1998, pp. 3, 132. Toda forma de assassinato é terrível, mas matar um soldado profissional totalmente indefeso é uma infâmia inominável. Em Campos dos Afonsos, o capitão Agilberto de Azevedo fuzilou o tenente Benedito Lopes Bragança, que estava desarmado e preso em um automóvel.

34. Getúlio Vargas, *A nova política do Brasil*, Rio de Janeiro, José Olympio, 1938-47, v. 4, p. 141.

35. Um estudo completo dos não documentados assassinatos de soldados adormecidos e seu simbolismo e uso está à espera de um pesquisador com iniciativa. O general Muricy mencionou os tenentes Paladini e Bragança entre os mortos, mas ambos, obviamente, estavam acordados e alertas. General Antônio Carlos da Silva Muricy, *Palavras de um soldado*, Rio de Janeiro, Imprensa do Exército, 1971, p. 205.

36. A captura, julgamento e prisão de Pedro Ernesto ainda gera controvérsia. Alguns estudiosos perguntam-se por que Vargas não protegeu um velho amigo da família (Levine, na biografia de Getúlio); outros afirmaram sua inocência. O deputado Adalberto Correia, presidente da Comissão Nacional de Repressão ao Comunismo, foi, segundo Vargas, um "tenaz perseguidor" de Pedro Ernesto. O presidente ficou "desgostoso, aborrecido" com a crítica pública de Correia ao ministro da Justiça e ao chefe de polícia, mas concordou com a prisão de seu médico quando Correia apresentou provas suficientes. Em 3 de abril de 1936, quando ocorreu a prisão, Vargas escreveu: "Embora as circunstâncias me forçassem a consentir nessa prisão, confesso que o fiz com pesar. Há uma crise na minha consciência. Tenho dúvidas se este homem é um extraviado ou traído, um incompreendido ou um ludibriado. Talvez o futuro esclareça". Vargas, *Diário*, v. 1, pp. 492-94. Waack parece aceitar aceitar as afirmações encontradas nos papéis apreendidos de Prestes e nas mensagens sobre o apoio de Pedro Ernesto a Moscou, mas as citações e referências que ele apresenta poderiam ser questionadas. Ver *Camaradas*, pp. 160-61, 181, 192, 200, 211, 224-25, 243, 287, 290, 310. Waack mencionou que o médico mantinha Getúlio informado. Deixo a outros a investigação do envolvimento do médico populista.

37. Hilton, *Brazil and the Soviet challenge*, pp. 102-7. Waack, *Camaradas*, pp. 289-300; a citação de Chateaubriand encontra-se em Levine, *Vargas regime*, p. 124; ver pp. 125-37 para a repressão.

38. A questão da responsabilidade institucional é complicada. Durante parte do tempo, a capacidade de Müller para usar sua polícia federal no Distrito Federal foi, ao menos parcialmente, tolhida pela nova força policial municipal do prefeito Pedro Ernesto, comandada pelo major do Exército Euclides Zenóbio da Costa, que era um oficial enérgico e ambicioso, comandaria a infantaria da FEB na Itália e seria ministro do Exército em 1954. Ver "Zenóbio da Costa", DHBB, v. 2, pp. 988-92.

39. Vanda Maria Ribeiro da Costa, "Com rancor e com afeto: rebeliões militares na década de 30", *Política e Estratégia* 4, nº 2, abr.-jun. 1986, pp. 175-79, 183, 193.

40. MG, *Relatório ... João Gomes Ribeiro Filho ... 1936*, pp. 7-8.

41. Vargas, *Diário*, v. 1, pp. 448-49.

42. *O Jornal*, Rio de Janeiro, 30 nov. 1935; outras citações deste trecho provêm de Hilton, *Brazil and the Soviet challenge*, pp. 73-74.

43. Wolfe, *Working women, working men*, p. 68.

44. Góes Monteiro abriu seu relatório de 1935 ao presidente com uma análise de 48 páginas sobre os problemas do Exército, repetindo muitos de seus temas favoritos. Enumerou os problemas que afligiam o Exército: (1) excesso de oficiais em missões não-militares; (2) envolvimento indevido de oficiais em movimentos facciosos; (3) expressões de preocupações partidárias conflitando com a política do Exército; (4) ausência de uma mentalidade capaz de rejeitar tudo o que fosse contra os objetivos do Exército e de aceitar tudo o que favorecesse a instituição; (5) atitude generalizada de lais-

sez-faire ou laissez-passer, irresponsabilidade dos líderes e falta de autoridade moral gerados pela "lei do mínimo esforço". MG, *Relatório ... maio 1935 ... Góes Monteiro*, Rio de Janeiro, Imprensa do Estado-Maior do Exército, 1935, pp. 22-23.

45. Vargas, *Diário*, v. 1, p. 450 n. 34.

46. Para um resumo dos comentários dos generais e da declaração de Góes, ver Hélio Silva, *1937: Todos os golpes se parecem*, Rio de Janeiro, Civilização Brasileira, 1970, pp. 87-97. Suas palavras finais, "a gendarmizá-las será preferível a dissolução", são especialmente contundentes, pois na era pós-Segunda Guerra Mundial os oficiais reagiam com grande irritação quando alguém sugeria que o Exército era uma milícia, uma gendarmaria ou uma força policial.

47. Decreto n⁰ 465, 3 dez. 1935, publicado no *Diário Oficial* de 11 dez. 1935; MG, *Relatório ... João Gomes Ribeiro Filho ... 1936*, p. 236.

48. O diário de Vargas fornece uma cronologia dessa fase. Vargas, *Diário*, v. 1, pp. 449-51. Resumo da reunião em Silva, *1937*, pp. 97-98. Os generais estavam mudando as regras e as conseqüências da rebelião, as quais haviam vigorado nas quatro década anteriores.

49. Vargas, *Diário*, v. 1, pp. 452-61. O texto das modificações na Lei de Segurança (n⁰ 38 de 4 abr. 1935) encontra-se em MG, *Relatório ... João Gomes Ribeiro Filho ... 1936* (como a Lei 136 de 14 dez. 1935), pp. 181-84. Todo o gabinete assinou a Lei 136.

50. Major William Sackville, "Political issues and problems, Communism in Brazil", Rio de Janeiro, 15 abr. 1936, rpt. n⁰ 1830, 2657-K-70, 6300a, G-2 Regional, Brazil, RG 165, NA; há uma lista de nomes em Silva, *1937*, p. 126; sobre o coronel Ferreira, ver Silva, *1937*, pp. 135-36. Mais de 2500 militares haviam sido presos; ver Hilton, *Brazil and the Soviet challenge*, p. 79. Os agentes do Comintern detidos foram brutalmente torturados, e um deles enlouqueceu. Comparativamente, Prestes parece ter sido bem tratado.

51. Nelson Werneck Sodré, capitão na época, chamou Correia de "meio doido" e comentou que o deputado não gostava de Francisco Campos, a quem ameaçou publicamente; ver Sodré, *Memórias de um soldado*, p. 55. Vargas fez comentários sobre o deputado Correia: *Diário*, v. 1, pp. 492-93. Para a biografia, ver "Adalberto Correia", DHBB, v. 2, pp. 934-35.

52. Elizabeth Cancelli, *O mundo da violência: A polícia da era Vargas*, Brasília, Editora Universidade de Brasília, 1993, pp. 93-99; Vargas, *Diário*, v. 1, p. 494 (anotação de 3 e 4 abr. 1936). Ver também "Comissão Nacional de Repressão ao Comunismo", DHBB, v. 1, p. 854; e "Filipe Moreira Lima", DHBB, v. 3, pp. 1842-43. A mais útil análise da prisão, julgamento e libertação de Pedro Ernesto é a de Michael L. Conniff, *Urban politics in Brazil: The rise of populism*, 1925-45, Pittsburgh, Pa., University of Pittsburgh Press, 1981, pp. 142-59.

53. Coutinho, *O general Góes depõe*, pp. 274-75.

54. Vargas, *Diário*, v. 1, p. 466; Carlos Lima Cavalcanti a Agamenon Magalhães, Recife, 12 dez. 1935, citado em Silva, *1937*, p. 111.

55. Vargas, *Diário*, v. 1, pp. 506-8.

56. Góes Monteiro ao general Francisco José Pinto (chefe da Casa Militar), Rio de Janeiro, 1⁰ maio 1936; Frederico Cristiano Buys a Góes, 10 maio 1936, PGM. Sou grato a Peter S. Smith por compartilhar comigo esses documentos e outros materiais sobre Góes Monteiro.

57. "João Gomes", DHBB, v. 2, pp. 1488-89; Vargas, *Diário*, v. 1, pp. 381-89; Pantaleão Pessoa, *Reminiscências e imposições*, pp. 175-81. General P. Pessoa, entrevista a Peter S. Smith, Rio de Janeiro, 8 maio 1975.

58. *Correio da Manhã*, Rio de Janeiro, 23 maio 1936; general Eurico Dutra, 1ª Região Militar, Estado-Maior, quartel-general, Boletim reservado nº 7, Rio de Janeiro, 25 maio 1936, PGM.

59. Arnaldo de Souza Pais de Andrade, que chefiou o Estado-Maior de 16 de março de 1936 até 26 de maio de 1937, esteve gravemente enfermo nos últimos meses em que serviu no cargo, mas por respeito e amizade Góes Monteiro recusou-se a assumir a chefia enquanto Pais de Andrade não se decidisse, por vontade própria, a pedir afastamento. Ele morreu em 8 de agosto de 1937. "Pais de Andrade", DHBB, v. 1, p. 141. Ver Coutinho, *O general Góes depõe*, p. 286. Manuel de Cerqueira Daltro Filho (1938) contraiu doença mortal e foi hospitalizado em 30 de novembro de 1937, mas só morreu em janeiro. Osvaldo Cordeiro de Farias a Eurico Dutra, Porto Alegre, 30 nov. 1937, GV 37.11.30/4, AGV, CPDOC-Rio.

60. Leitão de Carvalho, *Memórias*, v. 3, p. 273.

61. Muitas vezes é difícil avaliar a importância exata dos cargos de comando. Muitos estiveram mais relacionadas à capacidade, experiência e posto dos oficiais disponíveis do que a considerações políticas importantes. Como todos os generais haviam ascendido a esse posto sob Vargas, a lealdade ao governo era um pressuposto, a menos que o indivíduo demonstrasse o contrário. A designação de Estevão Leitão de Carvalho para Curitiba é um bom exemplo. Ele foi um dos mais renomados oficiais do século XX, um profissional, um "jovem turco", um dos fundadores de *A Defesa Nacional*; rejeitara a liderança militar da Revolução de 30, sobrevivera aos expurgos de 1931 que mandaram tantos para a reforma e era amplamente respeitado no Exército. E, no entanto, fora preterido mais de dez vezes em favor de jovens coronéis que haviam demonstrado "espírito revolucionário". Desempenhou papel fundamental no acordo de paz do Chaco, que lhe granjeou a recomendação do ministro Macedo Soares, das Relações Exteriores, para que Vargas o promovesse a general-de-brigada. Nesse ínterim, até o coronel José Joaquim de Andrade, que comandara a resistência do 12º Regimento de Infantaria em Belo Horizonte em outubro de 1930, fora promovido a general-de-brigada. Em 14 de novembro de 1935, Vargas e Gomes decidiram sobre a promoção de Leitão de Carvalho, juntamente com a de Newton de Andrade Cavalcanti (provavelmente por seus úteis três meses de serviço como interventor interino no estado do Rio de Janeiro, de agosto a novembro de 1935). Vargas, *Diário*, v. 1, p. 441; Leitão de Carvalho, *Memórias*, v. 3, pp. 255-63. O ministro Gomes nomeou Leitão comandante da 9ª Brigada de Infantaria em Curitiba (fev. 1936), seu primeiro comando de unidade desde outubro de 1930, quando comandara o 8º Regimento de Infantaria em Passo Fundo, RS. Após menos de um mês à frente da 9ª Brigada, ele assumiu o comando da 5ª Região Militar, sucedendo ao general Pais de Andrade, que passou a chefe do Estado-Maior do Exército. Em abril, Gomes informou-lhe que ele seria mandado de volta à 9ª Brigada de Infantaria para que João Guedes da Fontoura, recém-promovido a general-de-divisão, pudesse comandar a 5ª Região Militar. Essa rápida quadrilha de troca de comandantes pode ter sido um caso extremo, mas, considerando o momento em que ocorreu e os que estiveram envolvidos, sua descrição ilustra as complexidades da administração do Exército durante a crise do Rio Grande.

62. Vargas, *Diário*, v. 1, p. 537. A Ordem do Mérito Militar fora criada em 1935. Seu regulamento encontra-se em MG, *Relatório ... João Gomes Ribeiro Filho ... maio 1936*, pp. 291-93.

63. Major William Sackville, "Brazil's authorized army, 1936-7-8", Rio de Janeiro, 4 mar. 1936, rept. nº 1609, 2006-105/11, 6010a; idem, "Budget for 1936", Rio de Janeiro, 7 mar. 1936, Rpt. nº 1612, 2006-142; Major Lawrence C. Mitchell, "Annual maneuvers", Rio de Janeiro, 14 out. 1936, rept. nº

1720, 2006-148, 6700g; idem, 29 out. 1936, rept. nº 1732, 2006-148, 6700, G-2, Regional Brazil, RG 165, NA. Sackville, 7 mar. 1936, informou que a verba do ministério em mil-réis era de 475201357.

64. Major Lawrence C. Mitchell, "Postponement of Ministry of War organization", Rio de Janeiro, 19 set. 1936, rept. nº 1704, 2006-86, 6100c, G-2 Regional Brazil, RG 165, NA.

65. Leite e Novelli, *Marechal Eurico Gaspar Dutra*, p. 115. Gomes autorizou as compras dos paulistas em 5 de outubro de 1936; Dutra ficou sabendo em 28 de janeiro de 1937 (com mais detalhes em 25 de fevereiro) e ordenou sua apreensão em 1º de março de 1937 (ibid., pp. 158-63). Cardoso de Melo Neto, sucessor de Armando Sales no governo de São Paulo, recusou-se a assinar o documento cedendo o armamento ao Exército (ibid., pp. 162-63).

66. Vargas, *Diário*, v. 1, p. 564 (anotação de 30 nov. 1936): "Gente difícil estes militares, quando desconfiam que a força vale mais que a disciplina".

67. Vargas, *Diário*, v. 1, pp. 559-63. Getúlio não levava a público suas crises familiares. Por exemplo, quando morreu sua mãe, Cândida Dornelles Vargas, ele reuniu a família no isolamento da ilha Brocoió, que pertencia à família Guinle (ver Leite e Novelli, *Marechal Eurico Gaspar Dutra*, p. 557).

68. Polícia Civil (RJ), "Relatório sobre o ambiente de hostilidade em torno do ministro da Guerra, João Gomes Ribeiro Filho", GV 36.07.07/1, AGV, CPDOC-Rio; ver comentário em "João Gomes", DHBB, v. 2, p. 1489; Vargas, *Diário*, v. 1, p. 562.

69. Aranha disse isso a Getúlio em 3 fev. 1937; Vargas, *Diário*, v. 2, p. 19.

70. O elo entre o Exército e a luta de Valadares e Antônio Carlos era a Polícia Militar mineira. No início de 1936 todas as forças policiais estaduais do Brasil haviam sido transformadas em forças de reserva que podiam ser federalizadas em caso de necessidade. O suposto objetivo era padronizar o treinamento e o equipamento. Mas, obviamente, isso realizava um antigo desejo do Exército. Mesmo assim, a decisão de aceitar a federalização ainda cabia aos govenadores estaduais. Estrategicamente, o Exército não podia avançar contra o Rio Grande do Sul antes de o flanco mineiro estar seguro e de São Paulo ser neutralizado. Valadares não quis passar suas forças para o controle ou ação federal fora do estado antes de Antônio Carlos subordinar-se. Ver Wirth, *Minas Gerais*, pp. 186-92; Benedicto Valladares, *Tempos idos e vividos: Memórias*, Rio de Janeiro, Civilização Brasileira, 1966, pp. 109-21.

71. Vargas decerto compreendia a importância de Minas, e embora tenha dado o poder a Valadares no estado, tratava-o com muito cuidado. É interessante notar que Vargas indicou em seu diário uma data para o comprometimento de Valadares com o golpe anterior à mencionada pelo governador em suas memórias. A anotação de Getúlio no dia 19 de novembro de 1936 diz: "Achei-o também muito decidido a um golpe de Estado, no sentido de dissolver o Congresso e outorgar uma nova Constituição". Vargas, *Diário*, v. 1, p. 536; ver também Valladares, *Tempos idos e vividos*, pp. 122-41.

72. O resumo da carreira de Dutra baseia-se sobretudo em "Eurico Gaspar Dutra", DHBB, v. 2, pp. 1126-29. Sobre a crise anti-Bernardes, ver Coelho, *Exército internamente*, pp. 11-27. Dutra foi o 138º signatário (p. 15).

11. OS GENERAIS E O ESTADO NOVO [PP. 508-49]

1. Vargas, *Nova política do Brasil*, v. 5, p. 32; Estado-Maior do Exército, *Relatório dos trabalhos do Estado-Maior ... 1937 ... pelo GD Pedro Aurélio de Góes Monteiro*, Rio de Janeiro, Imprensa do Estado-Maior do Exército, 1938, pp. 4-5, 8-9.

2. Sodré, *Memórias de um soldado*, p. 162. Sodré estava descrevendo um encontro com Dutra.

3. "Valdomiro Lima", DHBB, v. 3, pp. 1865-70.

4. Leite e Novelli, *Marechal Eurico Gaspar Dutra*, pp. 131-36; o adido americano redigiu um longo relatório sobre o assuto: Major Lawrence C. Mitchell, "Officers on special detail", Rio de Janeiro, 25 de janeiro de 1937, rept. nº 1796, 2006-149, MMB, General and Special Staffs, WD, RG 165, NA. Catorze estados tinham oficiais do Exército destacados para comandar sua Polícia Militar. O major Mitchell afirmou que "em todos os casos, os oficiais destacados para servir a um governador estadual são amigos pessoais do governador em questão, e nomeados para o serviço a pedido dele".

5. Vargas, *Diário*, v. 2, pp. 41-50 (anotações de 4, 14, 17, 28-29, 31 maio 1937); "Valdomiro Lima", DHBB, v. 3, p. 1869; "José Pessoa", DHBB, v. 4, p. 2706; Leite e Novelli, *Marechal Eurico Gaspar Dutra*, pp. 195-96. Major Lawrence C. Mitchell, Rio de Janeiro, 20 maio 1937, "Pre-election activities, army and politics", rept. nº 1869, 2657-K-74, 6000, G-2 Report, WD, RG 165, NA. O relatório contém o texto da proclamação. O major Mitchell manifestou "espanto por ela ser necessária ou mesmo oportuna".

6. Os seguintes generais responderam: Pedro Cavalcanti, Constâncio Deschamps Cavalcanti, Firmino Borba, José Osório, Brasílio Taborda, João Cândido Pereira Castro Jr., Júlio Caetano Horta Barbosa, José Antônio Coelho Neto, Francisco José Silva Jr., Manoel Rabelo, César Augusto Parga Rodrigues, Raymundo Barbosa, Collatino Marques, Penha, Paim Rodrigues, 5-7 jun. 1937, PGM, AE. As respostas têm data de 7 ou 8 de junho. Agradeço a Peter M. Smith por chamar-me a atenção para esse incidente e partilhar sua documentação.

7. Coutinho, *O general Góes depõe*, pp. 294-95. Nessa etapa de suas carreiras, Dutra e Góes estavam fortemente motivados por convicção ou por ambição. Haviam chegado aos 35 anos de serviço e aos mais altos postos do Exército, e poderiam ter se reformado e passado a levar uma vida menos agitada. Major Lawrence C. Mitchell, Rio de Janeiro, 16 jun. 1937, "Army feud", rept. nº 1900; 17 jun. 1937, "Army feud developments", rept. nº 1901; 24 de junho de 1937; "Further developments in army feud", rept. nº 1909, 2006-128, 6200d, MID, GS, WD, RG 165, NA.

8. Pessoa foi promovido a general-de-divisão em 1940; foi inspetor geral de cavalaria até 1945. Eleito presidente do Clube Militar em 1944, participou ativamente nos acontecimentos de outubro de 1945 que levaram à deposição de Vargas. Ver "José Pessoa", DHBB, v. 4, pp. 2705-6. Major Lawrence C. Mitchell, Rio de Janeiro, 15 jun. 1937, "Changes in High Command", rept. nº 1897, 1º jul. 1937; "Army feud approaches settlement", rept. nº 1916, 2006-128, 6200d, MID, GS, WD, RG 165, NA.

9. Vargas, *Diário*, v. 2, p.55.

10. José Américo de Almeida relatou sua versão da campanha em *A palavra e o tempo (1937-1945-1950)*, Rio de Janeiro, José Olympio, 1965, pp. 5-83.

11. Vargas, *Diário*, v. 2, p. 13 (anotação de 18 jan.). Nos meses seguintes há muitas referências a carregamentos de armas para o Rio Grande do Sul e São Paulo.

12. Major Lawrence C. Mitchell, Rio de Janeiro, 11 maio 1937: "Maneuvers, 3^d Region (Rio Grande do Sul)", rept. nº 1858, 2006-151, 6700g, LCM/B, G-2, Regional, WD, RG 165, NA. Um mês depois ele informou que estavam sendo usadas tropas federais para impedir o contrabando ao longo das fronteiras abertas com Argentina e Uruguai. Não estavam designadas para tarefas policiais, mas podiam ser convocadas pelos agentes aduaneiros para ajudar. O major Mitchell observou que essas tarefas não-militares não eram incomuns: "Os soldados sempre foram vistos como disponíveis para praticamente qualquer serviço, sujeitos aos caprichos do Executivo". Mitchell, Rio de Janeiro, 21

jun. 1937, "Employment of troops to repress smuggling", rept. nº 1905, 2006-154, 6940C, G-2, Regional, WD, RG 165, NA.

13. Vargas, *Diário*, v. 2, pp. 13-32; Carlos E. Cortés, *Gaúcho politics in Brazil: The politics of Rio Grande do Sul*, 1930-1964, Albuquerque, University of New Mexico Press, 1974, pp. 78-82; "Emílio Lúcio Esteves, *DHBB*, v. 2, pp. 1205-6; os generais Esteves e Dutra debateram sobre a concentração de tropas pelo rádio; 37.04.28/2, AGV, CPDOC-Rio.

14. General Esteves a Eurico Dutra, telegrama, Porto Alegre, 29 jun. 1937, 37.06.29/1, AGV, CPDOC-Rio. A quantidade de documentos sobre a situação no Rio Grande do Sul nos papéis de Vargas é enorme. Seria erro supor que todo o caso fora meramente inventado contra Flores da Cunha. Ver, p. ex., as 71 páginas de correspondência sobre a crise em GV 37.05.01, AGV, CPDOC-Rio. Major Lawrence C. Mitchell, Rio de Janeiro, 15 jul. 1937, "Visit of minister of War to Southern Brazil", rept. nº 1929, 2657-k-74, 6940C; 17 ago. 1937, "Displacement of troops", rept. nº 1951, 2657-K-74, 6180 LCM/B, ambos em G-2 Regional, WD, RG 165, NA. Ele tinha informações de que haviam sido construídas trincheiras na fronteira entre Santa Catarina e Rio Grande do Sul. Dois batalhões de infantaria ligeira, um regimento de cavalaria, um grupo de artilharia de montanha e companhias de engenharia e comunicações haviam chegado pela serra e rotas costeiras e sido postados ao alcance de tiro.

15. Ministro da Guerra a comandantes de regiões e diretores de serviços, circular, Rio de Janeiro, 29 jun. 1937, PGM, AE.

16. É interessante o fato de que o adido militar americano, major Lawrence C. Mitchell, supôs e informou a Washington que a demora do general Góes para assumir o cargo devia-se à controvérsia com o general Valdomiro. Mas desde o início Góes e Dutra haviam combinado que Góes aguardaria até que o general Pais de Andrade, que era seu amigo e estava doente, se dispusesse a deixar o cargo. Muitos estrangeiros tinham dificuldade para perceber, e ainda mais para aceitar, a importância da amizade na vida pública brasileira. L. C. Mitchell, Rio de Janeiro, 4 ago. 1937, "Changes in high commands", rept. nº 1941, 2006-128, 6180a, MID, GS, WD, RG 165, NA. O general Pais de Andrade morreu em 8 de agosto de 1937; *DHBB*, v. 1, p. 141.

17. José Joaquim de Andrade nasceu no Ceará em 1879. Cursou a escola militar entre 1896 e 1905, sendo então nomeado alferes-aluno. Em 1907 foi promovido a segundo-tenente de infantaria e serviu no 4º Regimento de Infantaria do Rio de Janeiro, onde ajudou a debelar a Revolta dos Marinheiros em 1910. Em 1911 foi transferido para o 5º Batalhão de Infantaria em Ponta Grossa, Paraná, onde comandou soldados em outubro e novembro de 1912 na campanha do Contestado. Em 1913 cursou a Escola de Estado-Maior no Rio e em 1914 foi promovido a primeiro-tenente em reconhecimento por seus estudos. Serviu em Fortaleza antes de voltar para o Rio em 1915. Tornou-se capitão em julho de 1919, fez o curso de revisão do Estado-Maior e foi designado para trabalhar com a missão militar francesa em 1920. Nas horas de folga, estudava medicina, e se formou médico em 1923. Em julho de 1924 lutou contra os rebeldes tenentistas em São Paulo e no ano seguinte foi promovido por mérito a major. Em 1927 integrou o gabinete do ministro Nestor Sezefredo dos Passos, sendo promovido por mérito a tenente-coronel em 1928. Durante a Revolução de 1930 esteve no comando do 12º Regimento de Infantaria em Belo Horizonte, que se celebrizou por sua obstinada resistência por cinco dias sob fogo, embora o tenente-coronel Andrade houvesse caído prisioneiro logo no início. Tornou-se coronel em outubro de 1931 e comandou unidades importantes no vale do Paraíba contra Góes Monteiro e Dutra em 1932. Foi expulso e exilou-se em Portugal até a anistia de maio de 1934, quando retornou ao serviço ativo como chefe da 4ª Seção do Estado-Maior do Exército. Após breve período

no comando do 2º Regimento de Infantaria na Vila Militar, Rio de Janeiro, foi promovido a general-de-brigada em julho de 1935 e comandou a 1ª Brigada de Infantaria e a Vila Militar. Nesse posto, seus soldados debelaram a revolta das unidades da Aviação no Campo dos Afonsos em novembro de 1935. Em outubro de 1936 assumiu o comando da 5ª Brigada de Infantaria e de outras unidades em Santa Maria (RS). Sob o Estado Novo, em 1937, assumiu a chefia da Aviação do Exército e foi promovido a general-de-divisão em fevereiro de 1938. Por breve período no ano seguinte comandou a 3ª Região Militar, depois adoeceu e morreu em março de 1940. "José Joaquim de Andrade", DHBB, v. 1, pp. 139-40.

18. Leite e Novelli, *Marechal Eurico Gaspar Dutra*, pp. 199-202. A viagem foi de 7 a 19 de julho.

19. Major Lawrence C. Mitchell, Rio de Janeiro, 4 ago. 1937, "Changes in high commands", rept. nº 1941, 2006-128, 6180a, MID, GS, WD, RG 165, NA.

20. A troca de telegramas tem datas de 28 de julho, 2, 5 e 9 de agosto de 1937 e se encontra em Leite e Novelli, *Marechal Eurico Gaspar Dutra*, pp. 199-202; Eurico Dutra a Flores da Cunha, telegrama, Rio de Janeiro, 9 de agosto de 1937, 37.08.09/2, AGV, CPDOC-Rio.

21. Leite e Novelli, *Marechal Eurico Gaspar Dutra*, pp. 209-12. Dutra redigiu ordens para os comandantes regionais sobre aonde deveriam levar suas tropas em caso de um confronto com o Rio Grande; ver ibid., pp. 213-20.

22. José Américo de Almeida, *A palavra e o tempo*, pp. 17-22; Hélio Silva, *1937*, p. 372. Vargas, *Diário*, v. 2, pp. 58-65. O coronel Osvaldo Cordeiro de Farias, que era o chefe do estado-maior do general Daltro, contou como os oficiais suspeitos foram removidos do estado-maior regional: Camargo e Góes, *Meio século de combate*, pp. 230-32. Daltro Filho a G. Vargas, Porto Alegre, 19 ago. 1937, GV 37.08.19, AGV, CPDOC-Rio.

23. Alves de Abreu, Alzira (coord.), *Juracy Magalhães: Minhas memórias provisórias, depoimento prestado ao CPDOC*, Rio de Janeiro, Civilização Brasileira, 1982, p. 99.

24. Sobre o acordo dos destróieres, que logo seria torpedeado pelas objeções da Argentina e do Congresso americano, ver Naval Attaché's Report, Rio de Janeiro, 18 ago. 1937, "Brazil—Navy; ships, destroyers", nº 912-800, Brazil 5900, G-2 Regional, MID, GS, WD, RG 165, NA; arquivo GV 37.08.13, AGV, CPDOC-Rio; McCann, *Brazilian-American alliance*, p. 113.

25. Sobre seu estado de espírito, ver Vargas, *Diário*, v. 2, pp. 64-67. Vargas suicidou-se em meio a outra crise no sombrio agosto de 1954.

26. Vargas, *Diário*, v. 2, p. 67 (anotação de 27 ago. 1937).

27. "O Dia do Soldado", *Revista Militar Brasileira*, 25 ago. 1935, pp. 3-4. Na primeira página a revista anunciava que Caxias fora escolhido para "patrono do Exército brasileiro" e que seu aniversário seria celebrado como Dia do Soldado conforme o Aviso nº 366 de 1925. A referência a Caxias como "guia espiritual" encontra-se na p. 4 de General Aurélio de Lyra Tavares, *Exército e nação*, Recife, Imprensa Universitária, 1965, pp. 13, 78-79. Celso Castro, "Entre Caxias e Osório: A criação do culto ao patrono do Exército brasileiro", *Estudos Históricos* 14, nº 25, 2000, pp. 105-10; Murilo de Carvalho, *Formação da almas*, pp. 53-54. Para uma bibliografia de artigos, ver Francisco Ruas Santos, *Coleção bibliográfica militar*, Rio de Janeiro, Biblioteca do Exército, 1960, pp. 484-90.

28. A cerimônia da passagem do espadim de Caxias realizou-se pela primeira vez em 16 de dezembro de 1932 diante da estátua de Caxias no largo do Machado, Rio de Janeiro; no ano seguinte aconteceu em 25 de agosto, e a partir de então passou a ocorrer na escola militar. Para a citação de Pessoa e a história do espadim, ver Câmara, *Marechal José Pessoa*, pp. 73-77. O espadim baseava-se no

sabre regulamentar que Caxias deu a seu ajudante no tempo da guerra, o general-de-brigada João de Souza da Fonseca Costa (barão e visconde da Penha), cujo filho, por sua vez, o doou ao Instituto Histórico e Geográfico Brasileiro (Rio de Janeiro), onde se encontra agora. A cerimônia continua a ser realizada na academia militar; ver fotos em *Agulhas Negras*, pp. 135-39. Quando era chefe da artilharia de costa, o general José Pessoa ordenou que o modernizado forte da Vigia no topo do monte Leme fosse rebatizado de forte Duque de Caxias; coronel Aníbal Barreto, *Fortificações do Brasil*, Rio de Janeiro, Biblioteca do Exército, 1958, pp. 247-49.

29. Murilo de Carvalho, *A formação das almas*, pp. 40-47 (foto do monumento na p. 43); Renato Lemos, *Benjamin Constant: Vida e história*, Rio de Janeiro, Topbooks, 1999, pp. 531-42; toda a frente do Campo de Santana foi recuada para dar lugar à avenida alargada. Sobre o mausoléu de Caxias, ver número especial da *Revista Militar Brasileira*, 25 ago. 1949, pp. 130-31.

30. João Gomes, "O Dia do Soldado", *Revista Militar Brasileira*, 25 ago. 1935, pp. 7-9; na p. 74 há uma foto da estátua no largo do Machado.

31. Decreto Executivo nº 1899, 19 ago. 1937. Major Lawrence C. Mitchell, Rio de Janeiro, 8 set. 1937, "New discipline regulations", rept. nº 1973, 2006-161, 6300b, MID, GS, WD, RG 165, NA.

32. O. Aranha a P. Góes Monteiro, Washington, D. C., 9 mar. 1935, AOA, CPDOC-Rio (grifo meu).

33. Ibid.

34. O. Aranha a Getúlio Vargas, Washington, D. C., 4 jun. 1937, AOA, CPDOC.

35. Vargas, *Diário*, v. 2, p. 189 (crise de Letícia), p. 347 (Guerra do Chaco e "nossa completa falta de recursos para enfrentar uma situação"), p. 247 ("precariedade do nosso material bélico").

36. Hilton, *Brazil and the great powers*, pp. 117-29.

37. Estado-Maior do Exército, *Relatório dos trabalhos do Estado-Maior ... 1936 ... pelo* GD *Arnaldo de Souza Pais de Andrade*, Rio de Janeiro, Imprensa do Estado-Maior do Exército, 1937, p. 4. MG, *Relatório ... Eurico Dutra ... maio 1937*, pp. 37-38.

38. Vargas, *Diário*, v. 2, pp. 68-69 (anotações de 7-13 set.).

39. Conniff, *Urban politics in Brazil*, pp. 156-58.

40. Vargas, *Diário*, v. 2, p. 70 (anotação de 18 set. 1937). Dutra contou essa versão a Hélio Silva em 1959; Silva, *1937*, pp. 390-91; Leite e Novelli, *Marechal Eurico Gaspar Dutra*, pp. 228-29.

41. Valladares, *Tempos idos e vividos*, pp. 157-66. A Constituição de 1934, art. 167, fazia das polícias militares estaduais as forças de reserva do Exército. A Lei nº 192 de 17 de janeiro de 1936 especificou como isso seria implementado. Essa lei autorizava o governo federal a assumir o controle das polícias militares dos estados em caso de guerra externa ou "grave comoção intestina". Estipulava o treinamento e o comando por oficiais do Exército e limitava as armas da polícia às usadas por unidades do Exército em tempo de paz, proibindo a posse de artilharia, aviões e tanques. MG, *Relatório ... Dutra ... 1937*, Quarta parte, pp. 13-14.

42. Silva, *1937*, pp. 455-56.

43. Vargas, *Diário*, v. 2, p. 71. Getúlio acabara de obter do governador Valadares o compromisso de "cooperar até mesmo num movimento subversivo para alterar a situação causada pela sucessão presidencial". Newton Cavalcanti, DHBB, v. 1, pp. 749-51.

44. Aspásia Camargo et al., *O golpe silencioso: As origens da República corporativa*, Rio de Janeiro, Rio Fundo Editora, 1989, p. 213.

45. Vargas, *Diário*, v. 2, p. 71; "Venceram os aviadores militares", *A Nota*, Rio de Janeiro, 14 out. 1937; Ministério da Viação e Obras Públicas, Dep. de Aeronáutica Civil, *A linha aérea internacional da*

América do Norte a Buenos Aires através do Brasil e do Paraguai, Rio de Janeiro, Oficinas dos Correios e Telégrafos, 1937, pp. 11-15.

46. As atas da reunião foram reproduzidas em Silva, *1937*, pp. 391-99 e em Leite e Novelli, *Marechal Eurico Gaspar Dutra*, pp. 231-28. Grifo meu.

47. Leite e Novelli, *Marechal Eurico Gaspar Dutra*, pp. 231-38.

48. Vargas, *Diário*, v. 2, p. 72.

49. Com data de 29 de setembro de 1930, o texto encontra-se em Silva, *1937*, pp. 403-9 e em Leite e Novelli, *Marechal Eurico Gaspar Dutra*, pp. 239-44. Para vários detalhes, ver "José Carlos de Macedo Soares", *DHBB*, v. 4, pp. 3227-33. Macedo, ministro da Justiça de 6 de março a 11 de setembro, foi quem enviou formalmente o documento ao Congresso. No dia 28, segundo o que Dutra contou a Hélio Silva em 1959, Vargas disse aos comandantes das Forças Armadas que se Macedo Soares não concordasse com a solicitação do estado de guerra, ele o exoneraria (ver Silva, *1937*, pp. 403-9).

50. Vargas, *Diário*, v. 2, p. 72.

51. Camargo et al., *Golpe silencioso*, p. 219.

52. Silva, *1937*, pp. 414-25; Leite e Novelli, *Marechal Eurico Gaspar Dutra*, pp. 246-56; Camargo e Góes, *Meio século de combate*, p. 232.

53. Vargas, *Diário*, v. 2, pp. 75-76.

54. Em 15 de outubro, Vargas comentou: "O ministro da Guerra [...] prepara com decisão a marcha dos acontecimentos". Vargas, *Diário*, v. 2, p. 74; Paulo Bradi, *Vargas, da vida para a história*, Rio de Janeiro, Zahar, 1983, p. 119; Leite e Novelli, *Marechal Eurico Gapar Dutra*, pp. 257-58.

55. Vargas, *Diário*, v. 2, pp. 77-78. Suas palavras foram: "caipira astuto e inteligente, mas entendemo-nos bem". A reunião foi na casa do empresário Renato da Rocha Miranda, que atuou como intermediário (ver ibid. p. 574). Segundo John Dulles, Vargas disse a Salgado que as Forças Armadas haviam decidido "mudar o rgime", e ele concordara. Dulles, *Vargas of Brazil*, p. 165. Sua fonte não está clara.

56. Valladares, *Tempos idos e vividos*, p. 174.

57. Leite e Novelli, *Marechal Eurico Gaspar Dutra*, pp. 258-59; Vargas, *Diário*, v. 2, p.79.

58. As estimativas do número de camisas-verdes que participaram variaram de 20 mil a 50 mil. A primeira encontra-se em Vargas, *Diário*, v. 2, p. 79. A anotação de Vargas dá a impressão de que o aparecimento de Cavalcanti não fora previsto. Mas Vargas escreveu que os integralistas "desfilaram em continência ao chefe da nação". Enquanto ocorria o desfile, Dutra chegou e zangou-se por ver oficiais nas fileiras integralistas. Dutra contou sua reção a Hélio Silva em 1970; ver Silva, *1937*, p. 457. As palavras de Salgado foram extraídas de Robert M. Scotten (Embaixada dos Estados Unidos), Rio de Janeiro, 6 nov. 1937, 832.00/1083, Letter 126, RG 59, NA.

59. Vargas, *Diário*, v. 2, p. 80; Carneiro, *Lusardo*, v. 2, pp. 208-10; "Artur Ferreira da Costa", *DHBB*, v. 2, p. 962.

60. Vargas, *Diário*, v. 2, pp. 80-81; sobre a missão de Negrão de Lima, ver Carneiro, *Lusardo*, v. 2, pp. 208-10. Lusardo foi presidente e Negrão, secretário do comitê eleitoral de José Américo.

61. O texto do manifesto aparece em várias obras. Usei a de Carneiro, *Lusardo*, v. 2, pp. 210-11; Scotten, Rio de Janeiro, 20 nov., 832.000/1111 e /1106, RG 59, NA; sobre a recusa de José Américo a assinar, ver Leite e Novelli, *Marechal Eurico Gaspar Dutra*, p. 267.

62. "João Carlos Machado", *DHBB*, v. 3, pp. 1989-91; "Paulo de Morais Barros", *DHBB*, v. 1, p. 331; ver também Leite e Novelli, *Marechal Eurico Gaspar Dutra*, p. 269; Vargas, *Diário*, v. 2, pp. 82-83. Ori-

ginalmente, o plano era fazer a "reforma" em 15 de novembro, dia da Proclamação da República, mas com o aumento da tensão a data foi antecipada para 11 de novembro e por fim, com o manifesto, para o dia 10.

63. Vargas, *Diário*, v. 2, pp. 82-83; Carneiro, *Lusardo*, v. 2, pp. 211-12.

64. McCann, *Brazilian-American alliance*, pp. 46-67; Vargas, *Nova política do Brasil*, v. 5, pp. 19-32; citações da p. 28.

65. Citado em Leite e Novelli, *Marechal Eurico Gaspar Dutra*, p. 271. Somente os generais José Pompeu de Albuquerque Cavalcanti, comandante da Artilharia de Costa, e Pantaleão Pessoa protestaram contra o novo regime; ambos foram sumariamente reformados. A ação de Pessoa magoou Vargas, que escreveu uma longa passagem em seu diário relatando sua grande contribuição para a carreira de Pessoa, como este se aliara a flores da Cunha e se opusera ao golpe "do qual antes ele era partidário, aconselhando-me mais de uma vez a dissolver o Congresso". Vargas, *Diário*, v. 2, pp. 86-87 (anotação de 24 de novembro). Paulo Brandi afirmou que cinco generais foram substituídos por protestar, mas só menciona os dois acima e o general Guedes da Fontoura, que provavelmente já estava mesmo condenado à reforma; Brandi, *Vargas*, p. 125.

66. Leitão de Carvalho, *Discursos, conferências e outros escritos*, Rio de Janeiro, Imprensa do Exército, 1965, p. 274 (grifo meu).

67. Nelson de Mello, citado em Valentina da Rocha Lima, ed., *Getúlio: Uma história oral*, Rio de Janeiro, Record, 1986, p. 204. "Nelso de Mello", DHBB, v. 3, pp. 2191-94. A filha de Vargas, Alzira do Amaral Peixoto, contou-me isso em entrevista em 10 de agosto de 1969. Uma análise dessa questão encontra-se em meu livro *Brazilian-American alliance*, p. 43.

68. Getúlio Vargas a O. Aranha, Rio de Janeiro, 17 nov. 1937, AOA, CPDOC. Ele também salientou que queria usar capital americano "para podermos ser capazes de evitar aceitar ofertas de outros países [leia-se Alemanha?], às quais tenho resistido e pretendo resistir".

69. Vargas, *Nova política do Brasil*, v. 5, pp. 127-28 (ano-novo), p. 145 (P. Alegre); o resto encontra-se em Robert M. Scotten, Rio de Janeiro, 19 jan. 1938, dispatch 272, 832.001 Getúlio Vargas 10/47, RG 59, NA.

70. Estado-Maior do Exército, *Relatório dos trabalhos do Estado-Maior ... 1937 ... pelo GD Pedro Aurélio de Góes Monteiro*, Rio de Janeiro, Imprensa do Estado-Maior do Exército, 1938, pp. 35, 38-9. "Herdamos [...] um Exército quase que apenas nominal, desprovido do essencial e, portanto, imprestável para o campo de batalha" (p. 5).

71. A ata da reunião encontra-se em Silva, *1937*, pp. 391-99 e em Leite e Novelli, *Marechal Eurico Gaspar Dutra*, pp. 231-38. Citação em Estado-Maior do Exército, *Relatório dos trabalhos do Estado-Maior ... 1937... pelo GD Pedro Aurélio de Góes Monteiro*, Rio de Janeiro, Imprensa do Estado-Maior do Exército, pp. 40-41.

72. MG, *Relatório ... Dutra ... 1938*, pp. 6-8.

73. Schneider, "Order and Progress", p. 9.

74. Sumner Welles a F. D. Roosevelt, Washington, D. C., 26 jan. 1937, President's Personal File 4473 (Vargas), FDRL. Esse arquivo contém a mensagem pessoal de Vargas, na qual ele afirma que em caso de ataque aos Estados Unidos "os interesses vitais do Brasil estariam necessariamente envolvidos".

75. Osvaldo Aranha a Sumner Welles, Rio de Janeiro, 8 nov. 1938, AOA, CPDOC.

76. Estado-Maior do Exército, *Relatório dos trabalhos do Estado-Maior ... 1937 ... pelo GD Pedro Auré-*

lio de Góes Monteiro, pp. 10-11. O Exército dos Estados Unidos tinha uma missão de artilharia de costa trabalhando com esse ramo do Exército brasileiro; conseqüentemente, nos National Archives há muitas informações minuciosas a respeito das defesas portuárias brasileiras. Em setembro de 1938 não havia em alguns fortes pólvora para canhões de grande calibre, e não possuíam canhões antiaéreos. General-de-brigada Allen Kimberly (chefe da missão militar americana) a Eurico Dutra, Rio de Janeiro, 19 set. 1938: "Defense of Rio de Janeiro", 2667-K-4, Brazil 6800, G-2 Regional, RG 165, NA. Embora a análise do general Kimberly fosse feita para os brasileiros, ele enviou cópias ao Departamento de Guerra dos Estados Unidos.

77. Vargas, *Diário*, v. 1, pp. 523-24. E interessante que Vargas se queixasse de que o ministro das Relações Exteriores, José Carlos de Macedo Soares, continuava "insistindo pela realização de grandes compras na Alemanha" (p. 525), e que "a publicidade que deu ao convênio, atribuindo-lhe uma importância e extensão que não tinha, foram as causas principais da prevenção americana" (pp. 525-26). Analisei as compras e comércio de armas em *Brazilian-American alliance*, pp. 111-13, 148-75.

EPÍLOGO [PP. 551-58]

1. Murilo de Carvalho, "Armed Forces and politics", p. 214. O oficial profissional citado era Estevão Leitão de Carvalho, um dos "jovens turcos" influenciado pelos alemães e fundador de *A Defesa Nacional*, que recusara o comando das forças rebeldes em 1930 porque era contra seus princípios legalistas. Autor de vários livros, suas atitudes são sintetizadas em *Dever militar e política partidária*, São Paulo, Companhia Editora Nacional, 1959.

2. McCann, "The military", pp. 64-65; MG, *Relatório ... Dutra ... 1940*, p. 22; Sodré, *Memórias de um soldado*, pp. 188-90; Murilo de Carvalho, "Armed Forces and politics", pp. 205-7; para o decreto-lei 432 de 19 maio 1938, ver o resumo em Major Lawrence C. Mitchell, Rio de Janeiro, 17 jun. 1938, "Law of military instruction", rept. nº 2118, 2006-163, 6700, MID, GS, WD, G2 Regional, RG 165, NA.

3. Boa parte desses acontecimentos é analisada em McCann, *Brazillian-American alliance* e rediscutida em Frank D. McCann, "Brazil and World War II: the forgotten ally. What did you do in the war, Zé Carioca?", Estudos Interdisciplinares de America Latina y el Caribe 6, nº 2, jul.-dez. 1995, pp. 35-70.

4. Camargo et al., *Golpe silencioso*, p. 243.

5. Citações do discurso de dez. 1947; Embaixada Americana (Rio de Janeiro), memo: "Speech by President Dutra at army maneuvers", Rio de Janeiro, 23 dez. 1947, Dispatch 3252, 823.21 / 12-2347, RG 59, NA.

6. Ministério da Guerra, Estado-Maior do Exército, *O êxodo rural e o Exército*, Realengo, DF, Estabelecimento General Gustavo Cordeiro de Farias, 1955, pp. 8-10. Cópia no Centro de Documentação do Exército, Brasília.

7. Alfred Stepan, *Authoritarian Brazil*, p. 56.

8. Ver Thomas E. Skidmore, *Politics in Brazil, 1930-1964: An experiment in democracy*, Nova York, Oxford University Press, 1967. A citação de Murilo de Carvalho foi extraída de seu artigo "Armed Forces and politics", p. 223.

9. João Quartim de Moraes, *A esquerda militar no Brasil: Da conspiração republicana à guerrilha dos tenentes*, São Paulo, Siciliano, 1991, p. 7. "Apesar das evidentes diferenças de formação intelectual [...] parece-nos clara a continuidade da inspiração ético-política dos jovens oficiais abolicionistas e repu-

blicanos, dos 'tenentes' dos anos 20, dos militares antiimperialistas dos anos 50, dos antigolpistas dos anos 60." Para a Guerra da Coréia e a influência militar dos Estados Unidos, ver Sonny B. Davis, *A brotherhood of arms: Brazil-United States military relations, 1945-1977*, Niwot, University Press of Colorado, 1996, pp. 116-40.

10. General-de-divisão Amaury Kruel (ministro da Guerra), *Relatório sucinto das atividades do Ministério da Guerra durante o ano de 1962, apresentado ao Excelentíssimo Senhor Presidente da República*, Rio de Janeiro, SMG Imprensa do Exército, 1963, pp. 4-8, 18-21, 23; citações pp. 7 e 23. Cópia em CDOC-EX, Brasília; "Amaury Kruel", *DHBB*, v. 2, pp. 1694-97. Ele indicou um constante declínio na porcentagem do orçamento governamental destinada ao Exército, como se vê abaixo:

Ano	% do Exército no orçamento do governo
1958	14,1
1959	13
1960	11
1961	10
1962	8
1963	7

11. "Amaury Kruel", *DHBB*, v. 2, p 1696. Para a derrocada do sistema político, ver Skidmore, *Politics in Brazil*, pp. 253-302; Schneider, *Political system of Brazil*, pp. 73-107; Maria Celina D'Araújo, Gláucio Ary Dillon Soares e Celso Castro (eds.), *Visões do golpe: a memória militar sobre 1964*, Rio de Janeiro, Relume-Dumará, 1994, pp. 7-34.

12. Ver McCann, "The Brazilian Army and the problem of mission, 1939-1964", *Journal of Latin American Studies* 12, nº 1, maio 1980, pp. 107-26. Sobre o papel da ECEME em 1964, ver Ana Lagoa, *SNI, como nasceu, como funciona*, São Paulo, Brasiliense, 1983, pp. 86-87. Minhas entrevistas com oficiais que na época cursavam a ECEME comprovaram esse tipo de atividade. Eles acreditavam que a esquerda (gente de Goulart no governo, sindicatos, partido comunista e até mesmo os favelados) era tão bem organizada que a conspiração militar poderia muito bem fracassar. Tinham planos para fugir do Brasil se isso acontecesse, e oficiais americanos haviam lhes garantido que assim que saíssem do Brasil receberiam treinamento e apoio logístico dos Estados Unidos para retornar ao país e empreender uma guerra de guerrilha.

13. Campos Coelho, *Em busca de identidade*, pp. 169-70.

14. "Humberto Castelo Branco", *DHBB*, v. 1, pp. 698-717; "Costa e Silva", *DHBB*, v. 4, pp. 3144-49.

15. Mas, paradoxalmente, o corpo de oficiais julgava-se essencialmente democrático e comprometido com com o desenvolvimento da democracia no Brasil. Nas palavras do general Aurélio de Lyra Tavares, "em situações excepcionais" quando os processos democráticos viram-se tão ameaçados que a sobrevivência das instituições nacionais e a soberania da pátria estiveram em perigo, foi o "espírito legalista do Exército" que levou a instituição a investir-se do poder com o único objetivo de "restabelecer a ordem democrática". O general Tavares formou-se na escola militar do Realengo na "Turma Caxias" de 1925, e foi ministro do Exército no ano de triste memória, 1968. Ele acreditava e pregava que o corpo de oficiais era um "sacerdócio" dedicado à "defesa da pátria". Além disso, como

"soldados de Caxias", os militares do Exército brasileiro eram essencialmente "democráticos", fiéis às suas "raízes populares". Muitos observadores consideraram cínicas essas afirmações diante da substituição de Arthur da Costa e Silva, que sofrera uma trombose cerebral, pelo general Emílio Garrastazu Médici, o favorito dos "cardeais da instituição militar", ou seja, os oficiais de alto coturno. A. Lyra Tavares, *Nosso Exército: Essa grande escola*, Rio de Janeiro, Biblioteca do Exército, 1985, pp. 156-58, 165, 179; "Lyra Tavares", DHBB, v. 4, pp. 3304-7; Thomas E. Skidmore, *The politics of military rule in Brazil*, 1964-85, Nova York, Oxford University Press, 1988, pp. 93-101; Schneider, *Political system of Brazil*, pp. 290-96.

16. Skidmore, *Politics of military rule*, pp. 11-45, 306-10.

Bibliografia selecionada

ARQUIVOS

Arquivo Histórico do Exército, Rio de Janeiro

Arquivo Nacional, Rio de Janeiro
Papéis do general Pedro de Góes Monteiro (PGM)
Centro de Documentação do Exército (CDOC-EX), Quartel-General do Exército, Brasília
Centro de Pesquisa e Documentação de História Contemporânea do Brasil, Fundação Getulio Vargas, Rio de Janeiro
Coleções
Arquivo Osvaldo Aranha
Arquivo Bertoldo Klinger
Arquivo Juracy Magalhães
Arquivo Fernando Setembrino de Carvalho
Arquivo Getúlio Vargas

Programa de História Oral
Depoimento Delso Mendes da Fonseca

National Archives, Washington D. C.

Department of State Records (Record Group [RG] 59)
Old Navy and Army Branch (ONA)

657

Military Intelligence Division (MID), General Staff (GS), War Department (WD) (RG 165).
U. S. Army Intelligence (G-2) Regional Files (Brazil) (RG 165)

Public Record Office, Londres

DOCUMENTOS E PUBLICAÇÕES DO GOVERNO

Associação dos Diplomados da Escola Superior de Guerra (ADESG). *Segurança Nacional e Segurança Interna.* Rio de Janeiro, Departamento de Ciclos de Estudos da ADESG, 1972.

BANHA, Coronel Paulo da Motta (coord.). *História do Estado-Maior do Exército.* Rio de Janeiro, Biblioteca do Exército, 1984.

BIBLIOTECA MILITAR. *A República brasileira.* Rio de Janeiro, Almanak Laemmert, 1939.

CÂMARA DOS DEPUTADOS. *Mensagens presidenciais, 1890-1910; Deodoro da Fonseca; Floriano Peixoto; Prudente de Morais; Campos Salles; Rodrigues Alves; Affonso Penna; Nilo Peçanha.* Documentos Parlamentares 9, 1912. Reimpressão, Brasília, Câmara dos Deputados, 1978.

_____. *Mensagens presidenciais, 1910-1914; presidência Hermes da Fonseca.* Documentos Parlamentares 67, 1921. Reimpressão, Brasília, Câmara dos Deputados, 1978.

_____. *Mensagens presidenciais, 1915-1918; presidência Venceslau Brás.* Documentos Parlamentares 68, 1921. Reimpressão, Brasília, Câmara dos Deputados, 1978.

_____. *Mensagens presidenciais, 1919-1922; presidência Delfim Moreira e Epitácio Pessoa.* Documentos Parlamentares 71, 1922. Reimpressão, Brasília, Câmara dos Deputados, 1978.

_____. *Mensagens presidenciais, 1923-1926; presidência Arthur Bernardes.* Documentos Parlamentares 83, 1926. Reimpressão, Brasília, Câmara dos Deputados, 1978.

D'ASSUMPÇÃO, Herculano Teixeira, "Atividades militares em Belo Horizonte", com memorando anexo, "Alistamento Militar" (1875-1920), datilografado, 12 de dezembro de 1947, Estado-Maior do Exército, CDOC-EX, Brasília.

A Defesa Nacional: Revista de Assuntos Militares. 1913-2002.

DEPARTAMENTO DE ESTADO DOS ESTADOS UNIDOS. *Foreign relations of the United States 1945.* Washington, D. C., Govt. Printing Office, 1969.

DIRECTORIA DO MATERIAL BELLICO. Relatórios, 1935-37. Cópias em carbono, datilografadas, em CDOC-EX, Brasília.

ESCOLA DE COMANDO E ESTADO-MAIOR DO EXÉRCITO. Curso de preparação. *Guerras insurrecionais no Brasil (Canudos e Contestado).* Rio de Janeiro, Imprensa Nacional, 1968.

ESTADO-MAIOR DO EXÉRCITO. *Relatório dos trabalhos do Estado-Maior durante o ano de 1923 apresentado ao Ex^me Sr. marechal Fernando Setembrino de Carvalho pelo general-de-divisão Augusto Tasso Fragoso, chefe do Estado-Maior do Exército.* Rio de Janeiro, Imprensa Militar, Estado-Maior do Exército, 1924.

_____. *Relatório dos trabalhos do Estado-Maior durante o ano de 1925 apresentado ao Ex^me Sr. marechal Fernando Setembrino de Carvalho pelo general-de-divisão Augusto Tasso Fragoso, chefe do Estado-Maior do Exército.* Rio de Janeiro, Imprensa Militar, Estado-Maior do Exército, 1926.

_____. *Relatório dos trabalhos do Estado-Maior durante o ano de 1927 apresentado ao Ex^me Sr. general-de-divi-*

são Nestor Sezefredo dos Passos, ministro da Guerra, pelo general-de-divisão Augusto Tasso Fragoso, chefe do Estado-Maior do Exército. Rio de Janeiro, Imprensa Militar, Estado-Maior do Exército, 1928.

_____. Relatório dos trabalhos do Estado-Maior durante o ano de 1929 apresentado ao Ex^mª Sr. general-de-divisão Nestor Sezefredo dos Passos pelo general-de-divisão Alexandre Henriques Vieira Leal, chefe do Estado-Maior do Exército. Rio de Janeiro, Imprensa Militar, Estado-Maior do Exército, 1930.

_____. O êxodo rural e o Exército. Realengo, DF, Estabelecimento General Gustavo Cordeiro de Farias, 1955.

GAMELIN, General Maurice, e REIS NETTO, Capitão Joaquim de Souza. Manobra de quadros do Exército de 1921-1922. Rio de Janeiro, Imprensa Militar, 1922.

GÓES MONTEIRO, Capitão Pedro A. de. "O Destacamento Mariante no Paraná ocidental (Reminiscências)", Rio de Janeiro, junho de 1925. Datilografado. Arquivo Histórico do Exército, Rio de Janeiro.

KRUEL, General-de-divisão Amaury (ministro da Guerra). Relatório sucinto das atividades do Ministério da Guerra durante o ano de 1962, apresentado ao Excelentíssimo Senhor Presidente da República, Rio de Janeiro, SMG Imprensa do Exército, 1963.

LEITE, Mauro Renault, e NOVELLI JR., Luiz Gonzaga (eds.), Marechal Eurico Gaspar Dutra: O dever da verdade, Rio de Janeiro, Nova Fronteira, 1983.

MINISTÉRIO DA GUERRA, Relatórios dos ministros da Guerra, 1889-1945.

_____. Almanak do Ministério da Guerra, 1889-1965.

MINISTÉRIO DA VIAÇÃO E OBRAS PÚBLICAS, Departamento de Aeronáutica Civil. A linha aérea internacional da América do Norte a Buenos Aires através do Brasil e do Paraguai. Rio de Janeiro, Oficinas dos Correios e Telégrafos, 1937.

REINO UNIDO. "Brazil, annual report". Foreign Office Confidential Prints, 1906-1929, 1937.

RUAS SANTOS, Capitão Francisco. "Resumo histórico, período de outubro de 1896 a dezembro de 1959", Estado-Maior do Exército, Rio de Janeiro, 5 de novembro de 1951. CDOC-EX, Brasília.

SETEMBRINO DE CARVALHO, Fernando. Relatório apresentado ao general-de-divisão José Caetano de Faria, ministro da Guerra, pelo general-de-brigada Fernando Setembrino de Carvalho, comandante das forças em operações de guerra no Contestado, 1915. Rio de Janeiro, Imprensa Militar, Estado-Maior do Exército, 1916.

TASSO FRAGOSO, Augusto, "Reflexões sobre a situação militar no Brasil", outubro de 1927. Datilografado e encadernado. CDOC-EX, Brasília.

VARGAS, Getúlio. A nova política do Brasil. 11 v., Rio de Janeiro, José Olympio, 1938-47.

_____. Diário. V. 1, 1930-1936; V. 2, 1937-1942. São Paulo e Rio de Janeiro, Siciliano e Fundação Getúlio Vargas, 1995.

LIVROS E DISSERTAÇÕES

ABRAHAMSON, James L. America arms for a new century: The making of a great military power. Nova York, Free Press, 1981.

ABRANCHES, João Dunshee de. A ilusão brasileira (justificação histórica de uma attitude). 5ª ed. Rio de Janeiro, Imprensa Nacional, 1917.

_____. Como se faziam presidentes: Homens e fatos do início da República. Rio de Janeiro, José Olympio, 1973.

Agulhas Negras: Tradição e atualidade do ensino militar no Brasil. Rio de Janeiro, AC & M Editora, 1993.

ALBUQUERQUE, Manoel Maurício de. *Pequena história da formação social brasileira*. Rio de Janeiro, Graal, 1984.

ALDEN, Dauril, e DEAN, Warren (eds.), *Essays concerning the socioeconomic history of Brazil and Portuguese India*. Gainesville, University Press of Florida, 1977.

ALMEIDA, General Gil Antônio Dias de. *Homens e fatos de uma revolução*. Rio de Janeiro, Ed. Calvino Filho, sem data.

ALMEIDA, José Américo de. *A palavra e o tempo (1937-1945-1950)*. Rio de Janeiro, José Olympio, 1965.

ALVES DE ABREU, Alzira (coord.). *Juracy Magalhães: minhas memórias provisórias; depoimento prestado ao* CPDOC. Rio de Janeiro, Civilização Brasileira, 1982.

AMARAL, Antônio José de Azevedo. *O Estado autoritário e a realidade nacional*. Brasília, Ed. Universidade de Brasília, 1981.

ANDREWS, C. C. *Brazil: Its condition and prospects*. 3ª ed. Nova York, D. Appleton, 1891.

ARARIPE, Tristão de Alencar. *Tasso Fragoso, um pouco de história do nosso Exército*. Rio de Janeiro, Biblioteca do Exército, 1960.

_____. *A coerência de uma vocação*. Rio de Janeiro, Imprensa do Exército, 1969.

_____. *Expedições militares contra Canudos: Seu aspecto marcial*. 2ª ed. Rio de Janeiro, Biblioteca do Exército, 1985.

ARAÚJO, Rubens Vidal. *Os Vargas*. Porto Alegre, Globo, 1985.

BARATA, Agildo. *Vida de um revolucionário (memórias)*. Rio de Janeiro, Editora Melso S. A., 1962.

BARBOSA, Francisco de Assis. *A vida de Lima Barreto*. 5ª ed. Rio de Janeiro, José Olympio, 1975.

BARBOSA, Lívia. *O jeitinho brasileiro: A arte de ser mais igual que os outros*. Rio de Janeiro, Campus, 1992.

BARMAN, Roderick J. *Brazil: The forging of a nation, 1789-1852*. Stanford, Calif., Stanford University Press, 1988.

_____. *Citizen emperor: Pedro II and the making of Brazil, 1825-1891*. Stanford, Calif., Stanford University Press, 1999.

BARRETTO, Anibal. *Fortificações do Brasil*. Rio de Janeiro, Biblioteca do Exército, 1958.

BELLO, José Maria. *A history of modern Brazil, 1889-1964*. Stanford, Calif., Stanford University Press, 1966.

BELLO, José Maria. *História da República (1889-1954)*. 5ª ed. Companhia Editora Nacional, 1964.

BELOCH, Israel, e ABREU, Alzira Alves de. *Dicionário histórico-biográfico brasileiro, 1930-1983*. 4 v. Rio de Janeiro, Forense Universitária, 1984.

BENTO, Cláudio Moreira. *O Exército na proclamação da República*. Rio de Janeiro, Senai, 1989.

_____. *Academia Militar das Agulhas Negras (Jubileu de Ouro em Resende)*. Resende, Soraaman, 1994.

BIBLIOTECA MILITAR, *República Brasileira*. Rio de Janeiro, Almanak Laemmert, 1939.

BILAC, Olavo. *A defesa nacional (discursos)*. Rio de Janeiro, Biblioteca do Exército, 1965.

BOEHRER, George C. A. *Da monarquia à República: História do Partido Republicano do Brasil (1870-1889)*. Rio de Janeiro, Ministério de Educação e Cultura, 1954.

BONALUME NETO, Ricardo. *A nossa guerra: Os brasileiros em combate, 1942-1945*. Rio de Janeiro, Expressão e Cultura, 1995.

BONUMÁ DOS SANTOS, Coronel Newton, e MORGADO, Coronel Sérgio Roberto Dentino. "Reflexões sobre a cultura no Exército brasileiro: suas dimensões, objetivos, estrutura, instrumentos e respostas." Monografia apresentada como exigência curricular para obtenção do diploma do curso de política, estratégia e alta administração do Exército. Rio de Janeiro, Escola de Comando e Estado-Maior do Exército, 1990.

BRANDI, Paulo. *Vargas: Da vida para a história*. Rio de Janeiro, Zahar, 1983.

BRINTON, Crane. *The anatomy of revolution*. Nova York, Vintage, 1957.

BRITO, Ademar de. *O 52º Batalhão de Caçadores e a 3ª Companhia de Metralhadoras Pesadas*. Rio de Janeiro, Biblioteca do Exército, 1944.

BUARQUE DE HOLANDA, Sérgio. *Do Império à República*. V. 5 de *História geral da civilização brasileira*. São Paulo, Difel/Difusão Editorial, 1972.

BURNS, E. Bradford. *A documentary history of Brazil*. Nova York, Knopf, 1966.

_____. *The unwritten alliance: Rio Branco and Brazilian-American relations*. Nova York, Columbia University Press, 1966.

_____. *Nationalism in Brazil: A historical survey*. Nova York, Praeger, 1968.

_____. *A history of Brazil*. Nova York, Columbia University Press, 1970.

CALMON, Pedro. *História do Brasil*. V. 6. Rio de Janeiro, José Olympio, 1959.

CALÓGERAS, João Pandiá. *Problemas de administração*. 2ª ed. São Paulo, Companhia Editora Nacional, 1938.

CÂMARA, Tenente-coronel Hiram de Freitas. *Marechal José Pessoa: A força de um ideal*. Rio de Janeiro, Biblioteca do Exército, 1985.

CAMARGO, Aspásia, e GÓES, Walder de. *Meio século de combate: Diálogo com Cordeiro de Farias*. Rio de Janeiro, Nova Fronteira, 1981.

CAMARGO, Aspásia *et al*. *O golpe silencioso: As origens da república corporativa*. Rio de Janeiro, Rio Fundo Editora, 1989.

CAMP, Roderick Ai. *Generals in the palacio: The military in modern Mexico*. Nova York, Oxford University Press, 1992.

CAMPELLO DE SOUZA, Maria do Carmo. *Estado e partidos políticos no Brasil (1930 a 1964)*. São Paulo, Alfa-Ômega, 1976.

CAMPOS COELHO, Edmundo. *Em busca de identidade: O Exército e a política na sociedade brasileira*. Rio de Janeiro, Forense Universitária, 1976.

CANALE, Dario, VIANA, Francisco, e TAVARES, José Nilo. *Novembro de 1935: Meio século depois*. Petrópolis, Vozes, 1985.

CANCELLI, Elizabeth. *O mundo da violência: A polícia da era Vargas*. Brasília, Ed. Universidade de Brasília, 1993.

CARNEIRO, Glauco. *História das revoluções brasileiras*. 2 v. Rio de Janeiro, Edições O Cruzeiro, 1965.

_____. *Lusardo: O último caudilho*. 2 v. Rio de Janeiro, Nova Fronteira, 1978.

CARONE, Edgard. *A Primeira República (1889-1930), texto e contexto*. São Paulo, Difusão Européia do Livro, 1969.

_____. *A República Velha*. V. 1, *Instituições e classes sociais*. São Paulo, Difusão Européia do Livro, 1971.

_____. *A República Velha*. V. 2, *Evolução política*. São Paulo, Difusão Européia do Livro, 1972.

_____. *A Segunda República (1930-1937)*. São Paulo, Difusão Européia do Livro, 1973.

_____. *O tenentismo: Acontecimentos, personagens, programas*. São Paulo, Difusão Européia do Livro, 1975.

CASCUDO, Luís da Câmara. *Dicionário do folclore brasileiro*. Rio de Janeiro, Instituto Nacional do Livro, 1962.

CASTELO BRANCO, Coronel Manoel Thomaz. *O Brasil na II Grande Guerra*. Rio de Janeiro, Biblioteca do Exército, 1960.

CASTRO, Celso. *O espírito militar: Um estudo de antropologia social na Academia Militar das Agulhas Negras*. Rio de Janeiro, Jorge Zahar, 1990.

CASTRO, Sertório de. *A República que a revolução destruiu*. 1932. Reimpressão, Brasília, Editora Universidade de Brasília, 1982.

CASTRO E SILVA, Major Egydio Moreira de. *À margem do Ministério Calógeras (na pasta da Guerra)*. Rio de Janeiro, Editora Melso S. A., 1961.

CAVALCANTI, Pedro. *A presidência Wenceslau Braz, 1914-1918*. Brasília, Editora Universidade de Brasília, 1981.

CELSO, Afonso. *Porque me ufano do meu país*. Rio de Janeiro, Livraria Garnier, 1900.

CHALLENGER, Richard D. *The French theory of the nation in arms, 1866-1939*. Nova York, Columbia University Press, 1952.

CHANDLER, Billy Jaynes. *The Feitosas and the Sertão dos Inhamuns: The history of a family and a community in Northeast Brazil, 1700-1930*. Gainesville, University Press of Florida, 1972.

CIDADE, General Francisco de Paula. *Síntese de três séculos de literatura militar brasileira*. Rio de Janeiro, Estabelecimento Gustavo Cordeiro de Faria, 1959.

CLIFFORD, John G. *The citizen soldiers: The Plattsburg training camp movement, 1913-1920*. Lexington, University Press of Kentucky, 1972.

COELHO, Coronel José Tobias. *O Exército internamente (reminiscências históricas)*. Rio de Janeiro, Editora Alba, 1935.

COFFMAN, Edward M. *The old army: A portrait of the American army in peacetime, 1784-1898*. Nova York, Oxford University Press, 1986.

CONNIFF, Michael L. *Urban politics in Brazil: The rise of populism, 1925-1945*. Pittsburgh, University of Pittsburgh Press, 1981.

CONNIFF, Michael L., e MCCANN, Frank D. (eds.). *Modern Brazil: Elites and masses in historical perspective*. Lincoln, University of Nebraska Press, 1989.

CORRÊA, Anna Maria Martinez. *A rebelião de 1924 em São Paulo*. São Paulo, Hucitec, 1976.

CORRÊA, Carlos Humberto. *Militares e civis num governo sem rumo: O governo provisório revolucionário no Sul do Brasil, 1893-1894*. Florianópolis, Ed. UFSC e Ed. Lunardelli, 1990.

COSTA, João Cruz. *Contribuição à história das idéias no Brasil*. Rio de Janeiro, José Olympio, 1967.

COUTINHO, Lourival. *O general Góes depõe*. Rio de Janeiro, Livraria Editora Coelho Branco, 1956.

CPDOC. *A Revolução de 30: Seminário Internacional*. Brasília, Ed. Universidade de Brasília, 1982.

CUNHA, Euclides da. *Canudos, diário de uma expedição*. Rio de Janeiro, José Olympio, 1939.

_____. *Rebellion in the backlands*. Trad. Samuel Putman. Chicago, Ill., University of Chicago Press, 1944.

_____. *Os sertões*. Em SANTIAGO, Silviano (org.), *Intérpretes do Brasil*. V. 1. Rio de Janeiro, Nova Aguilar, 2002.

D'ASSUMPÇÃO, Herculano Teixeira. *A campanha do Contestado*. 2 v. Belo Horizonte, Imprensa Oficial do Estado de Minas Gerais, 1917.

DANESE, Sérgio. *Diplomacia presidencial: História e crítica*. Rio de Janeiro, Topbooks, 1999.

DANTAS, José Ibaré Costa. *O tenentismo em Sergipe (da revolta de 1924 à Revolução de 1930)*. Petrópolis, Vozes, 1974.

D'ARAÚJO, Maria Celina, e CASTRO, Celso (eds.). *Ernesto Geisel*. Rio de Janeiro, Fundação Getúlio Vargas, 1997.

DAVIS, Sonny B. *A brotherhood of arms: Brazil—United States military relations, 1945-1977*. Niwott, University Press of Colorado, 1996.

DEAN, Warren. *The industrialization of São Paulo, 1880-1945*. Austin, University of Texas Press, 1969.

DELLA CAVA, Ralph. *Miracle at Joaseiro*. Nova York, Columbia University Press, 1970.

DENYS, Odylio. *Ciclo revolucionário brasileiro, memórias*. Rio de Janeiro, Nova Fronteira, 1980.

DIACON, Todd A. *Millenarian vision, capitalist reality: Brazil's Contestado rebellion, 1912-1916*. Durham, N. C., Duke University Press, 1991.

DOMINGOS NETO, Manuel. "L'influence etrangere dans la modernization de l'armée bresilienne (1889-1930)", Paris, these presentée à l'Institut des Hautes Etudes de l'Amérique Latine, Université de Paris III, pour l'obtention du Doctorat IIIème Cycles, 1979.

DRUMMOND, José Augusto. *O movimento tenentista: A intervenção militar e conflito hierárquico (1922-1935)*. Rio de Janeiro, Graal, 1986.

DUDLEY, William S. "Reform and radicalism in the Brazilian army, 1870-1889", diss. Ph.D., Columbia Uninversity, 1972.

DULLES, John W. F. *Vargas of Brazil: A political biography*. Austin, University of Texas Press, 1967.

_____. *Castello Branco: The making of a Brazilian president*. College Station, Texas, A&M University Press, 1978.

DUTRA, Eurico Gaspar. *O Exército em dez anos de governo do presidente Vargas*. Rio de Janeiro, Ministério da Guerra, 1941.

DUVAL, Armando. *Reorganização do Exército*. Rio de Janeiro, Imprensa Nacional, 1901.

_____. *A Argentina, potência militar*. 2 v. Rio de Janeiro, Imprensa Nacional, 1922.

FACÓ, Rui. *Cangaceiros e fanáticos, gênese e lutas*. Rio de Janeiro, Civilização Brasileira, 1976.

FAORO, Raymundo. *Os donos do poder, formação do patronato político brasileiro*. 2 v. Porto Alegre e São Paulo, Globo e Ed. Universidade de São Paulo, 1975.

FERNANDES, Heloísa Rodrigues. *Política e segurança, Força Pública do Estado de São Paulo: Fundamentos históricos-sociais*. São Paulo, Alfa-Ômega, 1974.

FIFER, J. Valerie. *Bolivia: Land, location and politics since 1825*. Cambridge, U.K., Cambridge University Press, 1972.

FLEISCHER, David V. (ed.). *Carlos Peixoto Filho*. Brasília, Câmara dos Deputados, 1978.

FLYNN, Peter. *Brazil: A political analysis*. Boulder, Colo. Westview Press, 1978.

FOCH, Ferdinand. *The principles of war*. Nova York, Henry Holt, 1920.

FONSECA FILHO, Hermes da. *Marechal Hermes: Dados para uma biografia*. Rio de Janeiro, sem editora, 1961.

FONSECA, Mário Hermes da, e ESCOBAR, Ildefoso (eds.). *Primórdios da organização da defesa nacional*. Rio de Janeiro, Tipografia Glória, Pinho e Manes, 1943.

FONSECA, Nair de Teffé Hermes da. *A verdade sobre a Revolução de 22*. Rio de Janeiro, Gráfica Portinho Cavalcanti, 1974.

FONTOURA, João Neves da. *Memórias*. Porto Alegre, Globo, 1963.

FORJOZ, Maria Cecília Spina. *Tenentismo e política*. Rio de Janeiro, Paz e Terra, 1977.

FORTES, Hugo G. Borges. *Canhões cruzados, uma síntese da história da artilharia de costa brasileira*. Rio de Janeiro, Biblioteca do Exército, 2001.

FRANCK, Harry A. *Working north from Patagonia*. Nova York, Garden City Publishing, 1921.

FREIXINHO, Nilton. *Instituições em crise: Dutra e Góes Monteiro, duas vidas paralelas*. Rio de Janeiro, Biblioteca do Exército, 1997.

FREYRE, Gilberto. *Order and progress: Brazil from monarchy to republic*. Nova York, Knopf, 1970.

_____. *Ordem e progresso*. Em SANTIAGO, Silviano (coord.), *Intérpretes do Brasil*. V. 3. 2ª ed. Rio de Janeiro: Nova Aguilar, 2002.

FRISCHAUER, Paul. *Presidente Vargas: Biografia*. São Paulo, Companhia Editora Nacional, 1944.

FUNDAÇÃO ROBERTO MARINHO, *Contestado*. Rio de Janeiro, Editora Índex, 1987.

GABAGLIA, Laurita Pessoa Raja. *Epitácio Pessoa (1865-1942)*. 2 v. Rio de Janeiro, José Olympio, 1951.

GALVÃO, Walnice Nogueira. *No calor da hora: A guerra de Canudos nos jornais, 4ª expedição*. São Paulo, Ática, 1974.

GAULD, Charles A. *The last titan: Percival Farquhar, American entrepeneur in Latin America*. Stanford., Calif., Institute of Hispanic American and Luso-Brazilian Studies, 1964.

GLOBO, Editora. *Vocabulário Sul-Rio-Grandense*. Porto Alegre, Editora Globo, 1964.

GÓES MONTEIRO, General Pedro A. de. *A Revolução de 30 e a finalidade política do Exército*. Rio de Janeiro, Assis Cintra e Andersen, 1934.

GRAÇA ARANHA, José Pereira da. *Canaan*. Boston, Four Seas, 1920.

GUIMARÃES, Carlos Eugênio de Andrade. *Arthur Oscar, soldado do Império e da República*. Rio de Janeiro, Biblioteca do Exército, 1965.

GUIMARÃES, Manuel Luiz Lima Salgado et al. (eds.). *A Revolução de 30: Textos e documentos*. 2 v. Brasília, Ed. Universidade de Brasília, 1982.

HAHNER, June E. *Civilian-military relations in Brazil, 1889-1898*. Columbia, S. C., University of South Carolina Press, 1969.

HALE, Albert. *The South Americans*. Indianapolis, Ind., Bobbs-Merryll, 1907.

HALL, Lawrence H. "João Pandiá Calógeras, minister of War, 1919-1922: The role of a civilian in the development of Brazilian army", diss. PhD, Nova York, New York University, 1983.

HARRIES, Meirion, e HARRIES, Susan. *Soldiers of the sun: The rise and fall of the imperial Japanese army*. Nova York, Random House, 1991.

HART, John M. *Revolutionary Mexico: The coming and process of the Mexican revolution*. Berkeley, University of California Press, 1987.

HESS, David J. e DAMATTA, Roberto A. (eds.). *The Brazilian puzzle: Culture on the borderlands of the Western world*. Nova York, Columbia University Press, 1995.

HILTON, Stanley E. *Brazil and the great powers, 1930-1939: The politics of trade rivalry*. Austin, University of Texas Press, 1975.

_____. *1932: A guerra civil brasileira (história da Revolução Constitucionalista de 1932)*. Rio de Janeiro, Nova Fronteira, 1982.

_____. *A rebelião vermelha*. Rio de Janeiro, Record, 1986.

_____. *Brazil and the Soviet challenge, 1917-1947*. Austin, University of Texas Press, 1991.

HOLLOWAY, Thomas H. *Immigrants on the land: Coffee and society in São Paulo, 1886-1934*. Chapel Hill, University of North Carolina Press, 1980.

_____. *Policing Rio de Janeiro: Repression and resistance in a nineteenth-century city*. Stanford, Calif., Stanford University Press, 1993.

HOWARD, Michael, e PARET, Peter (eds.). *Carl von Clausewitz on war.* Princeton, N. J., Princeton University Press, 1976.

HUGGINS, Martha K. *Political policing: The United States and Latin America.* Durham, N. C., Duke University Press, 1998.

HUNTINGTON, Samuel F. *The soldier and the State: The theory and politics of civilian-military relations.* Cambridge, Mass., Harvard University Press, 1959.

IKEGAMI, Eiko. *The taming of the samurai: Honorific individualism and the making of modern Japan.* Cambridge, Mass., Harvard University Press, 1995.

JANOTTI, Maria de Lourdes Mônaco. *Os subversivos da República.* São Paulo, Brasiliense, 1986.

JOFFILY, José. *O caso Panther.* Rio de Janeiro, Paz e Terra, 1988.

JOHNSON, John J. *The military and society in Latin America.* Stanford, Calif., Stanford University Press. 1964.

JOMINI, Antoine Henri (barão). *The art of war.* 1862. Reimpressão, Westport, Conn., Greenwood, 1971.

KEITH, Henry H. *Soldados salvadores: As revoltas militares brasileiras de 1922 e 1924 em perspectiva histórica.* Rio de Janeiro, Biblioteca do Exército, 1989.

KEITH, Henry H., e HAYES, Robert A. (eds.). *Perspectives on armed politics in Brazil.* Tempe, Arizona State University, 1976.

KENNEDY, Paul. *The rise and fall of the great powers.* Nova York, Random House, 1987.

KLINGER, General Bertoldo. *Narrativas autobiográficas.* 7 v. Rio de Janeiro, O Cruzeiro, 1944-53.

LAGOA, Ana. *SNI, como nasceu, como funciona.* São Paulo, Brasiliense, 1983.

LAUERHASS, Ludwig, Jr. *Getúlio Vargas e o triunfo do nacionalismo brasileiro: Estudo do advento da geração nacionalista de 1930.* São Paulo e Belo Horizonte, Ed. Universidade de São Paulo e Editora Itatiaia, 1986.

LEAL, Joaquim Ponce. *Os homens e as armas: Notícias de um ciclo revolucionário.* Rio de Janeiro, Livraria Editora Cátedra, 1980.

LEITÃO DE CARVALHO, Coronel Estevão. *Na Revolução de 30: A atitude do 8º R. I. (Guarnição de Passo Fundo).* Rio de Janeiro, Ed. Schmidt, 1933.

LEITÃO DE CARVALHO, General Estevão. *Dever militar e política partidária.* São Paulo, Companhia Editora Nacional, 1959.

_____. *Memórias de um soldado legalista.* 3 v. Rio de Janeiro, SMG Imprensa do Exército, 1961, 1962, 1964.

_____. *Discursos, conferências e outros escritos.* Rio de Janeiro, Imprensa do Exército, 1965.

LEMOS, Renato Luís do Couto Neto e. *Benjamin Constant: Vida e história.* Rio de Janeiro, Topbooks, 1999.

LESSA, Renato. *A invenção republicana: Campos Sales, as bases e a decadência da Primeira República brasileira.* São Paulo, Edições Vértice, 1988.

LEUCHARS, Christopher. "Brazilian foreign policy and the great powers, 1912-1930". Diss. PhD, St. Anthony's Army College, Oxford University, 1983.

LEVINE, Robert M. *The Vargas regime: The critical years, 1934-1938.* Nova York, Columbia University Press, 1970.

_____. *Pernambuco in the Brazilian federation, 1889-1937.* Stanford, Calif., Stanford University Press, 1978.

_____. *Vale of tears: Revisiting the Canudos massacre in Northeastern Brazil, 1893-1897.* Berkeley, University of California Press, 1992.

LEVINE, Robert M. *Father of the poor? Vargas and his era.* Nova York, Cambridge University Press, 1998.

LEWIN, Linda. *Politics and parentela in Paraíba: A case study of family-based oligarchy in Brazil.* Princeton, N. J., Princeton University Press, 1987.

LIEUWEN, Edwin. *Arms and politics in Latin America.* Nova York, Praeger, 1960.

LIMA Valentina da Rocha (coord.). *Getúlio, uma história oral.* Rio de Janeiro, Record, 1986.

LIMA SOBRINHO, Alexandre José Barbosa. *Presença de Alberto Torres (Sua vida e pensamento).* Rio de Janeiro, Civilização Brasileira, 1968.

_____. *A verdade sobre a Revolução de Outubro — 1930.* 2ª. ed. São Paulo, Alfa-Ômega, 1975.

LIPPI OLIVEIRA, Lúcia (ed.) *Elite intelectual e debate político nos anos 30.* Rio de Janeiro, Fundação Getúlio Vargas, 1980.

LIPPI OLIVEIRA, Lúcia, VELLOSO, Mônica Pimenta, e GOMES, Ângela Maria Castro. *Estado Novo: Ideologia e poder.* Rio de Janeiro, Zahar, 1982.

LITRENTO, Oliveiros Lessa. *Canudos: Visões e revisões.* Rio de Janeiro, Biblioteca do Exército, 1998.

LOPES, General Moacir Araújo. *Olavo Bilac, o homem cívico.* Rio de Janeiro, Liga da Defesa Nacional, 1968.

LOPES, Theodorico e TORRES, Gentil. *Ministros da Guerra no Brasil, 1808-1946.* Rio de Janeiro, sem editora, 1947.

LOVE, Joseph L. *Rio Grande do Sul and Brazilian regionalism, 1882-1930.* Stanford, Calif., Stanford University Press, 1971.

_____. *São Paulo in the Brazilian federation, 1889-1937.* Stanford, Calif., Stanford University Press, 1980.

LOVEMAN, Brian. *For la Pátria: Politics and armed forces in Latin America.* Wilmington, Del., SR Books, 1999.

LOVEMAN, Brian, e DAVIES, Thomas M. (eds.). *The politics of anti-politics: The military in Latin America.* Wilmington, Del., SR Books, 1997.

LOZOYA, Jorge Alberto. *El Ejercito mexicano, 1911-1965.* México, D. F., El Colegio de Mexico, 1970.

LUTTWAK, Edward. *Coup d'Etat: A practical handbook.* Nova York, Knopf, 1968.

LYRA, Heitor. *História da queda do Império.* 2 v. São Paulo, Companhia Editora Nacional, 1964.

LYRA TAVARES, *Exército e nação.* Recife, Imprensa Universitária, 1965.

_____. *O Brasil de minha geração.* Rio de Janeiro, Biblioteca do Exército, 1976.

_____. General Aurélio de. *Brasil França ao longo de 5 séculos.* Rio de Janeiro, Biblioteca do Exército, 1979.

MACAULAY, Neill. *The Prestes Column: Revolution in Brazil.* Nova York, New Viewpoints, 1974.

MACEDO CARVALHO, Luiz Paulo (ed.). *The army in Brazilian history.* 4 v. Rio de Janeiro e Salvador, Biblioteca do Exército e Odebrecht, 1998.

MACEDO SOARES, Henrique Duque-Estrada de. *A guerra de Canudos.* 1903. Reimpressão, Rio de Janeiro, Biblioteca do Exército, 1959.

MACHADO DE ASSIS, Joaquim Maria. *Jacob and Esau.* Berkeley, University of California Press, 1965.

MAGALHÃES, João Baptista de. *A evolução militar do Brasil.* Rio de Janeiro, Biblioteca do Exército, 1958.

MAGALHÃES, Raimundo Jr. *Deodoro: A espada contra o Império.* V. 2, *O galo na torre.* São Paulo, Companhia Editora Nacional, 1957.

_____. *Olavo Bilac e sua época.* Rio de Janeiro, Editora Americana, 1974.

MALAN, Alfredo Souto. *Uma escolha, um destino: Vida do gen. Malan d'Angrogne*. Rio de Janeiro, Biblioteca do Exército, 1977.

_____. *Missão militar francesa de instrução junto ao Exército brasileiro*. Rio de Janeiro, Biblioteca do Exército, 1988.

MARTINS, Hélio Leôncio. *A Revolta da Armada*. Rio de Janeiro, Biblioteca do Exército, 1997.

MASCARENHAS DE MORAES, Marechal João Baptista. *Memórias*. 2 v. Rio de Janeiro, José Olympio, 1969.

MATTHIEU, Gilles. *Une ambition Sud-Américaine: Politique culturelle (1914-1940)*. Paris, Ed. L'Harmattan, 1991.

MAXIMIANO, Cesar Campiani. *Onde estão nossos heróis: Uma breve história dos brasileiros na 2ª Guerra*. São Paulo, Editora Santuário, 1995.

MCCANN, Frank D. *The Brazilian-American alliance, 1937- 1945*. Princeton, N. J., Princeton University Press, 1973.

_____. *A nação armada: Ensaios sobre a história do Exército brasileiro*. Recife, Editora Guararapes, 1982.

MEADE, Teresa A. *"Civilizing" Rio: Reform and resistance in a Brazilian city, 1889-1930*. University Park, Pennsylvania State University Press, 1997.

MEIRA MATTOS, Carlos. *O marechal Mascarenhas de Moraes e sua época*. Rio de Janeiro, Biblioteca do Exército, 1983.

MELLO FRANCO, Virgílio de. *Oububro de 1930*. 2ª ed. Rio de Janeiro, Ed. Schmidt, 1931.

MELO, Hildebrando Bayard. *No Exército do meu tempo*. Rio de Janeiro, Biblioteca do Exército, 1987.

MELO FRANCO, Afonso Arinos de. *Um estadista da República, Afrânio de Melo Franco e seu tempo*. 2 v. Rio de Janeiro, José Olympio, 1955.

MENDES DE MORAIS, general Luís. *Reforma do ensino: Alterações no regulamento da Escola Militar do Brasil; regulamento para a Escola Prática do Exército; resposta a um crítico*. Rio de Janeiro, Villas Boas, 1904.

MIRANDA, Alcibíades. *Contestado*. Curitiba, Lítero-Técnica, 1987.

MONIZ, Edmundo. *A guerra social de Canudos*. Rio de Janeiro, Civilização Brasileira, 1973.

MONIZ BANDEIRA, Luiz Alberto. *Presença dos EUA no Brasil*. Rio de Janeiro, Civilização Brasileira, 1973.

_____. *Estado nacional e política internacional na América Latina: O continente nas relações Argentina— Brasil (1930-1992)*. São Paulo, Editora Ensaio, 1993.

_____. *O governo João Goulart: As lutas sociais no Brasil, 1961-1964*. Rio de Janeiro, Editora Revan, 2001.

MORAES, Dênis de, e VIANA, Francisco. *Prestes: Lutas e autocríticas*. Petrópolis, Vozes, 1982.

MOREIRA LIMA, Lourenço. *A Coluna Prestes (marchas e combates)*. 3ª ed., São Paulo, Alfa-Ômega, 1979.

MOREL, Edmar. *A Revolta da Chibata*. 3ª ed. Rio de Janeiro, Graal, 1979.

MOTTA, Jehovah. *Formação do oficial do Exército: Currículos e regimes na Academia Militar, 1810-1944*. Rio de Janeiro, Companhia Brasileira de Artes Gráficas, 1976.

MURAKAMI, Ana Maria Brandão (ed.). *A Revolução de 1930 e seus antecedentes*. Rio de Janeiro, Nova Fronteira, 1980.

MURICY, Antônio Carlos da Silva. *Palavras de um soldado*. Rio de Janeiro, Imprensa do Exército, 1971.

MURILO DE CARVALHO, José. *Os bestializados: O Rio de Janeiro e a República que não foi*. São Paulo, Companhia das Letras, 1987.

_____. *A formação das almas: O imaginário da República no Brasil*. São Paulo, Companhia das Letras, 1990.

NABUCO, Carolina. *A vida de Virgílio de Melo Franco*. Rio de Janeiro, José Olympio, 1962.

NAGLE, Jorge. *Educação e sociedade na Primeira República*. São Paulo, Ed. Universidade de São Paulo, 1974.

NEEDELL, Jeffrey D. *A tropical Belle Époque: Elite culture and society in turn-of-the-century Rio de Janeiro*. Cambridge, U. K., Cambridge University Press, 1987.

NEVES, Lúcia Maria Bastos Pereira das, e MACHADO, Humberto Fernandes. *O império do Brasil*. Rio de Janeiro, Nova Fronteira, 1999.

NOGUEIRA, Ataliba. *Antônio Conselheiro e Canudos: Revisão histórica*. São Paulo, Companhia Editora Nacional, 1974.

NORONHA, Abílio de. *Narrando a verdade: Contribuição para a história da Revolução de São Paulo*. São Paulo, Companhia Gráfica-Editora Monteiro Lobato, 1924.

NUNES LEAL, Victor. *Coronelismo, enxada e voto: O município e o regime representativo no Brasil*. São Paulo, Alfa-Ômega, 1976.

NUNN, Frederick M. *The military in Chilean history: Essays on civil-military relations, 1810-1973*. Albuquerque, University of New Mexico Press, 1976.

_____. *Yesterday's soldiers: European military professionalism in South-America, 1890-1940*. Lincoln, University of Nebraska Press, 1983.

OAKENFULL, J. C. *Brazil in 1911*. Frome, U. K., Butler and Tanner, 1914.

OLIVEIRA, Eliézer Rizzo de et al. *As Forças Armadas no Brasil*. Rio de Janeiro, Espaço e Tempo, 1987.

OLIVEIRA TORRES, João Camillo de. *História de Minas Gerais*. 5 v. Belo Horizonte, Difusão Pan-Americana do Livro, 1961.

_____. *A democracia coroada: Teoria política do Império do Brasil*. 2ª ed., Petrópolis, Vozes, 1964.

OLIVEIRA VIANA, Francisco José de. *Problemas de política objetiva*. São Paulo, Companhia Editora Nacional, 1930.

OTAVIANO, Manuel. *A Coluna Prestes na Paraíba*. João Pessoa, Editora Acauã, 1979.

OWENSBY, Brian P. *Intimate ironies: Modernity and the making of middle-class lives in Brazil*. Stanford, Calif., Stanford University press, 1999.

PAIVA, Mário Garcia de. *A grande aventura de Rondon*. Rio de Janeiro, Instituto Nacional do Livro, 1971.

PEDROSA, José Fernando de Maya. *A grande barreira: Os militares e a esquerda radical no Brasil, 1930-1968*. Rio de Janeiro, Biblioteca do Exército, 1998.

PEIXOTO, Arthur Vieira. *Floriano: Biografia do marechal Floriano Peixoto*. Rio de Janeiro, Ministério da Educação, 1939.

PEIXOTO, Dermeval (pseudônimo: Crivelaro Marcial). *A campanha do Contestado: Episódios e impressões*. Rio de Janeiro, 2ª milheiro, 1916.

PEIXOTO, General Dermeval. *Memórias de um velho soldado (nomes, coisas e fatos militares de meio século atrás)*. Rio de Janeiro, Biblioteca do Exército, 1960.

PEREGRINO, Umberto. *"Os sertões" como história militar*. Rio de Janeiro, Biblioteca do Exército, 1956.

_____. *História e projeção das instituições culturais do Exército*. Rio de Janeiro, Biblioteca do Exército, 1967.

_____. *Euclides da Cunha e outros estudos*. Rio de Janeiro, Record, 1968.

PÉREZ, Louis A. *Army politics in Cuba, 1898-1958*. Pittsburgh, Pa., University of Pittsburgh Press, 1976.

PESSOA, Pantaleão. *Reminiscências e imposições de uma vida (1885-1965)*. Rio de Janeiro, edição de autor, 1972.

PINHEIRO, Paulo Sérgio. *Estratégias da ilusão: A revolução e o Brasil, 1922-1935*. São Paulo, Companhia das Letras, 1991.

PRADO, Paulo. *Retrato do Brasil, ensaio sobre a tristeza brasileira*. Rio de Janeiro, José Olympio, 1928.

PRAZERES, Otto. *O Brasil na guerra (algumas notas para a história)*. Rio de Janeiro, Imprensa Nacional, 1918.

QUARTIM DE MORAES, João. *A esquerda militar no Brasil: Da conspiração republicana à guerrilha dos tenentes*. São Paulo, Siciliano, 1991.

QUEIROZ, Maria Isaura Pereira de. *O messianismo no Brasil e no mundo*. São Paulo, Dominus Editora, 1965.

_____. *O mandonismo local na vida política brasileira e outros ensaios*. São Paulo, Alfa-Ômega, 1976.

QUEIROZ, Suely Robles Reis de. *Os radicais da República — Jacobinismo: ideologia e ação, 1893-1897*. São Paulo, Brasiliense, 1986.

RACHUM, Ilan. "Nationalism and revolution in Brazil, 1922-1930: A study of intellectual, military, and political protesters and of the assault on the Old Republic". Diss. PhD, Culumbia University, 1970.

RECALDE, Pablo E. Tufari. *La Guerra del Chaco: Antecedentes históricos y conducción político-estratégica del conflicto*. Assunción, Imprenta Militar, 1987.

REED, John. *Insurgent Mexico*. Nova York, D. Appleton, 1914.

ROOSEVELT, Theodore. *Through the Brazilian wilderness*. Nova York, Charles Scribner's Sons, 1919.

ROSE, R. S. *One of the forgotten things: Getúlio Vargas and Brazilian social control, 1930-1945*. Westport, Conn., Greenwood Press, 2000.

ROUQUIÉ, Alain. *The military and the state in Latin America*. Berkeley, University of California Press, 1987.

RUAS SANTOS, Francisco. *Coleção bibliográfica militar*. Rio de Janeiro, Biblioteca do Exército, 1960.

SÁ, Augusto. *Exércitos regionais ou o problema de uma organização para o nosso Exército*. Porto Alegre, sem editora, 1905.

SALAS, Elizabeth. *Soldaderas in the Mexican military: Myth and history*. Austin, University of Texas Press, 1990.

SCHNEIDER, Ronald M. *The political system of Brazil: Emergence of a "modernizing" authoritatian regime, 1964-1970*. Nova York, Columbia University Press, 1971.

_____. *"Order and Progress": A political history of Brazil*. Boulder, Colo., Westview Press, 1991.

SCHWARCZ, Lilia Moritz. *As barbas do imperador: D. Pedro II, um monarca nos trópicos*. São Paulo, Companhia das Letras, 1998.

SCHWARTZMAN, Simon. *Bases do autoritarismo brasileiro*. Brasília, Ed. Universidade de Brasília, 1982.

SENNA, Ernesto. *Rascunhos e perfis*. 1909. Reimpressão, Brasília, Ed. Universidade de Brasília, 1982.

_____. *Deodoro: Subsídios para a história — Notas de um repórter*. Rio de Janeiro, Imprensa Nacional, 1913.

SILVA, Alfredo Pretextato Maciel da. *Os generais do Exército brasileiro de 1822 a 1889 (traços biográficos)*. 2ª ed. V. 2. Rio de Janeiro, Biblioteca Militar, 1940.

SILVA, Ernani Ayrosa da. *Memórias de um soldado*. Rio de Janeiro, Biblioteca do Exército, 1985.

SILVA, Hélio. *1922: Sangue na areia de Copacabana*. Rio de Janeiro, Civilização Brasileira, 1965.

_____. *1930: A revolução traída*. Rio de Janeiro, Civilização Brasileira, 1966.

_____. *1932: A guerra paulista*. Rio de Janeiro, Civilização Brasileira, 1967.

SILVA, Hélio. *1933: A crise do tenentismo.* Rio de Janeiro, Civilização Brasileira, 1968.

_____. *1934: A Constituinte.* Rio de Janeiro, Civilização Brasileira, 1969.

_____. *1935: A revolta vermelha.* Rio de Janeiro, Civilização Brasileira, 1969.

_____. *1937: Todos os golpes se parecem.* Rio de Janeiro, Civilização Brasileira, 1970.

_____. *1889: A República não esperou o amanhecer.* Rio de Janeiro, Civilização Brasileira, 1972.

_____. *O poder militar.* Porto Alegre, L & PM Editores, 1984.

SILVA BARROS, capitão Raymundo da. *Sarilho d'armas (vida de caserna).* Rio de Janeiro, Ed. Calvino Filho, 1934.

SILVEIRA, Geraldo Tito. *Crônica da Polícia Militar de Minas.* Belo Horizonte, sem editora, 1966.

SIMMONS, Charles. *Marshal Deodoro and the fall of dom Pedro II.* Durham, N. C., Duke University Press, 1966.

SIMONSEN, Roberto. *A construção dos quartéis para o Exército.* São Paulo, sem editora, 1931.

SKIDMORE, Thomas E. *Politics in Brazil, 1930-1964: An experiment in democracy.* Nova York, Oxford University Press, 1967.

_____. *Black into white: Race and nationality in Brazilian thought.* Nova York, Oxford University Press, 1974.

_____. *The politics of military rule in Brazil, 1964-85.* Nova York, Oxford University Press, 1988.

SMALLMAN, Shawn C. "The parting of the waters: The Brazilian army and society, 1889-1954". Diss. Ph.D., Yale University, 1955.

SODRÉ, Nelson Werneck. *História militar do Brasil.* Rio de Janeiro, Civilização Brasileira, 1965.

_____. *Memórias de um soldado.* Rio de Janeiro, Civilização Brasileira, 1967.

_____. *A Coluna Prestes: Análise e depoimentos.* Rio de Janeiro, José Olympio, 1985.

STAUFFER, David H. "The origin and establishment of Brazil's Indian Service: 1889-1910". Diss. PhD, University of Texas, Austin, 1955.

STEPAN, Alfred. *The military in politics: Changing patterns in Brazil.* Princeton, N. J., Princeton University Press, 1971.

_____. *Rethinking military politics: Brazil and the Southern Cone.* Princeton, N. J., Princeton University Press, 1988.

_____ (ed.). *Authoritarian Brazil: Origins, policies and future.* New Haven, Conn., Yale University Press, 1973.

STEPAN, Nancy. *Beginnings of Brazilian science: Oswaldo Cruz, medical research, and policy, 1890-1920.* Nova York, Science History Publications, 1976.

STOKES, Charles E. "The Acre revolutions, 1889-1903: A study in Brazilian expansion". Diss. PhD, Tulane University, 1974.

STUMPF, André Gustavo, e PEREIRA FILHO, Merval. *A Segunda Guerra: Sucessão de Geisel.* São Paulo, Brasiliense, 1979.

TÁVORA, Juarez. *À guisa de depoimento: Sobre a revolução brasileira de 1924.* São Paulo, O combate, 1927.

_____. *Uma vida e muitas lutas: Memórias.* 3 v. Rio de Janeiro, José Olympio, 1973, 1976, 1977.

TEIXEIRA MONTEIRO, Douglas. *Os errantes do novo século: Um estudo sobre o surto milenarista do Contestado.* São Paulo, Livraria Duas Cidades, 1974.

THOMÉ, Nilson. *Trem de ferro, a ferrovia no Contestado.* 1ª ed. Caçador, Santa Catarina, Impressora Universal, 1980.

THOMPSON, Arthur. *Guerra civil do Brasil de 1893-1895: Vida e morte do almirante Saldanha da Gama.* 3ª ed. Rio de Janeiro, Editora Carioca, 1959.

TOPKIN, Steven C. *The political economy of the Brazilian state, 1889-1930.* Austin, University of Texas Press, 1987.

_____. *Trade and gunboats: The United States and Brazil in the age of empire.* Stanford, Calif., Stanford University Press, 1996.

TORRES, Alberto. *A organização nacional.* 1914. Reimpressão, Brasília, Ed. Universidade de Brasília, 1982.

_____. *O problema nacional brasileiro.* 1914. Reimpressão, Brasília, Ed. Universidade de Brasília, 1982.

TOTA, Antônio Pedro. *O Estado Novo.* São Paulo, Editora Brasiliense, 1987.

_____. *O imperialismo sedutor: A americanização do Brasil na época da Segunda Guerra.* São Paulo, Companhia das Letras, 2000.

TRUMPENER, Ulrich. *Germany and the Ottoman Empire, 1914-1918.* Princeton, N. J., Princeton University Press, 1968.

VALLADARES, Benedicto. *Tempos idos e vividos: Memórias.* Rio de Janeiro, Civilização Brasileira, 1966.

VARGAS DO AMARAL PEIXOTO, Alzira. *Getúlio Vargas, meu pai.* Rio de Janeiro, Globo, 1960.

VASCONCELOS, Capitão Genserico de. *História militar do Brasil: Introdução da influência do fator militar na organização da nacionalidade: A campanha de 1851-1852.* Rio de Janeiro, Imprensa Militar, 1922.

VERISSIMO, Erico. *Time and the wind.* Nova York, Macmillan, 1951.

VIANA FILHO, Luiz. *A vida do barão do Rio Branco.* Rio de Janeiro, José Olympio, 1959.

VIANNA, José Feliciano Lobo (ed.). *Guia militar para o anno de 1898.* Rio de Janeiro, Imprensa Nacional, 1897.

_____. *A vida de Rui Barbosa.* 7ª ed. São Paulo, Livraria Martins Editora, 1965.

VILLELA, Marcos Evangelista da Costa, Jr. *Canudos: Memórias de um combatente.* São Paulo, Marco Zero, 1988.

VINHAS DE QUEIROZ, Maurício. *Messianismo e conflito social: A guerra sertaneja do Contestado, 1912-1916.* São Paulo, Ática, 1977.

VINHOSA, Francisco Luiz Teixeira. *O Brasil e a Primeira Guerra Mundial.* Rio de Janeiro, Instituto Histórico e Geográfico Brasileiro, 1990.

VIOTTI DA COSTA, Emília. *The Brazilian empire: Myths and histories.* Chicago, Ill., University of Chicago Press. 1985.

VON SEECKT, Hans. *Thoughts of a soldier.* Trad. Gilbert Waterhouse, Londres, Ernest Benn, 1930.

WAACK, William. *As duas faces da glória: A FEB vista pelos seus aliados e inimigos.* Rio de Janeiro, Nova Fronteira, 1985.

_____. *Camaradas: Nos arquivos de Moscou; a história secreta da revolução brasileira de 1935.* Rio de Janeiro e São Paulo, Biblioteca do Exército e Companhia das Letras, 1993.

WAGNER, Arthur L. *Organization and tactics.* Kansas City, Mo., Franklin Hudson Publishing, 1906.

WESSON, Robert e FLEISCHER, David V. *Brazil in transition.* Nova York, Praeger, 1983.

WHEELER, Douglas L. *Republican Portugal: A political history, 1910-1926.* Madison, University of Wisconsin Press, 1978.

WIRTH, John D. *The politics of Brazilian development.* Stanford, Calif., Stanford University Press, 1970.

_____. *Minas Gerais in the Brazilian Federation, 1889-1937.* Stanford, Calif., Stanford University Press, 1977.

WOLFE, Joel W. "The rise of Brazil's industrial working class: Community, work, and politics in São Paulo, 1900-1955", Diss. PhD, University of Wisconsin, 1990.

_____. *Working women, working men: São Paulo and the rise of Brazil's industrial working class, 1900-1955*. Durham, N. C., Duke University Press, 1993.

WOOD, David L. "Abortive panacea: Brazilian military settlements: 1850 to 1913". Diss. PhD, University de Utah, 1972.

WRIGHT, Jaime (ed.). *Brazil: Nunca mais.* Petrópolis, Vozes, 1985.

YOUNG, Jordan. *The Brazilian Revolution of 1930 and the aftermath.* New Brunswick, N. J., Rutgers University Press, 1967.

ARTIGOS, CAPÍTULOS E PAPERS DE CONFERÊNCIAS

ALEXANDER, Robert L. "Brazilian tenentismo". *Hispanic American Historical Review* 36, maio 1956, pp. 229-42.

ARAÚJO, Ricardo Benzaquen de. "As classificações de Plínio: Uma análise do pensamento de Plínio Salgado entre 1932 e 1938", *Revista de Ciência Política* 21, nº 3, set. 1978, pp. 161-79.

BENTO, Cláudio Moreira. "Reunião no Clube Militar para a fundação de *A Defesa nacional*". *A Defesa Nacional,* set.-out. 1984, pp. 163-168.

_____. "Controvérsias sobre a proclamação da República". *A Defesa Nacional,* jul.-set. 1990, pp. 17-36.

_____. "Uma possível explicação para a violência na Revolução de 1893-95". *A Defesa Nacional,* abr.-jun. 1995, pp. 141-43.

BITTENCOURT, Capitão dr. Liberato. "Pelo soldado brasileiro". *Revista Academia Militar* 1, nº 9, 27 jan. 1904, pp. 455-61.

"Bomba oculta, coronel foi chantageado no caso Riocentro". *Veja,* 16 out. 1985, p. 43.

BORGES, Dain. "Salvador's 1890s: Paternalism and its discontents". *Luso-Brazilian Review* 30 nº 2, winter 1993, pp. 47-57.

CASTRO AYRES, Primeiro-tenente Miguel de. "Regimen das massas". *A Defesa Nacional,* III, 26, Rio de Janeiro, 10 nov. 1915, pp. 53-55.

CASTRO, Celso. "Entre Caxias e Osório: A criação do culto ao patrono do Exército brasileiro". *Estudos Históricos* 14, nº 25, 2000, pp. 103-17.

CAVALCANTI DE QUEIROZ, Themistocles. "A luta no Contestado". *Revista do Clube Militar* 31, nº 152, 1957, pp. 49-57.

CIDADE, Francisco de Paula. "Os fanáticos, liame histórico". *A Defesa Nacional,* out. 1914, pp. 12-14.

_____. "Recrutamento de oficiaes". *A Defesa Nacional,* nov. 1914, pp. 49-50.

_____. "Em torno do Contestado". *A Defesa Nacional,* II, nº 16, 10 jan. 1915, pp. 124-25; nº 18, 10 mar. 1915, pp. 179-82.

_____. "O Exército em 1889: resumo histórico". Em BIBLIOTECA MILITAR, *A República brasileira*, pp. 232-304. Rio de Janeiro, Almanak Laemmert, 1939.

_____. "Marechal Hermes Rodrigues da Fonseca", *Revista Militar Brasileira,* jul-dez. 1955, pp. 229-42.

_____. "Revivendo o passado — Meio século mais tarde: A Escola de Guerra. *Revista do Clube Militar* 31, nº 152, 1958, pp. 105-14.

CONNIFF, Michael L. "The tenentes in power: A new perspective on the Brazilian Revolution of 1930", *Journal of Latin American Studies* 10, nº 1, 1978, pp. 61-82.

_____. "The national elite". Em CONNIFF, Michael L., e MCCANN, Frank D. (eds.), *Elites and masses in historical perspective*, Lincoln, University Of Nebraska Press, 1989, pp. 23-46.

CORDEIRO DE FARIAS, Ignez. "Um troupier na política: Entrevista com o general Antônio Carlos Muricy". Em FERREIRA, Marieta de Moraes et al. (coords.), *Abordagens e usos da história oral*, Rio de Janeiro, Fundação Getúlio Vargas, 1994, pp. 124-46.

CORREIA, Jonas. Introdução de *A Guerra de Canudos*, de Henrique Duque-Estrada de Macedo Soares, Rio de Janeiro, Biblioteca do Exército, 1959, pp. v-xxxviii.

COSTA, Octávio. "Os militares na sociedade moderna". *Política e Estratégia* 4, nº 2, abr.-jun. 1986, pp. 163-73.

DASSIN, Joan. "Human rights in Brazil: A report as of March 1979", *Newsletter of Latin American Studies Association* 10, nº 3, set. 1979, pp. 24-36.

_____. "The culture of fear". *Itens and Issues* 40, nº 1, mar. 1986, p. 43.

DELLA CAVA, Ralph. "Brazilian messianism and national institutions: A reappraisal of Canudos and Joaseiro". *Hispanic American Historical Review* 48, nº 3, ago. 1968, pp. 402-20.

D'ESTILLAC LEAL, Coronel Francisco Raul. "Do Contestado, observações colhidas nas operações da coluna sul", *A Defesa Nacional*, ago. 1915, pp. 357-61, e out. 1915, pp. 27-30.

DUDLEY, William S. "Institutional sources of officer discontent in the Brazilian army, 1870-1889". *Hispanic American Historical Review* 55, nº 1, fev. 1975, pp. 44-65.

_____. "Professionalism and politicization as motivational factors in the Brazilian army coup of 15 November 1889", *Journal of Latin American Studies* 8, nº 1, maio 1976, pp. 101-24.

Editorial, "A campanha inglória do Contestado", *A Defesa Nacional*, abr. 1915, pp. 197-98.

"Entrevista: Dickson Melges Grael, 'A nação quer a verdade' (o coronel que investiga o Riocentro fala do terrorismo dos órgãos de segurança e seus efeitos sobre o prestígio das Forças Armadas)", *Veja*, 23 out. 1985, pp. 5-8.

FERNANDES, Heloísa Rodrigues. "A Força Pública do Estado de São Paulo", em FAUSTO, Boris (ed.), *História geral da civilização brasileira*, v. 9. tomo 3, *O Brasil republicano*, Rio de Janeiro, Difel/Difusão, 1977, pp. 237-56.

FILHO, Expedito. "Autópsia da sombra: O depoimento terrível de um ex-sargento que transitava no mundo clandestino da repressão militar resgata parte da história de uma guerra suja". *Veja*, 18 nov. 1992, pp. 20-32 [entrevista com o ex-sargento Marival Dias Chaves do Canto].

FLYNN, Peter. "The revolutionary legion and the Brazilian Revolution of 1930". Em CARR, Raymond (ed.), *Latin American affairs*, Londres, St. Anthony's Papers, 1970, pp. 63-105.

"Frestas na gaveta, inquérito das bombas volta à Justiça Militar", *Isto É*, 9 out. 1985, p. 78.

GOMES, Ângela Maria de Castro. "A representação de classes na Constituinte de 1934", *Revista de Ciência Política* 21, nº 3, set., 1976, pp. 53-115.

GUERRA, Walter Pinheiro. "Euclides da Cunha, o Conselheiro e a psiquiatria", *A Defesa Nacional*, jul.-set. 1990, pp. 70-82.

HALL, Lawrence. "To create an army: The mission of Calógeras", paper apresentado no encontro anual da American Historical Association, Chicago, Ill. 1984.

HART, Keith. "Brazilians in Britain 1918", *Army Quarterly and Defence Journal*, Grã-Bretanha, 3, nº 4, out. 1981, pp. 475-78.

HERMES, Mário Jorge da Fonseca. "Os militares e os políticos durante o Império", *A Defesa Nacional,* jul.-set. 1990, pp. 83-105.

HILTON, Stanley E. "The Armed Forces and industrialists in modern Brazil: The drive for military autonomy, 1889-1954", *Hispanic American Historical Review* 62, nº 4, nov. 1982, pp. 629-73.

HOLLOWAY, Thomas H. "Immigration in the rural South", em CONNIFF, Michael L., e MCCANN, Frank D. (eds.), *Modern Brazil: Elites and masses in historical perspective,* Lincoln, University of Nebraska Press, 1991, pp. 140-60.

KEITH, Henry H. "Armed federal interventions in the states during the Old Republic". Em KEITH, Henry H., e HAYES, Robert A. (eds.), *Perspectives on armed politics in Brazil.* Tempe, Center for Latin American Studies, Arizona State University, 1976.

LEVINE, Robert M. "Mud-hut Jerusalem: Canudos revisited", *Hispanic American Historical Review* 68, nº 3, nov. 1988, pp. 525-72.

_____. "Elite perceptions of the povo". Em CONNIFF, Michael L., e MCCANN, Frank D. *Modern Brazil: Elites and masses in historical perspectives.* Lincoln, University of Nebraska Press, 1989, pp. 209-24.
"Lições de terror". *Isto É,* 16 out. 1985, pp. 18-23.

LOBO DA SILVA, Coronel dr. Arthur. "A anthropologia no Exército brasileiro", *Arquivos do Museu Nacional* 30, 1928, pp. 13-44, mais dez mapas e 31 tabelas e gráficos (sem numeração das páginas).

MACEDO DE CARVALHO, Luiz Paulo. "Repensando o general Góes". *A Defesa Nacional,* abr.-jun. 1990, pp. 7-18.

MARTINS DA SILVA, Alberto. "Cem anos de Canudos (1896-1996)", *A Defesa Nacional,* 4º trim. 1996, pp. 144-47.

MCCANN, Frank D. "The nation in arms: Obligatory military service during the Old Republic". Em ALDEN, Dauril e DEAN, Warren (eds.), *Essays concerning the socioeconomic history of Brazil and Portuguese India,* Gainesville, University Press of Florida, 1977, pp. 211-43.

_____. "Origins of the 'new professionalism' of the Brazilian military", *Journal of Interamerican Studies and World Affairs* 21, nº 4, nov. 1979, pp. 505-22.

_____. "The Brazilian army and the problem of mission, 1939-1964", *Journal of Latin American studies* 12, nº 1, maio 1980, pp. 107-26.

_____. "The Brazilian general staff and Brazil's military situation, 1900-1945". *Journal of Interamerican Studies and World Affairs* 25, nº 3, ago. 1983, pp. 299-324.

_____. "Influência estrangeira no Exército brasileiro", *A Defesa Nacional,* jan.-fev. 1985, pp. 83-117.

_____. "The military". Em CONNIFF, Michael L., e MCCANN, Frank D. (eds.), *Modern Brazil: Elites and masses in historical perspective,* Lincoln, University of Nebraska Press, 1991, pp. 47-80.

_____. "Brazilian army officers biography project". Painel sobre biografia coletiva no encontro da Latin American Studies Association, Miami, Fla., 5 dez. 1989.

_____. "A Força Expedicionária Brasileira na campanha italiana, 1944-1945", em SILVEIRA, Joel, e MITKE, Thassilo (eds.), *A luta dos pracinhas: Força Expedicionária Brasileira na II Guerra Mundial,* Rio de Janeiro, Record, 1993.

_____. "Brazil and World War II: The forgotten ally. What did you do in the war, Zé Carioca?" *Estudios Interdisciplinares de America Latina y El Caribe* 6, nº 2, jul.-dez. 1995, pp. 36-70.

MEIRA MATTOS, Carlos de. "Castello Branco: Oficial de Estado-Maior, chefe militar e estadista, *A Defesa Nacional,* jan.-mar. 1990, pp. 29-41.

MELLO, Marco Antônio da Silva, e VOGEL, Arno. "Monarquia contra República: A ideologia da terra e o paradigma do milênio na 'guerra santa' do Contestado", *Estudos Históricos* 2, nº 4, 1989, pp. 190-13.

MENDES, Fábio Faria. "A 'lei da cumbuca': A revolta contra o sorteio militar", *Estudos Históricos* 13, nº 24, 1999, pp. 267-93.

MEZNAR, Joan E. "The ranks of the poor: Military service and social differentiation in Northeast Brazil, 1830-1875", *Hispanic American Historical Review* 72, nº 3, ago 1992, pp. 335-51.

MURILO DE CARVALHO, José. "As Forças Armadas na Primeira República: O poder desestabilizador". *Cadernos do Departamento de Ciência Política*, Universidade Federal de Minas Gerais, nº 1, mar. 1974, pp. 113-88.

_____. "As Forças Armadas na Primeira República: O poder desestabilizador", em FAUSTO, Boris (ed.), *História Geral da Civilização Brasileira*, v. 9, tomo 3, *O Brasil Republicano*, Rio de Janeiro, DIFEL / Difusão, 1977, pp; 183-234.

_____. "Forças Armadas e política, 1930-1945". Em CPDOC, *A Revolução de 30: Seminário Internacional*, Brasília, Ed. Universidade de Brasília, 1982, pp. 109-87.

_____. "Armed Forces and politics in Brazil, 1930-45", *Hispanic American Historical Review* 62, nº 2, maio 1982, pp. 193-223.

NACHMAN, Robert G. "Positivism and revolution in Brazil's First Republic: The 1904 revolt", *The Americas* 34, nº 1, jul. 1977, pp. 20-39.

NUNN, Frederick. "The Latin American military establishment: Some thoughts on the origins of its socio-political role and an illustrative bibliographic essay". *The Americas* 28, nº 2, out. 1971, pp. 135-51.

_____. "Military professionalism and professional militarism in Brazil, 1870-1970: Historical perspectives and political implications". *Journal of Latin American Studies* 4, nº 1, 1972, pp. 29-54.

_____. "Effects of European military training in Latin America: Origins and nature of professional militarism in Argentina, Brazil, Chile, and Peru, 1890-1940". *Military Affairs* 39, nº 1, 1975, pp. 1-7.

"O CIEX meteu-se na corrupção e no terrorismo". *Veja*, 30 out. 1985, pp. 46-47.

"O porão começa a falar". *Veja*, 30 out. 1985, pp. 42-47.

"O tamanho do porão: O regime de 1985 começa a exercitar uma difícil convivência com uma das heranças deixadas pelo regime de 1964". *Veja*, 10 set. 1986, p. 43.

PAROLINI, Eulália et al. "A contribuição de Rondon para a antropologia brasileira". *Revista do Exército Brasileiro* 119, nº 2, abr.-jun. 1982, pp. 7-19.

PEREGRINO, Umberto. "Significação do marechal Hermes". Em PEREGRINO, Umberto, *Euclides da Cunha e outros estudos*, Rio de Janeiro, Record, 1968, pp. 111-48.

PINHEIRO, Ivan Cosme de Oliveira. "O militar e a política na República". *A Defesa Nacional*, jan.-mar. 1990, pp. 59-95.

POWE, Major Marc B. "A great debate, the American general staff (1903-16)". *Military Review* 55, nº 4 (abr. 1976), pp. 71-89.

QUEIROZ, Themistocles Cavalcanti de. "A luta no Contestado". *Revista do Clube Militar* 31, nº 152, 1958, pp. 49-57.

RIBEIRO DA COSTA, Vanda Maria. "Com rancor e com afeto: Rebeliões militares na década de 30". *Política e Estratégia* 4, nº 2, abr.-jun. 1986, pp. 173-200.

RIBEIRO DE SENA, Davis. "As polícias militares e sua destinação legal". *A Defesa Nacional*, mai.-jun. 1980, pp. 163-74.

RIBEIRO DE SENA, Davis. "A guerra das caatingas". *A Defesa Nacional,* jan.-mar. 1990, pp. 7-28.

_____. "Serviço militar obrigatório e / ou profissionalização do Exército". *A Defesa Nacional,* abr.-jun. 1995, pp. 23-37.

SAMPAIO, Consuelo Novais. "Repensando Canudos: O jogo das oligarquias". *Luso-Brazilian Review* 30, n⁰ 2, winter 1993, pp. 92-113.

SCHULZ, John. "O Exército e o Império". Em BUARQUE DE HOLANDA, Sérgio, e CAMPOS, Pedro Moacyr (eds.), *História geral da civilização brasileira,* v. 6, São Paulo, Difusão do Livro, 1971, pp. 235-58.

SEIDL, Major Raimundo Pinto. "Combater o analfabetismo é um dever de honra para o oficial brasileiro". *A Defesa nacional,* III, n⁰ 25, Rio de Janeiro, 10 de outubro de 1915, pp. 44-47.

TASSO FRAGOSO, General Augusto. "A Revolução de 30". *Revista do Instituto Histórico e Geográfico Brasileiro* 211, abr.-jun. 1951, pp. 8-61.

TEIXEIRA MONTEIRO, Douglas. "Um confronto entre Juazeiro, Canudos e Contestado". Em FAUSTO, Boris (ed.), *História geral da civilização brasileira,* v. 9, Rio de Janeiro, Difel / Difusão, 1977, pp. 58-71.

TILLER, Ann Quiggins. "The igniting spark: Brazil 1930". *Hispanic American Historical Review* 35, 1965, pp. 384-92.

TRAVASSOS, Mário. "Para a frente, custe o que custar!". *A Defesa Nacional,* IV, n⁰ 38, 10 out. 1916, pp. 15-17.

VILLELA, Primeiro-tenente Marcos Evangelista da Costa Jr. "A aviação militar no Brasil". *A Defesa Nacional,* III, 36, Rio de Janeiro, 10 set. 1916, pp. 379-80.

VINHOSA, Francisco Luiz Teixeira. "1914 ou escritores em guerra". *Jornal do Brasil,* Rio de Janeiro, 26 ago. 1984, "Especial", p. 4.

WALLACE, Anthony F. C. "Identity and the nature of revolution". Em HALPER, Stefan A., e STERLING, John R. (eds.), *Latin America: The dynamics of social change.* Nova York, St. Martin's, 1972, pp. 172-86.

WIRTH, John D. "Tenentismo in the Brazilian Revolution of 1930". *Hispanic American Historical Review* 44, n⁰ 2, maio 1964, pp. 161-79.

WOLFE, Joel. "Anarchist ideology, worker practice: The 1917 general strike and the formation of São Paulo's working class". *Hispanic American Historical Review* 71, n⁰ 4, nov. 1991, pp. 809-46.

YOUNG, Jordan. "Military aspects of the 1930 Brazilian Revolution". *Hispanic American Historical Review* 44, n⁰ 2, 1964, pp. 180-96.

Índice de mapas e tabelas

Créditos das imagens

Todos os esforços foram feitos para determinar a origem das imagens deste livro. Nem sempre isso foi possível. Teremos prazer em creditar as fontes, caso se manifestem.

1. Instituto Histórico e Geográfico Brasileiro
2. Acervo Iconographia
3. Acervo Iconographia
4. Instituto Histórico e Geográfico Brasileiro
5. Pinacoteca do Estado, São Paulo
6. Acervo Iconographia
7. Acervo Iconographia
8. Acervo Iconographia
9. Acervo Iconographia
10. Museu da República
11. Museu Histórico Nacional
12. Acervo Iconographia
13. Acervo Iconographia
14. Acervo Biblioteca do Exército, RJ
15. Arquivo Histórico do Exército
16. Arquivo Histórico do Exército
18. Arquivo Histórico do Exército
20. Fundação Getúlio Vargas — CPDOC / Arquivo Eurico Dutra
21. Acervo Iconographia
22. Acervo Iconographia
23. Acervo Iconographia

24. Fundação Getúlio Vargas — CPDOC / Arquivo Setembrino de Carvalho
25. Fundação Getúlio Vargas — CPDOC / Arquivo Pedro Ernesto Batista
26. Fundação Getúlio Vargas — CPDOC / Arquivo José Pessoa
27. Fundação Getúlio Vargas — CPDOC / Arquivo José Pessoa
28. Fundação Getúlio Vargas — CPDOC / Arquivo Pedro Ernesto Batista
29. Fundação Getúlio Vargas — CPDOC / Arquivo Bertoldo Klinger
30. Fundação Getúlio Vargas — CPDOC / Arquivo Bertoldo Klinger
31. Acervo Iconographia
32. Acervo Iconographia
33. Acervo Iconographia
35. Fundação Getúlio Vargas — CPDOC / Arquivo Antonio Carlos Muricy
36. Fundação Getúlio Vargas — CPDOC / Arquivo Pedro Ernesto Batista
37. Fundação Getúlio Vargas — CPDOC / Arquivo Flores da Cunha
38. Fundação Getúlio Vargas — CPDOC / Arquivo José Pessoa
39. Acervo Iconographia
40. Acervo Iconographia
41. Fundação Getúlio Vargas — CPDOC / Arquivo Eurico Dutra
42. Fundação Getúlio Vargas — CPDOC / Arquivo Getúlio Vargas

Índice remissivo

Aliança Nacional Libertadora (ANL), 466, 472, 474, 475, 476, 478, 479, 480, 487, 489, 635, 641

Almanak do Ministerio da Guerra (depois chamado *Almanaque do Exército*), 577, 582, 593

Almeida, Gil Antônio Dias de, 362, 364, 366, 369, 370, 373, 374, 623, 624, 628

Amapá, 59

Amazonas, 40, 97, 122, 123, 125, 130, 156, 160, 234, 351, 418, 444, 506, 578, 582, 597, 608

Amazônia, 39, 51, 59, 67, 103, 121, 125, 127, 128, 130, 302, 332, 441, 453, 604

Américo de Almeida, José, 387, 515, 648, 650

ameríndios, 292, 608

amizade, 57, 166, 230, 308, 346, 442, 469, 473, 500, 589, 621, 624, 646, 649

analfabetismo, 111, 216, 245, 298, 392, 600

anarquistas, 348

Anauê, 472

Andrada, Antônio Carlos Ribeiro de, 505, 574, 626

Andrade Guimarães, Arthur Oscar de, 51, 78, 80, 83, 84, 87, 88, 89, 90, 92, 94, 95, 96, 97, 99, 101, 564, 566, 569, 572, 573, 574

Andrade Guimarães, Carlos Eugênio de, 51, 97, 564, 574, 586

Andrade Neves, Francisco de, 366, 387, 401, 402, 406, 409, 429, 448, 468, 627, 631, 635, 636, 639

Andrade, José Joaquim de, 376, 500, 518, 646, 649, 650

Andrade, Mozart de Souza, 437

anistia, 62, 121, 135, 137, 158, 316, 342, 345, 348, 352, 361, 363, 364, 394, 403, 427, 505, 621, 622, 627, 628, 629, 635, 642, 643, 649

ANL *ver* Aliança Nacional Libertadora

apetites, política dos, 45, 155, 213, 624

aposentadoria, 161, 162, 313

Aracaju, 69, 83, 84, 95, 350

Aranha, Josefa da Graça, 303

Aranha, Osvaldo Euclides de Sousa, 335, 357, 361, 362, 368, 369, 370, 384, 387, 397, 403, 404, 405, 409, 428, 429, 431, 440, 442, 460, 504, 507, 515, 527, 625, 631, 636, 653

Araújo Góes Filho, Coriolano de, 367

Archivos do Museu Nacional, 609

Areia, rio da, 196, 198

Argentina: caso dos destróieres, 521, 527; deterioração das relações com, 327; Exército da, 311; governo Rosas, 315, 438, 523; guerra com, 303; incidente na fronteira, 371, 429; planejamento para guerra contra, 327, 359; preparo da, 328, 548; República da, 315

Argollo, Francisco de Paula, 62, 78, 106, 126, 130, 132, 133, 145, 566, 570, 575, 576, 577, 578, 579, 580, 594, 595; ministério de, 130, 131, 133, 134

armas, 42, 79, 548

armas estrangeiras, 43, 237, 449, 456

Arms and politics in Latin America (Lieuwen), 21

Army in Brazilian history, The (Macedo Carvalho), 643

Artigo 107 do Código Penal, 342

artigos de guerra, 36

aspirantes (aspirante-a-oficial), 150, 248, 251, 252, 266, 314, 341, 388, 588, 600

Assembléia Constituinte, 48, 398, 417, 419, 426, 428, 431, 432, 448, 491

Assis Brasil, Joaquim Francisco, 387, 498

Assis, Joaquim M. Machado de, 564

assistência médica, 42, 108, 117, 119, 293, 414

Associação dos Marinheiros, manifestações da, 555

Austrália, 222

aviação: curso de, 323; do Exército, 186, 187, 201, 239, 248, 256, 257, 259, 266, 275, 282, 294, 306, 319, 321, 323, 324, 325, 329, 358, 360, 362, 405, 452, 453, 464, 482, 484, 489, 532, 593, 598, 603, 614, 616, 625, 636, 637, 642; uso da, 186

aviões americanos, 453

Azambuja Vilanova, Amaro de, 145, 594

Azeredo, Antônio, 148, 389, 581

Azevedo Costa, João Álvares de, 380, 628

azulão, 438, 523

bacharelismo, 41, 137, 247, 579, 600

Bagé (RS), 52, 345, 370, 518, 565

Bahia, 47, 63, 64, 66, 67, 69, 73, 77, 78, 80, 83, 96, 99, 103, 160, 162, 294, 358, 359, 395, 405, 416,

dependência norte-americana, libertação da, 447

Depressão, 397, 455

Deschamps Cavalcante, Constantino, 145, 539, 579, 594, 648

desenvolvimento capitalista, modelo de, 213

desertores, 90, 93, 344, 493

destróieres, caso dos, 527

Dia do Reservista, 223

Dia do Soldado, 346, 501, 522, 523, 524, 650, 651

Diacon, Todd, 194, 198, 584, 587, 588, 589, 591, 592

Diário Carioca, 360, 400, 401, 475, 621

diário de Getúlio Vargas, 419, 429, 433, 470, 472, 513, 533, 534, 629

Diário Nacional (São Paulo), 361, 621

Diário Oficial, 230, 645

Diaz, Porfirio, 386

dinheiro falso, 181

direita, estréia da ideologia de, 470, 471, 472, 473

diretor de engenharia, 330

disciplina, 35, 45, 49, 89, 107, 111, 112, 132, 133, 134, 137, 150, 157, 158, 168, 202, 211, 217, 219, 220, 265, 278, 280, 285, 286, 299, 314, 317, 338, 342, 344, 365, 368, 373, 377, 382, 389, 391, 392, 395, 398, 399, 400, 409, 410, 411, 424, 427, 435, 436, 437, 459, 460, 462, 463, 464, 466, 479, 481, 484, 488, 490, 495, 504, 510, 512, 521, 523, 526, 542, 551, 562, 573, 586, 647

Distrito Federal, 96, 103, 113, 139, 155, 156, 162, 167, 169, 258, 263, 264, 276, 285, 300, 303, 307, 330, 363, 367, 380, 388, 389, 400, 404, 432, 438, 460, 468, 487, 488, 494, 531, 535, 541, 582, 644

ditadura, 27, 45, 56, 60, 77, 135, 237, 357, 385, 399, 419, 429, 431, 434, 448, 461, 465, 493, 496, 498, 508, 515, 523, 532, 544, 551, 557, 569, 639; bonapartista, 77; salvacionista, 237, 357, 385, 508, 533, 544, 551, 557, 569

doenças venéreas, 293, 296, 324, 609

Domingues, Manoel Ignácio, 163

Doolitle, James, 319, 324

Dornelles, Argemiro, 463, 638

doutores coronéis, 137

doutores tenentes, 137, 216

"doutores", 216; e "doutorismo", 216

Drummond, José Augusto, 335, 363, 607

Du Pont, 454

Duarte, Paulo, 350, 619

Duas táticas em confronto (Dutra), 505

duelos de honra, 35

Durandin, Eugène, 270

Dutra, Eurico Gaspar, 234, 236, 277, 328, 353, 412, 413, 417, 441, 457, 459, 461, 464, 465, 482, 483, 485, 486, 498, 500, 505, 506, 507, 508, 509, 510, 511, 512, 513, 514, 516, 517, 518, 519, 520, 525, 526, 527, 528, 529, 530, 531, 532, 533, 536, 537, 538, 539, 540, 541, 542, 544, 546, 547, 549, 552, 553, 595, 597, 613, 615, 619, 620, 623, 631, 638, 641, 642, 643, 646, 647, 648, 649, 650, 651, 652, 653, 654; aliança com Góes Monteiro e Vargas, 526, 527, 528, 529, 530, 532, 533, 534, 535, 536, 538, 539, 540, 541; e Exército interven-cionista, 552, 553, 578, 605; e o Plano Cohen, 525; lei do não-conformismo, 613; primeira tentativa de ditadura militar, 639; proclama-ção ao Exército, 542, 543, 544, 545, 546, 548, 549; torna-se ministro da Guerra, 509

ECEME *ver* Escola de Comando e Estado-Maior do Exército

Educação, 293; "memória virgem", 298; cívica, 219, 243; civil, 37, 40, 117, 119, 120, 133; e as massas, 293, 297; física, 222, 300, 597; militar, 16, 29, 41, 61, 63, 106, 119, 136, 137, 250, 316, 319, 441, 524, 577, 605; tentativa de reforma da, 136, 137, 141, 142, 143, 180, 216, 222

Edward, Blanche Mary, 438

Eixo, potências do, 457

Eletrobrás, 554

Embaixada britânica: embaixador, 292, 337, 475; inteligência, 263, 292, 337, 475

ensino superior, 227, 552

Época, A (Rio de Janeiro), 168

Ernesto Batista, Pedro, 487

ESAO *ver* Escola de Aperfeiçoamento de Oficiais

Escola Avançada de Pilotagem (Kelly Field, San Antonio, Texas), 456

Escola de Aperfeiçoamento de Oficiais (ESAO), 270, 272, 314, 316, 317, 318, 319, 338, 340, 341, 357, 602, 612, 637

Escola de Aplicação de Infantaria e Cavalaria (Rio Pardo), 276, 589

Escola de Armas (Rio de Janeiro), 502

Escola de Artilharia de Costa dos Estados Unidos (forte Monroe, Virgínia), 281, 614

Escola de Aviação Militar, 319

Escola de Comando e Estado-Maior, 212, 270, 272, 317, 405, 484, 506, 510, 554, 593, 604, 615, 619

Escola de Comando e Estado-Maior do Exército (ECEME), 554, 555, 655

Escola de Guerra (Porto Alegre), 137, 150, 216, 276, 356, 404, 505, 589

Escola de Minas (Ouro Preto), 283

Escola Militar de Praia Vermelha, 40, 61, 120, 121, 134, 135, 137, 138, 166, 175, 249, 251, 276, 303, 345, 356, 380, 404, 437, 482, 483, 484, 485, 496, 505, 510, 576, 587, 590, 626, 637, 641, 642, 643; "Praia Vermelha é o Exército", 485; revolta de 1904, 132, 134, 135, 136

Escola Militar do Realengo ver Realengo

Escola Militar, rebelião da: (1897), 612; (1904), 132, 134, 135, 136; (1922), 344

Escola Superior de Guerra (ESG), 31, 78, 553, 554, 605, 642

ESG ver Escola Superior de Guerra

espionagem, 325, 448

esposas ver casamento

Estado de S. Paulo, O, 77, 114, 215, 222, 283, 402, 403, 475, 569, 575, 583, 586, 596, 606

Estado Novo, 48, 49, 237, 357, 385, 429, 437, 441, 449, 496, 498, 507, 508, 523, 538, 543, 547, 549, 551, 552, 556, 557, 612, 636, 638, 650; e aliança Vargas—Góes Monteiro—Dutra, 526, 527, 528, 529, 530, 532, 533, 534, 535, 536, 538, 539, 540, 541, 548, 549; e duque de Caxias, 523, 524, 543; e proclamação de Dutra ao Exército, 542, 543, 544, 545, 546, 548, 549; envolvimento integralista, 538; ge-

nerais e, 508, 509, 510, 511, 512, 514, 515, 516, 517, 518, 519, 521, 522, 523, 524, 526, 527, 528, 529, 530, 532, 533, 534, 535, 536, 538, 539, 540, 541, 543, 544, 545, 546, 548, 549; Plano Cohen e, 524

Estados Unidos, 35, 41, 44, 52, 54, 55, 58, 59, 102, 117, 122, 123, 127, 215, 222, 232, 238, 240, 242, 262, 274, 281, 300, 311, 319, 324, 325, 357, 360, 393, 398, 400, 418, 422, 432, 440, 442, 443, 447, 448, 451, 452, 453, 454, 455, 456, 457, 474, 487, 526, 539, 545, 548, 552, 553, 565, 566, 569, 577, 581, 606, 614, 624, 625, 636, 637, 652, 653, 655; Departamento de Guerra dos, 242, 324, 454, 455; treinamento de pilotos nos, 453

Esteves, Emílio Lúcio, 500, 516, 649

Estillac Leal, Francisco Raul d', 187, 589, 593, 615

Estillac Leal, Newton, 344, 348, 388, 618

Etchegoyen, Nelson Gonçalves, 365, 391, 405, 628

Exército: "espírito legalista" do, 655; análise da posição estratégica do Brasil na década de 1930, 445, 446, 447, 448; atmosfera no pós-Primeira Guerra e, 279, 280, 281; biblioteca, 245, 563, 564, 567, 568, 575, 576, 577, 583, 595, 598, 603, 609, 610, 612, 617, 618, 639, 640, 642, 643, 650, 651, 656; como instituição total, 16; como vanguarda do Estado, 551; da década de 1920, 289, 290, 291, 292, 293, 294, 295, 297, 298, 299, 300, 301, 303, 304, 305, 306, 307, 310, 311, 312, 313, 315, 316, 317, 318, 320, 321, 322, 323, 324, 326, 327, 328, 329, 330, 332, 333, 334; e industrialização, 449, 451; e planejamento estratégico e planos de mobilização, 327, 328, 329, 330, 332, 333, 334; e política ideológica, 470, 471, 472, 473; e política revolucionária, 384, 385, 386, 387, 388, 389, 391, 392, 393, 394, 396, 397, 398, 399, 400, 401, 403, 404, 405, 406, 408, 409, 411, 412, 413, 414, 415, 417, 418, 419, 420, 421, 423, 424, 425, 426, 427, 429, 430, 431, 432, 433; e recrutamento de soldados, 295, 297, 298, 299; instalações, pacientes e taxas de mortalidade no, 118; intervencionista,

552, 553; liderança e organização na década de 1920, 300, 301, 303, 304, 305, 306, 307; proclamação de Dutra ao, 542, 543, 544, 545, 546, 548, 549; programa de construção de quartéis, 329, 330, 332, 333, 334; reforma de 1915, 224, 225, 227, 228; requisitos educacionais para promoção, 307

Exército americano, 36, 262, 324, 466, 580, 604, 605, 609

Exército brasileiro: Alto-Comando (1864-97), 77; de 1889, 38, 39, 40, 41, 42, 44; de 1911, 150; distribuição do (em 1889), 40; e carreira de oficial na virada do século, 119, 120, 121; e vida de caserna para os praças, 110, 111, 113, 115, 116, 117, 119; reforma e construção do, 102, 103, 104, 105, 106, 108, 109, 110, 111, 113, 115, 116, 117, 119, 120, 121, 122, 123, 126, 127, 128, 129, 130, 131, 133, 134; unidades (1934-36), 501

Exército francês, 146, 153, 242, 245, 323, 438, 522; comparação com modelo alemão, 339

Exército imperial alemão, 137, 211

Exército intervencionista, 553

Exército turco, 132, 581

exibicionismo, 189

Fabrício, "coronel", 207

fanáticos, 60, 64, 68, 77, 175, 181, 182, 183, 185, 189, 197, 220, 567, 588, 615; e "Meca do Fanatismo", 202

fanatismo paulista, 418

fardamento, 34, 43, 63, 68, 83, 120, 133, 136, 144, 164, 205, 210, 236, 260, 296, 299, 315, 316, 341, 408, 438, 488, 523, 526, 535, 624; "azulão", 438

Faria e Albuquerque, Caetano Manoel de, 163

Faria, José Caetano de, 136, 156, 166, 196, 218, 224, 337, 578, 584, 589, 591, 598

farinha, 84, 89, 90, 93, 203, 265

Farquhar, Percival, 128, 173, 174, 576, 577, 585

fascismo: brasileiro, 473, 640; italiano, 367

Favé, Ildefonse, 44, 563

Favela, monte da (Canudos, BA), 71, 73, 87

febianos, 552

federalistas, 52, 72, 82, 126, 564, 570; ver também maragatos

feijoada, 265, 314

Ferreira de Souza, Raymundo, 437

Ferreira, Firmino Pires, 163

Ferreira, José Fernando Afonso, 643

Ferreira, José Maria Franco, 391, 431, 519, 594, 634

Ferreira, Luís Vieira, 29

Ferreira, Pantaleão Telles, 380, 399

Ferreira, Valdemar, 420, 632

ferrovias, 50, 56, 128, 210, 281, 291, 301, 321, 329, 435, 444, 541

Figueiredo, Euclides, 363, 371, 406, 411, 593, 615

Figueiredo, João Batista, 12, 411

Figueiredo, visconde de, 57

Fiúza de Castro, Álvaro, 600

Fleury de Barros, Alfredo Oscar, 147, 581

Flint, Charles R., 54, 58, 59, 626

Flores da Cunha, José Antônio, 396, 401, 405, 409, 416, 428, 429, 430, 458, 463, 469, 473, 495, 497, 499, 500, 503, 504, 507, 509, 510, 513, 515, 517, 540, 546, 633, 634, 638, 649, 650

Flores, Thomas Thompson, 51, 87

florianistas, 55, 61, 62, 73, 77, 78, 80, 101, 126, 237, 564

Floriano (couraçado), 289

Florianópolis (SC), 175, 179, 301, 302, 565, 588, 589, 592

Folha da Tarde (Rio de Janeiro), 80, 82, 570

Fonseca, Euclydes Hermes da, 212

Fonseca, Hermes da, 47, 79, 102, 135, 137, 138, 139, 141, 142, 146, 148, 154, 155, 159, 221, 224, 245, 266, 279, 287, 288, 289, 305, 330, 336, 339, 356, 404, 437, 477, 578, 579, 580, 594, 617, 627; presidência de, 153, 154, 155, 156, 157; reformas de, 137, 138, 140, 141, 142, 143, 144

Fonseca, marechal Deodoro da, 27, 28, 33, 34, 37, 38, 45, 46, 47, 48, 49, 50, 51, 54, 55, 58, 60, 73, 79, 104, 131, 138, 152, 154, 243, 307, 427, 525, 561, 562, 563, 564, 611; candidatura ao Senado, 33

Fonseca, Mário Hermes da, 290, 579, 594

Fontenelle, José Freire Bezerril, 163

404, 406, 409, 410, 416, 422, 425, 426, 427, 428, 429, 430, 431, 434, 457, 459, 461, 465, 469, 490, 494, 495, 496, 497, 498, 499, 500, 502, 504, 505, 506, 509, 512, 513, 514, 515, 517, 518, 525, 526, 527, 530, 531, 532, 536, 537, 545, 548, 549, 552, 557, 590, 615, 618, 620, 621, 622, 623, 625, 628, 630, 631, 632, 633, 634, 635, 638, 639, 644, 645, 646, 647, 649, 651, 653; aliança com Dutra e Vargas, 526, 527, 528, 529, 530, 532, 533, 534, 535, 536, 538, 539, 540, 541; ascensão de, 356, 357, 358, 359; briga com Gomes, 497, 498, 499, 632; como chefe do Estado-Maior do Exército, 509, 510, 511, 525; confronto com Valdomiro, 513; deposição de Vargas, 552; desavença com Flores, 503, 521; e a "mosca azul", 429, 430; e Aranha, 335, 384; e compromisso de Vargas, 509, 544; e Constituição de 1934, 426, 427, 429; e desavença com Pessoa, 469; e guerra civil de 1932, 409, 411, 412, 413, 414, 415, 417, 418, 419, 420, 421, 423, 424, 425, 426; e incidente dos generais pacificadores, 512; e partido nacional, 397; e Plano Cohen, 525; e promoções e reformas, 390, 391, 392; e Revolução de 30, 345, 356, 357, 358, 359, 361, 362, 364, 365, 367, 368, 373, 374, 376, 381, 384, 386; e rumores de golpe, 430, 431, 432, 433; e São Paulo, 401, 403, 404, 405; ministro da Guerra, 441, 442, 443, 444, 446, 447, 448, 449, 451, 452, 453, 455, 456, 457, 458, 459, 461, 462, 463, 464; parceria com Dutra, 509; perigo de golpe, 520

Goffman, Erving, 560, 561

Goiás, 40, 156, 301, 332, 358, 402, 453, 579, 582, 588, 597, 606

Golpe de Estado: de 1889, 44; de 1937, 509, 510, 511, 512, 514, 515, 516, 517, 518, 519, 521, 522, 523, 524, 526, 527, 528, 529, 530, 532, 533, 534, 535, 536, 538, 539, 540, 541; de 1964, 554

Goltz, Friedrich Colmar von der, 132, 217, 581

Gomes Ribeiro Filho, João, 380, 401, 406, 485, 489, 490, 492, 494, 499, 503, 505, 578, 625, 630, 641, 644, 645, 646, 647; briga com Góes

Monteiro, 497; caindo em desgraça, 498; sabota políticas do governo e abate o moral, 501, 502, 504, 505

Gomes, Eduardo, 344, 388, 452, 464, 476, 484, 595, 601, 615, 618, 642

Gonçalves de Albuquerque e Silva, Vespasiano, 162, 582, 583

Gonçalves, Aleixo, 196

Gonçalves, Heitor Mendes, 198, 212, 589

Gonçalves, José, 73

Goulart, Aristides de Oliveira, 163

Goulart, João, 554, 555, 619, 638

Governador, ilha do, 56

governadores, política dos, 105

Grã-Bretanha, 58, 127, 157, 215, 239, 456, 598

Grace, W. R., 59

graduados, 135, 137, 150, 162, 287, 313

gratificações, 114, 115, 312, 639

Gresham, Walter G., 54, 58

gripe espanhola, 254, 279, 338, 476

Gualberto, João, 175, 180

Guanabara, baía de, 50, 51, 56, 59, 112

Guanabara, Palácio da (Rio de Janeiro), 380, 381, 438, 483, 499, 533, 537, 538

Guarda Nacional, 32, 43, 63, 110, 153, 175, 194, 205, 223, 227, 228, 237, 562

Guarda Nacional dos Estados Unidos, 222

Guedes da Fontoura, João, 431, 459, 460, 461, 462, 463, 464, 467, 469, 497, 500, 507, 518, 590, 615, 634, 637, 646, 653

Guerra civil: da década de 1890, 51, 103, 126, 342; de 1932, 385, 395, 422, 460, 463, 507, 510; espectro da, 521, 535, 544; gaúcha (1923), 334

Guerra Civil Espanhola, 527

guerra civil paulista, 428, 440, 443, 450, 468, 469, 514, 627, 630

Guerra da Amazônia, 441, 442, 443, 444

Guerra Russo-Japonesa, 328

guerrilha, guerras de, 212, 553, 655

Guilhem, Henrique Aristides, 533, 595

Guilherme II, cáiser, 145

Guimarães, Antonio Vicente Ribeiro, 163

Gwyer, de Azevedo, Asdrúbal (também Gwaier), 408

Haia, Conferência de Paz de, 140, 154
Hall, Arthur Hescket, 516
Hall, Lawrence, 606
Hamilton, Alexander, 35
Harrison, Benjamin, 54
Hermes (da Fonseca), governo, 149, 156, 160, 179
Herval (também Erval, SC), 179
Hilton, Stanley, 528
Hora do Brasil (programa de rádio do governo), 534
Horie, Fanneau de la, 257, 601
Hospital Central do Exército, 255, 265, 609
Huntington, Samuel, 339, 562, 617

identidade, política de, 18, 155, 213, 624
ideologia, 11, 13, 14, 15, 44, 77, 131, 132, 215, 230, 233, 252, 277, 364, 471, 488, 548, 574, 585, 596, 605, 640
ideologia política de direita, 470, 471, 472, 473
Igreja Católica, 11, 489
Iguaçu, rio, 185, 190
imigrantes, 40, 57, 118, 173, 180, 217, 219, 291, 292, 296, 347, 368, 446, 494, 553, 610, 612
Imparcial, O (Rio de Janeiro), 168, 169
Índio do Brasil, Argentino, 198, 346
indústria automobilística, 452
industrialização, 278, 392, 426, 435, 449, 451, 456, 470, 547, 556; armas e, 456, 457, 458; Exército e, 449, 451
Infantaria, curso de, 266
Influence of sea power upon history, The (Mahan), 56
Inglaterra, 123, 127, 149, 403, 452, 521, 548, 575, 576, 577, 578
Instituto Histórico e Geográfico Brasileiro (Rio de Janeiro), 522, 594, 610, 622, 651
Instituto Militar de Engenharia (Rio de Janeiro), 275
instrução militar estrangeira, 145, 147, 148, 149
insubmissos, 280

integralismo, 470, 471, 472, 473, 478, 530, 532, 538, 640; contraposto ao Estado liberal, 471
inteligência do Exército, 445, 457, 466
Inteligência do Exército dos Estados Unidos, 466
intervenção dos Estados Unidos na guerra civil brasileira, 52, 54, 55, 57, 58, 59
"intervencionismo conservador", 551
Ipanema (praia), 474
Ipanema, fundição de, 274, 598
Iracema (SC), 191, 193
Irani (SC), 172, 175, 176, 180
Irlanda, 215
irmãs de caridade, 265
Isabel, Princesa, 138
Itaiópolis (SC), 182, 192
Itália, 149, 273, 318, 365, 456, 457, 526, 527, 548, 593, 618, 626, 642, 643, 644; e campanha da Itália, 341, 439, 552, 637
Itamarati, palácio do, 46, 58
Itararé (SP), 376, 381, 642
Itu (SP), 346, 347

Jacobino, O (Rio de Janeiro), 55, 100
jacobinos, 48, 55, 60, 135, 261
Jacques, João Cândido, 163
jagunços, 67, 82, 89, 94, 98, 160, 161, 168, 183, 205, 206, 358, 359, 586, 590
Jane's Fighting Ships, 56
Japão, 130, 143, 222, 273, 457
japoneses, 225, 292, 426
"jeitinho brasileiro", 342
Jeremoabo (BA), 75, 83, 84
Jeremoabo, barão de, 67, 68, 77
Jericinó, campo de manobra (RJ), 531
Jesus, Maria Domingas de, 99
João VI, d., 58
Joffre, Joseph Jacques Césaire, 261
Johnson, John J., 14, 21
jornais, 77, 139, 141, 146, 147, 148, 165, 168, 169, 276, 292, 341, 352, 354, 360, 362, 385, 401, 402, 407, 428, 472, 487, 505, 508, 516, 521, 534, 542, 568, 581, 630, 643

Sobre o autor

Frank D. McCann é professor de história da Universidade de New Hampshire. Foi professor visitante na Universidade de Brasília, na Universidade Federal do Rio de Janeiro e na Universidade Federal de Roraima. Recebeu quatro bolsas da Comissão Fulbright para pesquisas no Brasil.

É autor de *Aliança Brasil—Estados Unidos (1937-1945)* (Biblioteca do Exército, 1995) e *A nação armada: ensaios sobre a história do Exército brasileiro* (Guararapes, 1982); co-organizador, com Michael L. Conniff, de *Modern Brazil: elites and masses in historical perspective* (University of Nebraska Press, 1989).

Em reconhecimento aos seus esforços para estreitar as relações culturais entre o Brasil e os Estados Unidos, o governo brasileiro concedeu-lhe a Ordem de Rio Branco no grau de Comendador e a Medalha do Pacificador.

ESTA OBRA FOI COMPOSTA PELA SPRESS EM DANTE E IMPRESSA
EM OFSETE PELA RR DONNELLEY MOORE SOBRE PAPEL PÓLEN SOFT DA
SUZANO PAPEL E CELULOSE PARA A EDITORA SCHWARCZ EM SETEMBRO DE 2007